Médecine du sport

Chez le même éditeur

Dans la même collection

HÉPATO-GASTRO-ENTÉROLOGIE PROCTOLOGIE, par J. Frexinos et L. Buscail, 2004, 714 pages.
MÉDECINE DE L'ADOLESCENT, par P. Alvin et D. Marcelli, 2005, 416 pages.
PÉDIATRIE, par A. Bourrillon, 2004, 4e édition corrigée, 682 pages.
OBSTÉTRIQUE, par J. Lansac, 2003, 4e édition, 488 pages.
GÉRONTOLOGIE, par J. Belmin, Ph. Chassagne, R. Gonthier, C. Jeandel, P. Pfitznmeyer, 2003, 672 pages.
URGENCES, par B. Blettery, 2002, 324 pages.
GYNÉCOLOGIE, par J. Lansac, 2002, 6e édition, 608 pages.
ORL, par C. Dubreuil, 2002, 2e édition, 352 pages.
PNEUMOLOGIE, par G. Huchon, 2001, 408 pages.
CANCÉROLOGIE ET HÉMATOLOGIE, par B. Hoerni, 2001, 328 pages.
THÉRAPEUTIQUE, par F.-C. Hugues, C. P. Lejeune, 2000, 512 pages.
CARDIOLOGIE, par J.-P. Delahaye, 2000, 2e édition, 400 pages.

Autres ouvrages

RÉÉDUCATION EN TRAUMATOLOGIE DU SPORT, Membre supérieur Muscles et tendons, par J.-C. Chanussot et R.-G. Danowsy, 2005, 4e édition, 360 pages.
RÉÉDUCATION EN TRAUMATOLOGIE DU SPORT, Membre inférieur et rachis, par J.-C. Chanussot et R.-G. Danowsy, 2005, 4e édition, 416 pages.
TRAITÉ DE MÉSOTHÉRAPIE, par J. Le Coz, 2004, 272 pages.
DICTIONNAIRE DU DOPAGE, par J.-P. de Mondenard, 2004, 1 264 pages.
DROIT ET MÉDECINE DU SPORT, par M. Harichaux et P. Harichaux, 2004, 192 pages.
NUTRITION DU SPORTIF, par X. Bigard et Y. Guezennec, 2003, 256 pages.
PHYSIOLOGIE DU SPORT, par H. Monod, R. Flandrois, 2003, 296 pages.
ERGONOMIE, par H. Monod et B. Kapitaniak, 2003, 2e édition, 320 pages.
BIOMÉCANIQUE ET PHYSIOLOGIE DU MOUVEMENT, par S. Bouisset, 2002, 320 pages.
TRAITÉ DE PHYSIOLOGIE DE L'EXERCICE ET DU SPORT, par P. Cerretelli, 2002, 496 pages.

H. Monod

Physiologiste, professeur émérite des universités
Ancien chef du service de physiologie et explorations fonctionnelles du sport
CHU Pitié-Salpêtrière, Paris

J.-F. Kahn

Physiologiste, maître de conférences des universités, praticien hospitalier, CHU Pitié-Salpêtrière, Paris, vice-président et ex-médecin fédéral national du tennis de table

et R. Amoretti , J. Rodineau

Médecine du sport

Collection Pour le praticien

Préface du Professeur G. SAILLANT

3e édition

MASSON

ISBN 2-294-01728-5

MASSON S.A.S. - 21, rue Camille Desmoulins, 92789 Issy-les-Moulineaux Cedex 9

Ont collaboré à cet ouvrage

Saïd AHMAIDI, maître de conférence des universités, Laboratoire de recherches sur les adaptations physiologiques et comportementales, Université de Picardie, Amiens.

Richard AMORETTI, cardiologue, chargé d'enseignement de cardiologie du sport à la faculté de médecine Pitié-Salpêtrière, Paris.

Maurice AUDRAN, professeur des universités, praticien hospitalier, chef du service de rhumatologie, CHU d'Angers.

Louis AURIACOMBE, cardiologue, CHU Necker-Enfants-malades, Paris.

Jacques BADY, gynécologue-obstétricien, unité d'endoscopie, CHU Cochin-Port-Royal, Paris, Médecin fédéral (FFS).

Denis BARRAULT, médecin du sport, président du syndicat national des médecins du sport, ancien médecin-chef de l'INSEP, Paris.

Claude BENSCH, physiologiste, professeur honoraire des universités, CHRU de Bordeaux.

Sylvie BESCH, traumatologue du sport, hôpital national de Saint-Maurice, Charenton.

Xavier BIGARD, professeur agrégé du service de santé des Armées, hôpital militaire de La Tronche, Grenoble.

Maria BORENSTAIN, cardiologue, ancien chef de clinique, institut de cardiologie, CHU Pitié-Salpêtrière, Paris.

Alain BOURDON, cardiologue, attaché de consultation, service de médecine du sport, CHU de Nantes.

Lionel BOURDON, professeur agrégé du service de santé des Armées, hôpital militaire de Toulon.

Cyprien BOURRILHON, assistant de recherche du service de santé des Armées.

Jean-Louis BRASSEUR, radiologue, attaché consultant, ancien chef de service, CHU Pitié-Salpêtrière, Paris.

Richard BRION, cardiologue, chef du service de pathologie cardio-vasculaire, hôpital d'instruction Desgenettes, Lyon.

Jean-Paul BROUSTET, professeur des universités, praticien hospitalier, cardiologue, hôpital du Haut-L'évêque, CHRU de Bordeaux.

François CARRÉ, professeur des universités, praticien hospitalier, cardiologue, CHU de Rennes.

Claire CARRIER, psychiatre, psychanalyste, Paris.

Stéphane CASCUA, médecin du sport, chargé de cours à la faculté de médecine Pitié-Salpêtrière, Paris.

Daniel CHAPPARD, histologiste, unité INSERM-EMI, CHU d'Angers

Olivier CHARON, cardiologue, attaché à l'hôpital Broussais, médecin fédéral du Centre national d'entraînement de la FFT, Paris.

Jean-Michel CHEVALIER, professeur des universités, praticien hospitalier, chirurgien vasculaire, Hôpital Édouard-Herriot, Lyon.

Dominique CHOQUET, cardiologue, chef du service de réadaptation cardiaque, centre hospitalier, Corbie.

Annabelle COUILLARD, physiologiste, PhD, service des explorations fonctionnelles respiratoires, CHU de Montpellier.

Jean-Pierre COUSTEAU, cardiologue, professeur associé au Collège de médecine des hôpitaux de Paris, médecin-chef de la Fédération française de tennis.

Éric DAILLY, maître de conférences des universités, pharmacologue, CHU de Nantes.

Sylvie DANON, pédiatre, praticien hospitalier contractuel, hôpital Trousseau, Paris.

Damien DAVENNE, physiologiste, professeur des universités, UFR-STAPS, Caen.

Marc DAVIDOVICI, docteur en chirurgie dentaire.

Philippe DELIAC, maître de conférence des université, praticien hospitalier, physiologiste, biologie et médecine du sport, CHRU de Bordeaux.

Frédéric DEPIESSE, médecin du ministère des sports, DRDJS Toulouse, attaché au CHU de Toulouse.

Patrice DIEBOLD, chirurgien orthopédiste, CHR de Nancy.

Hervé DOUARD, praticien hospitalier, service de cardiologie, hôpital du Haut-Lévêque, CHRU de Bordeaux.

Alain DUCARDONNET, cardiologue, Institut Cœur Effort Santé, Paris.

Jean-François DUHAMEL, PU-PH, chef du service de pédiatrie, CHR de Caen.

Eric ENKAOUA, chirurgien orthopédiste, attaché au CHU Pitié-Salpêtrière, Paris.

Roland FLANDROIS, physiologiste, professeur honoraire des universités, CHU de Lyon.

Violaine FOLTZ, rhumatologue, CHU Pitié-Salpêtrière, Paris.

Robert FRANK, professeur des universités, praticien hospitalier, cardiologue, hôpital Jean Rostand, Ivry sur Seine.

Michel GARRIGUES, physiologiste, professeur honoraire des universités, hôpital Purpan, CHU de Toulouse.

Maxime GIOUX, professeur des universités, praticien hospitalier, physiologiste, CHRU de Brest.

Isabelle DE GLISEZINSKI, maître de conférences des universités, physiologiste, hôpital Purpan, CHU de Toulouse.

Xavier GRAPTON, rhumatologue, ancien attaché au CHU Pitié-Salpêtrière, Paris.

Jean-Yves GUINCESTRE, médecin rééducateur, praticien hospitalier, médecin fédéral du basket (FFB).

Philippe HARICHAUX, ingénieur ESME, Bordeaux.

Pierre HARICHAUX, physiologiste, professeur émérite des universités, médecin fédéral de la FFSS, CHU d'Amiens.

Jean-Pierre HERRY, médecin de l'École nationale de ski et d'alpinisme (ENSA), président de la commission médicale de la FFME.

Françoise HIDDEN-LUCET, praticien hospitalier, cardiologue, unité de rythmologie du département de cardiologie, CHU Pitié-Salpêtrière, Paris.

Richard ISNARD, cardiologue, praticien hospitalier, institut de cardiologie, CHU Pitié-Salpêtrière, Paris.

Serge JANDAUD, cardiologue, médecin attaché, au CHRU d'Amiens.

Jean-Claude JOUANIN, médecin en chef du service de santé des Armées, Brettigny, ancien médecin-chef de l'École interarmées des sports à Fontainebleau.

Jean-François KAHN, maître de conférence des universités, praticien hospitalier, physiologiste, ancien médecin fédéral national du tennis de table, CHU Pitié-Salpêtrière, Paris.

Marie-France KERGUERIS, maître de conférence des universités, pharmacologue, CHU de Nantes.

Nathalie KOULMANN, médecin du service de santé des Armées.

Hervé de LABAREYRE, médecin rééducateur, traumatologue du sport.

Henri LAMENDIN, odontologiste honoraire, UFR-STAPS, Orléans.

Simone LEMOIGNE, psychiatre, Le Paleret, Matour.

Dominique LE VIET, chirurgien, professeur associé, Institut de la main, Paris.

Michel MAILLE, chef du service d'ophtalmologie, hôpital d'instruction des armées Percy, Clamart.

Éric MALADIÈRE, chirurgien maxillo-facial, praticien hospitalier, centre hospitalier de Perpignan.

Christian MANDEL, pédiatre, ancien consultant de médecine du sport chez l'enfant et l'adolescent, CHU Necker-Enfants-malades, Paris.

Bruno MELIN, spécialiste de recherche du Service de Santé des Armées, hôpital militaire de La Tronche, Grenoble.

Jean-Paul MÉNINGAUD, chirurgien maxillo-faciale, institut de stomatologie, CHU Pitié-Salpêtrière, Paris.

Patrick MIDDLETON, traumatologue, clinique de médecine physique et réadaptation Napoléon, Saint Paul-lès-Dax.

Hugues MONOD, physiologiste, professeur émérite des universités, ancien chef du service de physiologie et explorations fonctionnelles du sport, CHU Pitié-Salpêtrière, Paris.

André MONROCHE, rhumatologie du sport, médecin fédéral national de la boxe française, Angers.

Élisa PÉDRONI, professeur de cardiologie pédiatrique, université de Pavie, Italie.

Gilbert PÉRÈS, maître de conférence des universités, praticien hospitalier, physiologiste, chef du service de physiologie du sport, CHU Pitié-Salpêtrière, Paris.

Mireille PEYRE, PH, médecin rééducateur, hôpital national de Saint-Maurice, Charenton.

Jean-Bernard PIERA, professeur des universités, praticien hospitalier, médecin rééducateur, chef du service de médecine physique et de réadaptation, hôpital Jean-Rostand, CHU, Paris.

Michèle POTIRON-JOSSE, maître de conférence des universités, praticien hospitalier, physiologiste, service de médecine du sport et des explorations fonctionnelles, CHU de Nantes.

Michel POTTIER, physiologiste, professeur honoraire des universités, directeur de l'Institut régional de médecine du sport (IRMS), Caen.

Georges POUMARAT, biomécanicien, professeur des universités, UFR-STAPS de Clermont-Ferrand, Aubières.

Christian PRÉFAUT, professeur des universités, praticien hospitalier, physiologiste, chef du service des explorations fonctionnelles respiratoires, CHU de Montpellier.

Renaud DE TOURDONNET, chef de projet Internet, Société Aditel, Paris.

Christian RATHAT, PH, anesthésiologiste, hôpital Jean-Verdier, Bondy, président de l'ARPE.

Jean-Paul RICHALET, professeur des universités, praticien hospitalier, physiologiste, secrétaire de l'ARPE, CHU de Bobigny.

Pierre ROCHCONGAR, professeur des universités, praticien hospitalier, physiologiste, CHU de Rennes.

Jacques RODINEAU, médecin rééducateur, CHU Pitié-Salpêtrière, Paris.

Éric ROLLAND, PH, chirurgien orthopédiste, CHU Pitié-Salpêtrière, Paris.

Christian-François ROQUES, professeur des universités, praticien hospitalier, chef du service de rééducation fonctionnelle, CHU de Toulouse.

Éric ROULOT, chirurgien, ancien chef de clinique, Institut de la main, Paris.

Gérard SAILLANT, professeur des universités, praticien hospitalier, chirurgien orthopédiste, chef du service orthopédie-traumatologie, CHU Pitié-Salpêtrière, Paris.

Jean SCHERRER, physiologiste, professeur honoraire des universités, CHU Pitié-Salpêtrière, Paris.

Daniel THOMAS, praticien hospitalier, cardiologue, professeur des universités, chef du département de cardiologie médicale, CHU Pitié-Salpêtrière, Paris.

I. TSIONOS, orthopédiste résidant, Institut de la main, Paris.

Henry VANDEWALLE, maître de conférence des universités, physiologiste, directeur de l'enseignement, INSEP, Paris.

Alain VARRAY, maître de conférence des universités, UFR STAPS de Montpellier.

Jean-Claude VERDIER, cardiologue, médecin du sport, attaché des hôpitaux de Paris (Broussais), Institut Cœur Effort Santé, Paris.

Jean WATELET, service d'hépatho-gastro-entérologie, CHU de Nancy.

Préface

Cette troisième édition de *Médecine du sport* témoigne du succès considérable remporté par cet ouvrage. La raison de ce succès est double, due à la demande grandissante du monde du sport et à la qualité des réponses apportées par les auteurs aux différents questionnements.

D'abord le monde évolue, les comportements évoluent, le sport et l'activité physique prennent une place de plus en plus importante dans la vie de tous les jours. Or la médecine qui est enseignée depuis des décennies est essentiellement celle de l'homme statique, la médecine du sport est une médecine de l'homme en mouvement qui intéresse les spécialités les plus diverses : cardiologie, endocrinologie, orthopédie, etc., mais elle est également le pain quotidien du médecin généraliste, si l'on part du principe qu'un quart des Français ont une licence sportive. La majorité de ceux-ci pratique des sports de loisirs, indépendamment de tous ceux non licenciés qui ont une simple activité physique quotidienne telle que la marche ou la gymnastique en salle. L'interrogatoire, l'examen clinique, les examens complémentaires doivent prendre en compte cette dimension dynamique et s'adapter à chaque sport concerné. Si l'on part du principe que le sport est une association de physique, de technique et de stratégie, le médecin quelle que soit sa spécialité doit avoir une notion de ces trois aspects pour pouvoir examiner correctement son patient.

Le mouvement, l'effort, l'activité physique, le sport ont un retentissement sur la physiologie, mais peuvent également provoquer des modifications morphologiques pouvant aboutir à différentes pathologies, voire des lésions. Ces dernières doivent être au mieux prévenues. Le XXIe siècle sera, dans le domaine médical, celui de la prévention, l'activité physique fait partie de cette dernière au même titre que la préservation de l'environnement. L'une des grandes questions que l'on peut se poser est de savoir qui l'emportera entre d'une part la sédentarité vers laquelle nous sommes naturellement conduits par les progrès technologiques et d'autre part l'activité physique. Le sport, soutenu et aidé par une médecine bien comprise, peut être un moyen de gagner ce combat.

L'autre raison du succès de cet ouvrage est sa qualité. Cette troisième édition n'est pas un simple toilettage des éditions précédentes mais bien un nouvel ouvrage dans lequel plusieurs chapitres originaux ont été introduits et dont les anciens ont été entièrement revus et souvent réécrits par des auteurs différents pour tenir compte de l'évolution du sport et des progrès de la médecine. Le contenu du livre est extrêmement riche puisqu'il regroupe :

- l'organisation de la médecine du sport avec tous les aspects administratifs, informatifs que cela peut représenter ;
- la possibilité et les limites de l'entraînement avec tout un chapitre sur la recherche de la performance dans tous ses aspects, aussi bien physiologiques que psychologiques ;
- les relations entre le cœur et l'activité sportive, la traumatologie provoquée par le sport mais surtout la microtraumatologie responsable de lésions très spécifiques pour lesquelles le médecin doit aussi bien connaître la pathologie que le sport qui en est responsable, afin de pouvoir adapter un traitement spécifique et individuel à chaque sportif ;
- un chapitre sur la nutrition l'alimentation étant indissociable de l'effort physique ;
- enfin, un chapitre passionnant montrant bien que le sport peut être pratiqué par tout le monde quel que soit son handicap, sa maladie, son âge ou son sexe. Il existe un sport adapté pour chacun d'entre nous permettant de s'épanouir dans l'activité physique, de prévenir les lésions possibles ou même d'en être un véritable traitement. C'est ici certainement que se situe le rôle le plus important du médecin du sport.

Un grand merci à H. MONOD, J.-F. KAHN, R. AMORETTI et J. RODINEAU ainsi qu'aux nombreux auteurs pour cet énorme travail qui sera apprécié par les médecins, mais également par le monde du sport en général. Ce livre aura rempli sa mission, le jour où tout médecin quelle que soit sa spécialité se posera la question, lorsqu'il rédigera une ordonnance, s'il ne devrait pas commencer par prescrire une activité physique et sportive bien comprise et correctement réalisée.

Professeur G. SAILLANT

Table des matières

PARTIE I

Le sport et la médecine du sport

Naissance et développement de la médecine du sport en France

Sommaire

La « médecine du sport » résulte de l'application aux sportifs, bien-portants ou non, des connaissances biologiques et médicales acquises sur l'homme en mouvement. Il serait plus exact de parler de *médecine du sportif* car le sport lui-même n'est malade que de ses dérives dans la pratique du dopage et de ses implications financières liées à l'exercice professionnel d'un sport. Le sportif peut avoir recours aux différents secteurs de la médecine. Celle-ci s'investit également dans la prévention des accidents. Les sciences biomédicales se sont, par ailleurs, mobilisées dans l'exploration biologique du sportif et dans l'évaluation de ses aptitudes physiques.

La médecine du sport n'a commencé à s'épanouir qu'aux lendemains de la Première Guerre mondiale et s'est affirmée à l'issue de la seconde. Elle s'est donc constituée de façon très progressive pour atteindre son niveau actuel. Des connexions se sont peu à peu établies entre les observations faites d'une part en milieu sportif par les entraîneurs et les sportifs eux-mêmes, d'autre part dans le domaine médical et biomédical, ce dernier étant l'héritier des connaissances expérimentales acquises en physiologie dans la seconde moitié du XIXe siècle.

L'histoire de la médecine du sport ne se confond pas avec l'histoire du sport, dont elle ne constitue qu'un des versants, à côté de l'organisation administrative du sport, de l'organisation des compétitions, de l'enseignement de l'éducation physique et sportive, de la législation du sport, le tout sous tutelle ministérielle. L'action du ministère des Sports s'est conjuguée avec celle du CNOSF.

Quelques repères en matière de sport

Les souvenirs, écrits et documents, laissés par les générations précédentes sont peu abondants. On se heurte inévitablement à l'héritage gréco-romain. Les premiers Jeux olympiques datent de 884 avant l'ère chrétienne et avaient été supprimés en l'an 393 de celle-ci. Hippocrate, père de la médecine, insiste sur les bienfaits de l'activité physique pour la santé et sur les méfaits à attendre d'une alimentation trop riche. Galien, 600 ans plus tard, médecin des jeux du cirque à Pergame, recommande de ne pas négliger les apports en liquides et de renforcer, mais avec modération, l'alimentation carnée. Il oppose le profil des gladiateurs, gavés de protides et entraînés à des exercices de force, à celui des légionnaires, soumis à des exercices d'endurance par de longues marches. Philostrate, au IIIe siècle, dans son *Traité de gymnastique* , prône une alimentation équilibrée. Du Moyen Âge à la fin du XVIIIe siècle, les exercices physiques sont réservés à la Chevalerie pour l'entraînement au métier des armes et le départ aux Croisades : la chasse, les joutes à cheval, le tir à l'arc, les tournois sont, avec le jeu de paume, plus répandu, les seuls sports pratiqués. Mais rien dans les écrits littéraires (Rabelais, Montaigne, Paré) ne dépasse le niveau anecdotique. Mercuriali, médecin italien, publie en 1589 un ouvrage, *De Gymnastica* , dans lequel il décrit pour la première fois les effets physiologiques de la gymnastique aux agrès. Il faut attendre 1745 pour trouver une réflexion approfondie sur les effets bénéfiques du sport, dans la thèse médicale de F. C. Belot [3].

Étapes préparatoires

Développement des activités physiques et sportives (APS)

Le XIXe siècle voit le développement des APS, avec l'apparition d'un courant gymnique.

Dès le début du siècle, Francisco Amoros (1770-1847), colonel dans l'Armée française, est l'initiateur de ce courant gymnique. Il fait figure de précurseur, puisqu'il traite déjà, en 1834, « de la force, des moyens de la développer, des exercices qui remplissent ce but efficacement, et des précautions que l'on doit prendre pour en éviter les dangers » [2]. En outre, il décrit aussi, sans aucune préoccupation déontologique, le premier exemple d'un suivi médicosportif longitudinal, qu'il pratiquait depuis 1828 sur le duc de Bordeaux. En 1852, l'École supérieure d'éducation physique de Joinville voit le jour. En 1846, est publiée *L'Instruction pour l'enseignement de la gymnastique dans les corps de troupe et les établissements militaires.* Elle sera remaniée régulièrement (1877, 1893) jusqu'en 1902, avec à chaque fois des changements d'orientation. À partir de 1910, le sport, intégré à l'éducation physique, est placé sous surveillance médicale.

P. H. Clias (1782-1854) est le père du « sport pour tous »; il en décrit certains aspects physiologiques [8]. À ce courant gymnique, il convient aussi de rattacher les apports réciproques de la natation et de la biologie du sport, développés dans le *Traité complet de natation* [9], de François-Marie de Courtivron (1850-1917), qui fit autorité pendant longtemps, en France et à l'étranger.

Parallèlement, la gymnastique est introduite en 1850 dans l'instruction publique et ses programmes sont renforcés après 1870. Le sport existe déjà à Paris mais est réservé à une élite, si l'on en croit Eugène Chapuis, qui recense dans son ouvrage *Le Sport à Paris* (1854) [7] pas moins de 42 spécialités différentes, de caractère peu olympique d'ailleurs.

Essor de la physiologie

Parmi les travaux de Lavoisier et Laplace sur les oxydations cellulaires, on doit retenir la première mesure de la dépense énergétique au cours de la contraction musculaire sur les muscles du mollet.

La seconde moitié du XIXe siècle est marquée par l'extraordinaire développement de la physiologie. Claude Bernard introduit la méthode expérimentale, Marey [19-22] (1830-1904) met au point la méthode graphique et expérimente avec Chauveau divers dispositifs destinés à mieux comprendre le fonctionnement de l'homme en mouvement (sphygmographie, pneumographie...). Marey est plus tard épaulé par Demenÿ (1850-1917), notamment pour les enregistrements photographiques de la marche, de la course et du saut. Paul Bert (1833-1886) décrit les effets physiologiques de la diminution de pression barométrique en altitude [4]. En fin de siècle, se développe l'énergétique du travail musculaire, avec Chauveau, Richet, Benedict et Atwater (aux États-Unis). En 1902 est créé à Paris l'Institut Marey, dont la présidence est confiée au grand homme de la science du mouvement. La même année, le laboratoire de physiologie de l'École de Joinville voit le jour. Demenÿ le dirigera jusqu'en 1907.

À côté d'un courant gymnique intéressant la formation du soldat, s'est constitué un domaine d'activités sportives propre à l'aristocratie et à la bourgeoisie, d'influence anglaise, mettant en avant la bonne éducation, le *fair play* plus que la performance et la victoire sur l'adversaire. Le sport ne doit pas être l'objet d'un bénéfice financier, et l'usage de la drogue (déjà!) est mal vu : il s'agit d'un artifice qui cache la valeur de la personne et n'offre pas l'égalité des chances aux concurrents. Trois secteurs se trouvent individualisés : le scoutisme, fondé par lord Baden-Powell (1857-1941), la gymnastique suédoise, développée dès le début du XIXe siècle par P. H. Ling (1776-1839) [18, 25] et l'hébertisme. De ce dernier, la doctrine est proposée par un officier de marine, G. Hébert (1825-1927), qui publie en 1913 *La Culture virile et les devoirs physiques de l'officier combattant* [14].

Précurseurs de la médecine du sport

Dès la fin du XIXe siècle, étaient donc en place tous les éléments qui ont pu donner naissance à une médecine du sport individualisée. C'est alors qu'en 1896, Pierre de Coubertin lance à Athènes les premiers Jeux olympiques modernes.

Au cours du XIXe siècle, Fernand Lagrange (1846-1909), médecin, peut être considéré comme le premier auteur d'un traité de médecine du sport en langue française. Son ouvrage, *Physiologie des exercices du corps* (1888), couronné par l'Académie de médecine et par l'Académie des sciences, connaîtra 12 éditions successives [16, 17]. L'auteur jette les bases d'une excellente vulgarisation pédagogique sur toutes les données contemporaines relatives aux conséquences et aux conditions physiologiques et médicales de l'activité sportive. Lagrange s'était toujours tenu très au courant des recherches de son époque, avait travaillé avec Demenÿ, et s'était aussi fait envoyer officiellement plusieurs fois en mission à l'étranger, notamment en Suède.

L'Exposition universelle de 1900 est l'occasion de mettre en avant une pratique sportive déjà bien développée. Des compétitions sont envisagées par Alfred Picard dans tous les domaines, indépendamment de la tradition olympique renaissante. Après quelques discussions, Pierre de Coubertin finit par accepter que les deuxièmes Jeux olympiques modernes (les premiers en 1896) se superposent à ceux qui sont organisés dans le cadre de l'Exposition. *Les Jeux olympiques retrouvés* (Paris, 1900), film rétrospectif, fait état d'une cinquantaine d'épreuves, dont certaines ont depuis disparu du panorama olympique : ballon monté, golf, automobile, longue paume, tir au pigeon, pêche à la ligne...

Dans le premier tiers du XXe siècle, à côté de la physiologie, la cardiologie est certainement la spécialité médicale qui contribue le plus à l'émergence de la médecine du sport. Le père de la cardiologie du sport est assurément Louis Merklen, dont la thèse intitulée *Le Rythme du cœur au cours de l'activité musculaire et notamment des exercices sportifs* (1926) [23], riche en références bibliographiques, fait autorité. Les cardiologues jouent un rôle majeur dans l'élaboration de tests fonctionnels d'aptitude à l'exercice (Lian, Pachon, Fabre, Martinet), qui surpassent en intérêt les tests plus anciens de robustesse fondés sur la biométrie. Alfred Thooris (1876-1956) lance un courant de biotypologie appliquée aux sportifs. Des idées complémentaires d'origine variée se rencontrent puisque, de leurs côtés, Demenÿ publie *Les Bases scientifiques de l'éducation physique* (1911) [10] et Jules Amar *Le Moteur humain* (1914) [1].

Ces grands précurseurs, français pour nombre d'entre eux, sont trop méconnus de nos jours et il conviendrait de les relire [12].

Événements marquants de ces préliminaires

Les fondations de la médecine du sport sont constituées par plusieurs composantes : enseignement, sociétés médicales, réunions et congrès.

Enseignement

Un cours supérieur d'éducation physique est institué (1908) au sein de l'Université de Paris, bénéficiant des enseignements de Demenÿ, Langlois et Latarget. Cet enseignement est à l'origine de la création en 1933 de l'École normale d'éducation physique, qui deviendra en 1945 l'ENSEP. Un cours de médecine du travail et du sport est organisé à Nancy par Merklen (1926). La Faculté de médecine de Paris s'implique davantage dans le mouvement par l'institution d'un cours de physiologie de l'éducation physique, dirigé par Langlois (1929).

Congrès

Un congrès international d'éducation physique, auquel participent de nombreux médecins, se tient à Paris en 1913. À Bordeaux, se tient un congrès médicosportif, organisé par Sigalas, Pachon et Fabre, ce dernier professeur de physiologie dans cette ville. En 1939, se tient à Bruxelles le premier congrès international de biologie appliquée à l'éducation physique et aux sports.

Sociétés

En 1921, est créée la Société médicale française d'éducation physique et de sport, sous l'égide de P. Chailley-Bert et G. Richard, professeur à l'Institut d'éducation physique de Paris. Elle devient plus tard la Société de médecine du sport et le secrétariat général est alors assuré par R. Jeudon. L'équivalent se dessine en Allemagne (1924) et en Italie (1925). La Fédération internationale de médecine du sport (FIMS) est mise sur pied en 1928.

Institutions

La fin de cette période de gestation est marquée par la création, en 1928, des instituts régionaux d'éducation physique et sportive (IREPS) : le premier à Toulouse (C. Soula), puis à Strasbourg (P. Belloq) et Bordeaux (R. Fabre). Enfin vient l'émergence du ministère de la Jeunesse et des Sports en 1936.

Publications

En 1920, paraît le *Bulletin de la Société d'encouragement aux sports*. M. Boigey (1877-1952) publie la même année ses *Préceptes et maximes d'éducation physique* [5] et, en 1923, son *Manuel scientifique d'éducation physique* [6]. De son côté, Hébert, non découragé par l'incompréhension des autorités militaires, publie un ouvrage contestataire : *Le Sport contre l'éducation physique* (1925) [13]. Plus tard, sont publiés, de 1934 à 1938, les *Cahiers techniques de l'éducation physique*, revue indépendante à développement pratique, à laquelle collabore P. Chailley-Bert, professeur à la Faculté de médecine de Paris et directeur de l'École normale d'éducation physique. Les *Cahiers*, où l'on retrouve les noms de G. A. Richard et de H. Balland, comportent une partie médicale de surveillance physiologique des adhérents des sociétés sportives. L'éducation physique est proposée comme voie thérapeutique, notamment pour les affections respiratoires [26] et les scolioses. C'est dans ce cadre qu'est proposée la création d'un « livret médical du sportif ». Cette période prend fin avec quelques publications majeures : *Le Manuel scientifique de l'éducation physique* (1930) et *L'Entraînement* (1942) de M. Boigey, *Éducation physique et contrôle médical* (1943) de R. Fabre, L. Merklen et P. Chailley-Bert [11].

Ainsi se sont côtoyés avec un intérêt mutuel des médecins soucieux de la santé des sportifs et des non-médecins, dont la profession était d'enseigner l'éducation physique et de la faire pratiquer, cet ensemble de compétences se trouvant parfois réuni chez un seul homme.

Grand redémarrage au lendemain de la Seconde Guerre mondiale

Les initiatives diverses lancées avant les hostilités reprennent dès la fin de celles-ci.

Dès 1945, l'organisation du contrôle médicosportif est mise sur pied grâce aux efforts de P. Encausse (1906-1984) et M. Collet. L'année suivante, les physiologistes se manifestent à nouveau : H. Morin publie la *Physiologie du travail humain* (1946) [24], C. Kayser, la *Physiologie du travail et du sport* (1947) [15] et P. Chailley-Bert lance la revue *Éducation physique et sport*. En 1949 est organisé un enseignement spécifique destiné aux médecins : le certificat de biologie appliquée à l'éducation physique et aux sports (CES).

Le terrain est propice pour la création en 1949 à la Faculté de médecine d'une chaire de « Biologie appliquée à l'éducation physique et aux sports », qui est confiée à P. Chailley-Bert; lui-même sera assisté d'un cardiologue du sport de renom, F. Plas. Devenu le pilier de cet enseignement, il passe plus tard le flambeau à F. Malmejac puis à J. Scherrer. Entre-temps, une seconde chaire de Biologie appliquée est créée à Bordeaux en 1961, confiée à G. Rougier. Les créations se suivent ensuite dans toutes les académies, en grande majorité liées aux chaires de physiologie (voir chapitre 7).

L'année 1956 est marquée par la création du Groupement latin de médecine sportive (devenu, en 1980, Groupement latin *et méditerranéen*). En 1967 est créée la Société française de médecine du sport, SFMS (voir chapitre 9).

L'organisation des activités sportives et de la médecine du sport en France s'est mise en place progressivement au cours de la seconde moitié du XXe siècle. Cette évolution est décrite dans les différentes parties de cet ouvrage collectif.

Pratique de la physiologie et de la médecine du sport aujourd'hui

Qui sont à l'heure actuelle les personnes concernées par l'étude de l'homme en activité physique?

Les médecins au premier chef, lorsqu'il s'agit de pratiquer un acte médical relevant de leur compétence exclusive. S'adressent à eux des sportifs sains, pour lesquels un *certificat médical* doit être établi, ou des sportifs atteints d'une affection médicale ou chirurgicale nécessitant un *diagnostic* et éventuellement un *traitement*. Suivant les cas, se trouvent sollicités le médecin généraliste ou le médecin spécialiste, dans les secteurs de la cardiologie, de l'orthopédie, de la rhumatologie, de la pneumologie, de la diabétologie, de la nutrition, etc. Ils ont acquis une culture large et diversifiée, constamment remise à jour à l'occasion de congrès (SFMS, Assises nationales) ou dans le cadre de la formation continue. Les connaissances nécessaires à leur action ressortissent de l'anatomie, de la physiologie, de la biomécanique, de la pathologie générale et des spécialités médicales. Elles sont complétées par celles des techniques sportives, par l'observation du sportif en action, par ce que peut dire le sportif lui-même et son entraîneur. La méconnaissance dans le public de la solide formation des médecins du sport est responsable de l'amalgame parfois fait à propos d'affaires de dopage auxquelles ils restent totalement étrangers.

Certains médecins sont également biologistes, membres du corps enseignant universitaire ou du Service de santé des armées, formés en majorité en physiologie mais aussi en biochimie ou en biophysique. Il y a une cinquantaine d'années, les professeurs de physiologie (et parfois d'anatomie) des facultés de médecine ont contribué par leur enseignement à la formation des futurs professeurs d'EPS. Parallèlement leurs compétences les ont désignés pour prendre la direction d'un certain nombre de CREPS. Ils ont trouvé dans ces structures un terrain favorable à la mise en chantier de différents thèmes de recherche en matière de physiologie et de médecine du sport. Les enseignants d'anatomie et de physiologie ont été longtemps membres des jurys du concours d'entrée à l'ENSEP.

Au sein du corps médical, deux orientations se sont fait jour. Il existe, en effet, d'un côté des *médecins de terrain*, préoccupés par des problèmes concrets, largement impliqués dans les activités de club, dans les actions régionales, l'organisation de la médecine du sport, la lutte antidopage, et de l'autre des *médecins de laboratoire*, chargés de l'exploration biologique du sportif, de la coordination des enseignements de la médecine du sport et parallèlement de développer la recherche dans ce domaine. Cette dualité se retrouve dans les programmes de réunions des sociétés de médecine du sport (nationale ou régionales), dans les débats qui s'y organisent; elle apparaît également dans les lignes directrices des principales revues françaises du domaine : *Cinésiologie* d'un côté, *Science et Sport* de l'autre. Par ailleurs, certains médecins sont attachés à des équipes sportives ou interviennent dans le déroulement des épreuves sportives nationales ou locorégionales.

La prise de conscience par les milieux de l'EPS de leur action possible en matière d'enseignement des disciplines fondamentales leur a permis deux avancées importantes en matière d'enseignement et de recherche :

- d'une part, la responsabilité des enseignements scientifiques fondamentaux a pu être progressivement confiée depuis une dizaine d'années (en France) à des cadres EPS, au fur et à mesure de leur progression dans les degrés universitaires. Les enseignants formés ont pu accéder au statut universitaire, comme cela s'est fait un peu avant dans le secteur dentaire. Ils ont ainsi créé des UFR-STAPS, qui n'avaient plus besoin de la tutelle médicale ou scientifique;
- d'autre part, quelques enseignants EPS, associés à des enseignants de physiologie médicale ont fondé l'Association des chercheurs en éducation physique et sportive (ACAPS). Celle-ci tient un congrès annuel et édite sa revue, *Science et Motricité*. Ils ont ainsi créé des laboratoires de recherche, faisant preuve de dynamisme, en étant généralement plus disponibles que leurs collègues médecins, dont beaucoup sont trop absorbés par des tâches annexes imposées par leur statut hospitalo-universitaire.

Les enseignants EPS ne prétendent évidemment pas faire de la médecine mais ils s'estiment, à juste titre, aussi compétents que les médecins et scientifiques dans des domaines finalement identiques de «l'homme à l'effort». S'ils ne pratiquent pas de «tests d'effort» au sens physiologique ou cardiologique, ils n'en soumettent pas moins des sportifs à des contraintes physiques de même intensité, dans les règles d'établissement des protocoles de recherche soumis à l'approbation de comités d'éthique, sans cependant qu'une couverture médicale d'urgence soit effectivement assurée (voir Code de la santé publique et décret du 7 février 2004). Ce recouvrement entre activités de recherche APS et médecine n'est que partiel, puisqu'au sein de l'ACAPS, comme dans les missions d'enseignement des URF-STAPS, une place importante est faite à la psychologie, à l'économie, au management, etc., qui entrent moins dans les préoccupations du corps médical.

L'homme en activité physique, ou sous une forme réduite l'*homme en mouvement*, qui n'est pas forcément envisagé pour une finalité sportive du mouvement, intéresse des chercheurs appartenant à des disciplines très variées (voir *Marey et la physiologie du mouvement*, colloque organisé au Collège de France par Alain Berthoz les 18-19 octobre 2004) :

- la biomécanique s'intéresse aux modalités de transmission des forces à l'intérieur du corps humain (ou animal en général), à sa cinématique, à sa cinétique, à l'équilibre statique ou dynamique du corps, à ses déplacements dans son entier ou ceux de segments corporels;
- l'informatique développe des méthodes de capture du mouvement, bien au-delà de ce qu'avait initié J. Marey avec son génie; elle est capable, à partir d'enregistrements en trois dimensions (3D), de créer des représentations virtuelles de l'homme en mouvement, véritable être artificiel, dont les caractéristiques anatomiques (squelette, masse, musculature) sont malléables;
- la neurophysiologie tente de comprendre les mécanismes nerveux de contrôle du mouvement, de sa vitesse et de sa précision, de la coordination des muscles en cause, de son adaptation à son environnement et finalement de l'organisation neurale, qui sous-tend la complexité du mouvement;
- la médecine clinique apporte sa collaboration lorsqu'il s'agit d'appliquer les méthodes utilisées chez l'homme sain au cas de sujets affectés d'une pathologie locomotrice; elle peut en retour bénéficier de progrès réalisés chez l'homme ou chez l'animal dans le domaine de la récupération motrice après lésion.

Conclusion

Dans ce domaine de l'adaptation de l'homme à l'activité physique, il n'y a pas de frontières entre la formation initiale et la recherche, comme l'a d'ailleurs bien démontré l'œuvre des grands précurseurs du XIXe siècle, et Marey le premier.

Le thème de l'homme en mouvement se retrouve dans beaucoup de laboratoires de recherche de création relativement récente, au sein des universités, notamment dans les UFR-Sport, soutenus par le CNRS ou l'INSERM, regroupant suivant les programmes : physiologistes, psychologues, médecins, vétérinaires, mathématiciens, ingénieurs, informaticiens…

Bibliographie

[1] AMAR J. *Le moteur humain.* Paris : Dunod, 1914.

[2] AMOROS F. *Manuel d'éducation physique, gymnastique et morale.* Fac-simile de l'édition originale de 1834. 3 volumes dont 1 de planches. Paris : Éditions de l'INSEP, 1998.

[3] BELOT FC. *La paresse est-elle un préservatif contre le rhumatisme?* Thèse de doctorat en médecine. Paris, 1745.

[4] BERT P. *La pression barométrique.* Paris, 1885. Réédition *fac-simile.* Paris : CNRS, 1985.

[5] BOIGEY M. *Préceptes et maximes d'éducation physique.* Paris : Payot, 1920.

[6] BOIGEY M. Manuel scientifique d'éducation physique. 1 vol. Paris : Masson, 1923.

[7] CHAPUIS E. *Le sport à Paris.* Paris : Hachette, 1854 : 316 p.

[8] CLIAS PH. *Callisthénie ou somascétique naturelle appropriée à l'éducation physique des jeunes filles.* Besançon : Éditions Charles Deis, 1843. Réédition *fac-simile.* Paris : Éditions Revue INSEP, 1994.

[9] DE COURTIVRON FM. *Traité complet de natation.* Paris : Éditions Pihan de la Forest, 1836. Réédition *fac-simile.* 1 vol. Paris : Éditions Revue de l'INSEP, 2000.

[10] DEMENŸ G. *Les bases scientifiques de l'éducation physique.* 5e éd. 1 vol. in-8, 200 figures. Paris : Alcan Félix, 1911 : 328 p.

[11] FABRE R, MERKLEN L, CHAILLEY-BERT P. *Éducation physique et contrôle médical.* 1 vol. Paris : JB Baillière, 1943 : 240 p.

[12] HARICHAUX P. Le devoir de mémoire en médecine du sport. *Science et Sports* 2003; 18 : 274-5.

[13] HÉBERT G. *Le sport contre l'éducation physique.* 1 vol. Paris : 1925.

[14] HÉBERT G. *La culture virile et les devoirs physiques de l'officier combattant.* Paris : Vuibert, 1913.

[15] KAYSER C. *Physiologie du travail et du sport.* 1 vol. Paris : Hermann, 1947 : 264 p.

[16] LAGRANGE F. *Physiologie des exercices du corps.* 1 vol. in-8. Paris : Alcan, 1888 : 372 p.

[17] LAGRANGE F. *Physiology of bodily exercise.* 1 vol. in-12. London : P. Kegan, 1889 : 393 p.

[18] LING PH. *Kinésithérapie.* Paris : Éditions Baillière, 1847.

[19] MAREY JE. *Du mouvement dans les fonctions de la vie.* Paris : Éditions Baillière, 1868.

[20] MAREY JE. *La machine animale.* 1 vol. in-8, 117 figures. Paris : Germer-Baillière, 1873 : 288 p.

[21] MAREY JE. *La méthode graphique dans les sciences expérimentales.* Paris : Masson, 1878 : 652 p.

[22] MAREY JE. *Le mouvement.* Paris : Masson, 1894.

[23] MERKLEN L. *Le rythme du cœur au cours de l'activité musculaire et notamment des exercices sportifs.* Thèse de médecine. 1 vol. Nancy : Imp. C. André, 1926 : 388 p.

[24] MORIN G. *Physiologie du travail humain.* 1 vol. Paris : Masson, 1946 : 104 p.

[25] TACKE M. *Ling, créateur de la gymnastique suédoise et ses principes.* Paris : Éditions Jouve, 1910.

[26] TISSIÉ P. *L'éducation physique rationnelle.* Paris : Éditions Alcan, 1922.

Pour en savoir plus

ANDRIEU G. *Les 150 ans de l'École de Joinville. Anthologie comparée des textes historiques de l'éducation physique et des sports.* Plaquette de 110 pages éditée pour la commémoration du 150e anniversaire de l'École de Joinville. 1 vol. Paris : Éditions Revue de l'EPS, 2002 : 275 p.

BELLIN DU COTEAU M. *Le sport au secours de la santé.* Paris : Éditions Henri Dangles, 1930.

DUCHENE DE BOULOGNE. *Physiologie du mouvement.* Paris : Éditions Baillière, 1897.

HÉBERT G. *Muscle et beauté plastique.* 1 vol. 78 photos, 58 figures. Paris : Vuibert, 1919 : 194 p.

Les Cahiers techniques de l'éducation physique (1934-1938), 44, rue d'Amsterdam, 75009 Paris.

LEVERTIN A. *La gymnastique médico-mécanique.* 1 vol. Stockholm : Zander, éd. Imprimerie royale, 1893.

MINISTÈRE DE LA DÉFENSE. *Une histoire culturelle du sport, de Joinville à l'Olympisme. Rôle des armées dans le mouvement sportif français.* Paris : Éditions Revue de l'EPS, 1994.

WIDE A. *Manuel de gymnastique médicale et orthopédique suédoise.* Trad. française. Bruxelles : De Boeck, 1913.

Organisation de la médecine du sport en France

Sommaire

L'organisation de la médecine du sport se calque sur celle du sport, qu'elle complète par des structures spécifiques à l'exercice de la médecine.

Médecine fédérale

Bien avant que ne se structure la médecine du sport en France, des médecins ont été sollicités par les sportifs pour les traiter en cas de blessures ou pour les aider à ne pas se blesser. Ces premiers médecins ont naturellement œuvré dans les stades, clubs et associations, eux-mêmes progressivement regroupés en fédérations sportives. Le développement des activités sportives a conduit les fédérations à s'organiser pour couvrir le territoire national, et chaque fédération a ses comités départementaux, ses ligues régionales et son siège national. Les médecins sont présents à tous les échelons.

Clubs

Les clubs peuvent recruter des médecins et des kinésithérapeutes (pour le fonctionnement général des clubs, voir chapitre 3).

Il s'agit parfois d'assurer des permanences pour intervenir sur les terrains en cas de traumatismes survenant lors des entraînements, des rencontres amicales ou des compétitions. Dans ce cas, le médecin, le kinésithérapeute ou l'infirmier interviennent en urgence pour assurer les premiers soins. Chacun engage sa responsabilité civile professionnelle dans le respect des textes qui régissent chaque profession, et le médecin a l'obligation de moyens. Il est donc nécessaire de disposer d'un équipement médical adapté aux diverses situations d'urgence et d'avoir le droit d'exercer pour assumer ses responsabilités. Le médecin doit être docteur en médecine, inscrit au conseil de l'Ordre des médecins, enregistré par les services de la santé, et assuré professionnellement pour l'exercice d'actes réalisés en milieu sportif, hors du cabinet habituel ou d'un hôpital. Un contrat de travail peut être établi avec le président du club pour définir le champ d'interventions, les horaires et les rémunérations. Ce contrat, qui doit être soumis au conseil départemental de l'Ordre du médecin concerné, peut s'inspirer du schéma type adopté le 15 décembre 2000 par le Conseil national de l'Ordre des médecins.

Les clubs peuvent aussi demander aux médecins de remplir les certificats de non-contre-indication à la pratique d'un sport (voir chapitre 10). Ceux-ci ne peuvent être délivrés qu'après un examen approfondi de recherche de pathologies incompatibles avec la pratique d'un sport, et engage l'entière responsabilité du médecin. Il lui faut donc du temps pour acquérir la confiance de chaque sportif et pour l'examiner en fonction de ses soucis de santé et de ses ambitions sportives. Pour cette action, le Conseil national de l'Ordre des médecins autorise l'activité des médecins retraités, s'ils restent inscrits à un conseil départemental de l'Ordre et s'ils sont assurés.

Pour leur élite, leurs équipes premières ou leurs équipes professionnelles, les clubs recrutent des médecins pour accompagner les sportifs en compétitions, pour les soigner le mieux possible et au plus vite, et parfois aussi pour apprécier l'aptitude physique d'un sportif avant que les dirigeants ne le recrutent ou le sélectionnent pour une compétition. La fonction première de thérapeute pour ces médecins a été reconnue récemment par le Conseil national de l'Ordre des médecins, qui a adopté le 12 septembre 2002 un schéma type de contrat pour le recrutement de ces médecins. Ce contrat vise essentiellement à protéger le médecin dans l'exercice de son travail, qu'il doit pouvoir réaliser dans le respect des règles professionnelles, ordinales et déontologiques. Mais ces règles ne permettent pas à un médecin d'être pour un même sportif le thérapeute et l'expert de son aptitude (article 105 du Code de déontologie). Le médecin doit donc choisir. S'il opte pour le traitement des sportifs, il doit faire appel à des confrères différemment orientés pour l'évaluation de l'aptitude. Quant aux sportifs professionnels, l'aptitude à leur travail relève de la compétence des médecins du travail conformément au Code du travail.

Structures départementales et régionales

Dans les comités départementaux et les ligues régionales des fédérations, des médecins peuvent être élus, cooptés ou consultés. Dans certaines fédérations, les élections se font par collèges et, lorsque existe un collège de médecins, ceux-ci sont élus en qualité de médecins. Lorsque ces collèges n'existent pas, des médecins peuvent être élus au même titre que les autres dirigeants. Dans ces fonctions, les médecins n'exercent pas la médecine mais interviennent pour la vie fédérale, les règlements et les budgets, ce qui peut avoir une influence sur la faisabilité d'actions médicales et sur la protection de la santé des sportifs.
Lorsque les médecins ne sont pas élus mais seulement cooptés ou consultés, ils ne peuvent s'exprimer qu'à la demande du président des élus.

Échelon national

Au niveau national, le comité directeur fédéral est composé d'élus, parmi lesquels peuvent figurer des médecins et des kinésithérapeutes pour occuper diverses fonctions, y compris celle de président. Ils ont une fonction de dirigeants bénévoles.
Le médecin fédéral national est, selon les fédérations, un membre élu du comité directeur, ou le président, élu ou nommé, de la commission nationale fédérale. Sa fonction est celle d'un dirigeant bénévole.
Dans les fédérations importantes, la charge de travail du médecin fédéral national est lourde et demande une disponibilité qui n'est plus compatible avec le bénévolat. C'est pourquoi le concept de directeur médical national a été proposé en 2002 pour que la fonction soit assurée de façon salariée et contractualisée. Cette fonction et ce statut devraient se généraliser progressivement.
Pour les équipes nationales, les fédérations recrutent des médecins et des kinésithérapeutes, salariés et contractuels, pour assurer les soins lors des déplacements, stages, entraînements et compétitions, en France et à l'étranger. Cette fonction exigeante et difficile nécessite une compétence professionnelle bien aguerrie, une assurance professionnelle spécifique, un contrat de travail conforme au Code du travail et aux règles ordinales, inspiré du contrat type adopté le 12 septembre 2002 par le Conseil national de l'Ordre des médecins.
Pour les pôles nationaux ou régionaux d'entraînements, les fédérations peuvent aussi recruter des médecins et des kinésithérapeutes qui ont les mêmes fonctions et les mêmes exigences que le personnel des équipes nationales. Ils travaillent habituellement en réseau, coordonné par le médecin fédéral national.

Mouvement olympique

Le mouvement olympique émane de l'ensemble des clubs, associations et fédérations sportives, et son organisation territoriale ressemble à celle des fédérations, avec des comités olympiques et sportifs départementaux, regroupés en régions, et constituant le Comité national olympique et sportif français (CNOSF) (voir chapitre 4).
À chaque échelon, les médecins peuvent être présents en tant qu'élus ou cooptés. Ce sont des dirigeants bénévoles qui participent au développement du sport et qui peuvent promouvoir et animer des actions d'éducation des sportifs à leur santé.
Ils sont réunis de temps en temps par l'échelon national pour être informés de l'actualité olympique internationale et pour se voir proposer des outils pédagogiques adaptés aux âges et aux niveaux de pratique sportive.
Le comité national organise le déplacement des sportifs sélectionnés pour les Jeux olympiques ou pour des manifestations internationales multisports à vocation olympique (Jeux méditerranéens, Jeux de la francophonie, Jeux de l'avenir, etc.). Le comité national recrute alors une équipe de médecins et de kinésithérapeutes pour accompagner les sportifs. Ces médecins sont indemnisés pour leur déplacement et leur activité professionnelle relève des mêmes obligations que celles des médecins des équipes nationales (contrat et assurances).

Ministère des Sports

Par son ministère des Sports, l'État exerce son droit régalien sur les activités sportives. Il agrée les fédérations, forme les cadres, établit les lois et règles générales, favorise et contrôle le fonctionnement fédéral. Il a, en particulier, la tutelle de la médecine du sport.
Il est intéressant de noter que la loi 99-223 du 23 mars 1999, inscrite au Code de la santé publique, tout en étant relative à la protection de la santé du sportif, ne confie pas ce sujet aux médecins du sport qualifiés, préférant s'adresser à l'ensemble des médecins sans en exiger de compétences particulières. Il en est de même pour tous les textes d'application.

Couverture territoriale

Une équipe de médecins contractuels travaille à la Direction nationale des sports sur les textes qui concernent la santé des sportifs, sur les moyens financiers accordés aux fédérations pour leurs actions médicales, et sur de nombreux autres sujets qui concernent notamment la santé publique ou la lutte contre le dopage. L'action de cette poignée de médecins est strictement administrative sur les dossiers qui leur sont confiés.
Il en est de même pour les médecins conseillers, recrutés dans les directions régionales du ministère. Ils sont contractuels et travaillent sur les dossiers régionaux qui concernent la santé des sportifs et la lutte contre le dopage. Ils coordonnent l'action des médecins inspecteurs départementaux qui, eux, ne sont pas contractuels mais sont indemnisés annuellement pour leurs activités menées à la demande des directeurs départementaux du sport. La définition de ces médecins départementaux est en cours de révision pour l'harmoniser avec celle des médecins régionaux.

Établissements

Le ministère des Sports a, en outre, la tutelle d'établissements nationaux et régionaux dont les vocations actuelles sont essentiellement tournées vers l'entraînement et la formation des sportifs et de leurs cadres.

L'Institut national du sport et de l'éducation physique (INSEP), créé en 1975 à partir de l'Institut national des sports (INS) et de l'École normale supérieure de l'éducation physique (ENSEP), est doté d'un département de médecine à trois fonctions : celle d'assurer les soins des sportifs au quotidien, celle d'évaluer leur aptitude physique, celle de développer les connaissances médicales spécifiques aux exigences des sports. Pour tenter de répondre à ces missions, s'est constitué un ensemble d'environ 70 personnes, aux statuts et aux fonctions variés : médecins contractuels ou vacataires, spécialistes et généralistes du sport, kinésithérapeutes contractuels ou vacataires, podologues, infirmières, diététiciens, secrétaires et techniciens. Certains médecins sont spécialisés dans l'évaluation de l'aptitude physique, d'autres sont thérapeutes. Pour permettre d'accueillir les sportifs et de leur prescrire des remèdes ou des examens complémentaires selon les règles professionnelles, un centre de santé autonome a été créé en 1975 au sein de l'INSEP, ce qui est unique dans tous les établissements du ministère du Sport.

Dans les autres établissements, nationaux (comme l'École nationale de ski et d'alpinisme ou l'École nationale de voile) ou régionaux (comme les CREPS ou le Lycée olympique d'altitude), des médecins et des kinésithérapeutes peuvent être recrutés. Ils sont contractuels ou vacataires. Ils sont chargés d'assurer les soins aux sportifs de leur établissement et de les instruire pour qu'ils évitent de se blesser. Comme tous les médecins, ils ne peuvent pas être à la fois thérapeutes et experts de l'aptitude physique des mêmes sportifs.

Collectivités locales

Pour répondre aux mieux à leurs sportifs, certaines collectivités favorisent les initiatives locales. De plus en plus de conseils régionaux ou généraux favorisent et subventionnent des centres associatifs de médecine du sport pour que les sportifs puissent évaluer, près de chez eux, leur aptitude physique.

Nombreuses sont les municipalités qui, par l'intermédiaire de leurs offices municipaux des sports, ont créé des centres médicosportifs (CMS) pour satisfaire à la loi 75-988 du 29 octobre 1975 et à son décret d'application du 27 mai 1977, qui exigeait que le certificat médical de non-contre-indication aux sports soit établi par un médecin du sport. Mais depuis la loi 84-610 du 16 juillet 1984 et son décret d'application du 1er juillet 1987, ces certificats peuvent être établis par tout docteur en médecine, et les CMS ont perdu leur mission première. Beaucoup ont fermé. Certains ont su s'adapter. Le rôle des CMS reste essentiellement l'éducation à la santé des sportifs et les actions de prévention. Ils recrutent des médecins contractuels ou vacataires.

Université

La formation initiale du médecin du sport revient à l'Université, qui organise l'enseignement d'une capacité universitaire (CU) en biologie et médecine du sport. C'est l'obtention de cette capacité qui permet à un médecin d'être qualifié compétent en médecine du sport. En France, 18 universités délivrent un enseignement selon un programme national minimal qui peut être étoffé selon les possibilités régionales. Chaque année, une centaine de médecins, généralistes ou spécialistes, acquièrent une compétence en médecine du sport, renouvelant partiellement le pool des 6 000 médecins du sport (voir chapitre 7).

Depuis le 20 juin 2002, un diplôme d'études spécialisées complémentaires (DESC) a été créé pour les médecins titulaires d'un DES. La formation devrait être ouverte en 2004 pour une vingtaine de médecins par an et pour toute la France.

Certaines unités hospitalo-universitaires ayant du personnel hautement qualifié à vocation enseignante et de recherche, et pouvant être dotées de matériel très spécialisé, se sont proposées au milieu sportif comme centre d'évaluation de l'aptitude physique, notamment dans les domaines de la biologie, de l'énergétique, de la biomécanique, de l'équilibration, de l'analyse du mouvement. Elles ont été agréées comme « plateaux techniques » par le ministère des Sports. Certaines d'entre elles, ayant un large champ d'action, ont été baptisées « Instituts régionaux de biologie et de médecine du sport ».

Quant à la formation continue des médecins du sport, elle peut être l'objet d'initiatives universitaires, comme l'organisation de diplômes universitaires (DU) finalisés, mais elle est surtout l'œuvre du milieu associatif professionnel.

Milieux de la santé

Certains établissements hospitaliers ont ouvert des services de médecine du sport. D'autres ont limité leurs initiatives à des consultations au sein des services d'urgence, de traumatologie, de cardiologie, de chirurgie, de rééducation, de pédiatrie. Dans tous ces services, les médecins sont des fonctionnaires de la santé ou des vacataires. Ils peuvent avoir des fonctions de thérapeutiques, d'explorations fonctionnelles, de formation des médecins du sport, de recherche.

Certaines cliniques privées et certains médecins libéraux ont orienté leur activité vers le milieu sportif, qui constitue une part plus ou moins importante de leur clientèle. Leurs fonctions concerne surtout la thérapeutique et peuvent aussi s'orienter vers le conseil, la prévention ou l'exploration des aptitudes.

Entreprises

Certaines entreprises favorisent la pratique du sport chez leurs salariés, et les médecins du travail sont amenés à avoir une part de leur activité en médecine du sport. Des entreprises ont des équipes inscrites dans les championnats corporatifs. Dans d'autres entreprises, la pratique sportive est confiée aux comités d'entreprise, qui peuvent organiser un centre médicosportif à vocation préventive et éducative.

Autres milieux

La pratique du sport ne peut être cantonnée au milieu sportif et d'autres milieux font appel à des médecins du sport pour certains services.

L'Armée, par exemple, a des unités physiquement très entraînées. Elle a développé des services de recherche de haut niveau (voir chapitre 5) dont les thèmes concernent l'activité physique et dont les résultats intéressent les médecins du sport. Elle est aussi concernée par la thérapeutique des blessés qui ont besoin d'être réhabilités au mieux. Les échanges entre médecins militaires et médecins du sport sont fréquents, anciens et très enrichissants.

Les pompiers et la police ont aussi besoin de médecins du sport pour traiter leurs effectifs sportifs et pour évaluer leurs aptitudes. Des congrès et des rencontres sont nombreux, et des médecins du sport sont ainsi recrutés par le ministère de l'Intérieur.

Le milieu de la culture fait aussi appel aux médecins du sport pour ses danseurs, chanteurs, musiciens, acrobates et artistes du cirque. Les médecins sont alors honorés ou salariés après établissement de contrats précisant les tâches et les missions.

Structures professionnelles spécifiques à l'ensemble des médecins du sport

Les médecins du sport sont ainsi sollicités par des milieux variés car la pratique sportive est multiforme et concerne de nombreux domaines de la société. Cela entraîne nécessairement une grande variété d'exercices professionnels et d'observations de l'homme en mouvement. Les médecins du sport ont donc besoin d'organismes d'échanges et de rencontres (voir chapitre 9).

Société française de médecine du sport

Société savante, la Société française de médecine du sport (SFMS) est un lieu de réflexion scientifique. Elle crée des commissions nationales pour chaque sujet d'actualité. Elle est structurée en sociétés régionales, riches en travaux, réflexions et observations. Elle organise un congrès annuel qui rassemble tous les médecins du sport de France, dense en communications. Elle a un organe de presse, en langue française, la revue *Science et Sports* , qui s'adresse à tous les pays francophones.

Syndicat national des médecins du sport

Le Syndicat national des médecins du sport (SNMS) s'intéresse à tout ce qui concerne l'exercice professionnel de la médecine du sport. Celle-ci est pratiquée en structures publiques ou privées, salariées ou libérales, par des médecins omnipraticiens ou par des spécialistes, auprès des sportifs de tous niveaux. Le syndicat travaille étroitement avec les ministères de tutelles et avec le Conseil national de l'Ordre des médecins. Il a un organe de presse, en langue française, la revue *Cinésiologie* .

Association nationale de formation continue en médecine du sport

Pour leur formation continue, les médecins du sport disposent d'un riche réseau associatif, dont la vitalité est essentiellement régionale ou locale. Régionalement, le réseau est coordonné par une association régionale de formation continue en médecine du sport (ARFORMES), qui établit des liens avec les structures professionnelles régionales de formation médicale continue. Nationalement, le réseau est animé par l'Association nationale de formation continue en médecine du sport (ANFORMES), qui regroupe tous les acteurs régionaux et nationaux, les ARFORMES, la SFMS, le SNMS et les revues de médecine du sport, comme *Science et sports* , *Cinésiologie* , *Journal de traumatologie du sport*. L'ANFORMES est en lien avec les structures nationales de formation continue en médecine.

Structures catégorielles

Selon leurs orientations professionnelles, les médecins du sport se rencontrent au sein de la Société française de traumatologie du sport (SFTS), qui organise de nombreux congrès médicochirurgicaux et qui a un organe de presse, le *Journal de traumatologie du sport*. Les cardiologues du sport ont constitué un groupe spécifique au sein de la Société française de cardiologie.

Selon leurs fonctions, les médecins du sport peuvent se retrouver au sein de l'Union nationale des médecins fédéraux (UNMF) et de l'Association nationale des médecins des équipes de France (ANMF). Les médecins des CROS et des CDOS ont leurs congrès, organisés par le CNOSF. Les médecins des centres médicosportifs ont leurs journées de formation dans le cadre de la Fédération nationale des offices municipaux des sports (FNOMS). Les médecins des établissements nationaux et régionaux du sport se retrouvent régulièrement, ainsi que les médecins conseillers régionaux. Ils constituent le groupe des médecins salariés du ministère des Sports.

Les médecins préleveurs impliqués dans la lutte contre le dopage ont aussi leurs journées de formation initiale et continue, organisées par le ministère des Sports (voir chapitre 23).

Selon diverses conjonctures, des organisations se sont créées, répondant à des besoins particuliers.

Le Groupement latin et méditerranéen du sport (GLMMS) fut fondé en 1956 et sa dénomination actuelle date de 1986. Il réunit les pays du pourtour méditerranéen et européen dans le but de diffuser les connaissances modernes de la physiologie, de la cardiologie, de la traumatologie du sport, en organisant lors de l'année du déroulement des Jeux méditerranéens un congrès international scientifique quadriannuel, avec en intercalaire un symposium et des réunions locales.

Les Assises nationales de médecine du sport ont été souhaitées par les responsables du SNMS, de la SFMS, de l'UNMF, de l'ANMEF, de la commission médicale du CNOSF, de la SFTS, afin de coordonner leurs actions, d'échanger des informations professionnelles et de promouvoir la médecine du sport. Elles ont lieu tous les ans en préambule du congrès annuel scientifique de la SFMS depuis 2001.

Bien entendu, un même médecin peut appartenir à plusieurs organismes car tous sont complémentaires et sans rivalités. Cet état d'esprit qui est très spécifique à la médecine du sport en France fait son originalité, sa cohésion et son dynamisme.

Associations sportives en France : des clubs aux fédérations

Sommaire

Le sport peut être pratiqué en France de deux manières différentes : le sport organisé dans le cadre d'un club, et le sport dit « sauvage », pratiqué par quiconque et n'importe où.

Il importe donc que le médecin qui s'intéresse aux sportifs en connaisse les grandes structures de base (la tête, les jambes, le cœur...), de la même manière qu'il serait inconcevable qu'un médecin du travail ignore ce qu'est un CHSCT ou un comité d'entreprise !

En outre, la médecine du sport est représentée aux divers échelons du mouvement sportif associatif, ce qui est une raison de plus pour ne pas méconnaître cette organisation.

Tout ce système sportif associatif est régi par deux ensembles de lois fondamentales :

- la loi générale du 1er juillet 1901, qui régit le fonctionnement des associations;
- les diverses lois sur l'organisation du sport en France (voir *infra*); les dispositions de la loi du 23 mars 1999, relative à la prévention et au suivi médical, sont depuis 2000 inscrites aussi dans le Code de la santé publique (articles L.3612-2, L.3613-1 et L.3621-1 et suivants).

Dans tous les cas, le mouvement sportif est organisé en France selon un type de structure générale, correspondant aux divisions administratives du territoire national.

Textes légaux

Les textes de base auxquels ce chapitre fait référence sont tout d'abord la loi du 1er juillet 1901, et ses décrets d'application du 16 août 1901. Comme toute autre association, les associations sportives sont régies par ces textes de base (sauf les dispositions particulières aux départements du Haut-Rhin, du Bas-Rhin et de la Moselle), mais complétés par d'autres textes créant des obligations plus spécifiques au sport.

En ce qui concerne spécifiquement le sport, plusieurs textes fondamentaux ont été promulgués successivement :

- la loi n° 84-610 du 16 juillet 1984, et son décret d'application n° 85-236 du 13 février 1985. Cette loi est restée un texte de référence, mais elle a été modifiée et complétée ensuite à plusieurs reprises, la dernière étant la loi du 1er août 2003 (voir *infra*);
- la loi du 13 juillet 1992 (*JO* du 16 juillet 1992), « modifiant la loi n° 84-610 du 16 juillet 1984 relative à l'organisation et à la promotion des activités physiques et sportives, et portant diverses dispositions relatives à ces activités »;
- la loi n° 99-223 du 23 mars 1999, « relative à la santé des sportifs et à la lutte contre le dopage ». Très importante sur le plan médical, cette loi a fait l'objet de deux articles nouveaux du Code de la santé publique à partir de 2000;
- la loi n° 2000-627 du 6 juillet 2000 (*JO* du 8 juillet 2000), « modifiant la loi n° 84-610 du 16 juillet 1984 sur la promotion et l'organisation des activités physiques et sportives ». Ce texte est un des plus importants depuis la loi du 16 juillet 1984, précitée;
- la loi n° 2003-708 du 1er août 2003 (*JO* n° 177 du 2 août 2003, page 13274 et suivantes), « relative à l'organisation et à la promotion des activités physiques et sportives », qui a été promulguée par le Parlement, mais dont l'article 9 a été déclaré contraire à la Constitution par décision n° 2003-481 du Conseil constitutionnel. Cette loi complète et termine l'évolution de la loi du 16 juillet 1984;
- le décret n° 2004-22 du 7 janvier 2004 (*JO* n° 6 du 8 janvier 2004), « relatif à l'agrément des fédérations sportives, aux dispositions obligatoires des statuts des fédérations sportives agréées, et à leur règlement disciplinaire ». Ce texte fondamental et récent correspond à la fois à l'article 1, alinéa II de la loi du 1er août 2003 et à l'article 16 de la loi du 16 juillet 1984, auquel il se réfère dans son titre. Il réglemente les dispositions relatives aux instances dirigeantes des fédérations, et par ailleurs il valorise la représentation médicale dans les fédérations (voir *infra*). Il est à noter aussi que l'article 1er du décret prévoit une féminisation accrue dans la représentation de ces instances.

Ces divers textes ont été présentés dans le chapitre précédent, et il n'y a donc pas lieu d'y revenir ici. En tout cas, on les trouve très facilement sur Internet (voir chapitre 8), et par plusieurs sites ou serveurs, sans qu'il soit nécessaire de se procurer la version papier.
En complément de ces textes fondamentaux les plus importants, il en existe bien d'autres, relatifs au mouvement sportif, notamment en fonction de dispositions administratives, financières ou fiscales, qu'il n'y a pas lieu non plus d'évoquer ici.
En outre, les dispositions légales relatives à la lutte contre le dopage dans le sport sont précisées par plusieurs des textes précédents et par d'autres textes très importants, qui seront exposés plus loin (voir chapitre 23).

Structure sportive de base : club ou association

L'unité de base pour l'exercice d'une activité sportive est le club, en France comme dans beaucoup d'autres pays.

Désignation et capacité territoriale du club

Au niveau d'une ville, deux catégories bien différentes de clubs doivent être distinguées.

Clubs amateurs

En ce qui concerne l'immense majorité que représentent les sportifs amateurs, bénévoles et non professionnels (voir chapitre 4), tout membre d'un club, à jour de sa cotisation, est titulaire d'une licence sportive pour le sport considéré, ce qui implique *ipso facto* :

- qu'il est en règle pour le certificat médical de « non-contre-indication » au sport;
- qu'il est assuré par la mutuelle ou compagnie qui assure le club (ou la fédération).

La direction du club est assurée par un comité directeur renouvelé par élection tous les 4 ans, selon la périodicité de l'Olympiade (voir *infra*), et qui élit en son sein le président du club, vote soumis ensuite à la ratification par l'assemblée générale.
L'assise de ces clubs est le plus souvent précisée par le nom de leur ville ou village, mais elle peut aussi être celle d'un organisme professionnel (ASPTT, par exemple), ou même, par dérogation à la loi de 1901, confessionnelle (UGSEL, FSCF). Ces particularités seront expliquées dans le chapitre suivant.

Clubs professionnels

En ce qui concerne les sportifs dits professionnels (réglementés par un décret de décembre 1999, qui a modernisé leur statut), il est à noter que le fonctionnement de ces clubs est relativement plus simple, mais compte tenu de l'importance des enjeux financiers en cause, il est parfois l'objet de tensions violentes qui défrayent les chroniques sportives de la grande presse. Mais l'effectif total des sportifs professionnels ne dépasse guère 8 000 environ, ce qui est très peu par rapport à l'ensemble du mouvement sportif bénévole (environ 14 millions).
Il est à noter que le chapitre II de la loi du 2 août 2003, articles 3 à 5, complète et précise la loi du 16 juillet 1984 en ce qui concerne « les dispositions relatives au sport professionnel ». La volonté de garantir l'éthique dans le sport professionnel avait été aussi l'objet de la loi de juillet 2000 (article 7).

Contraintes administratives et réglementaires sportives d'un club

Alors que la notion structurelle de règlement et de hiérarchie est aléatoire et parfois même antinomique dans certains types d'associations, par exemple celles qui sont fondées sur la création artistique, il est évidemment indispensable que le mouvement associatif sportif respecte strictement les règles de sa discipline sportive :

- la normalisation nationale et internationale des règlements fédéraux relatifs à la pratique, aux terrains ou salles, et aux règles de jeu de ce sport, qu'il s'agisse de compétition ou non;
- les règlements sanctionnant un éventuel non-respect de ces règles (arbitrage), ainsi que d'éventuelles violences ou brutalités fautives, pouvant conduire les responsables sportifs à saisir la commission fédérale juridique ou disciplinaire *ad hoc* ;
- la hiérarchisation nécessaire des structures sportives en fonction des divisions territoriales nationales, ce qui n'a pas toujours été d'une application facile en France, dont le système territorial est à quatre échelons (État, région, département, commune), ce qui est un de plus que dans l'ensemble des autres États, en particulier de l'Union européenne;
- s'y ajoute, dans les grandes villes, l'existence possible d'un *Office municipal des sports* (OMS), dont relèvent alors les clubs qui le souhaitent, et qui leur apporte un soutien logistique et financier parfois important. Il existe d'ailleurs une *Fédération nationale des offices municipaux du sport* (FNOMS).

Représentation médicale au sein d'un club

Dans la plupart des clubs, quelle que soit leur taille, le suivi médical est assuré par un médecin – toujours bénévole –, et qui est lui-même pratiquant licencié dans le club, ou qui a un pratiquant licencié dans son entourage familial ou amical.
Ce médecin est souvent titulaire de l'ancien certificat d'études spéciales (CES) de médecine du sport, ou de l'actuelle capacité, comme le souhaitent souvent les présidents de clubs, qui ont pris conscience de la nécessité médicale dans leur club.
Bien que bénévole, le médecin de club – que ce soit dans une ville ou en campagne – retire, comme il est normal, un intérêt relationnel de cette activité dans sa clientèle.
En outre, dans les grandes villes, en particulier celles qui ont un OMS, il peut exister un centre médicosportif municipal

(CMS), qui fonctionne grâce à des vacations données aux médecins qui y assurent des prestations de suivi ou de non-contre-indication au sport. Il semble toutefois que certains de ces CMS éprouvent actuellement des difficultés de fonctionnement.

Comités départementaux fédéraux

Le rôle et la structure de ces comités départementaux sont très clairement définis.

Désignation et capacité territoriale des comités départementaux

L'unité territoriale correspondante est le département, création jacobine bicentenaire destinée à consolider l'unité de la République, et qui est resté en France une entité très forte dont l'instance décisionnelle élue est le conseil général, qui a conservé des prérogatives très importantes à travers les lois de décentralisation, en particulier la première, de 1982 (dite loi Deferre).
Les comités départementaux sportifs portent en général simplement le nom de « Comité départemental de *(nom du sport considéré)* du département de *(nom du département)* ».
Les comités départementaux sont regroupés dans une structure confédérale, le comité départemental olympique et sportif, qui est une simple structure de coordination, vis-à-vis de laquelle les comités départementaux sportifs n'ont aucun lien de dépendance.
À ce niveau, les comités sportifs départementaux ont souvent des relations directes utiles avec leurs conseillers généraux, dont les pouvoirs décisionnels financiers sont très importants.

Modalités d'administration et de fonctionnement des comités départementaux

Comme pour toute structure sportive associative, les règles électorales et la représentation dans les comités directeurs de ces comités départementaux sont précisées par les divers textes légaux et réglementaires. La durée de mandat est celle de l'olympiade, c'est-à-dire 4 ans, avec renouvellement complet des membres sortants, y compris le président, qui sont d'ailleurs tous rééligibles.

Représentation médicale au sein des comités départementaux

Les comités départementaux des sports ayant un grand nombre de licenciés (football et tennis, par exemple) ont depuis longtemps des médecins départementaux, et même à l'échelle du district.

Pour les autres, la disposition du « médecin licencié élu », prévue par le décret 85-236 du 13 février 1985, et renouvelée par le décret 2004-22 du 7 janvier 2004, peut apporter une solution.

Comités régionaux sportifs ou ligues

Leur ressort territorial, défini par le décret 85-236, et toujours réaffirmé par les textes suivants, est « celui des services extérieurs du ministère chargé des Sports ».

Désignation et capacité territoriale des comités régionaux

La question est actuellement très simplifiée. Depuis la loi de 1982 sur l'administration de la République, et la charte sur la déconcentration de 1992, chaque région administrative ne doit plus avoir qu'une seule direction régionale du ministère chargé des Sports, et il doit en être de même pour les structures du mouvement sportif.
Cette disposition unificatrice territoriale a toujours été confirmée par les textes ultérieurs, après divers atermoiements dans les années 1990, en particulier dans les régions administratives qui avaient encore conservé deux ou plusieurs territoires académiques.
Seuls quelques très rares comités régionaux sportifs font encore exception, mais passent pour retardataires, et éprouvent en particulier des difficultés certaines pour présenter des dossiers financiers devant l'instance régionale représentative du Fonds national de développement du sport (FNDS).
Ces structures régionales s'appellent « comité régional de », ou « ligue de » *(nom de la région)* , de *(sport considéré)* . Elles sont déclarées devant la préfecture d'arrondissement dont dépend leur siège social, et leur statut doit évidemment être compatible avec celui de la fédération à laquelle elles sont affiliées.

Modalités d'administration et de fonctionnement des comités régionaux

De même que pour les structures précédentes, la direction de la ligue est assurée par un comité directeur renouvelé par élection tous les 4 ans (périodicité de l'Olympiade), et qui élit en son sein le président du club, vote soumis ensuite à la ratification par l'assemblée générale.

Représentation médicale au sein des comités régionaux

Comme pour les comités départementaux ayant un grand nombre de licenciés, les grosses ligues ont depuis longtemps un médecin régional bénévole, dont le nom doit d'ailleurs figurer sur les formulaires de demande de subventions FNDS, et qui assure notamment une certaine coordination médicale au sein de sa ligue. Il agit également en liaison avec le conseiller technique régional (CTR) pour la pleine valorisation du suivi médical.

Les médecins de ligue sont par ailleurs réunis annuellement au CNOSF par le médecin chargé de la commission médicale de celui-ci (voir chapitre 4), et qui est actuellement le docteur Maurice Vrillac.

Les médecins de ligue font aussi partie *ipso facto* de la commission médicale du comité régional olympique et sportif correspondant (voir chapitre 4).

Mais malgré cette nécessité régionale, force est de constater que les ligues les moins nombreuses n'ont pas toujours un médecin régional, et que les dispositions du « médecin licencié élu », prévues par les décrets 85-236 du 13 février 1985 et 2004-22 du 7 janvier 2004, peuvent apporter une solution utile également en ce cas.

Fédérations sportives

Ce sont les structures sportives les plus importantes et les plus solidement codifiées, car elles représentent au plan national un sport bien déterminé, et correspondent à leurs homologues nationales pour les sports olympiques, dans un grand nombre de pays, sous l'égide du Comité international olympique (CIO).

Désignation et capacité territoriale des fédérations sportives françaises

Il n'existe officiellement en France (métropole et Dom-Tom) qu'une seule et unique fédération par sport considéré, qui est reconnue et agréée par le ministère des Sports, en concertation avec le CNOSF. Cette disposition unificatrice a toujours été confirmée par les ministres successifs et par les textes légaux.

La fédération a, sur certains plans, *délégation de la puissance publique*, et évidemment en particulier pour organiser les compétitions à tous niveaux, y compris international, dans le respect des normes olympiques ou internationales correspondant à sa propre discipline.

Dans plusieurs cas, une fédération peut avoir la responsabilité de formes très diverses de son activité sportive. C'est le cas de l'athlétisme, dont les composantes couvrent toutes les disciplines de l'athlétisme olympique : courses de fond et de vitesse, sauts en hauteur et longueur, lancers, etc. Mais c'est également vrai pour d'autres cas, par exemple la Fédération française de judo et des « disciplines associées ».

Les prérogatives des fédérations ont été nettement réaffirmées par le chapitre I de la loi du 1er juillet 2003, « en vue de participer à une mission de service public », et les fédérations agréées « peuvent recevoir de l'État un concours financier dans des conditions fixées par une convention d'objectifs » (article 1).

Cas des fédérations sportives ayant la reconnaissance d'utilité publique (RUP)

Quelques fédérations sportives – peu nombreuses – bénéficient de ce statut particulier, en raison de la nature de leur objet social. Or le titre II du décret 2004-22 du 7 janvier 2004 leur est spécifiquement consacré, et les médecins sont très impliqués dans plusieurs de ces fédérations, en particulier Handisport et la FFSS.

C'est la première fois qu'un texte officiel relatif aux fédérations sportives, et plus généralement à l'organisation du sport en France, fait référence précisément aux fédérations bénéficiant de la RUP.

Cas des « sportifs de haut niveau » (SHN)

La liste de ces sportifs est établie annuellement par chaque fédération, en accord avec la Commission nationale du sport de haut niveau, et elle évolue évidemment en fonction des résultats des intéressés, ou d'autres qui atteignent les podiums nationaux et internationaux.

Le statut personnel, l'éventuelle insertion professionnelle de ces sportifs, ainsi que leur protection sociale ont été renforcés par la loi du 6 juillet 2000 (articles 24 à 28).

Modalités d'administration et de fonctionnement des fédérations sportives françaises

Les fédérations françaises sont dirigées selon les dispositions des diverses lois françaises précitées. Le comité directeur est renouvelé par élection tous les 4 ans (voir chapitre 4). Il élit en son sein le président de la fédération, vote soumis ensuite à la ratification par l'assemblée générale.

La mise en application des dispositions du décret 2004-22 du 7 janvier 2004 est prévue (article 12) « au plus tard lors du renouvellement de la ou des instances dirigeantes qui suit les Jeux olympiques de 2008 », soit plus clairement, au plus tard au printemps 2009.

Les règles de composition des comités directeurs fédéraux ont été précisées par le décret du 13 février 1985, articles 11 à 15, et réaffirmées par le décret du 7 janvier 2004, annexe I, dont l'alinéa 2 précise que « les statuts prévoient qu'un médecin siège au sein d'une des instances compétentes », ce qui est d'ailleurs un peu ambigu par rapport aux termes du décret de 1985 : « Le comité directeur doit comprendre au moins un médecin licencié et un éducateur sportif. »

Toute fédération institue plusieurs commissions nationales, dont les membres sont nommés par le comité directeur, en son sein ou avec d'autres membres choisis pour leur compétence particulière, et qui comprennent en particulier une commission médicale (voir *infra*). À ce sujet, les dispositions de l'annexe I du décret du 7 janvier 2004 ne mentionnent plus que trois commissions *obligatoires* :

- une commission de surveillance des opérations électorales (alinéa 241 de l'annexe) ;

– une commission médicale (alinéa 242) ;
– une commission des juges et arbitres (alinéa 243, voir *infra*).

Structure nationale, une fédération française a des représentations qui correspondent à la structure administrative de notre pays, et qui ont été indiquées ci-dessus, mais qui ne sont donc pas exactement homologues dans d'autres États. Toutes les structures fédérales (fig. 3.1) correspondent au ministère des Sports et à ses structures décentralisées, ainsi qu'aux structures territoriales françaises.

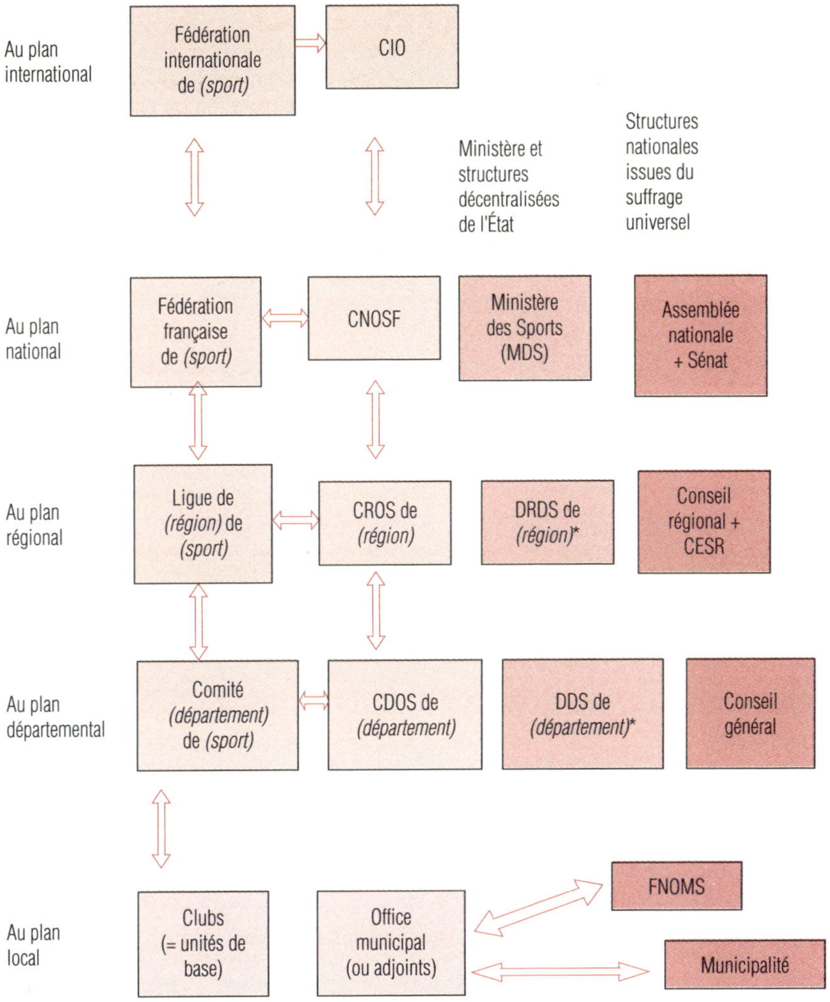

Fig. 3.1. Organigramme général du mouvement sportif en France (d'après Harichaux et Ducœur, Manuel de secourisme en milieu sportif, Éditions France-Sélection, 2004, avec l'aimable autorisation de l'éditeur).
Les flèches doubles indiquent des liens organiques institutionnels entre les structures concernées, mais l'absence de cette précision ne signifie pas que des relations n'existent pas entre les autres.
Cas particulier du CNOSF : rappelons que les comités nationaux olympiques sont généralement composés uniquement des fédérations représentées aux Jeux olympiques. Par exception, en France, le CNOSF comprend aussi les fédérations sportives non olympiques, les fédérations multisports et affinitaires, et les fédérations scolaires et universitaires (voir chapitre 4).
*Données actuelles (janvier 2004), mais il est possible que ces structures connaissent une modification prochaine de leur statut, dans le cadre de l'évolution de la décentralisation de l'État.

Représentation médicale au sein des fédérations sportives françaises

C'est à ce niveau national que la médecine du sport est actuellement le mieux représentée dans chaque fédération, et selon plusieurs modalités différentes.

Médecin fédéral national

Il assure, dans chaque fédération, la qualité et la régularité des actes correspondant au suivi médical, en liaison avec les divers échelons administratifs de la fédération.
Ses attributions, qui n'ont jamais été formellement définies par un texte, consistent principalement en :

– la participation avec voix consultative aux délibérations du comité directeur fédéral, dans le cas où il n'est pas lui-même membre élu ;
– un avis sur la nomination des médecins régionaux ;
– un contact possible avec les présidents de ligue, en accord avec le président fédéral ;
– l'établissement du budget annuel médical de la fédération ;
– la coordination du suivi médical en liaison avec le directeur technique national (DTN) et les éventuels conseillers techniques nationaux (CTN) dont dispose la fédération.

Les médecins fédéraux nationaux peuvent adhérer à une association qui leur est spécifique, l'Union nationale des médecins fédéraux (UNMF)[1].

Médecin du suivi des équipes de France

En suivant les déplacements fréquents de ces équipes, ces médecins sont amenés à laisser temporairement leur activité professionnelle personnelle. C'est pourquoi ils sont généralement indemnisés par les fédérations et ont un statut personnel défini par contrat. Cette question a évolué dans un sens très positif depuis 2002, sous l'action du Syndicat des médecins du sport[2], et en concertation avec le Conseil national de l'Ordre des médecins.

« Médecin licencié élu »

Primitivement prévu par le décret du 13 février 1985 pour renforcer la présence médicale souvent déficiente dans les fédérations de l'époque, ce poste existe toujours, y compris dans le décret du 7 janvier 2004, quoique cette représentation soit devenue actuellement moins fondamentalement nécessaire.

Il faut en tout cas bien rappeler que ce médecin élu, et donc pourvu d'une voix délibérative au comité directeur, n'est pas nécessairement et obligatoirement le médecin fédéral national, et *vice versa*. La confusion avait été fréquente dans l'esprit des dirigeants sportifs pour l'application du décret de 1985, mais elle tend actuellement à s'amenuiser.

Le cas du DTN est sans rapport avec celui du médecin fédéral, puisque le DTN est un agent relevant directement du ministère des Sports, et donc payé par lui et mis à la disposition de la fédération. Donc en aucun cas, il ne peut être élu, alors que le médecin fédéral en a le droit.

Commission médicale nationale

La commission médicale fédérale regroupe, entre autres, les médecins de ligue, ainsi que les kinésithérapeutes fédéraux et les pharmaciens éventuellement représentés dans la fédération.

La légitimité de son existence a été confortée de manière indiscutable par le décret du 7 janvier 2004, annexe I, alinéa 242.

En principe, mais pas toujours en fait, sa présidence est assurée par le médecin fédéral national.

Elle a en charge l'élaboration du règlement médical fédéral, obligation qui a été rappelée à diverses reprises aux fédérations, aussi bien par le décret du 13 février 1985 que par les textes ultérieurs, y compris par des circulaires de rappel du ministère des Sports.

L'inscription du suivi médical des sportifs dans le Code de la santé publique depuis 2000 (articles L-3621-1 et suivants) est en tout cas un solide argument à faire valoir auprès d'éventuels récalcitrants, quels qu'ils soient, car il est évident que *nul n'est censé ignorer la Loi*.

Un schéma général de suivi médical sportif est en cours d'élaboration au ministère des Sports, et devrait être proposé aux fédérations.

Évolution de ce dispositif général à l'horizon 2009

La loi du 1er août 2003 stipule dans son article 1 un alinéa II dont la portée est considérable et qui précise que : « Un agrément peut être délivré par le ministre chargé des Sports aux fédérations qui, en vue de participer à l'exécution d'une mission de service public, ont adopté des statuts comportant certaines dispositions obligatoires et un règlement disciplinaire conforme à un règlement type. Les dispositions obligatoires des statuts et le règlement disciplinaire type sont définis par décret en Conseil d'État, après avis du Comité national olympique et sportif français. »

C'est ce décret d'application, promulgué le 7 janvier 2004, « le Conseil d'État (section de l'Intérieur) entendu », qui remet en cause la composition des instances dirigeantes fédérales, et d'ailleurs à tous leurs niveaux, telles qu'elles étaient définies par le décret du 13 février 1985.

Plusieurs tendances ont été récemment évoquées, et notamment déjà depuis 2000, à propos de ce statut type nécessaire à l'agrément :

– la représentation élective : la doctrine « une licence = une voix », évoquée par diverses autorités en 2000, est inapplicable, et a été remplacée par un système de pondération, à définir par chaque fédération ;
– l'instauration d'un poste de « directeur médical national » au sein de chaque fédération a été envisagée. Il s'agirait d'un poste appointé, symétrique de celui de « directeur technique national », mais dont la création soulève divers problèmes délicats.

En tout état de cause, ces modifications obligatoires doivent être mises en place *au plus tard* lors du renouvellement des instances fédérales qui suivra la fin de l'Olympiade 2004-2008, c'est-à-dire au printemps 2009.

Telles sont les grandes lignes de l'organisation du mouvement sportif en France, et de la représentation médicale à ses divers échelons, tout au moins en l'état actuel des textes en vigueur.

En conclusion, et pour éviter tout impair, il est fondamental que le médecin du sport sache bien que :

1. Union nationale des médecins fédéraux (UNMF) : siège social, Maison du sport français, 1, avenue Pierre-de-Coubertin, 75640 Paris Cedex 13. Président : Docteur Jacques Mombet (élections de décembre 2003). Président fondateur : Dr André Boeda. Président d'honneur : Dr Guy Azemar.
2. Syndicat national des médecins du sport : siège social, Domus Medica, 60, bd de Latour-Maubourg, 75007 Paris. Président : Dr Denys Barrault.

- le mouvement sportif en France repose sur le bénévolat, et n'est absolument pas dirigé par des représentants de la fonction publique ;
- les divers étages des structures fédérales n'ont pas de rapports hiérarchiques de commandement ou de subordination les uns avec les autres, mais doivent uniquement veiller au respect des obligations administratives et techniques du sport considéré ;
- ils n'ont également pas de rapport de subordination avec les structures décentralisées de l'État et des collectivités territoriales françaises ;
- mais il existe aussi des structures confédérales de coordination, plus ou moins efficaces selon les cas, avec tout l'ensemble du dispositif ainsi décrit (fig. 3.1), et qui sont décrites dans le chapitre suivant.

Comité national olympique et sportif français (CNOSF)

Telles qu'elles ont été définies au chapitre précédent, les fédérations sportives sont regroupées au sein du CNOSF. Celui-ci est une structure de coordination, par rapport aux fédérations, qui exercent leurs pouvoirs en toute indépendance, en particulier pour organiser des compétitions nationales et internationales sur le territoire français, et pour définir, voire modifier les règlements fédéraux.
Mais le CNOSF joue également un rôle synergique, et se trouve par ailleurs représenté officiellement à divers niveaux institutionnels importants au plan national ou international.
C'est également lui qui a la responsabilité d'organiser le recrutement et le déplacement de la délégation française aux Jeux olympiques, paralympiques et autres compétitions internationales relevant du mouvement olympique (par exemple, les Jeux méditerranéens).

Sommaire

Constitution et composition du CNOSF

Né le 23 février 1972, le CNOSF a vu son statut et son rôle bien précisés par la loi du 16 juillet 1984, dont les dispositions le concernant restent toujours en vigueur.

Définition

Dans chaque État membre du Comité international olympique (CIO) – un peu moins de 200 aux JO d'Athènes en 2004 –, les fédérations nationales qui participent aux Jeux olympiques sont représentées au sein de leur comité national olympique.
Dans le cas particulier de la France, d'autres fédérations, non olympiques, figurent dans le CNOSF, parce qu'il a été formé en 1972 par la fusion de deux structures antérieures :

- le Comité national des sports, créé en 1908, et qui rassemblait les fédérations sportives de l'époque, olympiques ou non ;
- le Comité olympique français, créé en 1911, et qui regroupait uniquement les fédérations olympiques. Il avait par ailleurs obtenu en 1922 la reconnaissance d'utilité publique.

Cette double genèse explique la différence de composition du CNOSF par rapport aux autres comités nationaux olympiques en général.
Quelle que soit l'évolution statutaire ultérieure des fédérations en fonction du décret en Conseil d'État du 7 janvier 2004, pris en application de la loi du 1er août 2003, il ne semble pas que cette composition pluraliste du CNOSF puisse en être affectée. Il est cependant prévisible que la féminisation de ses composantes de base soit majorée, en fonction des dispositions de l'article 1er de ce décret, applicables *au plus tard* au printemps 2009 (voir chapitre 3).

Fédérations membres du CNOSF

Le CNOSF les classe en quatre catégories bien définies, dont les effectifs sont établis pour l'année sportive précédente (c'est-à-dire, globalement, de septembre à septembre), et servent de référence pour le décompte des voix lors de l'assemblée générale annuelle du CNOSF (qui se tient généralement en avril-mai).

Fédérations olympiques

Elles représentent les sports qui participaient déjà aux premiers Jeux olympiques ressuscités par Pierre de Coubertin en 1896, et auxquelles se sont progressivement jointes d'autres fédérations reconnues ensuite par le CIO, comme le tennis. C'est pourquoi elles étaient jadis qualifiées de « fédérations dirigeantes », par rapport aux « fédérations non dirigeantes », en particulier celle de « Sport pour tous ».
La persistance de cette notion de dualité, dans le langage courant de certains membres du CNOSF, est inhérente à la double origine de ce dernier, mais elle tend à s'estomper actuellement, quoiqu'elle corresponde encore à un avantage de pondération des voix en faveur des fédérations olympiques lors de l'AG annuelle du CNOSF.
Pour l'assemblée générale du 19 mai 2004, les 29 fédérations olympiques totalisaient 6 874 062 licenciés, répartis dans 73 986 clubs (tableau 4.1).

Tab. 4.I. Effectif des licenciés des 29 fédérations olympiques (état lors de l'assemblée générale du CNOSF du 19 mai 2004).

Discipline olympique	Nombre de clubs	Nombre de licenciés
Athlétisme	1 827	165 857
Aviron	366	39 771
Badminton	1 313	85 712
Baseball et softball	192	7 434
Basket-ball	5 245	426 751
Boxe	585	21 057
Canoë-kayak	727	29 474
Cyclisme	2 597	98 642
Équitation	5 391	447 139
Escrime	728	46 140
Football	19 776	2 066 339
Gymnastique	1 647	226 882
Haltérophilie	490	26 781
Handball	2 424	318 895
Hockey sur gazon	104	7 635
Judo et disciplines associées	6 038	576 607
Lutte	321	13 429
Natation	1 326	214 053
Pentathlon moderne	21	864
Ski	1 470	152 448
Sports de glace	272	40 405
Taekwondo	773	49 974
Tennis	8 937	1 067 755
Tennis de table	4 283	186 265
Tir	2 048	132 447
Tir à l'arc	1 633	51 906
Triathlon	509	18 595
Voile	1 087	252 932
Volley-ball	1 856	101 873
Total	**73 986**	**6 874 062**

Fédérations nationales sportives

Ce sont celles qui ne sont pas agréées par le CIO pour participer aux Jeux, bien que leurs activités sportives soient parfaitement codifiées et reconnues au plan national, et même parfois international.

Un exemple typique de cette non-représentation est celui du golf, et il n'y a pas si longtemps le tennis lui-même était dans le même cas. Par ailleurs, les sports mécaniques ne sont pas représentés, malgré la popularité médiatique de certains d'entre eux.

Ces fédérations sont en tout cas membres du CNOSF, comme celles des deux autres catégories qui suivent, mais pas avec les mêmes prérogatives que les précédentes sur le plan électoral. Il est à signaler que quelques rares fédérations de cette catégorie et des deux suivantes bénéficient de la « reconnaissance d'utilité publique », en raison du caractère social de leur activité, ce qui leur permet évidemment de recevoir des dons et legs.

Pour l'assemblée générale du 19 mai 2004, les 44 fédérations nationales sportives totalisaient 2 328 788 licenciés répartis sur 38 250 clubs (tableau 4.II).

Tab. 4.II. Effectif des licenciés des 44 fédérations nationales sportives (état lors de l'assemblée générale du CNOSF du 19 mai 2004).

Discipline nationale sportive	Nombre de clubs	Nombre de licenciés
Aéromodélisme	671	21 762
Aérostation	105	633
Aéronautique	600	46 254
Balle au tambourin	43	5 231
Ball-trap	597	20 096
Ballon au poing	40	602
Billard	686	30 686
Bowling et sports de quilles	807	25 326
Boxe française, savate, DA	625	27 693
Char à voile	100	2 136
Course d'orientation	181	5 607
Cyclotourisme	3 114	113 993
Danse	744	41 318
Études et sports sous-marins	2 073	152 265
Football américain	102	11 116
Giraviation	24	345
Golf	1 396	325 229
Karaté	3 785	209 948
Longue paume	45	1 506
Montagne et escalade	1 043	47 477
Motocyclisme	1 079	37 395
Motonautique	77	3 858
Parachutisme	357	14 396
Pêche à la mouche et au lancer	104	2 210
Pêche au coup	844	8 626
Pêche en mer	215	11 733
Pelote basque	324	16 578
Pétanque	6 905	413 064
PULM	465	8 224
Randonnée pédestre	2 594	151 940
Roller-skating	675	38 672
Rugby	1 710	252 638
Rugby à XIII	292	25 563
Sauvetage et secourisme	275	27 284
Ski nautique	210	14 443
Spéléologie	541	7 520
Sport automobile	423	49 216
Sport de boules	2 756	85 760
Sports de traîneau, ski pulka et cross canin	39	684
Squash	401	23 943
Surf	102	6 398
Twirling-bâton	335	9 247
Vol libre	577	18 986
Vol à voile	169	11 187
Total	**38 250**	**2 328 788**

Fédérations multisports et affinitaires

Elles font pratiquer plusieurs types de sports différents, et sont alors qualifiées de « multisports », avec compétition ou pas (dans ce dernier cas, elles représentent le « Sport pour tous » ou SpT).
Si elles souhaitent présenter des athlètes dans un sport déterminé, dans quelque compétition que ce soit, elles ne peuvent le faire que dans le cadre d'une fédération olympique.
Deux genres particuliers de ces fédérations sont à mentionner :

– Handisport, qui est une fédération internationale fondée pour la pratique du sport chez les handicapés physiques (voir chapitre 83), et qui, par définition, participe tous les 4 ans aux « Jeux paralympiques » ;
– les fédérations qui dérogent à la loi française de 1901, avec une connotation par exemple religieuse (Fédération sportive et culturelle de France, FSCF) ou parasyndicale (Fédération sportive et gymnique du travail, FSGT).

Ces cas particuliers expliquent le terme général de « multisports et affinitaires ».
Pour l'assemblée générale du 19 mai 2004, les 14 fédérations multisports et affinitaires totalisaient 1 908 638 licenciés pour 29 697 clubs (tableau 4.III).

Tab. 4.III. Effectifs des 14 fédérations multisports et affinitaires (état lors de l'assemblée générale du CNOSF du 19 mai 2004).

Nom de la Fédération	Sigle courant	Nombre de clubs	Nombre de licenciés
Clubs sportifs et artistiques de la défense	FCSAD	462	201 189
Éducation physique et gymnastique volontaire	FFEPGV	7 547	521 672
Entraînement physique dans le monde moderne	FFEPMM	2 680	166 491
Handisport	FFH	572	13 914
Maîtres-nageurs sauveteurs	FFMNS	ND	ND
Sport en milieu rural	FNSMR	1 477	108 067
Sport adapté	FFSA	554	24 371
Sportive et culturelle de France	FSCF	2 014	217 477
Sportive et gymnique du travail	FSGT	4 111	238 246
Sourds de France	FSSF	79	3 437
Sport travailliste	FFST	295	10 806
Union française des œuvres laïques d'éducation physique	UFOLEP	9 906	402 968
Union fédérale du sport d'entreprise	UFSE	ND	ND
Clubs Léo Lagrange		ND	ND
Total		**29 697**	**1 908 638**

ND : non documenté en mai 2004.

Fédérations scolaires et universitaires

Comme l'indique leur nom, ce sont celles qui organisent des activités sportives dans le cadre scolaire ou universitaire. Certaines ont également, comme dans le cas précédent, une connotation religieuse (par exemple, l'Union générale du sport dans l'enseignement libre, UGSEL).
Pour l'assemblée générale du 19 mai 2004, les 5 fédérations scolaires et universitaires totalisaient 2 560 501 licenciés pour 24 851 clubs (tableau 4.IV).

Tab. 4.IV. Effectifs des 5 fédérations scolaires et universitaires (état lors de l'assemblée générale du CNOSF du 19 mai 2004).

Nom de la fédération	Sigle courant	Nombre de clubs	Nombre de licenciés
Sport universitaire	FFSU	551	88 849
Union générale sportive de l'enseignement libre	UGSEL	3 137	719 819
Union nationale des clubs universitaires	UNCU	155	80 370
Union nationale du sport scolaire	UNSS	9 427	858 670
Union sportive de l'enseignement du premier degré	USEP	11 581	812 793
Total		**24 851**	**2 560 501**

L'effectif total des licenciés des 4 types de fédérations s'établissait donc en mai 2004 à 13 671 989 licenciés pour un total de 166 851 clubs, dont une proportion de 6 874 062 licenciés d'un sport olympique pour 6 797 927 licenciés d'un sport non olympique (soit 50,27 % pour les sports olympiques sur le total des licenciés).

Ces effectifs sont remarquablement stables, et ne varient guère que de ± 1 % d'une année sur l'autre. À titre comparatif, nous indiquions dans la précédente édition de ce manuel, pour 1998, 13 580 780 licenciés au total, dont 6 649 884 relevant de disciplines olympiques, soit 48,96 % de l'effectif total (tableau 4.V).

Tab. 4.V. Évolution des effectifs sportifs en France entre 1998 et 2004. Cette comparaison fait bien ressortir la stabilité des effectifs (d'après Harichaux et Ducœur. Manuel de secourisme en milieu sportif. Paris : Éditions France-Sélection, 2004. Avec l'aimable autorisation de l'éditeur).

Disciplines	1998	2004
Olympiques	6 649 884	6 874 062
Nationales sportives	2 410 817	2 328 788
Multisports et affinitaires	1 963 333	1 908 638
Scolaires et universitaires	2 555 091	2 560 501
Total	13 580 780	13 671 989
Ratio olympique/total en %	48,96 %	50,27 %

Les effets de mode ou de médiatisation de tel ou tel sport ne jouent donc, en définitive, qu'un rôle mineur sur l'évolution des effectifs à moyen et long terme. En outre, si l'on compare les effectifs français à ceux des autres États, notamment européens, on constate que la proportion du nombre des licenciés olympiques français par rapport à la population totale est assez comparable, quoique légèrement inférieure en France.

Par ailleurs, il est difficile de se faire une idée précise pour les disciplines non olympiques, beaucoup mieux répertoriées en France que dans les autres États, parce que le CNOSF en connaît assez précisément le nombre des licenciés (sauf pour les très rares fédérations qui oublient de communiquer leurs statistiques en temps voulu !).

Membres associés

En plus de ces fédérations sportives, il existe 9 « membres associés », parmi lesquels – entre autres – le Comité Pierre de Coubertin, la Fédération nationale des Joinvillais, l'UCPA et la Fédération nationale des médaillés Jeunesse et Sports.

Composition, renouvellement et fonctionnement du CNOSF

Renouvellement périodique en fonction de l'Olympiade

La procédure de renouvellement électif du CNOSF est exactement la même que celle des fédérations et de leurs diverses instances, comme cela a été exposé au chapitre précédent, et est fondée sur la périodicité de l'Olympiade.

Après les JO d'Athènes en 2004, l'Olympiade suivante va donc de 2005 à 2009. C'est cette périodicité des 4 ans de l'Olympiade qui s'impose à *toutes* les structures du mouvement olympique dans le monde.

Il est à noter que :

- depuis 1986 les Jeux olympiques d'hiver ont été décalés de 2 ans et se situent désormais au milieu de l'Olympiade ;
- il existe aussi des Jeux paralympiques, pour les sportifs handicapés physiques, d'été et d'hiver, et qui suivent les mêmes périodicités et lieux d'implantation que les JO.

Composition du CNOSF et représentation à l'assemblée générale

Composée d'un représentant (généralement le président) de chacune des fédérations membres, l'assemblée générale annuelle du CNOSF devient élective tous les 4 ans, lors du premier semestre de l'année qui suit la fin de l'Olympiade.

Le problème est en effet que l'on doive attendre que toutes les fédérations membres aient elles-mêmes renouvelé leurs instances dirigeantes, ce qui se fait également au début de cette année post-olympique.

Comme cela a été évoqué ci-dessus, les fédérations disposent d'un nombre de voix qui dépend à la fois de leur nombre de licenciés et de leur fonction sportive, olympique ou non. Le tableau 4.VI indique ainsi le nombre des voix lors de l'assemblée générale du 14 mai 2003 (qui n'était pas élective).

Tab 4.VI. Nombre des voix des différents collèges électoraux lors des AG du CNOSF.

Collège électoral	Nombre de voix
Les 3 membres français élus au CIO	3
La commission des athlètes de haut niveau	1
Les 29 fédérations olympiques	267
Les 44 fédérations nationales sportives	125
Les 14 fédérations multisports et affinitaires	57
Les 5 fédérations scolaires et universitaires	29
Les 9 membres associés	6
Total général	**471**

Ce tableau montre que les fédérations olympiques disposent de la majorité absolue des voix à l'assemblée générale (267 voix sur 471).

Cela posé, la procédure électorale est la même que pour les fédérations : élection pour le renouvellement total d'un comité directeur, qui se réunit immédiatement ensuite, et propose un président dont l'élection est soumise au suffrage de l'assemblée générale.

Ce comité directeur se réunit régulièrement, en principe tous les mois, et désigne un bureau en son sein.

Siège du CNOSF

Longtemps en location rue d'Anjou à Paris, le CNOSF est installé depuis 1993 dans des locaux qui lui sont propres[1]. Construit le long du stade Charletty, en forme de proue de navire, cet immeuble moderne comprend des locaux d'accueil et de réception, un grand amphithéâtre confortable, des salles de réunion, et plusieurs étages de locaux administratifs.
Plusieurs autres organismes ou associations ont obtenu de pouvoir y implanter leur siège social, en particulier l'Union des médecins fédéraux et la Société française de médecine du sport (voir chapitres 1 et 9).

Missions permanentes du CNOSF en dehors des Jeux

Bien que la raison d'être initiale du CNOSF soit, comme pour les autres comités nationaux, la gestion de la délégation française aux Jeux, il est évident que cette mission mise en œuvre tous les 4 ans ne résume pas à elle seule l'activité du CNOSF, qui a de nombreuses autres missions permanentes.
Ces missions ont été définies par la loi du 16 juillet 1984, rappelées par plusieurs des textes ultérieurs (voir *supra*), et correspondent à la caractéristique du CNOSF, qui ne comprend pas seulement les fédérations olympiques.

Relations avec les fédérations sportives françaises

Le CNOSF est appelé à donner son avis sur l'habilitation des fédérations (une seule par discipline sportive), à recevoir délégation de la puissance publique, par arrêté du ministre chargé des Sports. Mais il n'a en aucun cas pouvoir d'intervention dans le règlement sportif de quelque fédération que ce soit.

Respect des règles déontologiques du sport et des conflits éventuels

En revanche, il exerce une sorte de fonction de « juge de paix » en cas de litige, au sein de sa commission de conciliation. Mais il ne peut s'agir que de conflits d'ordre relationnel, et non de problèmes de dopage, pour lesquels la procédure est plus complexe et lourde.

Propriété des emblèmes olympiques

Comme le CIO, le CNOSF est dépositaire et propriétaire du symbole olympique, composé de 5 anneaux disposés en 2 rangées superposées, 3 sur la rangée supérieure et 2 en dessous, et de 5 couleurs, l'ensemble symbolisant les 5 continents. Mais le célèbre coq ancien bien connu a disparu de la symbolisation nationale française.
La propriété exclusive des emblèmes olympiques a toujours été soutenue par les tribunaux, dans les différents cas d'utilisation abusive à des fins publicitaires.

Actions promotionnelles en faveur du sport

Le CNOSF intervient dans trois commissions importantes et qui sont directement de son ressort :

- la commission paritaire du Fonds national de développement du sport (FNDS), qui gère une quote-part prélevée sur les jeux de hasard, d'où le nom familier de jadis : « Commission du Loto »… ;
- la Commission nationale du sport de haut niveau, résultant de l'application des articles 23 et 24 de la loi 2000-627 du 6 juillet 2000 ;
- le Conseil national des activités physiques et sportives (CNAPS), mis en place en juin 2001, en application de la loi précitée.

En outre, et compte tenu de ses diverses composantes, le CNOSF a pour mission la coordination d'activités de type multisports (Commission des sports nautiques), ou de type sport pour tous : participation au Comité national des espaces, sites et itinéraires relatifs aux sports de nature (CNESI), créé par la loi précitée (article 29), et qui a des antennes départementales (article 52). Le CNOSF a également créé en son sein une Commission des sports de pleine nature.

Commission médicale du CNOSF

Parmi les diverses commissions du CNOSF, l'une d'entre elles doit retenir plus particulièrement l'attention, la commission médicale[2], dont la mission est de deux natures très différentes :

- une mission permanente de coordination avec les médecins fédéraux et les médecins de CROS (voir chapitre 3). Au moins une réunion annuelle permet la confrontation des expériences de chacun ;
- une mission d'accompagnement médical tous les 4 ans aux Jeux d'été, et en alternance aux Jeux d'hiver, sans compter une participation médicale lors d'autres grandes réunions internationales.

Fondation « Sport Santé »

De création plus récente[3], son rôle est plus spécifiquement de contribuer à la participation du CNOSF à la lutte contre

1. « La Maison du sport français », 1, avenue Pierre-de-Coubertin, 75640 Paris Cedex 13. Tél. : 01 40 78 28 00.

2. Président : Dr Maurice Vrillac. « La Maison du sport français », 1, avenue Pierre-de-Coubertin, 75640 Paris Cedex 13. Ligne téléphonique directe : 01 40 78 28 32.
3. Président : M. Patrick Magaloff. Même adresse. Ligne téléphonique directe : 01 40 78 28 46.

le dopage, évidemment en concertation avec les autres instances concernées (voir chapitre 23).

Elle a lancé en 2003 un vaste programme décentralisé, dans les diverses régions de France, de formation des pharmaciens à la lutte contre le dopage, car ces professionnels de santé se trouvent souvent en première ligne dans ce problème, et quelques pharmaciens – heureusement très rares – ont même connu des démêlés judiciaires à ce sujet.

Par ailleurs, la fondation organise chaque année au CNOSF un colloque de haut niveau sur le dopage, animé par des spécialistes renommés.

Mais pour le moment, et compte tenu de l'actualité aiguë du dossier dopage, la fondation n'a pas encore étendu son action aux autres composantes du concept « Sport-Santé ».

Représentations décentralisées du CNOSF

Définitions légales

Elles ont été bien précisées par la loi 84-610, et n'ont jamais été remises en cause, mais bien au contraire réaffirmées par les textes ultérieurs. « Le comité est représenté dans chaque région par le comité régional olympique et sportif (CROS), et, dans chaque département, par un comité départemental olympique et sportif (CDOS) » (L. 84-610, article 19). La notion de région a été ensuite bien précisée par le décret d'application du 13 février 1985 comme étant celle des « des services extérieurs du ministère chargé des Sports » (D. 85-236, article 8.1).

Comités régionaux olympiques et sportifs

Depuis la loi de 1984, il en existe un pour chaque région administrative française créée par la loi de régionalisation de 1972 (naguère, c'était un par territoire académique, ce qui créait certaines difficultés existentielles, actuellement caduques).

Bien que représentants du CNOSF, chaque CROS a un statut propre d'association déclarée en préfecture, et ces statuts doivent être conformes aux statuts types du CNOSF.

La composition de son assemblée générale (chaque président de ligue ou son représentant accrédité) et ses règles électorales sont les mêmes que pour le CNOSF. Le comité directeur, renouvelé tous les 4 ans, et qui comprend obligatoirement un représentant de chaque CDOS, élit en son sein le président, vote soumis ensuite à la ratification par l'assemblée générale.

Le comité directeur se réunit régulièrement, tous les mois en principe, pour gérer les affaires courantes relatives au sport en général, mais il n'a aucun pouvoir de direction vis-à-vis des comités régionaux ou ligues qui le constituent.

Deux points particuliers sont à souligner :

- chaque CROS est représenté pour moitié dans la commission paritaire de répartition du « Fonds national de développement du sport » (FNDS) ;
- chaque CROS a un représentant (généralement le président) membre titulaire de plein droit du Conseil économique et social régional (CESR).

Au sein de chaque CROS, sont constituées plusieurs commissions, dont une commission médicale, composée des médecins régionaux de chaque ligue et généralement présidée par le médecin du CROS, jadis appelé « médecin de préparation olympique », terme actuellement caduc.

Comités départementaux olympiques et sportifs

Il en existe un dans chaque département français, division administrative créée par les Jacobins en 1792 et qui correspond au conseil général.

Toutes les règles sont les mêmes qu'au plan national et régional. La composition de son assemblée générale (chaque président de comité départemental ou son représentant), et ses règles électorales sont les mêmes que pour le CNOSF et pour les CROS. Le comité directeur, renouvelé tous les 4 ans, élit en son sein le président, vote soumis ensuite à la ratification par l'assemblée générale.

Il se réunit régulièrement pour gérer les affaires courantes relatives au sport en général, mais il n'a pas non plus de pouvoir de direction vis-à-vis des comités départementaux qui le constituent.

La représentation médicale au sein de chaque CDOS est généralement un peu moins étoffée qu'au sein du CROS, mais le principe de fonctionnement est le même.

Rappelons que les *offices municipaux des sports* (voir chapitre 3), qui peuvent exister dans les grandes villes, sont des structures *qui n'ont absolument aucun lien existentiel* avec celles du CNOSF et de ses structures décentralisées, mais qui gèrent notamment toutes les installations sportives de cette ville ou syndicat de communes.

Relations institutionnelles du CNOSF et de ses structures décentralisées

Elles existent à divers niveaux, certaines étant bien définies par des textes légaux ou réglementaires.

Niveau international

Si le CNOSF est tributaire, pour chaque discipline sportive olympique, des règlements propres à la fédération internationale correspondante, il l'est évidemment aussi des dispositions légales françaises, sur le double plan de la loi de 1901 et des diverses lois sur le sport, évoquées ci-dessus et au chapitre précédent.

Ajoutons l'épineux problème du dopage, relativement mieux cerné au plan international depuis la résolution adoptée lors de la « Conférence mondiale sur le dopage dans le sport », qui s'est tenue à Copenhague en mars 2003, mais qui reste cependant source de nombreux conflits d'interprétation et d'évaluation, y compris de sanctions...

Niveau national

La situation est plus simple, et sur divers plans.

Relations organiques institutionnelles

Le CNOSF participe de droit :

- de manière paritaire à la Commission nationale du FNDS ;
- de manière paritaire à la Commission nationale du sport de haut niveau ;
- au Conseil économique et social national, par un siège sélectivement attribué ès qualités au président du CNOSF.

Relations de nature confédérale

Un « Conseil national des CROS et des CDOS » (étendu aux CDOS depuis 1993), regroupant les présidents de ces instances ou leurs représentants qualifiés, a été mis en place mais de manière particulièrement délicate, aussi bien au plan de sa représentativité au sein du CNOSF que de sa légitimité vis-à-vis des fédérations.

Niveaux régional et départemental

À une échelle plus réduite, la même représentativité se retrouve au niveau des instances régionales, notamment :

- participation paritaire avec l'administration à la commission régionale de gestion du FNDS, commission présidée par le préfet de région ;
- participation à la commission régionale du sport de haut niveau (ou à son équivalent) ;
- désignation ès qualités du président du CROS (ou de son représentant permanent) au sein du conseil économique et social régional.

Mais au niveau départemental, ces représentations sont moins bien définies et se résument souvent à des contacts personnels avec des élus du conseil général.

Publications et site Internet du CNOSF

Le CNOSF édite régulièrement plusieurs publications, soit ponctuelles sur des objets précis, soit de périodicité régulière. Parmi ces dernières, la *Revue juridique et économique du sport* est une publication très appréciée, qui comprend 4 numéros par an.

Le CNOSF est également très présent sur Internet, et par deux URL très différentes :

- son site général : www.franceolympique.org (fig. 4.1). Ce site comprend toutes les rubriques internes du CNOSF, et notamment deux liens vers la commission médicale et la fondation Santé Sport. En outre, tous les CROS ont leur e-mail hébergé sur ce site ;
- un site-portail plus ouvert, www.cnosf.org, qui ouvre des liens vers d'autres sites institutionnels et vers des contacts divers par courriel.

Le dispositif Internet du CNOSF est revu plus en détail et comparativement à d'autres sites dans le chapitre 8.

Fig. 4.1. Copie d'écran de la page d'accueil du site du CNOSF (www.franceolympique.org.)

Organisation générale du sport dans les Armées

Sommaire

Les Armées sont fréquemment citées comme une population homogène. En fait, il existe une grande diversité dans leur composition humaine :

- par l'âge des militaires, qui s'étend de l'âge scolaire au sexagénaire ;
- par les motivations de chacun. Le choix du métier militaire est délibéré, parfois pour un contrat de quelques années mais plus souvent pour toute une vie professionnelle ;
- par la variété des emplois, depuis le commando évoluant dans une situation périlleuse, au poste sédentaire de veille radar ou de secrétaire administratif.

La pratique du sport est une réalité organisée, vécue par l'ensemble des différents personnels des Armées. Or, avec l'institution d'une armée professionnelle, il est souhaitable que le médecin praticien connaisse mieux la place du sport dans les Armées. Cette qualité relationnelle entre le militaire athlète et le médecin du sport permettra à ce dernier d'établir les choix thérapeutiques nécessaires au militaire sportif.

Une condition physique de qualité est un facteur de cohésion du groupe ; le sport est un moyen fondamental de la formation militaire et de la capacité opérationnelle du combattant. C'est ainsi que la notion d'activité physique et militaire sportive (APMS) est préférée à celle plus restrictive de « sport ». En effet, la plupart des exercices de préparation au combat requièrent l'ensemble des qualités physiques du sportif et de nombreuses disciplines sportives à caractère opérationnel : la natation, dans ses techniques de franchissement et de sauvetage, les sports de combat dans les techniques du corps à corps, l'escalade, le ski de fond dans les patrouilles alpines. Dans ce rapport de l'homme à l'effort, il n'est pas surprenant que soient intégrés ou révélés des athlètes.

L'importance de l'activité sportive dans les Armées justifie qu'une politique particulière soit définie pour la pratique des APMS. Le ministre de la Défense rédige à cet effet une directive qui fixe les objectifs des APMS : acquérir la condition physique nécessaire à l'accomplissement de la mission, par l'application des APMS fondamentales (condition physique générale) et des APMS spécifiques (adaptées à la mission). Un complément est apporté par l'association d'activités dites « compensatoires », pondérant les effets des APMS spécifiques, et d'activités « dérivatives », qui maintiennent la motivation des personnels et le caractère attrayant des APMS. Cette doctrine des APMS est liée à une politique d'instruction des cadres, de formation des personnels enseignants spécialisés et d'une volonté d'intégration et d'échanges avec le mouvement sportif national.

Armées et mouvement sportif national

Instances militaires

Les équivalences hiérarchiques institutionnelles définissent des correspondances entre les organisations militaires et civiles. Ce parallélisme administratif autorise une continuité nationale de la politique du sport et la concrétisation de projets communs. C'est ainsi que des protocoles fondamentaux ont été échangés entre le ministère des Sports (MS) et le ministère de la Défense. La mise en œuvre est à la charge du MS d'une part, et du Commissariat aux sports (CSM) pour le ministère de la Défense, d'autre part. À ce niveau s'établit une collaboration directe avec le Comité national olympique et sportif français (CNOSF) et les comités directeurs de chaque fédération sportive. Depuis 2001 et la dissolution du Bataillon de Joinville, les équipes de France militaires sont réparties dans chaque armée (armée de terre : triathlon et ski ; armée de l'air : parachutisme et sports aériens ; marine : voile ; gendarmerie : tir). Au total, l'effectif est de 80 athlètes militaires de haut niveau. Actuellement, à ces équipes officielles s'ajoutent des équipes régimentaires, essentiellement dans le domaine de la course à pied, que ce soit au sein de la Légion étrangère, de la brigade d'infanterie de montagne ou de la gendarmerie nationale et des pompiers de Paris. Ainsi, l'effectif total des athlètes militaires est de 250. Le ministère de la Défense est donc actuellement la première institution gouvernementale qui soutient le sport français.

Vie associative dans les Armées

La Fédération des clubs sportifs et artistiques de la Défense (FCSAD) est une association créée le 23 janvier 1959, conformément aux dispositions de la loi du 2 juillet 1901. Elle compte

27 000 adhérents mais plus de 260 000 licenciés (voir *infra*) répartis entre plus de 500 clubs ouverts aux personnels militaires et civils du ministère de la Défense, à leur famille et à un quota d'adhérents n'ayant aucun lien avec les armées (par exemple, des élèves de sections sport-études). La FCSAD est une fédération corporative pluridisciplinaire agréée par le MJS et le CNOSF. Chaque club de la FCSAD est soutenu par une ou plusieurs formations militaires et leur fonctionnement fait appel exclusivement au bénévolat des cadres militaires tels que moniteurs, officiers de sports, médecins et infirmiers, etc. Une aide matérielle est apportée par l'unité support en fonction des disponibilités locales et opérationnelles.

Organisation interarmées du sport militaire

L'organisation du sport militaire relève directement du ministère de la Défense, à qui il appartient de définir les orientations générales de l'entraînement physique et sportif, de préciser la nature des relations avec les organismes civils nationaux et les instances sportives internationales, au premier rang desquelles figure le Conseil international du sport militaire (CISM).

Conseil international du sport militaire

Le CISM est une association internationale de droit privé, fondée en 1948 par un officier français, qui regroupe plus de 100 pays. Il a pour objectifs :

- d'encourager le développement des APMS dans les armées;
- de contribuer à l'épanouissement de la jeunesse ;
- de participer à l'effort de paix dans le monde par l'extension des relations amicales entre les forces armées : « L'amitié par le sport. » C'est dans cet esprit que le CISM organise des championnats du monde militaire dans de nombreuses disciplines. Des compétitions régionales et continentales existent aussi.

L'instance du CISM, dénommée « Académie », est animée par une commission des sports (doctrine, sciences des sports) et une commission médicale. L'Académie conduit une importante action de solidarité nationale. Elle sollicite la participation des nations à la formation des cadres des armées étrangères qui désireraient améliorer leurs connaissances en matière d'APMS, voire de médecine du sport. À cet effet, la commission médicale publie en quatre langues un fascicule d'informations scientifiques intitulé *Sport international*.

Commissariat aux sports militaires (CSM)

Sur le plan national, les structures sportives exclusivement militaires sont intégrées dans l'échelle de subordination hiérarchique du Commandement de la formation pour l'armée de terre (COFAT), dont l'interlocuteur technique en matière d'APMS est le CSM. Le CSM commandé par un officier supérieur est le maître d'œuvre de la conduite pratique de la doctrine d'action souhaitée par le ministre de la Défense. Ce dernier est représenté par le CSM pour le règlement de toutes questions afférentes aux APMS avec les multiples partenaires civils et militaires.

Unités sportives militaires

L'École interarmées des sports (EIS-Fontainebleau) est placée sous l'autorité du COFAT par l'intermédiaire du CSM. L'EIS a deux missions essentielles :

- l'entraînement physique et sportif des athlètes de haut niveau militaires;
- la formation des spécialistes EPMS des armées au sein du Bataillon d'Antibes.

En effet, pour encadrer les APMS, il est nécessaire de former et de recycler différentes catégories d'instructeurs spécialisés : moniteurs, moniteurs chefs, officiers de sports, etc. Cette mission est dévolue au Bataillon d'Antibes.
L'EIS comprend aussi un groupement d'élite parachutiste à Gap.
L'École militaire de haute montagne (EMHM-Chamonix) accueille les athlètes militaires relevant de la Fédération française de ski, le groupement des alpinistes militaires, qui constitue une élite en matière d'alpinisme, et tous les militaires désirant acquérir ou compléter une compétence en matière d'alpinisme militaire lors de stages de formation de degrés divers.
Le Centre sport équestre militaire (CSEM-Fontainebleau) concerne les cavaliers militaires de haut niveau.

Médecine du sport dans les Armées

La médecine du sport n'existe pas en tant que telle dans les Armées. Il s'agit plutôt d'une médecine de l'homme à l'effort dans des circonstances chaque fois différentes et particulières : la situation sportive n'en est qu'un aspect. Les observations réalisées chez l'athlète au cours de l'entraînement ou en compétition, puis en période de récupération, sont des arguments pour concevoir la préparation du combattant à partir d'un modèle adapté à l'emploi opérationnel.
Seuls les médecins qualifiés en traumatologie du sport ou titulaires d'une capacité de médecine et biologie du sport pourront y être affectés. Cependant, dans chacune de ces formations, les médecins des armées pratiquent, lors des visites systématiques ou à la demande, un suivi médicophysiologique des personnels soumis à un entraînement physique intense, parfois dans des conditions extrêmes : jungle amazonienne, Antarctique, très haute montagne. Toutefois, la surveillance médicophysiologique de l'entraînement au bénéfice des athlètes militaires de haut niveau n'est pratiquée qu'à l'EIS.

Recherche en physiologie de l'exercice dans le Service de santé des Armées (SSA)

Au sein du SSA, les recherches en médecine et physiologie des activités physiques et sportives sont réalisées dans le Centre de recherche du SSA (CRSSA), situé à Grenoble, et dans les différents instituts de recherche spécialisés :

médecine aérospatiale (IMASSA) à Brétigny-sur-Orge, médecine navale (IMNSSA) à Toulon et médecine tropicale (IMTSSA) à Marseille.
Le département « Facteurs humains » du Centre de recherche du SSA (CRSSA-Grenoble) est plus particulièrement impliqué dans les recherches sur les APMS, par ses divisions « Thermophysiologie » et « Bioénergétique et environnement ». De plus, chaque armée dispose de structures spécifiques de recherche.
L'armée de l'air dispose de l'Institut de médecine aérospatiale, avec une division de physiologie intégrée, où sont réalisées des études sur les mécanismes de la fatigue, du Laboratoire de médecine aérospatiale (LAMAS-Brétigny), où sont installés les outils permettant de tester la tolérance aux accélérations, à l'hypoxie, avec un département de physiologie de l'environnement, et du laboratoire d'études médicophysiologiques (LEMP-Mont-de-Marsan), où sont mis en application pour l'armée de l'air les résultats obtenus dans les autres centres. L'armée de terre dispose du Service central d'études et réalisations du commissariat de l'armée de terre (SCERCAT-Saint-Cloud), qui intervient dans l'élaboration de l'alimentation contrôlée de l'homme à l'effort en situation extrême (raids, survie, rations pour spationautes). Des conventions particulières autorisent l'ouverture des programmes de travaux associant des unités de recherche militaires ou universitaires, ou d'autres organismes du secteur public ou privé.

Recherche en médecine et physiologie du sport

Les axes de recherche au sein du SSA portent sur l'adaptation du combattant aux milieux hostiles ; plus particulièrement les études en cours portent :

- d'une part, sur l'adaptation aux agents de « stress physique » :
  - la tolérance à la chaleur et l'hyperthermie maligne d'effort ;
  - la tolérance au froid, l'adaptation à l'altitude, la tolérance aux accélérations ;
  - la tolérance à l'hypoxie, à l'hyperbarie et leurs conséquences physiopathologiques ;
- d'autre part, sur la mise en évidence des marqueurs de la fatigue :
  - influence de la fatigue musculaire sur le cortex moteur, fatigue centrale ;
  - influence de la charge mentale sur la performance, fatigue mentale ;
  - troubles du sommeil en hypoxie et leur prévention pharmacologique ;
  - chronobiologie et performance ;
  - facteurs neurohormonaux du surentraînement ;
  - influence de la fatigue musculaire sur l'immunité ;
  - marqueurs cardiovasculaires de la fatigue liée aux activités physiques intenses ;
  - étude des contraintes ostéotendineuses et réparation cellulaire.

Ces projets de recherche appliquées nécessitent pour être réalisés des équipes de chercheurs impliquées dans des collaborations avec des organismes civils (facultés de médecine, CNRS, INSERM) et des moyens financiers importants assurés par la Délégation générale à l'armement ou des organismes civils (laboratoires pharmaceutiques). Ils sont soumis, d'une part, aux instances hiérarchiques de la recherche dans le SSA (CSTR : Commission scientifique et technique de la recherche, qui valide ou non les projets de recherche proposés, et CCPR : Commission consultative pour la recherche, qui fixe les axes de recherche pour la SSA) et, d'autre part, au CCPPRB.

Notons qu'à l'EIS il existe un laboratoire d'exploration fonctionnelle du sport dont le rôle principal est la surveillance médicophysiologique de l'entraînement mais qui participe à de nombreux travaux de recherche en médecine du sport, en liaison avec les organismes de recherche du SSA ou l'INSEP.

En France, la recherche en médecine du sport dans les armées devient un moteur pour l'ensemble de la physiologie de l'effort du fait de la raréfaction des laboratoires universitaires qui s'intéressent à cette question.

Surveillance médicale et médicophysiologique dans les Armées

Catégorisation médicophysiologique et contrôles systématiques

L'activité sportive est une constante de la vie militaire et un facteur d'amélioration de la capacité opérationnelle. Ainsi, un programme de surveillance médicale et médicophysiologique est adopté pour l'ensemble de la collectivité. Dans le but d'adapter au mieux l'entraînement au potentiel de chacun avec une meilleure probabilité de progrès, un effort de catégorisation médicophysiologique des personnels est entrepris pour répartir la population dans trois groupes qui seront soumis à des exercices physiques de graduation distincte. Cette catégorisation comprend :

- un examen médical standard de l'homme au repos, dont les conclusions sont rassemblées dans un profil médical SIGYCOP (voir encadré), correspondant à une catégorie médicale en fonction des coefficients affectés à chaque sigle, de 1 (aptitude à tous les emplois) à 6 (inaptitude totale) ;
- une approche de l'homme à l'effort, par un questionnaire spécialisé qui permet au médecin de se faire une idée du niveau de pratique sportive du sujet.

PROFIL SIGYCOP

S = ceinture scapulaire et membres supérieurs
I = ceinture pelvienne et membres inférieurs
G = état général
Y = yeux et vision
C = sens chromatique
O = oreilles et audition
P = psychisme

La catégorisation médicophysiologique est obtenue en fusionnant les différentes cotations du profil médical et du questionnaire :

- groupe I : sujets de niveau physique optimal, entraînement progressif sans restriction ;
- groupe II : sujets à potentiel physique satisfaisant, entraînement adapté qui permettra une progression. Les groupes I et II sont aptes à toutes les activités physiques fondamentales ainsi qu'aux challenges sportifs ;
- groupe III : sujets à ménager et à surveiller particulièrement. Aptitude très restrictive à l'entraînement au combat et inaptitude à toutes formes de compétition.

Cette catégorisation est déterminée et contrôlée systématiquement une fois par an pour les personnels militaires, que ce soit pour une incorporation, une visite médicale annuelle, ou avant de subir les épreuves de « contrôle de la valeur physique individuelle » (COVAPI) (voir encadré). Elle peut être contrôlée avant un examen, un concours nécessitant des APMS ou après une convalescence ou tout autre événement médical.

COVAPI

- Natation : 100 m nage libre suivis de 10 m en apnée.
- Coordination : grimper de corde.
- Aptitude à l'effort : test de Cooper ou test VMA (vitesse maximale aérobie).
- Épreuve d'armée : par exemple, 8 km commando en moins de 60 minutes.
- Épreuves spécifiques de spécialité d'évolution (troupes aéroportées, troupes alpines).

Suivi des athlètes de haut niveau

Les sportifs militaires de haut niveau disposent à l'EIS d'un centre médicosportif. Ce centre peut effectuer en laboratoire, lors d'une épreuve d'effort calibrée, une exploration fonctionnelle du métabolisme aérobie (mesure directe par la méthode du cycle à cycle du débit d'oxygène et de dioxyde de carbone) sur ergocycle, tapis roulant (voir chapitre 14) ou ergomètre spécifique (aviron, vélo de course, etc.). Pendant les épreuves, la détermination des seuils métaboliques est réalisée par la méthode de Beaver (fondée sur les modifications de pente de la courbe du débit d'O_2 et de CO_2).

Sur le terrain, des tests de surveillance de l'entraînement peuvent être réalisés. Ils comprennent une analyse de la fréquence cardiaque à l'exercice (enregistrement sur cardiofréquence-mètres portables), des prélèvements sanguins sur capillaire pour le dosage des lactates. Ils sont réalisés lors d'épreuves de course calibrées permettant de déterminer la vitesse maximale aérobie.

L'exploration du métabolisme anaérobie est réalisée au laboratoire à l'aide des tests de Wingate, de charge-vitesse ou de détente verticale (voir chapitre 14), selon que l'on désire explorer la capacité ou la puissance anaérobie du sujet.

Adresses utiles

- École interarmées des sports (EIS) : rue des Archives, 77037 Fontainebleau Cedex. Tél. : 01 64 22 48 75 (postes 413 et/ou 415).
- Centre sportif équestre militaire (CSEM) : quartier Carrousel, 77037 Fontainebleau Cedex. Tél. : 01 64 22 48 75 (poste 463).
- École militaire de haute montagne (EMHM) : quartier Lieutenant-Colonel-Pourchier, BP 121, 74403 Chamonix Cedex. Tél. : 01 50 53 09 97.

Pour en savoir plus

MINISTÈRE DE LA DÉFENSE. *Une histoire culturelle du sport, de Joinville à l'Olympisme, rôle des armées dans le mouvement sportif français.* Paris : Éditions Revue de l'EPS, 1994 : 226 p.

Réglementation

Sommaire

Historique

En matière de réglementation, le point de départ officiel du contrôle médical sportif est représenté par l'arrêté du 2 octobre 1945 sur le contrôle médical des activités physiques et sportives (*JO* du 7 octobre 1945) :

– art. 1er. « Il est institué un contrôle médical des activités physiques et sportives. »
– art. 2. « Ce contrôle a pour objet principalement :
  a) de ne donner accès aux compétitions sportives qu'aux sujets capables d'y prendre part sans risque pour leur santé ;
  b) de surveiller périodiquement la santé des sportifs et sportives, titulaires de licences, en dehors des périodes de délivrance ou de renouvellement de celles-ci ;
  c) d'aider à les orienter rationnellement vers une activité d'éducation physique et sportive concourant à développer leur état de santé et leur équilibre général.

Il doit tendre, en outre, à assurer, au sein des associations sportives, la surveillance de la santé de la généralité des membres de celles-ci, qu'ils pratiquent ou non le sport de compétition et de telle façon que les exercices physiques et sportifs n'aient, sur ceux qui s'y adonnent, que des effets bienfaisants. »
D'emblée, l'accent est mis sur l'aspect préventif du contrôle médicosportif avant tout engagement en compétition, tant en ce qui concerne l'évaluation de l'aptitude physique de chaque individu pour un sport donné, qu'en ce qui concerne les conseils d'orientation vers une activité physique particulière, notamment chez les débutants. De plus, est instituée la notion de surveillance médicale périodique de l'entraînement, ce qui, en termes de prévention secondaire, a pour objet de prolonger l'acte médical initial dont le seul intérêt (mais pas le moindre) est d'affirmer ou au contraire d'infirmer l'aptitude du sujet.
À partir de 1946, d'autres textes sont venus compléter ce premier arrêté. Les principaux sont les suivants :

– arrêté du 22 février 1946 portant obligation du contrôle médical des activités physiques et sportives et du certificat médical d'aptitude aux sports ;
– arrêté du 11 août 1949 relatif à l'obligation du certificat d'aptitude aux sports et à l'obligation du contrôle médical des marathoniens quel que soit leur âge ;
– décret du 24 mars 1953 portant organisation du contrôle médical dans les groupements sportifs et de jeunesse ;
– arrêté du 10 mai 1955 portant organisation du contrôle médical des boxeurs ;
– circulaire du 15 février 1961 précisant que les activités sportives doivent être interdites dès que le diagnostic de grossesse est porté ;
– arrêté du 28 mars 1961 relatif à l'extension de l'obligation du contrôle médical sportif et à l'obligation du contrôle médical des arbitres ;
– arrêté du 13 novembre 1961 relatif au contrôle médical des sportifs participant à deux compétitions officielles hebdomadaires ;
– arrêté du 25 octobre 1965 sur l'extension de l'obligation du contrôle médical sportif :
  - art. 1er : « Un certificat médical d'aptitude aux sports est obligatoire pour tous les sportifs, quel que soit leur âge, en vue de l'obtention de la licence fédérale pour la pratique en compétition de l'un des sports suivants [suit une liste de 32 disciplines] » ;
  - art. 2 : « Les conditions d'obtention du certificat médical d'aptitude aux sports prévu à l'article premier sont celles définies par le décret du 24 mars 1953 et par les arrêtés du 24 juillet 1958 et du 4 février 1959. »

Certificat médical

Alors qu'initialement l'obligation d'obtenir un certificat médical d'aptitude pour pratiquer en compétition ne concernait que quelques disciplines sportives et certaines catégories d'âge, progressivement, de 1945 à 1965, cette obligation s'est étendue à l'ensemble des disciplines officiellement pratiquées à cette époque et à toutes les catégories d'âge.

Loi française

Ce n'est que 10 ans plus tard qu'est adoptée la première loi d'orientation sportive en France, la loi n° 75-988 du 29 octobre 1975, relative au développement de l'éducation physique et du sport, dont l'article 13, titre II, énonce :

– « Les fédérations sportives délivrent les licences. La participation aux compétitions sportives est subordonnée à la présentation d'un certificat médical d'aptitude. L'inobservation de cette obligation peut entraîner le retrait temporaire ou définitif de la licence sportive. »
– « Les groupements sportifs et les fédérations assurent à leurs membres des contrôles médicaux adaptés aux exer-

cices physiques et sportifs pratiqués. L'inobservation de cette obligation peut entraîner le retrait de l'agrément ou de l'habilitation. »

La loi de 1975 a été complétée par le décret n° 77-554 du 27 mai 1977 relatif au contrôle médical des activités physiques et sportives (*JO* du 3 juin 1977), dont l'article 1er stipule : « Un contrôle médical préalable est obligatoire pour la pratique des activités physiques et sportives, telles qu'elles sont définies aux articles 2 et 3 de la loi susvisée du 29 octobre 1975, et pour la participation aux compétitions sportives organisées par les fédérations et les groupements sportifs conformément aux dispositions de l'article 13 de ladite loi. »

Dans le domaine de la pratique sportive, c'était la première fois que la notion de visite médicale d'aptitude préalable et obligatoire apparaissait dans un texte de loi, ce qui ne pouvait que confirmer l'importance et le caractère officiel du certificat médical d'aptitude délivré. À cela s'ajoutait la notion tout aussi importante de *contrôles médicaux adaptés* , donc spécifiques, dont la périodicité et le contenu devaient être définis par chaque fédération.

Deuxième loi

Après quelques années, il est apparu que l'application de la loi de 1975 soulevait un certain nombre de problèmes pratiques en ce qui concerne le contrôle médical des sportifs. De plus, d'un point de vue plus général, le début des années 1980 correspond à l'apparition d'une période de profonde mutation du mouvement sportif en France et dans de nombreux autres pays. Ces changements sont en rapport avec des événements politiques (boycott des Jeux olympiques d'été de Moscou en 1980, puis de Los Angeles en 1984), des enjeux économiques (développement du professionnalisme et abandon progressif, mais inévitable, du statut d'amateur, emprise des médias et des sponsors, etc.), des comportements sociologiques (l'activité physique et sportive de loisir devient un droit au bien-être revendiqué par le plus grand nombre). Il était donc devenu nécessaire d'étudier et d'adopter un nouveau texte de loi prenant en compte ces évolutions. C'est ce qui fut fait avec l'adoption de la deuxième loi d'orientation sportive, la loi n° 84-610 du 16 juillet 1984, relative à l'organisation et à la promotion des activités physiques et sportives, dont l'article 1er énonce : « Les activités physiques et sportives constituent un facteur important d'équilibre, de santé, d'épanouissement de chacun; elles sont un élément fondamental de l'éducation, de la culture et de la vie sociale. Leur développement est d'intérêt général et leur pratique constitue un droit pour chacun quels que soient son sexe, son âge, ses capacités ou sa condition sociale. » Il faut noter que cet article a été modifié par la loi du 6 juillet 2000, ce qui donne : « Les activités physiques et sportives constituent un élément important de l'éducation, de la culture, de l'intégration et de la vie sociale. Elles contribuent également à la santé. Leur promotion et leur développement sont d'intérêt général. »

Dans le chapitre 8 de la loi de 1984 (« Surveillance médicale et assurance »), seuls deux articles (35 et 36) se rapportaient à la surveillance médicale proprement dite. Depuis, l'article 35 a été abrogé.

Le décret d'application du 1er juillet 1987 relatif à la surveillance médicale des activités physiques et sportives (*JO* du 2 juillet 1987), dans son titre Ier (« Le contrôle médical préalable à la compétition ») précisait que :

- art. 1er : « Pour prendre part aux épreuves sportives inscrites au calendrier officiel des compétitions des fédérations sportives (...), les licenciés et non-licenciés doivent avoir subi un contrôle médical. »;
- art. 2 : « Le contrôle médical donne lieu à la délivrance d'un certificat médical de non-contre-indication à la pratique en compétition d'une ou de plusieurs activités sportives. »;
- art. 3 : « Le contrôle médical est annuel. Le certificat est établi par tout médecin, suivant les règles de la profession. »;
- art. 4 : « Un règlement, préparé par la commission médicale de chaque fédération, adopté par le comité directeur de la fédération et approuvé par le ministre chargé des Sports, définit la nature et la modalité de l'examen médical. Ce règlement détermine notamment les conditions dans lesquelles les licenciés peuvent être admis à participer aux épreuves relevant d'une catégorie d'âge supérieure. Il définit les informations non soumises au secret médical que doit contenir le livret sportif individuel prévu à l'article 35 de la loi du 16 juillet 1984 précitée. Le règlement médical est communiqué à tous les groupements sportifs affiliés à la fédération. »

À ce jour, les articles 1 à 6 de ce décret du 1er juillet 1987 ont été abrogés par le décret du 6 février 2004, et l'ensemble du titre III a été abrogé par le décret du 30 août 1991. Seuls persistent les articles 7 et 8 (titre II) concernant la surveillance médicale des élèves et étudiants inscrits dans des structures aménagées en vue de la pratique des sports (art. 7) et celle des sportifs professionnels (art. 8).

En matière de contrôle médical préalable à toute pratique, les lois de 1975 et 1984 se différencient par le fait que le terme de « certificat médical d'aptitude » fait place à celui de « certificat médical de non-contre-indication ». Au-delà des mots, ce changement de terminologie est censé influer sur la démarche du médecin examinateur. En effet celui-ci est dorénavant tenu de tout mettre en œuvre pour détecter la présence d'éventuelles contre-indications plutôt que de chercher à évaluer l'aptitude à une discipline donnée. D'un point de vue légal, la nuance est certainement plus importante qu'il n'y paraît à première lecture.

Réglementation actuelle[1]

Le 23 mars 1999 a été adoptée la loi n° 99-223 relative à la protection de la santé des sportifs et à la lutte contre le dopage (*JO* du 24 mars 1999). Ce nouveau texte renforce et complète en les combinant les dispositions contenues à la fois dans la loi de 1984 et dans celle du 28 juin 1989, relative à la prévention et à la répression de l'usage de produits dopants à l'occasion des compétitions et manifestations sportives. La loi de 1999 est désormais inscrite dans le livre VI du Code de la santé publique. Au travers des différents articles de la loi et de leurs textes d'application transparaissent les trois grandes directions sur lesquelles s'appuie une véritable volonté politique : la prévention, le soin, la répression.

1. Une nouvelle loi concernant l'organisation de la lutte contre le dopage est en préparation pour 2005.

L'article 5 énonce : « La première délivrance d'une licence sportive est subordonnée à la production d'un certificat médical attestant l'absence de contre-indication à la pratique des activités physiques et sportives, valable pour toutes les disciplines à l'exception de celles mentionnées par le médecin et de celles pour lesquelles un examen plus approfondi est nécessaire et dont la liste est fixée par arrêté conjoint du ministre chargé des Sports et du ministre chargé de la Santé (...). »

Cela signifie que même les non-pratiquants (ce qui est le cas, notamment, pour un grand nombre de dirigeants) doivent fournir un certificat médical pour obtenir leur première licence, sauf lorsqu'il existe une licence dirigeant spécifique ne donnant droit à aucune pratique, que ce soit à l'entraînement ou en compétition. Ce certificat médical initial entre dans le cadre de la mise en place d'un programme de santé publique fondé sur au moins une consultation de dépistage des pathologies les plus lourdes et/ou les plus fréquentes, susceptibles de faire courir un risque sanitaire grave lors de la pratique des activité physiques et sportives ou de certaines d'entre elles, le médecin pouvant – et devant – spécifier les disciplines pour lesquelles ce certificat n'est pas valable. Ce même article reconnaît l'existence de disciplines présentant un risque particulier et nécessitant des investigations médicales complémentaires. La liste de ces disciplines (en fait il s'agit de groupes de disciplines) figure dans l'arrêté du 28 avril 2000 publié au *JO* du 30 avril 2000 (voir chapitre 12).

L'article 6 précise : « La participation aux compétitions sportives organisées ou agréées par les fédérations sportives est subordonnée à la présentation d'une licence sportive portant attestation de la délivrance d'un certificat médical mentionnant l'absence de contre-indication à la pratique sportive en compétition, ou, pour les non-licenciés auxquels ces compétitions sont ouvertes, à la présentation de ce seul certificat ou de sa copie certifiée conforme, qui doit dater de moins d'un an. »

Ainsi ont été maintenues les principales dispositions de l'article 35 (aujourd'hui abrogé) de la loi de 1984 concernant la participation aux compétitions des sportifs, qu'ils soient licenciés ou non, à savoir :

- les non-licenciés qui souhaitent prendre part aux compétitions officielles qui leur sont ouvertes (certains tournois, épreuves de masse, etc.) doivent présenter un certificat médical de non-contre-indication;
- pour les sportifs licenciés, il n'est pas exigé que le certificat médical lui-même soit porté sur la licence, ce qui supposerait que la licence soit présentée au médecin au moment de l'examen afin que le praticien puisse apposer sa signature et son cachet. En pratique, certaines fédérations ont choisi de ne rien changer à leurs habitudes et continuent d'exiger que le certificat médical figure sur la licence elle-même, ou sur tout autre document officiel (par exemple, sur le « passeport sportif » du judo). D'autres fédérations (par exemple, le tennis de table) demandent aux pratiquants d'attester par leur signature sur la licence qu'ils sont en règle avec la législation sur la surveillance médicale des sportifs. Ce faisant, il est évident que le sportif engage directement sa propre responsabilité en cas de fausse déclaration, ce qui, de ce point de vue, dégage d'autant la responsabilité des dirigeants. Dans le cas d'un sportif mineur, c'est son représentant légal qui doit signer l'attestation sur la licence.

En outre, il est précisé que le certificat médical en cours doit dater de moins d'un an, ce qui revient à fixer le délai maximal de validité du certificat médical à un an.

De 1977 à 1984, seuls les médecins titulaires du CES de biologie et médecine du sport ou les médecins agréés (à l'aide de quels critères?) par les fédérations avaient le droit de délivrer le certificat médical exigé par la loi. Les lois de 1984 et 1999 ont rétabli ce droit à l'ensemble des médecins, sauf dans le cas de quelques disciplines présentant un risque particulier (art. 2 de l'arrêté du 28 avril 2000).

L'article 12 rappelle l'obligation qui est faite aux fédérations d'assurer l'organisation de la surveillance médicale des sportifs de haut niveau, y compris ceux qui sont dans les filières d'accès au sport de haut niveau et ceux qui sont candidats à cette inscription. La nature des examens de base à réaliser et leur périodicité sont précisées dans le décret du 6 février 2004 (*JO* du 8 février 2004) et l'arrêté du 11 février 2004 (*JO* du 18 février 2004), dont l'article 6 stipule que des examens complémentaires particuliers peuvent être réalisés pour certaines disciplines dans le but de prévenir les risques sanitaires liés à la pratique sportive intensive, qu'ils soient d'origine iatrogène ou liés à des conduites dopantes. L'ensemble du suivi médical et plus précisément le contenu des bilans biologiques doit être précisé par un règlement approuvé par la commission médicale de la fédération concernée, adopté par le comité directeur ou le conseil fédéral et approuvé par le ministre chargé des Sports. L'article 13 de la loi de 1999 reprend l'idée du livret médicosportif individuel pour les pratiquants de haut niveau.

Les articles 2 à 4, 7 à 11, l'intégralité du titre II (art. 14 à 28), ainsi que les articles 29 et 30 du titre III de la loi de 1999 sont consacrés au problème du dopage (voir chapitre 23). Toutefois il est important de noter que dorénavant (art. 7), le médecin qui constate l'existence de signes évocateurs de dopage est tenu de refuser la délivrance du certificat médical, doit informer son patient des risques pour sa santé liés au dopage, et doit informer, sous couvert du secret médical, le médecin responsable de l'antenne médicale de lutte contre le dopage.

Surclassement

En raison des modifications morphologiques, physiologiques et psychologiques qui surviennent au cours de la croissance, les jeunes sportifs sont répartis en classes d'âge jusqu'à 17 ans en moyenne. Au-delà de 17 ans (cette limite peut être légèrement différente dans quelques disciplines), les sportifs appartiennent à la catégorie « senior »; ils deviennent « vétérans » en général à partir de 40 ans.

Dans les conditions habituelles de pratique, seuls les sportifs appartenant à une même classe d'âge sont susceptibles de se rencontrer au cours d'une compétition donnée. Cependant il peut arriver que des jeunes sportifs présentant un certain degré de précocité dans le développement physique et psychologique souhaitent (mais le plus souvent ce sont les entraîneurs et/ou les parents qui formulent ce souhait...) affronter des adversaires plus âgés.

Le surclassement est une disposition réglementaire permettant à des jeunes sportifs, garçons ou filles, appartenant à une classe d'âge donnée de rencontrer en compétition des sportifs appartenant à une classe d'âge supérieure. Cette disposition existe depuis 1955 et n'a cessé d'évoluer (par exemple, arrêté du 28 mars 1961, art. 1er : « Le bénéfice du double surclassement prévu à l'intention des cadets par l'arrêté du 1er juin 1955 est étendu aux cadettes (...) »), et on la retrouve dans la loi de 1984. Pour bénéficier d'un surclassement, le jeune doit obtenir, outre l'accord de ses parents (ou du tuteur), un certificat médical de surclassement.

Le surclassement simple permet à des jeunes de pratiquer en compétition dans la classe d'âge immédiatement supérieure à la leur (soit en cadet pour un minime, en junior pour un cadet, en senior pour un junior). Dans ce cas, le certificat médical de surclassement peut être accordé à l'issue de la visite médicale annuelle obligatoire et ne nécessite, en règle générale, aucun autre examen particulier. Il est souhaitable que l'accord (ou le refus) du surclassement simple figure sur le certificat médical de non-contre-indication de base.

Des cadets et cadettes présentant toutes garanties physiques, physiologiques et psychologiques peuvent, à titre exceptionnel et avec l'autorisation écrite des parents (ou du représentant légal), solliciter un double surclassement leur permettant de disputer des compétitions dans la catégorie « senior ». Dans ce cas, les postulants doivent satisfaire à un double examen : d'une part, l'examen médical de base pour le dépistage des contre-indications au sport considéré, d'autre part, un examen médical complémentaire. Le contenu de cet examen complémentaire et la durée de validité du double surclassement sont propres à chaque fédération et tiennent compte des aspects techniques et humains spécifiques à chaque discipline. Dans la plupart des cas et en fonction de la réglementation propre à chaque fédération, l'accord ou le refus définitif du double surclassement est subordonné à la décision du médecin fédéral local.

Le triple surclassement permettant à un minime de pratiquer en senior est une mesure exceptionnelle ; elle relève exclusivement de la compétence de la commission médicale de la fédération concernée. Cette autorisation n'est accordée qu'à de rares espoirs présentant des garanties physiques, psychologiques et techniques de haut niveau, et ne concerne qu'un nombre limité de disciplines sportives.

7

Formation des médecins du sport

Sommaire

La formation en médecine du sport a beaucoup évolué au cours de ces dernières années, en parallèle avec une meilleure reconnaissance de la discipline. Certes, la spécialité de Médecine du sport, acquise après 4 années de formation à plein temps dans certains pays de l'Union européenne, n'a pas encore atteint ce niveau en France, mais de réels progrès ont pu être réalisés. Par ailleurs, les différentes missions (soins, surveillance, aptitude) dévolues aux spécialistes de médecine du sport ont été récemment prises en compte par le Conseil national de l'Ordre des médecins et le Conseil de prévention et de lutte contre le dopage.

Évolution de l'enseignement

L'histoire de la médecine du sport est étroitement liée à l'histoire de la physiologie, de Lavoisier au XIXe siècle à Demenÿ au début du XXe siècle. Il faut attendre 1949 pour assister à la création d'un certificat d'études spéciales de biologie appliquée à l'éducation physique et au sport. À la même époque est créée à Paris une chaire du même nom, dont le premier titulaire fut le professeur Chailley-Bert (voir chapitre 1). Le CES a progressivement été enseigné dans de nombreuses facultés de médecine françaises, le plus souvent sous la responsabilité des spécialistes de physiologie et, plus rarement, d'orthopédie ou de cardiologie.

En 1971, l'appellation du CES a été transformée en « Biologie et Médecine du sport », diplôme accessible aux étudiants dès leur stage interné. Cette formation (théorique et pratique), limitée à 150 heures environ, a connu un large succès et, à cette époque, était la seule formation proposée aux futurs médecins intéressés par ce domaine.

Dès les années 1980, tous les responsables enseignants ainsi que les syndicats médicaux concernés, mais aussi le mouvement sportif, ont exprimé le besoin d'une meilleure formation en médecine et biologie du sport. Cette réflexion a abouti à l'arrêté du 6 septembre 1985 du ministère des Universités, concernant le 3e cycle des études médicales, qui dit que : « Tout médecin généraliste doit pouvoir participer au développement d'une prévention médicosportive et contribuer à l'amélioration des conditions de santé de la population par l'incitation des activités physiques. » Force est de constater que cet arrêté a été peu ou pas appliqué dans les facultés de médecine, se heurtant notamment à la volonté des enseignants et des étudiants de diminuer globalement les charges horaires d'enseignement dans le cursus des études (2e et 3e cycles).

Le 29 avril 1988 paraît l'arrêté créant la « Capacité de Médecine du sport », délivrée par les facultés agréées pour 4 années. Celle-ci n'est accessible, comme toutes les capacités, qu'aux titulaires du doctorat en médecine, ce qui a considérablement diminué le nombre de demandes. Cette formation, initialement prévue sur 2 années, a été ramenée à 1 année dès l'année universitaire 1990. Elle correspond à 120 heures de cours dans les domaines de la physiologie, de la pathologie mais aussi de la lutte antidopage et de l'aptitude, notamment.

Chaque étudiant doit, par ailleurs, participer à 40 demi-journées de stage. A ce jour, la majorité des facultés de médecine dispensent cet enseignement, certaines d'entre elles s'étant regroupées par souci d'efficacité. Force est de constater que le nombre d'inscrits est éminemment variable d'une faculté à l'autre et que l'enseignement mériterait d'être mieux évalué et le niveau redéfini.

Devant l'impossibilité, pour les internes notamment, de s'inscrire à la capacité, certaines facultés ont proposé parallèlement des diplômes d'université de médecine du sport, dont les modalités d'enseignement sont calquées sur celles de la capacité. Cela permet secondairement aux médecins thésés d'obtenir une reconnaissance de leurs acquis lorsque l'inscription définitive à la capacité leur est devenue possible. Dans le même ordre d'idée, pour les étudiants éloignés de toute possibilité de formations universitaires classiques, il a été créé, il y a 10 ans, un diplôme d'université de physiologie et pathologie du sport. Celui-ci est géré par le Centre national d'enseignement à distance (pôle européen) et répond à la fois aux besoins de formation initiale mais aussi de formation continue. Il est organisé sur 2 années. Ce diplôme s'adresse aussi à certains médecins étrangers qui ne bénéficient d'aucune formation en médecine du sport dans leurs pays respectifs.

Au cours des dernières années, l'ensemble des enseignants, mais aussi le mouvement sportif, le ministère des Sports, le Conseil de prévention et de lutte contre le dopage ont poursuivi la réflexion. Celle-ci a abouti au travers de l'arrêté du 26 juillet 2002, portant sur la création d'un diplôme d'étude spéciale complémentaire (DESC) de médecine du sport. Ce diplôme s'adresse aux internes en formation, quelle que soit la spécialité (et donc aux internes de médecine générale à partir de la rentrée universitaire 2004). Il comporte 4 semestres de stages (2 au cours de l'internat et 2 en poste internat) à plein temps. Chaque étudiant doit pouvoir obtenir une formation reconnue dans le domaine des explorations fonctionnelles, de la traumatologie et de la cardiologie du sport, notamment. Il doit pouvoir aussi justifier d'une expérience proche de la pratique quotidienne, par un stage réalisé hors structure hospitalière. L'enseignement théorique (160 heures) est dispensé sous forme de séminaires et concerne la réglementation et l'aptitude au sport, la physiologie des adaptations, la traumatologie, la nutrition et les spécificités de la pratique du sport en fonction de l'âge, du sexe et du handicap. Il est prévu de former, à terme, 20 étudiants par année universitaire, qui posséderont donc une formation complète et de haut niveau. Ce DESC est géré par une coordination nationale de 12 enseignants, représentant les différentes universités et spécialités (physiologie, explorations fonctionnelles, nutrition, médecine physique et réadaptation, orthopédie…).

Le nombre d'étudiants formés, d'une part, la demande très diversifiée en médecine du sport, d'autre part, conduit à maintenir, selon le vœu du ministère des Universités, l'enseignement de la capacité pour les années à venir, ne serait-ce que pour répondre à la demande des médecins thésés n'ayant pas d'autre possibilité de formation diplômante reconnue.

Autres modes d'enseignement

Deuxième cycle des études médicales

Comme cela a déjà été dit, la formation initiale dans le cursus des deux premiers cycles des études de médecine est insuffisante, voire inexistante. Il faut toutefois, là encore, noter quelques progrès récents. Plusieurs facultés ont pu mettre en place des enseignements sport-médecine, dans le cadre des enseignements complémentaires de la première partie du 2e cycle. La réforme récente de l'internat et du cursus de la 2e partie du 2e cycle des études médicales, sous forme de modules, permet d'aborder plusieurs thèmes relevant de la médecine du sport. On retrouve les items concernant l'aptitude au sport et les besoins nutritionnels, les spécificités du sport chez l'enfant, les conduites dopantes. Il reste à affirmer la place respective des différents enseignants et obtenir, dans certains cas, des plages horaires suffisantes permettant de traiter ces sujets de manière exhaustive.

Diplômes d'université

Ils s'adressent aux étudiants de 3e cycle et aux médecins titulaires de la capacité (ou du CES) ou d'autres spécialités. Ils représentent une formation complémentaire à la capacité, et sont souvent reconnus par les étudiants comme une bonne méthode de formation continue. Selon les universités, les diplômes sont extrêmement variés et concernent non seulement la traumatologie, mais aussi l'imagerie, les explorations fonctionnelles, la cardiologie, la nutrition, le dopage, la plongée, sans que cette énumération soit exhaustive. L'accès à ces formations peut dans certains cas être limité à certaines spécialités (cardiologie, par exemple) ou, à l'inverse, être ouvert à certaines professions paramédicales (kinésithérapeutes, podologues, notamment). Il faut par ailleurs relever l'existence de plusieurs diplômes de podologie, ou kinésithérapie du sport, proposés par diverses universités, en lien avec les représentants de ces professions. Ils trouvent leur justification dans le déficit de formation initiale, limitée à 20 heures en 3e année, pour les kinésithérapeutes par exemple.

Diplômes d'études approfondies

Plusieurs laboratoires ou groupes de recherche labellisés proposent aux étudiants chercheurs des formations de haut niveau, le plus souvent dans le domaine de la biomécanique ou de la physiologie de l'exercice musculaire. Les étudiants en médecine peuvent avoir accès à ces DEA après l'acquisition d'une maîtrise, obtenue par capitalisation de 3 certificats au cours du 2e cycle des études médicales. L'acquisition du DEA conduit, le plus souvent, à la préparation d'une thèse d'université, aboutissement d'un travail de recherche de plusieurs années ayant fait l'objet de publications dans des revues internationales indexées. Cette voie étroite de la recherche en physiologie et médecine du sport est en pleine réforme actuelle, avec la mise en place de la nouvelle organisation du cursus universitaire européen (LMD).

Sociétés savantes

Elles représentent un autre moyen d'accès à l'information et à la formation continue. La Société française de médecine du sport et la Société française de traumatologie du sport (qui possèdent chacune un site Internet) organisent un congrès annuel. Par ailleurs, la Société française de médecine du sport a développé, au cours des 5 dernières années, des liens privilégiés avec des sociétés régionales de médecine du sport. Chaque société organise deux réunions par an. Un ou deux thèmes choisis annuellement, au niveau national par l'ensemble des représentants des sociétés régionales, feront l'objet d'une attention particulière lors de réunions décentralisées (voir chapitre 9).

L'obligation de formation continue des médecins, qui à ce jour n'a pas été concrétisée formellement, doit là encore conduire à une véritable reconnaissance de la formation continue en médecine du sport. Cette mission devrait être confiée à l'ANFORMES, structure fédérative dans ce domaine (voir chapitre 2).

Ouvrages et revues

Outre les ouvrages de langue française et de langue anglaise publiés dans le domaine de la médecine du sport, les nombreux sites Internet (qui sont toutefois de valeur scientifique pédagogique très inégale), il existe plusieurs revues qui méritent d'être signalées :

- les revues de langue française : *Science et Sport* (revue de la Société française de médecine du sport), *Journal de traumatologie du sport* (revue de la Société française de traumatologie du sport) et *Cinésiologie* (revue du Syndicat des médecins du sport) ;
- les revues de langue anglaise : *American Journal of Sports Medicine, British Journal of Sports Medicine, Medicine and Science in Sports and Exercise, International Journal of Sports Medicine, Sports Medicine, European Journal of Applied Physiology* …

Cette liste n'est pas exhaustive et les médecins trouveront par ailleurs de nombreux articles traitant des différents aspects de la médecine du sport et des activités physiques dans des revues spécialisées, proposées notamment par les diverses sociétés savantes nationales ou internationales.

8

Internet en médecine du sport

Internet est devenu un procédé de communication tellement courant en ce début du XXIe siècle qu'il n'est plus nécessaire de rappeler son principe.
Précisons simplement qu'il faut pouvoir disposer :

- d'un ordinateur assez rapide, mais pas nécessairement « haut de gamme » (pour PC : Pentium 3 ou 4, de 1 à 3 GHz, et pour Mac : OS de 8 à 10.2) ;
- d'un logiciel de navigation (les plus courants étant la série des Explorer ou des Netscape) ;
- et d'un fournisseur d'accès Internet (FAI).

Actuellement, de nombreux utilisateurs organisationnels ont un *accès haut débit*, numérique direct (ADSL) ou par câble, mais un certain nombre de particuliers n'ont encore qu'un accès simplement téléphonique (analogique), moins rapide et quelquefois moins onéreux selon les forfaits choisis.
L'utilisation possible d'Internet en médecine du sport se situe le plus couramment sur deux plans principaux différents.

Sommaire

Courrier électronique

Avantages

Sur le plan des communications relationnelles entre organismes ou associations ou simples particuliers, les avantages du courrier électronique (courriel) sont évidents :

- possibilité de répondre directement à un courrier, sans recomposer l'adresse (pas de risque d'erreur !) ;
- possibilité de faire suivre un courrier reçu à un autre correspondant (sans faire une copie), ou d'adresser à un autre correspondant une copie d'un courrier envoyé ;
- possibilité immédiate d'envois multiples et simultanés (circulaires) à de nombreux destinataires ;
- possibilité d'associer ou non à ces envois des documents attachés ;
- possibilité de répondre en modifiant ces documents, ou de les enregistrer ;
- possibilité de joindre des photos, mais cela nécessite l'emploi d'un appareil à photos numérisées (technique maintenant assez courante en sport) ;
- absence de toute manipulation de papier ou d'enveloppe ;
- prix de revient et temps d'envoi infimes par rapport à un envoi postal… ;
- mise en place d'un principe d'archive des correspondances pour alimenter un fonds de connaissances.

Risques inhérents à cette technique

Ce système de courrier présente cependant trois inconvénients :

- la non-confidentialité des envois sur le Web ;
- la possibilité de contamination par un *virus informatique* ou par un *« ver »* (exemple de « organize.exe » en août 2003), ce qui impose la précaution de se protéger par un antivirus efficace ;
- la possibilité de détournement par un pirate informatique ou *hacker*.

Ces risques ont amené certaines fédérations sportives à mettre au point un réseau « intranet » de communications protégées, sécurisées par un mot de passe.
Ces inconvénients ne justifient toutefois pas de craindre ou de récuser Internet. Au demeurant, on sait que les éditeurs de revues ou les organisateurs de congrès demandent actuellement aux auteurs d'envoyer leurs textes par Internet, et non plus sur papier, ni même sur disquette.

Noms de domaine et composition des adresses

Le terme francisé de « courriel » pour le courrier électronique, adopté d'abord au Québec, a été officialisé en 2002 en France. Il remplace avantageusement le terme « e-mail » *(electronic mail)* , et *a fortiori* le « mel », terme qui n'avait aucune justification autre que purement phonétique !
Comme pour les noms de domaine américains, qui ont été dès l'origine différenciés en plusieurs catégories, les noms de domaine français ne sont plus simplement en « .fr », mais sont maintenant catégorisés, par exemple en « .gouv.fr » pour les sites des divers ministères, ou en « .asso.fr » pour les associations. Cependant il faut savoir que de nombreux organismes sportifs français, médicaux ou non, ont leur adresse sous une URL *(Uniform Resource Locator)* américaine sur le Web, par exemple en « .com » ou en « .org », ou

même encore en « .net ». Certains ont cependant conservé leur adresse antérieure en « .fr ».
Il importe donc de prêter une attention toute particulière aux intitulés exacts des URL (www.nomdedomaine.com., .fr, .net) des sites Web et des adresses de courriel (votre-contact@nomdudomaine.com, .fr, .net...).

Documentation sur le Web

En l'état actuel (2004), Internet représente par le Web (« toile d'araignée mondiale », en anglais) une énorme source de documentation de tout premier ordre, sur de très nombreux sites faciles à consulter si l'on connaît leur adresse Internet ou URL.
Il est donc utile de connaître et de savoir consulter ces pages Web, généralement bien faites, et qui n'ont souvent plus l'aspect rébarbatif des pages d'un annuaire téléphonique comme c'était le cas dans les dernières années du siècle précédent ! De plus les sites sont maintenant aménagés de manière que l'on trouve facilement le renseignement désiré au maximum au 3e ou 4e clic de souris sur les liens de ses arborescences, pour éviter d'agacer ou de lasser le lecteur...
En outre, il faut rappeler que depuis 1993, on entre sur Internet en langage direct, et non plus codé, et que des *moteurs de recherche* permettent de trouver facilement et de sélectionner ce qu'on cherche sur un sujet donné. Les moteurs les plus commodes pour notre sujet sont Google et Yahoo, entre autres.
Les adresses Internet les plus utiles en médecine du sport sont classées dans ce chapitre par catégories de sites. Les sites Web des différentes fédérations (olympiques, nationales sportives, multisports ou affinitaires, scolaires ou universitaires) sont par commodité pour le lecteur présentés en plusieurs tableaux et regroupés en annexe à la fin de ce chapitre.
Chaque URL doit être appelée en lettres minuscules, et sans aucun accent (selon l'origine anglophone d'Internet). Une précaution *indispensable* est de respecter scrupuleusement l'orthographe exacte de l'URL demandée, au moindre signe de ponctuation près, sinon Internet ne peut pas reconnaître le site et transmettra un rejet de réponse.

• Il peut être utile de modifier la résolution de l'écran pendant qu'on est sur le Web, car le format 800 × 600 pixels, couramment utilisé pour la saisie de textes sur un écran de 15 pouces (ou même réglé ainsi par les jeunes enfants sur l'ordinateur paternel pour lire leurs CD de jeux...), peut s'avérer insuffisant pour certains sites qui sont au format 1 024 × 768, de plus en plus courant pour le Web.
• Une collectivité peut obtenir sur son propre serveur Web plusieurs adresses courriel personnelles pour plusieurs de ses membres.

Les adresses URL sont attribuées par une administration internationale, l'*Internic*, sous un nom de domaine ou « DNS ».

Recherche d'un renseignement sur un serveur dont on connaît l'adresse URL

C'est évidemment le cas le plus simple et le plus rapide car on tape l'adresse directement dans le cartouche « adresse » situé en haut du navigateur (on le fait apparaître en sélectionnant l'option affichage/barre d'outils/barre d'adresses), mais c'est aussi le plus focalisé et donc le moins universel, et il faut le plus souvent affiner soi-même sa recherche, notamment en utilisant des « moteurs de recherche ».

Moteurs de recherche Web et médecine du sport

Un moteur de recherche est un « robot » dont le travail est de balayer continuellement le réseau pour trouver toutes les pages du Web, de classer les documents trouvés en fonction du texte et des mots clés qu'ils contiennent, et de les intégrer dans une base de données que l'internaute peut ensuite interroger par mot(s) clé(s), sous forme de liste avec les premiers mots de chaque document, et parfois avec un résumé.

AltaVista

C'est le très classique prototype de ces moteurs de recherche, mis au point en 1995 en Californie. Il existe en version française que chacun peut sélectionner dans ses « favoris ». C'est en fait un répertoire de données, classées par thèmes, dont chacun se subdivise en sous-thèmes, qui forment une « arborescence », dans laquelle chaque mot souligné est un « lien » qui permet d'explorer l'arborescence et d'affiner la recherche.

Yahoo

C'est un autre grand classique du genre (www.yahoo.com), qui, depuis sa création en 1994, a maintenant une version en français : www.yahoo.fr) et qui permet de retrouver rapidement de nombreux sites sportifs, français et étrangers.

Google

C'est un « métamoteur », plus récemment apparu. Il a bien un petit répertoire, mais incomplet en médecine du sport, et c'est surtout en entrant « médecine sport » sur la fenêtre de son lien « recherche avancée » qu'on peut y trouver de nombreux éléments intéressants sur le sujet.

Copernic

C'est un moteur de recherche canadien (www.copernic.com), dont la version française complète se trouve par un lien, et dont il existe deux versions, une gratuite, allégée, et une payante. Il fournit aussi des éléments intéressants en médecine du sport.

Serveur du CHU de Rouen

On doit malheureusement regretter que les grands serveurs médicaux classiques français répertorient, à présent tout au moins, très peu la médecine du sport.

La seule exception notable est celle du serveur encyclopédique du CHU de Rouen (www.chu-rouen.fr), qui a créé un « méta-terme » avec les mots « médecine du sport », c'est-à-dire qu'il répertorie la médecine du sport à partir du *Medline* américain et avec les mots clés du classique « Mesh », dans sa version en français.

Sites institutionnels officiels dédiés partiellement à la médecine du sport

Ministère des Sports

Il est présent sur le Web depuis longtemps, et il a conservé sans changement l'ancien URL de son site, bien qu'il soit devenu plus simplement « ministère des Sports » : www.jeunesse-sports.gouv.fr. Mais sur ce site il n'a uniquement qu'un lien sur le dopage.

C'est en fait sur un autre site officiel dépendant du ministère, et dédié au médical, qu'il faut chercher les renseignements sur l'aspect médical : santesport.gouv.fr. Ce site est très complet, quoique avec une prépondérance pour la lutte contre le dopage.

INSEP

Il présente sur la page d'accueil de son site (www.insep.fr) un lien médical, qui ouvre l'accès au département médical et qui est également très complet. En particulier, il présente les services que les sportifs peuvent attendre de l'INSEP au niveau médical (fig. 8.1).

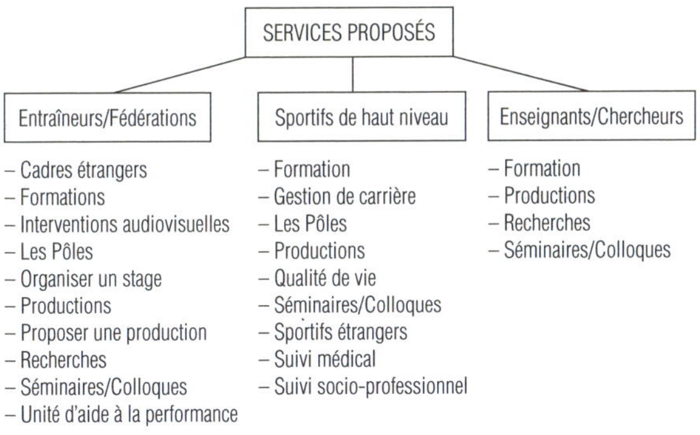

Fig. 8.1. Architecture du site de l'Insep.

CNOSF

Il a plusieurs sites, comme cela a été signalé au chapitre 4, avec la copie d'écran de sa page d'accueil principale. La page d'accueil du site www.franceolympique.org donne accès, par deux liens différents, à la Commission médicale et à la Fondation Santé-Sport. Il est à noter que le CIO a lui-même un site, en double version : l'une en français (www.olympique.org), et l'autre en anglais (www.olympic.org).

Sites associatifs dédiés complètement à la médecine du Sport

Société française de médecine du sport

Elle a son propre site Web (www.sfms.asso.fr), qui présente ses diverses activités, celles de ses filiales, et les thèmes de ses congrès, ainsi que sa revue spécifique, *Science & Sports*.

Cinésiologie

Il s'agit d'une autre revue de médecine du sport, dont le site est hébergé sur www.sport-medical.org. Ce site en « .org » est lui-même un petit site portail qui ouvre des pages simplement statiques sur l'ANFORMES ou l'UNMF, alors que celles de *Cinésiologie* sont plus complètes.

Sites privés dédiés complètement à la médecine du sport

Plusieurs grands laboratoires, dont la production est plus ou moins orientée vers la médecine du sport, ont tout naturellement élaboré des sites Web dédiés à la médecine du sport. Parmi les plus utiles, on peut citer (liste non limitative) les sites suivants :

Menarini

C'est probablement le site actuellement le plus complet, puisqu'il répertorie plus de 1 000 pages Web de médecine du sport. Sa page d'accueil est judicieuse, car par le lien « plan du site », elle permet d'accéder rapidement à l'arborescence désirée, notamment aux branches traumatologie, physiologie et interspécialité.

Ce site est en accès libre (www.menarini.fr), ce qui est à la fois un avantage et un inconvénient car quiconque, non médecin, peut y entrer. Mais la richesse de son information et de sa bibliographie est incontestable

Rhumapolis

C'est le site de Pierre Fabre Santé (www.rhumapolis.com), qui a obtenu le 1er Prix Fimed des sites de médecine du sport en 2000, et en 2001 le prix du meilleur site de rhumatologie, décerné par la revue *Synoviale*. Son accès est codé, et nécessite d'entrer un identifiant et un mot de passe, que l'on reçoit gratuitement sur demande d'inscription. De ce fait, l'information est plus nettement médicale et critique. Le site publie un « e-zine » (ou *electronic magazine*) pratiquement quotidien.

Génévrier

C'est le site des Laboratoires Génévrier (www.laboratoires-genevrier.com), qui est également un site codé dont l'accès n'est possible que par un mot de passe que l'on demande et reçoit par courriel. Par cet accès on arrive à des pages bien faites et animées, focalisées sur la traumatologie du sport en raison de l'application des produits de ce laboratoire.

Attention : le site www.génévrier.com est un site canadien tout à fait différent.

Autres fonctions d'Internet utilisables en médecine du sport

Internet représente un univers technologique aux multiples aspects. Le Web et le courrier électronique sont ceux que les médecins du sport connaissent actuellement le mieux et utilisent le plus, mais Internet ne se limite pas à cela.

Téléphonie gratuite par Internet

Il s'agit d'une fonction appelée à se développer chez les médecins en général, et chez les médecins du sport en particulier, car elle s'avère très efficace en 2004.

Conditions d'utilisation

Il est nécessaire de disposer des trois éléments suivants :

- un accès numérique « haut débit », car la téléphonie par Internet est impossible avec un simple accès analogique, trop lent pour cette exploitation du signal vocal. *A contrario*, l'utilisation de cet accès numérique est évidemment gratuite, puisqu'elle est incluse sans limitation dans le forfait d'abonnement haut débit, quel que soit l'opérateur considéré (l'ADSL fourni par Wanadoo ou par tout autre FAI). Mais le haut débit à 128, ou mieux à 512 k, est suffisant, 1 024 k permettant encore un meilleur taux de transfert;
- le maintien de la connexion Internet avec les deux ordinateurs en marche de chaque côté de la liaison pour que les deux machines synchronisent leur signal;
- un logiciel de téléphonie par Internet, les plus connus étant Messenger de Microsoft et le tout nouveau Skype, qui représente une solution semble-t-il idéale tant la qualité du signal est vraiment bonne (www.skype.net). Ce dernier passe par une solution *Peer to Peer* déjà présente dans des logiciels comme Kazaa (partage de fichiers) mais la technologie est ici appliquée à la voix IP.

Réalisation

Ces logiciels s'installent sur un PC (il n'existe pour l'instant pas de version Apple pour Skype) avec des fenêtres de recherche pour trouver des amis déjà connectés sur ce réseau et les enregistrer en tant que « contact ». Lorsque que ces derniers se connecteront de nouveau sur Internet, leur logiciel indiquera l'inscription « nouveau venu ». Un simple clic sur son nom déclenchera ensuite un appel téléphonique relayé par une sonnerie sur le PC de l'utilisateur distant. Les conversations sont émises par le microphone, et reçues par les enceintes avec une qualité Hi-Fi, même s'il reste encore quelques microcoupures selon la qualité des PC connectés, des microphones et de la liaison Internet. La pratique de cette téléphonie sur Internet permet à deux groupes d'interlocuteurs de converser très facilement, y compris en intervenant entre eux, car la qualité technique des petits microphones actuels est largement suffisante pour que toutes les conversations passent, même celle d'« ambiance ».

L'intérêt pratique de ce système est tellement évident qu'on peut prévoir son développement assez rapide, tout au moins entre des intervenants institutionnels qui disposent d'un accès numérique direct dans leurs locaux professionnels. Notons aussi, pour les spécialistes, que cette technologie traverse assez facilement les *Firewall* des routeurs.

Forums ou « news-groups » ou groupes de nouvelles

Cette fonction d'Internet est intéressante, mais encore peu utilisée en France dans le domaine médical. La qualité des forums est variable selon la sélection du fournisseur d'accès et le profil des participants.

Mais avec plus de 100 000 groupes de discussion à ce jour (dont une grosse majorité en anglais), l'accès à cette fonction d'Internet peut sembler assez rébarbatif. Il est donc plus simple et plus efficace de s'adresser aux forums qui peuvent exister sur certains sites de médecine du sport.

Images numériques

Elles peuvent correspondre à l'utilisation de deux techniques différentes :

- les caméras numériques : elles convertissent les images directement en signaux numériques. On en distingue deux types :
  - les petites caméras de « visioconférence », posées sur le bureau ou sur l'écran;
  - les caméras « vidéo » numériques, plus sophistiquées, qui sont les outils indispensables pour la couverture d'événements sportifs. L'année 2004 signera certainement l'envol de la diffusion des contenus vidéo sur le Web;
- les appareils photos numériques, qui permettent d'illustrer un article ou un document, par simple transfert.

Il faudra néanmoins faire attention aux droits à l'image des personnes filmées car le Web peut être considéré comme un *medium* grand public. La solution sera alors de placer ces contenus dans un endroit réservé, uniquement accessible avec un identifiant et un mot de passe. Notons aussi que l'outil Messenger de Microsoft permet de pratiquer la visioconférence.

En conclusion, le Web représente une source idéale et simple de communication, ainsi qu'un apport gigantesque de documentation. Il n'est cependant pas un terrain réservé aux médecins ni aux scientifiques, ce qui peut diluer l'information et rebuter à tort le lecteur, quand il ne sait pas bien focaliser sa recherche. Par ailleurs, sa technologie elle-même évolue constamment, et très rapidement. En ce début du XXIe siècle, on ne saurait ignorer cette fantastique percée de la technologie au service de la recherche et de la communication.

Pour en savoir plus

HARICHAUX P, DE TOURDONNET R, KRIEFF JJ. *Internet chez les sportifs*. Préface de Henri Serandour, président du CNOSF. Paris : Editions Casteilla-Chiron, janvier 1998 : 128 p.

Cet ouvrage a été un des premiers en langue française sur le sujet, et reste un opuscule de base pour une initiation à Internet.

NEUMAN F. Trouver une info sur Internet. *Science & Vie Micro* 1998; 157 : 80-6.

Cet article un peu ancien est simple et utile.

Annexe
Sites Web et médecins
des fédérations olympiques, nationales sportives, multisports ou affinitaires, scolaires ou universitaires[1]

Dans les tableaux qui vont suivre, seront successivement indiqués :

- le nom de la fédération concernée ;
- son adresse postale ;
- l'URL de son site Internet (les fédérations en ont presque toutes actuellement) ;
- le nom du médecin fédéral et son adresse courriel personnelle, ou celle du contact courriel de sa fédération quand il n'en a pas une personnelle.

Tableau des 29 fédérations olympiques, avec leur adresse postale, l'URL de leur site Internet et les nom et adresse courriel de leurs médecins fédéraux nationaux.

Fédération française de :	Adresse postale du siège social	URL du site	Nom du médecin fédéral et adresse courriel personnelle ou, à défaut, courriel de la fédération (précisé)
Athlétisme	33, av. Pierre-de-Coubertin 75640 Paris Cedex 13	www.athle.com	Bechir Boudjema : bechir.boudjema@libertysurf.fr
Aviron	17, bd de la Marne 94736 Nogent-sur-Marne	www.aviron.france.asso.fr	Alain Lacoste : dralainlaco@aol.com
Badminton	9-11, rue Michelet 93585 Saint-Ouen Cedex	www.FFBA.org	Rémi Mifsud : remi.mifsud@santesurf.com
Baseball-Softball	41, rue de Fécamp 75012 Paris	www.ffbsc.org	Daniel Bernard (e-mail fédéral) : webmaster@basketfrance.com
Basket-ball	117, rue du Château-des-Rentiers 75626 Paris	www.basketfrance.org	J.-Y. Guincestre : guincestre-jy@chu-caen.fr
Boxe	14, rue Scandicci 93508 Pantin	www.ffboxe.asso.fr	J.-L. Llouquet : jl.llouquet@wanadoo.fr
Canoë-kayak	87, quai de la Marne 94344 Joinville-le-Pont Cedex	www.ffcanoe.asso.fr	Daniel Koechlin : d.koechlin@medsyn.fr
Cyclisme	5, rue de Rome 93561 Rosny-sous-Bois Cedex	www.ffc.fr	Armand Megret : amegretg@club-internet.fr
Équitation	81, av. Édouard-Vaillant 92500 Boulogne-Billancourt	www.ffe.com	Bernard Auvinet (e-mail fédéral) : secretpresid1@equinat.net
Escrime	14, rue Moncey 75009 Paris	www.escrime-ffe.fr	Staphan Geiss : chirped@ch-colmar.rss.fr
Football	60 *bis*, av. d'Iéna 75783 Paris Cedex 16	www.fff.fr	Jacques Lienard (e-mail fédéral) : webmaster@fff.fr
Gymnastique	7 *ter*, cour des Petites-Écuries 75010 Paris	www.ffgym.com	Michel Leglise : michel.leglise@ffgym.net
Haltérophilie	4, rue du Chemin-Vert 94500 Champigny	www.hmfac.free.fr	Philippe Le Van : le-van.P@Lemel.fr
Handball	62, rue Gabriel-Péri 94520 Gentilly	www.ff-handball.org	Laurent Jancon : ljancon@compuserve.com
Hockey sur gazon	6, av. Rachel 75018 Paris	www.ffhockey.org	Christophe Popineau (e-mail fédéral) : ffh@ffhockey.org
Judo et DA.	21, av. de la Porte-de-Chatillon 75014 Paris	www.ffjudo.com	Benoît Vesselle : bvesselle@chu-reims.fr

1. Les auteurs tiennent à remercier tout particulièrement le service de documentation du CNOSF, qui leur a amicalement fourni la liste des fédérations et de leurs sites Internet, ainsi que la Commission médicale du CNOSF, qui leur a fourni tout aussi amicalement la liste des noms et adresses Internet des médecins fédéraux. L'ensemble est à jour en fin 2003, mais devrait connaître relativement peu de changements après les élections de 2005 au CNOSF.

Tableau des 29 fédérations olympiques, avec leur adresse postale, l'URL de leur site Internet et les nom et adresse courriel de leurs médecins fédéraux nationaux. *(suite)*

Fédération française de :	Adresse postale du siège social	URL du site	Nom du médecin fédéral et adresse courriel personnelle ou, à défaut, courriel de la fédération (précisé)
Lutte	11, rue de Meaux 75019 Paris	www.fflutte.com	Éric Vitali (e-mail fédéral) : demelin@aol.com
Natation	148, av Gambetta 75020 Paris	www.ffnatation.org	Christine Lepourcelet (e-mail fédéral) : ffn@ffnatation.org
Pentathlon moderne	1, av. Pierre-de-Coubertin 75640 Paris Cedex 13		Alain Frey : afrey@chi-poissy-st-germain.fr
Ski	50, rue des Marquises 74011 Annecy	www.ffs.fr	Marie-Philippe. Rousseaux-Bianchi : mrblanchi@aol.com
Sports de glace	35, rue Félicien-David 75016 Paris	www.ffsg.org	Georges Cazalbou (e-mail fédéral) : ffsg@ffsg.org
Taekwondo	25, rue Saint-Antoine 69003 Lyon	www.fftdo.fr	Jean-Dominique Brouland : brouland@aol.com
Tennis	2, av. Gordon-Bennett 75016 Paris	www.fft.fr	Gilles Daubinet : gdaubinet@HOTmail.com
Tennis de table	3, rue Dieudonné-Cortes 75625 Paris Cedex 13	www.fftt.com	Jean-Bernard Thieubaut : thieubaut@wanadoo.fr
Tir	38, rue Brunel 75015 Paris	www.fftir.asso.fr	Serge Casagrande : sergeca@wanadoo.fr
Tir à l'arc	268, rue de Brémant 93561 Rosny-sous-Bois Cedex	www.ffta.fr	Jean-Pierre Galeyrand : dr.jean.pierre.galeyrand@wanadoo.fr
Triathlon	2, rue de la Justice 93210 Saint-Denis-la-Plaine	www.fftri.com	Christine Charle : charlechris@free.fr
Voile	17, rue Bocquillon 75015 Paris	www.ffvoile.org	Yannick Guezennec : Cyguezennec@imass.fr
Volley-ball	43 *bis*, rue d'Hautpoul 75940 Paris Cedex 19	www.volley.asso.fr	Richard Goux : richard-goux@aventis.com

Tableau des 45 fédérations nationales sportives, avec leur adresse postale, l'URL de leur site Internet et les nom et adresse courriel de leurs médecins fédéraux nationaux.

Fédération française de :	Adresse postale du siège social	URL du site	Nom du médecin fédéral et adresse courriel personnelle ou, à défaut, courriel de la fédération (précisé)
Aéromodélisme	108, rue de Saint-Maur 75011 Paris	www.ffam.asso.fr	Sans précision e-mail fédéral : ffam@asso.fr
Aérostatique	6, rue Galilée 75116 Paris	wwwffa.aerostaique.org	Thierry Villey : thierry-villey-aeromed@hotmail.com
Nationale Aéronautique	155, av. de Wagram 75017 Paris	www.fna.asso.fr	Michel CUPA e-mail fédéral : fna@fna.asso.fr
Ball-Trapp	20, rue Thiers 92100 Boulogne-Billancourt	www.balltrapp.com	Jean-Louis Escautier (e-mail fédéral : ffbt.balltrapp@wanadoo.fr
Balle au tambourin	364, rue Louis-Lépine 34000 Montpellier	www.sport-tambourin-ffjbt.com	Jean-Baptiste Warton : jb.warton@wanadoo.fr
Ballon au poing	22, rue Victor-Hugo 80000 Amiens	Néant	Jacques Meuhet (e-mail fédéral) : ffbp@wanadoo.fr
Billard	19, av. Aristide-Briand 03202 Vichy Cedex	www.ffbillard.org	Jean-Paul Sinanian : jean-paul.sinanian@wanadoo.fr
Bowling et sports de quilles	6, av. des Tuileries 91351 Grigny Cedex	www.federationbowling.org	Philippe Vitel : philippe.vitel@wanadoo.fr
Boxe française, savate et DA	49, rue du Faubourg-Poissonnière 75009 Paris	www.ffsavate.	André Monroche : monroche@sport-medical.org

Tableau des 45 fédérations nationales sportives, avec leur adresse postale, l'URL de leur site Internet et les nom et adresse courriel de leurs médecins fédéraux nationaux. *(suite)*

Fédération française de :	Adresse postale du siège social	URL du site	Nom du médecin fédéral et adresse courriel personnelle ou, à défaut, courriel de la fédération (précisé)
Char à voile	19, rue Dessables 62600 Berck-sur-Mer	www.ffcv.org	Frédéric Bougon : fbougon@Hopale.com
Course d'orientation	37, av. Gambetta 75967 Paris Cedex 20	www.ffco.asso.fr	Catherine Chalopin : chalopinc@aol.com
Cyclotourisme	12, rue Louis-Bertrand 94200 Ivry-sur-Seine	www.ffct.org	Jean-Michel Bouillerot : jean-michel.bouillerot@wanadoo.fr
Danse	20, rue Saint-Lazare 75009 Paris	Néant	René Touly (e-mail fédéral) : ffdanse@wanadoo.fr
Études et sports sous-marins	24, quai de Rive-Neuve 13284 Marseille Cedex 07	www.ffessm.fr	Sans précision e-mail fédéral : sans précision
Football américain	79, rue du Râteau 93120 La Courneuve	www.fffa.org	Valérie Amiard : v.amiard@netcourrier.com
Giraviation	Aérodrome de Meaux 77450 Esbly	www.helico.org	Igor Ouss (e-mail fédéral) : ff.giraviation@wanadoo.fr
Golf	68, rue Anatole-France 92309 Levallois-Perret Cedex	www.ffgolf.org	Jérôme Bouche : jerome.bouche@jeunesse-sports.gouv.fr
Karaté	122, rue de la Tombe-Issoire 75014 Paris	www.ffkama.fr	Franco Roman : froman@ffkama.fr
Longue paume	23, chemin du Thil 80000 Amiens	Néant	Jean Balcone e-mail fédéral : sans précision
Montagne et escalade	8-10, quai de la Marne 75019 Paris	www.ffme.fr	Jean-Pierre Herry : jp.herry@ffme.fr
Motocyclisme	74, av. Parmentier 75011 Paris	www.ffmoto.asso.net	Reinhard Kraenzler : doc.rk.pl@wanadoo.fr
Motonautique	49, rue de Boulainvillers 75016 Paris	www.ffn.asso.fr	Pierre Felix (e-mail fédéral) : ffm@ffm-asso.fr
Parachutisme	62, rue de Fécamp 75012 Paris	www.ffp.asso.fr	Yves Grosse (e-mail fédéral) : ffp@ffp.asso.org
Pêche au coup	3, impasse Lorailler 27260 Gaillon	www.ffpc-sea-river.com	Marc Tran Lu Y : marc.tran-lu-t@wanadoo.fr
Pêche à la mouche et au lancer	73, quai A.-Deshaies 94854 Ivry-sur-Seine	www.FFPML.com	
Pêcheurs en mer	Quartier Jorlis Résidence l'Alliance 64600 Anglet	www.FFPM.org	Gérald Benezet (e-mail fédéral) : feder.pecheur.mer@wanadoo.fr
Pelote basque	60, av. Dubrocq BP 816 64108 Bayonne Cedex	www.ffpb.net	Guy Laporte : laportegui@aol.com
Pétanque et jeu provençal	13, rue Trigance 13002 Marseille	www.ffp.jp.fr	Raymond Vivant
Planeurs ULM	96 *bis*, rue Marc-Sangnier 94709 Maisons-Alfort	www.ffplum.com	Assaad Assaker
Randonnée pédestre	14, rue Riquet 75019 Paris	www.ffrp.asso.fr	Éric Bosc
Roller Skating	6, bd Franklin-Roosevelt 33034 Bordeaux Cedex	www.ffrs.asso.fr	Xavier Franca
Rugby	9, rue de Liège 75009 Paris	www.ffr.fr	Jacques Mombet
Rugby à XIII	30, rue de l'Échiquier 75010 Paris	www.ffr13.com	Fernand Davin : fernand.davin@wanadoo.fr

Tableau des 45 fédérations nationales sportives, avec leur adresse postale, l'URL de leur site Internet et les nom et adresse courriel de leurs médecins fédéraux nationaux. *(suite)*

Fédération française de :	Adresse postale du siège social	URL du site	Nom du médecin fédéral et adresse courriel personnelle ou, à défaut, courriel de la fédération (précisé)
Sauvetage Secourisme	28, rue Lacroix 75017 Paris	www.ffss.asso.fr	Pierre Harichaux : p.harichaux@wanaadoo.fr
Savate	Voir boxe française		André Monroche : monroche@sport-medical.org
Ski nautique	27, rue d'Athènes 75009 Paris	www.ffsn.asso.fr	Didier Saint-Cricq : mgmscwanadoo.fr
Spéléologie	28, rue Delaudine 69002 Lyon	www .ffspeleo.fr	Jean-Michel Ostermann
Sport automobile	17-21, av. du Général-Mangin 75781 Paris Cedex 16	www.ffsa.org	Jean-Jacques Issermann : jjissermann@aitfia.ch
Sports de boules	11, cours Lafayette 69006 Lyon	www.ffsb.asso.fr	Pascal Herbin : pascal.herbin@wanadoo.fr
Sport traîneau/cross canin	459, rue des Moraines 01170 Chevry		Pierre Franck
Squash	2, rue de Paris 94100 Saint-Maur-des-Fossés	www.ffsquash.org	Jacques Bady
Surf	30, impasse Digue-Nord 40150 Hsossegor	www.surfingfrance.com	Michel Boudine
Twirling-bâton	BP 31 54190 Villerupt	www.fftb.com	Christian Berger Vachon
Vol libre	4, rue de Suisse 06000 Nice	www.ffvl.fr	Jean-François Clape : jf.clape@wanadoo.fr
Vol à voile	29, rue de Sèvres 75006 Paris	www.ffvv.org	Luc Gaucher : luc.gauchere@wanadoo.fr

Tableau des 14 fédérations multisports ou affinitaires, avec leur adresse postale, l'URL de leur site Internet et les nom et adresse courriel, personnelle ou fédérale, de leurs médecins fédéraux nationaux.

Fédération française de :	Adresse postale du Siège social	URL du site	Nom du médecin fédéral et adresse courriel personnelle ou, à défaut, courriel de la fédération (précisé)
Clubs sportifs de la Défense	BP 83 92243 Malakoff Cedex	www.ffscod.net	Claude Léon : claudeleon@wanadoo.fr
Éducation physique et gymnastique volontaire	41-43, rue de Reuilly 75012 Paris	www.ffepg.fr	Joël Simon (e-mail fédéral) : ffepgv@ffepgv.asso.fr
Entraînement physique dans le monde moderne	153, rue Saint-Jacques 75012 Paris	www.ffepmm.asso.fr	Françoise Friemel : friemel@univ-paris12.fr
Handisport	42, rue Louis-Lumière 75020 Paris	www.handisport.org	Dominique Pailler : dpailler@umpr.asso.fr
Maîtres-nageurs sauveteurs	21, rue de la Sourdière 75001 Paris		
Sport en milieu rural	1, rue Sainte-Lucie 75015 Paris	www.mouvementrural.org	Jean-Pierre Carrère
Sport adapté	9 rue Jean Daudin 75015 Paris	www.sportadapte.org	Samir Mesbahy : mesbahy@aol.com
Sportive et culturelle de France	22, rue Oberkampf 75011 Paris	www.fscf.asso.fr	Maurice Vrillac : mauriceVrillac@cnosf.org

Tableau des 14 fédérations multisports ou affinitaires, avec leur adresse postale, l'URL de leur site Internet et les nom et adresse courriel, personnelle ou fédérale, de leurs médecins fédéraux nationaux. *(suite)*

Fédération française de :	Adresse postale du Siège social	URL du site	Nom du médecin fédéral et adresse courriel personnelle ou, à défaut, courriel de la fédération (précisé)
Sportive et gymnique du travail	14, rue Scandicci 93508 Pantin Cedex	www.fsgt.org	Bernard Petit
Sport travailliste	51, bd de Valmy 59650 Villeneuve d'Ascq		
Sourds de France	84, rue de Turenne 75003 Paris	www.f-s-s-f.org	Jean Dagrow
Œuvres laïques (UFOLEP)	3, rue Récamier 75341 Paris Cedex 07	www.ufolep.org	Jean-Claude Telliez : jtelliez@nordnet.fr
Sport d'entreprise (UFSE)	60 *bis*, avenue d'Iéna 75783 Paris Cedex 16	www.ufse.org	Jacques Liénard
Union nationale sportive Léo Lagrange	153, av. Jean-Lolive 93695 Pantin Cedex	www.leolagranage.org	

Tableau des 5 fédérations sportives scolaires ou universitaires, avec leur adresse postale, l'URL de leur site Internet et les nom et adresse courriel personnelle ou fédérale de leurs médecins fédéraux nationaux.

Fédération française de :	Adresse postale du siège social	URL du site	Nom du médecin fédéral et adresse courriel personnelle ou, à défaut, courriel de la fédération (précisé)
Sport universitaire (FFSU)	11, rue de l'Arrivée 75015 Paris	www.sport-u.com	Roland Questel : questel.roland@wanadoo.fr
Enseignement libre (UGSEL)	277, rue Saint-Jacques 75014 Paris	www.ugsel.org	
Clubs universitaires (UNCU)	180, av. Gaston-Berger 59000 Lille	www.univ-valenciennes.fr/uncu	Jean-Marie Vanderpotte (e-mail fédéral) : isabellec@luc.asso.fr
Sport scolaire (UNSS)	13, rue Saint-Lazare 75009 Paris	www.unss.org	Guy Azemar : gazem@wanadoo.fr
Enseignement du 1er degré (USEP)	3, rue Récamier 75341 Paris Cedex 07	www.usep.org	Jean-Claude Telliez : jtelliez@nordnet.fr

Associations de médecins du sport

Sommaire

Société française de médecine du sport (SFMS)[1]

Si aujourd'hui la médecine du sport est connue de tous les confrères et du grand public, nous le devons à quelques anciens, peu nombreux, qui très tôt ont pris conscience de l'importance de l'étude et du suivi de l'homme dans l'effort physique. Ce n'était pas chose facile à l'époque et ces médecins ont eu le courage de dire qu'il existait une approche scientifique et une médecine de l'homme debout se soumettant à des activités physiques, et non pas seulement une médecine – clinique – de l'homme couché.

Historique

C'est en 1921 que le Dr G. A. Richard, le Pr P. Chailley-Bert et un petit groupe de médecins sportifs ont créé la Société médicale française d'éducation physique et de sport. Ils voulaient donc montrer qu'il y avait une réalité médicale et scientifique de l'homme en mouvement et que les connaissances tirées de cette étude permettraient d'aider les sportifs et de mieux pénétrer les grandes fonctions de l'organisme. Le champ des études de l'adaptation à l'effort et des conséquences du sport était ouvert; il est loin d'être refermé. Les premières réunions de cette société se tenaient dans les bureaux du Stade français, rue Volnay.

Ce fut la première société médicosportive en France, mais aussi dans le monde. Cette initiative française en entraîna d'autres à l'étranger et fut alors créée en 1926 la Fédération internationale de médecine du sport (FIMS), qui regroupe aujourd'hui les sociétés nationales de 86 pays.

Il y avait tout à créer, outre la société, pour ces médecins du sport, entre les deux guerres et immédiatement après la Seconde Guerre mondiale :

- la revue *Médecine, éducation physique et sport*, qui deviendra en 1967 : *Médecine du sport* ;
- l'Institut d'éducation physique, l'École normale d'éducation physique, le Bureau de l'éducation physique à l'administration centrale, qui devait devenir le Bureau médical;
- le Groupement latin de médecine sportive (1956), qui deviendra en 1989 le Groupement latin et méditerranéen de médecine du sport, regroupant 18 pays du sud de l'Europe, du nord de l'Afrique et du Proche-Orient. Il s'agit du pendant du Northern Chapter of Sport Medicine de l'Europe du Nord.

C'est en 1949 qu'étaient créés la première Chaire de biologie appliquée à l'éducation physique et aux sports et le certificat de biologie appliquée, qui évoluera vers le certificat d'études spéciales puis la capacité de médecine et biologie du sport (voir chapitre 7).

En 1967 enfin, la société prenait son intitulé actuel : « Société française de médecine du sport » (SFMS).

Fonctionnement de la SFMS

Ce qui caractérise la société et l'action de ses membres depuis l'origine, c'est l'interdisciplinarité. En font partie des médecins dont l'activité professionnelle est très diverse : médecins généralistes, spécialistes, physiologistes, chirurgiens, hospitaliers, pédiatres, médecins du travail, médecins fédéraux, médecins militaires... C'est probablement la seule société savante médicale qui transcende ainsi les qualifications pour les orienter toutes dans une seule direction, celle des activités physiques et sportives. C'est au sein de la société, amicale et scientifique, que se rencontrent les médecins attachés au sport et qui souhaitent contribuer à l'épanouissement des sportifs.

L'adhésion peut être individuelle; elle peut se faire aussi à travers les sociétés régionales de médecine du sport, et c'est le cas le plus général : cette décentralisation a permis la couverture de tout le territoire et a donné une vie intense à la médecine du sport en France. Pour formaliser l'intégration des sociétés régionales de médecine du sport, le conseil d'administration de la SFMS comporte trois collèges :

- un collège dont les membres sont élus par tous les médecins adhérents de la Société française;
- un deuxième collège constitué par les médecins désignés par les sociétés régionales;
- un troisième collège constitué par les anciens présidents.

1. J. Ginet, M. Rieu, anciens présidents. A. Monroche, président en exercice.

Dans le fonctionnement du conseil d'administration, il n'y a ensuite aucune différence entre les membres de ces trois collèges, qui désignent conjointement les membres du bureau.

Missions de la SFMS

Les missions auxquelles s'attache la SFMS sont nombreuses et diversifiées :

- rassembler les médecins de toutes disciplines pour travailler au profit des sportifs dans les domaines de la prévention, de l'orientation, de la surveillance et des soins;
- animer les réunions scientifiques régionales sur des thèmes particuliers; participer à tout colloque ou EPU se rapportant à la médecine du sport ou touchant aux sportifs;
- organiser un « congrès national scientifique » annuel, qui est l'occasion de présentations des travaux et de réunions satellites qui traduisent la vitalité de la médecine du sport dans notre pays : réunion des médecins fédéraux, réunion des médecins des comités régionaux olympiques et sportifs, réunion des responsables de l'enseignement de la médecine du sport dans les facultés, réunion des médecins des instituts de médecine du sport et des plateaux techniques, formée des présidents des sociétés régionales;
- servir de référence dans certains domaines de la médecine du sport. Actuellement plusieurs groupes de travail existent : établissement de normes, surentraînement, reprise d'une activité physique chez les sportifs porteurs, le sport chez l'enfant, le suivi des athlètes de haut niveau, le dopage, l'histoire de la médecine du sport. Des liaisons sont établies avec le groupe thématique « Exercice musculaire » de la Société de physiologie et d'autres groupes sont en voie de création;
- éditer la revue *Science et sport* qui, avec d'autres revues françaises de grande qualité, concourt à l'information et à la formation continue des médecins du sport et des professionnels paramédicaux concernés;
- participer aux côtés des pouvoirs publics à des actions plus ciblées d'information et de prévention. À cet effet, depuis quinze ans, des contrats d'objectifs sont signés entre la SFMS et le ministère des Sports (Direction des sports). Depuis 1990, de nombreuses réunions ont été organisées au niveau des sociétés régionales, suivant des modalités propres à chacune d'elles, pour présenter et envisager les suites de la loi sur le dopage;
- établir des liens entre les praticiens appartenant aux plateaux techniques de différentes structures : centres médicosportifs (CMS), cliniques, centres hospitaliers...;
- participer dans chaque faculté, suivant la demande des responsables, à l'enseignement de la capacité de médecine et biologie du sport, enseignement nécessaire et demandé par les confrères, en notant que la médecine du sport n'est pas encore suffisamment introduite dans le curriculum normal des études médicales; l'apprentissage de la médecine du sport dépend d'un enseignement postdoctoral (voir chapitre 7);
- à titre individuel, de nombreux médecins du sport participent à la rédaction d'ouvrages, siègent dans les jurys de prix médicaux et de bourses de recherches spécifiques, dans les comités de lecture des revues françaises et étrangères, enfin dans toutes les structures sportives fédérales;
- représenter la France et les médecins du sport français dans les instances telles que la Fédération internationale de médecine du sport (FIMS), le Groupement latin et méditerranéen de médecine du sport (GLMMS).

La SFMS (structure purement associative) est donc un point de rencontres et un rouage essentiel de la médecine du sport en France. Elle est formée de médecins nombreux, efficaces, dévoués aux sportifs, nourris de la tradition humaniste et pour qui le sport, s'il est un phénomène social, est avant tout la somme de problèmes médicaux individuels. C'est là une des raisons de l'extension du champ d'action de la médecine du sport et de la SFMS, qui s'intéressent non seulement aux activités physiques et sportives mais aussi aux maladies de civilisation et à leur traitement, aux handicaps et aux inadaptations. L'activité physique et sportive étant un grand et solide instrument de formation du corps, mais aussi un instrument d'insertion sociale et de formation de la personnalité.

Avec acharnement et avec fierté, la Société française de médecine du sport croit profondément au rôle scientifique qu'elle joue et veut s'affirmer toujours plus comme un élément déterminant de l'épanouissement physique et psychique des pratiquants et de la réussite des sportifs français. Il importe de rendre hommage ici à tous les médecins du sport qui ont contribué et contribuent tous les jours à cette œuvre.

Positions de la SFMS sur des thèmes médicosportifs

La SFMS est le cadre dans lequel les médecins et biologistes chargés des explorations fonctionnelles des sportifs se réunissent pour établir des règles générales de mise en œuvre de ces explorations. Trois thèmes ont fait l'objet de rapports, amendés lors du dernier congrès (Lille, 1998) : épreuves d'effort en médecine du sport (J. Medelli, Amiens), erreurs à ne pas commettre lors de la détermination de la consommation maximale d'oxygène (E. Lampert, Strasbourg), approche éthique de la médecine du sport (P. Berteau, Bois-Guillaume) (*Sciences et sports* 1998; 14 : 175-201). D'autres thèmes font l'objet de réflexions actuelles : examen médical d'aptitude au sport chez l'enfant (X. Dubuisson, Lille, et J.-F. Duhamel, Caen), réentraînement à l'effort (J. Lonsdorfer, Strasbourg), stratégies de détermination de la zone de transition aérobie et anaérobie (J.-M. Vallier, Paris).

Société française de médecine aérospatiale (SOFRAMAS)[1]

Les impératifs de sécurité, qui sous-tendent toutes les activités aérospatiales et préoccupent constamment les respon-

1. J. Timbal, médecin chef du Laboratoire de médecine aérospatiale, Centre d'essais en vol, 91228 Brétigny-sur-Orge Cedex. Tél. : 01 69 88 23 80. Fax : 01 69 88 27 25.

sables, font le plus souvent passer au second plan le caractère sportif de nombre d'entre elles. Pourtant, la recherche de la performance sportive a toujours été un objectif de nombreux pratiquants, qu'il s'agisse de sports aériens officiels (voltige, tentative de records, raids, parachutisme), de pratiques de loisir (vol moteur, vol à voile, aérostation, ULM) ou d'activités professionnelles (recherche de la supériorité aérienne par les militaires, sauvetage, etc.). Si bien qu'à côté de leur intervention dans des structures officielles responsables en priorité de la sécurité aérienne, les médecins ont un rôle qui dans bien des cas s'apparente à celui des médecins du sport.

Historique

L'aviation est née avec le début du XXe siècle et avec elle la médecine aéronautique. Il est en effet apparu très précocement que le pilotage exigeait des qualités physiques nécessitant un contrôle médical. La guerre de 1914-1918, les progrès techniques spectaculaires qui l'ont accompagnée et suivie ont entraîné la mise en place d'une réglementation rigoureuse de l'aptitude médicale des aviateurs. De celle-ci a découlé la création des structures permettant de l'appliquer (centres d'expertise médicale du personnel navigant), ainsi que le développement d'une formation spécifique des médecins chargés de cette surveillance médicale (voir chapitre 6). Parallèlement, la recherche s'est attachée à améliorer les performances des pilotes, tout en garantissant leur protection contre les contraintes aéronautiques. À partir des années 1950, la médecine spatiale a constitué le prolongement naturel de la médecine aéronautique.

Bien que tout cela se soit développé très rapidement et pour l'essentiel avant la Seconde Guerre mondiale, ce n'est qu'assez tardivement qu'une structure associative selon la loi du 1er juillet 1901 est fondée, sous le nom de « Société française de physiologie et de médecine aéronautique et cosmonautique », le 18 mai 1960 (*JO* du 30-31 mai 1960). Ultérieurement, cette appellation est simplifiée en « Société française de médecine aérospatiale » et le sigle SOFRAMAS retenu (*JO* du 18 décembre 1985).

Jusqu'au début des années 1990, l'association s'est surtout intéressée à promouvoir, conformément aux objectifs définis dans les statuts, l'expertise médicale ainsi que la recherche fondamentale et appliquée dans le domaine aéronautique et spatial. La réglementation européenne, d'instauration toute récente, ayant imposé des exigences nouvelles en matière de formation des médecins chargés de la surveillance médicale du personnel navigant, la SOFRAMAS a été conduite à s'investir beaucoup plus qu'autrefois dans des activités pédagogiques.

Fonctionnement de la SOFRAMAS

La société est constituée de praticiens civils et militaires, généralistes et de toutes spécialités, français et étrangers. Elle est administrée par un conseil d'administration, moitié civil, moitié militaire, composé de membres élus parmi les membres titulaires ayant fait acte de candidature. À l'image de la répartition de ses adhérents, la présidence est assurée alternativement par un civil et par un militaire. Un comité scientifique et un comité de rédaction assistent le conseil d'administration.

À l'intention des membres, diverses réunions scientifiques sont organisées :

- de façon systématique, des séances mensuelles où sont présentés des travaux cliniques ou expérimentaux et des mises au point se rapportant à la médecine aérospatiale (les troisièmes mardi du mois au Val-de-Grâce, en fin d'après-midi) ;
- des réunions régionales qui, depuis 3 ans, ont pris une orientation très didactique, afin de répondre à la demande de formation postuniversitaire des médecins agréés (en moyenne 5 à 6 par an) ;
- tous les 2 ans, dans le cadre du Salon international de l'aéronautique et de l'espace, une journée médicale sur un thème d'actualité, avec la participation des meilleurs spécialistes ;
- selon une périodicité non définie mais qui est en moyenne d'une dizaine d'années, la SOFRAMAS organise, en accord avec l'Académie internationale de médecine aérospatiale, un congrès international en France.

La revue *Médecine aéronautique et spatiale*, éditée trimestriellement, recueille les textes des communications présentées publiquement ainsi que divers articles plus généraux, des fiches techniques et des informations sur la vie de la société.
Un site Internet vient d'être ouvert. Bilingue (français et anglais), il donne des informations sur la vie de la SOFRAMAS, des renseignements pratiques pour l'exercice de la médecine aéronautique, des fiches techniques ainsi que les titres des articles parus depuis un an dans la revue *Médecine aéronautique et spatiale*.

Centres d'intérêt

La pluridisciplinarité des membres entraîne une grande diversité des motivations, à laquelle la société s'efforce de répondre. Les principales catégories qui s'expriment et qui sont représentées au conseil d'administration et dans les comités appartiennent aux organisations et structures suivantes :

- *aviation privée et parachutisme* : sont concernés les praticiens responsables de la surveillance médicale des pilotes des aéroclubs et des parachutistes. Ceux-ci ont des qualifications et des motivations extrêmement variées, qui vont de la compétition sportive de haut niveau à la pratique ludique occasionnelle ;
- *aviation militaire* : les médecins impliqués appartiennent à l'armée de l'air, à l'Aéronavale et à l'Aviation légère de l'armée de terre (ALAT) ;
- *aviation civile professionnelle* : les médecins des compagnies aériennes et des aéroports ont à traiter les problèmes médicaux qui surviennent dans les aéroports et les aéronefs et ne relèvent qu'exceptionnellement de préoccupations sportives ;
- *expertise médicale* : extrêmement rigoureuse, elle rythme la vie de tout le personnel navigant ainsi que celle des contrôleurs de la circulation aérienne. À la base se trouvent les médecins agréés dans les aéroclubs, ainsi que les médecins militaires dont il vient d'être question. Puis viennent les centres d'expertise médicale du personnel navigant (CEMPN), qui interviennent au profit des pilotes privés à la demande des médecins agréés, dans les cas difficiles uniquement, et, systématiquement, au profit du personnel

navigant professionnel civil et militaire, selon une périodicité variable avec la spécialité aéronautique[1]. Un centre principal (CPEMPN) situé à Paris fait office de surexpert;
- *espace :* il soulève des problèmes médicaux spécifiques. Les médecins impliqués travaillent en étroite coordination avec le Centre national d'études spatiales (CNES) à Toulouse;
- *recherche :* elle a toujours occupé une place majeure en milieu aérospatial. Elle est pratiquée essentiellement par des médecins militaires qui exercent leur activité dans des laboratoires de recherche et qui sont regroupés dans l'Institut de médecine aérospatiale du service de santé des armées (voir chapitre 5).

Enfin, de nombreux membres de la société n'entrent pas dans les catégories précédentes, mais suivent les manifestations de la SOFRAMAS, soit à titre complémentaire de leur activité principale (médecins du sport, médecins du travail dans l'industrie aérospatiale, urgentistes, etc.), soit tout simplement d'un point de vue culturel, l'aéronautique et l'espace suscitant toujours un intérêt soutenu.

Association Ski-Santé de France (SSF)

L'association SSF dépend de la Fédération française de ski (FFS)[2]. Elle a pour but de rassembler dans une activité sportive commune les médecins, pharmaciens, dentistes et tous les membres des professions paramédicales qui le désirent (infirmiers, kinésithérapeutes, diététiciens, podologues, psychologues) et qui s'intéressent à la pratique des sports de glisse en montagne, que ce soit pour leur plaisir (loisir) ou en tant que compétiteurs. Elle fonctionne comme un club de sport et organise régulièrement des séjours de ski dans des stations d'altitude, dans le but de participer à des activités compétitives comme le Trophée des professions, qui a lieu traditionnellement à Val-Thorens le week-end du 1er mai. Cette activité sportive est associée à un enseignement postuniversitaire de médecine, traumatologie et physiologie du sport, où sont traités des thèmes qui intéressent la pratique du ski, comme l'adaptation à l'altitude, au froid, le rôle de l'âge, la fatigue musculaire, la dépense énergétique, la nutrition, le dopage et la préparation mentale des skieurs…

Syndicat national des médecins du sport (SNMS)[3]

Si l'intérêt de la médecine pour le sport date du début des années 1920, la notion d'organisation et de défense des intérêts des médecins du sport est beaucoup plus tardive : le syndicat de médecine et sport n'a été constitué qu'en 1947. Initialement non différencié, il s'est scindé en deux sections à partir de 1956 : médecine sportive proprement dite et rééducation fonctionnelle. La revue *Cinésiologie* (science du mouvement, terme inventé par le professeur Dally en 1870) a été créée en 1962 sous l'impulsion du syndicat. Trois axes ont alors été développés :

- grouper les médecins possédant la compétence en biologie appliquée à l'éducation physique et au sport;
- étudier, préparer et promouvoir, en collaboration avec les pouvoirs publics et les autorités compétentes, l'application des mesures générales se rapportant à l'exercice de la médecine du mouvement. En 1966, le syndicat établit et fait paraître un premier texte sur l'exercice de la médecine du sport (voir chapitre 7);
- en 1969, la dissociation devient complète entre les deux composantes du syndicat. Les médecins de rééducation créent un syndicat spécifique et les médecins du sport se trouvent regroupés dans le Syndicat national des médecins du sport (SNMS). Cette séparation est le prélude de la reconnaissance de la « rééducation et réadaptation fonctionnelle » comme spécialité médicale.

L'action du syndicat national des médecins du sport devient ensuite plus offensive.
En 1973, un protocole d'accord est signé pour un contrat type entre les médecins et les centres médicosportifs, approuvé par le Conseil de l'Ordre des médecins. Ce contrat permet une rétribution des médecins travaillant dans ces centres.
En 1978, 1979 et 1980, trois séminaires sont organisés à Bures-Orgeval. Une plaquette intitulée « Pour une médecine du sport de notre temps » fait la synthèse des travaux. Cette plaquette développe les demandes du milieu sportif et les réponses du syndicat, dans lesquelles apparaît la nécessité d'une nomenclature d'actes de médecine du sport. Dans cette plaquette, figurent aussi un contrat type pour les médecins fédéraux, rémunérés à temps plein, et un nouveau contrat type pour les médecins exerçant en centre médicosportif.
De 1980 à 1992, l'action syndicale a visé essentiellement à faire passer une médecine de bénévolat et de bonne volonté à une médecine du sport efficace, en suscitant une réglementation officielle et en veillant à son application en référence à la loi n° 84-610 du 16 juillet 1984 relative à l'organisation et à la promotion des activités physiques et sportives et à ses décrets d'application.
Une réflexion approfondie sur l'examen médical d'aptitude a ainsi été entreprise en vue d'une nomenclature spécifique utilisable par les médecins du sport. Il apparaît, en effet, que pour être efficace l'exercice de la médecine du sport doit répondre aux exigences suivantes :

- prévenir la maladie ou l'accident, grâce à une activité physique ou sportive adaptée, depuis le plus jeune âge aux âges les plus avancés;
- orienter, grâce à une véritable « ordonnance » d'activités physiques ou de sport;
- contrôler et éduquer à l'occasion des activités physiques et sportives;
- traiter en cas d'accident et participer à la réinsertion en vue d'une reprise d'activités physiques et sportives, même en cas de handicaps résiduels;
- participer à l'amélioration des connaissances de l'homme à l'effort sur le plan fondamental mais aussi dans l'exercice quotidien au cabinet du médecin du sport;

1. Arrêté du 21 décembre 1988 relatif à l'aptitude physique et mentale du personnel navigant technique de l'aviation civile (*JO* du 8 février 1989).
2. FFS : 50, rue des Marquisats, BP 2451, 74011 Annecy Cedex.
3. Syndicat national des médecins du sport (SNMS) : siège social, Domus medica, 60, bd de Latour-Maubourg, 75007 Paris. Président : D. Barrault. Secrétaire général : A. Monroche.

– mettre à jour constamment ses connaissances grâce à une formation médicale continue régulière et adaptée aux besoins des médecins du sport et des sportifs...

Depuis 1992, le syndicat s'est manifesté dans toutes les structures qui interviennent dans l'exercice de la médecine auprès des sportifs.

Il a particulièrement travaillé avec le Conseil national de l'Ordre des médecins (CNOM) pour faire valoir les difficultés d'exercice des médecins du sport. Trois types de contrats ont été élaborés et adoptés, un premier pour le suivi d'une équipe de sportifs (29 janvier 1999), un deuxième pour la surveillance des compétitions (15 décembre 2000), un troisième pour les médecins des équipes nationales ou professionnelles (12 septembre 2002). Il a notamment fait reconnaître la fonction thérapeutique des médecins d'équipes et de clubs alors que jusqu'à présent la médecine du sport était assimilée à une médecine de prévention.

Il a régulièrement travaillé avec le Conseil national de prévention et de lutte contre le dopage (CPLD) pour faire valoir le rôle des médecins du sport, qui n'est pas de doper mais de traiter les pathologies des sportifs. L'image du médecin du sport, bien salie en 1998 à l'approche de la loi 99-223, semble avoir été restaurée.

Auprès du ministère des Sports, le SNMS a fait valoir la nécessité de revoir les fonctions et les statuts des médecins fédéraux, menant à la constitution d'un ensemble de directeurs médicaux nationaux (DMN), contractuels et salariés, indépendants des directeurs techniques nationaux. À plusieurs occasions, le SNMS a manifesté son hostilité vis-à-vis des mesures attentatoires au secret médical en faveur des sportifs, à l'indépendance professionnelle des médecins, au respect de l'épanouissement des enfants sportifs.

Auprès du ministère de la Santé et des organismes de la santé, le SNMS a fait valoir les bienfaits de la pratique des activités physiques pour la santé des concitoyens de tous âges et de toutes qualités de santé, et la nécessité de promouvoir en conséquence les médecins rompus aux effets bénéfiques et délétères des activités physiques.

Pour la formation continue des médecins, le SNMS a initié et développé un réseau national (ANFORMES) d'associations, conforme aux règles nationales de la formation médicale continue.

Visite de non-contre-indication à la pratique sportive

Sommaire

Pendant des décennies, cette visite a été appelée « visite médicale d'aptitude » (VMA), dénomination abusive puisque l'aptitude est fluctuante autour d'une moyenne et rarement acceptée comme valable tous azimuts. Son corollaire était la délivrance d'un « certificat médical d'aptitude », qui fut longtemps considéré comme une formalité rapidement réalisée pour un enfant partant en stage ou en colonie de vacances, à l'occasion d'une consultation médicale destinée à un membre de la famille, ou d'examen à la chaîne dans un club sportif, sans qu'il y ait eu au préalable un réel examen approfondi de l'intéressé. Cette pratique n'est plus de mise, compte tenu des dispositions réglementaires actuelles et du progrès des connaissances en médecine du sport.

Obligation de la visite

Les lois de 1975, 1984, 1999, les décrets de 1977 et 1987 (voir chapitre 6) ont institué le contrôle médical obligatoire pour la pratique des sports et activités physiques en compétitions, qui valide la licence sportive. Le contrôle est aussi exigé pour certaines activités physiques et sportives (APS) pratiquées hors compétition. *La responsabilité des organisateurs est engagée* lorsque ces deux exigences ne sont pas respectées. Des poursuites peuvent être envisagées à leur encontre en cas de contrôle et surtout d'accidents graves.

Le certificat délivré à l'issue de la visite reste valable un an pour l'inscription aux compétitions.

Tout individu peut demander, à son initiative, une consultation médicale, parce qu'il envisage, en dehors de toute compétition officielle, de reprendre une activité, qu'il a abandonnée depuis longtemps et qu'il souhaite faire le point, ou parce que arrivé à l'âge de la retraite, il souhaite s'adonner à quelque activité physique.

Fait exception, même en dehors de toute compétition, la pratique des « sports à risques », pour lesquels des consultations spéciales sont obligatoires (voir chapitre 12) ou fortement recommandées.

La visite médicale dite d'« aptitude aux sports », acte médical dont l'importance est souvent méconnue et qui engage aussi la *responsabilité du médecin*, doit donc être ajoutée à la liste, non limitative, des examens de santé qui occupent une place capitale dans la politique de prévention médicale de la nation, qu'il s'agisse de bilans systématiques pratiqués dans les centres de santé, d'examens de protection maternelle et infantile, de médecine scolaire et universitaire, de médecine du travail.

Médecins concernés

Le décret de 1977 disposait que le médecin examinateur devait être titulaire du CES de biologie et médecine du sport. Mais un médecin pouvait aussi recevoir un agrément personnel de la part d'une fédération sportive. Les médecins généralistes ont alors fait remarquer que ce privilège pouvait constituer un élément d'orientation de la famille ou de l'entourage du sportif vers un médecin certifié pour les problèmes relevant de la médecine générale.

Cette disposition du texte de 1977 a été rapidement contournée puisqu'une fédération (judo) a pris la position très large d'agréer, pour les visites concernant la discipline, l'ensemble des médecins, exception faite pour les sports à risque. Or, une autre disposition indiquait qu'un médecin agréé par une fédération l'était automatiquement par toutes les autres fédérations.

La loi de 1984 autorise les médecins scolaires, les médecins du travail, les médecins militaires et les généralistes à réaliser les actions de prévention en matière d'APS, cela en liaison avec un renforcement de la formation des généralistes en matière de biologie et médecine du sport (voir chapitre 7). Il reste que la question majeure est celle de la compétence du médecin acquise dans le domaine de la médecine du sport.

Cadre de la visite médicale du sport

La visite médicale du sport (VMS), nouvelle appellation proposée, est réalisée dans des cadres très variés :

- au cabinet du généraliste, comme pour tout acte de consultation;
- dans un centre médicosportif (CMS); ces centres, agréés par le ministère des Sports, sont gérés par les offices municipaux des sports (OMS) ou par les clubs;
- dans des locaux dépendants de la médecine scolaire ou de la médecine du travail;
- dans les consultations de médecine du sport rattachées à un service hospitalier d'orientation variable (exploration fonctionnelle respiratoire, rhumatologie, cardiologie, rééducation fonctionnelle);
- dans les services spécialisés, créés plus récemment dans les hôpitaux publics ou privés et dont le nombre est encore insuffisant.

Le matériel nécessaire à la VMS est essentiellement celui dont dispose tout généraliste désireux d'effectuer un examen complet : stéthoscope, tensiomètre, marteau à réflexes, diapason, métronome, abaisse-langue et lampe de poche, otoscope, toise et pèse-personne, mètre de couturière, bandelettes réactives pour examen des urines.
Pour une visite un peu plus poussée, dans la mesure où la fréquence des examens le justifie, il n'est pas mauvais de disposer d'équipements supplémentaires : électrocardiographe, spiromètre, podoscope.

Particularités de la visite médicale

La visite médicale du sport se distingue de la consultation du médecin généraliste, même pratiquée par celui-ci. Ce dernier voit arriver une personne qui se plaint de troubles variables, mais qui présente à l'examen des signes évidents ou seulement évocateurs d'une pathologie connue. Le généraliste peut suivre une piste plus ou moins bien jalonnée. À l'opposé, le médecin du sport a devant lui un sujet sain, qui ne se plaint de rien, qui aurait plutôt tendance à minimiser ou à dissimuler certains éléments de son passé et qui demande que lui soit délivré un certificat affirmant qu'il ne présente pas de contre-indications à la pratique du sport qu'il a choisi.
Dans la recherche minutieuse des signes qui pourraient contre-indiquer la pratique de telle activité physique ou sportive, il est plus facile d'affirmer l'existence d'une pathologie si les signes en sont présents, plutôt que de conclure que tout est normal lorsque rien de significatif n'apparaît. Une difficulté conceptuelle existe par ailleurs, dans la mesure où la limite entre le normal et le pathologique n'est pas toujours évidente. On doit louer la sagesse de certaines fédérations sportives dont les responsables médicaux ont su établir un guide précis des signes de contre-indications à rechercher lors de la visite médicale du sport.
À l'évidence, la visite médicale *nécessite du temps* . Elle débouche par ailleurs sur la rédaction d'un certificat médical qui engage la responsabilité du médecin. Il ne s'agit pas d'un certificat d'« aptitude », car le doute sur la normalité du sujet peut persister, mais d'un certificat de *non-contre-indication* à la pratique du sport en cause. Le médecin du sport atteste qu'il n'a décelé aucun signe dont la présence pourrait mettre en danger la santé du sportif. À l'inverse, la non-remise de ce certificat, accompagnée des réserves orales ou écrites remises à l'intéressé, consécutives à la constatation de signes de contre-indication, ne peut empêcher celui-ci de pratiquer le sport de son choix en dehors de toute compétition, mais sous sa propre responsabilité, ou de solliciter un autre médecin pour obtenir un avis différent. Un tel contournement n'est pas possible pour les visites médicales en vue du pilotage d'avions, puisque le candidat doit certifier qu'il se présente à un tel examen pour la première fois.
On se souviendra que, comme pour tout examen médical, les conclusions de la VMS ne sont strictement valables que le jour de l'examen et que la constatation d'une absence de contre-indication ne prémunit pas contre un accident qui serait dû, comme dans une machine, à un « vice caché ».

Objectifs de la visite

La délivrance d'un certificat de non-contre-indication à la pratique sportive suppose une véritable consultation, au cours de laquelle le médecin doit apprécier le degré d'aptitude générale du sujet, en se référant à ses connaissances acquises dans le domaine des adaptations physiologiques à l'exercice et dans celui de la pathologie médicochirurgicale.
Il s'agit d'abord de dépister les *causes d'inaptitude* à la pratique des APS, de sorte que le sportif puisse tirer un réel profit de sa pratique sportive, sans en subir de conséquences néfastes. Le sportif qui demande un certificat médical préalable à la compétition ne se rend pas toujours compte des risques encourus à l'occasion d'efforts intenses et répétés, ni de ceux qu'il peut faire courir à son entourage dans le cas de certains sports exigeant une parfaite maîtrise sensorimotrice et psychologique. Si la pratique d'un sport contribue à un développement harmonieux de l'individu et au maintien d'un bien-être physique et mental, il est toujours à craindre qu'une pratique excessive et mal programmée n'entraîne des désordres durables.
Un deuxième objectif concerne l'*orientation* du consultant vers une activité physique particulière. La motivation personnelle pour un sport donné est un élément primordial, résultant parfois d'une pression familiale ou sociale; mais il peut exister des situations où l'âge ou la morphologie (taille, poids...) invitent à différer le début de la pratique ou à orienter le consultant vers un sport plus adapté à sa personne.
En cas d'inaptitude plus générale, il reste toujours la possibilité de ne pas autoriser la compétition, sans pour autant proscrire la pratique modérée de l'activité.
Un troisième objectif est de donner au consultant des *conseils* en matière d'hygiène générale de vie (sommeil, alimentation, tabac, café, alcool). La consultation permet aussi d'attirer l'attention sur les dangers du dopage, les dispositions en vigueur concernant la lutte contre le dopage, et parfois d'en déceler des signes (voir chapitres 22 et 23).

Facteurs d'aptitude

Il s'agit d'un ensemble de qualités physiques et mentales permettant à celui qui les possède de pratiquer un sport, sans dommages pour sa santé et sans risques excessifs. Il n'y a pas une aptitude, mais des aptitudes ; il est évident que l'aptitude ne peut se concevoir que vis-à-vis d'un type d'activité donné, tel sport ou groupe de disciplines sportives (voir chapitre 63).

Les facteurs qui déterminent le niveau d'aptitude d'un individu sont nombreux. Les uns sont liés à son capital génétique, à sa constitution, les autres à son développement staturopondéral, lequel est conditionné par le genre de vie, l'activité professionnelle, le milieu socioculturel, le type d'alimentation, et cela avant même que la pratique sportive ne soit envisagée. Ces déterminants de l'aptitude physique sont importants. Les maigres auraient davantage de disposition pour la course à pied ou l'escrime, les grands (mais pas trop parce qu'il faut pouvoir courir vite) pour le basket-ball, les gros pour le lancer de poids ou l'haltérophilie.

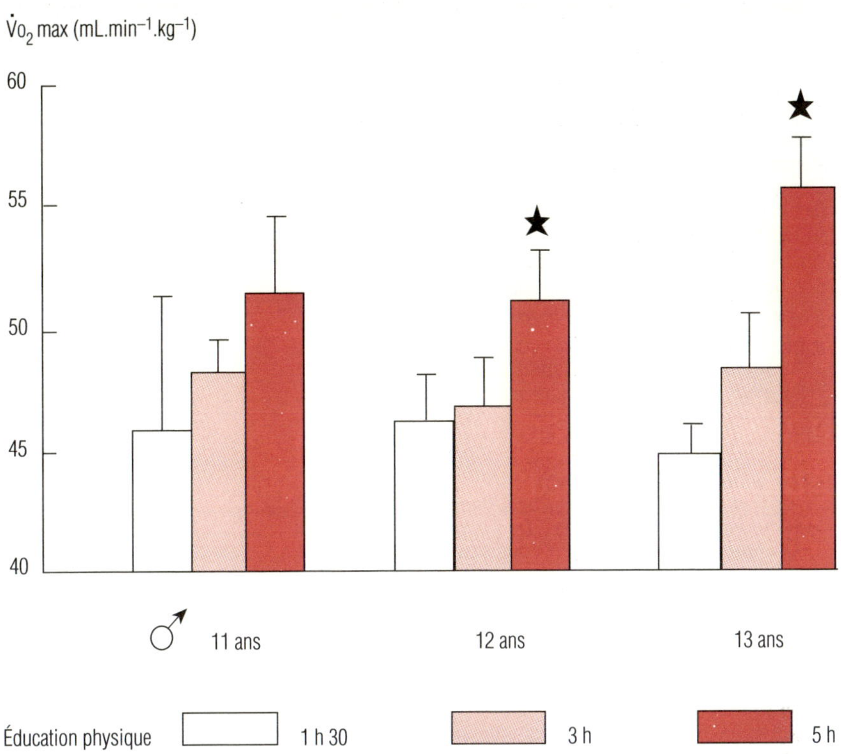

Fig. 10.1. Relation entre $\dot{V}O_2$ max et la durée cumulée des séances d'éducation physique chez les enfants de 11 à 13 ans (d'après Flandrois et Lacour [2]).

La mise en valeur des aptitudes physiques de base est liée à la pratique régulière d'une activité physique, qui comporte l'apprentissage de la technique gestuelle du sport considéré, l'intégration des programmes moteurs corticaux et sous-corticaux, l'entraînement à un type d'effort particulier, de type aérobie ou anaérobie.

Ainsi le sportif augmente-t-il progressivement son niveau d'aptitude. Il faut insister sur l'effet bénéfique d'une pratique sportive précoce. Le cœur du sportif commence à se former à l'âge de 14 ans (Fernand Plas). Le développement de la musculature va de pair avec celui de la puissance aérobie. Les travaux scandinaves des années 1950 ont établi les niveaux d'aptitude acquis, chez l'homme et chez la femme, en fonction de l'âge, à la suite d'un entraînement régulier, et servent toujours de référence (voir chapitre 15). Acquérir et conserver une bonne forme physique devrait être un impératif majeur, dans une civilisation marquée par la sédentarité et les difficultés de la vie urbaine.

L'effet d'un accroissement ou d'une diminution du rythme d'activité physique sur le niveau d'aptitude est net chez le jeune : une corrélation positive a été établie entre la valeur de la puissance aérobie maximale et le nombre d'heures hebdomadaires effectives d'éducation physique dans les lycées (fig. 10.1).

Conduite de la visite

Elle comporte cinq étapes, l'objectif étant de dépister les *insuffisances organiques ou fonctionnelles* et les *affections limitant ou contre-indiquant* éventuellement l'activité sportive.

Étape préclinique

L'ouverture d'un dossier est un acte capital car celui-ci matérialise pour le futur la réalité d'une consultation. Établi dès la première visite, il facilite les suivantes dans la mesure où l'interrogatoire du sportif se déroule dans un ordre logique, tel que proposé par certaines fédérations sportives. Il peut être bon, dès ce stade, de faire remplir au consultant un autoquestionnaire sur lequel peut s'appuyer le médecin (voir encadré). Ce questionnaire engage aussi la *responsabilité du sportif* qui le signe, et évite certaines omissions volontaires de celui qui cherche un certificat à tout prix. Dans le cas de jeunes enfants ou adolescents, le contact avec l'un des parents peut s'avérer nécessaire.

Un auxiliaire médical, ou à défaut le médecin lui-même, procède à quelques relevés biométriques utiles : taille, poids, périmètre thoracique (inspiration et expiration forcées), ECG de repos, examen des acuités visuelles (avec et sans correction), examen des urines (élimination d'une protéinurie et d'une glycosurie).

Dialogue avec le sportif

L'interrogatoire doit être particulièrement minutieux s'il s'agit d'une première consultation ; les questions posées par le médecin explorent successivement les versants sportif et médical du consultant.

Interrogatoire médical du sportif

Date : *Nom :* *Prénom :*
Date de naissance :

Pratique sportive
– Principal sport pratiqué : Club ....
Depuis combien de temps?
But et niveau de cette pratique : loisir et santé, compétition, niveau départemental, régional, national, international
Classement officiel : Principales performances et titres (date)...

– *Autres sports pratiqués :*
antérieurement :
actuellement :
– Nombre total d'heures de sport par semaine :
Fréquence des compétitions, date des plus récentes :

– En cas d'interruption de la pratique sportive, durée, et date de la reprise :

– État général et forme :
• Êtes-vous surmené professionnellement? Profession? ....
• Avez-vous perdu du poids? De l'appétit? ....
• Dormez-vous moins bien? Vous sentez-vous déprimé? ....
• Vos performances se sont-elles dégradées? Ou améliorées? ....
• Êtes-vous actuellement :
- en bonne forme?
- en forme moyenne?
- en petite forme?

Questionnaire de santé
– Êtes-vous aujourd'hui en excellente santé?
– Ou de quoi vous plaignez-vous?
– Traumatismes et accidents ostéo-articulaires ou musculo-tendineux passés et récents, et séquelles?
– Êtes-vous vacciné (et date du dernier rappel) contre le tétanos?
la tuberculose? la poliomyélite? ....
– Vos parents ont-ils présenté des maladies cardiaques?
de l'hypertension? trop de cholestérol? .... du diabète? ....
– Signalez (avec date) toutes les maladies importantes, passées ou récentes, notamment :
• cardiaques ou circulatoires (souffle au cœur, douleur thoracique, hypertension, anomalies de l'électrocardiogramme, phlébite?
• quelle est votre tension artérielle habituelle?
votre cholestérol?
avez-vous fumé? fumez-vous? .... combien?...
• avez-vous consulté un cardiologue (nom et ville)?
quand? pourquoi? ....
résultat?
• maladies pulmonaires?
• maladies nerveuses et mentales (traumatisme crânien, épilepsie, vertiges, pertes de connaissance, dépression et autres)?
• endocriniennes et métaboliques (diabète, thyroïde, surrénale)?
• infectieuses, microbiennes et virales (mononucléose, hépatite, séro-positivité)?
• digestives?
• rénales et urinaires?
• allergiques?
• rhumatismales?
• tumorales?
• maladies du sang (hémophilie, formule sanguine anormale)?
• maladies des yeux, du nez, de la gorge, des oreilles?
mauvaise acuité auditive, mauvaise acuité visuelle, mauvaise perception des couleurs?
• autres maladies?
– Avez-vous été hospitalisé, opéré? Pourquoi? ....
– Prenez-vous ou avez-vous pris régulièrement des médicaments?
lesquels?
– Ajoutez-vous quelque chose à votre alimentation naturelle?
– Vous préoccupez-vous de votre régime?
Comment?

A , le

Signature du sportif

Versant sportif

L'interrogatoire porte sur les éléments suivants :

- débutant ou déjà sportif? Quels objectifs et quelles motivations?
- discipline pratiquée ou en vue?
- niveau de pratique : activité dans la semaine?
- programme d'entraînement : nombre de séances hebdomadaires, nature, intensité, durée;
- évolution de la forme au cours de la saison sportive;
- interruptions éventuelles dans la pratique et leur durée;
- incident ou accident survenus à l'occasion de la pratique sportive.

Versant médical

Historique médical

Le médecin fait préciser les points suivants :

- pathologies infantiles ayant pu laisser des séquelles;
- accidents à l'occasion des vaccinations;
- réactions allergiques connues;
- maladies aiguës récentes (grippe banale ou affection virale asthéniante, épisode infectieux, etc.);
- pathologies diverses plus anciennes : affections cardiovasculaires, bronchopulmonaires, otorhinolaryngologiques, urinaires;
- bilan biologique antérieur ayant mis en évidence une hypercholestérolémie ou un trouble de la régulation glycémique;
- hospitalisation éventuelle, réforme;
- prise de médicament actuelle ou récente;
- chez la femme, date des dernières règles, dysménorrhée, gestation.

Le mode de vie est également précisé :

- activité professionnelle;
- régime alimentaire, répartition des repas dans la journée;
- consommation de tabac, de café ou de thé, d'alcool.

On s'assure enfin de la qualité de la digestion (état de la dentition chez le sujet âgé) et du sommeil.
Les questions portent ensuite sur les antécédents familiaux : existence d'affections génétiques à haut risque. Enfin, le médecin recherche l'existence de manifestations ayant pu apparaître à l'occasion de la pratique sportive : essoufflement, malaise précordial, douleurs thoraciques, céphalées.

Historique chirurgical

Il s'agit de relever l'existence de traumatismes anciens, contractés ou non en relation avec la pratique du sport et ayant pu laisser une raideur articulaire ou des séquelles fonctionnelles douloureuses (fracture, entorse, tendinopathie).

Examen clinique

Il porte obligatoirement sur l'appareil locomoteur et sur la fonction cardiovasculaire. Il peut être poussé sur d'autres fonctions physiologiques, notamment pour les sports à risque (voir chapitre 12). Il faut rappeler qu'il est préférable d'examiner les jeunes enfants en présence de l'un des parents et que c'est une règle impérative s'il s'agit de fille ou jeune fille mineure.

Appareil locomoteur

L'examen morphologique et ostéoarticulaire doit détecter les sujets présentant des dysplasies, des attitudes vicieuses, des séquelles de maladies ou traumatismes ostéoarticulaires, en vue d'un traitement ou de l'orientation vers une pratique compatible.
Le consultant – en sous-vêtements, torse nu pour les hommes, debout, pieds joints – est examiné successivement de face, de profil et de dos, à la recherche :

- d'une courbure anormale du rachis (lordose, cyphose);
- d'une déformation thoracique (thorax en entonnoir, gibbosité);
- d'une angulation anormale de l'articulation tibio-fémorale *(flessum, recurvatum)* .

L'examen du dos permet de vérifier la statique vertébrale, l'alignement du rachis, des épaules et des crêtes iliaques (fig. 10.2). La position des apophyses vertébrales est examinée sur le sujet redressé, lors de la flexion du tronc en avant et lors de flexions latérales; une scoliose vraie se distingue

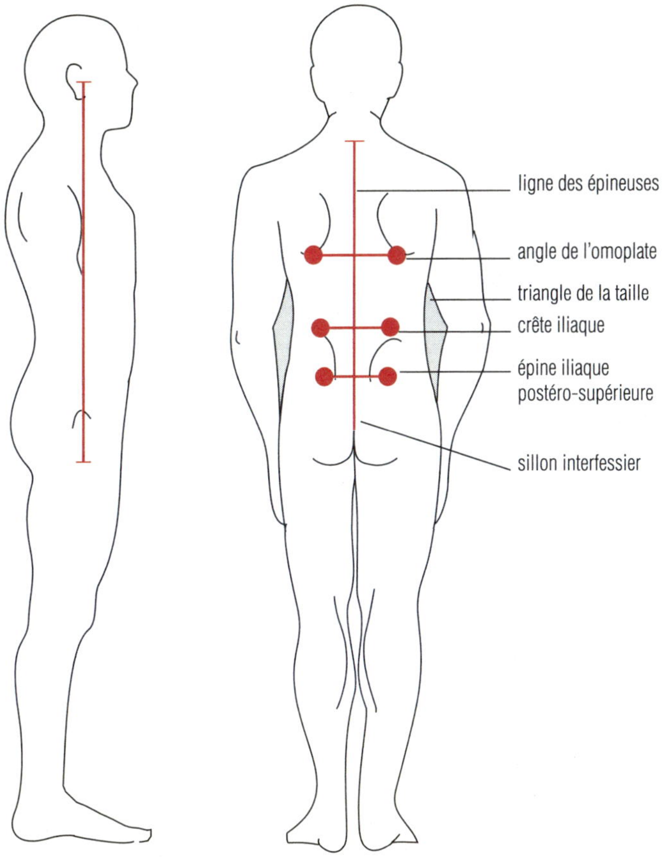

Fig. 10.2. Repères pour l'examen du rachis.

ainsi d'une simple attitude scoliotique. La souplesse rachidienne est notée. La percussion des apophyses réveille parfois une légère douleur à un niveau précis (voir chapitre 63).
Le sujet ayant été invité à se coucher sur le dos, l'examen porte sur :

- la mobilité cervicale et segmentaire, par une mise en flexion-extension de chaque articulation, à la recherche d'une limitation des amplitudes articulaires ou d'une hyperlaxité ;
- la force musculaire segmentaire, qui est testée groupe par groupe ; l'appréciation de la musculature générale est un temps important : abdominale, paravertébrale, scapulaire, à la recherche d'une amyotrophie localisée ;
- la réflectivité tendineuse ;
- la réflectivité cutanée superficielle et profonde (pointe aiguë, pointe mousse) ;
- la sensibilité osseuse (diapason) ;
- l'existence de points articulaires douloureux révélés par la palpation ou la pression ;
- la vérification de l'absence d'inégalité de longueur des membres inférieurs.

On examine ensuite l'état de la peau, qui peut être sèche ou présenter une éruption, une mycose (interdigitale, notamment).
L'examen se termine par la palpation de l'abdomen, l'évaluation de la sangle abdominale lors d'un relevé contrarié de buste ou de jambes, par la vérification des orifices inguinaux, la présence normale des testicules.

Appareils respiratoire et cardiovasculaire

Après avoir noté sur la fiche du sportif les constatations positives ou négatives de la première partie de l'examen, ce qui donne au consultant un répit complémentaire pour se relaxer, on entreprend l'examen systématique des fonctions respiratoire et cardiovasculaire :

- auscultation pulmonaire postérieure (position assise) et antérieure (position couchée), en portant une attention particulière aux bases ;
- palpation de l'aire précordiale ;
- auscultation cardiaque aux différents foyers, en décubitus dorsal ou latéral gauche, en respiration lente et en respiration bloquée, éventuellement en position assise, le buste penché en avant. On recherche la présence de bruits anormaux, d'extrasystoles ; on apprécie la bradycardie du sportif entraîné en endurance, ou au contraire la tachycardie, parfois persistante, du sportif émotif. Toute anomalie à l'auscultation (troubles du rythme, souffle, bruit anormal) doit orienter le sportif vers une consultation spécialisée de cardiologie (voir partie II : « Cœur et sport ») ;
- palpation et auscultation des artères, notamment des carotides, et comparaison des pouls radiaux ; la qualité du pouls est elle-même appréciée ;
- enfin, prise de la pression artérielle par la méthode auscultatoire chez le sujet couché sur le dos. Des valeurs élevées invitent à une nouvelle prise des pressions en fin de consultation et si ces valeurs élevées sont confirmées, il faut envisager l'établissement d'une courbe de tension à l'effort.

Autres investigations

Le sportif ayant été invité à se lever, on examine la cavité buccale, l'arrière-gorge, l'état de la dentition (voir chapitre 78) ; on recherche un signe de Chvostek, signant une hyperexcitabilité neuromusculaire. La palpation de la région cervicale et axillaire vérifie l'absence de ganglions.
Le consultant étant debout, les pieds joints, on teste sa résistance au déséquilibre postural par de légères poussées antérieures, postérieures ou latérales, et l'équilibre monopodal. Le signe de Romberg est recherché, yeux ouverts et yeux fermés. Quelques manœuvres de coordination motrice sont proposées : marionnettes, pointage des index ou trajet index-nez, éventuellement épreuve d'équilibre dynamique sur planchette.
L'examen se poursuit par l'examen auditif, obligatoire pour plusieurs spécialités sportives (voir chapitre 12) : examen des tympans et de l'acuité auditive (voix normale ou voix chuchotée). Ce temps de l'examen est souvent l'occasion de donner des indications pratiques pour la résorption des bouchons de cérumen.

Visites médicales particulières

Elles sont indiquées dans :
- les sports à risques (voir chapitre 12) ;
- les sports chez l'enfant (voir chapitre 63) ;
- les sports de haute altitude (voir chapitre 16) ;
- les situations de handicap (voir chapitres 83 et 84).

Examens paracliniques

Certains ont pu être réalisés pendant l'étape préclinique. Ils nécessitent des équipements complémentaires. Il s'agit notamment :

- d'un podoscope : le médecin recherche les signes d'un pied plat ou d'un pied creux. Il note éventuellement la présence d'un avant-pied rond, la déformation des orteils. L'examen de la statique podale apporte des données importantes, notamment chez les coureurs (l'examen des chaussures du sportif peut aussi être révélateur) ;
- d'un spiromètre : mesure de la capacité vitale.

Mais c'est surtout le contrôle électrocardiographique qui revêt le plus grand intérêt. Pratiqué d'abord chez le sportif couché, au repos, dans les 3 dérivations standard, il permet parfois d'objectiver la présence d'extrasystoles dont il convient alors de juger de la bénignité.
L'examen ECG est complété par une épreuve de Ruffier (30 flexions sur les jambes en 45 secondes, au rythme indiqué par un métronome). Cette épreuve permet d'établir l'indice de Ruffier, à partir des valeurs de fréquence cardiaque relevées sur 15 secondes, avant le début des flexions, et 1 et 2 minutes après la fin de celles-ci (voir chapitre 14). En l'absence d'électrocardiographe, la conduite de l'épreuve de Ruffier est plus aléatoire mais reste possible, bien qu'il s'agisse d'un exercice exigeant sur le plan énergétique et faisant partiellement appel au métabolisme anaérobie lactique.
L'épreuve de Ruffier est un test de réactivité cardiaque à l'effort qui permet en outre de vérifier la disparition d'extrasystoles éventuellement constatées au repos (voir chapitre 14).

En cas de doute, le sportif peut être orienté vers un service spécialisé : ECG d'effort, Holter cardiaque ou tensionnel, écho-Doppler artériel ou veineux.

Investigation nutritionnelle complémentaire

En présence d'un sportif présentant des signes d'obésité, il peut être nécessaire de procéder à une évaluation de sa masse grasse, par impédancemétrie ou par la méthode des plis cutanés, éventuellement complétée par un bilan lipidique.

Poids anormal

La constatation que le poids corporel du consultant s'écarte des valeurs normatives habituelles (quotient poids/taille) doit éveiller les soupçons et conduire à une analyse plus serrée sur le plan nutritionnel. Parallèlement, on tente d'avoir une meilleure appréciation de l'intensité et de la distribution des activités physiques dans la journée et au long des mois.
Différentes méthodes fondées sur le poids et la taille ont été proposées pour apprécier la corpulence d'un individu donné (formule de Lorentz, tables de poids idéal). L'indice de masse corporelle (IMC), encore appelé indice de Quetelet, se calcule à l'aide d'une formule extrêmement simple : rapport du poids (en kg) à la taille (en m) élevée au carré : P/T^2. Cet indice fait l'objet d'un consensus international et a été validé par de nombreuses études épidémiologiques, montrant qu'il est l'indice le mieux corrélé au risque de morbi-mortalité des maladies liées à l'alimentation.
À partir de la relation existant entre IMC et mortalité, l'OMS a adopté une classification qui est en adéquation avec la terminologie clinique usuelle (tableau 10.I).

Tab. 10.I. Classification de l'OMS en fonction de l'indice de masse corporelle (INC).

IMC	Dénomination usuelle
< 18,5	Maigreur
18,5-25	Poids « souhaitable »
25-30	Surpoids
30-35	Obésité modérée ou commune
35-40	Obésité sévère
> 40	Obésité massive ou morbide

Il faut noter qu'avec l'âge, le poids souhaitable augmente, ne serait-ce que parce que la taille tend à diminuer.
Chez l'enfant, la connaissance de l'évolution pondérale en fonction de la taille est également précieuse et permet le dépistage précoce de l'obésité. Mais les vitesses de croissance pondérale et staturale n'étant pas identiques, de 0 à 18 ans, il est nécessaire de se reporter à des courbes de percentiles en fonction de l'âge : en France, ce sont, actuellement, les courbes établies par M.-F. Rolland-Cachera qui servent de référence et sont celles qui se trouvent dans le carnet de santé.
Par conséquent, l'IMC défini plus haut n'est correctement interprétable que chez l'adulte âgé en moyenne de 18-20 ans à 65 ans. En outre, les femmes enceintes ou qui allaitent, les personnes gravement malades et les athlètes ne doivent pas s'y fier. S'il constitue un élément essentiel de l'analyse de l'obésité, il reste toutefois insuffisant comme seule appréciation de la composition corporelle puisqu'il ne tient pas compte de la masse musculaire, de l'ossature et de la répartition des graisses (voir *infra*).
Il y a lieu de se méfier des valeurs affichées sur des dispositifs « grand public » installés en milieu non médical et de façon plus générale de ceux qui n'auraient pas fait l'objet d'une validation scientifique reposant sur d'autres méthodes de mesure de la masse grasse (voir *infra*).
Devant une *maigreur anormale* , on peut suspecter :

- une restriction alimentaire (voulue ou non), une préoccupation d'un maintien de poids en dessous d'une certaine limite (danseuses de ballet) ;
- un retard de croissance, la taille étant aussi inférieure à la normale ;
- l'existence de troubles digestifs chroniques ;
- une insuffisance thyroïdienne.

À l'opposé, un *léger embonpoint* , un poids nettement supérieur à la normale alerte :

- sur une alimentation déséquilibrée, peu préoccupante si l'excès pondéral est constaté peu de temps avant la reprise de l'entraînement ;
- sur une pathologie endocrinienne : diabète (plutôt chez le jeune), hypothyroïdie (chez les plus de 60 ans).

Dans l'un et l'autre cas, avant d'envisager une consultation de nutrition, une évaluation de la masse grasse peut être tentée.

Appréciation de la masse grasse

La détermination de la masse grasse peut être réalisée par différentes voies.

Méthode des plis cutanés

Les graisses sont essentiellement localisées dans le tissu sous-cutané, d'où l'idée d'explorer l'épaisseur de la peau dans certaines zones considérées comme exemplatives : biceps, triceps, région sous-épineuse, crête iliaque [1].
Il s'agit d'une technique simple de terrain, donc utilisable au cabinet médical. L'épaisseur du pli cutané, saisi entre le pouce et l'index, est mesurée à l'aide d'une pince spéciale ou *adipomètre* . Il en existe plusieurs modèles, différant entre eux par la pression qu'ils appliquent sur la peau. On peut utiliser comme indice soit la somme des valeurs mesurées aux 4 sites indiqués, soit faire entrer cette somme dans une table de correspondance donnant le pourcentage probable de graisse, chaque type d'adipomètre étant lié à une table. Le médecin peut ainsi se faire une première idée de l'importance d'un surpoids.

Mesure de l'impédance électrique

La conductivité électrique du corps humain dans son ensemble varie avec la nature des tissus traversés par un courant. Elle est faible dans les tissus adipeux mais très élevée dans l'eau et le volume de diffusion des électrolytes. La technique, apparue dans les années 1980, est très simple, consistant à relier à un générateur de courant la main gauche et le pied droit du sujet. L'impédance électrique augmente avec le pourcentage des graisses. C'est aussi un matériel utilisable dans une consultation de médecine du sport, somme toute plus simple qu'un électrocardiographe.

Méthode des pesées

Elle est fondée sur le principe d'une double pesée, donnant le poids corporel du sujet dans l'air et dans l'eau. Lors de l'immersion, la poussée d'Archimède varie en sens inverse de la masse grasse. La nécessité de disposer d'une cuve suffisamment vaste pour une immersion complète en fait une méthode réservée aux laboratoires très spécialisés. L'application de la technique comporte en outre une mesure du volume gazeux contenu dans les voies respiratoires.

Conclusion de l'examen

À cette phase de la visite, le médecin a pu se rendre compte d'une fragilité psychologique éventuelle du consultant, qui inviterait à une grande prudence. Quoi qu'il en soit, il lui fait part de ses conclusions. Dans le meilleur des cas, le sportif est déclaré « apte » sans restriction et un certificat de non-contre-indication à la pratique du sport en général ou d'un sport en particulier lui est remis. Différents modèles de certificat sont disponibles (fig. 10.3). Pour certaines disciplines, la signature et le tampon du médecin sont directement appliqués sur la licence sportive.

Le classement des sportifs se fait généralement ainsi :

- apte sans réserve ;
- apte avec certaines réserves ;
- à ménager ;
- inapte temporaire (T) ou définitif (D).

Les réserves faites peuvent tenir à plusieurs éléments :

- insuffisance de l'appareil locomoteur ;
- insuffisance visuelle, même après correction ;
- insuffisance cardiovasculaire, invitant à des explorations complémentaires (voir chapitres 27, 37, 39, 40).

Une liste des pathologies s'opposant à la pratique sans restriction des APS est donnée dans les chapitres 13 et 64.
S'agissant d'enfant jouant dans des équipes ou participant à des compétitions dans des sports comportant des catégories d'âge, se pose la question du *surclassement* , simple ou double. Il permet aux jeunes sportifs de jouer ou de concourir dans une ou deux catégories d'âge supérieures (voir chapitre 63), compte tenu d'un développement physique plus avancé que celui des jeunes de même âge.
La VMS n'est pas destinée à répondre aux questions que se pose un sportif de bon niveau sur son état de forme, sur le programme d'entraînement qui lui permettra de progresser, sur l'adaptation de sa ration alimentaire en vue des compétitions. Les réponses lui seront apportées par une consultation de suivi médicophysiologique de l'entraînement sportif, au cours de laquelle sont mises en œuvre les

C.M.S. 79-1 MINISTÈRE DE LA JEUNESSE, DES SPORTS ET DES LOISIRS

CONTRÔLE MÉDICO-SPORTIF

CERTIFICAT MÉDICAL ANNUEL PRÉALABLE
A LA PRATIQUE DES SPORTS EN COMPÉTITION

Je soussigné, Docteur ____________________
(en lettres capitales ou cachet)

demeurant ____________________

certifie avoir examiné M ____________________, né le ____________

demeurant ____________________

appartenant à l'association sportive ____________________

et n'avoir pas constaté, à la date de ce jour, de signes cliniques apparents contre-indiquant la pratique des sports suivants en compétition : ____________________

____

A ______________, le ______________ 19____

Signature du médecin :

N. B. — Lorsque le médecin ne reconnaitra aucune aptitude au consultant, il ne délivrera pas de certificat.

Si le sujet présente un développement suffisant et une aptitude physiologique particulière (catégorie 1 de la classification médico-sportive), le médecin peut l'autoriser à pratiquer le sport de compétition dans la catégorie d'âge immédiatement supérieure à sa catégorie normale. Pour ces autorisations, il convient de prendre connaissance des règlements propres aux fédérations, et d'utiliser la formule suivante pour établir le certificat :

Je soussigné, Docteur ..., certifie après avoir procédé aux examens prévus par la réglementation en vigueur que M ... est apte à pratiquer dans la catégorie d'âge immédiatement supérieure le sport suivant en compétition sous toute réserve de modification de l'état actuel : ...

A ______________, le ______________ 19____

Signature du médecin :

IN 0 066070 0 84 FC

Fig. 10.3. Modèle de certificat médical de non-contre-indication à la pratique du sport.

méthodes d'exploration fonctionnelle des métabolismes aérobie et anaérobie, décrites dans les chapitres 14 et 15.

Mais la visite ne devrait pas s'achever sans quelques conseils sur les précautions qu'imposent certaines faiblesses ou handicaps qui n'interdisent pas vraiment la pratique du sport en compétition. Le médecin rappelle aussi l'importance des règles d'hygiène quotidienne de l'effort, qu'il s'agisse de diététique, d'hydratation, de récupération (voir partie V, « Alimentation du sportif »). Il peut aussi saisir l'occasion d'apporter une information sur les aspects médicaux et les dangers du dopage (voir chapitres 22 et 23).

Financement de la visite médicale d'aptitude

Les différentes phases de la visite prennent du temps : celle-ci peut durer une trentaine de minutes, temps réduit à 15-20 minutes avec un peu d'habitude. Cet acte de médecine préventive ne peut être pris en charge par la Sécurité sociale, hors conventions particulières avec une caisse qui souhaite mener une politique de prévention.

Pour les 8 ou 10 millions de licences signées chaque année, auxquelles s'ajoutent tous les certificats en dehors de tout contexte de compétition, la situation est la suivante.

Des visites de médecine du sport sont comptées comme actes remboursables, pratique difficilement décelable dans l'ensemble des actes de consultations de pathologie d'un généraliste ou d'un service hospitalier dont la vocation n'est pas uniquement la médecine du sport.

Certains médecins, notamment sportifs eux-mêmes, acceptent de donner un peu de leur temps pour des « visites d'aptitude » sérieusement menées ; en centre médicosportif une rémunération symbolique de quelques euros leur est attribuée.

Enfin, certains sportifs ou leur famille, conscients de l'intérêt d'un examen sérieux, commencent à accepter le principe de la prise en charge personnelle de la CMS. Pour un certain nombre de sports à risque (plongée, boxe, etc.) (voir chapitre 12), il s'agit d'une obligation.

Il est regrettable que la législation, qui d'un côté prévoit une consultation obligatoire annuelle du sportif, n'ait pas cru devoir, de l'autre, en assurer le financement. Des tentatives ont été faites pour convaincre les pouvoirs publics de la nécessité d'un examen approfondi du problème. Des propositions concrètes avaient été faites dès 1984 :

- création par la Sécurité sociale d'une lettre clé spécifique, semblable à ce qui est accordé pour les bilans de santé ;
- adjonction d'une consultation de médecine du sport à la suite des examens de santé auxquels les salariés peuvent prétendre tous les 5 ans.

De son côté, l'Académie nationale de médecine avait émis le vœu, en 1993, que chaque sportif puisse bénéficier d'une visite médicale préventive annuelle qui serait prise en charge par la Sécurité sociale.

Les propositions et les vœux ci-dessus n'ont encore été suivis d'aucune mesure concrète.

Bibliographie

[1] DURNIN JVGA, WOMERSLEY J. Body fat assessed from total body density and its estimation from skinfold thickness : measurements on 481 men and women aged from 16 to 72 years. *Br J Nutr* 1974; 32 : 77-92.

[2] FLANDROIS R, LACOUR JR. Le rôle du métabolisme aérobie dans l'exercice intense de longue durée. *J Physiol Paris* 1977; 73 : 89-130.

Exploration sensorielle et motrice

Sommaire

Les performances motrices d'un sportif dépendent certes de la force de contraction de ses muscles, mais aussi de l'ajustement précis de cette force, sous le contrôle du système nerveux, en fonction des informations perçues par les systèmes sensoriels. Il n'est donc pas inutile, pour le praticien, de s'interroger sur l'état des possibilités motrices de ses patients sportifs, tant au niveau de leurs muscles, dont les potentialités doivent être évaluées, que des systèmes de commande motrice qui les mettent en jeu et de ceux qui les renseignent sur le déroulement du geste.

La vision, l'audition, l'équilibration et la sensibilité proprioceptive participent toutes, simultanément, à l'acquisition et à la synthèse de ces informations sensorielles, réalisant la mise en œuvre de l'appareil musculaire et le déroulement satisfaisant du projet moteur. Aussi faut-il s'assurer individuellement de leur disponibilité, qui repose sur l'intégrité fonctionnelle des voies afférentes et des voies motrices efférentes.

Les techniques exploratoires qui permettent de répondre à cette interrogation sont nombreuses, souvent complexes, surtout dans leur interprétation, et parfois difficiles à mettre en œuvre au cabinet médical. Néanmoins, il convient d'évoquer le principal de ce qui doit et peut, rapidement et systématiquement, être fait par rapport à ce qu'il est possible, secondairement, de réaliser ou de demander, dans le cadre d'examens plus approfondis. Pour chaque exploration, le praticien distinguera les examens orientés vers le dépistage des états pathologiques (antérieurs à la pratique sportive ou induits par celle-ci) des explorations ayant pour but d'évaluer les niveaux des capacités et aptitudes, ou de suivre leurs évolutions.

Fonctions sensorielles

Quatre systèmes – visuel, auditif, vestibulaire et proprioceptif – concourent à assurer l'équilibre et l'efficience du sportif.

Vision

Elle représente un canal sensoriel de première importance tant dans les sports individuels que collectifs. Le bilan ophtalmologique courant permet, avec un peu de bon sens et d'habitude, de recueillir, assez facilement, des renseignements utiles sur les paramètres visuels susceptibles d'influencer la performance (voir chapitre 77).

L'acuité visuelle est mesurée à partir d'échelles de lettres graduées en dixièmes, dérivées de l'échelle de Monoyer pour la vision de loin et de l'échelle de Parinaud pour la vision de près, ou, mieux, en utilisant des projecteurs de tests dont le contraste est étalonné. Les insuffisances de l'acuité visuelle doivent être soigneusement corrigées pour la pratique des sports mécaniques, d'adresse, de tir et les sports collectifs. Cette correction doit être rigoureuse pour la conduite automobile où il ne peut être toléré une acuité inférieure à 9/10 pour chaque œil, à la rigueur 8/10, ramenés à 10/10 après correction. Il est évident qu'une myopie maladie, par choroïdose myopique, contre-indique la pratique de la boxe.

Le champ de vision, schématiquement circonscrit, chez un sujet fixant un point devant lui, est étudié en déplaçant un repère selon les principaux axes (la main de l'examinateur tenant un objet, par exemple). On recherche, par la même occasion quel est l'œil directeur, en demandant au patient de garder les deux yeux ouverts tout en alignant l'extrémité de son index sur un objet éloigné. À la fermeture de l'œil directeur l'objet paraît se déplacer par rapport à l'index. Cette détermination, associée à celles de la dominance manuelle et du pied d'appel, permet une description de la latéralisation du sujet. Un soin particulier doit être apporté à cette évaluation dans le cas de la pratique des sports collectifs.

Le sens chromatique s'apprécie à partir des tests de confusion (atlas d'Ishiarra ou planches de Polack). Sports d'adresse et collectifs nécessitent la meilleure des sensibilités à cet égard.

La vision binoculaire, dont les troubles constituent une gêne nette dans l'appréciation des distances, de l'espace et des vitesses, est un facteur particulièrement important dans les sports d'adresse. Des études théoriques ont montré qu'un mobile se déplaçant dans un plan frontal est incorrectement apprécié si les informations sont perçues différemment au niveau de chacune des deux rétines, ou sont acheminées à des vitesses inégales dans les deux voies optiques. C'est ainsi que, dans ces conditions, un ballon sur sa trajectoire semblera plus gros, plus lent, et plus lointain. Ce phénomène peut s'observer dans les cas d'amétropie unilatérale non corrigée, ou d'éclairement de la rétine modifié par anisocorie, opacité des milieux transparents, ou encore lors d'une névrite optique unilatérale. Ces troubles de la sensibilité visuelle représentent vraisemblablement l'une des causes importantes des tirs ratés au football, au basket-ball, au volley-ball, ou au hockey sur glace, d'autant plus que, pour certains, il y aurait une baisse quasi physiologique des performances visuelles lors des actes moteurs importants par focalisation des processus centraux d'intégration sur la gestion motrice, détournement des mécanismes attentionnels et, éventuellement, redistribution, centrale et périphérique, de la vascularisation.

Pour dépister une éventuelle hétérophorie (strabisme latent), on peut se servir du test de l'écran. Après avoir masqué un œil avec un simple écran, on demande au sujet de fixer un point éloigné de 5 m environ. Un rattrapage de l'orientation du regard à l'effacement subit de l'écran signe l'hétérophorie. On recherchera aussi une éventuelle diplopie dans certaines positions du regard.

Des examens complémentaires, bien que plus complexes, doivent, au besoin, être demandés à l'ophtalmologiste. Ils concernent plus particulièrement :

- *le champ visuel* au campimètre, pour évaluer le champ visuel central, utile pour les disciplines de tir, et le champ visuel périphérique pour les sports collectifs;
- *l'acuité visuelle dynamique*, qui explore l'efficience du système oculomoteur, et joue un rôle important chez les footballeurs;
- *le fond d'œil*, examen obligatoire pour la pratique de la boxe (voir chapitre 12) et conseillé pour les sportifs hypertendus, qui permet de déceler des anomalies de la papille optique, des vaisseaux et du champ rétinien (décollement).

Enfin, dans quelques cas exceptionnels, on pourrait être amené à envisager des explorations très spécialisées :

- motricité oculaire (électromyogramme des muscles oculomoteurs);
- fonction rétinienne (électrorétinogramme avec étude de l'adaptation au niveau de luminance : conduite sportive de nuit, plongeurs);
- voies de conduction centrale (potentiels évoqués visuels par stimuli de luminance ou de contraste);
- intégration corticale du message sensoriel (potentiels évoqués, potentiels lents).

Une cécité totale n'est pas incompatible avec certaines pratiques sportives, ce qui témoigne de l'importance des fonctions d'audition, mais surtout d'équilibration (voir chapitre 83).

Les questions relatives à l'œil et à la fonction visuelle sont abordées de façon plus synthétique dans le chapitre 77.

Audition

Bien que d'importance moindre par rapport à la vision, la perception des sons est indispensable à l'intégration des ordres et signaux, ainsi qu'au suivi de l'action (frappe des balles, bruits de la machine, frottements, appréciation des vitesses).

L'exploration de l'audition peut se faire par les techniques acoumétriques, faisant simplement appel à la perception de la voix, du tic-tac de la montre et des vibrations du diapason, présenté à des distances variées.

Normalement, la voix chuchotée est perçue à 6 mètres et la voix haute à 40 mètres, le sujet étant placé de profil, une oreille obturée.

Le test du diapason repose, lui, sur l'étude des durées de perception par conduction aérienne et par conduction osseuse, le diapason étant posé sur la mastoïde. La conduction aérienne est physiologiquement supérieure à la conduction osseuse (épreuve de Rinne positive); l'inverse, une épreuve de Rinne négative, traduit une surdité de transmission. En posant le pied du diapason sur le vertex, on peut également pratiquer l'épreuve de Weber : le sujet normal localise le son au milieu du crâne et sans variation latérale d'intensité. L'intensité paraît plus forte du côté atteint (« Weber latéralisé ») en cas de surdité de transmission et du côté sain en cas de surdité de perception.

Une acoumétrie anormale doit être complétée par un bilan audiométrique mesurant l'acuité auditive. Ce bilan, qui est du domaine du spécialiste ORL, permet de mettre en évidence une surdité latente (perte infraclinique de 30 dB à 4 000 Hz), une surdité débutante (perte de 30 dB dès 2 000 Hz), déjà soupçonnée par le besoin de faire répéter (fig. 11.1). Ces examens sont indispensables dans la pratique des disciplines sportives à risque auditif telles que : plongée sous-marine, tir aux armes à feu, voltige aérienne.

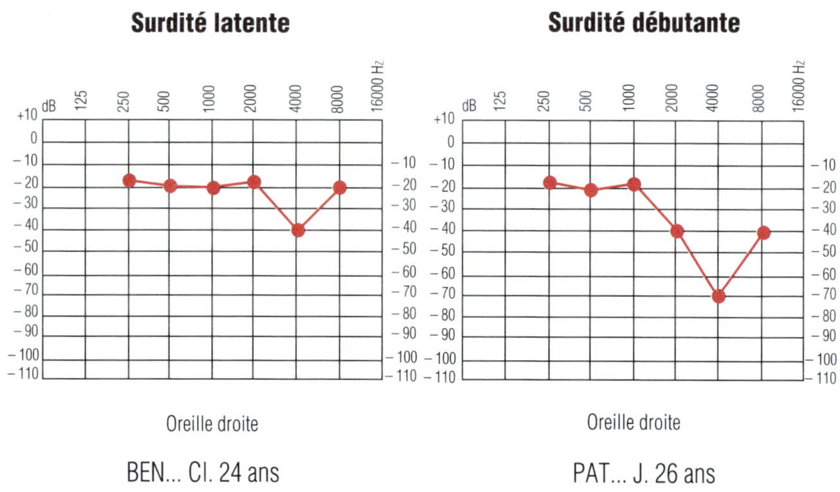

Fig. 11.1. Audiogramme montrant l'évolution des seuils de perception, en décibels, pour différentes fréquences sonores. Les déficits se situent autour d'une fréquence de 4 000 hertz; le sportif de droite présente une atteinte importante, celui de gauche doit être surveillé régulièrement.

Équilibration

Outre la vue et l'audition, l'appareil vestibulaire et la sensibilité proprioceptive, qu'elle soit superficielle (cutanée) ou profonde (tendons, muscles, articulations), concourent à assurer l'équilibre du sportif.

L'estimation de la fonction d'équilibration est assez complexe. Elle comporte d'abord un examen neurologique classique de base. Cet examen, chez le sportif, doit insister sur l'exploration de la sensibilité proprioceptive, appréciée par

l'étude du sens positionnel des segments de membres et par la recherche des réflexes ostéotendineux classiques (achilléen ou rotulien). La fonction vestibulaire est, ensuite, évaluée par l'épreuve de Romberg, sensibilisée par l'appui unipodal. On recherche enfin les conditions d'apparition d'un *nystagmus* et d'éventuels signes cérébelleux, dépistés en première intention par les épreuves de pointage (doigt-nez) ou la marche aveugle. Ces tests seront réalisés dans de bonnes conditions de silence et sans appui dorsal pour ceux qui se pratiquent chez le sujet assis. On objective ainsi un éventuel syndrome vestibulaire harmonieux (homolatéralité de la secousse lente du nystagmus et des déviations segmentaires), en rapport avec une perturbation du capteur labyrinthique, ou, au contraire, un syndrome dysharmonieux indiquant une atteinte centrale.
L'exploration complémentaire instrumentale, qui est du domaine du seul spécialiste (neurologue ou ORL), fait appel à l'oculographie informatisée, à l'électronystagmographie couplée à l'épreuve calorique (test de Barany) et à la posturographie. Cette dernière, pratiquée de façon précise, peut permettre d'évaluer les qualités naturelles d'équilibre d'un sujet (posturographie statique), ou le niveau de l'expérience acquise (posturographie dynamique) voire l'aptitude à subir des contraintes déstabilisantes.

Conclusion

L'exploration sensorielle en vue de la pratique sportive a un double objectif : d'abord fournir au patient une information sur l'état fonctionnel de ses systèmes sensoriels, puis lui permettre d'orienter ses choix et d'éviter les sports contre-indiqués par son état. Vision et proprioception ont un rôle majeur dans les activités sportives et doivent faire l'objet des examens les plus soigneux, qui seront répétés et de plus en plus approfondis durant la carrière de l'athlète afin de déceler et de limiter au mieux les conséquences de leur inévitable vieillissement, associant la baisse des acuités visuelle et auditive à l'élargissement du polygone de sustentation, avec augmentation des temps de réaction. Néanmoins, il est tout à fait évident qu'un niveau fonctionnel satisfaisant des capacités sensorielles est insuffisant, par lui seul, à assurer des performances de qualité. C'est l'interaction étroite entre entrées des informations, apprentissages moteurs, efficience musculaire et bonne équilibration des systèmes de rétrocontrôle qui conditionne la réussite sur le terrain. À cet égard, il semblerait que bien des choses se nouent à un niveau sous-cortical et en particulier dans les relations anatomiques et fonctionnelles des systèmes moteurs, vestibulaires et cérébelleux.

Muscles et leur commande

Bilan initial

L'aspect extérieur de la musculature d'un sportif renseigne sur ses capacités car il existe une relation entre les dimensions de la section transversale d'un muscle et la force qu'il peut produire. Pour le médecin praticien, l'inspection est un temps essentiel consacré à la recherche d'hyper- ou d'hypotrophies, que l'on peut objectiver par des mensurations, de préférence bilatérales et comparatives, à répéter éventuellement pour apprécier une évolution au cours de l'entraînement et du désentraînement. La palpation des masses musculaires recherche des discontinuités anatomiques et des points douloureux et s'accompagne de la mise en contraction des muscles, ce qui permet de réaliser un premier bilan, appelé parfois « testing ».
En se référant à l'échelle de la *National Foundation For Infantile Paralysis* (1946), on décrit six niveaux de force :

- 0 = absence de contraction ;
- 1 = contractions perceptibles sans effet moteur ;
- 2 = effet moteur rendu possible en diminuant l'effet de la pesanteur ;
- 3 = effet moteur malgré l'action antagoniste de la pesanteur ;
- 4 = effet moteur contre une résistance supérieure à celle de la pesanteur ;
- 5 = pas d'atteinte motrice.

Exploration instrumentale de la force

La mesure plus précise des capacités mécaniques des muscles ne se justifie qu'en recherche, fondamentale ou clinique, car elle fait appel à des techniques instrumentales qui n'existent que dans des services spécialisés en physiologie ou en rééducation fonctionnelle. Si un simple dynamomètre peut donner une indication de force isométrique maximale, précisant la valeur d'une dissymétrie anormale, il faut savoir que chaque individu développe spécifiquement les muscles utilisés dans sa pratique sportive.

Exploration de la commande motrice

Une motricité performante est le résultat de la qualité de la commande des muscles par le système nerveux. Les muscles striés sont entièrement contrôlés par les centres nerveux qui décident, pour chacun d'eux, du moment et de l'intensité de leur contraction.
L'ensemble de ces commandes, pour un mouvement ou un geste, constitue un *programme moteur*, qui doit être précisément ajusté avant et pendant le déroulement de l'action. Ce sont la précision et la rapidité de ces ajustements qui, pour une grande part, conditionnent la performance.
On peut, actuellement, explorer de façon non invasive quelques-uns de ces niveaux centraux du contrôle moteur, tels que :

- le niveau réflexe, qui est le plus rudimentaire mais le plus rapide ;
- la réaction volontaire, plus lente mais qui permet les choix entre diverses réponses motrices ;
- le geste en situation, qui exige la saisie simultanée d'un nombre maximal de paramètres.

Le *réflexe moteur* est une réponse involontaire et stéréotypée à une stimulation cutanée ou proprioceptive. Ce réflexe a l'avantage de sa rapidité, en raison de la simplicité de son trajet, le plus souvent médullaire, mais ne permet aucune adaptation de la réponse motrice. Il peut être utilisé pour assister certains éléments d'une programmation motrice globale plus complexe, comme la marche par exemple. Les réflexes dits « à longue latence » (fig. 11.2) impliquent les

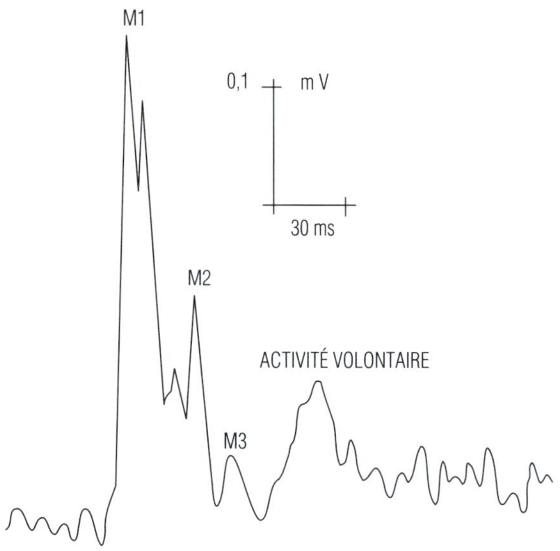

Fig. 11.2. Réponse réflexe à une stimulation mécanique de la cheville : activité électromyographique (signal rectifié) où l'on reconnaît successivement le réflexe médullaire (M1), les réflexes à longue latence (M2 et M3) et la réaction volontaire.

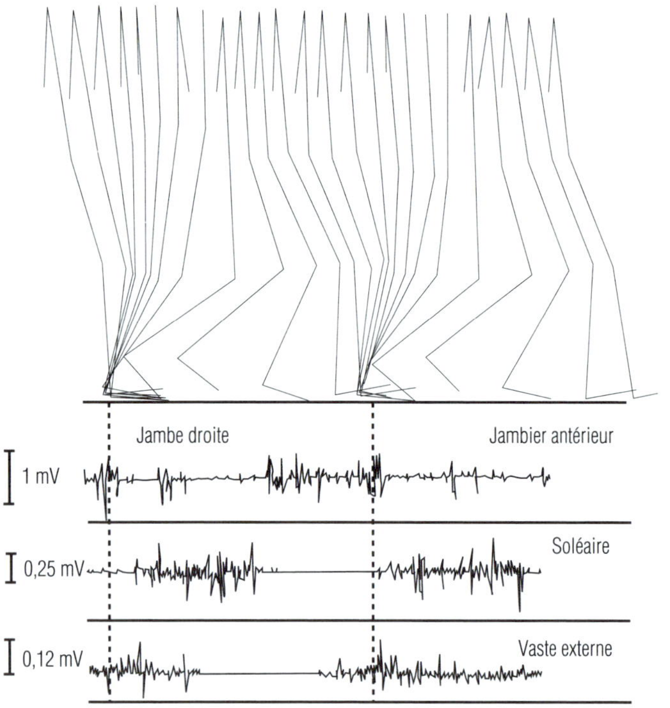

Fig. 11.3. Enregistrement de l'EMG de surface de trois muscles de la jambe droite, synchronisés avec le déplacement des segments de l'hémicorps droit, pendant la marche sur tapis roulant. Les tirets de rappel correspondent au moment où le talon quitte le sol.

centres nerveux supérieurs et, par là, permettent une modulation adaptative plus fine de la réponse. Ils sont plus rapides qu'une réaction volontaire et semblent être accentués par la pratique sportive.

L'exploration des réflexes segmentaires (réflexes ostéotendineux ou cutanés) garde sa pleine valeur dans l'examen neurologique du sportif, où ils doivent être recherchés chaque fois que le système nerveux périphérique semble impliqué, ainsi que dans les pathologies centrales d'expression motrice.

Toute *réaction motrice volontaire* , déclenchée par une stimulation sensorielle précise, nécessite un temps de réalisation minimal appelé *temps de réaction* . Elle exige une participation consciente et attentive du sujet et est quantifiée par le temps séparant le stimulus de la réponse motrice. Ce temps est exploré en demandant une réponse gestuelle simple, telle que l'appui de l'index sur un interrupteur. Le temps de réaction est plus long s'il existe un choix entre plusieurs réponses possibles. Ce choix doit être le plus rapide possible et correspondre, selon un code défini au préalable, aux particularités du stimulus présenté. Le temps de réaction varie également avec le type de stimulation sensorielle. Pour un temps de réaction à stimulus et réponse uniques, c'est-à-dire sans possibilité de choix, les délais minimaux sont de l'ordre de 80 millisecondes (ms) en situation de stimulation auditive et de 120 à 150 ms en stimulation visuelle. Certains types de sports se prêtent assez bien à une exploration des aptitudes par temps de réaction. Toutefois l'idéal est d'adapter les appareillages pour placer le sportif exploré dans une situation la plus proche possible de celle rencontrée sur le terrain.

Un *geste sportif* complet peut être exploré en situation, en enregistrant les déplacements des différents segments squelettiques. Des systèmes vidéo rapides doivent parfois être utilisés et couplés à l'enregistrement de paramètres mécaniques comme ceux recueillis par une plate-forme de force. L'analyse biomécanique demande alors la manipulation d'un nombre considérable de données, mais doit permettre de juger de l'efficacité théorique et de l'optimisation du geste. L'enregistrement de sportifs de différents niveaux apprécie l'évolution de la motricité avec l'entraînement. L'enregistrement simultané de l'électromyogramme (EMG) (fig. 11.3) donne des indications sur les stratégies de commande motrice les plus efficaces. Ces explorations sont pratiquées sur quelques plateaux techniques très spécialisés. Elles sont utilisées pour l'amélioration du geste sportif chez les athlètes de haut niveau. Elles précisent l'observation visuelle, qui demeure un outil fondamental pour l'entraîneur présent sur le terrain et le médecin qui examine les possibilités gestuelles spontanées de son patient.

Enfin, certaines activités nerveuses corticales peuvent être reliées à l'exécution ou au contrôle d'un mouvement. On les obtient en moyennant les enregistrements électroencéphalographiques recueillis au cours de mouvements exécutés librement par le sujet enregistré (potentiel de préparation motrice), ou en réponse à des stimulations externes impératives (variation contingente négative). On a pu montrer que les potentiels moyens ainsi obtenus présentaient des variations apparemment corrélées avec le niveau de vigilance et le degré d'entraînement du sportif.

Pour en savoir plus

CHEVALERAUD J. Œil et Sport. *Prat Med* 1985; 17 : 9-34.

DUPONT P. *Les troubles de l'équilibre.* Paris : Frison-Roche, 1992 : 233 p.

FOURNIER E. *Examen électromyographique et étude de la conduction nerveuse.* Cachan : Éd. Méd. Internet, 1998 : 587 p.

GOLOMER E, MONOD H. Équilibre dynamique spontané et pratique de la danse classique. *Cinésiologie* 1995; 34 (167) : 177-84.

PERRIN P. *Apport de l'examen posturographique à l'étude de l'équilibre du jeune sportif.* Nancy : Thèse médicale, Nancy 1, 1988 : n° 91.

PERRIN P, BOURA M, UFFHOLTZ H, PERRIN C. Oreille moyenne et sport. *Médecine du Sport* 1990; 64 (1) : 41-5.

PERRIN P, LESTIENNE F. *Mécanisme de l'équilibration humaine.* Paris : Masson, 1994 : 163 p.

12

Examens pour les « sports à risques »

Sommaire

Qu'appelle-t-on « sports à risques » ?

S'il existe un groupe de sports dits « à risques », cela laisse supposer que les autres sports n'en comportent que peu ou pas du tout. Malheureusement l'établissement d'une classification aussi simpliste pourrait aboutir à une sous-estimation de la notion de risque pour un grand nombre de disciplines. En effet, il n'existe aucun sport pour lequel la probabilité de survenue d'un accident ostéoarticulaire, musculaire ou cardiovasculaire est nulle. D'une façon générale, la fréquence des accidents sportifs est en rapport avec la fréquence et l'intensité de la pratique sportive ; mais elle est également en relation avec l'état du matériel (celui-ci devrait toujours être entretenu et parfaitement adapté au sportif qui l'utilise) et la condition physique de l'individu. Ce dernier point justifie pleinement l'obligation de passer au minimum chaque année un examen médical complet, dont le but est de rechercher les insuffisances physiques et/ou psychologiques qui doivent être considérées comme de véritables facteurs de risque potentiels. Par conséquent, et sans faire preuve de pessimisme, il faut admettre que toute pratique sportive comporte un risque.

En dépit de cette affirmation (ou peut-être à cause d'elle), le législateur a progressivement précisé quels étaient les sports qui, selon lui, étaient davantage porteurs de risques. La première mise au point fut faite par l'intermédiaire d'une circulaire du directeur des Sports en date du 16 janvier 1979 et relative à l'agrément des médecins dans le cadre du décret du 27 mai 1977 et de la loi du 29 octobre 1975. Cette circulaire fait état de 5 « sports à risque important : sport automobile, sport motocycliste, parachutisme, plongée sous-marine, boxe ». À cette occasion, le directeur des Sports devait rappeler que ces 5 disciplines « bénéficient d'un protocole particulier d'examen médical établi par la fédération compétente et d'une réglementation spéciale à laquelle il convient que se soumette le médecin ».

En y regardant de plus près, on peut effectivement considérer que la nature du risque attaché à la pratique de ces 5 disciplines est assez particulière. Dans le cas des deux premières (il s'agit de sports dits « mécaniques »), le pilote doit être en mesure de maîtriser parfaitement son véhicule (auto ou moto), quelles que soient les circonstances : état de la piste, vitesse de déplacement, présence des autres concurrents. En cas d'accident, le risque concerne non seulement le sportif lui-même, mais également son entourage : adversaires, spectateurs, officiels.

Le parachutisme et la plongée sous-marine ont en commun d'être des disciplines qui se pratiquent dans un milieu ambiant qui n'est pas celui auquel l'homme est spontanément adapté, ce qui nécessite l'utilisation d'un matériel spécifique en parfait état de fonctionnement et le respect absolu d'un certain nombre de règles de sécurité. Dès lors, il est très facile d'imaginer l'importance des risques encourus si ces deux conditions minimales ne sont pas satisfaites.

Enfin, le risque lié à la pratique de la boxe est en rapport avec la multiplicité et la puissance des coups touchant l'extrémité céphalique et provoquant une répétition de microtraumatismes cérébraux et/ou oculaires.

Par analogie avec les 5 sports cités dans la circulaire de 1979, il est évident que d'autres sports présentent un « risque important » : par exemple, le sport motonautique, le vol libre (deltaplane). Ainsi il paraissait logique de regrouper les sports à risque accru en quatre catégories : les sports mécaniques, les sports aériens, les sports subaquatiques et les sports de combat. Ce n'est que 20 ans plus tard que la notion de sports à risque élevé a été officiellement introduite dans la loi (art. 5 de la loi du 23 mars 1999). Dans l'arrêté du 28 avril 2000, figurent les quatre groupes mentionnés ci-dessus, auxquels ont été ajoutés l'alpinisme de pointe et les sports utilisant les armes à feu (art. 1er).

L'article 2 de l'arrêté permet aux fédérations concernées de fixer les qualifications et les diplômes que doivent posséder les médecins autorisés à délivrer le certificat médical de non-contre-indication à la pratique de ces disciplines.

Particularités de l'examen médical d'aptitude

La pratique d'un sport appartenant à l'une des six catégories ci-dessus mentionnées implique que le sujet satisfasse non seulement aux critères d'aptitude physique et mentale de base communs à la plupart des sports (notamment sur le plan cardiovasculaire et respiratoire) mais aussi à certains critères d'aptitude particuliers propres aux sports à risque élevé. La mise en évidence de ces critères particuliers nécessite le recours à des examens complémentaires qui ne pourront être pratiqués, dans la plupart des cas, que par des spécialistes. Parmi ces examens, trois semblent indispensables pour la recherche de contre-indications à l'un quelconque des sports à risque précités : l'examen ophtalmologique, l'examen neurologique, le bilan d'aptitude mentale.

Examen ophtalmologique

Dans les sports mécaniques, les sports aériens et la plongée sous-marine, la sécurité des pratiquants dépend en grande partie de leurs performances visuelles. C'est ainsi qu'ont été définies des normes minimales d'acuité visuelle (avec et sans correction), de vision des couleurs et du relief, de champ visuel (tableau 12.I).

Tab. 12.I. Normes minimales à prendre en compte pour la sécurité des pratiquants.

	Acuité visuelle	Vision binoculaire	Couleurs	Champ visuel	Stéréoscopie	Contre-indications
Sport automobile	Minimum, 9/10 pour chaque œil, avec ou sans correction Tolérance : 8/10 + 10/10	Normale	Rouge, bleu, jaune, vert	Normal	Normale	Cécité monoculaire. Vision stéréoscopique anormale
Sport motocycliste	Minimum, 5/10 pour un œil, 14/10 pour les deux yeux, avec ou sans correction	Normale	Rouge, bleu, jaune, vert	Normal	Normale	Cécité monoculaire
Plongée sous-marine						Myopie > 5 dioptries, décollement de rétine
Parachutisme	Chaque œil, minimum 5/10 sans correction ; 1/10 corrigible à 7/10	Normale		Normal	Normale	
Vol libre	12/10 avec correction			Normal		
Boxe						Forte myopie, diplopie, anomalie congénitale de l'angle irido-cornéen

Pour la boxe, certaines anomalies morphologiques et fonctionnelles de l'appareil visuel (par exemple, une forte myopie) constituent des contre-indications, en raison du risque de décollement de rétine pouvant survenir après un coup reçu dans la région orbitaire. Pour être valable, le certificat médical de non-contre-indication à la pratique de la boxe (il s'agit d'un formulaire spécifique) doit être contresigné par un ophtalmologiste.

Examen neurologique

Dans tous les cas, cet examen doit être pratiqué de façon minutieuse et complète, à la recherche d'un défaut de coordination motrice, de troubles de l'équilibre même minimes, de troubles de la conscience sans explication étiologique acceptable. Les antécédents d'épilepsie constituent une contre-indication, et il pourra arriver qu'un électroencéphalogramme (EEG) soit demandé pour rechercher la présence de signes électriques traduisant l'existence d'un syndrome épileptique. L'EEG, ainsi qu'un scanner ou une IRM sont systématiques pour réévaluer l'aptitude d'un boxeur qui a subi un « KO » ou qui a perdu son combat avant la fin du temps réglementaire en raison de la survenue d'une dégradation importante de son état de conscience. Dans ce cas, la reprise de la boxe ne peut être autorisée qu'à l'issue d'une période de repos obligatoire, dont la durée dépend des circonstances dans lesquelles l'arrêt du combat est survenu et du résultat du bilan clinique et neurologique. La durée de repos obligatoire minimale est de 28 jours pleins (par exemple, à la suite d'un premier « KO ») et peut aller jusqu'à un an plein si, par exemple, le boxeur a subi trois « KO », consécutifs ou non, au cours d'une période de 12 mois.

Bilan d'aptitude mentale

Ce bilan doit permettre de dépister les sujets souffrant d'affections neuropsychiatriques telles qu'une psychose, une névrose caractérisée et constituée, des troubles de la personnalité pouvant donner lieu à des comportements anormaux, des manifestations psychosomatiques ou neurovégétatives marquées, un état dépressif, une tendance suicidaire. Une forte émotivité ou une anxiété prédominante peuvent constituer des contre-indications, de même que l'agoraphobie ou la claustrophobie, notamment dans le cas de la plongée en scaphandre et du parachutisme.

Il est également indispensable de rechercher l'existence d'un traitement médicamenteux pouvant avoir des effets néfastes sur le système nerveux (troubles de la motricité et/ou du comportement et/ou de la vigilance), ainsi que la présence d'une intoxication non médicamenteuse (éthylisme, toxicomanie).

Autres examens

D'autres examens doivent être pratiqués pour rechercher d'éventuelles contre-indications à la pratique de certains sports à risque élevé.

Examen de l'appareil ostéoarticulaire et musculaire

Les affections ostéoarticulaires, musculotendineuses et rachidiennes en évolution, ainsi que les séquelles fonctionnelles graves entraînent l'inaptitude au parachutisme. Pour les sports mécaniques, la limitation fonctionnelle de la plupart des articulations des membres supérieurs et inférieurs doit être inférieure à 50 %. Sauf exception, les prothèses sont incompatibles avec la pratique de ces sports.

Examen ORL

Il s'agit d'un examen capital pour la détermination de l'aptitude à la plongée en scaphandre et au parachutisme. Les problèmes rencontrés à ce niveau sont le fait des variations de pression ambiante dues aux variations de profondeur ou d'altitude par rapport au niveau de la mer. Le médecin devra vérifier l'absence de signes inflammatoires dans la sphère ORL, l'état des conduits auditifs externes et des tympans, la perméabilité des trompes d'Eustache (épreuves de Valsalva, de Toynbee, tympanométrie), l'absence de signes en faveur d'une atteinte de l'oreille interne (voir « Examen neurologique »). Il est également recommandé de vérifier l'état de la cavité buccale (caries dentaires) et des sinus, en raison du risque de survenue de douleurs aiguës par barotraumatisme au moment de la plongée en scaphandre ou du saut en parachute.

Chez le boxeur, l'examen ORL a pour objectif de vérifier l'intégrité de l'organe de l'équilibration (bilan neurologique) et la perméabilité nasale (bilan anatomofonctionnel) : la cloison nasale est particulièrement exposée aux poings de l'adversaire et tout obstacle sur les voies aériennes nasales compromet grandement la ventilation en cours de combat, dans la mesure où la voie buccale est pratiquement inutilisable en raison de la présence obligatoire d'un protège-dents.

Examen sanguin

Dans tous les sports où le risque traumatique est élevé (plaies externes, hématomes, contusions), il est souhaitable d'écarter les sujets présentant un trouble de la coagulation, une fragilité capillaire, une hémophilie.

Particularités de la réglementation s'appliquant aux sports aériens

La réglementation et la gestion de l'espace aérien civil français relevant de l'autorité du ministre des Transports, toute la réglementation médicale et la définition des critères d'aptitude physique et mentale à la pratique des différentes activités aéronautiques sont établies par le Conseil médical de l'aéronautique civile. C'est la raison pour laquelle seuls les médecins agréés par ce conseil médical, qui lui-même dépend de la Direction générale de l'aviation civile (ministère des Transports), sont habilités à examiner les candidats aux sports aériens tels que le vol moteur (voltige aérienne) et le vol à voile. Toutefois, pour le parachutisme et le vol libre, qui sont des activités régies par deux fédérations placées sous la tutelle du ministre des Sports, l'agrément du médecin examinateur par le Conseil médical de l'aéronautique civile, s'il est souhaitable, n'est pas obligatoire dans l'état actuel des textes officiels. Dans les faits, la Fédération française de parachutisme impose depuis de nombreuses années que les médecins sollicités pour délivrer le certificat de non-contre-indication au parachutisme soient agréés par elle. Aujourd'hui cette disposition peut être appliquée par les différentes fédérations françaises concernées par l'arrêté du 28 avril 2000 (voir *supra*).

Actuellement, les normes d'aptitude en matière de pratique aéronautique (vol moteur, vol à voile, ballon) sont données par l'arrêté du 2 décembre 1988 relatif à l'aptitude physique et mentale du personnel navigant technique de l'aviation civile, publié au *JO* du 8 février 1989, et modifié par l'arrêté du 2 octobre 1992 (*JO* du 14 novembre 1992) et l'arrêté du 3 octobre 1996 (*JO* du 18 octobre 1996). Dans un avenir proche, les normes d'aptitude seront fixées au niveau européen.

Nouveaux sports à risques

Bien que n'entrant pas dans les catégories mentionnées dans l'arrêté du 28 avril 2000, un certain nombre de disciplines récemment créées sont à l'origine de la forte augmentation des cas de traumatologie en rapport avec la pratique d'une activité sportive de compétition ou de loisir. Il s'agit principalement du VTT (vélo tout terrain), qui se pratique surtout en pleine nature, mais parfois aussi en milieu urbain, et du *roller* (anciennement patin à roulettes...), qui se pratique essentiellement en milieu urbain, avec deux types de patins (patins traditionnels avec les quatre roues disposées en carré et appelés *roller skates* ou *quads*, patins avec les quatre roues alignées, appelés *roller in line*) et sous différentes formes (patinage artistique, danse, course, randonnée, roller acrobatique, *rink hockey* et *roller in line hockey*). Une troisième activité utilise la planche à roulettes ou *skate board* et se pratique elle aussi en milieu urbain. À côté des manifestations officielles et encadrées, il faut mentionner les pratiques sauvages, notamment en milieu urbain, ainsi que l'utilisation grandissante de ces divers objets roulants comme moyens de transport, conditions qui ne font qu'accroître le risque de chute et/ou de collision, que ce soit avec des objets fixes (réverbères, panneaux divers, véhicules en stationnement, etc.) ou mobiles (véhicules circulant sur la chaussée), ou avec des piétons marchant sur le trottoir ou traversant la chaussée. Des statistiques réalisées à la fin des années 1990 en France montrent que la tranche d'âge la plus exposée est celle des 10-14 ans (garçons et filles), qui supporte plus de 50 % des accidents de *roller*. Toutefois les adultes (plus de 35 ans) sont aussi concernés (10 % des accidents). Dans plus de 55 % des cas, ce sont les membres inférieurs qui sont atteints, dans plus de 25 % des cas les traumatismes concernent les membres supérieurs et dans près de 15 % des cas, c'est la tête qui est touchée. La durée moyenne d'hospitalisation (et donc la gravité du traumatisme) augmente avec l'âge du pratiquant, ce qui induit un absentéisme scolaire ou professionnel.

Conclusion

Le refus de la sédentarité imposée par le mode de vie actuel, la recherche de sensations nouvelles et inhabituelles, la large diffusion de matériels et d'équipements de plus en plus performants incitent un nombre croissant de personnes de tout âge et de toute condition physique à se lancer dans la pratique d'un sport à risque élevé. Compte tenu des risques inhérents à la pratique de ces disciplines sportives et de l'importance de l'interrogatoire médical à la recherche de signes pouvant révéler l'existence d'une contre-indication, il est recommandé au médecin examinateur de penser à dégager sa responsabilité à l'issue de cet interrogatoire, qui précède l'examen clinique proprement dit. Cela peut être fait en demandant au sportif de signer la fiche médicale sur laquelle figurent les réponses qu'il a fournies au médecin, tel que cela est prévu par exemple dans le dossier médical de la Fédération française d'études et sports sous-marins. En ce qui concerne les nouveaux sports à risques, l'accent doit être mis sur l'apprentissage progressif et la bonne préparation physique, le respect des règles de pratique, notamment en milieu urbain, et surtout le port systématique de protections adaptées.

13

Principales contre-indications à la pratique de quelques sports

Dans la population générale, la pratique d'un sport ou d'une activité physique se caractérise par un très large éventail en termes de niveau de pratique, de volume horaire et d'intensité d'exercice d'une personne à une autre, et parfois pour une même personne, en fonction du temps. Cette notion de variabilité constitue sans doute l'élément le plus difficile à appréhender lorsqu'il s'agit de détecter une « anomalie » pouvant déboucher sur une éventuelle contre-indication. Une autre difficulté à l'établissement d'une contre-indication est liée à l'expérience acquise par le sportif dans sa discipline (par exemple, une même limitation de mobilité articulaire qui serait une contre-indication pour un débutant en sport automobile peut être tolérée chez un ancien pilote de haut niveau).

En pratique, les contre-indications absolues et définitives sont assez rares (désordres médicaux ou traumatiques majeurs, troubles psychiatriques profonds), sauf dans les sports présentant un risque particulier et pour lesquels des standards précis ont été élaborés par le législateur et la commission médicale des fédérations concernées.

Les contre-indications absolues et temporaires sont liées à un état physiologique (grossesse) ou pathologique (traumatisme ostéoarticulaire aigu, infection virale, etc.) passager.

Dans la majorité des cas, les contre-indications sont relatives et permettent d'adapter la pratique d'une activité physique ou sportive soit de façon temporaire, soit de façon définitive comme c'est le cas, par exemple, chez les personnes souffrant d'un handicap définitif physique ou mental (voir chapitres 83 et 84).

Prétendre dresser une liste exhaustive des contre-indications à la pratique sportive serait illusoire. Les exemples donnés ci-dessous relèvent avant tout du bon sens médical, mais ils soulignent aussi la nécessité pour le praticien de s'informer afin de posséder un minimum de connaissances sur les aspects techniques des différentes disciplines sportives.

Dans tous les cas, lorsque à l'issue de l'examen médical un doute subsiste et que le risque auquel pourrait être confronté le sportif paraît élevé, le praticien a toujours la possibilité de différer sa décision et de solliciter les conseils ou l'avis d'un membre de la commission médicale de la fédération sportive concernée, dont les coordonnées peuvent être obtenues auprès du ministère des Sports ou du CNOSF (voir chapitres 4 et 9).

Sommaire

Sports automobiles

Ophtalmologie

Acuité visuelle < 9/10 pour chaque œil (il est admis dans la plupart des cas 10/10 corrigé à un œil et 8/10 corrigé à l'autre œil. Le port du casque intégral est obligatoire en compétition pour les possesseurs de lunettes ou de verres de contact).
Vision binoculaire anormale.
Diminution du champ visuel.
Vision des couleurs anormale.
Vision nocturne anormale.
Vision stéréoscopique anormale.
Cécité unilatérale.
Rétinopathie pigmentaire.

Cardiologie

HTA permanente non contrôlée.
Infarctus du myocarde en évolution.
Ischémie myocardique.
Valvulopathies ou affections cardiaques graves ou décompensées.
Troubles de la conduction sévères.

Appareil locomoteur

Limitation fonctionnelle des articulations des mains > 50 %.
Amputations, sauf les doigts de la main si la préhension est conservée.
Certaines prothèses.
Limitation fonctionnelle des grandes articulations > 50 %.

Autre pathologie

Épilepsie.

Sports motocyclistes

Ophtalmologie

Acuité visuelle < 14/10 pour les deux yeux ; minimum pour un œil : 5/10.
Anomalie de la vision binoculaire, de la vision des couleurs, du champ visuel, de la vision stéréoscopique.

Cardiologie (en fonction de la gravité)

HTA.
Troubles de la conduction.
Insuffisance cardiaque.
Valvulopathies.

Appareil respiratoire

Amputation importante de la fonction ventilatoire.
Syndromes obstructifs caractérisés.

Appareil locomoteur

Limitation fonctionnelle des grandes et moyennes articulations > 50 %.
Mobilité anormale du pouce et d'au moins deux autres doigts.
Prothèse d'un membre supérieur.
Amputation, même appareillée, d'un membre inférieur au-dessus du genou.
Amputation des deux membres inférieurs.

Rachis

Affections non consolidées.
Lésions entraînant instabilité ou déformation rachidienne.
Limitation articulaire de la colonne cervicale ou thoraco-lombaire > 50 %.

Autres pathologies

Troubles de l'équilibre.

Contre-indications absolues

Épilepsie.
Cécité unilatérale.
Insuffisance coronarienne.
HTA permanente et sévère.
Diabète insulinodépendant.
Amputation d'un membre supérieur, même fonctionnelle.
Insuffisance rénale chronique dialysée.

Parachutisme

Limite d'âge inférieure : 15 ans (âge osseux), 12 ans pour le parachutisme ascensionnel et le parapente.

Appareil locomoteur

Séquelle importante de fracture.
Luxation récidivante de l'épaule.
Instabilité rotulienne majeure.
Affection rhumatismale chronique ou subaiguë.
Ankylose articulaire des genoux, chevilles, hanches ou épaules.
Spondylolisthésis instable.
Hernie discale avec troubles neurologiques.
Amputation d'un segment de membre.
Importante ostéoporose.

Cardiologie

Cardiopathies congénitales ou acquises.
Tachycardies permanentes ou paroxystiques.
Lésions endocardiques.
Troubles de la conduction symptomatiques d'une cardiopathie sous-jacente.
Insuffisance coronarienne.
Pontages coronariens ou autres.
Insuffisance cardiaque.
Cardiomyopathies primitives.
Valvulopathies symptomatiques.
Péricardites aiguës et chroniques.
Anévrismes ou occlusions artérielles.
Hypertension artérielle permanente.

Ophtalmologie

Affection, évolutive ou non, de l'un ou l'autre œil ou de leurs annexes.
Acuité visuelle minimale avec correction pour un œil < 6/10 et < 1/10 pour l'autre œil.

Autres pathologies

Déficiences fonctionnelles graves des voies gastro-intestinales.
Affections organiques des reins, des voies urinaires, des organes génitaux.
Affections pulmonaires aiguës.
Affections endocriniennes (selon la gravité).
Splénomégalie importante.
Grossesse.
Affections de l'oreille moyenne.
Obstruction permanente de la trompe d'Eustache.
Trouble permanent de l'appareil vestibulaire.
Malformation ou affection grave de la cavité buccale ou des voies aériennes supérieures.
Traumatismes crâniens opérés avec perte de substance osseuse.
Troubles chroniques ou paroxystiques de la vigilance.
Épilepsie.
Antécédents psychiatriques.
Alcoolisme et toxicomanies.

Vol libre

Âge minimal : 12 ans pour le parapente, 14 ans pour l'aile delta, 11 ans pour le cerf-volant de traction.

Appareil locomoteur et musculature

Hernie, éventration jusqu'à consolidation postchirurgicale.
Instabilité rachidienne.
Matériel d'ostéosynthèse rachidien en place.

Autres pathologies

Cardiopathies non équilibrées.
Hypertension artérielle.
Emphysème.
Antécédent de pneumothorax non opéré.
Insuffisance respiratoire symptomatique.
Affections pleuropulmonaires évolutives.
Épilepsie.
Syndrome psychiatrique.
Toxicomanie, alcoolisme.
Diabète insulinodépendant.
Troubles de l'équilibre et vertiges vrais.
Décollement de rétine non stabilisé.

Planche à voile

Épilepsie.
Urticaire au froid.
Acrocyanose sévère.
Cryoglobulinémie.
Maladie de Raynaud.
Maladie de Dupuytren palmaire.
Hernie discale.
HTA sévère ou non équilibrée.
Hémophilie.
Traitement par anticoagulants.

Rugby

HTA sévère ou non équilibrée.
Malformations cardiaques.
Troubles du rythme ou de la conduction (BAV, WPW, etc.).
Cardiomyopathies obstructives.
Cardiopathies valvulaires.
Pathologie rachidienne.
Épiphysite douloureuse.
Troubles de l'équilibre.
Cécité unilatérale.
Myopie > 4 dioptries.
Kératotomie radiaire.
Troubles psychiatriques et sujets caractériels.

Sports acrobatiques

Épilepsie, déficit sensitivomoteur, myopathie, troubles de l'équilibre ou maladie vertigineuse, traitement par les tranquillisants.
Diabète insulinodépendant instable.
Insuffisance respiratoire.
Cardiopathie grave décompensée, cardiomyopathie obstructive, rétrécissements orificiels.
Spondylolisthésis instable ou douloureux, lyse isthmique algique, hernie discale symptomatique.
Scoliose structurale évolutive supérieure à 10°.
Maladie de Scheuermann vraie.
Ostéochondrite en évolution du membre inférieur, arrachement apophysaire, fracture de fatigue.
Antécédent d'entorse grave du rachis cervical.
Hyperlaxité ligamentaire pathologique congénitale, instabilité articulaire grave.
Champ visuel insuffisant.
Hernie abdominale non opérée.
Pour le tumbling et l'acrosport :

- luxation récidivante de l'épaule ou du coude non traitée ;
- antécédent traumatique grave et récidivant des poignets.

Golf

Grossesse après le 3e ou 4e mois.
Antécédents cardiorespiratoires (selon la gravité et les conditions de pratique).
Rhumatismes inflammatoires chroniques à expression polyarticulaire.
Rhumatismes des mains et des poignets qui compromettent la prise du club.
Discopathies dégénératives mal tolérées.
Lombosciatiques à répétition.
Antécédent d'infarctus (pour la compétition).

Volley-ball

Grossesse à partir du 3e mois.
Scoliose évolutive.
Maladie d'Osgood-Schlatter.

Patinage artistique

Contre-indications absolues

Maladies cardiovasculaires graves.
Insuffisance rénale.
Diabète insulinodépendant instable.
Hémophilie.
Hépatosplénomégalie.
Épilepsie non contrôlée.
Troubles de l'équilibre.
Rhumatismes inflammatoires en poussée.

Contre-indications relatives

Asthme à l'effort et non contrôlable.
Affections ORL chroniques.
Grossesse à partir du 4e mois.
Maladie de Scheuermann.
Scoliose, si retentissement cardiorespiratoire.
Spondylolisthésis stade II ou III.
Syndrome rotulien avec instabilité.
Déformation grave du pied.

Boxe et sports de combat

Âge minimal : 11 ans (avec autorisation parentale) pour la boxe éducative, 13 ans chez les amateurs, 21 ans chez les professionnels.
Antécédents psychiatriques.
Myopie > 3 dioptries.
Kératotomie radiaire.
Antécédents de thrombose artérielle.
Hémophilie, troubles de la coagulation.
Épilepsie.

Sports équestres

Maladie de Scheuermann.
Spondylolisthésis stade II.
Insuffisance cardiaque.
Infarctus du myocarde de moins de 3 mois.
Asthme allergique.
Dystrophie rachidienne de croissance.
Arthrose rachidienne sévère.

Plongée autonome

Cardiologie

Cardiopathie ischémique grave.
Insuffisance cardiaque.
Cardiomyopathie obstructive.
Artérite sévère.
Tachycardie paroxystique.
BAV II ou complet.
Traitement par anticoagulants.

ORL

Surdité unilatérale totale.
Mastoïdite opérée.
Trachéotomie.
Laryngocèle.
Déficit audiométrique bilatéral.
Otospongiose et otosclérose, opérée ou non.
Troubles de l'équilibre, vertiges.

Pneumologie

Insuffisance respiratoire chronique.
Asthme vrai.
Syndrome interstitiel.
Pneumothorax spontané.
Chirurgie thoracique.

Ophtalmologie

Pathologie vasculaire de la rétine, choroïde, pupille.
Glaucome à angle fermé.
Prothèse ou implant creux.
Myopie > 5 dioptries.
Décollement de rétine.

Neurologie

Épilepsie.
Pertes de connaissance.
Grande névrose, psychose.

Autres pathologies

Diabète insulinodépendant ou non équilibré.
Troubles endocriniens sévères.
Grossesse.
Certaines pathologies dermatologiques.
Certains vomissements.

Séjours en haute altitude

Voir chapitre 16.

14

Épreuves fonctionnelles en médecine du sport

Sommaire

Des consultations spécialisées en médecine du sport sont devenues indispensables pour répondre à la nécessité d'examens complémentaires en présence d'aptitude limite, de sujets à risque élevé, ou de sportifs désireux de contrôler l'efficacité de leurs programmes d'entraînement. Ces consultations ont rarement lieu dans le cadre d'un service spécialisé de médecine du sport mais sont le plus souvent rattachées à un service de physiologie ou d'exploration fonctionnelle pulmonaire ou cardiaque ou, parfois, à un service clinique (par exemple, rhumatologie). Les différents examens effectués dans ces consultations ont trois buts principaux : évaluer les aptitudes d'un sujet, vérifier l'efficacité d'un programme d'entraînement, évaluer la tolérance envers l'entraînement.

Valeur d'une épreuve fonctionnelle

La valeur d'un test ou d'une épreuve est souvent définie par des critères de reproductibilité (ou fidélité), de validité, de sensibilité et de spécificité.

Un test fidèle ou reproductible est un test dont le résultat est identique lorsqu'il est répété à plusieurs reprises. La fidélité d'un test est souvent appréciée par la méthode du « test-retest » (le même test est répété à deux reprises).

La validité est la qualité d'un test qui mesure réellement ce qu'il est supposé mesurer. La validité d'un test est établie soit à partir d'arguments théoriques, soit en comparant les résultats du test avec ceux d'un autre test antérieurement reconnu comme valide. Les tests directs qui mesurent réellement la grandeur prise en compte sont considérés comme valides par définition. Pour des raisons multiples (coût, risque, matériel), en pratique médicale courante, l'aptitude physique est généralement évaluée au moyen de tests dits indirects. Ceux-ci ne mesurent pas la grandeur physiologique concernée mais en permettent une estimation plus ou moins précise à partir d'hypothèses simplificatrices et de normes généralement établies pour une population peu ou moyennement sportive, ou parfois très sportive. La validité des tests indirects est souvent appréciée en corrélant leurs résultats avec ceux d'un test direct reconnu comme valide.

Dans les épreuves dont les résultats ne sont pas quantifiés mais caractérisés comme étant positifs ou négatifs (par exemple, les épreuves d'effort en cardiologie), la validité d'une épreuve est généralement déterminée en calculant des indices de sensibilité et de spécificité. Une épreuve de sensibilité parfaite (indice de sensibilité à 100 %) est une épreuve qui dépiste tous les cas positifs, c'est-à-dire une épreuve sans résultat faussement négatif. L'indice de sensibilité est égal à :

$$\frac{\text{Nb de vrais positifs} \times 100}{\text{Nb de vrais positifs} + \text{Nb de faux négatifs}}$$

Le terme « spécifique » a plusieurs acceptions dans le domaine de l'évaluation de l'aptitude physique. D'une part, un test est dit « spécifique d'un sport » lorsque le protocole et le matériel utilisés sont proches des conditions habituelles de pratique de ce sport. D'autre part, un test qui ne donne pas de résultats faussement positifs est aussi qualifié de spécifique. L'indice de spécificité correspondant à cette dernière acception est égal à :

$$\frac{\text{Nb de vrais négatifs} \times 100}{\text{Nb de vrais négatifs} + \text{Nb de faux positifs}}$$

L'idéal serait de n'utiliser que des tests valides, reproductibles, spécifiques et sensibles. En pratique médicosportive courante, le choix d'une épreuve dépend aussi et surtout de son coût en temps et en argent, des risques potentiels et éventuellement de la possibilité de réaliser différentes épreuves au cours d'une même visite.

Les tests spécifiques permettant d'éclairer une pathologie cardiaque sont décrits dans la partie II (« Cœur et sport »). Il s'agit notamment :

- de l'ECG (voir chapitre 27) ;
- du test d'effort à visée cardiologique (voir chapitre 37) ;
- de l'échocardiographie (voir chapitre 39) ;
- de la scintigraphie (voir chapitre 40).

Examens spécifiques de la visite médicale d'aptitude

Ces épreuves ont seulement pour but de dépister d'éventuelles contre-indications à la pratique sportive ; elles n'ont pas la prétention d'évaluer avec précision les potentialités physiologiques du sujet. Ces épreuves ont l'avantage d'être

faciles à réaliser, de ne pas durer trop longtemps, de ne comporter que peu de risques pour le sujet examiné.
Les principaux tests utilisés sont ceux décrits par Ruffier, Flack, Martinet, Schneider, Lian. Les plus couramment utilisés en France sont le test de Ruffier et celui de Martinet.

Test de Ruffier

Le principe de ce test consiste en la mesure des valeurs de la fréquence cardiaque aux trois temps suivants : repos (P_0), immédiatement après l'exercice (P_1), au bout d'une minute de récupération (P_2).

Déroulement du test

Le sujet étant placé en position de repos, couché ou assis, depuis plusieurs minutes, on compte les pulsations cardiaques sur 15 secondes en prenant le pouls radial, ou à l'auscultation, ou ce qui est encore mieux à l'ECG. On multiplie le chiffre obtenu par 4, ce qui donne P_0 (en battements/min).
On demande ensuite au sujet d'effectuer 30 flexions sur les membres inférieurs en 45 secondes. Les pieds écartés d'environ 20 cm doivent reposer à plat sur le sol ou à la rigueur les talons peuvent décoller légèrement du sol. Les bras doivent être placés spontanément dans la position qui semble la plus rationnelle pour ne pas provoquer de chute vers l'avant ou vers l'arrière. En revanche, l'appui à un mur ou à une table n'est pas autorisé. Le mouvement de flexion des jambes doit être complet, c'est-à-dire que les fesses doivent venir aussi près que possible des talons, et la remontée doit se faire complètement, c'est-à-dire jambes tendues. Le buste doit rester vertical. Il ne s'agit pas d'une « courbette » dans laquelle la tête irait à la rencontre des genoux pendant que ceux-ci n'effectueraient qu'une semi-flexion. Pendant toute la durée du test, la respiration doit être libre et naturelle en évitant l'apnée ou l'hyperventilation. Pour obtenir une cadence régulière, il est souhaitable de se servir d'un métronome.
Dès que la série de 30 flexions est terminée, le sujet doit se remettre immédiatement, sans brusquerie, dans la position initiale (couché ou assis). Sans attendre, on prend à nouveau la fréquence cardiaque sur 15 secondes ; en multipliant ce chiffre par 4, on obtient P_1.
Une minute après la fin de l'exercice, on prend, toujours sur 15 secondes, la fréquence cardiaque de récupération et on multiplie le chiffre obtenu par 4 pour avoir P_2.

Indices proposés

Indice de Ruffier

$$I = \frac{(P_0 + P_1 + P_2) - 200}{10}$$

« Pourquoi soustraire 200 du total des trois fois la valeur du pouls de repos ? C'est qu'il faut établir un rapport entre ces pouls et le pouls normal de repos. Celui-ci correspond à environ 70 pulsations, mais on peut estimer à 66 ou 67 le pouls d'un bon cœur moyen, ce qui nous donnera 200 pulsations pour le total des trois pouls moyens à comparer au total des trois pouls de l'épreuve. La différence entre les deux nombres ainsi obtenus nous indiquera l'influence de l'exercice sur le cœur considéré » (Ruffier, dans *Sport et Santé*).

Indice de Ruffier-Dickson

C'est une variante du précédent.

$$IRD = \frac{(P_1 - 70) + 2(P_2 - P_0)}{10}$$

La classification des sujets à partir de l'indice de Ruffier-Dickson est la suivante :

- bon : 0 à 3 ;
- moyen : 3 à 6 ;
- médiocre : 6 à 8 ;
- mauvais : > 8.

D'autres indices se rapprochant des précédents ont été utilisés. Il semble préférable, d'un point de vue clinique, de tenir compte d'une part de la valeur du pouls de repos, et d'autre part des variations relatives de la fréquence cardiaque obtenue à l'exercice et après une minute de récupération.
P_0 est d'autant plus bas que le sujet est plus entraîné, surtout dans les sports à prédominance aérobie (cyclisme sur route, course de fond, ski de fond, etc.).
P_1 ne devrait pas, après 30 flexions, dépasser 2 fois P_0. Si P_1 est supérieur à $2P_0$, il peut s'agir d'un manque d'entraînement ou au contraire d'un surentraînement ou d'une fatigue. Quant à P_2, il doit normalement être très proche de P_0. S'il est nettement supérieur (10 pulsations par minute ou plus), la récupération est insuffisante.
Il se peut que P_2 soit inférieur à P_0 chez certains athlètes bien préparés, chez des sujets parasympathicotoniques (« coup de frein vagal » important) ou au contraire chez des sujets émotifs dont le pouls avant le test est plus élevé que leur pouls de repos habituel.

Test de Martinet

Son principe est identique au précédent. Le sujet doit effectuer 20 flexions sur les jambes en 40 secondes, et le médecin apprécie les variations de la fréquence cardiaque aux trois temps décrits plus haut : repos, exercice, récupération. Normalement, la fréquence cardiaque à l'exercice ne doit pas dépasser de plus de 40 pulsations par minute celle de repos et le retour au calme doit se faire en 1 à 2 minutes, suivant le degré d'entraînement du sportif. Les résultats du test de Martinet sont jugés médiocres si la fréquence cardiaque après l'exercice est supérieure ou égale au double de celle de repos et si le temps de récupération est supérieur à 3 minutes. Le test de Martinet pourrait s'adresser préférentiellement aux sédentaires et aux personnes du 3e âge, pour lesquelles 30 flexions peuvent représenter un exercice relativement important.
La visite médicale, dont le contenu a été analysé plus haut, ne permet pas toujours d'apprécier l'aptitude à la pratique sportive. Le test de Ruffier, dont les qualités principales sont la facilité de réalisation et la bonne tolérance par la majorité des sujets, peut être difficilement interprétable chez des sujets très émotifs, nerveux, fatigués et est parfois non réalisable en présence d'une pathologie du genou ou de la cheville. En présence d'un sujet âgé reprenant une activité sportive après une interruption très prolongée ou d'un patient souffrant d'asthme, d'obésité, lors de la pratique d'un sport à haut risque (boxe, sports mécaniques, parachu-

tisme, etc.) ou pratiqué dans un milieu hostile (altitude, froid, fonds sous-marins), une visite médicale plus approfondie s'impose donc avant d'accorder le certificat d'aptitude.

Évaluation de la consommation maximale d'oxygène

De la part des sportifs, il existe de plus en plus fréquemment une demande de détermination de la consommation maximale d'oxygène car l'intérêt de cette mesure est détaillé actuellement dans la plupart des manuels écrits à l'intention des athlètes et de leurs entraîneurs. Les méthodes de mesure directe et d'évaluation indirecte de la consommation maximale d'oxygène sont rappelées succinctement dans les paragraphes suivants; une étude plus détaillée est présentée dans le chapitre 15, consacré à ce sujet. Compte tenu de leur utilisation croissante, les principaux tests d'évaluation de $\dot{V}O_2$ max sur le terrain sont ensuite présentés.

Mesure directe

Lorsque l'exercice musculaire dure plusieurs minutes à plusieurs heures, la combustion des lipides et des glucides représente la principale source d'énergie. La quantité maximale d'oxygène que l'organisme est capable de prélever dans l'air ambiant et d'utiliser au niveau des mitochondries musculaires représente donc un des facteurs essentiels limitant l'intensité des exercices de longue durée. La mesure de la consommation maximale d'oxygène ($\dot{V}O_2$ max) est donc un excellent critère d'aptitude aux exercices de longue durée.

Sa détermination exige malheureusement la réalisation d'un exercice d'intensité élevée, nécessitant un débit cardiaque maximal, et utilise un matériel coûteux (ergomètre, tapis roulant, analyseurs d'oxygène et de gaz carbonique, gazomètre, etc.) (voir chapitre 15).

Les résultats sont donnés soit en litres d'oxygène consommés par minute (3 litres d'oxygène par minute pour un sujet adulte moyen), soit en millilitres par kilogramme de masse corporelle par minute (40 à 45 $mL.min^{-1}.kg^{-1}$ pour un sujet adulte moyen). Pour la plupart des disciplines sportives, les normes de consommation maximale d'oxygène ont été étudiées. Ainsi les meilleurs rameurs mondiaux ont une consommation maximale d'oxygène qui atteint ou dépasse 6 litres par minute. La consommation maximale des champions de ski de fond dépasse 80 $mL.min^{-1}.kg^{-1}$.

Estimation indirecte de la consommation maximale d'oxygène

La mesure de la consommation maximale d'oxygène est parfois délicate et non dépourvue de danger car l'intensité de l'exercice doit être suffisante pour atteindre la fréquence cardiaque maximale. C'est pourquoi ont été mises au point des méthodes indirectes d'évaluation de la consommation maximale d'oxygène à partir de données recueillies lors de tests sous-maximaux.

Ces différents tests sont établis à partir des principes suivants :

- le rendement mécanique est supposé peu différent d'un sujet à l'autre. Pour une même puissance d'exercice, les différents sportifs, entraînés ou non, dépensent donc la même quantité d'énergie et consomment le même volume d'oxygène;
- pour un sujet donné, il existe des relations linéaires entre fréquence cardiaque, puissance d'exercice et consommation d'oxygène.

Les sujets effectuent donc un ou plusieurs exercices de puissance connue auxquels correspond statistiquement une consommation d'oxygène théorique. La fréquence cardiaque est enregistrée lors de ces exercices. Puisqu'il existe une relation linéaire entre consommation d'oxygène et fréquence cardiaque, il est possible d'évaluer la consommation d'oxygène correspondant à la fréquence cardiaque maximale réelle ou théorique (220 – âge) du sujet. L'utilisation d'abaque comme celle d'Astrand-Ryhming (voir chapitre 15) évite les calculs. Par ces méthodes, il est possible en quelques minutes d'apprécier indirectement la consommation maximale d'oxygène d'un sportif. La précision de ces méthodes indirectes est environ de ± 10 à 15 %.

Chez l'enfant, l'adaptation du système respiratoire et circulatoire à l'exercice est différente de celle de l'adulte. Si le rendement musculaire pour un exercice sur bicycle semble le même chez l'enfant que chez l'adulte (23 %), en revanche, les autres critères intervenant dans la construction de l'abaque d'Astrand-Ryhming ne sont pas satisfaits, de sorte que le pourcentage d'erreur de l'estimation individuelle s'élève à 25-30 %.

Épreuve de terrain évaluant la consommation maximale d'oxygène

La plupart des épreuves réalisées sur le terrain consistent généralement :

- soit en tests de performance maximale en course à pied sur une distance imposée ou une durée donnée;
- soit en tests d'intensité progressive menés jusqu'à l'épuisement.

Une motivation suffisante est indispensable dans ces épreuves maximales. Le risque de ces épreuves pour la santé est théoriquement non négligeable lorsqu'elles sont imposées à une population non sélectionnée. Seuls sont décrits ici les deux types de tests les plus fréquemment utilisés.

Test de Cooper

Le premier test à avoir été utilisé couramment, à grande échelle, est le test de Cooper (1968), qui consiste à parcourir la distance la plus longue possible en 12 minutes. Les sujets peuvent courir et marcher pendant l'épreuve, seule compte la distance maximale parcourue. La valeur de $\dot{V}O_2$ max prédite à partir de la distance est donnée par l'équation suivante :

$$\dot{V}O_2 \text{ max } (mL.min^{-1}.kg^{-1}) = 0{,}022 \text{ Distance (m)} - 10{,}39$$

Les résultats de cette épreuve sont significativement et positivement corrélés avec les valeurs de $\dot{V}O_2$ max mesurées en laboratoire sur tapis roulant avec pente. Cependant, les études qui corrélèrent par la suite les performances lors du test de Cooper avec $\dot{V}O_2$ max direct proposèrent des équations différentes selon la population étudiée. Ainsi, pour la population d'athlètes entraînés de l'étude de Barrault [2], l'équation proposée est la suivante :

$$\dot{V}O_2 \text{ max } (mL.min^{-1}.kg^{-1}) = 0{,}011 \text{ Distance (m)} + 21{,}90$$

L'hypothèse à l'origine de ce test est que la durée de 12 minutes correspond au temps de maintien maximal d'une puissance proche de la puissance maximale aérobie. Cela n'est probablement vrai que pour des athlètes de haut niveau très entraînés en endurance. Dans l'étude de Barrault, la dépense énergétique pendant le test de Cooper a été estimée à partir de l'abaque de Margaria (voir chapitre 15). Le pourcentage de $\dot{V}O_2$ max correspondant à la vitesse du test de Cooper était compris entre 70 et 99 % selon les sujets.

Les critiques concernant le test de Cooper et les tests comparables sont les suivantes :

- le coût énergétique de la marche est inférieur à celui de la course pour les vitesses inférieures à 7 km/h. Une même distance correspond donc théoriquement à des dépenses énergétiques différentes selon que le test est réalisé uniquement en course ou que le sujet alterne course et marche;
- le résultat de cette épreuve dépend *a priori* non seulement de la consommation maximale d'oxygène mais aussi de l'endurance aérobie (la possibilité de maintenir un pourcentage élevé de consommation maximale d'oxygène) et de la capacité maximale anaérobie (quantité maximale d'énergie provenant du métabolisme anaérobie);
- il est indispensable que les sujets soient très motivés pour que la performance soit valide. L'épreuve peut rapidement devenir psychologiquement très difficile si la vitesse de course spontanément choisie a été trop élevée au début du test. Les sujets les plus faibles sont lâchés dès le début de l'exercice;
- des décès sont survenus au cours et au décours de l'épreuve.

Tests d'intensité progressive

Les tests progressifs de prédiction indirecte de $\dot{V}O_2$ max sur le terrain ont été mis au point pour pallier les limites du test de Cooper et assimilés. Les tests les plus utilisés actuellement sont le test progressif de course de l'Université de Montréal [5] et le test de course navette [4, 6].

Test progressif de l'Université de Montréal

Le test progressif de course de l'Université de Montréal (test de Léger et Boucher) consiste à courir le plus longtemps possible autour d'une piste à vitesse imposée progressivement croissante. Des bornes sont disposées tous les 50 mètres à la corde de la piste. La vitesse, qui augmente toutes les 2 minutes, est imposée par des signaux sonores émis à intervalles réguliers. À chaque signal, le sujet doit se trouver à proximité d'une des bornes. L'épreuve est terminée quand le sujet est incapable de suivre la vitesse imposée. Partant des données de la littérature concernant le coût énergétique de la course à pied en fonction de la vitesse, il est alors possible d'estimer la valeur de $\dot{V}O_2$ max ($mL.min^{-1}.kg^{-1}$) à partir de la vitesse de course du dernier palier V ($km.h^{-1}$) au moyen d'une table d'équivalence. Une estimation de la valeur de la consommation maximale d'oxygène est possible aussi en appliquant la formule simplifiée proposée par Léger et Mercier [7] concernant l'estimation de la dépense énergétique en course à pied :

$$\dot{V}O_2\ (mL.min^{-1}.kg^{-1}) = 3,5\ V\ (km.h^{-1})$$

En donnant à V la valeur de la vitesse au dernier palier (V_{final}), on obtient :

$$\dot{V}O_2\ max\ (mL.min^{-1}.kg^{-1}) = 3,5\ V_{final}\ (km.h^{-1})$$

Le coût énergétique de la course à pied dépend du sexe et l'âge, probablement, en partie, à cause de l'effet de la taille sur le coût énergétique de la course (voir chapitre 15). Une adaptation de la cotation du test de Léger et Boucher en fonction de l'âge chez l'enfant est actuellement en cours.

Brue a adapté le protocole initial de Léger et Boucher en faisant précéder les sujets d'un cycliste qui impose la vitesse de course au lieu des signaux émis par haut-parleurs. Le cycliste régule cette vitesse de course en pédalant à des fréquences imposées par des signaux enregistrés sur cassette et émis par un magnétophone qu'il transporte. Cette modification a été proposée dans le but de pallier l'absence éventuelle de sonorisation suffisamment puissante pour couvrir une piste de 400 m.

Test progressif de course navette

Deux lignes parallèles sont tracées à 20 m l'une de l'autre. Le test [1] consiste à effectuer le plus longtemps possible des allers-retours de 20 m à vitesse imposée. La vitesse est imposée au moyen de signaux sonores enregistrés sur bande magnétique et émis à intervalles réguliers. À chaque signal le sujet doit se trouver à l'une des extrémités du parcours de 20 m. La vitesse est augmentée toutes les 2 minutes. La valeur de $\dot{V}O_2$ max prédite ($mL.min^{-1}.kg^{-1}$) à partir de la vitesse de course (V en km/h) est donnée par la formule :

$\dot{V}O_2$ max ($mL.min^{-1}.kg^{-1}$) = 5,86 V (km/h) – 19,46

($r = 0,84$, $n = 91$)

Une épreuve de navette avec des paliers d'une minute a été proposée par la suite dans le but de rendre l'épreuve plus supportable pour les sujets peu motivés [6].

Les tests progressifs en course à pied présentent trois intérêts essentiels par rapport à des tests comme celui de Cooper :

- le sujet n'a pas besoin de connaître sa vitesse de course optimale car la vitesse est imposée;
- l'exercice est probablement psychologiquement mieux supporté car il n'est réellement difficile que dans les dernières minutes précédant l'épuisement et les sujets les plus faibles ne sont lâchés qu'à la fin de leur épreuve;
- la connaissance de la vitesse maximale aérobie (vitesse correspondant à l'atteinte de $\dot{V}O_2$ max) est intéressante dans la mise au point d'un programme d'entraînement aérobie. Le test progressif de course permet de faire une estimation grossière (marge d'erreur probablement comprise entre 5 et 10 %) de cette vitesse maximale aérobie, qui est supposée correspondre à la vitesse du dernier palier de ces épreuves. L'imprécision de la vitesse maximale aérobie provient du fait que la dépense énergétique du dernier palier n'est pas complètement d'origine aérobie et qu'il n'est pas sûr que le sujet s'arrête au moment où il atteint sa consommation maximale d'oxygène.

Évaluation de l'endurance aérobie

Le terme d'endurance aérobie correspond à l'aptitude à maintenir longtemps un exercice d'intensité sous-maximale (inférieure à la puissance maximale aérobie). Le temps de maintien d'une puissance d'exercice sous-maximale dépend non seulement de $\dot{V}O_2$ max, c'est-à-dire du système de transport de l'oxygène, mais aussi des possibilités oxydatives musculaires (fibres de type I ou II, enzymes mitochondriales, capillarisation) (voir *infra*), des possibilités de thermolyse et de l'importance des réserves en glycogène et lipides musculaires [3]. L'importance respective des facteurs limitant l'endurance aérobie varie probablement en fonction de la puissance d'exercice et de l'environnement climatique. L'endurance du marathonien n'est probablement pas la même que celle du coureur de 3 000 mètres. Il est probable aussi que ces facteurs limitant l'endurance répondent inégalement et spécifiquement selon le type d'entraînement aérobie utilisé. Un seul test ne permet donc *a priori* qu'une exploration incomplète de l'endurance aérobie.

Les tests actuels d'évaluation de l'endurance aérobie découlent en fait de l'observation des athlètes d'endurance de différents niveaux de performance et des effets des programmes d'entraînement chez ceux-ci. Toutefois, la signification physiologique des phénomènes observés est encore l'objet de controverses. Il n'est donc pas étonnant qu'il n'existe pas actuellement de consensus sur la supériorité d'un type de test d'évaluation de l'endurance aérobie. Seules sont décrites ici les variantes les plus fréquemment utilisées des tests de détermination du seuil de transition aérobie-anaérobie.

Détermination du « seuil 4 mmol/L » de lactatémie

La mesure de la lactatémie à la fin de chaque palier au cours d'une épreuve par paliers progressifs (augmentation progressive de la puissance à intervalle de temps régulier) montre que la lactatémie croît avec la puissance d'exercice de façon approximativement exponentielle. Ainsi la concentration sanguine (ou plasmatique) des lactates augmente peu ou reste stable (environ 1 mmol/L) pour les faibles puissances d'exercice (jusqu'à 50 % de $\dot{V}O_2$ max). Aux paliers de puissance supérieure, la lactatémie croît ensuite plus rapidement, atteignant 4 mmol/L pour une puissance comprise généralement entre 60 et 75 % de $\dot{V}O_2$ max selon le niveau du sujet et le type d'exercice pratiqué. Aux puissances proches de la puissance maximale aérobie, l'augmentation de la lactatémie est encore plus rapide et celle-ci est le plus souvent comprise entre 8 et 14 mmol/L lors de l'atteinte de $\dot{V}O_2$ max (fig. 14.1).

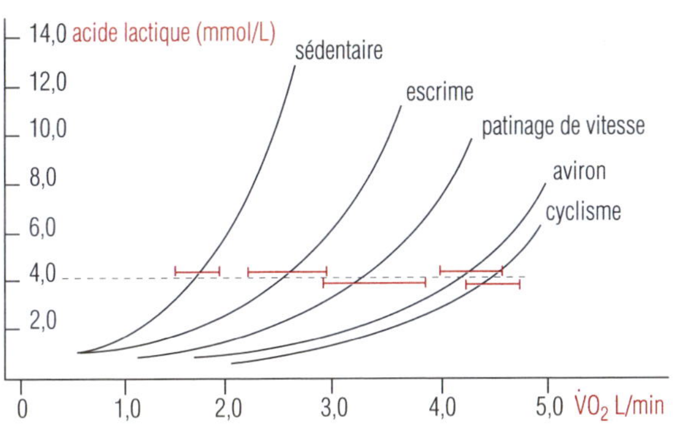

Fig. 14.1. Évolution de la concentration sanguine de l'acide lactique en fonction de la puissance d'exercice évaluée en litres d'oxygène consommés, dans différentes activités sportives (d'après Roth, 1981).

Aux faibles puissances d'exercice, la production de lactate musculaire est faible et l'utilisation du glycogène musculaire est essentiellement aérobie, ce qui a deux conséquences importantes :

- le rendement de la glycolyse est élevé (39 molécules d'ATP par molécule de glucose pour la glycolyse aérobie contre 3 molécules d'ATP pour la glycolyse anaérobie) ;
- la contraction peut se réaliser en l'absence d'acidose musculaire.

Cette faible production d'acide lactique témoigne aussi d'une utilisation importante des lipides, qui contribuent à l'épargne des réserves glycogéniques. À l'opposé, la forte production d'acide lactique aux puissances élevées s'accompagne d'une acidose musculaire importante et témoigne d'une utilisation préférentielle des glucides avec un moindre rendement de la glycolyse en partie anaérobie. L'épuisement des réserves glucidiques et l'acidose musculaire limitent la durée de ces exercices réalisés à puissance élevée.

La plupart des sujets entraînés sont capables de maintenir la puissance d'exercice correspondant à une lactatémie égale à 4 mmol/L au-delà d'une heure. Par ailleurs, la mesure répétée de la lactatémie au cours d'un exercice prolongé, réalisé à cette puissance, montre que la lactatémie tend à se stabiliser aux environs de 4 mmol/L tout au long de l'exercice. En revanche, on n'observe souvent pas de plateau mais une élévation progressive de la lactatémie si cet exercice est réalisé à une puissance supérieure à celle correspondant à 4 mmol/L de lactates sanguins au cours d'une épreuve par paliers progressifs.

De nombreux auteurs considèrent donc la puissance correspondant à une lactatémie de 4 mmol/L comme une puissance seuil, en deçà de laquelle les exercices sont réalisés avec une relative aisance cardiorespiratoire et musculaire, et au-delà de laquelle l'exercice représente une contrainte importante pour l'organisme. Ce seuil est appelé par les uns « seuil de transition aérobie-anaérobie », par d'autres « seuil anaérobie » ou encore « OBLA » *(Onset of Blood Lactate Accumulation)* . Ces auteurs déconseillent de dépasser trop fréquemment cette puissance seuil lors des entraînements d'endurance aérobie afin d'éviter le surentraînement. À l'inverse, les séances d'entraînement réalisées à des intensités d'exercice correspondant à des lactatémies inférieures à 2 mmol/L (parfois appelé seuil aérobie) seraient peu efficaces d'après ces mêmes auteurs.

Le seuil de 4 mmol/L est atteint pour un pourcentage plus élevé de $\dot{V}O_2$ max chez les sujets ayant suivi un entraînement spécifique de l'*endurance* aérobie. Cette augmentation du seuil de 4 mmol/L peut être observée à la suite d'un programme d'entraînement de l'endurance aérobie même si ce programme n'a pas amélioré la consommation maximale d'oxygène. Le seuil anaérobie aux environs de 70 % de $\dot{V}O_2$ max chez le sujet sédentaire peut ainsi atteindre 90 % de $\dot{V}O_2$ max chez des sportifs très entraînés dans les sports d'endurance. Il a été trouvé de bonnes corrélations entre la vitesse de course correspondant au seuil anaérobie et les performances au marathon. À l'opposé, chez les sujets ayant suivi un entraînement spécifique de la *puissance* aérobie, il est fréquent de constater que le seuil de 4 mmol/L généralement amélioré en valeur absolue (exprimé en watts ou en km/h) est inchangé ou même diminué lorsqu'il est exprimé en pourcentage de la consommation maximale d'oxygène du fait de l'amélioration de cette dernière.

Bien qu'elle soit très utilisée par les praticiens de l'exploration fonctionnelle des sportifs, la validité de la notion d'un seuil fixé pour tous les sujets à 4 mmol/L est discutée par les physiologistes de l'exercice. En effet, ce n'est que statistiquement que la puissance au seuil de 4 mmol/L (valeur arrondie choisie arbitrairement comme point de référence) correspond à un plateau de lactatémie lors d'un exercice prolongé. Chassain a montré que si la valeur moyenne du plateau de lactatémie correspondait bien à 4 mmol/L pour une population de sujets moyennement entraînés, le plateau de lactatémie varie entre 3 et 6 mmol/L pour un individu donné. Cet auteur a donc proposé une méthode dite en double échelon, permettant de déterminer la puissance maximale correspondant à un plateau de lactatémie.

De plus, la puissance correspondant à une lactatémie donnée (par exemple 4 mmol/L) dépend du protocole utilisé lors de l'épreuve par paliers progressifs. Ainsi, cette puissance est inférieure si la durée des paliers est de 4 minutes au lieu de 2 minutes.

Par ailleurs, la notion même de seuil est remise en question. Pour certains auteurs, la relation entre puissance d'exercice et lactatémie est une exponentielle et par conséquent il n'y a pas de point de rupture de la courbe mais une production progressivement croissante des lactates.

Les résultats de la mesure de la lactatémie au cours d'une épreuve par paliers progressifs conservent cependant une réelle valeur indicative et comparative : une valeur très élevée du seuil 4 mmol/L (ou toute autre valeur de la lactatémie) suggère une bonne endurance aérobie et son amélioration témoigne probablement de l'efficacité d'un programme d'entraînement. Cependant, il est indispensable de réaliser les épreuves progressives avec le même protocole pour comparer différents sujets ou étudier les effets d'un programme d'entraînement.

Seuil anaérobie ventilatoire

Du fait des critiques concernant les seuils déterminés à partir de la lactatémie, certains préfèrent déterminer les seuils à partir de l'évolution des différents paramètres ventilatoires et respiratoires au cours d'une épreuve de mesure directe de la consommation maximale d'oxygène. Cette méthode présente, de plus, l'avantage de ne pas nécessiter de prise de sang ni de matériel de mesure de la lactatémie.

Lorsque le débit ventilé $\dot{V}_E$ est corrélé aux paramètres métaboliques $\dot{V}O_2$ et $\dot{V}CO_2$, on trouve une relation linéaire pour les exercices inférieurs à 75 % de $\dot{V}O_2$ max chez les sujets moyens. La pente de la droite liant $\dot{V}_E$ à $\dot{V}O_2$ est appelée « équivalent ventilatoire pour l'oxygène » et vaut 20 à 25 litres ventilés par litre d'oxygène consommé.

Au-dessus de 75 % de $\dot{V}O_2$ max se produit un accroissement plus important de la ventilation que de $\dot{V}O_2$, c'est-à-dire une hyperventilation. Celle-ci semble liée à l'acidose métabolique et à l'augmentation de $\dot{V}CO_2$, contemporaines de la production d'acide lactique au niveau des muscles squelettiques. Pour ces exercices intenses, la production de CO_2 au niveau des poumons ($\dot{V}CO_2$) augmenterait du fait d'une utilisation préférentielle des glucides (le quotient respiratoire des glucides est de 1 contre 0,7 pour les lipides) et des réactions acide-base :

Acide lactique + bicarbonate de sodium → acide carbonique + lactate de sodium → lactate de sodium + gaz carbonique

Le gaz carbonique ainsi formé est ensuite éliminé au niveau pulmonaire. L'équivalent ventilatoire pour l'oxygène peut alors atteindre des valeurs de 35 à 40 litres ventilés par litre d'oxygène consommé.

Cette hyperventilation a pour effet :

- d'élever très légèrement la pression partielle alvéolaire en O_2 (PAO_2), ce qui favorise la diffusion alvéolaire de l'oxygène et par conséquent la saturation de hémoglobine ;
- d'abaisser même les pressions partielles alvéolaires et artérielles en CO_2 ($PACO_2$ et $PaCO_2$) pour les puissances d'exercice proches de $\dot{V}O_2$ max et ainsi de compenser partiellement l'acidose métabolique par une alcalose respiratoire (la diminution de la $PACO_2$ s'accompagne d'une diminution de la concentration d'acide carbonique).

Ainsi, l'accumulation du lactate sanguin est contemporaine d'une élévation du quotient respiratoire ($R = \dot{V}CO_2 / \dot{V}O_2$), de la PAO_2, de l'équivalent ventilatoire pour l'oxygène et d'une baisse de la $PACO_2$, qui sont proposées par certains auteurs comme critères d'atteinte du seuil anaérobie, c'est-à-dire de la puissance d'exercice pour laquelle la production de lactate surpasse sa métabolisation. Ce seuil est souvent appelé *seuil anaérobie ventilatoire* .

La validité de ces différents critères respiratoires pour la détermination du seuil anaérobie est controversée. Cependant, la détermination du seuil anaérobie par une méthode ventilatoire est fréquemment utilisée comme critère d'endurance car elle permet de suivre l'évolution de l'endurance aérobie de la même façon que le seuil anaérobie déterminé à partir de la lactatémie :

- le seuil anaérobie ventilatoire augmente après un entraînement de l'endurance aérobie ;
- les athlètes pratiquant un sport d'endurance à un haut niveau ont un seuil anaérobie ventilatoire supérieur à celui des sujets peu entraînés, même lorsque ce seuil est exprimé en pourcentage de $\dot{V}O_2$ max ;
- il existe de bonnes corrélations entre la valeur du seuil anaérobie ventilatoire et les performances dans des épreuves de longue durée.

Évaluation de l'aptitude aux exercices de courte durée

Pendant longtemps, le métabolisme aérobie était pratiquement le seul à être évalué chez les sportifs. Cependant, les propriétés contractiles des différents groupes musculaires, en particulier leur puissance maximale, sont certainement des facteurs essentiels limitant les performances dans différentes activités où l'énergie est libérée de façon explosive. Les fibres musculaires de type rapide possèdent des activités enzymatiques élevées en ce qui concerne non seulement l'hydrolyse de l'ATP (activité myosine ATPase) mais aussi les enzymes de la resynthèse anaérobie alactique et lactique de l'ATP. Les ponctions-biopsies musculaires effectuées chez des athlètes pratiquant diverses disciplines sportives ont montré une prépondérance de fibres musculaires de type rapide chez les pratiquants des sports de puissance et de vitesse (sprinteurs, sauteurs, haltérophiles). Il est donc tentant de considérer la ponction-biopsie musculaire comme une approche directe de la puissance des métabolismes anaérobies alactique et lactique et comme un moyen de validation des tests anaérobies. Ainsi, les résultats des tests anaérobies ont été confrontés à plusieurs reprises à ceux de la biopsie musculaire. Les sujets possédant une prépondérance de fibres rapides ont généralement des performances anaérobies supérieures à celles des sujets présentant une prépondérance de fibres lentes. Si les coefficients de corrélation entre les performances aux tests anaérobies et la typologie musculaire sont généralement statistiquement significatifs, ils sont rarement excellents.

Il ne faut cependant pas en déduire hâtivement que la validité des tests anaérobies actuels est mauvaise. En effet, la validité de la biopsie musculaire comme approche directe de la puissance maximale anaérobie alactique ou lactique est contestable. Les 20 à 40 mg du prélèvement musculaire ne sont pas forcément représentatifs du muscle entier et *a fortiori* des différents groupes musculaires agonistes et antagonistes. Si la biopsie musculaire reste un examen indispensable dans le domaine de la recherche et intéressant dans celui de l'orientation sportive, elle ne permet en fait qu'une estimation actuellement imprécise des propriétés musculaires, en montrant une éventuelle prépondérance d'un type de fibres musculaires. De plus, il faut émettre une hypothèse sur la masse musculaire active.

De même, il convient de rappeler qu'en dehors de toutes considérations techniques et psychomotrices, des sujets possédant la même composition en fibres musculaires lentes et rapides peuvent avoir des performances différentes. Il faut en effet tenir compte par exemple de la dimension des bras de levier musculaires et osseux, de l'angle de pennation des fibres musculaires à l'intérieur des muscles et probablement aussi des propriétés mécaniques des tendons.

La resynthèse de l'ATP au cours des exercices très brefs (quelques secondes) provient essentiellement du métabolisme anaérobie alactique (dégradation des liaisons phosphates dites « riches en énergie », contenues dans la phosphocréatine et accessoirement l'ADP). Tous les tests actuellement proposés comme mesurant la puissance maximale anaérobie consistent en fait à mesurer la valeur maximale de la puissance mécanique produite au cours d'un exercice de très courte durée. Il est classique de nommer ces tests de puissance maximale « tests de puissance maximale anaérobie alactique ». Cette dénomination est critiquable à deux titres :

- pour certains tests dont la durée dépasse 1 à 2 secondes, la resynthèse de l'ATP n'est probablement pas exclusivement alactique mais aussi partiellement lactique ;
- la dénomination anaérobie alactique est contestable aussi dans les épreuves où la production d'acide lactique est négligeable (par exemple, une détente verticale). En effet, cette dénomination suppose que le facteur limitant la performance soit le métabolisme énergétique (la resynthèse anaérobie de l'ATP) alors que le facteur limitant pourrait tout aussi bien être la rapidité de l'hydrolyse de l'ATP par les molécules de myosine (les meilleures performances à ces tests sont réalisées par les sportifs ayant une prépondérance de fibres rapides, c'est-à-dire de fibres ayant une activité myosine-ATPase élevée).

Dans l'état actuel des connaissances, il serait donc préférable de considérer les tests de puissance maximale anaérobie qui sont décrits ici en fait comme des épreuves de détermination de la puissance mécanique maximale.

Quelle que soit la méthode utilisée, les conditions de mesure de la puissance maximale anaérobie alactique par l'intermédiaire de la mesure de la puissance mécanique maximale doivent satisfaire deux conditions essentielles.

La durée de l'exercice doit être très courte :

- afin que la puissance mesurée soit réellement maximale car la puissance maximale décroît rapidement lorsque l'exercice se prolonge au-delà d'une seconde ;
- afin que la participation des métabolismes anaérobie lactique et aérobie soit limitée. La production d'acide lactique commence dès les premières secondes d'exercice et seuls les exercices très brefs (1 seconde et moins) sollicitent uniquement le métabolisme anaérobie alactique.

La vitesse du mouvement et la force qui s'oppose à ce mouvement doivent être optimales pour la production de la puissance maximale. En effet, la puissance, quotient d'un travail par un temps, est égale au produit d'une force et d'une vitesse. Depuis les travaux de Fenn, Hill et Aubert, il est connu que la vitesse de raccourcissement musculaire dépend de la force qui s'oppose au déplacement et que réciproquement la force que peut exercer un muscle dépend de la vitesse du raccourcissement. La puissance produite lors d'une contraction musculaire dépend donc de la vitesse et de la force. La puissance maximale d'un muscle correspond à des valeurs optimales de force et de vitesse. Le calcul de la puissance maximale d'un muscle isolé nécessite donc la détermination de sa relation force-vitesse.

La détermination de la relation force-vitesse d'un groupe musculaire est donc non seulement une méthode d'étude de ses propriétés contractiles (qualités de force et de vitesse) mais aussi le moyen de calculer de façon précise sa puissance maximale. Cependant, l'obtention chez l'homme d'une relation force-vitesse qui soit comparable à celles obtenues sur muscle isolé et exprime réellement les propriétés mécaniques d'un groupe musculaire nécessite l'observation de nombreuses conditions qui alourdissent le protocole et sont donc rarement remplies. Toutefois, les relations force-vitesse obtenues chez l'homme lors de mouvements mono ou polyarticulaires, lors de mouvements balistiques ou cycliques, restent généralement intéressantes en pratique même si leur protocole n'est pas toujours satisfaisant sur le plan biomécanique.

Les tests indirects de mesure de la puissance maximale sont nombreux car il n'y a pas encore de consensus sur la validité et l'intérêt de ceux-ci. Seules les épreuves les plus fréquemment utilisées sont décrites dans les paragraphes suivants.

Tests de détente verticale

La détente verticale a été proposée par D. A. Sargent en 1921 et par son homonyme L. W. Sargent en 1924 comme test de puissance musculaire générale (fig. 14.2). Sur le plan théorique, la détente verticale a plutôt la dimension d'un travail que celle d'une puissance. Cependant, des études récentes relancent son intérêt :

- les sujets qui présentent les détentes verticales les plus élevées possèdent statistiquement un plus grand pourcentage de fibres rapides ;
- une étude réalisée sur plate-forme de force montre que la hauteur atteinte lors d'une détente verticale est corrélée avec le pic de puissance produit pendant la phase d'impulsion ;
- il existe une assez bonne corrélation entre détente verticale et puissance maximale sur ergocycle.

Le test de détente verticale conserve donc certainement un intérêt dans la surveillance de l'entraînement des athlètes

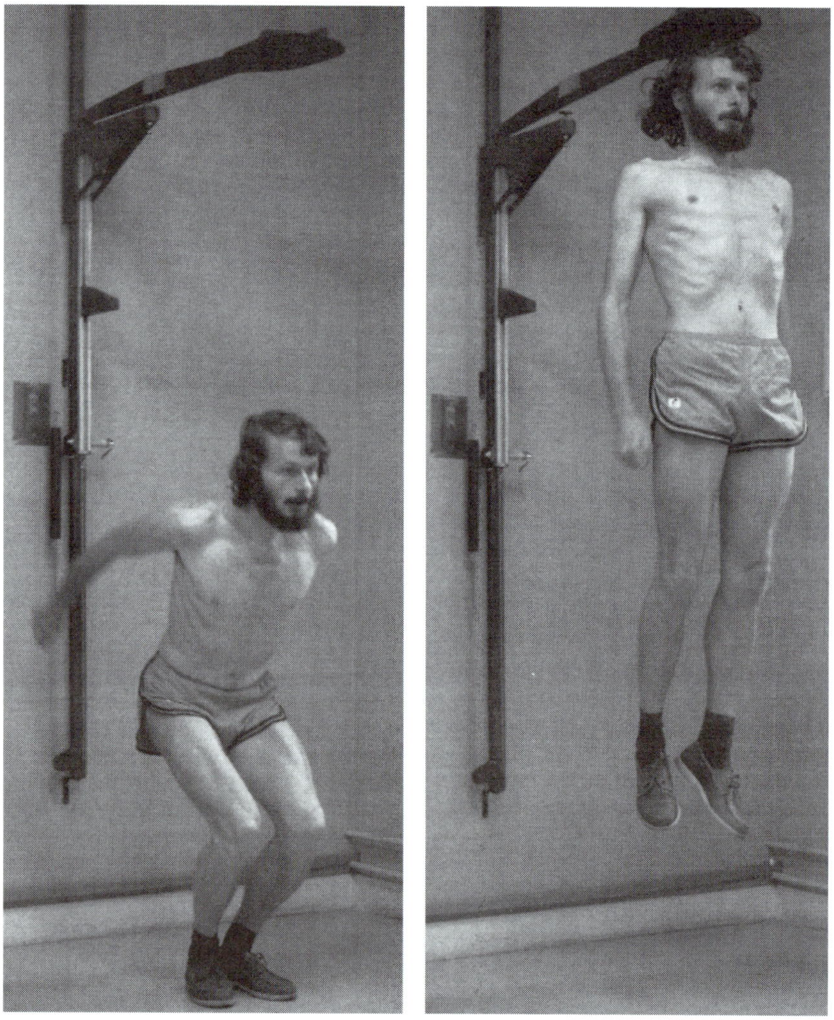

Fig. 14.2. Réalisation du test de détente verticale.

des sports de force, de puissance et de vitesse. La valeur de la détente verticale diffère selon le protocole utilisé [10]; il est donc nécessaire d'employer toujours le même protocole si on désire faire des comparaisons. La reproductibilité de la détente verticale est bonne à condition d'autoriser les sujets à répéter ce test plus de trois fois par séance de mesure et de ne conserver que le meilleur résultat.

Test de l'escalier de Margaria

En 1966, Margaria a proposé un test de mesure de la puissance maximale anaérobie consistant en la montée à vitesse maximale d'un escalier. La vitesse de montée est mesurée au moyen de cellules photoélectriques disposées selon les protocoles soit sur les 4ᵉ et 8ᵉ marches, soit sur les 6ᵉ et 12ᵉ marches. Une course d'élan sur le palier horizontal précède cette montée qui est réalisée deux marches par deux ou trois marches par trois selon le protocole. Compte tenu de la phase d'élan avant la 6ᵉ marche, on suppose que la vitesse du sujet est constante entre la 6ᵉ et la 12ᵉ marche et que par conséquent le seul travail réalisé pendant ce temps est celui réalisé contre la force de pesanteur. La puissance P fournie (en watts) est donc égale au poids du sujet en newtons (masse M en kilogrammes multipliée par l'accélération de la pesanteur, c'est-à-dire 9,81 m/s^2) multiplié par la différence de niveau h (en mètres) entre la 6ᵉ et la 12ᵉ marche, divisé par le temps t (en secondes) écoulé entre ces deux marches :

$$P = (9,81\ M.h)/t$$

Ce test, qui a été très utilisé dans les années qui suivirent sa publication, a été abandonné par la suite pour les raisons suivantes :

- certains sujets éprouvent des difficultés à monter l'escalier à vitesse maximale tout en posant les pieds à un endroit déterminé (6ᵉ et 12ᵉ marches, par exemple) ;
- la puissance mesurée est inférieure à la puissance maximale, dont la détermination nécessite l'utilisation de surcharges (par exemple, un gilet lesté) afin d'être dans les conditions optimales de force et de vitesse.

Le désintérêt pour ce test ne devrait être que temporaire car des modifications de protocole devraient améliorer la validité de cette épreuve.

Wingate test

Parmi les nombreux tests anaérobies qui ont été proposés, le Wingate test, et ses dérivés, est probablement celui qui est le plus utilisé dans le monde actuellement. Ce test consiste en un exercice de pédalage à vitesse maximale pendant 30 secondes contre une force de freinage constante établie en fonction du poids corporel (75 g par kilogramme de poids corporel dans l'étude princeps puis environ 87 g par kilogramme dans une étude plus récente). Trois indices sont mesurés : la valeur du pic de vitesse, la quantité de travail effectué pendant les 30 secondes et la baisse de puissance au cours de l'épreuve. La valeur du pic de vitesse multipliée par la force de freinage donne la valeur du pic de puissance pendant l'épreuve et est présentée comme une estimation de la puissance maximale anaérobie (fig. 14.3). La quantité de travail réalisé pendant l'épreuve est présentée comme une estimation de la capacité maximale anaérobie. La baisse de puissance (différence entre le pic de puissance et la valeur la plus basse de la puissance pendant l'épreuve divisée par le temps écoulé entre le pic et le moment où la valeur la plus basse est atteinte) est un indice de fatigabilité, dont l'intérêt est qu'une corrélation positive a été trouvée entre cet indice et le degré d'hypertrophie des fibres musculaires de type rapide. Cet indice de fatigue aurait donc pu être un test d'évaluation indirecte de la typologie musculaire.

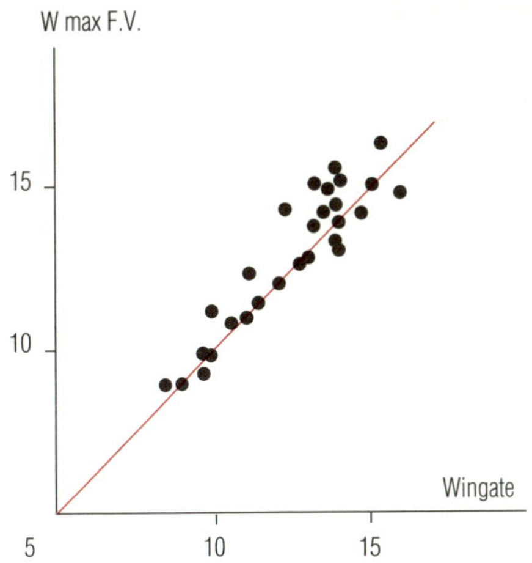

Fig. 14.3. Relation entre le pic de puissance du Wingate test ($W.kg^{-1}$) et la puissance maximale anaérobie de la relation force-vitesse sur ergocycle (Wmax F.V. en $W.kg^{-1}$).

Les études les plus récentes remettent en question l'intérêt du Wingate test dans l'exploration fonctionnelle du métabolisme anaérobie. Comme pour tout test, les critiques portent sur sa reproductibilité et sa validité.

Si la reproductibilité de la mesure du pic de puissance et celle de la quantité de travail réalisé en 30 secondes sont bonnes dans toutes les études, la reproductibilité de l'indice de fatigue est nettement insuffisante ($0,43 < r < 0,74$).

Le Wingate test mesure-t-il réellement ce qu'il est supposé mesurer ? Autrement dit :

- le pic de puissance est-il une bonne estimation de la puissance maximale anaérobie ?
- la quantité de travail réalisée pendant l'épreuve est-elle une estimation de la capacité anaérobie ?
- l'indice de fatigue est-il un bon reflet de la typologie musculaire ?

La critique essentielle de la validité du pic de puissance comme estimation de la puissance maximale est d'ordre biomécanique. Il n'est pas possible de déterminer la force de freinage d'un Wingate test qui soit *a priori* optimale pour tous les sujets [11]. Compte tenu du caractère très éprouvant de ce test, il n'est pas possible de recommencer l'épreuve dans le cas où la force de freinage utilisée s'avérerait *a posteriori* trop différente de la force optimale. L'estimation de la puissance maximale anaérobie au moyen du Wingate test est donc *a priori* moins précise que celle obtenue au moyen d'exercices plus brefs, qu'il est alors possible de répéter plusieurs fois dans une même séance contre différentes forces de freinage.

La validité de la quantité de travail réalisé pendant le Wingate test comme indice de capacité maximale anaérobie est discutable.

D'une part, la durée du Wingate test est trop courte pour épuiser les réserves énergétiques anaérobies. À la 30e seconde de l'épreuve, la puissance fournie est généralement encore nettement supérieure à la valeur de la puissance maximale aérobie et par conséquent, *a priori*, à la puissance du métabolisme aérobie à cet instant. Dans les études où l'exercice est prolongé au-delà de 30 secondes, la puissance produite diminue de façon exponentielle et n'est équivalente à la puissance maximale aérobie qu'au bout d'environ 1 minute. La capacité anaérobie n'est donc pas épuisée à la 30e seconde.

D'autre part, la durée de l'exercice est suffisamment importante pour qu'il ne soit pas possible de négliger la participation du métabolisme aérobie. Le pourcentage de l'énergie provenant du métabolisme aérobie a été estimé être compris entre 13 et 28 %. Ce pourcentage devrait être plus élevé chez les athlètes ayant une valeur élevée de consommation maximale d'oxygène et une faible constante de temps d'adaptation du métabolisme aérobie que chez des athlètes ayant une faible consommation maximale d'oxygène. À ce sujet, il est intéressant de rappeler les travaux montrant que, chez l'enfant, qui a une constante de temps d'adaptation du métabolisme aérobie et une puissance maximale anaérobie généralement faibles, ce pourcentage de participation du métabolisme aérobie semble plus élevé que chez l'adulte moyen (Bedu *et al.*, 1988).

Relation force-vitesse sur ergocycle

À partir des travaux antérieurs sur la relation force-vitesse et les protocoles préexistants concernant la mesure de la puissance maximale sur bicyclette ergométrique [9], un test « force-vitesse » sur ergocycle Monark, réalisable avec les membres inférieurs ou supérieurs, a été mis au point [10]. Les sujets réalisent de courtes accélérations (5 à 7 secondes) contre différentes forces de freinage. Il est indispensable que, du début jusqu'à la fin de l'accélération, l'exercice soit maximal et que les sujets restent assis sur la selle. Un intervalle de récupération de 5 minutes sépare les différentes accélérations. La valeur du pic de vitesse correspondant à chaque force de freinage est notée. Les deux premières accélérations généralement réalisées contre les forces de freinage les plus faibles servent d'échauffement et d'apprentissage du test et doivent *systématiquement* être recommencées en fin d'épreuve. Pour les pics de vitesse compris entre 100 et 200 tours par minute, la relation « force-vitesse » peut être écrite sous la forme suivante :

$$V = V_0 (1 - F/F_0)$$

Où V est le pic de vitesse correspondant à la force F de freinage, V_0 l'intersection de la droite représentative de la relation force-vitesse avec l'axe des vitesses et F_0 l'intersection de cette même droite avec l'axe des forces (fig. 14.4). V_0 et F_0 ont la dimension respectivement d'une fréquence maximale de pédalage et d'une force maximale. La puissance maximale Wmax est obtenue pour un pic de vitesse égal à $0,5V_0$ et une force égale à $0,5F_0$. Wmax est donc égal à $0,25V_0F_0$.

Par rapport au Wingate test, cette épreuve présente l'avantage non seulement de donner une estimation plus précise de la puissance maximale anaérobie alactique mais aussi de donner une évaluation des qualités de force (paramètre F_0) et de vitesse (paramètre V_0).

Comparaison des puissances maximales obtenues avec différents protocoles

Les études ayant comparé les valeurs des puissances maximales obtenues avec différents protocoles de mesure ont généralement trouvé des coefficients de corrélation significatifs

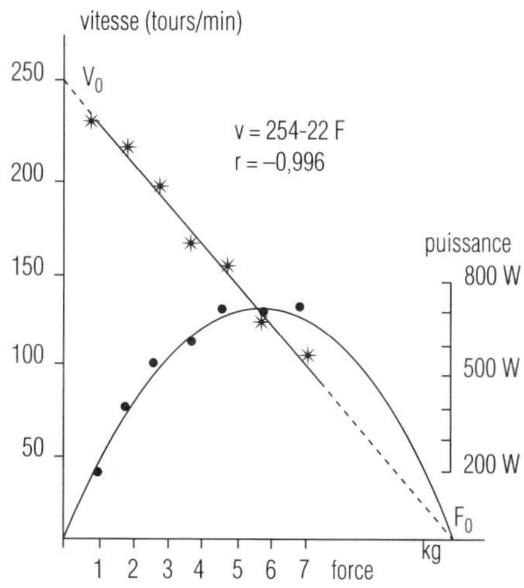

Fig. 14.4. Évolution du pic de vitesse (*) et de la puissance correspondante (•) en fonction de la force de freinage pour des exercices de pédalage réalisés avec les membres supérieurs sur cyclo-ergomètre Monark.

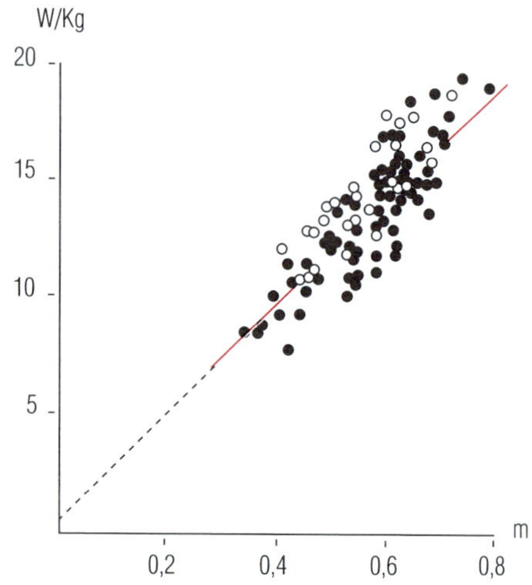

Fig. 14.5. Relation entre les résultats d'un test de détente verticale (en abscisse) et la puissance maximale sur bicyclette ergométrique d'après le test force-vitesse (en ordonnée). Les cercles vides correspondent à des cyclistes.

mais des valeurs moyennes statistiquement différentes. Les différences entre les puissances maximales obtenues selon différents protocoles ont de nombreuses origines : la puissance calculée est une puissance maximale instantanée ou une valeur maximale de puissance moyenne, l'exercice est mono ou polyarticulaire, la puissance est produite par un ou deux membres inférieurs mis en jeu simultanément ou successivement, la durée d'exercice est plus ou moins longue, l'inertie des segments corporels est ou n'est pas prise en compte, etc. (fig. 14.5).
Quels que soient les tests utilisés, ceux-ci montrent :

- des valeurs de puissance maximale anaérobie supérieures chez les athlètes pratiquant des sports de puissance et de vitesse ;
- des valeurs nettement plus faibles chez le garçon impubère que chez l'homme adulte même lorsque les résultats sont rapportés à la masse corporelle, contrairement à ce qui est observé en ce qui concerne le métabolisme aérobie.

Les tests anaérobies fondés sur la mesure de la puissance mécanique maximale ont en commun les limites de validité suivantes :

- une méconnaissance du rapport exact entre la quantité de travail réalisé et la quantité d'ATP dégradé, c'est-à-dire le rendement mécanique de l'exercice ;
- une incertitude sur l'importance de la participation des métabolismes autres que celui qui est supposé être étudié par le test, en particulier pour les exercices dont la durée dépasse 1 à 2 secondes ;
- une incertitude sur le caractère maximal de l'épreuve dans ces tests, qui nécessitent généralement une motivation importante.

Le choix de l'un de ces tests se fera en fonction :

- de la discipline sportive pratiquée ; les cyclistes sont plus motivés pour sprinter sur ergocycle que les joueurs de basket, de volley ou de hand-ball, qui préfèrent réaliser un test de détente verticale ;
- du matériel et des locaux disponibles (par exemple, le test de Margaria nécessite un escalier rectiligne avec un palier pour la prise d'élan) ;
- de la possibilité de réaliser ou non le test dans la même séance avant ou après d'autres épreuves.

Bibliographie

[1] Léger L, Lambert J, Goulet A, Rowan C, Dinelle Y. Capacity aérobie de québecois âgés de 6 à 17 ans : test de la navete de 20 mètres avec paliers de 1 minute. Can J Appl Sport Sci. 1984 Jun; 9 (2) : 64-9.

[2] Barrault D. *Étude de la dépense énergétique aérobique chez l'athlète de haute compétition et de ses variations selon l'activité physique pratiquée.* Thèse de doctorat. Paris : faculté Saint-Antoine, juin 1976.

[3] Dekkar N, Brikis A, Hanifi R. *Techniques d'évaluation physiologique des athlètes.* Comité olympique algérien, 1990 : 261.

[4] Flandrois R. Le métabolisme aérobie à l'exercice musculaire. *In :* Lacour JR, ed. *Biologie de l'exercice musculaire.* Paris : Masson, 1992.

[5] Léger L, Lambert J. A maximal multi-stage 20 m shuttle run test to predict $\dot{V}O_2$ max. *Eur J Appl Physiol Occup Physiol.* 1982; 49(1) : 1-12.

[6] Léger L, Boucher R. An indirect continuous running multistage field test : the University de Montréal track test. *Can J Appl Spt Sci* 1980; 5 : 77-84.

Bibliographie (suite)

[7] Léger L, Gadoury C. Validity of a the 20 m shuttle run test with 1 min stages to predict $\dot{V}O_2$ max in adults. *Can J Spt Sci* 1989; 14 : 21-6.

[8] Léger L, Mercier D. Coût énergétique de la course sur tapis roulant et sur piste. Une synthèse des courbes publiées. *Motricité humaine* 1983; 1 (2) : 66-9.

[9] Monod H, Flandrois R. *Physiologie du sport*. 5e éd. Paris : Masson, 2003 : 277 p.

[10] Pirnay F, Crielaard JM. Mesure de la puissance anaérobie lactique. *Sports Med* 1979; 53 : 13-6.

[11] Vandewalle H, Pérès G, Monod H. Standard anaerobic exercise tests. *Sports Med* 1987; 4 : 268-89.

[12] Vandewalle H, Pérès G, Heller J, Monod H. Intérêts et limites des relations force-vitesse chez l'homme. *Science et Motricité* 1988; 4 : 38-46.

15

Exploration du métabolisme aérobie

Sommaire

Au-delà de 4 à 5 minutes d'exercice, l'énergie dépensée provient pour l'essentiel du métabolisme aérobie. Si l'on mesure la consommation d'oxygène chez un athlète pendant une course à pied, on constate qu'elle augmente de façon linéaire avec la vitesse et cela jusqu'à 21 km/h. Il en résulte que la vitesse maximale qu'un athlète pourra soutenir pendant un temps prolongé est conditionnée en grande partie par la capacité des systèmes respiratoire et cardiocirculatoire à transporter l'oxygène nécessaire jusqu'aux muscles actifs, c'est-à-dire la consommation d'oxygène maximale.

La référence à la consommation d'oxygène maximale comme critère de la performance est devenue tellement classique chez les sportifs de bon niveau qui se livrent à un entraînement en endurance que le médecin praticien ne peut se permettre de l'ignorer, même s'il n'a pas en général à pratiquer lui-même cet examen. Il doit pouvoir en expliquer le sens, ainsi que les limites de sa signification, au sportif qui peut être demandeur à la suite d'échos transmis par les média. Il ne doit pas prescrire cet examen sans discernement, compte tenu de la dureté de l'épreuve, si sa détermination est directe. Enfin il doit en expliquer les résultats et les discuter avec l'intéressé.

La consommation maximale d'oxygène n'est pas le seul critère de l'aptitude aérobie. Si l'exercice est prolongé au-delà d'une dizaine de minutes, l'athlète ne peut plus soutenir qu'un niveau de dépense énergétique égal à une fraction de $\dot{V}O_2$ max. L'aptitude dépend alors de l'endurance aérobie.

Consommation maximale d'oxygène

Conditions de la mesure

La mesure de la consommation d'oxygène maximale ($\dot{V}O_2$ max) ne peut se pratiquer qu'en laboratoire ou en centre d'exploration fonctionnelle, et si possible hospitalier, à portée de moyens de réanimation et sous contrôle électrocardiographique, même si les accidents ou incidents restent exceptionnels. Un examen cardiaque préalable doit toujours précéder la mesure.

L'estimation de $\dot{V}O_2$ max nécessite moins de précautions car elle n'expose pas le sportif au même degré d'épuisement, l'épreuve étant alors sous-maximale.

Mesure directe

En laboratoire ou en centre spécialisé

La technique du circuit ouvert est généralement utilisée. Le sujet, muni d'un masque étanche ou d'un embout buccal, prélève de l'air ambiant à travers une soupape inspiratoire ; il expire à travers une soupape expiratoire reliée par une tubulure de gros diamètre à un spiromètre ou à un pneumotachographe, permettant la mesure du volume ventilé. L'air expiré est ensuite analysé par méthodes physiques donnant la concentration en oxygène et en dioxyde de carbone (fig. 15.1).

Les ergomètres le plus souvent utilisés sont le tapis roulant et l'ergocycle, mais il existe également des ergomètres appropriés à l'exercice pratiqué par l'athlète (par exemple, machine à ramer, manivelle). Deux types de protocoles d'examen sont pratiqués.

La méthode *rectangulaire* consiste à imposer une série d'exercices d'intensité croissante et d'une durée suffisante pour atteindre un état d'équilibre (4 à 5 minutes) ; la différence de puissance entre deux exercices est de 50 watts et la phase de repos intermédiaire de quelques minutes.

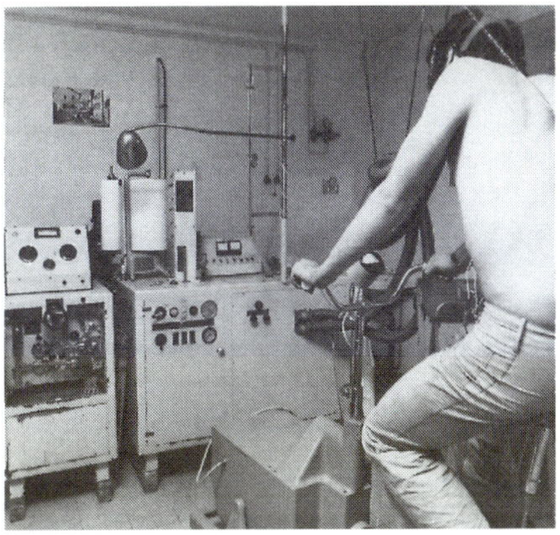

Fig. 15.1. Mesure de la consommation d'oxygène dans le laboratoire d'Albert Chassain (Limoges).

La méthode *triangulaire* consiste également en une série d'exercices d'intensité croissante mais les puissances augmentent plus progressivement de 15 à 20 watts et la durée de chaque palier est plus courte (1 à 2 minutes), sans repos intermédiaire. En général, la puissance d'exercice est augmentée jusqu'à l'épuisement du sujet.

Les échanges gazeux sont mesurés pendant la phase terminale de chaque palier d'exercice (sur 0,5 à 1 minute). Les moyens techniques de mesure et de calcul permettent actuellement de connaître les résultats quasi instantanément. Il est donc possible de suivre l'élévation de $\dot{V}O_2$ avec la puissance d'exercice imposée et d'observer éventuellement un plafonnement des échanges gazeux qui correspond à l'atteinte de la consommation d'oxygène maximale (fig. 15.2). La puissance qui est alors développée correspond à la puissance maximale aérobie. L'exercice est alors ressenti comme très pénible et ne peut être maintenu que 3 à 4 minutes chez le sujet non entraîné, 8 à 10 minutes chez l'athlète entraîné.

Pour plus de sécurité dans la détermination de $\dot{V}O_2$ max, il est classique de recueillir à la fin de l'épreuve un peu de sang artérialisé au doigt ou à l'oreille (quelques microlitres à l'aide d'un tube capillaire) afin de mesurer la concentration des lactates. L'atteinte de $\dot{V}O_2$ max correspond, outre à l'épuisement du sujet et au plafonnement des échanges gazeux, à une concentration de lactate égale ou supérieure à 9 mmol/L et un quotient respiratoire égal ou supérieur à 1,1. Enfin, la fréquence cardiaque à la fin de l'épreuve doit être la plus proche possible de la fréquence cardiaque théorique (220 – âge) (fig. 15.2).

Il existe actuellement des appareils compacts qui mesurent automatiquement les échanges gazeux à l'exercice, ce qui facilite grandement la conduite des examens. Il faut cependant se montrer très vigilant vis-à-vis de la fiabilité des résultats en contrôlant très souvent, avant et après chaque épreuve, l'étalonnage du débitmètre et des analyseurs de gaz.

Sur le terrain

La consommation d'oxygène maximale peut aussi être déterminée sur le terrain selon la même technique. Le gaz expiré est recueilli dans un sac de Douglas porté par le sujet (cas d'un coureur ou d'un skieur) ou posé sur un chariot qui se déplace à la même vitesse que l'athlète (cas d'un nageur en piscine).

Choix de l'ergomètre

Il existe des différences qui peuvent s'avérer parfois notables entre les valeurs de $\dot{V}O_2$ max mesurées selon l'ergomètre utilisé. Classiquement, chez un individu peu actif, $\dot{V}O_2$ max sur ergocycle est environ de 7 % inférieure à $\dot{V}O_2$ max sur tapis roulant. En revanche, chez les sujets entraînés, la meilleure valeur d'un athlète est obtenue lors d'un exercice en laboratoire le plus proche de celui effectué dans les conditions de terrain : ergocycle pour un coureur cycliste, tapis roulant pour un coureur, etc. Un coureur cycliste a une valeur de $\dot{V}O_2$ max plus élevée sur bicyclette que sur tapis roulant. À l'inverse, un coureur ou un skieur de fond ont une meilleure valeur sur tapis roulant. Chez les athlètes de triathlon, la meilleure valeur de $\dot{V}O_2$ max est obtenue pour le type d'exercice pour lequel ils sont le plus entraînés.

Mesure indirecte

Il est possible de déterminer $\dot{V}O_2$ max à partir de la fréquence cardiaque d'exercice. Dans le cas le plus simple, l'athlète effectue un exercice d'intensité croissante et la fréquence cardiaque (FC) est contrôlée à la fin de chaque palier. Lorsque la FC max est atteinte (ou l'état d'épuisement), la puissance correspondante est notée. Il est alors possible de connaître $\dot{V}O_2$ max en faisant l'hypothèse d'un rendement énergétique moyen (par exemple 20 ou 25 % pour l'exercice sur ergocycle).

Il est également classique de déterminer $\dot{V}O_2$ max à partir de la fréquence cardiaque mesurée lors d'un exercice sub-maximal. Le fondement de cette technique repose sur plusieurs constatations expérimentales :

- l'existence d'une relation linéaire entre FC et puissance (ou $\dot{V}O_2$) d'exercice (fig. 15.2);
- la similitude de FC max chez tous les sujets d'un même âge (220 – âge);
- la similitude entre les fréquences cardiaques de tous les individus de même âge, de même degré d'entraînement, lors d'un même type d'exercice, pour une fraction donnée de $\dot{V}O_2$ max (par exemple, 128 $b.min^{-1}$ à 50 % de $\dot{V}O_2$ max, 154 $b.min^{-1}$ à 70 % de $\dot{V}O_2$ max);
- le rendement de l'exercice sur ergocycle pratiquement constant d'un individu à l'autre.

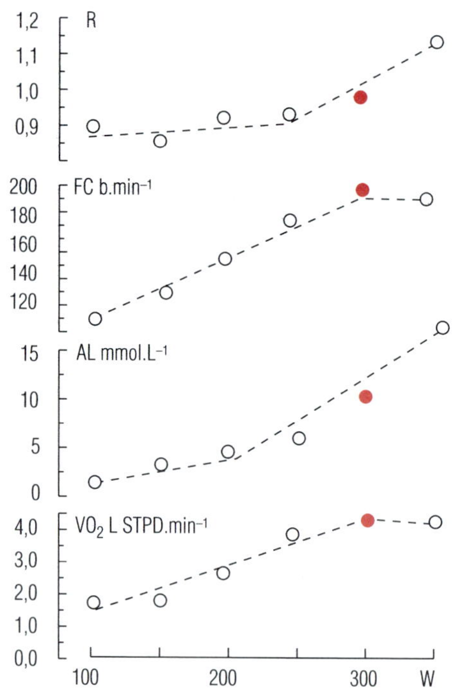

Fig. 15.2. De bas en haut : évolution schématique de la consommation d'oxygène, de la lactatémie, de la fréquence cardiaque, et du quotient respiratoire (R) en fonction de la puissance d'exercice chez un individu jeune entraîné. Quand survient le plafonnement des échanges gazeux (ici à 300 watts) correspondant à $\dot{V}O_2$ max, la FC s'élève à 200 $b.min^{-1}$, la lactatémie est de 9-10 mM et R atteint 1,1.

Il en résulte que la fréquence cardiaque lors d'un exercice de puissance donnée permet de savoir à quelle fraction de $\dot{V}O_2$ max le sportif se trouve.
C'est à partir des données ci-dessus qu'Astrand et Ryhming (1954) ont construit un abaque permettant d'estimer $\dot{V}O_2$ max, connaissant la fréquence cardiaque mesurée lors d'un exercice de puissance sous-maximale déterminée.
Le test d'Astrand-Ryhming peut être pratiqué au cabinet d'un généraliste : le sujet doit réaliser soit un exercice sous-maximal sur une bicyclette ergométrique à une puissance d'environ 3,5 W/kg, devant amener la fréquence cardiaque aux environs de 150 b/min, soit un *step-test* (fig. 15.3). La valeur estimée s'écarte de la valeur réelle de 5 à 25 % suivant les auteurs et, malgré une correction en fonction de l'âge, il existe toujours un écart entre la valeur estimée et la valeur réelle ; cela s'explique en partie par la labilité de la fréquence cardiaque lors d'exercices sous-maximaux sous l'influence de la température ambiante, de l'émotivité, de l'état digestif, du rendement musculaire ou encore de l'ergomètre utilisé. Pour éviter au maximum l'erreur, il est recommandé de faire effectuer une mesure directe chaque année.
Il existe également des tests de terrain, en particulier le test de Cooper et le test de Léger et Boucher, lesquels sont plus souvent utilisés actuellement du fait de leur application possible à un grand nombre de sujets (voir chapitre 14).

A Tirer un trait horizontal passant soit par la valeur de la puissance imposée à l'ergocycle et portée sur l'échelle *a*, soit par le poids du sujet porté sur l'échelle *b*, à gauche pour les femmes, à droite pour les hommes. Lire, sur l'échelle n° 1, la valeur de la conso-mmation d'oxygène corres-pondant à l'exercice effectué.

B Tirer une droite passant par la valeur déterminée ci-dessus sur l'échelle n°1 et par la valeur de la fréquence cardiaque relevée au cours du travail musculaire et portée sur l'échelle n° 2, à gauche pour les hommes, à droite pour les femmes. Cette droite coupe l'échelle n° 3 où se lit la valeur probable de la consommation d'oxygène

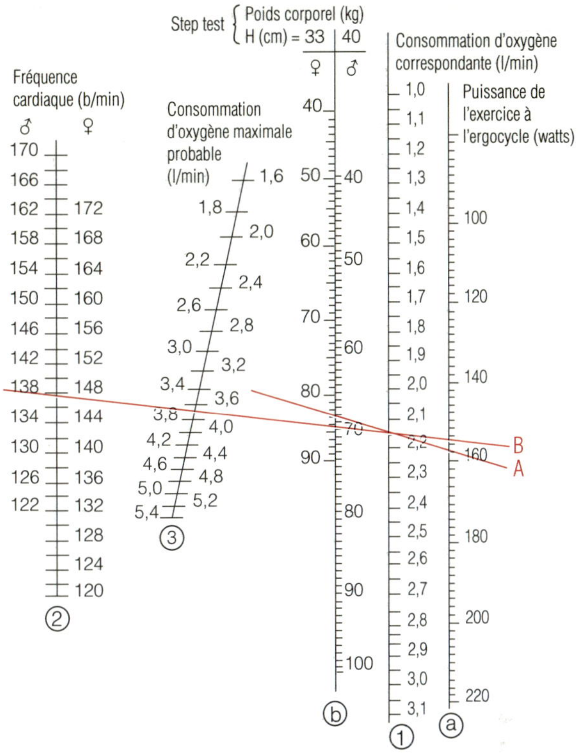

Fig. 15.3. Nomogramme d'Astrand et Ryhming (*J Appl Physiol* 1954; 7 : 218-21).

Valeurs obtenues lors des mesures

Amplitude de variation

Chez le jeune adulte, de taille moyenne (1,75 m, 70 kg), ne pratiquant habituellement qu'une activité physique modérée, la consommation maximale d'oxygène s'élève en moyenne à 3,25 L/min, ce qui correspond à une puissance maximale aérobie de 1,1 kW. Elle varie cependant d'un individu à l'autre selon les caractéristiques biométriques ; elle peut ainsi varier de 1 L/min chez une jeune femme de petite taille (1,50 m, 40 kg), jusqu'à environ 6 L/min chez un sportif de grande taille (1,95 m, 95 kg). Pour les exercices les plus habituels (marche ou course), le poids du corps intervient dans la demande d'énergie ; en conséquence, il est d'usage courant d'utiliser un mode d'expression rapporté au poids corporel. $\dot{V}O_2$ max s'élève alors à 45-50 et 35-40 $mL.min^{-1}.kg^{-1}$ respectivement chez l'homme et la femme de 20 à 30 ans, ces valeurs correspondant à environ 10 fois le métabolisme de repos. Mais il existe une très grande variabilité interindividuelle, $\dot{V}O_2$ max pouvant varier de 20 à 90 $mL.min^{-1}.kg^{-1}$, représentant respectivement 5 à 20 fois le métabolisme de repos. Cette extrême variabilité tient à plusieurs facteurs, soit propres aux sujets eux-mêmes (sexe, hérédité, âge…), soit liés à l'environnement (altitude par exemple), soit surtout à l'entraînement.
Chez le sportif, $\dot{V}O_2$ max varie de façon importante selon sa discipline et son niveau de performance. $\dot{V}O_2$ max est d'autant plus élevée que la durée des épreuves athlétiques est longue. La figure 15.4 montre que les valeurs les plus importantes s'observent en ski de fond ou cyclisme. Dans les sports d'équipe, on trouve des valeurs moindres quoique encore élevées. En revanche, dans certains sports (haltérophilie, sprint, gymnastique) $\dot{V}O_2$ max n'est que légèrement supérieure à la moyenne générale. Pour un sport donné, $\dot{V}O_2$ max varie selon le niveau athlétique, et est plus basse chez les athlètes régionaux qu'internationaux.

Facteurs limitant $\dot{V}O_2$ max

La consommation maximale d'oxygène dépend :

- des possibilités d'adaptation du système d'échanges gazeux, respiratoire et cardiocirculatoire, chargé de prélever, transporter et livrer l'oxygène au niveau des muscles actifs. Plus les possibilités fonctionnelles de ce système sont élevées, plus la consommation d'oxygène sera grande ; ainsi, toute variation de la capacité de transport de l'oxygène par le sang retentit sur $\dot{V}O_2$ max. On sait depuis longtemps qu'une autotransfusion de sang, de même que l'érythropoïétine, qui favorise l'augmentation des globules rouges, augmentent $\dot{V}O_2$ max. Cela a été maintes fois à l'origine de cas de dopage ;

– des possibilités fonctionnelles du muscle d'utiliser l'oxygène et les substrats énergétiques disponibles : c'est ainsi que $\dot{V}O_2$ max est très bien corrélée avec la richesse du muscle en fibres oxydatives (I et IIA) et en capillaires, l'activité succinate déshydrogénase, le volume et l'activité enzymatique des mitochondries. Le facteur principal limitant les échanges gazeux est lié au degré d'aptitude physique.

La consommation maximale d'oxygène des sujets modérément aptes ($\dot{V}O_2$ max comprise entre 35 et 50 mL.min^{-1}.kg^{-1}) semble être limitée par les possibilités fonctionnelles musculaires. En effet, ces sujets n'ont pas de limitation respiratoire à l'exercice maximal : leurs possibilités mécaniques ventilatoires maximales ne sont pas atteintes et ils n'ont pas alors de désaturation oxyhémoglobinée; enfin, une altération de leur capacité de transport de l'oxygène par un bêtabloquant n'a pas d'effet sur leur $\dot{V}O_2$ max. Les sujets dotés d'une bonne aptitude aérobie ($\dot{V}O_2$ max entre 50 et 60 mL.min^{-1}/kg^{-1}) ont une baisse de $\dot{V}O_2$ max quand leur capacité de transport de l'oxygène est diminuée par un bêtabloquant. Le débit cardiaque serait donc dans ce cas le facteur limitant.

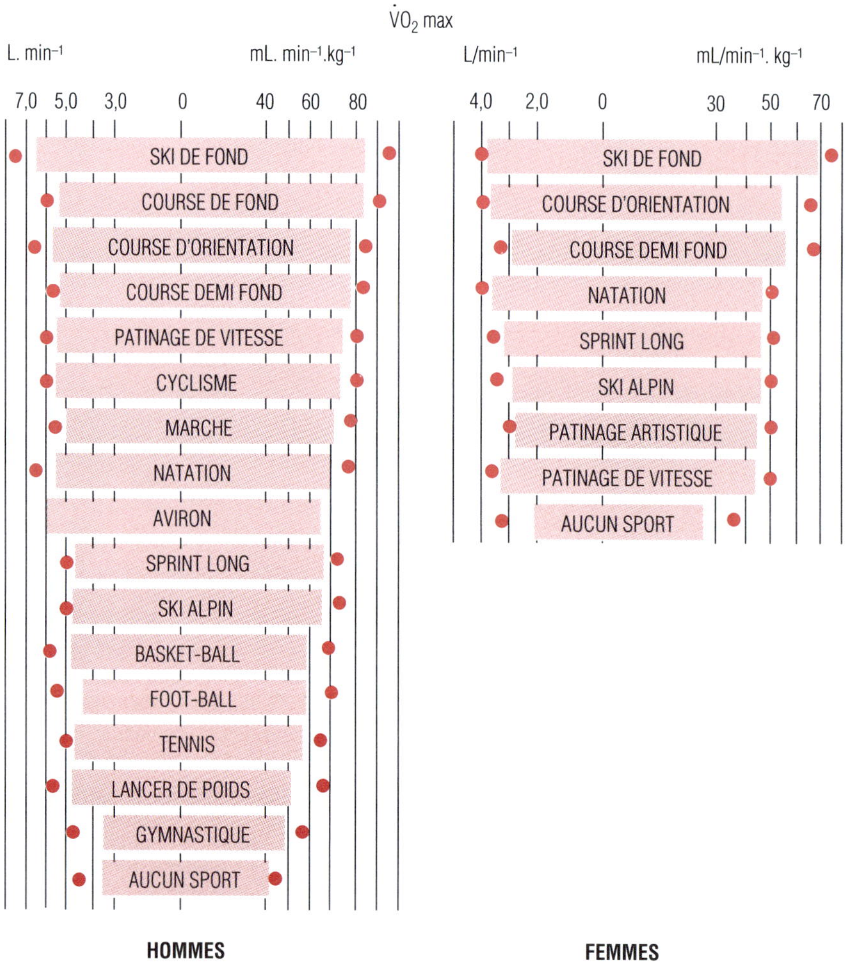

Fig. 15.4. Consommation maximale d'oxygène selon le sport pratiqué (d'après Saltin et Astrand. *J Appl Physiol* 1967; 23 : 353-8).

Chez les athlètes bien entraînés dont la consommation maximale d'oxygène est supérieure à 60 mL.min^{-1}.kg^{-1}, l'apparition d'une désaturation oxyhémoglobinée à l'approche de l'exercice maximal disparaît sous hyperoxie légère, ce qui permet de penser à une limitation respiratoire. Celle-ci pourrait porter sur les possibilités mécaniques ventilatoires, et surtout sur la capacité de diffusion alvéolocapillaire par suite d'un temps de contact insuffisant au niveau des capillaires et d'un œdème pulmonaire.

Facteurs de variabilité de $\dot{V}O_2$ max

Sexe

$\dot{V}O_2$ max est légèrement plus petite chez la femme même à taille et poids égaux. Cette différence (environ 20 %) s'estompe lorsque $\dot{V}O_2$ max est exprimée par rapport à la masse maigre. Parmi les autres facteurs possibles, la concentration d'hémoglobine est évoquée. Elle est en effet légèrement plus faible chez la femme, ce qui retentit sur la capacité de transport de l'oxygène. Il faut enfin tenir compte de l'effet des habitudes socioculturelles, qui font que la femme, pratiquant moins les activités physiques que l'homme, est moins entraînée. Cela apparaît nettement lorsque l'on compare l'évolution de $\dot{V}O_2$ max avant et après la puberté : les valeurs observées sont sensiblement les mêmes avant la puberté, dans les deux sexes, alors qu'on observe ensuite une baisse régulière chez les filles, les garçons restant à peu près à la même valeur.

Âge

$\dot{V}O_2$ max (L/min) augmente progressivement au cours de l'enfance et de l'adolescence, pour atteindre sa valeur la plus élevée vers la vingtième année. Celle-ci reste stable entre 20 et 30 ans puis décroît ensuite progressivement au point de représenter à 60 ans environ 70 % de la valeur observée chez le jeune adulte (fig. 15.5). Rapportée à l'unité de poids corporel, la valeur de $\dot{V}O_2$ max la plus élevée se situe vers la dixième année, et diminue constamment par la suite. Cette régression varie selon le niveau initial d'aptitude et peut être retardée par un entraînement régulier ou une vie très active.

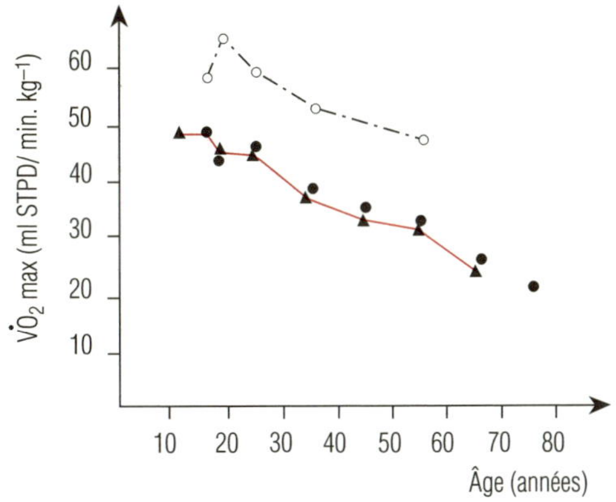

Fig. 15.5. Évolution de $\dot{V}O_2$ max (mL.min^{-1}.kg^{-1}) en fonction de l'âge :
- chez des individus entraînés (Astrand, 1952) ○;
- moyenne des données de la littérature (Shephard, 1960) ●;
- moyenne d'une population française (Lacour et Flandrois, 1977) ▲.

Il existe donc deux facteurs principaux : l'âge par lui-même et la sédentarité progressive. Les effets biologiques de l'âge expliquent une bonne part de l'altération de $\dot{V}O_2$ max. Ils portent sur :

- la capacité de transport de l'oxygène, altérée par suite d'une diminution du volume maximal de l'ondée systolique, de la différence artérioveineuse de l'oxygène, de la fréquence cardiaque maximale et de la vasodilatation périphérique;
- les possibilités oxydatives au niveau du muscle;
- la typologie des fibres musculaires;
- et surtout la fonte musculaire.

L'entraînement chez le sujet âgé améliore le débit cardiaque maximal à partir du volume d'éjection systolique et du prélèvement d'oxygène au niveau des muscles. Il ralentit ou évite la fonte musculaire. Ces divers effets suffisent à augmenter $\dot{V}O_2$ max.

Hérédité

Son rôle est important : l'étude de nombreuses paires de jumeaux mono et hétérozygotes a montré que l'hérédité représente 25 % environ de la variabilité de $\dot{V}O_2$ max. Elle intervient au niveau des dimensions cardiaques (et en conséquence du débit cardiaque maximal) et d'enzymes marqueurs du cycle de Krebs et de la bêtaoxydation. L'hérédité influence grandement la variabilité des effets de l'entraînement sur $\dot{V}O_2$ max : un même type d'entraînement peut avoir des effets très différents, variant de 0 à plus de 30 %, en relation avec le génotype. Il semble exister une relation entre les variants génétiques d'enzymes musculaires ainsi que l'ADN mitochondrial et la variation de $\dot{V}O_2$ max à la suite de l'entraînement.

Entraînement

L'entraînement et le niveau habituel d'activité physique jouent également un rôle important. Quelques semaines d'un entraînement régulier suffisamment intense pour élever la fréquence cardiaque au-dessus de 160 b/min et répété plusieurs fois par semaine, pendant au moins 30 minutes élèvent $\dot{V}O_2$ max en moyenne de 10 à 20 %. L'effet est d'autant plus grand que l'aptitude initiale est plus basse et que le sujet entraîné est plus jeune, et dépend aussi d'un facteur héréditaire. L'effet maximal est atteint au bout d'environ 6 mois et peut se maintenir après l'arrêt de l'entraînement intensif à condition de garder une durée d'exercice quotidienne égale au tiers de celle de l'entraînement d'exercice.
À l'inverse, l'alitement prolongé détériore rapidement et de façon importante l'aptitude physique : après 15 jours seulement, $\dot{V}O_2$ max peut chuter de 40 % et il faut plusieurs semaines de réentraînement pour récupérer la valeur initiale. Le niveau habituel d'activité explique parfois les valeurs très différentes de $\dot{V}O_2$ max observées entre diverses études : les valeurs les plus basses sont observées dans les populations à mode de vie très sédentaire et les plus élevées dans des populations au contraire très actives (voir aussi chapitre 18).

Environnement

Altitude

$\dot{V}O_2$ max est diminuée en altitude et l'effet est d'autant plus net que l'altitude est plus élevée (– 15 % à 3 000 m, – 30 % à 5 000 m et – 60 % à 7 000 m).
En fait, il existe une variabilité des effets selon les sujets exposés à l'altitude, qui s'explique par le temps d'exposition, les modalités de vie en altitude (avec ou sans entraînement) et l'aptitude physique initiale, les individus les plus aptes ayant une altération plus prononcée. Cette altération de $\dot{V}O_2$ max est liée à la baisse de la capacité de transport de l'oxygène, par diminution de CAO_2 alors que le débit cardiaque maximal est peu ou pas altéré. Lors de l'exposition chronique à haute altitude, la diminution de $\dot{V}O_2$ max s'explique aussi par une diminution de la masse musculaire.

Hyperbarie

La plongée profonde s'accompagne d'une diminution de $\dot{V}O_2$ max d'autant plus importante que la pression (et la densité) du gaz respiré est élevée. Dans ce cas, l'origine de la détérioration est ventilatoire, soit par augmentation du travail ventilatoire lié à l'hyperventilation d'exercice, soit du fait que le débit ventilatoire maximal est prématurément atteint pour des valeurs plus basses qu'en normobarie.

Sous-nutrition

La sous-nutrition peut altérer $\dot{V}O_2$ max de manière significative (de 20 à 50 % selon son importance). Cette altération peut s'expliquer pour l'essentiel par une diminution de la masse musculaire et à un moindre degré par la baisse de l'hémoglobine, et en conséquence par la diminution de la capacité de transport.

$\dot{V}O_2$ max et performance

La figure 15.4 montre que les sportifs de haut niveau participant à des épreuves à forte dépense énergétique et de longue durée ont des consommations maximales d'oxygène très élevées. C'est le cas par exemple du ski de fond, de la course à pied (fond et demi-fond) ou du cyclisme. Cependant, la grandeur de $\dot{V}O_2$ max ne peut avoir qu'une valeur indicative sur la performance attendue lors d'une épreuve maximale de longue durée, d'abord parce que, à ce haut niveau d'aptitude, les athlètes ont tous sensiblement la même valeur de $\dot{V}O_2$ max, et qu'ensuite, la performance dépend aussi de qualités psychologiques (forte motivation, bon contrôle de ses émotions) (voir chapitre 21). Mais un autre facteur essentiel est l'*économie de course* (ou de la nage, etc.). Il existe en effet des différences très significatives entre les athlètes concernant le coût énergétique de la course (qui s'exprime en joules par mètre ou $\dot{V}O_2$ par mètre). La figure 15.6 montre l'évolution schématique de $\dot{V}O_2$ en fonction de la vitesse de course chez deux athlètes, A et B, ayant une consommation maximale d'oxygène identique à 5 L/min et une même masse corporelle. La pente des droites représente le coût énergétique (économie de course) ; elle est plus faible chez l'athlète B, qui dépense moins d'oxygène pour une même distance parcourue. Il en résulte que l'athlète B peut courir plus vite pour une même dépense énergétique maximale.

La vitesse observée à $\dot{V}O_2$ max est appelée vitesse maximale aérobie (VMA). Son intérêt est de tenir compte à la fois de $\dot{V}O_2$ max et du coût énergétique de la course. Elle représente un critère plus fidèle de la performance, tout au moins pour des durées d'exercice qui ne dépassent pas une dizaine de minutes. Lacour *et al*. (1977) ont ainsi montré une excellente relation entre la performance sur 3 000 mètres et la vitesse maximale aérobie. L'exemple de la course à pied peut être extrapolé à la course de ski de fond, à la nage, etc. Cette étroite relation s'estompe si l'exercice dépasse 10 minutes et *a fortiori* 1 ou 2 heures. Dans ce cas, l'athlète ne court plus qu'à une fraction de $\dot{V}O_2$ max (ou de VMA) qui dépend de la durée de l'exercice et des qualités d'endurance aérobie.

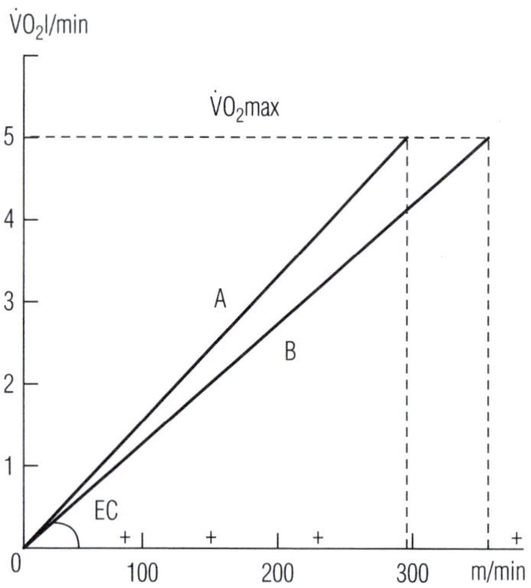

Fig. 15.6. Coût énergétique de course. Consommation d'oxygène en fonction de la vitesse de course.

Endurance aérobie

On donne le nom d'endurance aérobie à l'aptitude à prolonger un exercice sous-maximal. La fraction de $\dot{V}O_2$ max qui peut être soutenue dépend de la durée de l'exercice : plus celle-ci est longue, plus la fraction de $\dot{V}O_2$ max est petite. La fraction de $\dot{V}O_2$ max dépend aussi des qualités propres de l'athlète, essentiellement acquises par l'entraînement.

Il existe une relation linéaire entre le pourcentage de $\dot{V}O_2$ max utilisé pendant la course et le logarithme de la durée de celle-ci. La pente de la droite exprime l'aptitude à l'endurance (Peronnet). La figure 15.7 illustre les différences pouvant exister selon les individus. On peut voir tout d'abord la différence entre deux sujets, l'un athlète de haut niveau (●), l'autre peu entraîné (▲). Le premier peut courir pendant plus de 2 heures à 80 % de $\dot{V}O_2$ max alors que le second ne peut dépasser 65 %. Si on considère maintenant deux athlètes ayant à peu près la même endurance, mais des $\dot{V}O_2$ max différentes (● et ○), ils ont la même pente, utilisent la même fraction de $\dot{V}O_2$ max, mais ne courront pas à la même vitesse : l'athlète à $\dot{V}O_2$ max plus élevée pourra courir plus vite. Sujet peu apte et peu endurant (□) : la pente de la droite est plus forte.

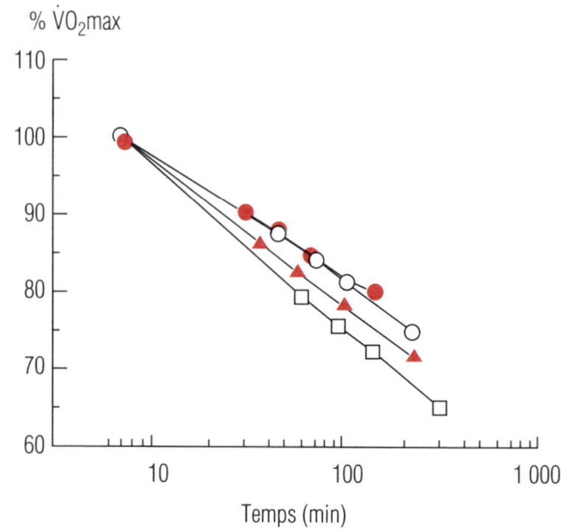

Fig. 15.7. Évolution de la fraction de $\dot{V}O_2$ max soutenable lors d'une course et temps de la performance chez 4 athlètes dont la valeur de $\dot{V}O_2$ max et l'endurance diffèrent.

La quantité d'énergie qui est dépensée lors de telles épreuves peut être considérable (par exemple, lors d'un marathon, un ultra-marathon ou un triathlon). Elle nécessite donc des réserves énergétiques suffisantes (ce qui est généralement le cas) et une capacité particulière à les mobiliser et à les utiliser. L'endurance aérobie dépend des quatre facteurs suivants.

Grandeur de $\dot{V}O_2$ max

Plus celle-ci est élevée, plus pour une fraction donnée de $\dot{V}O_2$ max l'énergie disponible est grande. Plus précisément, c'est la vitesse maximale aérobie qui est importante : c'est le quotient de $\dot{V}O_2$ max et du coût énergétique.

Possibilités oxydatives du muscle

Elles dépendent, comme il a été vu plus haut pour $\dot{V}O_2$ max, de la structure de celui-ci, et en particulier de la richesse en fibres I et IIA oxydatives (voir chapitre 18).

Ainsi, le pourcentage de fibres I varie avec la spécialité athlétique; il est nettement plus élevé chez les marathoniens que chez les coureurs de 1 500 ou 3 000 mètres et bien sûr que chez les sujets peu entraînés. De même, les qualités d'endurance sont en relation directe avec la capillarisation, la densité des mitochondries et le potentiel enzymatique musculaire. Toutes ces adaptations locales sont favorables à un meilleur approvisionnement en substrats oxydables et à leur utilisation. Il faut aussi signaler ici l'existence d'une aptitude innée de certains individus à oxyder davantage de lipides que d'hydrates de carbone. L'entraînement à l'exercice prolongé fait progresser encore ces facteurs cellulaires alors que $\dot{V}O_2$ max plafonne.

Capacité de thermolyse

Lors de l'exercice, le rendement mécanique étant de l'ordre de 20 %, près de 80 % de l'énergie utilisée apparaît sous la forme de chaleur. Ainsi, un athlète participant à une course de longue durée qui élève sa consommation d'oxygène à 4 L/min doit éliminer une quantité de chaleur correspondant à environ 600 W/m^2. Il en résulte que même si le milieu ambiant est tempéré, la température centrale s'élève, l'organisme se révélant incapable, malgré une évaporation de sueur importante, d'évacuer toute la chaleur produite. L'entraînement à l'exercice prolongé optimise les capacités de thermolyse, de sorte que ce facteur n'est pas essentiel si les conditions ambiantes de température et d'hygrométrie sont favorables. En revanche, chez les sujets peu ou mal entraînés, la prolongation d'un exercice maximal peut avoir des conséquences fâcheuses sur la température centrale et conduire à une défaillance (coup de chaleur, hyperthermie maligne d'effort) (voir chapitre 69).

Disponibilité en substrats oxydables

La capacité de l'organisme de maintenir au niveau musculaire une disponibilité adéquate en substrats oxydables s'opère grâce à une mobilisation des réserves et une utilisation sélective de ces substrats. Les substrats en réserve représentent normalement un potentiel énergétique considérable, en tous cas bien supérieur à celui de la capacité énergétique aérobie. Cela conduit à supposer une altération de l'approvisionnement local. Il a en effet été constaté que l'arrêt d'un exercice effectué à 60-80 % de $\dot{V}O_2$ max coïncide avec l'épuisement du glycogène musculaire.

La fourniture et l'utilisation des substrats sont contrôlées par des sécrétions hormonales. Celles-ci ont tout d'abord une action circulatoire et trophique. En outre, elles interviennent à différents niveaux :

- au niveau des muscles, pour contrôler la glycolyse et la captation du glucose;
- au niveau du foie, pour augmenter la glycogénolyse et la néoglucogenèse, afin de maintenir une glycémie normale malgré une captation accrue de glucose par les muscles;
- au niveau des adipocytes, pour augmenter la mobilisation des lipides afin d'assurer une fourniture suffisante en acides gras libres (fig. 15.8).

L'adrénaline, avec le calcium libéré par le réticulum sarcoplasmique lors de la contraction musculaire, active la phosphorylase mettant en jeu la glycolyse. Au niveau du muscle, la captation de glucose dépend de la glycémie et du transport membranaire du glucose, ce dernier étant stimulé par l'insuline. Au niveau du foie, l'augmentation des sécrétions de catécholamine, de glucagon et une diminution de la sécrétion d'insuline ainsi qu'une activation du système nerveux sympathique contrôlent à la fois la glycogénolyse et la néoglycogenèse, avec pour conséquence une augmentation de la production de glucose. Le même système nerveux sympathique et l'adrénaline sont impliqués de façon importante dans l'augmentation de la lipolyse. L'insuline a des effets antilipolytiques mais la diminution de sa sécrétion à l'exercice tend à renforcer l'action de l'adrénaline. Enfin, une action de l'hormone de croissance sur la lipolyse est admise.

L'entraînement à l'endurance a pour effet de retarder au maximum l'épuisement en glycogène musculaire grâce à des adaptations hormonales permettant une mobilisation accrue de lipides, une plus grande glycogénolyse hépatique et une plus grande utilisation cellulaire de glucose et de lipides.

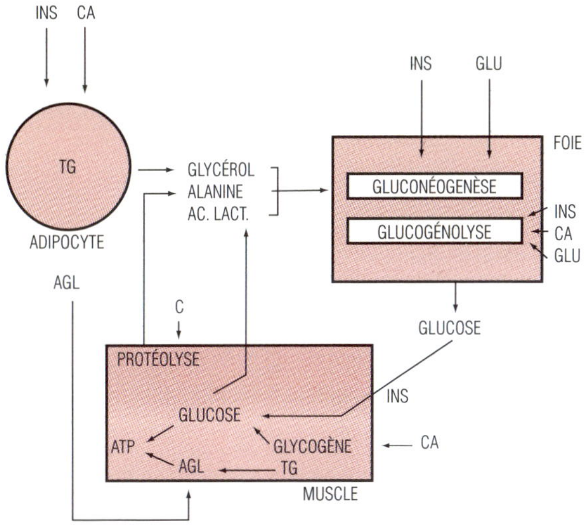

Fig. 15.8. Principales actions hormonales intervenant à l'exercice. INS : insuline; AGL : acides gras libres; CA : catécholamines; C : cortisol; GLU : glucagon; TG : triglycérides.

Pour en savoir plus

FLANDROIS R. Énergétique de l'exercice musculaire maximal. *J Physiol (Paris)* 1979; 75 : 195-205.

FLANDROIS R. Le métabolisme aérobie à l'exercice musculaire. *In :* Lacour JR, ed. *Biologie de l'exercice musculaire*. Paris : Masson, 1992.

LACOUR JR, FLANDROIS R. Le rôle du métabolisme aérobie dans l'exercice intense de longue durée. *J Physiol (Paris)* 1977; 73 : 89-130.

16

Consultation de médecine d'altitude Préparation à un séjour en altitude

Sommaire

La préparation à un séjour en altitude, qu'il soit sportif ou professionnel, passe par plusieurs étapes. En premier lieu, il s'agit de déterminer s'il existe une contre-indication d'ordre médical à ce type de séjour et d'explorer l'« état physiologique » du candidat, en appréciant l'importance de l'objectif projeté. Ensuite, il faut se demander s'il existe des moyens spécifiques d'entraînement ou de préparation pour mieux s'acclimater à l'environnement de haute altitude. Enfin, sur un plan pratique, quel est le matériel médical qu'il faudra emporter avec soi pour faire face aux problèmes de soins sur le terrain.

Contre-indications à un séjour en haute altitude

Quel est le risque, pour un sujet porteur d'une pathologie préexistante, de se rendre en altitude ?

L'environnement de montagne, associant altitude, froid, exercice, voire « stress », peut favoriser la décompensation d'une pathologie équilibrée ou aggraver une affection en cours.

En fait, les données épidémiologiques sérieuses concernant le facteur « altitude » dans la survenue de pathologies courantes sont extrêmement rares et les conseils énoncés plus loin tiennent souvent plus du bon sens physiopathologique que de faits cliniques incontestés.

Les principales contre-indications à un séjour en haute altitude sont indiquées dans le tableau 16.I.

L'attitude doit être adaptée à chaque cas particulier, en fonction de l'état de la maladie, de l'activité physique habituelle du sujet et des conditions prévues pour le séjour. L'attitude sera équilibrée entre une trop grande prudence visant à multiplier les interdits à des patients dont l'autonomie est déjà diminuée et un risque à faire prendre par le patient mais également par la collectivité, qui devra assurer un éventuel secours dans des conditions périlleuses.

Tab. 16.I. Contre-indications à un séjour en haute altitude.

Contre-indications absolues
Comitialité, même contrôlée Antécédents ischémiques cérébraux Antécédents psychiatriques majeurs Insuffisance respiratoire chronique sévère Artériopathie sévère des membres inférieurs Maladie coronarienne non équilibrée Insuffisance cardiaque sévère ou non contrôlée HTA sévère non contrôlée HTAP, absence congénitale ou acquise d'artère pulmonaire Cardiopathies cyanogènes Insuffisance rénale Drépanocytose homozygote, thalassémie Anémies sévères Troubles sévères de la coagulation Atteintes antérieures répétées d'OPHA ou OCHA
Contre-indications relatives, cas individuels à considérer en fonction de l'état du patient, de l'activité et de l'altitude envisagées
Antécédents psychiatriques mineurs Rétinopathies chroniques Cardiopathies modérées, équilibrées Artériosclérose ou HTA modérées Diabète, obésité majeure, insuffisance hépatique Drépanocytose hétérozygote Anémies modérées Pneumopathie modérée, contrôlée Scolioses graves Asthme d'effort Antécédents de troubles respiratoires nocturnes Premier et troisième trimestres de grossesse Nourrissons de moins de 18 mois Prise d'œstroprogestatifs

Recherche de facteurs de risques physiologiques

À partir de la constatation que les sujets souffrant du mal aigu des montagnes (MAM) (voir chapitre 75) sont souvent les mêmes, se pose la question de l'existence d'une *prédisposition* à la survenue de ce syndrome. Plusieurs études permettent de répondre affirmativement à cette question. L'ARPE a ainsi réuni depuis 1984 des données inédites concernant 595 grimpeurs partis en expédition, ce qui réalise la plus importante statistique concernant l'himalayisme.

La *population* à qui s'adressent ces tests est constituée par des alpinistes de tous niveaux participant à des expéditions en haute altitude, population élargie actuellement aux *trekkings* et à la médecine du travail : personnes devant se rendre en mission dans des régions de haute altitude (chercheurs, astronomes, géographes, ethnologues, appartenant au CNRS ou à l'Éducation nationale) ou devant travailler sur des chantiers en haute montagne (travaux publics, EDF, etc.).

Le bilan comprend un interrogatoire et un examen clinique général et spécifique, à la recherche de facteurs susceptibles d'influencer le comportement physiologique en altitude. L'interrogatoire précise l'importance des signes de MAM lors de séjours antérieurs, l'altitude de survenue du MAM, la comparaison avec les autres participants du même voyage. Un interrogatoire plus général recherche des migraines, une pathologie cardiaque, pulmonaire ou métabolique conduisant éventuellement à une contre-indication (tableau 16.1) ou à des conseils spécifiques.

Chez les himalayistes, un bilan physique plus complet peut être proposé : bilan anthropométrique (poids, taille, indice corporel : poids/taille^2), étude de la performance aérobie ($\dot{V}O_2$ max), évaluation du profil psychologique.

Les épreuves spécifiques, réalisées en altitude simulée, sont effectuées par inhalation d'un mélange gazeux appauvri en oxygène, équivalent à l'altitude de 4 800 m (11,5 % d'O_2 dans de l'azote). Le sujet reste successivement 5 min au repos en normoxie puis 5 min au repos à 4 800 m ; ensuite, il doit effectuer un exercice de 5 min à 4 800 m puis de 5 min en normoxie, à 30 % de sa puissance maximale aérobie (déterminée au niveau de la mer). Un profil typique d'une telle épreuve est présenté sur la figure 16.1.

Au cours de ces tests, sont enregistrés en permanence les paramètres suivants :

- fréquence cardiaque (FC) ;
- ventilation pulmonaire totale (VE) ;
- saturation artérielle en O_2 (par oxymétrie à l'oreille) (SaO_2).

À partir de ces données, deux paramètres, la réponse ventilatoire (RV) et la réponse cardiaque (RC), sont calculés, qui caractérisent la facilité avec laquelle un individu « répond » au stimulus hypoxique, c'est-à-dire comment son organisme réagit en altitude.

Les résultats principaux sont les suivants :

- les réponses ventilatoire et circulatoire à l'hypoxie sont plus faibles chez les sujets malades (MAM+) ;
- les sujets réagissant plutôt mal à l'altitude respirent plus vite et plus superficiellement que les autres. Leur $\dot{V}O_2$ max n'est pas différente de celle des sujets s'acclimatant bien ;

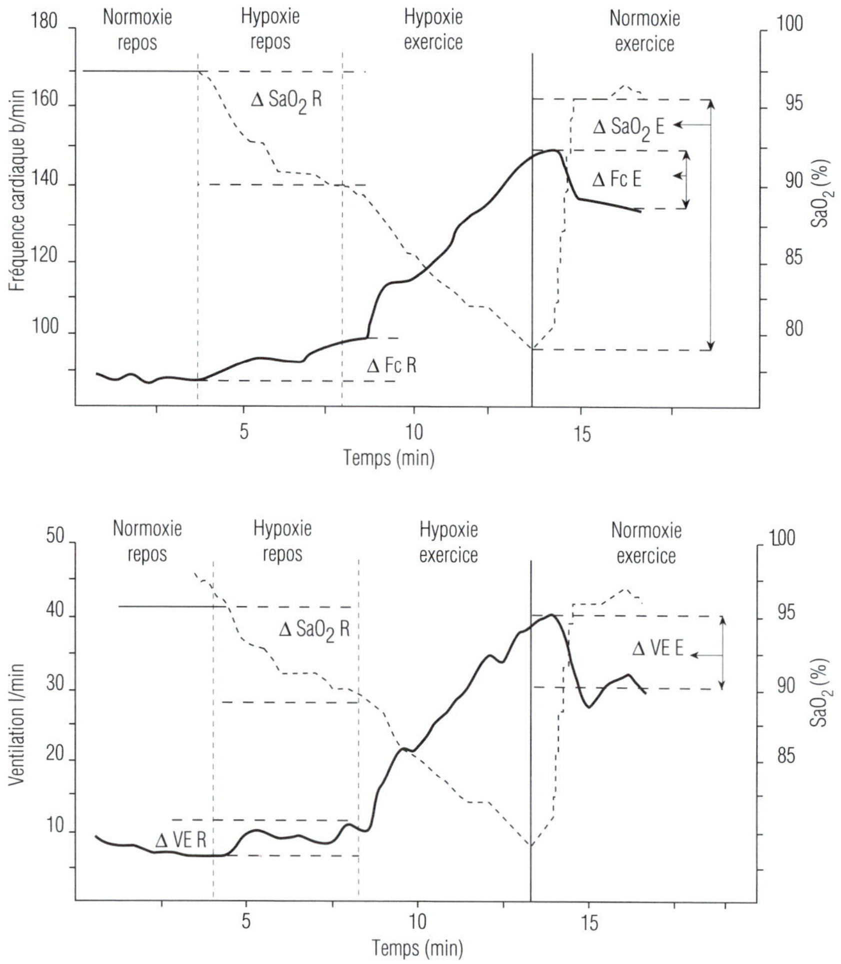

Fig. 16.1. Épreuve en hypoxie. Variations de la ventilation pulmonaire totale (VE) et de la saturation artérielle en oxygène (SaO_2) au cours de l'épreuve. L'exercice est réalisé à une puissance équivalente à environ 50 % de la consommation maximale d'O_2 en normoxie. Voir *infra* pour le calcul des indices de réponse à l'hypoxie (examen réalisé dans le service d'explorations fonctionnelles, hôpital Avicenne, Bobigny).

- les femmes semblent plus malades que les hommes mais font moins de complications graves. Les migraineux semblent plus facilement atteints ;
- la sensibilité au MAM n'est liée ni au tabagisme, ni à l'âge entre 18 et 50 ans, ni à la pratique régulière de la montagne (Alpes), ni à l'entraînement, ni au terrain allergique, ni aux antécédents de traumatisme crânien ;
- les jeunes en dessous de 18 ans sont plus sensibles au MAM ;
- la $\dot{V}O_2$ max diminuant très rapidement avec l'altitude, il est clair qu'un sujet prévoyant une performance à très haute altitude devra posséder une $\dot{V}O_2$ max suffisante (> 55 ml/min/kg pour un sommet de plus de 8 000 m) ;
- l'anxiété est un facteur prédisposant à la survenue du MAM.

À partir des données obtenues au cours de cette consultation, il est possible de prédire, dans 80 % des cas, si un sujet est particulièrement exposé à la pathologie de haute altitude. On en déduira des conseils de progression adaptés à chacun, voire des contre-indications au départ. Il est important de signaler que la facilité avec laquelle un sujet s'acclimate à l'altitude n'est pas liée à l'entraînement physique du sujet, ni à son expérience de la montagne. Les formes graves de MAM sont presque toujours rencontrées dans trois types de circonstances (parfois associées) :

- un sujet qui monte trop vite en altitude, en début de séjour, non acclimaté ;
- un sujet qui s'est acclimaté trop peu car à une altitude trop basse ;
- un sujet qui est resté trop haut trop longtemps sans (pouvoir) redescendre pour récupérer.

Préparation à un séjour en altitude

Se préparer pour une activité physique inhabituelle semble tout naturel, pour tout type de pratique sportive. Longtemps, l'entraînement pour l'alpinisme ne consistait qu'en la pratique régulière de cette même activité, aboutissant à l'acquisition d'une technique et d'une expérience spécifiques.
Cependant, le développement de l'himalayisme, avec ses caractéristiques très particulières, commence à susciter des interrogations sur un entraînement adapté. La pratique de l'alpinisme en Himalaya peut se caractériser par :

- l'environnement hypoxique et thermique qui limite la performance physique et psychique ;
- de moins grandes difficultés techniques que dans les massifs européens ;
- des exercices de longue durée ;
- un isolement et des conditions matérielles précaires.

Cinq questions en découlent directement :

- peut-on se préparer à l'altitude ?
- peut-on se préparer aux exercices de longue durée ?
- peut-on se préparer au froid ?
- comment aborder les aspects psychologiques ?
- quel régime alimentaire suivre ?

Préparation à l'altitude : généralités

Il n'existe pas de préparation à l'altitude autre qu'une acclimatation progressive menée au cours de l'expédition elle-même. En effet, une bonne acclimatation nécessite au minimum une semaine à une altitude supérieure à 4 500 m. Un week-end préparatoire sur le Mont Blanc sera bénéfique pour tester le matériel et la psychologie du groupe mais ne facilitera pas l'acclimatation au cours de l'expédition.

Préparation physique

La marche au cours d'un *trekking* ou la marche d'approche d'une expédition s'assimilent à une activité physique régulière de moyenne intensité, prolongée sur plusieurs jours. Ce type d'exercice ne réclame pas de préparation spécifique chez des adeptes de la marche à pied. Pour les personnes sédentaires ou peu entraînées, cette activité de marche améliore la condition physique. Mais à l'inverse, pour les sportifs suivant un entraînement habituel de forte intensité, le *trekking* ou la marche d'approche amène à un désentraînement. Toutefois, la pratique régulière de la marche dans les semaines qui précèdent le départ est l'occasion de se familiariser avec l'équipement de marche (chaussures, sac à dos).
Les sports d'endurance qui préparent le mieux à l'exercice en montagne sont la course à pied, le cyclisme, le ski de fond, en contrôlant l'intensité pour éviter les excès, source de microtraumatismes. Cette mise en condition sera associée à un entraînement musculaire spécifique pour se préparer aux activités qui réclament le développement de la force musculaire des membres supérieurs et de la souplesse articulaire. Un régime hypocalorique est souhaitable chez les personnes présentant un excès de poids et donc des surcharges au niveau des articulations. La surcharge pondérale peut également gêner la respiration nocturne et favoriser une hypoventilation et une désaturation.
Pour l'élite qui se rendra au-delà de 8 000 m, une part d'entraînement fractionné permettra d'améliorer la $\dot{V}O_2$ max et facilitera l'exercice intense à des altitudes extrêmes.

Préparation au froid

La préparation au froid est difficile à manier. D'ailleurs, les possibilités d'acclimatation au froid de l'homme sont assez faibles. Cependant, une exposition fréquente et prolongée au froid fait abaisser le seuil d'apparition du frisson thermique et permet à un sujet « entraîné » de mieux supporter une baisse de sa température centrale. Il est clair que la lutte contre le froid est essentiellement préventive sur le terrain : un comportement vestimentaire adapté, du matériel en bon état et la lutte contre la déshydratation.

Aspects psychologiques

Les *trekkings* et expéditions sont des conditions favorables pour soulever des problèmes psychologiques individuels et parfois collectifs. Activité de plein air, absence de confort, autonomie, tous ces paramètres doivent inciter le pratiquant à découvrir des situations équivalentes avant le départ (randonnée de plusieurs jours en groupe en moyenne montagne). Les responsables de *trekking* rapportent la survenue très fréquente d'épisodes d'angoisse, de sentiments de rejet ou de méfiance dans des situations d'isolement total dans un environnement rude. Ces responsables vont même jusqu'à emporter avec eux des anxiolytiques pour aider leurs clients à supporter ces réactions. Le « chef » d'expédition joue un rôle important et son autorité doit être reconnue par l'ensemble du groupe ; cependant, avec le développement de petites expéditions légères, ce rôle a perdu de son poids. Le choix des membres de l'expédition doit s'efforcer de tenir compte des affinités entre les personnes avant le départ ; toute ambiguïté dans les relations avant le départ ou dans les objectifs de chacun éclatera en cours d'expédition, particulièrement au moment où tout va mal et où la cohérence du groupe est essentielle.

Régime alimentaire

L'apport de la diététique dans les exercices prolongés est loin d'être négligeable : sur le plan quantitatif, en optimisant la restitution des pertes et en facilitant le stockage des substrats énergétiques, sur le plan qualitatif, en privilégiant l'apport de rations riches en énergie facilement assimilables. L'objectif essentiel est de tenter de limiter le déficit calorique aboutissant à une perte de poids de 1 à 2 kg par semaine. Il semble ainsi exagéré de vouloir mesurer avec précision la répartition entre les glucides, lipides et protides. En effet, la vie en altitude modifie le comportement alimentaire ; le choix des aliments est forcément restreint pour répondre à des impératifs de poids et de conservation. La préparation des plats ne répond pas toujours aux souhaits personnels.

Les recommandations visant à augmenter les réserves énergétiques avant le départ ne se justifient pas. En effet, ce sont les sujets les plus gras qui perdent le plus de poids et les sujets les plus maigres qui, par une augmentation de l'appétit, compensent le mieux l'augmentation des dépenses énergétiques. L'apport vitaminique quotidien sous forme de complément ne se justifie pas pour un séjour ne dépassant pas un mois. Les aliments locaux suffisent et apportent une ration équilibrée en substrats énergétiques, même au regard de la faible quantité de protéines proposée chaque jour. Pour les femmes, une supplémentation en fer + folates peut se justifier pour les séjours prolongés s'accompagnant de besoins accrus pour l'érythropoïèse (voir *supra*).

Enfin, il faut veiller à éviter les troubles intestinaux : ne boire que de l'eau purifiée à l'aide d'un filtre, aseptisée par des désinfectants (par exemple, hydroclonazone ou *Micropur*) ; éviter les crudités lavées avec de l'eau courante, respecter une bonne hygiène des mains au moment des repas.

L'hydratation doit être un souci permanent au cours d'une activité physique en altitude. Des besoins hydriques quotidiens de l'ordre de 5 litres sont fréquents au cours d'une expédition, nécessitant de faire fondre des quantités importantes de neige, à laquelle on n'oubliera pas d'ajouter des sels minéraux sous la forme de soupe, jus de fruits ou autre boisson en poudre.

Adresses utiles

- Association pour la recherche en physiologie de l'environnement (ARPE) : UFR Médecine, 74, rue Marcel-Cachin, 93017 Bobigny Cedex. Tél. : 01 48 38 77 57. Fax : 01 48 38 77 77.
- Consultations de médecine de montagne : service d'explorations fonctionnelles, hôpital Avicenne, 125, route de Stalingrad, 93009 Bobigny. Tél. : 01 48 95 56 31.
- École nationale de ski et d'alpinisme, 74400 Chamonix. Tél. : 04 50 55 30 30.
- Diplôme universitaire de médecine et urgence de montagne : Laboratoire de physiologie, UFR de médecine, 74, rue Marcel-Cachin, 93017 Bobigny Cedex. Tél. : 04 48 38 77 57.
- Fédération française de la montagne et de l'escalade : 8-10, quai de la Marne, 75079 Paris. Tél. : 01 40 18 75 50.
- CERTEC : Le Bourg, Soucieux-les-Mines, 69210 L'Abresle. Tél. : 04 74 70 39 82.
- Club alpin français (CAF) : 24, avenue Laumière, 75019 Paris. Tél. : 01 42 02 68 64.

Pour en savoir plus

Bouissou P, Péronnet F, Guézennec Y, Richalet JP. *Performance et entraînement en altitude*. Paris : Vigot, Décarie, 1987 : 174 p.

Herry JP, Richalet JP, Rathat C, Foray J. Aspects matériels et techniques de la médecine de haute altitude. *Science et Sport* 1988; 3 : 147-56.

Houston CS. *Monter plus haut*. Paris : Arnette, 1984.

Richalet JP, Herry JP. *Médecine de l'alpinisme*. 3e édition. Paris : Masson, 2003.

Richalet JP, Kéromès A, Dersch B, Corizzi F, Mehdioui H, Pophillat B *et al*. Caractéristiques physiologiques des alpinistes de haute altitude. *Science et Sports* 1988; 3 : 89-108.

Richalet JP, Rathat C. *Pathologie et altitude*. Paris : Masson, 1991 : 205 p.

Principes généraux de l'entraînement physique

Sommaire

L'avis du médecin du sport concernant l'entraînement est principalement demandé dans trois circonstances :

- l'établissement d'un programme de maintien de la condition physique;
- la prescription d'un programme de rééducation;
- l'orientation de l'entraînement des sportifs.

Le médecin du sport n'est pas un entraîneur polyvalent et ne peut connaître les différentes techniques d'entraînement d'un nombre sans cesse croissant de disciplines sportives. Toutefois, les principes régissant l'organisation d'un programme d'entraînement sont pour une bonne part communs aux différentes activités sportives. Ce sont ces points communs et ces principes généraux qui sont décrits dans les paragraphes suivants.

Vers l'entraînement scientifique

L'optimisation de l'entraînement des sportifs n'est pas une préoccupation récente, comme en atteste le livre de Philostratos, *De la gymnastique* . Depuis ce manuel d'entraînement de l'antiquité gréco-romaine, des centaines d'études expérimentales et théoriques ont été publiées sur l'entraînement des sportifs. Malgré cela, les fondements d'un entraînement réellement scientifique restent encore actuellement insuffisants car le stimulus (ou les stimulus) à l'origine des adaptations morphologiques, biochimiques et fonctionnelles observées à la suite d'un programme d'entraînement est généralement inconnu ou hypothétique. De plus, les conditions des études expérimentales sont généralement très éloignées de celles d'un entraînement sportif. En particulier, la durée des expérimentations est le plus souvent inférieure à 6 mois, alors qu'un sportif a besoin de nombreuses années pour arriver à maturité. Enfin, il existe peu d'études réalisées chez des athlètes de très haut niveau.

Dans l'état actuel de nos connaissances, il est abusif de parler d'un entraînement scientifique. Il est préférable de parler d'une approche scientifiquement argumentée et statistiquement vérifiée de l'entraînement sportif. Quels que soient le type d'entraînement ou l'objectif visé, la pratique empirique, parfois séculaire, montre que la réussite d'un programme d'entraînement dépend de l'observation de quelques points fondamentaux : spécificité, progressivité, préparation physique générale, récupération, individualisation, continuité et planification.

Spécificité

La spécificité de l'entraînement est un principe connu depuis longtemps car le stoïcien Épictète enseignait déjà : « Marchez pour être marcheur, courez pour être coureur… » Selon le type d'entraînement réalisé, l'adaptation concerne des organes différents. De plus, un même organe s'adapte différemment selon le type d'entraînement : un entraînement d'endurance augmente principalement les activités mitochondriales et les capillaires musculaires alors qu'un entraînement de musculation développe essentiellement les myofibrilles. Enfin, l'amélioration des performances s'explique aussi par une meilleure économie des gestes sportifs, qui ne peut être acquise que par un entraînement spécifique.

« Spécificité de l'entraînement » ne signifie pas que les séances d'entraînement sont une copie conforme de la compétition : l'entraînement d'un coureur de 1 500 m ne consiste pas à courir tous les jours 1 500 m. Le principe de spécificité signifie que :

- l'entraînement doit développer essentiellement les qualités limitant les performances;
- les moyens utilisés doivent être adaptés à chaque discipline.

Facteurs limitants

La première étape de la conception d'un programme d'entraînement consiste donc à préciser quels sont les facteurs limitant la réussite dans une activité sportive. Les études physiologiques, anthropométriques, psychomotrices et psychologiques des meilleurs athlètes d'une discipline sont l'un des moyens de déterminer ces facteurs limitants. Malheureusement, de telles études manquent dans les disciplines récentes et même encore dans des disciplines parfois ancestrales. Une analyse fondée sur les connaissances actuelles en biologie de l'exercice est un autre moyen de connaître les facteurs limitant la performance. Cette analyse doit porter notamment sur la durée et l'intensité de l'exercice, son caractère continu ou intermittent, l'intensité des forces mises en jeu, le caractère isométrique ou anisométrique des contractions musculaires, les différents groupes musculaires sollicités, l'influence du poids et de la taille, l'apprentissage des gestes moteurs essentiels. À partir de cette analyse, il est possible d'évaluer l'intérêt éventuel d'un programme d'entraînement des qualités de force musculaire, d'endurance aérobie, de vitesse, etc.

Incompatibilités

La deuxième étape consiste à déterminer les incompatibilités concernant le développement simultané de certaines qualités physiques. Ainsi, le développement optimal et simultané des qualités de vitesse et d'endurance aérobie est incompatible pour certains physiologistes car l'amélioration de l'endurance musculaire s'accompagnerait d'une augmentation du pourcentage de fibres musculaires de type I, c'est-à-dire de fibres à contraction lente (voir chapitre 18). De même, un entraînement de musculation s'accompagnant d'une augmentation importante de la masse musculaire est incompatible avec la réussite dans une activité où le coût énergétique est un facteur limitant essentiel et dépend de la masse corporelle (marathon, cyclisme en côte, etc.).

Quels exercices réaliser ?

La troisième étape consiste à déterminer les types d'entraînement les plus appropriés pour développer les qualités qui doivent l'être. Ces entraînements devront être non seulement efficaces mais aussi supportables psychologiquement et physiquement (traumatisme, etc.) et ne pas être incompatibles entre eux. L'étude des programmes d'entraînement des meilleurs athlètes est un moyen de connaître les types d'entraînement efficaces pour réussir dans une discipline. Les revues spécialisées abondent en articles consacrés aux programmes d'entraînement des athlètes renommés. Cette approche pragmatique est intéressante à condition de conserver un esprit critique et de prendre en considération les points suivants :

- le programme d'entraînement des athlètes de haut niveau est l'aboutissement de nombreuses années de pratique et ne peut pas être prescrit aux athlètes de niveau moindre ;
- l'entraînement des meilleurs n'est pas forcément optimal et un programme d'entraînement fondé uniquement sur l'observation des athlètes de haut niveau risque de perpétuer des imperfections ou des erreurs d'entraînement ;
- des athlètes atteignent le même niveau de performance avec des programmes parfois très différents.

Cette troisième étape est bien plus empirique que ne le prétendent les partisans de l'entraînement scientifique. Dans de nombreux cas, il s'agit en fait de l'application de recettes. Tel type d'entraînement s'est montré efficace pour développer telle qualité. Le seul caractère scientifique de ces recettes est que leur efficacité a été vérifiée statistiquement et que leurs effets ont été étudiés de façon plus ou moins analytique. Consciemment ou inconsciemment, l'entraîneur et le physiologiste de l'exercice appliquent l'adage « la fonction crée l'organe », célèbre depuis la publication de *La Philosophie zoologique* (1809) par J.-B. Monet de Lamarck. « L'emploi plus fréquent et soutenu d'un organe quelconque fortifie peu à peu cet organe, le développe, l'agrandit et lui donne une puissance proportionnée à la durée de cet emploi... » Ce principe transposé dans le domaine de l'éducation physique peut se résumer ainsi : si on veut développer la force, il faut réaliser des exercices de force à l'entraînement ; si on veut développer l'aptitude aux exercices de longue durée, il faut réaliser des entraînements de longue durée, etc. Malgré le peu de fondement scientifique de ce raisonnement, il faut bien reconnaître que son application est généralement efficace.

Après avoir déterminé les qualités physiques qu'il faut développer et les moyens d'y parvenir, l'étape suivante de la conception d'un programme d'entraînement consiste en l'application des principes de progressivité, de récupération, de préparation physique générale, de persévérance, d'individualisation.

Progressivité

La progressivité de l'entraînement est le deuxième principe qu'il est indispensable de respecter. Cette progressivité concerne autant l'intensité que la quantité d'entraînement, c'est-à-dire la durée et la fréquence des séances. Tout sportif navigue entre deux écueils : l'insuffisance et l'excès d'entraînement, avec leur conséquence respective, la stagnation des résultats ou le surentraînement.

La progression des performances est très rapide pendant les premiers mois, voire les premiers jours, et peut atteindre plusieurs dizaines de pourcents. Après cette période initiale de progrès rapides, fait suite une période de progrès très lents pendant laquelle une amélioration de quelques pourcents n'est parfois obtenue qu'au bout de plusieurs années. Des mécanismes adaptatifs probablement différents expliquent ces progrès rapides et lents.

Il est fréquent que des périodes de stagnation prolongée ou même de régression s'intercalent entre des périodes de lente progression. De minimes altérations de l'état de santé peuvent contrebalancer les faibles effets positifs de l'entraînement. Une stagnation des résultats est aussi observée si la quantité et/ou l'intensité de l'entraînement restent constantes sur des périodes prolongées. L'entraînement n'est plus alors un stimulus suffisant pour assurer la progression des performances mais permet juste le maintien à un certain niveau de performances. La reprise de la progression des performances nécessite une augmentation de l'intensité et/ou de la quantité de l'entraînement.

L'augmentation de l'intensité et de la quantité des entraînements ne doit pas être préétablie de façon trop rigide mais s'adapter aux particularités individuelles et aux circonstances en se fondant sur une évaluation répétée de la condition physique. Les examens et épreuves fonctionnelles réalisés en laboratoire permettent d'apprécier certains de ces progrès mais leur coût limite leur répétition. Cela justifie l'utilisation répétée et à grande échelle des tests de terrain.

Si dans le passé l'insuffisance d'entraînement était la cause essentielle du faible niveau de performance dans de nombreux sports, actuellement la stagnation des résultats ou même leur régression s'expliquent souvent par des quantités et des intensités d'entraînement excessives. Autant que la charge d'entraînement en elle-même, c'est l'absence de préparation de progressivité qui détermine le caractère excessif d'un programme. « Trop, trop dur, trop tôt » est un bon résumé des causes du syndrome de surmenage des sportifs, communément appelé surentraînement (voir chapitres 20 et 80).

Individualisation

Une série d'études québécoises récentes réalisées chez des jumeaux homozygotes suggère que la réponse à un programme d'entraînement dépend au moins en partie de facteurs génétiques. Les auteurs de ces études en tirent la conclusion que certains sujets sont plus entraînables que d'autres. Une autre explication est que les facteurs limitant la performance dans une activité physique donnée diffèrent d'un sujet à l'autre et sont en partie génétiquement déterminés. Quelle que soit leur interprétation, ces études démontrent la nécessité d'adapter les programmes d'entraînement aux particularités individuelles.

La nécessité d'une individualisation de l'entraînement reste cependant un principe trop souvent ignoré. Il est indispensable de déterminer, pour un sportif donné, les qualités physiques et mentales qu'il serait souhaitable d'améliorer et celles dont le niveau est suffisant au moyen de tests de terrain et de laboratoire. Le sportif doit connaître ses points forts et ses points faibles pour la discipline considérée. Cela est d'autant plus important que les sportifs ont souvent tendance à entraîner leurs points forts et à négliger le développement de leurs points faibles. Toutefois, il est souhaitable d'essayer de concilier les nécessités du programme d'entraînement et les préférences du sportif pour certains types d'activité physique. Cela est particulièrement vrai quand l'objectif principal de l'entraînement est le maintien de la santé. Dans ce cas, l'entraînement optimal est celui qui apporte suffisamment de plaisir pour être pratiqué de nombreuses années voire une vie entière.

Un programme d'entraînement individualisé doit impérativement tenir compte des points suivants : l'objectif recherché (rééducation, maintien en forme, plaisir, performance), un handicap éventuel (en particulier cardiovasculaire, respiratoire ou ostéoarticulaire), la survenue d'une maladie même bénigne, les causes extrasportives de fatigue (impératifs familiaux, scolaires et professionnels), le passé sportif de l'athlète. Les mêmes quantités et intensités d'entraînement peuvent être insuffisantes chez un athlète au long passé sportif alors qu'elles seraient à peine supportables chez un débutant.

Continuité

Si la fonction crée l'organe, J.-B. Monet de Lamarck écrivait aussi que *« le défaut constant d'usage de tel organe l'affaiblit insensiblement, le détériore, diminue progressivement ses facultés... »*. Les adaptations induites par l'entraînement physique ne sont que temporaires : un arrêt prolongé de l'entraînement s'accompagne progressivement d'un retour à l'état antérieur. Hormis le cas du sportif surentraîné, en règle générale, une diminution prolongée de l'intensité ou de la quantité d'entraînement mène à un niveau moindre de performance. Cependant, si la diminution d'entraînement est de courte durée, certaines fonctions peuvent être quasiment maintenues à un niveau identique alors que d'autres se dégradent très vite. Par exemple, les activités mitochondriales musculaires diminuent très précocement alors que la $\dot{V}O_2$ max semble rester stable plus longtemps.

À l'extrême, un arrêt complet et prolongé de toute activité sportive chez un sujet auparavant très entraîné pendant de nombreuses années peut se manifester par un syndrome dit de désentraînement : en plus d'une diminution de la condition physique, le sujet se plaint de nombreux troubles fonctionnels sans aucune lésion organique décelable. Ce syndrome a été comparé par certains à un syndrome de sevrage, l'activité sportive jouant le rôle d'une drogue.

Les interruptions d'entraînement (intersaisons ou vacances) ne devraient pas dépasser un mois. En cas d'arrêt occasionné par une convalescence, il est souhaitable de rechercher une activité de remplacement médicalement acceptable qui permette sinon de maintenir le niveau de performance, au moins de limiter la régression. Cela est d'autant plus nécessaire que de nombreux sportifs ont tendance à vouloir reprendre trop tôt leur activité sportive car ils ont conscience des méfaits d'un arrêt prolongé et en conséquence supportent mal sur le plan psychologique la prescription d'une inactivité complète.

Planification

La planification de l'entraînement est un facteur essentiel de la réussite sportive. Il est difficile de rester en permanence au sommet de sa condition physique et il est nécessaire par conséquent de déterminer les objectifs principaux de la saison sportive. La planification de l'entraînement consiste donc à répartir dans le temps non seulement les différents modes d'entraînement mais aussi des périodes de récupération. Ainsi, le plan d'entraînement répartit dans la saison sportive des cycles de préparation physique générale, des cycles de préparation spécifique et de mise en forme ainsi que des cycles de récupération.

Les conditions d'une réussite à court terme sont probablement différentes de celles d'une réussite à long terme. La recherche à tout prix de la réussite à court terme impose un programme d'entraînement généralement effectué aux dépens de la préparation physique générale et d'une préparation spécifique à long terme. Le plan d'entraînement doit donc être établi non seulement en fonction des différentes étapes d'une saison sportive mais aussi en fonction des objectifs à atteindre les années suivantes, en particulier chez le jeune sportif.

Importance de la récupération

Chaque séance d'entraînement provoque des perturbations importantes de l'homéostasie de l'organisme (hyperthermie, perturbations hydroélectrolytiques, diminution des réserves énergétiques). Par ailleurs, la répétition de microtraumatismes est à l'origine de lésions du système ostéoarticulaire, des tendons, des fibres musculaires, des globules rouges, etc. La récupération correspond à une période d'activité métabolique accrue par rapport au repos comme en témoigne l'augmentation du métabolisme pendant les 24 à 48 heures qui suivent l'arrêt d'un exercice intense et/ou prolongé. Schématiquement, l'exercice correspond à une prédominance de processus cataboliques alors que la récupération correspond à la mise en jeu des processus anaboliques nécessaires à la restauration de l'homéostasie de l'organisme.

Surcompensation

Les phases d'exercice et de récupération sont indissociables dans le processus d'entraînement. Cette importance de la phase de récupération est d'ailleurs le fondement de la *théorie de la surcompensation* . Cette théorie a pour origine les premiers travaux sur l'évolution de la concentration du glycogène intramusculaire pendant les heures et les jours qui suivent la fin d'un exercice. La concentration du glycogène intramusculaire baisse fortement à la fin d'un exercice de longue durée, puis retrouve son niveau initial plusieurs heures ou dizaines d'heures après. Si les circonstances sont favorables, la concentration du glycogène intramusculaire peut même dépasser le niveau initial de plus de 50 % les jours suivants (fig. 17.1). Il y a alors non seulement une compensation de la déplétion glycogénique et une récupération de l'état initial mais également une « sur-récupération », appelée surcompensation. Cette surcompensation n'est que temporaire et la concentration du glycogène intramusculaire retrouve progressivement, au bout de quelques jours, une valeur normale, proche de l'état initial. Des phénomènes similaires ont été décrits depuis pour d'autres substrats énergétiques ou d'autres grandeurs biologiques, comme par exemple le volume plasmatique, qui diminue pendant l'exercice mais peut dépasser le niveau initial après quelques dizaines d'heures de récupération. L'école soviétique a fait du principe de surcompensation le fondement des différentes adaptations biologiques observées après un programme d'entraînement et a proposé une théorie de l'entraînement fondée sur ce principe. De nombreux entraîneurs fondent actuellement leur programme d'entraînement sur ce principe de surcompensation. Les points essentiels de cette théorie de la surcompensation sont :

- les effets de l'entraînement sont d'autant plus nets que les perturbations de l'homéostasie sont importantes ;
- les délais de survenue des phases de récupération et de surcompensation dépendent des grandeurs biologiques étudiées et de l'exercice (fig. 17.1) ;
- la phase de surcompensation est transitoire ; l'amélioration observée après une séance d'entraînement n'est que de courte durée et son maintien nécessite donc la répétition de séances d'entraînement ;

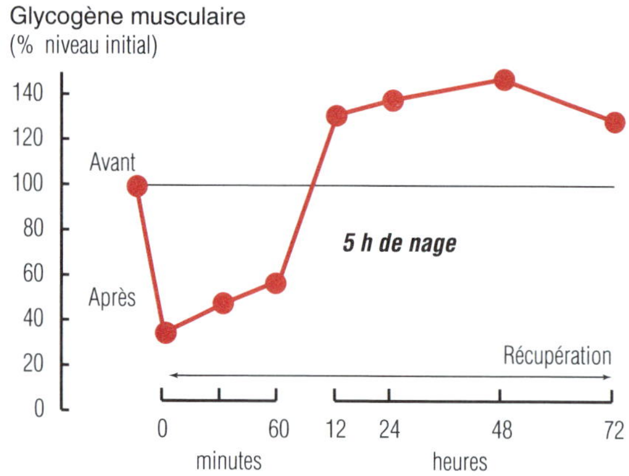

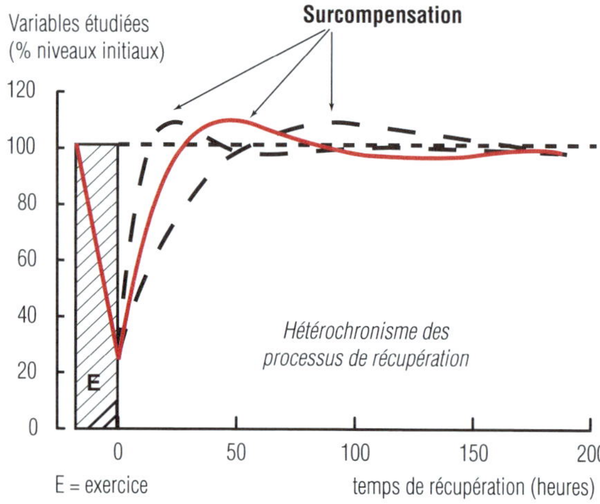

Fig. 17.1. Récupération et surcompensation (d'après Tchagovets). En haut : évolution de la concentration du glycogène musculaire après un exercice de 5 heures chez le rat. En bas : illustration du principe de l'hétérochronisme des processus de récupération après un exercice.

- l'intervalle entre deux séances doit être tel que le sujet reprenne l'entraînement en phase de surcompensation de l'exercice précédent ;
- la période de récupération qui suit l'exercice est essentielle ; la surcompensation n'est observée que si la durée et la qualité de la récupération (sommeil, diététique, activités extrasportives, etc.) sont satisfaisantes.

Le phénomène de surcompensation n'explique pas l'ensemble des adaptations survenant au cours d'un programme d'entraînement. En particulier, la théorie de la surcompensation n'indique pas les stimulus et les mécanismes qui sont à l'origine de l'adaptation cellulaire à un programme d'entraînement. Par ailleurs, dans la théorie de la surcompensation, l'adaptation est liée à la compensation de processus en rapport avec la survenue de la fatigue pendant l'exercice. Il n'est pas évident que ce principe s'applique à tous les processus adaptatifs provoqués par l'entraînement. La théorie de la surcompensation doit donc être considérée plus comme un modèle de raisonnement appliqué à l'entraînement que comme une explication des processus d'adaptation à un programme d'entraînement.

Effets cumulés

Malgré l'augmentation de leur durée et de leur intensité, les séances d'entraînement sont des stimulus de plus en plus faibles au fur et à mesure de la progression du niveau sportif. Si une séance est suivie d'une surcompensation, celle-ci est minime. Des athlètes de haut niveau s'entraînant plusieurs centaines de fois par an n'améliorent au mieux leurs performances que de quelques pourcents par an. Les progrès sont donc en moyenne inférieurs à un pour mille par séance!

Pour pallier le peu d'efficacité des séances d'entraînement chez les athlètes de bon niveau, des théoriciens de l'entraînement ont proposé de cumuler les effets de plusieurs séances (fig. 17.2). Au lieu de reprendre l'entraînement en phase de surcompensation, le sujet répète plusieurs séances alors qu'il n'a pas encore récupéré complètement de la précédente. Une période de récupération suffisante (24 heures et plus de repos ou de récupération active) suit cette série de séances. Une surcompensation est espérée après cette période de repos et le sportif recommence alors une nouvelle série de séances. Le raisonnement est donc le même que celui énoncé précédemment à propos de la théorie de la surcompensation; la seule différence est que la surcompensation est provoquée par le cumul de séances rapprochées dans le temps au lieu d'une seule séance. Avant et après chaque séance, le niveau des réserves énergétiques et l'état fonctionnel du sujet se dégradent progressivement avec la répétition de celles-ci en période de récupération incomplète. Après un tel enchaînement de séances, les stimulus adaptatifs sont supposés être plus accentués qu'après une séance. Les possibilités de surcompensation seraient ainsi majorées, à condition qu'une période de récupération satisfaisante suive la dernière séance de la série.

Les preuves de la supériorité des effets cumulés de plusieurs séances manquent encore. En théorie, la recherche d'effets cumulés de l'entraînement est d'autant plus intéressante que les séances sont moins efficaces, c'est-à-dire que le niveau sportif augmente. Cependant, plus ou moins consciemment, les athlètes de niveau moyen pratiquent une variante de la méthode d'entraînement par effets cumulés lorsqu'ils participent à des stages d'entraînement intensifs d'une à deux semaines. La quantité, l'intensité d'entraînement et le nombre de séances de ces stages sont inhabituellement élevés et ne permettent probablement pas une récupération complète entre les séances. Une surcompensation est espérée après la période de récupération active (période d'activités sportives de durée et d'intensité moindres) de 7 à 10 jours qui suit généralement ces stages.

La récupération est un phénomène actif et l'état de fatigue ne doit pas être excessif pour que les différents processus anaboliques de la période de récupération soient pleinement efficaces. Lorsque le nombre, la durée et l'intensité des séances séparées de récupérations incomplètes sont trop importants, la fatigue de l'organisme peut être telle qu'une surcompensation n'est plus observée après la période de repos. À un degré de plus, la simple récupération de l'état initial (l'état avant la première séance) n'est plus observée après le repos. La répétition de ces séquences de séances d'entraînement suivies de récupérations incomplètes serait l'une des causes du surentraînement sportif.

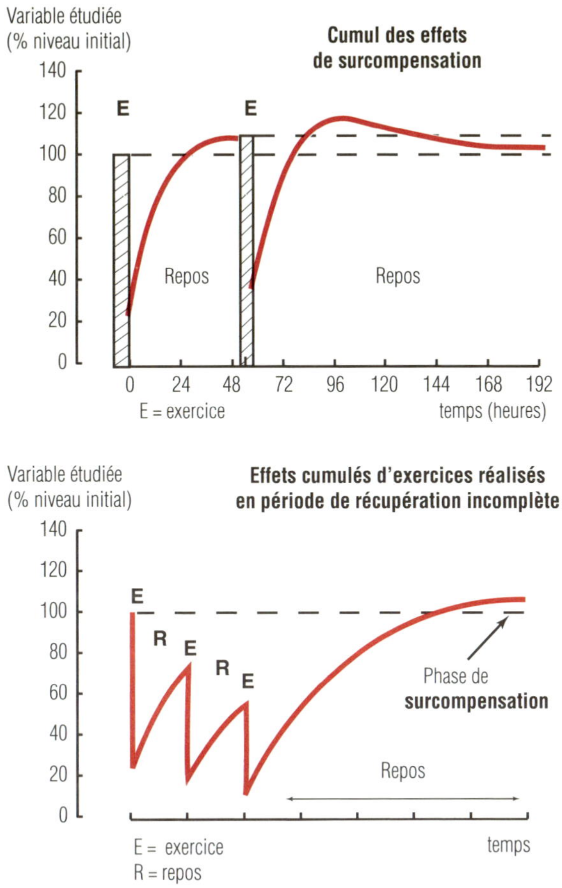

Fig. 17.2. Évolution d'une variable physiologique lors de la répétition d'un exercice (d'après Tchagovets). En haut : en phase de surcompensation. En bas : en phase de récupération incomplète. Le phénomène de surcompensation est observé après la phase de récupération prolongée qui suit la dernière séance d'exercice.

Cycles de récupération

La surcompensation n'est que temporaire. La recherche de séances d'entraînement réalisées en phase de surcompensation limite donc la durée des intervalles de repos entre les séances. Il en est de même de la recherche d'effets cumulés. Les processus de récupération et de surcompensation sont plus ou moins rapides selon les réserves énergétiques et les fonctions de l'organisme prises en considération. Si une fonction se trouve en phase de surcompensation pour un intervalle donné de repos entre deux séances, cet intervalle de récupération peut être insuffisant pour une autre fonction. Cette fonction peut donc se dégrader progressivement avec la répétition des séances.

Aussi, certains programmes d'entraînement prévoient des périodes de récupération, régulièrement espacées afin d'éviter la dégradation des fonctions qui récupèrent le plus lentement. Au minimum, un ou deux jours de repos hebdomadaire sont intercalés entre les séances d'entraînement. Chez les athlètes de bon niveau, il est fréquent qu'après 3 ou 4 semaines d'entraînement intensif les programmes incluent des cycles de 5 à 7 jours (parfois appelés microcycles de récupération) où l'intensité, la durée et la fréquence des séances sont inférieures aux valeurs habituelles. De même, des cycles de récupération doivent être programmés après des périodes prolongées de compétition de haut niveau.

Rôle du médecin

Que la théorie de la surcompensation corresponde à la réalité ou non, qu'il y ait cumul ou pas des effets de plusieurs séances, une récupération satisfaisante (durée, sommeil, diététique, etc.) est l'élément essentiel du processus d'entraînement et de la prévention du surentraînement. Si de nombreux sportifs même de niveau moyen suivent avec une rigueur quasi obsessionnelle leur programme d'entraînement et ne manqueraient à aucun prix une séance, leur observation des règles d'hygiène de vie nécessaires à une récupération satisfaisante est fréquemment insuffisante. Dans de nombreux cas, l'entraîneur n'est pas tenu au courant des conditions de la vie extrasportive qui pourraient altérer les possibilités de récupération de l'athlète (problèmes médicaux, familiaux et professionnels). Il appartient au médecin du sport de se renseigner systématiquement sur les possibilités de récupération et d'informer le sportif sur la nécessité d'une hygiène de vie favorable aux processus récupérateurs (quantité et qualité du sommeil, diététique).

Préparation physique générale

La préparation physique générale est le fondement d'une éducation physique dont l'objectif est l'épanouissement physique et psychologique de l'individu. Par ailleurs, la pratique de nombreux sports dans l'enfance et l'adolescence est probablement un des meilleurs moyens de détecter et d'orienter les sujets particulièrement aptes dans une discipline.

La préparation physique générale doit aussi être considérée comme une thérapeutique préventive indispensable. L'entraînement d'un sportif ne consiste pas uniquement à améliorer les qualités physiques qui limitent directement les performances. Le sportif doit aussi être capable de supporter physiquement et psychologiquement les séances d'entraînement. La répétition de nombreuses séances d'entraînement s'accompagne de processus accessoires pouvant évoluer vers la maladie : pathologie traumatique et attitudes vicieuses, pathologie cardiovasculaire, surmenage. L'observation du principe de progressivité de l'entraînement permet généralement d'atténuer certains de ces effets secondaires indésirables. Néanmoins, il est nécessaire dans de nombreuses activités sportives d'inclure des exercices dont l'objectif est de permettre à l'athlète de s'adapter aux contraintes physiques du programme d'entraînement et non pas d'améliorer directement ses performances. C'est ainsi que des athlètes d'endurance pratiquent des exercices d'étirement et de renforcement musculaire même si ces activités n'ont bien souvent pas de répercussion directe sur l'amélioration des performances. À l'opposé, des athlètes pratiquant des sports où la force et la puissance maximale anaérobie sont les facteurs limitants réalisent à dose limitée des exercices aérobies.

Bien qu'on oppose souvent préparation spécifique et préparation physique générale, cette dernière doit conserver une certaine spécificité de l'activité sportive pratiquée. En effet, chaque discipline présente des insuffisances spécifiques et entraîne des lésions micro et macrotraumatiques ou des attitudes vicieuses particulières. De plus les résultats de cette préparation physique générale ne doivent pas être incompatibles avec l'amélioration des performances.

Contrairement à la préparation spécifique, le temps consacré à la préparation physique générale est d'autant plus important que la période des compétitions est éloignée et que le sujet est jeune.

Apports et limites de la biologie moléculaire dans l'entraînement sportif

Champs d'application de la biologie moléculaire

Qu'on le veuille ou non, il est probable que l'entraînement sportif sera un domaine d'application de la biologie moléculaire, en particulier à trois niveaux.

Génétique de la performance et de l'entraînement sportif

Il est déjà envisagé d'utiliser la génétique dans la détection des prédispositions à la réussite dans les différentes disciplines sportives. L'étude des allèles du gène de l'enzyme de conversion de l'angiotensinogène (ACE) par Montgomery (1997)[1] est la première étude qui a tenté de mettre en évidence une relation entre la présence d'un allèle (DD, ID et II) et la performance sportive ou la sensibilité aux effets de l'entraînement. Cette première étude est très démonstrative des intérêts et des limites de ce type d'études (tableaux 17.I et 17.II).

Ses résultats n'ont pas toujours été vérifiés et leurs interprétations sont contestables. Ce qui était considéré comme un avantage dans la première étude (développement plus important de la masse myocardique) peut être interprété au contraire comme l'expression d'une moins bonne adaptation à l'exercice (élévation plus importante de la pression artérielle).

L'utilisation des méthodes de la génétique dans la détection et la sélection des sportifs est souvent perçue comme la fin de la « glorieuse incertitude » du sport et un risque de limitation de l'accès à la pratique sportive aux *happy few*, qui possèdent les gènes les plus favorables. La crainte d'un eugénisme sportif n'est peut-être pas complètement injustifiée.

1. Montgomery *et al.*, Association of angiotensin-converting enzyme gene I/D polymorphism with change in left ventricular mass in response to physical training. *Circulation* 1997 Aug 5 ; 96(3) : 741-7.

Une conception plus optimiste du recours à la génétique et à la biologie moléculaire dans le sport envisage les possibilités d'améliorer l'individualisation de l'entraînement en permettant de déceler les sensibilités aux différentes méthodes d'entraînement. La biologie moléculaire ne serait plus utilisée contre les intérêts de l'individu sportif mais au contraire à son service, en permettant d'optimiser son programme d'entraînement.

Tab. 17.I. Effets de 10 semaines d'entraînement physique sur quelques paramètres biologiques chez des recrues de l'armée (d'après Montgomery *et al.*, 1997).

	DD	ID	II
Augmentation de la masse ventriculaire gauche après entraînement	42,3 g	38,5 g	2 g
Signes d'hypertrophie ventriculaire gauche à l'électrocardiogramme	P < 0,1 6/24 avant 11/24 après		
Augmentation du facteur natriurétique plasmatique	56,0 pg/L		11,5 pg/L

D correspond à l'allèle « Délétion » de l'antigène de l'ACE et I à la forme « Insertion » de ce même allèle. DD et II : formes homozygotes; ID : forme hétérozygote. ACE : Angiotensim Converting Enzyme.

Tab. 17.II. Effets de 10 semaines d'entraînement physique sur les masses grasse et maigre chez des recrues de l'armée (d'après Montgomery *et al.*, 1999).

	DD + ID	II
Modification de la masse grasse après entraînement	– 0,20 kg	+ 0,55 kg
Modification de la masse maigre (non grasse) après entraînement	– 0,15 kg	+ 1,31 kg

Compréhension des effets de l'entraînement

Actuellement, les adaptations induites par l'entraînement correspondent aux adaptations provoquées par une série d'entraînements (10 à 100 séances). Les méthodes de la biologie moléculaire permettent en théorie d'étudier les adaptations à une séance unique d'entraînement en montrant l'évolution de l'expression des ARN et des facteurs de croissance qu'elle provoque. Ces mêmes méthodes, en montrant la durée de ces adaptations, devraient permettre d'optimiser les intervalles entre les séances et limiter autant les effets du surentraînement que du désentraînement.

Le processus d'entraînement a parfois été comparé à une boîte noire dont on connaît les entrées (les exercices d'entraînement) et les sorties (les effets sur les performances ou les adaptations structurales et biochimiques) sans en comprendre les mécanismes. La biologie moléculaire peut en théorie permettre d'accéder, enfin, à la connaissance du stimulus réellement à l'origine des effets observés. Mieux encore, certaines méthodes de biologie moléculaire permettent d'étudier les effets d'une séance d'entraînement sur les différents types de fibres musculaires (fibres lentes et rapides) en montrant l'expression des ARN dans ces différentes fibres.

Dopage

Dans ce domaine, il est malheureusement difficile d'imaginer une limite et d'énumérer les « trouvailles » possibles des futurs « docteurs Frankenstein ». Comme pour la thérapie génique, les possibilités d'insérer un gène favorable à la performance et de gagner par ce moyen des médailles olympiques ne sont probablement pas réelles dans un futur très proche (ne serait-ce qu'à cause du délai nécessaire pour atteindre un haut niveau sportif). En revanche, la possibilité d'annihiler l'expression d'un gène est moins difficile et on ne peut pas exclure qu'assez rapidement apparaissent des athlètes présentant des gènes dont l'expression aurait été inhibée définitivement ou temporairement (par exemple, inhibition du gène de la myostatine pour faciliter l'hypertrophie musculaire).

Limites de l'application de la biologie moléculaire aux disciplines sportives

Les limites de l'application de la biologie moléculaire dans les sciences de l'entraînement tiennent à des questions d'échelle et de complexité.

La biologie moléculaire ne résume pas l'ensemble de la biologie. La biologie moléculaire, très analytique, ne décrit pas le processus d'adaptation au niveau de l'organisme entier (différence d'échelle entre cellule et organisme) : « *Le tout n'est pas la somme des parties.* » Cette limite n'est pas propre à l'entraînement sportif mais concerne aussi l'ensemble de la biologie et des sciences médicales.

Par ailleurs, l'intérêt de la biologie moléculaire est moins évident en ce qui concerne les adaptations à long terme (échelle de temps). La biologie moléculaire est probablement l'instrument de choix pour étudier les premières phases de l'adaptation mais n'est probablement pas supérieure dans l'étude des effets cumulés de nombreux processus adaptatifs. La complexité de la réponse adaptative à une séance unique d'entraînement ne permet probablement pas de conclure sur les effets à long terme du cumul de ce type de séances. Par ailleurs, les programmes d'entraînement ont généralement des objectifs multiples et associent de nombreuses méthodes, dont les interactions sur les expressions de nombreux gènes devraient être étudiées. Ainsi, même au niveau cellulaire, les méthodes physiologiques et biochimiques plus traditionnelles resteront probablement nécessaires pour vérifier, à long terme, le cumul des effets immédiats et leurs résultats sur les produits « terminaux » et les performances, qui restent l'objectif principal.

L'organisme du sportif à l'entraînement correspond à un système dynamique dont le niveau de complexité n'a probablement rien à envier à celui du climat. L'exemple de la météorologie, qui ne permet pas de prédire le temps qu'il fera dans quelques semaines, illustre bien l'imprévisibilité des systèmes complexes et les limites de l'utilisation des modèles qui les décrivent. Dans le domaine de la prédiction météorologique, il reste malheureusement parfois aussi efficace d'appliquer des principes généraux aussi triviaux que : « Demain, il fera le même temps qu'aujourd'hui... », « En avril, ne te découvre pas d'un fil », « Le maximum de pluviosité a lieu à telle époque de l'année, donc... » Il est difficile de prévoir l'importance qu'aura l'application de la biologie moléculaire aux sciences du sport dans la pratique quotidienne de l'entraîneur et du sportif. Il est peu probable que l'application de la biologie moléculaire aux sciences de l'entraînement remette en question l'existence des principes généraux de progressivité, de spécificité, d'individualisation, de continuité présentés ici. On peut au contraire attendre un approfondissement de ces principes généraux.

Conclusion

Le développement récent de la biologie de l'exercice a parfois pour effet que le médecin, le physiologiste, le jeune entraîneur et ses athlètes négligent l'observation des principes fondamentaux qui ont été décrits ci-dessus au profit de plans d'entraînement fondés uniquement sur les résultats d'épreuves fonctionnelles. Le médecin du sport doit interroger tout athlète sur l'observation de ces principes généraux car leur oubli est souvent à l'origine de certaines pathologies, de la stagnation des performances et du surentraînement sportif. Si les résultats d'épreuves fonctionnelles (de laboratoire ou de terrain) et nos connaissances actuelles en biologie des activités physiques permettent de définir le contenu de certaines séances d'entraînement, l'application des notions de spécificité, de progressivité, d'individualisation, de récupération et de préparation physique générale est indispensable à une répartition appropriée des différents types de séances à l'intérieur d'un programme.

Pour en savoir plus

Billat V. *Physiologie et méthodologie de l'entraînement*. Paris : De Boeck Université, 1998 : 193 p.

Harre D. *Principles of sports training. Introduction to the theory and method of training*. Ouvrage collectif. Berlin : Sportverlag, 1982.

Skinner JS. General principles of exercise prescription. *In :* Skinner JS, ed. *Exercise testing and exercise prescription for special cases*. Philadelphia : Lea and Febiger, 1987.

Vandewalle H, Pérès G. À propos de la notion de cycles d'entraînement. *Cinésiologie* 1979; 74 : 23-6.

Weineck J. *Manuel d'entraînement*. Paris : Vigot, 1983.

18

Entraînement aérobie

Sommaire

La consommation maximale d'oxygène est l'un des facteurs limitant les performances dans les activités sportives de longue durée. Sont donc concernés par l'entraînement aérobie non seulement les pratiquants des sports essentiellement d'endurance (aviron, course, cyclisme, ski de fond, etc.) mais aussi à des degrés divers les pratiquants des différents jeux de balles (basket, hand, foot, volley-ball), de raquette et de crosse (badminton, hockey sur gazon et sur glace, squash, tennis, tennis de table, etc.). De plus, l'entraînement aérobie fait partie de la préparation physique générale de la plupart des autres activités sportives. La prescription d'un programme d'entraînement aérobie doit définir les types d'entraînement à réaliser et quantifier leur intensité, leur durée et leur fréquence. Cette prescription doit tenir compte de la discipline sportive pratiquée en compétition (principe de spécificité de l'entraînement) et être adaptée en fonction des antécédents sportifs et pathologiques ainsi que des préférences individuelles.

Différents types d'entraînement aérobie

Exercices isométriques et anisométriques

Les exercices musculaires peuvent être divisés en exercices *isométriques* et exercices *anisométriques*. Pendant les exercices isométriques, le muscle maintient une force plus ou moins élevée mais se contracte sans raccourcissement, sans déplacement des articulations. Ces exercices sont souvent appelés exercices statiques. Pendant les exercices anisométriques, la contraction musculaire s'accompagne d'une variation de longueur du muscle et d'un déplacement des articulations. Ces exercices anisométriques sont parfois appelés exercices dynamiques. On peut les subdiviser en exercices *concentriques* lorsqu'il y a raccourcissement du muscle et production d'un travail moteur, et *excentriques* lorsqu'il y a allongement du muscle pendant l'état de contraction et production d'un travail de freinage. La plupart des activités sportives correspondent à des exercices anisométriques à prédominance concentrique. Certaines activités comme la course à pied comportent d'ailleurs une courte phase excentrique suivie d'une phase concentrique.

Lors de la contraction d'un muscle, les vaisseaux qui l'irriguent, en particulier les capillaires, sont comprimés. Plus l'intensité d'une contraction est élevée plus l'obstacle à la circulation musculaire est serré. Dans les exercices isométriques la circulation musculaire peut ainsi être complètement interrompue pendant plusieurs dizaines de secondes. En revanche, entre les répétitions de contractions anisométriques, il existe une phase de relâchement d'autant plus favorable à la perfusion musculaire que les vaisseaux musculaires sont soumis aux effets vasodilatateurs des métabolites locaux. Il en est de même si la contraction isométrique est de type intermittent.

Qu'ils soient continus ou intermittents, les exercices isométriques ne présentent pas d'intérêt pour le développement de $\dot{V}O_2$ max car le métabolisme aérobie est faiblement sollicité dans ce type d'activité et le volume d'éjection systolique peut même être plus faible qu'au repos. L'augmentation de la pression artérielle est souvent importante dans ces exercices isométriques s'ils sont menés jusqu'à épuisement.

La dépense énergétique, la sollicitation du métabolisme aérobie, le débit cardiaque et le volume d'éjection systolique sont nettement plus élevés pendant les exercices anisométriques concentriques qu'au repos. Les programmes d'entraînement aérobie efficaces doivent donc comporter des exercices anisométriques de type concentrique.

L'intérêt des exercices excentriques dans le développement de $\dot{V}O_2$ max n'a pas été spécialement mis en évidence mais celui-ci est *a priori* limité car la dépense énergétique est relativement faible dans ce type d'activité (il est nettement moins fatigant de descendre des escaliers que de les monter). De plus, ce mode d'exercice semble particulièrement traumatisant au niveau musculaire.

Exercices de force, de vitesse et d'endurance

Les exercices anisométriques peuvent être subdivisés en exercices de force, de vitesse et d'endurance. Les améliorations de $\dot{V}O_2$ max ne sont nettement observées que dans le cas de la pratique d'activités sportives sollicitant fortement le métabolisme aérobie, c'est-à-dire les exercices d'endurance. Les programmes fondés sur des exercices de force et de vitesse ne sont donc pas adaptés au développement de $\dot{V}O_2$ max ou de l'endurance aérobie. Toutefois, les activités physiques sollicitant le métabolisme aérobie sont non seulement les exercices de longue durée mais aussi les exercices plus courts mais répétés de nombreuses fois. Les valeurs de $\dot{V}O_2$ max des athlètes pratiquant des sports de force ou de vitesse sont, dans certaines études, significativement supérieures à la moyenne des sédentaires. Il est donc possible que ce type d'entraînement, dont la durée des séances est parfois prolongée, puisse avoir un effet sur $\dot{V}O_2$ max chez des sujets auparavant peu endurants.

Entraînement local et général

La comparaison des effets de différents protocoles d'entraînement (entraînement en endurance d'une jambe, des deux jambes, d'un bras ou des deux bras, etc.) a permis d'apprécier l'importance des adaptations périphériques (locales) et centrales (générales) sur les performances du système cardiovasculaire et celles du métabolisme aérobie.

Effets généraux

Ils comprennent l'ensemble des adaptations éventuelles qui ne sont pas locales : cardiomégalie, volume sanguin, hématocrite, compliance aortique, etc. Ces effets se manifestent même si le sujet réalise un exercice mettant en jeu des groupes musculaires qui ne sont pas ceux qui ont été spécialement entraînés. Les effets généraux de l'entraînement aérobie n'apparaissent que si cet entraînement a mis en jeu des groupes musculaires suffisamment volumineux.

Effets locaux

Les effets locaux de l'entraînement aérobie comprennent l'ensemble des adaptations observables au niveau des muscles entraînés (prolifération des mitochondries et des capillaires musculaires, augmentation des réserves de glycogène et de lipides intramusculaires, etc.). Ces effets périphériques ne se manifestent que si le sujet est testé lors d'un exercice mettant en jeu les groupes musculaires qui ont été entraînés.

Un entraînement aérobie mettant en jeu uniquement les groupes musculaires des membres supérieurs provoque une amélioration nette de la $\dot{V}O_2$ max mesurée lors d'exercices effectués avec les bras (effets locaux importants); ce même programme d'entraînement ne produit pas ou peu d'amélioration de $\dot{V}O_2$ max lorsque celle-ci est mesurée au cours d'exercices réalisés avec les membres inférieurs (effets généraux faibles ou absents, effets locaux nuls).

Au contraire, un programme d'entraînement mettant en jeu les membres inférieurs provoque non seulement une augmentation importante de $\dot{V}O_2$ max mesurée lors d'exercices réalisés avec les membres inférieurs (effets locaux et généraux importants) mais aussi une augmentation significative de $\dot{V}O_2$ max mesurée lors d'exercices réalisés avec les bras (effets locaux nuls mais effets généraux importants).

Conclusions pratiques

Dans le cadre d'une préparation physique générale, il est donc avantageux d'inclure dans le programme d'entraînement des exercices ayant des effets généraux importants. Les activités sportives qui sollicitent de volumineux groupes musculaires (aviron, course à pied, cyclisme, natation, ski de fond, etc.) sont donc fréquemment utilisées comme moyen de développement de $\dot{V}O_2$ max, notamment au début de chaque saison sportive.

Mais s'agissant de la préparation spécifique pour un sport déterminé, il est indispensable d'introduire dans le programme d'entraînement des activités ayant des effets locaux importants, sollicitant les mêmes groupes musculaires que ceux utilisés en compétition.

Exercices continus et exercices intermittents

Les exercices sollicitant fortement le métabolisme aérobie peuvent être subdivisés en exercices continus et en exercices appelés par certains « intermittents ». Les exercices intermittents consistent en l'alternance de périodes d'exercice à intensité plus ou moins élevée et de périodes de récupération, soit passive (puissance d'exercice nulle), soit active (intensité d'exercice généralement aux environs de 50 % de $\dot{V}O_2$ max). Ces entraînements à base d'exercices intermittents sont souvent appelés entraînements par intervalles ou *intervall-training* . Cette dénomination est souvent abusive car elle ne correspond généralement ni à l'esprit ni à la lettre de l'*intervall-training* tel que le conçut l'école allemande. De même, la dénomination d'entraînement « fractionné » est souvent abusivement employée. Concernant la pratique des exercices intermittents, deux conceptions sont opposées.

Avantages des exercices intermittents

Seules les fibres musculaires qui sont recrutées pendant une séance d'entraînement peuvent améliorer leur endurance.

Rappel sur la structure du muscle

L'analyse histochimique du tissu musculaire a montré que celui-ci est formé d'une mosaïque de fibres, groupées en unités motrices et répondant à trois types : I, IIB et IIA.

Les *fibres I*, rouges, riches en myoglobine donnant sa couleur à un sarcoplasme abondant, sont riches en glycogène et acides gras et en mitochondries; entourées de nombreux capillaires, elles sont orientées vers un métabolisme aérobie. Leur contraction est lente, d'amplitude modérée; elles sont peu fatigables. Elles sont particulièrement abondantes chez les sportifs pratiquant des sports d'endurance (ski de fond, marathon, etc.).

Les *fibres IIB*, blanches, riches en myofibrilles, sont orientées vers un métabolisme anaérobie lactique. Leur contraction est rapide, d'amplitude forte, elles ne sont activées que pour des niveaux de force élevés et sont rapidement fatigables. Elles sont en forte proportion chez les sportifs pratiquant des sports de vitesse (course jusqu'à 400 m, lancer de poids, etc.).

Les *fibres IIA* sont de type intermédiaire, orientées vers les deux métabolismes. Elles sont moyennement fatigables (voir aussi tab.85.IV, p. 625).

Or le recrutement des fibres de type IIA et IIB (voir encadré) ne semble observé en début d'exercice que dans le cas d'un exercice sollicitant une fraction importante de $\dot{V}O_2$ max.

$\dot{V}O_2$ max est limitée par le débit cardiaque maximal, dont l'amélioration nécessiterait un entraînement à des débits cardiaques élevés. Le développement de $\dot{V}O_2$ max nécessiterait donc de solliciter le métabolisme aérobie à des intensités proches de sa valeur maximale.

Le temps d'épuisement (temps-limite) d'un exercice est d'autant plus bref qu'il correspond à une fraction élevée de $\dot{V}O_2$ max mais il est possible de répéter de nombreuses fois un exercice à condition que la durée de chaque répétition soit inférieure à celle du temps-limite correspondant à l'intensité de cet exercice et que les répétitions soient séparées par des périodes de récupération suffisantes.

Les exercices intermittents représentent donc le moyen idéal pour soumettre l'organisme à un stimulus aérobie suffisamment intense et prolongé.

Inconvénients des exercices intermittents

Le risque cardiovasculaire de la pratique d'une activité physique est d'autant plus élevé que l'exercice est intense.

La participation du métabolisme anaérobie lactique est importante dans certains de ces exercices et leur répétition trop fréquente faciliterait le surentraînement.

Le recrutement des unités motrices de type IIA ou IIB est aussi observé lors d'exercice de longue durée et d'intensité moyenne lorsque les fibres I commencent à épuiser leur réserve glycogénique.

Le volume d'éjection systolique est déjà proche de sa valeur maximale lors d'exercice correspondant à la moitié de $\dot{V}O_2$ max. Par conséquent, les exercices continus, de moyenne intensité mais prolongés, stimuleraient également le développement du volume d'éjection et ainsi celui du débit cardiaque maximal et de la $\dot{V}O_2$ max.

Conclusion

Les études ayant comparé les progrès de $\dot{V}O_2$ max à la suite d'un programme d'entraînement comprenant soit des exercices continus à intensité moyenne, soit des exercices intermittents à intensité élevée montrent généralement une amélioration plus nette de la $\dot{V}O_2$ max dans les programmes d'exercices intermittents.

Toutefois, il est probable qu'un programme d'entraînement aérobie doive comporter à la fois des séances d'entraînements continus et intermittents pour assurer un développement optimal de la puissance et de l'endurance aérobies. Ainsi, dans une étude récente, l'amélioration des enzymes mitochondriales observée chez des sujets ayant pratiqué un programme d'exercices continus d'intensité moyenne n'a pas été retrouvée chez d'autres sujets ayant pratiqué un programme d'exercices intermittents, bien que l'amélioration de la $\dot{V}O_2$ max de ces derniers fût significativement plus importante.

Quantification des exercices aérobies

Repères physiologiques pour la quantification de l'intensité

Consommation maximale d'oxygène

L'intensité d'exercice est généralement exprimée en pourcentage de $\dot{V}O_2$ max dans les études physiologiques concernant les effets de l'entraînement. Dans les activités où la consommation d'oxygène par unité de temps est proportionnelle à la vitesse (par exemple, la course à pied pour les vitesses comprises entre 8 et 21 km/h), une estimation de la vitesse correspondant à un pourcentage donné de $\dot{V}O_2$ max est possible lorsque la vitesse maximale aérobie (vitesse correspondant à la consommation maximale d'oxygène) est connue.

Seuils aérobie et anaérobie

Depuis l'introduction des notions de seuils aérobie et anaérobie et les nombreuses modifications qui ont été proposées par la suite, telles que seuil d'accumulation de l'acide lactique et seuil anaérobie ventilatoire, il est fréquent d'exprimer l'intensité des exercices aérobies par rapport à l'un de ces seuils : entraînement au seuil aérobie ou anaérobie, entraînement en dessous ou au-dessus de l'un de ces seuils. L'analyse des performances devrait permettre une estimation indirecte de ces seuils. Il a été ainsi montré que la relation liant le temps d'épuisement et la distance parcourue est linéaire pour les temps d'épuisement compris entre 4 et 30 minutes et que la pente de cette relation est très proche de la vitesse correspondant à une lactatémie égale à 4 mmol/L ou de la vitesse maximale correspondant à une lactatémie stable (voir chapitre 14).

Fréquence cardiaque

En pratique, la fréquence cardiaque est utilisée depuis longtemps pour quantifier l'intensité d'exercice (voir chapitre 15). La fréquence cardiaque pendant un exercice physique dépend essentiellement de l'intensité de cette activité mais est aussi modifiée par de nombreux facteurs, en particulier les conditions climatiques et la fatigue, quelle que soit son origine (exercice en lui-même, maladie, surmenage professionnel…), qui accentuent la tachycardie d'exercice. La prescription d'une intensité d'exercice fondée sur la fréquence cardiaque permet en fait d'adapter la contrainte de l'entraînement en fonction de perturbations temporaires de la condition physique (maladie, fatigue, intersaison) et des conditions externes (climat, altitude).

La notion de pourcentage d'utilisation de la réserve cardiaque a été proposée plus récemment. La réserve cardiaque (RC) est égale à la différence entre la fréquence cardiaque maximale (FC max) et la fréquence de repos (FC repos) :

$$RC = FC\ max - FC\ repos$$

Si la fréquence cardiaque maximale n'a pas été mesurée, il est possible de l'estimer très approximativement par la formule suivante :

$$\text{FC max théorique} = 220 - \text{âge (en années)}$$

L'intensité de l'entraînement peut alors être exprimée en pourcentage d'utilisation de la réserve cardiaque. Par exemple, un sujet qui a une fréquence cardiaque de repos de 55 b/min et une fréquence cardiaque maximale de 195 b/min travaille à 80 % de sa réserve cardiaque lorsque sa fréquence cardiaque d'exercice est égale à 167 b/min :

$$FC = 0{,}8\ (195 - 55) + 55 = 167$$

Le calcul du pourcentage d'utilisation de la réserve cardiaque permet une estimation grossière de la fraction de $\dot{V}O_2$ max utilisée pendant l'exercice. Si on admet qu'il existe une relation linéaire entre le pourcentage de $\dot{V}O_2$ max et celui de la réserve cardiaque, on peut donner la formule suivante :

$$(\dot{V}O_2 / \dot{V}O_2\ \text{max})/100 =$$

$$\dot{V}O_2\ \text{repos} + \%\ RC\ (100 - \dot{V}O_2\ \text{repos})/100$$

où la consommation d'oxygène de repos ($\dot{V}O_2$ repos) est exprimée en pourcentage de $\dot{V}O_2$ max, c'est-à-dire environ 10 % pour les sédentaires et 5 % pour les sujets de haut niveau.

Analyse des performances

L'athlète ne dispose pas toujours d'un cardiofréquencemètre ou de la mesure du seuil anaérobie pour guider son entraînement. L'analyse des performances réalisées en compétition devrait donc trouver une application dans la programmation de l'entraînement. On peut ainsi exprimer l'intensité d'un exercice par le temps d'épuisement qui lui correspond : par exemple, l'intensité qu'il est possible de maintenir pendant une heure en compétition.

Intensité des exercices continus

L'intensité d'exercice et sa durée sont choisies en fonction de l'objectif recherché. S'il existe une intensité optimale, celle-ci est liée à la durée de l'exercice; il ne peut donc y avoir une intensité ou une fréquence cardiaque conseillée indépendamment de la durée programmée de l'activité. Plus la durée d'exercice est prolongée et plus le niveau d'entraînement est bas, moins l'intensité doit être élevée, que celle-ci soit exprimée en valeur absolue (watts, km/h) ou en fraction de $\dot{V}O_2$ max.

Programme minimal

Si le programme d'entraînement n'a pour seul but que la santé et la lutte contre la sédentarité, une intensité moyenne sera suffisante : des améliorations ont été observées chez les sédentaires avec des intensités aussi faibles que 50 % de $\dot{V}O_2$ max. Ces exercices correspondent à des fréquences cardiaques inférieures de 50 à 60 battements à la fréquence cardiaque maximale.

Pour aller plus loin

Passées les premières semaines d'entraînement, un tel programme devient souvent insuffisant si l'objectif est l'amélioration des performances et en particulier de la $\dot{V}O_2$ max. On recherche alors l'intensité maximale qu'il est possible d'atteindre en l'absence d'essoufflement, de fatigue musculaire et de tout autre symptôme. Chez le sujet de *niveau moyen* , cela correspond à une intensité comprise entre 65 et 75 % de $\dot{V}O_2$ max selon l'activité pratiquée. La fréquence cardiaque qui correspond à ce type d'exercice est comprise entre 60 et 70 % de la réserve cardiaque et inférieure à la fréquence cardiaque maximale d'environ 30 à 40 battements. Chez les sujets *entraînés de longue date* et de haut niveau dans les sports d'endurance, l'intensité de ces exercices continus peut atteindre 80 % de $\dot{V}O_2$ max et même davantage.

Les seuils aérobie et anaérobie sont souvent utilisés par les médecins du sport ou les entraîneurs pour déterminer l'intensité des exercices aérobies de type continu. Schématiquement, d'après ceux-ci, les entraînements à une intensité inférieure au seuil aérobie seraient peu efficaces. Les séances d'entraînement de l'endurance aérobie de longue durée devraient être réalisées à des intensités comprises entre les seuils aérobie et anaérobie. Enfin les entraînements visant à développer $\dot{V}O_2$ max devraient être effectués à des intensités comprises entre le seuil anaérobie et la puissance correspondant à l'atteinte de $\dot{V}O_2$ max. Depuis la commercialisation de cardiofréquence-mètres fiables et relativement peu coûteux, les seuils sont souvent exprimés par rapport à la fréquence cardiaque. Toutefois, à intensité d'exercice constante, la fréquence cardiaque n'est pas stable mais augmente progressivement au cours d'une même séance d'entraînement, en particulier en atmosphère chaude et humide et en l'absence de réhydratation. L'observation stricte d'une fréquence cardiaque imposerait donc une diminution progressive de l'intensité au cours de la séance d'entraînement.

Si les seuils aérobie et anaérobie déterminent les limites inférieures et supérieures des entraînements de longue durée, le problème de l'intensité des exercices continus n'est pas complètement résolu car l'intensité optimale dépend vraisemblablement de la durée de l'entraînement. L'exploitation des performances en compétition est un autre moyen de résoudre ce problème. Pour une durée d'entraînement T inférieure à 60 minutes, on peut ainsi conseiller une intensité d'exercice correspondant à un temps d'épuisement égal à 3 T. Selon cette « règle de 3 » empirique et approximative, on peut, par exemple, proposer de courir 1 heure à 14 km/h pour un coureur finissant le marathon en 3 heures (vitesse moyenne de 14,07 km/h) ou de courir 20 minutes à une allure qu'il est possible de maintenir 60 minutes en compétition, etc.

À l'approche des compétitions, il est intéressant d'inclure dans le programme d'entraînement des séances dont l'intensité est plus élevée : réalisation d'une séance de durée T à une intensité se rapprochant de celle correspondant à un temps d'épuisement égal à 2 T.

Ajustement lors des séances successives

Si la puissance d'exercice est maintenue constante pendant chaque séance, une baisse de la fréquence cardiaque d'exercice est constatée de semaine en semaine. Avec la progression de l'entraînement, il devient nécessaire d'augmenter l'intensité des exercices pour maintenir une sollicitation cardiovasculaire élevée. Cette diminution de la « tachycardie d'effort » peut être expliquée tout d'abord par l'augmentation du volume d'éjection systolique et ensuite éventuellement par deux mécanismes supplémentaires : une amélioration du rendement mécanique et accessoirement une augmentation de la différence artérioveineuse en oxygène.

Durée des exercices intermittents

Les exercices intermittents peuvent être réalisés dans le but de développer les métabolismes aérobie et/ou anaérobie. Seuls ceux visant au développement du métabolisme aérobie sont décrits ici.

Les exercices intermittents à visée essentiellement aérobie peuvent être classés en répétitions d'exercices longs de durée supérieure à 1 minute et en répétitions d'exercices de très courte durée (moins de 30 secondes).

Exercices intermittents « longs »

Intensité

Pour de nombreux entraîneurs et physiologistes, l'intensité optimale de ce type d'exercices est la puissance maximale aérobie, c'est-à-dire celle qui correspond à la consommation maximale d'oxygène. C'est ainsi qu'en course à pied, de nombreux sportifs tentent de déterminer leur vitesse maximale aérobie. Cependant, à long terme, il n'est pas prouvé que la réalisation des entraînements intermittents longs soit plus efficace à cette puissance qu'à celles correspondant à 90 et 95 % de cette même puissance. En effet, une diminution de 5 à 10 % de la puissance d'exercice s'accompagne d'une fatigue nettement moindre et de la possibilité de réaliser une quantité d'entraînement nettement supérieure. Par ailleurs, il est probable que les protocoles actuels de détermination de la vitesse maximale aérobie donnent des valeurs surestimées de 5 % et plus.

La règle consistant à réaliser les exercices à une allure qui correspond au record sur une distance trois fois plus longue peut aussi être appliquée aux exercices intermittents de durée supérieure à 1 minute. Cette « règle de 3 » donne des valeurs proches de celles généralement réalisées à l'entraînement. Par exemple, courir des répétitions de 1 000 m à l'allure correspondant au record sur 3 000 m ou des répétitions de 400 m à l'allure du record sur 1 200 m.

À l'approche des compétitions où le sportif doit être capable de supporter d'importantes concentrations en acide lactique, dans le but de stimuler conjointement les métabolismes aérobie et anaérobie, certains entraîneurs augmentent l'intensité des exercices intermittents dont la durée des répétitions est supérieure à 3 minutes. Dans ce type de séance, nettement plus pénible, le nombre de répétitions est moindre et l'intensité des exercices correspond à des temps d'épuisement compris entre 1 et 2 fois la durée T d'une répétition.

Récupération active

La récupération entre les exercices n'est pas passive mais consiste à réaliser le même exercice à une intensité moindre, comprise entre 40 et 60 % de la vitesse correspondant à l'atteinte de la consommation maximale d'oxygène. En effet, le taux des lactates sanguins diminue plus vite pendant la récupération lorsque cette dernière est active. De plus, une récupération active empêche que la fréquence et le débit cardiaque ne redescendent trop bas avant la reprise de l'exercice. Une récupération active limiterait ainsi la « dette » d'oxygène qui se constitue en début d'exercice du fait de l'inertie du métabolisme aérobie.

Lors de la première séance d'exercices intermittents, il est prudent de réaliser les exercices en un temps légèrement supérieur à celui calculé selon cette « règle de 3 », qui reste approximative. Par exemple, dans le cas de la course à pied, il faut ajouter 1 seconde par 100 m parcourus. On vérifie que l'intensité de cette séance n'est pas excessive à partir des critères suivants :

- à la fin d'une série de répétitions, impression de pouvoir effectuer plusieurs répétitions supplémentaires à la même vitesse ;
- la nuit suivant la séance d'entraînement, absence de troubles du sommeil tels que difficulté d'endormissement et réveils fréquents ;
- le lendemain, peu ou pas de fatigue, ni de myalgies, ni d'augmentation significative de la fréquence cardiaque de repos ou tout autre signe de surmenage.

Si aucun critère ne témoigne d'une intensité excessive, on augmente très progressivement l'intensité de ces exercices intermittents de façon à atteindre la vitesse calculée selon la « règle de 3 » après quelques séances.

Exercices intermittents courts

Ce type d'exercices intermittents peut consister par exemple en l'alternance de périodes de 10 secondes d'exercice à puissance élevée et de période de 10 secondes de récupération active (puissance d'exercice moyenne). Le nombre de répétitions est important : par exemple, en 20 minutes, 60 alternances de 10 secondes à vitesse élevée et 10 secondes à faible vitesse. Le but de ce type d'entraînement aérobie est de réaliser un exercice de puissance élevée sollicitant un pourcentage très élevé de la consommation maximale d'oxygène pendant une durée totale d'exercice importante mais avec une faible production d'acide lactique. En effet, en comparant les lactatémies au cours de différents exercices intermittents, il a été trouvé que celles-ci s'élevaient d'autant moins que les durées des périodes d'exercice et de récupération étaient brèves bien que les intensités et les quantités totales d'exercice aient été identiques.

Afin d'éviter une intensité d'exercice excessive, il est préférable d'augmenter progressivement la vitesse des premiers exercices de façon à atteindre une fréquence cardiaque inférieure d'environ 5 battements à la fréquence cardiaque maximale entre la cinquième et la dixième répétition et de s'y maintenir. À aucun moment le sportif ne doit ressentir de fatigue musculaire importante bien que la ventilation et la fréquence cardiaque soient très élevées. Si l'intensité de l'exercice est trop élevée pour être maintenue longtemps sans fatigue, la durée des périodes de récupération ne doit pas être allongée mais la puissance de l'exercice doit être diminuée. La vitesse des périodes d'exercice intense dépend plus de la consommation maximale d'oxygène que de la vitesse maximale : plus la consommation maximale d'oxygène est importante plus la vitesse des exercices intenses est élevée.

Fréquence des entraînements

Trois séances hebdomadaires d'entraînement d'au moins 20 minutes sont souvent considérées comme nécessaires pour que les effets de l'entraînement sur le métabolisme aérobie soient significatifs. Bien qu'il ne semble pas y avoir eu d'étude statistique à long terme sur ce sujet, la pratique d'un seul entraînement hebdomadaire de très longue durée (plusieurs heures comme en cyclisme ou en randonnée) est probablement déjà bénéfique. La nécessaire progressivité d'un programme d'entraînement aérobie concerne non seulement l'intensité des exercices mais aussi leur quantité totale et en particulier leur fréquence hebdomadaire. Le premier mois, chez un sujet préalablement sédentaire, il est préférable de se limiter à un ou deux entraînements hebdomadaires avant de passer à 3 ou 4 séances par semaine. Il n'est pas souhaitable de passer à un entraînement quotidien la première année.

La récupération est un élément primordial. Lorsque le nombre d'entraînement hebdomadaire est faible, il est souhaitable de répartir ceux-ci dans la semaine et d'intercaler une journée de récupération entre les séances. Lorsque l'entraînement est quasiment quotidien, les séances plus particulièrement « stimulantes » (par leur intensité élevée ou leur durée prolongée) alternent un jour sur deux avec des séances d'intensité et de durée moyennes. De même, il est souhaitable d'alterner les disciplines dans les épreuves combinées (biathlon, triathlon, pentathlon moderne, etc.).

Dans les sports de type collectif où l'aptitude aérobie n'est qu'un des nombreux facteurs de réussite, la fréquence des entraînements aérobies est nettement plus élevée pendant l'intersaison et en début de saison qu'en pleine saison compétitive.

Après une diminution ou un arrêt de l'entraînement, la décroissance de $\dot{V}O_2$ max est relativement moins rapide que celle de l'endurance aérobie. Ainsi, sur de courtes périodes (1 mois), il semble possible de maintenir $\dot{V}O_2$ max (mais pas l'endurance aérobie) avec une quantité d'entraînement moindre que celle qui a été nécessaire pour l'atteindre.

Spécificité de l'entraînement aérobie

Au fur et à mesure de la progression du niveau sportif et de l'approche des compétitions, l'entraînement aérobie doit devenir de plus en plus spécifique. La préparation aérobie spécifique d'une activité sportive exige la pratique d'activités sollicitant les mêmes groupes musculaires que ceux utilisés en compétition et ayant des effets locaux importants.

Dans certaines disciplines, les horaires consacrés à l'entraînement sont souvent limités et ne permettent pas d'inclure des séances exclusivement aérobies en plus de celles consacrées à la préparation tactique et à l'amélioration du jeu collectif ou des autres qualités physiques. De plus, les pratiquants de ces disciplines sont souvent plutôt attirés par leurs aspects ludiques, tactiques et techniques que par la pratique d'un sport athlétique. Il est donc parfois difficile de motiver ces sportifs pour des séances d'entraînement aérobie tel que la course d'endurance. Il est alors souhaitable de joindre l'utile et l'agréable en organisant des exercices d'entraînement où la difficulté sur le plan physique est combinée à l'attrait du jeu. Ce type d'exercice a de plus l'avantage de solliciter les mêmes groupes musculaires qu'en compétition. Par exemple, pour des joueurs de tennis ou de tennis de table, il est possible de solliciter fortement le métabolisme aérobie par des exercices où pendant plusieurs minutes le joueur renvoie sans arrêt des balles distribuées de telle façon qu'il doive se déplacer constamment. Des exercices similaires peuvent être conçus pour les sports collectifs en faisant varier le nombre de joueurs ou la longueur du terrain, etc.

Dans les disciplines essentiellement athlétiques, le sportif doit aussi réaliser à l'entraînement des exercices dont la durée ou l'intensité sont équivalentes à celle des compétitions. Dans ces disciplines, il n'est souvent pas possible de réaliser des entraînements qui soient à la fois aussi intenses et aussi longs que les compétitions. La spécificité consistera alors à réaliser :

- des séances d'entraînement où l'intensité est la même que celle des compétitions mais dont la durée est plus brève ;
- des séances où la durée (ou la distance) est identique à celle de la compétition mais l'intensité sensiblement moindre ;
- des séances de « fractionné », c'est-à-dire des séances pendant lesquelles l'intensité de l'exercice est identique à celle des compétitions et la distance est égale au total à la distance de compétition mais fractionnée en plusieurs répétitions, séparées par des périodes de récupération.

À l'approche des compétitions importantes, des séances d'entraînement aérobie doivent être réalisées dans des conditions proches de celles de l'activité sportive en ce qui concerne le terrain et, si possible, les conditions climatiques. Par exemple, un marathonien doit, à l'approche des courses importantes, s'entraîner fréquemment sur route à la vitesse prévue en compétition afin de connaître le rythme de course en l'absence de tout repère chronométrique et afin d'acquérir une foulée économique sur ce type de sol.

Conclusion

Les différents modes d'entraînement aérobie décrits ci-dessus permettent d'améliorer la $\dot{V}O_2$ max de 20 % en quelques mois et dans les cas les plus favorables de 50 % et plus en quelques années. Cependant, l'amélioration est nettement plus faible chez les athlètes de haut niveau dont certains s'entraînent jusqu'à 500 à 600 fois par an. Compte tenu que la progression de leur $\dot{V}O_2$ max ne dépasse généralement pas 5 % sur la même période (ou même moins sur une période plus longue), chaque séance d'entraînement n'améliore en moyenne la $\dot{V}O_2$ max que d'environ 1/10 000 chez ces athlètes ! La question qu'il faut donc poser n'est plus : Quels sont les facteurs limitant $\dot{V}O_2$ max et l'endurance aérobie, mais plutôt : Quels sont les facteurs limitant l'efficacité de l'entraînement aérobie ? La réponse à cette question devrait permettre d'établir les principes rationnels d'un entraînement aérobie qui reste encore actuellement largement empirique.

Pour en savoir plus

Astrand PO, Rodahl K, Dahl HA, Stromme SB. *Textbook of work physiology.* Human Kinetics, 2003 : 649 p.

Astrand PO, Rodahl K. *Manuel de physiologie de l'exercice musculaire.* Paris : Masson : 1973 : 348-400.

Monod H, Flandrois R. *Physiologie du sport. Bases physiologiques des activités physiques et sportives.* 5e édition. Paris : Masson, 2003 : 277 p.

Rieu M. *Bioénergétique de l'exercice musculaire et de l'entraînement physique.* Ouvrage collectif. Paris : PUF, 1988.

Skinner JS. General principles of exercise prescription. *In :* Skinner JS, ed. *Exercise testing and exercise prescription for special cases.* Philadelphia : Lea and Febiger, 1987.

Musculation

Sommaire

L'entraînement musculaire peut revêtir différentes formes suivant les objectifs recherchés par le pratiquant :

- hygiénique (synonyme de santé, détente, loisir) ;
- plastique (amaigrissement, augmentation du volume musculaire, culturisme) ;
- sportif (culture physique, haltérophilie) ;
- amélioration des qualités physiques en vue de leur utilisation dans un sport particulier.

La musculation à visée sportive, complémentaire à un sport, est seule envisagée ici, en posant comme postulat que l'entraînement de musculation est intégré au plan d'entraînement général de l'athlète.
Dans cette optique, on peut distinguer deux grands ensembles : musculation générale et musculation spécifique. Dans les deux cas, le renforcement musculaire peut être obtenu en utilisant le poids du corps de l'athlète, des charges additionnelles libres, des appareils destinés au renforcement d'un groupe musculaire ou encore la stimulation électrique.

Musculation générale

Elle est la première à mettre en œuvre lorsque l'on désire introduire une partie de renforcement musculaire dans l'entraînement.

Apprentissage des techniques élémentaires d'exécution des exercices

Il constitue la première étape. Voici à titre d'exemple trois exercices classiques.

Exercice dit de « flexions sur jambes » ou « squats »

Les muscles essentiellement engagés dans le mouvement sont ceux de la loge antérieure de la cuisse, avec une coactivation des muscles de la loge postérieure lorsque les charges excèdent 50 % du maximum possible pour le sujet. Il faut noter également une participation active de l'ensemble des muscles du tronc pour assurer le maintien de la rigidité du buste.
Dans la position de départ, la barre est positionnée sur les épaules. La tenue de la barre est assurée par une *prise en pronation* avec un écartement légèrement supérieur au diamètre biacromial. Toute prise de la barre « en enroulement », c'est-à-dire en passant les avant-bras au-dessus de la barre, est à proscrire. En effet, une telle position s'accompagne généralement d'une flexion de la colonne cervicale et d'une augmentation de la cyphose. Cela a pour conséquence de modifier l'équilibre général du sujet avec un risque accru de mouvements au niveau de la charnière thoracolombaire. Par ailleurs, le sujet a tendance à appuyer sur la barre, augmentant d'autant les contraintes sur le rachis. Enfin lors d'un déséquilibre avant, il serait très difficile de lâcher l'engin et cela avec des risques majeurs pour la colonne cervicale.
Pendant le déroulement de la flexion, il est impératif de *conserver les courbures normales* de la colonne vertébrale et surtout d'en *éviter l'inversion*. Le buste ne doit pas s'incliner de plus de 20 à 30 degrés par rapport à la verticale pour limiter les forces de compression et de cisaillement au niveau de la charnière L5-S1. De fait, le bassin doit être placé volontairement en légère rétroversion, avec un mouvement localisé au niveau de l'articulation coxofémorale. La flexion des membres inférieurs doit être contrôlée pour assurer un arrêt volontaire du mouvement en position basse par *contrôle musculaire*, cela afin de limiter la sollicitation des ménisques et de prévenir tout risque d'inversion brutale de la courbure lombaire. Les pieds doivent rester à plat pendant tout le mouvement et les genoux « à l'aplomb » des pieds pour limiter les contraintes mécaniques non symétriques sur les articulations du membre inférieur. Pendant la phase de redressement, il convient de veiller à la *symétrie du mouvement.* Chez le débutant, il est en effet fréquent de noter un usage préférentiel d'un des deux membres inférieurs, conduisant à une bascule du bassin qui doit être annulée ou du moins compensée par une inflexion de la colonne vertébrale (fig. 19.1).
Pendant tout le mouvement, il convient également de *limiter le blocage respiratoire* (type manœuvre de Valsalva) afin de limiter l'augmentation de la pression sanguine (Mc Dougall *et al.*, 1985). Il est recommandé d'expirer pendant la phase d'effort.

Exercice de renforcement abdominal

Il s'agit là d'un exercice pour lequel le sujet réalise un mouvement de flexion du buste sur les cuisses (fig. 19.2). Les

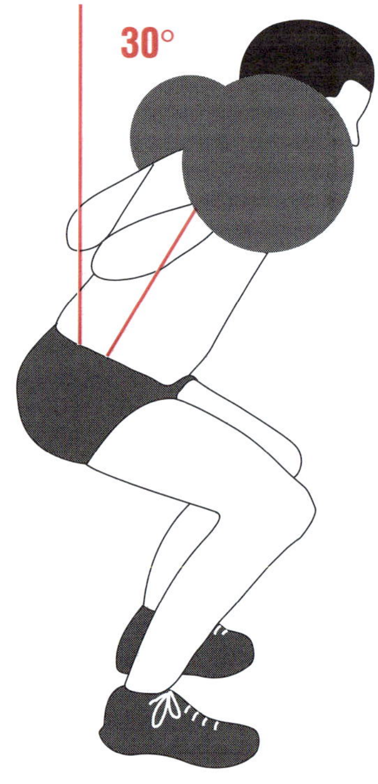

Fig. 19.1. Importance du contrôle postural. Pendant l'exercice de flexions sur jambes réalisé avec une barre, il est fondamental de maîtriser l'inclinaison du buste afin de minimiser les contraintes de compression et de cisaillement au niveau du rachis lombaire. Une inclinaison de 30° doit être considérée comme un maximum.

muscles principalement sollicités pour permettre le mouvement sont l'ilio-psoas et le droit fémoral. Le droit de l'abdomen assure pour sa part la rigidité du tronc.
La position de départ conditionne la part relative des muscles mis en jeu : plus les membres inférieurs sont tendus, plus l'ilio-psoas est sollicité. Par ailleurs, en fonction de la difficulté imposée, les membres supérieurs sont placés vers l'avant, le long du corps ou au niveau des épaules, mains reposant sur les deltoïdes. Une position où les mains seraient croisées *derrière la nuque n'est pas acceptable,* d'une part par la flexion de la colonne cervicale qu'elle entraîne et d'autre part par la tendance à l'accompagnement du mouvement de relevé du buste par traction sur la colonne cervicale.
Le mouvement de relevé du buste, surtout si celui-ci est réalisé relativement rapidement, doit être localisé au niveau de l'articulation coxo-fémorale et surtout avec un maintien du buste respectant les courbures de la colonne vertébrale. Tout enroulement prononcé du buste est synonyme d'un *bâillement postérieur des disques intervertébraux* s'accompagnant d'une percussion du *nucleus pulposus* sur les structures annulaires des disques. Pour cet exercice une descente complète du buste vers l'arrière n'est pas nécessaire, un arrêt à quelques centimètres du sol limitera d'autant la tension de l'ilio-psoas.

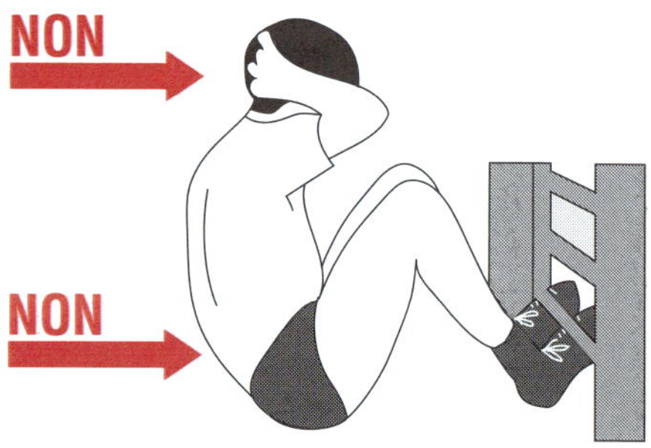

Fig. 19.2. Importance du contrôle postural. Des exercices considérés comme anodins peuvent induire une succession de microtraumatismes, notamment au niveau du rachis.

Exercice dit de « rameur »

L'utilisation d'appareils guidés, évitant la manipulation de charges additionnelles, est très fréquente aujourd'hui. Ils sont utilisés en *fitness*, *cardiotraining* ou musculation générale. Il serait cependant erroné de penser que l'ergonomie de ces appareils va régler à elle seule les problèmes de contrôle postural et dispenser le pratiquant d'un apprentissage technique élémentaire.
Prenons pour exemple l'exercice dit de « rameur » : quel que soit le type de machine utilisé, il s'agit toujours d'une action combinée d'extension des membres inférieurs, d'une extension du tronc et d'une flexion des membres supérieurs (fig. 19.3). Le geste est calqué sur celui de l'aviron, avec une phase d'attaque (flexion du tronc et des membres inférieurs), une de propulsion (extension des membres inférieurs et du tronc et flexion des membres supérieurs en final) et une phase de retour, initiée par une traction des pieds sur le support.
Plusieurs problèmes se posent au pratiquant :

- une forte sollicitation cardiocirculatoire, avec une fréquence cardiaque pouvant atteindre la FC max compte tenu de la cadence et de la charge utilisée ;

Fig. 19.3. Exercice dit de « rameur ». Une mauvaise synchronisation du mouvement s'accompagnant d'un enroulement vertébral exagéré peut induire des contraintes anormales au niveau du rachis.

– la survenue de douleurs articulaires par sollicitation excessive de la charnière lombosacrée : ces douleurs peuvent s'expliquer soit par une mauvaise synchronisation de l'extension des membres inférieurs et du tronc, ce dernier étant sollicité trop tard avec accentuation de l'enroulement vertébral, soit par un retour du tronc en flexion trop prononcé pour aborder la phase d'attaque. Les forces de réaction articulaires pour la charnière L4-L5 peuvent atteindre 500 N et les moments musculaires 150 N/m.

En conclusion, un exercice apparemment simple mais qui va solliciter jusqu'à 70 % de la masse musculaire induit des contraintes importantes au niveau articulaire, augmentées par une technique inappropriée. La prudence s'impose donc quant à la quantité de travail fourni et à l'âge des pratiquants (trop jeunes ou seniors), compte tenu des risques traumatiques au niveau de L4-L5, de la hanche et de l'épaule.
À partir des exemples précédents, il apparaît que le contrôle postural est fondamental lors d'un entraînement de musculation. Il est de la responsabilité de l'entraîneur et du médecin de n'autoriser une augmentation des charges de travail que lorsque le sujet maîtrise parfaitement la technique d'exécution des exercices. Cette remarque vaut pour l'ensemble des situations d'entraînement, y compris pour les exercices réalisés sans charge additionnelle. L'objectif primaire à viser est donc celui de la *sécurité*. Il est d'ailleurs encourageant de noter que les bonnes habitudes motrices prises par des haltérophiles conduisent à une minoration des lombalgies chroniques pour cette population d'athlètes comparativement à la population générale.

Apprentissage des techniques d'organisation des séances de musculation

Notion d'échauffement

Il a pu être démontré (Poumarat, 1986) qu'un seul exercice engageant une part importante de la musculature, comme les squats, entraînait une augmentation brutale de la fréquence cardiaque de 5 à 60 pulsations par minute, en fonction de la fréquence initiale. Il semble donc élémentaire de s'assurer d'un échauffement à visée cardiovasculaire qui soit suffisant et surtout progressif. Il ne semble pas cependant que l'on puisse considérer qu'un échauffement général, à base de course par exemple, soit suffisant. Un échauffement spécifique au groupe musculaire et aux articulations qui seront sollicités est nécessaire. Là encore, il est fondamental de choisir et de réaliser des exercices d'échauffement dont la structure gestuelle soit cohérente avec l'exercice choisi.
L'exemple des flexions sur jambes peut être repris. Comme échauffement on peut proposer des exercices d'accroupissement sans charge. Il n'est pas acceptable de laisser réaliser des flexions sur plante de pied et enroulement vertébral. Il est encore moins admissible de proposer des exercices dits de « marche en canard », sollicitant d'une manière asymétrique les articulations de la cheville et du genou.
En ce qui concerne le cartilage articulaire, des exercices réalisés à une fréquence soutenue, sans contraintes, en sollicitant les capacités hydrophiles des protéoglycanes, permettent d'augmenter transitoirement son épaisseur. Il y a là un moyen de prévention à ne pas négliger. Cependant ces exercices doivent impérativement être exécutés en respectant les jeux articulaires normaux. Selon ce même principe de respect des structures, il faut bannir les exercices visant à l'étirement des ligaments. Il n'est pas rare, sous prétexte d'étirement des muscles adducteurs de la cuisse, de voir des sportifs se mettre en fente latérale tout en appuyant avec la main sur la face externe du genou de la jambe tendue. Ce type de comportement a pour effet de distendre le ligament collatéral tibial, et donc à terme d'induire une instabilité du genou. Cette remarque vaut bien évidemment pour toutes les articulations, et en particulier les articulations vertébrales.

Accoutumance aux charges

Pour pouvoir bâtir un plan d'entraînement, il est souvent fait référence à l'utilisation de charges représentant un pourcentage plus ou moins élevé du maximum utilisable par le sujet sur un exercice donné. Il apparaît alors important que le sujet apprenne à doser son effort en fonction de la charge réelle à manipuler. Des séries relativement longues (8 à 12 répétitions) avec des charges légères suivies de séries plus courtes avec des charges légèrement plus élevées sont de nature à faciliter cette prise de conscience. La recherche du maximum ne se fait qu'ultérieurement. Chez le débutant, le maximum est considéré comme atteint lorsque l'on commence à percevoir une détérioration de la technique gestuelle. Ce « maximum » ne correspond donc pas au maximum possible musculairement mais à un maximum technique, qu'il serait dangereux de vouloir dépasser, avec des risques notamment pour les structures ostéoarticulaires.

Travail en série et charges à utiliser en fonction des qualités physiques à développer

Il est commun de noter dans la littérature une terminologie faisant appel à des notions de force maximale, force-vitesse, force-endurance. Ces termes relèvent du vocabulaire de l'entraînement et ont tendance à systématiser des différences qui ne sont le plus souvent que très subjectives, dans la mesure où un même pourcentage de charge, un même nombre de répétitions à une même vitesse d'exécution auront des répercussions différentes suivant les sujets et leur niveau de pratique. Un modèle plus global (tableau 19.I), généralement accepté, est préférable (Marini, 1985).

Tab. 19.I. Principe de développement des qualités musculaires.

Paramètres	Force	Puissance	Vitesse
% de charge	85 à 100 %	70 à 85 %	30 à 40 %
Nombre de répétitions	1 à 5	5 à 10	Faible
Nombre de séries	5 à 12	5 à 12	Faible
Temps de récupération	1 à 3 min	2 à 4 min	3 à 10 min

Pour chaque situation, on peut proposer une « fourchette », à l'intérieur de laquelle il est possible de combiner les paramètres pour obtenir une individualisation de l'entraînement. Cela est d'autant plus important que les changements relevés au niveau de la réponse musculaire sont spécifiques du type d'entraînement (intensité élevée ou vitesse).

En conclusion, la musculation générale s'adresse à tous les groupes musculaires et son but est essentiellement un but d'apprentissage des techniques en vue d'une sécurité optimale pour le pratiquant.

Si l'on est en présence d'un sujet familiarisé avec la musculation, il peut être cependant intéressant de recourir à des périodes de musculation générale notamment pendant l'intersaison ou en début de saison. Dans ces cas, les objectifs sont différents. Il s'agit en effet de préserver un acquis musculaire ou au contraire d'augmenter le potentiel du sujet en vue d'une musculation spécifique ultérieure.

Musculation spécifique

En matière d'entraînement sportif, la musculation spécifique est certainement la forme la plus efficace mais aussi la plus difficile à mettre en œuvre. Elle suppose bien entendu que les athlètes soient largement familiarisés avec la musculation générale. Force est de constater que dans la pratique, ce n'est pas toujours le cas et qu'il y a donc danger à proposer des formes de travail inadaptées aux possibilités motrices des sujets.

Dans une première approche, une musculation est considérée comme spécifique si les exercices proposés sont issus d'une *analyse biomécanique* du sport de référence. L'analyse doit répondre à plusieurs questions :

- quels sont les muscles engagés dans l'activité ?
- quel est leur rôle ? S'agit-il de muscles effecteurs ou posturaux ?
- quel est leur mode de contraction : isométrique, anisométrique concentrique, anisométrique excentrique ?
- quel est le pattern temporel de l'enchaînement des contractions ?
- quelle est la synchronisation agonistes, antagonistes ?
- quelles sont les exigences énergétiques ?

Ce type de démarche a amené une avancée décisive dans l'élaboration des plans d'entraînement. En effet, il n'est peut-être pas judicieux de proposer un entraînement à base de flexions sur jambes à un nageur en tant qu'exercice spécifique ! Par ailleurs, à partir de cette analyse, de nouveaux matériels ont été conçus permettant un entraînement en isocinétique ou toute autre forme de contrôle de la vitesse ou de la force développée. Toute proposition cohérente dans le domaine ne peut donc se concevoir sans une connaissance approfondie des techniques sportives. À ce niveau, une collaboration est nécessaire entre les partenaires en charge d'entraînement.

Cette étape de l'analyse étant franchie, la musculation ne méritera son terme de *spécifique* que si elle prend en compte l'individu auquel elle s'adresse. Toute la difficulté du problème réside à ce niveau. La question essentielle à laquelle il faut répondre est : *Quels sont les besoins de l'athlète ?* La réponse à cette question suppose une *appréciation objective* de ses qualités et de ses manques. Les épreuves désormais classiques de mesure de la consommation d'oxygène, les épreuves charge-vitesse, les tests de détente ou de force apportent des éléments de réponse. Ils présentent cependant le désavantage de ne pas prendre en compte les paramètres psychomoteurs. Il peut en effet être inutile de s'acharner à vouloir augmenter les performances d'un groupe musculaire, en termes de force, si cette force ne peut être exploitée correctement par un manque localisé au niveau de la maîtrise gestuelle, autrement dit de la technique d'exécution.

L'appréciation objective des qualités physiques du sujet étant réalisée, et par conséquent les points faibles à développer, ou les points forts à entretenir ou à améliorer étant eux-mêmes déterminés, on peut alors aborder les problèmes spécifiques de l'entraînement.

Pour concevoir un plan d'entraînement cohérent, il conviendra de répondre à plusieurs questions.

Envisage-t-on une programmation annuelle ou pluriannuelle ? Si la réponse est affirmative, il est d'usage de construire un planning annuel d'entraînement faisant alterner les phases de préparation foncière, de préparation précompétitive et les phases de récupération, en se fondant sur le calendrier des compétitions majeures et accessoires auxquelles devra participer l'athlète. Si la réponse est non, de quel délai dispose-t-on pour réaliser les objectifs ?

Quel est le « volume » d'entraînement que l'on peut consacrer à la musculation ? Il s'agit de définir le nombre et la durée des séances ainsi que leur emplacement par rapport aux séances d'entraînement de spécialité.

Quelle est la « charge » de travail demandée ? Il est pratique de définir l'intensité des exercices proposés en l'exprimant, par exemple, en pourcentage du maximum réalisable pour un exercice donné (tout en préservant une structure d'exécution correcte), l'intensité moyenne d'une séance se situant aux environs de 70 à 80 % suivant le niveau d'entraînement du sujet et la période de l'année considérée. Une autre possibilité consiste à exprimer l'intensité en nombre maximal de répétitions consécutives, réalisables pour un exercice donné (l'abréviation usuelle est notée RM). Cette idée, proposée par Delorme (1945), suppose une relation linéaire entre le nombre de répétitions et le pourcentage de charge utilisée (tableau 19.II et fig. 19.4).

Tab. 19.II. Relation liant le nombre de répétitions et le pourcentage maximal de charge utilisable pour un exercice donné sans détérioration de la technique.

Berger (1961) : adultes sportifs Charge en % de 1 RM = – 2,33 × RM + 102
Mc Donagh et Davis (1984) : adultes débutants Charge en % de 1 RM = – 4,18 × RM + 103
Poumarat (1990) : adolescents (12 à 16 ans) *Exercice de flexion sur jambes* Charge en % de 1 RM = – 3,71 × RM + 97 *Exercice de développé couché* Charge en % de 1 RM = – 2,80 × RM + 96

La charge de travail, indépendamment du pourcentage de charge utilisé, est fonction du nombre de répétitions consécutives effectuées et du nombre de séries constituant la séance. Pour être efficace, tout entraînement doit répondre au principe d'augmentation progressive des charges de travail. Cela est à rapprocher des considérations sur le développement des qualités physiques présentées au tableau 19.I.

Suivant le même raisonnement, le nombre d'exercices constituant une séance est à prendre en compte. Contrairement aux autres paramètres, il semble que celui-ci puisse

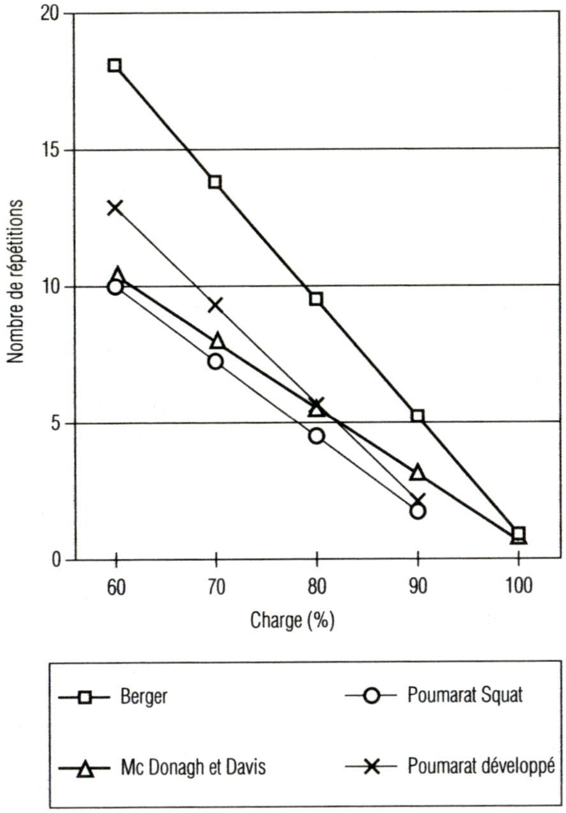

Fig. 19.4. Relation linéaire entre le nombre de répétitions et le pourcentage de la charge maximale utilisée.

rester relativement fixe quel que soit le niveau d'entraînement. Un nombre de quatre à six exercices différents sollicitant des groupes musculaires ou des qualités différentes semble être optimal.

Quelles sont les phases de récupération accordées ? Cette question concerne en premier lieu les périodes de récupération entre les séries d'exercices. La réponse est liée essentiellement aux processus énergétiques que l'on désire mettre en œuvre et à l'importance relative que l'on donne à la qualité de l'exécution des exercices.

Le deuxième problème posé par la détermination des phases de récupération est plus général. La réponse dépend des paramètres individuels de l'athlète (âge, niveau d'entraînement, nombre et fréquence des séances d'entraînement spécifique, activité extrasportive) mais aussi de paramètres plus généraux concernant notamment la diététique (apport protéique : voir chapitre 88) et la ration hydrique.

En conclusion, la musculation spécifique nécessite une individualisation poussée du travail. Cela suppose que l'athlète et l'équipe d'encadrement soient en mesure de réaliser :

- une approche biomécanique suffisamment fine du comportement moteur du sujet pour lier amélioration des qualités physiques et technique gestuelle ;
- une approche physiologique pertinente pour permettre un dosage optimal de l'activité.

Électrostimulation

La stimulation électrique (SE) est une technique dont l'utilisation est fort ancienne dans le domaine paramédical. Depuis les travaux de Kots (1971), de nombreuses études ont été réalisées sur le sujet sain dans une optique de renforcement musculaire (Hainaut et Duchateau, 1992). L'application de cette technique suppose cependant la maîtrise de nombreux éléments.

Principe

Les générateurs doivent répondre à des normes de sécurité, en particulier lorsqu'ils sont branchés sur le secteur. Ils doivent répondre aux normes AFNOR NF C 74300, 74301, 74302.

Le type de courant est un élément déterminant de la qualité de la stimulation électrique, tant au plan de l'efficacité que du confort du sujet. Dans le cadre strict du renforcement musculaire, après de nombreuses propositions, la plupart du temps sans justification particulière, la majorité des auteurs s'accorde à penser qu'un courant dit rectangulaire biphasique est le mieux adapté. Des hémiphases comprises entre 200 et 400 µs permettent de générer des tensions importantes sans solliciter exagérément les fibres afférentes de la douleur. Des durées d'impulsion faibles nécessitent des intensités élevées, donc douloureuses, des durées d'impulsion longues recrutent les fibres delta de petit diamètre. L'interposition d'un temps de 400 µs à 2 ms entre les hémiphases semble être un facteur de confort pour le sujet sans que sa signification physiologique soit encore précisée (Poumarat *et al.*, 1998). La fréquence des courants utilisés s'échelonne de 50 à 100 Hz (Ferry et Poumarat, 1994 ; Ferry *et al.*, 1998). L'intensité reste bien évidement l'élément déterminant, provoquant ou non la contraction, associée à des phénomènes plus ou moins sensibles ou douloureux suivant le cas. L'accoutumance des sujets, l'impédance de la peau, la taille, le nombre et la qualité des électrodes influent directement sur l'intensité.

Les électrodes et leur localisation sont souvent des éléments considérés comme secondaires par rapport aux paramètres de courant. En fait, ils déterminent le recrutement plus ou moins sélectif des muscles ainsi que l'intensité nécessaire pour obtenir le seuil de force voulu. L'utilisation des techniques dites bipolaires, avec deux électrodes sur le muscle au voisinage du « point moteur », est très répandue. Pour notre part, nous préférons positionner une électrode en regard du trajet du nerf moteur et l'autre sur le point moteur du muscle. Chaque fois que cela est possible, nous préférons utiliser plusieurs électrodes, positionnées sur chacun des chefs musculaires à solliciter, plutôt qu'une grande électrode placée de manière intermédiaire sans localisation précise.

Le mode d'application de la stimulation électrique dans une optique d'entretien ou d'entraînement musculaire doit prendre en compte, comme pour un entraînement classique à l'aide de charges additionnelles, les notions de temps de travail, de repos, de nombre de répétitions, de nombre de séries. En fonction de l'intensité de la contraction demandée (en pourcentage de la force maximale volontaire), le temps de relaxation entre les contractions doit être augmenté pour prévenir une fatigue précoce du muscle.

Efficacité de la stimulation électrique

Dans un premier temps, la SE a été utilisée avec comme objectif unique *l'amélioration de la force maximale*. Les études réalisées en ce domaine peuvent donner des résultats très contradictoires, qu'il convient, dans la majorité des cas, d'attribuer à une connaissance insuffisante de cette technique ou à l'utilisation de matériels inadaptés. Dans le cas d'études s'appuyant sur des conditions optimales de mise en œuvre de SE, telles que définies plus haut, les résultats sont toujours positifs (Portmann, 1991; Fredon *et al.*, 1994).

Un des facteurs limitant, actuellement, la généralisation de la SE dans l'entraînement est la difficulté à s'approcher des conditions réelles de contraction qui, dans l'activité physique ou sportive, n'impliquent pas la contraction d'un muscle mais un ensemble de muscles agonistes et antagonistes avec des régulations complexes.

Indépendamment des problèmes éthiques posés par l'introduction de la SE dans l'entraînement des sportifs, cette technique bien conduite peut s'avérer intéressante pour développer la force musculaire, la puissance musculaire, la vascularisation ou la relaxation. Elle permet en outre d'apporter une variante à l'entraînement, susceptible d'aider l'athlète à progresser alors que ses performances sont en phase de plateau.

La SE peut donc être considérée comme une technique d'entraînement qui peut prendre sa place dans la panoplie des techniques à disposition de l'athlète et qui va dans le sens d'une plus grande individualisation du travail.

Conclusion

La musculation dans sa conception générale répond à plusieurs principes d'entraînement fondamentaux :

- passage d'une musculation générale à une musculation spécifique;
- apprentissage et respect des règles d'exécution des exercices;
- planification de l'ensemble de l'entraînement;
- individualisation du travail.

D'autres paramètres que ceux exposés ici sont cependant à prendre en compte pour concevoir un entraînement de musculation, et conduisent à se poser des questions sur :

- la part relative que l'on peut accorder aux différents types de contraction musculaire (Cometti, 1992; Terme, 1992) : isométrique, anisométrique concentrique, excentrique, isocinétique, auxotonique, entraînement de type pliométrique, contractions électro-induites;
- les répercussions de l'activité proposée sur le fonctionnement cardiovasculaire, sur les structures ostéoarticulaires, la structure musculaire.

Fondements biologiques du développement de la force musculaire

La force maximale d'un muscle dépend essentiellement du nombre de myofibrilles. Cette augmentation du nombre de myofibrilles peut être le résultat d'une augmentation du diamètre des fibres musculaires (hypertrophie) et/ou d'une augmentation du nombre de fibres musculaires (hyperplasie).

Après entraînement, l'hypertrophie musculaire s'accompagne d'une augmentation du nombre des *myonucleus* (noyaux des fibres musculaires). Or quelle que soit la technique utilisée, il n'a jamais été observé de multiplication des *myonucleus*. Ces noyaux supplémentaires proviennent de cellules aplaties, dites « satellites » car emprisonnées à l'intérieur de la membrane basale de la fibre musculaire dans laquelle elles sont plaquées.

Ces cellules satellites sont des myoblastes (cellules souches), maintenus dans un état de « sommeil » au sein du muscle squelettique adulte et entrant en mitose quand la fibre musculaire adjacente a besoin de régénérer ou d'augmenter le nombre de ses noyaux. Il semble exister une diminution du nombre de cellules satellites avec l'âge. Cela pourrait expliquer les moindres possibilités d'hypertrophie et de cicatrisation musculaires observées chez les sujets âgés.

Les effets ne se limitent pas à une hypertrophie des fibres musculaires mais concernent aussi le tissu conjonctif de soutien dont la quantité augmente.

Quelques études sont en faveur d'une hyperplasie des fibres musculaires dans la croissance musculaire induite par l'activité. Un phénomène de fissuration longitudinale a été observé après des entraînements de force. Ces fissurations ne sont pas complètes et ne correspondent donc pas à une augmentation du nombre de fibres musculaires. Le phénomène hyperplasique suggéré par ces études est donc contesté. Des études de sujets pratiquant des programmes de musculation suggèrent la formation de fibres musculaires à partir de cellules satellites formant, *de novo*, des myotubes dont la viabilité est cependant débattue. La participation d'une éventuelle hyperplasie au développement musculaire est probablement accessoire par rapport au processus hypertrophique.

Les importants progrès des performances observés au cours des premières semaines d'un programme de musculation ne s'accompagnent pas d'une augmentation de la masse musculaire. Ces progrès sont donc attribués à une amélioration de la commande nerveuse (recrutement des unités motrices, coordination des muscles agonistes et antagonistes...).

Une phase de progression lente de la force suit cette phase de progrès rapides. Lorsque le programme d'entraînement est prolongé de nombreux mois, une augmentation de la surface de section transversale et une hypertrophie des fibres musculaires sont observées au niveau des muscles entraînés. L'augmentation du nombre de myofibrilles expliquerait l'essentiel des gains de force survenant au cours de la phase de progression lente des performances.

H. Vandewalle

Pour en savoir plus

COMETTI G. Bases scientifiques de la musculation. *In :* Bonnel F, Terme A, Sol G, eds. *Muscle et sport.* Paris : Springer-Verlag, 1992.

FERRY B, POUMARAT G. Effet de la fréquence sur la force musculaire induite par stimulations électriques. *Arch Int Phys Biochim Biophys* 1994; 102 : 319-24.

FERRY B, POUMARAT G, VANNEUVILLE G. Basses fréquences, modulation d'une moyenne fréquence en basses fréquences : influence sur la force électro-induite du premier interosseux dorsal. *Science et Motricité* 1998; 41-53.

HAINAUT K, DUCHATEAU J. Neuromuscular electrical stimulation and voluntary exercise. *Sport Med* 1992; 14 (2) : 100-13.

KOTS YM. Amélioration de la force musculaire par la stimulation électrique. *Théorie et pratique de la culture physique.* Document INS 874 (3 et 4), 1971.

KUNZ HR, SCHNEIDER W, SPRING H, TRITSCHLER T, UNOLDINAUEN E. *L'entraînement de force.* ABC de Médecine du sport. Paris : Masson, 1991.

MARINI JF. La musculation : principes, méthodes et appareils. *In :* Benezis C, Simeray J, Simon L, eds. *Muscles, tendons et sport.* Paris : Masson, 1985.

MC DONAGH, DAVIS C. Adaptative response of mammalian skeletal muscle to exercise with high loads. *J Appl Physiol* 1984; 52 : 139-55.

POUMARAT G. *L'entraînement à l'aide de charges additionnelles.* Thèse STAPS. Clermont-Ferrand : Université Blaise Pascal, 1986.

POUMARAT G, DABONNEVILLE M. *Programmer sa musculation.* Paris : Amphora, 1987 : 125 p.

POUMARAT G, DABONNEVILLE M. *Les parcours en musculation.* Paris : Amphora, 1989 : 232 p.

POUMARAT G, DABONNEVILLE M, DIOT C. *Évolution de la force maximale volontaire en fonction de l'âge chronologique.* Journée ACAPS : Physiologie de l'exercice chez l'enfant. Clermont-Ferrand, 1990.

POUMARAT G, VANNEUVILLE G, CHANDEZON R, TERVER S. Influence of rest period on electrical stimulation efficiency. *Proceedings XVI ISBS* 1998; II : 60-63.

POUMARAT G, VANNEUVILLE G, VACHERON JJ. *Rachis et port de charge.* XVIIe congrès de la Société de biomécanique. Toulouse, 1992.

TERME A. Technique de musculation et entraînement. *In :* Bonnel F, Terme A, Sol G, eds. *Muscle et sport.* Paris : Springer-Verlag, 1992.

THÉPAULT-MATHIEU C, MILLER C, QUIÈVRE J. *Entraînement de la force.* Paris : Les Cahiers de l'Insep, 1997; 21 : 369 p.

Intolérance à l'entraînement et surentraînement

Sommaire

Les buts poursuivis lors de la mise en œuvre d'un programme d'entraînement sont d'améliorer et d'optimiser les performances physiques au moment opportun, qui correspond le plus souvent à une compétition importante. Afin de maximiser leurs performances, et parce que peu de règles tangibles sont encore établies à ce jour au regard de la tolérance individuelle de la charge physique induite par l'entraînement, les sportifs sont en général enclins à augmenter l'intensité des charges de travail. Il se constitue ainsi un équilibre précaire entre les perturbations nécessaires de l'homéostasie cellulaire induites par l'exercice et l'efficacité des processus de récupération à l'origine des réponses adaptatives qui conduisent à l'état d'entraînement. Le maintien de l'équilibre entre « exercice intense » et « récupération » réunit les conditions favorables pour l'optimisation des bénéfices tirés de l'entraînement, alors que sa rupture se traduit par l'apparition de signes cliniques qui reflètent l'intolérance à l'entraînement, dont le syndrome le plus grave et le plus complet constitue le surentraînement.

Définition des états cliniques d'intolérance à l'entraînement

La relation existant entre l'intensité de l'entraînement et les performances physiques n'est pas d'allure linéaire, mais plutôt en U inversé, avec un optimum, et un passage rapide de la phase de croissance vers l'autre versant de la courbe (fig. 20.1).

La *fatigue*, locale ou centrale (voir chapitre 80), peut être considérée comme étant la première manifestation de l'intolérance de l'exercice unique (fig. 20.2). Elle est de mise à l'arrêt de l'exercice dès lors que son intensité est élevée, et peut être rémanente pour un temps somme toute limité ; c'est une expression banale et commune de l'intolérance de l'exercice, qui est à l'origine de son arrêt, ou qui est retrouvée pour toute augmentation programmée de l'entraînement, nécessaire à l'amélioration des performances.

Le *surmenage physique* (*over-reaching* des Anglo-Saxons) fait suite à l'augmentation mal tolérée de l'entraînement, sur une période donnée. Dans la plupart des cas, cet état clinique passager régresse après quelques jours, assez souvent en augmentant légèrement les performances physiques, comparativement à ce qu'elles étaient initialement [1]. Un sujet n'ayant pas récupéré trois jours après une

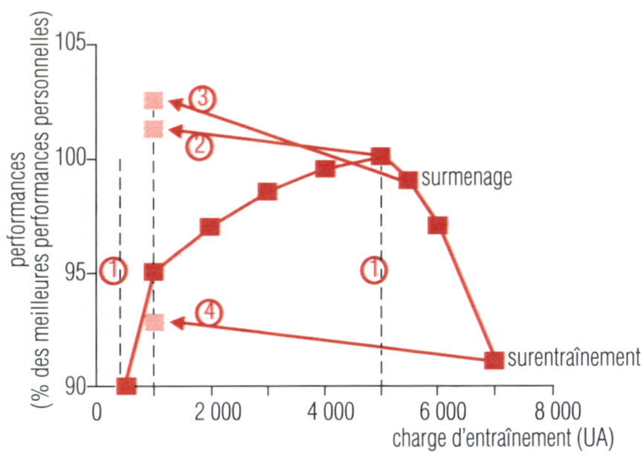

Fig. 20.1. Relation existant entre l'intensité de l'entraînement et les performances. L'intensité de l'entraînement est exprimée en unités arbitraires (UA), et les performances en pourcentage des meilleures performances personnelles. Les performances s'améliorent d'environ 10 % lorsque l'intensité de l'entraînement passe de 500 à 5 000 UA par semaine (1). Si l'intensité de l'entraînement est réduite à 1 000 UA par semaine, les performances s'améliorent légèrement (2). Si l'intensité de l'entraînement continue d'augmenter, on note une dégradation transitoire des performances (surmenage), suivie d'une amélioration secondaire de celles-ci si l'intensité de l'entraînement est ramenée à 1 000 UA (3). Si l'entraînement est maintenu au-delà des capacités de tolérance de l'intéressé, sans période de récupération adéquate, ou si des phénomènes intercurrents interviennent, un état de surentraînement se développe; on observe alors une baisse marquée des performances, qui perdure après l'arrêt de l'entraînement (4).

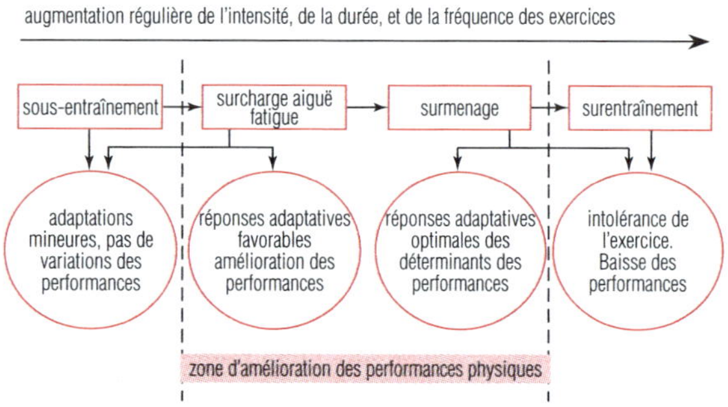

Fig. 20.2. Représentation schématique du continuum existant entre les différents états d'entraînement, et leurs conséquences sur les réponses adaptatives de l'organisme.

séance d'entraînement particulièrement intense peut être considéré comme présentant un état de surmenage, et doit être surveillé.

Le *surentraînement* (*over-training* des Anglo-Saxons) représente une étape de gravité ultérieure, et se traduit par un état prolongé d'altération des performances physiques ; cet état clinique parfois grave résulte d'un véritable état de maladaptation à l'entraînement physique, qui repose sur un déséquilibre entre les charges d'entraînement et les capacités de récupération de l'individu. Ce qui caractérise réellement l'état de surentraînement, c'est l'altération durable des performances, même après un allègement du programme d'entraînement.

Présentations cliniques du surentraînement

Le surentraînement se particularise plus par la chronicité de l'altération des performances que par les caractéristiques de sa présentation clinique. En effet, les signes cliniques retrouvés au cours du surentraînement sont extrêmement nombreux, polymorphes, et très peu caractéristiques. Plus de 90 signes différents ont pu être décrits comme survenant au cours du surentraînement, ce qui rend extrêmement difficiles le diagnostic précoce et la surveillance de l'athlète par son entourage. Le diagnostic est d'autant plus difficile qu'il existe une variabilité interindividuelle importante dans la sensibilité aux variations des charges de travail à l'entraînement, et dans le développement de cette pathologie. De même, les signes cliniques prédominants semblent être différents selon que le surentraînement fait suite à une augmentation du *volume* ou de l'*intensité* de l'entraînement. Enfin, des signes cliniques « opposés » peuvent être observés, suivant que le surentraînement présente un profil de type « sympathique » ou « parasympathique ». Bien que ces deux grandes formes cliniques aient été décrites, les mécanismes physiopathologiques à leur origine restent largement méconnus [5]. Elles sont toutes deux associées à une altération similaire des performances : la forme sympathique semble être beaucoup plus rare, et essentiellement affecter les athlètes de disciplines principalement anaérobies (sprinters, sauteurs, lanceurs, etc.) ; à l'inverse, la forme parasympathique est retrouvée chez les athlètes des disciplines aérobies (coureurs de longue distance, nageurs, cyclistes, etc.). Toutes ces particularités rendent le diagnostic très difficile et une hiérarchie des signes cliniques potentiels s'impose. Parmi les très nombreux signes cliniques évoqués, on peut extraire une liste réduite des symptômes les plus fréquemment retrouvés (tableau 20.I).

Tab. 20.I. Sélection de quelques signes cliniques et symptômes le plus souvent rapportés par les sujets présentant un état de surentraînement (d'après Armstrong et Van Heest [1]).

Signes cliniques et symptômes les plus fréquemment rapportés
Diminution perçue des performances physiques
Fatigue générale, malaises généraux
Troubles de l'endormissement, insomnie
Perte d'appétit
Irritabilité, angoisses, dépréciation de soi
Amaigrissement
Baisse de motivation
Douleurs musculaires, pesanteur des membres inférieurs
Manifestations infectieuses des voies aériennes supérieures

Par souci de simplicité et de présentation didactique, les signes cliniques du surentraînement ont été regroupés en quatre grandes catégories : des symptômes endocriniens, physiologiques et biochimiques, immunologiques, psychologiques. Les signes endocriniens, physiologiques et biochimiques sont d'apparition tardive et ne peuvent guère être utilisés dans le cadre d'une stratégie de dépistage précoce du surentraînement.

Signes endocriniens

Ils font suite à une insuffisance hypothalamo-hypophysaire, qui se caractérise principalement par :

- une aménorrhée chez la femme, une hypotestostéronémie ou une impuissance relative chez l'homme ;
- une hypothyroïdie (ralentissement de l'ensemble des métabolismes, amyotrophie, baisse du contenu minéral osseux, fatigue intellectuelle, etc.) ;
- une perturbation de l'équilibre entre anabolisme et catabolisme, au profit de ce dernier (amaigrissement, amyotrophie).

Signes physiologiques et biochimiques

Ils sont observés en dehors des variations de l'imprégnation hormonale et concernent principalement la libération et l'utilisation des substrats énergétiques : une baisse des réserves musculaires en glycogène, ainsi qu'un mauvais contrôle de la glycémie caractérisent les signes biochimiques. La consommation maximale d'oxygène n'est pas systématiquement affectée, mais on observe avec le surentraînement une baisse de la production maximale de lactates à l'exercice, ainsi qu'un glissement vers la gauche de la courbe d'évolution de la lactatémie avec la puissance de l'exercice, ce qui signifie que pour une même puissance absolue d'exercice, la lactatémie est plus élevée chez les sujets surentraînés. La baisse des réserves musculaires en glycogène affecte les performances réalisées au cours des exercices dynamiques intenses et de courte durée.

Signes immunologiques

L'exercice très intense et prolongé est associé à une incidence importante de signes infectieux, en particulier des voies aériennes supérieures. Des infections similaires ont parfois été rapportées au cours du surentraînement, mais pas de façon répétée et systématique; la question de l'occurrence de perturbations du système immunitaire au cours du surentraînement a été posée, de même que l'utilisation qui pourrait être faite de résultats du bilan sanguin immunologique pour le diagnostic précoce de cette affection. En dehors de quelques particularités, il existe actuellement un consensus pour penser que ces signes biologiques marqueurs d'altérations du système immunitaire ne sont qu'inconstamment retrouvés au cours du surentraînement et ne peuvent pas représenter une base diagnostique fiable et solide [7].

Signes psychologiques

En revanche, la recherche orientée de signes de perturbation psychologique peut représenter une stratégie potentielle de dépistage précoce du surentraînement. Les signes d'altération de l'humeur sont très souvent retrouvés, assez constants, et de survenue précoce. De plus en plus, la conviction s'est faite que le surentraînement ne résulte pas simplement d'une augmentation de la charge de travail à l'entraînement, sans période de récupération suffisante, dépassant ainsi la tolérance individuelle. L'environnement psychologique semble jouer un rôle déterminant dans le développement de cette pathologie; ainsi, le stress de la compétition (voir chapitre 21), la pression de l'environnement familial et les contraintes professionnelles sont de vraies conditions favorables à la survenue du surentraînement, la structure de l'environnement social et familial, les relations amicales, la stabilité émotionnelle constituant autant de facteurs susceptibles d'exercer une influence. Il existe une relation entre la charge de travail à l'entraînement et le profil de l'humeur, évalué par des échelles d'estimation adaptées (*Profile Of Mood States test*, ou POMS). Les valeurs obtenues au moyen de ces tests psychologiques augmentent avec l'intensité de l'entraînement, et reviennent aux valeurs de base dès la levée de celui-ci [6]. Au cours des états de surentraînement, ce sont de vraies perturbations de l'humeur, du comportement et des relations sociales qui sont observées, et ce avec une relative constance. On constate régulièrement l'apparition de signes dépressifs, d'angoisse ou d'anxiété. Ces évaluations de l'humeur restent largement descriptives, ne permettant pas d'expliquer clairement l'origine et les mécanismes du surentraînement, mais l'utilisation de ces échelles psychologiques ne doit pas être négligée car les changements observés sont très robustes et constants, et l'exploitation de ces questionnaires reste une source de renseignements importante au plan clinique et prédictif.

D'autre signes sont à rechercher avec une toute particulière attention : ce sont les sensations de lourdeur et de douleurs des muscles des membres inférieurs en l'absence de tout contexte traumatologique, dont la fréquence est remarquable au cours du surentraînement. Les troubles du sommeil sont des signes précoces et assez constants : alors que l'exercice régulier et l'entraînement physique semblent avoir des effets bénéfiques sur la régularité et l'efficacité du sommeil, le surentraînement induit une altération de sa qualité et des ruptures dans la régularité de survenue des différentes phases du sommeil [3]. Enfin, les troubles de l'appétit sont très reproductibles, et peuvent être à l'origine d'un déséquilibre important de la balance énergétique. Tout comme les pertes d'appétit, les perturbations de la qualité et de la continuité du sommeil sont fréquemment rapportées par les sujets atteints de surentraînement, ce qui en fait des signes robustes, précoces et constants, à rechercher systématiquement dans toute démarche diagnostique.

Arguments diagnostiques

Le diagnostic clinique est essentiellement un diagnostic d'exclusion d'autres pathologies s'exprimant par un état de fatigue chronique. Ces pathologies éliminées, le diagnostic de surentraînement pourra être évoqué ; des examens biologiques et des renseignements collectés par le biais de questionnaires adaptés sont susceptibles d'apporter une aide au diagnostic [9].

Une augmentation de la *fréquence cardiaque* de repos est classiquement rapportée, alors que la fréquence cardiaque maximale mesurée à l'exercice en laboratoire n'est que très faiblement diminuée (3-5 b/min). L'analyse spectrale de la fréquence cardiaque a été proposée comme outil diagnostique, avec pour hypothèse que les composantes de basse et de haute fréquence de la variabilité de la fréquence cardiaque reflètent les formes « sympathique » et « parasympathique » du surentraînement. La fidélité de cet outil diagnostique semble beaucoup varier suivant les études et son application au surentraînement encore sujette à discussion.

Des dosages de *variables biologiques plasmatiques* ont été proposés : la mesure de l'activité de la créatine kinase plasmatique ne reflète que les effets de l'entraînement sur la perméabilité des membranes des fibres musculaires et ne peut pas être considérée comme un argument diagnostique fort de surentraînement. De même, le dosage de l'urée plasmatique ne traduit qu'une augmentation du catabolisme protéique; l'association de perturbations de la créatine kinase et de l'urée plasmatiques reflète une intolérance aiguë de l'exercice qu'il est important de prendre en compte dans un contexte général de prévention de survenue du surentraînement.

Lors de l'exercice programmé de puissance constante, des concentrations plus élevées d'ammoniaque et plus faibles de lactate sont observées chez les sujets surentraînés. La concentration maximale de lactate mesurée à l'issue d'un exercice intense et courte durée est aussi classiquement diminuée.

L'étude des variations du rapport des concentrations plasmatiques de testostérone et de cortisol a été fréquemment proposée pour dépister la survenue du surentraînement. La diminution des valeurs de ce rapport, signe proposé de surentraînement, n'est en fait que rarement retrouvée. La baisse répétée des concentrations plasmatiques de cortisol mesurées au repos est plus régulièrement retrouvée dans les états de surentraînement, mais assez tardivement, ce qui nuit à son caractère prédictif.

Le bilan hormonal réalisé à l'arrêt de l'exercice peut fournir des arguments diagnostiques, en montrant par exemple une diminution de la sécrétion des hormones hypophysaires, normalement induite par l'exercice; c'est ainsi qu'on peut mettre en évidence une baisse des concentrations plasmatiques maximales de l'ACTH et de la GH. La mise en œuvre de tests d'effort programmés, permettant le recueil d'échantillons sanguins, limite l'utilisation en routine de telles pratiques.

Le coût financier important des mesures de marqueurs biologiques de l'état immunitaire (variations de sous-populations lymphocytaires, de marqueurs de surface, etc.) interdit leur utilisation dans le cadre de diagnostics de routine. Face à des examens aussi coûteux et peu fidèles, et à des questionnaires au coût nul et à la bonne sensibilité, le choix se fera toujours vers ces derniers [7].

L'utilisation de *questionnaires* prend ici une place de choix. Les questionnaires de l'humeur (POMS) sont sensibles, fidèles aux variations de l'intensité de l'entraînement; les sujets tolérant l'entraînement présentent un profil en forme d'« iceberg », et celui-ci s'inverse en cas d'intolérance à l'entraînement (fig. 20.3) [6]. Le recueil de sensations et plaintes parfois plus subjectives (altérations de l'appétit, du sommeil, etc.) peut être réalisé par l'utilisation de questionnaires spécifiques, préalablement validés sur de larges populations de sportifs de toutes catégories. La Société française de médecine du sport a proposé un tel questionnaire, autoadministrable, dont le contenu et la structure ont été validés [2].

Si un exercice programmé en laboratoire est envisageable, il peut apporter des renseignements importants, en mettant par exemple en évidence une baisse du temps limite de maintien d'un exercice sous-maximal élevé. Il faut rappeler ici que la définition formelle du surentraînement repose sur l'altération des performances physiques en l'absence de baisse marquée de l'entraînement; si donc la programmation de la puissance de l'exercice en laboratoire est bonne, une baisse des performances est logiquement attendue. La mesure des performances au cours d'un tel exercice peut ainsi représenter l'examen le plus important pour le diagnostic. Si la pénibilité de l'exercice est évaluée par une échelle de Borg, on peut parfois retrouver une augmentation de la pénibilité perçue de l'exercice; ce résultat reste inconstant et l'utilisation des échelles de pénibilité de l'exercice doit être prudente.

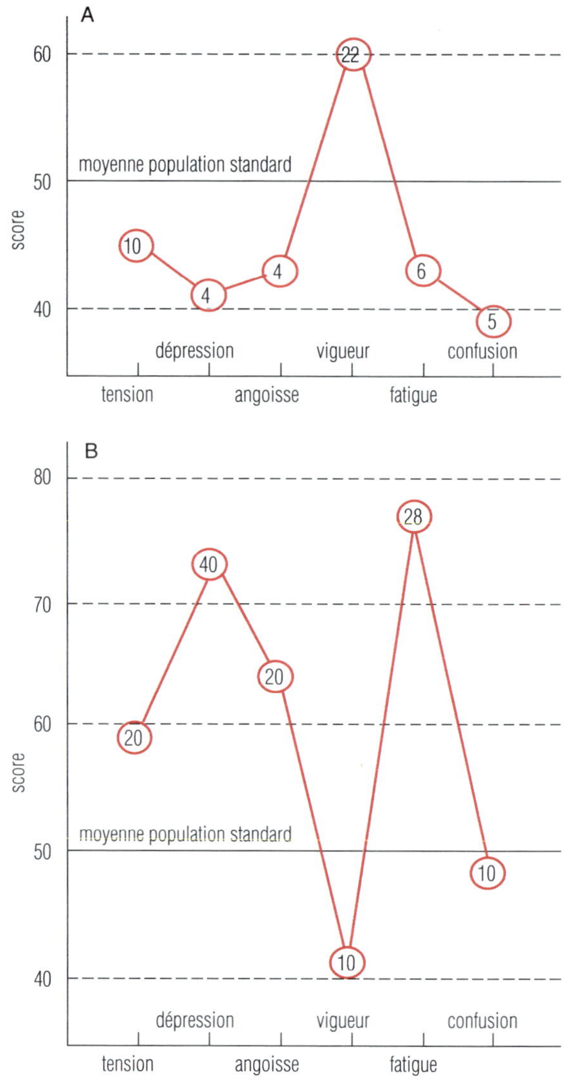

Fig. 20.3. Allure dite « en iceberg » de l'évaluation psychométrique par passation du questionnaire d'estimation du profil de l'humeur (*Profile of Mood States, POMS*). La valeur moyenne, pour l'ensemble d'une population de référence, est indiquée... (A) A l'état de forme, toutes les composantes dites négatives de l'humeur sont en dessous de la moyenne, exceptée la composante « vigueur »... (B) A l'inverse, le profil est inversé chez les sujets surentraînés, avec une baisse de l'index positif « vigueur », augmentation de tous index négatifs. Dans les cercles, valeurs absolues pour chaque composante (d'après Morgan *et al.* [6]).

Hypothèses actuelles sur les mécanismes du surentraînement

Les mécanismes intimes du surentraînement restent l'objet de débats. Très tôt, deux concepts se sont opposés, l'un plaçant au premier plan la baisse des réserves énergétiques du sujet, l'autre mettant en avant les réponses endo et neuroendocriniennes à l'excès de travail musculaire. Un troisième concept a récemment été proposé, reposant sur les effets systémiques de microlésions musculaires liées à l'exercice.

Concept métabolique

Il repose sur les conséquences d'exercices intenses et répétés sur l'épuisement des réserves glycogéniques musculaires, en l'absence de périodes de récupération suffisantes pour assurer la réplétion des réserves. Selon cette hypothèse, la diminution des réserves en substrats glucidiques induit une augmentation de la consommation d'acides gras, et surtout d'acides aminés essentiels oxydables, dont la leucine. Cette augmentation de l'utilisation de la leucine, si elle était suffisamment importante, pourrait expliquer, selon un mécanisme biochimique complexe, l'augmentation de l'entrée de tryptophane dans le système nerveux central, au travers de la barrière hématoencéphalique; le tryptophane étant l'acide aminé précurseur de la sérotonine, on observerait ainsi une augmentation de la synthèse de ce neuromédiateur impliqué dans l'origine de la fatigue centrale. Si la baisse des réserves musculaires en glycogène est de mise au cours du surentraînement, il est encore difficile à ce jour de savoir si ce déficit énergétique est une cause du surentraînement, ou simplement un événement concomitant.

Origine endocrinienne du surentraînement

Elle résulterait d'un dysfonctionnement de l'axe hypothalamo-hypophysaire. La répétition d'exercices physiques intenses, sous pression psychologique, telle qu'on peut l'envisager au cours de phases particulièrement intenses d'un programme d'entraînement s'accompagne d'une hypotestostéronémie. À cette baisse de la production de stéroïdes, dont l'origine serait centrale, on peut associer une altération de la sensibilité de l'axe hypothalamo-hypophysaire, qui se traduit par une baisse de la réponse de l'ACTH à l'exercice intense chez les sujets surentraînés [9], et/ou par une diminution de la sensibilité surrénalienne aux stimulations centrales après un entraînement intensif [4]. Un autre exemple illustre bien la désensibilisation de boucles de régulations physiologiques qui peut faire suite à l'application de programmes d'entraînement intensif : c'est la diminution du tonus adrénergique, objectivée par une baisse de l'excrétion urinaire des catécholamines ; cette inhibition sympathique fait suite à une période d'entraînement intensif durant laquelle les concentrations plasmatiques des catécholamines ont été particulièrement élevées.

Hypothèse musculaire du surentraînement

L'exercice physique mal toléré est associé à des microlésions musculaires dont les conséquences systémiques ne sont pas encore parfaitement évaluées. Bien que l'origine de ces microlésions contemporaines de l'exercice reste débattue, elles peuvent expliquer, au moins en partie, les douleurs rémanentes des masses musculaires, et les sensations de lourdeur persistantes des membres inférieurs, qui sont des signes très constants du surentraînement. Une hypothèse nouvellement avancée propose que les microlésions musculaires puissent représenter l'une des causes du surentraînement, à travers la production de cytokines [8]. En effet, de nombreux signes cliniques évocateurs de surentraînement peuvent être expliqués par les conséquences systémiques de l'augmentation de cytokines pro-inflammatoires au sein de l'organisme comme l'interleukine-1β (IL-1β) et le *tumor necrosis factor* α (TNFα). Ces cytokines ont accès aux différentes structures du système nerveux central sur lesquelles leurs récepteurs spécifiques sont présents. Leur liaison sur leurs récepteurs hypothalamiques peut rendre compte de :

- l'activation de l'axe hypothalamo-hypophyso-surrénalien, avec libération des hormones de stress et l'altération des performances cognitives ;
- la baisse de la prise alimentaire par augmentation de la production de leptine, à l'origine d'un déséquilibre de la balance énergétique ;
- la plus grande susceptibilité aux manifestations allergiques et infectieuses. En effet, la production initiale de cytokines pro-inflammatoires serait suivie de la production secondaire de cytokines anti-inflammatoires, ce qui aurait des conséquences majeures sur les défenses immunitaires, en exposant le sujet au risque infectieux.

Il est bien évident que cet enchaînement d'événements biologiques ne doit, en l'état actuel des connaissances, être considéré que comme une hypothèse qui devra être examinée dans les années à venir.

Traitement et prévention du surentraînement

Il n'existe pas de traitement pharmacologique du surentraînement ; c'est pourquoi une fois le diagnostic confirmé, l'arrêt de tout programme d'entraînement représente le seul vrai traitement efficace. Sa durée doit être le plus souvent au minimum égale à 2 semaines, mais cela ne doit pas non plus signifier « repos total » ; l'entretien d'une activité de faible niveau, dite de loisir, est importante pour les sportifs de haut niveau qui vivent mal l'arrêt de toute activité sportive. Il faudra par ailleurs assurer le traitement médical d'infections banales des voies aériennes supérieures, le soutien pharmacologique éventuel de signes de dépression, ainsi qu'un contrôle nutritionnel adapté.

Puisqu'il n'existe pas de traitement spécifique du surentraînement, sa prévention revêt une importance toute particulière. On peut retenir quelques principes de base dont l'application relève directement de l'environnement technique du sportif : le contrôle de la progression de l'entraînement, des charges d'entraînement appliquées à l'athlète, sa diversité (éviter les entraînements monotones), de même que la surveillance des apports alimentaires et le contrôle de l'état nutritionnel de l'athlète devraient contribuer à prévenir la survenue du surentraînement. Ces règles doivent être appliquées, mais puisque les mécanismes intimes du surentraînement restent méconnus, on ne peut pas totalement garantir leur efficacité. L'utilisation de méthodes simples de surveillance de la stabilité de l'humeur, de contrôle de l'état de fatigue, de la qualité du sommeil et de l'appétit représente une stratégie beaucoup plus efficace que le contrôle onéreux de variables biologiques.

Conclusion

Le syndrome de surentraînement se caractérise de manière constante par une diminution des performances qui persiste malgré plusieurs jours de repos, et qui ne peut s'expliquer par une pathologie intercurrente. Son diagnostic est donc le plus souvent un diagnostic d'exclusion, et son traitement ne peut reposer que sur le repos relatif et sur le traitement symptomatique. Sa prévention est fondamentale et le recours à des moyens simples de dépistage de survenue de perturbations de l'humeur, de l'appétit, du sommeil doit être privilégié.

Bibliographie

[1] Armstrong LE, Van Heest JL. The unknown mechanism of the overtraining syndrome. *Sports Med* 2002; 32 : 185-209.

[2] Brun F. Le surentraînement : à la recherche d'un outil d'évaluation standardisé utilisable en routine. *Science & Sports* 2003; 18 : 282-6.

[3] Driver HS, Taylor SR. Sleep disturbances and exercise. *Sports Med* 1996; 21 : 1-6.

[4] Duclos M, Corcuff JB, Rashedi M, Fougere V, Manier V. Trained *versus* untrained men : different immediate post-exercise responses of pituitary adrenal axis. *Eur J Appl Physiol* 1997; 75 : 343-50.

[5] Lehmann M, Foster C, Dickhuth HH, Gastmann U. Autonomic imbalance hypothesis and overtraining syndrome. *Med Sci Sports Exerc* 1998; 30 : 1140-5.

[6] Morgan WP, Brown DR, Raglin JS, O'Connor PJ, Ellickson KA. Psychological monitoring of overtraining and staleness. *Br J Sports Med* 1987; 21 : 107-14.

[7] Shephard RJ, Shek PN. Acute and chronic over-exertion : do depressed immune responses provide useful markers? *Int J Sports Med* 1998; 19 : 159-71.

[8] Smith LL. Cytokine hypothesis of overtraining : a physiological adaptation to excessive stress? *Med Sci Sports Exerc* 2000; 32 : 317-31.

[9] Urhausen A, Kindermann W. Diagnosis of overtraining. What tools do we have? *Sports Med* 2002; 32 : 95-102.

[10] Urhausen A, Gabriel H, Weiler B, Kindermann W. Ergometric and psychological findings during overtraining : a long-term-follow-up study in endurance athletes. *Int J Sports Med* 1998 Feb; 19(2) : 114-20.

21

Psychologie du compétiteur de haut niveau

Sommaire

Dans le contexte du XXIe siècle, le concept sport regroupe une infinité de réalités sociales comme individuelles. Son étude impose quelques remarques visant à en préciser le cadre. Nous retiendrons l'usage du mot « sport » dans la stricte définition d'une activité psychomotrice humaine appréciée selon les règles de la compétition, réalisée dans le cadre d'un spectacle, évaluée sous forme de record et gratifiée par une récompense à la fois symbolique : la reconnaissance sociale, et matérielle : les retombées financières. Hors ce contexte, il faudrait parler d'activités sportives, de pratiques sportives... Leur appartenance au système « sport » leur permet d'en appliquer les cadres : qui peut le plus, peut le moins. Cela est particulièrement valable pour la compréhension du vécu et de l'éprouvé de ce comportement humain appris, qui remanie l'organisation spontanée des jeux traditionnels. Il unifie leurs règles par leur écriture sous forme de code : leur répétition devient contrôlable. Il les déplace en dehors de la communauté qui les a naturellement institués vers un espace et une temporalité distincts. Le lieu de la rencontre doit répondre à des normes spécifiques reconstruisant la nature : le stade, le terrain; en athlétisme, les haies; en kayak, la rivière artificielle (d'eau salée aux JO d'Athènes 2004)... Le calendrier des rencontres crée ses propres fêtes indépendamment des rythmes cosmiques des saisons. Pour en mondialiser l'évaluation, l'exercice du sport organise l'effort humain de manière linéaire, courbe ascendante dans le sens du progrès. De même que pour le rendement des machines, le sport érige en dogme une irréalité pour la condition humaine : la progression suivant une ligne droite. La construction de cette voie directe et rapide est la référence pour le résultat. Ne valorisant pas les détours, ce système de mesure n'intègre pas les alternances des biorythmes naturels, individuels comme collectifs.

Ainsi les figures du sport sont le théâtre d'un dialogue entre l'inné et l'acquis. Toutes se fondent sur un *a priori* de santé, cet état de bien-être global (définition de l'OMS) dont elles deviennent le modèle. Elles supportent les idéaux de notre ambiance culturelle que sont la forme, la jeunesse, le dynamisme, la mobilité... En conséquence de quoi, elles interpellent moins le médecin dans son statut habituel de soignant que dans un nouveau rôle : expert de santé. Là, il est le garant de l'harmonie vitale d'un organisme aux compétences stimulées; et surtout, il peut en dénoncer l'exploitation abusive (rejoignant la législation du travail des mineurs, ou celle du commerce des produits corporels). Nous verrons comment l'étude de l'adaptation de l'individu dans sa globalité à cette proposition est le propre d'une science humaine : la psychologie. Après avoir repéré ce que recouvre l'identité « sportif de haut niveau » et le passeport pour le professionnalisme qu'elle représente, les tableaux cliniques des paliers successifs de cette adaptation seront isolés, traversés par le sportif à partir du point zéro qu'est sa première sélection de haut niveau. S'appuyant sur les théories de la psychopathologie du travail, une grille d'appréciation de la période charnière entre assistance et dépendance (tableau du *burn-out* limite) est proposée. Son intérêt est fondamental pour prévenir l'engagement de l'acteur sportif dans l'impasse de la suradaptation ou *burn-out* confirmé : tout mettre en œuvre pour le protéger du gouffre qu'est le cercle vicieux mortifère de la désadaptation et ses tableaux cliniques dépassés.

Quelle est la place de la psychologie pour le haut niveau sportif?

Une des valeurs morales de l'olympisme – historiquement, ce mouvement a donné au sport ses lettres de noblesse – est un *a priori* d'égalité des chances entre les participants. Le principe de compétition mesure et classe les différences entre les individus selon une pyramide dont le sommet est réservé à un seul. Il accentue l'inégalité afin d'éviter les *ex aequo*, jumeaux siamois impossibles à départager. L'objectif est que chacun se dépasse à travers l'échange avec son protagoniste qui effectivement est un semblable : même discipline, catégorie, sexe, niveau sportif... un double ou un clone?

La régulation de la compétition revendique une seule différence quantifiable : la démonstration de l'activité corporelle sportive. Par elle se redistribuent les rangs dans la fratrie planétaire des sportifs. Ainsi entre compétiteurs de compétence physiologique et motrice équivalente (les « podiomables »), c'est *la tête* qui fait la différence. Quel que soit le niveau de compréhension, l'objectif à atteindre est l'extrême (au-delà du record) tant physique, psychique que social entre le maximum (record connu) et l'excès. Tout l'art du sportif de haut niveau va être la juste appréciation de cette limite au-delà de laquelle il « explose » ou « se répand ».

Là va s'exprimer la qualité de son mental, cette activité psychique « objective » (donc accessible aux statistiques comme les tests et autre psychométrie, car indépendante des personnes), fonctionnelle puisque arbitrairement dégagée de ses affects, sensations, perceptions, sentiments. Cette entité psychique – pensée opératoire des psychosomaticiens renommée par les besoins de l'étude du phénomène sport – est transversale pour tous les regards posés sur cet exercice corporel.

Pour simplifier, deux courants de la psychologie (clinique et technique) seront retenus, courants qui doivent résister au mimétisme ambiant de la compétition (et ne pas se mettre en concurrence) afin de garder cette synergie harmonieuse si précieuse et si nécessaire à l'acteur sportif.

La psychologie clinique s'intéresse à l'économie psychique globale (le mental y est constamment référé aux autres énergies intrapsychiques) de l'acteur sportif. Ce dernier, loin d'être immature, propulsé hors de ses repères naturels comme appris, est inapte à apprécier la limite qu'il est en train de dépasser. Tout l'art (et toute la responsabilité) de son environnement familial faisant alliance avec son encadrement économique, scientifique, technique, et médical... résidera dans la juste intuition du risque qu'il prend afin que sa performance advienne sans qu'une fois mise en scène, elle le détruise. Cela est particulièrement vrai lorsque le sportif est mineur, voire lorsque se pose pour un jeune prépubère la question de son surclassement ou de son inscription dans les filières d'entraînement intensif. Les intervenants en psychologie clinique viennent de l'univers de la santé (psychiatre, psychologue clinicien, psychologue praticien, psychanalyste, psychosociologue clinique...).

La psychologie de l'activité corporelle sportive (acquise) renvoie à la problématique de l'éducation, des apprentissages, de la cognition : elle est technique. Annoncée par les travaux de philosophes tels que Bernard Guillemain [2] et Jacques Ulmann [4], de psychologues comme Michel Bouet [1], cette pensée technique du corps va s'organiser en psychologie du sport avec Georges Rioux, fondateur en 1973 de la Société française de psychologie du sport et d'éducation corporelle. Intermédiaire entre le sportif et ses spectateurs, l'étude du mental est dégagée de son contexte incarné. Elle s'appuie sur la théorisation de la psychologie expérimentale (et ses systèmes experts). Par là, elle rejoint l'univers des biotechnologies et des sciences dures rassemblées sous l'appellation : neurosciences. Les intervenants en psychologie du sport viennent de l'univers de l'éducation et de la formation (enseignants STAPS, entraîneurs...), de la neuropsychologie (et de ses rapprochements avec l'informatique que visualisent les concepts d'intelligence artificielle et de robotique humaine), de la psychologie cognitive et comportementale (en ce qu'elle s'intéresse au conditionnement humain), de la communication, de l'ergonomie...

Le mental est chargé d'orienter les forces de vie essentiellement sur le *vouloir* de résultat : c'est la gestion du *focus* anglo-saxon. La commande volontaire comme la restitution de la mémoire des apprentissages ou encore des éprouvés *sensationnels* des gestes et des émotions sont autant d'habiletés mentales.

Elles se construisent dans le même temps que s'entraîne l'appareil locomoteur. Ce mode de « penser le mouvement » est donc appris à partir de la répétition des stimulations kinesthésiques. Il a également ses références de maximum (contrôle de l'excitation efficace), de performance (l'extrême psychique), d'excès (autour de manifestations de déni du corps propre tel que la virtualité des *sport-up*) et de déviances (tel le dopage mental qu'est la manipulation de l'autre).

Le défi lancé est que, tout en se spécialisant, le renforcement du mental résiste à un fonctionnement exclusif, totalitaire et respecte constamment l'économie globale de l'appareil psychique, dont l'intégrité garantit la vitalité.

La recherche de la performance kinétique est donc un exercice conscient (« comment faire ? ») de la volonté. Le cortex frontal et préfrontal regroupe les aires de projection privilégiées des commandes de la motricité volontaire et involontaire. D'un point de vue anatomique et physiologique, elles sont relayées dans les régions sous-corticales du système limbique, cerveau des émotions, de la mémoire... L'acte moteur « pur » (réflexe spinal exclusif) n'existe qu'en cas de décérébration. C'est dire la place de cette fonction supérieure : la volonté. Le monde sportif, polarisé sur l'effecteur périphérique locomoteur, oublie parfois que rien ne se passera sans que le sportif l'ait décidé. S'il ne veut pas se lever, déglutir, se rendre sur les sites d'entraînement, entrer dans l'espace de la compétition, écouter, regarder... les plus belles prescriptions, les régimes les plus subtils, les meilleurs programmes d'entraînement sont inutiles. Cette volonté exercée dans le champ des valeurs de la pratique sportive tient sous sa coupe, orchestre et synchronise tout ce qui est de l'ordre de la séduction, du relationnel, de l'affectif.

La volonté est mise en œuvre, parce qu'elle engage le choix délibéré d'une dynamique : vouloir gagner, auquel on donne un statut omniprésent, sommet de la pyramide de toutes formes d'expressions d'intérêt autres.

Un tel choix exige un travail volontaire centré par la sélection psychomotrice et, par voie de conséquence, de concentration : il s'agit d'acquérir et d'encoder dans les structures de la mémoire du mouvement les séquences gestuelles spécifiques de la discipline pratiquée. Constituant progressivement un véritable patrimoine psychomoteur, ces composants sont acquis et mis en mémoire à la fois lors de l'entraînement mais surtout en situation compétitive. Seule la compétition prépare à la compétition. Ce travail, laborieux, quotidien, nécessaire à la constitution d'une routine dans les automatismes, est de type obsessionnel. Il contraste avec la libération intuitive d'une recomposition gestuelle (à partir de son propre patrimoine psychomoteur) qui, à l'instant T d'une compétition, va être *la* réponse kinétique performante. Sans laisser de trace dans sa mémoire, cette création de la cinétique corporelle surprend son auteur. Marquant son style, elle signe son génie kinétique.

Cela demande un apprentissage des perceptions kinesthésiques relevant de chaque partie de l'appareil locomoteur. Il s'agit de libérer, sans perte d'énergie, toute la force de la commande volontaire de l'acte sur les schémas de mouvements immédiatement concernés. C'est ainsi qu'un athlète « affûté » est capable de faire travailler presque exclusivement ses « ischio ». Et il en est de même pour les temps de retour au calme (immédiatement après l'effort) et de récupération (comprenant une nuit de sommeil). Ces « silences » psychomoteurs sont fondamentaux : ils sont l'apprentissage de l'éprouvé normal de la décroissance de l'excitation; ils respectent la chronophysiologie neurohormonale de l'effort musculaire. Dans ce cadre seront travaillées les pertes d'énergie parasites amputant d'autant la décharge spécifique : contraction des muscles antagonistes, crispation anxieuse se manifestant par un trismus... L'efficience des organes vitaux (dont le rôle est d'assurer la dépense énergétique de base) devient subordonnée à l'efficacité sportive : leur protection, comme leur mise en fonction tendant à être régulées par la conscience proprioceptive du sujet. Chez les pratiquants sportifs intensifs, cette néorégulation homéostasique de l'exercice musculaire, tout comme dans l'éducation des habiletés motrices, est le fruit du travail volontaire – ni instinctif, ni inné.

Cette nouvelle donne de la neurophysiologie musculaire se répercute sur la modification du schéma corporel statique comme dynamique, du fait de l'enrichissement par les apprentissages de la mémoire du mouvement. Là joue le système limbique, qui intervient, par l'intégration des émotions, dans le travail (encodage, stockage, restitution) de la mémoire. Il procède en sourdine, modifie l'imprégnation affective du geste.

Ainsi se dessine une nouvelle image du corps, qui elle-même déclenche une nouvelle représentation sensorielle de la motricité. Cette image du corps sportif s'élabore progressivement en intégrant la transformation globale provoquée par les informations somatiques, *somatopsychiques*, du performant psychomoteur sportif. Cette représentation de l'équilibre somatopsychique ultraperformant se focalise sur le muscle squelettique strié : organe identique pour les deux sexes. Elle exalte un corps musculaire neutre au regard de la sexuation.

Conçu et entraîné pour conquérir le territoire de son adversaire, pour dominer son environnement, ce corps du sportif est animé d'une mâle énergie. Sa puissance et ses qualités explosives en font une démonstration phallique qui conforte la puissance des hommes et rendent perplexes les femmes.

Lorsqu'elle est apparemment sexuée de type androgyne, la sculpture musculaire sportive est le produit de la spécificité de l'entraînement dans chaque discipline et non celui du jeu des hormones sexuelles endogènes. L'hypertrophie de la ceinture scapulaire des gymnastes est la conséquence de la sollicitation constante de la marche et des équilibres sur les mains. Les sportives accomplies en perdent certains caractères : leurs seins et leurs hanches s'effacent, leurs épaules se développent, leur cou s'élargit. Avec eux disparaît leur confiance en leur *sex-appeal* : n'étant plus une poupée fragile, elles deviennent l'égale des hommes. Le doute est tel qu'il a mené à la mise en place d'un test de non-masculinité obligatoire pour participer aux JO.

En réaction, certaines cherchent à rattraper leur image : elles acceptent de s'exhiber souvent de manière plus provocante que n'y est prête leur maturité affective et sexuelle. La pratique sportive devient le théâtre d'une féminité surjouée. Cohérente avec l'objectif des énergies déployées, elle se fait dans le sens du sport (les griffes d'attaque tricolores des nageuses françaises). D'autres, extrême inverse, préfèrent accentuer leur déféminisation en valorisant leur *look* unisexe.

Vive la stabilité du genre neutre du sportif! Elle se fait l'écho de celle du mot grec *athlon*, racine étymologique de « athlète » : ni masculin ni féminin, il condense aussi l'acte performant et la récompense.

Ainsi, l'image du corps performant sportif est celle d'une virilité construite autour d'un constant dialogue entre le pôle masculin (énergétique émetteur : le *yang*, force, énergie, esprit) de ses prises de risques extraordinaires et le pôle féminin (énergétique récepteur : le *yin*, la matrice, la forme) de son endurance. Il en joue manifestement lors des occasions que lui procurent les postes de jeu (attaquant et défenseur). De même quand une discipline féminine (patinage artistique) est pratiquée par un garçon ou une discipline masculine par une fille (lutte, rugby).

Redessiné tout au long des entraînements, le corps du sportif sélectionné pour le haut niveau devient de plus en plus sophistiqué. Il est entièrement pris par ses sensations (déplacement, température) et ses émotions (peur, douleur, plaisir). Par elles, il communique avec autrui de manière animale, à l'instinct, au *feeling* : il sent et ressent l'autre. Tout cela se passe dans un registre qualitatif pour l'acteur lui-même et quantitatif pour ses spectateurs.

Au fur et à mesure de sa progression, cette « bombe » de sensations va constituer un véritable « complexe corporel sportif » en se calant dans un prolongement matériel, neutre, mesurable; excroissance inanimée, faite des équipements (combinaison du nageur, chaussures du sprinter, bateau du rameur) ainsi que des instruments (lames du patineur, vélo du cycliste, gilet électrique de l'escrimeur, informatique des programmes experts) spécifiques à l'exercice de la pratique comme à son évaluation.

Plus ce complexe se spécialise, plus il se fragilise. Les causes d'erreurs sont plurifactorielles, les paramètres physiologiques et mécaniques interagissent indéfiniment. La puissance corporelle n'est plus autonome. Elle est nécessairement assistée d'un staff technique et médical qui garantit la maîtrise de son fonctionnement et protège le sportif de contraintes excessives qui l'aliéneraient aux « machines » et le feraient basculer dans la destruction.

Un processus intrapsychique tout aussi global que celui de l'adolescence, l'investissement sportif de haut niveau, s'installe, afin à la fois d'activer/inactiver et de soutenir l'effort physique de transformation volontaire et maîtrisée. Cette boucle dynamique intègre les modifications de l'homéostasie globale et de la neurohormonologie des sensations. Elle a une dimension centrale, intrapsychique : la mobilisation d'une tension faite de motivation, dépassement de soi, plaisir, jeu.

Si l'objectif de ce type d'accaparement sportif est bien d'obtenir la qualification visée, il joue dans le même temps que le processus naturel de l'adolescence. Il utilise les forces du même remaniement pulsionnel déclenché par les transformations corporelles pour l'un pubertaire, pour l'autre sportive. S'installe alors une interaction entre le développement normal, naturel et cet effort somatopsychique de transformation acquise du corps vers l'efficacité performante sportive. Cette interaction peut se figurer par l'image du barrage (opérant comme un frein, un blocage, une opposition) sur l'énergie du cours normal de la vie, qui sert le projet sportif.

Cette retenue doit rester incomplète – l'intensité et le rythme de l'opposition varient tout au long de la carrière sportive – afin de laisser la trajectoire de vie naturelle se dérouler librement.

Qui sont les sportifs appelés de haut niveau?

Du point de vue sportif « classique », l'acteur sportif ordinaire est reconnu de haut niveau dans la catégorie d'une discipline donnée, au moment où il réalise les performances sportives déterminées par les épreuves de sélection. Il entre alors dans une période de transition maturative aboutissant au titre de champion, qui le définira adulte d'après les critères sportifs.

Dans les références fédérales et olympiques, il est inscrit sur la liste éditée par la préparation olympique, émanation du CNOSF. Cette population est faible en nombre et regroupe à peu près 2 500 personnes pour les 2 à 3 millions de sportifs de la population générale française. Cette élite sportive rejoint les autres repérages de l'élite, intellectuelle, sélectionnée par les concours des grandes écoles, ou artistique, par les concours des différents conservatoires. Cette population est inhomogène : elle reflète la grande variété des disciplines, des classes d'âge, des conditions de vie, des contraintes et des répercussions physiques, psychologiques et sociales de la pratique intensive visant la haute performance. Cette élite sportive répond d'un système d'État qui organise des structures d'entraînement, de reconversion, de récompense comme de suivi de la santé. La loi de 1984 donne au sportif de haut niveau un statut particulier; la protection de sa santé est réglementée par la loi de mars 1999. Cette reconnaissance identitaire nationale est le résultat pour l'individu du succès dans un véritable « parcours du combattant ». L'accès du sportif au haut niveau est une série de hasards heureux. Beaucoup sont appelés, peu sont élus. À la manière de la dette nationale à la mémoire des anciens combattants, la société dans son ensemble est responsable du retour de tous ceux qui perdent pied à chaque étape de cette trajectoire d'excellence. Si la société sportive et son encadrement facilitent et accompagnent les efforts individuels vers la haute performance, elle ne peut prendre en compte chaque cas d'inadaptation, par définition en dehors de sa logique de fonctionnement. Ce point met l'accent sur l'importance de la sensibilisation de l'environnement des sportifs inscrits sur les listes du haut niveau : le principal risque de ce projet d'excellence sportive est l'exclusion, voire le rejet par les systèmes sociaux « normaux » classiques et traditionnels. Ce rejet comme cette exclusion sont générateurs de toutes les conduites déviantes dont l'errance pathologique et les conduites addictives sont les plus manifestes.

L'appartenance à l'élite sportive fait entrer dans le professionnalisme sportif et rejoindre les manifestations du sport *business* telles les différentes coupes du monde de football ou de rugby, les circuits des « tennis », les auto-records commandés par des entreprises (souvent pour tester des technologies nouvelles, matérielles comme biologiques), ou encore les pratiques de l'extrême dans les sports mécaniques (fortement sponsorisés) en particulier (moto). L'élite sportive n'échappe pas à l'évolution des valeurs et du contexte du travail qui, d'une manière générale, pour chacun d'entre nous, sollicite de plus en plus les habiletés mentales. Le travail n'est plus une valeur humaine corporellement impliquée dans la fabrication d'un produit mais plutôt mentalement sollicitée dans l'organisation et la sélection de ses constituants comme du contexte de sa réalisation. Or, les exigences de rendement des ressources humaines de l'hypermodernité imposent un rythme très largement supérieur à la chronopsychologie naturelle de l'organisme humain.

C'est là que le compétiteur sportif de haut niveau peut devenir un modèle d'adaptation. Tout au long de sa carrière, il entraîne son corps à fonctionner à une vitesse extra-ordinaire par rapport à ses biorythmes. Quelle que soit la discipline pratiquée, la répétition quotidienne des entraînements et l'augmentation du rythme de la concrétisation des gestes techniques déclenchent dans les neurones de la motricité volontaire une excitation a-normale ainsi que et surtout la mémoire correspondante. Le sportif de haut niveau sait « gérer » une excitation centrale très intense s'il n'est pas détruit par elle. Il sait la canaliser de manière à déclencher (à la manière d'un interrupteur *on/off*) son geste performant au bon moment de la compétition; il apprend aussi à en contrôler la durée et à l'arrêter. Ce dernier point, le désentraînement, la décroissance des sensations, est fondamental : l'organisme global ne doit pas supporter une activation centrale qui tourne à vide, devenue excessive par rapport aux possibilités immédiates de la décharge psychomotrice. Cette aptitude à la fois de type intuitif (bonne réaction au bon moment de la performance) et endurant (constitution d'une réserve énergétique sans devoir la dilapider en dehors de la sphère sportive) constitue les valeurs de l'hypermodernité. Cependant si le compétiteur sportif de haut niveau en est un modèle, il est fondamental d'observer que son excitation centrale provient, est générée, par ses réactions psychomotrices initialement volontaires puis sous-corticales aux stimulations empruntant les canaux de la sensibilité profonde, comme sensorielle. Cette économie interne privilégiée est essentiellement endogène. Son équilibre ne peut être transposé tel quel à des situations où le corps est immobile, le stress au travail par exemple.

Qu'exige la pratique intensive du sport lorsqu'elle vise l'efficacité performante du rendement kinétique humain, mesuré dans l'échelle des records sportifs?

- c'est une activité qui organise les autres choix de vie (au risque de devenir un refuge, évitant de les affronter);
- le principe d'insatisfaction est érigé en système : ce n'est jamais suffisant; même les résultats les plus prestigieux sont des sommets à atteindre à nouveau;
- les règles du jeu deviennent des lois; elles sortent donc de l'espace sportif pour intéresser le droit public;
- la stimulation de l'organisme se fait toujours au point de rupture de ces limites dont témoignent ces résistances (douleur et mémoire);
- les démonstrations publiques se font au cours d'un spectacle qui dépend d'un calendrier international, imposant soumission aux règles et exactitude;
- le résultat (équivalent du titre) est justifié par une récompense « en espèces », suivant une échelle de prix (rendement financier) préétablie (une médaille d'or au JO d'Athènes rapporte 40 000 €). Le titre est donc extérieur à l'acte.

Se distingue alors un haut niveau sportif à deux vitesses, en fonction de la valeur marchande de son spectacle. D'un côté, l'industrie sportive. Elle ne concerne que les disciplines sportives très fortement médiatisées. Un journal sportif qui ne parle pas de football est voué à la faillite. Les images des champions (corps virtuels, immobilisés en deux dimensions) supportent l'industrie du sport : les acteurs sportifs sont des objets à vendre, échanger ou acheter. Complétant leur « ancienne » assistance technique et scientifique, ils sont entourés de divers conseils en gestion, agents, impresarios répondant d'une logique de commerce et de *show-biz*. Acceptant ce challenge, ce type d'acteur sportif sort du cadre de sa pratique. Même mineur, il peut être salarié. Son corps est son instrument de travail. Il gagne sa vie avec ses résultats. Parfois, les sommes astronomiques de ses gains en font le « veau d'or » de l'argent facile, son image fascinante est idolâtrée.

De l'autre côté se trouve le haut niveau sportif régi par une organisation associative. Interviennent essentiellement des bénévoles (« volontaires » en anglais), il n'y a pas ou peu de pondération financière de l'acte sportif (récompense ou salaire : l'acteur sportif n'est pas un équivalent de titre en bourse). Dans ce cadre-là, on retrouve le haut niveau des disciplines peu médiatisées. Peuvent s'exprimer les valeurs sportives traditionnelles reconnaissant la figure du champion. Sa performance est une victoire qui lui appartient et lui permet de s'inscrire dans l'histoire des héros parce que l'humanité la reconnaît comme une richesse et un exemple. La place de l'arbitre (figuré ou non) y a toute sa valeur structurante. Tenter de le rejoindre est un projet de type initiatique dont les étapes sont des épreuves admirables à passer : en soi, elles se suffisent à elles-mêmes. Les sorties par la « petite porte » des non-sélections ne sont pas une honte, elles suscitent plutôt la fierté d'être « allé jusque-là ». Les pratiquants peuvent s'adonner à leur sport (ou poursuivre leur pratique) sur le mode du loisir sans culpabilité. Les champions de leur discipline partagent volontiers leur expérience, ne sont pas jaloux de leurs « trucs »; ils transmettent des conseils accessibles et permettent l'épanouissement de chaque talent dans une ambiance conviviale et heureuse de vivre.

Ces registres du haut niveau sportif se distinguent totalement du sport marchand. Cette application du terme sport est associée à celui de forme. Elle s'appuie sur la reconnaissance d'un des besoins fondamentaux de l'organisme humain : bouger. En effet, l'organisme humain doit sa vitalité à la satisfaction de quatre registres de fonctionnement : l'alimentation, le sommeil, l'activité sexuelle, le déplacement. Dans notre société de plus en plus sédentaire et assistée, cette dernière exigence du vivant n'est absolument pas respectée dans sa spontanéité. Prenons l'exemple de l'exercice « monter un escalier » : nous devons rester immobiles sur des escaliers mécaniques qui nous hissent à notre place (en nous faisant payer au passage les frais d'électricité, d'entretien, la perte de temps de l'attente du déclenchement de la mécanique...) et on nous propose un entraînement de *stepping* bien cadré, avec une progression mesurée sur le périmètre de nos quadriceps dans les salles de gymnastique à horaires fixes (là aussi, nous consommons l'abonnement, le coach, la préparation alimentaire...). Le problème psychologique déclenché par cette adaptation à cette sédentarité et ces biotechnologies robotiques du progrès fait que nous sommes constamment dans une motricité frustrée qui en elle-même déclenche un mouvement de dépression de l'humeur et de baisse de l'estime de soi... étiquetées à leur tour dépression et traitées par la prescription de médicaments spécifiques. La boucle de l'engrenage de la consommation est bien rôdée. Le rapprochement entre le sport et la forme physique, label santé, interpelle la médecine dans sa fonction de garantie (sorte de service après naissance!). Là se remarque la différence fondamentale entre les approches orientales et occidentales du vivant : la première fait confiance aux capacités d'adaptation du corps à son vieillissement et l'accompagne; la seconde repousse l'échéance finale : la mort, et s'intéresse à des instants d'un vivant illusoirement immobile. Les deux sont nécessaires car essentiellement complémentaires dès que surgit l'interrogation du bien-être, de la santé.

Progression de l'adaptation somatique et psychologique aux exigences de la pratique intensive visant la haute performance

Comme cela a été vu ci-dessus, la pratique sportive est un « ailleurs » pour le développement naturel de l'être humain. S'y astreindre est donc une situation stressante, car perpétuellement inconnue de son adepte. Cette problématique, étudiée à partir de la démarche de l'individu s'élevant vers la globalité de « son » haut niveau, a pour référence la psychologie clinique. Elle est applicable aux sportifs de tous niveaux. Peuvent alors être mises en perspective l'adaptation somatique et psychologique aux exigences de la pratique intensive visant la haute performance avec certaines de celles du monde du travail.

Haut niveau sportif et tableau du *burn-out* professionnel

La professionnalisation du haut niveau sportif le fait entrer dans la sphère de l'étude de l'adaptation aux contraintes du travail. Elles demandent à l'individu de s'accorder à la vitesse d'évolution des repères, dans une époque de transition entre l'ère industrielle et l'ère postmoderne. Il doit ainsi « faire avec » les transformations inhérentes à sa condition humaine. Les limites de cette adaptation s'expriment à travers le tableau du *burn-out*, défini comme un mal-être de civilisation touchant les plus performants et résultant d'un conflit entre l'individu et son environnement professionnel [3]. Ce tableau apparaît dans un contexte bien particulier. Sa facette psychosociale décrit des structures d'entreprise normatives à haut potentiel d'intégration : chaque niveau de la pyramide hiérarchique est réglementé sur le mode de la concurrence permanente et par définition instable (siège éjectable constant). Sa facette intrapsychique individuelle isole une sorte de profil type. Est particulièrement concerné celui qui accorde de l'importance à sa « vocation », qui le fait héros de sa cause par le biais de son investissement professionnel. Il concrétise alors son Moi idéal. Cette exigence répond à la très forte attente d'un « parent intérieur », venant en général de la culture familiale, le Surmoi.

Or l'excellence sportive est tout spécialement concernée par le *burn-out*. En effet, la société sportive est organisée sur les normes des sélections; la concurrence est institutionnalisée par le principe de compétition. Le champion sportif, ce héros national, est une valeur sociétale positive de la modernité (mobilité, éternelle jeunesse, références médiatiques, financières...). Sa motivation et la progression de ses entraînements sont de l'ordre de l'accomplissement d'une vocation. Ses attentes et son insatisfaction rendent autoritaire son « parent intérieur », obligatoirement grandiose, relayé par son entraîneur et le staff de son assistance technique et scientifique. Il est le théâtre d'une tension interne entre les couples de forces : *Moi idéal-Surmoi*, naturel, inné et sportif performant, acquis. Du côté spontané se retrouvent : une acceptation de l'absence de maîtrise sur le développement pubertaire et ses répercussions psychologiques, l'adolescence, une tolérance (agréable surprise) de l'imprévu de ce travail de transformation globale, la construction du Moi à partir des informations corporelles, un dialogue permanent de ce Moi avec un Surmoi à la fois observateur, arbitre et modèle. Du côté appris se retrouvent : une transformation globale anticipée et programmée par les objectifs sportifs, une maîtrise du Moi à partir de la vérification de sensations corporelles attendues (le Moi idéal mis en scène est anticipé), un Surmoi personnel sous le contrôle d'une aide obligatoire (entraîneur, logistique) : le parent intérieur privilégie son rôle de diktat qui impose et distribue gratification comme frustration.

Parcours de l'adaptation

Afin que cette progression vers le haut niveau sportif soit synonyme de l'épanouissement de la personne et ainsi témoigne de la grandeur de l'être humain, il convient de prendre toute la mesure de l'aspect aléatoire et variable des équilibres successivement trouvés. En effet, l'engagement dans le haut niveau sportif résulte d'une succession de chances saisies. Il y a d'abord l'initiation précoce à des activités sportives pratiquées de préférence en famille et en association éducative avec des camarades de classe. Puis, une discipline particulière est choisie après avoir enrichi par des pratiques brèves la curiosité d'une pratique multisports. Introduire la compétition comme reconnaissance de la différence et lieu d'expression du plaisir permet d'épanouir cette différence, de rire lorsqu'elle « échoue ». À partir de ce travail sur la stratégie de l'échec peut rebondir le questionnement de la réussite. Les exigences d'une discipline sollicitent les dispositions spontanées (le talent) et le caractère de l'individu : la pratique elle-même est l'occasion de se découvrir et de se surprendre. L'environnement familial comme sportif reste serein face aux résultats comme aux récompenses, financières en particulier. Ainsi, les valeurs du sport renforcent et étayent celles des études, de la formation professionnelle et plus largement de l'environnement socioculturel et de la famille.

Ce n'est qu'à partir de la solidité d'une telle structure que l'investissement du haut niveau de plus en plus professionnel pourra se faire dans le registre de l'épanouissement de la personne.

Toute formation somatique comme mentale comporte des exigences physiologiques qu'il est impératif de reconnaître lors des périodes de fragilité. Sont concernés tout particulièrement la fin de la grande enfance, la puberté, l'adolescence et les différentes phases de son déroulement, toutes périodes où le corps en croissance et en changement exige une attention plus grande pour respecter les transformations naturellement prévues, la maturation normale, et pour les intégrer dans le projet d'excellence sportive tout en satisfaisant l'unité du sentiment d'existence.

La pratique sportive intensive provoque et impose un fonctionnement psychologique s'appuyant sur le travail de la volonté, apprécié selon trois axes théoriques cliniques :

- selon l'axe de l'anxiété : une sollicitation du stress physiologique constamment stimulé par l'accélération des stimuli spécifiques de la recherche de performance psychomotrice sportive, par définition inconnue et exceptionnelle, et sa confrontation permanente au risque lié à l'incertitude de la réponse corporelle et du jeu de sa mémoire ;
- selon l'axe des variations thymiques : un contrôle sur les fluctuations normales de l'humeur (influencée par la chronobiologie des hormones de la vigilance, sollicitée et entraînée par l'adaptation au stress), autorisant à la fois les flashes impulsifs et intuitifs de l'acte performant en situation compétitive et la monotonie obsessionnelle de la répétition gestuelle inhérente aux entraînements comme aux rituels compétitifs ;
- selon l'axe de l'estime de soi, sous-jacente à la mise en acte des comportements répétitifs. Il s'agit de trouver en soi un équilibre positif du rapport dominant/dominé. Du côté dominant, on trouve un renforcement du Moi passant par l'anticipation d'une image de soi grandiose, un égocentrisme absorbant toutes les situations contraires, le rival comme l'adversaire ne peuvent être que « possédés »; « *Je l'ai eu!* » est l'exclamation du triomphe. Du côté dominé se situe l'acceptation (soumission?, obéissance, « profil bas ») d'un encadrement imposé, l'entraîneur formant avec « son » sportif un binôme incontournable.

Ces trois axes somatopsychiques vont servir de guide pour le suivi psychologique individualisé et régulier de l'adaptation du sujet à ses objectifs de performance psychomotrice sportive. Ils vont également servir de référence pour le dépistage et le diagnostic du tableau d'un *burn-out* limite, tirant la sonnette d'alarme avant que ne se constitue un véritable *burn-out*, prémice mortifère d'une telle entreprise.

Premier niveau : bien-être

Il n'y a pas de contradiction entre les transformations corporelles spontanées et apprises. La dialectique du sportif avec lui-même, exprimée sur le mode du jeu « amical », signe l'harmonie de la santé. Tout va bien, pour le sportif comme pour son entourage. Il utilise sa transformation corporelle de manière globale, sans distinction entre les vitesses, naturelle et forcée. Il joue avec son corps comme avec un jouet traditionnel : ses besoins sont en accord avec ses désirs. Il développe sa curiosité psychomotrice, il innove et conçoit des stratégies, son adolescence évolue de pair avec l'éveil de ses attirances sexuelles. Il vit ses échecs avec humour puisque ce sont des alternatives à la réussite. Ses sensations sont à leur place à la fois dans le temps (elles ne débordent pas dans la vie non-sportive) et dans leur compréhension. Les rythmes du sommeil et les phases de retour au calme comme de récupération sont respectés. Le développement des acquis intellectuels et du langage verbal est de même intensité que celui des aptitudes psychomotrices et du langage du corps : ils se renforcent mutuellement. Dans ce tableau cohérent, le plaisir n'est pas revendiqué; sans histoire, il est une évidence, qui ne se justifie pas, qui ne se met pas en équation. Aussi, interrogé directement sur ce thème, un sportif heureux évoquera sa « saine fatigue », sans « prise de tête », de manière quasi inconsciente; avec une très grande facilité, il passe aisément et réciproquement de sa trajectoire adolescente à celle de son investissement sportif.

Son rapport à l'alimentation en est un bon indicateur : ici, il est congruent à la différence de chaque événement convivial. Il pensera à garder son rythme alimentaire lors d'un déplacement, comme il profitera d'un repas de fête, et rééquilibrera son alimentation en postentraînement tout en restant vigilant sur ses prises hydriques.

Ici, le rôle de l'assistance, médicale et autre, est celui d'un accompagnement bienveillant et attentif.

Le virage dans ce premier niveau est la « première » blessure : celle dont on se plaint. Brutalement un cri de souffrance interrompt cette idylle. Sans relation avec la gravité de la lésion, cette blessure est pour le sujet une provocation, voire elle le désigne victime d'un véritable crime de lèse-majesté. Touché dans son amour propre corporel, cette blessure-là le contraint à revenir dans ses marques, il « atterrit » dans sa réalité. Il est dans l'impuissance et se sent trahi, il découvre que son corps n'est plus forcément son allié. La désillusion s'accompagne d'un moment dépressif qu'il dépasse généralement par la réappropriation de son investissement dans la conscience de l'effort à fournir. Cette « première blessure » fait date : soit il s'agit effectivement d'un premier choc avec la réalité de la finitude humaine, soit, et c'est plus fréquent qu'on ne le pense, il s'agit de la répétition de l'échec du corps sur son destin : construction dans l'après-coup d'une blessure survenue avant l'investissement sportif de haut niveau. Les anamnèses des sportifs notent souvent des antécédents de traumatismes, prématurité, asthme (avec son cortège angoissant de *manque d'air*), hospitalisations précoces... L'investissement de la performance psychomotrice se teinte alors d'une sorte de revanche impérieuse du corps; en cas d'échec sportif, la blessure est doublement cuisante.

Vécue de manière structurante et positive, cette première confrontation avec le principe de réalité va interagir sur la relation entre les développements psychomoteurs naturel et appris. Elle peut se comprendre comme un mariage « de raison », une amitié « utile ». Le déroulement pubertaire commence à montrer des traces d'imprégnation sous l'effet de l'exercice physique intensif. La transformation corporelle sportive se voit : la pilosité pubienne féminine de triangulaire devient discrètement losangique, la modification des masses musculaires renseigne davantage sur la discipline pratiquée que sur l'appartenance sexuée. Cette adaptation physiologique reste néanmoins réversible à l'arrêt de la pratique intensive. L'accès à la performance est optimal. Le sportif est avec lui-même dans une logique de jeu « réglé » : son corps est devenu un outil de travail dont il prend soin et qu'il prépare.

Jusqu'ici, nous sommes à un premier niveau de « stade bienveillant », de bonne entente entre le sportif et son assistance. C'est celui du dialogue réciproque, équilibré et souple entre les deux parties du Moi. Le projet individuel et l'assistance extérieure de l'entourage, qui fonctionne alors comme un système de tutorat, d'étayage, sont dans une relation équilibrée et réciproque. Le jeune est conscient des deux processus de transformation corporelle dans lesquels il se situe. Il s'interroge aussi bien sur sa puberté dans l'espace sportif (par exemple, le développement musculaire du cou qui gêne le port d'un collier) que sur ses adaptations corporelles sportives dans les investissements non-sportifs (permanence d'une crispation de la main, contracture normale pour l'escrimeur, gênant la tenue d'un crayon). Même inquiet de ses résultats, ses échanges verbaux (particulièrement au moment du *debriefing*) sont « normaux » pour la situation; s'il y a déséquilibre, il peut poser question, la discussion est ouverte. Le plus souvent, un réaménagement temporel des deux investissements suffit à l'apaiser et la valorisation du self-contrôle et de l'expression verbale est maintenue.

Dans tout cela, le sportif a besoin de son environnement médical et technique :

- pour parfaire son geste;
- pour obtenir une aide à l'entraînement (préparation diététique, musculaire, mentale...);
- pour préserver son bien-être global.

Deuxième niveau : le mal-être d'effort ou *burn-out* compensé

Compatible avec l'efficacité performante, l'expression corporelle, dominée par cette recherche, tend à s'affranchir de celle de la croissance génétiquement déterminée.

S'établit alors une superposition entre les deux parties du Moi. Nous sommes dans des comportements de répétition, où les références psychocorporelles sportives se chevauchent, au risque de se confondre avec leurs homologues non sportives. La pensée est remplacée par des auto-injonctions répétitives, évoquant des manifestations auto-érotiques progressivement déshabitées de tout aspect d'Éros. Le plaisir est lié au calcul du juste rapport gratification/frustration. Par exemple celui de boire et donc de déglutir lorsqu'on a soif se déplace sur la stricte satisfaction de contrôler sa glotte et donc d'ingurgiter des quantités liquides nettement supérieures aux besoins, « à glotte ouverte » (flux continu), à la manière des concours de buveurs de bière par exemple; monter « spontanément » quatre à quatre les escaliers devient un entraînement spécifique et maîtrisé, quitte à le répéter de manière anormale par rapport à la situation et à en faire un autoentraînement « sauvage ». En fait, il semble s'agir davantage d'attachements successifs à chacune des caractéristiques de l'image du corps performant, en morcelant ainsi chaque partie dans une quête perfectionniste. Et les investissements autonomes extérieurs (amoureux, scolaires...) sont reportés à plus tard ou évités s'ils posent le moindre problème qui risquerait de distraire (c'est la politique de l'autruche).

Alors que la mémoire du mouvement adapté est toujours sous contrôle conscient, la séquence du mouvement en tant que telle garde son déroulement normal mais la répétition du geste est devenue automatique : elle est passée à un niveau de représentation sans image. Ce qui explique, par exemple, les manifestations anxieuses (crises de panique ou phobies d'apparition récente), notamment la peur d'être enfermé dans un avion, souvent très invalidante chez les sportifs de niveau international appelés à faire de longs trajets.

Ces modes de comportement, ces attitudes qui tendent à se détacher de la réalité sont réversibles pour peu qu'un dispositif d'étayage relationnel se mette en place. Parler de ce qu'on ressent, se rassurer par la présence de quelqu'un, sont à ces moments-là des ressources inestimables. En tous cas, la médecine doit intervenir pour les garantir, du fait essentiellement du secret professionnel auquel elle est tenue.

Le virage dans ce deuxième niveau correspond aux contre-performances à répétition. Si, dans la phase précédente, l'entourage n'a pas pris les dispositions nécessaires, le sportif peut s'engager un processus pathogène : le *burn-out* limite.

Il s'agit du premier stade de l'installation d'une conduite addictive, transition entre un « trop bel » accrochage et une dépendance.

Dans cette période, si subtile et difficile à discerner, et trop quotidienne, se multiplient les contre-performances : le sportif ne réalise plus de progrès, il se fatigue dans la répétition inefficace de ce qu'il a acquis au cours de ses entraînements en prélevant sur son patrimoine psychomoteur, de plus en plus envahi et parasité par des réactions kinesthésiques provoquées par les cicatrices des traumatismes. Tel un embrayage qui patine, sa dynamique corporelle ne précède plus sa gestuelle, elle a perdu les commandes volontaires et se laisse mener par la robotique biotechnique. Elle ne déclenche plus d'initiative de création de performance. Ce sera par exemple les successions inexorables de services dans le filet au tennis, ou de flèches en dehors de la cible au tir à l'arc. Pour peu que le sportif « trouve » un excitant exogène, cet accrochage au mouvement répétitif va s'organiser en conduite addictive (rituel de déglutition du buveur, gestuelle du fumeur).

Si la pression s'accentue, le comportement psychomoteur, par sa répétition, engendre une sorte d'emballement de la mémoire du mouvement. Le sujet perd son sens critique par rapport à ses troubles : il n'en a plus conscience et n'en souffre plus. Donc il ne lutte plus. Ne s'en plaignant pas, il ne demande pas d'aide : à la limite il revendique qu'on le laisse tranquille. Là est le danger. Alors que dans les deux stades précédents, le sportif exprimait cet accrochage montant soit dans le langage verbal, soit dans l'expression corporelle, ici, à l'écouter, « tout va bien » dans sa tête comme dans son corps. Il n'a pas conscience du jeu pathologique dans lequel il s'inscrit. L'enjeu, le sportif lui-même, n'est plus réinjecté dans le jeu, il est risqué encore et encore, « à fonds perdus ». Dominé par sa virilité, il est propulsé dans une fuite en avant, souvent forcenée, tentative souvent désespérée d'évasion de lui-même. Il provoque « sa » chance et défie le jugement de Dieu. C'est aux autres de rester lucides, de résister à la fascination qu'exerce le sportif, et de lui proposer des alternatives environnementales et comportementales.

Le dépistage de ce tableau de *burn-out* limite, dont l'intérêt sera souligné un peu plus loin dans ce chapitre, permet de donner toutes ses chances à la prise en charge psychothérapique, individuelle comme de groupe. Il faut noter aussi que ce tableau peut signer un excès d'utilisation des techniques dites de préparation du mental.

Troisième niveau : l'impasse du *burn-out*

Un pas de plus dans la polarisation sur l'exclusivité donnée à sa pratique sportive et une conduite addictive s'installe. Le réajustement de l'entraînement moteur qu'elle suscite peut aboutir d'abord à une manière de le vivre de façon rigide et stéréotypée, et ensuite à un débordement sur les autres registres de la vie. Tout se passe alors comme si de l'entraînement découlait un devoir d'exemplarité (l'intéressant n'est pas de maigrir, mais d'obtenir un record de kilos perdus). Peuvent ainsi se retrouver, en coexistant de manière souple, différentes expressions d'une fixation sur la recherche d'autorecords sensationnels avec, simultanément ou alternativement, une valorisation d'un état douloureux permanent, une phobie de la passivité, s'exprimant par la nécessité de s'autoexciter (pour lutter contre l'endormissement par exemple), l'obsession du « corps donné en spectacle », avec multiplication des regards dans les miroirs, une résistance aux besoins du corps naturel, dépassée sous forme d'anorexie mentale (toutefois, sans vomissements provoqués : leur présence en signe la dimension psychiatrique)... Et le monde non-sportif n'existe plus.

À ce niveau de dépendance, et d'un point de vue psychopathologique, le Moi idéal présumé performant phagocyte le Moi corporel naturel ; tyrannique et sous le coup du Surmoi sportif, il impose sa loi. Ce lien impérieux signe la conduite dopante : le néocorps performant inhibe et aliène le Moi naturel. La charge psychomotrice utilisée naguère dans les entraînements sert dorénavant de manière anarchique la quête et la recherche de sensations provoquées par n'importe quel substrat exogène : il sera plus important pour le sportif de faire des kilomètres à pied (même s'il en manque des séances d'entraînement), pour se procurer ce dont il est dépendant (produit, cercle relationnel, aliment...), que de couvrir la même distance sur piste dans le cadre de sa préparation physique. À ce moment-là, la conduite dopante est une évidence admise non critiquable par le sujet lui-même. D'où le risque que représentent certains conseils en toute bonne foi positifs. Si un entraîneur fait rentrer dans les aides à l'entraînement la prise d'un médicament antiasthénique ou psychostimulant en vente libre avant une compétition, il cautionne, par cette invitation à l'automédication, l'idée que le jeune, incapable de se dépasser s'il est seul, doit absorber un complément, un « membre mort », actif. Croyant bien faire, un tel *coach* peut déclencher ainsi, chez le sportif en question, un mouvement de culpabilité inconscient devant une insuffisance et une impuissance validées, sans être nommées (donc impossible de les travailler), par le geste de l'entraîneur. Dépossédé de sa responsabilité d'être vivant, lui est imposé un art de vivre par procuration, inhumain.

Car, compte tenu de l'expérience acquise, le corps est devenu son propre adversaire. En se voulant sans cesse supérieur à ce qu'il a déjà obtenu de lui-même, en entretenant une sorte d'insatisfaction perpétuelle de ce qu'il est aujourd'hui, le sportif se fait violence à chaque instant. Dans une même relation, il est exigeant vis-à-vis de son corps en ce qu'il le juge capable de plus, et il le persécute par cette obligation de dépassement. Ainsi, il attaque constamment ses propres limites dans une violence contre soi pour obtenir de ce néocorps performant les réalisations attendues.

Si la pratique sportive est violente par essence, elle est aussi agressante contre l'autre, l'adversaire, qu'il faut vaincre ou dépasser. L'autre est défini par son rang, et il faut imposer sa place, ou bien il est affronté dans une relation duelle et il faut l'annihiler. Ce qui explique ces bouffées de violence, ces « envies de massacre » qui se manifestent de temps à autre, et risquent de déborder dans la vie courante, de susciter des réactions brutales à de menus incidents, qui ne sont que la traduction d'une violence amassée à l'intérieur et qui n'a pu se décharger.

Arrivé à ce stade, le rôle de la médecine n'est plus un accompagnement associé, mais relève de la prise en charge spécialisée psychothérapeutique nécessitée par cette évolution pathogène.

Quatrième niveau : le *burn-out* dépassé

La désorganisation psychique liée à l'aliénation par le mouvement est manifeste. Cet aboutissement de la pratique sportive intensive est logique, mais heureusement rare en pratique. Règne la confusion intrapsychique entre Moi idéal, Surmoi individuel et collectif, d'où inefficacité et contre-performances. L'organisation du fonctionnement de la personne, hétérogène et intermittente, se fait selon l'un des modes décrits par la psychopathologie :

- des troubles de l'humeur (DSM-IV) ;
- des troubles anxieux (DSM-IV) ;
- des troubles mentaux et du comportement (CIM-10).

En fait, l'aliénation au travail musculaire proviendrait de ce que la mémoire vive de la sensation musculaire engendre un besoin impérieux (les neurones de la motricité sont trop activés) de bouger et de « faire ». Ce besoin irrépressible se prolonge par un déplacement sur d'autres objets pour alimenter la perception d'être ailleurs, d'être à l'envers des autres, d'être insaisissable : cette errance justifiée est l'image de l'identité virtuelle des *sport-up*. Le mouvement du corps ne suffit plus pour étancher cette « surchauffe » centrale, il faut trouver d'autres animations d'objets à contrôler : tel va s'acheter un chien de concours, le « coacher » et l'entraîner à mort; tel autre va reprendre un activité sportive abandonnée par lui quelque temps auparavant, et s'y « défoncer »; tel enfin va faire des compétitions par modèles réduits interposés. Ou encore il peut devenir boulimique des jeux sur le Net ou des lignes du téléphone rose : converser ou jouer durant des heures avec un « non-incarné » sur n'importe quel sujet rappelle l'exercice sportif dans lequel la communication par les mots (et *a fortiori* l'élaboration d'une relation) est opératoire. À la manière du paradoxe des enfants hyperactifs, le sujet se sent immobile alors qu'il bouge et ne tient pas en place : il a constamment besoin de bouger, d'être occupé, « de faire quelque chose ». Le plus souvent, il s'agit d'une psychomotricité sans objet : faire les cent pas. Il exprime plutôt sa problématique par le biais d'une distorsion de sa perception du temps : « *Je ne comprends pas ce que vous dites lorsque vous me parlez de maintenant, je ne peux pas entendre ; je suis demain, et d'ailleurs il va falloir que je parte… je dois toujours avoir un programme à faire…* »

Ce serait là des conclusions bien noires si l'on devait y voir un aboutissement inévitable de toute pratique sportive intensive visant la haute performance. Cela demeure néanmoins un risque majeur dont les conséquences malheureusement ont été maintes fois constatées. Encore que, parvenu à ce stade, notre sportif soit souvent difficilement accessible parce que depuis longtemps éjecté de l'actualité sportive. Mais il est nécessaire de considérer ce risque, notamment pour l'environnement médicosportif, dont le suivi de l'entraînement, comme cela a été souligné au début de ce chapitre, engage tout au long sa responsabilité dans le domaine de la santé. Si l'enjeu est lourd, la prévention ne doit en être que plus active.

Tableau du *burn-out* limite

Diagnostic

Le diagnostic de *burn-out* limite est posé par le médecin du sport, au décours des différents examens de santé exigés par l'inscription dans les clubs sportifs (licence, certificat d'aptitude et suivi de la pratique intensive). Dans le cadre plus spécifique du haut niveau sportif, ce diagnostic se fera lors de chacun des bilans successifs et comparatifs du suivi médical et psychologique personnalisé durant la carrière sportive. Ce suivi est rendu obligatoire depuis la loi Buffet (1999) sur la santé des sportifs.

Outre dépister et prendre en charge le *burn-out* limite, ces bilans permettent :

- d'accompagner la polarisation croissante vers l'objectif performant par un renforcement équivalent du centrage sur le Moi de la dynamique émotionnelle individuelle ;
- de diagnostiquer et d'orienter le *burn-out* décompensé.

Conduite à tenir devant un *burn-out* limite

En premier lieu, il convient d'*isoler le sportif de son environnement*.

La prise en charge repose ensuite sur les éléments suivants :

- réintroduire du temps (hiérarchiser les objectifs, revoir les calendriers, valoriser la récupération) ;
- rééduquer son Moi corporel naturel par renforcement de la préparation physique statique et en mouvement passif et lent (massage, balnéothérapie, tai-chi…) ; l'important est l'absence d'exigence de résultat ;
- réguler les forces des différents visages du « parent intérieur » ;
- désamorcer le « complexe » d'infériorité comme la gratification par les bénéfices secondaires ;
- réactiver le patrimoine psychomoteur non spécifique (favoriser la reprise d'un instrument de musique, d'une discipline sportive abandonnée faute de temps…).

Un bilan d'un éventuel *excès de pression* sera également réalisé, qui correspond à des exigences du monde sportif (trop souvent renforcées pour les enfants par les attentes des parents) devenant soit maltraitantes, soit enchaînantes à une référence de type sectaire.

Techniques psychologiques et suivi du haut niveau

« Les » psychologies et le suivi du haut niveau doivent résister aux phénomènes de mode. La culture « psy » apparaît là où la survie alimentaire est assurée. Le projet sociétal des pays riches converge vers un idéal humain consommé. Satisfaisant au culte de l'ego, « les » psychologies (en fait les techniques, les recettes, les modes d'emploi…) transforment les échecs en renforcement de l'image de soi. La performance sportive en est la vitrine : à « machine humaine » équivalente, la qualité « psy » de l'acte sportif fait la différence. Toutes se situent dans la compréhension de la part cachée de l'acte/image sportif performant. Désunies, c'est le « psy-show » cacophonique ; réunies en équipe pluridisciplinaire, elles sont synergiques et fondent le socle de l'autonomie affective du sportif.

Ainsi au titre de champion répond une infrastructure performante, véritable ruche qui fourmille d'idées pour nourrir son élu. Couvrant son poulain comme un oignon, elle se compose de plusieurs enveloppes qui, pour le bonheur de tous, doivent chacune être à sa place. L'exemple de l'équipe olympique française autour de l'escrimeur Brice Guyart, médaille d'or, en est une démonstration magistrale : en périphérie, le public, puis les aides à l'entraînement technique et scientifique, et les correspondants provenant des médias ; puis les sportifs coéquipiers et la famille proche, enfin le coach et ses entraîneurs, faisant alliance avec le sportif à l'état de chrysalide. Ainsi protégé des excitations parasites, il commence le long apprivoisement de la conscience de sa solitude existentielle qui lui fait garder la tête froide. Ses forces de vie canalisées, le sujet sportif peut en sécurité s'acheminer vers son extrême. Il est alors pleinement dans la joie de l'accomplissement de son désir d'être. Il n'a rien de

Burn-out limite : diagnostic positif posé par le médecin du sport

A. Anamnèse et examen clinique

Présence d'un signe appartenant à chaque groupe de symptômes ou de trois signes du même groupe de symptômes.

1. Troubles anxieux somatiques :
- anxiété somatique : plaintes douloureuses *a frigore*, algoneurodystrophie, fracture de fatigue;
- « pannes » de mémoire, instabilité de l'attention, phobies récentes;
- irrégularité du sommeil (insomnie d'endormissement; réveils multiples), récupération insupportable;
- travail de la non-réussite impossible.

2. Troubles de l'humeur :
- fatigue mentale (baisse de motivation), suradaptation stérile, inhibition psychomotrice (clinophilie);
- autosabotage sportif prémédité (faux départ, « mise en échec de la balance »), isolement relationnel;
- fuites en avant sous forme de prises de risque excessives (excès de vitesse sur la voie publique, pratique de sports à risque sans protection...) ou de passages à l'acte auto ou hétéroagressifs;
- lutte contre l'impuissance par multiplication des consommations d'excitants (prise de produits exogènes, stimulations sensorielles, visuelles, en particulier).

3. Troubles des comportements répétitifs :
- autoentraînements perfectionnistes : Surmoi tyrannique et persécuteur;
- « emballement » de la mémoire du mouvement : motricité stérile, fatigue musculaire;
- perte de la sensation de plaisir de « bouger » (en particulier de la rythmicité endogène naturelle, dont le rire à gorge déployée) au profit d'un besoin de bouger impérieux : éventuelles conduites dopantes;
- installation du comportement d'accrochage des conduites addictives.

B. Tests psychométriques

Le diagnostic est conforté par des résultats significatifs dans les échelles psychométriques correspondantes, dont la passation est indiquée par le médecin qui a fait l'examen clinique et réalisée par un psychologue clinicien.

1. Appréciation psychométrique des troubles anxieux :
- OMSAT de J. Salmela : développé en 1992 au Canada, cet autoquestionnaire met en évidence 12 habiletés mentales;
- CSAI 2 de Cox (2000) : il permet d'évaluer l'anxiété situationnelle précompétitive;
- EMS de Vallerand.

2. Appréciation psychométrique des troubles de l'humeur : NEO PI-R (1998)[1]. Évaluation de la personnalité selon 5 domaines (névrosisme, extraversion, ouverture, agréabilité, conscience).

3. Appréciation psychométrique des troubles des comportements répétitifs : recherches autour du concept du surentraînement, avec en particulier l'autoquestionnaire pour adultes (proposé par un groupe de travail de la Société française de médecine du sport, coordonné par le Dr A. Favre-Juvin), actuellement en cours de mise en place statistique.

C. Cas particulier de l'enfant et de l'adolescent

Ce diagnostic positif est fondamental. Il permet d'établir un diagnostic différentiel entre la surdouance kinesthésique, l'hyperexcitation kinesthésique réactionnelle et l'hyperactivité (ancien tableau psychopathologique de l'instabilité psychomotrice de l'enfant). Cette discussion diagnostique fait l'objet de recherches en cours.

Chacun de ces diagnostics oriente sur le suivi de la pratique intensive et en particulier sur l'autorisation de surclassement ou d'inscription dans les filières de sport-études en internat.

1. Anamnèse et examen clinique adaptés à la surveillance d'un organisme en croissance.

2. Aide psychométrique :
- appréciation psychométrique des troubles anxieux : test coloré de résistance au stress;
- appréciation psychométrique des troubles de l'humeur : MDI-C[2];
- appréciation psychométrique des troubles des comportements répétitifs : M-ABC (1992)[3]. Évaluation des capacités psychomotrices et évaluation des troubles de l'acquisition et de la coordination.

---

1. NEO PI-R : Inventaire de personnalité. Costa PT, McCrae RR, 1998.
2. MDI-C : Échelle composite de dépression pour enfant. David J, Berndt PD, Kaiser CF, 1999. Adaptation française en collaboration avec Dana Castro.
3. M-ABC : Batterie d'évaluation des mouvements chez l'enfant. Henderson et Sugden, 1992. Adaptation française de Régis Soppelsa et Jean-Michel Albaret.

l'idole dont l'image consommable est le produit des projections de tous, le jouet de la démesure des autres. L'histoire de ses entraînements l'enracine dans sa vie.

Choisir d'aller au plus loin de soi-même, de développer ses talents, ne relève pas d'une idée délirante plus ou moins mégalomaniaque; c'est un acte libre qui doit trouver en écho, chez tous les artisans de la performance, l'acceptation de rester dans l'ombre et cela quels que soient les résultats. Alors sa mise en lumière ne rime pas avec son exclusion. Elle est un moment fort dans la communauté de vie sportive.

À chaque enveloppe du cocon qui entoure la « tête froide » du sportif, est indiquée une approche psy. La plus éloignée est celle du public, domaine de la psychologie sociale et, en particulier :

- de la psychologie du travail avec les deux points d'impact que sont :
  - la fatigue (problèmes de vigilance, de dépendance, de dysharmonie chronopsychologique et de surstimulation visuelle...) ;
  - la durée aléatoire de l'investissement (problèmes de licenciement abusif, de contrats à durée déterminée, de vente et d'achat, de mobilité professionnelle) ;
- de la sociopsychologie « pure » : les représentations sociales, facettes identitaires plus ou moins en harmonie (celles du sexe, de la couleur de peau, de l'âge, du niveau socioéconomique, de la culture d'origine, du rapport au corps...), et la défense de l'intime. En particulier, l'étude de la représentation sociale en vogue à l'instant de la compétition permet de gagner le public à sa cause comme de ne pas se tromper de message face aux médias.

À l'accompagnement technique et scientifique correspond l'espace de la psychologie cognitive induite par chaque pédagogie ; gammes ayant pour objet d'entraîner les habiletés du mental. Ici le fonctionnement du cerveau volontaire est abordé comme un muscle : testé, programmé, stabilisé dans une routine équivalente à celle d'un refrain qui sécurise par la sûreté de sa répétition. Elle s'adresse aux programmes d'action psychomotrice, à leur automatisation. À ce niveau-là, on peut associer tous les travaux sur la neuroscience de la musique et l'apprentissage des langues étrangères primales comme de l'écriture de la chorégraphie.

À l'entourage proche, celui des coéquipiers et de la famille réunis, s'ouvrent les approches systémiques de la dynamique de groupe afin que chaque tension affective soit à sa place, que le sportif soit à l'abri d'un conflit qui ne le regarde pas. Ces approches de psychologie clinique systémique ont pour cible l'analyse des échanges verbaux entre individus. Ce qui est qualitatif des émotions est parlé : via le langage verbal, ce qui est échangé est le non-dit émotionnel. La pratique corporelle en compétition s'appuie sur le non-dit des patients. Il en tire toute sa force, en particulier la haine et la jalousie. A travers ces approches systémiques, qui peuvent se compléter par l'analyse transactionnelle, le psychodrame, le jeu de rôles..., ce qui est important est d'isoler les expressions des passions « négatives », dont l'objet est la destruction de la cible. Le principal intérêt de ces approches est de débusquer les comportements pervers et de les annuler sans affrontement direct. Tout système de pouvoir génère une adaptation du registre de la perversion. Au moins un aménagement pervers focalisé, au pire une paranoïa perverse. C'est l'expression de l'emprise sur le mode de la perversion.

L'observation du cocon tissé par le coach et les entraîneurs autour de la chrysalide-champion n'est pas sans évoquer une approche clinique de la position parentale, tandis que le sportif lui-même est au plus près de ses intuitions et sensations constituant le langage de son corps dans le but de renforcer la conscience de sa solitude existentielle et de se garder la tête froide. Entre le sportif et lui-même, à partir de son vécu et de son ressenti, c'est l'espace de la somatopsychologie, inversant les notions venant de la psychosomatique : dans le cas de la pratique sportive intensive, le point de départ de la transformation de l'équilibre global de la psyché est une réaction corporelle à son environnement. Là interviennent les théories du stress avec la notion de réversibilité et toutes les « méthodes » qui permettent de prendre conscience et de se laisser surprendre par le rythme des émotions corporelles, telles que le cri, les larmes, le rire (yoga, zen, tai-chi, Feldenkrais, chant, expression corporelle, relaxation psychanalytique, mime et clown muet...).

Ce cadre organisant les différentes facettes des approches psychologiques du fonctionnement humain témoigne de sa complexité. Rester humble devant le fait psychique du vivant est le minimum éthique et déontologique de toute relation entre les animaux pensants que nous sommes. Ainsi le respect de notre condition humaine permet de nommer les intrus.

Ne sont pas à leur place les intervenants en psychologie qui occupent dans une grande confusion, et sans méthode, tous les registres de l'éventail des ressources de la science de la psychologie. Le brouillage des informations et conseils, des propositions faites sans discrimination, anticipation ou discrétion rend le sportif impuissant à penser de lui-même d'où sa dépendance.

Ne sont pas à leur place les intervenants en psychologie qui ne savent pas rendre compte à leurs pairs de leur travail : ils s'isolent dans la toute-puissance. Ni les consultants qui ne viennent que sur les grands événements, ni même ceux qui s'imposent en soignants : la référence santé n'est pas dans le déséquilibre de la performance sportive. En vampirisant la vie psychique des sportifs, en profitant de la vulnérabilité émotionnelle inhérente à leur état performant, ces intervenants vendent leur propre éthique.

Espérons que ce constat, dans un domaine encore trop ignoré, suscite des questionnements générateurs de recherches pour une mise en place scientifique à la hauteur de la dimension universelle de l'être humain. Pourvu qu'en chaque point du globe soient donnés au sportif les moyens d'aller en santé et bien-être au bout de son aventure.

Bibliographie

[1] Bouet M. *Signification du sport*. Paris : Éditions universitaires, 1968.

[2] Guillemain B. *Le sport et l'éducation*. Paris : PUF, 1955.

[3] Languirand J. *Vaincre le burn-out*. Montréal : Éditions Stanké, 2002.

[4] Ulmann J. *De la gymnastique aux sports modernes : histoire des doctrines de l'éducation physique*. Paris : PUF, 1965.

Pour en savoir plus

CARRIER C. *Le champion, sa vie, sa mort, psychanalyse de l'exploit.* Paris : Bayard, 2002.

CHNEIWEISS L, TANNEAU E. *Maîtriser son trac.* Paris : Odile Jacob, 2003.

GADAMER HG. *Philosophie de la santé.* Paris : Grasset, 1998.

GEARY D. *Hommes-femmes, l'évolution des différences sexuelles humaines.* Paris : De Boeck, 2003.

LABRIDY F, BROUSSE MH *et al.* Performance, sport et psychanalyse in GREPAS, *Sport et psychanalyse.* Paris : INSEP, 1990.

PERREAUT-PIERRE E. *Sophrologie et performance sportive.* Paris : Amphora, 1997.

RAMEIX S. *Fondements philosophiques de l'éthique médicale.* Paris : Ellipses, 1997.

SFEZ L. *La santé parfaite. Critique d'une nouvelle utopie.* Paris : Seuil, coll. « L'histoire immédiate », 1995.

THOMAS R. *Psychologie du sport.* Paris : PUF, coll. « Que sais-je ? », 2002.

Produits et procédés dopants

Sommaire

L'utilisation par les sportifs d'agents ergogènes, c'est-à-dire d'agents susceptibles d'améliorer leur performance, est très ancienne. Mais c'est surtout à partir du milieu du XIXe siècle que leur utilisation connaît un essor considérable, lié aux progrès de la médecine et à la naissance du sport moderne.

Ces agents ergogènes sont très variés et sont regroupés en :

- agents pharmacologiques : ce sont surtout des médicaments;
- agents nutritifs, tels que les compléments alimentaires, certains régimes spéciaux... ;
- agents physiques, tels que l'électromyostimulation, l'autotransfusion de concentrés globulaires congelés, les chambres hypo ou hyperbares, les inhalations de gaz hypoxiques, les séjours en altitude, les manipulations génétiques (?), les massages... ;
- agents psychologiques, enfin, comme l'hypnose, les techniques de relaxation, les techniques comportementales et cognitives...

Un certain nombre d'agents ergogènes sont prohibés par les instances sportives, qui considèrent qu'ils améliorent les performances de façon artificielle et déloyale et/ou qu'ils sont potentiellement dangereux pour la santé physique et mentale des athlètes.

L'utilisation par les sportifs de ces agents ergogènes interdits, en vue d'améliorer leurs performances en compétition, définit le dopage, qui revêt schématiquement deux aspects : l'utilisation de produits et/ou de procédés dopants.

Produits dopants

Les produits dopants sont très nombreux; ce sont essentiellement des médicaments qui ont été détournés de leur usage thérapeutique au profit du dopage. Ils se caractérisent par le fait qu'il est souvent difficile de prouver, de façon indiscutable, leur efficacité ou leur inefficacité sur l'amélioration des performances en compétition. Cette difficulté relève de nombreux facteurs, notamment des conditions expérimentales très éloignées des conditions de la compétition, d'une connaissance parfois insuffisante de certains facteurs de la performance, du traitement statistique des résultats expérimentaux qui ne s'applique pas nécessairement aux sportifs, surtout s'il s'agit de sportifs de haut niveau.

Par ailleurs, il est également difficile d'apprécier la dangerosité des produits dopants. Pourtant, chez le sportif, cette dangerosité est réelle : elle est due non pas tant à la toxicité du produit lui-même, comme on pourrait le croire, qu'aux modalités de son administration, aux doses excessives et aux associations de plusieurs produits, exposant à des interactions dangereuses et imprévisibles.

Cette double difficulté à mettre en évidence la dangerosité et l'efficacité ou l'inefficacité des produits dopants, d'une part, explique les nombreuses discussions concernant les listes de produits interdits et, d'autre part, contribue à l'extension du dopage chez les sportifs amateurs et professionnels.

Quoi qu'il en soit, et tout en reconnaissant le caractère arbitraire d'une telle classification, nous avons regroupé les produits dopants en cinq catégories : les hormones, les analgésiques narcotiques, les stimulants, les bêtabloquants et les diurétiques et produits masquants.

Hormones

Ce sont actuellement les produits dopants les plus utilisés. Les raisons de ce phénomène doivent être recherchées dans :

- le rôle essentiel des hormones dans la régulation des processus métaboliques de l'organisme;
- la difficulté de les détecter dans les milieux biologiques ou d'apporter les preuves d'un apport exogène signant le dopage;
- les progrès de l'industrie pharmaceutique qui permettent, grâce au génie génétique, la synthèse d'un nombre de plus en plus grand d'hormones, dont certaines peuvent être détournées de leur usage médical vers le dopage.

Stéroïdes androgènes anabolisants (SAA)

Sous cette dénomination, on désigne l'hormone sexuelle mâle physiologique, la *testostérone*, sécrétée essentiellement par les cellules interstitielles des testicules (cellules de Leydig), la *dihydrotestostérone* (DHT) ou *androstanolone*, qui provient de la transformation intracellulaire de la testostérone dans certains organes et notamment dans plusieurs organes génitaux masculins, ainsi que les androgènes corticosurrénaliens comme la *déhydroépiandrostérone* (DHEA) et *l'androstènedione* (Δ4), de nombreux dérivés de synthèse tels que la *nandrolone* ou *19-nortestostérone* et, plus récemment, la *tétrahydrogestrinone* (THG), qui est un 19-norstéroïde proche de la gestrinone.

La testostérone et la DHT agissent au niveau du noyau de la cellule en modulant la synthèse protéique ; pour cela, elles se fixent sur un récepteur intracellulaire identique, la DHT ayant une plus grande affinité pour celui-ci que la testostérone. Schématiquement, on peut considérer que la DHT agit sur le plan androgénique tandis que la testostérone agit sur le plan métabolique et comme frein de la sécrétion hypophysaire de l'hormone lutéinisante (LH).

Cependant, ces deux hormones ont chacune une double activité androgénique et métabolique : l'activité androgénique est responsable de la différenciation et du développement du système reproducteur, de la spermatogenèse, du développement et du maintien des caractères sexuels secondaires masculins, de l'instinct et du comportement sexuels ; l'activité métabolique se traduit au niveau :

- des muscles squelettiques, par un effet anabolisant protéique, entraînant une augmentation de la masse et de la force musculaire ;
- de la croissance osseuse, par une majoration de l'activité et de la maturation du cartilage de conjugaison ;
- de l'hématopoïèse, par une augmentation de la sécrétion d'érythropoïétine et donc du nombre des hématies ;
- du métabolisme hydrominéral, par une rétention sodée et une augmentation du volume plasmatique.

Par ailleurs, il semble que la testostérone à dose supraphysiologique déplace, au niveau du muscle squelettique, le cortisol de ses sites de liaison, entraînant un effet anticatabolique et une augmentation du glycogène musculaire.

Si l'on fixe arbitrairement à 1 le rapport entre propriétés métaboliques et androgéniques pour la testostérone, les SAA de synthèse ont tous un rapport plus élevé, pouvant dépasser pour certains 80. À ce propos, on considère à tort que la mise au point des SAA de synthèse avait uniquement pour but d'augmenter leur pouvoir anabolisant et de réduire leurs effets virilisants ; en réalité, la mise au point des SAA de synthèse visait également à augmenter leur pouvoir androgénique par rapport à la testostérone en administration orale (généralement par 17-α-alkylation de la testostérone) ou à permettre leur administration parentérale (notamment par 17-β-hydroxy-estérification).

Utilisation à des fins thérapeutiques

La testostérone et la DHT sont utilisées, chez l'homme, dans le traitement des déficits androgéniques, de l'oligospermie et de l'impuissance ; chez la femme, la testostérone a peu d'indications : le traitement du cancer du sein œstrogénodépendant.

Les SAA de synthèse ont été très utilisés dans le traitement des maigreurs, de la dénutrition, de la cachexie et de l'ostéoporose. Actuellement, leurs indications sont réduites au traitement des hypoplasies ou des aplasies médullaires et des anémies sidéroblastiques, où ils peuvent être préférés dans certains cas à la testostérone.

Utilisation à des fins de dopage

Les SAA sont largement utilisés. Le début de leur emploi chez les sportifs remonte au milieu des années 1950. D'abord limité aux disciplines dites de force (haltérophilie, lancers...) dans lesquelles la puissance musculaire est un élément essentiel de la performance, il s'est très rapidement généralisé à l'ensemble des disciplines sportives.

En effet, en dehors de leurs actions sur le muscle squelettique, l'os et le sang, les SAA augmentent l'endurance, l'agressivité et l'appétit, ont une action euphorisante, diminuent la sensation de fatigue et la durée de la période de récupération. L'ensemble de ces propriétés permet de supporter des charges d'entraînement plus lourdes et plus longues, et par conséquent d'améliorer les performances quelle que soit la spécialité.

Les SAA, associés à un régime alimentaire hyperprotidique et à un entraînement adéquat, sont utilisés par les sportifs en dehors des compétitions, en cycles de plusieurs semaines, répétés dans la saison et arrêtés suffisamment tôt pour qu'on ne puisse plus les détecter lors des contrôles en compétition. Beaucoup d'utilisateurs débutent leurs cycles avec de faibles doses, augmentent progressivement la posologie, puis la diminuent selon un schéma d'administration dit « pyramidal ». Des mélanges de plusieurs stéroïdes (par voie orale et parentérale) sont utilisés, souvent pour diminuer les risques de détection, selon la technique dite d'« empilement de la pyramide ». Les posologies quotidiennes peuvent varier de 20 à 2 000 mg d'équivalent testostérone, soit environ 2 à 200 fois les doses thérapeutiques.

Ces doses nettement supraphysiologiques vont retentir sur l'équilibre hormonal des utilisateurs. On note une faible augmentation de la testostéronémie totale associée à une très nette augmentation de la fraction libre des androgènes circulants. Une partie de ces derniers, notamment la testostérone et l'androstènedione, est transformée dans de nombreux tissus, sous l'influence d'une aromatase, en œstradiol et en œstrone. Ainsi, le profil hormonal des utilisateurs de SAA est caractéristique : concentration plasmatique d'œstradiol très élevée, avec une concentration plasmatique des hormones gonadotropes (FSH et LH) à l'inverse très basse. Ce qui, à l'arrêt brutal de la prise de SAA, provoque une chute rapide des concentrations plasmatiques de testostérone et d'œstradiol.

Effets indésirables

Ces effets sont biens connus. Leur fréquence et leur gravité varient considérablement en fonction de l'âge, du sexe, du type de stéroïdes, de la dose et de la durée du traitement :

- troubles hépatiques (les plus fréquents) : élévation isolée des transaminases, ictère, hépatite cytolytique et/ou cholestatique, péliose (dilatation kystique des sinusoïdes), tumeurs bénignes ou plus rarement malignes. Les formes orales de SAA sont dans l'ensemble plus nocives que les formes injectables, qui ont en revanche une demi-vie plasmatique habituellement plus longue que les formes orales ;
- rétention hydrosodée avec œdèmes, augmentation de poids, hypertension artérielle, insuffisance cardiaque ;
- dyslipidémies, avec en particulier une baisse du HDL cholestérol ;
- syndromes psycho-organiques, tels qu'état confusionnel ou dépressif, importante labilité émotionnelle, comportement agressif et violent et phénomène de dépendance ;
- lésions tendineuses, particulièrement fréquentes et plus ou moins handicapantes pour le sportif ;
- sur le plan cutané, enfin, prurit, acné et séborrhée.

Chez l'enfant, il s'agit de pseudopuberté précoce avec pilosité pubienne, augmentation de volume des organes génitaux externes chez le garçon et soudure prématurée des cartilages de conjugaison pouvant entraîner un nanisme.

Chez l'homme adulte, peuvent être observés atrophie testiculaire avec altération de la spermatogenèse, gynécomastie, calvitie précoce, hypertrophie de la prostate responsable de troubles mictionnels, exceptionnellement cancer prostatique. *Chez la femme*, il s'agit d'aménorrhée, d'hypertrophie du clitoris, d'hirsutisme, d'alopécie et de modification du timbre de la voix, souvent irréversibles.

Hormone de croissance (GH)

L'hormone de croissance ou *Growth Hormone* (GH), encore appelée somatotropine ou somatotrophine, est synthétisée et sécrétée par l'adénohypophyse. C'est une protéine constituée de 191 acides aminés comportant 2 ponts disulfures. La sécrétion de GH est pour l'essentiel contrôlée par deux neurohormones hypothalamiques, la somatolibérine qui l'active et la somatostatine qui l'inhibe; mais de nombreux autres facteurs modulent sa sécrétion, qui est plus élevée pendant la nuit avec un maximum durant les premières heures du sommeil. La sécrétion de GH, importante pendant l'enfance, diminue après la puberté. Rapidement métabolisée, essentiellement au niveau du foie, la GH a une demi-vie de 6 à 20 minutes. Ses actions sont nombreuses :

- sur le plan général, par son action sur la synthèse protéique, l'index mitotique et la taille des cellules, elle stimule la croissance de tous les tissus, notamment la croissance osseuse, en accélérant la chondrogenèse et en augmentant la formation de la matrice osseuse au niveau des os longs;
- au niveau du métabolisme protidique, la GH est une hormone anabolisante, elle induit un bilan azoté positif et une diminution des acides aminés plasmatiques;
- au niveau du métabolisme lipidique, elle stimule la lipolyse adipocytaire et permet donc la libération d'acides gras qui peuvent éventuellement constituer une source d'énergie facilement utilisable en cas de jeûne ou d'hypoglycémie;
- au niveau du métabolisme glucidique, elle est hyperglycémiante par activation des enzymes de la néoglucogenèse. À forte concentration et à long terme, elle diminue la pénétration cellulaire du glucose en entraînant une résistance à l'action de l'insuline; elle peut alors être à l'origine d'un diabète secondaire;
- au niveau du métabolisme des électrolytes, elle entraîne une augmentation de l'absorption intestinale de calcium et une diminution de l'excrétion urinaire de sodium et de potassium.

Les effets de la GH sur la croissance cellulaire (anabolisme protidique) passent en fait par l'intermédiaire d'un facteur de croissance : l'*Insulin-like Growth Factor I* (IGFI). Ce facteur, sécrété par le foie et d'autres tissus (notamment le cartilage de conjugaison) sous l'action de la GH, agit au niveau cellulaire sur un récepteur ayant une forte analogie avec le récepteur de l'insuline; il induit alors un effet sur l'anabolisme protidique particulièrement marqué au niveau de l'os et des muscles squelettiques. La synthèse d'IGFI a été réalisée par génie génétique, il y a une douzaine d'années; mais l'IGFI sous forme recombinante n'est actuellement pas commercialisé en France.

Utilisation à des fins thérapeutiques

La GH est utilisée en thérapeutique depuis longtemps. Initialement, elle était obtenue à partir d'extraits d'hypophyses humaines récupérées peu de temps après la mort, mais ces extraits ont transmis un virus lent responsable de la maladie neurologique de Creutzfeldt-Jakob. Actuellement, la GH est obtenue par génie génétique sous forme recombinante, qui est la seule forme commercialisée.
L'utilisation de la GH est réglementée par les médecins conseils qui donnent leur accord pour la prise en charge par la Sécurité sociale. Les indications de prescription sont limitées :

- au déficit démontré en hormone de croissance chez l'enfant et l'adulte;
- au syndrome de Turner;
- au retard de croissance intra-utérin;
- au syndrome de Prader-Willi;
- à l'insuffisance rénale chronique.

La GH a également été proposée comme anabolisant chez les personnes âgées.
Les doses recommandées en cas d'insuffisance hypophysaire sont de 0,23 $mg.kg^{-1}$ par semaine chez l'enfant et de 0,08 $mg.kg^{-1}$ par semaine chez l'adulte, en répartissant la dose hebdomadaire par injections quotidiennes.

Utilisation à des fins de dopage

Depuis l'apparition de la forme recombinante, la GH est couramment utilisée par les sportifs, essentiellement en dehors des compétitions, en vue d'augmenter la masse musculaire et de diminuer la masse grasse. Ces effets métaboliques s'accompagnent d'une augmentation de l'appétit, d'une diminution de la sensation de fatigue et de la durée de la période de récupération, ce qui permet des entraînements plus longs et plus intenses.
Associée à un régime hyperprotidique, la GH est administrée par voie parentérale à des doses et des durées variables, souvent associée à l'IGFI, parfois aussi aux SAA et/ou à l'insuline, en vue d'améliorer son efficacité.
À l'heure actuelle, on ne peut pas apporter la preuve d'un apport exogène de GH.

Effets indésirables

Ils sont en réalité assez mal connus, surtout à long terme. En dehors du gigantisme chez l'enfant et de l'acromégalie chez l'adulte, l'utilisation prolongée de GH à doses supraphysiologiques peut entraîner : une cardiomégalie avec risque d'insuffisance cardiaque, une splanchnomégalie, des déformations osseuses et cartilagineuses, une rétention hydrosodée, une hypertension artérielle, un diabète sucré, une hypothyroïdie. Plus fréquemment, on peut constater chez l'utilisateur de GH l'apparition de lipoatrophies aux points d'injection, une intolérance au glucose, le développement d'anticorps anti-hormone et une hyperlipémie. Cependant, à long terme, on ne peut pas ignorer le risque réel de cardiomyopathie obstructive, d'arthrose dégénérative, de cancers, d'autant plus si l'IGFI est associé à la GH.

Insuline

L'insuline est un polypeptide formé, après élimination par hydrolyse du peptide C, de 2 chaînes de 21 et 30 acides aminés reliées par 2 ponts disulfures. Elle est synthétisée et sécrétée par les cellules β des îlots de Langerhans du pancréas. C'est la seule hormone hypoglycémiante de l'organisme. Sa demi-vie est de 5 à 6 minutes.

Le principal stimulant de la sécrétion d'insuline est le glucose circulant; parmi les autres facteurs stimulants, on peut citer les acides aminés comme l'arginine et la leucine.
L'insuline a de nombreuses actions; elle agit sur :

- le métabolisme glucidique : en permettant la pénétration cellulaire du glucose dans certains tissus (tissu adipeux et muscle squelettique), en diminuant la libération de glucose par le foie (inhibition de la glycogénolyse et de la néoglucogenèse), sans modifier son entrée dans les hépatocytes qui lui sont normalement perméables, en favorisant le stockage cellulaire du glucose sous forme de glycogène;
- le métabolisme protidique : en favorisant la pénétration cellulaire des acides aminés et en activant la synthèse des protéines;
- le métabolisme lipidique : en activant la lipogenèse et en inhibant la lipolyse au niveau du foie, des muscles squelettiques et du tissu adipeux.

L'insuline est donc, par excellence, une hormone anabolisante en favorisant le stockage des glucides, des protéines et des lipides.
Par ailleurs, en augmentant la pénétration cellulaire du magnésium et surtout du potassium, l'insuline peut induire une hypokaliémie.

Utilisation à des fins thérapeutiques

L'insuline est utilisée dans le traitement du diabète insulinodépendant. Actuellement, seule l'insuline humaine, obtenue par génie génétique sous forme recombinante ou par transformation de l'insuline de porc par des procédés chimiques, est utilisée.

Utilisation à des fins de dopage

L'insuline est utilisée par les sportifs dans deux circonstances :

- après la compétition, surtout dans les sports dits d'endurance et susceptibles d'être répétés pendant plusieurs jours consécutifs, pour raccourcir la durée de la période de récupération en favorisant l'entrée du glucose dans la cellule et en activant la glycogénogenèse hépatique et musculaire. Dans ce cas, les injections d'insuline (il s'agit habituellement d'insuline à action rapide et brève) se font le plus rapidement possible après la fin de la compétition et obligatoirement associées à des perfusions de sérum glucosé et/ou à des prises importantes de glucides par voie orale et d'eau;
- en dehors de la compétition, pendant l'entraînement, pour augmenter la masse musculaire. Dans ce dernier cas, l'administration d'insuline (il s'agit habituellement d'insuline à action intermédiaire) se fait par cure de plusieurs jours et pratiquement toujours associée aux SAA et/ou à la GH, dans le but d'augmenter l'anabolisme protidique.

Effets indésirables

L'insuline a peu d'effets indésirables. En dehors d'une insulinorésistance, nécessitant l'augmentation des doses, et de réactions locales au niveau des points d'injection, les principaux effets indésirables de l'insuline sont :

- le risque d'une augmentation de la masse grasse;
- l'hypoglycémie, pouvant conduire à un coma, d'où la nécessité d'associer systématiquement du glucose à toute administration d'insuline;
- l'hypokaliémie enfin, qui peut entraîner des troubles sévères du rythme cardiaque.

Glucocorticoïdes

Sous cette dénomination, on désigne les hormones naturelles, cortisol et corticostérone, synthétisées et sécrétées par la corticosurrénale et de très nombreux dérivés de synthèse. Le cortisol est le principal glucocorticoïde sécrété par le cortex surrénalien; sa demi-vie est de l'ordre de 90 minutes. Sa sécrétion est contrôlée par l'ACTH, dont la sécrétion est à son tour modulée, par rétrocontrôle, par la fraction libre des glucocorticoïdes circulants. Les concentrations plasmatiques de cortisol présentent des fluctuations circadiennes : elles sont maximales vers 6 heures du matin et minimales vers 18 heures.
Les glucocorticoïdes possèdent de nombreuses actions :

- ils sont hyperglycémiants en favorisant la néoglucogenèse et, à long terme, en diminuant la pénétration cellulaire du glucose dans les tissus périphériques par une action anti-insuline;
- ils induisent une augmentation du catabolisme protidique, libérant ainsi les acides aminés pour la néoglucogenèse;
- ils provoquent une augmentation des lipides circulants; le plus souvent cette augmentation est cependant masquée par l'augmentation de la sécrétion d'insuline, induite par l'élévation de la glycémie;
- par différents phénomènes de redistribution entre les tissus, ils diminuent le nombre des polynucléaires éosinophiles, des lymphocytes et des monocytes; en revanche, ils augmentent celui des polynucléaires neutrophiles;
- ils ont une action stimulante manifeste sur le système nerveux central, entraînant euphorie, excitation et hyperactivité.

À doses supraphysiologiques, les glucocorticoïdes ont des effets anti-inflammatoires, antalgiques, antiallergiques et immunosuppresseurs. Par ailleurs, par une action minéralocorticoïde discrète, ils favorisent (surtout la corticostérone) la rétention hydrosodée, la perte urinaire de potassium et de calcium, ainsi que la diminution de l'absorption intestinale de calcium, pouvant induire un déficit calcique.

Utilisation à des fins thérapeutiques

Ces produits sont très largement utilisés en thérapeutique; on peut distinguer schématiquement leur utilisation :

- sous forme de cortisol, essentiellement dans le traitement substitutif des insuffisances surrénaliennes aiguës et chroniques;
- sous forme de glucocorticoïdes de synthèse, dont l'efficacité par rapport au cortisol peut être multipliée par 25 et même plus, dans le traitement de nombreuses pathologies, en raison de leur action anti-inflammatoire, anti-allergique, antalgique et immunosuppressive.

Utilisation à des fins de dopage

Les glucocorticoïdes par voie générale (orale ou parentérale) sont utilisés par les sportifs essentiellement au cours des compétitions à doses répétées et supra-physiologiques, souvent en remplacement des amphétamines (car il est plus facile de s'en procurer et parce que leur détection dans les urines est beaucoup plus délicate). Ils sont utilisés dans le but de diminuer la sensation de fatigue, de calmer les douleurs articulaires et musculaires, d'augmenter la vigilance et l'agressivité.

En fait, si les glucocorticoïdes peuvent avoir à court terme, pendant la durée d'une compétition, certains effets favorables, à long terme, ils sont toujours extrêmement nuisibles et destructeurs, notamment au niveau des muscles et de l'os. Ainsi, les glucocorticoïdes, souvent considérés par certains sportifs comme des produits anodins, sont en réalité très dangereux, d'autant plus qu'ils peuvent être à l'origine d'un véritable cercle vicieux. En effet, en augmentant la durée de la période de récupération, ils entraînent un état de fatigue chronique qui incite à majorer et à répéter les doses, comme cela est souvent le cas dans certaines disciplines sportives.

Par ailleurs, il faut savoir que les glucocorticoïdes sont interdits lorsqu'ils sont administrés par voie orale, rectale, intraveineuse ou intramusculaire. Toute autre voie d'administration nécessite une justification médicale conformément à la section 8 du standard pour l'autorisation d'usage à des fins thérapeutiques.

Effets indésirables

Les traitements de courte durée, même à posologie élevée, ont peu d'effets indésirables. En revanche, si le traitement se prolonge et surtout en cas de surdosage, les effets indésirables sont nombreux, fréquents et peuvent même être extrêmement graves. On peut observer :

- un syndrome de Cushing et, à l'inverse, une insuffisance surrénalienne aiguë lors de l'arrêt brutal du traitement, en raison de la mise au repos de l'axe hypothalamo-hypophyso-surrénalien ;
- des troubles osseux à type d'ostéoporose, liés à une perte de la matrice osseuse et du calcium, entraînant une diminution de la masse et de la résistance osseuse avec un risque accru de fractures osseuses et de tassements vertébraux ;
- une fonte musculaire manifeste, liée au catabolisme protéique ;
- des risques infectieux bactériens, viraux et mycosiques ;
- des troubles digestifs, en particulier des risques d'ulcères gastroduodénaux ;
- des accidents oculaires tels que glaucome et cataracte ;
- des troubles neuropsychiques : nervosité, insomnie, état confusionnel ou dépressif... ;
- une rétention hydrosodée avec hypertension artérielle, pouvant conduire à une insuffisance cardiaque ;
- un risque de diabète sucré.

Érythropoïétine (EPO)

L'érythropoïétine, appelée aussi époïétine, souvent désignée par le sigle EPO, est une glycoprotéine contenant 165 acides aminés et 4 chaînes d'oligosaccharides qui sont essentielles à son activité *in vivo*. Chez l'adulte, l'EPO est essentiellement sécrétée par les cellules péritubulaires et les cellules endothéliales des capillaires rénaux. Chez le fœtus, elle est essentiellement sécrétée au niveau des hépatocytes périveineux. La demi-vie de l'hormone au niveau du plasma est de 5 heures, son principal site d'inactivation est le foie.

La sécrétion d'EPO augmente quand la pression partielle d'oxygène dans le sang qui irrigue le rein diminue et en cas d'anémie ; elle peut également être augmentée par les SAA, les sels de cobalt, l'alcalose, qui se développe en altitude, les agonistes β-adrénergiques et l'adénosine. La sécrétion d'EPO est diminuée lors d'insuffisance rénale et est inhibée par la théophylline.

L'EPO augmente le nombre des réticulocytes et la synthèse de l'hémoglobine ; elle intervient à de nombreux stades de la maturation des érythrocytes dans le sang et la moelle osseuse : notamment, elle favorise la transformation des CFUE *(Colony Forming Unit Erythroide)* en proérythroblastes et la transformation de ces derniers en érythrocytes.

Utilisation à des fins thérapeutiques

L'EPO actuellement utilisée en thérapeutique est obtenue par génie génétique sous forme recombinante (rhuEPO) ; elle est très proche de l'EPO endogène.

L'EPO est indiquée dans le traitement des anémies, en particulier celles des insuffisants rénaux, dialysés ou non. Elle peut aussi être utilisée pour accélérer la normalisation du taux d'hémoglobine après transfusion, après une perte de sang importante, pour constituer une réserve de sang en vue d'une intervention chirurgicale ou d'une transfusion. L'EPO est également indiquée dans les anémies des prématurés, dans certains cancers ou chez les patients atteints du sida ; la drépanocytose homozygote peut également constituer une indication.

Utilisation à des fins de dopage

De nombreux indices permettent de penser que l'utilisation de l'EPO par les sportifs est extrêmement fréquente. Elle est utilisée en dehors des compétitions dans deux circonstances :

- pour augmenter la capacité de transport de l'oxygène par le sang en vue d'une amélioration de l'oxygénation musculaire, essentiellement dans les activités dites d'endurance (alpinisme, cyclisme, football, natation, ski de fond, marathon...) mais aussi dans beaucoup d'autres spécialités pour améliorer l'entraînement. Dans ce cas, l'EPO est administrée sous forme d'injection sous-cutanée de 5 000 à 20 000 UI, 2 à 4 fois par semaine. Il faut tenir compte du fait que l'augmentation du taux d'hémoglobine se produit toujours avec un retard de 4 à 6 jours sur la prise d'EPO, d'où la nécessité d'un contrôle régulier de l'hématocrite. L'administration d'EPO doit toujours être associée à la prise de fer, parfois de vitamines (folates, B6 et B12), de vasodilatateurs, d'antiagrégants plaquettaires (acide acétylsalicylique...), d'anticoagulants ou d'autres facteurs de l'hématopoïèse ;
- pour raccourcir la période de récupération après un prélèvement sanguin, en vue d'une autotransfusion de concentrés globulaires congelés, ou inversement, avant un prélèvement sanguin, pour enrichir le sang en globules rouges et éventuellement diminuer le volume de sang prélevé.

Effets indésirables

Ils sont encore à l'heure actuelle assez mal connus. On a pu cependant décrire :

- des poussées hypertensives, des thromboses, des embolies pulmonaires, des lésions d'ischémie cérébrale ;
- des crises convulsives ;
- des syndromes grippaux avec douleurs osseuses, courbatures, frissons et asthénie ;
- des hyperkaliémies ;
- des fibroses médullaires et des hémosidéroses ;

– une résistance progressive aux effets de l'EPO, nécessitant l'augmentation des doses.

Par ailleurs, il faut savoir qu'à côté de l'érythropoïétine recombinante, d'autres produits peuvent être utilisés pour augmenter le transport de l'oxygène par le sang et, par conséquent, améliorer l'oxygénation des muscles en activité. C'est le cas de différentes formes d'hémoglobine libre, des perfluorocarbures et d'éventuels modificateurs allostériques de l'hémoglobine comme le RSR 13 (fig. 22.1). Ces produits, destinés à un usage ponctuel en milieu hospitalier, dans des indications très précises, sont encore pour la plupart en phase II ou III d'expérimentation clinique et n'ont donc pas reçu leur AMM. De plus, compte tenu de la manière particulière dont ils assurent les échanges gazeux et de leur instabilité pour certains, leur utilisation comme procédé dopant est à considérer avec une extrême prudence.

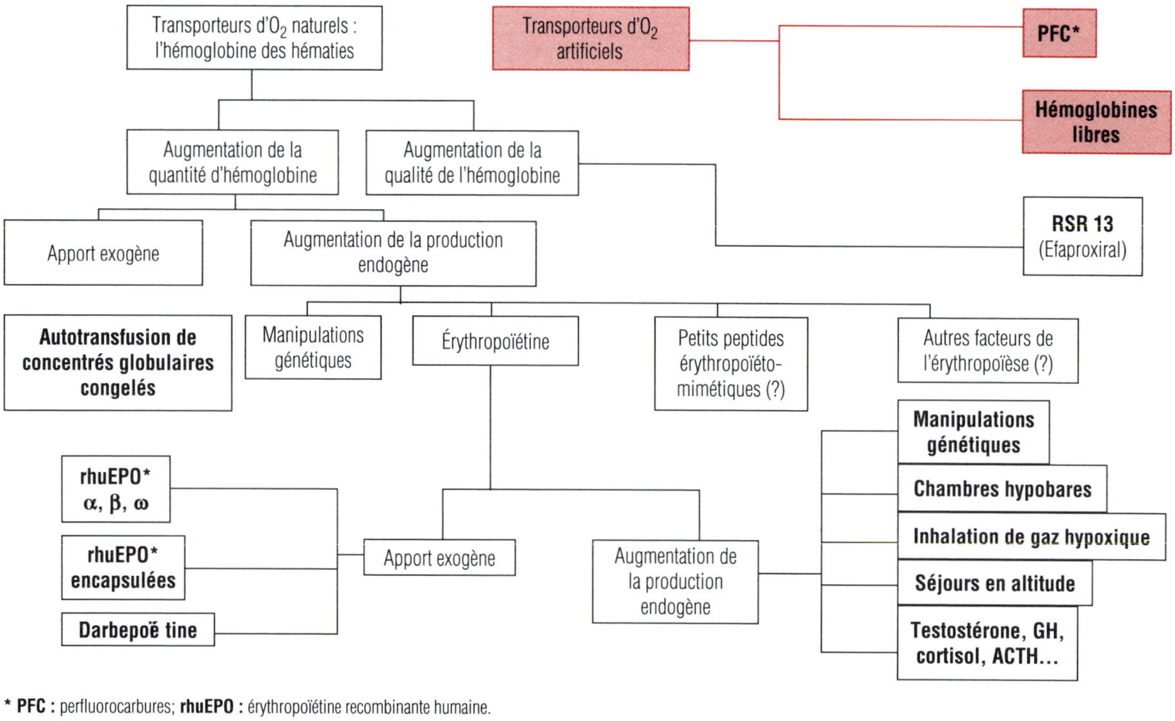

Fig. 22.1. Principaux moyens pour augmenter le transport d'oxygène par le sang.

Hormone corticotrope (ACTH)

L'hormone adrénocorticotrope, encore appelée corticotropine ou ACTH, est un polypeptide de 39 acides aminés, synthétisé et sécrété par l'adénohypophyse à partir de la pro-opiomélanocortine. Sa demi-vie plasmatique est d'environ 10 minutes; sa sécrétion est sous le contrôle de la corticolibérine ou CRH *(Corticotropin Releasing Hormone)* , synthétisée au niveau de l'hypothalamus.

La sécrétion d'ACTH et de CRH subit un cycle circadien : elle est maximale vers 6 heures du matin comme celle du cortisol, elle est augmentée au cours du stress mais également au cours des syndromes de sevrage de différents psychotropes : cannabis, éthanol, morphine...

L'ACTH agit au niveau de la corticosurrénale pour augmenter la synthèse et la sécrétion des glucocorticoïdes et des androgènes, et à un moindre degré de l'aldostérone. Les principaux effets de l'ACTH sont indirects, conséquence de son action sur la sécrétion de cortisol; ses effets directs sont moins bien connus; elle pourrait cependant intervenir directement dans la régulation de l'humeur.

Utilisation à des fins thérapeutiques

L'ACTH utilisée en thérapeutique est le tétracosactide ou, selon la dénomination commune internationale (DCI), la coryntropine; c'est un polypeptide formé par les 24 premiers acides aminés de la chaîne, qui constituent la partie active de l'hormone.

L'ACTH est utilisée comme moyen :

- diagnostique, pour explorer la réactivité du cortex surrénal;
- thérapeutique, en remplacement des glucocorticoïdes dans diverses pathologies; les avantages de l'ACTH sur les glucocorticoïdes ne sont cependant pas évidents, ce qui explique qu'en pratique l'ACTH soit peu utilisée.

Utilisation à des fins de dopage

Actuellement, l'utilisation de l'ACTH par les sportifs ne semble pas très fréquente. Cependant, elle pourrait être utilisée :

- en dehors des compétitions, pour relancer le fonctionnement de la corticosurrénale qui a été freinée par l'administration chronique de glucocorticoïdes. Dans ce cas, il faut répéter les injections d'ACTH, car avant de relancer le fonctionnement du cortex surrénal, il faut augmenter sa sensibilité à l'action de l'ACTH;
- pendant les compétitions, pour augmenter la sécrétion de cortisol endogène; il s'agit là cependant d'une utilisation plus théorique que pratique.

Par ailleurs, précisons qu'actuellement il est très difficile sinon impossible d'apporter la preuve d'un apport exogène d'ACTH.

Effets indésirables

L'ACTH, stimulant la sécrétion des glucocorticoïdes, a les mêmes effets indésirables que ces derniers. Cependant, on a pu noter des réactions allergiques, surtout chez des sujets sensibles, qui dans de rares cas ont pu déboucher sur des chocs anaphylactiques.

Hormone gonadotrophine chorionique humaine (hCG)

La hCG est une glycoprotéine, sécrétée dès le début de la grossesse par les cellules trophoblastiques, à l'origine du placenta. Elle est constituée de 2 sous-unités, α et β. La sous-unité α est identique à celle des hormones LH, FSH et TSH; son poids moléculaire est de 18 000 Da, celui de la sous-unité β est de 28 000 Da.
La hCG a une action lutéinisante :

- chez la femme, elle contribue au maintien de la grossesse pendant les premiers mois;
- chez l'homme, elle permet la synthèse et la sécrétion de testostérone par les cellules de Leydig.

Utilisation à des fins thérapeutiques

À partir d'urine de femme, on peut obtenir plusieurs types de préparations, dont les indications sont un peu différentes :

- hMG, obtenue à partir d'urine de femme ménopausée, appelée aussi ménotropine, à activité FSH et LH, utilisée chez la femme comme inducteur de l'ovulation dans le traitement des stérilités, et chez l'homme dans le traitement des oligospermies;
- hCG, obtenue à partir de femme enceinte au cours du premier trimestre, à activité uniquement LH, utilisée chez le garçon présentant une cryptorchidie sans obstacle mécanique.

Utilisation à des fins de dopage

Les préparations de hMG et/ou de hCG peuvent être utilisées chez l'homme soit :

- pour relancer la sécrétion de testostérone freinée par un abus de SAA;
- pour obtenir une élévation de la concentration plasmatique de testostérone endogène, dans le but éventuel de masquer la prise de testostérone en modifiant le rapport testostérone sur épitestostérone (qui doit être inférieur ou égal à 4 depuis le 1er janvier 2005), ou tout simplement pour augmenter la quantité de testostérone circulante.

Effets indésirables

Ces effets sont difficiles à quantifier :

- chez la femme, on a pu observer des syndromes d'hyperstimulation ovarienne dans le cadre des techniques d'assistance médicale à la procréation (comme la fécondation *in vitro*) et une augmentation possible des risques de cancer de l'ovaire;
- chez l'homme, on peut observer des gynécomasties et des dysuries.

Hormone lutéinisante (LH)

Appelée encore chez l'homme ICSH *(Interstitial Cell Stimulating Hormone)* , la LH est une glycoprotéine, proche de la FSH, synthétisée et secrétée par l'adénohypophyse. Sa demi-vie plasmatique est de 60 minutes; la présence de glucides dans sa chaîne ralentit son métabolisme et augmente son activité. La sécrétion de LH est pulsatile : très faible durant l'enfance, elle augmente à la puberté, où l'on observe une augmentation de la fréquence des pics et de leur amplitude.
La sécrétion de LH est contrôlée par une neurohormone hypothalamique, la gonadolibérine (GnRH), dont la sécrétion pulsatile comme celle de la LH module également la sécrétion hypophysaire de FSH, en gagnant directement l'hypophyse par le système veineux porte hypothalamo-hypophysaire.
Chez l'homme, le rôle essentiel de la LH est de stimuler la sécrétion de testostérone au niveau des cellules interstitielles du testicule (cellule de Leydig). Par rétrocontrôle, l'élévation de la concentration plasmatique de testostérone diminue de façon directe la sécrétion de LH au niveau de l'adénohypophyse et indirectement par son action inhibitrice sur la sécrétion de GnRH.
Chez la femme, la LH contrôle la sécrétion des œstrogènes par les cellules de la thèque interne, qui fournissent également des androgènes pour la granulosa; de plus, en synergie avec la FSH, la LH assure la maturation du follicule ovarien et l'ovulation, ainsi que la synthèse de progestérone par le corps jaune. En retour, par rétrocontrôle, les œstrogènes inhibent la sécrétion de GnRH, de LH et de FSH; l'inhibine produite par la granulosa inhibe seulement la sécrétion de FSH.

Utilisation à des fins thérapeutiques

Étant donné l'action lutéinisante de l'hCG, les indications thérapeutiques de la LH, de la GnRH ou de ses analogues sont pratiquement les mêmes que celle de l'hCG, c'est-à-dire l'induction de l'ovulation.

Utilisation à des fins de dopage

De la même manière que l'utilisation de l'hCG, l'utilisation par les sportifs masculins de la LH, de la GnRH ou de ses analogues est également possible pour relancer la sécrétion de testostérone freinée par les abus de SAA. Dans ce cas, des injections discontinues se rapprochant de la sécrétion physiologique sont nécessaires, c'est-à-dire, une injection toutes les 90 minutes par voie intraveineuse, pendant un ou plusieurs jours, à l'aide d'une pompe à perfusion spéciale; en effet, en administration continue à dose élevée, GnRH entraîne, après une stimulation transitoire, un arrêt de la sécrétion de LH et de FSH par désensibilisation des récepteurs.

Effets indésirables

Les effets indésirables, mal connus, restent peu fréquents étant donné les indications restreintes.

Analgésiques narcotiques

Par analgésiques narcotiques, on désigne la morphine, les analgésiques morphiniques comme les dérivés de la phénylpipéridine (péthidine, fentanyl...), de la diphénylpropylamine (dextromoramide, méthadone, dextropropoxyphène...) et des analgésiques à effets agonistes et antagonistes (pentazocine, nalorphine, buprénorphine...).
Tous ces produits sont des enképhalomimétiques directs, qui passent facilement la barrière hématoencéphalique et agissent sur divers récepteurs largement répartis dans le système nerveux central, dont les plus connus sont les récepteurs μ et κ. Schématiquement, l'activation des récepteurs κ entraîne l'analgésie, l'activation des récepteurs μ l'analgésie et la dépendance. Les enképhalomimétiques activent aussi des récepteurs au niveau des nerfs périphériques qui participent à l'analgésie.
La morphine est le principal enképhalomimétique ; elle est le métabolite actif de plusieurs produits : codéine, codéthyline, pholcodine, héroïne... Son action principale concerne la douleur : elle calme la plupart des syndromes douloureux ; non seulement le seuil de la douleur est augmenté mais le retentissement psychoaffectif de celle-ci est très atténué. Cette action analgésique s'accompagne habituellement d'une sensation de bien-être et d'euphorie. La morphine déprime la respiration, calme la toux, diminue le péristaltisme intestinal et la sécrétion hydrique, ce qui peut entraîner une constipation. Enfin, la répétition des doses entraîne rapidement une tolérance, obligeant à augmenter les doses, et une dépendance, à la fois psychique et physique.

Utilisation à des fins thérapeutiques

Les analgésiques narcotiques sont essentiellement utilisés dans le traitement des douleurs intenses et/ou rebelles aux antalgiques périphériques, comme les douleurs des processus néoplasiques, certaines douleurs postopératoires et post-traumatiques, les infarctus du myocarde et les coliques néphrétiques ou biliaires ; ils sont également utilisés en préanesthésie et dans le traitement de certaines toxicomanies.
Un certain nombre de dérivés de la morphine (codéine, codéthyline, pholcodine, dextrométhorphane...) sont utilisés comme antitussifs, d'autres (diphénoxylate, lopéramide) sont utilisés comme anti-diarrhéiques.

Utilisation à des fins de dopage

Les analgésiques narcotiques sont utilisés par les sportifs au cours des compétitions pour leurs actions analgésiques et légèrement euphorisantes.
Ils semblent à l'heure actuelle moins employés qu'il y a quelques années. Les raisons de cette diminution de consommation paraissent liées :

- peut-être à une certaine difficulté pour s'en procurer (?) ;
- à la facilité de leur dosage dans les urines, ce qui explique que ces produits soient systématiquement recherchés ;
- au fait qu'ils peuvent être maintenant remplacés par des analgésiques périphériques presque aussi efficaces et ne faisant pas partie des produits interdits.

Par ailleurs, il faut savoir que depuis le 1er janvier 2004, sur la vingtaine d'analgésiques narcotiques ayant reçu l'AMM (non compris les dérivés antitussifs ou antidiarrhéiques), seuls dix sont interdits : buprénorphine, dextromoramide, diamorphine, hydromorphone, méthadone, morphine, oxycodone, oxymorphone, pentazocine et péthidine.

Effets indésirables

L'administration d'analgésiques narcotiques peut entraîner un certain nombre d'effets indésirables importants :

- une dépression respiratoire systématique, qui apparaît rapidement et qui est proportionnelle à la dose administrée ; elle peut être grave, surtout chez les sujets présentant des problèmes respiratoires, ou en cas d'association médicamenteuse, ce qui est fréquent chez le sportif ;
- une dépendance psychique et/ou physique, qui peut apparaître rapidement et conduire à la toxicomanie ;
- une action spasmogène sur les voies biliaires et les voies urinaires ;
- des nausées et des vomissements, ainsi qu'une constipation sévère.

Stimulants

Sous ce nom, on englobe un grand nombre de substances interdites, très différentes sur le plan de leur structure chimique et de leur mode d'action, ce qui les rend difficilement classables, à l'exception des sympathicomimétiques. Ces derniers peuvent être classés en fonction de leur mode d'action, soit direct sur les récepteurs adrénergiques, soit indirect par augmentation de la concentration des catécholamines endogènes au niveau de la synapse.

Sympathicomimétiques directs

Ils sont classés en fonction de leur effet prédominant sur les récepteurs adrénergiques α ou β.

Agonistes α_1-adrénergiques

Il s'agit de l'adrafinil et du modafinil (ce dernier étant le métabolite actif de l'adrafinil).
Ce sont des agonistes des récepteurs α_1-adrénergiques centraux car ils passent facilement la barrière hématoencéphalique. Ils peuvent être utilisés par les sportifs dans un but de dopage car ils augmentent la vigilance et l'activité locomotrice ; ils diminuent la sensation de fatigue et de faim ainsi que le besoin de sommeil et sont dépourvus de toute activité périphérique indésirable, notamment sur le cœur et le tube digestif.
En thérapeutique, ils sont indiqués dans le traitement de la narcolepsie, des troubles de l'attention et de l'idéation chez le sujet âgé.

Leurs effets indésirables se limitent à des céphalées, une certaine anxiété, de la nervosité, parfois de l'agressivité.

Agonistes β_2-adrénergiques

Par activation de l'adénylyl-cyclase, ils entraînent une bronchodilatation, un relâchement des muscles lisses de l'utérus et des vaisseaux, ainsi qu'une stimulation cardiaque indiscutable, moins marquée cependant que celle des β_1-agonistes. On estime qu'il existe au niveau du cœur 20 % de récepteurs β_2 contre 80 % de récepteurs β_1, dont la stimulation entraîne des effets chronotropes, inotropes, dromotropes et bathmotropes positifs.

Les β_2-agonistes sont très nombreux; ils sont tous interdits en compétition, à l'exception du formotérol, du salbutamol, du salmétérol et de la terbutaline, à condition pour ces derniers d'être utilisés uniquement en inhalation. Cette interdiction est entièrement justifiée car, par voie générale, les agonistes β_2-adrénergiques sont susceptibles d'améliorer les performances. Ils entraînent en effet :

- une bronchodilatation qui facilite la ventilation;
- une vasodilatation et une augmentation du débit cardiaque maximal;
- sur le plan métabolique, une augmentation de la glycogénolyse hépatique et musculaire avec une hyperglycémie, ainsi qu'une augmentation de la lipolyse augmentant la concentration des acides gras plasmatiques;
- sur le plan nerveux, enfin, une augmentation de la vigilance et une diminution de la sensation de fatigue et de faim, ainsi qu'une diminution du besoin de sommeil.

Par ailleurs, à doses élevées et répétées, certains β_2-agonistes, en particulier le clenbutérol et le salbutamol, ont des effets anabolisants incontestables sur le muscle strié qui justifient de les interdire hors compétition, comme les autres anabolisants (pour le salbutamol seulement si la concentration urinaire est supérieure à 1 000 ng/mL).

Sur le plan thérapeutique, les β_2-agonistes sont essentiellement utilisés dans le traitement préventif et curatif de l'asthme, de préférence par inhalation pour réduire les effets indésirables, car la spécificité β_2-adrénergique n'est que relative. Les β_2-agonistes sont également utilisés dans le traitement des menaces d'accouchement prématuré.

Leurs effets indésirables s'observent surtout après administration orale et parentérale, à type de tachycardies accompagnées de palpitations, de sueurs et de tremblements; exceptionnellement, on pourra constater des troubles du rythme cardiaque liés à l'hypokaliémie et des cardiopathies ischémiques.

Agonistes mixtes β_1 et β_2-adrénergiques

Il s'agit de l'isoprénaline et de l'orciprénaline, qui peuvent être utilisées par les sportifs dans un but de dopage pour leurs effets très comparables à ceux des β_2-agonistes administrés par voie orale ou parentérale.

En raison de leur action agoniste sur les récepteurs β_1 et β_2, ces deux produits ne sont plus utilisés dans le traitement de l'asthme; en revanche, ils sont toujours indiqués dans le traitement des syndromes de Stokes-Adams, des bradycardies et des chocs cardiogéniques.

Leurs effets indésirables les plus fréquents sont les mêmes que ceux des β_2-agonistes : tachycardies, palpitations, céphalées et tremblements.

Sympathicomimétiques indirects

Ce sont des substances qui agissent indirectement en augmentant la concentration des catécholamines endogènes (noradrénaline et dopamine) au niveau des synapses. L'augmentation de la concentration peut être schématiquement obtenue par quatre mécanismes : augmentation de la synthèse, augmentation de la libération, diminution de la recapture et diminution du catabolisme.

Tous les sympathicomimétiques indirects passent facilement la barrière hématoencéphalique : ils ont donc à la fois des effets périphériques et des effets sur le système nerveux central.

Éphédrine et méthyléphédrine

Ces substances sont interdites par les instances sportives en compétition, essentiellement pour leurs effets psychostimulants, identiques sur le plan qualitatif à ceux des amphétamines mais beaucoup moins puissants; elles entraînent également une vasoconstriction des vaisseaux de la peau et des muqueuses, une mydriase et une bronchodilatation.

Actuellement, l'éphédrine et ses amines apparentées sont utilisées en thérapeutique uniquement par voie locale comme décongestionnant nasal ou en collyre. Les effets indésirables de ces substances sont réduits tant qu'ils ne donnent pas lieu à des abus; cependant, même en traitement local, une certaine quantité de produit passe toujours dans la circulation générale et peut entraîner des effets généraux tels que palpitations et insomnie. Des effets indésirables plus graves ont été constatés lors du recours à l'éphédrine et à ses amines apparentées par voie générale : hypertension artérielle, tachyarythmies, épisodes psychotiques et même, en cas d'utilisation prolongée, phénomènes de tolérance et de dépendance.

Cocaïne

La cocaïne est un stupéfiant dont le trafic, la détention et l'usage sont interdits par la loi 70-1320, modifiée par le Nouveau Code de procédure pénale de 1994. Elle figure sur la liste couverte par la convention des stupéfiants de l'ONU de 1961 et de Vienne de 1971.

La cocaïne est un alcaloïde extrait de la feuille de l'arbre à coca qui peut être consommé de différentes façons : les feuilles sont mastiquées, le chlorhydrate de cocaïne est « sniffé » ou injecté par voie intraveineuse, la pâte à coca, la cocaïne base et le crack (obtenu par précipité à chaud du chlorhydrate de cocaïne en présence de soude ou de bicarbonate) peuvent être fumés ou inhalés après chauffage; ces deux derniers modes de consommation permettent d'obtenir des pics de concentration plasmatique comparables à ceux obtenus par voie veineuse.

La cocaïne a une demi-vie courte, de l'ordre de 40 à 45 minutes, ses métabolites (la benzoylecgonine et l'ecgonine méthyl-ester) ont une demi-vie nettement plus longue, de l'ordre de 4 à 6 heures, ce qui rend la détection de cocaïne encore possible 2 à 3 jours après l'utilisation. En cas de consommation simultanée de cocaïne et d'éthanol, se forme un métabolite particulier, le coca-éthylène, qui a des propriétés semblables à celles de la cocaïne.

La cocaïne est avant tout un psychostimulant majeur dont les effets, qualitativement identiques à ceux des amphétamines, sont beaucoup plus intenses et de durée plus courte (30 minutes pour une dizaine d'heures environ).

Son administration rapide entraîne euphorie, hyperactivité locomotrice et verbale, sensation de bien-être liée à la diminution de la sensation de fatigue, de faim et du besoin de sommeil, une augmentation de la confiance en soi et une levée des inhibitions pouvant conduire à l'agressivité ; c'est également un stimulant cardiaque avec augmentation de la force et de la fréquence des contractions, un vasoconstricteur de la plupart des vaisseaux, un stimulant de la ventilation et un mydriatique ; c'est enfin un anesthésique local qui insensibilise les terminaisons nerveuses cutanées et muqueuses et bloque la conduction au niveau des troncs nerveux.

La cocaïne n'a actuellement aucune indication thérapeutique ; en revanche, ses effets indésirables sont extrêmement nombreux et touchent tous les appareils. Les effets toxiques immédiats liés à des doses élevées sont la tachycardie avec palpitations, les troubles du rythme cardiaque, les accidents ischémiques, l'hypertension artérielle, une insomnie sévère, l'hyperthermie, des convulsions pouvant conduire au décès. Les effets à long terme liés à l'utilisation chronique de cocaïne sont dominés par le risque majeur de dépendance psychique, de psychoses chroniques diverses, mais également d'hépatites, de Sida et d'athérosclérose prématurée.

Amphétamines et dérivés amphétaminiques

Les produits de ce groupe, dont le chef de file est l'amphétamine, sont nombreux. Utilisés pendant longtemps comme médicaments stimulants et/ou anorexigènes, ils n'ont actuellement, en raison de leurs effets indésirables graves, aucune indication thérapeutique et ne sont plus commercialisés en France, à l'exception du méthylphénidate utilisé surtout aux États-Unis dans le traitement des « états d'hyperactivité avec manque d'attention de l'enfant » et dont l'utilisation est strictement réglementée.

L'amphétamine augmente la libération et diminue la recapture des catécholamines au niveau des synapses ; l'augmentation de noradrénaline et surtout de dopamine, peut-être aussi de sérotonine, qui en résulte est responsable de ses effets.

L'amphétamine a incontestablement des effets périphériques sur le cœur, les vaisseaux, les poumons et le tube digestif, mais ce sont surtout ses effets sur le système nerveux central qui prédominent : stimulation de la vigilance, diminution de la sensation de fatigue et du besoin de sommeil, réduction de l'appétit et sensation de bien-être. Ces effets psychostimulants expliquent pourquoi l'amphétamine et ses dérivés sont utilisés par les sportifs en compétition.

Administrée de façon répétée, l'amphétamine entraîne un épuisement progressif des stocks de catécholamines au niveau des neurones et une diminution de la concentration de ces dernières au niveau synaptique, pouvant expliquer d'une part le développement d'une tolérance très marquée chez le consommateur habituel (des doses dépassant le gramme par prise ont pu être constatées sans accident majeur) et d'autre part, chez un même individu, la variabilité des effets psychostimulants en fonction des conditions d'administration.

L'amphétamine peut être ingérée, injectée, « sniffée » ou fumée ; les voies orale et intraveineuse restent cependant les plus utilisées. Ses effets persistent en général 3 à 8 heures en fonction de la voie d'administration.

En cas d'intoxication aiguë, on pourra constater : tachycardie, tachypnée, hypertension artérielle, troubles de la coagulation pouvant entraîner des hémorragies cérébrales, hyperthermie, sueurs, déshydratation et mydriase, parfois une rhabdomyolyse ; on pourra voir également des épisodes psychotiques maniaques, des délires de persécution avec agressivité... La mort peut survenir par troubles du rythme cardiaque, infarctus ou hémorragie cérébrale.

En cas d'utilisation prolongée et à dose élevée, on pourra constater : insomnie rebelle, amaigrissement, activité maniaque, altération du jugement avec agressivité, psychose chronique et dépendance psychique importante, pouvant entraîner des accidents de sevrage.

L'association aux amphétamines d'autres produits comme l'éthanol ou des analgésiques narcotiques peut aggraver considérablement l'ensemble de la symptomatologie.

Actuellement, si les amphétamines et leurs dérivés paraissent moins utilisés par les sportifs qu'il y a quelques années, ils restent toutefois toujours d'actualité.

Autres stimulants

Analeptiques cardiorespiratoires

Il s'agit du cropropamide, du crotétamide, de l'heptaminol, du nicéthamide... Ce sont des stimulants des centres bulbaires cardiaque, circulatoire et/ou respiratoire, dont les propriétés psychostimulantes sont peu marquées aux doses usuelles.

Les sportifs peuvent les utiliser pendant les compétitions à doses supraphysiologiques pour leurs effets psychostimulants : augmentation de la vigilance, diminution de la sensation de fatigue et du besoin de sommeil... justifiant leur interdiction en compétition.

Ces produits sont utilisés en thérapeutique dans les hypotensions orthostatiques, les asthénies, la dyspnée.

Leurs effets indésirables s'observent surtout à fortes doses : insomnie, agitation, anxiété...

Antidépresseurs dopaminergiques

L'*amineptine* est un antidépresseur qui se différencie des autres agents de la même classe par son mécanisme d'action essentiellement dopaminergique. Elle inhibe la recapture de la dopamine et augmente ainsi sa concentration au niveau synaptique. Cela explique qu'en dehors de son effet antidépresseur, elle possède des effets psychostimulants avec notamment des phénomènes de dépendance et de tolérance, avec accident de sevrage.

En raison de ses effets indésirables (insomnie, anxiété, irritabilité et même hépatites), l'amineptine a été retirée du commerce.

La *tianeptine*, chimiquement proche de l'amineptine, a également des effets antidépresseurs et psychostimulants.

Le *bupropion*, qui a une structure amphétaminique, est un inhibiteur de la recapture de la noradrénaline et surtout de la dopamine. Il peut être utilisé comme antidépresseur, et pourrait faciliter l'arrêt de la consommation de tabac ; il n'est pas commercialisé en France.

Le *bromantan* est également un stimulant du système nerveux central. Ses effets indésirables sont voisins de ceux de l'amineptine. Il serait susceptible de modifier le taux urinaire d'épitestostérone.

Cannabis et cannabinoïdes

Le cannabis est une plante qui existe sous de nombreuses formes, que l'on peut regrouper en deux variétés essentielles : les variétés à fibre et les variétés à drogue. Ces dernières produisent une sécrétion ou résine au niveau des sommités fleuries et des feuilles supérieures (surtout chez les plantes femelles) qui est riche en substances chimiques de la famille des cannabinoïdes.

La variété à drogue est considérée comme un stupéfiant dont la production, la vente et l'usage sont interdits en France selon la loi 70-1320, modifiée par le Nouveau Code de procédure pénale de 1994 ; au plan international, elle fait partie de la liste des substances illicites définie par la convention de l'ONU de 1961 et la convention de Vienne de 1971. Toutefois, les semences correspondantes qui ne contiennent pas de produits actifs ne sont pas considérées comme stupéfiants et restent en vente libre.

Le cannabis peut être ingéré ou fumé. Les cannabinoïdes contenus dans la résine sont responsables des effets pharmacologiques du cannabis ; il en existe une soixantaine. Parmi les molécules ayant une activité biologique, on distingue le Δ_9-tétra-hydrocannabinol (Δ_9-THC), qui est le composé le plus actif, le Δ_8-tétra-hydrocannabinol (Δ_8-THC), composé psychoactif très secondaire, le cannabidiol (CBD), le cannabinol (CBN), ainsi que le cannabigénol, le cannabicyclol et le cannabichromène, ces derniers étant très peu actifs.

Le Δ_9-THC est transformé dans le foie sous l'action de systèmes enzymatiques inductibles en 11-hydroxy-THC et 9-hydroxy-THC. Le 11-hydroxy-THC est lui-même plus actif sur le cerveau que le Δ_9-THC, mais il est rapidement métabolisé en 11-carboxy-THC. L'activité enzymatique du foie étant saturable, il peut y avoir compétition entre les cannabinoïdes et d'autres substances, notamment l'éthanol, qui peut modifier la cinétique du Δ_9-THC et augmenter son activité. Le Δ_9-THC induit l'activité des enzymes responsables de son catabolisme ; ainsi, un usage répété augmente la vitesse de destruction du Δ_9-THC et favorise l'apparition du catabolite actif, le 11-hydroxy-THC.

Le Δ_9-THC et ses catabolites subissent au niveau du tube digestif un cycle entérohépatique et au niveau du rein une réabsorption partielle qui prolongent leur activité. La demi-vie du Δ_9-THC est en moyenne de 96 heures. Ainsi, lorsque le consommateur prend régulièrement du cannabis, le Δ_9-THC s'accumule dans l'organisme, surtout au niveau du cerveau. On peut détecter des traces de cannabinoïdes dans les urines 2 à 3 semaines après la dernière prise de cannabis.

Le Δ_9-THC est à la fois un psychostimulant et un psychodépresseur, dont les effets se rapprochent de ceux des hallucinogènes : état de bien-être, de détente, associé souvent à une légère altération des perceptions sensorielles et, à un stade plus avancé, à des illusions perceptives et une difficulté à distinguer le rêve de la réalité.

Le Δ_9-THC présente des interactions avec les amphétamines, l'éthanol, les barbituriques et les opiacés ; il freine également l'activité sympathique et peut être utilisé en compétition par les sportifs, dans certaines disciplines, comme produit dopant au même titre que les β-bloquants.

Le Δ_9-THC agit sur l'organisme en se fixant sur des récepteurs, appelés CB_1 et CB_2, dont le ligand naturel est l'anandamide ; le récepteur CB_1 est localisé essentiellement au niveau du cerveau et le récepteur CB_2 se situe uniquement dans des tissus périphériques. Dans le cerveau, les récepteurs CB_1 se concentrent dans différentes structures : le système limbique, le cortex, l'hippocampe et le thalamus.

La toxicité aiguë du cannabis est faible ; la notion de dose mortelle est inexistante, ce qui différencie le cannabis d'autres produits comme l'éthanol, les barbituriques, les opiacés, la cocaïne ou l'amphétamine. Cependant, à doses élevées, des accidents psychologiques sont possibles mais dont les effets disparaissent en quelques jours. En revanche, lors d'usage prolongé on peut observer, chez les consommateurs, un syndrome amotivationnel, des syndromes schizophréniformes ou même des troubles psychotiques chroniques.

Alcool éthylique ou éthanol et boissons alcoolisées

L'alcool éthylique ou éthanol est obtenu par fermentation ou distillation de végétaux riches en sucre et intervient dans la composition des boissons alcoolisées : vin, cidre, bière, boissons apéritives ou liqueurs.

L'éthanol est un produit licite mais sa production, son transport et sa vente sont strictement réglementés.

L'alcool éthylique se comporte à dose faible ou modérée comme un psychostimulant, entraînant euphorie, sensation de bien-être, levée des inhibitions et augmentation de la confiance en soi ; au contraire, à dose élevée, l'éthanol est un dépresseur du système nerveux central, provoquant confusion mentale, troubles de l'équilibre, somnolence pouvant aller jusqu'au coma.

C'est pour ses effets stimulants que l'éthanol peut être utilisé par les sportifs comme produit dopant, justifiant son interdiction en compétition dans certaines disciplines sportives.

À long terme, l'éthanol touche tous les organes ; le foie en est la principale cible, mais également le tube digestif, le système cardiovasculaire, le rein et le système nerveux. Il entraîne également de graves carences nutritionnelles, notamment en vitamine B1, responsables de l'encéphalopathie de Gayet-Wernicke.

L'éthanol est responsable d'un phénomène de tolérance ainsi que d'une dépendance à la fois psychique et physique, pouvant entraîner des accidents graves au moment du sevrage.

Bêtabloquants

Les bêtabloquants constituent une classe très homogène fondée sur le caractère univoque de leur mode d'action ; ce sont essentiellement des inhibiteurs compétitifs des catécholamines au niveau de leur récepteur β-adrénergique. Il existe cependant, entre les différents bêtabloquants, des modifications plus ou moins importantes de leurs caractéristiques pharmacodynamiques et pharmacocinétiques qui expliquent leurs indications particulières, leurs modalités d'utilisation et leurs effets spécifiques. Citons : la sélectivité β1 (qualifiée de cardiosélectivité), l'activité sympathomimétique intrinsèque, l'action stabilisatrice de membrane, l'action α1-bloquante associée et l'importance de leur solubilité dans l'eau ou les lipides. Certains bêtabloquants peuvent avoir d'autres particularités : un effet β2-agoniste (comme le céliprolol), un effet inhibiteur sur le transport de l'iode dans le follicule thyroïdien (comme le propranolol)...

Utilisation à des fins thérapeutiques

Les bêtabloquants sont essentiellement utilisés dans :

- le traitement de l'hypertension artérielle, très souvent en première intention chez les sujets jeunes ;
- la prévention de l'angor ;
- le traitement au long cours après infarctus du myocarde ;
- la réduction ou la prévention de certains troubles du rythme auriculaire.

Les bêtabloquants sont également utilisés dans le traitement de la migraine (traitement de fond), des tremblements (surtout essentiels) et des manifestations cardiovasculaires des hyperthyroïdies.

Utilisation à des fins de dopage

Les bêtabloquants sont utilisés au cours des compétitions dans certaines spécialités sportives comme la conduite automobile, le golf, le tir à l'arc, au pistolet ou à la carabine, le saut à ski..., dans lesquelles la coordination psychomotrice joue un rôle primordial dans la performance. En effet, l'hyperactivité orthosympathique (conséquence de l'anxiété liée à la proximité de la compétition), avec son cortège de signes fonctionnels comme tachycardie, palpitations et tremblements, représente dans ces disciplines un inconvénient majeur; d'où l'intérêt d'utiliser des bêtabloquants dont le rôle est justement de supprimer ces manifestations.
À l'inverse, dans les spécialités sportives comme le ski de fond, le marathon ou le cyclisme, dans lesquelles le métabolisme aérobie joue un rôle essentiel, le recours aux bêtabloquants doit être formellement déconseillé. En effet, leur utilisation entraîne non seulement une diminution de l'oxygénation musculaire mais également une diminution des apports en substrats énergétiques. Ces conséquences expliquent que les bêtabloquants sont interdits dans certains sports, soit à la fois en compétition et en dehors des compétitions, soit seulement pendant les compétitions.

Effets indésirables

Les effets sont, pour la plus grande majorité, directement liés au blocage des récepteurs β-adrénergiques :

- hypotension artérielle sévère pouvant conduire à un collapsus ou à des syncopes, surtout en cas d'hypovolémie ou de « dysfonctionnement » des barorécepteurs (plongée sous-marine) ;
- aggravation d'une insuffisance cardiaque ;
- troubles du rythme, essentiellement bradycardie sinusale ;
- bronchospasmes ;
- syndrome de Raynaud, relativement fréquent ;
- hypoglycémie marquée, qui peut survenir surtout dans certaines circonstances comme le jeûne prolongé ou au cours d'exercices de longue durée ;
- hypertriglycéridémie, hypercholestérolémie avec augmentation des VLDL et diminution des HDL ;
- syndrome dépressif sévère, qui s'observe surtout avec les bêtabloquants qui diffusent dans le système nerveux central ;
- rebond des symptômes à l'arrêt brutal des bêtabloquants.

Diurétiques et produits masquants

Les diurétiques et produits masquants, bien que n'améliorant pas directement la performance, sont des produits interdits par les instances sportives pendant et hors compétition.

Diurétiques

Ce sont des médicaments qui se caractérisent en premier lieu par leur effet natriurétique, pouvant éventuellement s'accompagner d'une augmentation plus ou moins importante de la diurèse.
En fonction de leur mécanisme d'action et/ou de la partie du néphron au niveau de laquelle ils interviennent, on distingue quatre types de diurétiques.

Diurétiques de l'anse de Henlé

Ils agissent au niveau de la partie large de la branche ascendante de l'anse, où 25 % environ du sodium filtré est activement réabsorbé. Ils augmentent l'élimination urinaire du sodium, du chlorure et du potassium, ainsi que celle du calcium et du magnésium.
Les principaux diurétiques de l'anse sont actuellement le furosémide, le bumétamide et le pirétanide ; ils ont une action très rapide, de courte durée (moins de 2 heures après administration parentérale et moins de 6 heures par voie orale) et extrêmement intense, pouvant aller jusqu'à 25 % du filtrat glomérulaire.

Diurétiques thiazidiques

Ils agissent au niveau de la partie initiale du tube distal où environ 10 % du sodium filtré est réabsorbé activement. Ils augmentent l'élimination urinaire du sodium, du chlorure et dans une moindre mesure celle du potassium et du magnésium; ils augmentent également l'élimination des bromures, des iodures, ainsi que celle des bicarbonates, entraînant une augmentation du pH urinaire. Par ailleurs, ils diminuent l'élimination urinaire du calcium.
Les principaux diurétiques thiazidiques sont l'hydrochlorothiazide, le clopamide, le bendrofluméthiazide, le xipamide et l'altizide; ils ont un effet modéré sur la natriurèse et la diurèse.

Diurétiques distaux

Ils agissent au niveau de la partie distale du néphron. On en distingue deux types : les antialdostérones et les diurétiques distaux qui ont des effets semblables mais qui agissent par des mécanismes différents. Les antialdostérones actuellement utilisés sont la spironolactone et le canrénoate de potassium, qui agissent, après biotransformation en canrénone, en s'opposant aux effets de l'aldostérone. Ils augmentent l'élimination du sodium et diminuent celle du potassium et du magnésium, dont les concentrations plasmatiques augmentent.
Les autres diurétiques distaux sont l'amiloride et le triamtérène, qui par un mécanisme direct au niveau du tube distal augmentent l'élimination du sodium et la rétention du potassium et du magnésium.
Tous les diurétiques distaux ont un effet lent et retardé.

Diurétiques osmotiques

Ce sont des substances le plus souvent inertes qui augmentent l'osmolarité urinaire ; ils s'opposent ainsi à la réabsorption passive de l'eau et des électrolytes et augmentent la diurèse. Les produits utilisés comme diurétiques osmotiques sont le mannitol et le glycérol. Le glycérol peut être administré par voie orale et par voie intraveineuse ; le mannitol, en revanche, ne peut être utilisé que par voie veineuse, car il n'est pas absorbé au niveau du tube digestif.
Les diurétiques osmotiques administrés en perfusion intraveineuse ont une action très rapide. Lorsque la quantité perfusée est importante, ils peuvent induire une augmentation du volume plasmatique.

Utilisation à des fins thérapeutiques

Les diurétiques, qu'ils soient hypo ou hyperkaliémiants, augmentent tous l'élimination urinaire du sodium et peuvent être utilisés dans le traitement de l'hypertension artérielle. Cependant, chaque type de diurétiques peut avoir ses indications préférentielles. Les diurétiques de l'anse, à effet rapide, court et intense, sont particulièrement indiqués dans le traitement de l'insuffisance cardiaque aiguë comme l'œdème aigu du poumon. Les diurétiques thiazidiques sont particulièrement adaptés au traitement de l'hypertension artérielle. Les diurétiques distaux sont plus indiqués dans le traitement de l'insuffisance cardiaque, car ils n'entraînent pas d'hypokaliémie ni d'hypomagnésémie, facteurs favorisant les troubles du rythme ; ils sont également prescrits dans les œdèmes cirrhotiques. Quant aux diurétiques osmotiques, ils sont préférentiellement utilisés dans le traitement de l'hypertension intracrânienne et du glaucome.

Utilisation à des fins de dopage

Les diurétiques, en particulier les diurétiques à action rapide comme les diurétiques de l'anse et les diurétiques osmotiques, peuvent être utilisés par les sportifs dans deux circonstances :

- avant la pesée, dans les sports à catégorie de poids comme la boxe, la lutte, l'haltérophilie... pour obtenir une perte rapide de poids ;
- pour masquer la prise d'un produit interdit, soit en entraînant par différents mécanismes une diminution de sa concentration urinaire, soit en abaissant l'hématocrite par augmentation du volume plasmatique.

Effets indésirables

Tous les diurétiques, et plus spécialement les diurétiques de l'anse, peuvent induire :

- une déshydratation extracellulaire, surtout si les pertes extrarénales sont importantes et si la sensation de soif est diminuée ;
- une hyponatrémie, entraînant secondairement une hyperhydratation intracellulaire grave, surtout s'il existe une hypersécrétion d'hormone antidiurétique (ADH) et des ingestions importantes d'eau pure.

Pour les diurétiques de l'anse et les thiazidiques, l'hypokaliémie représente la principale complication, pouvant toucher 40 à 50 % des sujets ; elle peut entraîner des troubles du rythme cardiaque, des atteintes musculaires à type de crampes, de fatigue, et éventuellement une rhabdomyolyse, des troubles du métabolisme glucidique et protidique. On peut également citer l'ototoxicité des diurétiques de l'anse, l'hypercalcémie des diurétiques thiazidiques, les risques enfin d'hypersensibilité.
Pour les diurétiques distaux, le risque majeur est bien entendu l'hyperkaliémie, qui peut entraîner un risque de troubles du rythme cardiaque équivalent à celui induit par une hypokaliémie, ainsi qu'une acidose métabolique. Les diurétiques antialdostérone peuvent induire des troubles de l'ovulation chez la femme, une gynécomastie et une impuissance chez l'homme, nécessitant l'arrêt du traitement.

Produits masquants

Les produits masquants sont très nombreux et probablement assez mal connus. Leur but premier, mais non le seul, est de diminuer la concentration des produits interdits dans les divers prélèvements biologiques effectués en vue des contrôles antidopage ; en fait, il s'agit presque exclusivement de prélèvements urinaires.
Dans les urines la diminution de la concentration des produits interdits peut être réalisée de trois manières :

- par augmentation du *volume urinaire* , après administration de diurétiques comme les diurétiques de l'anse et les diurétiques osmotiques, qui entraînent très rapidement une augmentation de la diurèse ;
- par diminution de la *sécrétion tubulaire*, grâce au phénomène d'inhibition compétitive lié à la présence simultanée dans le sang de deux ou plusieurs substances dont l'élimination urinaire se fait par le même mécanisme de sécrétion. C'est le cas pour de nombreux acides organiques tels que divers acides endogènes, divers médicaments comme la pénicilline, les bêtalactamines, l'acide salicylique, l'indométhacine, le probénécide, les diurétiques thiazidiques et la plupart des molécules conjuguées... C'est également le cas pour de nombreuses bases organiques, telles que la thiamine, la choline, l'histamine ou la quinine, la morphine, la procaïne, la néostigmine, l'amiloride et le triamtérène... ;
- par augmentation de la *réabsorption tubulaire* passive, qui intéresse de nombreuses substances dans la mesure où celles-ci peuvent traverser la membrane cellulaire, c'est-à-dire dans la mesure où elles sont liposolubles et non ionisées. Or, le caractère neutre ou non ionisé dépend du pKa de la substance et du pH urinaire. C'est ainsi que si l'on veut diminuer l'élimination urinaire d'une substance acide en augmentant sa réabsorption tubulaire passive, il faut acidifier les urines pour augmenter le nombre de molécules non ionisées et réabsorbables par administration d'une substance acide, comme par exemple le chlorure d'ammonium. Inversement, pour les substances basiques, il faut alcaliniser les urines par administration de bicarbonate de sodium, de diurétiques thiazidiques ou d'acétazolamide.

Il est ainsi facile de concevoir que le nombre de produits masquants susceptibles de diminuer la concentration urinaire des produits interdits est très important : alcalinisants ou acidifiants urinaires, diurétiques osmotiques, diurétiques de l'anse de Henlé et diurétiques thiazidiques, probénécide, amiloride, triamtérène...
De la même manière, l'épitestostérone et la créatine doivent être considérées comme des produits masquants : la première en masquant l'administration de testostérone par abaissement du rapport urinaire de la testostérone sur l'épitestostérone, justifiant la nécessité de fixer un taux maximal

autorisé d'épitestostérone urinaire; la deuxième en faussant l'étalonnage de certains dosages urinaires quantitatifs qui prennent comme référence la créatininurie des 24 heures, considérée dans les conditions habituelles comme un paramètre particulièrement stable.

Par ailleurs, certaines fédérations internationales, et notamment l'union cycliste internationale (UCI), font pratiquer avant les compétitions des contrôles de l'hématocrite. Les sportifs qui présentent un taux trop élevé de globules rouges (supérieur à 50 % pour les hommes et à 47 % pour les femmes) sont déclarés temporairement inaptes à la compétition. Pour abaisser l'hématocrite, qui représente le volume globulaire par rapport au volume sanguin total exprimé en pourcentage, il suffit d'augmenter le volume plasmatique, soit par administration intraveineuse de diurétiques osmotiques, soit par administration intraveineuse de succédanés du plasma comme le dextran ou l'hydroxy-éthyl-amidon, soit tout simplement par perfusion intraveineuse de solutés physiologiques.

Enfin, on doit aussi considérer comme produits masquants les anti-aromatases comme l'aminoglutéthimide, le formestane, le létrozole, l'anastrozole... qui bloquent la formation des œstrogènes à partir des SAA; ces produits, lorsqu'ils sont donnés à des sportifs masculins consommateurs de SAA, entraînent une véritable décapitation du « profil hormonal caractéristique ». En effet, ils induisent :

- une diminution des œstrogènes circulants;
- une augmentation de la sécrétion des deux gonadotrophines hypophysaires qui ne sont plus inhibées par les œstrogènes;
- une augmentation de la sécrétion testiculaire de testostérone;
- une diminution, enfin, du risque de développer une gynécomastie.

Il en est de même pour :

- le clomifène, qui est soit un antagoniste, soit un agoniste des récepteurs œstrogéniques, et dont le rôle essentiel est de diminuer le rétrocontrôle hypophysaire négatif induit par les œstrogènes; administré à des sportifs masculins, consommateurs ou non consommateurs de SAA, il entraîne une augmentation de la sécrétion de LH, qui n'est plus inhibée par les œstrogènes, et une augmentation de la sécrétion testiculaire de testostérone;
- le tamoxifène, qui a une action anti-œstrogènes, grâce à son métabolite l'hydroxy-tamoxifène, au niveau de plusieurs organes, notamment au niveau du sein, et une action œstrogénique au niveau de l'os, par l'intermédiaire d'autres métabolites; il entraîne, lorsqu'il est donné à des sportifs masculins consommateurs de SAA, une diminution importante du risque de développer une gynécomastie.

Le clomifène et le tamoxifène, ainsi que leurs métabolites, subissent un cycle entérohépatique et leur élimination est essentiellement digestive.

Procédés dopants

Parmi les nombreux procédés dopants utilisés par les sportifs, nous nous sommes uniquement intéressés :

- à l'autotransfusion sanguine, et plus précisément à l'autotransfusion de concentrés globulaires congelés, qui paraît avoir fait la preuve de son efficacité et qui a été couramment utilisée par les sportifs avant l'apparition de l'érythropoïétine recombinante humaine (rhuEPO) ;
- à la thérapie génique, dont les possibilités thérapeutiques théoriques paraissent immenses et qui pourrait dans quelques années être détournée de son usage médical au profit du dopage, quand elle aura fait la preuve de son efficacité autrement que dans des cas isolés ou de façon passagère.

Autotransfusion de concentrés globulaires congelés

Son utilisation repose sur certains résultats expérimentaux, démontrant que dans les spécialités sportives dites d'endurance, il existe une corrélation positive entre la valeur de la consommation maximale d'oxygène et le niveau de la performance et qu'il y a parallèlement une relation entre la valeur de la consommation maximale d'oxygène et la quantité totale d'hémoglobine contenue dans le sang.

La méthodologie habituellement suivie par les sportifs est la suivante : 12 à 18 mois avant la compétition, 3 ou 4 prélèvements de sang de 400 à 450 mL sont effectués chez l'athlète à 2 ou 3 mois d'intervalle. Cette durée est largement suffisante pour permettre au contenu en hémoglobine de revenir à ses valeurs antérieures entre chaque prélèvement, puisque la durée de la phase de récupération complète est en moyenne de 5 semaines; cette période peut d'ailleurs être nettement raccourcie par des injections d'érythropoïétine.

Chaque prélèvement de sang total, recueilli dans une poche plastique contenant une solution anticoagulante, est rapidement centrifugé pour séparer les érythrocytes et les globules blancs, d'une part, le plasma et les plaquettes, d'autre part. Le concentré de globules rouges est obtenu par soustraction du surnageant contenant plaquettes et plasma; il est ensuite congelé à – 85 °C ou à – 196 °C, après addition d'une solution cryoprotectrice glycérolée.

De 1 à 5 jours avant la compétition, une quantité de concentrés de globules rouges (provenant habituellement de 3 prélèvements de sang total) est transfusée à l'athlète, après décongélation et de nombreux lavages pour éliminer l'agent cryoprotecteur. Le volume ainsi transfusé correspond approximativement à 700-750 mL, avec une concentration moyenne de 25 g d'hémoglobine pour 100 mL et un hématocrite moyen de 75 %, entraînant, dans les conditions habituelles, une élévation de l'hématocrite de l'ordre de 20 % et une augmentation de la concentration en hémoglobine de l'ordre de 4 g/100 mL, avec une durée d'efficacité de l'ordre de 15 jours à 3 semaines suivant les sportifs et les spécialités.

L'utilisation des concentrés globulaires congelés par rapport à celle de concentrés standard de globules rouges présente un triple intérêt :

- durée de conservation nettement prolongée (délai de péremption de 3 ans pour les globules rouges congelés à – 85 °C, contre un délai de 35 jours pour les concentrés de globules rouges en solution saline adénine-glucose-mannitol, ou SAGM), permettant d'effectuer les prélèvements sanguins très loin de la compétition ;
- élimination complète des protéines plasmatiques, des plaquettes et des granulocytes et appauvrissement considérable en lymphocytes, conférant aux concentrés de globules rouges des qualités rhéologiques convenables;

- maintien des qualités fonctionnelles des globules rouges intactes, permettant de diminuer les quantités transfusées.

Il faut savoir que l'utilisation des autotransfusions de concentrés globulaires congelés, qui avait bien diminuée avec l'arrivée de l'EPO, pourrait augmenter à nouveau du fait que l'administration d'EPO peut être maintenant détectée alors que l'utilisation d'une autotransfusion est très difficilement décelable actuellement.

Les effets indésirables des autotransfusions de concentrés de globules rouges congelés sont dans l'ensemble peu fréquents.

Exceptionnellement, peuvent être rencontrés :

- des accidents immunologiques pouvant aller jusqu'au grand choc hémolytique, conséquence d'une erreur de flaconnage, facile à éviter si les règles de la sécurité transfusionnelle sont respectées;
- des accidents infectieux pouvant aller jusqu'au choc toxi-infectieux sévère, conséquence d'une contamination du sang au cours des différentes manipulations.

Rarement, il peut s'agir :

- d'accidents de surcharge volémique en cas de transfusion trop rapide, que l'on peut prévenir par le respect scrupuleux des temps d'injection préconisés;
- d'hémochromatose transfusionnelle après une trentaine de transfusions, que l'on peut prévenir par la déféroxamine.

Plus fréquemment, une hémoglobinurie transitoire modérée sans valeur péjorative, après transfusion de plusieurs concentrés globulaires congelés, peut être observée.

Thérapie génique

Nous n'aurons à propos de cette thérapie que des considérations théoriques car, à l'heure actuelle, nous ne connaissons pas de médicaments de thérapie génique pouvant être prescrits par un médecin.

Au sens large, la thérapie génique consiste à introduire dans une cellule n'importe quel matériel génétique : gène, portion de gène, DNA, RNA, oligonucléotide, dans un but thérapeutique; la thérapie anti-sens, qui consiste à neutraliser une séquence de RNA par le DNA correspondant, en fait également partie.

Il est facile de concevoir les innombrables applications théoriques de cette thérapie puisque les gènes sont à l'origine des protéines et que des anomalies de ces dernières sont à l'origine des maladies :

- remplacer un gène défectueux ou manquant en cas de maladie dite génétique;
- apporter un nouveau gène capable de synthétiser une protéine utile à un malade : hormone, enzyme, vaccin...

Il est également facile de prévoir que dès que cette thérapie aura fait ses preuves, le risque qu'elle soit détournée vers le dopage pour augmenter les performances sera considérable.

Conclusion

En définitive, sur un plan général, trois notions paraissent essentielles :

- le nombre et la diversité des moyens pouvant être utilisés par les athlètes dans un but de dopage;
- le danger de leur utilisation par les sportifs;
- les difficultés de la lutte contre le dopage, liées non seulement à des problèmes de détection mais également au manque de coordination sur le plan mondial entre les différentes instances sportives.

Lutte contre le dopage en France

Sommaire

Historique

Introduction

Si différentes formes d'éducation physique (hébertisme, scoutisme, gymnastique suédoise) coexistent dès la fin du XIXe siècle, la notion de dopage est particulière à la pratique sportive. Cette activité physique se caractérise par ses origines aristocratiques et bourgeoises, en particulier britanniques [6]. Si le but est de bien figurer dans le classement, il est de bon ton de rester *fair play* et de garder un certain désintéressement face à la victoire. Des règles sont mises en place afin de garder une certaine pureté. Il est interdit, notamment, de tirer le moindre bénéfice de la pratique sportive; c'est la règle de l'amateurisme. Mais il est également mal vu d'utiliser des drogues, des artifices destinés à cacher la valeur de la personne et qui perturbent le sacro-saint principe d'égalité des chances. Leur utilisation n'est pas encore interdite mais seulement réprouvée. En France, des journalistes rapportent l'absorption de potions « magiques » chez des boxeurs ou des cyclistes dès la fin du XIXe siècle. Ces pratiques font partie du folklore qui entoure ces sports : des toniques ou des produits qui aident à tenir le coup à vélo, des substances qui permettent de se donner du courage ou d'atténuer la douleur des coups reçus en boxe. Dès le début du XXe siècle, quelques médecins dénoncent le *doping* dans des livres consacrés à la physiologie de l'entraînement sportif [2, 16]. Chacun tente de lister les produits à interdire. Beaucoup sont supposés être utilisés, on ignore s'ils le sont réellement. Ces médecins dénoncent les dangers de ces produits pour la santé ainsi que l'aspect immoral de leur utilisation. Le début des années 1950 constitue un tournant dans la problématique du dopage en France. La consommation semble être en nette augmentation (principalement en cyclisme) et on assiste à une accumulation de défaillances suspectes. Certaines iront jusqu'à entraîner la mort. À la fin des années 1950, sous l'impulsion des médecins puis de l'État, la problématique du *doping* se constitue en tant que pratique déviante reconnue.

Grandes périodes de l'histoire du dopage

L'histoire du dopage en France peut se découper en trois périodes, chacune correspondant à la création d'une nouvelle loi mais aussi à l'apparition d'une nouvelle génération de médicaments.

Prise de conscience ou passage du *doping* au « dopage »

Ainsi, les années 1950-1965 sont marquées par l'abus de consommation des amphétamines tandis que parallèlement la lutte antidopage naissante crée ses bases de contrôle et d'analyse (le laboratoire d'analyse antidopage s'installe en 1965 au sein de l'université Paris-V aux Saints-Pères puis à Clichy, enfin à Chatenay-Malabry dans les années 1980).
Organisé à l'initiative du secrétaire d'État chargé de la Jeunesse et des Sports, les 26 et 27 janvier 1963, un congrès européen se tient à Uriage-les-Bains, en particulier sous l'impulsion du Dr Pierre Dumas, médecin du Tour de France (1951-1970) et déjà sensibilisé aux pratiques de l'époque (voir le cas de Mallejac, en 1955, qui fit un malaise lors de l'épreuve « Reine du cyclisme »). Il contribuera à définir le dopage, à l'époque où l'on parlait de *doping*, en proposant la définition suivante : « Est à considérer comme *doping*, le recours aux substances et à tous les moyens destinés à augmenter artificiellement le rendement en vue et à l'occasion des compétitions et qui portent préjudice à l'éthique sportive et à l'intégrité physique et psychique de l'athlète. »
Monsieur Herzog décide à la suite de ce congrès de légiférer sur le sujet, ce qui aboutit à la loi n° 65-412 du 1er juin 1965 (*JO* du 2 juin 1965), qui constitue le premier texte visant à réprimer le dopage sur le territoire français et le deuxième dans le monde. En effet, le législateur belge avait adopté la première loi au niveau mondial sur la question, le 2 avril 1965.

Ère des produits vraiment efficaces sur la modification des performances physiques

Les années 1965-1980 correspondent à l'arrivée et au développement des stéroïdes anabolisants naturels et/ou synthétiques, de l'ACTH et de l'hCG... Les effets sont tels que leur utilisation perdure jusqu'à aujourd'hui (voir l'affaire de la tétrahydrogestrinone, ou THG, découverte en octobre 2003 [14]). Par ailleurs, c'est l'apogée de la réussite du système sportif des pays du bloc communiste d'Europe de l'Est. La justification politique de l'existence d'un système s'exprime alors au détriment, bien sûr, de la santé des sportifs. Plusieurs enquêtes parues dans la presse allemande, et citant des documents émanant de la STASI, l'ex-police secrète de la RDA, ont confirmé ce qui n'était alors qu'un soupçon, à savoir l'application depuis le début des années 1970 d'un programme de dopage systématique. Ainsi, de 1968 à 1988, la RDA a conquis 153 titres olympiques, se situant au deuxième rang mondial derrière les États-Unis. Connaissant moins bien les pratiques au sein du monde occidental de l'époque, on ne peut pas récuser la possibilité d'usage de produits dopants en son sein [4].

Inapplicabilité de la loi de 1965

La loi de 1965 pénalisait la consommation et impliquait une présence policière auprès des médecins préleveurs lors des contrôles. Elle prévoyait l'obligation au parquet de prouver l'intentionnalité de la prise de produits dopants. Cela s'avéra impossible : deux affaires débutées en 1966 se conclurent par un non-lieu au bout de 3 ans de procédure, après quoi, cette loi ne fût plus appliquée.

Les dysfonctionnements de la loi de 1965 ont été réglés, en partie, par celle du 29 octobre 1975, dite loi Mazeaud, relative au développement de l'éducation physique et sportive. Elle permettait de transférer le pouvoir de sanction concernant le dopage aux fédérations; on passe alors de sanctions disciplinaires et pénales à la seule sanction disciplinaire. Des différences de traitement apparurent rapidement. Elles étaient liées au bon vouloir des fédérations sur le nombre de contrôles et leur désir de sanctionner les cas révélés positifs. La disparité des règlements des fédérations fut une source d'incompréhension et d'incohérence dans la lutte antidopage. La Fédération française de cyclisme (FFC), la plus souvent montrée du doigt, réalisa entre 1966 et 1975 la quasi-totalité des contrôles de l'époque. Mais cette volonté était contredite par la réalité de l'application des peines. Cette inertie disciplinaire entraîna une nouvelle réponse de l'État à travers le décret du 27 mai 1977 relatif au contrôle médical des activités physiques et sportives, qui complète la loi Mazeaud. Il y est rappelé aux fédérations leur obligation de prendre des mesures contre le dopage et, surtout, que l'inobservation de ces dispositions pouvait entraîner des sanctions à leur encontre, comme le retrait de leur agrément ministériel.

Afin de limiter les pressions que subissent les préleveurs de fédérations, trop proches des coureurs, l'État créé en 1977 son propre « pool » de médecins préleveurs indépendants [4].

Des années 1980 à nos jours : entrée dans la « modernité » des pratiques dopantes

Le 16 juillet 1984, la ministre déléguée aux Sports, madame Avice, présente une loi relative à l'organisation et à la promotion des activités physiques et sportives qui confirme le pouvoir disciplinaire des fédérations sportives vis-à-vis des groupements qui leur sont affiliés et de leurs licenciés. Il n'y a pas de référence explicite au dopage dans ce texte; en revanche, le décret du 5 mars 1987 portant sur la création d'une liste nationale et d'une liste régionale de sportifs de haut niveau précise qu'en cas d'infraction aux dispositions antidopage, il y aura perte de la qualité de sportif de haut niveau et des avantages pécuniaires qui s'y rattachent. Cette disposition permet au ministère de la Jeunesse et des Sports de prendre des sanctions quand il estime que la fédération concernée n'a pas joué le jeu.

Il faut attendre le 9 décembre 1987 pour voir apparaître une nouvelle proposition de loi (projet de M. Bergelin), en vue d'abroger celle de 1965, complètement inadaptée. Cette loi, dite loi Bambuck, est votée à l'unanimité par l'Assemblée nationale le 28 juin 1989 (loi n°89-432 du 28 juin 1989, *JO* du 1er juillet 1989). Elle présente la particularité de dépénaliser le fait de se doper et de mettre en place pour les sportifs convaincus de dopage un système de sanctions disciplinaires fédérales. Ce texte de loi ne parle pas de l'aspect santé mais seulement d'une atteinte aux règles sportives. Avec l'arrivée de méthodes permettant de manipuler le sang, il n'est plus seulement question de produits mais aussi de procédés dopants. Une nouvelle famille de produits est ajoutée à la liste, ceux qui ont la propriété de masquer la présence d'autres produits agissant sur la performance. Tous ces dopants sont déterminés par une liste commune des deux ministères : celui de la Jeunesse et des Sports et celui chargé de la Santé. Le rôle du médecin et le cadre des prescriptions thérapeutiques sont précisés afin que la loi ne se retrouve pas limitée, comme ce fut le cas de la précédente.

La loi crée aussi une Commission nationale de lutte contre le dopage, placée sous l'autorité du ministre de la Jeunesse et des Sports et chargée notamment de proposer une modification des sanctions prises par les fédérations. Il s'agissait en fait de s'assurer que les fédérations sportives appliquaient correctement la loi sans être ni trop laxistes, ni trop sévères. En fait, la commission n'interviendra en 10 ans que pour une seule affaire, en proposant de prendre une sanction au ministère des Sports.

Les missions préventives de cette commission consistaient en un rôle de proposition de toute mesure « tendant à prévenir et à combattre le dopage et assurer, entre toutes les disciplines, une égalité au regard des contrôles ». En outre, chaque année, un rapport devait être remis au gouvernement et au parlement, ce qui n'a jamais été fait. À côté de ces dispositions concernant les sportifs, un volet répressif important avait été prévu afin de bien montrer que la compréhension à l'égard des sportifs n'était pas partagée à l'égard des pourvoyeurs de produits dopants. La loi prévoyait l'interdiction de prescrire des produits dopants avec des peines encourues allant jusqu'à deux années de prison et 15 000 euros d'amende. Des circonstances aggravantes étaient prévues : quand il s'agissait de mineurs, les peines pouvaient être portées jusqu'à 4 ans de prison. D'autres peines, plus lourdes, étaient prévues à l'encontre de ceux qui facilitaient ou administraient des substances dopantes classées comme produits stupéfiants; dans ce cas, la peine de prison était portée à 10 ans et l'amende à 75 000 euros.

Des actions de prévention étaient également prévues comme des campagnes d'information auprès des jeunes, des programmes de formation dispensés aux enseignants, éducateurs et entraîneurs, médecins du sport, un programme de recherche sur les effets des substances dopantes sur l'être humain et la mise en place d'un suivi médical spécifique en faveur des sportifs de haut niveau.

L'année 1988 sera celle du scandale Ben Johnson, lors des Jeux olympiques de Séoul. Il aura un retentissement mondial et aidera à la prise de conscience du grand public sur le dopage dans le sport de haut niveau. Il explique, en partie, la place du Canada dans le contexte international de la lutte contre le dopage.

Années 1980-2003 : hormones peptidiques et substances liées à l'oxygène

Ces années vont connaître l'apparition des hormones peptidiques, en particulier de l'érythropoïétine (EPO) et de l'hormone de croissance (hGH), ainsi que de bien d'autres molécules qui facilitent le transport et/ou la délivrance de l'oxygène au muscle. Elles sont à l'honneur dans les sports d'endurance tandis que l'hormone de croissance, qui favorise la performance dans les sports de force, tant sur le plan de la récupération métabolique que de la force pure, va être utilisée jusqu'à nos jours dans beaucoup de disciplines, notamment car elle reste en janvier 2004 indétectable. S'y associent de nombreuses méthodes dopantes et bien d'autres produits aux effets neuromusculaires centraux ou périphériques, les protocoles dopants devenant pour l'élite très sophistiqués et complexes. Ces molécules issues de la recherche sont parfois déjà utilisées dans les milieux sportifs avant que les autorisations légales de mise sur le marché aient été données, faute d'études complètes de tolérance et d'innocuité. Ce détournement d'usage associé à l'utilisation sans précaution de produits pharmacologiques renforce le caractère dangereux pour la santé du dopage.

Le Laboratoire national d'analyse du dopage devient un établissement public à caractère administratif (EPA) en 2002 ; il s'en trouve renforcé, en particulier en termes de personnel. Il devient à cette époque un des laboratoires de référence de la lutte antidopage dans le monde et réussit, grâce à F. de Lasne et J. de Ceaurriz en 2000, à mettre au point et valider la méthode analytique urinaire de dépistage de l'érythropoïétine (EPO). Leur publication princeps date du 8 juin 2000 dans la revue *Nature*.

Évolution prévisible du dopage sportif

Le futur proche nous amène à évoquer le dopage génétique et la nécessité d'une démarche prospective, différente de la simple analyse urinaire, pour déceler ce dopage. En effet, afin de dépister l'apparition des molécules et méthodes (précurseurs, promoteurs de gènes…) qui augmentent les sécrétions d'hormone, de facteurs de croissance ou de neurotransmetteurs endogènes indétectables de leurs homologues naturels, il va falloir modifier nos approches. Il faudra très probablement allier une démarche clinique avec des démarches d'analyse et de mesure génomique, d'utilisation des nanotechnologies et de suivi longitudinal fin des analyses urinaires, capillaires et sanguines en intra-individuel. Cette approche nouvelle et globale sera obligatoire pour mettre en évidence un dopage par action sur les gènes du sportif ou par production de molécules exogènes identiques aux molécules endogènes. C'est l'exemple de la production d'EPO *in vitro* par des cellules rénales humaines. Plus pragmatique, le marquage des molécules issues de la recherche pharmaceutique reste aussi une approche annexe toujours envisageable si la volonté internationale existe.

L'approche légale devra aussi être modifiée, comme le propose le Conseil de prévention et de lutte contre le dopage (CPLD), afin de permettre de déclarer le dopage sur des arguments indirects, en particulier sur les effets liés à la prise de la substance interdite et non plus sur la seule présence de la molécule dans l'urine du sportif [5].

Les multiples scandales de l'année 1998 (affaire Festina lors du Tour de France 1998…) ont fortement contribué à relancer le projet de loi voulu par Guy Drut et concrétisé par Marie-Georges Buffet. La loi du 23 mars 1999 est codifiée depuis le 15 juin 2000 dans le Code de la santé publique, avancée notable qui confirme le rôle important de l'État de protection de la santé de tous, prévu par le préambule de la Constitution du 27 octobre 1946.

Cadre légal de la lutte contre le dopage

On peut s'interroger sur les raisons qui ont amené les différents gouvernements à légiférer sur le sujet du dopage depuis presque 40 ans en France. En fait, le préambule de la Constitution précise le rôle de l'État de protection de la santé de tous ; c'était donc bien une mission régalienne, une fois que les risques du dopage ont été connus, de mener une politique de santé publique. La défense de l'éthique sportive et le respect des règlements fédéraux agréés par l'État ont été deux autres éléments dominants pour expliquer l'investissement de l'État dans la lutte contre le dopage.

Définitions

La première définition légale du dopage en France date de 1965. En effet, la loi du 1er juin 1965 considère comme dopé « quiconque aura, en vue ou au cours d'une compétition sportive, utilisé sciemment l'une des substances déterminées par le règlement d'administration publique, qui sont destinées à accroître artificiellement et passagèrement ses possibilités physiques et sont susceptibles de nuire à sa santé ».

La loi du 28 juin 1989 donne une autre définition du dopage : « Il est interdit à toute personne d'utiliser, au cours des compétitions et manifestations sportives organisées ou agréées par des fédérations sportives ou en vue d'y participer, les substances et les procédés qui, de nature à modifier artificiellement les capacités ou à masquer l'emploi de substances ou de procédés ayant cette propriété, sont déterminés par arrêté conjoint des ministres chargés des Sports et de la Santé. »

La loi du 23 mars 1999 relative à la protection de la santé des sportifs et à la lutte contre le dopage donne la définition suivante : « Le dopage est défini par la loi comme l'utilisation de substances ou de procédés de nature à modifier artificiellement les capacités d'un sportif. Font également partie du dopage les utilisations de produits ou de procédés destinés à masquer l'emploi de produits dopants. La liste des procédés et des substances dopantes mise à jour chaque année fait l'objet d'un arrêté conjoint des ministres chargés des Sports et de la Santé. » Cette définition renvoie à une liste de substances très détaillée. La codification de cette loi au

sein du Code de la santé publique (CSP, ord. n° 2000-548, 15 juin 2000), soit un an après sa parution, souligne symboliquement son intérêt en termes sanitaires. C'est dans le livre VI que sont abordées la prévention et la lutte contre le dopage, la définition du dopage restant inchangée.
En février 1999, à Lausanne, lors de la Conférence mondiale sur le dopage dans le sport, le Comité international olympique (CIO) a proposé de qualifier de dopage :

« – l'usage d'un artifice (substance ou méthode) potentiellement dangereux pour la santé des athlètes et/ou susceptible d'améliorer leurs performances;
– la présence dans l'organisme de l'athlète d'une substance ou de la constatation de l'application d'une méthode dopante ».

Le Code mondial antidopage (CMA) élaboré par l'Agence mondiale antidopage (AMA) s'applique dès 2004 à l'ensemble des fédérations internationales sportives ayant signé l'accord de Copenhague, avec une date limite de signature fixée au début des Jeux olympiques d'Athènes et pour les États à ceux de Turin de 2006.
Pour ce code, le caractère dopant d'un produit est reconnu si deux des trois critères suivants se trouve réunis : « Le dopage est le recours à des substances et méthodes interdites dans le sport destinées à améliorer la performance sportive. Le dopage inclut l'usage, ou la présence dans un prélèvement corporel d'un sportif, de toute substance interdite ou le recours à des méthodes interdites. Ces substances et méthodes sont interdites parce qu'elles ont le potentiel d'améliorer la performance sportive et soit exposent les sportifs à des risques, soit sont contraires à l'esprit sportif. Les substances utilisées dans le but de masquer l'usage de ces substances ou méthodes interdites sont elles aussi interdites. La violation d'autres règles antidopage est aussi considérée comme une infraction de dopage. »

Loi n° 99-223 du 23 mars 1999[1]

Cette loi, relative à la protection de la santé des sportifs et à la lutte contre le dopage, a été abrogée et codifiée dans le livre VI du Code de la santé publique.

Historique

De 1997 à 2002, Marie-George Buffet est ministre de la Jeunesse et des Sports. À peine un an après sa prise de fonction, elle présente un projet de loi au sénat, précisément en avril 1998, donc avant les affaires du Tour de France 1998. Le projet est adopté et publié le 23 mars 1999, sous le titre de loi relative à la protection de la santé des sportifs et à la lutte contre le dopage. Les décrets d'application sont pris progressivement. Contrairement à la loi Bambuck, elle ne porte pas uniquement sur le dopage, mais aussi sur la protection de la santé des sportifs. D'ailleurs, il est créé au sein de l'administration centrale du ministère un bureau de la protection de la santé des sportifs et du public, chargé de préparer les textes d'application de la loi et de veiller à leur bonne marche auprès des fédérations et des services déconcentrés de l'État. En particulier, le ministère met en place 24 médecins compétents en santé publique et en médecine du sport auprès de ses services déconcentrés régionaux : les médecins conseillers du directeur régional et départemental de la Jeunesse et des Sports. Ils sont chargés, en particulier, de veiller à l'application de la loi. Ils font partie du paysage sanitaire administratif en région avec leurs collègues des ministères de l'Éducation nationale, de la Santé, des Armées et des Collectivités territoriales, avec qui ils participent à des actions de prévention et d'éducation pour la santé. Ils agissent en partenariat avec les médecins libéraux et hospitaliers investis dans le domaine du sport et/ou des fédérations sportives.
Les évolutions et nouveautés législatives de ce texte portent sur l'introduction d'une veille sanitaire des sportifs, du renforcement des contrôles et des sanctions et de la création d'une Antenne médicale de prévention et de lutte contre le dopage (AMPLD) et surtout d'une autorité administrative indépendante : le Conseil de prévention et de lutte contre le dopage (CPLD) [11].

Veille sanitaire : suivi médical des sportifs

Selon le texte, les fédérations doivent veiller à la santé de leurs licenciés. Elles sont chargées de l'information des sportifs, de la mise en œuvre des programmes de prévention, de la surveillance médicale des sportifs de haut niveau et de ceux inscrits dans les filières d'accès au sport de haut niveau, de la vérification de la présentation d'un certificat médical de non-contre-indication à la pratique sportive de leurs licenciés, de prendre des dispositions visant à protéger la santé des sportifs sur le plan des programmes d'entraînement et de l'organisation de compétitions. Elles doivent délivrer un livret médical individuel à chaque sportif. Tout médecin normalement inscrit à l'Ordre des médecins peut délivrer au sportif un certificat médical de non-contre-indication à la pratique sportive, obligatoire pour la première délivrance de la licence (art. L. 3622-1 CSP). Ce certificat est valable pour toutes les disciplines, sauf celles précisées par le médecin et celles pour lesquelles un examen plus approfondi est nécessaire. La liste de ces disciplines est déterminée par un arrêté conjoint du ministre chargé des Sports et de celui chargé de la Santé (art. du 28 avril 2000, *JO* du 30 avril 2000, p. 6574), qui prévoit notamment la qualification du médecin habilité à pratiquer de tels examens. Les disciplines concernées sont les suivantes :

- sports de combat, pour lesquels la mise « hors combat » est autorisée;
- alpinisme de pointe;
- sports utilisant des armes à feu;
- sports mécaniques;
- sports aériens, à l'exception de l'aéromodélisme;
- sports sous-marins.

Pour les compétiteurs, ce certificat est exigé tous les ans, lors de la délivrance de la licence par la fédération.
Un autre article de la surveillance médicale précise que tout médecin qui décèle des signes de dopage doit transmettre l'information au médecin de l'AMPLD de sa région qui transmettra à la commission scientifique du CPLD, laquelle fera suivre de façon anonyme les données à l'Institut de veille sanitaire. Il doit aussi informer les sportifs des risques encourus. Cette transmission de constatation nominative se fait uniquement de médecin à médecin. Elle est donc couverte par le secret médical. Le non-respect de cette obliga-

1. Voir note p. 34.

tion par le médecin est passible de sanctions disciplinaires auprès de l'échelon régional de l'Ordre des médecins. Si la visite du sportif a pour objet la délivrance d'un certificat médical dans le but d'obtenir une licence ou de participer à des compétitions, le médecin doit refuser ce certificat dès qu'il se trouve en présence d'un sportif dopé.
Cette disposition est en réalité peu appliquée, à l'instar des exigences légales de signalement des toxicomanes. Elle devra probablement être revue dans le futur.
Le suivi médical des sportifs de haut niveau est déterminé par le décret n° 2004-120 du 6 février 2004 « relatif aux examens médicaux obligatoires pour les licenciés inscrits sur la liste des sportifs de haut niveau ou dans les filières d'accès au sport de haut niveau ou pour les candidats à cette inscription », paru au *JO* du 8 février 2004. Un arrêté du 11 février 2004 fixe la nature et la périodicité des examens médicaux prévus aux articles L. 3621-2 et R. 3621-3 du Code de la santé publique (*JO* n° 41 du 18 février 2004, p. 3275).

Listes des substances et méthodes interdites

Toutes les définitions de dopage reposent à l'heure actuelle sur l'établissement d'une liste de substances et méthodes interdites.

Harmonisation des listes des substances et méthodes interdites – Procédure française d'adoption de la liste

Depuis la signature à Strasbourg le 16 novembre 1989 par la France de la Convention du Conseil de l'Europe contre le dopage (publiée par décret n° 91-274 du 13 mars 1991, au *Journal officiel* de la République française du 16 mars 1991), c'est la liste publiée en application de cette convention validée et signée chaque année par le gouvernement qui doit s'appliquer en droit français. Un décret et un arrêté sont pris par le gouvernement pour officialiser cette procédure. Cette liste s'applique à toutes les disciplines sportives. La France reconnaît la liste de référence des classes pharmacologiques de substances et de procédés dopants interdits, révisée et adoptée par le groupe de suivi de la Convention contre le dopage du Conseil de l'Europe.
En réalité, la liste des substances dopantes et méthodes de dopage interdites reprenait celle proposée par le CIO, l'AMA, et adoptée par les fédérations sportives internationales (FI). Depuis 2004, cette liste est élaborée et proposée seulement par l'AMA. La France, n'ayant pas encore validé le Code mondial antidopage en mai 2004, ne peut appliquer la première liste établie par le conseil de l'AMA que suite à l'accord de la Convention contre le dopage du Conseil de l'Europe et à son intégration dans notre droit interne par décret puis arrêté. Cela a été réalisé début 2004 ; en effet, le décret 2004-97, 2004-01-29, portant publication de l'amendement à l'annexe de la Convention contre le dopage du 16 novembre 1989, adopté à Strasbourg le 7 novembre 2003, vient d'être publié au *JO* du 31 janvier 2004 et on attend incessamment la publication d'un arrêté des ministres chargés de la Santé et des Sports fixant la liste des substances dopantes et méthodes de dopage interdites (article L. 3631-1 du Code de la santé publique). La nouvelle liste s'applique donc sur le territoire national mais aussi dans les autres pays et pour les fédérations internationales signataires du CMA ou de la Convention du Conseil de l'Europe contre le dopage, en 2004. L'harmonisation tant attendue des listes existantes dans le monde est enfin une réalité, excepté pour quelques ligues de sport professionnel, en particulier nord-américaines.
Les sportifs ayant eu recours au dopage seront sanctionnés sur la base de ce futur arrêté par les commissions disciplinaires des fédérations sportives et le Conseil de prévention et de lutte contre le dopage (CPLD). L'arrêté en vigueur à la date d'écriture de ce chapitre est celui du 31 juillet 2003, publié au *JO* le 7 août 2003. Il ne devrait pas tarder à être remplacé. L'article 2 de cet arrêté précise que « le sportif doit s'assurer que tout médicament, supplément, préparation en vente libre ou toute autre substance qu'il utilise ne contient aucune substance interdite ». Les contours de la justification thérapeutique sont précisés et la prescription médicale bien encadrée : l'offre, l'application ou la prescription des produits dopants définis par la liste sont totalement prohibées. Toutefois, certains de ces produits peuvent être prescrits à titre de médicament dont l'utilisation par un sportif est interdite. Dans ce cas, la loi prévoit que le médecin informe son patient et inscrit sur une ordonnance l'incompatibilité de la prise des médicaments avec la pratique sportive en cause. De même, il peut exister une compatibilité partielle entre la prise de certains produits et la pratique sportive. C'est le cas, par exemple, de certains bronchodilatateurs chez les sportifs asthmatiques ou atteints d'hyperréactivité bronchique à l'effort. Dans ce cas, le patient doit en être informé et présenter la prescription médicale en cas de contrôle. En dehors de ces cas, la loi sanctionne pénalement tout médecin – ou prescripteur – qui incite à la consommation, administre, délivre ou prescrit des produits dopants.
Il est particulièrement important de noter aussi que les substances recherchées « en » et « hors » compétition sont différentes, ce qui va perdurer sur la liste de l'AMA 2004. Le gouvernement français et le CPLD ont fait savoir, dans les discussions au sein du groupe de travail *ad hoc* de l'AMA, leur opposition à cette distinction [5].

Nouveautés 2004 liées au CMA et leurs effets sur la réglementation en France

Grande nouveauté sur le plan international et bientôt français, la notion d'« autorisation d'usage à des fins thérapeutiques » (AUT) apparaît dans le CMA début 2004 : elle va faire disparaître la notion de justification thérapeutique et modifier la réglementation de la prescription médicale du sportif. En effet, le CMA fait référence à un dispositif permettant à tout sportif d'obtenir une AUT de substances dopantes interdites, en absence d'alternative thérapeutique. Un standard international élaboré par l'AMA explicite les critères de délivrance d'une AUT et décrit les procédures de sa mise en œuvre : soit une procédure dite « *a priori* » de délivrance d'une AUT allégée (*abbreviated* en anglais) qui concerne quatre β2-agonistes et les glucocorticoïdes par voie non systémique. Dans ce cas, le sportif adresse le formulaire rempli par le médecin à sa fédération nationale ou internationale selon son niveau de pratique. On parle dans le CMA de groupes cibles de sportifs, qui sont précisés par la fédération sportive ou par l'Organisation nationale antidopage (ONAD). Ce formulaire sera considéré comme accepté tant que le comité d'évaluation ne se sera pas prononcé. Les autres substances et procédés interdits sont soumis à une procédure dite complète, et ne seront autorisés qu'après avis express du comité de validation, intitulé Comité pour l'autorisation d'usage à des fins thérapeutiques (CAUT), créé par la FI, l'ONAD ou, à défaut, par le Comité national olympique (CNO). En France, l'ONAD devrait inclure le ministère des Sports, le CPLD et le Laboratoire national de dépistage du dopage (LNDD). Le futur arrêté devrait préciser ces données.

Ce principe d'AUT est une approche plus médicale que disciplinaire qui responsabilise le prescripteur et le sportif; elle permet la reconnaissance du droit aux soins pour les sportifs y compris les compétiteurs. Elle évite que l'absence de prise d'une substance médicamenteuse crée un préjudice de santé tout en s'assurant de l'absence d'effets sur la performance autre que celui du retour à un état de santé normal et de l'absence d'alternative thérapeutique autorisée. Bien évidemment, la condition pathologique ne doit pas être la conséquence d'une utilisation antérieure d'une substance interdite. Il n'y aura pas d'autorisation rétroactive sauf urgence ou délai de soumission insuffisant lié à des circonstances exceptionnelles. L'AUT est accordée pour une posologie et une durée déterminées. Les sportifs et leur entourage doivent, afin de soumettre cette demande, utiliser un formulaire standard, dans un délai de 21 jours avant une compétition, avec une seule soumission à la fois qui comprend un historique médical avec diagnostic et résultats des examens pratiqués pour le poser, ainsi que les demandes antérieures et les décisions mentionnées. La posologie, la fréquence, la voie d'administration et la durée du traitement doivent être précisées en lettres majuscules et sous la dénomination internationale des médicaments. L'identification et l'attestation du médecin prescripteur doivent être clairement lisibles.

Dans le cadre d'une AUT allégée, l'autorisation est donnée *a priori* et à réception de la notification, qui comprend le diagnostic établi et les examens pratiqués, ainsi que la posologie, la voie d'administration et la durée. Le médecin prescripteur est bien identifié et la décision peut être révisée à tout moment par le CAUT.

En cas de décision de (non-)délivrance d'AUT, concernant les dispositions communes aux deux procédures (standard et allégée), elle devrait être systématiquement transmise au CPLD et aux sportifs du groupe cible (défini par le ministère et les fédérations). Il faut transmettre la demande d'AUT et la décision du CAUT au directeur médical de l'AMA par fax ou courriel. En cas de formulaire incomplet lors d'une procédure allégée le sportif et le CPLD doivent être informés de la non-recevabilité de la demande. Une demande d'AUT ne peut être autorisée rétrospectivement, sauf en raison d'une urgence médicale ou de pathologie aiguë et de circonstances exceptionnelles ne permettant pas au demandeur de soumettre ou au CAUT d'étudier une demande avant le contrôle.

Toutes les autorisations sont transmises à l'AMA concernant le groupe cible. Elles sont révisables en tout temps par le CAUT de l'AMA sans effet rétroactif. Un sportif peut faire appel d'une décision d'AUT auprès de l'AMA (à ses frais). L'organisation antidopage ou le sportif peuvent faire appel d'une décision de l'AMA devant le Tribunal arbitral du sport (TAS). On notera que les décisions des CAUT sont des autorisations administratives authentifiant un usage de substances dans le cadre sportif et nullement des prescriptions ou des contre-prescriptions médicales.

Depuis le début de 2004, ces modalités s'appliquent aussi bien aux FI qui ont signé le code mondial qu'aux gouvernements signataires ou à ceux qui font partie du groupe de suivi de la Convention du Conseil de l'Europe contre le dopage. Toutefois, elles ne vont pas manquer de poser des problèmes d'application, surtout en phase de démarrage, en particulier sur la création des CAUT, le choix des experts, la fréquence des réunions, leur fonctionnement, la juste rémunération... De même, les implications de la charge de travail tant pour les médecins traitants des athlètes (surtout ceux du niveau national ou inférieur) que pour ceux des commissions médicales des fédérations (médecins coordonnateurs du suivi) restent à ce jour inconnues.

Dans la nouvelle liste de l'AMA 2004, certaines molécules ne sont plus interdites (caféine, pseudoéphédrine, phényléphrine, phénylpropanolamine, pipradol, synéphrine, ratio morphine/codéine) mais font l'objet de recherche, de la part d'un panel de laboratoires agréés, à visée de surveillance de l'usage (veille sanitaire du mésusage dans le sport). On notera aussi la disparition des anesthésiques locaux et la recherche systématique, toutes fédérations confondues, des cannabinoïdes en compétition.

Une autre nouveauté a consisté dans la création d'une liste de substances spécifiques, définie par l'article 10.3 du code de l'AMA (voir le site Internet de l'AMA). La preuve par le sportif de l'absence d'utilisation de ces substances, dans un but d'améliorer sa performance sportive, lui permettrait en cas de contrôle positif à l'une de ces substances de voir peut-être sa sanction réduite.

Contrôles

On distingue deux types de contrôles : ils consistent en un prélèvement d'un échantillon de sang, d'urine, d'air expiré ou de phanère, soit pour dépister des traces de dopage, soit pour rechercher par des investigations policières et administratives le trafic de produits interdits. Dans le premier cas, la procédure est purement administrative alors que dans le second, il s'agit d'une procédure pénale.

Initiative des contrôles

Le ministre des Sports met en place les contrôles en vue d'effectuer des prélèvements (art. L. 3632-1 CSP). Toutefois, ceux-ci peuvent être demandés par une fédération sportive agréée ou indirectement par le CPLD, qui peut prescrire à une fédération de solliciter un contrôle pour un sportif ayant déjà fait l'objet d'une procédure dans la mesure où elle est close. Il est aussi possible à une FI de demander un contrôle mais elle devra le faire par l'intermédiaire de la fédération nationale concernée. Des conventions internationales sont régulièrement signées entre des FI (rugby, tennis, athlétisme...) et l'État avec l'avis du CPLD. Elles permettent l'adéquation entre les règles internationales et le droit français en la matière. La signature en 2006 d'une convention internationale sous l'égide de l'Unesco devrait rendre ces protocoles d'accord inutiles. Dans les faits, le pouvoir d'organiser des prélèvements a été largement déconcentré auprès des directions régionales de la Jeunesse et des Sports, sauf dans le cas de manifestations sportives internationales. Un contrôle peut comporter un ou plusieurs prélèvements (en général, de 4 à 6). Ces contrôles sont pris en charge par le ministère des Sports et chaque année, une instruction du ministre des Sports désigne aux différents services régionaux les priorités annuelles.

Pour 2004, les priorités identifiées étaient :

- les contrôles inopinés, qui doivent atteindre au moins 60 % des contrôles, en insistant en particulier sur les lieux d'entraînement;

– les sportifs professionnels, et en particulier les joueurs de football et de rugby;
– les sportifs relevant des disciplines olympiques et susceptibles d'être sélectionnés pour les Jeux olympiques d'Athènes.

Les contrôles hors compétition sont très souvent inopinés et doivent avoir lieu sur un site d'entraînement dans le respect des horaires légaux (6 h-21 h) pour les visites et en dehors du domaine privé des sportifs.

Conditions de déroulement des contrôles

Le décret n° 2001-35 du 11 janvier 2001 (*JO* du 13 janvier 2001, p. 658) pris en application de la loi du 23 mars 1999 détermine les prélèvements (art. L. 3632-2 C. et R. 3632-1 à 3632-17 CSP) qui peuvent être effectués et les conditions de déroulement de ceux-ci.

Le contrôle en compétition s'effectue toujours dans un endroit spécialement aménagé à cet effet (article L. 3632-14 CSP); l'organisateur doit mettre à la disposition du médecin un local isolé et équipé (tables et chaises), avec sanitaires et boissons individuelles pour favoriser la rapidité des prélèvements. Le matériel de prélèvement est fourni scellé au médecin préleveur. Les contrôles se déroulant hors compétition ont lieu entre 6 h et 21 h et jamais au domicile privé du sportif.

En fonction des règlements des fédérations ou selon l'ordre de mission, le sportif contrôlé est choisi selon le règlement fédéral : par tirage au sort, en fonction des résultats d'une compétition ou sur libre choix du médecin préleveur. Il reçoit personnellement une notification individuelle à contresigner. À partir de ce moment, il dispose d'une heure pour se présenter à la salle de contrôle, muni d'une pièce d'identité. Il faut savoir qu'une procédure de contrôle doit être menée à son terme une fois qu'elle est engagée, à partir de la signature de la notification de convocation. En cas de refus ou d'abstention (constat de carence), le sportif sera sanctionné comme un cas de dopage.

Il a le droit d'être accompagné pour venir au contrôle par une personne de son entourage médicotechnique. Il présente au médecin chargé du contrôle une pièce d'identité ou sa licence avec photo. Les sportifs convoqués passent l'un après l'autre au contrôle.

Des médecins formés, assermentés et officiellement agréés vont procéder aux prélèvements. Ils sont munis d'un ordre de mission du ministère et s'assurent de la collaboration d'un délégué fédéral choisi sur le lieu du contrôle. Parfois, un « chaperon » complétera le dispositif afin d'accompagner le sportif, entre la signature de la notification et la fin du contrôle. Les médecins agréés peuvent effectuer les prélèvements d'urine, de sang, de salive et de phanères. En outre, ils peuvent pratiquer une opération de dépistage, notamment de l'imprégnation alcoolique par l'air expiré. Actuellement, les prélèvements effectués en France portent uniquement sur l'urine, les prélèvements sanguins étant réservés dans le cadre de protocoles particuliers avec les fédérations internationales, le CPLD appelant dans son premier rapport à généraliser leur utilisation [5]. Ils sont toutefois permis par la réglementation ainsi que le recueil de l'air expiré et celui de phanères. Pour un mineur, l'utilisation de toute technique invasive, comme un prélèvement sanguin, nécessite une autorisation écrite d'un des représentants de l'autorité parentale ou du tuteur. L'absence de cette autorisation est considérée comme un refus de se soumettre au contrôle. L'ordre de mission du médecin préleveur doit mentionner le nom du médecin, le type de prélèvement ou de dépistage ainsi que les modalités de choix des personnes contrôlées. Toutefois, le médecin agréé reste libre d'effectuer un contrôle sur toute personne participant à une manifestation ou une compétition sportive ou qui s'entraîne en vue d'y participer, si le nombre de kits de prélèvement disponibles le permet. En effet, il en faut toujours au moins deux afin de laisser le choix au sportif.

Procédure du recueil d'urine

Le sportif choisit deux flacons contenus dans des boîtiers scellés. Le médecin l'accompagne obligatoirement aux toilettes pour être témoin de sa miction. Il doit se dévêtir. Il faut donner un minimum de 75 mL d'urine, qui seront partagés en deux flacons, A et B. Un numéro de code est porté sur les flacons qui sont hermétiquement enfermés dans les boîtiers correspondants, eux-mêmes scellés et codés.

Formalités administratives

Au cours de l'entretien avec le médecin, le sportif doit lui indiquer tout renseignement concernant des prises de médicaments. En cas de suspicion de dopage, ces indications seront importantes pour l'instruction du dossier. Un procès-verbal récapitulatif est rédigé par le médecin. Le sportif doit vérifier sa rédaction et le contenu. Il signe le document avec le médecin, et en garde une copie. L'ensemble des opérations dure une dizaine de minutes, s'il n'y a pas eu de retard à l'émission d'urine.

Analyse et résultats des prélèvements

Les échantillons d'urines sont transmis au LNDD, seul agréé pour procéder aux analyses dans le plus strict anonymat. La recherche des substances interdites se fait sur les flacons A alors que les flacons B sont stockés en prévision d'une éventuelle contre-expertise. Dans la liste des produits recherchés dans les contrôles hors compétition sont absentes les familles suivantes : stimulants, narcotiques, cannabinoïdes, glucocorticoïdes.

Les résultats sont envoyés confidentiellement au président de la fédération, qui doit informer de la positivité du prélèvement le sportif ou la sportive licencié(e), le ministère des Sports et le CPLD, qui en informe le sportif non licencié en France.

Procédures disciplinaires

Lorsque le recours à des substances ou à des procédés prohibés est révélé par l'analyse, le sportif peut demander, à ses frais, une contre-expertise dans un délai de 5 jours à compter de la réception de la lettre lui énonçant les griefs retenus contre lui (ou 10 jours en cas de domiciliation hors de la métropole). Une instruction est ouverte par la fédération, qui procède à l'audition de l'athlète (via l'organe disciplinaire de première instance de la fédération).

Sanctions

Contrairement à ce que le projet de loi de 1997 de Guy Drut proposait, les fédérations ont gardé dans la loi de 1999 et le Code de la santé publique le pouvoir disciplinaire de première instance et d'appel. Il s'agit du pouvoir de prononcer une sanction administrative, du fait de la délégation de pouvoir de service public que possèdent les fédérations par leur agrément ministériel. En cas de contestation d'une sanction disciplinaire fédérale par un sportif, ce sont les juges administratif d'une cour administrative d'appel ou les membres d'une section du Conseil d'État pour les décisions du CPLD qui sont compétents pour les appels. La fédération agréée doit statuer dans un délai de 3 mois en première instance, dans un délai de 1 mois suivant celui de 3 mois en appel.

Décrets à connaître

- Décret du 22 mars 2000 relatif à l'agrément et à l'assermentation des fonctionnaires du ministère des Sports et des médecins chargés des contrôles.
- Décret du 11 janvier 2001 relatif aux examens et prélèvements autorisés pour la lutte contre le dopage.
- Décret du 11 janvier 2001 relatif aux dispositions que les fédérations sportives agréées doivent adopter dans leur règlement en matière de contrôle et de sanctions contre le dopage en application de l'article L. 3634-1 du CSP.

La distinction est faite entre celui qui utilise des produits interdits (sanction disciplinaire) et celui qui fournit les produits (sanction pénale), la même personne pouvant d'ailleurs relever des deux catégories à la fois.

Sanctions pénales

Les sanctions pénales, selon la nature du délit (incitation, prescription en individuel, en bande organisée, pourvoyeur), peuvent varier de 6 mois à 7 ans d'emprisonnement et/ou de 8 000 € à 150 000 € d'amende, selon la nature de l'infraction. Peuvent aussi s'ajouter des peines complémentaires comme l'interdiction d'exercer, la fermeture des établissements sportifs où le trafic a eu lieu, l'interdiction d'exercice professionnel pour le pourvoyeur, la confiscation des produits ou encore l'interdiction d'exercer une fonction publique. Les droits reconnus à la partie civile peuvent être exercés par le Comité national olympique et sportif français et les fédérations sportives.

Sanctions disciplinaires

Elles prévoient l'interdiction temporaire, voire définitive de participer aux compétitions ou de les organiser. Les commissions de discipline des fédérations décident de la peine applicable. En France, l'échelle des peines est prévue par le règlement de chaque fédération. Sur le plan international, le CMA tente de les harmoniser. Les sanctions sont prononcées soit à l'encontre des sportifs convaincus de dopage, soit à l'égard de ceux qui fournissent des produits dopants – qui peuvent par exemple voir leur activité d'organisation de compétitions interdite –, soit à l'encontre de tous ceux qui refusent de se soumettre à un contrôle ou qui en perturbent le déroulement.

Budget

La loi de 1999 a été accompagnée par une nette augmentation du budget consacré à la lutte contre le dopage et à la protection de la santé des sportifs. Il est passé de 5,64 millions d'euros en 1997 à 18,50 millions d'euros (prévisionnel inscrit au budget de l'État pour 2004).

Ces financements sont destinés au suivi médical des sportifs inscrits sur les listes ministérielles du haut niveau et dès 2004 de ceux présents dans les filières d'accès au haut niveau (espoirs, partenaires d'entraînement, non listés), soit 6 158 sportifs de haut niveau et 10 925 « espoirs » en 2003. Ils servent aussi aux actions de prévention coordonnées ou supportées par les médecins conseillers au sein des services déconcentrés régionaux et départementaux du ministère des Sports, les médecins d'établissements du ministère des Sports ainsi que par les fédérations, en particulier grâce à leurs conventions d'objectifs. D'autres actions ou dispositifs sont soutenus par le ministère des Sports comme la rénovation et le fonctionnement du LNDD, devenu établissement public à caractère administratif (EPA) en 2002, la participation aux budgets de l'AMA, le suivi du numéro vert « Écoute Dopage », opérationnel depuis 1998 avec sa mission d'écoute et de prévention, les contrats de plan État-Région, consacrés à la protection de la santé des sportifs...

La politique du ministère en direction de l'intérêt du sport et des activités physiques pour la santé est clairement établie et s'exprime dans les directives 2003 et 2004 du ministre. Il y incite ses services à participer comme référents dans le domaine des activités physiques aux programmes de santé publique, en particulier au « Programme national Nutrition-Santé », avec le ministère de la Santé, et à la campagne « Bien vieillir », avec le secrétariat d'État aux Personnes âgées.

Répression : commission de prévention et de lutte contre les trafics de produits dopants

L'article L. 3632-6 du CSP (ancien article 24 de la loi n° 99-223 du 23 mars 1999, relative à la protection de la santé des sportifs et à la lutte contre le dopage) précise que « les agents des Douanes, les agents de la Direction générale de la concurrence, de la consommation et de la répression des fraudes, les agents de la Jeunesse et des Sports, les officiers et agents de la police judiciaire sont habilités à se communiquer entre eux tous renseignements obtenus dans l'accomplissement de leur mission respective et relatifs aux produits dopants, à leur emploi et à leur mise en circulation dans le respect des dispositions de la loi n° 78-17 du 6 janvier 1978 relative à l'informatique, aux fichiers et aux libertés ».

Le décret n° 2003-581 du 27 juin 2003 relatif à la transmission d'informations entre administrations dans le cadre de la lutte contre les trafics de produits dopants vise dans son article D. 3632-44 à créer une commission régionale de prévention et de lutte contre les trafics de produits dopants, dont la définition des missions est relativement large afin de conserver un caractère efficient à son fonctionnement. Toutefois, pour souligner son aspect structurant pour les services de l'État (justice, police, douanes, gendarmerie et sports, notamment), il est prévu que cette commission régionale se réunisse deux fois par an et effectue un bilan semestriel des actions conduites ou à mener dans le domaine de la lutte contre les trafics de produits dopants. Elle est présidée conjointement par le préfet de région et le procureur de la République près le tribunal de grande instance du chef-lieu de région.

La seconde partie du décret porte sur l'échange d'informations entre les agents mentionnés à l'article L. 3632-6 rappelé ci-dessus, qui peut s'effectuer par tous moyens (art. D. 3632-45).

Par ailleurs, le ministre des Sports a décidé, fin janvier 2004, de mobiliser sur le problème du trafic de produits dopants les services de l'État, tant sur le plan national (création d'un groupe technique national d'échange d'informations) que régional. Sur le plan international, le ministre a mobilisé Interpol et Europol sur cette question des trafics.

Une nouvelle autorité administrative indépendante

L'autre nouveauté importante de la loi de 1999 est la création d'une autorité administrative indépendante, le CPLD [5, 11]. Celui-ci est totalement indépendant du pouvoir politique et du pouvoir sportif (sa composition affirme cette notion d'indépendance : aucun ministre ne figure dans les instances de désignation des membres du conseil). Il est composé de neuf membres, nommés par décret du président de la République :

- 3 membres des juridictions administratives et judiciaires;
- 3 personnalités ayant compétence dans le domaine de la pharmacologie, de la toxicologie et de la médecine du sport;
- 3 personnalités qualifiées dans le domaine du sport (sportif de haut niveau, membre du CNOSF, membre désigné par le président du comité consultatif national d'éthique pour les sciences de la vie et de la santé).

Son président est un conseiller d'État, et ne peut être démis. Le conseil est doté de pouvoirs de contrôle, de régulation et de sanction. Il dispose d'une cellule scientifique de coordination de la recherche fondamentale et appliquée sur les problèmes de dopage. Le conseil doit faire des propositions au ministère de la Jeunesse et des Sports sur la politique de lutte contre le dopage et sur la protection de la santé des pratiquants; il doit promouvoir la recherche en médecine du sport, ce qui a été interprété comme un droit de regard sur la médecine du sport (voir, par exemple, l'avis du CPLD sur les médecins du cyclisme, le droit de prescription et la trousse médicale de terrain du 20 juin 2001). Le conseil exerce aussi des responsabilités disciplinaires dans plusieurs cas : il est saisi d'office lorsque les commissions disciplinaires d'une fédération sportive n'ont pas statué dans le délai de 4 mois prévu par la loi; il peut, de sa propre initiative, réformer toute décision de sanction ou de relaxe prise par une fédération, par exemple, s'il juge la sanction inadaptée. Il est le seul compétent pour juger les non-licenciés et les sportifs étrangers non licenciés en France, contrôlés positifs en compétition sur le sol français.

Il remet un rapport annuel au gouvernement et au parlement, qui sera rendu public, le premier étant paru en février 2004. Le CPLD est financé par le budget de l'État.

Concernant le dopage des animaux, la nouvelle loi ne le traite pas et donc laisse subsister les articles spécifiques de la loi du 28 juin 1989. Le CPLD n'est pas compétent pour le dopage des animaux.

État des lieux du dopage

Épidémiologie

Les limites des études indiquant la prévalence du dopage sont multiples, ce qui s'explique, d'une part, par la difficulté de la détection de certains produits et procédés (les produits sont rapidement éliminés et les sportifs savent masquer leur consommation et jouer avec les seuils légaux) et, d'autre part, par la sous-estimation de la pratique illicite, soit niée, soit sous-estimée, et ce même avec les questionnaires anonymes autoadministrés [13]. Les épidémiologistes signalent l'importance des biais de sélection : les résultats varient en fonction de la population concernée (difficulté d'appréhender le comportement des non-répondeurs, difficulté de comparaison entre études) et les biais d'information : biais de recueil, défaut d'intelligibilité, biais lié à l'observateur, excès ou défaut de réponse. On peut penser que le système de connaissance bénéficierait d'une standardisation de l'évaluation épidémiologique du dopage.

Analyse des statistiques des contrôles antidopage

Une autre façon d'appréhender la connaissance chiffrée du phénomène est la connaissance des résultats des contrôles légaux. Ces données sont bien évidemment un reflet très lointain des pratiques réelles. Pour améliorer leur efficience, le développement des contrôles hors compétitions est une possibilité. Mais vu le faible nombre de contrôles par rapport à celui des sportifs licenciés, il y a aussi la nécessité de mieux cibler les contrôles. Le ministère des Sports cherche à définir des indicateurs pertinents afin de renforcer l'efficacité de son système de contrôle.

En France, les chiffres officiels sont issus des résultats de la procédure des contrôles légaux déjà décrite ci-dessus :

- en 1999, sur 7 726 contrôles (68 fédérations concernées), 3,6 % sont positifs et 2,2 % (153 sportifs) sont convaincus de dopage;
- en 2000, le ministère de la Jeunesse et des Sports recensait 9 457 prélèvements effectués au cours de 1 636 contrôles antidopage (62 fédérations concernées), dont 7 967 (soit 82 %) sur des licenciés en France : 3,7 % des sportifs contrôlés en 2000 ont été convaincus de dopage;
- en 2003, 8 105 prélèvements ont été effectués, dont 6,3 % de positifs. L'augmentation du nombre de cas positifs est en partie liée à la détection de la famille des corticostéroïdes, qui est aujourd'hui en France la famille de produits les plus souvent détectés (40 %). À partir de 2001, on voit que le nombre de prélèvements positifs augmente, avec un pic à 6,8 % en 2002 et 6,3 % en 2003. Ces données s'entendent avant la prise en compte d'éventuelles justifications thérapeutiques, ce qui donne un chiffre inférieur pour les cas réellement considérés comme dopage après avis de commissions disciplinaires et/ou du CPLD. Une des raisons de cette augmentation est la généralisation depuis 2002 à toutes les fédérations de la recherche des corticoïdes (source : statistiques du CPLD).

En 2002, les recherches portant sur l'érythropoïétine (EPO) sont passées d'une centaine d'échantillons en 2001 à plus de 400 en 2002, y compris les échantillons pour le compte de pays étrangers. Cet accroissement quantitatif a en outre été accompagné d'une très grande diversification des disciplines faisant l'objet d'une recherche d'EPO (football, ski, athlétisme, rugby, handball, triathlon, natation, etc.).

Disciplines contrôlées

On constate que le cyclisme constitue toujours la première discipline sportive contrôlée en 2003 (tableau 23.I), avec 18,5 % de l'ensemble des prélèvements (contre 23,2 % en 2001 et 22,2 % en 2000), soit 1 533 prélèvements. Les raisons tiennent au nombre très élevé de compétitions en cyclisme qui se tiennent en France et à la politique de contrôle antidopage très volontariste des fédérations nationales et internationales.

Tab. 23.I. Tableau des disciplines contrôlées.

Fédérations	Total des prélèvements	
Cyclisme	1 533	18,5 %
Athlétisme	1 331	16,1 %
Football	824	10,0 %
Rugby à XV	392	4,7 %
Tennis	288	3,5 %
Natation	272	3,3 %
Haltérophilie	259	3,1 %

Tout comme en 2001 et 2002, l'athlétisme et le football restent respectivement les 2e et 3e disciplines les plus contrôlées (athlétisme : 16,1 % et football : 10 %), toujours loin derrière, cependant, le cyclisme. Il convient de relever l'effort important fait sur les clubs de football professionnels. Suite à une politique très volontariste des instances internationales du rugby, celui-ci se retrouve en 4e position des disciplines les plus contrôlées par le ministère des Sports (4,7 % en 2002), la même remarque pouvant être faite pour le tennis (3,5 %). Le tableau 23.II résume les substances détectées au cours des différents contrôles de 2000 à 2003.

Tab. 23.II. Tableau des substances détectées (sources : ministère des Sports et CPLD).

	2000	2001	2002	2003
Cannabis	23	25	21	18
Salbutamol	22	21	12	14
Corticoïdes	20	17	42	40
Stimulants	16	19	8	NC
Anabolisants	10	9	5	NC

Analyse des enquêtes épidémiologiques

Les résultats des enquêtes épidémiologiques montrent des tendances assez claires sur les consommations des jeunes [13]. Globalement chez les jeunes, tous les auteurs s'accordent sur un chiffre compris entre 1 et 7 % de pratique de dopage. En revanche chez les adultes, il existe visiblement une grande variabilité, en particulier due aux différences environnementales et culturelles ; il y a peu de comparaison entre un groupe de cyclistes professionnels et un club de rugby jouant en départemental. Chez les adultes, P. Laure a avancé des chiffres de 5 à 15 % chez les amateurs [12, 13], mais la connaissance que nous avons des coureurs d'élite en cyclisme nous laisse penser que ces chiffres sont largement sous-évalués dans cette population qui, comme l'a écrit C. Brissonneau dans sa thèse, vivent dans un monde « extra-ordinaire » [3].

Certains ont parlé non plus du dopage mais des dopages… On commence à définir des sous-groupes au sein de la population sportive. Chez les jeunes, l'absence d'homogénéité dans les représentations a permis de définir des sous-groupes à risque de conduite dopante [10] et d'autres de dopage [1, 9]. Cet aspect ne sera pas détaillé ici car des études sont encore nécessaires afin de pouvoir améliorer notre réelle capacité à dépister pour prévenir.

Études traitant du dopage chez les jeunes

- *Midi-Pyrénées* (Turblin, 1991) : 2 % ont déclaré « s'être déjà dopés pour faire du sport » [17].
- *Alsace-Lorraine* (Laure, 1998) : 6,3 % des sportifs des pôles espoirs ont déclaré avoir utilisé des produits « dopants » [13].
- *Midi-Pyrénées* (Pillard, 1999) : 1,7 % des sportifs (13-18 ans) ont déclaré avoir déjà utilisé une substance dopante [liste]; 9,4 % sont tentés [15].
- *Enquête ESPAD* (2000) : 1 % des jeunes Français ont déclaré avoir déjà utilisé des SAA [1].
- *Enquête ESCAPAD* (2000) : 4,5 % des jeunes Français ont déclaré avoir déjà consommé un produit au cours de leur vie pour améliorer leurs performances physiques ou sportives (stimulants +++) [8].

Prévention du dopage

Introduction

Certains justifient la lutte contre le dopage par le fait que le non-respect des règles, la tricherie sont incompatibles avec l'esprit du sport : c'est l'argument de l'éthique sportive ; d'autres par le devoir de l'État de veiller à la santé des citoyens : c'est l'argument législatif d'éthique sanitaire. Par ailleurs, des voix s'élèvent régulièrement pour dénoncer l'idée même de lutter contre le dopage en arguant du droit de chacun de disposer de son corps, des valeurs du sport qui seraient obsolètes avec des pans entiers de la population qui s'accrocheraient à une pseudo-pureté d'un sport drapé d'hypocrisie, de la nécessité de suivre l'évolution des pratiques en particulier du haut niveau qui serait entièrement dopé et donc de l'urgence de libéraliser le dopage et de mettre en œuvre une réelle politique de réduction des risques. Adhérer à l'un de ces discours va influencer le message de prévention. Le débat est en cours en France, entre tenants d'une ligne de libéralisation et tenants d'une ligne dure, que ce soit pour cause médicale et/ou purement pour une éthique sportive. Ce débat n'est pas réglé. En attendant, une politique de santé publique en direction des dopés avoués ou cachés est nécessaire. Les AMPLD peuvent jouer ce rôle de conseil, d'écoute et de soins si l'État permet le respect du secret médical et rassure les médecins du sport et les sportifs.

Nous n'aborderons pas ici le débat entre conduite dopante et dopage sportif *stricto sensu* . Ainsi, le dopage glisse parfois de la « vitamythologie » au rééquilibrage hormonal comme de la créatine à la créatine souillée de nandrolone, forcément beaucoup plus efficace!

Concernant les pratiques de pharmaco-assistance existant dans notre société, il est de la responsabilité du gouvernement (Mission interministérielle de lutte contre les drogues et la toxicomanie, ou MILDT), de l'Institut national de prévention et d'éducation pour la santé (INPES) et des organismes d'assurance-maladie d'agir, avec les professionnels de santé et de l'éducation pour la santé, en direction du bon usage du médicament. La consommation des produits physico et psychoactifs dans le milieu sportif n'est qu'un sous-ensemble de ce type de mode de vie « consommateur ». Il convient tout de même de bien le définir, en particulier du fait des règles éthiques et des valeurs défendues par le sport. Mais le milieu du sport spectacle et le monde du sport professionnel n'adoptent pas obligatoirement les valeurs et la définition du sport défendues par le ministère des Sports et le CNOSF, ce qui explique certains comportements de consommation.

Le bon usage d'un médicament ou d'un complément alimentaire devrait être enseigné aux médecins du sport et aux sportifs, comme à tout médecin et à la population générale. Il faut sensibiliser les sportifs au fait qu'ils peuvent aussi bien se soigner que les non-compétiteurs, la pharmacopée étant suffisamment étendue pour trouver la molécule adéquate et qu'il faut au pire savoir respecter une période de repos prescrite par le médecin et indiquée sur l'ordonnance pour prendre le produit interdit et irremplaçable dont ils auraient besoin! L'évolution de la liste des produits interdits en 2004 simplifie le recours à ces produits en cas de nécessité thérapeutique; il sera donc de la responsabilité du sportif et de son médecin de limiter les risques de mésusage et d'abus, les CAUT seront alors là pour rappeler le règlement sportif.

Acteurs de la prévention dans la lutte contre le dopage

Les fédérations sont concernées en première ligne sur la mise en œuvre d'actions d'éducation, de surveillance médicale et de prévention des déviances auprès de leur public de licenciés comme le Code de la santé publique le précise dans son livre VI, article L. 3611-1. Autour des fédérations, on trouve un certain nombre d'institutions et de personnes (voir encadré). Les associations qui œuvrent aussi régulièrement sur le terrain n'ont volontairement pas été citées; leurs références peuvent être demandées auprès des services déconcentrés régionaux du ministère des Sports, les DRDJS.

Dispositifs institutionnels et associatifs de la prévention en milieu sportif (liste non exhaustive)

Niveau mondial
Comité international olympique (CIO)
Agence mondiale antidopage (AMA)
Unesco
Fédérations internationales

Niveau européen
Convention et Groupe contre le dopage du Conseil de l'Europe
Union européenne

Niveau national
Ministère des Sports
CNOSF (Comité national olympique et sportif français) – Fondation Sport/Santé
CPLD (Conseil de prévention et de lutte contre le dopage)
MILDT (Mission interministérielle de lutte contre la drogue et la toxicomanie)
INPES (Institut national de prévention et d'éducation pour la santé)

Niveau régional et départemental
DRDJS (Direction régionale et départementale de la Jeunesse et des Sports)
DDJS (Direction départementale de la Jeunesse et des Sports)
Établissements Jeunesse et Sports (CREPS, INSEP)
Ligues des fédérations sportives
CROS (Comité régional olympique et sportif)
CDOS (Comité départemental olympique et sportif)
AMPLD (Antenne médicale de prévention et de lutte contre le dopage)
Milieu associatif
Commission régionale de prévention et de lutte contre les trafics de produits dopants, placée auprès du préfet de région et du procureur général auprès du TGI, le secrétariat en est assuré par les DRDJS

Les personnes
Personnels du ministère des Sports au sein des services déconcentrés, des établissements nationaux...
Dirigeants sportifs
Sportifs de haut niveau (jeunes et adultes)
Autres sportifs
Cadres techniques des fédérations, médecins, pharmaciens, kinésithérapeutes, diététiciens, psychologues du sport, entraîneurs, enseignants, éducateurs...
Parents, famille, amis...

La prévention du dopage passe par une meilleure connaissance des motivations, des facteurs de risques ou de vulnérabilité et de protection des sportifs dopés ou tentés de le faire, afin de développer des méthodologies d'intervention, et en particulier en respectant les grandes règles éthiques d'intervention développées en éducation pour la santé. En particulier, les fédérations sportives, les éducateurs, les entraîneurs et les parents doivent tendre à développer avec les jeunes sportifs un ensemble d'actions individuelles ou collectives visant à augmenter la capacité de choix de chacun et à adapter des comportements responsables devant la consommation des substances interdites dans le sport, voire des substances non interdites mais consommées abusivement.

Antennes médicales de prévention et de lutte contre le dopage (AMPLD)

Les antennes médicales de lutte contre le dopage sont devenues les antennes médicales de prévention et de lutte contre le dopage (AMPLD), le « P » ayant été rajouté dans un article au sein de la loi Lamour du 1er août 2003, suite à de nombreuses remarques des responsables d'antenne sur l'importance de rassurer les sportifs sur la vocation préventive et non répressive de cette structure.

Ce dispositif médicalisé important de cette politique de santé publique devait être mis en place dans chaque région. Prévues dans le livre VI du Code de la santé publique (articles L.3613-1, L.3622-4 et L.3634-1), les AMPLD sont au nombre de 23 et leur installation s'est effectuée de mars 2001 à décembre 2002. Ce sont des centres médicaux implantés dans des établissements publics de santé. Ils participent à la politique de lutte contre le dopage, dans son aspect préventif et médical. Dirigés par un médecin, agréés et financés par les pouvoirs publics, ils ont pour mission : l'accueil, l'écoute et l'information, avec le respect de l'anonymat et de la gratuité des consultations, du sportif et du monde du sport. Ils peuvent aussi proposer un suivi médical aux sportifs en difficulté ou s'interrogeant sur le dopage. Ils peuvent agir dans le domaine de la prévention auprès de l'entourage des sportifs ou bien encore des fédérations. La création et le fonctionnement des AMPLD s'inscrivent également dans une perspective de pharmacovigilance et de pharmacodépendance afin de pouvoir suivre au plus près le mésusage ou l'abus de produits par des sportifs. Ainsi, le rôle épidémiologique qui leur est dévolu consiste à centraliser les données anonymes relatives aux personnes dopées et à les faire remonter à la cellule scientifique du CPLD. Le CPLD joue un rôle de coordination et réunit régulièrement les responsables des antennes.

Mission interministérielle de lutte contre la drogue et la toxicomanie (MILDT)

Cette mission, placée auprès de services du Premier ministre, a reconnu depuis 1997 le dopage comme une démarche de consommation au même titre que l'abus du tabac, de l'alcool et des psychostimulants. Depuis le rapport du Pr Parquet, cette pratique à risque est prise en compte dans une politique plus globale de prévention. Elle possède une commission de validation des outils pédagogiques qui a déjà validé un certain nombre de documents relatifs au dopage.

Agence mondiale antidopage (AMA)

L'AMA a été créée en 1999, à l'initiative du CIO (Comité international olympique) et de certains États, dont la France et le Conseil de l'Europe. L'AMA a pour mission de promouvoir et coordonner sur le plan international la lutte contre le dopage sous toutes ses formes. À travers cette agence autonome, le mouvement olympique et les autorités publiques ont intensifié leurs efforts pour exclure les drogues du sport.

Montréal est le siège de l'AMA, avec des bureaux régionaux sur plusieurs continents. Le président est actuellement Richard Pound. Le conseil de fondation est composé de 17 représentants du mouvement olympique et de 17 représentants des autorités publiques. Ses objectifs sont :

- harmoniser des lois, des règles, des procédures, des méthodes de contrôle et des listes de substances illicites ;
- développer les aspects biomédicaux et légaux du dopage ;
- faire de la prévention, spécialement auprès des jeunes, et de l'information au public sur les effets néfastes du dopage pour la santé ;
- relever les effets néfastes pour la santé et les aspects éthiques ;
- combattre contre le dopage à l'échelle mondiale ;
- rédiger le CMA afin d'harmoniser l'ensemble des procédures et des dispositifs ;
- rechercher et faire de la veille prospective sur les nouveaux produits.

L'AMA a développé les moyens suivants : les observateurs indépendants sur les compétitions olympiques, le développement et l'investigation du travail scientifique contre le dopage et l'utilisation des sportifs de haut niveau en tant qu'ambassadeurs de la défense du sport sain.

L'AMA est financée par le CIO et les gouvernements des pays membres. Le financement des deux premières années de fonctionnement (25 millions de dollars US) a été assuré exclusivement par le Mouvement olympique. Conformément à ses statuts, le financement de l'AMA est assuré à compter du 1er janvier 2002 à part égale par le Mouvement olympique et les gouvernements des pays du monde entier. L'année 2003 a vu quelques difficultés pour l'AMA à obtenir les versements dus par de nombreux États. Elle a annoncé qu'elle avait reçu un peu plus des trois quarts de son budget 2003 de la part des gouvernements et du Mouvement olympique. L'État français a proposé à l'Unesco de réfléchir sur l'opportunité de transformer cette fondation de droit privé suisse en une organisation reposant sur un traité international. Les échanges sur ce sujet vont s'intensifier en 2004.

Unesco

Afin de pallier l'interdiction juridique faite à certains gouvernements de contribuer financièrement à une organisation non gouvernementale de droit privé, la table ronde des ministres de l'Éducation physique et du sport de l'Unesco des 9 et 10 janvier 2004 a adopté une déclaration visant à l'adoption d'une convention internationale sur le dopage, dite convention globale (par rapport à la Convention du Conseil de l'Europe), prévue pour s'appliquer dès l'année 2006. L'Unesco a aussi passé le 20 janvier 2004 un accord avec le CIO destiné à permettre la rédaction de cette convention internationale sur le dopage, appelée à devenir

Les adhérents au Code mondial antidopage

213 organisations ont formellement accepté à ce jour le Code mondial antidopage.

Fédérations
Association des fédérations internationales de sports olympiques d'été (ASOIF)
Fédérations internationales des sports olympiques d'hiver (AIOWF)
Fédérations internationales reconnues par le Comité international olympique (dont *l'International Rugby Board*, IRB)
Association générale des fédérations internationales du sport (AGFIS), non reconnue par le CIO)
Autres : Dominos, Icestock, Sports en fauteuil

Organisations
Organisateurs de grandes manifestations (Association internationale des Jeux mondiaux IWGA, Comité international olympique, Conseil international du sport militaire)
Organisations nationales antidopage
Comités nationaux olympiques
Autres (dont le Laboratoire antidopage de Moscou)

Gouvernements
98 gouvernements ont signé la Déclaration de Copenhague au 13 février 2004, qui est un document non contraignant par lequel les signataires signalent leur acceptation de l'AMA et du Code mondial antidopage, et leur intention de le mettre en pratique.

Source : site Internet www.wada-ama.org – 13 février 2004

le premier texte à force universelle et contraignante en ce domaine.
Les trois objectifs visés sont les suivants :

- donner une réelle dimension globale à la lutte contre le dopage en ce qui concerne les responsabilités des pouvoirs publics ;
- faciliter les travaux de l'AMA ;
- rendre applicable en droit national le CMA.

Le projet se compose de quatre parties. La première partie est consacrée à la définition du dopage. La deuxième comprend des dispositions pour soutenir l'action de l'AMA. La troisième partie détermine un certain nombre de mesures communes. Enfin, la quatrième et dernière partie comporte des clauses finales relatives à la signature et la ratification.

Écoute Dopage

Le service Écoute Dopage est géré par une association loi 1901. Il a été mis en service en novembre 1998, financé par le ministère des Sports. Ses missions et principes sont :

- proposer une écoute, une information, une aide, une orientation à toutes les personnes qui se sentent concernées par le phénomène du dopage ;
- comprendre dans toute sa complexité l'usage de produits énergétiques, psychoactifs et potentiellement dangereux par les populations sportives ;
- être un observatoire social des conduites à risque associées aux pratiques physiques et sportives.

C'est un lieu d'information, d'aide, de soutien, et d'orientation du public vers les personnes ou lieux adaptés à leur situation personnelle. Les neuf personnes chargées d'accueil téléphonique d'Écoute Dopage sont des psychologues du sport diplômés qui ont reçu une formation spécialisée sur le dopage et la toxicomanie. Ce service garantit l'anonymat et la confidentialité des appels. Il est ouvert du lundi au vendredi de 8 h à 12 h et de 14 h à 20 h. C'est un service gratuit par son numéro Vert : 0800 15 2000.

Le service est financé par convention par le ministère de la Jeunesse et des Sports et a reçu le soutien de la Fondation France Télécom.

Fondation Sport Santé

Le mouvement sportif français représenté par le CNOSF a décidé d'accentuer son action par la création de la Fondation Sport Santé (fondation placée sous l'égide de la Fondation de France). Elle est chargée de rappeler les vertus humanistes et éthiques du sport, et de communiquer sur les bienfaits du sport pour la santé.
Ses objectifs sont :

- informer et prévenir les pratiquants et leur encadrement sur les dangers du dopage ;
- sensibiliser à la bonne pratique du sport tant sur un plan physique qu'éthique et comportemental ;
- mobiliser et responsabiliser les différents acteurs du monde sportif ;
- fédérer et mettre en valeur les différentes initiatives, publiques ou privées.

Les programmes de prévention mis en œuvre par la fondation sont variés. Les différentes actions menées sont les suivantes :

- réalisation et mise à disposition d'outils pédagogiques ;
- réactualisation d'une mallette pédagogique créée avec le ministère des Sports ;
- exposition itinérante mise à disposition de 75 régions et départements concernés avec des CD-Rom et des brochures ;
- réalisation d'un jeu de cartes sur le thème de la prévention santé ;
- réalisation d'un « protège-ordonnance » pour les athlètes de haut niveau ;
- organisation de colloques, de regroupements de futurs espoirs, de séances de formation, via un réseau de conférenciers sur le plan national ;
- actions de prévention dans les fédérations ;

- sensibilisation des professions médicales et paramédicales avec le ministère des Sports;
- responsabilité de la section « Éducation et éthique » du site Internet international CAFDIS.

La Fondation Sport Santé, animée par le mouvement sportif, bénéficie à ce titre d'un relais national grâce aux 87 fédérations sportives affiliées, leurs ligues et comités départementaux, mais aussi grâce aux structures déconcentrées du CNOSF (32 comités régionaux et 96 comités départementaux olympiques et sportifs).

Ministère des Sports et son réseau de services déconcentrés

Le ministère des Sports a impulsé ces dernières années une notable accélération à la lutte contre le dopage en France (loi du 23 mars 1999, recrutement de 24 médecins conseillers au plan des régions, triplement des moyens budgétaires entre 1997 et 2000, augmentation régulière du nombre des contrôles de 1997 à 2004). Le ministère finance également un certain nombre de projets de recherche et de prévention. Les directions régionales et départementales de la jeunesse et des sports, sous l'impulsion des médecins conseillers, ont développé des partenariats et accompagné ou créé de nombreuses actions de prévention des conduites à risques, des conduites addictives en milieu sportif, et de protection de la santé des sportifs soumis aux contraintes du sport intensif.

CPLD

En plus de ses missions de recherche en matière de médecine du sport, d'action disciplinaire à l'encontre des sportifs ayant contrevenu à la réglementation relative au dopage, et de recommandations, le CPLD agit dans le domaine de la définition de la politique de prévention. Il présente des propositions, des recommandations et émet des avis et des mises en garde sur toute question relative à la santé des sportifs et au dopage. Il définit et met en œuvre des actions de prévention. Il doit veiller à ce que les valeurs du sport et les impératifs de la santé publique soient respectés dans ces actions. Il a mis en œuvre depuis sa création un programme de prévention intitulé : « Et toi le dopage? », qui s'adresse aux jeunes sportifs des sections sportives scolaires de l'Éducation nationale et des UFRSTAPS dans chaque région française.
Le conseil participera en 2004 à une enquête nationale, en commun avec le ministère des Sports, la MILDT et le CNOSF, pour faire le bilan des outils de prévention utilisés sur le territoire français [5].

Conclusion

Le dopage est réellement défini depuis 1963 et le premier congrès européen d'Uriage-les-Bains. La prise de conscience en France du phénomène devient tangible dès cette période. Depuis, trois lois se sont succédées. En premier lieu, la loi Herzog, publiée le 1er juin 1965, a instauré des sanctions pénales, tant à l'encontre des usagers, sous réserve d'avoir « sciemment » pris la substance interdite, que de ceux qui facilitent le dopage. Cette loi a été très peu appliquée, l'intentionnalité de la prise étant difficile à prouver. En second lieu, la loi Bambuck, du 28 juin 1989, a dépénalisé l'usage, au profit de sanctions disciplinaires, et mis en place un dispositif de prévention, avec une commission nationale de lutte contre le dopage; elle a aussi clairement confortée la place des fédérations au sein du dispositif de sanction. En dernier lieu, la loi du 23 mars 1999, relative à la protection de la santé des sportifs et à la lutte contre le dopage, dite loi Buffet, face à une généralisation connue du dopage, met l'accent, comme objectifs prioritaires, sur la protection de la santé et l'amélioration du traitement juridique du dopage, avec en particulier la création d'une autorité administrative indépendante de régulation du dopage, le CPLD. Cette loi est codifiée depuis le 15 juin 2000 dans le Code de la santé publique.
Début 2004, la France a intégré dans sa législation la première liste des substances interdites, établie entièrement par l'AMA. Cette transposition dans notre droit interne synonyme d'harmonisation internationale était attendue depuis très longtemps [7]. Sur le plan de la prévention, les approches individuelles et collectives sont à privilégier tant en prévention primaire, avec un rôle essentiel des éducateurs et entraîneurs sportifs, qu'en prévention secondaire, par la prise en charge des sportifs en questionnement ou en difficulté avec les produits dopants au sein des AMPLD.

Bibliographie

[1] Arvers P, Choquet M. Sporting activities and psychoactive substance use. Data abstracted from the French part of the European School Survey on Alcohol and other Drugs (ESPAD 99). *Ann Med Interne (Paris)* 2003; 154 (n° spécial 1) : S25-34.

[2] Boigey M. *L'entraînement*. Paris : Masson, 1948.

[3] Brissonneau C. *Entrepreneurs de morale et carrières de déviants dans le dopage sportif. Prise de positions et témoignages vécus dans la médecine du sport et dans deux disciplines sportives, l'athlétisme et le cyclisme sur route (1960-2003)*. Thèse dirigée par Jacques Defrance. Paris-X Nanterre, 2003 : p. 48.

[4] Brissonneau C, Depiesse F. Le dopage en France. *In : Doping in Europe. Performance enhancing drugs and sports in GB, east and West Germany, France and Italy*. London : Ed Frank CASS publishers (à paraître).

[5] Conseil de prévention et de lutte contre le dopage. *Rapport d'activité juin 1999-décembre 2003*. Paris : La Documentation française, 2004.

[6] Defrance J. *Sociologie du sport*. Paris : La Découverte, 1995 : 95-9.

Bibliographie (suite)

[7] DEPIESSE F, PERES G. Dopage : problème de santé publique. *Encycl Med Chir* (Elselvier, Paris), Encyclopédie pratique de médecine, 7-1045, 1998, 6p.

[8] ESCAPAD. *Drogues et adolescence – Usages de drogues et contextes d'usage entre 17 et 19 ans, évolutions récentes, ESCAPAD 2002.* Paris : OFDT, 2003 : 166 p.

[9] FRANQUES P, AURIACOMBE M, TIGNOL J. Sports, use of performance enhancing drugs and addiction. A conceptual and epidemiological review. *Ann Med Interne (Paris)* 2001; 152 (Suppl 7) : 37-49.

[10] GUY D, BEDIN V, FOURNET M, ENJALBERT G. *Prévention des conduites dopantes chez les jeunes sportifs aveyronnais. Présentation orale des résultats.* Rodez : 5 février 2004.

[11] LAPOUBLE JC. Une nouvelle autorité administrative indépendante : le Conseil de prévention et de lutte contre le dopage. *Droit administratif* avril 2000 : p. 8 et s.

[12] LAURE P. Epidemiologic approach of doping in sport. A review. *J Sports Med Phys Fitness* 1997; 37 (3) : 218-24.

[13] LAURE P. Le dopage : données épidémiologiques. *Presse Med* 2000; 29 : 1365-72.

[14] MANDARD S. « Un nouveau produit dopant est décelé chez des athlètes américains ». *Le Monde* 19-20 octobre 2003 : p. 18).

[15] PILLARD F. *Pratique sportive et image du dopage en milieu scolaire dans la région Midi-Pyrénées en 1999.* Thèse de médecine. Toulouse-III, 2000 : n° 1583, 119 p.

[16] RICHARD A. *L'hygiène du sport.* Paris : Legrand, 1937.

[17] TURBLIN P, GROSCLAUDE P, NAVARRO F, RIVIÈRE D, GARRIGUES M. Enquête épidémiologique sur le dopage en milieu scolaire dans la région Midi-Pyrénées. *Science et Sports* 1995; 10 : 87-94.

Pour en savoir plus

Jeux de dopes, Jeux de dupes. Manuel du médecin préleveur. 3e édition. Paris : Ministère des Sports, 2002.

SITE OFFICIEL DU MINISTÈRE DES SPORTS : www.santesport.gouv.fr.

SITE OFFICIEL DE L'AMA : www.wada-ama.org.

SITE OFFICIEL DU CPLD : www.cpld.fr.

Cœur et sport

Effets sur le cœur de la pratique sportive

Sommaire

Le sport agit sur le cœur au niveau du myocarde par un effet inotrope positif qui renforce la masse musculaire et sa puissance, ce qui se traduit par une augmentation du diamètre du ventricule gauche et de l'épaisseur du myocarde, bien visibles en échographie. Le sport agit également sur la régulation nerveuse du cœur en développant une hypervagotonie.

Il faut cependant différencier les actions aiguës du sport des actions chroniques.

Effets aigus de la pratique sportive

Le déclenchement de l'effort est précédé pendant quelques secondes à plusieurs minutes par une « mise en condition » du système cardiovasculaire : diminution du tonus vagal, renforcement du tonus sympathique, qui se traduit par une augmentation de la fréquence cardiaque (FC), en règle modérée (mais pouvant être nette en cas de stress d'une compétition, par exemple), et de la pression artérielle (TA), surtout la systolique.

Pour illustrer l'importance du phénomène, il faut rappeler la difficulté de mettre au point les premiers *pacemakers* asservis à l'activité physique : les tous premiers modèles « accéléraient » la fréquence cardiaque après le démarrage de l'effort, laissant une impression d'inconfort musculaire pour le sujet ; les générations suivantes de *pacemakers* ont pris en compte ce phénomène en utilisant des capteurs permettant de déceler *avant* le début de l'effort la nécessité d'une accélération cardiaque débutant avant l'effort lui-même… Et l'on a maintenant des sportifs appareillés avec ce type de matériel, ayant une activité sportive presque normale.

Une fois l'effort réellement engagé, le débit cardiaque (Q) s'équilibre en fonction de la FC et du volume d'éjection systolique (VES). Les « performances » hémodynamiques vont dépendre bien évidemment du niveau de départ ; une FC lente, inférieure à 40/min, laisse une marge d'accélération plus importante qu'une FC de 90/min au repos, si on se rappelle que $Q = FC \times VES$.

La notion fondamentale et préoccupante de cette adaptation tient à l'à-coup adrénergique constaté qui engendre un risque de trouble du rythme sur un myocarde malade, trouble du rythme responsable de l'essentiel des morts subites sur le terrain, préoccupation aggravée par le fait que le risque existe dès le début de l'effort, mais augmente lors d'accélération brutale, et est encore présent dans les premières secondes de la récupération.

L'évolution de la TA se fait vers une augmentation plus ou moins rapide de la systolique (PAS) ; cette augmentation est d'autant plus rapide que l'effort est plus bref et intense. Quel que soit le niveau de base, si le sujet est fragile et que la PAS monte au-delà de 250 mmHg, le risque de rupture vasculaire intracérébral existe, d'où la nécessité de tester à l'effort les sujets pratiquant des sports de résistance.

La TA diastolique (PAD) s'élève plus modérément, voire reste stable, ou décroît progressivement s'il s'agit d'un sportif entraîné en endurance, montrant le classique élargissement de la différentielle. Une augmentation exagérée de la PAD est le signe d'une mauvaise adaptation artérielle périphérique à l'effort et se voit chez les sujets hypertendus et dans les sports à excès de résistance ; il n'y a pas de risque aigu mais un risque chronique de détérioration vasculaire et des organes vitaux, reins et cerveau en particulier. Cette montée de la PAD est par ailleurs caractéristique des exercices comportant des contractions isométriques intenses ou trop longtemps maintenues.

Effets chroniques de la pratique sportive

Les effets chroniques sont neutres, bénéfiques ou néfastes selon les cas.

Effets neutres

Ce sont les plus fréquents : ils résultent d'un entraînement mal conduit, en particulier insuffisant en quantité et régularité. C'est ainsi qu'une activité sportive de loisir effectuée moins d'une fois par semaine ne peut prétendre apporter une amélioration durable des paramètres hémodynamiques et elle n'en supprime pas le risque « aigu » évoqué ci-dessus. De plus, cette « activité » étant superposable à un comportement sédentaire, aucune action bénéfique sur les facteurs de risque cardiovasculaires ne peut être espérée, ni donc d'effet sur la mortalité.

Effets bénéfiques

Ils résultent d'un entraînement bien conduit, régulier, pratiqué au moins une fois par semaine, avec des résultats d'autant plus significatifs lorsque l'on approche d'un entraînement quotidien d'une heure environ.
Il faut à ce stade distinguer deux cas de figure : la phase d'initiation au sport, qui nécessite une activité pluri-hebdomadaire pour une efficacité plus sûre et plus rapide, et la phase d'entretien, qui peut se contenter d'un à deux entraînements par semaine lorsque la performance souhaitée est atteinte.
Les effets bénéfiques les plus nets se rencontrent dans les sports d'endurance :

- ralentissement progressif et variable de la FC du fait de l'hypervagotonie, avec des bradycardies pouvant descendre en dessous de 40/min, plus exceptionnellement 30/min ;
- diminution modérée de la PAS et de la PAD au repos (surtout nette chez les sujets hypertendus) ; élévation modérée de la PAS à l'effort et tendance à la diminution de la PAD (attribuée à une meilleure vasodilatation des territoires musculaires périphériques) ;
- augmentation progressive du volume cardiaque (voir chapitre 32), liée principalement à une dilatation modérée du ventricule gauche (et de l'oreillette gauche) qui peut atteindre et dépasser la limite normale de 55 mm en calcul mode TM de l'échocardiogramme (voir chapitre 39) ; l'épaisseur du septum et de la paroi postérieure sont souvent à la limite supérieure de la normale, voire un peu audessus (11 à 13 mm en diastole) ; bien entendu, les paramètres de contractilité sont conservés (quoique souvent à la limite inférieure de la normale).

Dans les sports de résistance, les modifications vagales sont moins marquées voire nulles : la TA augmente plus rapidement à l'effort, en particulier la diastolique ; le cœur grossit, surtout aux dépens de l'épaisseur du septum et de la paroi postérieure (allant de 11 à 14 mm).
C'est en commençant l'activité sportive au moment de la puberté que le jeune peut développer un myocarde dont les capacités seront optimales à l'âge adulte.

Effets néfastes

Les effets du sport peuvent être néfastes en cas de surentraînement ou de cardiopathie sous-jacente méconnue.
Les cardiopathies les plus à craindre sont la cardiomyopathie hypertrophique (CMH), la dysplasie arythmogène du ventricule droit (DVDA), les malformations congénitales des coronaires chez le sujet jeune et la cardiopathie ischémique chez le sportif plus âgé.
Le risque en est la mort subite (voir chapitre 34), en général par trouble du rythme ventriculaire brutal, l'accident pouvant survenir aussi bien lors d'efforts intenses que lors d'un simple échauffement. Cela explique le soin apporté à l'examen cardiologique lors de la visite médicale du sport.
Le surentraînement est un facteur plus subtil de dégradation cardiaque, car l'attention du sportif et du médecin est moins attirée chez un sportif considéré sain sur le plan cardiovasculaire. Il ne faut toutefois pas oublier la possibilité de mort subite sur cœur sain dans ce cas de figure (thrombose coronaire aiguë, par exemple).
Le surentraînement est possible à tous les âges, mais plus fréquent chez les enfants et adolescents, où s'associent un désir de performance de la part des parents, de la part du club et de l'entraîneur, avec un sportif ne connaissant pas encore les limites de son corps : la traduction « clinique » se fait alors au travers de troubles du sommeil, puis de diminution des performances scolaires, puis de contre-performances sur le plan sportif. Ce facteur est aggravé au moment de la puberté, où il existe fréquemment plusieurs mois pendant lesquels l'entraînement est plus difficile, avec des signes fonctionnels les plus divers, dominés par la fatigabilité (voir chapitre 20).
Lorsque les signaux d'alarme ne sont pas respectés, il apparaît des signes cardiaques, avec accélération de la FC de repos et surtout allongement du temps de récupération : ces paramètres sont aisés à repérer pour le médecin du sport pour peu qu'il ait une référence dans le dossier, par exemple un suivi du test de Ruffier, qui garde ici tout son intérêt.
Si cette phase passe inaperçue, l'évolution peut se faire soit vers une insuffisance cardiaque progressive (notion de « cœur forcé »), ou vers une thrombose coronaire aiguë lors d'un effort violent. Ces situations, bien que très rares, existent encore et renforcent la nécessité d'écoute des sportifs sur leurs plaintes à l'effort et sur l'importance du suivi médical.
Une étude de Blair, parue dans le *JAMA* en 1995, a profondément enraciné l'intérêt du sport dans l'amélioration de l'espérance de vie. Il a suivi 100 000 hommes blancs pendant 5 ans, avec un bilan au début de l'étude (T0) et au bout de 5 ans (T1) :

- la mortalité globale des sujets sportifs à T0 et toujours sportifs à T1 était de 14/100 000 ;
- la mortalité globale des sujets sédentaires à T0 et toujours sédentaires à T1 était de 65/100 000, soit plus de 4 fois supérieure ;
- la mortalité globale des sujets sportifs à T0, devenus sédentaires à T1, était de 28/100 000, soit double que s'ils étaient restés sportifs, mais quand même nettement moins forte que s'ils n'avaient jamais été sportifs… ;
- la mortalité globale des sujets sédentaires à T0 et qui sont devenus sportifs à T1 était de 31/100 000, soit le double que s'ils avaient toujours été sportifs, mais très inférieure à ceux qui sont restés sédentaires…

Plusieurs études sont venues depuis corroborer cette hypothèse, validant la notion à tous les âges, dans les deux sexes, et sur le plan racial.
Quelle leçon d'humilité, d'espoir et d'encouragement pour recommander une activité sportive régulière !

Conférence de Bethesda

Il s'agit d'une conférence américaine de consensus donnant des recommandations en matière d'aptitude au sport de compétition. La 26e conférence est la mise à jour de la 16e conférence, qui datait de 1985. Celle-ci a été publiée en 1994.
Elle comprend un avant-propos qui précise le rôle du médecin et de l'athlète dans la décision d'aptitude, en donnant la

prééminence au sportif : « Un athlète doit avoir le droit de décider seul de sa participation à la compétition. »
Une classification des sports est proposée, tenant compte du niveau d'intensité en travail statique (I, II et III) et dynamique (A, B et C) (tableau 24.I).

Tab. 24.I. Classification des sports.

	A -Dynamique faible	B -Dynamique moyen	C -Dynamique fort
I – Statique faible	Billard Boules Cricket Curling Golf Tir	Baseball Tennis de table Tennis (double) Volleyball	Badminton Ski de fond Hockey sur gazon 1 Course d'orientation Course de longue durée Football [1] Squash Tennis (simple)
II – Statique moyen	Tir à l'arc Course auto [1, 2] Plongeon [1, 2] Équitation [1, 2] Motocyclisme [1, 2]	Escrime Jumping Patinage [1] Foot américain [1] Rodéo [1, 2] Rugby [1] Sprint Surf [1, 2] Natation synchronisée [2]	Basketball [1] Hockey sur glace [1] Course en patin Crosse canadienne [1] Course de moyenne distance Natation Handball
III – Statique fort	Bobsleigh [1, 2] Lancers Gymnastique [1, 2] Arts martiaux [1] Luge [1, 2] Voile Escalade [1, 2] Waterpolo [1, 2] Haltérophilie [1, 2] Planche à voile [1, 2]	Body building [1, 2] Ski descente [1, 2] Lutte [1]	Boxe 1 Canoë/Kayak Cyclisme [1, 2] Décathlon Aviron Patinage de vitesse

1. Risque de collision.
2. Risque accru en cas de syncope.

Cette classification doit être interprétée en fonction du stress émotionnel surajouté en cas de compétition, en fonction de la place du joueur dans une équipe, en fonction de l'altitude, de la température ambiante, de l'humidité de l'air, de la pollution (monoxyde de carbone dans les courses automobiles). Il faut aussi tenir compte du fait que de nombreux sports classés en endurance moyenne (II) nécessitent des entraînements spécifiques en résistance dure…
Six groupes de travail définissent, par pathologie, des recommandations :

- n° 1 : malformations cardiaques congénitales ;
- n° 2 : valvulopathies acquises ;
- n° 3 : cardiomyopathies ;
- n° 4 : hypertension artérielle ;
- n° 5 : maladie coronaire ;
- n° 6 : troubles du rythme et de la conduction.

Toutes les propositions, bien que parfois un peu rigides, peuvent être d'une aide certaine dans la prise de décision sur une aptitude sportive à la compétition pour une pathologie précise.
Les recommandations sont détaillées dans les chapitres sur chaque pathologie (voir chapitre 28).

Conclusion

Les effets cardiaques de la pratique sportive doivent rester dans des limites reconnues :

- trop peu de sport ne peut pas amener un bénéfice réel ;
- trop de sport peut amener une dégradation plus ou moins réversible ;
- le juste milieu se situe entre ces limites, variable d'un sportif à l'autre, en fonction de l'âge et du type de sport, et demande une coopération étroite entre l'entraîneur et le médecin responsable du suivi médical.

Pour en savoir plus

26th Bethesda Conference. Recommendations for determining eligibility for competition in athletes with cardiovascular abnormalities. *J Am Coll Cardiol* 1994; 24 : 845-99.

Amoretti R, Brion R. *Cardiologie du sport.* Paris : Masson, 2000.

Monod H, Flandrois R. *Physiologie du sport.* 5e édition. Paris : Masson, 2003 : 277 p.

Plas F. *Guide de cardiologie du sport.* Paris : Baillière, 1976 : 5-41.

Facteurs de risque

Sommaire

Il n'a jamais été publié d'études randomisées croisées étudiant le bénéfice du sport, comparé à la sédentarité, dans l'apparition ou la progression de la maladie coronarienne. Mais la tendance générale des quelque 40 grandes études prospectives ou rétrospectives sur le sujet est favorable aux groupes physiquement les plus actifs (Hasrell, 1984). Des études de prévention primaire montrent une survenue moins fréquente et plus tardive d'événements coronariens, qui seraient également moins sévères que chez les sujets sédentaires.

Dans d'autres publications, le bénéfice du sport n'est pas significatif ou parfois même il n'apparaît pas de différence entre les groupes sportifs et non sportifs, mais jamais une étude n'a montré de surmortalité ou de surmorbidité dans les groupes actifs. La principale raison pour laquelle la communauté médicale admet le « bénéfice coronarien » du sport, sans évidence scientifique irréfutable, est l'activité réductrice de l'exercice sur les principaux facteurs de risque de la maladie coronarienne. Cela porte sur l'HTA, le cholestérol et le diabète, est plus sujet à caution chez les obèses et n'est pas prouvé quant au tabagisme.

Hypertension artérielle (HTA)

L'HTA est moins fréquente chez le sportif. Blair (1986) a montré que le risque d'apparition d'une HTA chez un sujet sédentaire est 1,52 fois plus important que chez un sujet entraîné (l'étude regroupe 600 sujets sains de 20 à 65 ans suivis pendant 4 ans). Cade montre une diminution significative de l'HTA chez 101 des 105 sujets engagés dans un programme d'entraînement physique de 3 mois. Hagberg note chez 25 adolescents hypertendus une diminution significative du chiffre systolique ou diastolique (la baisse ne concerne que la systolique s'il s'agit d'une HTA purement systolique), après un entraînement sportif de 3 séances hebdomadaires de jogging de 30 à 40 minutes pendant 6 mois.

Grâce à Hagberg, qui a également publié une méta-analyse de 25 études, on connaît l'importance de l'effet de l'activité physique d'endurance sur les chiffres de la pression artérielle : les diminutions attendues sont de 10,8 mmHg pour la PAS et de 8,2 mmHg pour la PAD. Les réductions sont encore plus marquées s'il s'agit d'une femme, qu'elle est noire, hypertendue modérée et que l'entraînement est intense et surtout prolongé.

En termes de gain de mortalité coronarienne, Stammler estime qu'il est de 18 % pour une diminution de la PAS de 10 mmHg. Les décès par accidents vasculaires cérébraux et la mortalité globale diminueraient ainsi de 28 à 14 % dans une population américaine âgée de 45 à 64 ans.

Lipides

La diminution des triglycérides sanguins et l'élévation du HDL-cholestérol est quasi constante dans les groupes pratiquant l'exercice d'endurance. Les résultats sont moins probants en ce qui concerne le cholestérol total et le LDL-cholestérol. Une différence a été constatée entre les deux sexes sur les effets bénéfiques de 3 séances hebdomadaires de 15 à 20 minutes d'activité en aérobie à 70 % de la $\dot{V}O_2$ max. Les hommes voient leur HDL-cholestérol augmenter de 5,1 %, le rapport HDL/LDL de 12,4 % et le LDL-cholestérol diminuer de 6 %, alors que chez les femmes ces chiffres baissent respectivement de 1 %, ne se modifient pas et augmentent de 4,3 % (Brownell, 1982).

Dans une méta-analyse comprenant 8 études masculines et 3 études féminines, le cholestérol diminue de 70 mg/L sous l'effet de l'exercice, le HDL-cholestérol augmente de 57 mg/L, le LDL-cholestérol diminue de 53 mg/L et les triglycérides de 260 mg/L.

Wood constate qu'un seuil d'exercice de 8 miles (13 km) de jogging hebdomadaire est nécessaire pour trouver une différence significative de 44 mg/L en faveur du HDL-cholestérol après un an d'entraînement, et qu'un entraînement en endurance ayant des effets semblables à ceux d'un régime alimentaire sur le pourcentage de masse grasse corporelle conduit à une amélioration comparable des lipides (HDL augmenté de 13 mol/L et triglycérides diminués de 0,24 mol/L). Pour Spoko, les sujets ayant perdu du poids en faisant de l'exercice ont une augmentation beaucoup plus

importante et plus rapide du HDL-cholestérol que ceux qui ont utilisé le seul régime alimentaire.
Thompson (1991) a comparé le métabolisme du HDL-cholestérol dans une population de sportifs (8 à 16 km de jogging quotidien) et de sédentaires, identiques en termes de cholestérol total (2 g/L), d'âge (34 et 36 ans) et de corpulence. En contrôlant strictement le régime alimentaire (3 652 kcal/jour et 2 766 kcal/jour), la répartition en protéines (17 %), en hydrates de carbone (43 %) et en lipides (tant en quantité qu'en qualité), il constate que les valeurs les plus fortes du HDL-cholestérol (0,50 g/L contre 0,41 g/L), du HDL^2 (0,26 contre 0,12 g/L) observées chez l'athlète ne sont pas le fait d'une augmentation de la synthèse du HDL-cholestérol mais d'une diminution de son catabolisme.

Diabète

Dès 1972, Bjorntrop a mis en évidence une diminution de la concentration plasmatique en insuline ainsi qu'une augmentation de la sensibilité en insuline chez les sujets ayant des activités physiques régulières. Ce travail a été largement confirmé par la suite par de nombreux auteurs, y compris son corollaire : le développement d'une insulinorésistance suivant l'arrêt de l'exercice. Une activité physique régulière est part entière du traitement d'un diabète non insulinodépendant (voir chapitre 92).
Le diabète insulinotraité bien équilibré réagit de façon identique : l'augmentation de la pénétration cellulaire du glucose *per* effort nécessite une diminution des doses d'insuline. Mais chez les diabétiques insulinodépendants mal équilibrés, l'exercice physique peut être dangereux à court terme : hypoglycémie sévère, acidocétose réactionnelle. Le travail de Helmrich va plus loin puisqu'il conclut au rôle préventif des activités physiques : le taux d'apparition d'un diabète non insulinodépendant chez 5 990 anciens élèves de l'Université de Pennsylvanie suivis pendant 15 ans était inversement proportionnel au nombre de kilocalories dépensées en activités physiques de loisir (diminution de 6 % du risque de diabète non insulinodépendant par tranche d'augmentation de 550 kcal des dépenses physiques hebdomadaires). Cet effet protecteur était d'autant plus marqué que le sujet était à risque diabétique : obésité, HTA, diabète familial.

Obésité

L'obésité est fréquente dans les pays industrialisés et de mauvais pronostic. Toutes les études épidémiologiques concordent, y compris celles démontrant l'effet bénéfique d'une normalisation de l'index de masse corporelle, tant sur le plan de la morbidité que de la mortalité.
Cependant il n'est pas démontré que l'obésité soit corrélée à des activités physiques et des dépenses énergétiques réduites. Le sport doit être proposé avec beaucoup de modération chez l'obèse car ses capacités sont faibles. Non seulement l'exercice physique ne fait pas maigrir l'obèse, mais le taux d'adhésion à des programmes sportifs est chez lui particulièrement décevant. Le conseil d'activités physiques régulières chez l'obèse repose sur des bases plus philosophiques que scientifiques : mieux-être, catalyse d'une meilleure hygiène de vie.

Tabac

Les effets néfastes du tabac sur l'appareil cardiovasculaire sont le fait de la nicotine et de la formation de carboxyhémoglobine. La nicotine, par la stimulation sympathique et la mise en jeu de substances vasoactives (augmentation de la sérotonine, du thromboxane A2, diminution de la prostacycline), augmente la fréquence cardiaque (de 10 à 25 b/min), le débit cardiaque, la consommation myocardique d'oxygène et favorise l'agrégation plaquettaire et la vasoconstriction cutanée.
Le monoxyde de carbone possède une grande affinité pour l'hémoglobine (15 % de carboxyhémoglobine chez le gros fumeur) et, en diminuant le transport d'oxygène, favorise l'hypoxie tissulaire. Est également stimulée l'agrégation plaquettaire. Le tabac exerce l'effet inverse de l'entraînement : chez un fumeur, le même exercice s'effectuera à un niveau de débit cardiaque plus élevé.
Il a été montré que la consommation de 20 cigarettes par jour augmente de 10 % l'énergie dépensée (de 2 230 à 2 445 $kcal.j^{-1}$). Pour Spillich, la qualité de la performance peut être altérée par le tabac : si le fumeur peut être avantagé pour une réponse par réflexe simple, il est moins performant que le non-fumeur quand la réponse est complexe et élaborée.
Le tabac n'est pas considéré comme une substance interdite par le CIO. On peut considérer qu'en France, peu d'athlètes de haut niveau sont des fumeurs vrais et de nombreuses fédérations interdisent l'usage du tabac à leurs athlètes. Cela n'est pas le cas aux États-Unis, où le tabagisme est présent dans de nombreux sports, particulièrement sous forme de tabac à priser et à mâcher : on estime qu'un tiers des joueurs de base-ball professionnels en usent.

Existe-t-il un seuil d'exercice minimal?

Les grandes études épidémiologiques réalisées dans les années 1960-1970 concluent qu'un seuil d'environ 2 000 kcal/semaine (30 minutes de jogging ou 1 heure de marche par jour) doit être atteint pour qu'existe une diminution significative de la morbidité ou de la mortalité coronarienne. Le bénéfice ne semble guère plus important au-delà de ce seuil énergétique.
Duncan (1991) retrouve un seuil énergétique du même ordre (environ 1 500 kcal par semaine) pour obtenir une amélioration de 0,08 mmol/L de HDL-cholestérol (+ 6 %) chez les femmes âgées de 20 à 40 ans débutant une carrière sportive pour les besoins de l'étude.
Dans trois groupes d'intervention d'intensité croissante (4,8 km effectués à la vitesse de 4,8 $km.h^{-1}$, 6,4 $km.h^{-1}$ et 8 km/h, 5 jours par semaine), $\dot{V}O_2$ max est améliorée de façon proportionnelle à l'entraînement (respectivement 4, 9 et 16 $mL.min^{-1}.kg^{-1}$), et le gain sur le profil lipidique est le même.
Dans l'étude prospective de Blair datant de 1984, la mortalité cardiovasculaire est multipliée par 8 si on compare les sous-groupes sédentaires aux sujets les plus actifs. Blair retrouve un seuil d'exercice équivalent à 10 Met pour les hommes et 9 Met chez les femmes, le « Met » étant le

niveau de la dépense énergétique de repos base. Rappelons toutefois que ces études ont été réalisées aux États-Unis, où 30 % de la population sont strictement sédentaires, où la mortalité cardiovasculaire est nettement supérieure à celle de la France, et qu'on ne peut extrapoler ces résultats qu'avec prudence.

La durée de l'exercice n'est pas un paramètre suffisamment précis, il faut aussi en évaluer l'intensité. En donnant un programme sur cycloergomètre de 30 minutes, 3 fois par semaine, à 3 groupes s'entraînant à 65 %, 75 % et 85 % de la $\dot{V}O_2$ max, Stein (1990) constate que les trois sous-groupes améliorent leur $\dot{V}O_2$ max mais que seuls les deux derniers voient augmenter leur HDL-cholestérol.

Conclusion

Le sport et l'exercice physique en général exercent un effet favorable sur les principaux facteurs de risque de l'athérosclérose : HTA, lipides, régulation glucidique. Le seuil d'exercice semble se situer entre 3 et 5 séances hebdomadaires de 30 minutes d'activité en endurance, avec une fréquence cardiaque aux environs de 75 % de la $\dot{V}O_2$ max. Des activités moindres (une heure de marche) pourraient avoir le même effet bénéfique global quant aux facteurs de risque (sinon sur la forme physique et l'amélioration de la $\dot{V}O_2$).

Les efforts physiques très intensifs supérieurs à 75-80 % de la $\dot{V}O_2$ max ne semblent pas apporter d'avantages supplémentaires.

Certains auteurs auraient constaté qu'un programme d'entraînement à base de musculation pratiquée 3 fois par semaine pourrait avoir les mêmes effets que ceux attendus par l'exercice en endurance, c'est-à-dire une augmentation du cholestérol HDL de 14 % et de la $\dot{V}O_2$ max de 10 %. Il semblerait donc que même des activités dites en résistance pourraient être bénéfiques. Néanmoins, la préférence va aux exercices en endurance aérobie, dont les effets sont nettement mieux établis.

Pour en savoir plus

BLAIR. Physical fitness and all-cause mortality. *JAMA* 1989; 262 : 2395-400.

BROWN G *et al.* Regression of coronary artery disease, as a result of intensive lipid lowering therapy in men with high levels of apolipoprotein B. *N Engl J Med* 1990; 323 (19) : 1289-98.

COUSTEAU JP *et al. Médecine du tennis.* Paris : Masson, 1999.

DUNCAN. Women walking for health and fitness : how much is enough? *JAMA* 1991; 266 : 3295-9.

HASRELL WL. Cardiovascular benefits and risks of exercise : the scientific evidence. *In :* Strauss, ed. *Sports Medicine.* Saunders ed., 1984.

HELMERICH S, RAGLAND D, LEUNG RW. Physical activity and reduced occurrence of non-insulin-dependent diabetes mellitus. *N Engl J Med* 1991; 325 : 147-52.

PARIER J. *Technopathies du tennis.* 1 vol. Labo Ciba-Geigy, 1992 : 159 p.

PARIER J. *Sports Medicine and Science in Tennis.* Newsletter biannual, PO Box 302, 68000 Arnhen, Pays-Bas.

STEINBERG D, WITZTUM JL. Lipoprotéines et athérogenèse : notions actuelles. *JAMA* 1990; 264 : 3047-52.

SYTKOWSKI PA, KANNEL WB, D'AGOSTINO RB. Changes in risk factors and the decline in mortality from cardiovascular disease. The Framingham heart study. *N Engl J Med* 1990; 322 (23) : 1635-41.

Signes fonctionnels cardiovasculaires du sportif

Sommaire

Le sportif, qu'il soit « du dimanche » ou athlète de haut niveau, n'a qu'un cœur. En cas de défaillance de cet organe, les conséquences peuvent être dramatiques.

Il faut donc savoir reconnaître d'éventuels signes d'appel cardiologiques à travers la description de symptômes liés à la pratique sportive. Il est même parfois nécessaire de pratiquer un véritable « interrogatoire » pour que le sportif les rapporte. Le dopage, par la culpabilité qu'il crée, peut engendrer le déni des signes, voire le refus de les évoquer. Tout cela explique la difficulté pour le médecin de recueillir les informations indispensables pour prévenir, tant que faire se peut, des accidents toujours traumatisants pour le sportif, sa famille et l'ensemble du monde sportif.

Les signes fonctionnels cardiaques sont liés à la physiologie générale de l'organisme et sont donc d'une part classiques : douleurs thoraciques, dyspnée, céphalées, palpitations..., et d'autre part particuliers par leurs circonstances de survenue : pendant ou après l'effort, chez le sportif de haut niveau, lors de la reprise sportive du sédentaire...

Dans tous les cas, ces signes doivent être connus du praticien et reconnus au plus tôt. Des explorations adaptées permettront alors de juger de leur degré de gravité.

Signes principaux

Douleurs thoraciques

« Toute douleur du thorax liée à l'effort est *a priori* suspecte d'origine cardiaque. » Bien sûr le type de la douleur, sa localisation, ses irradiations, ses signes d'accompagnement... aident au diagnostic et imposent un bilan complémentaire adapté.

Leur origine peut également être non cardiologique : embolie pulmonaire, dissection de l'aorte, hernie hiatale...

Deux éléments d'orientation sont à rechercher : lors de la pratique sportive, la survenue de la douleur pendant un effort ou lors de la récupération précoce, et la reproductibilité des signes pour le même effort.

Douleurs abdominales

Elles peuvent relever des causes déjà citées ou d'une atteinte de la vascularisation digestive, à l'origine d'une véritable claudication mésentérique.

Ici aussi, les circonstances de survenue et la reproductibilité des douleurs sont évocatrices.

Il faut rappeler l'existence des « points de côté », dus le plus souvent à une contracture du diaphragme.

Dyspnée

Ce signe « cardinal » en cardiologie signe une pathologie évoluée, pouvant ne se manifester que *lors d'efforts physiques majorant le débit cardiaque* . Des quintes de toux font souvent suite à l'épisode de dyspnée.

L'origine peut également être non cardiologique :

- origine pulmonaire, par irritation trachéobronchique, asthme d'effort ou « hyperréactivité bronchique »... ;
- dilatation anévrysmale de l'aorte comprimant les voies aériennes...

L'essoufflement est un phénomène banal lors de la pratique sportive ; il ne devient suspect qu'en cas de persistance, malgré une baisse de l'intensité de l'exercice ou s'il persiste de façon inhabituelle lors de la récupération.

Palpitations

« Avec une extrasystole, tout commence ! » C'est ainsi que le problème est résumé par les rythmologues. Il faut donc, grâce à l'interrogatoire, dissocier la perception « désagréable » des battements de son cœur d'un trouble du rythme authentique.

L'ECG, l'épreuve d'effort et le Holter rythmique sont les examens permettant d'identifier et de quantifier les troubles du rythme ou de la conduction responsables : crises de tachycardie paroxystique, fibrillation ou *flutter* auriculaire, syndrome de Wolf-Parkinson-White...

Lors de la pratique sportive, le facteur déclenchant est souvent le stress ou le geste technique.

Les désordres hydroélectrolytiques et la prise de substances dopantes devront être éliminés (voir chapitre 22).

Malaises et pertes de connaissance

Les lipothymies, traduisant une baisse transitoire du débit cérébral, peuvent avoir de multiples causes. En cardiologie, il s'agit essentiellement d'une origine vagale, d'une hypotension orthostatique ou plus rarement d'un myxome s'enclavant dans l'orifice auriculoventriculaire.

Les maladies métaboliques peuvent également en être responsables (diabète, dysthyroïdie...).

S'en rapprochent les incidents liés à une hypoglycémie ou à une déshydratation.

Lors de la pratique sportive, la baisse du débit cérébral peut se traduire par une défaillance brutale, imposant l'arrêt de l'effort, ou survenir lors de la récupération en présence d'une hyperadrénergie transitoire d'origine catécholergique, associée au frein vagal.

Les syncopes d'origine cardiologique sont le plus souvent de courte durée. Elles sont évocatrices d'une part de cardiopathie (valvulopathie sténosante), de cardiomyopathie hypertrophique, voire d'hypertension artérielle pulmonaire et/ou de troubles rythmiques, liés ou non aux pathologies précitées.

Il faut savoir rechercher des causes éventuelles d'hypoxie ou d'hypercapnie mais aussi d'intoxication et particulièrement de dopage (voir chapitre 22).

Autres signes

Céphalées

Elles peuvent révéler une montée tensionnelle, un terrain migraineux voire une exceptionnelle malformation vasculaire cérébrale.

Chez le sportif, elles peuvent être d'origine vasospastique, favorisées par le stress.

Cyanose

Elle reflète une augmentation de la quantité d'hémoglobine réduite. Son origine est soit centrale (cardiorespiratoire), soit périphérique : acrocyanose des syndromes de Raynaud, des sclérodermies...

Claudication

Elle fait rechercher un athérome artériel. Les diagnostics différentiels sont nombreux : endofibrose iliaque externe ou poplité, syndrome de loge, sciatique tronquée...

Dans tous les cas, le sportif se plaint de claudication d'un mollet ou d'une cuisse à l'effort, la topographie des signes aidant au diagnostic étiologique.

Fatigue et asthénie

Signes subjectifs par définition, ils peuvent correspondre à tout type de pathologie et doivent conduire à un bilan adapté. En cas de bilan négatif, le degré de fatigue sera apprécié par des tests spécifiques (cliniques, métaboliques et biologiques).

Chez le sportif, il s'agit d'un symptôme majeur, souvent lié à un surentraînement (voir chapitres 20 et 80).

Conclusion

La symptomatologie cardiovasculaire est très riche, favorisée par la stimulation de l'ensemble de l'organisme lors de la pratique sportive. Une approche rigoureuse est nécessaire pour éliminer une cardiopathie potentiellement dangereuse : aucun doute n'est permis avant de laisser un individu pratiquer les activités physiques de son choix, qu'il s'agisse du jogging dominical ou d'un triathlon de haut niveau. De plus la personnalité de certains sportifs peut les amener à minimiser, voire à cacher certains symptômes ou pratiques. C'est au médecin de créer le climat de confiance nécessaire pour aider au mieux le sportif, qu'il soit porteur de cardiopathie ou athlète de haut niveau.

Pour en savoir plus

BERTEAU P. *Dictionnaire de Médecine du sport.* Paris : Masson, 1987.

BERTEAU P. *Cardiologie du sport.* Paris : Masson, 2000.

27

ECG du sportif : particularités de la repolarisation

Sommaire

L'étude des particularités de la repolarisation chez le sportif a fait l'objet de nombreuses publications et il faut citer, parmi les auteurs français, Fernand Plas, qui fut un précurseur.
La place de l'ECG en médecine du sport a changé. L'échocardiographie, qui permet de mesurer objectivement les modifications morphologiques cardiaques, lui a retiré tout rôle pour l'étude morphologique du cœur des sportifs. L'époque où l'ECG était interprété en termes d'état de forme des athlètes et même de prédispositions à un type d'effort physique est également bien révolue.
La place qu'occupe aujourd'hui l'ECG en médecine du sport nous paraît finalement être la même que celle qu'il occupe traditionnellement en médecine : l'ECG est une contribution simple et importante au diagnostic des cardiopathies.
Le fait qu'un sujet très entraîné, indemne de toute cardiopathie, puisse présenter des aspects électrocardiographiques parfois proches de ceux rencontrés en pathologie pose à l'évidence des problèmes de diagnostic différentiel. Or, un sportif, même performant, peut présenter une cardiopathie. C'est un fait rare mais d'autant plus important à mettre en évidence que certaines cardiopathies sont potentiellement létales au cours de l'effort.
L'objectif de ce chapitre est donc de préciser les points suivants :

- quelles particularités de la repolarisation peuvent être attribuées sans arrière-pensée à l'entraînement physique ?
- quelles modifications doivent, au contraire, rendre prudent et faire écarter une pathologie cardiaque avant de les mettre sur le compte de l'entraînement ?

Les principaux aspects de la repolarisation rencontrés chez les sportifs seront envisagés en se référant à une étude personnelle et à diverses données de la littérature.

Présentation d'une étude réalisée chez des athlètes de 20 ans

Dans ce travail, réalisé avec F. Huet [2], ont été comparés :

- 146 athlètes de 20 ans, de très haut niveau, dans des disciplines diverses (tableau 27.I), tous sélectionnés pour faire leur service national au bataillon de Joinville ;
- 144 sujets de même âge, sélectionnés en raison d'une complète sédentarité (moins d'une heure d'activité physique par semaine, y compris leur activité professionnelle).

Tab. 27.I. Étude comparative de l'ECG numérisé chez des sportifs et des sédentaires : nombre d'athlètes dans les différentes disciplines (d'après Brion *et al.* [2]).

Cyclisme	40	Volley-ball	3
Football	32	Course d'orientation	2
Handball	11	Tumbling	2
Water-polo	11	Demi-fond	1
Escrime	10	Canoë	1
Tennis	9	Pentathlon moderne	1
Haltérophilie	6	Rugby	1
Judo	6	Sport automobile	1
Lutte	5	Squash	1
Boxe	4	Tennis de table	1
Hockey	4	Trampoline	1

Un ECG de repos a été réalisé chez tous ces sujets avec un électrocardiographe HP 5600C permettant l'analyse automatique des tracés ; 430 données par ECG ont été ainsi analysées. Les éléments ayant une valeur sélective ont été mis en évidence par analyse factorielle des correspondances puis analysés par une méthode statistique classique.

L'étude de la repolarisation représente une part importante de ce travail. La figure 27.1 montre les différentes variables prises en compte dans chacune des 12 dérivations.

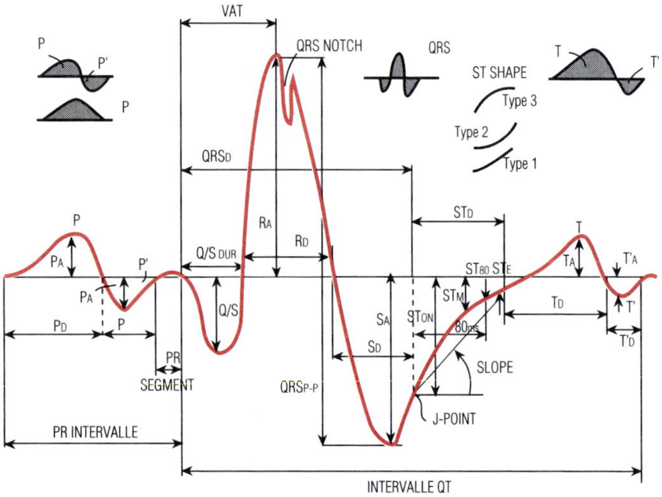

Fig. 27.1. Étude comparative de l'ECG numérisé chez des sportifs et des sédentaires : variables prises en compte pour l'analyse automatique de l'ECG (données Hewlett-Packard) (d'après Brion *et al.* [2]).

Afin de déterminer les aspects morphologiques différenciant la repolarisation des sportifs de celle des sédentaires, ces variables ont été découpées, pour chaque dérivation précordiale, en trois classes, qualifiées de modalité « faible », « moyenne » ou « forte ». Chacune de ces classes est mise en correspondance avec le type de sport pratiqué ou la sédentarité. Nous avons pu ainsi établir un profil moyen type de la repolarisation en fonction de l'entraînement physique.
En pratique, 3 catégories se dessinent : les cyclistes, représentatifs des sports de grand fond, les autres sportifs, et les sédentaires (fig. 27.2).

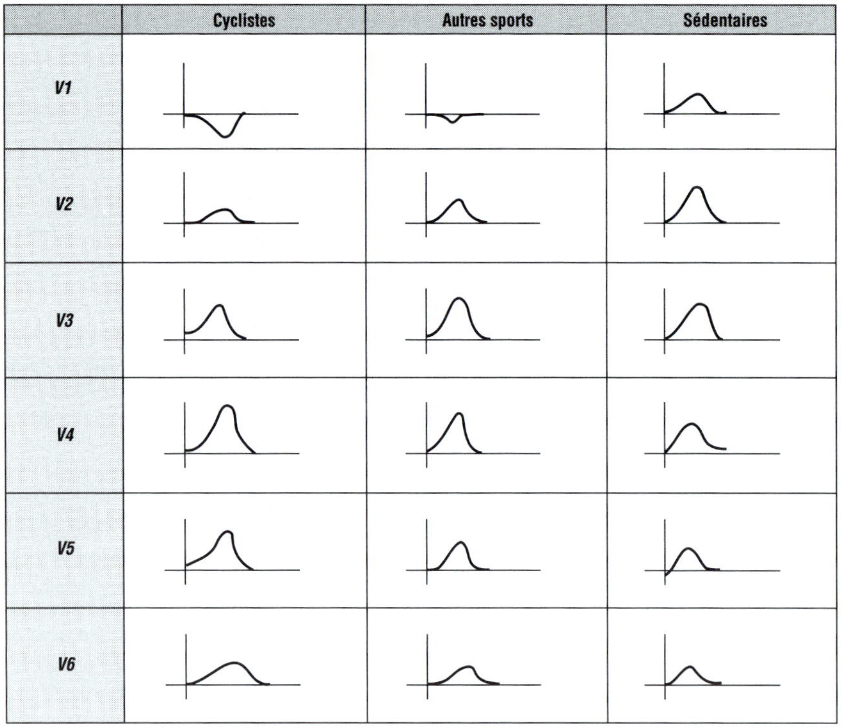

Fig. 27.2. Étude comparative de l'ECG numérisé chez des sportifs et des sédentaires : reconstruction de l'aspect de la repolarisation par analyse factorielle des correspondances (d'après Brion *et al.* [2]).

L'ECG d'un sportif très entraîné peut ne présenter aucune particularité de la repolarisation

Un athlète peut être très performant et ne présenter aucune particularité de la repolarisation.
Le nombre d'ECG strictement « normaux » est rarement apprécié dans les séries de la littérature. Hoette *et al.* l'évaluent à 38 % sur 146 joueurs de football professionnels, âgés de 22 à 37 ans [3].

Niveau d'entraînement pouvant induire des modifications électrocardiographiques

Il n'est pas possible de définir précisément un niveau d'entraînement pouvant produire des modifications de la repolarisation car il existe d'importantes variations individuelles, probablement à déterminisme génétique. Mais des modifications franches sont habituellement le fait de sujets s'entraînant régulièrement au moins une dizaine d'heures par semaine. Cela écarte dans tous les cas les sportifs occasionnels.
La bradycardie constatée sur l'ECG est, par ailleurs, un excellent moyen d'apprécier le niveau d'entraînement. Il faut toutefois nuancer cette affirmation car nous avons pu constater, dans notre série citée ci-dessus, que les courbes de fréquence cardiaque des sportifs et des sédentaires se croisaient et que dans la zone de 62 b/min, le nombre de sportifs et de sédentaires était équivalent. Il existe quelques sédentaires présentant une fréquence cardiaque spontanément lente, inférieure à 50 b/min, et quelques sportifs présentant une fréquence cardiaque supérieure à 70 b/min. Hanne-Paparo a étudié 400 athlètes et a mis en évidence une fréquence cardiaque inférieure à 60 b/min dans 50 % des cas.

Modifications de l'intervalle QT

La durée normale de l'intervalle QT varie dans de larges limites fixées dans la population générale, entre 280 et 450 millisecondes (ms).

Pour exprimer l'influence très manifeste de la fréquence cardiaque, des formules établissant une relation entre la durée de QT et celle de l'intervalle RR ont été proposées (QT corrigé, ou QTc). En réalité, aucune de ces formules n'est parfaite et la formule de Bazett, qui est la plus couramment utilisée, est inexacte en cas de bradycardie et donc mal adaptée aux sportifs :

$$QTc = k\sqrt{RR}$$

avec k = 0,37 chez l'homme et 0,40 chez la femme.

La durée de l'intervalle QT est supérieure chez les sportifs (fig. 27.3a) et peut physiologiquement dépasser 450 ms chez des sujets très entraînés (8/146 des sportifs de notre série contre un seul sédentaire).

Dans notre travail, la formule de correction de l'intervalle QT par la fréquence cardiaque utilise des données obtenues grâce au programme de lecture informatisée :

$$QTc = \frac{\text{intervalle QT moyen (12 dérivations)}}{\sqrt{\text{fréquence ventriculaire moyenne}/60}}$$

La figure 27.3b montre, qu'après cette correction, il n'existe plus aucune différence entre sportifs et sédentaires et les histogrammes de QTc des deux populations sont remarquablement superposés.

Northcote parvient aux mêmes conclusions, mais d'autres auteurs comme Van Ganse ou Palatini pensent que QTc est plus long chez les sportifs que chez les sédentaires. La difficulté pour mesurer précisément l'intervalle QT et l'approximation des formules de correction par la fréquence sont probablement à l'origine de ces divergences. Les programmes de mesures automatiques de l'ECG, permettant de réaliser des mesures sur l'ensemble des dérivations, nous semblent être un apport important.

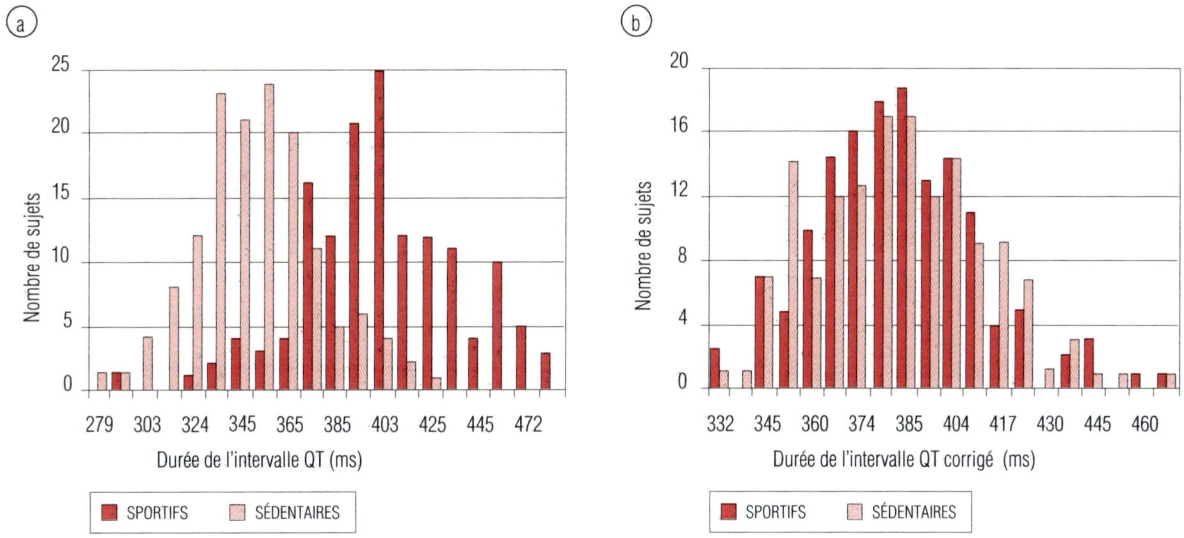

Fig. 27.3. Étude comparative de l'ECG numérisé chez des sportifs et des sédentaires (d'après Brion *et al.* [2]).

En pratique habituelle, la valeur de QTc est évaluée en utilisant des réglettes à ECG ou des diagrammes.

On peut retenir, qu'à 60 b/min, QT = 0,39 ± 0,04 s.

Lorsque QTc dépasse nettement les valeurs indiquées, il faut évoquer, en l'absence de prise médicamenteuse pouvant allonger la repolarisation, une anomalie ionique et surtout un syndrome du QT *long congénital* , terrain sur lequel peuvent survenir des *torsades de pointes* et il faut rechercher chez ces sujets des antécédents de syncopes.

Il faut savoir que l'intervalle QT se raccourcit en cours d'effort chez le sujet normal, rejoignant l'intervalle admis pour une fréquence donnée, alors qu'il reste proportionnellement allongé en cas de syndrome du QT long congénital.

Modifications de l'axe de l'onde T

L'axe de l'onde T a été peu étudié. Dans une série personnelle, l'axe de T a été calculé dans les deux plans, frontal et horizontal. Ces axes sont peu différents dans les populations sportive et sédentaire.

En revanche, l'angle entre l'axe de QRS et l'axe de T dans le plan horizontal est significativement différent entre sportifs et sédentaires, mais cette différence n'apparaît que grâce à la précision des mesures numérisées et resterait invisible à l'œil nu.

Modifications morphologiques de la repolarisation

Segment ST

Sus-décalage proximal du segment ST

Dans notre série, les sportifs présentent un sus-décalage plus net du point J en V_3 et V_4, plus important chez les cyclistes. Le *sus-décalage du point* J en V_3 est en moyenne de 0,125 ± 0,057 millivolts (mV) chez les sportifs et de 0,089 ± 0,051 mV chez les sédentaires. L'élévation maximale du point J constatée chez nos sportifs est de 4 mm en V_3. Le segment ST qui suit l'élévation du point J est le plus souvent concave vers le haut et précède une grande onde T positive.

Appelé par certains auteurs « syndrome de repolarisation précoce » *(early repolarisation)* , ce sus-décalage est la modification électrocardiographique la plus fréquente chez l'athlète. Selon les séries, il est retrouvé dans 10 à 100 % des cas. Hanne-Paparo le retrouve chez 50 % des sujets d'une série de 400 athlètes. Pour Hoette *et al.* [3], il est présent dans 34 % des cas dans une population de 146 joueurs professionnels de football.

Ce sus-décalage n'est pas spécifique des populations sportives et il existe assez banalement chez les sujets jeunes non entraînés comme le montre notre étude, mais il est plus fréquent chez les sportifs et sa hauteur augmente avec le niveau d'entraînement.

Plusieurs auteurs le retrouvent plus fréquemment et de façon plus marquée chez les sportifs de race noire. Balady *et al*. [1] retrouvent une élévation moyenne du point J de 1,7 mm chez des sportifs de race blanche et de 2,2 mm chez des sportifs de race noire.

En pratique, ce sus-décalage associé à une bradycardie est dans la grande majorité des cas suffisamment caractéristique pour ne poser aucun problème diagnostique. Toutefois, il nous est arrivé d'éprouver des difficultés en l'absence de tracé antérieur chez des sujets jeunes, présentant une suspicion de péricardite, ou chez des sujets plus âgés, présentant une douleur thoracique et pour lesquels ce sus-décalage du segment ST pouvait faire évoquer un syndrome de menace coronarien. On peut donc souligner ici l'intérêt évident qu'il y a à réaliser, chez tout sportif, un ECG qui pourra servir de référence dans des situations de ce type.

Sous-décalage du segment ST

Il est rare chez le sportif.

Dans l'étude de Minamitani portant sur l'ECG de 3 000 cyclistes, on ne retrouve une dépression du segment ST de 0,1 mV que dans 3 % des cas. Après arrêt de l'entraînement, cet auteur rapporte l'absence de toute régression du sous-décalage et en fait un argument pour suspecter sa nature pathologique.

Le constat d'un sous-décalage du segment ST à l'état basal chez un sportif doit inciter à la plus grande prudence.

Modifications de l'onde T

Durée de l'onde T

Elle est supérieure chez les sportifs même après correction par la fréquence cardiaque.

Morphologie de l'onde T

Elle apparaît dans les figures 27.4 à 27.6.

En dérivation V_1

Dans notre série, l'onde T est plus souvent négative en V_1 chez les sportifs (50 % des cas) et surtout chez les cyclistes, alors qu'elle est le plus souvent positive chez les sédentaires (71 % des cas).

Dans les autres dérivations

Onde T positive La modification la plus fréquemment décrite est *l'augmentation d'amplitude de l'onde T* . C'est l'aspect appelé « onde T » par les auteurs français. Il est en réalité très peu spécifique et s'il a été mis en évidence chez 20 sportifs de notre série (13,8 %), il a été également rencontré chez 17 sédentaires (11,8 %).

Si, sur l'ensemble de la série, l'amplitude de l'onde T de V_3 à V_6 est en moyenne supérieure chez les sportifs (en V_4, 0,828 ± 0,379 mV *versus* 0,768 ± 0,263 mV), ces différences n'atteignent toutefois pas le seuil de significativité.

La diminution d'amplitude de l'onde T retrouvée chez certains athlètes est à l'inverse beaucoup plus spécifique puisque nous n'avons rencontré cet aspect chez aucun sédentaire. L'onde T apparaît, notamment en précordiales, aplatie et parfois bifide.

Lorsque l'onde T reste positive, ces modifications, si elles sont manifestement associées à un entraînement physique important récent, ne nécessitent pas de bilan cardiologique complémentaire, à condition qu'il n'y ait pas d'autre point d'appel que l'ECG.

Onde T négative En dehors de la dérivation V_1, c'est l'existence d'ondes T négatives qui prête le plus souvent à discussion entre aspect pathologique et physiologique.

La négativité des ondes T est rencontrée plutôt en D_2, D_3, VF ainsi qu'en dérivations précordiales, parfois exclusivement droites, mais plus souvent entre V_3 et V_6.

La fréquence d'ondes T négatives chez les sportifs est diversement appréciée par les différents auteurs. Il est certain que si les ondes T négatives sont plus fréquemment rencontrées dans les populations soumises aux entraînements les plus intenses, l'ancienneté de l'entraînement joue également un rôle important.

Zehender *et al*. [4] estiment que 30 % des sportifs présentent des ondes T négatives. Ce chiffre paraît surestimé, encore qu'il faille différencier les aspects plus communs de négativité terminale de l'onde T de V_2 à V_4, des ondes T globalement négatives.

Venerando estime à 10,3 % et Hanne-Paparo à 14,5 % le pourcentage de sportifs entraînés présentant des ondes T globalement négatives.

Balady *et al.* [1] évaluent à 13 % ce pourcentage dans un groupe de 289 footballeurs, dont l'examen ECG peut faire évoquer un aspect compatible avec une ischémie myocardique.

Ce n'est parfois qu'après des années d'entraînement que ces modifications apparaissent. Nishimura décrit le cas d'un athlète chez qui il constate l'apparition d'une onde T négative après 5 ans de suivi.

Ces mêmes auteurs, qui ont suivi 6 cyclistes de 44 à 47 ans s'entraînant régulièrement depuis 26 ans, constatent, après un suivi de 5 ans, que les particularités de la repolarisation se majorent encore chez 5 sujets.

On peut donc conclure que plus la durée d'entraînement est longue plus on a de chances de voir apparaître des particularités de la repolarisation. Pour la même raison, il est logique de découvrir davantage de ces particularités dans les groupes de sportifs plus âgés. C'est ainsi que dans notre série de sujets de 20 ans, nous n'avons trouvé un aspect d'onde T nettement négative que chez 5 % des sportifs (et chez aucun sédentaire).

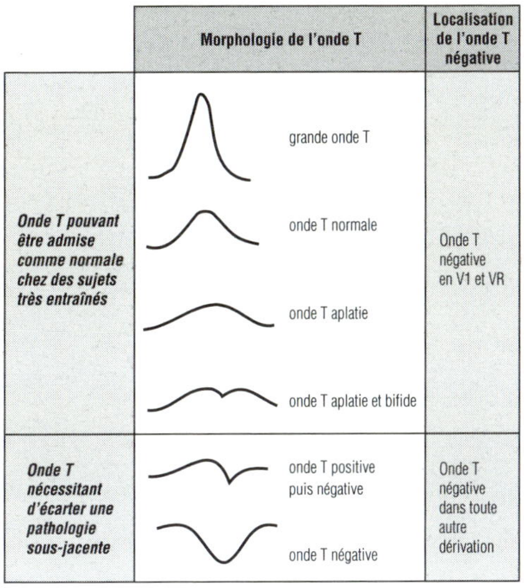

Fig. 27.4. Onde T chez les sujets très entraînés : signification en fonction de la morphologie et de la localisation.

Conduite à tenir devant la constatation d'ondes T négatives chez le sportif entraîné

Seul un entraînement intense peut être à l'origine d'une modification physiologique de ce type. Cet aspect chez un sportif moyen doit être considéré *a priori* comme pathologique.

En l'absence d'une anomalie flagrante comme un bloc de branche ou un syndrome de préexcitation ventriculaire, qui peuvent expliquer les anomalies de la repolarisation, il faut savoir écarter systématiquement une autre cardiopathie.

Avant 35 ans

Une *cardiomyopathie hypertrophique* (CMH) doit être écartée, surtout s'il existe des antécédents familiaux évocateurs, comme une mort subite, et si le sujet présente un souffle cardiaque… On sait, qu'outre les troubles de la repolarisation, l'ECG peut présenter des ondes Q de pseudonécrose à rechercher attentivement. Le diagnostic passe par l'échocardiographie, qui résoudra le problème si l'épaisseur ventriculaire gauche est dans les limites de la normale, ou si, à l'inverse, il s'agit d'une CMH flagrante. En revanche, les hypertrophies pariétales isolées supérieures à 13 mm peuvent poser des problèmes délicats d'interprétation.

Une *dysplasie ventriculaire droite*, cardiopathie arythmogène ventriculaire grave, a parfois été mise en évidence chez des athlètes de haut niveau et peut s'accompagner, au plan électrique, de troubles de la repolarisation en précordiales droites.

Après 35 ans

Une *coronaropathie* peut se manifester plus précocement en cas de facteurs de risques majeurs ou d'anomalie congénitale des coronaires.

La recherche d'une symptomatologie clinique et la recherche de facteurs de risques sont le pivot du raisonnement clinique qui conduit, au moindre doute, à la réalisation d'examens complémentaires.

L'effet d'une épreuve d'effort sur ces particularités des ondes T est diversement apprécié par les auteurs. Certains, comme Balady, décrivent une normalisation constante à l'effort des ondes T négatives liées à l'entraînement, alors que d'autres décrivent un comportement variable avec ou sans normalisation.

Mais de toute façon, la normalisation ou la non-normalisation des ondes T à l'effort n'est pas un argument diagnostique pour ou contre une coronaropathie. Seul le comportement du segment ST a dans ce domaine une valeur.

Il faut savoir que toutes les particularités de la repolarisation liées à l'entraînement se normalisent en quelques mois après arrêt de l'exercice physique. C'est le moyen ultime que l'on possède pour affirmer leur nature. Mais demander à un sportif professionnel de cesser toute activité physique afin de pouvoir le rassurer dans un deuxième temps sur la bénignité du tableau présenté n'est pas à l'évidence une attitude très réaliste. On sera donc conduit dans la plupart des cas à réaliser des examens complémentaires pour approcher du diagnostic sans perturber excessivement la vie de ces athlètes.

L'évolution du segment ST à l'effort et la scintigraphie myocardique d'effort ont des limites chez le sportif, qui peut présenter des faux positifs et des faux négatifs à ces deux examens.

En cas de doute, c'est la coronarographie qui pourra trancher (voir chapitre 39). Si, dans la majorité des cas, les coronarographies réalisées dans ce contexte se révèlent normales, il faut pourtant savoir que le fait d'être un sportif entraîné n'exclut pas le fait de présenter une pathologie coronaire. Les coronaropathies sont la première cause de mort subite au cours de l'effort sportif après 35 ans.

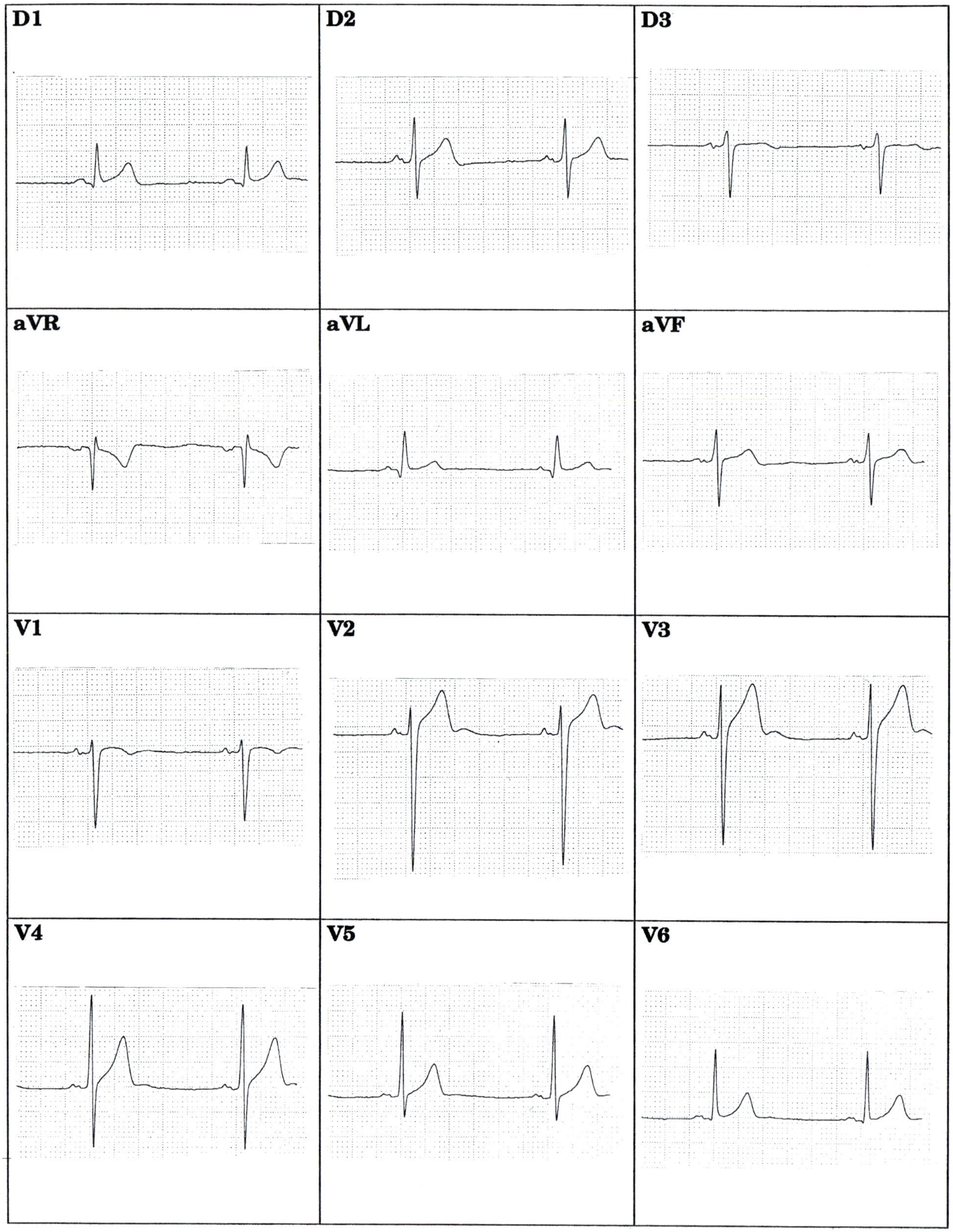

Fig. 27.5. ECG d'un sujet de 23 ans, de niveau national en rugby, 75 kg, 1,82 m. La fréquence cardiaque à 49 b/min témoigne de l'entraînement physique. Peu d'autres modifications : aspect typique de sus-décalage du point J en V_2, V_3, V_4 avec ST ascendant.

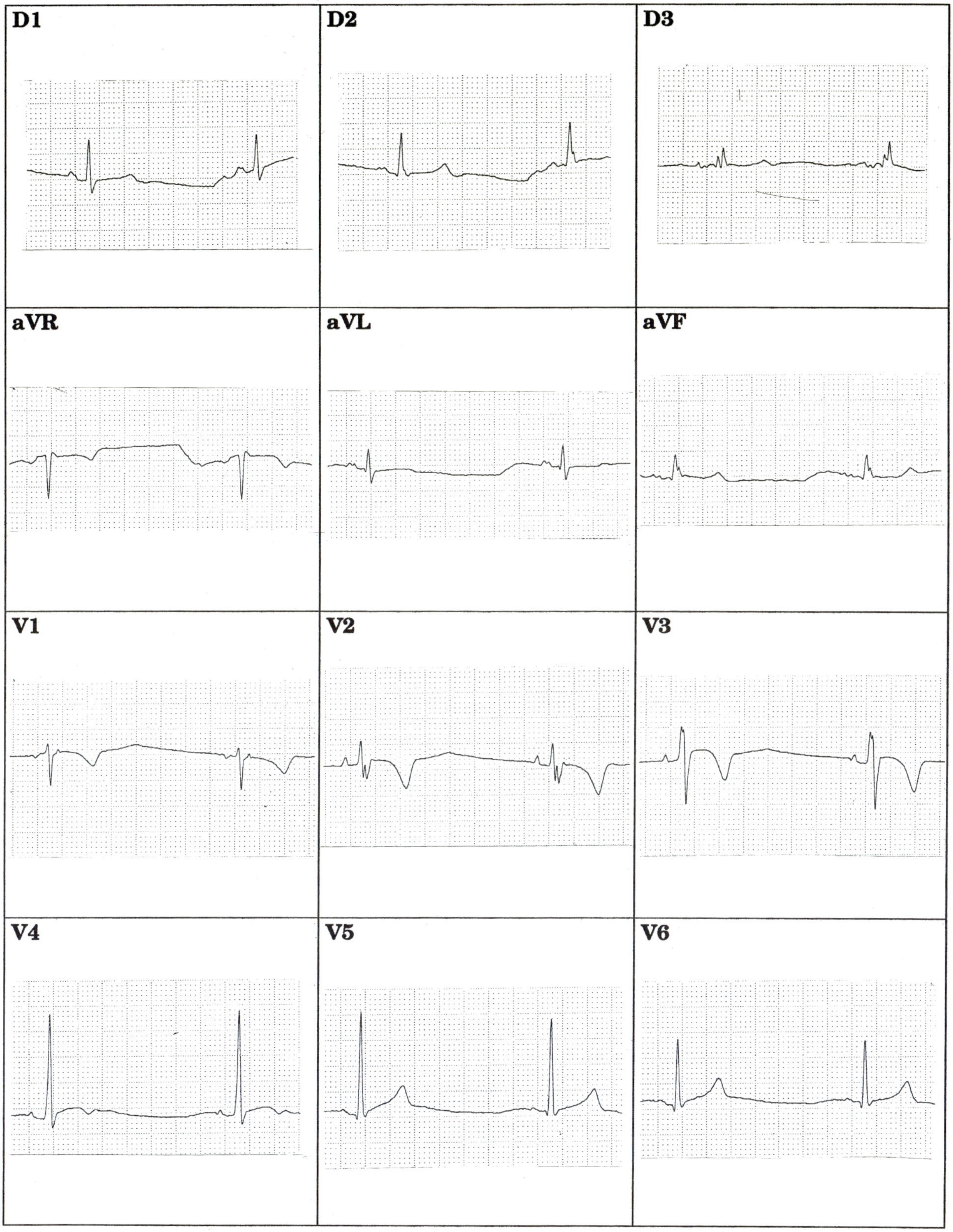

Fig. 27.6. ECG d'un cycliste de niveau national, 21 ans, 68 kg, 1,86 m. La fréquence cardiaque à 40 b/min témoigne de l'entraînement physique. Onde T négative en V_1, V_2, V_3 et V_4. Dysplasie arythmogène du ventricule droit.

Conclusion

Au total, la comparaison entre deux populations d'hommes de 20 ans, l'une constituée de sportifs performants et l'autre de sédentaires, montre que, malgré l'analyse de très nombreux critères, les différences électrocardiographiques portent sur des nuances et qu'il existe d'importantes zones de recouvrement entre les deux populations.

Les particularités de la repolarisation chez le sportif sont loin d'être systématiques et d'excellents athlètes en sont « indemnes ».

Les aspects comportant des ondes T négatives, en dehors de V_1, doivent conduire à une analyse clinique soigneuse, qui sera complétée par une échocardiographie et des épreuves d'effort avant d'être mis exclusivement sur le compte de l'entraînement.

Des examens invasifs, comme une coronarographie, ne seront que rarement envisagés.

Bibliographie

[1] Balady GJ, Cadigan JB, Ryan TJ. Electrocardiogram of athlete : an analysis of 289 professional football players. *Am J Cardiol* 1984; 53 : 139-43.

[2] Brion R, Huet F, Benjelloun A, Guigue H, Warme-Janville B, Beauchene H *et al. Étude comparative de l'ECG numérisé chez 150 sportifs et 150 sédentaires de 20 ans. Cœur et sport sur l'homme à l'effort.* Paris : 2e Congrès international Cœur et sport, février 1989.

[3] Hoette CA, Clarck BA, Wolff GA. Cardiac function and physical response of 146 professional football players to graded exercise stress. *J Sports Med* 1986; 26 : 34-42.

[4] Zehender M, Meinertz T, Keul J, Just H. ECG variants and cardiac arrhythmias in athletes : clinical relevance and prognostic importance. *Am Heart J* 1990; 119 (6) : 1378-91.

Pour en savoir plus

Berteau P. *Médecine du sport. 1. Électrocardiographie du sportif.* Paris : Masson, 1982 : 102 p.

Carre F. *Médecine du sport. 6. La surveillance cardiologique du sportif.* Paris : Masson, 1988 : 90 p.

28

Troubles de la conduction

La conduction atrio-ventriculaire comprend le nœud atrio-ventriculaire (AV) et le système de His-Purkinje. C'est essentiellement le nœud AV dont les caractéristiques sont modifiées par l'effort et l'entraînement sportif. Ce sont des lésions intrahisiennes qui peuvent entraîner un bloc d'effort. Le but de l'examen cardiologique, sur le plan du rythme cardiaque, est de différencier les troubles de conduction fonctionnels de ceux qui sont organiques, et dans ces derniers d'en préciser le siège : nodal, considéré comme bénin, sur le His-Purkinje, potentiellement plus grave.

Effets de l'exercice sur la conduction

L'exercice entraîne des modifications du système nerveux autonome : une hyperactivité adrénergique et une inhibition vagale. Ces modifications améliorent les caractéristiques de l'automatisme sinusal et de la conduction atrio-ventriculaire : accélération du rythme sinusal, raccourcissement du temps de conduction nodal, raccourcissement de ses périodes réfractaires. En revanche, s'il existe une insuffisance coronaire, l'augmentation de la demande en oxygène entraîne une hypoxie myocardique et une ischémie qui peuvent faire apparaître un trouble de la conduction, comme par exemple un bloc de branche.

À l'arrêt de l'effort, survient une hypertonie vagale, accompagnée parfois d'une hypotension voire d'une ischémie post-effort. Cette hypotension post-effort est due à une diminution du retour veineux ventriculaire droit à l'arrêt de l'activité musculaire, alors que la vasodilatation périphérique persiste, entraînant une chute du débit cardiaque et du débit coronarien. Elle est à l'origine des syncopes survenant après l'effort.

L'entraînement régulier au sport induit des changements fonctionnels et structurels du système cardiovasculaire qui sont des adaptations physiologiques à l'augmentation de la demande métabolique musculaire. En particulier, le rythme cardiaque est modifié dans le sens de bradycardies de repos (fig. 28.1). Ainsi, des bradycardies sinusales jusqu'à 30 par minute sont-elles habituelles chez les marathoniens ou les cyclistes, avec apparition de rythmes jonctionnels de substitution (fig. 28.2). Par ailleurs, peuvent apparaître des blocs atrioventriculaires du premier et du deuxième degré de type Wenckebach (fig. 28.3). Ces changements sont dus à la baisse du tonus sympathique de repos et d'effort et à une augmentation relative du tonus vagal, accompagnées d'une diminution du rythme sinusal intrinsèque.

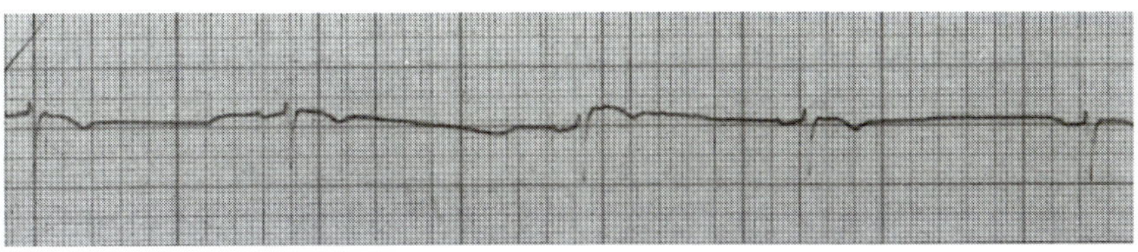

Fig. 28.1. Bradycardie sinusale de repos à 35 b/min chez un marathonien.

Ces bradycardies ne sont pas rares dans une population jeune, mais leur incidence est nettement différente lorsque l'on compare des sujets non entraînés avec des populations d'athlètes du même âge. Ainsi des pauses sinusales dépassant 2 secondes peuvent être enregistrées avec le Holter dans une population de sédentaires en bonne santé avec une incidence faible, de 1 à 5 % selon Djiane *et al.* (1979). On retrouve une valeur comparable de 5,7 % chez les 35 sujets jeunes non entraînés ou en début d'entraînement de la série finlandaise de Viitasalo, contrastant avec l'incidence de 37 % chez les 35 sportifs entraînés du même auteur. Ces bradycardies sinusales chez les athlètes s'accompagnent dans 20 % des cas de rythmes jonctionnels avec dissociation atrio-ventriculaire, ce qui n'est jamais observé dans la série témoin.

Dans les mêmes séries, l'incidence de blocs atrio-ventriculaires (BAV) du premier degré va de 8 à 14 % chez des sujets jeunes, à cœur normal et non sportifs, avec des périodes de Wenckebach nocturnes dans 6 % des cas. La proportion de BAV I sur l'ECG est de 10 à 18 % dans la série de 1 000 sportifs de Potiron-Josse (1982). Cette incidence monte à 37 % de BAV I et 23 % de Wenckebach dans la série de Viitasalo, chiffre comparable aux 28 % des 11 cyclistes professionnels de Ducardonnet *et al*. (1984). Il ne semble pas s'observer de bloc de plus haut degré. En effet, si la série finlandaise trouve un bloc de type Mobitz II chez trois sujets entraînés (8,6 %), cette constatation est

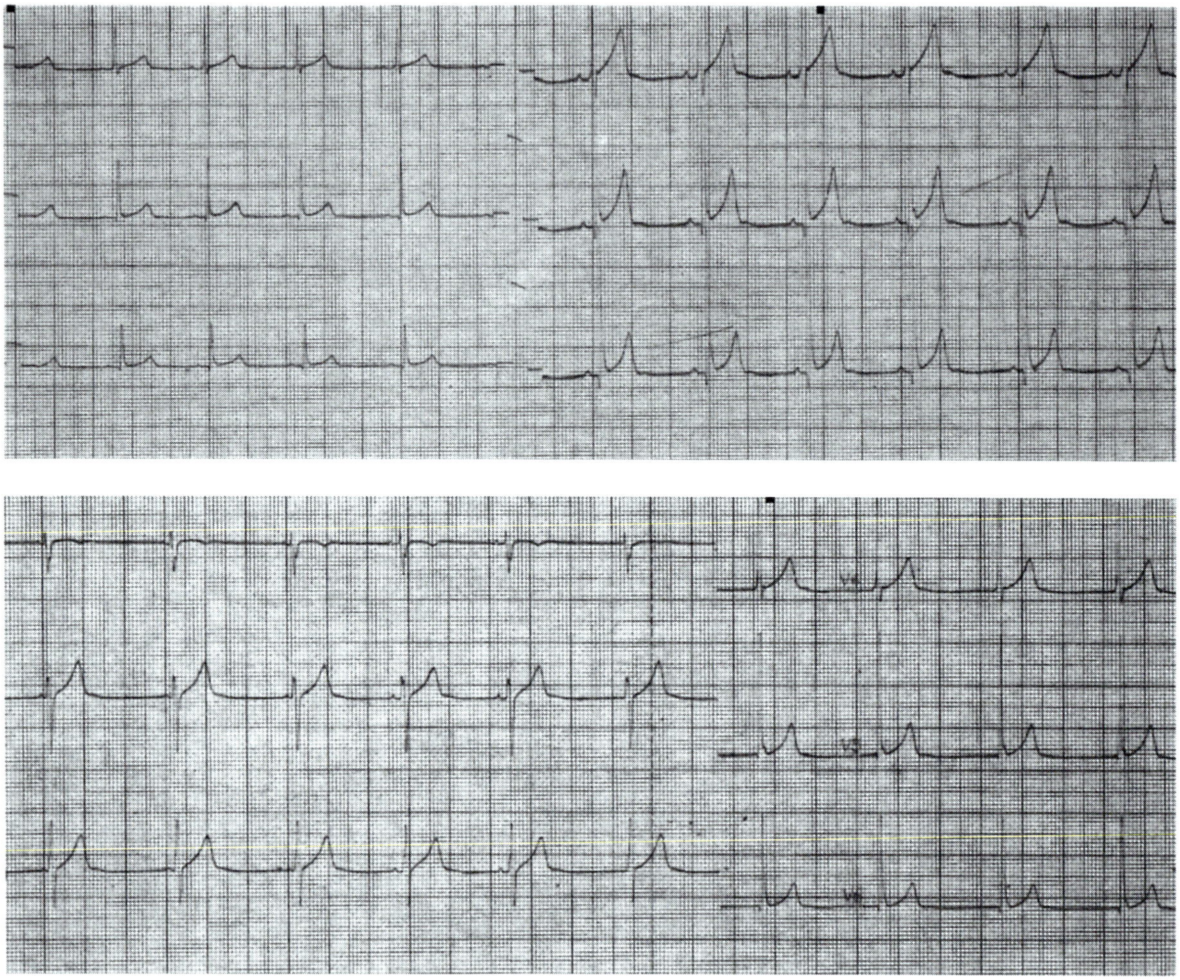

Fig. 28.2. Rythme jonctionnel d'échappement sur une bradycardie sinusale vagale chez un footballeur de 25 ans.

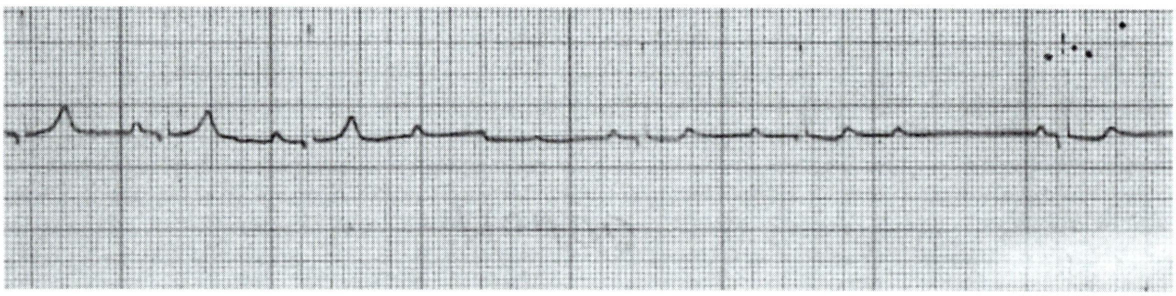

a

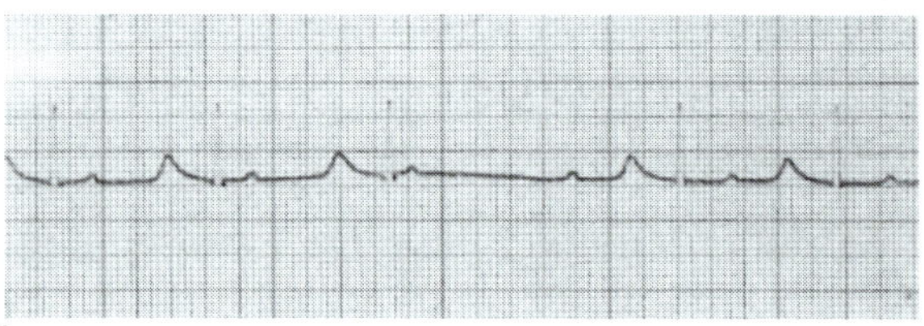

b

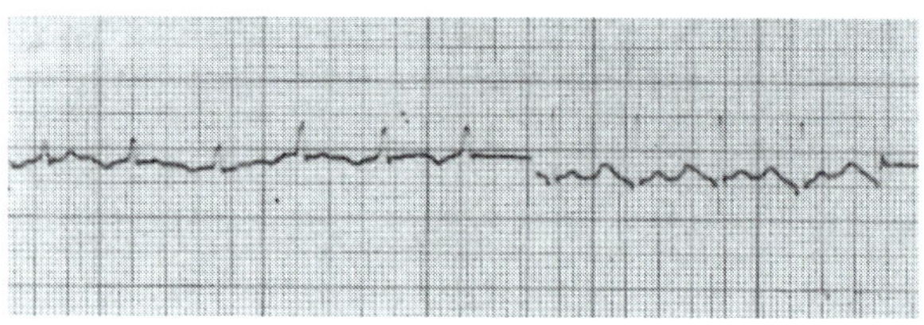

c

Fig. 28.3. Périodes de Wenckebach chez un cycliste de haut niveau, âgé de 29 ans, au repos (a et b) et disparition à l'effort (c).

toujours associée à la présence d'un bloc du premier degré et de périodes de Wenckebach, alors qu'il n'y en a aucun dans la série témoin. Bien que le bloc de type Mobitz II soit en principe sous-hisien, et donc considéré comme grave, il est probable que dans cette série, il s'agisse d'une forme atypique de Wenckebach, donc de siège nodal, avec un espace PR qui reste fixe, mais prolongé sur plusieurs cycles avant l'onde P bloquée. Le diagnostic de Wenckebach atypique se fait sur le raccourcissement de l'espace PR sur le cycle suivant l'onde P bloquée.

Ces bradycardies et ces blocs du premier degré sont asymptomatiques. Ils se caractérisent par leur diminution à l'orthostatisme et leur régression à l'effort (fig. 28.3). Inversement, ils s'accentuent la nuit, en période d'hypervagotonie, et la coïncidence d'une accentuation de la bradycardie sinusale et du bloc atrio-ventriculaire est très suggestive du caractère fonctionnel de la bradycardie. Par exemple, l'espace PR des 11 cyclistes déjà cités passait de 178 ± 39 ms de jour à 223 ± 44 ms de nuit. Enfin ils disparaissent après arrêt de l'entraînement, et le suivi à long terme ne montre pas de réapparition du bloc, lorsque les activités sportives ne sont pas reprises.

Découverte d'un trouble de la conduction chez un sportif entraîné

Une telle constatation nécessite un bilan cardiovasculaire complet à la recherche d'une cardiopathie. Ce bilan doit comporter une épreuve d'effort maximale et un enregistrement Holter, si possible pendant un entraînement sportif, afin de reproduire au maximum les caractéristiques du stress habituel du sujet.

En fait, on distingue facilement ce qui revient aux conséquences de l'entraînement de ce qui est pathologique. En effet, la régression du bloc du premier degré à l'effort, la disparition des périodes de Wenckebach montrent bien le caractère fonctionnel du trouble. En revanche, un bloc de plus haut degré peut nécessiter de vérifier sa disparition après arrêt de l'entraînement. Inversement, une accentuation à l'effort justifierait une exploration électrophysiologique (voir *infra*).

De même, l'apparition d'un bloc de branche droit est considéré comme bénin, s'il est incomplet. Un bloc complet doit faire rechercher une cardiomyopathie, qu'il soit droit ou gauche (fig. 28.4).

Un cas particulier est la syncope d'effort ou post-effort, qui doit être interprétée avec prudence, et la coexistence d'une bradycardie de repos, ou d'un bloc auriculo-ventriculaire incomplet (BAV I), ne doit pas faire établir systématiquement de relation de cause à effet. Il peut s'agir d'un phénomène purement hémodynamique, ou encore d'un trouble du rythme ventriculaire. Cependant, dans certains cas, que l'on pourrait appeler de vagotonie non physiologique, bradycardie sinusale et bloc AV peuvent faciliter des lipothymies ou des syncopes à l'arrêt de l'effort, accentuant les phénomènes mentionnés plus haut, ou encore lors d'émotions ou de douleurs intenses.

Découverte d'un trouble de la conduction lors de l'examen en vue de l'aptitude au sport

Le bilan cardiovasculaire standard à la recherche d'une cardiopathie doit être pratiqué, comme devant tout trouble de la conduction de découverte fortuite. Il doit comprendre une étude rythmologique non invasive, avec un Holter, et une épreuve d'effort maximale. La poursuite des investigations dépend du degré de l'anomalie constatée.

Blocs de branche

Un bloc de branche droit incomplet chez un sujet jeune n'est qu'exceptionnellement lié à une cardiopathie, et doit être considéré comme sans importance, simple variante de la normale. Un bloc de branche complet impose la recherche d'une cardiopathie, qu'il soit gauche ou droit, cardiomyopathie débutante ou dysplasie ventriculaire droite. Il n'y a pas de contre-indication à l'activité sportive si le bloc paraît idiopathique, et en particulier en cas de bloc droit isolé, ou encore de bloc gauche homophasique.

L'apparition d'un bloc de branche à l'effort est une éventualité rare. Il ne doit pas être interprété comme un bloc de branche fonctionnel en rapport avec l'accélération du rythme cardiaque. En effet, l'effort raccourcit les périodes réfractaires des branches du His, et devrait améliorer leur conduction, à l'inverse de ce qui s'observe lors d'une tachycardie supraventriculaire non liée à l'effort. Ce type de bloc d'effort survient pratiquement toujours en présence d'une cardiopathie, souvent ischémique, qu'il faut rechercher. Ainsi, les 16 patients de Wayne qui avaient un bloc de branche d'effort étaient beaucoup plus âgés qu'une population de sportifs (59 ± 9 ans), et étaient tous coronariens. De même, si De Maria induit 8 blocs de branche lors de 733 épreuves d'efforts, 7 surviennent dans le cadre d'une cardiopathie (voir encadré et fig. 28.4).

Conférence de Bethesda

BBD et BBG

Faire :
- ECG
- Holter
- ECG d'effort
- échocardiographie

Recommandations :
- pas de contre-indications si absence à l'effort de SF, BAV, ESV
- *idem* si axe gauche associé

BBG chez l'enfant : mêmes examens et recommandations

Ajouter l'électrophysiologie : pas de contre-indications si celle-ci est normale; mettre un *pacemaker* en cas contraire

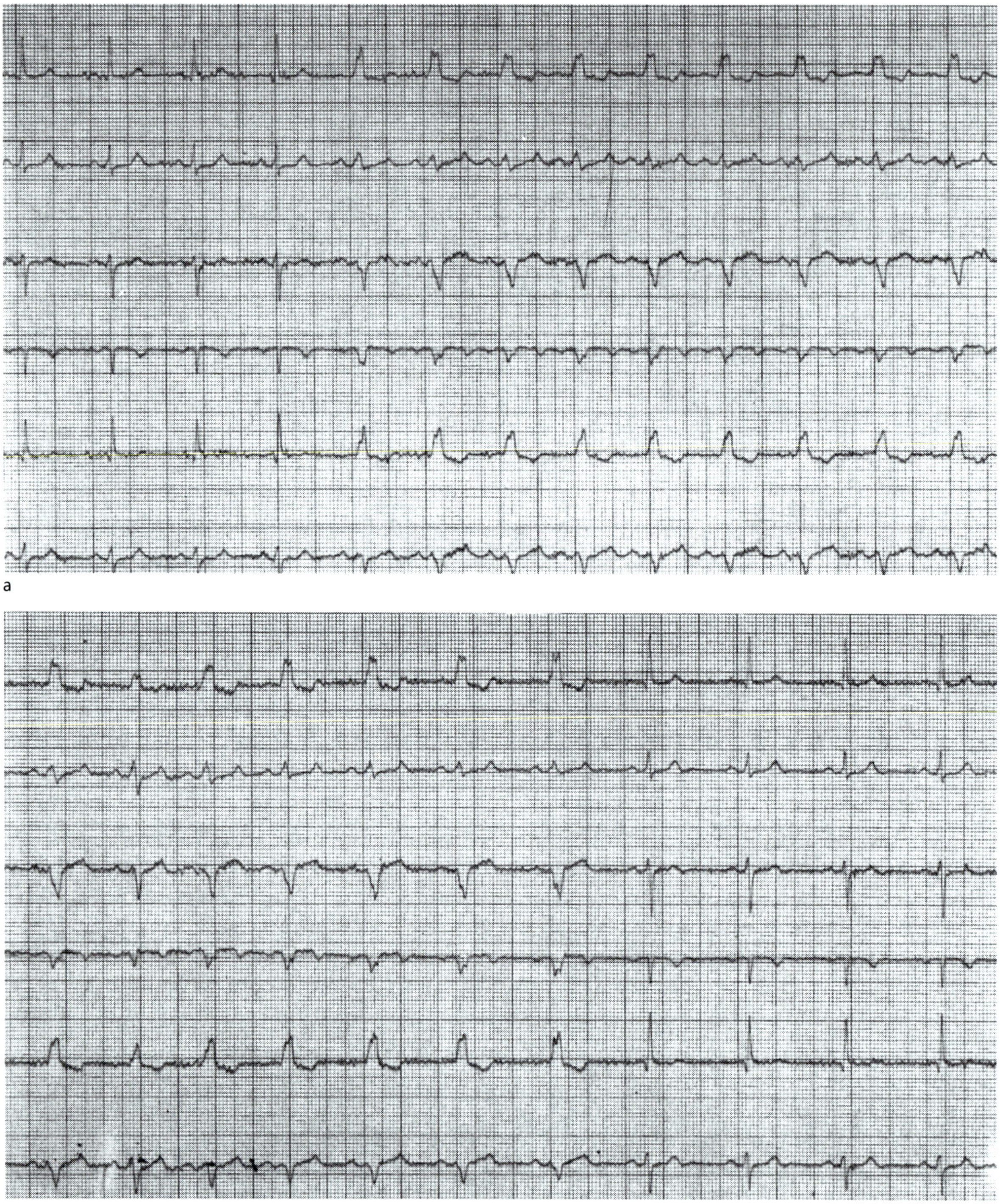

Fig. 28.4. Bloc de branche gauche d'effort (a) régressant à la récupération (b).

Blocs atrio-ventriculaires (BAV)

Certains sont de toute évidence bénins, et ne nécessitent pas d'investigation particulière : un adolescent asymptomatique en début d'activité sportive peut avoir une bradycardie sinusale et un BAV du premier degré qui ne s'expliquent pas par le degré d'entraînement. Il n'y aura pas d'accentuation ultérieure de ces anomalies avec l'entraînement.

Un bloc atrio-ventriculaire de degré supérieur chez un sujet jeune peut être fonctionnel, s'il n'est pas du troisième degré. On peut aussi découvrir un bloc organique, souvent congénital mais parfois acquis. Dans le cadre de la médecine

Conférence de Bethesda

BAV I
Si PR > 0,30 s faire :
- ECG
- ECG d'effort
- Holter
- échocardiographie

Recommandations
Pas de contre-indications si :
- absence de signes fonctionnels
- cœur normal
- BAV non aggravé à l'effort

du sport, il est en principe asymptomatique, mais l'interrogatoire doit rechercher de brèves sensations lipothymiques qui n'auraient pas inquiété le sujet.

Des périodes de Wenckebach au repos et qui disparaissent à l'effort, même s'accentuant sur le Holter en période nocturne, sont de type vagal et ne sont pas une contre-indication au sport. En revanche, une accentuation du bloc à l'effort justifierait une exploration électrophysiologique pour situer le niveau du bloc (voir *infra*).

Un bloc de type Mobitz II, un BAV du deuxième degré de plus haut niveau (2/1, 3/1) ou un BAV complet nécessitent des investigations plus poussées pour localiser leur site, sauf si un tel bloc est provoqué par une manœuvre vagale. En effet, le niveau d'un bloc spontané ne peut pas être caractérisé à coup sûr par la durée du QRS : un bloc AV à QRS fins peut être tronculaire, comme un échappement à QRS larges peut être en rapport avec un bloc nodal, avec un bloc de branche sans rapport avec ce dernier. L'épreuve d'effort peut permettre de localiser le siège du bloc, car un bloc qui régresse à l'effort est *a priori* bénin, de siège nodal. Un bloc qui s'accentue à l'effort est tronculaire ou parfois distal.

Ainsi, dans la série de Perrot *et al.* (1984) qui comprenait 21 patients avec un BAV du premier degré, les seuls s'aggravant à l'effort étaient deux blocs tronculaires. En revanche, l'absence de régression du trouble de conduction ne permet pas de conclure, l'effort pouvant être insuffisant pour lever un bloc fonctionnel. C'est alors l'exploration électrophysiologique qui est nécessaire pour localiser le niveau du bloc. En effet, un bloc nodal peut être considéré comme bénin, lorsque le patient accélère suffisamment son rythme d'échappement à l'effort, et il existe plusieurs exemples de sportifs performants avec un tel bloc non appareillé. En revanche, un bloc tronculaire ou distal correspond à des lésions plus graves et reste une contre-indication au sport, même s'il est bien toléré. C'est d'ailleurs une indication formelle à l'appareillage par stimulateur cardiaque.

Conférence de Bethesda

BAV II
Faire :
- ECG
- ECG d'effort
- échocardiographie
- électrophysiologie, si BDB associé

Recommandations
1. Pas de contre-indications si :
- cœur normal
- BAV non aggravé à l'effort
2. Contre-indications selon les limites de la cardiopathie
3. Prévoir un *pacemaker* si bloc aggravé à l'effort (apte IA)

BAV II acquis : prévoir un *pacemaker*

BAV congénital
Faire :
- ECG
- ECG d'effort
- Holter
- échocardiographie

Recommandations
Pas de contre-indications si :
- cœur normal
- absence de signes fonctionnels
- QRS étroits
- FC de repos > 40/min, augmentant à l'effort
- absence d'ESV à l'effort

En cas contraire : *pacemaker* et décision en fonction des résultats de l'ECG d'effort

Sport et stimulateur cardiaque

La présence d'un stimulateur cardiaque n'est pas une contre-indication formelle à l'activité sportive. Il faut cependant que le patient ait un appareil accélérant à l'effort pour lui permettre de s'adapter facilement à l'exercice. Il s'agit d'un appareil double chambre, en cas de bloc atrio-ventriculaire avec une activité atriale normale, d'un stimulateur ventriculaire à fréquence asservie en cas de fibrillation atriale associée au bloc, d'un stimulateur atrial à fréquence asservie en cas de dysfonction du sinus sans trouble de conduction associé. Il faut veiller à régler la fréquence plafond du stimulateur de façon suffisamment haute pour permettre l'exercice sportif au-dessus de 150 b/min.

Pour en savoir plus

26TH BETHESDA CONFERENCE. Recommendations for determining eligibility for competition in athletes with cardiovascular abnormalities. *J Am Coll Cardiol* 1994; 24 : 845-99.

DJIANE P, EGRE A, BORY M, SAVIN B, MOSTEFA S, SERRADIMIGNI A. L'enregistrement électrocardiographique chez les sujets normaux. *Arch Mal Cœur* 1979; 77 : 655.

DUCARDONNET A, BOURDON A, PORTE G, DUMOULIN P, POTIRON-JOSSE M. Analyse fréquentielle et rythmique du Holter chez des cyclistes professionnels de haut niveau « en saison ». *Mises à jour Cardiol* 1984; 13 : 155-62.

PERNOT C. Aptitude cardiovasculaire au sport chez l'enfant. *Rev Prat* 1981; 31 : 1785-94.

PERROT B, GODENIR JP, CHERRIER F, FAIVRE G. Limites de l'évaluation des blocs auriculoventriculaires par l'épreuve d'effort. *Mises à jour Cardiol* 1984; 13 : 173-80.

POTIRON-JOSSE M. Analyse de 1 000 électrocardiogrammes chez le sportif. *Mises à jour Cardiol* 1982; 11 : 317-24.

Troubles du rythme supraventriculaire

Sommaire

Les troubles du rythme supraventriculaire mettent rarement en jeu le pronostic vital, mais peuvent provoquer une impotence passagère source d'accidents ou de gêne dans l'activité sportive.
Ils n'ont pas l'*a priori* péjoratif des troubles du rythme ventriculaire, mais se traduisent de façon plus spectaculaire lors d'efforts physiques.

Signes révélateurs

Le mode de révélation est très variable d'un sujet à l'autre, en fonction du type de trouble du rythme, et en fonction de l'accélération cardiaque de celui-ci.
Le symptôme le plus fréquent est la sensation de palpitations, qui inquiète le sportif, diminue la performance, voire oblige à l'arrêt de l'effort; on retrouve souvent à l'origine une tachycardie paroxystique supraventriculaire (TPSV).
D'autres fois, le sportif ressent une impression de malaise difficile à définir, l'obligeant par exemple à descendre de vélo et à s'asseoir dans l'herbe quelques minutes, avant de remonter en selle; cela évoque plus volontiers une fibrillation auriculaire paroxystique; mais il faudra dans ce cas écarter un trouble du rythme ventriculaire plus grave.
La perte de connaissance est rare et se voit dans les accélérations du rythme cardiaque supérieures à 220/min sur cœur sain, ou dans des formes rares mais graves de fibrillation auriculaire sur préexcitation.
Dans l'ensemble, il faut retenir qu'un symptôme inhabituel survenu au cours d'une activité sportive, y compris pendant la phase de récupération, doit être considéré comme suspect *a priori* et faire rechercher en priorité un trouble du rythme cardiaque. Parfois, la découverte peut être systématique, à l'occasion d'un examen médical (extrasystoles, par exemple).

Fibrillation auriculaire (FA) et *flutter*

La fibrillation est paroxystique dans la forme qui intéresse le sportif; elle peut être vagale ou catécholergique.

Fibrillation auriculaire vagale

Elle survient quelques secondes à quelques minutes après l'arrêt d'un effort intense (sprint en fin de compétition, par exemple), chez des sujets prédisposés la plupart du temps, liée à un réflexe vagal brutal qui provoque hypotension artérielle et bradycardie sinusale, qui peut se transformer en fibrillation auriculaire transitoire.

Il faut dans ce cas apprendre au sportif à ne pas arrêter brusquement un effort, à continuer à courir quelques minutes après le passage de la ligne d'arrivée, par exemple, ce qui évite l'à-coup vagal. Ce trouble du rythme est considéré comme bénin.

La fibrillation peut survenir la nuit, déclenchée lors du ralentissement progressif, vagal, de la fréquence cardiaque. Cet incident, bien que bénin également, peut être symptomatique; il peut s'aggraver par la pratique d'un sport d'endurance, type course à pied sur longue distance, et devenir plus ou moins gênant. Il n'y a guère de traitement médical efficace, et la sanction est parfois l'arrêt des activités d'endurance, pour diminuer le frein vagal nocturne.

Fibrillation auriculaire catécholergique et *flutter*

Plus fréquente, elle survient pendant l'effort physique (fig. 29.1), souvent au moment d'un effort pénible (course en côte) ou lors d'un choc (réception du plongeon en natation).

Elle est en règle de durée brève (quelques secondes à quelques minutes) et pose surtout un problème de prévention des récidives, en règle par une modification de l'entraînement, voire de l'activité sportive. Plus rarement, on a recours à un traitement antiarythmique, voire à un traitement anticoagulant.

Elle justifie bien entendu un bilan cardiologique, en particulier un ECG de repos pour éliminer une préexcitation associée, qui changerait le pronostic et la conduite à tenir.

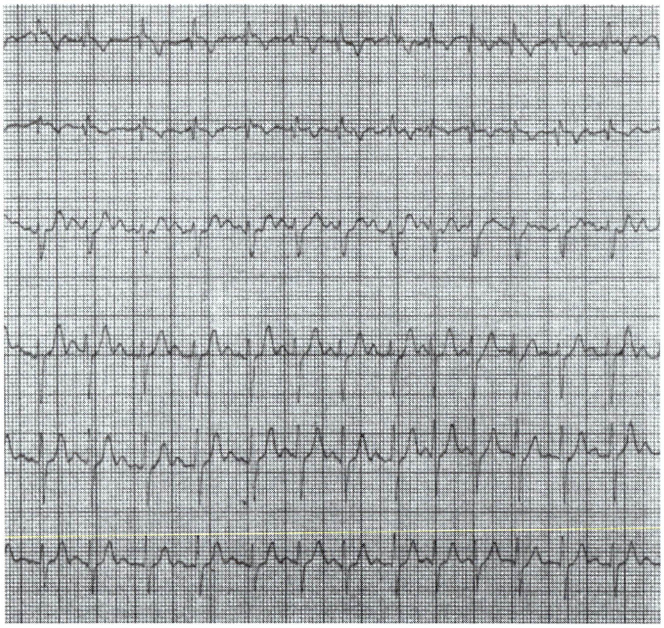

Fig. 29.1. Fibrillation auriculaire paroxystique chez un coureur de fond de 50 ans.

Conférence de Bethesda

En cas de *flutter* auriculaire (sans préexcitation), il est recommandé de faire une échocardiographie et un test d'effort pour évaluer la réponse ventriculaire à l'effort sous traitement, ainsi que des Holter :

- en cas de *flutter* sur cœur normal avec réponse ventriculaire correcte, on peut autoriser les sports de faible intensité, type IA (mais risque de conduction 1/1); en cas de non-récidive au bout de 3 à 6 mois, on peut redonner l'aptitude
- en cas de *flutter* sur cœur anormal, après 3 à 6 mois sans récidive sous traitement, on peut autoriser les sports de faible intensité, type IA

En cas de fibrillation auriculaire (sans préexcitation), faire les mêmes tests que pour le *flutter* :

- une FA sur cœur normal avec réponse ventriculaire correcte permet de maintenir l'aptitude sportive
- une FA sur cœur anormal avec réponse ventriculaire correcte amène une décision tenant compte de la cardiopathie sous-jacente
- si traitement anticoagulant, éviter les sports à risque de collision

Il est nécessaire d'authentifier le trouble du rythme, ce qui sera fait à l'aide d'un test d'effort, plus souvent d'un enregistrement Holter comprenant un entraînement sportif habituel.

Si les crises se répètent trop souvent, cela devient une contre-indication à la poursuite de la compétition, l'aggravation se faisant par un déclenchement de la fibrillation pour des efforts ou chocs de moins en moins importants.

Les antiarythmiques sont assez efficaces dans les crises déclenchées par l'effort, mais peu efficaces dans les crises déclenchées par des chocs directs. Les médicaments les plus efficaces semblent être les bêtabloquants, qui posent dans ce cas le problème particulier du dopage.

Tachycardie paroxystique supraventriculaire (TPSV) ou maladie de Bouveret

La TPSV (fig. 29.2) se voit plus volontiers chez le jeune sportif, qui sent la crise débuter par un déclic, suivi d'un emballement du cœur entre 160 et 250/min ; la tachycardie peut être oppressante, rarement syncopale, parfois non ressentie (et découverte sur les variations de FC du cardiofréquence-mètre) ; elle dure de quelques minutes à plusieurs heures et cède aussi brutalement, en particulier après des manœuvres vagales.

Le diagnostic en est assez facile à l'interrogatoire, mais doit être étayé par un enregistrement ECG type Holter, surtout si le facteur déclenchant est le geste sportif ou le stress avant la compétition. Dans cette forme, il est également important d'éliminer une préexcitation au moyen d'un ECG de repos.

Pendant la crise, les manœuvres vagales permettent habituellement le retour au rythme normal, en pratique par la compression des globes oculaires, ou le massage carotidien.

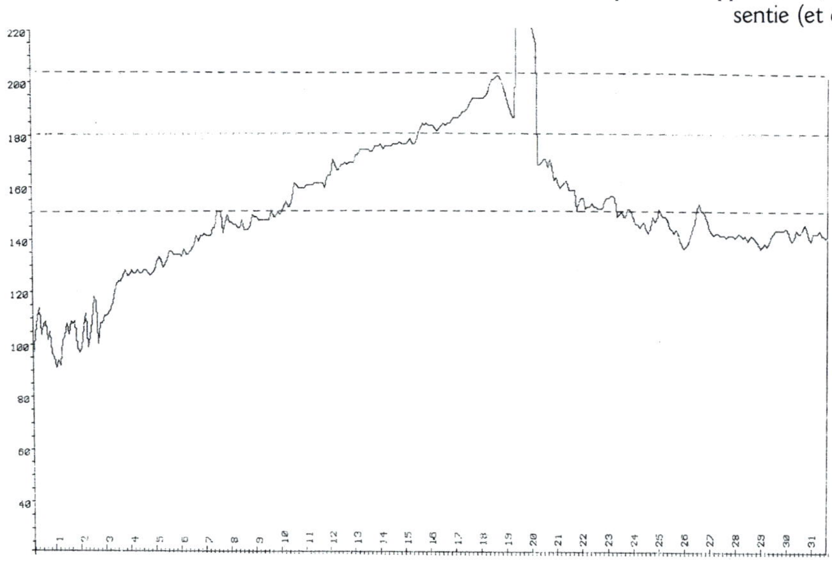

Fig. 29.2. Courbe de fréquence cardiaque montrant une crise de TPSV lors d'une épreuve d'effort sur ergocycle chez un cycliste (la fréquence maximale atteinte est de 232 b/min).

Les digitaliques doivent être évités s'il existe un doute sur une préexcitation.

L'autorisation de la poursuite du sport tiendra compte de la gêne ressentie par le sportif, de la fréquence et de la durée des crises ; un traitement antiarythmique peut être justifié dans les formes sévères (rythme cardiaque très rapide, crises déclenchées par de petits efforts, crises longues).

Comme pour la fibrillation auriculaire adrénergique, c'est la répétition des crises qui fera interdire la poursuite des compétitions, en sachant que l'efficacité des antiarythmiques, et en particulier des bêtabloquants, est semblable à la fibrillation auriculaire.

Pour mémoire, en cas d'échec des médicaments, on peut proposer un traitement en cardiologie interventionnelle avec ablation du foyer arythmogène par voie endocavitaire.

Conférence de Bethesda

L'aptitude sportive peut être maintenue à partir du moment où le traitement médical permet de corriger le trouble du rythme et si le cœur est normal. En cas d'ablation chirurgicale, l'aptitude peut être redonnée après 3 à 6 mois.

Extrasystoles supraventriculaires (ESSV)

Les ESSV (fig. 29.3) se caractérisent par la survenue de contractions prématurées, d'origine auriculaire ou jonctionnelle, et sont parfois ressenties comme des « ratés » ou comme des palpitations ; parfois elles restent asymptomatiques et sont une découverte d'examen.

Le caractère supraventriculaire de l'extrasystole est affirmé sur l'ECG sous forme d'une onde QRS fine (moins de 120 ms de large), précédée ou non d'une onde P auriculaire ; plus rarement, le complexe ventriculaire apparaît élargi par un bloc de branche fonctionnel. À noter la confusion possible avec une arythmie sinusale banale bénigne.

L'extrasystolie de repos est fréquente et signifie souvent chez le sportif un état de fatigue (surmenage sportif ou professionnel), parfois un abus d'excitants qu'il faut soigneusement rechercher (café, thé, chocolat, alcool, dopage). La correction de ces erreurs suffit en règle à la faire disparaître.

S'il s'agit d'un sportif pratiquant la compétition, il est préférable de faire un test d'effort et/ou un Holter pour s'assurer de leur diminution à l'effort, et de l'absence de trouble du rythme plus grave à l'effort, type fibrillation auriculaire paroxystique. L'extrasystolie peut en effet être prémonitoire d'un trouble du rythme plus grave (FA), qui pose un problème de traitement antiarythmique et d'aptitude sportive ; un bilan cardiologique plus complet est alors nécessaire, avec en particulier un échocardiogramme (voir chapitre 39).

Conférence de Bethesda

En présence d'extrasystoles supraventriculaires isolées, on peut maintenir l'aptitude sportive.

Syndrome de Wolff-Parkinson-White

Ce syndrome peut être latent et de découverte systématique sur un ECG de repos, ou être symptomatique, se traduisant par une crise de palpitations plus ou moins invalidante.

Le diagnostic se fait sur l'ECG (fig. 29.4), où l'on décèle un élargissement du complexe QRS du fait de l'empâtement de l'origine par une onde « delta » associé à un raccourcissement de l'espace PR en dessous de 0,12 s.

Deux types de complications sont possibles : il peut s'agir de crises de tachycardie paroxystique type Bouveret, bénignes mais pouvant justifier un arrêt du sport si le facteur déclenchant est l'effort ou le geste sportif (fig. 29.5a et b) ; il peut également s'agir d'un trouble du rythme plus grave, provoqué par une fibrillation auriculaire paroxystique avec descente de l'influx par la voie accessoire (sans possibilité de ralentissement par le nœud auriculoventriculaire), ce qui provoque une accélération du rythme ventriculaire à la cadence des oreillettes, donc un passage en fibrillation ventriculaire, dégénérant rapidement en arrêt cardiaque en l'absence de choc électrique externe.

Ce risque de mort subite, bien que très rare, doit être apprécié au cas par cas, même chez les sujets asymptomatiques (fig. 29.6). Il faut pour cela apprécier la perméabilité de la voie accessoire par voie antérograde (de l'oreillette vers le ventricule). On utilise le test d'effort et/ou le Holter à la recherche d'une disparition brusque de l'onde delta pour un niveau d'effort donné ; ce résultat est rassurant, indiquant une période réfractaire longue, donc un Wolff bénin.

Si la préexcitation ne disparaît pas à l'effort ou disparaît de façon progressive, il faut demander une étude électrophysiologique de la voie accessoire, réalisée soit par voie œsophagienne, soit par voie intracardiaque : cet examen permet le plus souvent de classer le Wolff en forme bénigne ou potentiellement maligne.

L'aptitude au sport de compétition peut être donnée chez les sportifs présentant un Wolff dit bénin, c'est-à-dire asymptomatique et ne présentant pas une voie accessoire trop perméable par voie antérograde. Si la motivation du sportif est très forte, et que le Wolff paraît préoccupant, on peut proposer un traitement radical de l'anomalie en sectionnant la voie accessoire ; plusieurs méthodes sont possibles par voie intracavitaire. Si le ou les faisceaux accessoires sont sectionnés, le sportif peut être considéré comme guéri et l'aptitude à la compétition redonnée. Le risque d'accident au cours d'une ablation est faible (2 à 4 % des cas), justifiant d'en tenir compte dans les indications.

Conférence de Bethesda

Il est rappelé le risque de mort subite, impliquant la nécessité d'un bilan comprenant un ECG de repos, un Holter avec séance sportive, un test d'effort, un échocardiogramme, une électrophysiologie en cas de signes fonctionnels, une stimulation œsophagienne pour mesurer la période réfractaire.

L'aptitude sportive peut être maintenue sur une forme bénigne avec cœur normal, même en cas de tachycardie supraventriculaire bénigne.

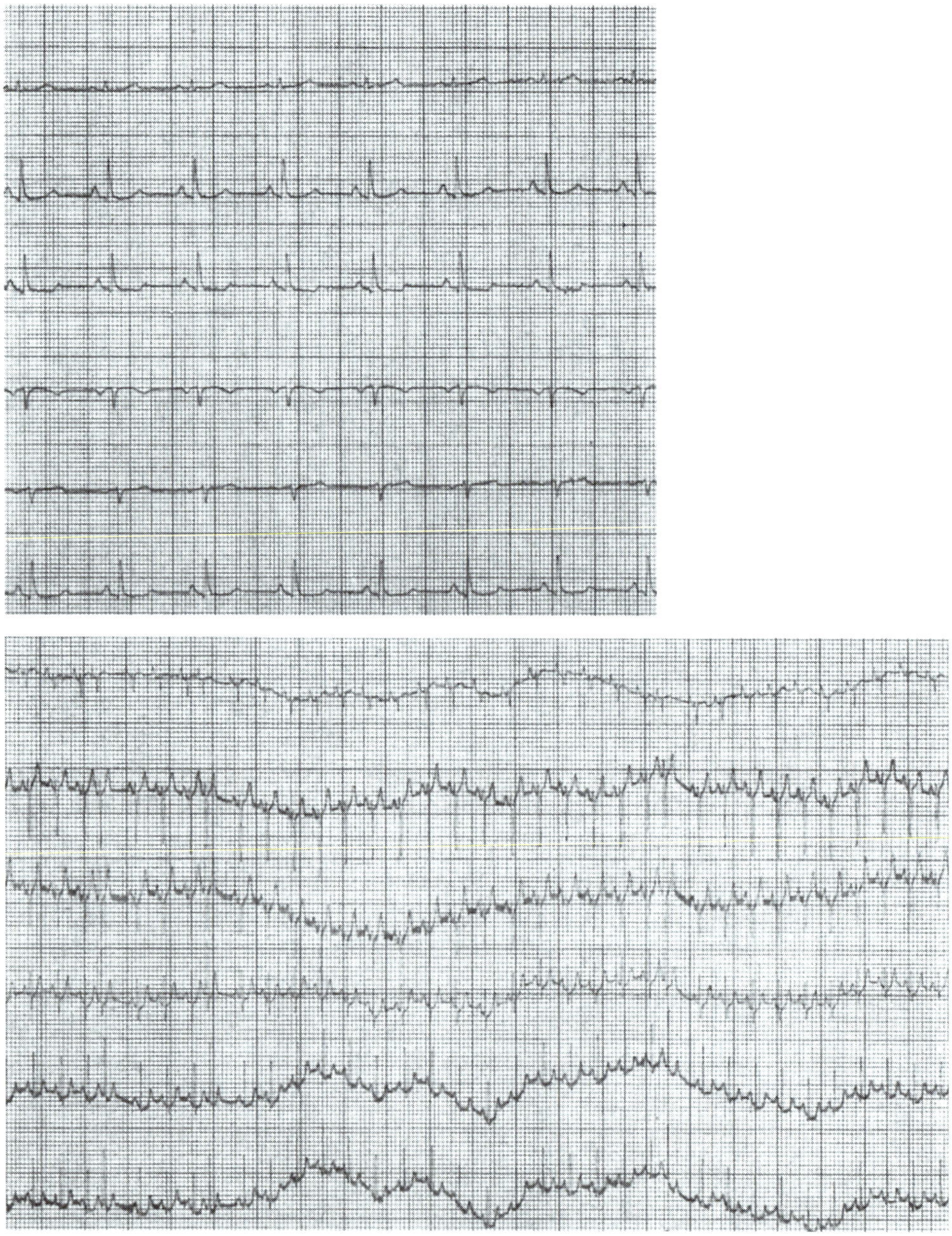

a

b

Fig. 29.3. Extrasystoles supraventriculaires apparaissant à l'effort chez un cycliste prenant des excitants.

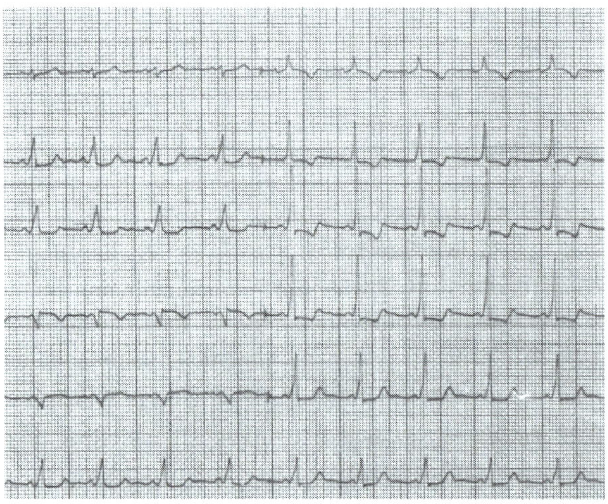

Fig. 29.4. Syndrome de WPW chez une femme de 40 ans pratiquant la course à pied et se plaignant de crises de TPSV.

En cas d'épisodes connus de fibrillation auriculaire ou de *flutter* avec tachycardie inférieure à 240/min sans traitement, sans syncope ni malaise, on peut maintenir l'aptitude. Si la tachycardie est plus rapide, il faut envisager une ablation et interdire le sport, hormis les faibles activités type IA en attendant.

Après une ablation réussie, on peut redonner l'aptitude après 3 à 6 mois.

Conclusion

Les troubles du rythme supraventriculaire, en dehors de rares cas de syndrome de Wolff, sont plus impressionnants que réellement dangereux. Ils n'en nécessitent pas moins un diagnostic précis pour permettre de conseiller au mieux le sportif, en général très angoissé de ressentir des « malaises » inhabituels lors de son activité physique.

Le trouble du rythme, lorsqu'il est bénin, est souvent le reflet d'une mauvaise hygiène alimentaire ou sportive; il entre donc dans le cadre du suivi médicosportif.

Pour en savoir plus

26TH BETHESDA CONFERENCE. Recommendations for determining eligibility for competition in athletes with cardiovascular abnormalities. *JACC* 1994; 24 : 845-99.

ATTUEL P, COUMEL P. *Vulnérabilité auriculaire, système nerveux autonome et fréquence cardiaque : particularités électriques de l'oreillette appliquées aux sportifs.* Paris : 2e Congrès international de Cœur et sport sur l'homme à l'effort, 1989.

BROUSTET JP *et al.* Syndrome de WPW. Comportement au cours de l'épreuve d'effort limitée par les symptômes. *Arch Mal Cœur* 1979; 72 : 625.

CEBRON JP *et al. Syndrome de Wolff-Parkinson-White.* Paris : 2e Congrès international de Cœur et sport sur l'homme à l'effort, 1989.

WARIN JF *et al. Syndrome de WPW et activité physique intense : intérêt de la fulguration.* Paris : 2e Congrès international de Cœur et sport sur l'homme à l'effort, 1989.

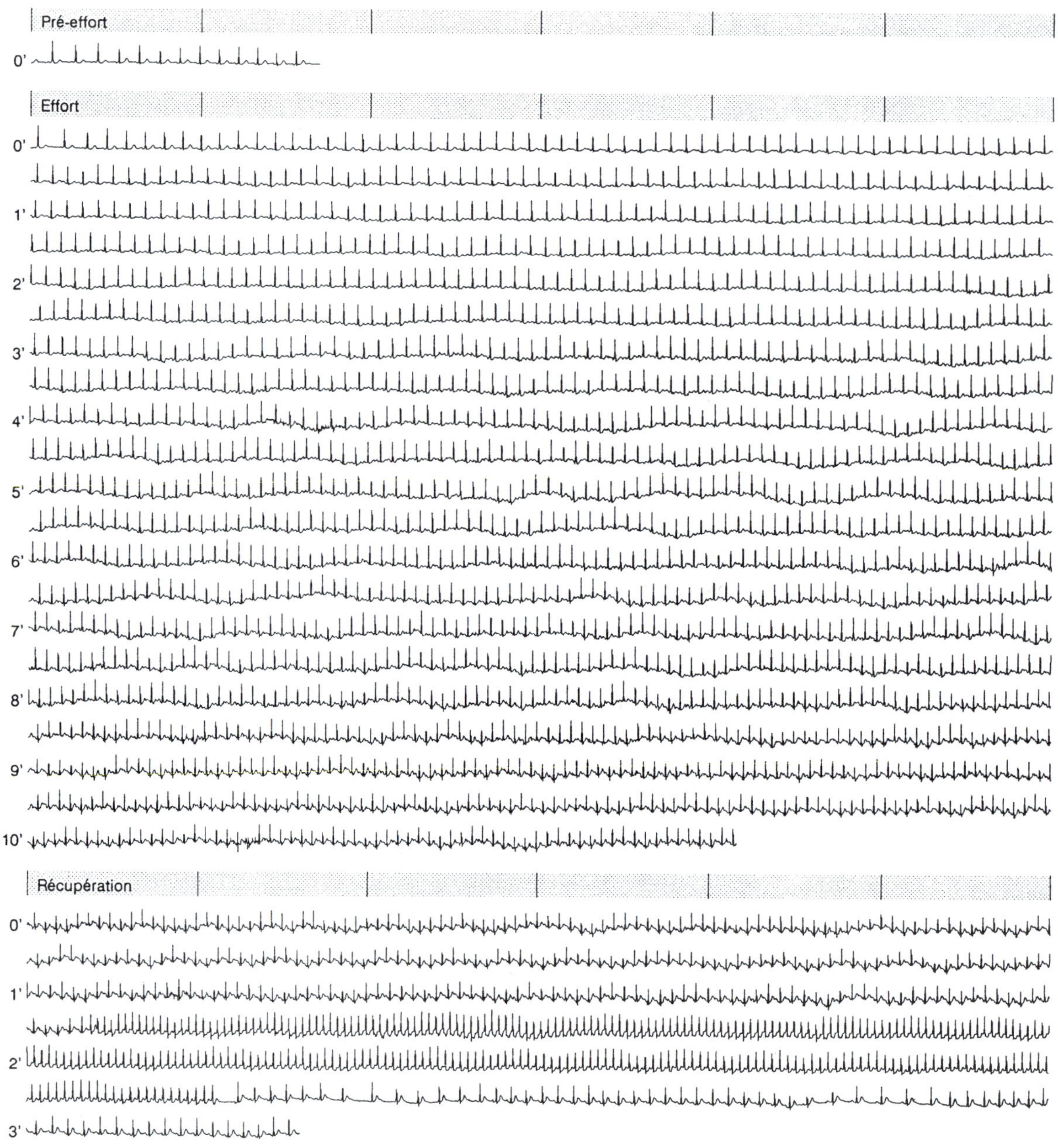

Fig. 29.5a. Crise de TPSV à 300/min chez un joueur de tennis de 17 ans, présentant un syndrome de WPW, et se plaignant de malaises syncopaux après les matchs. Épreuve d'effort sur ergocycle.

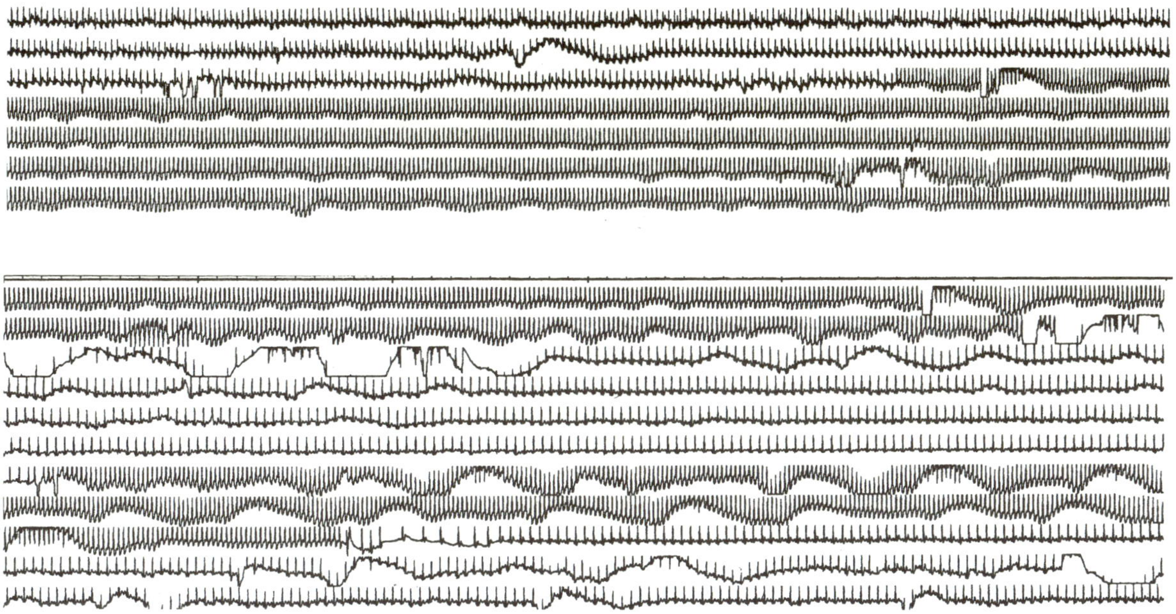

Fig. 29.5b. Crise de TPSV à 300/min chez un joueur de tennis de 17 ans, présentant un syndrome de WPW, et se plaignant de malaises syncopaux après les matchs. Enregistrement Holter.

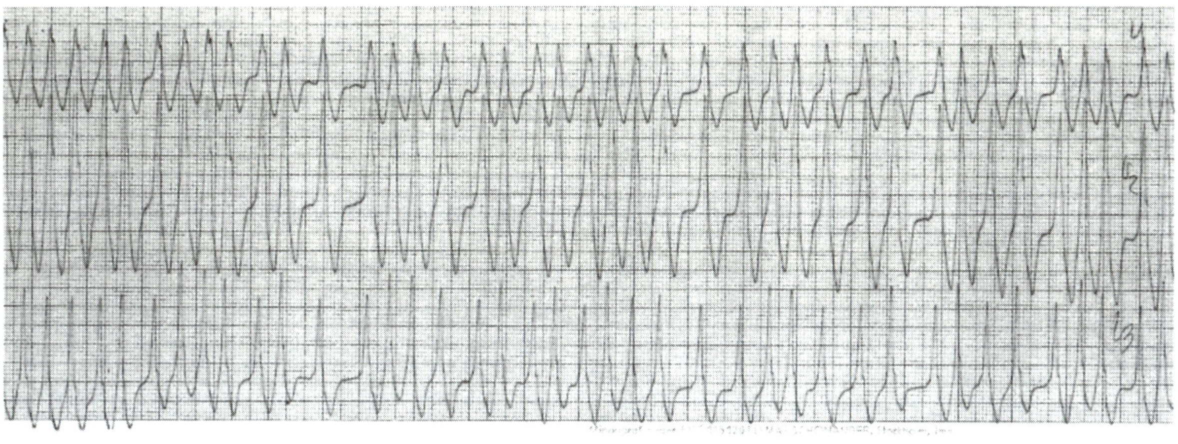

Fig. 29.6. Crise de fibrillation auriculaire lors d'une épreuve d'effort sur syndrome de WPW.

Troubles du rythme ventriculaire

Sommaire

La découverte d'un trouble du rythme ventriculaire chez le sportif fait craindre la survenue d'une mort subite, et doit donc toujours faire réaliser un bilan complet à la recherche d'une cardiopathie sous-jacente. Tant que ce bilan n'est pas réalisé, l'éviction sportive est recommandée.

Effet du sport sur l'apparition de troubles du rythme ventriculaire

L'exercice perturbe l'équilibre hormonal et ionique : durant un exercice intense, la concentration en K^+ peut doubler, le pH diminuer de 0,4 unité, et le taux de catécholamines être multiplié par 15 dans le sang artériel. Toutes ces modifications, prises isolément, peuvent provoquer de graves arythmies ventriculaires sur un cœur au repos, mais leur effet se contrebalance durant l'exercice sur un cœur structurellement indemne [8]. L'équilibre de ces effets antagonistes peut être perturbé sur un cœur soumis à des zones d'ischémie ou à un petit infarctus, en raison de l'accroissement de la consommation d'oxygène par le myocarde pendant l'effort. La période la plus critique pour le déclenchement de troubles du rythme ventriculaire est celle de la récupération, durant laquelle le tonus adrénergique est encore élevé, alors que la kaliémie est abaissée, en particulier en cas d'ischémie myocardique sous-jacente.

Incidence et pronostic des extrasystoles ventriculaires (ESV) à l'effort

Selon les études, on retrouve des ESV sur 30 à 70 % des Holter de sportifs, comme dans la population de sujets non entraînés, mais en nombre limité (moins d'une centaine par jour). Il y a toutefois un peu plus d'ESV complexes (10 %) que chez les non-sportifs. La présence d'ESV est souvent associée à la présence d'une cardiopathie, en particulier, la survenue de formes répétitives à l'épreuve d'effort [1, 3].

En l'absence de cardiopathie sous-jacente, la survenue d'ESV à l'effort n'a pas de pronostic péjoratif, et l'arrêt de l'entraînement peut en occasionner la disparition [7].
La découverte d'ESV doit donc faire effectuer un bilan à la recherche d'une cardiopathie sous-jacente, guidé par la morphologie et le site d'origine (droit ou gauche) des ESV. L'attitude pratique dépend de la présence d'une cardiopathie : idiopathiques, asymptomatiques et isolées, elles ne nécessitent ni traitement, ni interdiction de sport. Les ESV idiopathiques symptomatiques peuvent relever d'un traitement bêtabloquant et/ou antiarythmique, sans nécessiter d'éviction sportive qui doit, en revanche, être la règle en cas de cardiopathie.

Tachycardies ventriculaires idiopathiques bénignes

Il existe deux types de tachycardies ventriculaires (TV) bénignes idiopathiques, à déclenchement catécholergique, dont le diagnostic ne sera porté qu'après élimination d'une cardiopathie par un bilan exhaustif :

- les TV infundibulaires droites (fig. 30.1), reconnaissables à leur aspect de retard gauche-axe vertical, avec des QRS de grande amplitude dans les dérivations D2, D3 et aVF, sensibles à l'adénosine. La bénignité ne peut être affirmée qu'après un bilan morphologique éliminant une dysplasie ventriculaire droite, dont une des zones électives est l'infundibulum pulmonaire, et qui peut donc donner des tachycardies ventriculaires de cette origine ;

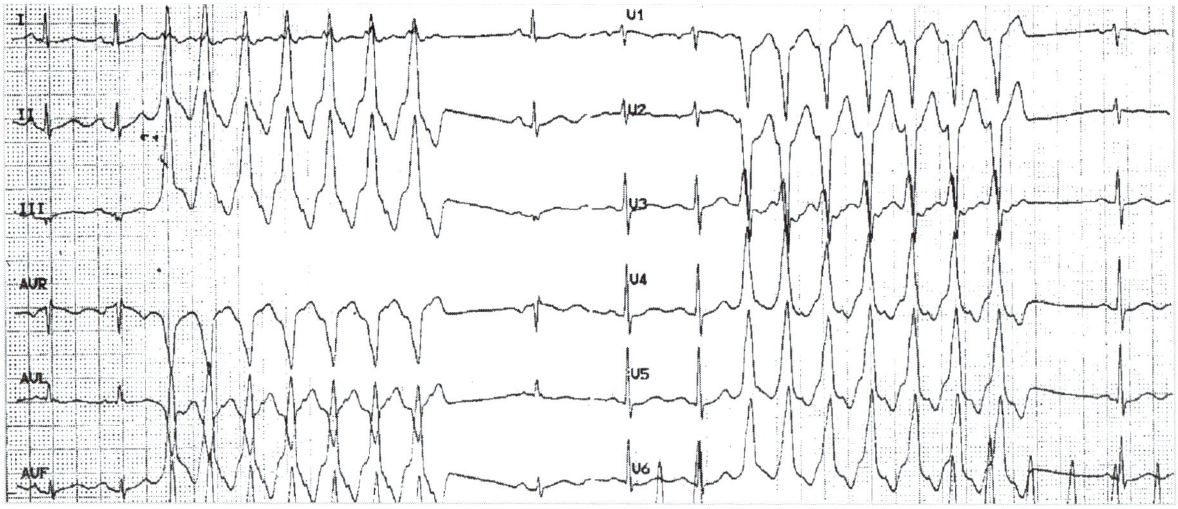

Fig. 30.1. Salve de tachycardie ventriculaire infundibulaire droite idiopathique.

– les TV fasciculaires gauches, plus rares, dont le diagnostic est fait sur des QRS peu élargis, à type de retard droit-axe gauche (mimant un bloc de branche droit et un hémibloc antérieur gauche), dont la régularisation peut être obtenue par injection de vérapamil.

Ces tachycardies sont de bon pronostic, hormis les symptômes qu'elles génèrent. Leur traitement fait appel aux antiarythmiques associés aux bêtabloquants, ou à des techniques invasives (ablation par radiofréquence), qui permettent leur guérison avec un taux de succès compris entre 90 et 98 %.

Troubles du rythme ventriculaire pathologiques

Ils ont en commun une origine génétique, qui leur confère un potentiel létal, en l'absence de cardiopathie morphologique.

Dans le syndrome du QT long congénital (1 cas/5 000, 7 variétés liées à des mutations génétiques différentes connues actuellement) [4], les *torsades de pointes* surviennent dans un contexte adrénergique, d'émotion ou d'effort, ou peuvent être favorisées par une hypokaliémie ou une prise médicamenteuse révélant l'allongement de QT. On retrouve souvent la notion de syncopes ou de morts subites familiales. Le traitement repose sur les bêtabloquants, l'éviction des médicaments responsables d'une prolongation du QT, parfois sur l'implantation d'un défibrillateur. Le sport est proscrit.

Beaucoup plus rarement, les torsades de pointes surviennent sur QT court [5], et sans lien avec l'effort. Le traitement repose sur les bêtabloquants et l'implantation d'un défibrillateur.

Enfin, dans les *tachycardies ventriculaires polymorphes* catécholergiques, la survenue à l'effort d'ESV précoces, tombant sur le sommet de l'onde T, sans allongement préalable de QT, peut déclencher des salves de tachycardie ventriculaire polymorphe ou une fibrillation ventriculaire [6]. Ce syndrome est responsable de syncopes ou de morts subites à l'effort chez des patients jeunes exempts de cardiopathie. Le traitement repose sur les bêtabloquants, l'interdiction de la pratique sportive, et le cas échéant sur l'implantation d'un défibrillateur.

Dans le *syndrome de Brugada* , en revanche, les troubles du rythme (tachycardies ventriculaires polymorphes ou fibrillation ventriculaire) surviennent de façon prépondérante durant la nuit, et ne sont pas déclenchés par le sport, qui n'est donc pas contre-indiqué. Le traitement repose actuellement sur l'implantation d'un défibrillateur chez les patients à risque.

Cardiopathies arythmogènes du sportif

Certaines cardiopathies peuvent être révélées par des troubles du rythme ventriculaire d'effort : après 35 ans, la première cause en est une origine ischémique. Les autres causes à rechercher comprennent les cardiopathies hypertrophiques ou dilatées, le prolapsus valvulaire mitral (d'autant plus qu'il s'accompagne d'une insuffisance mitrale importante) et la dysplasie ventriculaire droite arythmogène. La poursuite d'une activité sportive sera modulée en fonction de la sévérité de la cardiopathie et du contrôle des troubles du rythme sous traitement. Une mention particulière concerne la dysplasie ventriculaire droite : il s'agit d'une pathologie génétique, dans le déclenchement de laquelle on peut incriminer parfois une myocardite, mais pour lequel on suspecte aussi le rôle de l'entraînement sportif, qui sera donc limité ou proscrit.

Les myocardites peuvent également être responsables de troubles du rythme ventriculaire catécholergiques, voire de mort subite. C'est la raison pour laquelle une interdiction sportive de 6 mois a été recommandée dans la conférence de Bethesda en 2001 [2], la reprise de l'activité sportive devant être précédée d'un bilan morphologique et rythmique normalisé.

Commotio cordis

En l'absence de toute cardiopathie, un choc délivré sur l'aire précordiale, survenant au sommet de l'onde T, peut être responsable de la survenue d'une fibrillation ventriculaire. C'est un mécanisme de mort subite décrit sur les terrains de base-ball en particulier, mais aussi durant les sports de combat (karaté).

Conclusion

Les troubles du rythme ventriculaire à l'effort peuvent avoir des origines variées et un pronostic très différent en fonction de leur étiologie. Leur survenue doit donc faire interrompre l'entraînement et réaliser un bilan complet, au terme duquel sera décidé des modalités de la reprise de l'activité sportive. La prévention de la mort subite du sportif devrait reposer sur le dépistage des troubles du rythme avant d'autoriser la pratique sportive intensive, et sur la mise à disposition de défibrillateurs semi-automatiques et la formation pour leur utilisation du personnel encadrant les sportifs; deux attitudes qui ne sont pas systématiques actuellement.

Bibliographie

[1] Candinas R, Podrid PJ. Evaluation of cardiac arrhythmias by exercise testing. *Hertz* 1990; 15 (1) : 21-7.

[2] Estes M, Link M, Cannom D, Naccarelli G, Prystowsky E, Maron B *et al*. Report of the NASPE policy conference on arrhythmias and the athlete. *J Cardiovasc Electrophysiol* 2001; 12 : 1208-19.

[3] Frank R, Hidden-Lucet F, Himbert C. Comment gérer un trouble du rythme ou de la conduction chez le sportif. *In : Cardiologie du sport*. Paris : Masson, 2000 : 111-6.

[4] Kass R, Moss A. Long QT syndrome : novel insights into the mechanisms of cardiac arrhythmias. *J Clin Invest* 2003; 112 (6) : 810-5.

[5] Leenhardt A, Glaser E, Nurnberg M, Maison Blanche P, Coumel P. Short-coupled variante of torsade de pointes. A new electrocardiographic entity in the spectrum of idiopathic ventricular tachyarrhythmias. *Circulation* 1994; 89 (1) : 206-15.

[6] Leenhardt A, Lucet V, Denjoy I, Grau F, Ngoc D, Coumel P. Catecholaminergic polymorphic ventricular tachycardia in children. A 7-year follow-up of 21 patients. *Circulation* 1995; 91 : 1512-9.

[7] Palatini P, Munari L, Maraglino G, Mos L, Galasso P, Ventura E *et al*. Ventricular arrhythmias in healthy athletes : a 5-years follow-up study in 24 subjects. *New Trends in Arrhythmias* 1998; 4 (1/2) : 609-12.

[8] Paterson DJ. Antiarrhythmic mechanisms during exercise. *J Appl Physiol* 1996; 80 (6) : 1853-62.

Souffles cardiaques

Sommaire

La constatation d'une anomalie des bruits du cœur ou d'un souffle cardiaque est fréquente lors de la visite médicale d'aptitude aux sports. On devra préciser la nature innocente ou non des anomalies constatées (fig. 31.1).

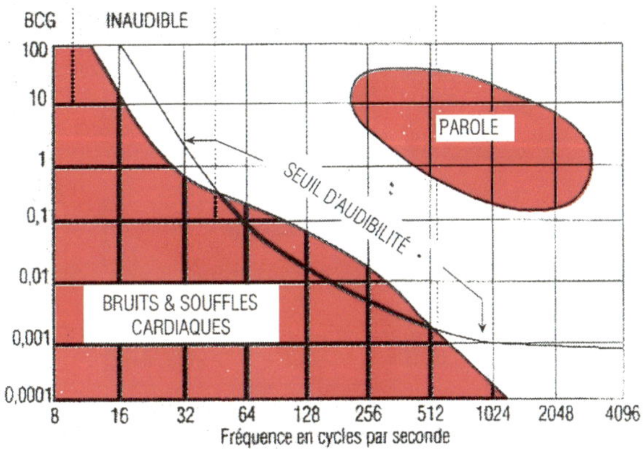

Fig. 31.1. Fréquences des bruits et souffles cardiaques.

Anomalies des bruits du cœur

Les bruits du cœur habituels sont appelés B1 et B2. B1 marque le début de la systole, donc la fermeture des valves auriculo-ventriculaires et l'ouverture des valves aortiques et pulmonaires. B2 marque la fin de la systole.

Bruit B1

B1 est mieux entendu à l'endapex et à la pointe ; le bruit est de basse fréquence, donc sourd à l'auscultation.

B1 peut être augmenté en intensité : on parle alors d'éclat de B1 ; cela doit faire rechercher en priorité une atteinte de la valve mitrale. Mais l'éclat peut être également physiologique, dans l'éréthysme cardiaque et au cours de l'effort.

B1 peut être diminué, faisant rechercher une pathologie aortique.

B1 peut être dédoublé, évoquant, si le dédoublement est net et fixe, un trouble de la conduction intraventriculaire.

Bruit B2

B2 est mieux entendu à la base (2e espace intercostal) ; le bruit est de moyenne et basse fréquence.

Un éclat de B2 évoque une pathologie aortique, en particulier une hypertension artérielle (HTA) ou une pathologie pulmonaire (HTAP).

Une diminution de l'intensité de B2 signifie un rétrécissement aortique ou pulmonaire serré.

Un dédoublement de B2 est soit physiologique, s'il est variable avec la respiration, diminuant en inspiration et augmentant en expiration (ce qui est fréquent chez l'enfant), soit pathologique s'il est large et fixe, évoquant alors une pathologie droite, par exemple une communication interauriculaire ou un bloc de branche.

L'interprétation de l'intensité des bruits du cœur doit tenir compte de la morphologie du sujet : un sujet mince et longiligne a des bruits du cœur plus marqués qu'un sujet au thorax large, présentant une surcharge pondérale, qui aura des bruits du cœur globalement assourdis, sans pathologie cardiaque sous-jacente.

Sur ces bruits du cœur habituels peuvent se surajouter des bruits du cœur anormaux.

Bruit B3

On peut percevoir un troisième bruit du cœur, appelé B3, ou galop protodiastolique, situé après B2 ; il s'agit d'un bruit de basse fréquence, entendu vers la pointe du cœur.

Ce bruit est fréquent chez l'enfant, et habituellement sans signification pathologique, surtout s'il s'atténue en orthostatisme ; il faut toutefois s'assurer de l'absence d'insuffisance mitrale et de dysfonction myocardique.

Bruit B4

Le quatrième bruit du cœur, ou galop présystolique, se situe avant B1 ; il s'agit également d'un bruit sourd, situé à la pointe du cœur. Sa signification est souvent bénigne, mais il faut rechercher un obstacle à l'éjection ventriculaire gauche, soit une pathologie aortique, soit une cardiomyopathie hypertrophique, soit une dysfonction myocardique. Le B4 est moins souvent bénin que le B3.

« Clicks »

Bruit du cœur surajouté, le click est un bruit bref, de haute fréquence, se différenciant aisément sur le plan acoustique des bruits classiques.

Click protosystolique (ou click éjectionnel)

Ce click est collé à B1, perçu au 2e espace intercostal droit ou gauche ; il doit faire rechercher une pathologie aortique ou pulmonaire.

Click méso et/ou télésystolique (ou click non éjectionnel)

Ce click (fig. 31.2) est perçu à l'endapex et à la pointe du cœur ; il correspond en général à un prolapsus valvulaire mitral. Il peut être isolé ou multiple, et parfois associé à un petit souffle télésystolique de pointe.

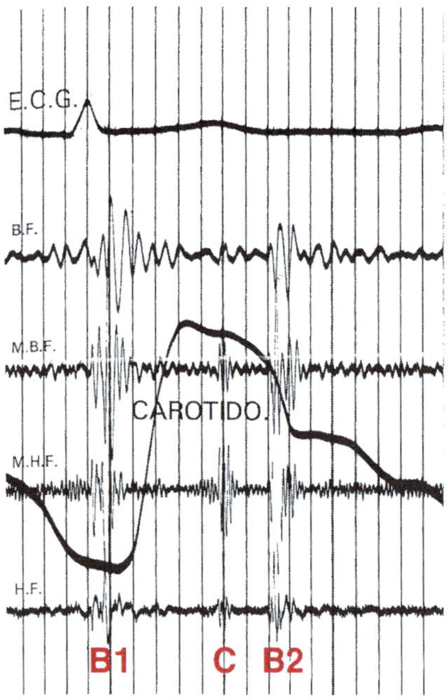

Fig. 31.2. Click méso/télésystolique.

Click protodiastolique

Encore appelé claquement d'ouverture mitrale ou tricuspide, il siège à l'endapex ou à la pointe du cœur (situé chronologiquement avant B3) ; il fait rechercher un rétrécissement mitral ou tricuspide.

Avant même l'analyse d'un souffle cardiaque, voire en son absence, la simple analyse des bruits du cœur permet déjà d'orienter l'auscultation cardiaque vers un cœur normal ou pathologique.

Souffles cardiaques

Un souffle correspond à des turbulences engendrées par le passage du sang dans les cavités cardiaques. Il peut être provoqué par une gêne à l'écoulement du sang (malformation ou maladie) ou n'avoir aucun support organique (fig. 31.3).

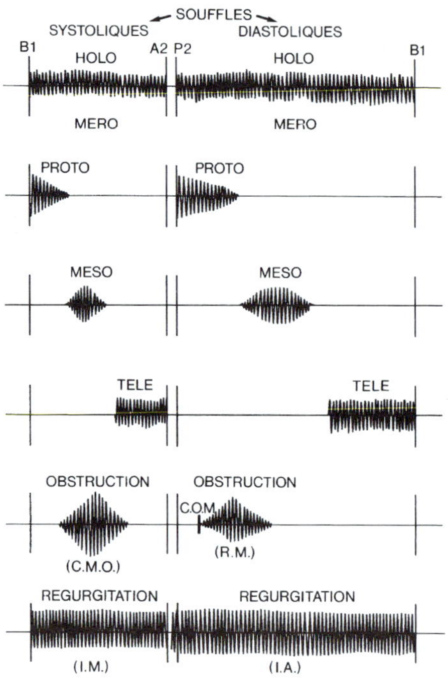

Fig. 31.3. Schéma des souffles cardiaques.

Souffles systoliques

Souffle innocent

La découverte d'un souffle proto ou proto-méso-systolique le long du bord gauche du sternum est un motif fréquent de consultation, particulièrement chez les enfants. Sa signification est le plus souvent bénigne, mais l'existence de rares formes de cardiopathies graves oblige à une analyse sémiologique précise de ce type de souffle.
Parmi les arguments permettant de penser qu'il s'agit d'un souffle innocent (fig. 31.4), on retiendra que :

- le souffle est collé à B1 : on parle volontiers de B1 « soufflant », le souffle étant indissociable de B1 ;
- il est bref dans la systole, protosystolique ou à la rigueur proto-méso-systolique ;
- il ne s'accompagne pas d'anomalie pathologique des bruits du cœur ;

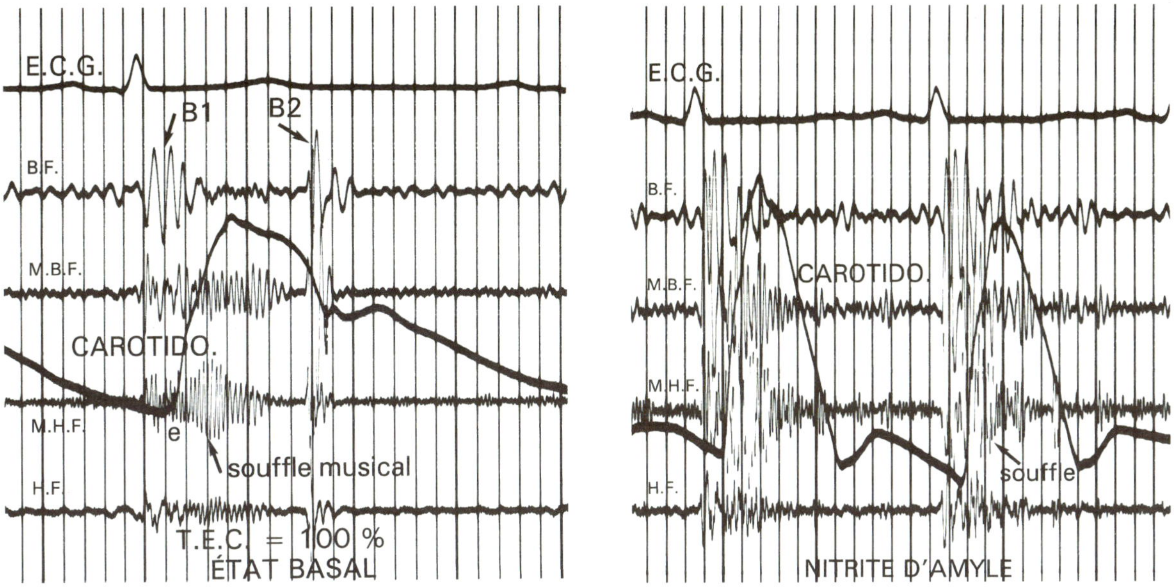

a b

Fig. 31.4. Souffle systolique innocent. Homme de 30 ans. 4e EIG. État basal. Bruits du cœur normaux. Souffle proto-méso-systolique musical. Carotidogramme normal. Intervalles de temps normaux. À gauche, état basal ; à droite, sous nitrite d'amyle.

- il est variable avec la respiration ;
- il est variable avec la position du sujet, allongé ou assis ;
- il est variable d'un jour à l'autre, mieux entendu en période de fièvre ou d'énervement de l'enfant, plus discret ou inaudible en dehors de ces périodes ;
- il peut être associé à une malformation thoracique type dos plat ou sternum recurvatum…

La découverte d'un tel souffle peut se faire par hasard, chez un sportif ne présentant aucun signe fonctionnel suspect lors des efforts, et dont l'ECG de repos est normal.
En cas de doute, pour affirmer la nature innocente du souffle, on a recours à une échographie-Doppler cardiaque, qui de plus permet de préciser l'origine du souffle, le plus souvent de débit à la racine de l'aorte ou de l'artère pulmonaire.

Cardiomyopathie obstructive (CMO)

Cette malformation doit être recherchée soigneusement en présence d'un souffle systolique car elle peut être cause de mort subite lors d'un effort physique.
La CMO (fig. 31.5) correspond à une hypertrophie asymétrique du septum, provoquant une gêne à l'évacuation ventriculaire gauche, avec un risque de trouble du rythme ventriculaire grave.
Elle se traduit cliniquement par la découverte d'un souffle systolique habituellement mésosystolique, assez intense et râpeux, détaché de B1, maximal à l'endapex, irradiant peu, fixe, accompagné d'un B4. Dans cette forme déjà évoluée, l'ECG montre toujours une hypertrophie ventriculaire gauche (HVG) nette.
Le diagnostic n'est pas toujours aussi facile dans les formes débutantes, qui sont aussi les formes à plus haut potentiel de mort subite, découvertes chez des sujets plus jeunes, adolescents, et dont la traduction clinique est plus discrète, sans galop, avec un souffle faible, variable, proche de B1, pas toujours aisé à différencier d'un souffle innocent, d'autant que l'ECG peut être normal à ce stade.
On peut s'aider d'un test d'effort qui augmente nettement l'intensité du souffle (on utilisait le nitrite d'amyle ou l'isoprotérénol pour le mettre en évidence, en phonomécanographie).
Pour cette raison, en cas de doute, il est préférable de faire pratiquer les examens complémentaires déjà signalés.

Conférence de Bethesda

La CMO entraîne l'inaptitude aux activités sportives. La seule exception concerne les sujets de plus de 30 ans, sans tachycardie ventriculaire au Holter, sans mort subite familiale chez des personnes de moins de 40 ans, sans antécédent de syncope ou de malaise, sans anomalies hémodynamiques, sans hypotension artérielle d'effort, sans insuffisance mitrale moyenne à sévère, sans dilatation de l'oreillette gauche de plus de 50 mm, sans fibrillation auriculaire paroxystique, sans anomalie de perfusion myocardique, et avec un traitement médical accepté : dans ce cas particulier, une décision individuelle peut être prise…

Autres souffles systoliques organiques

Rétrécissement aortique ou pulmonaire

La découverte d'un souffle systolique un peu râpeux, au 2e espace intercostal droit, irradiant dans les carotides, associé parfois à un clic protosystolique, doit faire rechercher un rétrécissement aortique (RA) ou pulmonaire (RP) (fig. 31.6).
Il peut s'agir d'une forme congénitale chez l'enfant ou l'adulte jeune ; la gêne fonctionnelle à l'effort est souvent

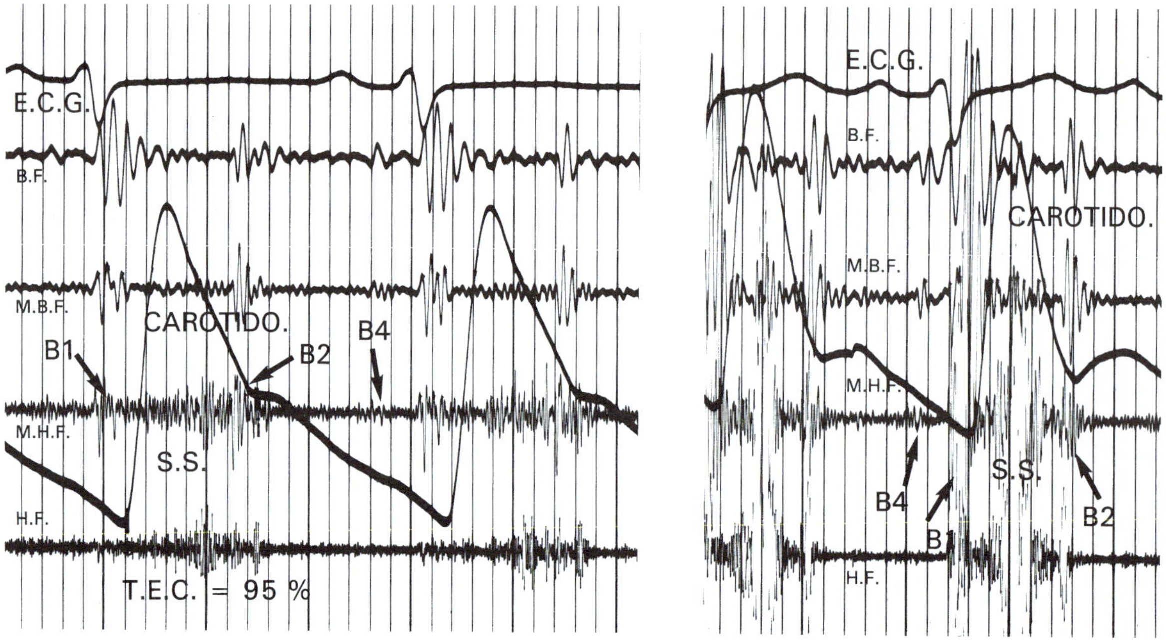

État basal

Sous nitrite d'amyle

Fig. 31.5. Cardiomyopathie obstructive. Homme de 38 ans. État basal. Souffle méso-télé-systolique au 3e EIG avec B4.

modérée, voire absente, et la gravité du rétrécissement est appréciée en partie par l'échographie (RA congénital simple, bicuspidie, RA sus-ou sous-membranaire), et surtout par la précocité de la modification de la repolarisation lors du test d'effort.

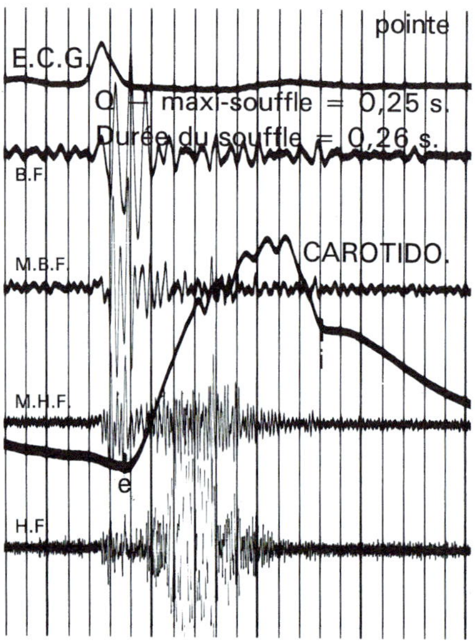

Fig. 31.6. Rétrécissement aortique. Homme de 65 ans. Diminution de B2. Souffle mésosystolique au 3e EIG. Carotidogramme typique de RA serré.

La coarctation de l'aorte est une forme particulière de RA : elle se traduit par un petit souffle au foyer aortique, irradiant dans la région interscapulaire, avec une HTA aux membres supérieurs, et des pouls fémoraux et tibiaux faibles ou absents en fonction du degré de coarctation. L'échographie cardiaque, éventuellement par voie transœsophagienne, permet un diagnostic précis.

Conférence de Bethesda

- En cas de RA peu serré et asymptomatique (gradient moyen < 20 mmHg), on peut maintenir l'aptitude sportive.
- En cas de RA peu à moyennement serré (gradient moyen entre 21 et 39 mmHg) et test d'effort normal, on peut autoriser les sports peu intenses, type IA, parfois IAB, IIAB.
- En cas de RA peu à moyennement serré avec trouble du rythme cardiaque, on peut seulement autoriser les sports peu intenses, type IA.
- L'inaptitude doit être prononcée devant un RA serré (gradient moyen > 40 mmHg) ou un RA moyennement serré symptomatique.

Chez l'adulte, le rétrécissement aortique athéromateux est plus souvent symptomatique (angor, dyspnée d'effort, voire syncope), et la gravité sera appréciée essentiellement par écho-Doppler cardiaque. Le souffle est mésosystolique, d'autant plus tardif dans la systole que le rétrécissement est plus serré, avec B1 et B2 qui diminuent d'intensité, et apparition d'un B4 obstructif.
Le rétrécissement pulmonaire est difficile à différencier sur le plan sthétacoustique, siégeant plutôt au 2e espace intercostal

gauche, irradiant dans l'aisselle, avec volontiers un click protosystolique, et parfois une petite insuffisance pulmonaire d'accompagnement.

Insuffisance mitrale ou tricuspide

Un souffle méso-télésystolique, voire holosystolique siégeant à la pointe, irradiant dans l'aisselle, volontiers associé à un B3, mieux entendu en décubitus latéral gauche, évoque une insuffisance mitrale, la tolérance à l'effort dépendant de l'importance de la fuite, qui est évaluée par écho-Doppler cardiaque.

On doit isoler une forme particulière, le prolapsus valvulaire mitral (fig. 31.7), qui peut se traduire par la présence d'un ou plusieurs clicks méso- et/ou télésystoliques, soit isolés, soit associés à un souffle télésystolique de pointe, ou par un souffle seul. Le souffle peut être soit doux, à peine audible, soit musical, très intense, appelé « honk » ou « bruit de canard » par les Anglo-Saxons.

La découverte de cette anomalie doit faire pratiquer un écho-Doppler cardiaque pour apprécier l'importance de la fuite et surtout le remaniement myxoïde ou non de la valve mitrale, un critère important pour évaluer la gravité potentielle de cette malformation; on s'aide aussi d'un test d'effort et/ou d'un Holter ECG pour apprécier le risque de trouble du rythme ventriculaire, seul moyen de dépister les formes à risque de mort subite.

L'insuffisance tricuspide est très rare, se traduisant par un souffle holosystolique de régurgitation maximal à la xyphoïde. À noter la possibilité d'un prolapsus tricuspidien associé au prolapsus mitral.

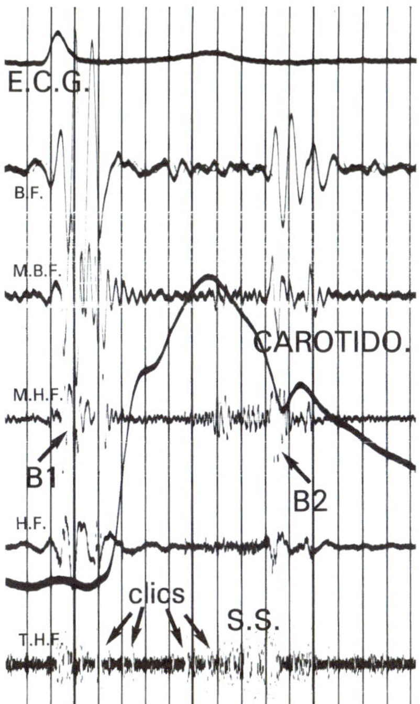

Fig. 31.7. Prolapsus valvulaire mitral. État basal. Endapex. Clicks méso- et télésystoliques multiples. Souffle télésystolique.

> **Conférence de Bethesda**
>
> **Insuffisance mitrale**
>
> L'aptitude est maintenue si le rythme est sinusal et que le VG est normal en échographie.
>
> En cas de fibrillation auriculaire paroxystique, d'augmentation modérée de la taille du VG mais avec une fraction d'éjection normale, on peut maintenir l'aptitude sportive sauf pour les sports à forte intensité, type IIIC.
>
> Il faut préférer l'inaptitude si le VG est nettement augmenté ou que la fraction d'éjection est diminuée.
>
> En cas de traitement anticoagulant, il faut éviter les sports à risque de collision.
>
> **Prolapsus valvulaire mitral**
>
> En cas de prolapsus mitral isolé, on peut maintenir l'aptitude sportive s'il n'y a pas d'antécédent de syncope ou de trouble du rythme, pas de notion de mort subite familiale, pas de tachyarythmie ou d'extrasystoles ventriculaires polymorphes à l'effort, pas d'insuffisance mitrale moyenne à sévère, pas d'embolie périphérique.
>
> Si le prolapsus est associé à une de ces anomalies, il est préférable de décider l'inaptitude sauf pour les sports « doux », classés IA.

Communication interauriculaire et interventriculaire

Chez l'enfant ou l'adulte jeune, on peut parfois découvrir un souffle systolique au foyer pulmonaire, associé à un dédoublement fixe et large de B2, ainsi qu'un bloc de branche droit complet ou incomplet sur l'ECG; cela fait rechercher une communication interauriculaire (CIA) dont la confirmation doit être faite par échographie, aidée parfois d'une sonde œsophagienne dans les formes difficiles. Il faut faire préciser l'importance du shunt gauche-droit. L'incidence en sport est liée à la présence ou non d'une HTAP qui va conditionner le risque à l'effort.

Un autre type de souffle est fréquent chez l'enfant : souffle holosystolique, maximal à l'endapex, et irradiant largement en rayons de roue, évoquant une communication interventriculaire (CIV) dont l'écho-Doppler cardiaque précisera si possible le siège et l'importance du shunt. Le shunt est préoccupant à l'auscultation si le souffle systolique s'accompagne d'un fort éclat de B2 pulmonaire (HTAP) et/ou d'un roulement diastolique mitral. En dehors de l'HTAP, l'incidence sur la carrière sportive est négligeable.

Autres cardiopathies

Il est plus rare de découvrir un souffle continu en rapport avec la persistance d'un canal artériel, perçu sous la clavicule gauche, dont l'indication opératoire est formelle. Cette malformation est facile à différencier du souffle continu veineux claviculaire, qui diminue lors de la rotation de la tête du côté opposé et lors de la compression de la veine jugulaire externe au-dessus de la zone d'auscultation.

Les cardiopathies complexes type Fallot ou autres ne seront pas décrites, étant diagnostiquées très tôt dans la vie. Lorsqu'elles sont de découverte tardive, c'est à l'occasion d'un échocardiogramme pour bilan d'un rétrécissement pulmonaire ou d'une CIV que le diagnostic sera redressé.

Souffles diastoliques

Les souffles diastoliques sont toujours d'origine organique.

Insuffisance aortique et pulmonaire

Le souffle proto-méso-diastolique découvert le long du bord gauche du sternum révèle une insuffisance aortique (IA) ; le souffle est souvent discret, protodiastolique, collé à B2, et demande une auscultation attentive, le patient assis, penché en avant; lorsque l'IA est plus évoluée, le souffle devient progressivement proto, méso puis holodiastolique, où il peut être accompagné d'un souffle systolique (fig. 31.8). L'intensité du souffle est un bon élément de surveillance de l'évolution, ainsi que l'élargissement de la différentielle de la tension artérielle, et les signes échocardiographiques de dilatation ventriculaire gauche.

L'insuffisance pulmonaire existe, mais demeure exceptionnelle, et ne présente pas de sémiologie particulière, si ce n'est une augmentation d'intensité en inspiration profonde.

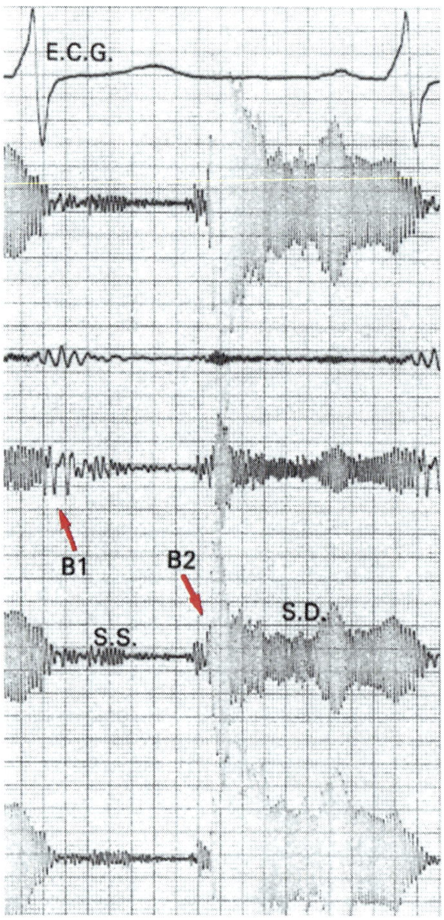

Fig. 31.8. Insuffisance aortique. Femme de 25 ans. État basal. Souffle holodiastolique musical, très intense, à renforcement proto-, méso- et télédiastolique. Petit souffle systolique d'accompagnement. IA massive.

La découverte d'une IA chez un sujet jeune doit faire rechercher un syndrome de Marfan, dont on connaît l'extrême gravité d'évolution en raison de la maladie du tissu élastique (risque de rupture de l'aorte initiale).

Conférence de Bethesda

Insuffisance pulmonaire

L'aptitude sportive peut être maintenue si la pression VD est normale, la fonction VD est normale et la pression OD est inférieure à 20 mmHg.

Insuffisance aortique

- En cas d'IA petite à moyenne (pas de signe périphérique, VG de taille normale), on peut maintenir l'aptitude sportive. Si le VG est modérément augmenté, il faut éviter les sports intenses, type IIC.
- En cas d'IA petite à moyenne avec trouble du rythme ventriculaire, on peut autoriser seulement les sports peu intenses, type IA.
- En cas d'IA sévère ou d'IA moyenne avec signes fonctionnels, il faut préférer l'inaptitude; de même en cas d'IA avec dilatation nette de la racine de l'aorte.

Rétrécissement mitral et tricuspidien

Il est possible de percevoir à la pointe un roulement diastolique de rétrécissement mitral (fig. 31.9), associé à un éclat de B1 et à un claquement d'ouverture mitrale. Le roulement commence après le claquement d'ouverture, donc à distance de B2; il est bref dans les formes débutantes, proto- ou télédiastolique et devient holodiastolique dans les formes évoluées. La confirmation et la gravité seront appréciées par échographie.

Le rétrécissement tricuspidien est exceptionnel; le roulement diastolique siège plutôt à la xyphoïde et augmente en inspiration profonde. Il est volontiers associé à un rétrécissement mitral.

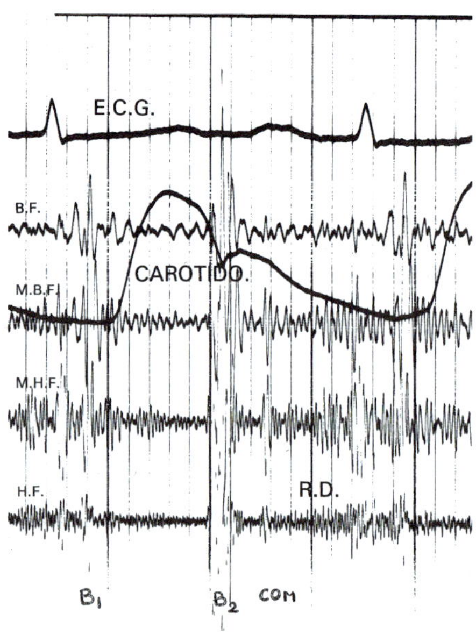

Fig. 31.9. Roulement diastolique du rétrécissement mitral.

Conférence de Bethesda

– En cas de RM peu serré en rythme sinusal (surface mitrale > 1,5 cm^2, PAP moyenne < 20 mmHg, PAP systolique < 35 mmHg), on peut maintenir l'aptitude sportive.
– En cas de RM peu serré en fibrillation auriculaire (ou en fibrillation paroxystique) ou en cas de RM moyennement serré en rythme sinusal (surface mitrale entre 1,1 et 1,4 cm^2, PAP moyenne < 25 mmHg, PAP systolique < 50 mmHg), c'est une décision d'aptitude sauf pour les sports de résistance classés IIIC.
– En cas de RM moyennement serré en fibrillation auriculaire paroxystique, avec une PAP systolique < 80 mmHg, c'est une décision d'inaptitude sauf pour les sports d'intensité faible à modérée, type IA et IB.
– En cas de RM serré (surface mitrale < 1,1 cm^2, PAP moyenne > 25 mmHg, PAP systolique > 50 mmHg), le sport est contre-indiqué.
– En cas de traitement anticoagulant associé, il faut éviter les sports à risque de collision.

Conférence de Bethesda

Prothèses valvulaires
– En cas de prothèse mitrale sans anticoagulant avec fonction VG normale, on peut autoriser les sports d'intensité modérée type IAB et IIAB.
– En cas de prothèse mitrale ou aortique sous anticoagulant, il faut éviter les sports à risque de collision.
– En cas de prothèse aortique sans anticoagulant, avec fonction VG normale, on ne peut autoriser que les sports de faible intensité, type IA, plus rarement IAB ou IIAB.
– En cas de valvuloplastie mitrale, la décision sera prise sur le RM et/ou l'IM résiduel.

Conclusion

Il faut insister sur l'importance des informations apportées par une auscultation cardiaque attentive, qui n'est en aucun cas « dépassée » par l'échographie.
Il n'est pas ridicule de dire qu'une bonne oreille cardiologique reste meilleure sur la qualité du diagnostic que l'échographie. Il faut se méfier en particulier des fuites valvulaires physiologiques découvertes au Doppler cardiaque et qui pourraient faire croire à tort à une pathologie susceptible d'être aggravée par le sport.
La découverte d'une anomalie des bruits du cœur ou d'un souffle cardiaque fait partie intégrante de l'examen clinique d'un sportif et permet d'orienter les examens complémentaires pour apporter un conseil sur le type de sport et le niveau d'effort possible, afin d'harmoniser au mieux les possibilités physiques et les performances sportives.

Pour en savoir plus

26TH BETHESDA CONFERENCE. Recommendations for determining eligibility for competition in athletes with cardiovascular abnormalities. *J Am Coll Cardiol* 1994; 24 : 845-99.

AMORETTI R. *Prolapsus de la valve mitrale*. Paris : 2e Congrès international sur l'homme à l'effort, 1989.

CARRÉ R, AMORETTI R. *Précis de phonomécanographie*. Paris : Éditions médicales Spécia, 1982.

32

Cardiomégalie du sportif

Sommaire

Une cardiomégalie est reconnue de longue date chez le sportif comme une de ses caractéristiques cardiovasculaires ; cette cardiomégalie chez un individu au cœur sain pratiquant une activité physique représente un des mécanismes physiologiques d'adaptation, paramètre complémentaire d'autres mécanismes d'adaptation.

La conséquence et l'analyse du « gros cœur » du sportif a largement bénéficié des évolutions technologiques (échocardiographie et résonance magnétique nucléaire) depuis les premières descriptions radiologiques.

Réalité de l'augmentation du volume cardiaque

L'augmentation de volume cardiaque, évoquée grâce à la pratique de clichés thoraciques bi-plans, a été rapportée dès 1960 par de nombreuses enquêtes, en particulier scandinave et allemande *(Astrand)*. On avait pu ainsi estimer, malgré les sources d'erreurs nombreuses liées à une telle technique :

- que cette cardiomégalie était d'importance variable selon la discipline pratiquée (tableau 32.I) ;
- qu'elle était retrouvée essentiellement chez des athlètes de haut niveau pratiquant demi-fond, cyclisme, alors que par opposition, le volume cardiaque par exemple d'haltérophiles était décrit comme normal ;
- qu'elle présentait des valeurs maximales atteignant :
  - chez l'homme : 1 700 mL ;
  - chez la femme : 1 150 mL ;
- que cette augmentation du volume cardiaque ne se poursuivait pas au-delà d'une valeur limite maximale de 20 mL/kg, chez l'athlète d'endurance, la progression des performances étant de façon manifeste liée à la progression de paramètres autres que cardiaques (fig. 32.1) ;
- que cette cardiomégalie était toujours rapportée à :
  - un volume d'éjection systolique élevé ;
  - un débit cardiaque important ;
  - une $\dot{V}O_2$ max en rapport (fig. 32.2).

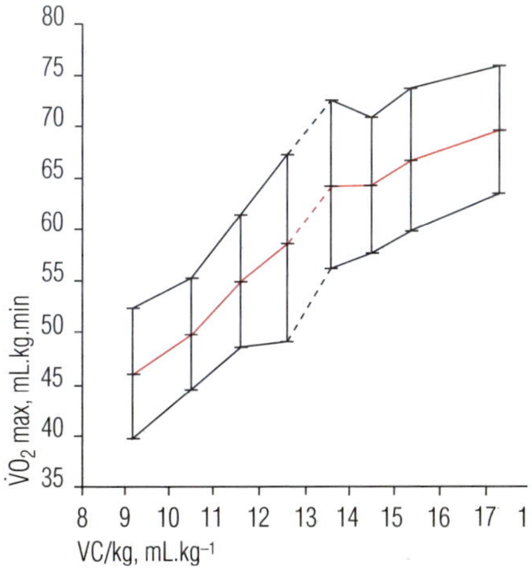

Fig. 32.1. Relation entre $\dot{V}O_2$ max et volume cardiaque relatif (VC/kg) (d'après Dickuth *et al.* [3]).

Tab. 32.I. Volume cardiaque estimé chez le sportif à partir du cliché thoracique (d'après Anderson [2]).

Sujets	Nombre	Volume moyen (mL)	Extrêmes
Normaux	67	790	490-1 080
Lutte et saut en hauteur	30	782	610-920
Natation – Foot et tennis	86	876	605-1 130
Ski – Course de fond et natation	66	923	645-1 180
Cyclisme	18	1 104	880-1 460

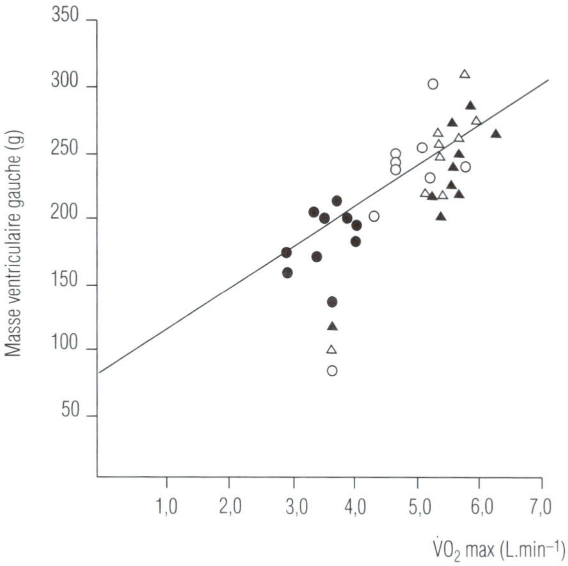

Fig. 32.2. Relation entre la masse ventriculaire gauche, déterminée en RMN, et $\dot{V}O_2$ max (d'après Milliken [7]).

Mécanismes envisagés

L'entraînement régulier entraîne le développement de cette cardiomégalie. Elle est le résultat de l'association d'une dilatation cavitaire et d'une hypertrophie pariétale.

Un entraînement en résistance, isométrique (haltérophilie, par exemple), est réputé stimuler l'apparition d'une hypertrophie pariétale avec une dimension cavitaire normale (concentrique) : le maintien d'un débit cardiaque efficace face à une élévation majeure et brutale de pression artérielle (postcharge) se fait au prix d'un épaississement pariétal destiné à maintenir la normalité de la contrainte pariétale (adjonction de nouveaux sarcomères en parallèle).

Un entraînement en endurance, aérobie, isotonique (course à pied), entraîne hypertrophie et dilatation cavitaire (excentrique) ; le débit cardiaque augmente de façon prolongée pendant l'effort (augmentation de la précharge par augmentation du volume sanguin circulant notamment), avec augmentation du volume de la cavité ventriculaire gauche et de l'épaisseur des parois (allongement et épaississement des myofibrilles).

Ces deux types d'entraînement sont en général associés dans les schémas d'entraînement de l'athlète, et il est donc le plus souvent délicat d'attribuer de façon spécifique ces modifications (par exemple, cyclisme, associant effort aérobie et effort isométrique avec les membres supérieurs).

Les mécanismes entraînant ces modifications sont divers : étirement des fibres myocardiques, stimuli hormonaux (système rénine-angiotensine, catécholamines), augmentation du volume sanguin (rôle des récepteurs à l'aldostérone), sensibilité des récepteurs au facteur natriurétique auriculaire ; très probablement une susceptibilité génétique aux effets de l'entraînement intervient, comme en témoigne la prédominance d'allèles du système rénine-angiotensine, présente chez les athlètes développant une hypertrophie cardiaque dans certains types de sport.

Enfin, le dopage intervient certainement dans certains types de modifications.

Échocardiographie

C'est l'échocardiographie qui permet d'analyser au mieux les éléments constitutifs de cette cardiomégalie. Aux premières études, essentiellement réalisées en mode TM exclusif, entraînant de nombreux facteurs d'erreurs certainement responsables de résultats parfois contradictoires, ont fait suite des résultats encore fondés sur des coupes TM, mais couplées à un contrôle visuel en mode bidimensionnel, permettant de s'affranchir de nombreux pièges ; des mesures effectuées par plusieurs observateurs en double aveugle permettent également de rationaliser les résultats.

Les nombreuses études réalisées s'attachent essentiellement à la mesure des cavités gauches, et surtout du ventricule gauche, les cavités droites étant d'analyse beaucoup plus difficile du fait de la morphologie du ventricule droit, et sont la plupart du temps passées sous silence.

Il n'en reste pas moins que les formules mathématiques utilisées dans le calcul du volume ventriculaire gauche, aux extrapolations souvent empiriques, ne tient pas forcément compte des variations de géométrie et de remodelage ventriculaire gauche chez le sportif.

Enfin, si les enquêtes statistiques ont pu porter sur de grands nombres de sujets, si certaines sont corrélées à des sujets témoins et rapportées à la surface corporelle, elles n'ont que rarement été rapportées à la masse maigre, et à la fréquence cardiaque de repos, déterminants importants dans les dimensions où la masse ventriculaire gauche repose sur des mesures ponctuelles.

Ces réserves mises à part, nous disposons maintenant d'études permettant d'avoir des chiffres de référence. Notamment, le travail de Pellicia *et al.* [8] (974 athlètes, tous de haut niveau : équipes nationales, présélection olympique) permet d'observer :

- le caractère modéré de cette augmentation des dimensions ventriculaires gauches (tableau 32.II) : la norme de l'index de masse ventriculaire gauche (MVG) est inférieure ou égale à 134 $g.m^{-2}$;
- le caractère exceptionnel d'une augmentation importante des dimensions cardiaques susceptibles de poser le problème de la définition physiologique ou pathologique de la cardiomégalie. En effet, seuls 16 athlètes/974 (moins de 2 % des sportifs) ont une masse ventriculaire gauche supérieure à 288 g (au maximum 359 g, soit un index de masse ventriculaire gauche supérieur à 133 $g.m^{-2}$ (tableau 32.III).

Tab. 32.II. Masse ventriculaire gauche (MGV) en g et en $g.m^{-2}$ de surface corporelle (déterminée à l'échocardiographie chez des athlètes de haut niveau de sexe masculin (n = 738) et de sexe féminin (n = 209) (d'après Pellicia *et al.* [8]).

Mesure	Moyenne-écart type		Extrêmes	
	Hommes	*Femmes*	*Hommes*	*Femmes*
MVG (g)	206 ± 46	133 ± 29	108-359	84-239
MVG ($g.m^{-2}$)	105 ± 20	80 ± 16	62-176	52-138

Tab. 32.III. Valeurs maximales de la masse ventriculaire gauche (MVG) et de l'IMM (index de masse myocardique) déterminées par échocardiographie chez l'athlète de haut niveau de sexe masculin, âgé de 18 à 27 ans (d'après Pellicia *et al.* [8]).

Sport	MVG	
	g	$g.m^{-2}$
R	338	158
R	288	133
R	341	156
R	350	157
R	313	141
CY	331	161
R	331	147
R	313	144
R	350	163
R	305	158
R	358	162
CK	304	140
CK	359	172
R	320	149
R	331	171
CK	357	176

R : rameur; CY : cycliste; CK : canoë-kayakiste.

Un travail réalisé par Abergel *et al.* [1] chez des athlètes dont on estime qu'ils pratiquent essentiellement des efforts aérobies (149 cyclistes sur le Tour de France, avec témoins appariés) confirme l'existence de masses ventriculaires parmi les plus élevées, et celles-ci sont toujours associées à une dilatation de la cavité ventriculaire gauche, et à une hypertrophie modérée de sa paroi (tableau 32.IV).

Tab. 32.IV. Masse ventriculaire gauche échographique chez des cyclistes et des sujets témoins appariés (d'après Abergel *et al.* [1]).

Mesures	Cyclistes (149)	Témoins (52)	p
Masse VG (g)	272 ± 45	139 ± 26	< 0,0001
Masse VG/SC (g/m²)	144 ± 22	74 ± 11	< 0,001
Masse VG/Taille	57,1 ± 9,3	29,7 ± 4,8	< 0,001

Cette augmentation de masse ventriculaire gauche :

- se retrouve de façon bien moindre chez l'enfant, les sujets âgés, les femmes;
- n'est observée que chez les athlètes pratiquant : aviron, canoë-kayak, cyclisme;
- est toujours associée à un diamètre télédiastolique atteignant ou excédant très légèrement les limites supérieures des normes (55 à 63 mm);
- s'accompagne d'un rapport du volume ventriculaire gauche à la masse ventriculaire gauche (MVG/VTD) constant, pour Keul [5] et Lehman *et al.* [6] (tableau 32.V);
- est « labile », régressant après diminution ou arrêt de l'entraînement.

Tab. 32.V. Comparaisons des valeurs de consommation d'oxygène maximale ($\dot{V}O_2$ max), de la masse ventriculaire gauche (MVG), du rapport masse ventriculaire/poids (MVG/kg), du rapport masse ventriculaire gauche/volume télédiastolique (MVG/VTD) et masse ventriculaire gauche/ $\dot{V}O_2$ max (MVG/ $\dot{V}O_2$ max), chez des sujets sédentaires, des coureurs de fond, des athlètes de « force » et des hypertendus (d'après Lehman *et al.* [6]).

	$\dot{V}O_2$ max ($mL.min^{-1}.kg^{-1}$)	MVG (g)	MVG/kg ($g.kg^{-1}$)	MVG/VTD ($g.mL^{-1}$)	MVG/ $\dot{V}O_2$ max ($g.mL^{-1}.min^{-1}$)
Sédentaires	49 + 6	146 + 19	2,2 + 0,3	1,2 + 0,2	0,045 + 0,005
Coureurs de longue distance	67 + 6	207 + 25	3 + 0,4	1,2 + 0,2	0,045 + 0,005
Athlètes « de force »	37 + 4	198 + 31	1,9 + 0,5	1,2 + 0,3	0,051 + 0,005
Hypertendus					
Stade 1	51 + 5	162 + 14	2,1 + 0,2	1,1 + 0,3	0,041 + 0,005
Stade 2	34 + 6	191 + 37	2,6 + 0,4	1,8 +0,4	0,076 + 0,007
Stade 3	19 + 4	234 + 37	3 + 0,5	1,5 +0,3	0,15 + 0,009

Chez l'athlète « de force » ou « de résistance », les différentes enquêtes échocardiographiques rapportent également des résultats variables (liés aux problèmes méthodologiques précédemment évoqués). Fleck et Henke [4], regroupant ces différentes enquêtes (méta-analyse), retrouvent une augmentation de la MVG ou de l'index de masse myocardique (IMM = MVG/SC) mais pas de différence par rapport au groupe témoin (à l'exception de 2 études/7) lorsque l'évaluation de la MVG est rapportée à la masse maigre.
Les comparaisons en fonction du niveau de l'athlète (loisir, national ou international), des valeurs absolues, de la MVG, de l'indice MVG/masse maigre ne mettent pas en évidence de différence significative. On peut ainsi considérer que la MVG peut augmenter chez l'athlète « de force », mais que cette augmentation est modeste, peut-être liée à l'évolution de la masse maigre et sans lien évident avec le niveau sportif de l'athlète.

Évaluation en RMN

Elle a permis de confirmer la réalité de l'augmentation de la MVG précédemment évoquée, chez l'athlète d'endurance. Par rapport au groupe témoin, l'augmentation de la MVG est de 26 à 37 % ; l'évaluation des résultats par rapport à la surface corporelle, ainsi que surtout par rapport à la masse maigre, confirme l'existence de différences significatives entre athlètes et témoins, les coureurs de fond apparaissant ainsi parmi ceux qui ont la MVG rapportée à la masse maigre la plus élevée (tableau 32.VI).

On retrouve également ici une corrélation entre MVG et $\dot{V}O_2$ max (fig. 32.3) :

$$MVG = 30{,}71 \times \dot{V}O_2 \text{ max (L/min)} + 81{,}83$$

Les résultats obtenus en RMN confirment donc les premières observations faites à partir des calculs de volume cardiaque et les dernières enquêtes échocardiographiques.

Tab. 32.VI. **Masse ventriculaire gauche déterminée en RMN (d'après Milliken [7]).**

	Nombre	MVG (g)	MVG/Poids (g/kg)	MVG/SC (g/m²)	MVG/kg (g/kg)
Contrôles	9	189 ± 6	2,4 ± 0,1	96 ± 2	2,9 ± 0,1
Cross country et ski	9	239 ± 9	3,2 ± 0,1	124 ± 4*	3,4 ± 0,1
Cyclisme d'endurance	8	258 ± 11	3,3 ± 0,1	130 ± 4	3,7 ± 0,2
Course de fond	9	244 ± 10	3,7 ± 0,1	133 ± 5	4,1 ± 0,2

* Significativité par rapport aux contrôles : $p < 0{,}05$.

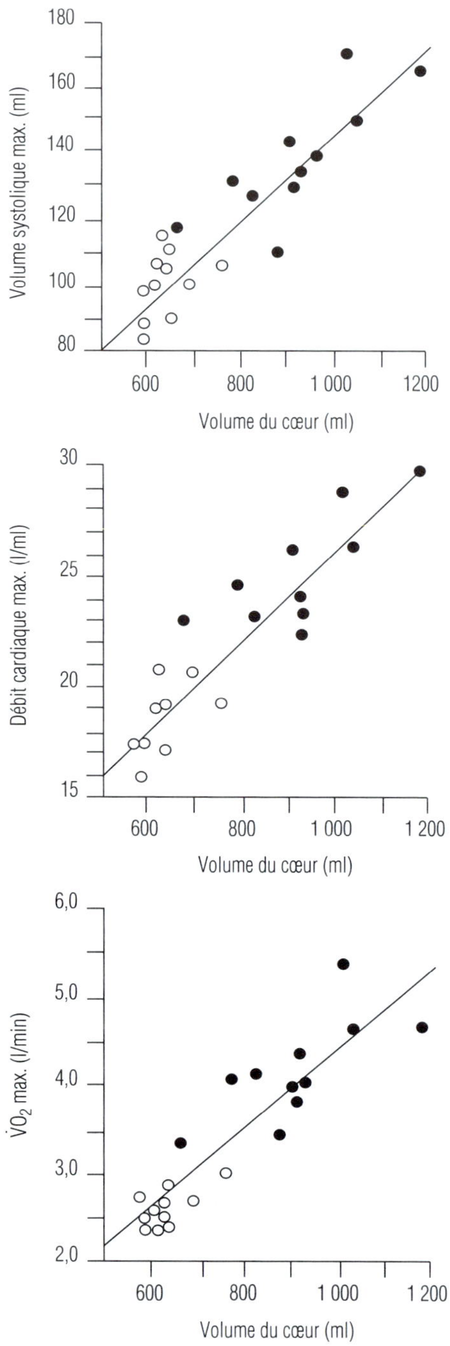

Fig. 32.3. **Corrélations observées entre volume cardiaque et $\dot{V}O_2$ max, débit cardiaque max et volume d'éjection systolique (d'après Dickuth *et al.* [3]).**

Entraînement physique

Les différentes enquêtes échocardiographiques rapportent (probablement en raison des problèmes méthodologiques évoqués précédemment) des résultats contradictoires sur les conséquences d'un entraînement physique à court terme (quelques semaines) ou prolongé (quelques mois).

Les entraînements effectués – type conditionnement physique chez un sujet sédentaire d'âge moyen – ne modifient pas les dimensions cardiaques, alors que les paramètres cardiorespiratoires ($\dot{V}O_2$ max) sont modifiés (+ 15 à 20 %) ; chez l'athlète d'endurance, adulte, les variations de MVG tout au long de la saison sportive sont modestes, statistiquement non significatives, à l'exception des résultats d'Eshani et de Fagard.

Il semble en fait que les dimensions cardiaques ne peuvent pas de façon rapide et importante se modifier sous l'influence d'un entraînement d'endurance chez des sujets qui ont achevé leur croissance.

Inversement cependant, chez l'athlète présentant une hypertrophie ventriculaire gauche physiologique importante (soit 2 %, pour Pellicia *et al.* [9], d'une population sportive de niveau international ou préolympique), on observe avec l'arrêt ou la diminution de l'entraînement une régression de la masse ventriculaire gauche : évolution qu'il faut cependant analyser en fonction d'autres paramètres susceptibles de varier également dans ce contexte : masse maigre, volume sanguin circulant, fréquence cardiaque.

Cette régression de l'hypertrophie a été retrouvée déjà significative après 3 semaines d'arrêt, et complète après 3 mois. Chez certains athlètes ayant présenté une dilatation importante du ventricule gauche avec une hypertrophie également importante, tous, après 1 à 13 ans de déconditionnement, vont normaliser l'épaisseur pariétale ventriculaire gauche, mais 20 % vont garder des dimensions cavitaires supérieures aux normes du sédentaire.

Chez l'enfant et l'adolescent, les modifications observées en termes de masse ventriculaire gauche semblent reliées étroitement à la croissance du sujet, peut-être plus qu'à la capacité aérobie, mais il est possible qu'un entraînement physique précoce, régulier, à long terme, débuté dans l'enfance ou l'adolescence, influence le devenir de la masse cardiaque.

Rôle de l'hypertension

Le rôle de l'hypertension, en particulier chez le sportif de loisir, ou vétéran, ne doit jamais être méconnu et son retentissement sur l'évolution de la masse ventriculaire gauche toujours suspecté (tableau 32.V). La faible activité sportive et/ou le niveau modeste de puissance maximale et de $\dot{V}O_2$ et/ou le profil tensionnel permettent d'évoquer le rôle de cette hypertension à l'origine de la cardiomégalie.

Conclusion

La cardiomégalie décrite chez l'athlète peut être considérée comme physiologique si :

- elle apparaît chez un athlète de haut niveau, pratiquant un sport d'endurance, avec une pratique sportive intense et régulière ;
- elle correspond à un rapport masse myocardiaque/volume cardiaque normal et masse myocardique/ $\dot{V}O_2$ max normal ;
- elle apparaît chez un sportif normotendu ;
- elle régresse si l'entraînement est diminué ou interrompu.

Un tel cœur n'est vu que rarement dans une population sportive de bon niveau. Chez un sujet sportif dont la pratique est modeste, une cardiomégalie doit être considérée comme anormale jusqu'à preuve du contraire.

Bibliographie

[1] Abergel E *et al.* Vascular and cardiac remodeling in world class professional cyclists. *Am Heart J* 1998; 136 : 818-23.

[2] Anderson KL. The cardiovascular system in exercise. *In :* Falls HB, ed. *Exercise Physiology.* New York : Academic Press, 1968.

[3] Dickuth HM, Keul J, Lehman M. Cardiac output and blood flow in exercise. *Med Sport* 1981; 13 : 98-105.

[4] Fleck SJ, Henke C. Cardiac MRI of Elite Junior Olympic Weight Lifters. *Int J Sport Med* 1989; 10 (5) : 329-33.

[5] Keul J. The athlete's heart. Haemodynamics and structure. *Int J Sports Med* 1982; 3 : 33-43.

[6] Lehman M, Durr H, Merkelbach H, Schmid A. Hypertension and sports activities : institutional experience. *Clin Cardiol* 1990; 13 : 197-208.

[7] Milliken MC. Left ventricular mass as determined by magnetic resonance imaging in male endurance athletes. *Am J Cardiol* 1988; 62 : 301-5.

[8] Pellicia A *et al.* Morphology of the « athlete's heart » assessed by echocardiography in 947 elite athletes representing 27 sports. *Am J Cardiol* 1994; 74 (8) : 802-6.

[9] Pellicia A *et al.* Remodeling of left ventricular hypertrophy in Elite Athletes after long term deconditioning. *Circulation* 2002; 105 : 944-9.

Pour en savoir plus

Alvarez R, Terrados N, Ortolano R. Genetic variation in the renin angiotensin system and athletic performance. *Eur J Appl Physiol* 2000; 82 : 117-20.

Astrand PO, Rodahl K. *Précis de physiologie de l'exercice musculaire.* Paris : Masson, 1980.

Fatini C *et al.* RAS genes influence exercise-induced left ventricular hypertrophy : an elite athletes study. *Med Sci Sports Exerc* 2000; 32(11) : 1868-72.

Haykowski M *et al.* Left ventricular morphology in junior and master resistance trained athletes. *Med Sci Sports Exerc* 2000; 32(2) : 349-52.

Karila M *et al.* Anabolic androgenic steroïds produce dose dependent. Increase in left ventricular mass in power athletes, and this effect is potentiated by concomitant use of growth hormone. *Int J Sports Med* 2003; 24 : 337-43.

Schaibe TF, Scheuer J. Cardiac adaptations to chronic exercise. *Prog Cardiovasc Dis* 1985; 27 : 297-324.

Wolfe LA, Cunnighma DA, Boughner DN. Physical conditioning effects on cardiac dimensions; a review of echocardiographic studies. *Can J Appl Sport Sci* 1986; 11 (2) : 66-79.

Maladie coronaire et sport

Sommaire

De nombreuses études épidémiologiques ont permis d'identifier la sédentarité comme étant un important facteur de risque de morbidité et de mortalité cardiovasculaires. Ces études ont montré qu'une activité physique, pratiquée de façon régulière, réduit la mortalité et le risque de survenue d'événements coronaires non fatals, chez les hommes comme chez les femmes [2, 7, 10, 13, 14, 16, 17, 23, 24]. Aussi, le conseil de pratiquer une activité physique régulière et à tout âge fait actuellement partie des recommandations de santé publique de nombreux pays, aussi bien pour la prévention primaire que pour la prévention secondaire de la maladie coronaire [4, 15].

Cependant, en regard de ces bénéfices, il est également démontré qu'une activité physique intense peut aussi être le facteur déclenchant d'un infarctus du myocarde ou d'une mort subite, en particulier chez les sujets qui n'ont pas une activité physique régulière [12, 25].

Ainsi, si la recommandation encourageant la pratique d'une activité physique, y compris sportive, représente indiscutablement un bon message de santé publique, cohérent avec les données physiologiques, épidémiologiques et cliniques connues, elle doit néanmoins être entourée d'un certain nombre de précautions d'emploi [3, 11, 18, 22].

Bénéfices liés à la pratique d'une activité physique et sportive

Données épidémiologiques

Les études concernant l'effet de l'activité physique en prévention primaire sont pour la plupart méthodologiquement critiquables. Pour des raisons de faisabilité ou d'éthique, il n'existe aucun essai contrôlé, randomisé. Outre le fait qu'il s'agit d'études d'observation, elles présentent par ailleurs un certain nombre de limites :

- défaut de qualité de la mesure de l'activité physique ;
- prise en compte partielle de l'activité physique si l'analyse est limitée à l'activité professionnelle ou à l'activité de loisirs ;
- non-prise en compte de la variabilité de l'activité physique au cours de l'étude ;
- risque d'« autosélection » des sujets déjà malades dans les groupes sédentaires ;
- rôle possible de modification des autres facteurs de risque, ceux-ci étant évalués habituellement au début de l'étude ;
- manque d'information pertinente sur la population des femmes.

Cependant, un certain nombre de ces études sont considérées comme scientifiquement acceptables et ce sont les mieux construites qui s'avèrent les plus discriminantes et donnent les résultats les plus favorables. La plupart de ces études montrent que l'activité physique, tant professionnelle que de loisirs, diminue le risque de morbidité coronaire et celui de mortalité totale et de mortalité cardiovasculaire :

- la *British Regional Heart Study* [17], étude prospective réalisée sur une période de 8 ans chez des hommes de 40 à 59 ans, montre que le risque d'infarctus du myocarde est inversement corrélé au niveau d'activité physique. La réduction du risque, après ajustement sur les autres facteurs de risque, est de l'ordre de 50 % pour des sujets ayant un index d'activité physique entre 9 et 20 (sur une échelle de 0 à 36) par rapport à des sujets totalement sédentaires (index d'activité physique de 0 à 2). Il n'est pas démontré de bénéfice supplémentaire pour des niveaux supérieurs d'activité physique ;
- une étude finlandaise [7], réalisée chez des hommes de 42 à 60 ans, montre également que le risque de survenue d'un infarctus du myocarde est inversement corrélé avec le niveau d'activité physique de loisirs et la consommation d'oxygène lors d'une épreuve d'effort maximale, avec une réduction de l'ordre de 65 % du risque d'infarctus du myocarde ;
- l'étude concernant les diplômés d'Harvard [16] montre également une réduction du risque d'événements coronaires chez les sujets ayant un niveau important d'activité physique et cela indépendamment des autres facteurs de risque ;
- la *Nurses' Health Study* [10], concernant plus de 72 000 infirmières américaines de 40 à 65 ans, montre également que chez la femme l'activité physique est inversement corrélée avec les risques d'événements coronaires.

De nombreuses autres données épidémiologiques ont démontré l'impact de la sédentarité sur la mortalité et la morbidité coronaires [2, 13, 14, 23, 24], faisant de ce facteur de risque une des causes les plus importantes de mortalité dans les pays développés.

Si l'activité physique apparaît protectrice, les avis ont progressivement évolué concernant l'intensité et la fréquence avec laquelle elle devait être réalisée pour obtenir un effet de prévention. Des études ont initialement montré la nécessité d'un exercice intense, mais plusieurs études plus récentes montrent qu'il n'y a pas de seuil et que le bénéfice croît de façon continue et peut même être présent pour une activité physique relativement modérée. Cela a en particulier bien été démontré pour des populations de femmes d'âge moyen [10] ou ménopausées [9]. Cependant, même si un exercice modéré, comme la marche rapide évaluée dans ces études, est associé à une réduction de risque, d'autres études montrent qu'une réduction encore plus importante peut être obtenue pour un exercice plus intense [21]. Par ailleurs, le cumul de séances courtes d'activité physique semble aussi efficace que la pratique de séances longues, l'élément déterminant étant l'activité physique totale [8].

On ne sait pas précisément dans quel délai après le début de l'activité physique apparaît l'effet de prévention cardiovasculaire. En revanche, pour être bénéfique, cette activité doit être régulière et pas seulement concentrée sur les week-ends ou les périodes de vacances. Par ailleurs, le bénéfice semble assez rapidement perdu si l'activité est arrêtée. Ainsi, si une activité physique régulière peut éviter des événements coronaires et des décès prématurés, il n'est en revanche pas certain qu'elle augmente significativement la longévité si elle n'est pas poursuivie dans la durée.

Enfin, la pratique d'une activité physique ne peut avoir son plein effet de prévention que si elle est associée à la correction optimale des autres facteurs de risque cardiovasculaire.

Mécanisme de la protection liée à l'activité physique

Même si la protection apportée par l'activité physique et sportive a été démontrée comme indépendante de la correction des autres facteurs de risque, elle agit favorablement sur la plupart de ceux-ci, avec [18] :

- une amélioration du profil lipidique, avec une baisse du LDL-cholestérol et des triglycérides et une augmentation du HDL-cholestérol [19];
- une contribution à la perte de poids et au maintien de la réduction pondérale;
- des effets bénéfiques sur le métabolisme glucidique et la sensibilité à l'insuline;
- des effets bénéfiques sur l'évolution de la pression artérielle.

L'activité physique exerce une action favorable sur l'hémostase, avec une augmentation de l'activité fibrinolytique physiologique et une inhibition de l'agrégation plaquettaire. Cela peut contribuer à la prévention des accidents coronaires aigus.

L'activité physique améliore la fonction endothéliale. Cela a été en particulier démontré dans une étude expérimentale chez des patients coronariens [6]. Cette étude a montré une amélioration significative de la réponse vasomotrice à l'acétylcholine chez des patients coronariens ayant été soumis à un entraînement physique.

Enfin, l'activité physique agit favorablement sur l'équilibre du système nerveux autonome, en renforçant l'activité parasympathique et en améliorant la variabilité sinusale, ces éléments pouvant rendre compte en partie d'une protection vis-à-vis du risque de survenue de troubles du rythme ventriculaire.

Risques liés à la pratique sportive

Données épidémiologiques

Même s'il peut être considéré comme relativement faible, le risque de survenue d'un infarctus du myocarde ou d'une mort subite au cours ou au décours immédiat d'une activité sportive est une réalité. Le chapitre 34 de cet ouvrage traite de la mort subite au cours des activités sportives. L'analyse de ce risque sera donc ici limitée à celui de l'infarctus du myocarde, même si cette distinction est un peu artificielle dans la mesure où, au-delà de 30 ans, dans la moitié des cas, les morts subites sont directement en rapport avec une athérosclérose coronaire [20], cette proportion augmentant ensuite de façon importante avec l'âge.

Les infarctus du myocarde survenant au cours ou au décours de la pratique sportive ont un profil clinique et coronarographique particulier [5]. Il s'agit presque exclusivement d'hommes; l'âge moyen de survenue se situe autour de 40 ans; dans les deux tiers des cas l'infarctus est inaugural; la majorité des patients présentent des facteurs de risque parmi lesquels dominent le tabagisme, cela de façon pratiquement constante chez les plus jeunes, et l'hypercholestérolémie. Les sports concernés sont le plus souvent les sports de balle (football, tennis) puis les sports d'endurance (course à pied, cyclisme). Si les deux tiers des sujets ont un entraînement satisfaisant, les autres ont soit une pratique irrégulière, soit sont sédentaires, réalisant une activité physique à un niveau inhabituel et sans entraînement préalable. L'infarctus survient dans un tiers des cas pendant l'effort proprement dit et dans la moitié des cas dans la demi-heure suivant l'arrêt de l'effort. Les données coronarographiques sont particulières, avec une proportion importante d'infarctus à coronaires normales, cela dans un quart des cas et même dans la moitié des cas chez les sujets de moins de 40 ans, soit le double de ce qui est observé dans les infarctus survenant au repos. Dans les autres cas, il s'agit de lésions essentiellement monotronculaires et cela d'autant plus que les sujets sont jeunes.

Le nombre exact d'infarctus liés à la pratique sportive est difficile à déterminer. Il est estimé que 5 % des infarctus du myocarde surviennent au cours ou au décours immédiat d'une activité physique. Le rôle de l'activité physique comme élément déclenchant de l'accident coronaire aigu a pu être évalué au travers de deux études [12, 25]. Dans chacune de ces études, les investigateurs ont interrogé plus de 1 000 patients ayant présenté un infarctus du myocarde. Ont été quantifiées les activités qu'ils pratiquaient dans l'heure ayant précédé le début des symptômes et ont été évalués parallèlement le niveau et le type d'activité physique habituellement réalisée par ces patients au cours de l'année précédant l'accident coronaire. Ces patients ont par ailleurs été comparés à des sujets « contrôles », dont ont été analysés le type et le niveau d'activité le même jour à la même heure. Ce type d'analyse a permis d'estimer que le risque d'infarctus du myocarde au cours ou au décours immédiat d'un exercice physique intense était 2 à 6 fois plus important que lors d'une activité moins importante ou en l'absence d'activité. Ces deux études ont également mis en évidence que cet excès de risque d'infarctus du myocarde pendant une activité physique intense concernait, dans la plupart des cas, des individus n'ayant pas une activité physique régulière. Parmi ceux qui s'entraînent 4 à 5 fois par semaine, il n'y a pas d'augmentation significative du risque d'infarctus du myocarde. Ainsi, plus les individus sont régulièrement actifs, plus faible est le risque de développer un infarctus du myocarde pendant un exercice physique intense. À partir de la même approche méthodologique, une constatation similaire a été faite concernant le risque de mort subite lors d'une activité sportive : la pratique régulière d'un exercice physique intense diminue le risque de survenue d'une mort subite pendant un tel exercice [1].

Même s'il existe une augmentation relative du risque d'infarctus du myocarde lors d'un exercice physique intense, il convient de souligner que le risque absolu d'un tel événement est relativement faible. Cela doit être mis en balance avec les nombreuses études ayant démontré les effets protecteurs à long terme d'une activité physique régulière vis-à-vis des événements coronaires. Ces données ne doivent pas faire surestimer les risques vis-à-vis des bénéfices et représentent essentiellement un élément démonstratif complémentaire pour préconiser une pratique régulière de l'activité physique.

Mécanismes des accidents coronaires survenant lors de l'activité physique

Comme dans la majorité des infarctus du myocarde, l'élément *starter* de l'occlusion coronaire est une rupture de plaque d'athérosclérose compliquée de thrombose, la lésion coronaire coupable n'étant pas obligatoirement le siège d'une sténose serrée. Dans le contexte d'une activité physique, cette rupture de plaque est favorisée par les contraintes dynamiques liées aux modifications de pression artérielle et de fréquence cardiaque. Par ailleurs, chez les sujets sédentaires, contrairement aux sujets physiquement entraînés, un exercice intense stimule l'agrégation plaquettaire et favorise ainsi le processus de thrombose coronaire sur cette plaque instable. Enfin, ce mécanisme de rupture de plaque en l'absence de sténose significative explique qu'un certain nombre de ces infarctus du myocarde puissent survenir chez des sujets ayant eu peu de temps auparavant une épreuve d'effort maximale normale.

Un spasme coronaire peut également être en cause. Il survient le plus souvent sur des lésions coronaires athéroscléreuses, plus rarement sur des coronaires normales. Il peut être favorisé par une hyperventilation ou par un déséquilibre neurovégétatif chez des sujets insuffisamment entraînés.

De façon plus exceptionnelle, il s'agit d'anomalies de naissance des artères coronaires. Ces anomalies, plus connues pour être à l'origine de morts subites du sujet jeune, peuvent également se compliquer d'infarctus du myocarde. Enfin, une artériopathie inflammatoire, par exemple une séquelle de maladie de Kawasaki, ou un pont musculaire sur l'IVA, ont également exceptionnellement été mis en cause.

Conduite pratique concernant l'aptitude sportive

Identifier les sujets à risque

Compte tenu de cette balance entre les bénéfices et les risques de l'activité sportive vis-à-vis de la maladie coronaire, il est essentiel d'identifier les sujets à risque d'infarctus du myocarde ou de mort subite [22]. Entre le sujet jeune sans facteur de risque cardiovasculaire, dont le risque est pratiquement nul, et le sujet connu comme étant coronarien, pour lequel les recommandations seront parfaitement codifiées, se situe une population dont l'évaluation du risque est essentielle mais difficile. Cela est d'autant plus vrai que le mécanisme des accidents coronaires aigus est plus volontiers lié à une complication brutale sur une plaque instable qu'à l'évolution de lésions athéroscléreuses sténosantes. Aussi, on ne peut pas compter de façon fiable sur les explorations non invasives recherchant une ischémie myocardique. Dans ce contexte, même la coronarographie peut être mise en défaut pour prédire le risque d'événements, des sténoses considérées comme non significatives pouvant brutalement se compliquer.

En pratique, la zone grise dans laquelle doivent être dépistés les sujets à risque est schématiquement représentée par les hommes de plus de 40 ans et ayant un ou plusieurs facteurs de risque, en particulier un tabagisme, facteur déterminant. Doit également être prise en compte la notion d'une reprise d'activité sportive après un arrêt prolongé de plusieurs années. Il convient de rechercher systématiquement une symptomatologie fonctionnelle d'angine de poitrine. En effet, les études concernant les infarctus survenus au cours d'une activité physique sportive montrent qu'un tiers des individus avaient eu des symptômes négligés préalablement à l'accident coronaire aigu [20]. Ces sujets à risque doivent subir une épreuve d'effort. Cet examen pourra également être demandé chez des sujets de plus de 40 ans, même sans facteur de risque, s'il est envisagé une activité de compétition. En revanche, pour les sujets de moins de 40 ans, asymptomatiques, sans facteur de risque et ayant toujours eu une activité sportive régulière, l'épreuve d'effort est inutile car elle a une mauvaise valeur prédictive et est dans l'incapacité de prédire le risque d'un exceptionnel infarctus.

Recommandations chez les sujets non coronariens

Il convient d'encourager et de favoriser une activité physique soutenue et régulière tout au long de la vie. Débuter cette activité physique tôt, dès l'enfance, est un élément favorable pour sa poursuite ultérieure régulière à l'âge adulte.

Le type d'activité physique le plus bénéfique est représenté par l'exercice dynamique aérobie et mettant en jeu des masses musculaires importantes. Il n'y a pas lieu de privilégier tel ou tel type d'activité sportive. Cependant, chez les sujets sédentaires, dans un premier temps il est préférable de conseiller la marche rapide avec évolution progressive vers la course à pied, dans la mesure où il s'agit d'une activité familière pour tous, plus facile à intégrer dans le quotidien et ne demandant en pratique pas d'équipement ni d'expérience spécifique. En fonction de l'âge, des goûts et des aptitudes, d'autres sports pourront être conseillés : natation, cyclisme, aviron, ski de fond… Même si les efforts de résistance n'ont pas fait la démonstration d'un bénéfice cardiovasculaire particulier, ils peuvent être conseillés chez des sujets régulièrement entraînés, en particulier pour limiter l'atrophie musculaire liée à l'âge, en privilégiant les activités en charge modérée avec fréquentes répétitions.

En pratique, la référence est volontiers encore considérée comme une activité sportive réalisée avec une fréquence de 3 à 5 séances par semaine, durant de 20 à 60 minutes, avec une intensité de l'ordre de 50 à 80 % de la capacité aérobie maximale individuelle [18]. En fait, il importe, afin de lutter le plus efficacement possible contre la sédentarité de l'ensemble de la population, de privilégier également au quotidien toute activité physique, même limitée en durée et en intensité. En l'occurrence, 30 minutes d'activité physique modérée quotidienne est l'objectif actuellement le plus communément recommandé [4, 15]. En effet, si un programme d'entraînement physique sportif régulier peut être adopté par un certain nombre de sujets, en termes de santé publique c'est essentiellement un mode de vie actif qu'il convient de promouvoir. Cela ne peut être pour tous un programme structuré d'exercices vigoureux, mais plutôt une modification de comportements visant à augmenter l'activité physique quotidienne. Afin d'obtenir un maximum de compliance, les recommandations les plus récentes mettent également l'accent sur la possibilité de cumuler l'équivalent de ces 30 minutes d'activité physique modérée en y intégrant un certain nombre d'activités quotidiennes habituelles et en les pratiquant avec une intensité correspondant à la marche rapide.

Doivent être associées à ces recommandations une correction optimale de tous les autres facteurs de risque cardiovasculaire. Bien entendu, l'activité physique et sportive ne doit pas être pratiquée dans le seul but d'assurer une prévention cardiovasculaire. Elle apporte aussi, et à bon marché, du bien-être, du plaisir et une forme pour le quotidien qu'aucun traitement médical ne saurait procurer. Ce doit être la motivation essentielle de la pratique d'une activité physique régulière.

Il est du rôle de l'ensemble des médecins et des autres professionnels de santé de conseiller systématiquement l'adoption de ce type d'activité physique régulière et d'en encourager le maintien. Le milieu scolaire doit fortement inciter l'ensemble des jeunes à adopter un mode de vie où l'activité physique occupe une place de choix. Il s'agit d'un objectif essentiel de santé publique qui doit permettre parallèlement de lutter également contre l'évolution pondérale préoccupante des plus jeunes générations.

Conduite à tenir chez les patients coronariens

Le bénéfice de la réadaptation des patients cardiaques et sa réalisation pratique sont traités dans le chapitre 45 de cet ouvrage. Pour l'activité sportive proprement dite, la référence actuelle reste les recommandations de la Conférence de Bethesda [11]. Chez un patient coronarien, les trois critères essentiels permettant de statuer sur l'aptitude à des activités physiques et sportives sont ceux conditionnant le pronostic de ces patients, en l'occurrence :

- l'évaluation de la fonction ventriculaire gauche ;
- la recherche d'une ischémie myocardique ;
- la recherche d'une instabilité électrique pouvant être à l'origine de troubles du rythme.

En fonction des résultats de cette évaluation, deux niveaux de risque sont définis (tableau 33.I). Les patients considérés comme ayant un risque élevé seront limités à des activités sportives de classe IA. Ceux n'ayant pas de critère de gravité seront autorisés à pratiquer des sports des classes IA et IIA. Selon le niveau de risque, la réévaluation d'aptitude sera faite tous les ans ou tous les 6 mois. Les patients doivent être éduqués avec apprentissage des symptômes d'alerte et consigne d'arrêter immédiatement leur activité sportive en cas d'apparition de ces symptômes et de contacter leur médecin. Enfin, à une époque où la responsabilité des médecins est facilement mise en cause, il importe de bien informer ces patients que, malgré toutes les précautions prises et les résultats éventuellement rassurants des tests réalisés, il existe toujours un risque d'évolution imprévisible de la maladie coronaire.

D'une façon générale, les activités physiques devront être réalisées en évitant de préférence les heures suivant le lever, avec une période d'échauffement suffisante et une évolution très progressive de l'intensité de l'effort. Il convient également d'éviter la pratique sportive par temps froid et dans les périodes postprandiales. Sauf exception, il convient de déconseiller toute activité de compétition et la réalisation de performances et de se cantonner à des efforts d'endurance. Les efforts de résistance doivent être *a priori* évités, mis à part chez quelques sujets entraînés, en se limitant à des charges modérées avec fréquentes répétitions et en faisant toujours précéder ces séances d'entraînement en résistance d'une période d'activité dynamique aérobie.

Il est utile également chez ces patients qu'ils puissent contrôler leur fréquence cardiaque en cours d'effort, ce qui est au mieux réalisé à l'aide d'un cardiofréquence-mètre, la fréquence cardiaque étant généralement sous-estimée par la prise du pouls. Il doit être conseillé de rester environ au deux tiers de la fréquence maximale théorique ou, pour les patients chez lesquels a été décelée une ischémie, à 20 % au-dessous du seuil ischémique.

Tab. 33.I. Évaluation du risque chez les patients coronariens et recommandations (d'après la 26e Conférence de Bethesda de 1994 [11]).

Stratification du risque
• Risque modéré si : – EE > 50 % – ECG d'effort normal en puissance (> 10 METS ou $\dot{V}O_2$ max > 35 mL.min^{-1}.kg^{-1} avant 50 ans, 9 METS ou > 31 mL O_2.min^{-1}.kg^{-1} entre 50 et 59 ans, 8 METS ou > 28 mL O_2.min^{-1}.kg^{-1} entre 60 et 69 ans, 7 METS ou > 24 mL O_2.min^{-1}.kg^{-1} si > 70 ans) – pas d'ischémie à l'effort – pas de troubles du rythme ventriculaire à l'effort – pas de sténose coronaire > 50 % sur les gros troncs ou revascularisation coronaire effective, chirurgicale ou par angioplastie percutanée • Risque élevé si l'un des critères ci-dessus n'est pas respecté
Recommandations
• Risque modéré : aptitude limitée aux sports de classes IA ou IIA* (cas particuliers à discuter), avec réévaluation au minimum annuelle • Risque élevé : – aptitude limitée aux sports de classe IA* – inapte avec réévaluation semestrielle si EE < 40 % ou trouble du rythme sévère • Nécessité d'informer les athlètes sur les signes fonctionnels pathologiques et sur les signes d'arrêt du sport • En cas d'infarctus du myocarde récent ou revascularisation : attendre la fin de la convalescence pour décision • Même en cas d'aptitude, un risque d'accident coronaire persiste et le sportif doit en être informé

* Voir chapitre 24 : tableau sur la classification des sports.

Conclusion

La sédentarité est confirmée comme étant un facteur de risque de développement et de progression de la maladie coronaire ainsi que de survenue d'événements cliniques comme l'infarctus du myocarde ou la mort subite. La pratique d'une activité physique régulière diminue significativement, aussi bien chez l'homme que chez la femme, le risque d'événement coronaire, mortel ou non. Malheureusement, ce bénéfice est à mettre en balance avec le risque d'infarctus du myocarde et de mort subite lors d'exercices physique intenses, même si ce risque concerne pratiquement exclusivement des sujets mal entraînés ou sédentaires. Néanmoins, les bénéfices dépassent assurément largement les risques lorsque l'activité physique et sportive est réalisée après une évaluation rigoureuse et selon des normes adaptées à chaque individu, selon son niveau de risque. Des actions de santé publique destinées à promouvoir globalement l'activité physique au sein de la population sont nécessaires.

Bibliographie

[1] Albert CM, Mittleman MA, Chae CU *et al.* Triggering of sudden death from cardiac causes by vigorous exertion. *N Engl J Med* 2000; 243 : 1355-61.

[2] Berlin JA, Colditz GA. A meta-analysis of physical activity in the prevention of coronary heart disease. *Am J Epidemiol* 1990; 132 : 612-28.

[3] Curfman GD. Is exercise benefical – or hazardous – to your heart? *N Engl J Med* 1993; 329 : 1730-1.

[4] De Backer G, Ambrosioni E, Borch-Johsen K *et al.* European guidelines on cardiovascular disease prevention in clinical practice. Third Joint Task Force of European and other Societies on Cardiovascular disease prevention in clinical pratice. *Eur J Cardiovasc Prev Rehabil* 2003; 10 (Suppl 1) : S1-S78.

[5] Francois G, Monpère C. Infarctus du myocarde liés à la pratique sportive. Étude clinique et coronarographique de 35 cas. *Arch Mal Cœur* 1989; 82 : 73-8.

[6] Hambrecht R, Wolf A, Gielen S *et al.* Effect of exercise on coronary endothelial function in patients with coronary artery disease. *N Engl J Med* 2000; 342 : 454-60.

[7] Lakka TA, Venäläinen JM, Rauramaa R *et al.* Relation of leisure time physical activity and cardiorespiratory fitness to the risk of acute myocardial infarction in men. *N Engl J Med* 1994; 330 : 1549-54.

[8] Lee IM, Sesso HD, Paffenberger RS. Physical activity and coronary heart disease risk in men. Does the duration of exercise episods predict risk? *Circulation* 2000; 102 : 981-6.

[9] Manson JE, Greenland P, Lacroix AZ *et al.* Walking compared with vigorous exercise for the prevention of cardiovascular events in women. *N Engl J Med* 2002; 347 : 716-25.

[10] Manson JE, Hu FB, Rich-Edwards JW *et al.* A prospective study of walking as compared with vigorous exercise in the prevention of coronary heart disease in women. *N Engl J Med* 1999; 341 : 650-8.

[11] Maron BJ, Araujo CG, Thompson PD. Recommendations for preparticipation screening and the assessment of cardiovascular disease in masters athletes. *Circulation* 2001; 103; 327-34.

[12] Mittelman NA, Maclure M, Tofler GH *et al.* Triggering of acute myocardial infarction by heavy physical exertion. Protection against triggering by regular exertion. *N Engl J Med* 1993; 329 : 1677-83.

[13] Myers J, Prakash M, Froelicher V, Do D, Partington S, Atwood JE. Exercise capacity and mortality among men referred for exercise testing. *N Engl J Med* 2002; 346 : 793-801.

[14] Paffenbarger RS Jr, Hyde RT, Wing AL, Lee IM, Jung DL, Kampert JB. The association of changes in physical-activity level and other lifestyle characteristics with mortality among men. *N Engl Med* 1993; 328 : 538-45.

[15] Pate RR, Pratt M, Blair SN, Haskell WL *et al.* Physical activity and public health : a recommendation from the Centers for Disease Control and Prevention and the American College of Sports Medicine. *JAMA* 1995; 273 : 402-7.

[16] Sesso HD, Paffenberger RS, Lee IM. Physical activity and coronary heart disease in men. The Harvard Alumni Health study. *Circulation* 2000; 102 : 975-80.

[17] Shaper AG, Wannamethee G, Weatherall R. Physical activity and ischaemic heart disease in middle-aged british men. *Br Heart J* 1991; 66 : 384-94.

[18] Sherphard RJ, Balady GJ. Exercise as cardiovascular therapy. *Circulation* 1999; 99 : 963-72.

[19] Stefanick M, Mackey S, Sheehan M, Ellsworth N, Haskell W, Wood P. Effects of diet and exercise in men and postmenopausal women with low levels of HDL cholesterol and high levels of LDL cholesterol. *N Engl J Med* 1998; 339 : 12-20.

[20] Tabib A, Miras A, Taniere P, Loire R. Undetected cardiac lesions cause unexpected sudden cardiac death during occasionnal sport activity. A report on 80 cases. *Eur Heart J* 1999; 20 : 900-3.

[21] Tanasescu M, Leitzmann MF, Rimm EB. Exercise type and intensity in relation to coronary heart disease in men. *JAMA* 2002; 288 : 1994-2000.

[22] Thompson PD, Kloche FJ, Levine BD, Van Camp SP. 26th Bethesda Conference. Recommendations for determining eligibility for competition in athletes with cardiovascular abnormalities Task Force 5 : coronary artery disease. *J Am Coll Cardiol* 1994; 24 : 888-92.

[23] Wannamethee SG, Shaper AG, Walker M. Changes in physical activity, mortality and incidence of coronary heart disease in older men. *Lancet* 1998; 351 : 1603-8.

[24] Wannamethee SG, Shaper AG, Walker M. Physical activity and mortality in older men with diagnosed coronary heart disease. *Circulation* 2000; 102 : 1358-63.

[25] Willich SN, Lewis M, Löwel H *et al.* Physical exertion as a trigger of acute myocardial infarction. *N Engl J Med* 1993; 329 : 1684-90.

Mort subite sur le terrain de sport

Sommaire

La mort subite est un événement dramatique, exceptionnel sur un terrain de sport, concernant une population à faible risque [24], culpabilisant pour le médecin et traumatisant pour l'opinion publique, pour laquelle le sportif est un modèle de santé. Elle est si rare qu'on ne peut imaginer la mise en place d'un service médical rompu aux méthodes de ressuscitation pour toutes les manifestations sportives, mais si inquiétante qu'elle justifie des mesures appropriées de détection des sujets à risque.

Définition

La mort subite est définie par l'OMS comme une mort naturelle, rapide, survenant en moins d'une heure après le début des premiers symptômes ou l'aggravation des symptômes préexistants. En fait, pour plus de rigueur, il vaut mieux la définir comme une mort soudaine et inopinée, c'est-à-dire que l'intervalle de temps séparant les premiers symptômes et la mort n'excède pas quelques minutes. Dans ces conditions, la mort subite est généralement due à un trouble du rythme cardiaque, alors responsable de mort « instantanée ». Elle peut être totalement imprévisible, survenant chez un sujet en bonne santé, ou imprévisible dans le temps, en cas de cardiopathie à risque connu (séquelle d'infarctus, cardiomyopathie par exemple). Nous envisagerons ici la mort subite du sportif en général mais surtout celle survenant sur le terrain – c'est-à-dire survenant en pleine activité physique – s'adressant aussi bien aux « vrais sportifs » qu'aux sportifs « occasionnels ».

Incidence

Mort subite globale du sportif

Dans la population générale, l'incidence de la mort subite est évaluée à 50 000 cas par an en France. Dans une étude italienne de suivi prospectif de 21 ans [8] concernant une population de 1 386 600 jeunes adultes de 12 à 35 ans, dont 112 790 (8 %) pratiquaient le sport en compétition, l'incidence de la mort subite chez les sportifs est de 0,23 cas pour 10 000 par an (0,26 hommes *vs* 0,11 femmes) et de 0,09 cas pour 10 000 par an chez les sédentaires du même âge. Dans cette étude, le sport est un facteur de surmortalité subite chez les athlètes de moins de 35 ans par déclenchement de troubles du rythme ventriculaire sur une cardiopathie sous-jacente, révélée par une activité physique intense (dysplasie arythmogène du ventricule droit ou DVDA, athérome coronarien et myocardites).

Mort subite sur le terrain de sport

Le risque statistique de mort subite au cours de la pratique du sport est difficile à déterminer car il n'existe pas de recensement administratif des décès en fonction de l'activité pratiquée au moment de leur survenue.

Les estimations actuelles sont fondées sur des enquêtes rétrospectives menées à partir des observations des médecins du sport sur des populations limitées ou établies d'après les médias. La plupart des morts subites au cours d'exercices sportifs, hors compétition, sont inévitablement mal interprétées et mal classées.

Dans l'étude italienne de Corrado *et al.* [8] déjà citée, 89 % des morts subites des athlètes de moins de 35 ans surviennent *sur le terrain de sport* (incidence de 0,2 cas/10 000 par an). En France, l'incidence a été estimée par Cousteau [9] en 1989 de 1 000 à 1 200 décès par an pour quelque 11 millions de licenciés et 20 millions de pratiquants épisodiques, soit de 0,52 à 1 cas pour 10 000 par an. Aux États-Unis [24, 35], deux études rapportent une incidence identique de 0,05 cas pour 10 000 par an, dans une première population de jeunes étudiants sportifs pratiquant un sport encadré et une seconde d'athlètes de haut niveau.

Le tableau 34.1 regroupe les données sur l'incidence globale de la mort subite chez le sportif.

L'étude néerlandaise de Dolmans [11], en particulier, permet de préciser le risque relatif propre aux différentes catégories de sportifs.

Tab. 34.I. Incidence globale de la mort subite chez le sportif.

Auteurs	Pays	Estimation de l'incidence
Lynch, 1980 [18]	Grande-Bretagne (militaires)	0,35/10 000/an
Siscovick *et al.*, 1984 [33]	États-Unis	0,55/10 000/an
Dolmans, 1986 [11]	Pays-Bas	0,49/10 000/an
Cousteau, 1989 [9]	France	0,5/10 000/an
Van Camp *et al.*, 1995 [35]	États-Unis (athlètes haut niveau)	0,05/10 000/an
Maron *et al.*, 1998 [24]	États-Unis (étudiants sportifs)	0,05/10 000/an
Corrado *et al.*, 2003 [8]	Italie (athlètes haut niveau de moins de 35 ans)	0,2/10 000/an

Âge

Cette étude montre bien le caractère exceptionnel de la mort subite avant 25 ans (1 décès sur 20 millions d'heures de sport). Le risque est nettement accru à partir de 25 ans (1 décès sur 4 millions d'heures) et surtout après 35 ans (1 décès sur 1,2 million d'heures de sport).

Sexe

Les hommes apparaissent bien plus menacés que les femmes : 93 % d'hommes décédés subitement contre 7 % de femmes sur une population comprenant 55 % d'hommes et 45 % de femmes. Cela se vérifie aussi dans l'étude de Van Camp *et al.* (1995) [35], chez les athlètes les plus jeunes, estimant le taux de mort subite 5 fois plus élevé chez les garçons que chez les filles, ainsi que dans l'étude de Corrado *et al.* [8] où le taux est 10 fois plus élevé. Il interprète cette surmortalité aux programmes d'entraînement plus intensif, à des efforts en compétition plus violents mais surtout à une prévalence de cardiopathie sous-jacente plus élevée chez l'homme.

Race

Dans la série de Burke *et al.* [5], concernant de jeunes sportifs décédés subitement, les sujets de race blanche (56 %) sont plus exposés à la cardiopathie ischémique et à la DVDA, tandis que les sujets de race noire (44 %) sont plutôt atteints de cardiomyopathie hypertrophique.

Type de sport

Le risque apparaît maximal aux États-Unis pour la pratique du basket-ball et du football américain [26, 35], et en Europe pour celle du football, du basket-ball, de la natation et du rugby pour les athlètes jeunes [8], de la course à pied, du tennis et du squash [31] pour les « sportifs du dimanche ».

Conclusion

Ainsi, si la mort subite frappe surtout à la faveur d'une activité physique intense, elle est en fait dans la plupart des cas, chez les sédentaires comme chez les sportifs, la révélation d'une cardiopathie sous-jacente. Il ne faudrait pas en déduire hâtivement que le sport est un facteur de surmortalité. Rappelons que la pratique d'une activité physique régulière hors compétition est un facteur de longévité parfaitement démontré [16].

Mécanisme du décès

Si on se limite plus précisément aux morts instantanées où le décès survient en moins d'une heure après les premiers symptômes, l'origine cardiovasculaire est retenue dans 95,3 % des cas et le mécanisme est un trouble du rythme ventriculaire dans 88 % des cas [20]. Ces arythmies létales surviennent le plus souvent chez des sportifs prédisposés par une cardiopathie jusque-là silencieuse et dont elles seront malheureusement les seules circonstances révélatrices (tableau 34.II). L'élément nouveau révélé par l'étude de Maron [20] est la prévalence de 20 % de décès par « commotio cordis », dont le mécanisme est le déclenchement d'un trouble du rythme sur cœur sain par un impact direct dans la région précordiale. Environ 2 % des athlètes décédés subitement n'ont pas d'anomalie structurale cardiaque à l'autopsie [35] et aucun facteur déclenchant n'est retrouvé [21]. Des anomalies infracliniques sont suspectées, telles que les anomalies des canaux ioniques (le QT long congénital et le syndrome de Brugada), le syndrome de Wolff-Parkinson-White, les anomalies de la conduction, les tachycardies ventriculaires polymorphes, les spasmes coronaires sans infarctus, les DVDA et les CMH très localisées.
Quant aux causes circulatoires, elles sont représentées par des chocs hypovolémiques (coup de chaleur et déshydratation), par les ruptures aortiques ou d'anévrysmes cérébraux. Les causes non cardiovasculaires se résument aux crises d'asthme graves, aux hémorragies digestives et aux consommations abusives de stupéfiants, de produits dopants, et de compléments alimentaires. Les accidents de la voie publique ne sont pas retenus.

Étiologies

Données de la littérature

Nos connaissances s'appuient sur quelques séries autopsiques qui ne permettent pas une extrapolation à l'ensemble de la population sportive. Les principales études autopsiques sont regroupées dans le tableau 34.II. Les autopsies sont souvent interprétées en fonction de la spécialisation particulière de chaque équipe. Ainsi, aux États-Unis, la cardiomyopathie hypertrophique apparaît comme la première cause chez le sportif jeune [20], alors qu'en Italie du Nord, c'est la dysplasie arythmogène ventriculaire droite [8]. La maladie coronaire est clairement la première cause de mort subite après 35 ans [30]. Une étude suédoise de Wesslen *et al.* [37] et les observations de Fontaine [12] mettaient l'accent sur la fréquence des signes inflammatoires retrouvés à l'autopsie d'autant plus quand il y existait une cardiopathie sous-jacente.

Tab. 34.II. Étiologies les plus fréquentes de mort subite chez le sportif – Données de la littérature (études autopsiques).

Auteurs	Virmani *et al.*, 1982 [36]	Northcote et Ballantyn, 1984 [31]	Neimann, 1985 (revue générale) [30]	Burke *et al.*, 1991 [5]	Maron, 2003 [20]	Corrado *et al.*, 2003 [8]
Population étudiée	Coureurs (n = 30)	Joueurs de squash (n = 30)	Sportifs entraînés (n = 198)	Sportifs non précisés (n = 34)	Athlètes de compétition (n = 387)	Athlètes de compétition (n = 55)
Âge moyen	36 ans	47 ans	< 40 ans	26 ans	< 35 ans	23 ans
Lésions coronaires athéroscléreuses	73 %	83 %	29 %	26 %	3 %	20 %
Lésions coronaires congénitales			17,5 %	30 %	14 %	12 %
CMH		3 %	14,5 %	24 %	26 %	0,2 %
DVDA				3 %	3 %	24 %
Ruptures aortiques			4,5 %	0 %	3 %	0,2 %
Commotio cordis					20 %	

CMH : cardiomyopathie hypertrophique ; DVDA : dysplasie ventriculaire droite arythmogène ; HVG : hypertrophie ventriculaire gauche.

Étude synthétique

Hormis l'étude de Maron, très focalisée sur la CMH, et celle de Corrado incriminant la DVDA chez les sujets de moins de 35 ans, toutes les études s'accordent à donner la première place à la maladie coronaire et aux anomalies coronaires congénitales dans le déterminisme de la mort subite, dans lequel des phénomènes myocarditiques jouent également un rôle important.

Maladie coronaire

Les coronaropathies expliquent environ 80 % des cas de mort subite après 35 ans. Le mécanisme le plus fréquemment évoqué pour l'infarctus du myocarde, lié à la pratique sportive, est la rupture d'une plaque athéromateuse avec fissure intimale, puis hématome sous-intimal aboutissant à la formation d'un thrombus transitoire ou permanent. Il n'y a pas de parallélisme entre la taille de la plaque d'athérome et l'importance de la réaction thrombotique, la fissure d'une plaque même minime pouvant entraîner une occlusion coronaire complète. Chez les sportifs jeunes sans athérosclérose angiographiquement décelable, il semble que l'effort soit capable de rompre une plaque athéromateuse minime et puisse révéler ainsi la maladie coronaire à un stade très précoce. Les mécanismes invoqués pour expliquer le rôle déclenchant de l'effort sont essentiellement :

- l'importante augmentation de débit coronaire, induisant une majoration des forces de cisaillement au niveau des plaques athéromateuses ;
- l'agrégation plaquettaire stimulée au contact des lésions endothéliales, accentuée par les catécholamines à l'effort ;
- la libération de thromboxane A2 par le thrombus, favorisant le spasme.

Un accident ischémique peut également survenir lors de la période de récupération. On a incriminé la stimulation vagale très importante, secondaire à la stimulation sympathique intense, et l'hyperventilation favorisant le spasme post-effort, la diminution du retour veineux, du débit cardiaque et du flux coronaire alors que la demande en oxygène reste forte. Ces phénomènes peuvent être accrus par une douche chaude ou la consommation de tabac après l'effort.

Les études autopsiques ne précisent pas le nombre de vaisseaux atteints par la maladie athéroscléreuse chez les sportifs décédés subitement. Il faut s'en référer aux études coronarographiques de patients survivant après infarctus ou mort subite rattrapée, survenus au cours ou au décours immédiat d'activités sportives. Les lésions coronaires préexistantes sont fonction de l'âge : avant 40 ans, 50 % ont un réseau coronaire normal, après 40 ans, 10 % seulement ont un réseau normal, le nombre de troncs atteints augmentant avec l'âge. Elles ne diffèrent pas selon qu'il s'agit d'angor instable, d'infarctus ou de mort subite survenant pendant ou après une activité sportive. Dans la plupart des séries, on retrouve environ 1/3 de sujets présentant des symptômes angineux négligés. On comprend avec ces données que l'épreuve d'effort de dépistage puisse être mise en défaut et ne peut être utile que si elle s'adresse à une population à risque (sujets de plus de 40 ans ayant plusieurs facteurs de risque).

Autres pathologies coronaires

À côté de l'athérosclérose, des anomalies congénitales des coronaires peuvent être tenues pour responsables de mort subite chez le sportif.

Anomalies de naissance ou de trajet des coronaires

Les anomalies congénitales des coronaires les plus fréquemment rencontrées chez les sportifs victimes de mort subite sont la naissance des deux coronaires du même sinus de Valsalva. Mais l'une d'elle emprunte un trajet anormal entre l'aorte et l'artère pulmonaire. La prévalence de ces anomalies est estimée à 0,2 % selon les études autopsiques et à 0,28 % selon les études angiographiques. Les mécanismes possibles des phénomènes ischémiques sont la compression de l'artère coronaire aberrante coincée entre les gros troncs artériels très dilatés lors d'efforts intenses et la coudure initiale de l'artère aberrante pour rejoindre son trajet normal qui peut, elle-même, devenir le siège d'une sténose athéromateuse.

Ponts myocardiques

Ils correspondent, en fait, à des plongées de l'artère coronaire, de son trajet épicardique à un trajet intramyocardique. Ils concernent le plus souvent l'interventriculaire antérieure. Les autopsies réalisées pour mort subite font état d'une forte proportion de cette anomalie (27 %). L'étude autopsique de Desseigne *et al.* [10], portant sur 19 cas de mort subite avec découverte de ponts myocardiques, a révélé dans tous les cas des signes microscopiques de souffrance ischémique dans le territoire ventriculaire gauche antérieur. Elle a montré l'association fréquente d'une hypertrophie ventriculaire ou d'un prolapsus valvulaire mitral, comme des lésions de fibrose intimale, sans caractère athéromateux, au niveau du pont. La coronarographie ne permet de détecter ces ponts myocardiques que s'ils ont un réel retentissement sur le calibre de l'artère (0,5 % des investigations coronarographiques). L'image caractéristique est alors un rétrécissement concentrique survenant uniquement en systole.

Ces ponts ne se révèlent que tardivement dans la vie et, au plus tôt, à la fin de l'adolescence. On évoque le rôle favorisant de l'hypertrophie myocardique, qui majore l'étranglement systolique souvent comparé à un « effet de traite » ou *milking effect* . La fréquence cardiaque a une importance fondamentale dans l'apparition des phénomènes ischémiques. En effet, la circulation coronaire étant efficace essentiellement en diastole, le pont myocardique peut retentir sur le flux coronaire à la faveur d'une tachycardie, qui diminue la durée de la diastole. Le mécanisme de la mort subite n'est cependant pas définitivement élucidé. Si l'on invoque à juste titre l'ischémie induite par l'accélération du rythme, on ne peut écarter la survenue d'une thrombose ou d'un spasme. La découverte coronarographique de pont myocardique ne semble néanmoins pas affecter particulièrement le pronostic. Juillière *et al.* [15] ont suivi, pendant 11 ans, 28 patients avec ponts myocardiques et n'ont observé aucun décès ni infarctus.

Cardiomyopathie hypertrophique (CMH)

La cardiomyopathie hypertrophique est une affection du muscle cardiaque caractérisée par une hypertrophie ventriculaire gauche. À cela s'ajoutent l'absence de dilatation ventriculaire, au plan anatomopathologique une disposition anarchique des fibres myocardiques, un caractère familial. L'échocardiographie permet d'identifier plusieurs formes anatomiques (fig. 34.1).

La prévalence de cette affection établie par Maron *et al.* dans une population de jeunes adultes [22] de 25 à 35 ans est estimée à 2 pour 1 000. Sa responsabilité dans la mort subite du sportif est selon cet auteur [20] de 26 % (tableau 34.II). Il faut insister sur les difficultés inhérentes aux limites nosologiques entre la CMH et le cœur d'athlète, qui présente une hypertrophie d'adaptation physiologique, homogène en échographie et réversible en quelques semaines avec l'arrêt de la pratique sportive. Plusieurs mécanismes ont été proposés pour expliquer la survenue de mort subite chez les porteurs d'une CMH :

- *les arythmies* : le mécanisme le plus probable est une instabilité électrique. La désorganisation cellulaire, la fibrose myocardique propre aux cardiomyopathies hypertrophiques, l'ischémie myocardique sont le lit de phénomènes de réentrée ou d'automatisme anormal initiant les arythmies ventriculaires. La constatation d'une tachycardie ventriculaire au Holter est considérée comme le principal critère prédictif d'une mort subite;
- *l'ischémie myocardique* : Maron *et al.* [22] rapportent 7 cas d'infarctus ventriculaire, sans sténose significative sur les gros troncs coronaires mais avec un rétrécissement marqué de la portion intramurale des artères coronaires. Dans 6 cas, il n'y avait pas eu de traduction clinique et électrique, et l'infarctus n'avait été découvert qu'à l'autopsie;
- *les facteurs hémodynamiques* : le rôle de l'obstruction, jusqu'à ces dernières années considéré comme prédominant, est maintenant écarté. En revanche, la mise en évidence d'anomalies diastoliques a conduit à envisager le rôle des modifications brutales du remplissage ventriculaire;
- enfin, *le syndrome de Wolff-Parkinson-White,* s'il est plus fréquent dans la CMH, ne semble pas être une cause fréquente de mort subite chez ces patients.

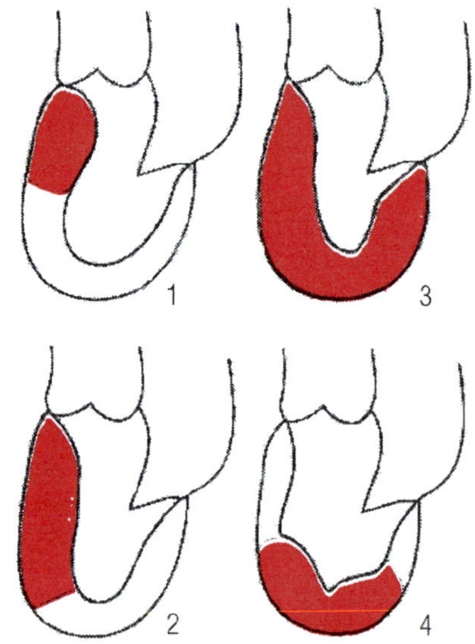

Fig. 34.1. Les 4 formes anatomiques des myocardiopathies hypertrophiques. Type 1 : bourrelet septal sous-aortique; type 2 : hypertrophie septale asymétrique; type 3 : hypertrophie du septum et de la paroi antérolatérale du VG; type 4 : hypertrophie apicale.

Dysplasie arythmogène du ventricule droit (DVDA)

La DVDA est une entité individualisée par Fontaine *et al.* [13] en 1982. Elle est caractérisée essentiellement par :

- une dégénérescence progressive adipeuse et fibreuse, localisée ou diffuse, du ventricule droit (VD);
- un risque élevé de mort subite par trouble du rythme ventriculaire, notamment lors d'activités sportives, dont elle peut être la première manifestation sans avoir jamais affecté les performances physiques;
- une histoire familiale, présente dans 30 à 50 % des cas [7]. Le mode de transmission le plus commun est autosomi-

que dominant [1]. Plus rarement, l'atteinte est autosomique récessive : le tableau associe alors à l'atteinte cardiaque une kératose palmoplantaire et des cheveux laineux, complétant le tableau symptomatique de la maladie de « Naxos » [7]. Cette dernière forme est plus sévère et la pénétrance est de 90 %.

La DVDA prend une place importante parmi les causes de mort subite du sportif dans l'étude italienne [8], dans une région où la DVDA est endémique. Elle pourrait probablement expliquer bon nombre d'autopsies « blanches » si l'on considère qu'il existe des formes très localisées tout aussi dangereuses. Le diagnostic s'appuie sur un faisceau d'arguments (tableau 34.III).

Tab. 34.III. Critères diagnostiques de la DVDA (d'après Mac Kenna *et al.* [19]).

	Signes majeurs	Signes mineurs
Histoire familiale	Atteinte familiale confirmée par la biopsie endomyocardique ou l'autopsie	Mort subite familiale avant 35 ans inexpliquée ou DVDA
ECG *(anomalie de la dépolarisation et de la conduction)*	Potentiel *epsilon* après le QRS (postexcitation) Ou QRS > 110 ms localisé (V_1 à V_3)	Présence de potentiels tardifs positifs
ECG *(anomalie de la repolarisation)*		Ondes T négatives en V_2 et V_3 Sujet > 12 ans et en l'absence de bloc de branche droit
Troubles du rythme		TV soutenue ou non, de type retard gauche à l'ECG ou à l'épreuve d'effort, ou ESV > 1 000/24 h
Dysfonction VD et anomalies structurales *(détectée par échographie, angiographie, IRM ou scintigraphie)*	Dilatation et dysfonction du VD sévère et atteinte modérée ou absente du VG. Anévrisme localisé du VD. Sévère dilatation segmentaire du VD	Dilatation et dysfonction du VD modérées sans dysfonction VG Dilatation segmentaire moyenne du VD Hypocinésie segmentaire modérée du VD
Anomalies tissulaires cardiaques	Zones fibroadipeuses à la biopsie endomyocardique	

Commotio cordis

La principale cause de mort subite chez l'athlète sans cardiopathie sous-jacente est le résultat d'un choc dans la région précordiale, non pénétrant, responsable de lésions de la paroi thoracique minimes. L'impact déclenche une fibrillation ventriculaire sans lésion des côtes, du sternum ou du myocarde [23, 25]. De façon surprenante, la dernière publication de Maron [20] a bouleversé ses statistiques antérieures. Selon lui, la prévalence de *commotio cordis* (20 %) en ferait la 2e cause la plus commune de mort subite du sportif, devant la plupart des cardiopathies responsables de cette catastrophe (tableau 34.II). Le choc qui déclenche le *commotio cordis* est souvent habituel dans le sport incriminé. Le *commotio cordis* est plus fréquent chez les enfants et les adolescents (âge moyen : 13 ans). À cet âge, la paroi thoracique est compliante et favorise la transmission de l'énergie de l'impact jusqu'au myocarde [23, 25]. Les sports concernés sont souvent ceux utilisant des projectiles tels que la balle de base-ball, le palet de hockey, et les sports de combat tels que le karaté. Le taux de survie n'est que de 15 % et n'est obtenu que lorsque les manœuvres de ressuscitation et de défibrillation sont entreprises rapidement [23, 25]. Les expériences réalisées sur des porcs [17] ont permis de déterminer le mécanisme électrophysiologique du décès. Pour provoquer la fibrillation ventriculaire, l'impact doit être porté en regard de l'aire cardiaque 15 à 30 ms avant le sommet de l'onde T. Cette période représente 1 % du cycle cardiaque et correspond à la période vulnérable de la repolarisation. Les épisodes spontanément résolutifs de *commotio cordis* sont le résultat d'un choc survenant pendant la dépolarisation, responsable d'un bloc de conduction transitoire. Plusieurs stratégies de prévention ont été considérées. L'utilisation de balles de base-ball plus souples, qui réduit le nombre de FV déclenchées en laboratoire, mais n'élimine pas totalement le risque. Les protections thoraciques dont l'efficacité est prouvée ne sont pas commercialisées et celles utilisées ne protègent pas complètement.

Prolapsus valvulaire mitral (PVM)

Classiquement cité comme cause de mort subite, il est mis en cause dans 2,3 à 8 % des cas selon les études [8, 20]. Les formes les plus exposées concernent :

- les PVM avec insuffisance mitrale évidente ;
- les formes avec dégénérescence clinique touchant plusieurs valves ;
- les formes symptomatiques de la femme jeune.

Les différentes hypothèses pour expliquer les troubles du rythme ventriculaire au cours du PVM sont :

- la stimulation mécanique de l'endocarde par les cordages tendineux ;
- le spasme coronaire primaire ;
- une dysfonction du système nerveux autonome avec augmentation du tonus sympathique, objectivée par l'augmentation du taux des catécholamines.

Myocardite

La mort subite peut être la première manifestation d'une myocardite aiguë, affection dont l'identification clinique est quasi impossible puisqu'elle nécessite une biopsie endomyocardique pour être affirmée. L'étude de Wesslen *et al.* [37] retrouve des phénomènes cliniques évocateurs de myocardite dans la plupart des cas de mort subite. On a suspecté la *Chlamydia pneumoniae*, micro-organisme le plus fréquemment rencontré à l'analyse bactériologique. La mort subite apparaît d'autant plus fréquente chez les sujets ayant déjà un cœur altéré par une cardiopathie sous-jacente, avec la DVDA, la CMH et le syndrome de WPW. Cela incite à la prudence sur l'activité physique au cours des épidémies virales, pendant lesquelles de nombreux malades présentent des myocardites aiguës infracliniques, qui guérissent sans séquelle mais qui exposent ces patients pendant plusieurs semaines à des troubles du rythme qui peuvent être déclenchés par l'effort.

Syndrome de Wolff-Parkinson-White (WPW)

Bien qu'il présente un risque potentiel de mort subite, le syndrome de WPW est peu retrouvé parmi les causes de décès chez le sportif parce que le diagnostic nécropsique peut être mis en défaut. Le danger du syndrome de WPW est en relation avec la brièveté de la période réfractaire de la voie accessoire de Kent (connexion auriculoventriculaire court-circuitant les voies normales de conduction), une fibrillation auriculaire peut alors engendrer un rythme ventriculaire très rapide et une fibrillation ventriculaire. La découverte d'une onde delta à l'ECG (empâtement initial du complexe QRS) impose la réalisation d'une stimulation œsophagienne afin de mesurer la période réfractaire du faisceau accessoire. Si elle est courte (< 270 ms), un traitement radical par ablation (radiofréquence) du faisceau accessoire est indiqué.

Syndrome du QT long congénital

Il s'agit d'une affection familiale génétiquement déterminée. Le syndrome du QT long congénital associe : des *anomalies ECG* (phénotypes), caractérisées par un espace QT corrigé anormalement long à l'ECG (> 440 ms), une bradycardie sinusale et des modifications de la morphologie de l'onde T, des *éléments cliniques* que sont les syncopes, la mort subite ou les antécédents familiaux du syndrome, une *mutation génétique* sur les 5 connues. Les accidents syncopaux, liés à des épisodes de torsades de pointes, sont déclenchés par le stress ou l'activité physique intense et peuvent être favorisés par une hypokaliémie. Priori *et al.* [32] ont proposé une stratification du risque de survenue d'un premier événement rythmique avant traitement et avant l'âge de 40 ans. Cette classification prend en compte la mutation génétique, le sexe, et l'allongement du QT. La survenue de cet événement rythmique est un tournant dans la pathologie et expose au risque de mort subite, impliquant l'introduction d'un traitement bêtabloquant et parfois la mise en place d'un défibrillateur automatique implantable. L'activité physique intense est un facteur déclenchant des troubles du rythme ventriculaire, elle est donc contre-indiquée chez les sujets symptomatiques mais également chez les asymptomatiques et les porteurs silencieux du gène, dont l'espace QT et l'aspect de l'onde T sont normaux. Pour ces derniers, la valeur des antécédents familiaux est donc prépondérante pour aboutir au diagnostic.

Syndrome de Brugada

Le syndrome de Brugada est-il une cause de mort subite du sportif ?

Le syndrome de Brugada est suspecté aujourd'hui comme étant responsable de 4 à 12 % de l'ensemble des morts subites et jusqu'à 50 % des cas où n'existe pas d'anomalie structurale cardiaque [6]. Il représenterait la principale cause de mortalité des hommes âgés de moins de 50 ans, hors accidents de la route, en Asie, où ce syndrome héréditaire serait endémique [29]. Les anomalies ECG du syndrome de Brugada ont été décrites pour la première fois par Josep et Pedro Brugada [4] au début des années 1990. Elles sont caractérisées par un aspect de bloc de branche droit correspondant à une élévation du point J dans les dérivations précordiales droites. Le segment ST est sus-décalé, convexe et se termine par une onde T négative dans la forme typique [2]. Il ne s'y associe pas d'anomalie structurale cardiaque évidente. Les patients porteurs du syndrome de Brugada ont un risque élevé de mort subite secondaire au déclenchement d'une tachycardie ventriculaire polymorphe, dégénérant en fibrillation ventriculaire. L'influence du système nerveux autonome sur le sus-décalage du segment ST dans le syndrome de Brugada est suspectée [28]. Une augmentation de l'activité vagale est responsable d'une élévation de ST de V1 à V3 et participe à l'explication de la survenue préférentiellement nocturne des troubles du rythme. Or il existe une majoration de l'activité vagale chez l'athlète et de façon spéculative, elle peut être considérée comme un facteur favorisant de déclenchement des troubles du rythme au repos.

Modifications ECG chez l'athlète : modifications « Brugada-compatibles »

Le sus-décalage ST dans les dérivations précordiales droites est habituellement ample, avec un aspect convexe vers le haut, mais des modifications transitoires peuvent survenir [27]. Ainsi, le sus-décalage peut être minime et concave vers le haut, donnant un aspect en selle « Brugada-compatible ». Cet aspect compatible n'est pas spécifique du syndrome de Brugada. Il est retrouvé dans 1 à 6 % des cas dans la population générale [14] et chez 27 % des sportifs [3] de haut niveau. La morphologie du sus-décalage est alors proche de l'aspect du syndrome de repolarisation précoce qui constitue une anomalie purement ECG et bénigne.

Le syndrome de Brugada ne présente pas de risque de mort subite sur le terrain de sport mais il pose le problème de la conduite à tenir devant la découverte d'une anomalie ECG compatible avec le syndrome, dont on ne connaît pas le pourcentage exact d'atteinte organique. Le test avec inhibiteur calcique n'est pour le moment proposé qu'en cas d'antécédent de syncope ou de mort subite familiale.

Autres causes

Différents cas isolés de cardiopathie négligée ou peu symptomatique ont été cités dans la littérature : la sténose aortique congénitale, la coarctation de l'aorte peuvent être facilement reconnues par un examen clinique soigneux, incluant la palpation des pouls fémoraux chez l'enfant. Enfin, il faut citer les causes purement vasculaires : *hémorragie méningée* , le plus souvent imprévisible en cas de malformation vasculaire, *ruptures de l'aorte* , qui peuvent être prévenues si l'on reconnaît un *syndrome de Marfan* .

Prévention

Détection des sportifs à risque

Rôle du médecin

La visite médicale annuelle de tout licencié désirant pratiquer la compétition a pour but de délivrer un certificat d'aptitude ou de non-contre-indication. À cette occasion, le médecin s'attachera à recueillir par l'interrogatoire :

- l'anamnèse familiale : histoire de mort subite dans la famille ou de cardiopathie ischémique ;
- les signes fonctionnels : en particulier angor, malaises à l'effort, dyspnée, en se souvenant que 30 à 60 % des morts subites sont précédées de tels symptômes ;
- l'existence de facteurs de risque coronarien (âge, tabagisme, hypercholestérolémie, surpoids, diabète, HTA…) ;
- la notion d'une activité à risque particulier (alpinisme, plongée sous-marine…).

L'examen clinique peut se limiter à très peu d'éléments : mesure du poids et de la taille, de la pression artérielle, auscultation cardiaque à la recherche d'un souffle systolique évoquant les diagnostics de sténose aortique, de coarctation de l'aorte, de PVM ou enfin de CMH obstructive. La constatation d'un souffle systolique à l'effort après 10 flexions-extensions sur place impose la réalisation d'un écho-Doppler cardiaque.

Examens complémentaires

Pour des raisons économiques évidentes, la pratique d'examens complémentaires ne peut se généraliser à l'ensemble des sportifs qui se présentent à une visite d'aptitude. Dans certains cas, on pourra exploiter les documents déjà existants (ECG, radiographies de thorax). Ils ne seront demandés que dans des cas particuliers : sport à risque ou profession sportive, reprise tardive d'une activité sportive, facteurs de risque multiples (⩾ 2) (voir chapitre 37).

L'ECG de repos recherche des signes d'hypertrophie ventriculaire gauche, une onde de préexcitation d'un syndrome de WPW, des anomalies de repolarisation telles que des ondes T négatives en précordiales, un allongement de l'espace QT, des manifestations d'hyperexcitabilité ventriculaire, des anomalies de la repolarisation dans les dérivations précordiales droites évoquant une DVDA ou un syndrome de Brugada.

L'épreuve d'effort n'est pas un test fiable si elle était pratiquée systématiquement chez tout sportif. Il faut, en effet, insister sur la faible valeur prédictive de l'épreuve d'effort chez les sujets asymptomatiques et notamment les sportifs jeunes et bien entraînés. Pour cette raison, elle est réservée aux sujets suivants :

- hommes de plus de 40 ans ou femmes de plus de 50 ans pratiquant la compétition ;
- sujets symptomatiques ;
- ECG de repos anormal ;
- existence d'au moins 2 facteurs de risque ;
- antécédents familiaux de mort subite.

L'écho-Doppler cardiaque est indispensable devant la constatation d'un souffle cardiaque. Elle peut être indiquée en cas d'antécédents familiaux de CMH ou d'extrasystoles ventriculaires à l'ECG.

L'enregistrement Holter peut être demandé devant une arythmie ventriculaire symptomatique ou constatée à l'examen ou à l'ECG, pour rechercher des éléments de gravité que sont le polymorphisme des extrasystoles, leur couplage variable ou la survenue en salves.

Les autres examens moins classiques : ECG haute amplification, stimulation œsophagienne, exploration électrophysiologique et coronarographie sont proposés en complément des examens de routine lorsqu'une cardiopathie est suspectée.

Moyens pour limiter la mort subite sur le terrain

Sur le terrain de sport

Il s'agit de diffuser un certain nombre de recommandations élémentaires aux pratiquants par le biais des médecins de famille, mais aussi des dirigeants ou entraîneurs des clubs sportifs (tableau 34.IV).

Les techniques de ressuscitation permettant de faire face à la survenue d'une mort subite lors d'une manifestation sportive sont difficiles à mettre en œuvre et exigent la formation des soigneurs et des éducateurs sportifs à la réanimation cardiorespiratoire et au maniement du défibrillateur semi-automatique si cet appareil peut être disponible.

Tab. 34.IV. Recommandations aux sportifs.

1. Pas de compétition ou d'effort intense en cas d'infection, de fièvre ou de fatigue anormale.
2. Précautions en cas d'atmosphère trop chaude ou trop froide ou trop humide.
3. Prudence lors d'efforts en haute altitude.
4. Début et fin d'efforts progressifs.
5. Pas d'effort immédiatement après un repas.
6. Ravitaillement correct lors d'efforts prolongés : eau, sels.
7. Interrompre à temps un effort mal toléré.
8. Pas de bain ni douche trop chauds après un effort sportif.
9. Signaler à son médecin les symptômes dépendant des efforts : douleurs thoraciques, malaise, gêne respiratoire inhabituelle.

Critères de disqualification chez les athlètes de compétition

Le processus de disqualification pour les athlètes de compétition doit être codifié [20]. Il met en opposition la responsabilité du praticien et le désir de l'athlète de poursuivre son activité sportive. Quand une anomalie cardiovasculaire est identifiée chez un athlète, les recommandations de la 26e conférence de Bethesda [34] sont retenues pour répondre à plusieurs questions :

- quel est le risque de mort subite si l'athlète continue à participer aux compétitions ?
- est-ce que le risque est diminué si l'athlète arrête l'entraînement et la compétition ?
- quels sont les critères à utiliser pour la disqualification ?

Par exemple, Maron rappelle que les jeunes athlètes présentant une cardiomyopathie hypertrophique certaine ne sont pas autorisés à participer aux compétitions, à l'exception des sports peu intenses comme le golf et le bowling, que les anomalies acquises mais réversibles comme les myocardites justifient un arrêt temporaire de la compétition.

Conclusion

En fait, la mort subite ne frappe pas au hasard : dans la plupart des cas (80 %), elle survient chez le sportif de la quarantaine, coronarien méconnu, porteur de facteurs de risque, ou sédentaire pratiquant le sport après une longue interruption.
Sur le plan pratique, la prévention passe par le dépistage des sujets à risque présentant une cardiopathie asymptomatique, sans retentissement sur les performances physiques, et par la diffusion de recommandations élémentaires.

Bibliographie

[1] Abergel E *et al.* Vascular and cardiac remodeling in world class professional cyclists. *Am Heart J* 1998; 136 : 818-23.

[2] Anderson KL. The cardiovascular system in exercise. *In :* Falls HB, ed. *Exercise Physiology.* New York : Academic Press, 1968.

[3] Dickuth HM, Keul J, Lehman M. Cardiac output and blood flow in exercise. *Med Sport* 1981; 13 : 98-105.

[4] Fleck SJ, Henke C. Cardiac MRI of Elite Junior Olympic Weight Lifters. *Int J Sport Med* 1989; 10 (5) : 329-33.

[5] Keul J. The athlete's heart. Haemodynamics and structure. *Int J Sports Med* 1982; 3 : 33-43.

[6] Lehman M, Durr H, Merkelbach H, Schmid A. Hypertension and sports activities : institutional experience. *Clin Cardiol* 1990; 13 : 197-208.

[7] Milliken MC. Left ventricular mass as determined by magnetic resonance imaging in male endurance athletes. *Am J Cardiol* 1988; 62 : 301-5.

[8] Pellicia A *et al.* Morphology of the « athlete's heart » assessed by echocardiography in 947 elite athletes representing 27 sports. *Am J Cardiol* 1994; 74 (8) : 802-6.

[9] Pellicia A *et al.* Remodeling of left ventricular hypertrophy in Elite Athletes after long term deconditioning. *Circulation* 2002; 105 : 944-9.

Pour en savoir plus

Alvarez R, Terrados N, Ortolano R. Genetic variation in the renin angiotensin system and athletic performance. *Eur J Appl Physiol* 2000 ; 82 : 117-20.

Astrand PO, Rodahl K. *Précis de physiologie de l'exercice musculaire.* Paris : Masson, 1980.

Fatini C *et al.* RAS genes influence exercise-induced left ventricular hypertrophy : an elite athletes study. *Med Sci Sports Exerc* 2000 Nov ; 32(11) : 1868-72.

Haykowski M *et al.* Left ventricular morphology in junior and master resistance trained athletes. *Med Sci Sports Exerc* 2000 Feb; 32(2): 349-52.

Karila M *et al.* Anabolic androgenic steroïds produce dose dependent. Increase in left ventricular mass in power athletes, and this effect is potentiated by concomitant use of growth hormone. *Int J Sports Med* 2003 ; 24 : 337-43.

Schaibe TF, Scheuer J. Cardiac adaptations to chronic exercise. *Prog Cardiovasc Dis* 1985 ; 27 : 297-324.

Wolfe LA, Cunnighma DA, Boughner DN. Physical conditioning effects on cardiac dimensions ; a review of echocardiographic studies. *Can J Appl Sport Sci* 1986 ; 11 (2) : 66-79.

35

Hypertension artérielle et sport

Sommaire

L'hypertension artérielle (HTA) et le sport entretiennent des relations ambiguës : le sport peut être source d'HTA ou traitement de l'HTA; l'HTA peut être facteur d'accident circulatoire lors de l'activité sportive; mais le sport fait aussi partie des éléments de l'hygiène de vie, à renforcer lors de la découverte d'une HTA.
Cette interférence entre sport et HTA est à l'origine de nombreuses erreurs d'interprétation, qu'il faut détailler.

HTA : facteur de risque

Environ 25 % de la population serait hypertendue, une moitié seulement correctement dépistée, et seule une moitié des sujets dépistés serait correctement traitée…

Par ailleurs, compte tenu du développement du sport de loisir, il est fréquent de rencontrer l'association sport et HTA.

L'effort physique s'accompagne d'une augmentation de la TA, surtout systolique, ce qui peut accroître le risque d'accident circulatoire cérébral pendant l'activité sportive (cas de figure heureusement exceptionnel).

Habituellement, lors de l'exercice physique, on assiste à une augmentation progressive de la pression artérielle systolique (PAS) et, dans une moindre mesure, de la pression artérielle diastolique (PAD), proportionnellement à l'intensité de l'effort.

Le moyen habituel de tester un sportif sur le plan tensionnel est de réaliser un profil tensionnel d'effort sur ergocycle (plus difficile à réaliser sur tapis roulant du fait des trépidations), dont il existe des courbes de normalité en fonction de l'âge et du sexe. Ces courbes ont toutefois été validées sur des sujets non sportifs; il faut donc les interpréter prudemment chez le sportif.

On considère la PAS maximale admise à 240 mmHg, le critère d'arrêt de l'épreuve d'effort étant situé plus haut, à un niveau variable selon les centres, autour de 260 à 280 mmHg. Sur le plan épidémiologique, une PAS d'effort à 240 mmHg est un fort indice prévisionnel d'HTA de repos dans les années à venir.

Le profil tensionnel d'effort (fig. 35.1) varie avec la population sportive étudiée et, de façon schématique :

– le sportif d'endurance voit sa PAS partir de plus bas qu'un sujet sédentaire (110 à 120 mmHg) et augmenter moins

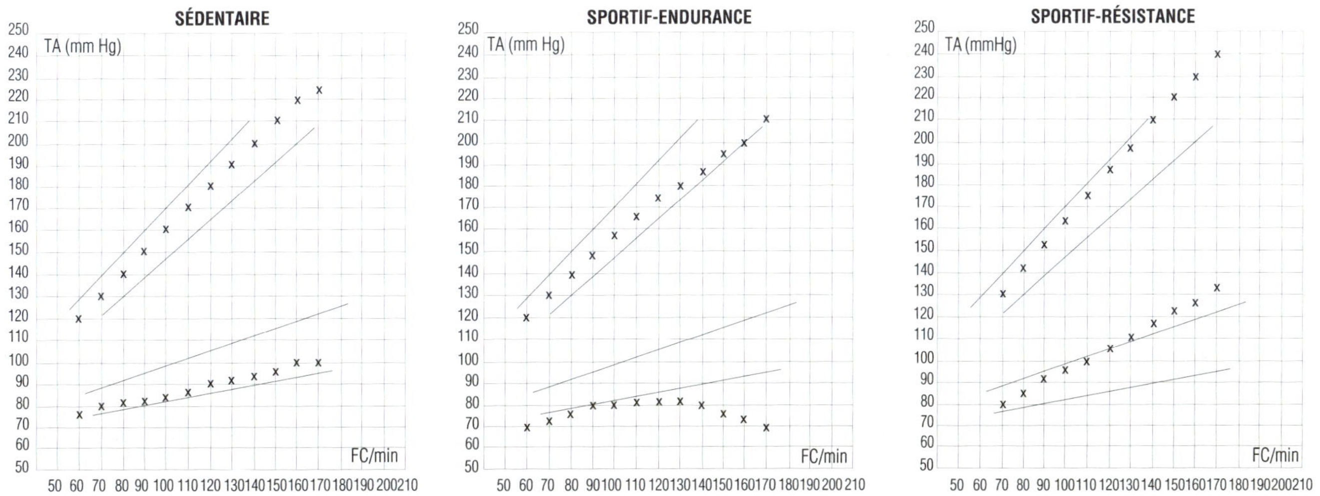

Fig. 35.1. Profil tensionnel d'effort : chez un sédentaire, chez un sportif d'endurance et chez un sportif de résistance.

vite, tandis que la PAD augmente peu ou pas du tout, voire diminue;
- le sportif de résistance voit sa PAS de repos égale ou supérieure au sujet sédentaire, et la pression systolique augmente plus rapidement à l'effort, tandis que la PAD augmente plus rapidement également.

La mesure ambulatoire de la pression artérielle montre lors de l'entraînement physique régulier une baisse modérée mais significative de la PA diurne, surtout systolique, avec une PA nocturne stable.

Origine de l'HTA

Le sport peut être à l'origine de l'HTA : effectué trop en résistance, comme dans la musculation, certains arts martiaux, lors d'entraînements trop durs en cyclisme ou en course à pied, etc., le sport provoque une augmentation de la TA de repos et d'effort, bien visible sur le profil tensionnel d'effort, heureusement réversible à l'arrêt du sport incriminé.
Une étude sur des haltérophiles a montré que la PAS moyenne était autour de 300 mmHg lors d'un effort maximal, avec une extrême à 370 mmHg lorsque l'effort était pratiqué glotte fermée, PA qui descendait en moyenne à moins de 200 mmHg en maintenant une expiration légère pendant l'effort!
La première étape de l'examen d'un sportif hypertendu est donc de l'interroger sur son entraînement. S'il existe une relation possible avec un surentraînement, la correction des erreurs peut suffire à corriger l'HTA en quelques mois, ce que confirmeront les tests d'effort ultérieurs. L'HTA apparaît ici comme un marqueur de la qualité de l'entraînement.
Un piège peut être difficile à déceler : il arrive qu'un sportif ayant une TA de repos normale présente une HTA nette à l'effort. Seul le test d'effort systématique chez les populations à risque (facteurs de risque ou âge) permet de dépister ce type d'HTA; la correction de l'HTA apporte les mêmes résultats.
L'interprétation d'une HTA d'effort isolée reste cependant délicate en raison de l'absence de normes chez le sportif de haut niveau avec forte masse musculaire : des études récentes font penser que, dans cette catégorie de sportifs, une PAS voisine de 300 mmHg pourrait être physiologique...

Le sport comme traitement de l'HTA

À partir de la notion précédente, il est tentant de déduire une possibilité thérapeutique chez les sujets hypertendus modérés sédentaires, en les considérant comme des sportifs « résistants ».
De nombreux protocoles ont été testés avec des résultats contradictoires quant aux effets de l'entraînement physique sur l'HTA : l'efficacité repose sur un certain nombre de conditions :

- sport effectué en endurance à la limite du seuil d'essoufflement (course à pied, cyclisme, natation...), à 50-65 % de la FMT;
- activité soutenue entre 30 minutes et une heure par séance;
- entraînement au moins 3 fois par semaine, au mieux 5 fois;
- le tout prolongé au moins 6 mois pour en juger l'efficacité;
- nécessité de poursuivre au-delà de cette période sous peine de voir disparaître rapidement les effets favorables.

Quelques études ont même montré une efficacité au travers d'une simple marche active quotidienne de 2 heures environ.
Une étude de Chignon et Lagrue a montré qu'en comparaison avec un groupe témoin, des sujets hypertendus soumis à un entraînement en endurance variable abaissaient leur PAS et leur PAD d'autant plus que l'entraînement était plus régulier.
Le gain espéré en termes de réduction tensionnelle est de 5 à 15 mmHg pour les PAS et PAD, pour des HTA légères à modérées (< 180/105).
Une explication physiopathologique de l'action du sport sur l'HTA peut être tentée en se rappelant que l'activité en endurance abaisse le tonus adrénergique et augmente le tonus parasympathique; de plus, on constate une prolifération capillaire intramusculaire et une vasodilatation, facteur de diminution des résistances périphériques. On constate au plan humoral une baisse de la sécrétion des catécholamines et une élévation des prostaglandines E et de certaines endorphines. Enfin, l'hypotension transitoire observée en récupération, répétée des milliers de fois, pourrait être à l'origine de l'effet antihypertenseur du sport.

Traitement de l'HTA du sportif

Lorsque le sportif hypertendu ne parvient pas à un état d'équilibre par les simples mesures hygiénodiététiques, un traitement médical devient nécessaire, mais toutes les familles médicamenteuses n'ont pas le même comportement vis-à-vis de l'effort physique.

Traitement antihypertenseur central

L'action centrale et les effets secondaires à base de somnolence ne prédisposent pas à une bonne tolérance à l'effort; ils réduisent la sécrétion des catécholamines, gênant l'adaptation à l'effort; ces molécules sont illogiques et peuvent être écartées chez le sportif.
Une mention particulière doit être faite pour la rilménidine et ses apparentés, qui ne semblent pas présenter d'effet secondaire « central » et qui peuvent donc être essayés chez ce type de patients.

Traitement diurétique

Les diurétiques font partie des produits dopants et sont de ce fait interdits dans le sport de compétition.
Pour le sport loisir, ces médicaments restent illogiques du fait du risque de déshydratation pour les sports de longue durée, et du risque de crampes par hypokaliémie, sans compter le risque accru de trouble du rythme; ils sont donc à éviter.

Une publication de 1997 fait état d'un footballeur de 28 ans hypertendu, traité par diurétique, ayant fait un accident vasculaire cérébral transitoire lors d'un match; l'origine de l'accident a été rattachée à une déshydratation liée au traitement...

Traitement bêtabloquant

Les bêtabloquants font également partie des produits dopants et sont de ce fait interdits dans le sport de compétition.

Pour le sport loisir, les bêtabloquants sans cardiosélectivité ou sans activité sympathicomimétique intrinsèque restent peu indiqués du fait d'une bradycardie ou plutôt d'une insuffisance de tachycardie d'effort, avec limitation de la vasodilatation artérielle nécessaire à l'effort, sans oublier l'interférence sur la bronchoconstriction, sur le métabolisme des glucides, et sur la régulation de la température centrale.

Il est possible d'utiliser des bêtabloquants peu bradycardisants, ayant des prétentions vasodilatatrices artérielles, voire une action alphabloquante associée (acébutolol, aténolol, bisoprolol, céliprolol, labétolol...).

Inhibiteurs calciques

Le mode d'action sur la circulation artérielle est logique et la tolérance à l'effort est bonne dans l'ensemble. Il faut souligner la possibilité de douleurs musculaires dans les efforts de longue durée, probablement par interférence avec le métabolisme calcique musculaire.

Inhibiteurs de l'enzyme de conversion et inhibiteurs de l'angiotensine 2

Ce sont les molécules les plus logiques actuellement vis-à-vis de l'effort, tant du point de vue physiopathologique que pour la tolérance clinique; on apprécie en particulier l'action sur la PAD à l'effort.

Alphabloquants

Il n'y a pas de problème de tolérance à l'effort du fait d'une excellente vasodilatation; cette classe thérapeutique peut donc être utilisée.

Divers

Ciclétamine : l'action de la prostacycline ne pose pas de problème particulier vis-à-vis de l'effort physique.

Conférence de Bethesda

Il est rappelé que l'HTA est source de risque augmenté de mort subite, de troubles du rythme ventriculaire et d'accident vasculaire cérébral à l'effort.

Le profil tensionnel d'effort, non systématique, est pathologique si la PA systolique maximale est supérieure à 240 mmHg, justifiant un traitement médical; même raisonnement si l'échocardiographie retrouve une HVG concentrique.

Les sportifs hypertendus avec TA < 180/110 au repos, sans complications, sont aptes à la compétition, avec réévaluation de l'aptitude tous les 2 à 4 mois.

Les sportifs hypertendus avec TA > 180/110 ou présentant des complications de l'HTA sont inaptes jusqu'au contrôle de l'HTA.

Conclusion

Il résulte de ces différentes notions que l'HTA n'est pas incompatible avec l'activité sportive, sous réserve d'une évaluation contrôlée de la tension artérielle à l'effort, soit grâce à une activité d'endurance régulière, soit grâce à un traitement médical adapté.

Pour en savoir plus

26TH BETHESDA CONFERENCE. Recommendations for determining eligibility for competition in athletes with cardiovascular abnormalities. *J Am Coll Cardiol* 1994; 24 : 845-99.

AMERICAN COLLEGE OF SPORTS MEDICINE. Physical activity, physical fitness and hypertension. *Med Sci Sports Exerc* 1993; 25 (10).

BERTRAND E, FRANCES Y, LAFAY V. Entraînement physique et pression artérielle. *Bull Acad Nat Med* 1995; 179 : 1471-80.

CHIGNON JC, LAGRUE G. L'exercice physique est-il permis chez le sujet hypertendu? *Presse Med* 1989; 18 (5) : 204-5.

DU CAILAR G. Sport et traitement de l'hypertension. *Concours Med* 1988; 110 (35) : 3125-30.

JENNINGS G. Exercise and blood pressure : walk, run or swim? *J Hypertens* 1997; 15 (6) : 567-9.

MALLION JM, DEBU JL, MIKLER F, AVEZOU F, CAU G, MULLER JM. Intérêt de l'étude à l'effort, chez le normotendu et l'hypertendu, des chiffres de pression artérielle. *Arch Mal Cœur* 1975; 68 : 1001-9.

MANN SJ, CALLAWAY H, BARNES RP, WARREN R. Lacunar stroke in a hypertensive football player : implications in managing hypertension in athletes. *Clin J Sport Med* 1997; 7 (1) : 69-72.

NARLOCH JA, MURRAY E. Influence of breathing technique on arterial blood pressure during heavy weight lifting. *Arch Phys Med Rehabil* 1995; 76 : 457-62.

TANAKA H, BASSETT DR, HOWLEY ET, THOMPSON DL, ASHRAF M, RAWSON FL. Swimming training lowers the resting blood pressure in individuals with hypertension. *J Hypertens* 1997; 15 (1) : 651-7.

36

Pathologie vasculaire du sportif

Sommaire

Le sport (de loisir, de santé, professionnel) est aujourd'hui pratiqué à tous les âges, et certains sont exercés pendant plusieurs décennies, voire toute la vie d'un individu. Professionnels ou amateurs, de nombreux sujets suivent un entraînement intensif qui peut révéler ou déclencher une pathologie vasculaire :

- l'athérome touche les sujets de plus en plus jeunes et n'épargne pas le sportif;
- l'artère poplitée est le siège d'une pathologie qui lui est spécifique : kyste adventiciel, compression par des éléments de voisinage (kyste poplité, piège poplité, exostose, muscles et tendons) ;
- un syndrome de Cockett peut être révélé par une claudication veineuse.

Le sport peut être responsable de l'apparition d'une pathologie vasculaire du membre supérieur par développement d'un syndrome de compression de la traversée thoracobrachiale :

- l'artère et le plexus brachial peuvent être comprimés par les scalènes, dans la pince costo-claviculaire et par le muscle petit pectoral;
- la veine sous-clavière peut être comprimée par le muscle sous-clavier.

Au niveau des membres inférieurs, le sport peut induire :

- un syndrome des loges (voir chapitre 71) chez les coureurs de fond et dans la pratique des sports à déplacements rapides (tennis, danse, pilotage automobile) ;
- une pathologie vasculaire traumatique est plus particulièrement rencontrée au cours de la pratique de la tauromachie, du sport automobile, des sports martiaux, du football, du rugby;
- l'endofibrose est une pathologie de l'artère iliaque externe qui touche plus particulièrement le cycliste de haut niveau, mais qui peut également se rencontrer dans les sports de fond, course à pied, triathlon, marche; elle peut également être localisée à l'artère quadricipitale, à l'artère fémorale profonde et à l'artère fémorale commune.

Le diagnostic de ces pathologies n'est pas toujours facile à préciser chez le sportif, et plus particulièrement s'il est de haut niveau.

Avant de décrire les différentes pathologies révélées ou induites par le sport, les particularités de l'examen clinique et des examens paracliniques, réalisés ou demandés par le généraliste, puis par le spécialiste, sont rappelées.

Examen vasculaire du sportif

La pathologie vasculaire est de découverte peu fréquente chez le sportif, mais la fréquence est vraisemblablement sous-estimée faute d'en faire le diagnostic. Devant toute algie qui ne fait pas sa preuve par la découverte d'une pathologie ostéo-musculo-ligamentaire, il faut évoquer une étiologie vasculaire.

Interrogatoire

Dans les algies du membre supérieur , la symptomatologie accusée est plus souvent mixte, de type neurovasculaire : engourdissement, dysesthésie, impression de pesanteur ou de tension douloureuse, manque de force, crampes, qui surviennent lors de l'effort sportif et dont le caractère positionnel est évocateur d'un syndrome de la traversée thoracobrachiale.

Certains sports exposent plus spécifiquement à la pathologie de la traversée thoracobrachiale : les sports de lancer, poids, javelot, basket, handball, base-ball, natation... Culturisme et haltérophilie induisent des compressions veineuses par développement hypertrophique des muscles de la région cervicobrachiale.

Localisées aux membres inférieurs , les algies vasculaires peuvent être décrites comme des crampes, des impressions de tension douloureuse ou de gonflement, un engourdissement, un manque de force, « un membre inférieur qui ne répond plus ». Elles touchent la cuisse, le mollet, mais aussi la fesse et le pied, de façon plus ou moins étendue.

Trois caractères doivent faire penser à une origine vasculaire :

- quel que soit leur type, ces douleurs surviennent lors de la pratique d'effort sportif, et pour une intensité d'effort précise « maximale ou supra-maximale »;

– elles cèdent rapidement lorsque la charge de travail repasse au-dessous du seuil d'intensité critique ;
– elles cèdent totalement au repos.

Elles ont les caractères d'une claudication intermittente d'effort de type vasculaire.
Un épisode aigu peut quelquefois être retrouvé dans les antécédents :

– phlébite d'effort du membre supérieur survenue après un entraînement intensif ou une compétition : le diagnostic est évoqué sur la notion de l'apparition brutale d'une tension douloureuse du membre supérieur, accompagnée d'un œdème. Depuis cet épisode, ont persisté une cyanose, un gonflement du membre supérieur à chaque effort sportif. Depuis cet accident initial, il s'est développé une circulation collatérale veineuse au membre supérieur sur l'hémithorax homolatéral ;
– épisode d'ischémie subaiguë sévère du membre inférieur, pouvant être inaugural ou survenir après une période de claudication d'effort. Brutalement pendant l'effort sportif ou dans les heures qui ont suivi, le sujet a ressenti une douleur du mollet ou de tout le membre inférieur, accompagnée d'une impression de paralysie motrice, le membre inférieur ne portant plus le sujet. La jambe et le pied sont devenus froids, la sensibilité du pied a diminué. Ce tableau s'est habituellement spontanément amélioré dans les heures qui ont suivi ; depuis, il a persisté une claudication vraie survenant à la marche ou lors d'effort maximal ou supra-maximal des membres inférieurs.

Examen clinique

Le plus souvent, l'examen clinique est normal. Exceptionnellement, il reconnaît des signes traduisant une étiologie vasculaire.

Inspection

Elle est le plus souvent normale, la coloration et la trophicité des téguments n'étant pas modifiées. La mensuration comparative des mollets et des cuisses donne des chiffres équivalents. Aux membres supérieurs, on peut noter une circulation collatérale, de même qu'au niveau d'un hémithorax ou du tronc une circulation collatérale sus-pubienne.

Palpation

Au membre supérieur, elle recherche la modification ou la disparition du pouls lors de l'exécution des différentes manœuvres dynamiques : manœuvres d'Adson, d'Eden, de Wright, manœuvre d'hyperabduction forcée, manœuvre des chandeliers.
Au membre inférieur, les pouls sont exceptionnellement absents ; ils peuvent être diminués ou se modifier à la cheville lors de la mise en dorsiflexion active ou passive du pied, ou en demandant au sujet de se mettre en hyperflexion de hanche.
La palpation du creux poplité peut découvrir parfois un comblement ou une tumeur molasse rénitente d'un kyste synovial poplité.

Auscultation

Au membre supérieur, elle peut découvrir un souffle sous-clavier, entendu en sus ou sous-claviculaire dans l'exécution des manœuvres dynamiques, à la recherche d'un syndrome de compression de la traversée thoracobrachiale.
Au membre inférieur, la présence d'un souffle d'une fosse iliaque est souvent banale, sans signification séméiologique. Sa découverte ne prend de valeur que s'il survient ou s'il s'accentue en flexion de hanche.

Examens complémentaires

Lorsqu'une pathologie vasculaire est suspectée, des examens complémentaires simples peuvent être réalisés pour conforter l'impression diagnostique.

Radiographie sans préparation

Au membre supérieur, elle peut montrer :

– une côte cervicale ou une apophysomégalie, véritable côte surnuméraire ;
– une agénésie de la première côte ;
– un cal vicieux de la clavicule, tout particulièrement dans certains sports : cyclisme, motocyclisme…

Au membre inférieur, elle peut mettre en évidence une image d'exostose du fémur ou du tibia, « excroissances » qui peuvent comprimer un axe vasculaire.

Examen Doppler

Dans les conditions basales, l'enregistrement des pressions systoliques aux chevilles comparé à celui qui a été fait au membre supérieur est exceptionnellement perturbé (égal ou supérieur à 1). Si l'index est inférieur à 1, la présence d'une pathologie vasculaire est certaine.
Après un effort, l'index de pression est physiologiquement modifié. Chez un individu entraîné, la vasodilatation dans les masses musculaires en exercice crée une diminution des résistances périphériques et engendre une chute de la pression artérielle. En revanche, dans les territoires au repos, survient une vasoconstriction avec une augmentation de la pression artérielle. Les masses musculaires en exercice se trouvent privilégiées. La figure 36.1 montre la modification des pressions de cheville mesurées dans les deux membres inférieurs et aux membres supérieurs après un effort des membres inférieurs. L'index pression de cheville/pression humérale est physiologiquement compris entre 0,5 et 1. La courbe montre qu'en 5 à 8 minutes après l'effort, le rapport s'inverse à nouveau pour reprendre une valeur normale, supérieure ou égale à 1. Le Doppler continu en cas de pathologie évoluée peut montrer une modification des courbes en condition basale ou lors de l'exécution des manœuvres à la recherche d'un syndrome de compression de la traversée thoracobrachiale, de kyste adventiciel, de piège poplité, ou lorsqu'il existe des lésions endovasculaires, voire des thromboses.
Le Doppler pulsé permet d'affiner la sémiologie Doppler et révèle des sténoses débutantes de petit diamètre.
Cependant, des courbes Doppler continues ou pulsées normales chez un patient ayant des signes cliniques évocateurs ne doivent pas faire éliminer une pathologie vasculaire.

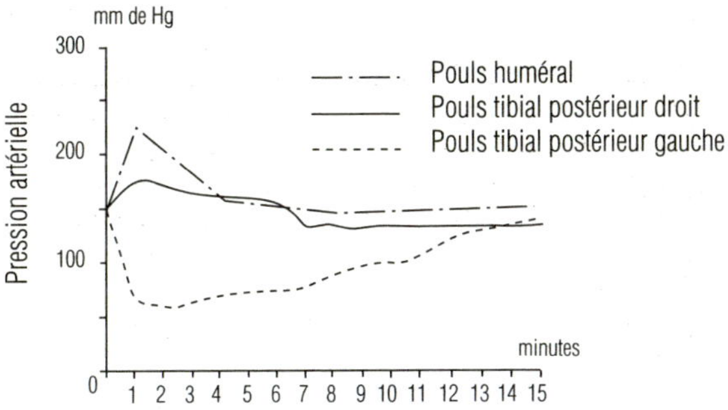

Fig. 36.1. Épreuve d'effort d'un cycliste après un parcours de 10 minutes (sur *home-trainer*) : courbes pathologiques montrant les modifications de l'index de pression, pression de cheville/pression humérale.

Échographie en mode B ou couleur

Ce sont des examens performants dans les thromboses artérielles ou veineuses. Les lésions d'origine athéromateuse sont également mises en évidence par l'échographie. Les trajets vasculaires anormaux ou les compressions artérielles sont révélés par l'échographie de même que la présence de faisceaux musculaires, trajets anormaux ou aberrants.
Une échographie normale ne permet pas d'éliminer une pathologie vasculaire.

Scanner et RMN

Ces deux examens apportent des renseignements dans certaines pathologies : kyste poplité, piège poplité, kyste adventiciel poplité (voir *infra* avec la description des différents tableaux cliniques).

Artériographie

Réalisée en milieu spécialisé, le plus souvent par un cathétérisme de l'artère fémorale, l'artériographie est souvent l'examen clé du diagnostic. Elle peut montrer la sténose ou l'arrêt circulatoire dans les compressions de la traversée thoracobrachiale, dans les pièges poplités, les kystes synoviaux ou les kystes poplités. Elle met en évidence les anomalies de trajet des vaisseaux dans les pièges poplités, par exemple.
Dans la pathologie de la paroi artérielle, athérome, artérite juvénile, kyste adventiciel, endofibrose, l'artériographie peut montrer une image de rétrécissement ou d'oblitération. Parfois les signes radiologiques sont discrets, et l'artériographie peut être normale. Les anomalies discrètes de la lumière artérielle peuvent être parlantes chez des sujets sportifs de haut niveau dont le régime circulatoire pendant l'effort maximal ou supra-maximal est sans comparaison avec celui d'un exercice ordinaire.

Phlébographie

Elle est indiquée chaque fois que la sémiologie accusée par le sportif est une impression de tension douloureuse accompagnée d'une turgescence veineuse et d'un œdème. Réalisée par une ponction veineuse à la main ou au dos du pied, dite au fil de l'eau, en position basale ou dynamique, elle met en évidence des images de compression veineuse, d'oblitération veineuse, de développement d'une circulation collatérale. Une pathologie des gros troncs veineux peut être mise en évidence par une iliocavographie par ponction des veines fémorales droite ou gauche.

Angioscopie

Elle est passée dans la routine des examens vasculaires. Elle est réalisée à l'aide d'un appareil constitué de fibres optiques dont le diamètre varie de 0,75 à 2,8 mm, selon que les instruments ont ou non un canal opérateur. Les angioscopes sont introduits dans la lumière artérielle soit par des techniques percutanées, soit en peropératoire. Il est nécessaire pour réaliser une angioscopie d'irriguer le vaisseau avec du sérum salé transparent ; l'injection de sérum est faite par pompe, de type pompe à circulation extracorporelle, ou par poche à pression. Les lésions vues à l'angioscopie sont enregistrées sur bande magnétique.
Chaque fois qu'une lésion artérielle est suspectée par un tableau clinique évocateur, si les autres examens complémentaires restent négatifs, l'angioscopie permet souvent d'apporter la preuve diagnostique ou d'éliminer une lésion d'origine vasculaire.

Différents tableaux des pathologies vasculaires rencontrées chez le sportif

Le sport peut être un révélateur précoce de maladies rencontrées habituellement chez des sujets non sportifs. C'est le cas de l'artérite d'origine athéromateuse, de la maladie de Buerger. Les lésions traumatiques ont un diagnostic habituellement facilement reconnu.
Le sport peut être révélateur ou induire des pathologies qui, en dehors de la pratique, seraient passées inaperçues ou ne se seraient pas développées. C'est le cas :

- au membre supérieur : du syndrome du défilé thoracobrachial ;
- au membre inférieur :
  - du syndrome veineux de Cockett ;
  - de l'endofibrose artérielle ;
  - du syndrome de l'artère poplitée piégée ;
  - du kyste poplité adventiciel ;
  - du syndrome des loges.

Syndrome de la traversée thoracobrachiale

Le syndrome de la traversée thoracobrachiale regroupe les compressions du paquet vasculonerveux de la racine du bras dans son passage dans l'un des défilés successifs de la ceinture scapulaire :
- le défilé intercostoscalénique ;
- le canal costoclaviculaire ;
- le trajet en arrière du petit pectoral.

Anatomopathologie

De son émergence du thorax jusqu'à sa pénétration dans le bras, l'artère sous-clavière, le plexus brachial et la veine sous-clavière en avant traversent :

- le défilé intercostoscalénique, formé par, en avant, le scalène antérieur, en arrière, la masse des scalènes moyens et postérieurs, et en bas la première côte ;
- le canal costoclaviculaire, formé par, en haut, le muscle sous-clavier et la clavicule, en bas, la face supérieure du segment moyen et la face antérieure de la première côte ;
- le tunnel sous-pectoral, limité par, en avant, le muscle petit pectoral, en arrière, par la paroi thoracique, sur laquelle s'insèrent en haut le muscle sous-scapulaire et en bas les muscles grand rond et grand dorsal.

Dans ces trois défilés, les éléments vasculonerveux peuvent être comprimés par hypertrophie des masses musculaires (scalène, muscle sous-clavier) dans tous les sports qui développent les muscles de la ceinture scapulaire : sport de lancer, natation, basket, conduite automobile, haltérophilie, etc.
C'est le plus souvent la compression neurologique qui est à l'origine de la symptomatologie par compression du tronc primaire inférieur (territoire cubital). L'artère sous-clavière sympathise avec le nerf; sa compression donne des modifications du pouls radial à l'examen clinique lors des manœuvres dynamiques, mais ce mécanisme engendre rarement une symptomatologie propre.
Lorsqu'il existe une symptomatologie vasculaire, elle est due à une malformation osseuse congénitale :

- côte cervicale ou côte surnuméraire, présente chez 1 % des sujets, dont 10 % donnent une symptomatologie ;
- apophysomégalie de la dernière vertèbre cervicale C7 ;
- agénésie de la première côte.

Ces éléments osseux, ou les trousseaux fibreux qui les prolongent, ajoutent un matériel compressif qui induit sur l'artère sous-clavière :

- un traumatisme chronique de l'intima, sur lequel se fixent des caillots qui peuvent emboliser dans les vaisseaux du membre supérieur ;
- un anévrisme post-sténotique, dont la thrombose peut provoquer des emboles et un tableau de thrombose aiguë du membre supérieur.

La veine sous-clavière peut être comprimée en avant du scalène antérieur ou sous le muscle sous-clavier.

Circonstances de découverte

Elles peuvent prendre une expression de type neurologique (paresthésies, engourdissements systématisés touchant le 5e doigt et le bord interne du 4e doigt) :

- fatigabilité excessive rapide d'un des membres supérieurs ;
- douleurs de l'avant-bras, de l'épaule, parfois étendues à la base du cou ;
- exceptionnellement, phénomènes de Raynaud.

Ces symptômes sont évocateurs car ils ont un caractère positionnel survenant lors de l'exécution de mouvements des bras en surélévation.
Parfois, le diagnostic est évoqué devant un tableau aigu :

- ischémie artérielle aiguë de la main ou de l'avant-bras, par embolie de caillot dans les artères digitales ou par thrombose de l'artère sous-clavière due à des lésions intimales ou à un anévrisme post-sténotique de l'artère sous-clavière ;
- phlébite du membre supérieur, révélée par une douleur du membre supérieur d'apparition brutale associée à un œdème touchant la main et l'avant-bras. Ce tableau apparaît après un entraînement sportif intensif, une compétition.

Examen clinique

L'inspection de la région sous-claviculaire peut mettre en évidence une saillie osseuse du creux sus-claviculaire, une circulation veineuse collatérale du moignon de l'épaule et de l'hémithorax homolatéral qui s'est développée dans les suites d'un épisode de thrombose veineuse aiguë.
L'examen recherche une diminution ou une disparition du pouls lors des manœuvres dynamiques :

- manœuvre d'hyperabduction forcée ;
- manœuvre des chandeliers ;
- manœuvre d'Addson ;
- manœuvre de Wright ;
- manœuvre d'Eden.

L'auscultation de la région sus- ou sous-claviculaire pendant la réalisation de ces manœuvres met souvent en évidence un souffle.

Examens complémentaires

Une *radio simple sans préparation* de la ceinture scapulaire ou du gril costal (face, profil et 3/4) peut mettre en évidence :

- une apophysomégalie de C7 ou une côte surnuméraire ;
- une agénésie de la première côte ;
- un cal vicieux de la clavicule.

Un *électromyogramme* peut objectiver des troubles de la conduction nerveuse dans le territoire cubital. Quand ils sont retrouvés, ces signes sont évocateurs; leur absence n'élimine pas le diagnostic.
Le *Doppler continu ou pulsé* réalisé en position basale ou lors de l'exécution des manœuvres dynamiques par un manipulateur entraîné peut objectiver une accélération sur l'artère sous-clavière et un frein circulatoire d'aval.
L'*échographie* du creux sus-claviculaire objective parfois la sténose de l'artère sous-clavière, la dilatation post-sténotique ou le thrombus mural.
L'*artériographie* est exécutée par méthode de Seldinger par ponction fémorale au triangle de Scarpa. Les clichés sont pris de face, centrés sur les régions scapulaires. L'artériographie est normale lorsque le sujet a les bras en position indifférente coudes au corps (fig. 36.2a). Dans la position bras en abduction à 180°, main en rotation externe, elle montre une sténose ou un arrêt circulatoire en bec de flûte situé sur l'artère sous-clavière, en arrière du 1/3 moyen de la clavicule (fig. 36.2b).
La *phlébographie* (fig. 36.3), indiquée devant des signes veineux, visualise des signes de compressions veineuses sous-claviculaires en arrière de la clavicule. En phase aiguë, elle

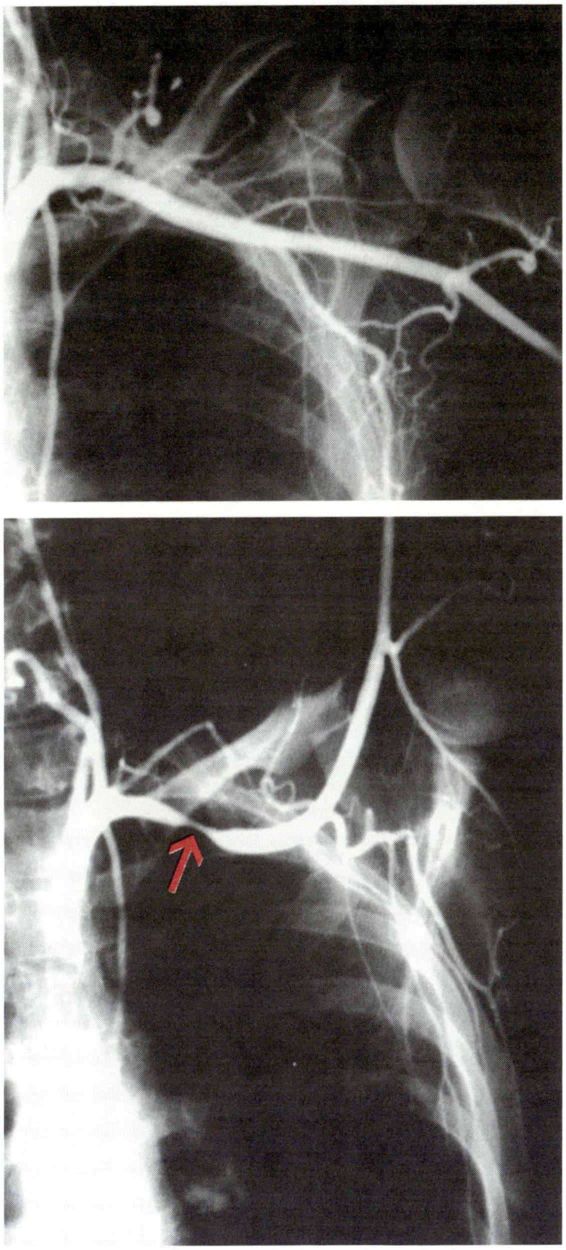

Fig. 36.2a. Artériographie de l'artère sous-clavière gauche, le sujet ayant le bras le long du corps. b. Artériographie du membre supérieur en abduction. Rétropulsion de l'épaule, main en supination. Elle montre le rétrécissement sur l'artère sous-clavière dans le défilé costoclaviculaire.

montre une thrombose de la veine sous-clavière avec le développement d'une circulation collatérale de l'épaule.

Traitement

Il comprend :

- une rééducation de l'épaule, selon un protocole décrit par Peet, encore appelé « programme de la Mayo Clinic » ;
- un traitement chirurgical.

Les deux principales voies d'abord sont la voie axillaire et la voie sous-claviculaire. Elles permettent de réaliser :

- une ténotomie et une exérèse du muscle scalène antérieur ;
- une ténotomie du muscle sous-clavier ;
- la résection de la première côte et au besoin d'une apophysomégalie ou d'une côte surnuméraire ; elle libère le plexus, les vaisseaux et la première côte.

En fonction du tableau clinique, le traitement chirurgical associe une résection de l'anévrisme sous-clavier, une ablation des caillots endoluminaux, une sympathectomie dorsale supérieure.

Syndrome de Cockett

Il se définit comme la compression de la veine iliaque primitive gauche à sa terminaison par l'artère iliaque primitive droite au niveau de leur croisement.
Le syndrome de Cockett est une anomalie très fréquente puisque 1 sujet sur 6 en est atteint ; il ne donne qu'exceptionnellement une symptomatologie clinique.

Anatomopathologie

Le syndrome est vraisemblablement d'origine congénitale. La compression peut être due :

- à l'empreinte de l'artère iliaque primitive droite sur la veine iliaque primitive gauche (fig. 36.4) ;
- à l'empreinte du corps vertébral de la 4e vertèbre lombaire ;
- à la présence de synéchies développées entre les parois antérieure et postérieure de la terminaison de la veine iliaque primitive gauche ; ces synéchies peuvent être de trois types : latérales, centrales ou quasi totales.

Symptomatologie clinique

Sur un mode chronique

Elle peut se révéler par l'apparition, lors d'efforts musculaires des membres inférieurs, d'une claudication veineuse avec impression de tension douloureuse des masses musculaires du membre inférieur gauche survenant à l'effort, parfois associée à un œdème malléolaire ou de la jambe qui régresse rapidement après l'arrêt de l'effort.
Cliniquement, une circulation collatérale veineuse caudocraniale de l'hémi-tronc gauche est très évocatrice. Les examens complémentaires confirment le diagnostic :

- la *pléthysmographie* à jauge de mercure ou la *rhéopléthysmographie* mettent en évidence un syndrome obstructif ;
- la *phlébographie* ou l'*iliophlébographie* (fig. 36.5) par ponction veineuse au triangle de Scarpa gauche montre l'image de compression veineuse ou les synéchies.

Sur un mode aigu

Le syndrome de Cockett est révélé par un tableau de phlébite du membre inférieur gauche. Rien sur le plan clinique ne permet d'évoquer la présence d'un syndrome de Cockett. Ce sont les examens complémentaires qui montrent

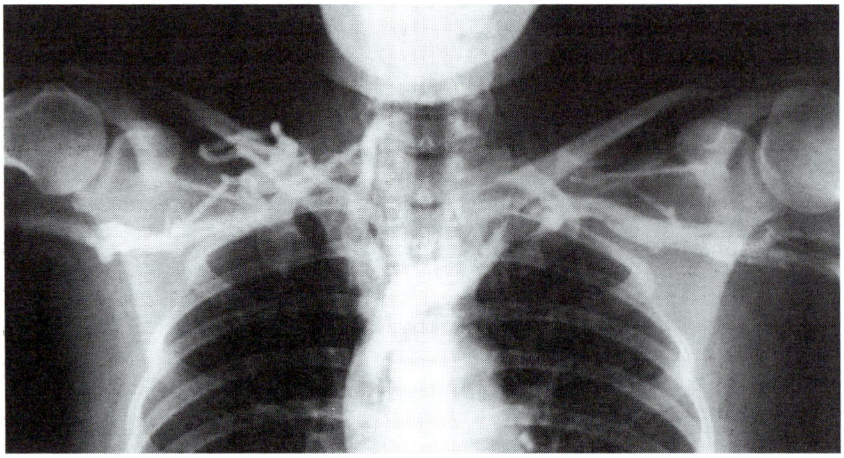

Fig. 36.3. Phlébographie des veines sous-clavières bilatérale. Du côté droit, le patient présente une thrombose de l'artère sous-clavière dans le défilé costoclaviculaire, en avant du muscle scalène; il existe une circulation collatérale importante. Du côté gauche, le membre supérieur étant en abduction, il existe une compression de la veine sous-clavière, en avant du muscle scalène antérieur, en arrière de la clavicule.

la compression de la veine iliaque primitive gauche ou les images de synéchies. Le diagnostic est facile si la thrombose ne remonte pas jusqu'au carrefour cave. Une image indirecte que nous avons appelée le « signe de la planche » évoque une synéchie presque complète (fig. 36.6).
La plupart du temps, le diagnostic de syndrome de Cockett est reconnu lors de la thrombectomie veineuse si le patient est opéré; sinon le diagnostic passe inaperçu.
Le syndrome de Cockett, très fréquent (1 sujet sur 6), donne exceptionnellement une symptomatologie clinique chronique; dans la forme aiguë, il détermine le côté de la thrombose (côté gauche) mais l'apparition de la phlébite est induite par une autre étiologie.

Traitement

Méthode

Un traitement chirurgical peut seul supprimer la compression artérielle et les synéchies veineuses. Ce traitement, réalisé par une voie sous-péritonéale gauche ou par une laparotomie médiane ou transversale sous-ombilicale, réalise une résection des synéchies et une angioplastie veineuse de recalibration. Une dérivation veineuse sus-pubienne de type Palma-Dale est parfois nécessaire. Elle est réalisée à l'aide de la saphène interne droite qui, laissée insérée sur la veine fémorale commune

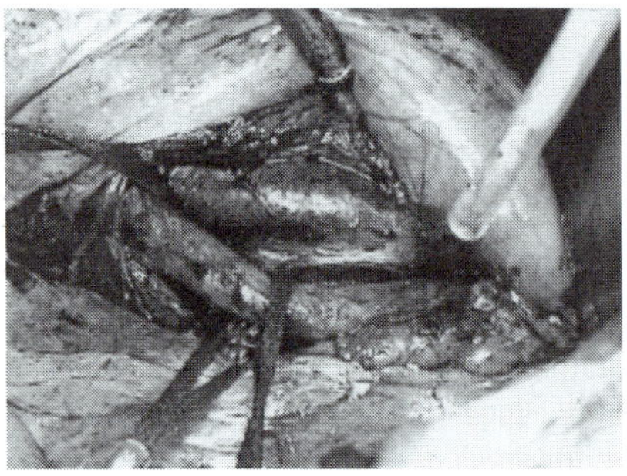

Fig. 36.4. Vue opératoire de l'empreinte de l'artère iliaque primitive droite sur la veine iliaque primitive gauche. L'artère iliaque primitive gauche est réclinée par un lacet.

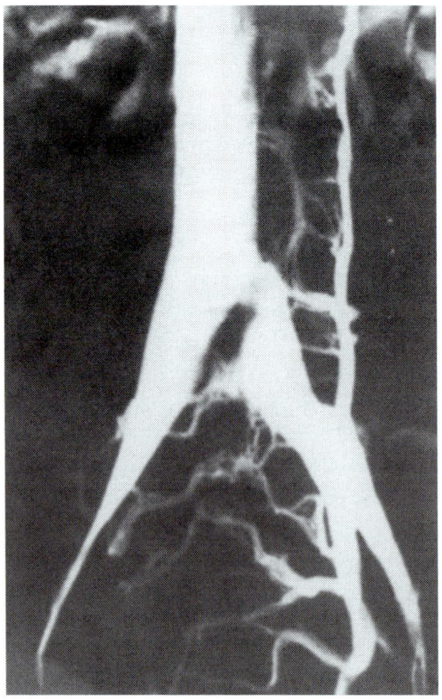

Fig. 36.5. Iliocavographie montrant l'empreinte de l'artère iliaque primitive droite sur la terminaison de la veine iliaque primitive gauche et la circulation collatérale développée sur le tronc veineux iliolombaire et les veines présacrées.

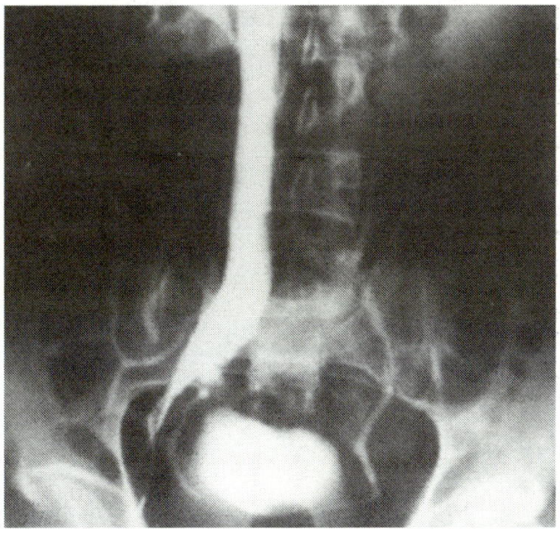

Fig. 36.6. Iliophlébographie montrant le signe de la planche.

droite, est transposée dans un trajet sus-pubien et anastomosée sur la veine fémorale commune gauche.

Indications

Les indications du traitement chirurgical du syndrome de Cockett doivent être exceptionnelles chez le sportif de haut niveau car il s'agit d'un geste chirurgical lourd chez un sujet jeune. Le risque de créer des séquelles sexuelles par altération des plexus présacrés est réel. Le risque de thrombose veineuse postopératoire est également présent.
Dans la forme aiguë avec une association à une thrombophlébite, la présence d'une synéchie de Cockett complique le geste opératoire; le pronostic à distance est celui de la phlébite, dont les séquelles sont le plus souvent incompatibles avec une activité sportive de haut niveau.

Endofibrose du sportif de haut niveau

L'endofibrose du sportif est une maladie qui semble spécifique du sport d'endurance pratiqué à un haut niveau. Elle est le plus fréquemment rencontrée dans le sport cycliste et dans sa localisation sur l'artère iliaque externe. Cependant, d'autres localisations ont été reconnues sur l'artère quadricipitale, sur l'artère iliaque primitive, sur l'artère fémorale profonde.
Elle peut survenir lors de la pratique d'autres sports : triathlon, marathon et course de fond, marche à pied et ski de fond. Sa connaissance est récente : notre premier cas date de 1985, deux autres cas ont été retrouvés dans la littérature. Actuellement, sur une période de 15 ans, plus de 300 sujets atteints d'une endofibrose ont été opérés.

Anatomopathologie

Aspect macroscopique

La lésion au niveau de l'artère peut avoir un développement circonférentiel ou le plus souvent excentré, situé au niveau des zones de plicature, se présentant comme un épaississement pariétal de consistance molle élastique (fig. 36.7).

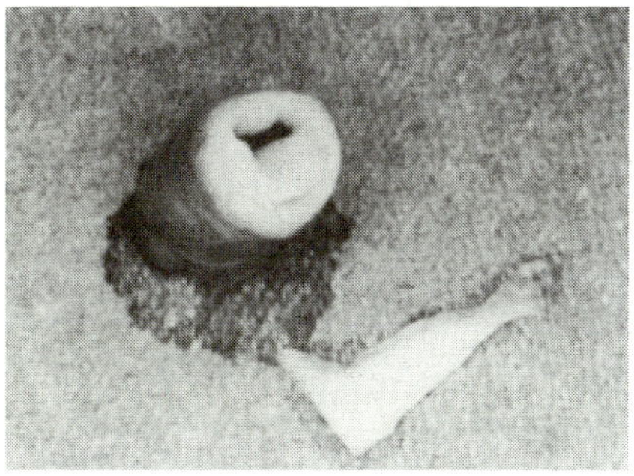

Fig. 36.7. Pièce opératoire montrant la sténose excentrée.

Histologie

À l'examen histologique (fig. 36.8), la lésion est maximale sur l'intima, l'endothélium est normal; l'épaississement siège sur la moitié ou les deux tiers ou la totalité de la circonférence. L'hyperplasie intimale est faite d'un tissu conjonctif lâche composé de collagène et pauvre en fibres élastiques. Ce tissu fibreux est faiblement cellulaire; il renferme des fibroblastes, et certaines cellules sont différenciées en myofibroblastes. La limitante élastique interne est normale, elle peut être dédoublée ou multicouche. Dans les formes multicouches, la plaque est constituée d'une superposition de lésions d'âges différents, séparées par des limitantes élastiques. Les plus anciennes, fibreuses et peu cellulaires, se situent près de la lumière vasculaire; les plus récentes, plus profondes et plus cellulaires, sont situées près de la média. L'évolution est centrifuge.
L'adventice en regard de la lésion contient parfois des fibres musculaires lisses.

Symptomatologie

L'endofibrose artérielle se développe chez des sujets jeunes, le plus souvent dans la 3e décennie. L'entraînement et la

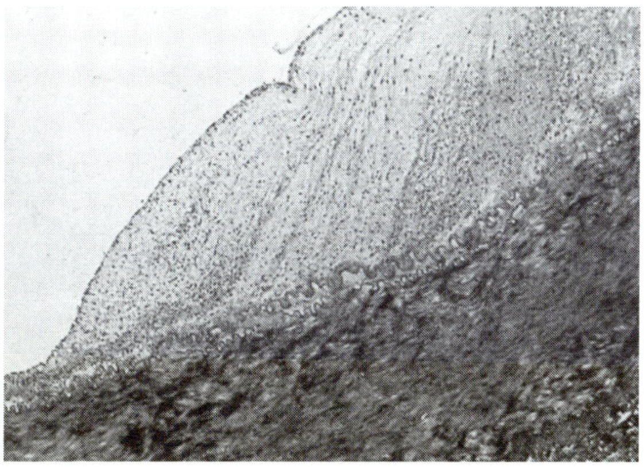

Fig. 36.8. Lésion d'endofibrose vue en microscopie optique; coloration trichrome de Masson, grossissement multiplié par 100.

compétition sportive ont été débutés tôt, vers 14 à 15 ans ; le côté gauche est 3 fois plus souvent atteint que le côté droit (il existe environ 15 % de formes bilatérales). L'homme est presque exclusivement atteint ; les femmes ne représentent que 2 % de notre série. Le kilométrage moyen parcouru avant l'apparition des signes est d'environ 120 000 km.

Les *signes fonctionnels* accusés par le sujet sont une symptomatologie d'effort au pédalage lors de la pratique du vélo. Deux symptômes sont évocateurs d'endofibrose artérielle : le premier est une douleur paralysante que le sujet décrit comme une impression de membre inférieur mort « qui ne répond plus », le second symptôme est une impression de gonflement de la cuisse, de « cuissard trop serré ». Il est rencontré deux fois moins souvent que la douleur paralysante, et dans 20 % des cas les deux symptômes surviennent en alternance ou simultanément.

Dans environ 15 % des cas, les signes sont bilatéraux, les douleurs surviennent en même temps des deux côtés ou basculent d'un membre à l'autre après une période d'expression clinique unilatérale.

La localisation des symptômes est constante à la cuisse ; elle reste isolée dans environ 35 à 40 % des cas, et peut également s'étendre vers la fesse, la jambe ou le pied.

Les circonstances d'apparition sont évocatrices d'une pathologie vasculaire. Les douleurs surviennent lors du travail sur le vélo en effort maximal ou supramaximal, c'est-à-dire dans les montées de côtes, dans les attaques, les courses contre la montre, dans les courses poursuites, sur piste, ou lors de sprints longs. En effort de progression (30 à 35 km/h), les sujets peuvent accomplir leur effort de pédalage normalement sans douleur. Lorsque le sujet relâche son effort, la douleur disparaît rapidement. Chez le cycliste, elle n'oblige pas à mettre le pied à terre ; au repos, le sujet ne ressent aucune douleur et dans la vie courante, les sujets sont asymptomatiques.

Deux autres tableaux sont plus évocateurs d'une pathologie artérielle :

- le tableau d'ischémie artérielle subaiguë : pendant ou dans les heures qui ont suivi une compétition sportive ou un entraînement, le sujet a présenté un tableau d'ischémie subaiguë avec apparition d'une douleur brutale intense de tout le membre inférieur, associée à une sensation d'engourdissement, le pied et la jambe étant froids, pâles, et le sujet ayant du mal à se porter sur son membre inférieur. Cet épisode a cédé en quelques heures et depuis il a persisté une claudication intermittente ; cet épisode peut être inaugural ou succéder à une période d'expression clinique classique, de douleurs paralysantes ou d'impression de gonflement ;
- la claudication intermittente : ce symptôme succède à un épisode d'ischémie artérielle subaiguë ou à une période d'expression clinique classique. Survenant chez un sujet jeune pratiquant le sport cycliste ou la marche à pied, il doit faire évoquer le diagnostic d'endofibrose artérielle.

L'examen physique est habituellement normal chez le sujet au repos. La constatation d'un souffle de la fosse iliaque du côté pathologique est banale, mais son apparition ou son augmentation en hyperflexion de cuisse peut prendre une valeur sémiologique. La coloration et la trophicité du membre inférieur sont normales. La mesure de la circonférence de cuisse peut montrer des chiffres inférieurs ou supérieurs comparativement au côté opposé. Les pouls ne sont pas modifiés, à l'exception du sujet ayant une thrombose aiguë ou une claudication intermittente.

Examens complémentaires

Examen Doppler

À l'exception du sujet qui présente une thrombose de l'artère iliaque externe, l'examen Doppler au repos est normal.

Épreuve d'effort de Strandness

Elle est réalisée sur bicyclette ergométrique ou mieux sur vélo de piste et sur *home trainer* à frein électromagnétique (voir fig. 36.1). Le sujet travaille dans des conditions identiques à celles de la route. L'effort est poursuivi jusqu'à déclencher la douleur habituelle ressentie en course par le sujet. La pression artérielle est mesurée à la cheville, par effet Doppler ou par méthode phléthysmographique automatisée. Elle est comparée à la pression de la cheville controlatérale et à la pression humérale. Les mesures sont faites au repos, puis toutes les minutes pendant 15 minutes après l'effort.

Une épreuve pathologique révèle un effondrement de la pression mesurée à la cheville du côté pathologique et cela dès les premières minutes, puis la tension artérielle remonte progressivement à des chiffres tensionnels équivalents à ceux du membre sain, et cela en 6 à 7 minutes.

Normalement, chez un sujet sain entraîné, la pression des chevilles est inférieure à la pression humérale immédiatement après l'effort : la diminution des résistances périphériques due à l'ouverture des shunts artérioveineux et à la vasodilatation des anses capillaires dans les muscles en effort des membres inférieurs explique ce phénomène. Dans les territoires musculaires non sollicités par l'effort (membre supérieur), il y a une vasoconstriction à l'origine d'une hypertension humérale qui dirige le maximum du volume d'éjection systolique vers les masses musculaires en effort.

Pour que l'épreuve soit positive, le rapport « I » de la tension artérielle mesurée à la cheville comparativement à la tension humérale doit être inférieur à 0,5, mais cette mesure doit être interprétée en fonction de l'entraînement du sujet au moment de l'examen. Un sujet ayant interrompu la pratique du vélo depuis quelques mois peut ne pas atteindre le seuil de douleurs par manque d'entraînement physique et avoir une épreuve négative.

Chez un sujet entraîné, une épreuve normale – tension artérielle symétrique en cheville et rapport supérieur à 0,5 comparativement à la tension humérale – permet d'éliminer une endofibrose de l'artère iliaque externe.

Artériographie

Menée par méthode de Seldinger par ponction fémorale au triangle de Scarpa du côté sain, elle est faite en numérisation ; les clichés sont pris de face, de 3/4 droit et gauche, membres inférieurs en extension, puis en flexion maximale de cuisse sur le bassin simulant un mouvement de pédalage. Les images données par les lésions sont souvent discrètes et difficiles d'interprétation : la lésion typique (fig. 36.9) se présente comme une sténose longue de 5 à 6 cm qui commence 2 à 3 cm à partir de l'origine de l'artère iliaque externe, et qui rétrécit la lumière artérielle de 20 à

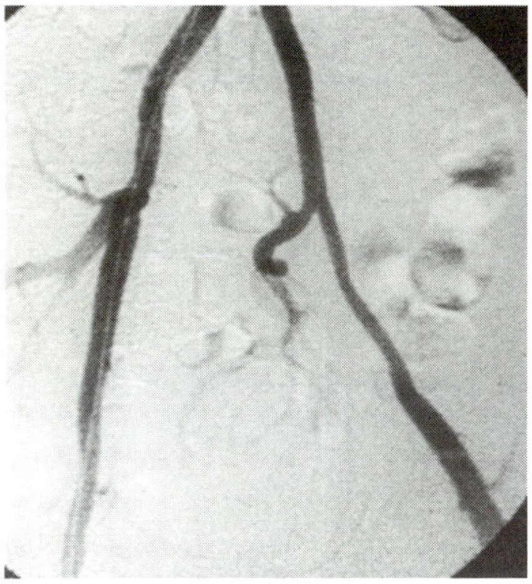

Fig. 36.9. Artériographie : incidence de face montrant la sténose longue de 5 à 6 cm sur l'artère iliaque externe.

30 % ou plus. La lésion peut évoluer vers une thrombose complète de l'artère iliaque externe.

Sur les clichés pris en flexion de cuisse, l'artère iliaque peut dessiner une plicature, voire un véritable siphon. Une incidence sur les artères quadricipitales doit être systématiquement réalisée. Plusieurs des sujets examinés ont présenté une lésion isolée de l'origine de l'artère quadricipitale sans lésion iliaque externe.

Endoscopie artérielle

Elle est systématiquement réalisée en peropératoire à l'aide de fibres optiques reliées à un système vidéo (fig. 36.10). Dans les cas où il existe un doute diagnostique, elle est réalisée en percutané en préopératoire.

Elle est d'un apport capital pour confirmer le diagnostic. Elle permet en dernier recours de lever les doutes lorsque l'artériographie montre des signes discrets. L'angioscopie permet de localiser le siège de la lésion et son étendue, ce qui oriente le geste thérapeutique.

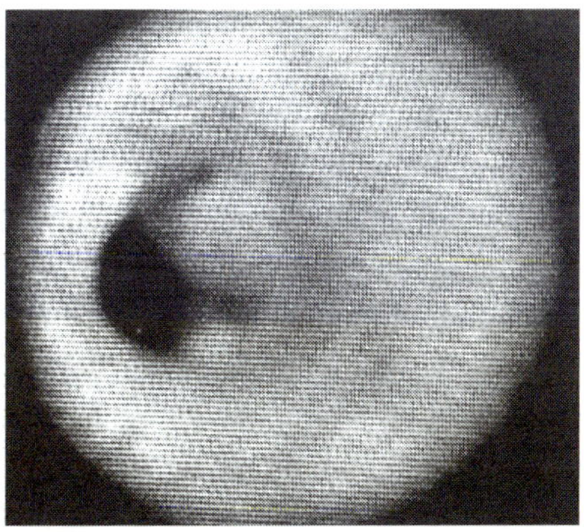

Fig. 36.10. Vue endoscopique d'une lésion d'endofibrose.

Échographie

L'échographie (fig. 36.11) est faite en mode B. Elle montre une fois sur deux un épaississement de la paroi artérielle correspondant à la zone de rétrécissement. Cependant, souvent la lésion n'est pas échogène, et une échographie normale ne permet pas d'éliminer le diagnostic.

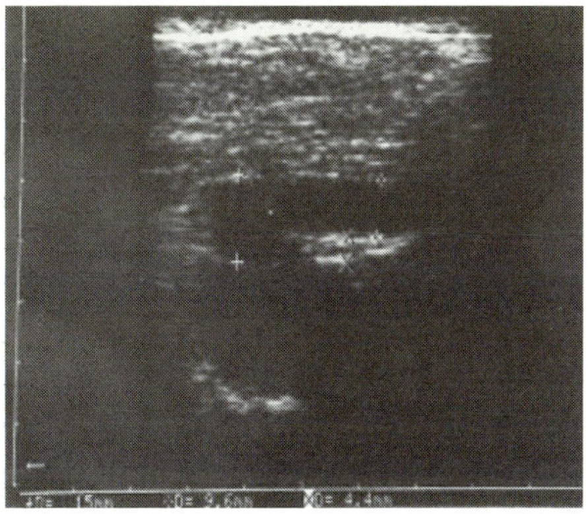

Fig. 36.11. Image échographique d'une lésion d'endofibrose iliaque externe.

Scanner et IRM

L'examen scanner hélicoïdal et l'angio-IRM font le diagnostic de la pathologie, en objectivant le rétrécissement sur l'artère iliaque externe ; pour les autres localisations et dans un avenir proche, ils pourront remplacer l'examen artériographique.

Étiopathogénie

Facteurs anatomiques

La pratique intensive du vélo, du fait de la position couchée sur le cadre d'une bicyclette moderne, favorise l'allongement de l'artère iliaque externe, qui décrit des sinuosités en hyperflexion de hanches lors des mouvements de pédalage. Ces sinuosités réalisent de véritables plicatures (fig. 36.12).

L'artère iliaque externe est la seule portion mobile de l'axe iliaque. En effet, l'artère iliaque primitive est fixe, amarrée comme un mât de bateau par le hauban de l'artère iliaque primitive controlatérale et l'artère hypogastrique en dedans. Sous l'arcade crurale, la terminaison de l'artère iliaque externe est fixée par les artères collatérales, iliaque circonflexe superficielle, et artère épigastrique.

Un sujet sur deux a une ou plusieurs artères collatérales de l'artère iliaque externe nourricières du muscle psoas. Celles-ci fixent les premiers centimètres de l'artère iliaque externe en dehors et raccourcissent ainsi la portion mobile de l'axe iliaque externe, ce qui accentue les plicatures.

Facteurs mécaniques

Lors de la flexion de hanches dans la zone de plicature, se développent des forces de distraction au niveau de la grande courbure qui engendrent une réaction de cicatrisation pariétale.

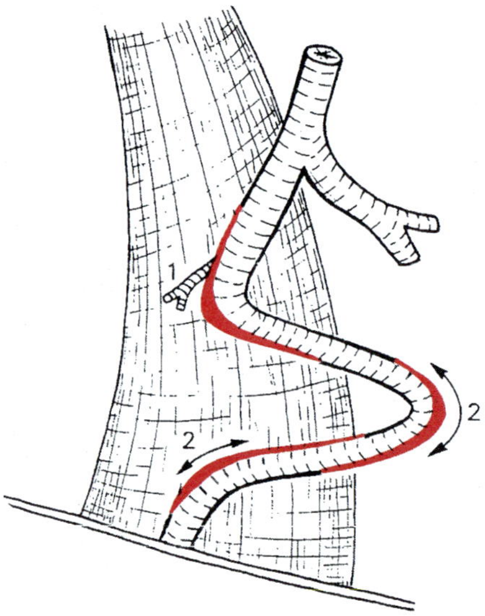

Fig. 36.12. Schéma explicatif de l'étiopathogénie de la lésion iliaque externe.

Facteurs hémodynamiques

Lors de la pratique du sport, le débit cardiaque est augmenté. Lors des efforts maximaux ou supramaximaux, le débit dans l'artère iliaque externe et la tension artérielle sont augmentés, et les coups de boutoir des ondes systoliques majorent l'agression pariétale au niveau des zones de plicatures.
Ces trois mécanismes expliquent la localisation de l'endofibrose au niveau de l'artère iliaque externe, de même qu'au niveau de l'artère iliaque primitive. Dans les localisations au niveau de l'artère iliaque primitive que nous avons rencontrées, il existait une anomalie anatomique de terminaison de l'aorte, qui était située plus haut que la normale (L4-L5). Dans cette anomalie anatomique, la portion mobile de l'axe iliaque était transplantée sur l'artère iliaque commune.
Dans les localisations de l'endofibrose au niveau de l'artère quadricipitale, les facteurs hémodynamiques semblent prépondérants dans la genèse de la lésion : dans le mouvement de pédalage, c'est le muscle quadricipital qui est le plus sollicité, et plus particulièrement le muscle vaste externe irrigué par l'artère quadricipitale.

Traitement

Il ne peut être que chirurgical. La dilatation endoluminale est un échec constant puisque la lésion est molle et ne peut être écrasée sur une paroi artérielle souple et élastique.
Le traitement chirurgical que nous réalisons raccourcit la longueur de l'artère iliaque externe par une artériectomie de 2 à 3 cm en moyenne; elle enlève un maximum de lésions, la limite inférieure étant préalablement reconnue par une angioscopie. La lésion restante d'amont est endofibrosectomisée par retournement. Un contrôle de la limite supérieure de la lésion est fait par une courte artériotomie longitudinale qui est, le plus souvent, refermée par une pièce veineuse.

Syndrome de l'artère poplitée piégée

Le syndrome de l'artère poplitée piégée est dû à une compression de l'artère poplitée par anomalie de son trajet ou par insertion musculaire anormale au niveau des condyles fémoraux. Cette compression entraîne une ischémie d'aval de degré variable, transitoire ou permanente.
Le syndrome est souvent méconnu; les signes cliniques surviennent par intermittence. Deux complications peuvent être graves : la thrombose aiguë et l'embolie à distance, qui parfois mettent en jeu le pronostic vital du membre.
L'échographie et l'IRM sont deux examens qui aident au diagnostic.
L'appellation du syndrome de l'artère poplitée piégée *(popliteal artery entrapment)* a été proposée par Love et Whelan en 1965.

Anatomopathologie

Les pièges poplités sont dus à une compression de l'artère par les structures musculoaponévrotiques avoisinantes, depuis l'arcade des adducteurs jusqu'à l'anneau du soléaire. La mise en tension des éléments tendineux et musculaires dans les mouvements d'extension de la jambe et de dorsiflexion du pied provoque une compression de l'artère poplitée à l'effort lors de certaines positions.
Le traumatisme répété de l'artère engendre des lésions de l'intima qui peuvent être à l'origine des complications : thrombose et embolie.
Il existe de nombreuses classifications des anomalies de piège de l'artère poplitée. Sur le plan pratique, trois groupes sont à retenir :

- les *anomalies musculaires :* le trajet de l'artère poplitée est normal, les anomalies de migration du muscle jumeau interne, telles que l'insertion trop haute ou trop externe ou trop courte sur le condyle ou la présence de faisceaux musculaires surnuméraires, induisent le piège poplité (environ 50 % des cas);
- les *anomalies de trajet artériel* : une anomalie du développement embryologique de l'artère poplitée lors du remodelage de la 7e-8e semaine de l'embryon font passer l'artère poplitée en dedans et en avant du muscle jumeau interne. Le muscle jumeau s'insère normalement sur le condyle fémoral interne (environ 30 à 40 % des cas);
- les *compressions d'origine fonctionnelle* : dans cette forme, il n'existe aucune anomalie de trajet artériel ou d'insertion musculaire; la compression de l'artère est due au développement de l'hypertrophie des muscles du creux poplité par l'entraînement sportif.

Circonstances de découverte

La fréquence de la pathologie est rare, bien qu'elle soit fréquemment évoquée; son diagnostic n'est pas facile à confirmer, surtout si l'artère est totalement oblitérée.
Le sexe masculin (90 % des cas) est beaucoup plus souvent atteint que le sexe féminin. L'affection est reconnue le plus souvent chez l'adulte jeune : 60 % des patients ont moins de 30 ans, 25 % plus de 40 ans. Chez 20 % des sujets, le piège poplité est bilatéral. La pratique de certains sports favorise le déclenchement de la symptomatologie par

hypertrophie des muscles jumeaux : ce sont le cyclisme, la danse, la nage, le basket-ball, la marche.

Signes fonctionnels

En fonction de l'état de perméabilité artérielle et en dehors des formes latentes, on est amené à voir le patient dans trois circonstances :

- au stade de compression simple ;
- au stade d'oblitération chronique ;
- au stade d'ischémie aiguë.

Au stade de compression simple

C'est à ce stade que la symptomatologie est la plus évocatrice, faite de douleurs positionnelles lors d'efforts musculaires.
La pathologie se manifeste par une claudication intermittente, à type de douleurs vives et de crampes du mollet, qui se singularise par son mode d'apparition :

- à la station debout prolongée alors que la marche est normale ;
- ou sous la forme d'une claudication paradoxale survenant à la marche alors que la course est normale.

La claudication peut prendre une expression classique à l'effort, mais l'apparition fluctuante certains jours et pas d'autres lors de la pratique de certains sports et pas d'autres permet d'évoquer le diagnostic.
Certains signes peuvent être plus atypiques, précéder ou accompagner une claudication intermittente, survenir au repos ou à l'effort, ou dans certaines postures :

- cyanose à la station debout prolongée ou lors d'efforts musculaires ;
- œdème de la jambe ou de la cheville.

Ces signes témoignent d'un piège veineux associé au piège artériel.

Au stade d'oblitération chronique

En fonction du développement de la circulation collatérale ou du degré d'oblitération, le tableau est celui d'une claudication intermittente d'effort classique. Le diagnostic est à évoquer devant l'apparition de ce signe chez un sujet jeune.

Au stade d'ischémie artérielle aiguë

Inaugurale ou précédée d'une claudication intermittente évocatrice ou classique, la thrombose plus ou moins étendue de l'artère poplitée, ou l'embolie artérielle distale, se manifeste par une ischémie artérielle subaiguë plus souvent qu'aiguë.

Examen clinique

Le plus souvent, il est normal. L'examen des pouls révèle parfois une diminution ou une abolition des pouls poplité tibial postérieur et pédieux, en extension du genou et en flexion plantaire active contrariée, ou en flexion dorsale passive du pied.
La palpation du creux poplité peut découvrir un anévrisme post-sténotique. L'absence de pouls au stade d'oblitération chronique ou aiguë ne permet pas d'orienter vers une étiologie précise.

Examens complémentaires

Quatre examens permettent de confirmer le diagnostic. Ce sont les explorations ultrasoniques, l'artériographie, le scanner et l'IRM.

Explorations ultrasoniques

Le Doppler continu au repos est le plus souvent normal en l'absence de thrombose.
Ce sont les manœuvres posturales qui mettent en évidence un frein circulatoire poplité. Le flux tibial antérieur enregistré à la loge antéro-externe ou au coup de pied est aboli lorsque la jambe est mise en extension et le pied en dorsiflexion passive et lorsque le sujet met son pied en flexion active plantaire.
Ces manœuvres sont à analyser avec prudence : elles sont positives chez un grand nombre de sujets normaux sans piège poplité. En revanche, leur négativité permet d'éliminer un piège poplité.

Échographie exécutée en mode B

Cet examen permet de mettre en évidence un trajet anormal de l'artère poplitée, un anévrisme post-sténotique et des caillots endoluminaux ; il permet également d'objectiver une thrombose de l'artère poplitée.
Associée aux manœuvres dynamiques, l'échographie peut mettre en évidence la compression artérielle, et visualise parfois le passage d'un chef musculaire accessoire entre l'artère et la veine venant du jumeau interne.
L'association de l'échographie et du Doppler pulsé améliore le diagnostic lors de la réalisation des manœuvres dynamiques.

Artériographie

L'artériographie préopératoire est indispensable. Elle permet d'affirmer le syndrome d'artère poplitée piégée, de dépister une éventuelle atteinte controlatérale latente cliniquement, d'éliminer les autres causes de pathologie de l'artère poplitée : athérome, kyste adventiciel, embolie, maladie de Buerger. Enfin, elle permet d'apprécier l'étendue des lésions et l'état des axes sus-et sous-jacents.
L'artériographie est faite de façon bilatérale par ponction fémorale au triangle de Scarpa. Elle est réalisée avec des incidences de face et de profil, le sujet en position indifférente, et lors de manœuvres dynamiques (fig. 36.13a et b).
L'artériographie, réalisée sur table conventionnelle ou en numérisation, permet de révéler les signes suivants :

- déviation artérielle interne, quasi pathognomonique d'une anomalie de trajet artériel ;
- sténose de l'artère poplitée : typiquement, elle est décrite comme une sténose en sablier dont les deux pointes ne sont pas strictement juxtaposées sur l'incidence de face, la pointe inférieure étant légèrement décalée en haut et en dehors du fait de l'angulation de l'artère. Cette sténose située au-dessus de l'interligne sur l'artère poplitée haute ou moyenne, est longue de 1 à 5 cm ; certains auteurs l'ont comparée à un bec de flûte.

D'autres aspects ont été décrits : sténose régulière par compression extrinsèque, sténose en sablier à pointe en regard, sténose siégeant sur l'artère poplitée basse par compression par l'anneau du soléaire. Une oblitération segmentaire totale est plus difficile à rattacher au diagnostic de piège poplité. Dilatation et anévrisme post-sténotiques sont évocateurs chez un sujet jeune.

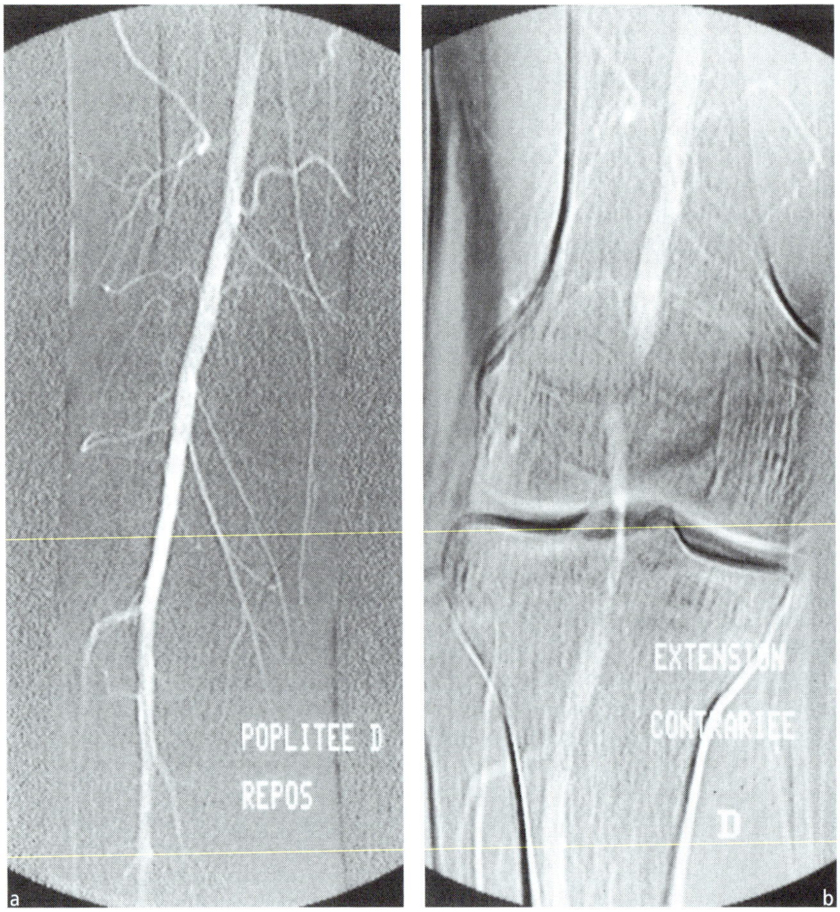

Fig. 36.13a. Artériographie de l'artère poplitée, membre inférieur en position indifférente. b. Empreinte sur l'artère poplitée due à la compression musculaire. Le cliché est pris en extension contrariée du pied.

Lorsqu'il existe une artère poplitée piégée fonctionnelle due à une hypertrophie des muscles du creux poplité, il a été décrit une image évocatrice par *turnipseed* : il y a un déplacement latéral de l'artère poplitée contre le condyle latéral du fémur et la partie latérale de l'anneau du soléaire lorsque les clichés sont réalisés pied en flexion plantaire ou dorsale forcée.

Imagerie par résonance magnétique nucléaire et scanner

Ces deux examens, avec une préférence pour l'imagerie par résonance magnétique nucléaire, permettent de mettre en évidence les anomalies de trajet artériel et les anomalies musculaires d'insertion haute du jumeau interne ou de faisceaux numéraires émanant de ce muscle.
Ces examens peuvent être exécutés lors de manœuvres posturales. Ils sont particulièrement intéressants lorsqu'il existe une thrombose de l'artère poplitée, et permettent de rectifier le diagnostic.

Traitement

Le traitement ne peut être que *chirurgical;* il a deux objectifs :

– supprimer le piège par un geste musculaire ou vasculaire en cas d'oblitération artérielle ;
– restaurer un flux distal normal.

Deux voies d'abord sont possibles :

– la voie postérieure est la plus utilisée, le malade étant en décubitus ventral. Par une incision en baïonnette, elle donne une meilleure exposition des lésions et permet de confirmer le diagnostic. Elle a comme inconvénient d'être limitée dans son extension vers le haut et vers le bas. Elle est contre-indiquée dans les thromboses étendues de l'artère poplitée ;
– la voie d'abord interne : elle permet une extension facile vers le haut et vers le bas ; en revanche, elle expose difficilement la région du piège ou de la désaxation artérielle.

Lorsque le piège poplité est dû à une anomalie musculaire, le geste chirurgical réalise la section des éléments musculaires et tendineux dans les compressions d'origine musculaire, associée à une libération de l'artère de ses adhérences aux tissus de voisinage. Lorsque le piège poplité est dû à une anomalie de trajet de l'artère poplitée, il est fait un geste vasculaire de réaxation de l'artère poplitée par section artérielle et suture par simple anastomose termino-terminale.

Syndrome du soléaire

Ce syndrome correspond à une compression veineuse par l'arcade du soléaire. Il a été décrit par Servelle en 1962. Il s'agit d'une pathologie rare, parfois associée à un syndrome artériel. Cliniquement, elle se révèle par des signes veineux faits d'une cyanose du mollet, de la cheville et du pied lors de l'exercice sportif, associée à un œdème plus ou moins important et à une claudication veineuse d'effort faite d'une impression de tension douloureuse du mollet. Elle peut se compliquer d'une thrombose veineuse aiguë des veines poplitées et surales.
Le diagnostic est porté sur une phlébographie en position indifférente ou lors de manœuvres dynamiques.
Le traitement est chirurgical et consiste en une section de l'arcade du soléaire.

Kyste adventiciel artériel

Le kyste adventiciel artériel est une affection qui constitue une cause rare d'ischémie artérielle chronique des membres inférieurs. La localisation la plus fréquente est celle de

l'artère poplitée; d'autres localisations ont été décrites : artère fémorale, artère radiale, artère iliaque externe.
La première observation de kyste adventiciel poplité remonte à 1954 (Ejrup et Hiertonn). D'autres dénominations ont été données à l'affection :

- dégénérescence colloïdale de l'adventice;
- dégénérescence mucoïde : kyste mucoïde;
- dégénérescence kystique myxomateuse;
- bursite de l'artère poplitée.

Anatomopathologie

Aspect macroscopique

La lésion se présente sous la forme d'une tuméfaction oblongue de coloration foncée qui tranche avec celle de l'artère d'aspect kystique (fig. 36.14). Elle est longue de 2 à 3 cm, et le diamètre varie de 1,5 à 3 cm. Le siège se situe habituellement à la partie haute de l'artère poplitée sus-articulaire; elle peut être circonférentielle ou localisée à une face de l'artère, qui est souvent adhérente aux tissus avoisinants, et en particulier à la capsule articulaire. Dans quelques cas, il a été retrouvé une véritable communication avec l'articulation du genou. L'incision du kyste fait s'écouler une substance gélatineuse, épaisse, plus ou moins brunâtre, décrite comme une gelée de groseilles.

Aspect histologique

Le kyste se développe dans l'adventice de l'artère, et au niveau de la jonction média-adventice. La paroi du kyste est constituée d'un tissu fibreux, dense, fibrohyalin ou fibroélastique; la surface interne est faite de cellules aplaties, le reste de la paroi artérielle, média et adventice, est habituellement sain.

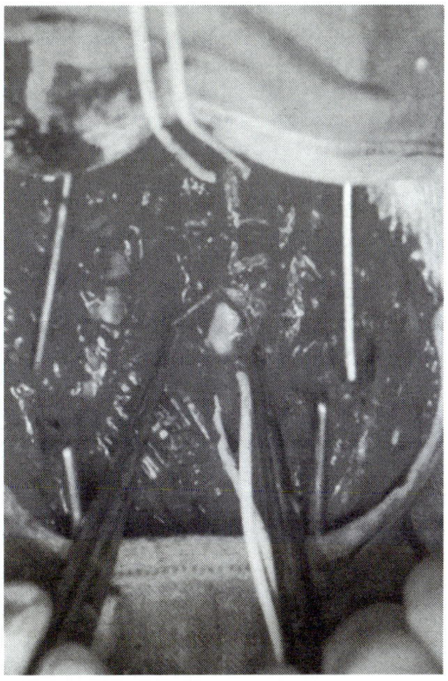

Fig. 36.14. Vue opératoire : le kyste adventiciel a été évacué, les berges sont écartées par deux pinces.

Étiopathogénie

L'hypothèse la plus vraisemblable de l'origine de l'affection est une origine congénitale. Lors du développement embryologique des vaisseaux, des cellules synoviales mucinosécrétantes se développeraient au sein de l'adventice artérielle. En faveur de cette étiologie plaident plusieurs observations où une communication entre le kyste et la synoviale articulaire du genou a pu être mise en évidence en peropératoire.

Circonstances de découverte

L'affection se révèle en règle générale chez un adulte jeune : l'âge moyen est environ de 43 ans, les extrêmes vont de 11 à 70 ans et 70 % des cas sont diagnostiqués entre 25 et 55 ans. L'affection est retrouvée le plus fréquemment chez l'homme (8 hommes pour 1 femme). Elle touche indifféremment le côté gauche ou le côté droit; elle est unilatérale, une seule forme bilatérale a été décrite. Les sujets le plus souvent exposés sont des sportifs : les coureurs cyclistes, les coureurs de fond.
Le tableau clinique est en règle générale stéréotypé et rappelle, au moins au début de l'évolution, une forme classique d'artériopathie chronique des membres inférieurs. La pathologie se révèle par une claudication intermittente serrée, de survenue brutale. Les douleurs nocturnes ou de décubitus sont exceptionnelles. L'évolution de la symptomatologie peut se faire sur un mode stable avec un périmètre de marche aux alentours de 200 à 300 m; parfois la diminution du périmètre de marche est rapide (de 20 à 50 m), et chez d'autres sujets, il existe des phases de rémission complète avec, entre les phases de claudication, récupération d'une autonomie de marche normale.

Examen clinique

En règle générale, l'inspection est normale. À la palpation, on ne perçoit pas habituellement de tuméfaction. À l'auscultation, il est possible d'entendre un souffle témoignant d'une sténose artérielle. Si la sténose est très serrée, les pouls distaux sont abolis.

Examens complémentaires

Le *Doppler continu* met en évidence un frein circulatoire poplité retrouvé lors des enregistrements sur l'artère tibiale postérieure, l'artère tibiale antérieure et l'artère péronière.
L'*échographie* permet le diagnostic du kyste poplité en montrant une image kystique développée au contact de la paroi artérielle. Elle met en évidence la sténose serrée de l'artère poplitée.
L'*IRM* et le *scanner* montrent également des images kystiques adhérentes à la paroi artérielle.
L'*artériographie* (fig. 36.15) est un temps essentiel au diagnostic. Elle permet le diagnostic de la lésion, et d'éliminer une autre étiologie de l'artère poplitée : athérome, embolie poplitée, thrombose athéromateuse, piège de l'artère poplitée. Elle est réalisée par ponction directe bilatérale des artères fémorales ou par méthode de Seldinger à partir d'une ponction fémorale au triangle de Scarpa controlatéral; elle est faite en mode standard ou en angiographie artérielle

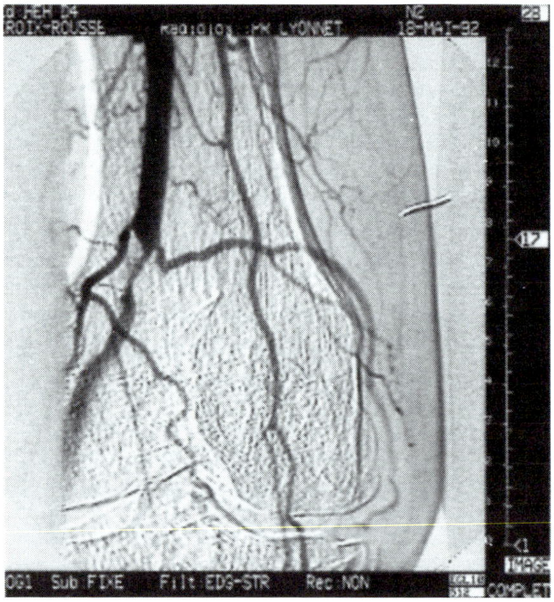

Fig. 36.15. Image artériographique d'un kyste adventiciel poplité montrant une sténose en verre de montre de l'artère poplitée.

numérisée. Les clichés sont pris en incidence de face et de profil. Deux types de lésion peuvent être mises en évidence :

- une sténose régulière en sablier, ou plus évocatrice en verre de montre selon que le kyste est ou non à développement circonférentiel ;
- une occlusion dans environ 1/3 des cas, dont la particularité est le manque de développement de circulation collatérale qui explique la sévérité du tableau clinique.

Traitement

Une ponction sous contrôle échographique ou scanner a pu être réalisée et faire l'évacuation du contenu du kyste avec disparition de la symptomatologie clinique.

Le traitement chirurgical est plus communément réalisé. Il consiste, par voie postérieure, à faire l'abord de la lésion. Dans les compressions simples, l'ouverture du kyste et l'évacuation de son contenu mucoïde peuvent permettre dans 80 % des cas une guérison définitive. La résection du segment artériel pathologique remplacé par un greffon veineux assure la guérison définitive de la pathologie.

Syndromes de loge

Les syndromes de loge touchent en pratique essentiellement la jambe, la loge antérieure étant beaucoup plus souvent touchée que la loge postérieure. Vogt décrit en 1943 une ischémie aiguë du compartiment tibial antérieur. L'appellation de syndrome de loge est due à Leach et Hammond en 1967. Whitsides en 1975 utilise une méthode pour la mesure des pressions dans les loge musculaires qui porte son nom et qui est actuellement encore utilisée.

Le syndrome de loge se définit comme une augmentation de la pression tissulaire dans les loges musculaires de jambe résultant d'une inadéquation entre le volume musculaire (contenu) et les cloisons ostéoaponévrotiques des loges (contenant) survenant lors de la pratique de l'effort musculaire. Cette hyperpression peut toucher les trois loges ostéoaponévrotiques de la jambe, qui sont peu extensibles : la loge antérieure et les deux loges postérieures (voir chapitre 71).

L'affection touche les adultes jeunes, en activité sportive. Tous les sports de fond peuvent exposer à la pathologie : la marche, la course, le vélo, la course automobile.

Étiopathogénie

Lors de l'effort musculaire, l'augmentation de volume des masses musculaires crée une augmentation de pression à l'intérieur des loges ; il s'ensuit une diminution de la perfusion capillaire avec apparition d'une ischémie neurologique dans les territoires du sciatique poplité externe et du sciatique poplité interne, puis une ischémie musculaire par arrêt de la perfusion tissulaire.

Circonstances de découverte

L'affection survient chez l'homme jeune sportif ; le côté droit est deux fois plus atteint que le côté gauche (voir chapitre 71).

La pathologie peut se révéler sur un mode chronique ou sur un mode aigu.

Mode chronique

La douleur est à type de crampes, localisées au niveau de la loge antérieure ou de la loge postérieure, obligeant l'athlète à arrêter son effort. Cette douleur persiste au repos pendant quelques minutes à quelques heures. Parfois la crampe est remplacée par une lourdeur, une impression de tension douloureuse des masses musculaires.

La symptomatologie s'aggrave avec la poursuite de l'entraînement sportif. Des périodes de repos prolongé font régresser la symptomatologie.

À l'examen clinique immédiatement après l'effort, les loges musculaires sont dures, contracturées ; la palpation met en évidence des muscles de bois, en regard la peau peut être rouge, luisante, chaude. La palpation des pouls aux membres inférieurs est normale, les pouls sont présents.

À un stade évolué, le tableau clinique pourrait se présenter comme un syndrome neurologique avec un steppage du pied (chute de la pointe du pied). Cette symptomatologie peut engendrer des chutes.

À l'examen clinique, il existe une hypoesthésie.

Forme aiguë

Lors d'un effort sportif ou immédiatement après celui-ci, le syndrome de loges peut se révéler par un tableau aigu fait d'une douleur violente, intense, siégeant au niveau des masses musculaires de la loge antérieure ou de la loge postérieure. Elle s'accompagne d'une hypoesthésie ou d'une anesthésie cutanée du pied et du 1/3 inférieur de jambe. Il existe une paralysie motrice, le sujet ne peut plus prendre appui sur son membre inférieur.

À l'examen clinique, il existe un état inflammatoire de la peau en regard des masses musculaires, les muscles de la jambe sont durs, tendus, il existe un œdème sous-cutané, le pied est insensible, la motricité du pied et des orteils est impossible.

Habituellement, la palpation des pouls périphériques est normale.

Ce tableau réalise une *urgence chirurgicale* sous peine d'une évolution vers la nécrose tissulaire, la décompression des loges musculaires au niveau de la jambe étant nécessaire.

Examens paracliniques

Dans les formes d'expression aiguë ou chronique, la prise de pression après effort dans les loges musculaires est l'examen clé du diagnostic. Elle a été décrite par Whitsides en 1975, et peut être réalisée par un appareillage simple. Une aiguille intramusculaire est placée à l'intérieur des différents compartiments musculaires afin d'enregistrer les variations de pression musculaire.

Dans la forme chronique, une première prise de pression en condition basale permet de noter la pression dans les loges musculaires. Chez un sujet sain, elle est de 6 à 10 mmHg; au repos, une pression de 15 à 20 mmHg est considérée comme pathologique.

Après effort sur tapis roulant, ou dans les syndromes aigus, la pression intramusculaire est considérée comme pathologique lorsqu'elle dépasse 30 mmHg. Au-delà de 50 mmHg, la pression est franchement pathologique. Dans les formes chroniques, après effort, la pression mesurée toutes les minutes reste supérieure à 30 mmHg pendant un temps prolongé.

Il a été reproché à la méthode de Whitsides de manquer de sensibilité. Actuellement, la pression peut être mesurée par un enregistreur de pression électronique miniaturisé appelé *Striker/Stick*.

Traitement

Le traitement est toujours chirurgical. Il consiste à faire la décompression par aponévrotomie des 4 loges de la jambe : loge antérieure, loge des péroniers, et les 2 loges postérieures superficielle et profonde.

Dans la forme aiguë, les aponévrotomies sont réalisées à ciel ouvert avec une ouverture cutanée et des aponévroses sur toute la longueur de la loge. Cette intervention est réalisée en urgence. Secondairement, il peut être indiqué de réaliser des excisions musculaires.

Chez ces patients, la réalisation d'une oxygénothérapie hyperbare permet de faire très rapidement la délimitation des masses musculaires dévitalisées et des masses musculaires saines. Dans la forme chronique, l'ouverture des 4 loges jambières peut être faite par des incisions aponévrotiques sous-cutanées, la peau n'étant simplement ouverte qu'à la limite supérieure de l'aponévrotomie.

Conclusion

Chez un sportif, la découverte d'une symptomatologie d'effort localisée au membre supérieur ou au membre inférieur et qui ne fait pas la preuve d'une affection musculaire, ligamentaire, articulaire, osseuse ou métabolique, doit faire évoquer une pathologie vasculaire.

L'apparition de douleurs au cours de l'exercice musculaire et leur disparition avec le repos sont hautement évocatrices d'une étiologie vasculaire.

L'examen Doppler continu au repos et après effort musculaire permet de mettre en évidence les modifications des vitesses circulatoires des pouls dans les territoires en souffrance. Une échographie, puis une artériographie permettent dans la plupart des cas de confirmer le diagnostic.

Le plus souvent, la découverte d'une pathologie vasculaire chez un sportif de haut niveau conduit à l'indication d'un traitement chirurgical.

Pour en savoir plus

Boscher Y, Lescalie F, Moreau P, Enon B, Chevalier JM, Pillet J. Thrombose artérielle poplitée sur ostéochondrome de l'extrémité supérieure du tibia. *J Chir* (Paris) 1984; 121 : 327-30.

Bouvat E, Saillant G, Roy-Camille R. Le syndrome d'ischémie musculaire d'effort. *Science et Sport* 1987; 2 : 37-8.

Chevalier JM, Megret A, L'Hoste P, Rousselet MC. Une pathologie du cycliste de haut niveau : l'endofibrose de l'artère iliaque externe. *EMC Instantanés médicaux* 1990; 6 : 35-8.

Chevalier JM. Les artériopathies du sport : l'endofibrose iliaque externe du cycliste de haut niveau. *In :* Rouffy J, Natali J, eds. *Artériopathie périphérique non athéromateuse*. Paris : Masson, 1991 : 445-54.

Chevalier JM, L'Hoste P, Bouvat E, Megret A, Saint-André JP, Ruault P. L'endofibrose artérielle du sportif de haut niveau : formes inhabituelles. *J Traum Sport* 1991; 8 : 176-81.

Épreuve d'effort et scintigraphie myocardique en cardiologie du sport

Sommaire

L'épreuve d'effort joue un rôle important dans l'évaluation des athlètes amateurs ou de compétition. Cette technique non invasive est particulièrement intéressante car elle permet d'évaluer des changements hémodynamiques et électrocardiographiques liés à l'exercice. La nature non invasive de l'épreuve d'effort rend également cette technique particulièrement intéressante pour l'évaluation d'un athlète connu pour une anomalie cardiovasculaire ou pour le dépistage d'une pathologie, notamment en cas de facteur de risque coronaire.

Réalisation technique et environnement

Les conditions de réalisation technique et de sécurité ont été publiées par les sociétés européennes et française de cardiologie [4, 9]. Il a ainsi été clairement précisé que ce type d'épreuve d'effort doit être conduite et interprétée par un cardiologue, qui est responsable du contrôle de qualité du laboratoire et de la sécurité du patient.

La préparation au test d'effort comprend notamment une vérification de l'absence de contre-indication clinique et électrocardiographique, d'autant plus importante que l'électrocardiogramme de repos des sportifs de haut niveau présente fréquemment de nombreuses atypies (rythme, repolarisation).

Il existe maintenant de nombreux enregistreurs d'excellente qualité permettant l'acquisition en temps réel et par moyennage des tracés durant l'effort, en limitant les artefacts dus à la respiration et la dégradation des tracés liée à la transpiration. Les systèmes à électrode non jetable par aspiration ont leurs partisans pour des raisons économiques et pratiques, mais les réactions sudorales importantes des sportifs réalisant des performances élevées exigent des électrodes de qualité et un rasage pas toujours bien accepté! L'interprétation automatique informatisée (point J, amplitude de l'onde R, pente et sous-décalage du segment ST, comptage d'arythmie, courbes de fréquence cardiaque...) en facilite l'interprétation. Un repérage constant des points de mesures (ligne de base de référence avant le QRS, point J à la fin du QRS et mesure de ST à 0,06 s plutôt que 0,08 s après J) au cours de l'épreuve ainsi que leur correction possible au cours du test sont souhaitables (fréquence des faux positifs liés à un PQ descendant associé à une déviation à gauche du repérage de la ligne de base).

Protocoles

Le test d'effort peut être réalisé sur ergocycle ou sur tapis roulant : c'est un ancien débat non tranché encore définitivement, car chaque appareil a ses avantages et ses inconvénients; pour les sportifs cependant, le tapis est préférable pour la détermination précise des capacités d'endurance, car la masse musculaire mise en jeu (et donc la $\dot{V}O_2$) est supérieure [10]. Le protocole de Bruce est le plus populaire et généralement le plus souvent utilisé chez les sportifs amateurs (les mesures de $\dot{V}O_2$ sont cependant imprécises au 4e palier selon qu'il est couru ou marché). La brutalité des changements de pente et de vitesse entre les 3e, 4e et 5e paliers rend la détermination du seuil ventilatoire souvent difficile pour les athlètes de très haut niveau; il est préférable d'augmenter plutôt la vitesse que la pente en fin d'effort (risque de lésion tendineuse). Dans un souci de mieux reproduire les conditions de terrain, il est logique sur tapis roulant de ne jouer que sur la vitesse en programmant une faible pente constante (1 à 2 %) simulant la résistance à l'air. Une dualité existe entre le souci d'uniformiser les protocoles et la nécessité de les adapter aux sportifs testés (niveau amateur, national ou international). Le test ne doit pas être trop long – 15 à 25 minutes – et doit durer d'autant plus longtemps que les sportifs sont âgés et endurants.

L'effort initial ne doit pas être trop brutal pour ne pas trop solliciter les systèmes anaérobies, ni trop faible pour les sportifs très endurants, ce qui allongerait le test. Certains font réaliser un échauffement préalable de quelques minutes; les incréments de charge soutenue à partir de 70 % de la charge maximale devraient théoriquement être plus progressifs pour une meilleure détermination des seuils aérobie et anaérobie.

Sur vélo, des seuils de 50 watts toutes les 2 à 3 minutes sont souvent utilisés pour les sportifs de haut niveau (performance supérieure à 350 watts).

En dehors des causes d'arrêt prématuré, le test est terminé quand le sportif atteint l'épuisement (et que la fréquence cardiaque atteinte rejoint la classique et imparfaite formule : 220 – âge) ; 2 à 3 minutes supplémentaires de marche ou de pédalage au 1er palier permettent d'éviter les malaises vagaux post-effort et d'enregistrer d'éventuelles anomalies électrocardiographiques ne survenant qu'en récupération.

La mesure directe de la $\dot{V}O_2$ empêche le dialogue avec le sujet, altère quelque peu la performance et n'est donc pas toujours recommandée dans le cadre du dépistage d'une anomalie cardiovasculaire. Elle est en revanche indispensable pour le suivi des sportifs de haut niveau (aptitude, programmation des entraînements…).

Interprétation

La performance accomplie témoigne de la capacité fonctionnelle des patients et des capacités d'endurance des sportifs; que la $\dot{V}O_2$ max atteinte en fin d'effort soit mesurée ou estimée, elle est largement dépendante des capacités cardiovasculaires mais ne reflète qu'une étape de transmission entre la captation pulmonaire et l'extraction périphérique musculaire de l'oxygène. Si les niveaux de ventilation globale en fin d'effort restent inférieurs aux capacités de ventilation maximale volontaire (l'étape pulmonaire n'est jamais limitante chez le sujet normal), les capacités d'extraction sont très variables tant chez les malades déconditionnés que chez les sportifs.

La $\dot{V}O_2$ max peut être estimée selon l'âge, le sexe, la performance (et le poids sur tapis roulant). Cependant, seule sa mesure directe permet une réelle appréciation des capacités d'endurance, ainsi que la détermination précise des seuils ventilatoires, selon les critères de Wasserman ou de Beaver, pour programmer correctement les fréquences cardiaques d'entraînement [10].

La montée tensionnelle systolique à l'effort est fonction du débit qui augmente et des résistances périphériques qui diminuent globalement – vasodilatation des territoires musculaires en activité, contrastant avec la vasoconstriction des autres territoires par activation sympathique : une montée inadéquate ou une chute tensionnelle en fin d'effort témoignent d'un obstacle éjectionnel ou d'un défaut de la contractilité myocardique primitive ou plus souvent ischémique. À l'inverse, des HTA uniquement d'effort peuvent se démasquer, portant le plus souvent sur la minima en cas d'excès pondéral. Chez le sujet sain au système artériel très compliant, il est fréquent de ne pouvoir fixer correctement la tension artérielle diastolique (bruits perçus jusqu'au zéro). Les systèmes de mesure automatique de tension artérielle restent imparfaits pour des efforts importants. Des abaques de normalité ont été décrits selon l'âge et le sexe [3].

Une bradycardie d'effort excessive peut témoigner d'une prise médicamenteuse (bêtabloquants), plus rarement d'une maladie du sinus ou d'une forme particulière de coronaropathie droite (mais elle est alors rarement silencieuse sur l'électrocardiogramme ou la clinique, par ailleurs).

Les sujets plus jeunes et plus émotifs ont souvent une fréquence cardiaque avant l'effort plus élevée, mais qu'ils compensent par une moindre augmentation de celle-ci au cours de l'effort dans les premiers paliers, à l'inverse des sujets déconditionnés ou souffrant d'asthénie neurocirculatoire. Chez les athlètes de haut niveau pratiquant un entraînement et un sport à composante d'endurance prépondérante, les bradycardies observées au repos strict, notamment sur les enregistrements Holter, sont parfois très marquées mais disparaissent très rapidement, témoignant de la levée précoce du frein vagal.

Il existe une relation linéaire entre la consommation maximale d'oxygène et la fréquence cardiaque au cours de l'effort (sauf dans sa partie initiale et surtout terminale). La fréquence cardiaque atteinte à l'effort sous-maximal et maximal diminue avec l'âge, mais les coefficients de corrélation entre l'âge et la fréquence cardiaque maximale sont médiocres; la valeur maximale théorique de 220 – âge ou 210 – (0,65 × âge) est très grossière; certains sportifs atteignent des fréquences sinusales (avec une morphologie des ondes P similaire tout au long du test) supérieures à 210 b/min; à l'inverse, certains sportifs – tout au moins en laboratoire – ne peuvent dépasser une fréquence cardiaque de 175 b/min malgré un plateau de la $\dot{V}O_2$ atteint en fin d'effort. Le (relatif) changement de pente (relation FC – $\dot{V}O_2$) de la fréquence cardiaque dans les dernières minutes du test d'effort a été utilisé comme témoin du seuil anaérobie; cette méthode est cependant contestée.

Modifications électrocardiographiques du sportif au cours de l'effort

L'amplitude de l'onde P tend à augmenter significativement, notamment en dérivations inférieures, favorisée par une rotation axiale droite de l'axe électrique (fig. 37.1).

Le segment PR se raccourcit avec une pente parfois très descendante dans les dérivations inférieures. Les blocs de 1er ou 2e degré, fréquents chez les sportifs d'endurance, disparaissent dès les premières minutes de l'effort.

L'onde Q est souvent plus ample au repos chez les sportifs, et tend à augmenter encore à l'effort. L'onde R augmente parfois légèrement au début de l'effort, puis diminue progressivement; à l'inverse, l'onde S devient plus profonde et négative.

Le point J, qui marque la fin du complexe d'activation ventriculaire, n'est pas toujours d'identification évidente en fin d'effort; il tend à s'abaisser au cours de celui-ci et lors de la récupération immédiate. Les légères surélévations du point J et du segment ST (syndrome de repolarisation précoce) sont fréquentes au repos chez les sportifs et tendent à rejoindre la ligne isoélectrique en fin d'effort.

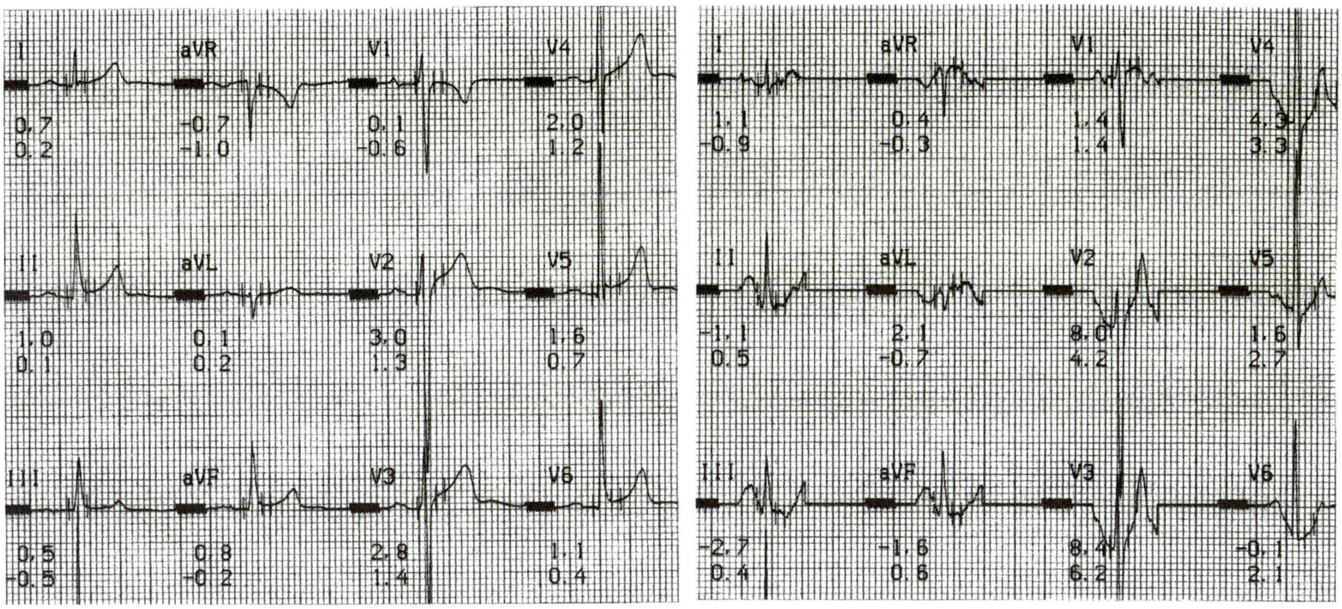

Fig. 37.1. Exemples de décalage ST en inférieur. PQ descendant.

Le segment ST doit être d'autant plus ascendant que le point J est abaissé en fin d'effort; sa position par rapport à la ligne de base est mesurée classiquement 60 à 80 ms après le point J et doit être inférieur à 1 mm. Un sous-décalage isolé dans les dérivations inférieures n'a cependant aucune signification pathologique; il est généralement associé à un segment PQ très descendant (fig. 37.1). En revanche, un sous-décalage apparaissant en récupération post-effort, notamment dans les dérivations antérolatérales, est généralement pathologique.

L'onde T subit des variations extrêmement importantes et pose des problèmes d'interprétation parfois délicats. En cas d'ECG de repos normal, l'amplitude tend le plus souvent à diminuer légèrement; mais chez les sportifs de très haut niveau (et uniquement chez ceux-là), des modifications de la repolarisation parfois impressionnantes peuvent apparaître sur les ECG de repos, pouvant évoquer des pathologies cardiaques sévères! Aussi l'évolution à l'effort est importante à connaître, afin d'innocenter un simple « ECG de sportif » et ne pas méconnaître une coronaropathie silencieuse ou une cardiomyopathie hypertrophique : les ondes T négatives, diphasiques ou biphasiques, reprennent habituellement une morphologie proche de la normale. Malheureusement, une telle normalisation peut s'observer également en pathologie; la correction des troubles de la repolarisation doit donc être exigée sans rassurer définitivement.

Le coup de frein vagal après effort peut être responsable d'un bloc sino-auriculaire ou d'ondes P bloquées. Des ESV isolées sont rares, mais possibles; un ou deux doublets en fin d'effort maximal ou lors de la récupération ne sont pas toujours pathologiques, quand il n'existe pas d'ischémie associée. Des ESV même rares de plus de deux morphologies différentes sont suspectes.

Indications du test en cardiologie du sport

On peut schématiquement distinguer trois types d'indications.

Pour la planification d'un entraînement, le suivi régulier d'un sportif de haut niveau ou une détermination de la capacité d'effort, ces tests sont le plus souvent couplés à une détermination directe des échanges gazeux respiratoires dont les cinétiques de $\dot{V}O_2$ aux différents seuils, à l'effort maximal et en récupération, répondent aux objectifs précités.

Devant la découverte d'une anomalie électrocardiographique de repos suspecte, d'une anomalie d'auscultation, d'une tension artérielle de repos anormale ou d'une pathologie cardiovasculaire familiale, le test d'effort précise la pathologie suspectée ou rassure quant à la bénignité de l'anomalie détectée et concourt à la décision d'autorisation ou de limitation de l'activité sportive souhaitée. Ainsi la découverte fortuite d'une préexcitation sur un électrocardiogramme de repos qui disparaît brutalement (d'un battement à l'autre, signant une période réfractaire courte de la préexcitation) au cours de l'effort permet d'autoriser le sport sans exploration invasive complémentaire. Des chiffres tensionnels limites au repos mais avec un profil tensionnel d'effort normal sont également rassurants (HTA labile du sujet jeune...). Des troubles rythmiques révélés par un test d'effort ne sont pas exceptionnels chez des athlètes plus âgés au long passé d'endurance [6].

Le test d'effort de dépistage a des indications plus discutées [1, 8]; il doit en effet être ciblé sur des populations à risque de pathologie et d'événements cardiovasculaires suffisamment élevés pour justifier sa réalisation à large échelle et surtout avec une spécificité suffisamment élevée pour ne pas engendrer une cascade d'examens complémentaires inutiles et coûteux. Les limites pronostiques du test d'effort sont également bien établies : si un test prédit bien la survenue d'un angor en cas de sous-décalage, il prédit mal l'infarctus ou la mort subite car ces derniers sont le plus souvent liés à la rupture brutale d'une plaque modérée, sans retentissement préalable sur la perfusion myocardique (et donc sans ischémie électrique décelable).

Avant 40 ans, les pathologies les plus fréquemment susceptibles de provoquer des accidents cardiovasculaires graves (myocardiopathie hypertrophique, dysplasie arythmogène, syndrome de Brugada...) ne relèvent pas d'un dépistage incluant le test d'effort systématique. L'indication de dépistage idéal concerne la pathologie coronaire, dont la prévalence augmente suffisamment après 40 ans pour justifier dans certaines populations cumulant les facteurs de risque une indication systématique avant activité physique. On peut ainsi estimer que chez des sujets de moins de 40 ans, il faudrait réaliser plus de 200 000 épreuves d'effort pour trouver un patient qui présentera une mort subite d'origine coronarienne à l'effort. Ainsi, un test d'effort systématique n'apparaît utile qu'après 40 ans (à renouveler ensuite tous les 5 ans environ) pour les patients asymptomatiques poursuivant ou reprenant une activité sportive. L'interprétation de l'électrocardiogramme d'effort doit, en effet, intégrer le contexte clinique (patients asymptomatiques ou présentant des douleurs même atypiques), l'importance des facteurs de risque (tabac, cholestérol, HTA, diabète, antécédent familial...), l'âge et le sexe.

Le critère anormal le plus sensible reste la recherche d'un classique sous-décalage du segment ST, qui aura d'autant plus de valeur qu'il est important, que sa pente est négative, qu'il apparaît tôt dans l'effort (ou pour un double produit : fréquence cardiaque × tension artérielle systolique faible) et que sa correction après effort est tardive. Mais en fonction des arguments de prévalence précités, un sous-décalage descendant de – 1 mm chez un fumeur de 40 ans est beaucoup plus suspect qu'un sous-décalage, même très important, chez un sportif de 30 ans sans facteur de risque (fig. 37.2). D'autres critères électrocardiographiques de positivité du test d'effort ont été rapportés : la plupart ne sont que qualitatifs mais permettent de différencier les faux et les vrais positifs ; ainsi en faveur d'un sous-décalage de ST probablement lié à une pathologie coronarienne plaident la diminution associée d'une onde Q septale, une augmentation de l'onde R, une inversion de l'onde U, des modifications spécifiques du ST en dérivations V1, V4R, la pente élevée du rapport ST sur fréquence cardiaque... La meilleure preuve de l'origine ischémique du sous-décalage de ST consiste à refaire le test d'effort après prise de TNT sublinguale (qui corrigera et/ou retardera les anomalies de ST quand elles sont d'origine coronarienne) (tableau 37.I).

Tab. 37.I. Conduite à tenir en cas de sous-décalage du segment ST ≥ 1 mm à l'effort chez un sportif.

Interprétation bayésienne (prévalence prétest selon symptômes, âge, facteurs de risque)
Analyse des autres critères électrocardiographiques
Test à la TNT
Échocardiographie (hypertrophie pariétale ?)
Test isotopique ou échocardiographique de stress

Malheureusement, l'incidence d'un sous-décalage de ST à l'effort chez les sportifs de haut niveau est très élevée (voisine de 10 %), notamment sur tapis [7]. L'explication physiopathologique reste encore inconnue, bien qu'une anomalie de la cinétique des acides gras soit suspectée et sans qu'un rapport évident n'apparaisse avec l'importance de l'hypertrophie pariétale physiologique observée chez ces sportifs le plus souvent d'endurance.

Examens isotopiques en cardiologie du sport

Les isotopes, qu'ils permettent d'explorer la perfusion myocardique (thallium, MIBI, ou acides gras marqués) ou la cinétique pariétale ventriculaire droite ou gauche au repos et à l'effort, sont toujours des examens de deuxième intention, dont l'indication est parfois justifiée par la suspicion ou l'évaluation d'une pathologie. L'indication la plus fréquente concerne la recherche d'une coronaropathie, après la réalisation d'une épreuve d'effort ambiguë ou douteuse (un test

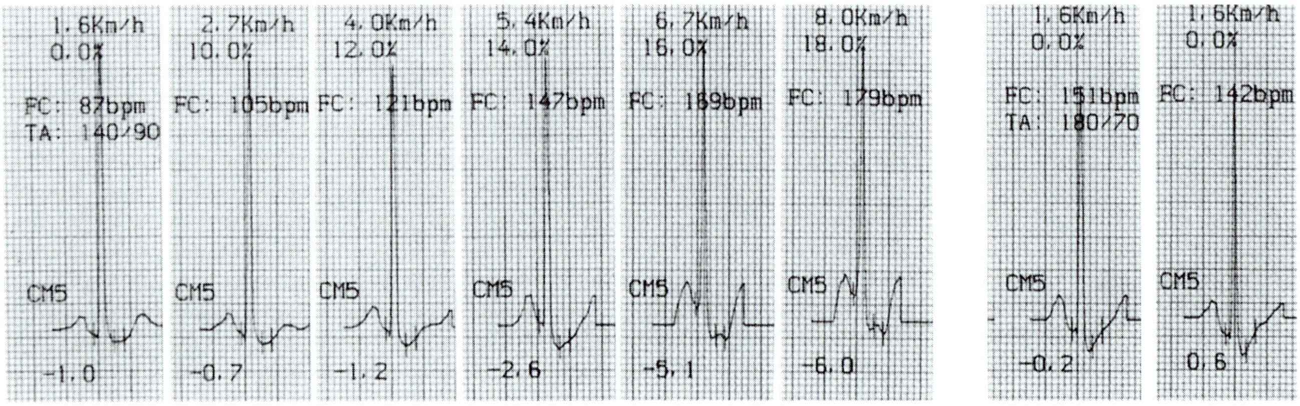

Fig. 37.2. Exemples de sous-décalges ST à l'effort.

d'effort à l'évidence pathologique impose la réalisation d'emblée d'une coronarographie). Ces cas de figures sont malheureusement fréquents en cas de performance élevée au test d'effort, surtout s'il est réalisé sur tapis roulant, malgré une réserve de dilatation coronaire à l'effort très élevée chez les athlètes [5]; concurrencés de plus en plus par les échocardiogrammes de stress, les isotopes d'effort permettent cependant d'éviter le plus souvent une coronarographie diagnostique inutile, de rassurer le sportif... et son cardiologue.
Les faux positifs des explorations isotopiques sont devenus exceptionnels [2] depuis la généralisation des techniques tomographiques, et l'élimination des artefacts diaphragmatiques (faux défect inférieur) en positionnant notamment les patients à plat ventre sous la caméra. Les quelques faux positifs résiduels (défect réversible localisé avec réseau coronaire normal) sont de pronostic favorable et autorisent toute activité sportive.
Les tests au technétium appréciant la cinétique pariétale segmentaire et globale ont des indications plus restreintes et précises : recherche d'une dysplasie ventriculaire droite par technique de *first-pass* ventriculaire droite, évaluation de la cinétique et des volumes ventriculaires gauches en cas de valvulopathie fuyante modérée, notamment aortique. Une dysfonction ventriculaire gauche d'effort, souvent parallèle à une augmentation du volume télésystolique de fin d'effort, est ainsi souvent démasquée par cet examen et peut conduire à une limitation de l'activité sportive, devenue délétère.

Conclusion

Le test d'effort, même chez le sportif, est un test médical qui doit être pratiqué par un médecin ou en sa présence et toujours sous sa responsabilité. Les sportifs de haut niveau ou à volume d'entraînement important et ancien présentent quelques particularités électrocardiographiques qu'il faut toujours intégrer en fonction du contexte clinique et de la prévalence prétest pour la maladie coronaire. Dans quelques cas litigieux, le recours aux examens isotopiques d'effort est parfois nécessaire... et souvent suffisant!

Bibliographie

[1] American Heart Association. Cardiovascular preparticipation screening of competitive athletes. *Circulation* 1996; 94 : 850-6.

[2] Bouvier F *et al.* High incidence of scintigraphic myocardial uptake defects at rest and during exercise in male. *Heart* 1997; 77 : 252-5.

[3] Douard H *et al.* Profils tensionnels normaux à l'effort selon l'âge, le sexe et les protocoles. *Arch Mal Cœur* 1994; 87 : 311-8.

[4] Guidelines for cardiac exercise testing. *Eur Heart J* 1992; 14 : 969-88.

[5] Haskell WL *et al.* Coronary artery size and dilating capacity in ultra distance runners. *Circulation* 1993; 87 : 1076-82.

[6] Jensen Urstad K *et al.* High prevalence of arrythmias in elderly male athletes with a life long history of regular strenuous exercise. *Heart* 1998; 79 : 161-4.

[7] Katzel LI *et al.* Exercise-induced silent myocardial ischemia in master athletes. *Am J Cardiol* 1998; 81 : 261-5.

[8] Maron BJ, Mitchell JH. 26th Bethesda Conference – Recommendations for determining eligibility for competition in athletes with cardiovascular abnormalities. *J Am Coll Cardiol* 1994; 24 : 845-99.

[9] Recommandations de la Société française de cardiologie concernant la pratique des épreuves d'effort chez l'adulte en cardiologie. *Arch Mal Cœur* 1998; 1 : 35-49.

[10] Wasserman K. *Principles of exercise testing and interpretation.* Philadelphia : Lea et Febinger, 1987.

Apport de l'enregistrement électrocardiographique continu (Holter cardiaque)

Sommaire

La technique d'enregistrement ambulatoire de l'ECG ou méthode de Holter est un examen de routine en cardiologie. Il permet de recueillir puis d'analyser plusieurs dérivations électrocardiographiques lors des activités quotidiennes du patient. Il prend donc toute sa dimension lors des activités physiques et sportives. Les progrès de la technologie permettent des enregistrements dans presque toutes les circonstances d'entraînement ou de pratique sportive. Enregistrer l'ECG de l'homme en mouvement et en récupération constitue un outil précieux en médecine du sport. Le Holter en situation permet de réunir les ingrédients de survenue de symptômes : type d'effort, vent, stress, compétition, ou de troubles du rythme : variation brutale de la balance vagosympathique, situation d'ischémie myocardique latente, déshydratation relative avec perturbations ioniques, acidose métabolique, variations de température corporelle.

Particularités de pose chez le sportif

Les conditions d'enregistrement, comportant obligatoirement un entraînement, obligent au scrupuleux respect de la « chaîne de pose » pour réussir l'enregistrement Holter.

La pose des électrodes est faite de façon très soignée : rasage, préparation de la peau, recherche des repères osseux, immobilisation des électrodes et des câbles avec de larges bandes d'adhésif hypoallergisant. Enfin, un morceau de *Surgifix* peut être enfilé comme un maillot, cela favorisant le maintien de l'ensemble des éléments de recueil, même si la sueur en décolle une partie.

Le nombre (3, 5 voire 12 sur les derniers modèles) et le choix des dérivations varie selon le type d'enregistreur utilisé. Le port de l'enregistreur se fait de la façon la plus confortable pour le sportif (fig. 38.1), dans une poche dorsale du maillot pour le cycliste ou dans une « banane » portée au niveau des reins pour le *jogger* ou pour le *tennisman*, par exemple. Un nouveau conditionnement est à l'étude pour l'enregistrement en plongée. En revanche, les sports avec contact ne permettent pas le port du Holter en compétition. L'entraînement doit être codifié et comporter les différents types d'efforts pratiqués habituellement.

La feuille de route, minutieusement remplie avec des horaires concordants (montre de l'enregistreur-montre du sujet) est comme toujours capitale pour l'interprétation des données.

Différents types de représentation des données

Les enregistreurs numériques avec stockage sur mémoire de masse ont remplacé ceux à cassette. La qualité du recueil du signal reste cependant fondamentale, les artéfacts perturbant et allongeant considérablement l'analyse.

L'analyse de l'enregistrement est réalisée *a posteriori*. Elle comprend deux phases, un traitement informatique qui classe les complexes, suivi d'une validation par le cardiologue. Les résultats sont généralement présentés sous deux

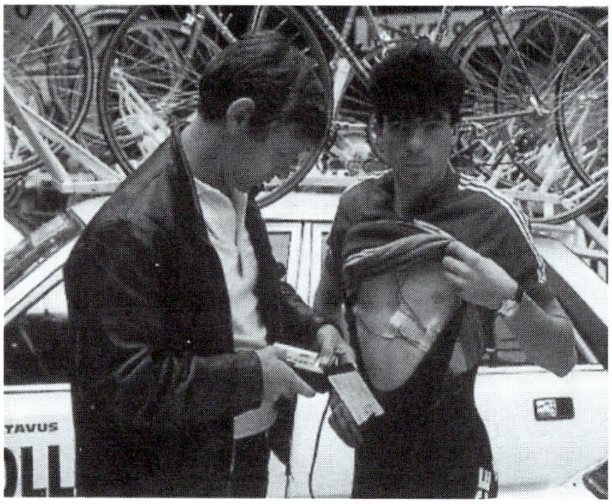

Fig. 38.1. Port de l'enregistreur Holter chez un cycliste professionnel.

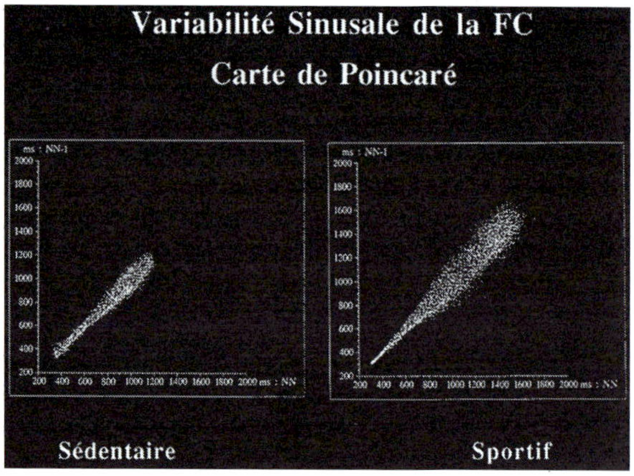

Fig. 38.2. Diagramme de la variabilité sinusale (carte de Poincaré) chez un sédentaire et un endurant.

formes. D'une part des tracés électrocardiographiques choisis, éventuellement complétés par un « ECG compressé » de la totalité du tracé de 24 heures sur papier, sur une ou plusieurs dérivations. Cela permet d'avoir une vue complète de l'évolution électrocardiographique du sujet pendant les différentes périodes de la journée et en particulier lors de l'effort et de sa récupération. Il constitue par ailleurs un document médicolégal à conserver en cas de litige possible sur la décision de non-contre-indication à la pratique d'un sport. D'autre part, sous forme d'histogrammes des intervalles RR, qui peuvent être construits « à la carte » et permettent une étude fine des variations de RR avant un événement rythmique.

De plus, avec les nouveaux logiciels de traitement, l'analyse d'autres paramètres est actuellement accessible, comme l'étude de la variabilité sinusale de la fréquence cardiaque et de la dynamique de l'intervalle QT. La variabilité de la fréquence cardiaque, qui reflète la réponse du nœud sinusal aux stimulations permanentes du système nerveux autonome, est augmentée chez le sportif (fig. 38.2).

Caractéristiques du Holter chez le sportif de haut niveau

Les particularités électrocardiographiques du sportif, en particulier de type endurant, sont bien décrites. Dans le cadre d'une meilleure connaissance du cœur du sportif, il a paru logique de voir ce que devenaient ces atypies en dynamique par la méthode du Holter sur 24 heures. Différentes études ont ainsi été pratiquées selon des méthodologies très variables, avec parfois des comparaisons à un groupe contrôle. Leurs résultats montrent que les « curiosités » rythmiques ou de conduction parfois notées chez les sédentaires étaient plus marquées et observées plus fréquemment chez les spécialistes d'endurance et de discipline mixtes (tableau 38.I). C'est donc en termes de prévalence que la distribution entre « normal » et pathologique peut être approchée ; enfin la valeur pronostique de ces particularités reste mal précisée.

Tab. 38.I. Comparaison des données relevées sur des Holter obtenues chez des sédentaires et des sportifs de haut niveau.

	Brodsky *et al.* Sédentaires sains	**Étude personnelle Cyclistes professionnels**	**Viitasalo *et al.* Coureurs à pied**	**Zakyntinos *et al.* Water-polo**
Âge (ans)	23-30	22-23	19-27	21-27
FC nocturne [SD] (b/min)	43 [5]	37,1 [5]	37,4 [4]	40 [1]
FC extrêmes (b/min)	33-55	24-46	24-48	–
Pauses sinusales (%)	4	28	37	39
Pauses sinusales : durée maximale (ms)	2 060	2 200	2 760	2 500
BAV premier degré (%)	8	28	37	17
BAV Mobitz 1 (%)	6	28	23	0
BAV Mobitz 2 (%)	0	0	8	6

Ces particularités du rythme et de la conduction du sportif sont essentiellement expliquées par la modification de la balance autonomique, avec augmentation du tonus vagal et baisse du sympathique. Elles sont observées en périodes de repos et nocturnes et doivent disparaître à l'effort.

Fréquence cardiaque

Un point technique explique les variations de résultats obtenues dans les différentes études car la moyenne peut se faire sur 3, 8, ou 16 battements, voire sur une minute, incluant ou non des anomalies de conduction sinoatriale ou atrioventriculaire. Bien souvent, les auteurs ne précisent pas la méthode de mesure.

Les différentes courbes de fréquence cardiaque sont homogènes, parallèles au profil du sujet sédentaire, avec une baisse en période nocturne de 10 à 15 b/min par rapport à la période diurne (fig. 38.3). Comme chez le sédentaire, la fréquence cardiaque minimale se retrouve dans la deuxième période du sommeil, période vagale classiquement maximale.

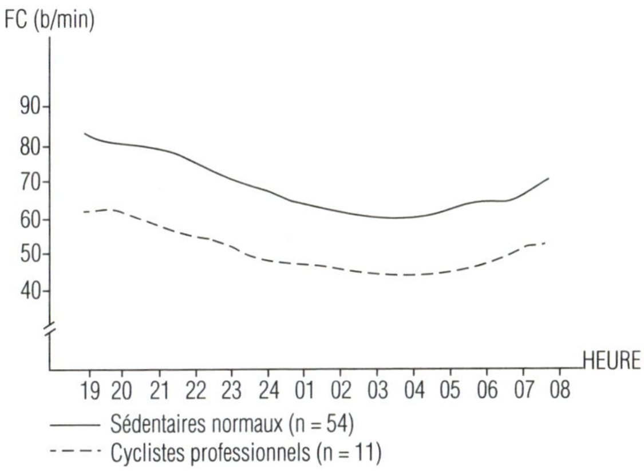

Fig. 38.3. Comparaison de l'évolution de la fréquence cardiaque en période nocturne chez des sédentaires et chez des cyclistes professionnels (fréquences cardiaques moyennes horaires).

Certaines études ont inclus une période d'entraînement lors de l'enregistrement, ce qui permet de vérifier la bonne adaptabilité de la fréquence cardiaque et l'absence d'insuffisance chronotrope.

Pauses sinusales

Les auteurs s'accordent plus ou moins sur la définition de la pause en électrocardiographie, tant sur le plan qualitatif que sur le plan quantitatif. La référence généralement admise est celle de Brodsky, définissant une pause comme un intervalle RR prolongé d'origine sinusale (excluant les pauses postextrasystoliques et par bloc auriculoventriculaire). La durée de la pause ne fait pas non plus l'unanimité, certains auteurs considérant toute pause comme suspecte à partir de 1 750 ms, d'autres à partir de 2 000 à 2 500 ms.

Les caractéristiques des pauses sinusales observées chez le sportif sont identiques à celles du sédentaire. Les pauses les plus longues sur le Holter sont observées en période nocturne et le plus souvent entre 1 h et 6 h du matin. Elles surviennent après une accélération brève de la fréquence sur quelques battements, suivie d'un « coup de frein » brutal sur 1 à 3 cycles qui induit un retard sinoatrial; ensuite, un retour progressif au rythme moyen intervient. La relation entre les différentes phases du sommeil et le tonus vagal est parfois évoquée pour expliquer ces variations brutales du rythme sinusal. La durée de ces pauses sinusales doit être analysée en tenant compte de l'âge du groupe des patients, des cycles moyens du rythme de base et du niveau d'entraînement. Selon les données de la littérature, la limite supérieure de normalité chez le sportif peut être fixée à 3 000 ms.

Conduction atrioventriculaire

La conduction atrioventriculaire est sensible à de multiples facteurs : balance autonomique, variation de la température, effets de certains médicaments. Par ailleurs, à fréquence cardiaque égale, l'intervalle PR est un peu plus long la nuit que le jour.

L'analyse de 5 études regroupant 143 sujets de même niveau de pratique sportive retrouve 35 (25 %) blocs auriculoventriculaires du premier degré (allongement de l'intervalle PR > 200 ms), 21 (14 %) du deuxième degré de type Mobitz 1 (période de Lucciani-Wenckebach) et seulement 5 (3,4 %) de type Mobitz 2 (onde P bloquée brutalement sans allongement significatif de l'intervalle PR). Les blocs de type Mobitz 1 sont quasiment toujours retrouvés chez ceux qui ont le PR le plus long à l'état basal (fig. 38.4).

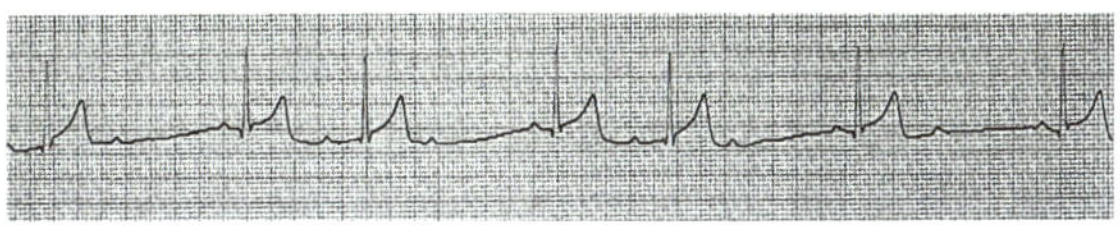

Fig. 38.4. Trouble de la conduction atrioventriculaire en période diurne. Bloc auriculoventriculaire de 2e degré type Mobitz 1.

Le plus souvent, ces troubles de la conduction sont notés en période nocturne mais parfois aussi en période diurne. Ils sont plus fréquents et marqués chez les sportifs jeunes. Pour l'ensemble des auteurs, l'importance de l'allongement de l'intervalle PR est liée à la quantité d'entraînement de type endurance mais pas aux performances du sujet. Ces variations de la conduction atrioventriculaire sont parfaitement réversibles lors du désentraînement.

Troubles du rythme auriculaire

Extrasystoles auriculaires isolées

La présence d'au moins une extrasystole atriale (ESA) lors d'un enregistrement Holter est observée chez 57 % des 274 sportifs explorés par 8 études distinctes. En revanche, rares sont les observations rapportant plus de 20 ESA isolées par 24 heures. Cela est assez proche des résultats retrouvés chez le sédentaire entre 20 et 40 ans, pour qui le nombre de 10 à 20 ESA par 24 heures est retenu. De plus, ces phénomènes ectopiques atriaux doivent être corrélés à leur fréquence sinusale de survenue. En effet, les rythmes lents favorisent l'éclosion de rythmes ectopiques. La présence de quelques extrasystoles atriales isolées par 24 heures, en particulier non liées aux fréquences rapides, semble donc tout à fait « normale » chez le sportif.

Arythmies atriales complexes

Il peut s'agir d'ESA multifocales, de bigéminisme et/ou de phénomènes répétitifs comme les doublets, triplets ou salves brèves (fig. 38.5). Elles ne sont pas plus fréquentes chez les sportifs (5,4 % dans les 8 études précédentes) que chez les sédentaires. Des lambeaux de tachycardie atriale et de courts épisodes d'arythmie complète par fibrillation atriale ont été exceptionnellement observés comme dans les études de Pantano et de Zakynthinos. L'observation de ces arythmies atriales complexes, surtout si elles sont en rapport avec l'effort ou la récupération, impose un bilan cardiologique avec un éventuel « réaménagement » de l'entraînement.

Troubles du rythme ventriculaire

Les différences méthodologiques des études publiées, âge et niveau différents des sportifs, examen échocardiographique préalable, durée de l'enregistrement incluant ou non un entraînement, présence ou non d'un groupe témoin, expliquent pour une large part les relatives discordances de leurs résultats.

Extrasystoles ventriculaires isolées

Au moins une extrasystole ventriculaire est retrouvée chez 50,3 % des 324 sportifs étudiés dans 9 études distinctes (fig. 38.6).

La plupart des auteurs utilisent la classification de Lown, dont l'aspect qualitatif dominant est un peu contraignant, en particulier chez le sportif. Dans les 8 études regroupant 304 sujets qui ont choisi cette classification, 49 % des sportifs présentent au moins une extrasystole ventriculaire. Des extrasystoles ventriculaires de faible grade (grade 1 ou 2) sont retrouvées chez 24 % du groupe total et chez 48,9 % des sportifs présentant au moins une extrasystole ventriculaire. Leur nombre par 24 heures est très limité, en règle inférieur à 100.

Le rôle favorisant de l'exercice physique dans la survenue de cette arythmie est un autre marqueur de gravité, en particulier chez le sportif (fig. 38.7). Ainsi, dans les 4 études ayant inclus dans la période d'enregistrement un entraînement ou une compétition, l'extrasystolie ventriculaire ne s'aggrave pas significativement lors de ces périodes.

Même si l'étude de Palatini retrouve une fréquence accrue des ESV chez les sportifs par rapport aux sédentaires, pour

Fig. 38.5. Extrasystoles atriales complexes.

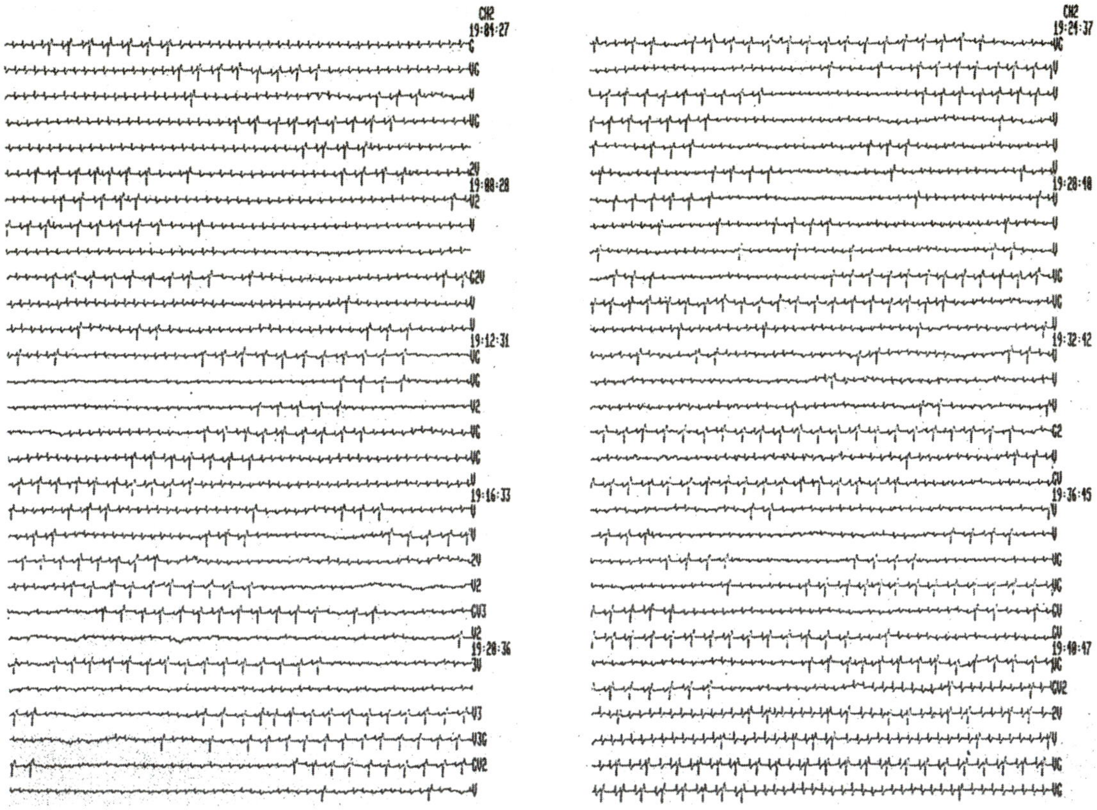

Fig. 38.6. Extrasystoles ventriculaires.

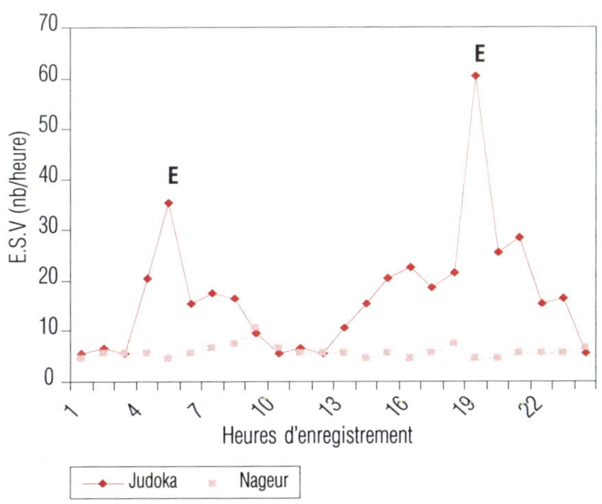

Fig. 38.7. Enregistrements Holter réalisés à visée diagnostique chez un nageur et un judoka présentant des extrasystoles ventriculaires de repos. Noter l'aggravation nette de l'extrasystolie chez le judoka lors des périodes d'entraînement (E), ce qui témoigne de leur caractère adrénergique.

la majorité des auteurs la prévalence des arythmies ventriculaires est la même dans les deux populations.

La présence d'une extrasystolie ventriculaire isolée n'est donc pas exceptionnelle chez le sportif, mais elle doit rester limitée en quantité et ne doit pas s'aggraver significativement à l'effort.

Extrasystoles ventriculaires complexes

On peut regrouper de façon « artificielle » les extrasystoles ventriculaires de grade 3, 4A, 4B et 5 de la classification de Lown dans cette rubrique. Selon les 8 études utilisant cette classification, 10,1 % des sportifs et 20,8 % de ceux ayant au moins une ESV présentent un grade égal ou supérieur à 3. Dans le sous-groupe ayant réalisé un entraînement pendant l'enregistrement Holter, 16,3 % de la population globale et 28,7 % du groupe ayant au moins une ESV ont un grade supérieur ou égal à 3.

Exceptionnellement, des lambeaux très brefs (4 et 5 complexes) de tachycardie ventriculaire ont été enregistrés. Elles peuvent apparaître en période nocturne ou pour des fréquences sinusales élevées supérieures à 150 b/min. Il n'existe pas de corrélation entre le nombre d'ESV, leur grade et les paramètres de l'échocardiographie transthoracique de repos.

Pour Palatini, qui a comparé des sédentaires et des sportifs de haut niveau d'entraînement, il semble exister chez ces derniers une susceptibilité accrue aux arythmies ventriculaires complexes. Cette hypothèse ne devrait pas être oubliée dans l'interprétation de certaines morts subites du sportif sans cause apparente.

Autres méthodes de recueil de l'activité électrique du cœur

À côté de la méthode de Holter, d'autres techniques peuvent être utilisées pour recueillir la fréquence cardiaque ou des tracés ECG.

La télémétrie est la technique d'approche dynamique de l'ECG la plus ancienne. Mais le coût de l'appareillage, la qualité inconstante de la transmission et la portée limitée du matériel en limitent l'utilisation à des situations particulières (réadaptation, laboratoire, suivi du sportif avec télémétrie « embarquée »). En revanche, il est possible de coupler cette technique à une mini-caméra vidéo, ce qui permet une corrélation précise avec la gestuelle sportive.

Les cardiofréquence-mètres actuels sont très utilisés par les sportifs à l'entraînement et/ou en compétition. Ces appareils, composés d'un émetteur connecté à deux électrodes fixées sur la poitrine par une ceinture et d'une montre-récepteur (fig. 38.8), permettent un suivi fiable de la fréquence cardiaque mais sans tracé ECG associé. Il en existe plusieurs modèles plus ou moins sophistiqués, avec possibilité de mémorisation de la courbe fréquentielle, permettant une analyse (comparative) *a posteriori* sur ordinateur. L'affichage de la fréquence cardiaque moyennée sur des laps de temps variables (5-15 secondes) est instantané. Une programmation de bornes sonores de fréquences cardiaques supérieure et inférieure est possible. La réalisation d'une épreuve d'effort progressivement maximale en laboratoire avec analyse des échanges gazeux ou de la cinétique de l'acide lactique permet une détermination optimale et individuelle des « zones » fréquentielles. Cela permet au sportif d'optimiser son entraînement et au cardiaque d'avoir des repères de sécurité à ne pas dépasser.

Chez des patients présentant des symptômes capricieux ou peu fréquents, il est possible d'utiliser des systèmes à mémoire. Certains sont constitués d'électrodes externes classiques et d'un enregistreur que le sujet porte sur lui pendant une semaine et qu'il déclenche au moment des symptômes. Ce sont alors une trentaine de secondes ou plus de tracé ECG qui sont figées (boucle mémoire) et reproductibles, directement ou par téléphone sur un électrocardiographe. Plus récemment (1998), un moniteur électrocardiographique implantable a été commercialisé. Il est implanté sous anesthésie locale et dans de bonnes conditions d'asepsie dans une loge sous-cutanée prépectorale gauche. L'appareillage, de 8 cm^2, pèse 17 g. Il comprend un boîtier en titane avec deux électrodes intégrées et permet une surveillance continue de l'ECG en boucle pendant 14 à 18 mois. Des événements anormaux peuvent être enregistrés soit par déclenchement par le patient, soit automatiquement selon une préprogrammation. L'interrogation du moniteur et la visualisation des tracés mémorisés se fait avec un programmateur classique pour stimulateur cardiaque. Ces deux techniques, et en particulier la dernière, ne sont indiquées que lorsque l'enquête étiologique conventionnelle d'un symptôme majeur s'est révélée improductive.

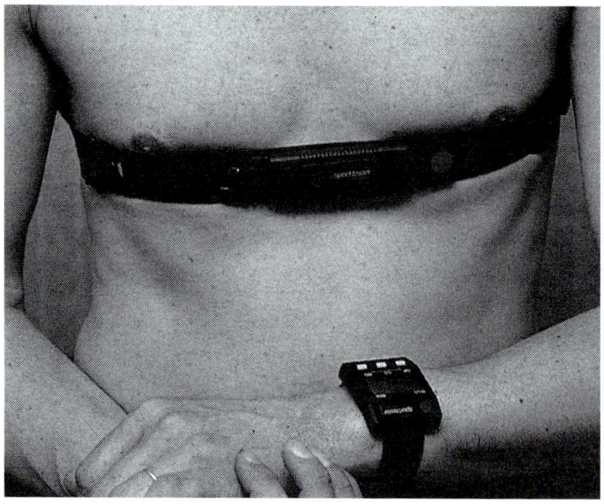

Fig. 38.8. Émetteur (ceinture) et récepteur (montre) d'un cardiofréquence-mètre.

Fréquence cardiaque au cours des différentes activités sportives

L'enregistrement de la fréquence cardiaque pendant l'entraînement et/ou la compétition et son analyse rétrospective permettent d'établir des corrélations physiologiques intéressantes. Un bilan énergétique préalable réalisé au laboratoire, avec détermination de la zone transitionnelle, permet à partir de la fréquence cardiaque d'estimer le niveau de consommation d'oxygène sollicité lors de l'exercice réalisé sur le terrain. Ainsi la prédominance aérobie ou anaérobie de l'effort codifié peut être déterminée.

Nous rapportons ici, pour mémoire, les fréquences les plus habituellement retrouvées dans la littérature dans certains sports. Ces différentes fréquences cardiaques ne sont données qu'à titre indicatif car on sait la multiplicité des paramètres qui se cachent derrière ces mesures instantanées. Chaque sport et chaque sportif a son profil fréquentiel, dont le seul intérêt est le suivi au fil de l'entraînement.

En athlétisme, les fréquences les plus élevées sont notées au cours des 800 et 1 500 mètres : de l'ordre de 190 à 200 b/min. L'élévation de la fréquence cardiaque est moindre dans le 10 000 mètres et le marathon : 150 à 170 b/min, avec une accélération en fin de course. Dans les sprints type 100 mètres, la fréquence cardiaque atteint environ 150 b/min.

En cyclisme, la sollicitation cardiaque est très variable : elle dépend de l'allure de la course, du profil du terrain et de la position du sujet dans le peloton (fig. 38.9). Dans le peloton qui roule à une allure « tranquille », la fréquence cardiaque notée est de l'ordre de 110 à 130 b/min; si le coureur remonte le peloton pour se porter en tête, elle passe à

150 b/min. Il faut souligner l'extrême labilité de cette fréquence cardiaque, avec une chute immédiate aux alentours de 90-100 b/min dès qu'apparaît une descente ou une portion où le coureur « laisse rouler ». Lors du sprint, la fréquence cardiaque augmente nettement et varie selon l'intensité et la durée de l'effort, pouvant atteindre 180 b/min. En course contre la montre, on note des fréquences cardiaques d'une grande constance sur l'ensemble du parcours. Ces fréquences, voisines de 160-180 b/min, correspondent aux valeurs hautes de la zone transitionnelle individuelle (fig. 38.10). En cyclo-cross, des fréquences très élevées sont notées, surtout si le terrain est très difficile ; la fréquence cardiaque maximale est souvent atteinte et maintenue, alternant avec des phases de récupération très incomplètes.

En football, on note un niveau moyen fréquentiel relativement élevé, aux alentours de 160 b/min, avec des accélérations à 180 b/min, voire des pics à 195 b/min lors des descentes balle au pied.

En tennis, on note une sollicitation maximale chez les joueurs de haut niveau qui se maintient entre 70 et 100 % de leur fréquence cardiaque maximale individuelle. Des phases de récupération sont observées.

En squash, la fréquence cardiaque moyenne reste aux alentours de 180 b/min, avec des passages fréquents à 200 b/min sans phase de récupération franche.

En tennis de table, les mêmes observations sont faites. Ce qui souligne, contrairement à une idée reçue, la haute sollicitation du système cardiovasculaire qu'impose ce sport.

Enfin, il faut souligner que la sollicitation cardiaque n'est pas uniquement liée à la dépense énergétique : la composante émotionnelle est particulièrement mise en évidence dans la pratique des sauts à ski, le parachutisme et le pilotage automobile… où l'on enregistre avant le départ une fréquence cardiaque voisine de 140-150 b/min, indépendamment de tout effort physique. Ce facteur émotionnel se surajoute à l'exercice physique proprement dit lors des phases de compétition, en particulier dans les sports à forte composante technique, avec ou sans confrontation directe avec un adversaire. Les fréquences cardiaques relevées lors des phases avec décompte de points sont régulièrement plus élevées (+ 5-10 b/min) que celles notées lors des entraînements, même intenses, mais « détendus ». Cet élément est à prendre en compte lorsque le médecin du sport doit guider le choix de la pratique d'un sport d'un patient.

Indications du Holter en médecine du sport

En médecine du sport, l'enregistrement électrocardiographique continu « en situation » occupe une place importante dans le bilan diagnostique d'une symptomatologie clinique, électrocardiographique et/ou échocardiographique.

Le sportif peut consulter pour des signes fonctionnels pouvant faire évoquer une origine cardiaque. Les symptômes les plus souvent en cause chez des sportifs tout-venant sont des palpitations, des malaises et pertes de connaissance, un essoufflement anormal et des douleurs thoraciques, souvent atypiques. L'interrogatoire précise exactement leur période de survenue : échauffement, premières minutes de pratique sportive, à l'acmé de l'effort, en récupération ou à distance de tout effort. La répétitivité de la symptomatologie, qui dans notre expérience est beaucoup plus fréquente que chez le sédentaire, doit être suffisamment fréquente pour que le Holter apporte des informations objectives. La période d'enregistrement doit absolument intégrer une séance d'entraînement spécifique du sport, surtout s'il déclenche la symptomatologie. La rentabilité diagnostique optimale de cet examen concerne les palpitations (52 % dans notre expérience).

Le sportif asymptomatique sur le plan fonctionnel peut être adressé pour des anomalies électrocardiographiques isolées ou des irrégularités du rythme cardiaque perçues lors d'un examen ou de la pratique d'un test d'effort plus ou moins

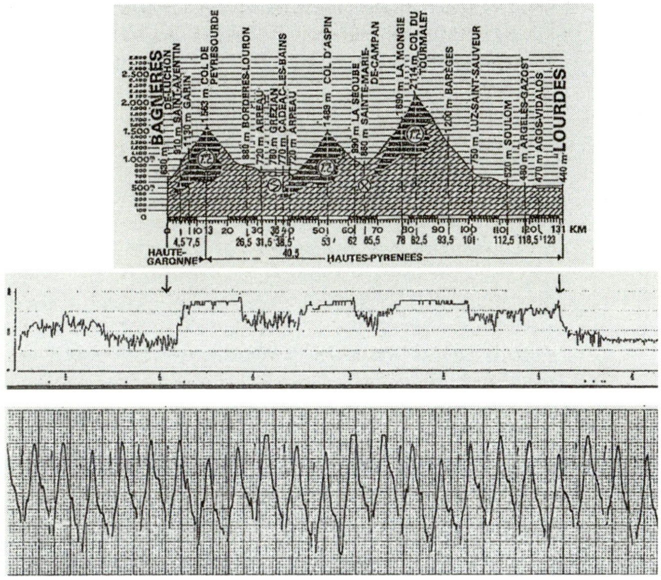

Fig. 38.9. Évolution de la fréquence cardiaque d'un cycliste professionnel en fonction du profil du terrain.

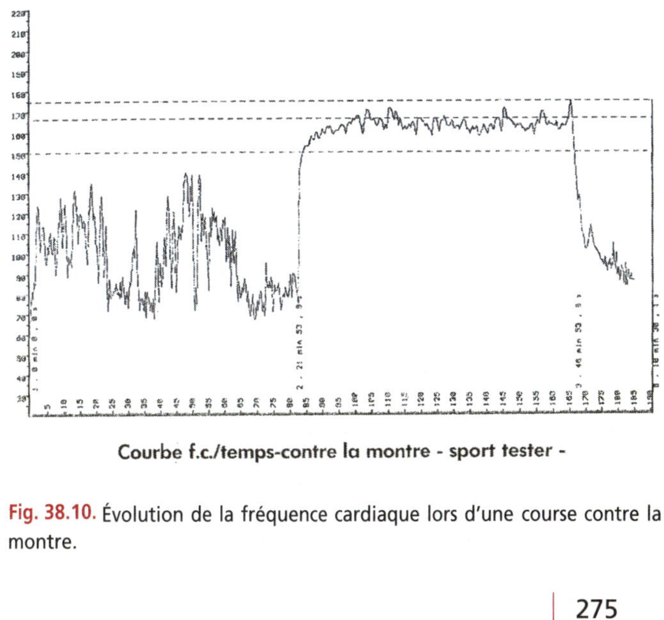

Courbe f.c./temps-contre la montre - sport tester -

Fig. 38.10. Évolution de la fréquence cardiaque lors d'une course contre la montre.

bien codifié (épreuve de Ruffier, test du tabouret…). Le Holter quantifie l'arythmie, d'origine supraventriculaire ou ventriculaire, sur 24 heures et sa liaison avec la pratique sportive. La sensibilité de cet examen, pour les troubles du rythme ventriculaire, est nettement supérieure à celle de l'épreuve d'effort. L'intervention des facteurs d'environnement lors de l'enregistrement Holter peut expliquer cette meilleure efficacité. De plus, le Holter est un outil privilégié pour comprendre le mécanisme électrophysiologique des arythmies, parce qu'il enregistre l'arythmie et l'environnement électrocardiographique qui la précède et la suit. Ainsi, quelle que soit l'anomalie rythmique, cet examen apporte aussi des renseignements précis quant à sa relation avec le rythme sinusal (explorant la dépendance au système nerveux autonome) et à son mode de déclenchement. La découverte d'un syndrome de préexcitation impose aussi de pratiquer un Holter, tant pour rechercher d'éventuels épisodes de tachycardie réciproque, que pour s'assurer de la stabilité de l'activité atriale au cours et au décours des efforts. Parmi les patients présentant un syndrome de préexcitation, on sait actuellement que les plus menacés de mort subite sont ceux qui présentent des syncopes ou des lipothymies, qui ont présenté une fibrillation auriculaire documentée, et ceux chez qui une période réfractaire du Kent courte dans le sens antérograde est mise en évidence.

Enfin, le sportif peut être parfaitement asymptomatique fonctionnellement et électrocardiographiquement mais son examen physique parfois associé à un échocardiogramme a pu révéler un prolapsus mitral, voire une cardiomyopathie hypertrophique non ou très faiblement obstructive. Le Holter est nécessaire pour apprécier d'éventuels troubles du rythme, en particulier lors de la pratique sportive. En effet, si la cardiomyopathie hypertrophique contre-indique la compétition, le prolapsus mitral isolé sans arythmie sévère l'autorise le plus souvent.

En revanche, les troubles de repolarisation parfois observés sur l'ECG de repos du sportif de haut niveau d'entraînement ne bénéficient pas de la méthode de Holter pour tirer des conclusions sur leur évolution lors de la pratique des efforts ou lors des périodes de non-entraînement. En effet, un certain nombre de réserves techniques expliquent la circonspection qui doit entourer l'interprétation du segment ST sur ces enregistrements ECG continus.

Conclusion

L'évaluation des capacités physiques des sportifs s'appuie sur des examens de plus en plus « physiologiques » menés en laboratoire. L'application de leurs résultats pour l'entraînement repose sur des courbes fréquentielles cardiaques enregistrées sur le terrain. Le Holter, qui a inauguré cette méthode, est aujourd'hui supplanté dans cette fonction par des systèmes plus légers et plus souples, exclusivement centrés sur la fréquence cardiaque.

En revanche, l'enregistrement Holter constitue encore aujourd'hui un outil indispensable à l'étude des caractéristiques électriques du cœur d'athlète. Cette connaissance est précieuse afin de ne pas « diaboliser » des atypies qui pourraient faire croire à une pathologie débutante, obstacle infranchissable à la poursuite d'une carrière ou d'une passion. Cette arme est cependant à double tranchant. En effet, le sport loisir ne doit pas donner bonne conscience médicale face à des anomalies cliniques, électriques ou autres… Le sportif, quel que soit son niveau d'entraînement, peut se doubler d'un cardiaque !

Par son innocuité et sa facilité de réalisation (sans occulter cependant les contraintes financières d'une technologie de qualité), le Holter est devenu, en médecine du sport comme en cardiologie générale, un examen bien codifié et d'une aide précieuse au diagnostic dans les « enquêtes médicosportives ».

Pour en savoir plus

Brodsky M, Wu D, Denes P, Kanakis C, Rosen KM. Arrythmias documented by 24 hours continuous electrocardiographic monitoring in 50 males medical students without apparent heart disease. *Am J Cardiol* 1977; 39 : 390.

Carré F, Chignon JC. Advantages of electrocardiographic monitoring in top level athletes. *Int J Sports Med* 1991; 12 : 236-40.

Djiane P, Egre A, Bory M, Savin B, Serradimigni A. L'enregistrement électrocardiographique chez les sujets normaux. *Arch Mal Cœur* 1979; 72 : 655-61.

Ducardonnet A, Bourdon A, Porte G. Analyse fréquentielle et rythmique du Holter chez des cyclistes professionnels de haut niveau. *Mise à Jour Cardiol* 1984; 13 (4) : 155-62.

Ector H, Verlinden M, Venden Eynde E, Bourgois J, Hermans L, Fagard R *et al*. Bradycardia, ventricular pause, syncope and sports. *Lancet* 1984; i : 591.

Faisandier Y, Ducardonnet A. Comment « réussir » un Holter? *Cardiol Prat* 1994; 290 : 1-8.

Palatini P, Maraglino G, Sperti G. Prevalence and possible mechanisms of ventricular arrythmias in athletes. *Am Heart J* 1985; 110 : 560.

Pantano JA, Oriel RJ. Prevalence and nature of cardiac arrythmias in apparently normal well-trained runners. *Am J Cardiol* 1982; 104 : 762.

Talan DA, Bauernfeind RA, Ashley WW, Kanakis C, Rosen KM. Twenty four hour continuous ECG recordings in long runners. *Chest* 1982; 82 : 19.

Viitasalo MT, Kala R, Eisalo A. Ambulatory electrocardiographic recording in endurance athletes. *Br Heart J* 1982; 47 : 213-20.

Zakynthinos E, Vasslakopoulos T, Mavrommati I, Filippatos G, Roussos C, Zakynthinos S. Echocardiographic and ambulatory electrocardiographic findings in elite water-polo athletes. *Scand J Med Sci Sports* 2001; 11 : 149-55.

Échocardiographie du sportif

Sommaire

Les modifications cardiaques basales engendrées par un entraînement physique intense sont aujourd'hui bien connues. Les plus caractéristiques concernent surtout le ventricule gauche.

Dans l'immense majorité des cas, le cœur des sportifs est « normal » et les modifications enregistrées restent dans les limites du physiologique. Rarement l'importance de ces modifications est telle qu'une pathologie peut être évoquée. C'est alors bien souvent le contexte général qui permet d'affirmer le *cœur d'athlète*.

Échocardiographie basale

Étude du ventricule gauche

Rappel technique

L'échocardiographie bidimensionnelle (2D) réalise des coupes planes dynamiques du cœur. Les principales incidences sont parasternales et apicales. Le mode 2D permet l'observation dynamique des cavités, des parois et des valves du cœur.

L'échocardiographie en mode TM *(Time Motion)* explore les points coupés par un faisceau ultrasonique linéaire. Ce mode est surtout utilisé pour l'étude de la fonction ventriculaire gauche (fig. 39.1).

L'échocardiographie-Doppler permet l'étude des vitesses des flux intracardiaques. Chez les sportifs, une des applications les plus intéressantes est l'étude du flux mitral, qui est un bon témoin du remplissage du ventricule gauche (VG) (fig. 39.2). Ce remplissage se fait en deux temps : le remplissage précoce protodiastolique correspondant à l'onde E, une période intermédiaire ou diastasis, puis le remplissage lié à la contraction auriculaire ou onde A. Ces vitesses sont sensibles au site de la mesure, aux conditions de charge du ventricule et à la fréquence cardiaque.

C'est dire qu'en matière d'échocardiographie il faut bien connaître les limites de fiabilité de chaque examen. Cela acquis, c'est une technique irremplaçable.

Mécanisme des modifications du VG liées à l'entraînement prolongé

Chez un sujet qui s'entraîne régulièrement, le débit maximal cardiaque à l'effort augmente. Cette capacité accrue de performance s'accompagne de modifications perceptibles *au repos*. La fréquence cardiaque diminue alors que le débit cardiaque est sensiblement le même à l'état basal. Cela implique une augmentation du volume d'éjection systolique (VES). Le VES est le produit du volume télédiastolique du VG (VTDVG) par la fraction d'éjection du VG (FE). Il existe donc deux façons d'augmenter le VES : augmenter le

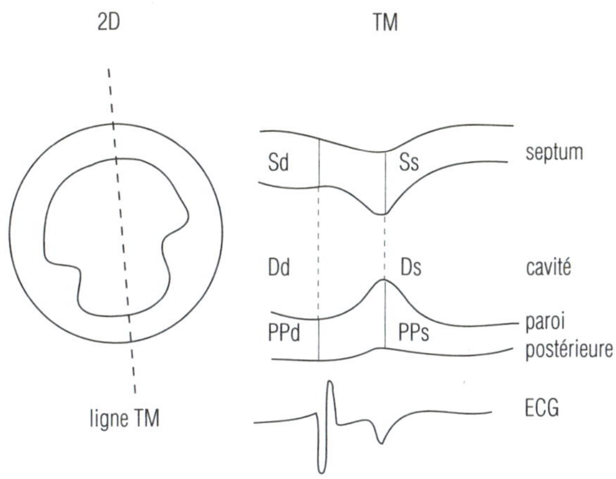

Fig. 39.1. Étude échocardiographique du ventricule gauche : principaux paramètres du ventricule gauche étudiés en mode TM.

Paramètres mesurés : diamètre télédiastolique (Dd), diamètre télésystolique (Ds), épaisseur septale télédiastolique (Sd), épaisseur septale télésystolique (Ss), épaisseur paroi postérieure télédiastolique (PPd), épaisseur paroi postérieure télésystolique (PPs).

Paramètres extrapolés :

– fraction de raccourcissement (FR) en % : $FR = \frac{Dd - Ds}{Dd} \times 100$

– volume télédiastolique (VTDVG) : $VTDVG = d^3$

– fraction d'éjection (FE) en % : $FE = \frac{Dd^3 - Ds^3}{Dd^3} \times 100$

– masse ventriculaire gauche (M) en g (selon la convention de l'ASE) : $M = 1{,}04\ (Dd + Ds + Sd)^3 - Dd^3$

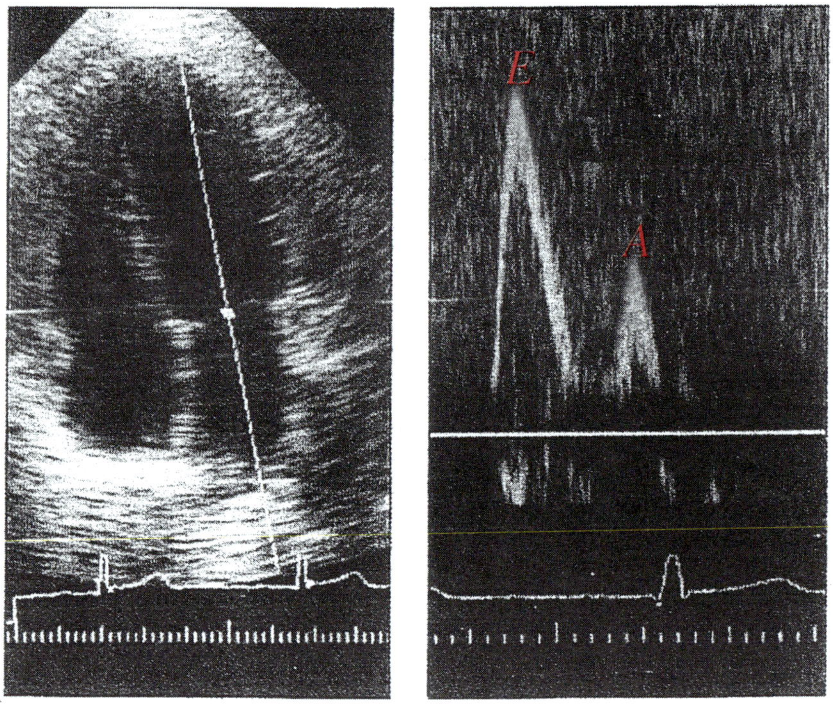

Fig. 39.2. Étude échocardiographique du flux mitral. L'échantillon Doppler pulsé est placé au niveau de l'entonnoir des valves mitrales (image de gauche). Le flux Doppler recueilli (à droite) est normal, avec rapport E/A > 1. E : flux de remplissage précoce. A : flux lié à la contraction de l'oreillette gauche.

VTDVG ou augmenter la FE. Le VG des sportifs s'adapte le plus souvent par une augmentation du volume ventriculaire gauche alors que les indices éjectionnels restent stables ou même parfois diminuent légèrement au repos, participant ainsi à l'augmentation de la « réserve cardiaque ». Une hypertrophie pariétale se développe ensuite, participant au maintien d'une tension intrapariétale normale.

Aspect échocardiographique habituel du VG des sportifs

Aspects morphologiques

De très nombreuses études ont été réalisées chez des sportifs de toutes disciplines, mais elles portent souvent sur des populations limitées. Une étude italienne, rapportée par Pelliccia *et al.* [12], a analysé 947 athlètes de 13 à 49 ans (moyenne : 22 ans), tous très performants, des deux sexes et représentant 25 disciplines sportives. C'est une référence remarquable que nous rapportons dans le tableau 39.I en la comparant à des séries classiques de la littérature réalisées chez des sujets issus d'une population générale.

Les sujets sportifs présentent par rapport aux sujets témoins un diamètre ventriculaire gauche supérieur en moyenne de 6 mm chez les hommes et de 4 mm chez les femmes; 363 athlètes (38 %) ont un diamètre ventriculaire excédant les limites supérieures admises pour une population habituelle.

La plupart des séries de la littérature qui ont comparé, avec une même méthode, des sportifs adultes à des témoins non sportifs relèvent des différences d'épaisseurs pariétales significatives entre les deux populations, les sportifs présentant des parois septale et postérieure plus épaisses, mais ces différences ne portent, en règle générale, que sur 1 à 2 mm.

Tab. 39.I. Mesures échocardiographiques réalisées sur une série de 947 athlètes (d'après Pelliccia *et al.* [12]) comparées à des mesures classiques de la littérature réalisées sur des séries de sujets tout venant.

	Sportifs (Pelliccia *et al.* [12])		**Population générale**	
	Hommes	**Femmes**	**Hommes**	**Femmes**
Ventricule gauche Diamètre télédiastolique (mm)	54,2 ± 4 44-66	48,4 ± 3,7 40-61	49 ± 5 95 % < 58	44 ± 5 95 % = < 53
Aorte (mm)	30,3 ± 2 24-40	26,8 ± 2 22-34	32 ± 5 95 % < 4,1	27 ± 4 95< % < 35
Oreillette gauche (mm)	36,9 ± 3 27-45	33,5 ± 3 24-38	33 ± 5 95 % = < 4,2	32 ± 4 95 % < 39

Par exemple, Douglas *et al.* [7], qui comparent des triathlètes à des témoins non sportifs, trouvent une épaisseur pariétale de 10,5 ± 2,6 mm chez les triathlètes *versus* 8,0 ± 2,7 mm chez les témoins.

Au total, on peut retenir que si les parois ventriculaires gauches des sportifs sont plus épaisses que celles de sujets non entraînés, cet épaississement est en moyenne discret et reste le plus souvent dans les limites admises comme normales dans une population standard.

Pour de nombreux auteurs, il existe une différence significative entre la masse du VG des sportifs et celle des témoins. Pour Douglas *et al.* [7], la masse du VG des triathlètes est de 226 ± 60 g *versus* 143 ± 54 g.

On peut donc retenir que si la masse ventriculaire gauche des sportifs est en moyenne plus élevée que celle des populations équivalentes non entraînées, cette masse reste dans les limites supérieures de la normale pour nombre de sportifs. Il faut également souligner que des VG de structures très différentes (certains étant plutôt hypertrophiés et d'autres plutôt dilatés) peuvent présenter la même valeur de masse ventriculaire gauche. Pour cette raison, nous ne pensons pas qu'il faille accorder à ce paramètre d'autre valeur qu'une valeur indicative. Nous préférons plutôt raisonner à partir des données brutes de l'épaisseur des parois et du diamètre ventriculaire gauche.

Aspects fonctionnels

Fonction systolique Elle est, en règle générale, conservée. Toutefois, il faut signaler que, chez des athlètes très entraînés en endurance comme des coureurs de marathon, des cyclistes, des skieurs de fond..., il n'est pas exceptionnel d'observer au repos une diminution de la fraction de raccourcissement du VG qui s'accompagne d'une dilatation souvent nette du VG ainsi que d'une bradycardie.

Fonction diastolique Il s'agit en pratique de l'étude du flux mitral. Il est remarquable de constater que, chez le sportif, le remplissage ventriculaire gauche est toujours normal. Toutes les études sont concordantes sur ce point. L'onde E est toujours supérieure à l'onde A, maintenant un rapport E/A positif. Cela n'est pas influencé par l'existence d'une éventuelle hypertrophie physiologique d'adaptation. À l'inverse, on peut constater un abaissement du pic A à la pointe de la mitrale et au niveau de l'anneau, majorant le rapport E/A. Varani *et al.* [16] rapportent, chez les athlètes de leur série, une corrélation linéaire positive entre les index de remplissage rapide et les index de masse ventriculaire gauche.

Il faut donc insister sur le fait que la constatation d'une inversion du rapport E/A chez un sujet sportif a une connotation pathologique.

Cette affirmation ne concerne pas les sujets âgés, car l'inversion du rapport E/A est très fréquente dans la population normale âgée. Différentes séries montrent que l'entraînement physique ne semble pas modifier cette évolution du remplissage ventriculaire gauche liée à l'âge.

Facteurs déterminant les modifications liées à l'entraînement

Type de sport L'entraînement en endurance favorise la dilatation ventriculaire gauche et l'hypertrophie pariétale (hypertrophie excentrique) alors qu'un entraînement exclusivement résistant favoriserait plutôt l'épaississement pariétal (hypertrophie concentrique).

Prédisposition génétique Il existe très probablement une prédisposition génétique aux modifications cardiologiques particulières. Landry *et al.* [9] ont comparé l'effet cardiaque d'un même entraînement en endurance chez plusieurs paires de jumeaux monozygotes. Ils constatent un parfait parallélisme d'adaptation au sein de chaque paire mais des adaptations différentes d'une paire de jumeaux à l'autre.

Niveau d'entraînement Rubal *et al.* [14] comparent des sédentaires à des militaires moyennement entraînés et à des pentathlètes très entraînés. Le volume diastolique et l'épaisseur pariétale du VG sont plus élevés chez les soldats que chez les sédentaires et encore plus chez les athlètes.

En revanche, lorsque l'on compare deux populations de sujets très entraînés, il n'y a pas forcément proportionnalité entre le nombre d'heures d'entraînement et l'importance des modifications constatées. De plus, il n'y a pas de proportionnalité entre les modifications cardiaques et le niveau de performance. Cohen et Diebold [4] qui ont étudié les caractéristiques morphologiques cardiaques des cyclistes du Tour de France... n'ont pas pu prédire le classement final !

Influence de l'âge Auriacombe *et al.* [1] ont comparé des enfants de 12 ans : 40 sont des sportifs très entraînés et 40 ont un cursus scolaire normal sans entraînement supplémentaire. Aucune différence de structure cardiaque n'est mise en évidence entre les deux groupes.

Une étude réalisée chez de jeunes footballeurs de 15 ans (équipe nationale italienne) comparés à un groupe de sédentaires montre également de très faibles différences entre les deux groupes.

Chez l'adulte, l'adaptation à l'entraînement semble varier avec l'âge. La comparaison de marathoniens jeunes et âgés à des sédentaires de même âge montre que les marathoniens jeunes s'adaptent par une dilatation et une hypertrophie ventriculaire gauche, alors que les marathoniens âgés ne s'adaptent qu'avec une hypertrophie pariétale sans dilatation associée du ventricule gauche.

Substances dopantes Les substances toxiques comme les anabolisants peuvent favoriser l'accroissement de la masse ventriculaire gauche. McKillop *et al.* [10] décrivent le cas d'un culturiste de 23 ans, consommateur de stéroïdes anabolisants, dont l'épaisseur pariétale du VG dépasse celle d'autres athlètes, par ailleurs comparables.

Modifications importantes pouvant faire discuter un problème pathologique

Grandes dilatations

Dans la série de Pelliccia *et al.* [12], 38 athlètes sur 947 présentent un diamètre ventriculaire gauche supérieur ou égal à 60 mm. Ce phénomène est donc rare.

L'interprétation d'une dilatation chez le sportif appelle quelques remarques.

Il faut naturellement interpréter le diamètre du ventricule gauche en fonction de la taille. Les DTDVG de 60 mm sont courants dans les équipes de basket.

Les sujets sportifs qui présentent des dilatations supérieures à 60 mm sont, en règle générale, des sujets très entraînés, performants, bradycardes et qui présentent des parois harmonieusement hypertrophiées.

Une dilatation de ce type, constatée à l'occasion d'une baisse de performance, ou non accompagnée d'une bradycardie sinusale, ou associée soit à des parois non hypertrophiées, soit à une diminution nette de la fraction de raccourcissement, doit rendre prudent et faire évoquer une possible pathologie myocardique débutante.

L'absence d'anomalie du remplissage, une bonne performance à l'effort, confirmée par une imagerie d'effort montrant une bonne contractilité d'effort seront des éléments rassurants.

Hypertrophies importantes

Pelliccia et Maron [13] rapportent chez des athlètes de haut niveau 2 % d'hypertrophies pariétales supérieures ou égales à 13 mm, avec un maximum de 16 mm chez un homme et de 13 mm chez une femme.

Toutes les parois peuvent être intéressées mais surtout le septum, dont l'épaisseur est la plus marquée (jusqu'à 16 mm). Les autres parois du cœur sont parfois concernées, le plus souvent en association à une hypertrophie septale. Dans 3 cas l'apex du VG est hypertrophié sans modification de la repolarisation associée à l'électrocardiogramme, comme cela se voit dans les myocardiopathies hypertrophiques apicales. Cette constatation est contradictoire avec les observations de Shapiro *et al.* [15], pour qui l'existence d'une hypertrophie apicale est un excellent critère en faveur de la nature pathologique de l'hypertrophie. Ces auteurs, qui étudient 18 athlètes présentant une hypertrophie supérieure à 14 mm, constatent par ailleurs que 22 % présentent un rapport S/P > 1,5 et que 78 % présentent une hypertrophie symétrique. Ces chiffres sont l'inverse de ceux qu'ils constatent dans une série de myocardiopathies hypertrophiques (CMH).

La topographie de l'hypertrophie n'apporte donc pas d'argument décisif quant à sa nature pathologique ou adaptative.

Dans la série de Pelliccia, seulement quelques sports sont pourvoyeurs en hypertrophie VG. Sur les 16 sujets, 15 pratiquent l'aviron ou le canoë, le 16e est un cycliste. Tous ces sujets sont particulièrement performants et 8 d'entre eux ont obtenus des titres au niveau mondial. Tous ont une dilatation du VG associée (55 à 63 mm).

Shapiro *et al.* constatent également que, dans les cas de CMH, le diamètre du VG est plus petit que dans les cas d'hypertrophie d'adaptation au sport.

Au total, on retiendra en faveur du diagnostic d'hypertrophie d'adaptation à l'exercice physique :
– une hypertrophie inférieure à 13 mm;
– l'absence de signe obstructif;
– l'absence d'anomalie du remplissage ventriculaire gauche;
– une cavité VG dilatée;
– un niveau exceptionnel d'entraînement et de performance;
– l'absence de tout signe clinique (lipothymie, syncope, palpitations);
– l'absence d'antécédent familial de CMH ou de mort subite;
– l'absence de trouble du rythme sur le Holter et l'ECG d'effort;
– la stabilité de l'hypertrophie sur le contrôle annuel.

Toute constatation contraire doit rendre très prudent, faire évoquer la possibilité d'une CMH et imposer un bilan complet.

Dans les cas limites, il n'est pas très facile de trancher entre la nature pathologique ou physiologique de l'hypertrophie. En dernier recours, on pourra faire cesser tout entraînement au patient, la régression de l'hypertrophie d'adaptation s'opérant en quelques mois. Six athlètes de la série de Pelliccia qui ont cessé l'entraînement pour des raisons diverses ont vu l'hypertrophie régresser de 13,8 ± 0,9 mm à 10,5 ± 0,4 mm.

Mais il est important d'insister sur le fait que la solution de l'arrêt de l'entraînement du sportif professionnel ou de haut niveau ne doit être envisagée qu'en toute dernière extrémité, car c'est une décision lourde de conséquences pour la carrière sportive de l'intéressé.

Autres aspects

Autres cavités

L'oreillette gauche (OG) est également dilatée modérément chez le sportif entraîné. Dans la série de Pelliccia, les hommes présentent une OG en moyenne de 36,9 ± 3 mm et les femmes de 33,5 ± 3 mm, c'est-à-dire de quelques millimètres au-dessus de la moyenne de la population générale.

Les cavités droites, oreillette droite et ventricule droit, sont également dilatées, le plus souvent de façon modérée.

Étude des flux de régurgitation

L'étude des flux de régurgitation est le triomphe de l'écho-Doppler couleur.

Chez le sujet normal, il est extrêmement fréquent de mettre en évidence des flux de régurgitation physiologiques. Ces flux intéressent surtout les valves du cœur droit mais aussi, à un moindre degré, la valve mitrale et même la valve aortique.

Très fréquents chez l'enfant, ils diminuent avec l'âge. Pour Yoshida *et al.* [18], l'insuffisance pulmonaire physiologique, qui est la plus fréquente, serait présente dans 88 % des cas entre 6 et 9 ans, dans 68 % des cas entre 30 et 39 ans et dans 28 % des cas entre 40 et 49 ans.

Les études réalisées montrent que les sportifs présentent plus fréquemment ces fuites que les sujets non entraînés de même âge. L'explication est peut-être, banalement, la meilleure échogénicité du sportif. En tous cas, ces fuites n'ont pu être corrélées à aucune autre particularité du cœur des sportifs. Elles se distinguent aisément des fuites organiques, car elles restent très localisées sous les valves et sont toujours minimes. Lorsqu'on les constate au niveau de la valve mitrale, il convient d'éliminer un prolapsus valvulaire mitral, ce qui est très facile. Au niveau des sigmoïdes aortiques, il faut attentivement rechercher une bicuspidie aortique, ce qui est parfois plus délicat. Il faut connaître l'existence de ces fuites banales, qui n'impliquent aucune mesure particulière.

Échocardiographie d'effort

L'échocardiographie dynamique est actuellement envisagée le plus souvent comme un outil de détection des coronaropathies. Dans ce cadre, l'échographie est souvent réalisée après l'effort ou au cours de tests pharmacologiques.

Chez les sportifs, ces deux approches ne nous paraissent pas devoir être utilisées. On sait en effet avec quelle rapidité les conditions hémodynamiques se modifient, dans cette population, après l'arrêt de l'effort, rendant une échocardiographie post-effort très peu fiable. Les tests pharmacologiques ne reproduisent pas la majoration importante du retour veineux engendrée par l'effort et n'ont donc pas du tout la même influence hémodynamique.

C'est l'échocardiographie pendant l'effort qui est la technique la plus adaptée à l'étude dynamique du cœur des sportifs. Mais la tachycardie, les mouvements du corps et surtout l'hyperventilation pendant l'effort représentent autant de difficultés à la réalisation d'une échocardiographie.

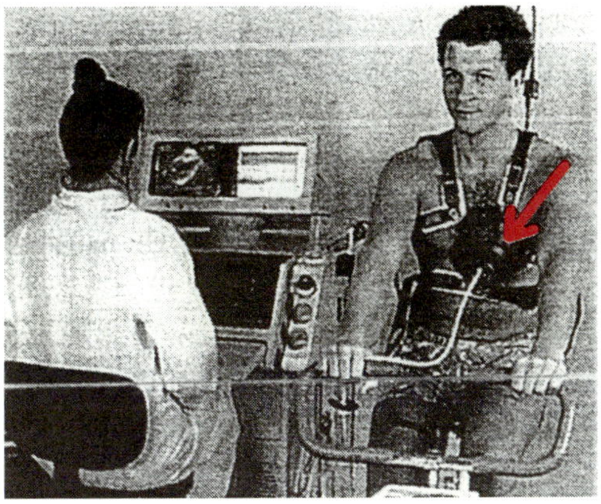

Fig. 39.3. Porte-sonde PS 90 Bionov en place (flèche).

Pour pallier ces difficultés nous utilisons le porte-sonde *PS90 Bionov* (fig. 39.3). Ce matériel est capable, au cours d'un effort sur cycloergomètre, de maintenir la sonde dans une incidence fixe préalablement déterminée. Les variations respiratoires périodiques ne sont alors plus très gênantes car le faisceau ultrasonique repasse toujours par l'incidence optimale. Les images recueillies sont analysées secondairement.

En mode 2D, il est difficile de définir les contours des images arrêtées. Aussi préférons-nous utiliser le TM pour l'étude de la fonction VG de sujets dont la contractilité est homogène.

L'incidence de prédilection est la coupe parasternale gauche selon le petit axe du VG au niveau de l'origine des piliers (repère précieux qui permet de vérifier la stabilité de l'incidence). Il ne faut analyser le tracé TM qu'au moment où la ligne TM coupe strictement le VG selon son diamètre. On peut étudier l'évolution des dimensions de la cavité, des indices éjectionnels et de l'épaississement des parois.

Des études des vélocités des flux mitral et aortique, pendant l'effort, sont réalisables à partir d'incidences apicales.

Résultats obtenus en échocardiographie d'effort chez les sportifs

À titre d'exemple, nous rapportons des études de la fonction VG réalisées sur cycloergomètre, en position assise, par paliers croissants d'effort, chez des sédentaires, des sportifs réalisant des disciplines d'athlétisme et des cyclistes professionnels.

Des échogrammes interprétables ont pu être enregistrés chez la plupart des sujets jusqu'à un niveau d'effort significatif. Jusqu'à 180 watts, correspondant au niveau d'effort maximal des témoins, le débit cardiaque est superposable dans les 3 groupes. Chez les sportifs, la fréquence cardiaque plus basse à tous les niveaux d'effort est compensée par un volume d'éjection systolique (VES) plus important. L'augmentation du VES chez les sportifs est liée à une dilatation plus importante du volume télédiastolique du VG dès le repos et encore majorée pendant l'effort, alors que la FE augmente moins que chez les témoins. Aux niveaux d'effort plus élevés (300 watts), atteints seulement par les sportifs, le volume ventriculaire gauche se stabilise ou diminue et l'augmentation du débit cardiaque dépend surtout de l'augmentation de la fréquence cardiaque et de la FE. On assiste donc à une stabilisation en plateau du VES. La dilatation du VG constatée en début d'effort est plus importante chez les cyclistes que chez les athlètes.

Au total, la dilatation du VG dans la première partie d'un effort en position assise permet, chez les sujets entraînés, une « économie » de la fraction d'éjection et de la fréquence cardiaque.

Au cours d'un effort réalisé en décubitus, la dilatation du VG, plus nette dès le repos, se majore moins ou reste stable.

Intérêt de l'échocardiographie d'effort pour le diagnostic différentiel entre adaptation du VG à l'entraînement et myocardiopathie

Les VG très dilatés peuvent parfois poser problème surtout s'ils s'accompagnent au repos d'un abaissement net des indices éjectionnels, de l'absence d'hypertrophie proportionnelle à la dilatation et qu'il existe un contexte de diminution des performances. Une échocardiographie d'effort avec étude TM de la fonction VG pendant l'effort permet alors, très rapidement, d'orienter le diagnostic. Une évolution normale à l'effort de la contractilité est un élément très rassurant.

Les VG inhabituellement hypertrophiés représentent un des problèmes les plus difficiles auquel un cardiologue du sport ait à répondre. On sait qu'une anomalie du remplissage ventriculaire est en faveur d'une myocardiopathie, mais d'authentiques myocardiopathies hypertrophiques conservent un rapport E/A normal au repos. Nous nous sommes donc demandés si l'évolution pendant l'effort du flux mitral pouvait être plus discriminante que la simple étude au repos.

Chez les sujets normaux sans hypertrophie pariétale, nous avons montré que :

- le rapport E/A reste > 1 en cours d'effort ;
- les vitesses de remplissage augmentent ;
- à partir d'un niveau de fréquence cardiaque proche de 120 b/min, les ondes E et A se confondent en une onde de remplissage unique, phénomène lié au raccourcissement de la diastole.

Chez des sujets porteurs de CMH, sans modification du flux mitral à l'état basal, nous avons pu constater des inversions très précoces et franches du rapport E/A pendant l'effort, révélant une anomalie de remplissage.

Chez des sportifs qui présentaient une hypertrophie pariétale très probablement liée à l'entraînement, nous n'avons jamais constaté de modification à l'effort du rapport E/A.

Chez certains sujets entraînés qui présentaient une hypertrophie pariétale inhabituelle, nous avons pu mettre en évidence un rapport E/A légèrement inversé pendant l'effort. Chez ces sujets, l'arrêt de l'entraînement ne s'est pas accompagné de régression de l'hypertrophie.

Ces constatations sont à confirmer sur des séries plus importantes, mais il est possible que le Doppler transmitral d'effort se révèle être un moyen assez simple pour répondre au difficile problème diagnostique des hypertrophies pariétales « exubérantes » chez certains sportifs.

Conclusion

L'échocardiographie a été un outil indispensable à la compréhension de l'adaptation cardiaque à l'entraînement et chaque évolution de cette technologie a permis une meilleure connaissance du cœur des sportifs.

L'athlète présente des particularités morphologiques et fonctionnelles qu'il est important de connaître, afin d'attribuer simplement à l'entraînement ce qui lui revient. Mais parfois, la frontière avec la pathologie est difficile à délimiter, particulièrement en cas d'hypertrophie pariétale inhabituelle. L'échocardiographie d'effort paraît prometteuse pour ces cas limites.

Bibliographie

[1] Auriacombe L, Mandel C, Fermont L, Simon G, Piechaud JF, Pedroni E *et al.* Fonction ventriculaire gauche et adaptation cardiovasculaire à l'effort du jeune sportif. *Arch Mal Cœur* 1987; 80 (4) : 544-9.

[2] Brion R, Slama MA, Peres G, Gonnot G, Ollivier JP, Droniou J. Échocardiographie d'effort et étude du ventricule gauche des sportifs pendant l'effort. *Arch Mal Cœur* 1990; 83 (2) : 229-34.

[3] Brion R, Slama MA. Étude du flux mitral pendant l'effort chez l'adulte jeune sain. Utilisation d'un porte-sonde. *Arch Mal Cœur* 1991; 84 : 349-53.

[4] Cohen A, Diebold B. *Comparaison des caractéristiques du ventricule gauche des cyclistes du tour de France 1987 déterminées par écho-Doppler.* Paris : 2e Congrès international Cœur et Sport sur l'homme à l'effort, février 1989.

[5] Cohen A. *La fonction diastolique ventriculaire gauche chez les cyclistes professionnels.* Paris : 2e Congrès international Cœur et Sport sur l'homme à l'effort, février 1989.

[6] Desjeux G. *Évolution des variables cardiovasculaires après un mois d'entraînement modéré chez huit sujets sédentaires de 20 ans.* Lyon : Thèse de Médecine, 1991.

[7] Douglas PS, O' Toole ML, Hiller WD, Reichek N. Left ventricular structure and function by echocardiography in ultraendurance athletes. *Am J Cardiol* 1986; 58 (9) : 805-9.

[8] Effron M. Effects of resistive training on left ventricular function. *Med Sci Sports Exerc* 1989; 21 (6) : 694-7.

[9] Landry F, Bouchard C, Dumesnil J. Cardiac dimension changes with endurance training indications of a genotype depency. *JAMA* 1985; 254 (1) : 77-80.

[10] McKillop G, Todd IC, Ballantyne D. Increased left ventricular mass in a bodybuilder using anabolic steroids. *Br J Sports Med* 1986; 20 (4) : 151-2.

[11] Maud PJ, Pollock ML, Foster C, Anholm JD, Guten G, Al Nouri M *et al.* Fifty years of training and competition in the marathon : Wally Hayward, age 70, a physiological profile. *S Afr Med J* 1981; 59 (5) : 153-7.

[12] Pelliccia A, Maron B, Sparato A, Proschan MA, Spirito P. The upper limit of physiologic cardiac hypertrophy in highly trained elite athletes. *N Engl J Med* 1991; 324 (5) : 295-301.

[13] Bouvier F *et al.* High incidence of scintigraphic myocardial uptake defects at rest and during exercise in male. *Heart* 1997; 77 : 252-5.

[14] Douard H *et al.* Profils tensionnels normaux à l'effort selon l'âge, le sexe et les protocoles. *Arch Mal Cœur* 1994; 87 : 311-8.

[15] Guidelines for cardiac exercise testing. *Eur Heart J* 1992; 14 : 969-88.

[16] Haskell WL *et al.* Coronary artery size and dilating capacity in ultra distance runners. *Circulation* 1993; 87 : 1076-82.

[17] Jensen Urstad K *et al.* High prevalence of arrythmias in elderly male athletes with a life long history of regular strenuous exercise. *Heart* 1998; 79 : 161-4.

[18] Katzel LI *et al.* Exercise-induced silent myocardial ischemia in master athletes. *Am J Cardiol* 1998; 81 : 261-5.

[19] Rubal BJ, Moody JM, Damore S, Al Muhailani AR. Heart size and function of soldiers, athletes and sedentary men. *Milit Med* 1989; 154 (3) : 153-8.

[20] Shapiro LM, Kleinebene A, McKenna WJ. The distribution of left ventricular hypertrophy in hypertrophic cardiomyopathy : comparison to athletes and hypertensives. *Eur Heart J* 1985; 6 (11) : 967-74.

[21] Varani E, Rapezzi C, Binetti G, Ferlito M, Maiello L, Tartagni F *et al.* Analisi della funzione diastolica del ventricolo sinistro mediante eco-Doppler nell'atleta praticante attivita sportiva agonistica. *Cardiologia* 1989; 34 (10) : 855-60.

[22] Wolfe LA, Cunningham DA, Boughner DR. Physical conditioning effects on cardiac dimensions : a review of echocardiographic studies. *Can J Appl Sport Sci* 1986; 11 (2) : 66-79.

[23] Yoshida K, Yoshikawa J, Shakudo M *et al.* Color Doppler evaluation of valvular regurgitation in normal subjects. *Circulation* 1988; 78 : 840-7.

[24] Zanocco A, Bonso A, Franceschi N, Noventa D, Meneghello MP, Giada F *et al.* Cardiac adaptation in young, top level, football players : an echocardiographic evaluation. Rome : *Sport's Medecine apply to football*, mars 1990.

40

Explorations complémentaires en cardiologie du sport

Sommaire

La confirmation d'une pathologie cardiaque susceptible d'interférer avec la pratique sportive implique souvent, au-delà des examens habituels que sont l'ECG de repos, l'échocardiogramme, le test d'effort et le Holter, de faire pratiquer des examens plus spécialisés, telles la scintigraphie cardiaque et la coronarographie, afin de préciser le diagnostic de cardiopathie ischémique, ou l'IRM et le scanner cardiaques pour préciser une cardiomyopathie, en particulier hypertrophique, une pathologie aortique, une cardiopathie congénitale. Dans les prochaines années, une ouverture devrait être réalisée sur une analyse encore plus fonctionnelle du myocarde et une analyse anatomique des coronaires.

Coronarographie

La coronarographie est une méthode invasive permettant de faire le diagnostic et d'évaluer la sévérité d'une cardiopathie ischémique. Malgré l'essor important des techniques non invasives d'exploration des artères coronaires, la coronarographie reste à l'heure actuelle le *gold standard* et joue un rôle décisif dans l'arbre diagnostique et thérapeutique de la maladie coronaire.

Définition

La coronarographie se définit par l'opacification temporaire des réseaux coronaires gauche et droit par l'injection sélective intracoronaire d'un produit de contraste iodé, sous contrôle scopique et graphique par rayons X.

L'image radiologique obtenue est la projection plane du contenu endoluminal des artères.

Indications

Une commission spéciale de l'ACC/AHA [18] sur la coronarographie a émis des directives détaillées concernant les indications de cet examen, qui devraient être connues par tous ceux qui adressent des patients pour coronarographie et par ceux qui la réalisent. L'indication principale est l'angor stable ou instable, l'infarctus du myocarde compliqué ou non, dans le but de trouver les critères anatomiques de lésions coronaires connues pour être associées à un haut risque de mortalité et pouvant être modifiées par la revascularisation.

Technique de l'examen

Salle de cathétérisme et matériel radiologique

Un système radiologique comprenant un arceau mobile permet de réaliser les images scopiques et graphiques (incidences) en double obliquité (craniocaudale et droite-gauche). Cette méthode permet de dégager chaque segment important de l'artère, en permettant au faisceau de rayons X d'être perpendiculaire à l'axe longitudinal du segment étudié sans superposition avec d'autres segments artériels [13].

Préparation du patient

Il est impératif de bien connaître les données cliniques du dossier médical du patient. Il est nécessaire d'avoir un bilan sanguin d'hémostase du jour (mesure du temps de céphaline activateur et du temps de prothrombine ou de l'INR), un dosage de la créatininémie (les produits de contraste iodés sont tous néphrotoxiques), un ECG récent.

Un traitement antiallergique doit être administré en cas d'allergie à l'iode.

Si le patient a un traitement anticoagulant oral au long cours (prothèses valvulaires, fibrillation auriculaire), il doit être interrompu et un relais par héparine doit être réalisé.

Voies d'abord

Deux voies sont actuellement largement utilisées :

– la voie artérielle fémorale droite, qui a été jusqu'à récemment la voie de choix en raison de sa facilité d'accès, du fait qu'elle se situe du bon côté de l'installation radiologique et

qu'elle est adaptée pour les opérateurs majoritairement droitiers;
- la voie radiale droite ou gauche, qui est en train de supplanter la voie fémorale chez de plus en plus d'équipes de coronarographistes, avec des avantages indiscutables : possibilité de lever les patients immédiatement après la procédure et risques hémorragiques au point de ponction très nettement diminués.

D'autres voies peuvent être également utilisées, comme la voie artérielle brachiale. Le choix de la voie dépend de la perméabilité des axes artériels iliofémoraux, de l'existence d'une pathologie obstructive ou emboligène artérielle ou aortique, de l'expérience du cathétériseur...

Déroulement de l'examen

Le cathétérisme sélectif des artères coronaires est obtenu avec des sondes diagnostiques préformées pour atteindre avec un minimum de manipulations les ostia coronaires gauche ou droit, situés au niveau de la racine aortique, juste au-dessus de la valve aortique (un cathéter pour la coronaire gauche, un cathéter pour la coronaire droite). Le contraste radiologique est obtenu par l'injection d'un produit de contraste iodé directement en intracoronaire [13].

Analyse des résultats

Artères coronaires

Il existe généralement deux artères coronaires : les artères coronaires gauche et droite (fig. 40.1 et 40.2) [13].

L'*artère coronaire gauche* naît habituellement dans le sinus de Valsalva antéro-gauche. Sa portion proximale, appelée tronc commun, se divise en deux branches : l'artère interventriculaire antérieure (IVA) et l'artère circonflexe. L'IVA descend dans le sillon interventriculaire antérieur jusqu'à la pointe du VG. Elle donne des branches collatérales diagonales sur la paroi du VG. La circonflexe chemine dans le sillon auriculo-ventriculaire gauche et donne des branches ventriculaires destinées à la face latérale du VG (marginales) ainsi que des branches auriculaires.

L'*artère coronaire droite* naît dans le sinus de Valsalva antéro-droit et chemine dans le sillon auriculoventriculaire droit; son troisième segment se prolonge dans la majorité des cas (80 %) par une interventriculaire postérieure (IVP).

Analyse d'une sténose coronaire

Sont analysés la forme de la sténose coronaire (concentrique, excentrée ou complexe, anfractueuse), sa longueur et son degré. Une sténose est significative lorsqu'il existe une diminution relative du diamètre endoluminal de plus de 50 % (c'est-à-dire une variation relative de deux diamètres : *le diamètre de référence*, situé en amont ou en aval de la sténose, et *le diamètre minimal* au niveau de la sténose). Il est habituel de décrire en même temps le réseau situé en aval de la sténose, les décisions thérapeutiques pouvant en être influencées.

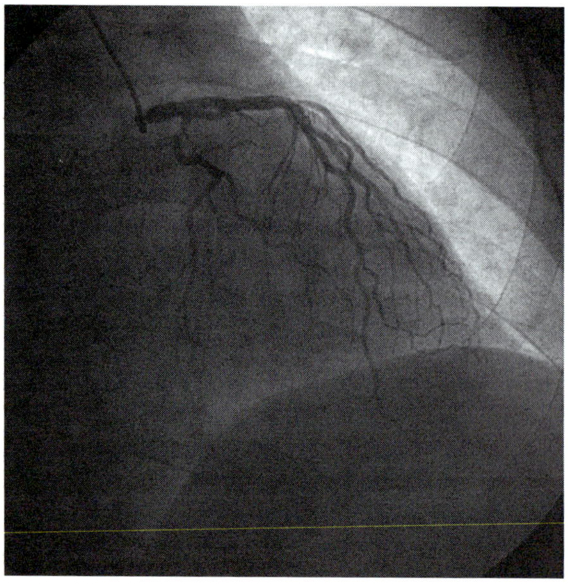

Fig. 40.1. Aspect angiographique de la coronaire gauche. Anatomie normale.

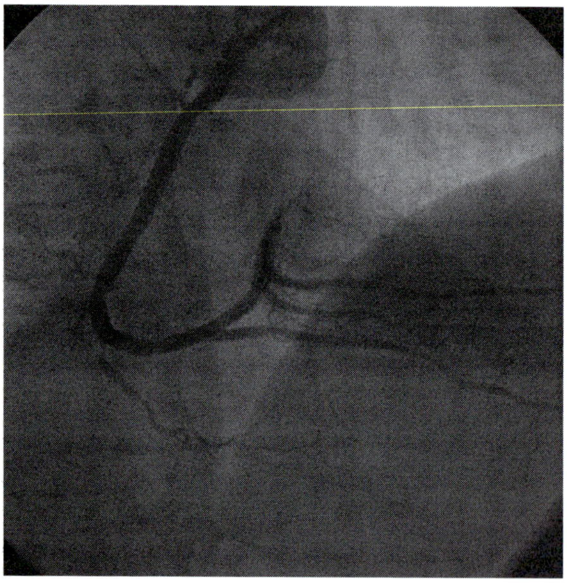

Fig. 40.2. Aspect angiographique de la coronaire droite. Anatomie normale.

Accidents et incidents

La coronarographie est un examen invasif et, bien qu'elle soit de plus en plus sûre, sa morbi-mortalité, quoique faible, n'est jamais nulle [5, 10]. Le taux de mortalité est inférieur à 0,2 % et le risque d'accident grave (infarctus du myocarde, accident vasculaire cérébral ou saignement majeur) est inférieur à 0,5 %. La fréquence de ces complications augmente dans certaines circonstances particulières : sujets âgés, insuffisance cardiaque, insuffisance rénale préexistante [9].

Il existe des incidents et accidents liés à la ponction vasculaire et au trajet des sondes (saignement au point de ponction, hématome rétropéritonéal, thrombose fémorale, embolie fibrinocruorique périphérique, embolie gazeuse, dissection aortique), à l'injection du produit de contraste iodé (allergie, parfois grave, allant jusqu'au choc anaphylactique), au cathétérisme et à l'injection du produit de contraste dans les ostia coronaires (occlusion coronaire par dissection, thrombose, décollement de plaque, spasme coronaire avec risque d'infarctus du myocarde, troubles du rythme et de la conduction, parfois graves, fibrillation ventriculaire).

Conclusion

La coronarographie est l'examen de référence de l'exploration des artères coronaires en cas de suspicion de maladie coronaire. Son innocuité n'étant pas parfaite, les indications doivent être bien fondées, au préalable, par des examens non invasifs, fonctionnels, cherchant à mettre en évidence une ischémie myocardique : épreuve d'effort, scintigraphie myocardique, échocardiographie de stress.

Scintigraphie myocardique

Définition, objectif, déroulement de l'examen

Les techniques scintigraphiques sont fondées sur le *marquage isotopique* : un radioélément ou une molécule marquée sont introduits dans l'organisme et un système de caméra couplée à un ordinateur détecte hors du corps le rayonnement émis. Il est ainsi possible de suivre la progression de la radioactivité dans la circulation, de visualiser un organe et d'en étudier le fonctionnement, selon la répartition du traceur et l'évolution de sa concentration. Tous les radioéléments ne sont pas utilisables chez l'homme. Ils doivent émettre un rayonnement gamma suffisant mais décroître rapidement pour ne pas délivrer une dose trop élevée (iode 131, iode 123, technétium 99m, thallium 201) [3]. Le rayonnement émis est détecté par une caméra à scintillation (gamma caméra).

L'imagerie de perfusion myocardique est maintenant établie comme une technique fiable pour l'étude de l'ischémie myocardique, de la viabilité et de la fonction systolique. En identifiant la présence, l'extension, la sévérité et la réversibilité des défects de perfusion et en déterminant la fonction ventriculaire gauche régionale et globale, la scintigraphie myocardique permet de dépister les patients à haut risque d'événements cardiaques et influence leur prise en charge.

La scintigraphie myocardique peut être également utilisée pour une exploration fonctionnelle du myocarde, à l'aide d'un radiotraceur métabolisé au niveau du cœur, émetteur de rayons gamma enregistrés par détection externe; elle permet de visualiser ponctuellement l'irrigation du myocarde à l'effort et au repos.

Il en existe plusieurs types : la scintigraphie myocardique de *perfusion* (le radiotraceur est administré lors d'une épreuve d'effort et on compare les résultats avec les images obtenues en situation basale), et la scintigraphie myocardique de *viabilité* (quantifie la fixation du traceur dans les territoires viables mais faiblement perfusés au repos).

Couplée à une épreuve d'effort, elle est préférée à l'ECG d'effort dans certaines conditions (voir *infra*), pour le diagnostic de maladie coronaire ou l'évaluation d'un coronarien connu.

Les radiotraceurs utilisés sont le *thallium 201* ou le *technétium 99m sesta-MIBI*. Ce dernier semble plus approprié pour les évaluations de repos (hibernation myocardique ou en post-infarctus).

Le radiotraceur est injecté à l'effort ou, si le patient ne peut pas réaliser d'effort ou si le traitement bradycardisant ne peut pas être arrêté, au cours d'une injection de dipiridamole. Deux séries d'images sont enregistrées, à l'effort et 4 heures après (redistribution/réinjection du traceur).

Déroulement de l'examen

Épreuve d'effort [4, 7] : pédalage sur bicyclette ergométrique ou stress pharmacologique.
L'usage du dipyridamole et de l'adénosine a été proposé en remplacement de l'épreuve d'effort. Les deux modalités semblent apporter des performances diagnostiques relativement proches [16].
Surveillance par un cardiologue : 12 dérivations ECG, suivi tensionnel, unité de réanimation cardiaque à proximité.
Injection du traceur au maximum de l'effort.
Critères d'arrêt : fréquence maximale théorique (220 – âge), épuisement, sous-décalage ST, hypo ou hypertension, troubles du rythme.

La *scintigraphie des cavités cardiaques* ou *angioscintigraphie cardiaque* explore la fonction ventriculaire gauche en vue du diagnostic et du bilan d'une cardiomyopathie, quelle qu'en soit l'origine, du pronostic après infarctus du myocarde, pour un suivi thérapeutique, etc. Elle est reconnue comme la méthode de référence pour le calcul de la fraction d'éjection du ventricule gauche chez le patient coronarien, car on n'utilise pas de modélisation géométrique du ventricule pour son calcul. Même si l'échographie reste la technique la plus utilisée en raison de sa facilité d'accès, la fraction d'éjection isotopique du ventricule gauche constitue une référence. Le marquage du sang circulant se fait par la fixation du technétium sur les globules rouges ou sur l'albumine (gamma-angiographie).

Indications, contre-indications

Les *indications* de la scintigraphie myocardique sont les suivantes :

– *détection de l'insuffisance coronaire* (identification des patients ayant une ou plusieurs sténoses coronaires) [11] :
  - chez les patients ayant des signes ou symptômes évocateurs d'une insuffisance coronaire ;
  - chez des patients asymptomatiques mais ayant un risque élevé d'insuffisance coronaire : patients diabétiques et/ou ayant des facteurs de risque cardiovasculaire multiples et/ou ayant une atteinte vasculaire périphérique

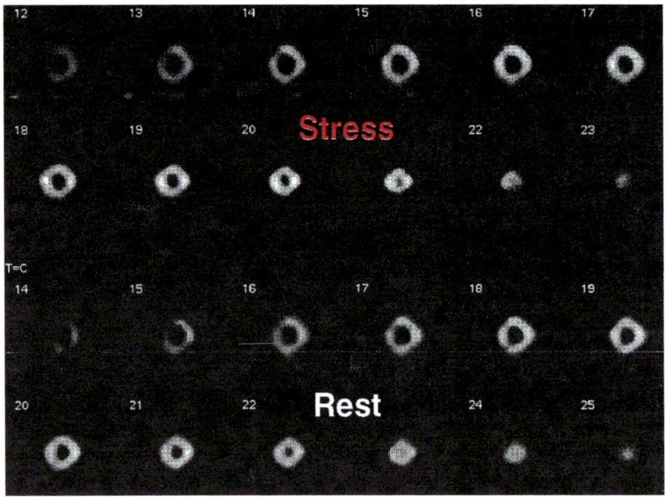

Fig. 40.3. Perfusion myocardique normale à l'effort (*stress*) et au repos (*rest*).

(anévrisme aortique, artérite oblitérante des membres inférieurs, sténose carotidienne…) ;

– *évaluation fonctionnelle :*
  - analyse du retentissement de sténoses coronaires connues sur la perfusion myocardique ;
  - évaluation de la viabilité myocardique : différenciation, parmi les segments myocardiques ayant une contractilité anormale, de ceux constitués d'une prédominance de tissu nécrotique (myocarde « non viable ») et de ceux constitués d'une prédominance de tissu viable et mal vascularisé (myocarde « viable ») ;
  - prédiction de l'amélioration de la fonction ventriculaire gauche après une intervention de revascularisation (pontage aortocoronaire, angioplastie coronaire…) ;

– *évaluation du pronostic et du risque de survenue d'une complication cardiaque* [12] (infarctus, décès d'origine cardiaque, angor instable, insuffisance cardiaque) ;

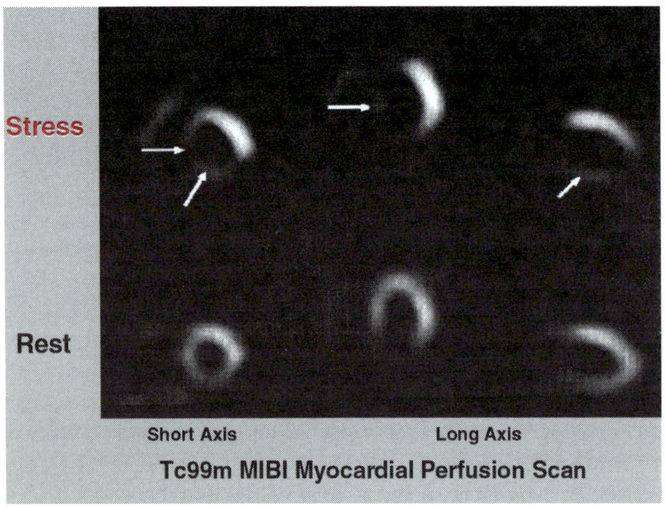

Fig. 40.4. Défect de perfusion septale et inférieure (flèches), évocateur d'atteinte bitronculaire.

– *évaluation de l'efficacité de traitements prescrits en raison d'une insuffisance coronaire :* pontage, angioplastie, médicaments antiangineux…

Les *contre-indications* sont celles de la radioactivité (femme enceinte), de l'épreuve d'effort ou du produit de stimulation (syndrome obstructif bronchique pour le dipirydamole).

Résultats

La perfusion myocardique s'exprime de manière qualitative et de plus en plus quantitative sur le diagnostic, la localisation et l'étendue d'une ischémie (défect de perfusion induit par le stress et réversible au moins en partie au repos) ou d'une nécrose (défect de perfusion fixe à l'effort et au repos : la nécrose est transmurale en cas de défect total et partielle en cas de défect non totalement lacunaire) (fig. 40.3 et 40.4).
La fonction mécanique globale (fraction d'éjection) ou régionale s'exprime sous forme d'hypokinésie, akinésie ou dyskinésie.

Conclusion

La scintigraphie myocardique donne une image de la perfusion, alors que la coronarographie apporte des renseignements morphologiques. Des faux positifs et des faux négatifs de la scintigraphie existent mais surtout, il n'y a pas de corrélation parfaite entre lésion anatomique et trouble de perfusion. L'interprétation des images scintigraphiques doit absolument tenir compte du contexte et de la probabilité prétest de maladie coronaire.

Imagerie par résonance magnétique (IRM)

Définition

L'imagerie par résonance magnétique est une technique non invasive, multidisciplinaire, permettant l'acquisition d'images anatomiques et fonctionnelles avec des résolutions temporelles et spatiales élevées. C'est une technique en pleine expansion dont les limites – définies par les performances de l'infrastructure informatique – sont constamment repoussées. Actuellement les constructeurs proposent des appareils spécifiquement dédiés à l'exploration cardiovasculaire, bien que sur la plupart des appareils « généralistes » de dernière génération l'imagerie cardiovasculaire soit performante.
La constitution de l'image IRM repose sur l'interaction d'un champ magnétique et d'une radiofréquence sur l'orientation des atomes d'hydrogène (protons). C'est une technique non irradiante qui permet l'acquisition directe de coupes dans les trois plans de l'espace (axial, frontal et coronal). L'IRM apporte en premier lieu des informations de nature *morphologique* (séquences type spin-écho) avec la possibilité d'obtenir des images dans tous les plans de l'espace. D'autres séquences permettent une exploration *dynamique* du cœur (ciné-IRM cardiaque), ou la *quantification des flux* de manière non invasive en utilisant les mêmes principes que le Doppler cardiaque (imagerie de phase). Elle

permet également une *exploration angiographique* non invasive de l'arbre vasculaire.

Indications cliniques validées

Les indications usuelles de l'IRM sont actuellement limitées – en France – essentiellement en raison de l'indisponibilité des appareils. Les indications validées sont en revanche nombreuses :

- *pathologies de l'aorte :* dissection, anévrysme ou hématome intrapariétal de l'aorte sont parfaitement explorés en diagnostic ou en suivi. L'avantage de la technique par rapport à l'échocardiographie est la visualisation de longs segments dans le plan de l'aorte, de l'extension aux branches et l'appréciation des rapports de l'aorte avec les organes avoisinants [15];
- *tumeurs et masses cardiaques :* l'IRM est utile dans le diagnostic des masses d'allure inhabituelle, explorant les composantes extracardiaques des tumeurs médiastinales et leurs extensions dans les grands vaisseaux [14];
- *pathologie du péricarde :* l'IRM anatomique, performante dans le diagnostic des tumeurs et des épanchements péricardiques, est surtout intéressante en clinique pour le diagnostic des péricardites chroniques constrictives;
- *cardiopathies congénitales :* l'IRM permet une bonne visualisation des anomalies anatomiques et la quantification des shunts. Elle prend tout son intérêt chez l'adulte peu échogène et dans le suivi des réparations complexes utilisant des dérivations 6, 17];
- *évaluation des dimensions et de la contractilité ventriculaires au repos ou en situation de stress :* l'IRM, permettant des acquisitions tridimensionnelles, fournit des mesures bien plus précises et reproductibles que l'échocardiographie (variabilité 2 fois plus faible des mesures). Avec les séquences d'acquisition rapides en écho de gradient, on obtient en quelques minutes des images précises avec une bonne résolution temporelle. La masse, l'épaisseur et l'épaississement pariétal, la fonction contractile globale et segmentaire sont étudiés de façon précise et quantitative. Ces séquences couplées aux stress pharmacologiques (dobutamine) peuvent être appliquées à l'étude de l'ischémie ou de la viabilité myocardique, notamment lorsqu'elles sont associées au « tagging », permettant une analyse fine et quantitative de la contraction myocardique segmentaire. L'IRM est par ailleurs l'une des rares techniques d'imagerie permettant la quantification précise des volume, fonction et masse myocardique ventriculaires droits [2];
- *perfusion myocardique :* par l'association des techniques d'imagerie rapide, l'utilisation d'agents de contraste paramagnétique et d'un stress pharmacologique (dipyridamole ou adénosine), on obtient des images de base, de premier passage et tardives permettant de visualiser et de quantifier les zones ischémiques (hyposignal au stress) et nécrotiques (hypersignal tardif), avec une précision quasi anatomique. Le même protocole peut être appliqué à l'étude de la viabilité [1];
- *évaluation des flux, application aux pathologies valvulaires :* la quantification précise de la vélocité sanguine, sans nécessité d'injection d'agent de contraste, est un atout majeur de l'IRM. Ces séquences, couplées à une imagerie anatomique de bonne résolution, permettent d'apprécier les régurgitations valvulaires et leurs conséquences en cas de doute ou de difficultés techniques de l'échocardiographie [8].

Contre-indications

Elles sont rares :

- stimulateurs cardiaques implantés, neurostimulateurs;
- clips anévrysmaux posés depuis moins de 1 mois ou anciens clips ferromagnétiques;
- objets métalliques intraoculaires.

Certains matériels d'occlusion des communications interauriculaires et de canal artériel étant faiblement ferromagnétiques, il est recommandé d'attendre 6 semaines après l'implantation avant de réaliser une IRM.
Les stents endovasculaires ne contre-indiquent pas l'IRM.
Il faut souligner des exceptionnels cas de claustrophobie qui peuvent rendre indispensable une prémédication anxiolytique.

Application actuelle à la recherche clinique

L'utilisation des méthodes IRM, parfaitement reproductibles, d'évaluation des volume, masse et fonctions globale et segmentaire permettra de réduire de façon significative le nombre de sujets nécessaires dans les études cliniques et d'augmenter la puissance des essais cliniques dans tous les domaines de la cardiologie.

Voies de développement

Coro-IRM

Le développement des séquences rapides 3D, d'imagerie en temps réel, de navigateurs respiratoires, d'agents de contraste paramagnétiques intravasculaires, d'antennes de surface adaptées voire d'antennes transœsophagiennes, devrait pouvoir permettre la visualisation des artères coronaires qui, pour l'instant, est limitée aux segments proximaux.

Imagerie en temps réel

Ces séquences en écho-planar conventionnel ou hybride permettent l'acquisition d'images en 15 à 20 ms, et peuvent s'affranchir de la synchronisation à l'ECG et de l'apnée nécessaire aux séquences conventionnelles. Pour l'instant, le facteur limitant de ces techniques est une résolution spatiale médiocre.

Conclusion

Les résolutions temporelles et spatiales de l'IRM sont potentiellement illimitées et compatibles avec l'imagerie cardiovasculaire.
L'intérêt de l'IRM dans l'étude anatomique de l'ensemble des structures cardiaques et des grands vaisseaux a largement été validé.
L'étude de la contractilité ventriculaire, globale et segmentaire, au repos et sous stress, ainsi que la perfusion myocardique sont parfaitement au point et en voie de généralisation.

Le développement de l'imagerie des artères coronaires dans les années à venir devrait permettre de regrouper l'ensemble des analyses anatomiques et fonctionnelles du cœur au sein d'un même examen.

Bibliographie

[1] AL-SAADI N, NAGEL E, GROSS M *et al.* Noninvasive detection of myocardial ischemia from perfusion reserve based on cardiovascular magnetic resonance. *Circulation* 2000; 101 : 1379-83.

[2] BELLENGER NG, BURGESS MI, RAY SG *et al.* Comparison of left ventricular ejection fraction and volumes in heart failure by echocardiography, radionuclide ventriculography and cardiovascular magnetic resonance : are they interchangeable ? *Eur Heart J* 2000; 21 : 1387-96.

[3] BELLER GA, WATSON DD *et al.* Quantitative thallium-201 imaging. *Am J Cardiol* 1982; 49 : A20-A21.

[4] FLEG JL, GIRSTENBLITH G, ZONDERMAN AB. Prevalence and prognostic significance of exercise-induced silent myocardial ischemia detected by thallium scintigraphy and electrocardiography in asymptomatic volunteers. *Circulation* 1990; 81 : 428-36.

[5] GROUPE DE TRAVAIL ANGIOGRAPHIE ET CARDIOLOGIE INTERVENTIONNELLE. Groupe de réflexion et d'éthique. Recommandations de la Société française de cardiologie concernant la formation des médecins coronarographistes et angioplasticiens, l'organisation et l'équipement des centres de coronarographie et d'angioplastie coronaire. *Arch Mal Cœur Vaiss* 1996; 89 (6) : 747-53.

[6] HIRSCH R, KILNER PJ, CONNELLY MS, REDINGTON AN, ST JOHN SUTTON MG, SOMERVILLE J. Diagnosis in adolescents and adults with congenital heart disease. Prospective assessment of individual and combined roles of magnetic resonance imaging and transesophageal echocardiography. *Circulation* 1994; 90 : 2937-51.

[7] ISKANDRIAN AS, HEO J, KONG B *et al.* Use of Technetium-99m isonitrile in assessing left ventricular perfusion and function at rest and during exercise in coronary artery disease, and comparison with coronary angiography and exercise thallium-201 thallium SPECT imaging. *Am J Cardiol* 1989; 64 : 270.

[8] KOZERKE S, SCHWITTER J, PEDERSEN EM, BOESIGER P. Aortic and mitral regurgitation : Quantification using moving slice velocity mapping. *J Magn Reson Imaging* 2001; 14 : 106-12.

[9] KRONE RJ, JOHNSON L, NOTO T for the Registry Committee of the Society for Cardiac Angiography and Interventions. Five year trends in cardiac catheterisation : a report from the Registry Committee of the Society for Cardiac Angiography and Interventions. *Cath Cardiovasc Diagn* 1996; 39 : 31-5.

[10] LABORATORY PERFORMANCE STANDARDS COMMITTEE. Guidelines for professional staff privileges in the cardiac catheterisation laboratory. *Catheter Cardiovasc Diagn* 1990; 21 : 203-4.

[11] LAROCK MP, CANTINEAU R, LEGRAND V *et al.* 99mTc-MIBI to define the extent of myocardial ischemia and evaluate ventricular function. *Eur J Nucl Med* 1990; 16 : 223-30.

[12] MACHECOURT J, LONGERE P, FAGRET *et al.* Prognostic value of thallium-201 single-photon emission computed tomographic myocardial perfusion imaging according to extent of myocardial defect. Study in 1 926 patients with follow-up at 33 months. *J Am Coll Cardiol* 1994; 23 : 1096-106.

[13] MARCUS ML, SCHELBERT HR, SKORTON J *et al.* *Cardiac imaging : a companion to braunwald's heart disease.* Philadelphia : WB Saunders, 1991.

[14] MATSUOKA H, HAMADA M, HONDA T *et al.* Morphologic and histologic characterization of cardiac myxomas by magnetic resonance imaging. *Angiology* 1996; 47 : 693-8.

[15] NIENABER CA, VON KODOLITSCH Y, NICOLAS V *et al.* The diagnosis of thoracic aortic dissection by noninvasive imaging procedures. *N Engl J Med* 1993; 328 : 1-9.

[16] NISHIMURA S, MAHARIAN JJ *et al.* Equivalence between adenosine and exercise thallium-201 myocardial tomography : a multicenter prospective crossover trial. *J Am Coll Cardiol* 1992; 67 : 12D-17D.

[17] SAMPSON C, KILNER PJ, HIRSCH R, REES RS, SOMERVILLE J, UNDERWOOD SR. Venoatrial pathways after the Mustard operation for transposition of the great arteries : anatomic and functional MR imaging. *Radiology* 1994; 193 : 211-7.

[18] SCANLON PJ, FAXON DP *et al.* ACC/AHA guidelines for coronary angiography. A report of the American College of Cardiology/American Heart Association Task Force on practice guidelines (Comittee of Coronary Angiography). Developed in collaboration with the Society for Cardiac Angiography and Interventions. *J Am Coll Cardiol* 1999; 33 (6) :1756-824.

41

Sport chez le transplanté

Sommaire

Les progrès dans le domaine de la gestion de l'insuffisance cardiaque, de l'insuffisance rénale et d'autres déficits, associés à la maîtrise de la technique de transplantation et à l'efficacité des traitements immunosuppresseurs, permettent à de nombreux greffés du cœur et autres organes de pratiquer des activités physiques et sportives (APS).
De plus, les APS ont, chez ces patients, des effets bénéfiques dans de nombreux domaines :

- *domaine psychologique :* le patient a subi une longue période de dépendance (insuffisance rénale, cardiaque), suivie du traumatisme de l'intervention chirurgicale et de l'implantation d'un organe « étranger ». Il lui faut retrouver son identité et sa place dans la communauté familiale, professionnelle. Le sport participe beaucoup à la reconquête de sa propre image ;
- *domaine physique :* l'histoire de la maladie qui a abouti à une greffe d'organe est longue. Elle est caractérisée par une perte des capacités physiques, avec fonte musculaire marquée, surtout au niveau des membres inférieurs et de l'abdomen. Les conséquences en sont une limitation fonctionnelle importante et de fréquentes lombalgies. Or, le renforcement musculaire peut se faire à tout âge ;
- *domaine thérapeutique :* le traitement immunosuppresseur (corticoïdes, inhibiteurs de la synthèse des cytokines, inhibiteurs de la synthèse d'ADN) a des effets secondaires connus, délétères sur les appareils locomoteur et cardiovasculaire.

Tout cela explique l'intérêt de la reprise des activités physiques chez le transplanté [1].

Période post-greffe précoce

Avant tout travail, une phase initiale de « récupération des forces vitales » se doit d'être respectée. Cette période permet l'intégration d'un nouveau mode de vie : sans insuffisance organique handicapante mortelle à court terme, acceptation d'un organe « étranger », mise en route d'un traitement immunosuppresseur à vie et d'une surveillance régulière en milieu hospitalier.
Là s'inscrit le rôle majeur de l'équipe soignante (chirurgien, médecin, kinésithérapeute, infirmière), dont dépendra la réussite à long terme de la greffe : réinsertion sociale complète avec reprise de la vie professionnelle.
La variabilité de la durée de cette période post-greffe (de 6 à 12 semaines) peut surprendre. Elle dépend directement de la durée de la période d'attente de greffe et du degré d'incapacité fonctionnelle atteint par le patient. Prenons à titre d'exemple deux sujets :

- pour le premier, la pathologie a entraîné durant cette période prétransplantation la décompensation de l'organe en moins de 6 mois (par exemple, cardiomyopathie dilatée virale) ;
- pour le second, l'histoire clinique dure depuis plus de 5 ans, avec hospitalisations et interventions multiples (par exemple, valvulopathies).

On comprend qu'il soit difficile de comparer l'état physique de ces deux sujets. L'importance de la fonte musculaire étant directement liée à la durée de l'attente, il faut en tenir compte dans la chronologie de la reprogrammation musculaire. Un bilan complet, personnalisé, établi en accord avec l'équipe médicochirurgicale responsable de la transplantation permet d'établir le programme de réadaptation précoce, effectué sous contrôle médical.
Les activités physiques proposées au cours de cette phase auront donc deux buts :

- restitution de l'autonomie dans les mouvements quotidiens : marche, montée et descente d'escaliers ;
- lutte contre les conséquences de l'intervention par de la kinésithérapie respiratoire, des assouplissements, et une relance musculaire.

L'effort doit être arrêté dans les cas suivants : existence d'une gêne respiratoire par mauvaise utilisation des capacités ventilatoires, présence de douleurs musculaires par désadaptation et fonte des masses musculaires.
La programmation doit respecter d'éventuels incidents liés à la greffe d'organe : les épisodes de rejet, les infections inhérentes au traitement immunosuppresseur.
L'enseignement des nouvelles règles d'hygiène doit être fait pendant cette période : traitement des plaies, hygiène corporelle stricte.
Ce programme se déroule en centre spécialisé, clinique ou centre hospitalier avec service de réadaptation. À la fin de cette première étape, le transplanté doit avoir retrouvé son autonomie et le goût à la vie. Le succès de la seconde étape est directement lié au « conditionnement » de la première.
Il est maintenant prouvé qu'une réadaptation des insuffisants cardiaques en attente de transplantation permet de prévenir l'amyotrophie de la période pré-greffe et facilite la

récupération lors de cette période post-greffe précoce. Les chiffres suivants peuvent être donnés à titre d'exemple :

- gain de 26 % des capacités d'endurance de l'avant-bras chez l'insuffisant cardiaque après un mois d'entraînement quotidien (30 min) pour Minotti [3];
- élévation de 24 % du pic de consommation d'oxygène (de 18,8 ± 4,9 $mL.min^{-1}.kg^{-1}$ à 23,4 ± 5,3 $mL.min^{-1}.kg^{-1}$) chez l'insuffisant cardiaque après 40 séances de musculation « segmentaire » pour Koch.

De la même façon, les insuffisants rénaux chroniques bénéficient d'une réadaptation pré-greffe.

Période post-greffe tardive (3 à 6 mois)

Cette période est la plus importante car elle conditionne le succès à long terme de la transplantation. Pour obtenir l'autonomie complète du patient, il n'est pas souhaitable de prolonger l'hospitalisation, même « douce », dans un centre de réadaptation. Ce sont des systèmes plus souples qui peuvent le mieux répondre aux besoins et « exigences » du patient : en hôpital de jour ou en externe.

Bilan initial

Il est précédé de l'étude complète du dossier : évolution de la maladie, délai d'attente de greffe, état fonctionnel du greffon, complications per et post-greffe. Il est guidé par les résultats de la réadaptation précoce : adhésion du patient au programme, performances atteintes, étude des fonctions rénale, hépatique, cardiaque, pulmonaire et des équilibres métaboliques (lipidique et glucidique).
Ce bilan évalue les capacités du patient afin de définir la charge de travail optimale des premières séances.

Évaluation cardiorespiratoire

On réalise une épreuve d'effort avec monitoring cardiaque et recueil des gaz respiratoires. L'examen peut se faire au choix sur bicyclette ergométrique ou tapis roulant. Elle se doit d'être « maximale », c'est-à-dire qu'elle nécessite une grande coopération de la part du patient, qui doit aller au bout de ses possibilités et passer au-dessus des douleurs musculaires (quadricipitales) qui ne manquent pas de survenir.
Les protocoles standard utilisent un incrément de 10 $W.min^{-1}$ ou un multiple (20 $W.2\ min^{-1}$; 30 $W.3\ min^{-1}$). La charge initiale est choisie en fonction des résultats de la phase précoce : de 0,5 à 1 $W.kg^{-1}$.
Durant l'épreuve, le profil tensionnel et la cinétique de la fréquence cardiaque sont relevés. Les résultats les plus marquants sont les suivants.

Cinétique de la fréquence cardiaque

Chez le greffé du cœur ou cœur-poumons L'absence d'innervation conduit le cœur greffé à battre au repos de façon automatique à des fréquences (FC) de l'ordre de 100 à 120 $b.min^{-1}$. Un volume d'éjection systolique (VES) plus

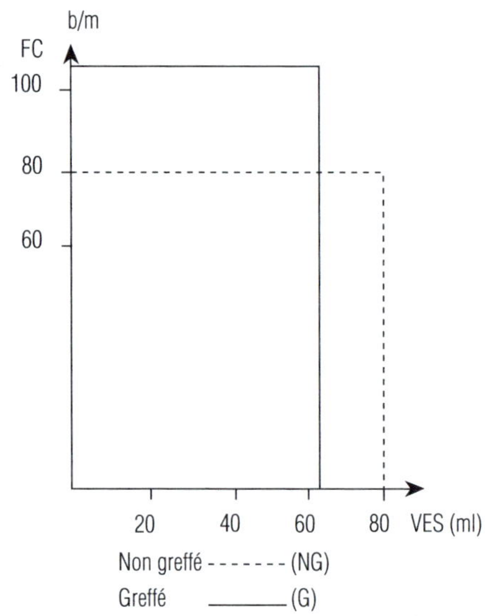

Fig. 41.1. Débit cardiaque (Qc) : Qc = FC × VES (FC : fréquence cardiaque; VES : volume d'éjection systolique).

faible au repos fait que le débit cardiaque (Qc) est le même que chez le sujet témoin (Qc = FC × VES) (fig. 41.1).
L'élévation de la fréquence cardiaque à l'effort se fait par l'intermédiaire des catécholamines (CT), libérées par les médullosurrénales. Le temps nécessaire à la libération des CT, à leur transport jusqu'au cœur par voie sanguine, à leur action sur le myocarde explique l'« inertie » observée lors du début de l'effort par rapport au sujet non greffé (NG) (fig. 41.2).

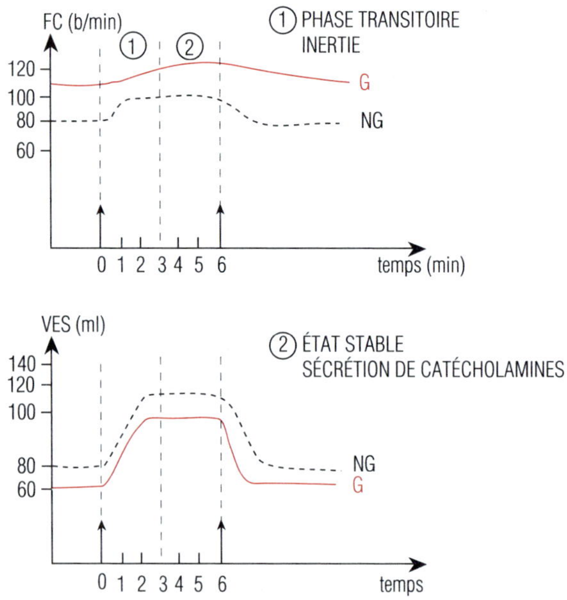

Fig. 41.2. Adaptation à l'exercice physique (G : greffé; NG : non greffé).

Les fréquences les plus élevées sont atteintes non pas au maximum de l'effort mais lors des premières minutes (1 à 3) de la récupération, du fait d'un taux élevé de catécholamines circulantes. Le retour à la fréquence cardiaque de repos se fait lentement, en 10 à 20 minutes.

Il y a donc une « inertie » de l'adaptation de la fréquence cardiaque à chaque phase de l'effort. Cela doit être expliqué au greffé.

Il est à noter que quelques greffés ont des FC de repos basses (75 à 85 b/min) sans que cela soit péjoratif. D'autres n'augmentent pas leur FC à l'effort, ce qui entraîne une tension artérielle insuffisante pour cet effort chez ces sujets. L'indication de la pose d'un *pacemaker* doit être discutée avec l'équipe médicochirurgicale.

Chez le greffé des poumons, du foie ou du rein La fréquence cardiaque au repos et sa cinétique à l'effort n'ont pas de particularités, sauf si le sujet utilise des bêtabloquants.

Profil tensionnel d'effort

Soumis de façon permanente et définitive à un traitement immunosuppresseur, la plupart des greffés présentent une hypertension artérielle de repos le plus souvent diastolique. Le traitement fait appel aux inhibiteurs calciques, inhibiteurs de l'enzyme de conversion, vasodilatateurs artériels, seuls ou associés.

Il est important de savoir si cette hypertension diastolique ne se majore pas à l'effort. Si tel est le cas, il faut déterminer pour quel niveau d'énergie elle se majore, afin de programmer correctement les charges de travail.

Recueil des gaz respiratoires

Leur analyse sert à apprécier les capacités du patient (pic d'O_2) et sa coopération (seuil ventilatoire anaérobie), permettant d'objectiver les progrès réalisés au cours de la réadaptation.

Si la ventilation maximale est basse, on doit pratiquer des explorations fonctionnelles respiratoires à la recherche d'un pneumothorax ou d'une paralysie phrénique.

Évaluation locomotrice

Un examen clinique complet est réalisé, recherchant les déficits musculaires et les mauvaises postures afin de programmer des séances de gymnastique spécialisée.

L'étude de la force musculaire est faite sous contrôle électrocardioscopique avec prise de tension artérielle régulière.

Les principaux groupes musculaires (biceps, quadriceps) sont soumis à différents tests (contractions isométriques et isocinétiques) correspondant à des exercices de type résistance. Les performances réalisées servent de base au programme de renforcement musculaire.

Certains établissements possédant un dynamomètre isocinétique (*Cybex*, par exemple) peuvent chiffrer de façon précise les performances.

Chez le greffé cardiaque, les efforts brefs de durée inférieure à 30 secondes, même s'ils sont intenses, n'entraînent pas d'élévation de la fréquence cardiaque.

Programme de remise en condition physique

Le but étant de permettre à chacun de pratiquer une activité physique, d'être autonome, de se réinsérer dans la vie socioprofessionnelle, deux types de séances sont prévues :

- les unes se déroulent dans des services de réadaptation avec la participation des médecins et éducateurs physiques ;
- les autres sont individuelles, hors présence médicale.

La durée du programme est fonction de l'évolution des capacités physiques du patient et des éventuels incidents médicaux (rejets, infections).

Séances organisées

Voici un schéma type d'organisation, donné à titre d'exemple :

- le premier mois, trois séances hebdomadaires sont prévues ;
- le deuxième mois, deux séances hebdomadaires,
- le troisième mois, une séance hebdomadaire, ou aucune si l'autonomie du patient est suffisante.

Ces séances s'attachent à permettre l'adaptation des différents organes mis en jeu au cours de l'effort. Leur durée moyenne est de 60 minutes :

- adaptation cardiovasculaire aux activités de type endurance : effort programmé sur ergomètre spécifique (bicyclette, tapis roulant, simulateur de marche) ;
- adaptation respiratoire, musculaire et articulaire : il s'agit d'un travail varié et personnalisé en présence d'un éducateur physique et avec du matériel. Ces activités correspondent à des exercices de type résistance.

Séances individuelles

Elles se déroulent dans un cadre choisi par le patient : domicile, stade, piscine, salle de gymnastique. Elles poursuivent les mêmes objectifs :

- adaptation cardiovasculaire : bicyclette, natation, course à pied ;
- adaptation fonctionnelle : gymnastique et postures variées.

La fréquence, la durée et l'intensité des exercices sont fixées par l'équipe médicale. Des tests simples d'autoévaluation, enseignés à chaque patient, permettent à celui-ci de contrôler ses efforts et d'acquérir une meilleure connaissance de lui-même.

Bilan final

Effectué au terme de ce programme de réadaptation, il sert à quantifier les progrès réalisés sur le plan cardiovasculaire (épreuve d'effort) et sur le plan locomoteur (*testing* musculaire ou dynamomètre isocinétique).

Les gains sont de l'ordre de 30 % pour la consommation maximale d'oxygène, de 80 à 120 % pour les capacités

fonctionnelles. La charge de travail tolérée est en moyenne de 135 watts (de 100 à 175 watts), avec une consommation maximale d'oxygène de 23 ± 6 mL.min^{-1}.kg^{-1} pour le greffé cardiaque. Les performances sont meilleures chez les greffés d'autres organes.
Ces résultats conduisent le greffé au niveau du sédentaire moyen. Cela doit inciter à poursuivre une activité physique régulière, source de progrès constants et de bien-être.

Vie sportive à distance de la greffe

Elle est possible et même souhaitable, après une période de réadaptation programmée. L'exercice physique régulier aide à prévenir les complications du traitement immunosuppresseur obligatoire et permanent. La corticothérapie entraîne : une dyslipidémie, une hyperglycémie, une amyotrophie par accentuation du catabolisme protéique prédominant aux membres inférieurs, une déminéralisation osseuse par stimulation des ostéoclastes. D'autres médicaments entraînent une hypertension artérielle d'origine rénale. Ces phénomènes sont eux-mêmes accentués par la sédentarité.

Activités conseillées

Sports d'endurance : course à pied, cyclisme, natation

De nombreuses règles sont à connaître :

- bien respecter les périodes d'échauffement musculaire et cardiaque par une élévation progressive de la vitesse (pas de démarrage brutal), pendant 5 à 10 minutes;
- la durée de l'effort se situe entre 20 et 60 minutes selon l'état d'entraînement et la forme du sujet;
- une période de récupération active (« dérouler ») est nécessaire durant 5 minutes au minimum;
- ensuite, c'est la récupération passive (assis) pendant laquelle il faut se couvrir correctement afin d'éviter tout refroidissement qui pourrait entraîner une infection virale, dangereuse chez le sujet immunodéprimé ;
- l'hygiène corporelle est fondamentale : douche avec savon et séchage soigneux. Il faut savoir détecter et traiter immédiatement toute lésion cutanée (abrasion, ampoules, traumatisme sportif...).

Gymnastique

Enseignée lors des phases précédentes, elle permet de garder une bonne souplesse et de prévenir les rétractions tendineuses par des étirements réguliers.
Elle ne présente pas de particularités ni de danger lié à la transplantation d'organe. Il faut respecter une période d'échauffement de 5 à 10 minutes.

Durée, intensité, fréquence des séances

La durée de l'effort est directement liée à l'entraînement. Pour être bénéfique, une séance doit durer au minimum 30 minutes, échauffement compris.
L'intensité de l'effort lors des séances d'endurance est définie par le bilan. Elle doit permettre de soutenir cet effort pendant la durée prévue. En cas d'intensité excessive, les douleurs musculaires imposeront une modération. Chez tous les greffés (hormis les greffés du cœur), on peut utiliser la fréquence cardiaque comme témoin de la charge de travail.
La fréquence des séances est adaptée en fonction des activités professionnelles du sujet, cela afin d'éviter l'abandon du programme sportif. Un minimum de 3 séances par semaine, d'une durée de 30 minutes chacune, est indispensable.
Certains greffés deviennent d'authentiques sportifs, s'inscrivant dans des clubs et participant aux entraînements. Pour ces derniers, il faut exiger une journée de repos par semaine.

Activités souhaitées par les greffés

Elles peuvent être celles précédemment décrites. Mais souvent le greffé désire s'intégrer dans une équipe (volley-ball, football) ou participer à des activités permettant la confrontation avec un autre (ping-pong, tennis...).
Ces pratiques sont autorisées à deux conditions :

- il ne doit pas exister de contre-indication médicale à l'issue du bilan fonctionnel annuel;
- ces activités sportives ne doivent intervenir qu'en supplément du programme minimal obligatoire décrit précédemment (3 séances d'endurance par semaine, d'une durée de 30 minutes). Cela permettra d'éviter tout accident musculotendineux ou incident lié à une inadaptation cardiovasculaire à l'effort.

C'est ainsi que l'on connaît des greffés du cœur classés en troisième série de tennis, ou courant le 100 mètres en 12 s 30, ou jouant au football en équipe corporative.

Règles à respecter

Elles font appel au bon sens, qui malheureusement manque souvent au sportif! Mais dans le cas du greffé, leur non-respect peut être source d'incidents voire d'accidents plus graves. Il ne faudra donc pas hésiter à les répéter :

- hygiène corporelle stricte : linge propre, douche après le sport;
- échauffement soigneux avec étirements musculaires;
- hydratation correcte, avant, pendant, après le sport;
- respect des signes de fatigue (très important);
- éviter la pratique sportive en solitaire;
- arrêt des activités sportives en cas d'infection ou d'épisode de rejet;
- consultation médicale en cas de problème d'ordre traumatologique (déchirure musculaire, tendinite, lombalgie...) ou fonctionnel (vertiges, palpitations...).

Résultats obtenus

En termes de durée de vie, l'incidence de la pratique sportive régulière ne peut être chiffrée car le concept du sport chez le transplanté est trop récent.
En termes de bien-être physique et psychologique, le résultat est net. On constate une diminution du nombre des consultations motivées par des signes fonctionnels divers : faiblesse

musculaire, crampes, lombalgies, asthénie... Le taux de reprise des activités professionnelles est aussi plus élevé.

En termes de capacités physiques, le greffé retrouve le même niveau que le sujet « témoin » et peut développer de réelles aptitudes sportives. À titre d'exemple, lors de l'édition 1990 des Jeux européens des transplantés cardiaques, réunissant plus de 150 greffés de tous les pays d'Europe et du monde (URSS, États-Unis, Israël), certaines performances furent réalisées :

- en course à pied : 12 min au 3 000 mètres (sujet de 53 ans greffé depuis 5 ans) ; 12 s 30 au 100 mètres (sujet de 25 ans greffé depuis 3 ans) ;
- en endurance : épreuve de natation (100 m), suivie d'une épreuve de cyclisme (30 km), se terminant par une épreuve de course à pied (3 000 m).

De même, il n'est plus rare de voir à l'arrivée de course d'endurance (20 à 42 km) des greffés cardiaques, rénaux ou hépatiques bien placés.

En termes d'adaptation cardiovasculaire à l'exercice, les résultats sont parlants :

- chez le transplanté hépatique ou rénal, les modifications liées à l'entraînement régulier sont les mêmes que chez tout sportif : fréquence cardiaque de repos abaissée et à l'effort moins élevée à chaque palier ; retour à la fréquence cardiaque de base plus rapide lors de la récupération ; amélioration du profil tensionnel d'effort (baisse de la TA diastolique) ;
- chez le transplanté du poumon : les résultats sont directement liés aux capacités fonctionnelles de l'organe greffé (valeur des explorations fonctionnelles respiratoires) qui seront l'étape limitante des performances sportives ;
- chez le transplanté du cœur : l'activité physique régulière de type endurance modifie la FC tant au repos qu'à l'effort, mais à un degré moindre que chez un sujet non greffé.

La figure 41.3 représente la cinétique de la FC lors d'une épreuve d'effort avant et après 1 an d'entraînement (2 séances par semaine d'une durée de 30 minutes), chez un greffé. La figure 41.4 illustre les modifications de la cinétique de la FC lors de la récupération.

On note également une adaptation plus rapide de la FC aux différentes situations, montrant que le cœur greffé devient plus sensible aux catécholamines circulantes libérées lors de l'effort. Cela est confirmé lors des activités de type résistance (test sur dynamomètre isocinétique) (fig. 41.5). Même lors d'efforts brefs (5 à 30 secondes), séquentiels, la FC s'élève, ce qui n'était pas le cas avant entraînement.

La FC maximale atteinte à l'effort chez le greffé varie entre 165 à 190 b/min (fig. 41.6 : sujet de 49 ans, greffé cardiaque depuis 5 ans, au cours d'une compétition de course à pied par équipe avec relais).

Des études de terrain ont bien montré que les FC recueillies étaient plus élevées lors des activités spontanées que lors des tests de laboratoire et que la FC n'était pas une limite aux capacités physiques des greffés [4]. Ces résultats ont fait rechercher une éventuelle réinnervation : analyse de la variabilité sinusale, réponse à la tyramine, tomographie par émission de positons. Seule cette dernière technique a montré une réinnervation sympathique, localisée à la région antéroseptale du ventricule gauche [2].

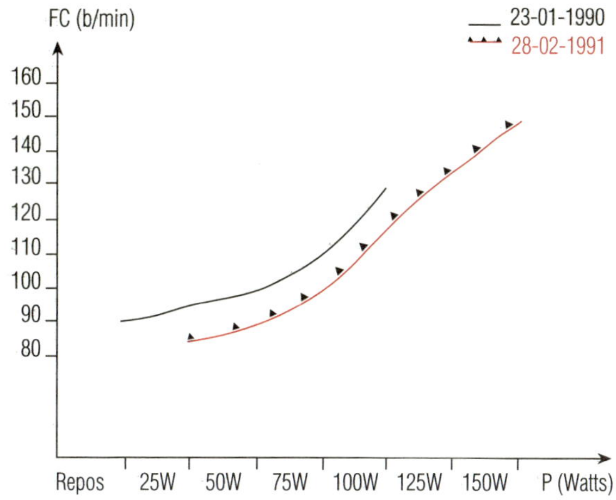

Fig. 41.3. Épreuve d'effort. Cinétique de la fréquence cardiaque à l'effort.

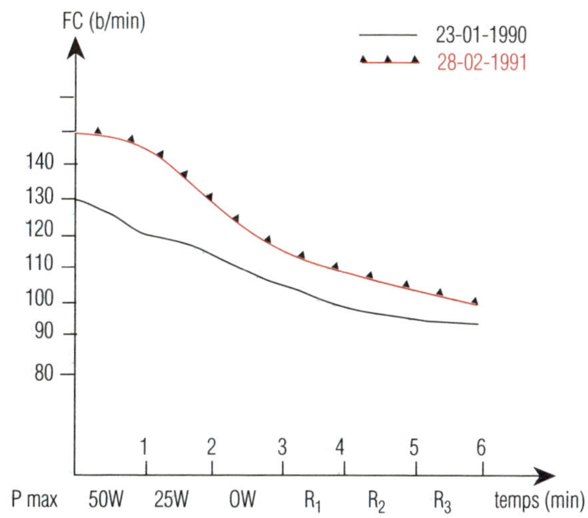

Fig. 41.4. Épreuve d'effort. Évolution de la fréquence cardiaque lors de la récupération active puis passive.

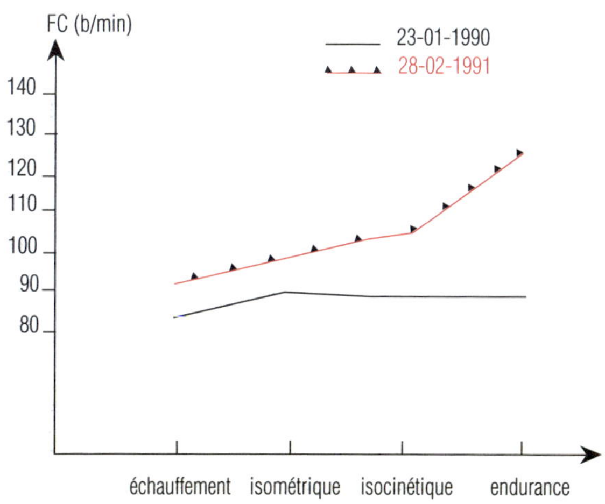

Fig. 41.5. Test sur *Cybex* (quadriceps). Cinétique de la fréquence cardiaque.

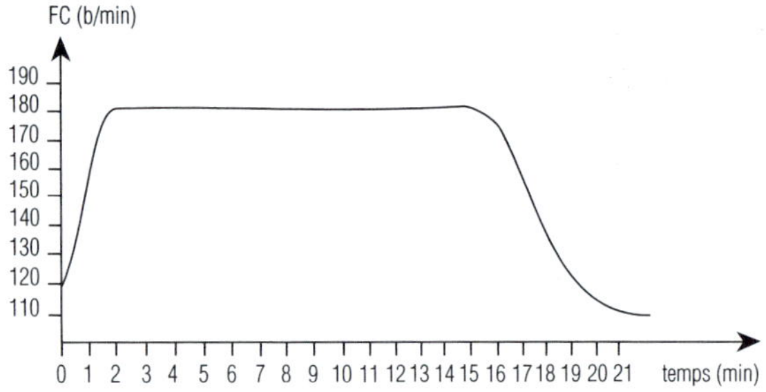

Fig. 41.6. Cinétique de la fréquence cardiaque chez un greffé cardiaque (1986) entraîné, âgé de 49 ans, lors d'une course de 15 min, à 12 km.h^{-1}, en 1991.

Limites

Cette évolution favorable peut être freinée par des épisodes de rejets subaigus, détectés par la surveillance régulière obligatoire de tout greffé (bilan sanguin, échocardiographie et/ou biopsie de l'organe greffé). Ces épisodes surviennent surtout lors de la première année post-transplantation. Les épisodes de rejet aigu sont marqués par une altération nette de l'état général, conduisant à une hospitalisation pour augmenter le traitement immunosuppresseur.

De même, des infections peuvent intervenir, imposant l'arrêt des activités sportives et la mise en route immédiate d'un traitement médical adapté.

Pour tous les transplantés, à l'exception des greffés du cœur, il n'y aura pas de limitation cardiovasculaire aux performances.

Pour les greffés du cœur, à entraînement égal, les performances resteront inférieures à celles des témoins (différence de l'ordre de 30 %) du fait des différents dommages subis par le greffon :

- temps d'ischémie du greffon (délais de prélèvement, de transport, de mise en place et de remise en route) ;
- infiltration myocardique (lymphoplasmocytaire) due à la réaction de l'organisme receveur face à l'organe étranger implanté.

Conclusion

L'essor considérable pris par la greffe d'organes depuis la découverte d'un traitement antirejet efficace et bien toléré est à l'origine d'une nouvelle population dont l'espérance de vie s'allonge chaque année. Se pose donc le problème de leur réinsertion sociale.

Les activités physiques, correctement programmées, aident le greffé dans cette démarche de réinsertion. Elles préviennent de nombreuses complications liées à la sédentarité et au traitement médical, rendu obligatoire et définitif par la présence d'un « greffon » étranger dans l'organisme.

Les activités doivent être commencées tôt après la transplantation, en accord avec l'équipe médicochirurgicale. Cette première étape s'accomplit sous contrôle médical. Certaines équipes préconisent un entretien musculaire lors de la période d'attente de greffe.

Une fois sorti de cette période difficile, le greffé doit entreprendre une remise en condition physique après un bilan fonctionnel complet et avec l'aide des équipes spécialisées en réadaptation. Son avenir est en jeu, tant sur le plan physique que psychologique. De plus, la société ne pouvant supporter une population inactive, la reprise des activités professionnelles doit devenir la règle (sauf exception).

Au-delà de 6 mois, le greffé, outre les activités physiques de base (endurance, gymnastique), peut pratiquer des sports plus ludiques (football, tennis, ping-pong…) en respectant les principes simples qui lui auront été enseignés.

Tout cela doit se faire dans un climat de confiance mutuelle entre le sportif greffé et l'équipe qui le suit afin d'adapter régulièrement les performances et les éventuelles périodes de repos forcé.

Bibliographie

[1] AHA. Exercise and Heart Failure. A statement from the American Heart Association Commitee on Exercise, rehabilitation and prevention. *Circulation* 2003; 107 : 1210-25.

[2] Bengel F. Effect of sympathetic reinnervation on cardiac performance after heart transplantation. *N Engl J Med* 2001; 345 : 731-8.

[3] Minotti JR. Skeletal muscle response to exercise training in congestive heart failure. *J Clin Invest* 1990; 86 : 751-8.

[4] Richard R, Verdier JC. Chronotropic competence in endurance trained heart transplant recipients : heart rate is not a limiting factor for exercise capacity. *J Am Coll Cardiol* 1999; 33 : 192-7.

Pour en savoir plus

Fox L, Mathews DK. *Bases physiologiques de l'activité physique.* Paris : Vigot, 1984 : 1-21.

Gimenez M. Square Wave Exercise endurance Test. *Eur J Appl Physiol* 1982; 49 : 359-68.

Harvison A. Rehabilitation after heart transplantation : the australian experience. *J Heart Transplant* 1988; 7 (5) : 337-41.

Hoppeler H. The different relationship of $\dot{V}O_2$ max to muscle mitochondria in humans and quadre pedal animals. *Resp Physiol* 1990; 80 : 137-46.

Kao AC. Allograft diastolic dysfunction and chronotropic incompetence limit cardiac output response to exercise two to six years after heart transplantation. *J Heart Lung Transplant* 1995; 14 : 11-2.

Kavanagh T. Cardiorespiratory responses to exercise training after orthotopic cardiac transplantation. *Circulation* 1988; 77 : 162-71.

Lord SW. Exercise response after cardiac transplantation : correlation with sympathetic reinnervation. *Heart* 1996; 75 : 40-3.

Niset G. Psychosocial and physical rehabilitation after heart transplantation : 1 year follow up. *Cardiology* 1988; 75 : 311-7.

Niset G, Hermans L, Depelchin P. Exercise and heart transplantation. *Sports Med* 1991; 12 : 359-79.

Radaelli A. Determinants of heart rate variability in heart transplanted subjects during physical exercise. *Eur Heart J* 1996; 17 : 462-71.

Rieu M. Physical work capacity in organ transplantation. *In : Medicine and sport science*. Karger : Basel, 1997 : 188 p.

Rosier SP. Étude chez le transplanté cardiaque : comparaison entre la fréquence maximale mesurée en laboratoire et sur le terrain et la fréquence cardiaque maximale théorique. *Sciences Sports* 1996; 11 : 54.

Sullivan MJ, Higginbotham MB, Cobb FR. Exercise training in patients with severe left ventricular dysfunction. *Circulation* 1988; 78 : 506-15.

42

Sport chez l'enfant atteint d'une affection cardiaque

Sommaire

Les médecins scolaires, les pédiatres, les généralistes, les médecins du sport et les cardiologues sont confrontés à des problèmes d'aptitude aux sports (indications et contre-indications à la pratique d'une activité physique) souvent délicats à résoudre. Les praticiens peu familiarisés avec les aspects physiopathologiques des cardiopathies de l'enfant et avec les contraintes cardiovasculaires de chaque discipline sportive préfèrent prononcer des interdits, parfois abusifs, plutôt que d'engager leur responsabilité dans un éventuel accident. Ils sont en cela volontiers poussés par les parents, généralement surprotecteurs, privant même ainsi les enfants des bienfaits du sport sur l'évolution de leur cardiopathie. Interdire le sport à un enfant qui peut le pratiquer est une décision grave, qui doit être médicalement justifiée, comme d'ailleurs celle d'autoriser le sport à un enfant à risque.

Ici est essentiellement envisagé le cas des enfants ayant une cardiopathie connue pour laquelle ils sont suivis. Il s'agit presque toujours de cardiopathies malformatives; mais il ne faut pas oublier l'intérêt du dépistage des cardiopathies, même mineures, chez un enfant apparemment sain.

Généralités

Avant de traiter les problèmes d'aptitude au sport, cardiopathie par cardiopathie, quelques points particuliers propres à toutes les cardiopathies sont d'abord à préciser.

La *mort subite*, même si elle est rarissime, doit être une hantise mais malheureusement elle est souvent la première manifestation d'une cardiopathie méconnue. Les deux causes principales sont une myocardiopathie (ou myocardite) ou un trouble du rythme ventriculaire. Seul un bilan rythmique et échographique systématique, impossible à réaliser techniquement et économiquement, pourrait éviter cet accident dramatique.

Quelle que soit la cardiopathie, les sports dynamiques sont toujours préférables aux *sports statiques*, car l'effort est progressif, dosable, la contrainte cardiaque moins intense, et enfin ils favorisent le ralentissement de la fréquence cardiaque (FC) et l'abaissement de la pression artérielle (PA).

Le risque de *surinfection oslérienne* existe pratiquement dans toutes les cardiopathies malformatives. Il implique donc de se méfier des plaies suppurées et des sinusites chroniques (piscine) et de tout risque de bactériémie.

Après sternotomie, il est préférable d'éviter les sports comportant un risque de *traumatisme thoracique* (rugby, hockey sur glace, boxe, etc.).

Il est toutefois impossible de systématiser une attitude car il ne s'agit que de cas particuliers, pour lesquels la décision dépend non seulement de la cardiopathie et du sport pratiqué, mais aussi de tout un contexte physique, génétique, psychique, familial, scolaire et même géographique.

Méthodes d'investigation

Interrogatoire

L'interrogatoire précise les signes fonctionnels, leur mode de survenue, leur chronologie et leur relation avec l'effort. Il étudie aussi l'anamnèse personnelle et familiale de l'enfant, la notion de mort subite dans la famille.

Examen clinique

L'examen clinique comprend d'abord l'étude du développement staturopondéral de l'enfant, sa statique, l'existence d'éventuelle anomalie morphologique (déformation thoracique, aspect marfanoïde, etc.). On pratique ensuite un examen cardiovasculaire comprenant notamment la palpation des pouls, la mesure de la pression artérielle aux deux bras, et enfin l'auscultation cardiaque.

Électrocardiogramme

L'électrocardiogramme (ECG) recherche d'éventuels troubles du rythme, de la conduction, de la repolarisation ou des signes de surcharge auriculaire et/ou ventriculaire.

Écho-Doppler

L'écho-Doppler cardiaque est l'examen indispensable pour apprécier l'anatomie des structures intracardiaques et des gros vaisseaux, la compétence des valves, les gradients transvalvulaires et surtout les fonctions ventriculaires (voir chapitre 39).

Épreuve d'effort

L'épreuve d'effort (EE), en l'absence de contre-indication, est l'examen de référence.

Protocole

On utilise le tapis roulant ou le cycloergomètre. Le tapis roulant a l'avantage de faire appel à un effort plus habituel, la marche, et permet d'abaisser l'âge de l'épreuve à 4 ans. Il est également plus physiologique, utilise une masse musculaire plus importante, entraînant ainsi une participation cardiorespiratoire et métabolique plus élevée. En revanche, le tracé électrique est de moins bonne qualité, l'évaluation de la pression artérielle systolique (PAS) est très délicate, et il est plus difficile d'obtenir la fréquence maximale théorique (FMT). C'est pourquoi on lui préfère le cycloergomètre, qui peut être utilisé dès que la taille de l'enfant atteint 1,30 m. Une bonne préparation psychologique est nécessaire de façon à mettre l'enfant en confiance et à le motiver, en éveillant au besoin son esprit de compétition.

Interprétation des résultats

L'épreuve d'effort nécessite de bien connaître les normes de l'enfant, et notamment la performance et le profil tensionnel en fonction de l'âge ou de la taille. Il est également indispensable d'avoir une bonne connaissance de la cardiopédiatrie et de la physiopathologie propre à chacune des cardiopathies.

Habituellement, on pratique l'épreuve d'effort maximale *triangulaire*, à puissance croissante, c'est-à-dire jusqu'à épuisement physique ou obtention de la fréquence maximale théorique (FMT : 190 à 210 b/min chez l'enfant), en adaptant la charge (puissance de l'exercice) en fonction du poids. Sur tapis roulant, on peut utiliser le classique protocole de Bruce modifié, mais la préférence va au protocole indiqué dans le tableau 42.1, qui permet d'obtenir plus facilement la FMT.

Sur cycloergomètre, ce protocole débute à 30 watts, avec des paliers de 30 watts toutes les 2 ou 3 minutes en fonction de l'âge et de la cardiopathie. On peut y associer la mesure de la saturation en oxygène et celle des échanges gazeux pour déterminer la $\dot{V}O_2$ max. Celle-ci croît avec l'âge, parallèlement aux données biométriques ; rapportée au poids, elle reste constante entre 10 et 20 ans (40 $mL.min^{-1}.kg^{-1}$).

Tab. 42.I. Protocole à utiliser pour obtenir la fréquence maximale théorique.

Vitesse (km/h × 2 min)	Pente
3,5	8 %
4,5	10 %
5,5	12 %
5,5	14 %
6,5	16 %
6,5	18 %

Motifs d'arrêt

Les plus fréquents sont l'épuisement musculaire ou l'obtention de la FMT, les deux étant souvent concordants. D'autres causes sont plus rares :

- dysrythmie ventriculaire, polymorphe et répétitive, et *a fortiori* tachycardie ventriculaire soutenue ;
- troubles de la conduction auriculoventriculaire ;
- troubles de la repolarisation, représentés surtout par un sous-décalage significatif du segment ST ;
- faible élévation tensionnelle, avec PAS en plateau ou, pis, chute de la PAS, reflet d'une inadaptation du débit cardiaque à l'effort ;
- élévation de la PAS supérieure ou égale à 250 mmHg chez l'enfant et 280 mmHg chez l'adolescent.

La récupération est étudiée pendant 5 minutes. Les accidents et incidents sont exceptionnels si l'on prend soin de bien poser les indications.

L'EE peut être sensibilisée par la scintigraphie isotopique.

Autres explorations

Lorsque l'on suspecte un trouble du rythme, il est indispensable de pratiquer un enregistrement Holter ECG des 24 heures à la recherche de troubles du rythme paroxystiques ou méconnus. On peut compléter le bilan rythmique par la recherche de potentiels tardifs ou par une étude électrophysiologique endo-œsophagienne ou endocavitaire.

En cas d'hypertension artérielle (HTA) labile ou limite, il est intéressant de pratiquer une mesure ambulatoire de la pression artérielle (MAPA), qui évalue la charge tensionnelle moyenne, détecte d'éventuelles poussées et surtout permet d'éliminer l'effet « blouse blanche ».

L'imagerie par résonance magnétique (IRM) permet si besoin de préciser l'anatomie des gros vaisseaux intrathoraciques.

Enfin, le cathétérisme cardiaque n'est plus pratiqué dans un but diagnostique mais essentiellement dans l'optique d'un geste thérapeutique interventionnel.

Décision médico-sportive

Au terme de ce bilan, on est donc en mesure d'évaluer le risque purement cardiologique. Il convient de le rapporter au risque de chaque sport en particulier, car la contrainte cardiaque qu'il implique est variable non seulement en fonction de son type, mais aussi en fonction de nombreux paramètres (âge, niveau technique, modalité d'entraînement, intensité de la pratique), ce qui rend difficile leur classification. La plus couramment admise est celle de la *Task Force,* qui envisage les sports sous l'angle de l'effort requis et sous celui du risque de collision ou de syncope.

Contre-indications formelles à l'activité sportive

Elles existent mais sont rares :

- les *cardiopathies cyanogènes complexes*, qui ne peuvent bénéficier de correction complète, mais simplement de chirurgie palliative. La cyanose est permanente et ces enfants se désaturent très rapidement à l'effort. Il est clair que leur capacité physique est très faible, et d'ailleurs ils limitent spontanément leurs activités ludiques;
- les *myocardiopathies* (MCP), qui représentent un groupe très hétéroclite de cardiopathies, et peuvent se compliquer de dysrythmie ventriculaire ou de bas débit d'effort, qu'il s'agisse de MCP primitive, dilatée hypokinétique, hypertrophique obstructive (CMO) ou non obstructive, ou secondaire à une autre atteinte cardiaque. Les MCP *hypertrophiques* se rencontrent volontiers dans un contexte polymalformatif, peu propice au sport, mais aussi chez des enfants par ailleurs parfaitement sains. La MCP *obstructive* (MCO) peut être redoutable, surtout dans sa forme familiale, du fait du risque de mort subite. Les MCP dilatées hypokinétiques n'autorisent qu'une activité ludique limitée en l'attente d'une transplantation cardiaque, qui sanctionne presque toujours cette cardiopathie. L'étude de la montée en charge tensionnelle d'effort est considérée aujourd'hui comme un des meilleurs éléments de pronostic;
- la *transplantation cardiaque,* car la FC du cœur dénervé ne s'adapte que tardivement à l'effort et l'activité physique est limitée par l'amyotrophie induite par les traitements;
- toutes les cardiopathies comportant un risque de *dysrythmie ventriculaire sévère*, qu'il s'agisse d'un trouble du rythme primitif (QT long, TV catécholergiques) ou secondaire, qui font courir un risque de mort subite;
- les enfants qui ont une *hypertension artérielle pulmonaire* (HTAP) supérieure à 60 mmHg : ce sont en général des HTAP primitives car les HTAP postchirurgicales (shunts gauche-droite) sont devenues exceptionnelles en raison de la précocité de la chirurgie;
- la *maladie de Marfan*, dont l'atteinte du tissu conjonctivo-élastique fait courir des risques de dissection aortique à la faveur de poussée hypertensive ou de traumatisme thoracique, et représente donc en soi une contre-indication au sport.

Autorisation à pratiquer

On peut autoriser toute pratique sportive et même la compétition dans bon nombre de cardiopathies.

Les *shunts gauche-droite* (canal artériel, communications diverses : CIA, CIV, CAV), opérés ou non, ne représentent pas une contre-indication à condition qu'il n'y ait ni HTAP, ni trouble du rythme ou de la conduction postopératoire. En effet, ou bien le shunt est minime et le retentissement hémodynamique négligeable, ou bien la chirurgie a permis une guérison complète et définitive.

Les *canaux artériels* sont traités systématiquement vers l'âge de 1 an, soit par la chirurgie, soit par la mise en place de « coils » par cathétérisme interventionnel, soit par vidéo-chirurgie. Les enfants ont alors un cœur normal.

Les *communications interauriculaires* (*ostium primum* ou *ostium secundum*) sont opérées avant l'âge scolaire si leur débit le justifie. Au pire, les enfants en conservent quelques troubles du rythme auriculaire bénins autorisant le sport. Il en est de même quand leur faible retentissement hémodynamique fait récuser l'indication opératoire.

Les *communications interventriculaires* (CIV) à gros débit sont fermées chirurgicalement avant l'âge de 1 an, en général par voie atriale, c'est-à-dire sans le risque de dysrythmie dû à une ventriculotomie. Si on choisit de ne pas opérer, l'évolution se fait soit vers la fermeture spontanée, soit vers la maladie de Roger, dont le seul risque est la surinfection oslérienne.

Les *sténoses valvulaires pulmonaires* sont maintenant dilatées par valvuloplastie par ballonnet dès que le gradient VD-AP atteint 50 mmHg. Un gradient VD-AP ≤ 30 mmHg permet toute activité sportive.

Les formes « échographiques » de *prolapsus mitral* qui ne comportent ni fuite mitrale ni trouble du rythme à l'effort ne méritent aucune restriction. Il en est de même des cardiopathies valvulaires « acoustiques », dont le retentissement hémodynamique est nul.

Les enfants qui ont des *extrasystoles* auriculaires ou ventriculaires bénignes, non répétitives au Holter et disparaissant à l'effort, sont également autorisés à pratiquer. Il en est de même des tachycardies de Bouveret si l'effort ne les favorise pas. Entre ces deux extrêmes se situe la grande majorité des malformations, que nous envisagerons par cardiopathie.

Bilan par cardiopathie

Sténose aortique

La sténose aortique, valvulaire ou sous-valvulaire, expose au risque de mort subite d'effort dans les formes serrées. Il s'agit de plus d'une cardiopathie parfois évolutive, notamment au moment de la puberté. C'est pourquoi un contrôle annuel échographique et ergométrique est indispensable. L'épreuve d'effort n'est pratiquée que pour des gradients ≤ 80 mmHg, sinon il y a indication à lever l'obstacle.

D'une façon générale, la compétition sportive est toujours interdite, mais on peut autoriser la pratique de certains sports en fonction du résultat de l'EE. Celle-ci apprécie la performance physique, en générale normale, étudie le profil tensionnel, qui met en évidence fréquemment une faible élévation de la PAS avec possibilité de chute rapide en récupération, et surtout recherche des signes de souffrance myocardique d'effort, sous la forme d'un sous-décalage du segment ST dans les dérivations précordiales gauches (fig. 42.1).

Si l'épreuve est normale, le sport est autorisé en excluant toutefois la compétition. On déconseille les environnements dangereux comme le réalisent l'alpinisme, la plongée, ou la piscine en collectivité, etc., ainsi que les sports à risque

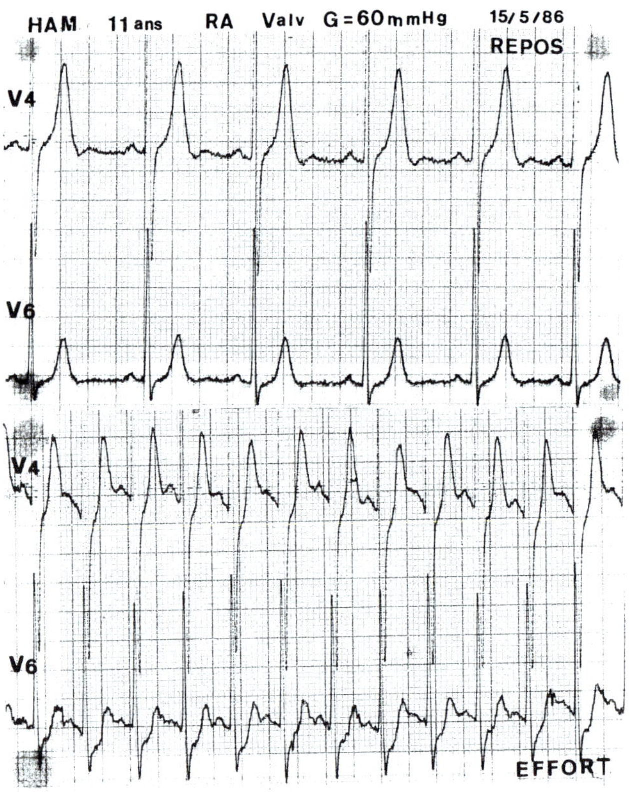

Fig. 42.1. Rétrécissement aortique valvulaire. Enfant de 12 ans avec gradient maximal de 70 mmHg. En haut : tracé de repos. En bas : ECG d'effort. Sous-décalage de ST en V_4 et V_6 avec abaissement du point J pour une FC de 160 b/min.

de traumatisme thoracique. Notre attitude est celle représentée dans le tableau 42.II.

Tab. 42.II. Schéma d'attitude.

Gradient VG-AO (mmHg)	EE	Type de sport				
		I-AB	I-C	II-AB	II-C	III-ABC
< 30 30 à 60 60 à 80 60 à 80	Normale Normale Normale Anormale	+++ +++ ++ +	++ + 0 0	++ ++ + 0	++ + 0 0	+ 0 0 0
80	Indication à l'intervention					
+++ ++ + 0	Compétition autorisée Sport conseillé sans compétition Sport autorisé sans compétition Sport interdit					
(Attitude également valable pour les rétrécissements aortiques opérés ou dilatés)						

I, II, III : contrainte statique ; A, B, C : contrainte dynamique (voir chapitre 24, tableau 24.I).

Coarctation isthmique aortique

Les enfants atteints de coarctation isthmique aortique, qu'elle soit pure ou associée à d'autres malformations, sont maintenant opérés soit en période néonatale en cas de mauvaise tolérance (VG inadapté, HTA), soit de principe avant 1 an, sauf en cas de diagnostic tardif, ce qui n'est pas exceptionnel aujourd'hui.

L'intervention la plus couramment pratiquée est la résection-suture (opération de Crafoord). En cas d'hypoplasie de l'arc aortique, on anastomose l'aorte sous-stricturale à la face inférieure de l'aorte horizontale (opération de Crafoord modifiée). Plus rarement, on sacrifie l'artère sous-clavière gauche pour faire une plastie de l'isthme. Dans certaines longues hypoplasies, il est nécessaire d'utiliser du matériel prothétique. En cas de resténose, on pratique éventuellement une angioplastie par ballonnet.

Après l'intervention, les enfants sont régulièrement suivis cliniquement par écho-Doppler, et finalement arrive l'âge de pratiquer une activité physique ou sportive. L'examen de référence est alors l'épreuve d'effort, avec mesure de la PAS d'effort.

L'idéal serait d'apprécier la différence tensionnelle entre le membre supérieur et le membre inférieur, mais on se heurte à des difficultés techniques et d'appréciation des résultats, qui confèrent à cette mesure une valeur purement qualitative. Dans notre expérience, 60 % des enfants ont un *profil tensionnel d'effort* (PTE) anormal par rapport à une population témoin, d'autant plus volontiers qu'ils ont été opérés tard et qu'il y a interposition de matériel synthétique. Certains enfants atteignent à l'effort une HTA critique malgré une réparation chirurgicale parfaite.

Pour mieux comprendre ce phénomène, nous pratiquons dorénavant une étude de la fonction endothéliale, de la réactivité artérielle, et de l'onde de réflexion du pouls par tonométrie d'aplanation. La fonction endothéliale est étudiée par écho-Doppler computérisée en mesurant les diamètres artériels et l'épaisseur intima-media aux membres supérieur et inférieur. La réactivité artérielle est déterminée par des tests pharmacologiques (trinitrine) et par le test d'hyperhémie.

La tonométrie d'aplanation consiste à appliquer des éléments piézoréceptifs sur une artère comprimée sur un plan osseux. On peut ainsi déterminer où se situe *l'onde de réflexion du pouls* (ORP) sur l'onde systolique incidente. Normalement, chez les sujets sains et normotendus, la vitesse de l'onde de pouls (VOP) est lente et l'ORP se situe sur la portion descendante de l'onde systolique incidente. Chez les sujets hypertendus, la VOP est plus rapide et l'ORP se superpose au sommet de l'onde incidente. Chez les patients opérés de coarctation, on pense que la réflexion du pouls se fait non pas au niveau de la bifurcation iliaque, mais au niveau de l'isthme, ce qui explique la précocité de l'ORP responsable de certaines HTA.

Néanmoins, de nombreux enfants sont guéris, avec des artères normales et sans HTA de repos ou d'effort.

Origine d'une HTA souvent constatée

L'isthme opéré n'est jamais parfaitement harmonieux et reste cicatriciel, perdant ainsi sa compliance. On peut supposer qu'à l'effort se crée un gradient fonctionnel, à la faveur de l'augmentation considérable du débit.

Nous avons déjà envisagé la précocité de l'ORP et les troubles de la réactivité artérielle.

Enfin, certains auteurs ont émis l'hypothèse d'anomalie touchant les barorécepteurs carotidiens.

Aptitude au sport

Les risques théoriques encourus par ces patients lors de la pratique du sport sont directement liés aux poussées hypertensives d'effort sur des artères potentiellement anormales. En effet, 50 à 70 % des coarctations ont une bicuspidie aortique responsable d'une dilatation de l'aorte initiale; 3 % ont des anévrismes du polygone de Willis et la zone isthmique reste fragile. On peut alors concevoir que des poussées hypertensives ou des traumatismes thoraciques puissent favoriser des dissections aortiques ou des ruptures d'anévrisme.

Il apparaît donc logique d'interdire toute pratique de sports à forte contrainte statique, dont l'haltérophilie est l'archétype, mais également les sports à haut risque de traumatisme thoracique comme le rugby, la boxe, le hockey sur glace ou le football américain. De même, nous déconseillons les sports qui comportent des efforts statiques importants comme les sports de combat, les arts martiaux, la gymnastique et l'athlétisme hors piste. D'une manière générale, il faut toujours privilégier les sports d'endurance.

Schéma d'attitude

Une fois exclus les sports précités, l'aptitude au sport est fonction du PTE. Si le PTE est normal, on peut autoriser tous les sports y compris en compétition. Si le PTE est anormal, mais que la PAS reste inférieure à 200 mmHg chez l'enfant et 230 mmHg chez l'adolescent, il faut interdire la compétition et conseiller la pratique exclusive de l'endurance (tableau 42.III).

Si la PAS d'effort dépasse 200 mmHG chez l'enfant et 230 mmHg chez l'adolescent, il faut préconiser uniquement les sports à faible contrainte statique et dynamique. On recherche alors une coarctation redux notamment par IRM et on étudie la réactivité artérielle.

Tab. 42.III. Schéma d'attitude.

PTE normal	Compétition
PTE anormal	PAS ≤ 200 mmHg (enfant) PAS ≤ 230 mmHg (adolescent) → **sports dynamiques sans compétition**
PTE anormal	PAS ≥ 200 mmHg (enfant) PAS ≥ 230 mmHg (adolescent) → **réinvestigations**

Il reste dans ce cas le problème non résolu de la prescription d'un traitement hypotenseur. Les vasodilatateurs sont sûrement les plus indiqués (inhibiteurs de l'enzyme de conversion, angiotensine II, inhibiteurs calciques), plutôt que les classiques bêtabloqueurs. Le sport ne peut être repris qu'après normalisation de la PAS d'effort.

Il faut insister enfin sur l'intérêt de la cardiofréquence-métrie en préconisant de ne pas dépasser un niveau de fréquence cardiaque déterminé au vu de l'épreuve d'effort, sachant que la pression artérielle est bien corrélée à la fréquence.

Tétralogie de Fallot

La tétralogie de Fallot n'est pas une malformation stéréotypée, et tous les intermédiaires existent entre la forme régulière, caractérisée par une voie pulmonaire harmonieuse et une CIV unique, opérée de principe avant 1 an, et la forme irrégulière, du fait d'une hypoplasie importante des branches pulmonaires, et/ou de sténoses des branches pulmonaires et/ou de CIV multiples, et/ou d'anomalies de trajet des coronaires (artère interventriculaire naissant de la coronaire droite), ayant parfois nécessité une chirurgie palliative avant la cure complète.

On conçoit aisément que la qualité du résultat opératoire dépend essentiellement du type anatomique de la malformation. En postopératoire, il peut persister des anomalies anatomiques, avec leurs conséquences hémodynamiques et des troubles du rythme ou de la conduction (fig. 42.2).

Ces enfants doivent donc être régulièrement surveillés par écho-Doppler cardiaque, enregistrements Holter et EE si possible couplée à la mesure de la $\dot{V}O_2$ max.

L'étude de la réponse à l'effort de 105 enfants nous permet de conclure qu'il existe une insuffisance chronotrope d'effort par défaillance sinusale, probablement secondaire au geste chirurgical.

La baisse de la capacité physique, surtout franche chez les filles, est attribuée dans la littérature aux séquelles hémodynamiques et en particulier à une altération de la fonction diastolique du VD, favorisée par l'insuffisance pulmonaire. Des données cliniques, hémodynamiques, ergométriques et rythmiques découlent donc l'attitude vis-à-vis de la pratique du sport. D'une manière générale, la compétition dans les sports à forte contrainte cardiaque est contre-indiquée. Pour autoriser la pratique du sport, on doit exiger les éléments suivants :

- pas de dysrythmie ventriculaire;
- pas de trouble de la conduction;
- rapport cardiothoracique ≤ 0,55;
- gradient VD-AP ≤ 30 mmHg;
- pas de shunt résiduel.

Il est bien sûr difficile de schématiser rigoureusement l'attitude car tous les critères cités ne sont pas toujours réunis et il s'agit la plupart du temps de cas particuliers.

Transpositions des gros vaisseaux

Les transpositions des gros vaisseaux (TGV) bénéficiaient jadis d'une correction physiologique à l'étage auriculaire par les techniques de Mustard ou Senning, en cloisonnant le massif auriculaire de telle sorte que les retours caves se drainent vers la mitrale et le VG, et le sang veineux pulmonaire se draine vers la tricuspide et le VD; depuis une dizaine d'années, on pratique en période néonatale une correction anatomique avec détransposition artérielle et réimplantation des ostia coronaires (Switch).

Après correction atriale, il existe une mauvaise adaptation du débit cardiaque à l'effort, car c'est le VD qui assure la fonction systémique, souvent mal préchargé par une obstruction des chenaux caves, avec baisse de la fraction d'éjection (FE) à l'effort. L'inadaptation à l'effort est souvent aggravée par une défaillance sinusale, responsable d'une insuffisance chronotrope d'effort, incomplètement compensée par une augmentation de l'extraction tissulaire musculaire, due à une élévation de la PAS. Il en résulte donc une capacité physique en général moyenne, et il est recommandé une activité physique réduite aux sports d'adresse ou à l'endurance de faible niveau, comme la bicyclette sur terrain plat ou la natation (sous surveillance).

Les enfants opérés de Switch ont en général une fonction cardiaque normale et tous les sports sont autorisés, sauf s'il existe des anomalies coronaires. Celles-ci sont de dépistage

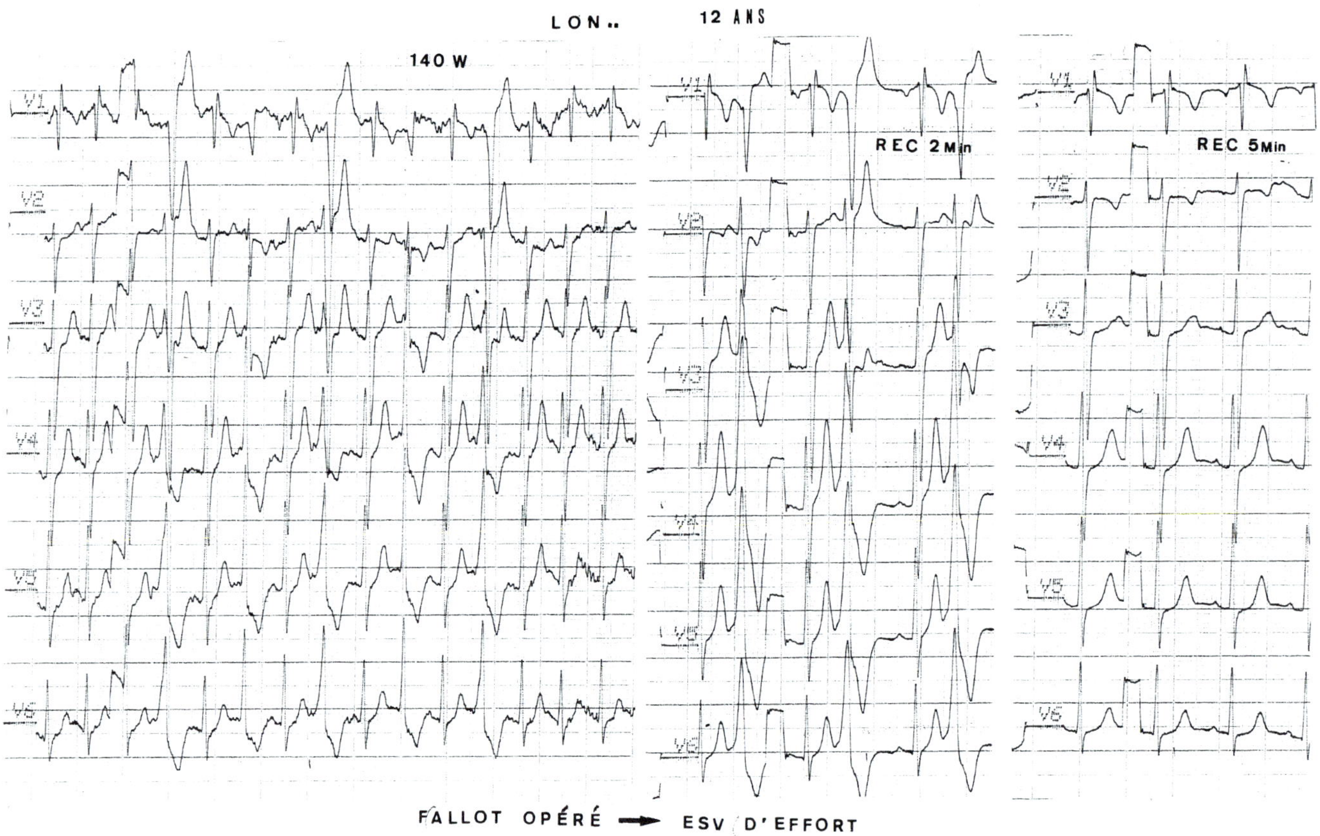

Fig. 42.2. Tétralogie de Fallot opérée. Enfant de 12 ans. À gauche, à 140 watts et 170 b/min de FC, extrasystolie ventriculaire monomorphe à type de retard gauche. Au milieu, passage en bigéminisme à la 2e minute de récupération. À droite, normalisation du tracé à la 5e minute de récupération.

difficile tant par l'épreuve d'effort, dont la sensibilité n'est que de 62 %, que par la scintigraphie isotopique, du fait du développement très précoce d'une circulation collatérale en cas de lésion ostiale. C'est dire qu'une coronarographie de contrôle est systématique, et sa normalité lève alors toute restriction dans l'exercice sportif.

Cardiopathies complexes à un seul ventricule

Dans les cardiopathies complexes à un seul ventricule (atrésie tricuspide ou ventricule unique), l'intervention de Fontan (anastomose atriopulmonaire), souvent responsable de complications rythmiques dues à la surcharge chronique de l'OD, est maintenant suppléée par l'anastomose cavopulmonaire, partielle ou totale. Dans ce cas le débit pulmonaire n'est plus assuré par les cavités droites, qui sont court-circuitées ou inexistantes, et la $\dot{V}O_2$ max est diminuée de moitié. Des études isotopiques ont montré que la FE du VG mal préchargé s'élève peu à l'effort et que la saturation veineuse s'abaisse fortement. Seuls les sports à faible contrainte cardiovasculaire sont donc autorisés.

Pathologie coronarienne

Quand on parle de pathologie coronarienne, on évoque habituellement les lésions ischémiques athéromateuses de l'adulte. Toutefois, les cardiopédiatres sont de plus en plus confrontés aux anomalies coronaires des enfants, congénitales ou acquises, heureusement exceptionnelles, mais souvent responsables de complications très graves et parfois mortelles. L'aptitude dépend du retentissement ischémique des lésions, évalué à l'EE ou par la scintigraphie isotopique. Elles sont représentées par les anomalies suivantes :

- les *fistules coronarocardiaques* : en général bien tolérées, opérées ou embolisées par cathétérisme interventionnel, elles ont en général un excellent résultat autorisant toute activité sportive ;
- la *naissance anormale de la coronaire gauche*, de l'artère pulmonaire (AP) : malformation très sévère, elle se révèle en général dans la première année de la vie par un épisode de décompensation cardiorespiratoire aiguë secondaire à un infarctus antérieur. Le résultat à distance de la réimplantation sur l'aorte de l'ostium coronaire apparaît satisfaisant et, dans notre expérience, les patients n'en conservent pas de souffrance myocardique d'effort. La compétition est toutefois contre-indiquée ;
- les *anomalies de trajet de la coronaire gauche* : passant entre l'aorte et l'AP, elles sont pratiquement impossibles à déceler, et la mort subite en est presque toujours le symptôme inaugural ;
- les *complications anévrismales coronariennes* de la maladie de Kawasaki, vasculite aiguë systémique fébrile : elles

contre-indiquent la pratique d'un sport à forte contrainte cardiaque;
- les *lésions coronariennes athéromateuses* de l'hypercholestérolémie familiale : elles sont comparables à celles de l'adulte. Lorsque l'anomalie biologique n'est pas connue, la présence de xanthomes tendineux et/ou d'arc cornéen doit faire évoquer la maladie. Tout sport est contre-indiqué (fig. 42.3 et 42.4);
- les *coronaropathies des transplantés* : d'apparition souvent très précoce, elles contre-indiquent évidemment tout sport;
- les *ponts myocardiques* ou trajets intramyocardiques de l'interventriculaire antérieure : exceptionnels mais gravissimes en raison de la compression systolique de la coronaire par le myocarde, ils entrent souvent dans le cadre d'une myocardiopathie hypertrophique interdisant le sport;
- l'aptitude au sport après *réimplantation des coronaires* pour Switch a déjà été traitée ci-dessus.

Il est intéressant de constater que les douleurs angineuses chez l'enfant sont rares, rendant difficile le dépistage de ces anomalies, et que, malgré la gravité des lésions coronariennes, les signes de souffrance myocardique d'effort sont exceptionnels.

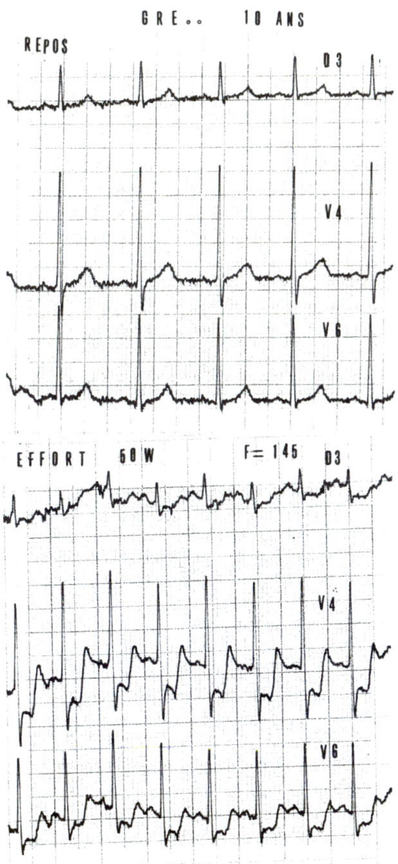

Fig. 42.3. Hypercholestérolémie familiale avec athérome coronarien. Épreuve d'effort : ECG de repos normal (en haut); tracé d'effort (en bas) : pour 50 watts et une FC de 145 b/min, apparition d'un sous-décalage de ST de 5 mm en V_4 et V_6.

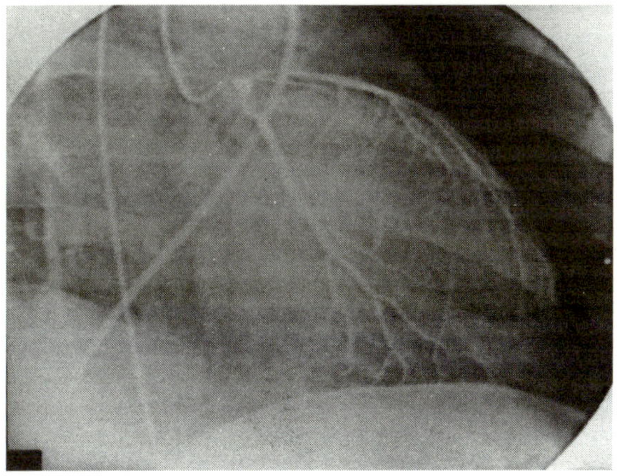

Fig. 42.4. Hypercholestérolémie familiale avec athérome coronarien. Coronarographie sélective en OAD de l'artère coronaire gauche : sténose très serrée et longue du tronc de la coronaire gauche, qui se prolonge sur l'IVA. Sténose à 50 % de l'artère circonflexe.

Prolapsus valvulaire mitral

Le prolapsus valvulaire mitral (ou maladie de Barlow) représente une entité particulière, d'abord par sa fréquence (6 à 10 % des enfants), mais surtout par le risque de dysrythmie ventriculaire, heureusement rare, qu'il peut comporter. C'est dire l'importance de l'enquête rythmique par Holter et épreuve d'effort. Dans la plus grande majorité des cas, il s'agit d'une cardiopathie bénigne, ne justifiant aucune restriction de l'activité sportive. Toutefois, certains critères doivent inciter à la plus grande prudence et faire contre-indiquer la compétition. Ce sont : la notion de mort subite dans la famille, une insuffisance mitrale, des troubles de la repolarisation sur l'ECG (QT long notamment), la notion de troubles du rythme, et surtout l'apparition d'ESV à l'effort. On s'assure enfin que le prolapsus n'entre pas dans le cadre d'une maladie du tissu conjonctivo-élastique.

Autres contre-indications

Il reste enfin à signaler les risques de traumatismes et d'hémorragie lors de l'activité sportive après implantation d'une prothèse mécanique valvulaire, chez des enfants assujettis à un traitement anticoagulant.

Troubles du rythme et de la conduction

Troubles du rythme supraventriculaire

Certains enfants peuvent présenter des anomalies rythmiques comme des tachycardies paroxystiques de type Bouveret, souvent difficiles à documenter, parce que trop peu fréquentes. Elles ne font courir aucun risque sauf si elles sont déclenchées par l'effort ou viennent compliquer un syndrome de préexcitation. Le sport est autorisé sous réserve d'environnement dangereux (plongée, alpinisme, etc.).

Il peut s'agir d'*extrasystoles auriculaires* ou *ventriculaires*. Ces dernières sont les plus fréquentes et en général bénignes : aucune restriction au sport à condition qu'elles soient monomorphes, non répétitives, à type de retard gauche-axe droit, et disparaissent à l'épreuve d'effort. Toutefois, malgré ces critères, leur fréquence et leur association à des anomalies de l'ECG, notamment en V_1, V_2, V_3, doivent faire rechercher des potentiels tardifs pour exclure une dysplasie ventriculaire droite arythmogène (DVDA). De même, leur polymorphisme, l'enregistrement de doublets, et *a fortiori* de salves doivent inciter à la plus grande prudence et faire interdire toute activité physique en l'attente du résultat de l'enquête rythmologique (EE, écho, potentiels tardifs, tests pharmacodynamiques), afin d'éliminer avec certitude une DVDA, une tachycardie ventriculaire (TV) cathécholergique, un syndrome du QT long congénital ou une myocardiopathie.

Syndrome de Wolff-Parkinson-White (WPW)

Il pose des problèmes d'aptitude parfois délicats à résoudre. En effet, il peut mettre la vie en jeu pour peu que la période réfractaire antérograde de la voie accessoire soit courte (= 220 ms). Le problème de fond du syndrome de WPW est le risque vital par dégradation en fibrillation ventriculaire d'un trouble du rythme auriculaire grave, transmis au ventricule par un faisceau de Kent pouvant accepter des fréquences très rapides par voie antérograde. Le pronostic fonctionnel dépend de la survenue de crises répétées de tachycardie par rythme réciproque, qui altèrent la vie de l'enfant et encore plus de l'enfant sportif.

La mort subite est bien entendu la hantise du médecin lorsque le WPW est connu. En fait, son incidence est très faible, estimée à 1,5 patient pour 1 000 patients/année chez l'adulte et sans doute moins chez l'enfant, peut-être parce qu'on ne leur fait pas d'électrocardiogramme systématique. Malheureusement, on sait que chez l'enfant la mort subite peut être la première manifestation de la maladie, surtout chez l'enfant sportif.

Les enfants sont toutefois protégés de la fibrillation auriculaire (FA) car il faut une masse et des dimensions auriculaires suffisantes pour que se développe et se pérennise une arythmie complète en dehors d'une cardiopathie associée. Cela veut dire en pratique que le risque de mort subite est exceptionnel avant l'âge de 9 ou 10 ans.

La période réfractaire est évaluée par stimulation œsophagienne au repos, à l'effort et sous isoprénaline, ou en mesurant l'espace RR le plus court au cours d'un passage en FA.

Il importe avant tout de cibler les sujets à risque de mort subite. Outre une période réfractaire courte, déterminée par étude électrophysiologique, certains critères sont défavorables :

- le caractère permanent de la préexcitation au Holter ;
- la persistance de la préexcitation lors de l'EE ;
- la mauvaise tolérance de la FA lorsqu'elle a pu être déclenchée. La fréquence est très rapide, les espaces RR sont très courts.

En pratique, après écho-Doppler cardiaque, Holter, épreuve d'effort (si l'âge le permet) et étude électrophysiologique (surtout après 10 ans), l'attitude logique est résumée dans le tableau 42.IV.

Tab. 42.IV. Schéma d'attitude.

Période réfractaire longue
WPW sans crise de tachycardie (Tc) : *sport autorisé même en compétition*
WPW avec crise de Tc :
– si Tc bien tolérée, brève, documentée (QRS fins), non déclenchée par l'effort : *autorisation du sport sans restriction*
– si Tc mal tolérée : *traitement antiarythmique* (AA) par flécaïnide ou amiodarone
– ablation de la voie accessoire en cas d'échec du traitement ou de sport de haut niveau
Période réfractaire courte
Symptômes graves (syncopes) : ablation de la voie accessoire
Pas de symptôme :
– pas de vulnérabilité atriale : AA + sport sans compétition
– vulnérabilité atriale (sujets à haut risque) : sport contre-indiqué + AA ou ablation suivant l'âge, la localisation du faisceau accessoire ou le désir de compétition
– en cas de succès des méthodes ablatives, la compétition est autorisée

Il faut garder à l'esprit que la préexcitation peut disparaître avec le temps et que l'ablation par radiofréquence permet de traiter définitivement l'enfant, mais elle n'est pas toujours sans risque, surtout chez le jeune enfant.

Blocs auriculoventriculaires (BAV)

Ils se présentent sous deux aspects différents :

- ou bien il s'agit d'un BAV du 1er ou du 2e degré purement vagal, car le PR se raccourcit à l'effort : le sport est alors autorisé sans réserve ;
- ou bien il s'agit d'un BAV congénital, le BAV est en général complet et la fréquence ventriculaire est variable. À l'effort, la FC ne dépasse que rarement 110 b/min, ce qui limite la performance et par là la capacité physique et sportive.

Enfant porteur d'un stimulateur cardiaque

Chez un enfant appareillé, l'aptitude au sport dépend du type de stimulation. Bien sûr, tout risque traumatique doit être évité pour ne pas favoriser un déplacement de sonde. Le stimulateur double chambre permet une bonne adaptation rythmique à l'effort jusqu'à une fréquence limite programmable.

Troubles du rythme ventriculaire soutenus

Ils représentent une contre-indication formelle au sport. Les tachycardies ventriculaires (TV) catécholergiques sont déclenchées par l'effort et peuvent dégénérer en fibrillation ventriculaire (fig. 42.5). Une activité ludique et/ou sportive modérée ne peut être autorisée que si le traitement bêtabloquant prouve sa complète efficacité à l'EE.

Syndrome du QT long congénital

Isolé ou familial, il peut être responsable de torsades de pointe de repos ou d'effort. Tout sport est interdit même sous traitement.

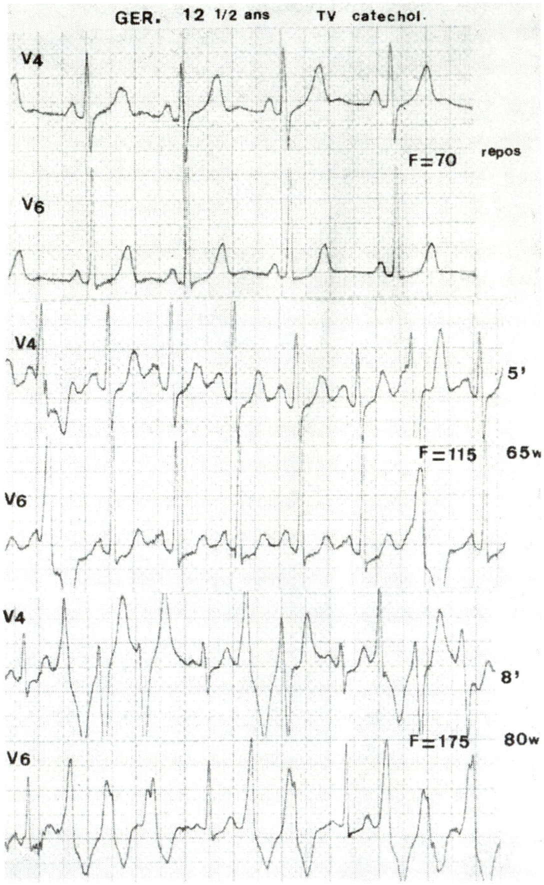

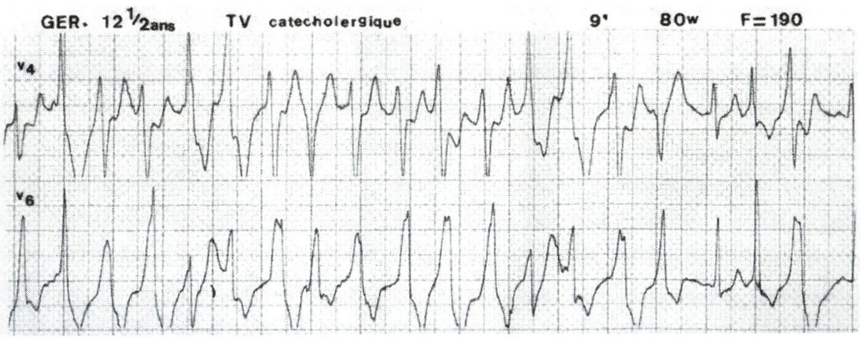

Fig. 42.5. Tachycardie ventriculaire catécholergique. Enfant de 12 ans et demi ayant fait des syncopes d'effort. En haut, ECG de repos normal. Au milieu : apparition d'extrasystoles ventriculaires isolées pour 115 b/min de FC, puis apparition de doublets ventriculaires pour 175 b/min de FC. En bas : tachycardie ventriculaire soutenue.

Souffle systolique

L'auscultation permet parfois d'entendre un souffle systolique (SS), qui est la plupart du temps anorganique, quand on sait que 50 % environ des enfants normaux en ont au cours de leur croissance. Pour une oreille avertie, les seuls caractères du souffle sont suffisants pour en affirmer l'anorganicité, qu'il s'agisse d'un souffle continu veineux, sous-claviculaire, disparaissant en décubitus, par compression jugulaire ou rotation controlatérale de la tête, ou d'un SS endapexien ou infundibulopulmonaire, proto ou mésosystolique, bref, peu intense (< 2/6), éjectionnel, grave et/ou musical, sans click et variable d'un jour à l'autre ou suivant les positions. Il est bien entendu qu'il s'agit là d'enfants normaux, dont le seul souffle ne justifie en aucun cas la moindre restriction de l'activité physique.
Parfois, certains caractères du SS laissent planer un doute sur l'existence d'une pathologie organique, qu'il faut confirmer ou infirmer par échocardiographie.

Cardiomégalie

L'enfant peut être aussi adressé pour la découverte d'une cardiomégalie lors d'une radiographie systématique du thorax. Il faut d'abord s'assurer qu'elle est effective (rapport cardiothoracique > 0,55), vérifier la qualité du cliché qui doit être bien de face et en inspiration profonde, examiner le thorax à la recherche d'anomalie morphologique comme le *pectus excavatum* ou le dos plat. On recherche ensuite une bradycardie constitutionnelle ou secondaire à un entraînement physique intense. Il s'agit alors d'un cœur sportif. Au moindre doute, l'échocardiographie élimine une cardiopathie.

Anomalie ECG

Il arrive d'enregistrer des anomalies de l'ECG de découverte systématique :

- troubles de l'activation auriculaire isolés, comme par exemple un rythme du sinus coronaire (P négatif en D_2, D_3, VF), qui sont en général physiologiques et disparaissent à l'effort ;
- bloc auriculoventriculaire du Ier degré (PR > 0,20 s). Il s'agit la plupart du temps d'une simple vagotonie sur un cœur bradycarde et parfois sportif. Le PR se normalise alors à l'EE. Il n'est pas exceptionnel, lorsqu'on réalise un enregistrement Holter chez ces enfants, d'enregistrer la nuit des épisodes de BAV du 2e degré, type Luciani-Wenkebach ;
- bloc de branche droit incomplet, le plus souvent physiologique, alors que le bloc de branche gauche est toujours pathologique ;
- en cas de troubles de la repolarisation isolés, il faut d'abord penser à un déséquilibre ionique ou à la prise de médicaments. Il peut s'agir d'un sus-décalage du segment

Pathologies diverses

L'attention peut être attirée par des troubles fonctionnels d'effort ou des anomalies objectives lors d'un examen systématique, qui justifient un contrôle cardiologique pour aptitude au sport.

ST, concave en haut avec ascension du point J dans les précordiales, reflet d'une simple vagotonie. Parfois s'inscrit un aplatissement, voire une inversion de l'onde T à type d'ischémie, qui se normalisent en général à l'effort. La cause la plus fréquente est l'asthénie neurocirculatoire ou le cœur sportif.

Hypertension artérielle

Une HTA peut exister au repos mais aussi à l'effort, parfois révélée par des céphalées. Cependant, parler d'HTA implique d'abord :

- de bien connaître les normes de l'enfant en fonction du sexe, de la taille et de la surface corporelle, en se référant à des abaques et en considérant comme anormaux des chiffres de PAS et de PAD supérieurs à 2 déviations standard ;
- de vérifier la permanence des chiffres à plusieurs contrôles successifs et espacés, dans les mêmes conditions d'examen ;
- de garder à l'esprit que le sport n'est jamais créateur d'HTA, et que l'endurant bradycarde a tendance à élever sa PAS et élargir sa différentielle, alors que le résistant tachycarde a une TA plutôt pincée. Au moindre doute, et après avoir éliminé une coarctation (pouls fémoraux présents), deux examens complémentaires sont alors indiqués : la mesure ambulatoire de la pression artérielle (MAPA) et l'épreuve d'effort, qui étudie le profil tensionnel d'effort. Les chiffres communément considérés comme limites chez l'enfant sont 200 mmHg pour la PAS et 100 mmHg pour la PAD. Normalement, l'évolution de la PAS est corrélée à celle de la FC et de l'effort fourni. Quelle est alors la signification d'une HTA d'effort ? Elle est encore incertaine en raison de travaux insuffisants. Il est toutefois possible que l'HTA d'effort ait une valeur prédictive sur l'installation à plus ou moins long terme d'une HTA permanente, d'autant plus volontiers qu'il existe des antécédents familiaux ou une surcharge pondérale (qui est toujours à traiter). En pratique, chez ces enfants, on déconseille les sports à forte participation statique, et au contraire on favorise les sports dynamiques.

Manifestations fonctionnelles

Ce sont le plus souvent des manifestations fonctionnelles d'effort qui font consulter.

Les *douleurs thoraciques* d'origine cardiaque sont rares chez l'enfant, ne traduisent que rarement des extrasystoles ou un prolapsus valvulaire mitral (PVM) mais exceptionnellement peuvent révéler aussi des anomalies coronariennes gravissimes, d'où l'intérêt d'une EE. Certaines gênes thoraciques sont ressenties uniquement lors de la course à pied, non reproductibles sur cyclo-ergomètre, dues probablement aux secousses des foulées sur les organes médiastinaux.

La *dyspnée d'effort* est un motif fréquent d'évaluation. Encore faut-il bien l'analyser : la respiration peut être bruyante ou sifflante, évoquant un bronchospasme. S'agit-il de polypnée ou de besoin d'inspiration profonde ? Les performances en sont-elles plus mauvaises ? L'EE apporte parfois la réponse en montrant un enfant vif, nerveux, coordonnant mal ses mouvements et sa respiration, l'effort aboutissant à une polypnée et à l'épuisement rapide. Il s'agit là d'enfants ne sachant pas respirer. Ils ont alors plus de chance de s'épanouir dans les sports techniques ou collectifs, où l'effort est plus bref et fractionné, mais une gymnastique respiratoire peut parfois apporter une franche amélioration.

Parfois l'enfant se plaint de *palpitations d'effort* qui peuvent traduire une accélération trop rapide de la FC, une lenteur de récupération ou des ES d'effort que l'EE tentera de reproduire.

Enfin, il peut exister des *malaises* avec tendance lipothymique au maximum de l'effort ou plus souvent peu après l'arrêt.

Toutes ces manifestations fonctionnelles chez des enfants sains traduisent souvent une *inadaptation cardiovasculaire à l'effort* due à un déséquilibre vagosympathique, que l'on va chercher à reproduire à l'EE : tantôt on constate une augmentation rapide de la FC, aboutissant vite à l'obtention de la FMT pour une performance médiocre. Tantôt au contraire la FC et la TA ne s'élèvent pas en fonction de l'effort fourni. S'il ne s'agit pas d'un sportif entraîné, le débit cardiaque ne s'adapte pas à l'effort, limitant ainsi la performance. Il s'agit alors de sujets vagotoniques qui sont susceptibles de chute tensionnelle dans les 2 ou 3 minutes de récupération, pouvant aller jusqu'à la syncope. Dès qu'il y a risque de malaise, les sports à risque de collision ou en milieu hostile sont contre-indiqués, et surtout les sports aquatiques comme la plongée ou la piscine en collectivité. L'attitude pratique chez ces enfants dépend beaucoup de leur profil psychologique, de leur motivation, et de la collaboration avec les parents et surtout les éducateurs. D'une manière générale, il faut tenir compte des dispositions naturelles, génétiques de l'enfant et l'orienter vers une discipline où il pourra un jour s'épanouir. En cela, certains professeurs d'éducation physique commettent l'erreur de forcer des enfants, souvent non entraînés, dans des efforts d'endurance qu'ils ne supporteront jamais, au risque de malaises qui ne font que les dégoûter un peu plus du sport et nous amènent parfois à prescrire des certificats d'inaptitude au sport scolaire totalement illégitimes.

Conclusion

Il existe encore d'exceptionnelles contre-indications totales au sport, mais la plupart sont en définitive rares même pour les enfants atteints de cardiopathie et le deviennent de plus en plus avec les progrès de la chirurgie et la précocité du diagnostic et du traitement. Bien que nous recommandions l'attitude la plus permissive possible au terme d'un bilan cardiovasculaire adapté, il peut exister néanmoins des contre-indications, en général partielles, à la pratique du sport. Aujourd'hui, il faut parler d'aptitude sélective à certains sports plus que de contre-indications. C'est sans doute grâce à cela que les cas de mort subite sur les terrains de sport ou aux vestiaires sont devenus exceptionnels.

Les médecins traitants, les pédiatres, les médecins du sport et les cardiologues ont un rôle capital dans le dépistage et l'évaluation des risques vitaux, et doivent se compléter par l'information, l'orientation, la surveillance et la prévention des accidents, en collaboration étroite avec les parents et les enseignants, pour prendre en charge tous les enfants cardiaques pour qu'ils s'épanouissent aujourd'hui dans l'activité sportive, et plus tard dans leur vie socioprofessionnelle.

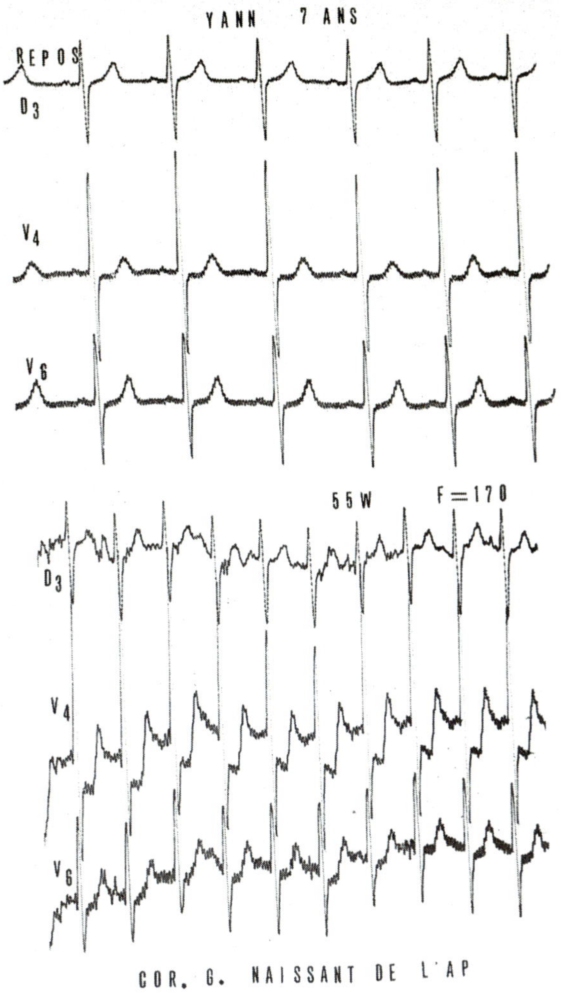

Fig. 42.6. Coronaire gauche naissant de l'AP. Épreuve d'effort : ECG de repos normal (en haut). Tracé d'effort (en bas) : pour 55 watts et une FC de 170 b/min, apparition d'un sous-décalage de ST de 4 mm en V_4 et V_6.

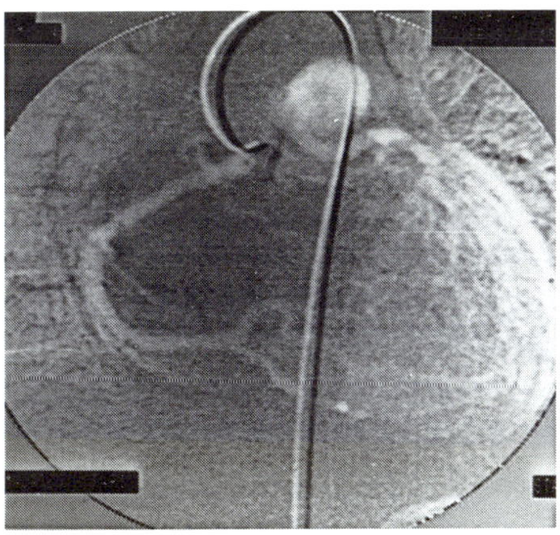

Fig. 42.7. Coronaire gauche naissant de l'AP. Coronarographie sélective en OAD de l'artère coronaire droite, qui est très dilatée. Reprise droite-gauche de l'artère coronaire gauche par un réseau anastomotique qui opacifie à contre-courant le tronc de l'AP.

Cas clinique

Un enfant est hospitalisé en cardiopédiatrie à l'âge de 2 ans, en insuffisance cardiorespiratoire au décours d'un épisode fébrile. L'auscultation est dominée par un souffle systolique intense d'insuffisance mitrale. La cardiomégalie est importante, avec un rapport cardiothoracique à 0,63 et des signes de stase pulmonaire. L'ECG enregistre une tachycardie sinusale avec simplement des ondes Q un peu profondes en D_1 et VL, mais la repolarisation est normale.

En échographie, on documente une myocardiopathie (MCP) dilatée hypokinétique à parois minces avec une fraction de raccourcissement (FR) à 15 %. On confirme une insuffisance mitrale importante sur un anneau dilaté et une grande valve un peu prolabée. Le diagnostic hésite alors entre MCP primitive ou plus volontiers myocardite virale en raison de l'épisode fébrile initial.

L'enfant est donc gardé en observation et soumis à un traitement médical digitalodiurétique et on assiste à une évolution favorable : l'état clinique s'améliore, le volume cardiaque diminue, il récupère une fonction systolique du VG correcte et en un mois tout se normalise; le diagnostic porté *a posteriori* a donc été une myocardite virale.

L'enfant est suivi régulièrement en consultation et il a toutes les apparences d'un enfant au cœur normal. Vers 7 ans, il désire faire du judo en club et on décide de faire une épreuve d'effort de sécurité.

Nous avons alors la surprise de voir apparaître à 50 watts et 140 b/min de fréquence cardiaque un sous-décalage du segment ST de 5 mm dans tout le précordium, sans aucun symptôme fonctionnel (fig. 42.6).

L'après-midi même est pratiquée une coronarographie (fig. 42.7), qui montre une énorme coronaire droite alimentant droite-gauche la coronaire gauche, qui finit par opacifier le tronc de l'artère pulmonaire (AP). Il s'agissait donc d'une coronaire gauche anormale naissant de l'AP.

Le premier épisode correspondait donc à une MCP ischémique avec ischémie des piliers responsable de l'IM.

Cette anomalie se traduit plus fréquemment par un épisode de détresse cardiorespiratoire dans les trois premiers mois de la vie par infarctus antérieur. Dans le cas de cet enfant, la coronaire droite devait suffire à perfuser le réseau gauche, au moins au repos.

L'enfant a été opéré et l'ostium coronaire gauche a été réimplanté sur l'aorte; il est guéri, comme l'ont prouvé les épreuves d'effort et même la coronarographie de contrôle.

Pour en savoir plus

André JL, Deschamps JP, Gueguen R. La tension artérielle chez l'enfant et l'adolescent. Valeurs rapportées à l'âge et à la taille chez 17 067 sujets. *Arch Fr Pediatr* 1980; 37 : 477-82.

Auriacombe L, Pedroni E, Kachaner J, Mandel C, Sidi D. Aptitude au sport des enfants opérés de coarctation de l'aorte. *Arch Mal Cœur* 1989; 82 : 13-6.

Bar-Or O. *Médecine du sport chez l'enfant*. Paris : Masson, 1987.

Bricker JT, Trweek MS, Danford DA. Exercise related bundle branch block in children. *Am J Cardiol* 1985; 56 : 796-7.

Del Morso S, Kelly MJ, Kalff V, Vena bles AW. Radionuclide assessment of ventricular contraction at rest and during exercise following the Fontan procedure for either tricupid atresia or single ventricle. *Am J Cardiol* 1985; 55 : 1127.

Gardiner HM, Celermejer DS, Sorensen KE, Georgakopoulos D, Robinson J, Thomas O *et al.* Arterial reactivity is significant impaired normative young adults after successfull repair of coarctation in childhood. *Circulation* 1994; 89 : 1745-50.

Gatzoulis MA, Clark AL, Cullen S, Newman CG, Redington AN. Right ventricular diastolic function 15 to 35 years after repair of tetralogy of Fallot. Restrictive physiology predicts superior exercise performance. *Circulation* 1995; 91 : 1775-81.

Kugler JD, Danford DA, Deal BJ, Gillette PC, Perry JC, Silka MJ *et al.* Radiofrequency ablation for tachyarrhythmias in children and adolescents. *N Engl J Med* 1994; 330 : 1481-7.

Mandel C. *Le guide du jeune sportif*. Paris : Carrère, 1987.

Mitchell JH, Haskell WL, Raven PB. Classification of sports. *Med Sci Sport Exerc* 1994; 26 (Suppl 10) : 242-6.

Paridon SM, Ross RD, Kuhns LR, Pinsky WW. Myocardial performance and perfusion during exercise in patients with coronary artery disease caused by Kawasaki disease. *J Pediatr* 1990; 116 : 52-6.

Pedroni E, Sidi D, Perrone MS, Simon G, Auriacomb EL. La prova da sforzo in pazienti pediatrici operati di Tetralogia di Fallot. *Riv Pediatr Prev Soc* 1996; 46 : 89-92.

Sherma AD, Tee R, Guiraudon B, Klein GJ. Sensitivity and specificity of invasive and non invasive testing for risk of sudden death in Wolff-Parkinson-White syndrome. *J Am Coll Cardiol* 1987; 10 : 373-81.

Steven M, Selbst MD. Chest pain in children. *Pediatrics* 1985; 75 : 1068-70.

Orientation sportive en fonction de la pathologie chez l'adulte

Sommaire

De même que chez l'enfant, le sport ne peut être interdit chez l'adulte qu'avec beaucoup de prudence, en raison des incidences psychologiques et parfois professionnelles qui peuvent en découler. On se doit pour autant de tout faire pour diminuer le risque de mort subite sur le terrain de sport, toujours trop élevé.

Les critères « américains » sont décrits chapitre par chapitre au travers des recommandations proposées par la 26e Conférence de Bethesda (voir chapitre 24). Il a paru intéressant de développer une expérience plus « française ».

La médecine du sport en France est plus directive qu'aux États-Unis, et confie au médecin le rôle de statuer sur l'aptitude du sportif à la compétition dans un sport donné.

Les critères qui vont permettre de prendre une décision ne reposent pas tant sur une classification sophistiquée des sports en fonction de contraintes mécaniques, mais davantage sur la prévention de la mort subite à l'effort et sur le risque de dégradation mécanique du muscle ou des valves cardiaques.

Maladie coronaire

La maladie coronaire, quelle que soit son expression, angor, infarctus du myocarde, insuffisance cardiaque... pose un difficile problème d'aptitude au sport.

Il est tentant d'écarter du sport ces sujets, en prétextant un risque d'ischémie myocardique brutale, toujours possible au cours d'un effort : mais la cardiologie a montré, au travers des épreuves d'effort, de la scintigraphie myocardique et de la coronarographie sa capacité d'apprécier au mieux le risque ischémique. Ainsi, sous réserve d'un échauffement soigneux, d'un démarrage progressif, d'un travail en endurance, de l'absence d'à-coup brutal, du respect des consignes tirées des tests cardiologiques, les incidents coronariens peuvent être estimés rares.

L'inquiétude du médecin ne doit donc pas se porter au niveau circulatoire, souvent prévisible, mais plutôt au niveau rythmique : en effet, l'action catécholaminergique de l'effort favorise l'apparition de troubles du rythme ischémiques, théoriquement plus fréquents au maximum de l'effort et en tout début de récupération; cependant, l'expérience prouve que les morts subites peuvent survenir pendant un entraînement banal en endurance.

Il devient ainsi difficile d'être formellement rassurant vis-à-vis d'un patient donné ; là encore, les tests répétés, les enregistrements Holter des 24 heures aident à s'assurer de la tolérance à l'effort.

On utilise plus récemment l'étude des potentiels tardifs qui semble être un bon marqueur du risque de mort subite chez les coronariens. Leur présence doit rendre très prudent vis-à-vis de l'effort physique.

Le malade coronarien doit donc avoir un programme personnalisé d'entraînement, tenant compte des différents examens complémentaires et de ses exigences, en retenant comme seul principe général la nécessité d'éviter les efforts intenses et brutaux (par exemple, pousser une voiture en panne).

Dans ces conditions, l'aptitude sportive à la compétition ne peut guère être retenue du fait du risque catécholergique inévitable lié au stress de la compétition et au caractère imprévisible de la survenue d'un trouble du rythme. Le sport de loisir est plus acceptable, en se limitant aux activités d'endurance et sous couvert d'une surveillance et d'une réévaluation régulière des paramètres hémodynamiques et rythmiques.

Valvulopathies

Orifice aortique

Le rétrécissement aortique présente un risque d'angor, voire de mort subite dès qu'il devient serré. La première étape est donc de préciser le degré de rétrécissement à l'échographie-Doppler cardiaque.

Si la sténose est serrée, elle contre-indique la poursuite d'activités sportives, et impose un bilan chirurgical.

Si la sténose est peu serrée, la tolérance à l'effort est appréciée par un test d'effort qui vérifie la possibilité d'atteindre la fréquence maximale théorique (FMT) sans signes fonctionnels, sans HTA, sans anomalie ECG. Si tel est le cas, le sport est autorisé, en préférant les sports d'endurance sans compétition, avec un contrôle semestriel par un test d'effort et annuel par un échocardiogramme.

L'insuffisance aortique (IA), comme toute fuite valvulaire, est bien tolérée à l'effort, et ne présente pas de risque particulier; ce ne sont que les fuites importantes qui nécessitent des précautions particulières, avec limitation des efforts dans la phase préchirurgicale. Le sport de loisir peut donc être autorisé largement, en évitant les efforts en résistance, susceptibles de dégrader mécaniquement la valve.

Dans toutes les valvulopathies, et particulièrement dans les fuites, la prévention oslérienne est fondamentale. Le suivi de l'IA se fait par écho-Doppler cardiaque.

Orifice pulmonaire

L'atteinte isolée de l'orifice pulmonaire est rare et prise en charge dès l'enfance. À l'âge adulte, que la valvulopathie ait été opérée ou non, l'aptitude sportive se pose en fonction de la tolérance à l'effort, testée par les méthodes habituelles, après avoir vérifié l'absence d'hypertension artérielle pulmonaire résiduelle qui rendrait délicate une activité sportive suivie.

Le plus souvent, l'atteinte pulmonaire entre dans le cadre d'une cardiopathie plus complexe (tétralogie de Fallot, par exemple) et les capacités physiques, limitées, dépendront de la qualité du traitement chirurgical.

Orifice mitral

Le rétrécissement mitral est la valvulopathie qui retentit le plus précocement sur la circulation pulmonaire. Le risque d'œdème pulmonaire est relativement précoce et implique une surveillance hémodynamique soigneuse pour dépister le moment où il faut contre-indiquer le sport et commencer à orienter le patient vers une solution chirurgicale. Comme le RA, la plus grande prudence s'impose sur les possibilités sportives, en règle réduites.

L'insuffisance mitrale, comme toutes les fuites, est dans l'ensemble bien tolérée à l'effort, mais son étiologie détermine la conduite à tenir.

L'insuffisance mitrale rhumatismale se surveille sur des paramètres hémodynamiques (écho-Doppler cardiaque), et l'apparition d'une grosse fuite interdit la poursuite du sport intensif; il faut toutefois rester prudent dans les fuites modérées, en raison du risque d'aggravation mécanique de la valve sur des efforts en résistance (haltérophilie contre-indiquée, par exemple).

L'insuffisance mitrale par dégénérescence d'un prolapsus valvulaire vrai est également une contre-indication en raison du risque de rupture des piliers de la valve, fragilisés dans cette affection. Les prolapsus vrais doivent faire la preuve de l'absence de trouble du rythme ventriculaire à l'effort (test d'effort et Holter ECG) avant d'autoriser le sport, de rares cas de mort subite à l'effort ayant été décrits.

Orifice tricuspide

Les atteintes tricuspidiennes isolées sont rares, et s'intègrent dans une atteinte polyvalvulaire, en particulier mitrale, où elles viennent compliquer le pronostic et le traitement chirurgical. Le problème de l'orientation sportive ne se pose donc pas en termes précis.

Communications gauche-droite

La plupart des problèmes inhérents aux communications interauriculaires (CIA), interventriculaires (CIV) ou dérivés ont été résolus dans l'enfance.

Soit le shunt était minime, sans retentissement hémodynamique, et l'enfant a pu avoir une évolution sportive normale, sans limitation : l'attitude chez l'adulte est de suivre ce schéma, en s'aidant d'une surveillance échographie-Doppler cardiaque.

Soit le shunt a été considéré comme important, et a fait l'objet d'une réparation chirurgicale; les possibilités d'effort sont en général normales après chirurgie et font l'objet de tests d'effort réguliers pour s'en assurer : l'attitude chez l'adulte est la même.

Le seul vrai problème est la découverte concomitante d'une hypertension artérielle pulmonaire fixée, qui empêche alors toute activité sportive régulière et qu'il faut savoir dépister par écho-Doppler cardiaque ou hémodynamique intracardiaque.

Cardiomyopathies

Cardiomyopathie obstructive (CMO)

La CMO représente une des contre-indications les plus classiques en médecine du sport, du fait du nombre de morts subites dont elle est accusée. Le diagnostic est suspecté sur un souffle systolique et/ou un bruit de galop, et confirmé par écho-Doppler cardiaque. Il faut apprécier le risque potentiel.

Un élément essentiel est apporté par l'histoire familiale : existe-t-il ou non une notion de mort subite dans la famille chez des sujets jeunes? Cette seule notion doit rendre très circonspect le médecin.

L'autre élément est la recherche de troubles du rythme ventriculaire polymorphes à l'effort, en s'aidant d'un test d'effort et d'enregistrement Holter pendant le sport.

Il peut arriver qu'un sujet présentant une authentique CMO ne présente aucun antécédent familial suspect, aucun signe fonctionnel à l'effort, aucun trouble du rythme, des potentiels tardifs négatifs, etc., et que se pose la difficile situation de lui déconseiller ou non la pratique du sport, avec tous les sous-entendus médicolégaux que l'on peut imaginer. Force est de reconnaître qu'il existe des formes bénignes de CMO et que le bon sens doit prévaloir sur la crainte; la tendance actuelle est d'autoriser le sport de loisir sous couvert d'une surveillance rigoureuse et de test d'efforts régulièrement répétés.

Cardiomyopathie hypertrophique (CMH)

En dehors de la CMO, il existe des CMH de tous genres, qui ont également la mauvaise réputation d'être responsables de morts subites.

Le raisonnement doit être le même que pour la CMO : à côté des formes graves qui nécessitent un traitement antiarythmique et une interdiction de sport, parfois même de sport de loisir, il existe des formes bénignes qui justifient une simple surveillance régulière.

On peut d'ailleurs se demander, au travers de ces formes bénignes, s'il n'y a pas des formes de passage entre le « gros cœur de sportif » physiologique et certaines CMH, la différence se jouant parfois à quelques millimètres près d'épaisseur de septum ou de paroi postérieure en échographie.

Cardiomyopathie non obstructive (CMNO)

La CMNO ne devrait pas être un problème médico-sportif, mais le chapitre 45 (« Réadaptation des cardiaques ») consacre un paragraphe à la rééducation de l'insuffisance cardiaque.

Cela confirme, en l'absence de trouble du rythme à l'effort, le désir de vivre normalement de ces patients, et la nécessité pour le cardiologue de donner les conseils adéquats, en particulier de travail en endurance douce exclusive et régulière, plutôt qu'un rejet pur et simple du sport.

Hypertension artérielle (HTA)

L'HTA peut être provoquée par l'activité sportive si celle-ci est réalisée trop en résistance. On observe alors un profil tensionnel d'effort anormal pour la systolique et la diastolique. La simple correction de l'entraînement suffit généralement à corriger les anomalies : on introduit dans les sports de résistance un entraînement en endurance, et dans les sports d'endurance des entraînements plus longs à cadence moins rapide.

L'HTA peut être indépendante du sport; lorsqu'elle est modérée, il est possible de tenter une rééducation par une activité physique d'endurance à 50-70 % de la fréquence cardiaque maximale atteinte au test d'effort, avec des résultats voisins d'une action médicamenteuse.

Le sport de compétition n'est autorisé qu'après correction de l'HTA dans ces deux cas.

En cas d'échec de cette rééducation, on doit donner un traitement médicamenteux, qui doit être adapté au désir de performance : éviter les antihypertenseurs centraux et les diurétiques, pas de bêtabloquants si désir de compétition, donc préférer les inhibiteurs calciques, et surtout les inhibiteurs de l'enzyme de conversion et les antagonistes de l'angiotensine.

Il est possible d'envisager une aptitude à la compétition sur une HTA stabilisée par des produits « dopants » (voir chapitre 23), à condition d'obtenir l'accord du médecin fédéral responsable du sport pratiqué.

Artériopathies

L'artérite n'est pas une cause d'inaptitude en soi; la gêne fonctionnelle est le facteur limitant évident dans ce cas, de même que le mécanisme causal de la gêne circulatoire : athérome ou prolifération intimale.

Après correction chirurgicale, et en l'absence d'anticoagulants, l'aptitude est en général redonnée sans difficultés.

Il est indispensable auparavant de faire un bilan lésionnel soigneux en s'assurant, en particulier, de l'absence d'angor par un test d'effort maximal.

Pour en savoir plus

AMORETTI R. Hypertension artérielle et course à pied. *J Med Prat* 1990; 9 : 3-4.

44

Médicaments à visée cardiovasculaire en pratique sportive

Sommaire

Durant la dernière décennie, beaucoup de médicaments à visée cardiovasculaire ont été développés, notamment les inhibiteurs de l'enzyme de conversion, les inhibiteurs calciques et les antagonistes des récepteurs de l'angiotensine II. Il convient donc de faire le point de leur utilisation en médecine sportive, qu'il s'agisse du sport de compétition ou du sport de loisir.
La population sportive vieillissant comme l'ensemble de la population, ces médicaments de la pathologie cardiovasculaire seront de plus en plus utilisés. Le but de ce chapitre est donc, après un bref rappel pharmacologique, d'analyser la pertinence d'utilisation de ces divers médicaments dans un but de traitement justifié, mais aussi d'expliquer pourquoi certains d'entre eux sont utilisés, avec des justifications pharmacologiques ou non, dans un but de dopage.

Diurétiques

Les diurétiques sont largement utilisés comme antihypertenseurs, mais ils font (ou ont fait) également l'objet d'un emploi abusif chez les sportifs :

- dans les sports à catégorie de poids, afin d'obtenir rapidement une réduction pondérale avant un combat ou une compétition;
- afin de modifier les concentrations urinaires de certaines substances dopantes.

Administrés en aigu, les diurétiques entraînent au repos une chute de la pression artérielle avec une réduction du volume plasmatique (qui peut atteindre 7 %) et de l'index cardiaque, sans modification des résistances périphériques totales, avec, lors d'une administration chronique, une diminution progressive des résistances périphériques totales. Lors de l'exercice dynamique, la correction des perturbations hémodynamiques liées à l'HTA n'est que partielle.
Parmi les effets secondaires à souligner, il faut rappeler :

- la possibilité (avec les diurétiques thiazidiques, particulièrement avec les diurétiques de l'anse mais pas avec la spironolactone) d'hypokaliémie, source potentielle d'hyperexcitabilité cardiaque et de fatigue musculaire;
- les modifications volumiques, peu favorables aux sports d'endurance, et l'impact négatif des diurétiques sur la performance lorsqu'ils sont administrés en aigu avant la compétition;
- enfin, les diurétiques figurent sur la liste 2004 des substances dopantes de l'Agence mondiale antidopage et ne doivent pas être prescrits en dehors du sport de loisir.

Bêtabloquants

Les bêtabloquants sont antagonistes de l'action de l'adrénaline et de la noradrénaline au niveau des récepteurs bêta, innervés par le système sympathique des différents organes.
Ils sont utilisés dans le traitement de l'hypertension, de l'ischémie myocardique, des troubles du rythme cardiaque, certains tableaux cliniques de cœur hyperkinétique et pour certains d'entre eux dans l'insuffisance cardiaque; mais ils sont surtout utilisés chez le sportif pour réduire le stress, le tremblement, la tachycardie excessive dans les activités physiques à forte composante émotionnelle ou nécessitant une grande précision (tireurs, notamment).

Effets pharmacodynamiques

En administration aiguë, au repos, les bêtabloquants entraînent une diminution du volume d'éjection systolique, de l'index cardiaque, de la fréquence cardiaque, une augmentation des résistances périphériques totales et une stabilité de la pression artérielle.

Lors d'une administration chronique, on observe une baisse progressive des résistances périphériques et de la pression artérielle.

À l'exercice, chez le sportif, la tolérance à l'effort est modifiée, en ce sens qu'il apparaît :

- une *diminution de la* $\dot{V}O_2$ *max* d'importance variable selon le bêtabloquant (9 % pour le propranolol, 3,2 % pour l'aténolol). Il ne semble pas exister, en termes de $\dot{V}O_2$ max, de différence sous bêta-1 avec activité sympathomimétique intrinsèque (ASI) et sous bêta-1 sans ASI ;
- une *diminution de la durée totale de l'exercice* également plus importante pour le bêtabloquant non cardiosélectif (8,5 % pour le propranolol, 3,2 % pour l'aténolol) ;
- une *diminution de l'aptitude à effectuer un effort sous-maximal*, par exemple à 75 % de la $\dot{V}O_2$; le « temps d'endurance » peut ainsi être amputé sous bêta-1 de près de 40 % ;
- une *évolution variable du seuil anaérobie ventilatoire*, soit amputé, soit inchangé ;
- une *diminution du débit sanguin musculaire*, avec augmentation de la différence artérioveineuse en oxygène ;
- une *diminution de la pression artérielle* d'environ 10 à 20 % et une *réduction de la fréquence cardiaque* de 20 à 30 %.

À signaler également parmi les effets négatifs observés sous bêtabloquants, dans le contexte d'une activité physique :

- le risque d'hyperthermie liée aux modifications du débit sanguin cutané, secondaire à la réduction du débit cardiaque et/ou à la vasoconstriction périphérique ;
- les modifications de perte sudorale (augmentation de près de 10 % sous propranolol) chez le sujet sain à l'exercice ;
- les modifications de la glycogénolyse liées à la freination bêta-2 et de la lipolyse, ce qui réduit la disponibilité en substrats énergétiques intracellulaires, d'où la possibilité d'hypoglycémie. De plus, les symptômes de l'hypoglycémie, tels que la tachycardie liée à la stimulation sympathique mise en jeu pour restaurer la glycémie, risquent d'être masqués par l'activité bêtabloquante ;
- le risque d'aggravation d'une hyper-réactivité bronchique, méconnue ou souvent négligée, bien que fréquente chez le sportif.

Les bêtabloquants figurent sur la liste 2004 de l'Agence mondiale antidopage dans la section des « substances interdites dans certains sports » et à ce titre ne doivent être prescrits que dans le contexte du sport de loisir.

Par ailleurs, certains produits ont une action associée à leur effet bêtabloquant.

Le *labétalol* ajoute une composante alphabloquante à son effet bêtabloquant. Il entraîne, en administration chronique au repos et lors de l'effort dynamique :

- une diminution significative de la pression artérielle systolique et de la pression artérielle diastolique de 11 à 25 %. Cette diminution de la pression artérielle est liée à la réduction des résistances périphériques (liée à l'effet alphabloquant) ;
- un débit cardiaque inchangé avec augmentation du volume d'éjection systolique qui compense la diminution de la fréquence cardiaque ;
- une diminution de la $\dot{V}O_2$ max de l'ordre de 8 %, avec diminution des lactates sanguins, ce qui traduit un effet probable du labétalol au niveau de la microcirculation et/ou du métabolisme musculaire.

Les effets hémodynamiques à long terme semblent également plus intéressants que sous simple traitement bêtabloquant.

D'*autres bêtabloquants* ont une activité supplémentaire vasodilatatrice par le biais d'un effet bêta-2-agoniste sélectif associé à un faible effet alpha-2-bloquant (céliprolol).

Recommandations pour la pratique sportive lors d'un traitement bêtabloquant

Lorsque la prescription d'un bêtabloquant semble nécessaire chez le sportif, il faut rappeler les points suivants :

- des bêta-1-bloquants sélectifs doivent être prescrits de préférence à un bêtabloquant non sélectif ;
- compte tenu de l'impact négatif d'un bêta-1-bloquant sur la tolérance à l'exercice, sauf nécessité absolue, le bêtabloquant ne doit pas être prescrit en première intention ;
- l'activité sympathomimétique intrinsèque ne confère pas d'avantage particulier chez le sportif ;
- le bêtabloquant modifie la pente de la relation linéaire fréquence/travail et la valeur de la fréquence cardiaque correspond au seuil anaérobie lactique ; la prescription de l'intensité de l'exercice pendant un traitement bêtabloquant doit être individuelle et fondée sur la réalisation d'un test d'effort.

Inhibiteurs de l'enzyme de conversion et antagonistes des récepteurs de l'angiotensine II

Ces médicaments s'opposent à différents niveaux à l'action de l'angiotensine II, qui est un puissant vasoconstricteur et favorise la rétention sodique en agissant sur la synthèse de l'aldostérone. Les inhibiteurs de l'enzyme de conversion empêchent la transformation de l'angiotensine I en angiotensine II et les antagonistes des récepteurs de l'angiotensine II empêchent l'angiotensine d'agir sur les récepteurs AT1. Chez les patients souffrant d'hypertension artérielle, ces médicaments permettent une diminution de la résistance vasculaire périphérique alors que le débit cardiaque et la fréquence cardiaque ne sont pas affectés par ces traitements. Ces médicaments n'agissent pas sur le métabolisme énergétique et sont généralement bien tolérés. Parmi les effets indésirables des inhibiteurs de l'enzyme de conversion figure une toux sèche. Une mauvaise tolérance de ces médicaments peut justifier l'utilisation des antagonistes des récepteurs de l'angiotensine II. La conservation du débit sanguin au niveau musculaire associée néanmoins à une action antihypertensive et à une bonne tolérance sans action sur le métabolisme lipidique ou glucidique font que les inhibiteurs de l'enzyme de conversion constituent un traitement particulièrement intéressant pour traiter une hypertension chez un sujet avec une activité physique intense.

Antagonistes calciques

Ils sont utilisés dans l'hypertension, les troubles du rythme cardiaque, chez le sujet actif ou sportif, de même que chez l'insuffisant coronarien pratiquant une activité sportive de loisir.

Leurs actions pharmacodynamiques sont les suivantes.

La *fréquence cardiaque* est affectée par la nifédipine au repos et à l'effort (+ 10 à + 20 b/min), avec une fréquence cardiaque maximale inchangée ; l'effet est observé lors de l'administration aiguë et s'atténue à long terme.

Le diltiazem et le vérapamil diminuent la fréquence de – 10 à – 20 b/min, avec diminution de la fréquence cardiaque maximale ; l'effet est observé lors de l'administration aiguë et chronique.

Les modifications de la fréquence cardiaque sont secondaires à la vasodilatation et associées pour le diltiazem et le vérapamil à un effet chronotrope intrinsèque négatif.

Le *débit cardiaque* est peu modifié :

- la diminution de la fréquence cardiaque sous diltiazem et vérapamil est compensée par l'élévation du volume d'éjection systolique ;
- l'augmentation de la fréquence cardiaque sous nifédipine entraîne une légère augmentation du débit cardiaque.

Les *résistances périphériques* sont diminuées pour tous les inhibiteurs calciques, au repos et à l'exercice, avec baisse de la pression artérielle systolique et diastolique.

La *performance à l'exercice* a été étudiée essentiellement pour les efforts de type aérobie ; aucune étude ne semble avoir analysé la réponse cardiovasculaire et métabolique lors des efforts de type anaérobie lactique.

La $\dot{V}O_2$ max mesurée lors d'efforts progressivement croissants est identique ou quelquefois diminuée ; le temps maximal d'effort toléré est identique ou quelquefois diminué ; la durée maximale d'effort toléré est identique et le seuil anaérobie inchangé ; en administration aiguë, il n'est pas observé de modification de la ventilation minute et du quotient respiratoire.

Sur le plan métabolique, les inhibiteurs calciques ne modifient pas les concentrations plasmatiques de potassium et ne modifient pas non plus la lipolyse (telle qu'évaluée par les taux sanguins de glycérol et d'acides gras).

En association avec les bêtabloquants, la nifédipine entraîne une baisse de la fréquence cardiaque de 10 %, soit 20 b/min, avec une diminution de la $\dot{V}O_2$ max et de la fréquence maximale. Lors de l'effort prolongé effectué à 75 % de la $\dot{V}O_2$ max, l'association bêtabloquant-nifédipine entraîne une diminution de la durée d'exercice de 19 %.

Alphabloquants

Ces médicaments du type prazosine sont des antagonistes compétitifs des récepteurs alpha-1 postsynaptiques situés sur les muscles lisses de la paroi vasculaire et sont à l'origine d'une vasodilatation. Ils entraînent en administration aiguë et chronique une réduction des résistances périphériques totales ; la fréquence cardiaque et le débit cardiaque sont inchangés au repos ; pendant l'exercice, l'augmentation du débit cardiaque est liée à l'augmentation du volume d'éjection systolique et à la hausse légère de la fréquence cardiaque. Il n'apparaît pas, mais les résultats sont controversés, de diminution de la pression artérielle systolique pendant l'exercice ; le produit fréquence cardiaque-tension artérielle peut même augmenter pendant l'exercice. La combinaison de prazosine et de bêtabloquant peut cependant baisser la pression artérielle.

Pour certains auteurs, l'utilisation en administration chronique de la prazosine diminue la pression artérielle par le biais de la chute des résistances périphériques totales, associée à l'augmentation du volume d'éjection et de l'index cardiaque. L'amélioration de l'hémodynamique au repos et à l'exercice est meilleure qu'avec les diurétiques ou les bêtabloquants.

Agonistes alpha-2 à action centrale

Ils sont utilisés comme antihypertenseurs : clonidine, alpha-méthyldopa. Ces médicaments diminuent la pression artérielle en stimulant les récepteurs alpha-2 présynaptiques, ce qui permet de diminuer la libération synaptique de noradrénaline au niveau des fibres adrénergiques. Le site d'action principal de ces médicaments reste le système nerveux central bien qu'un mécanisme identique puisse être décrit à la périphérie (diminution de la libération de noradrénaline des fibres sympathiques). Ces médicaments peuvent diminuer la réponse sympathique au cours de l'exercice tout en possédant différents effets hémodynamiques spécifiques.

Le contrôle tensionnel à l'effort dynamique intense ou lors de l'effort statique semble modeste, tant en ce qui concerne la systolique que la diastolique. Les effets secondaires peu souhaités (sédation) chez un sujet sportif amènent à ne pas prescrire les agonistes alpha dans ce contexte.

Choix du médicament dans l'HTA

Le choix du médicament est fondé sur :

- ses effets hémodynamiques ;
- le double produit fréquence cardiaque-pression artérielle ;
- les conséquences sur le métabolisme glucidique et lipidique.

Ce qui signifie que :

- la pression de repos doit être abaissée ;
- l'augmentation de la pression artérielle systolique et de la pression artérielle diastolique pendant l'exercice doit être limitée ;
- le comportement hémodynamique à l'effort doit être le plus proche de la normale, c'est-à-dire :
  - le débit cardiaque doit être multiplié par 2 ou 3 par rapport au repos ;
  - la consommation en oxygène du myocarde telle qu'évaluée par le double produit fréquence cardiaque-pression artérielle ne doit pas être élevée pendant l'exercice de plus que 2 fois ;

- les paramètres métaboliques tels que la glycogénolyse, la lipolyse et la sécrétion d'insuline ne doivent pas être affectés ;
- une baisse de la capacité de travail mesurée par la consommation maximale en oxygène et le taux de lactates ne doit pas être observée ;
- l'effet spécifique sur la pression à l'exercice doit se traduire par une augmentation de la pression artérielle inférieure à celle observée sous placebo.

Chez les patients jeunes avec une hypertension artérielle modérée essentielle, avec une perspective de traitement prolongé, la restauration d'un comportement hémodynamique normal semble l'objectif essentiel.
Comme dans la population générale, la prise en charge de l'hypertension artérielle chez le sujet sportif s'appuie sur des mesures hygiénodiététiques (à savoir la perte de poids, la limitation des apports en sel, la suppression des excès d'alcool, l'arrêt du tabagisme et la correction des anomalies métaboliques), qui peuvent être associées à des médicaments antihypertenseurs si elles s'avèrent insuffisantes. Conformément aux recommandations de l'ANAES 2000, les principales classes de médicaments antihypertenseurs ayant démontré leur efficacité pour réduire la morbidité et mortalité cardiovasculaire, utilisés en première intention et en monothérapie chez l'adulte, sont les diurétiques, les bêtabloquants, les inhibiteurs de l'enzyme de conversion, les inhibiteurs calciques et les antagonistes des récepteurs de l'angiotensine II. Les autres classes d'antihypertenseurs, à savoir les alphabloquants et les agonistes centraux des récepteurs alpha-2, constituent des antihypertenseurs réservés à des situations particulières et sont plutôt utilisés en deuxième intention en association avec d'autres antihypertenseurs. Parmi les antihypertenseurs de première intention, les diurétiques thiazidiques et les bêtabloquants constituent aujourd'hui les traitements les mieux éprouvés dans la population générale.
Ces recommandations ne paraissent pas directement transposables dans la population des patients avec une activité physique intense. Pour un patient sportif, les diurétiques et les bêtabloquants ne répondent pas aux critères du médicament antihypertenseur idéal, qui ne doit pas avoir d'effet dépresseur sur le myocarde, qui ne doit pas favoriser les arythmies, qui doit permettre de conserver le flux sanguin au niveau du tissu musculaire et ne doit pas interférer avec le métabolisme énergétique, tout en ayant démontré son activité antihypertensive et en étant bien toléré. Les médicaments qui correspondent le mieux à ces critères sont les inhibiteurs de l'enzyme de conversion, les antagonistes des récepteurs de l'angiotensine II et les inhibiteurs calciques.

Dérivés nitrés

La nitroglycérine et l'isosorbine dinitrate, qui n'ont aucune indication médicale chez le sportif, ont parfois fait l'objet d'utilisation dopante. Les indications médicales sont l'insuffisance coronarienne et l'insuffisance cardiaque.
Les effets hémodynamiques sont attribuables en grande partie à leur action vasodilatatrice. Ces effets concernent la diminution de la pression artérielle avec diminution de la précharge.
Chez le sujet sain , à l'exercice, il n'apparaît pas sous dérivés nitrés de modification du comportement de la fréquence cardiaque et de la pression artérielle, la $\dot{V}O_2$ max est inchangée de même que le profil lactique ; l'utilisation lors d'efforts physiques intenses de dérivés nitrés est cependant responsable d'effets secondaires : hypotension (en particulier à l'arrêt de l'effort), vol coronarien ?
Chez les sujets pathologiques, les dérivés nitrés augmentent la durée de l'exercice lorsque la douleur est le facteur limitant chez le coronarien, action résultant de la diminution de la précharge, avec réduction de la pression ventriculaire gauche télédiastolique. Il apparaît également une réduction de la tachycardie d'exercice et de l'élévation tensionnelle. Les dérivés nitrés retardent l'apparition du sous-décalage de ST à l'exercice.

Digitaliques

Ils ne sont pas utilisés chez les sportifs. Chez les insuffisants cardiaques, la digitalisation diminue la taille du ventricule ainsi que la pression ventriculaire gauche télédiastolique au cours de l'exercice, mais sans modification de la tolérance à l'exercice. Chez l'insuffisant cardiaque, les digitaliques peuvent entraîner à l'effort, en particulier en cas de déplétion potassique, des arythmies ventriculaires. Les digitaliques ne figurent pas dans la liste 2004 des substances interdites par l'Agence mondiale antidopage.

Aides ergogènes à la performance par action cardiovasculaire

Dopage par le sang

Ekblom a été le premier, au début des années 1970, à utiliser la transfusion sanguine comme moyen d'améliorer les performances. Chez le sujet entraîné, l'autotransfusion de 800 à 1 200 mL de sang conduit à une augmentation de puissance maximale aérobie (de 0 à 30 % selon les enquêtes), et cela pendant une durée variable au maximum de 18 jours. Dans l'étude de Sawka *et al.* , chez des sujets de différents niveaux athlétiques, le cumul des résultats individuels montre une amélioration significative de la puissance maximale aérobie (PMA) mesurée avant et après transfusion. La capacité périphérique à extraire de l'oxygène est importante. L'ampleur de l'amélioration de celle-ci est liée à la capacité physique initiale du sujet ; les individus ayant une puissance aérobie initiale moyenne bénéficient d'une réponse maximale à l'autotransfusion ; en revanche, les individus de haut niveau athlétique ou très peu entraînés ont une augmentation plus modérée.
L'effet favorable de la transfusion n'apparaît que pour les efforts d'endurance mettant en jeu de grands groupes musculaires. Cette « manipulation » présente des risques infectieux. Elle est interdite et considérée comme un dopage bien que non détectable lors des contrôles.

Érythropoïétine (EPO)

L'érythropoïétine est une hormone qui stimule la formation d'hématies à partir des cellules souches de la moelle osseuse. L'EPO est une hormone normalement fabriquée par les reins qui régule l'hémoglobine et sa teneur en oxygène.

Les techniques de génie génétique ont permis la fabrication d'EPO de synthèse à visée thérapeutique, utilisée au cours de l'anémie de l'insuffisance rénale, du cancer, et afin d'améliorer l'efficacité du don de sang autologue. Qu'elle soit fabriquée par le corps humain ou en laboratoire (rHu-EPO), son action est identique, elle provoque une augmentation des GR sanguins. Depuis la fin des années 1980, elle a pénétré progressivement les milieux sportifs. Elle accroît les performances selon le même processus que la transfusion sanguine en améliorant le transport de l'oxygène vers la fibre musculaire. Elle a l'avantage d'être utilisée plus simplement par injections sous-cutanées ou intraveineuses.

Bien que copie de l'EPO naturelle, l'hormone synthétique présente de minimes différences au niveau moléculaire et de la charge électrique. Elles peuvent se différencier par leur point isoélectrique : celui-ci est compris entre 3,92 et 4,42 pour l'EPO naturelle et entre 4,42 et 5,11 pour l'EPO recombinante. Il est donc possible de faire aujourd'hui, dans les laboratoires très spécialisés, la distinction analytique entre les EPO naturelles et les produits de synthèse : *Eprex* (époïétine-alpha) et *Néorecormon* (époïétine-bêta).

La darbopoïétine-alpha ou *Aranesp* est une substance analogue commercialisée par Amgen : elle possède cinq chaînes N-glucidiques alors que l'hormone humaine n'en a que trois. Elle a la même spécificité pour le récepteur de l'érythropoïétine, mais en raison de sa plus grande teneur glucidique la demi-vie terminale est plus longue.

Le danger de l'EPO utilisée chez les sportifs est le risque thromboembolique. Lorsqu'elle est administrée à des fins thérapeutiques, celui-ci est faible, l'EPO permet de corriger l'anémie, et on n'observe pas de risque thromboembolique lorsque l'on ramène l'hémoglobinémie autour de 10-12 g/dL. En revanche, lorsque l'EPO est administrée à des fins de dopage, sans anémie préexistante, le risque thromboembolique est élevé du fait de l'hyperviscosité sanguine qu'elle entraîne chez des sujets dont l'hématocrite et l'hémoglobinémie sont normaux, voire élevés.

Depuis les années 1990, l'EPO a été impliquée dans le décès d'un certain nombre de sportifs par complications thromboemboliques liées à des hématocrites très élevés dans un contexte de déshydratation à l'effort.

Les bilans effectués chez des sportifs utilisant de telles substances ont mis en évidence des surcharges en fer comparables à celle d'une hémochromatose. Initialement capté par les cellules réticuloendothéliales, le fer administré avec l'EPO est redistribué aux cellules parenchymateuses. Un risque lésionnel avec évolution vers le carcinome hépatique serait possible.

Quelques observations suggèrent que l'abus d'EPO comporterait un risque d'altération de la production endogène d'érythropoïétine avec anémie sévère. Se pose aussi la question de l'incapacité à développer une réponse érythropoïétique adéquate en cas de stress. En outre, des cas d'érythroblastopénie avec production d'anticorps antiérythropoïétine ont été signalés par l'Agence des produits de santé (www.afssaps.sante.fr).

D'une façon générale, on ne sait rien de ses effets à long terme, mais les données expérimentales seraient en faveur d'un risque myéloprolifératif.

Caféine

La caféine appartient à la famille des xanthines ainsi que la théophylline et la théobromine. Ces substances ont des effets sur le système nerveux central, le rein, sur les muscles cardiaques et squelettiques ainsi que sur le muscle lisse. De ces trois produits, la caféine a les effets les plus marqués sur le système nerveux central. Elle stimule tout l'ensemble du système nerveux central et en particulier les centres respiratoires. Au niveau cardiovasculaire, elle exerce une action tonique sur le cœur par des effets chronotropes et inotropes positifs directs. Elle agit de plus au niveau de la glycogénolyse et de la lipolyse, elle épargne l'utilisation du glycogène à l'effort en provoquant une plus grande utilisation des graisses circulantes. La caféine est un psychostimulant qui provoque une augmentation de la vigilance et un retard d'apparition de la fatigue.

À dose modérée, la réponse à la caféine varie selon que le sujet est buveur occasionnel ou non. À forte dose, elle peut entraîner : tachycardie, troubles du rythme, tremblements, insomnies.

La caféine était considérée comme produit dopant pour une concentration urinaire supérieure à 12 µg/mL (une tasse de café correspondrait à un taux urinaire de 1,5 µg/mL). En y adjoignant de l'aspirine à dose efficace, on potentialise les effets ergogéniques de la caféine.

Depuis janvier 2004, la caféine a été retirée de la liste de l'AMA et donc n'est plus limitée. Elle figure dorénavant à la rubrique « surveillance » de la nomenclature mondiale.

Amphétamines et cocaïne

Ces substances sont classées comme « stimulants psychomoteurs » dans la liste du CIO. Ce sont des sympathomimétiques indirects qui augmentent la concentration de noradrénaline dans la fente synaptique, par inhibition de la recapture pour la cocaïne, par une accélération de la libération, par inhibition de la dégradation, ou par la somme des trois pour les amphétamines et méthamphétamines. Elles peuvent traverser la barrière hématoencéphalique et produire au niveau central un sentiment de bien-être corporel; l'activité est accrue, l'humeur euphorique et la sensation de faim ou de fatigue effacée.

Amphétamines et apparentés

Ces produits, connus depuis le début du siècle, furent utilisés pour leurs propriétés stimulantes, puis comme anorexigènes. Leur utilisation est réglementée depuis les années 1960. Ce sont des substances synthétiques (phényléthylamines), agissant essentiellement comme stimulants du système nerveux central. Le nombre de dérivés synthétisés s'est considérablement accru depuis les années 1980, à la recherche d'une augmentation de leurs propriétés entactogènes (favorisant les contacts et le rapprochement des individus par une exacerbation des sensations psychiques et tactiles, selon Nichols) et hallucinogènes, pour un usage festif.

Ce sont l'amphétamine et la méthamphétamine, phényléthylamines stimulantes, qui sont essentiellement utilisées comme produits dopants par les sportifs ou autres sujets pour « donner du nerf aux gens fatigués ». Peu toxiques par voie orale à faible dose, leur toxicité est importante si les doses sont très augmentées ou répétées, ou si l'administration est faite par voie IV. Au niveau cardiovasculaire, l'effet toxique entraîne une hypotension, des palpitations et une accélération du système cardiaque. L'utilisation abusive pré-

sente le risque d'un épuisement de l'organisme. L'absence de sensation de fatigue peut conduire le sportif à mobiliser ses dernières forces et, dans les cas extrêmes, aboutir à la défaillance cardiovasculaire.
Dans le cadre des compétitions, les amphétamines et les substances apparentées sont prohibées par l'ensemble des réglementations internationales.

Cocaïne

La cocaïne est un stimulant et un anesthésique local aux propriétés vasoconstrictrices puissantes. Au niveau du système nerveux central, elle agit sur les neurones dopaminergiques, noradrénergiques et sérotoninergiques. De nombreux facteurs expliquent la recrudescence de son utilisation : facilité d'administration, coût réduit, et la perception que l'usage à type « récréationnel » est sans grand risque. En pratique, comme l'usage de la cocaïne s'est largement répandu, le nombre d'événements cardiovasculaires qui en résultent augmente de manière inquiétante. En 1999, une enquête effectuée aux États-Unis permettait d'évaluer à 25 millions le nombre d'Américains ayant utilisé au moins 1 fois de la cocaïne, et parmi eux 1,5 million en seraient des consommateurs réguliers. Une recherche effectuée à partir de « prélèvements capillaires » permettrait d'estimer (avec fiabilité) qu'un tel usage est en réalité de 3 à 5 fois plus élevé que l'estimation faite à partir d'interviews, ou autres modes d'évaluation. Cette même année, toujours aux États-Unis, on estimait que la cocaïne était la drogue (parmi les différentes substances illicites) la plus fréquemment mise en cause dans les décès recensés dans les services d'urgence américains.
Le docteur Olievenstein (*L'Équipe* du 29 août 1980) a précisé et permis de mieux « comprendre » l'usage qui pouvait être fait d'une telle drogue dans le monde sportif, et les avantages ainsi recherchés (outre l'usage « festif ») : « La cocaïne a un effet excitant et défatiguant. Lorsque l'intoxication n'est pas dans sa phase avancée, elle donne des réflexes mieux ajustés. Elle procure une euphorie qui se double d'un sentiment de toute-puissance et d'invulnérabilité, elle augmente la clairvoyance. »
Cependant les conséquences cardiovasculaires sont importantes et peuvent être dramatiques : la cocaïne entraîne en effet une augmentation de la demande myocardique en oxygène, et en même temps une vasoconstriction des artères coronaires épicardiques, une agrégation plaquettaire et la formation de thrombus ; elle favorise également la production d'endothéline (puissant vasoconstricteur), et favorise la diminution de production d'oxyde nitrique (puissant vasodilatateur), ce qui au total favorise la vasoconstriction. Les risques sont ainsi, en particulier sur le plan cardiologique, de myocardite aiguë, de trouble du rythme, d'insuffisance coronarienne, d'infarctus du myocarde (le risque d'infarctus est ainsi multiplié par un facteur 24 dans les 60 minutes qui suivent l'ingestion, chez un sujet évalué par ailleurs à bas risque, et cela sans aucun rapport avec la dose ou le mode d'ingestion utilisé), et de mort subite (en rapport avec l'acidose lactique majeure, l'hyperthermie, les troubles du rythme et l'infarctus du myocarde).

Médicaments et risques iatrogènes

Le *screening* des patients à haut risque potentiel de *mort liée à un trouble du rythme* est un objectif prioritaire lors de l'examen du sportif, et reste dans cette population de médecine du sport très difficile dans la pratique quotidienne. Outre les facteurs économiques et les difficultés de dépistage de certaines pathologies rares, voire tout à fait exceptionnelles, il existe une réelle difficulté à pouvoir apprécier le rôle joué par des facteurs intercurrents (hyperthermie, déshydratation, hémoconcentration, acidose, et rôle arythmogène de certaines substances « naturelles » ou médicaments, voire polymédication. Un certain nombre de médicaments susceptibles d'être d'usage courant, et donc non exceptionnels dans une population de sportifs peuvent être responsables de variations (allongement, ou dispersion) de l'espace QTc, et donc favoriser des troubles du rythme, en particulier des torsades de pointe : antihistaminiques, antimicrobiens, antifungiques et antimalariques, certaines antiarythmiques... L'incidence exacte de substances susceptibles d'induire des torsades de pointe dans la population générale est largement méconnue, et la liste s'allonge régulièrement, ce qui doit inciter à observer une très grande vigilance dans ce contexte.

Conclusion

Les principaux médicaments susceptibles d'être prescrits chez le sportif de compétition ou de loisir ont été rapidement envisagés ; le retentissement cardiovasculaire de quelques substances employées à visée de dopage a été également analysé.
Le *sportif de haut niveau* ou pratiquant régulièrement des compétitions ne sera soumis que de façon tout à fait exceptionnelle à un traitement antiarythmique ou antihypertenseur ; cette décision de laisser poursuivre une activité sportive au même niveau, sous couvert d'une telle thérapeutique, ne peut être prise qu'après avoir envisagé les points suivants :

- compatibilité des contraintes de l'entraînement et de la compétition avec la pathologie en cause ;
- risques à court et à long terme de la poursuite de l'activité sportive, sans et sous traitement ;
- présence d'anomalies biologiques, d'un dopage, d'un surentraînement à l'origine des problèmes médicaux rencontrés ;
- nécessité d'explorer de façon très systématique le sujet symptomatique, et de rechercher chaque fois l'éventuelle prise de substances médicamenteuses ou produits dopants.

Chez le *sportif de loisir*, la nécessité d'une prescription thérapeutique ne se heurte pas aux mêmes difficultés ; on s'attache essentiellement, outre les réserves médicales déjà évoquées :

- à convaincre le sportif de la nécessité de poursuivre régulièrement un traitement. L'athlète prompt à utiliser préparations diététiques, cocktails de vitamines, oligoéléments...,

répugne en fait très souvent à se soumettre à un traitement au long cours ;
- à évaluer avec précision le type d'activité sportive souhaitable, bénéfique, compte tenu de la pathologie rencontrée ;
- à prescrire des médicaments permettant une adaptation correcte à l'effort, et le maintien de l'endurance, et ce sans effet secondaire gênant à l'effort, source inévitable de non-compliance ;
- à évaluer toujours très soigneusement (épreuve d'effort, Holter sur le terrain, etc.) l'évolution sous traitement ;
- à éviter la prescription de médicaments susceptibles d'induire une pathologie iatrogène (hypoglycémie, troubles de la thermorégulation…) lors d'efforts physiques prolongés.

Pour en savoir plus

Al-Khatib, Sana M. What clinicians should know about the QT interval. *JAMA* 2003; 16sq.

Carbo M, Segura J, De la Torre R. La caféïne, données de base et facteurs capables de les modifier. *Sciences et Sports* 1989; 4 : 7-13.

De Mondenard JP. *Dictionnaire du dopage*. Paris : Masson, 2004.

Éclache JP. *Dopage par le sang*. Monographie. Secrétariat d'État auprès du ministre chargé de la Jeunesse et des Sports. Documentation médicale, 1987.

Éclache JP. *Effets cardiorespiratoires et métaboliques du blocage bêta-adrénergique. Conséquences sur l'aptitude physique et les performances.* Monographie. Secrétariat d'État auprès du ministre chargé de la Jeunesse et des Sports. Documentation médicale, 1987.

Ekblom B, Goldbarg AN, Gullbring B. Response to exercise after blood loss and reinfusion. *J Appl Physiol* 1972; 33 : 175-80.

Fagard R. Habitual physical activity, training and blood pressure in normo and hypertension. *Int J Sports Med* 1985; 6 : 57-67.

Furlanello F, Bentivegna S, Cappato R, De Ambroggi L. Arrhythmogenic effects of illicit drugs in athletes. *Ital Heart J* 2003; 4 (12) : 829-37.

Kindermann W. Calcium antagonists and exercise performance. *Sports Med* 1987; 4 : 177-93.

Lange RA, Hillis D. Cardiovascular complications of cocaine use. *N Engl J Med* 2001; 345 (5) : 351-8.

Lasne F, De Ceaurriz J. Recombinant erythropoietin in urine. *Nature* 2000; 405 (6787) : 635.

Lasne F, Martin L, Crepin N, De Ceaurriz J. Detection of isoelectric profiles on erythropoietin in urine : differentiation of natural and administered recombinant hormones. *Anal Biochem* 2002; 311 : 119-26.

Lehmann M, Durr H, Merkelbach H, Schmid A. Hypertension and sports activities : institutional experience. *Clin Cardiol* 1990; 13 : 197-208.

Lowenthal DT, Parmet J, Paran E, Kendrick Z. Médicaments, exercices et système cardiovasculaire. *In :* Strauss RH, ed. *Médicaments et performances sportives*, Paris : Masson, 1990.

Nichols DE. Differences between the mecanism of action of MDMA, MBDB and the classic hallucinogens. Identification of a new therapeutic class : entactogens. *J Psychoactive Drugs* 1986; 18 : 305-13.

Sawka MN, Young AJ, Muza SR, Gonzalez RR, Pandoff KB. Erythrocyte reinfusion and maximal aerobic power. An examination of modifying factors. *JAMA* 1987; 257 : 1496-9.

45

Réadaptation des cardiaques

Sommaire

Du fait des progrès réalisés dans le traitement des cardiopathies, la plupart des patients, qu'ils soient coronariens, porteurs de valvulopathies ou insuffisants cardiaques, ont une espérance de vie profondément modifiée. La réadaptation, dont les techniques sont bien codifiées, fait partie intégrante de leur prise en charge. Il est maintenant bien démontré que la réadaptation participe à la prévention secondaire grâce à l'éducation des patients et à l'aide à la réinsertion qu'elle apporte. Il faut donc que les praticiens intègrent cet outil dans leur arsenal thérapeutique et incitent leurs patients à poursuite des activités physiques au long cours.

Tout cela est bien résumé dans la définition de l'OMS : « La réadaptation cardiaque est l'ensemble des activités nécessaires pour influencer favorablement le processus évolutif de la maladie ainsi que pour assurer aux patients la meilleure condition physique, mentale et sociale possible afin qu'ils puissent, par leurs propres efforts, préserver ou reprendre une place aussi normale que possible dans la communauté. »

Bénéfices de la réadaptation

Bénéfices cardiologiques

Ces bénéfices sont les suivants :

- en cas de cardiopathie ischémique, élévation du seuil ischémique : l'intensité de l'effort à l'origine d'une souffrance myocardique devient plus importante, autorisant la pratique d'activités plus nombreuses « sous le seuil ischémique »;
- correction partielle de la dysfonction du système nerveux autonome : baisse des arythmies et augmentation de la variabilité sinusale, avec pour conséquence une diminution des troubles du rythme péjoratifs;
- réduction significative de la mortalité cardiovasculaire : les modifications liées au changement de l'hygiène de vie après accident ischémique se traduisent par une diminution significative de la mortalité. Cela impose une amélioration du profil lipidique et glucidique, un arrêt définitif du tabagisme et la poursuite régulière des activités physiques.

Autres bénéfices

Bénéfices psychologiques

Les programmes de lutte contre la dépression, voire la régression postévénementielle et les aides à la gestion du stress et de l'anxiété participent à la correction des facteurs de risque.

Bénéfices socioprofessionnels

L'amélioration des capacités d'effort et de la qualité de vie favorisent l'autonomie et la reprise de l'activité professionnelle, ce en collaboration avec le médecin du travail.

Bénéfices économiques

Un cardiaque rééduqué, bien équilibré et autonome, consomme moins de soins. Coût de la pathologie : réduction de 13 %.

Un cardiaque qui reprend son activité professionnelle participe à l'économie du pays.

Le maintien au travail après infarctus est meilleur après réadaptation, de façon significative. À 5 ans : $p < 0,05$; à 10 ans : $p < 0,001$.

Tout de qui vient d'être écrit à propos de la cardiopathie ischémique est applicable à la plupart des cardiopathies, sous réserve d'adaptations (voir bibliographie) :

- maladie coronaire (y compris après angioplastie et mise en place de stent);
- insuffisance cardiaque;
- greffe;
- cardiopathies valvulaires;
- cardiopathies congénitales opérées à l'âge adulte;
- artériopathie des membres inférieurs;
- hypertension artérielle;
- pathologie de l'aorte thoracique;
- patients porteurs d'un stimulateur cardiaque ou d'un défibrillateur implantable;
- patients porteurs d'un système d'assistance ventriculaire gauche.

Risques de la réadaptation

Les accidents lors de la réadaptation sont rares, du fait d'un bilan initial strict, du respect des contre-indications et d'une surveillance constante lors des séances d'entraînement.

Les contre-indications sont bien codifiées :

- angor instable;
- insuffisance cardiaque décompensée;
- troubles rythmiques ventriculaires complexes;
- hypertension artérielle pulmonaire systolique > 60 mmHg au repos;
- présence de thrombus intracavitaire volumineux ou pédiculé;
- épanchement péricardique de moyenne à grande importance;
- antécédents récents de thrombophlébite avec ou sans embolie pulmonaire;
- myocardiopathies obstructives sévères;
- rétrécissement aortique serré et/ou symptomatique;
- toute affection inflammatoire et/ou infectieuse évolutive;
- tout problème orthopédique interdisant la pratique de l'exercice.

Le niveau de risque encouru lors de la réadaptation est maintenant bien évalué :

- *risque faible* :
  - évolution non compliquée;
  - bonnes capacités fonctionnelles (> 6 METS) à distance (3 semaines ou plus) de la phase aiguë;
  - fonction ventriculaire gauche systolique conservée;
  - absence d'ischémie myocardique ou d'arythmie sévère au repos ou à l'effort;
- *risque intermédiaire* :
  - capacités fonctionnelles moyennes (5-6 METS);
  - seuil ischémique élevé;
  - fonction ventriculaire gauche systolique modérément altérée;
  - ischémie myocardique résiduelle modérée et/ou sous-décalage du segment ST inférieur à 2 mm au test d'effort ou ischémie myocardique réversible lors des explorations isotopiques ou échocardiographiques;
  - arythmie ventriculaire peu sévère (classe I ou II de Lown) au repos ou à l'effort;
- *risque élevé* :
  - évolution compliquée (insuffisance cardiaque, choc cardiogénique et/ou arythmie ventriculaire sévère);
  - survivants de mort subite;
  - capacités fonctionnelles basses (< 5 METS);
  - fonction ventriculaire gauche sévèrement altérée (fraction d'éjection < 30 %);
  - ischémie myocardique résiduelle sévère (angor d'effort invalidant, seuil ischémique bas et/ou sous-décalage du segment ST > 2 mm à l'électrocardiogramme d'effort);
  - arythmie ventriculaire complexe (classes III, IV et V de Lown) au repos ou à l'effort.

Le risque lors de la poursuite des activités physiques de façon autonome après réadaptation a été évalué. Quelques études ont cherché à savoir si la poursuite des activités physiques s'accompagnait d'un risque relatif de décès majoré : le risque ne semble pas majoré.
À titre d'exemple, l'étude de Haskell (méta-analyse parue dès 1978), rapporte un nombre de décès rapportés au nombre d'heures de pratique égal à :

- chez les sportifs : 0,1/100 000;
- dans la population générale : 0 à 2/100 000;
- chez les coronariens : 0,13 à 0,61/100 000.

Réadaptation cardiovasculaire

Elle comprend trois phases, qui sont résumées au tableau 45.I.

Phase 1

La phase 1, ou phase hospitalière, faisant suite à un infarctus ou à une intervention chirurgicale, vise à limiter les complications du décubitus prolongé. Du fait de l'amélioration des techniques interventionnelles, sa durée est de plus en plus courte.
Les exercices les plus courants sont décrits dans le tableau 45.II.

Phase 2

La phase 2, post-hospitalière immédiate, se déroule en centre spécialisé. Selon les cas, elle se fait en « interne » ou en « externe », selon la gravité de la maladie, le degré de dépendance, l'éloignement du lieu d'habitation. C'est la phase primordiale pour l'éducation du patient et la préparation à la réinsertion socioprofessionnelle.
À titre d'exemple, on se reportera au chapitre 41.

Phase 3

La phase 3 a pour but de maintenir des acquis de la phase 2 et de renforcer l'observance au nouveau mode de vie. Une bonne connaissance du malade et de sa maladie permettent de conseiller des activités personnalisées (tableau 45.III). L'épreuve d'effort postréadaptation quantifie les capacités fonctionnelles.

Tab. 45.I. Les trois phases de la réadaptation cardiovasculaire.

	Phase 1	Phase 2	Phase 3
Semaine	0-2	2-8	À vie
Lieu	Unité de soins intensifs, secteur	Centre spécialisé, internat ou externat	Individuel ou collectif, club santé
Objectifs	Lutte contre le décubitus et le déconditionnement	Récupération de la capacité antérieure	Maintien et développement
Modalités	Kinésithérapie, marche, gymnastique respiratoire	Culture physique, vélo, course, natation…	Sport d'endurance (± résistance)

Tab. 45.II. Exercices à effectuer pour la rééducation de phase 1.

	J3 à J7 décubitus	J8 à J14
Exercices respiratoires	Respiration diaphragmatique : 5 à 10 inspirations par séance sans bloquer ni forcer la respiration	Comme 1re étape
Membres supérieurs	Mobilisation articulaire passive et active Contractions isométriques brèves	+ circumduction des épaules bras tendus
Rachis	Flexion-extension et rotation des épaules prévenant le syndrome épaule-main	Extension dorsale, ouverture thoracique
Membres inférieurs	Mobilisation articulaire passive et active Contractions isométriques brèves prévenant la stase veineuse Laisser pendre les pieds hors du lit 20 minutes	Travail des quadriceps contre opposition
Activités	1er lever au 7e jour	Marche libre en chambre puis dans les couloirs
Surveillance	Électroscopique	Clinique, fréquence cardiaque durant les exercices

Tab. 45.III. Intensité des efforts exigés par différentes activités.

Activités (watts)	Vie quotidienne	Vie professionnelle	Sports
Modérée (< 40 W)	Se laver, s'habiller Travaux ménagers Petit bricolage	Travail assis Conduite automobile	Marche 3 km/h Vélo à plat Gymnastique légère
Moyenne (40-85 W)	Porter 7 à 15 kg Aspirateur, laver les carreaux Peinture Jardinage modéré Activité sexuelle	Travail de garage Menuiserie légère Vissage (sauf bras en l'air)	Marche 5 km/h Vélo à plat 10 km/h Golf, tennis en double
Intense (85-120 W)	Porter 15 à 30 kg Monter les escaliers lentement Scier Tondeuse manuelle	Travaux du bâtiment Brouettes > 60 kg Marteau pneumatique	Marche rapide 7 km/h Vélo 15 km/h Brasse, ski, tennis en simple
Exceptionnelle (120-160 W)	Porter 30 à 40 kg Montée rapide d'escaliers Pelletage lourd	Pioche Tronçonneuse Chargement d'un camion	Course 8 km/h Vélo à plat 20 km/h Crawl, escrime, danse rapide

Contenu du programme de réadaptation

Le programme doit permettre une approche globale du patient afin d'obtenir une réinsertion aussi complète que possible. Il doit donc associer :

- la stratification du risque, comportant une évaluation cardiologique et une évaluation physique par épreuve d'effort, éventuellement couplée à une mesure du pic de consommation en oxygène, avant, après et si besoin pendant le programme de réentraînement physique ;
- le reconditionnement à l'effort, fondé sur des séances de gymnastique, un entraînement sur appareils (bicyclette, tapis roulant, rameur, etc.), des activités de plein air et de sport collectif. Il doit être adapté aux déficiences associées éventuelles : rhumatologiques ou neurologiques ;
- le dépistage des facteurs de risque, un contrôle de leur évolution sous l'influence du régime et du traitement, et la mise en œuvre de mesures de prévention secondaire pour les corriger (tabagisme, notamment) ;
- l'éducation du patient, et si possible de son conjoint, portant sur sa pathologie, son traitement, le régime, le déroulement du programme, les signes d'alerte en cas de récidive ;
- la prise en charge psychologique, visant notamment à limiter l'influence du stress, de l'anxiété et de la dépression ;
- une aide à la réinsertion professionnelle.

Tout au long de ce programme, une surveillance régulière permet de dépister d'éventuelles complications, d'adapter la thérapeutique en fonction de l'évolution clinique et des résultats des épreuves d'effort.

Conclusion

La réadaptation fait partie intégrante du traitement des patients porteurs de cardiopathie.

Prescrite par le praticien et effectuée en centre spécialisé, elle permet la réinsertion et participe à la prévention secondaire. Une réadaptation bien conduite doit idéalement conduire à la poursuite des activités physiques. En effet, comme tout traitement, ses effets bénéfiques ne dureront que le temps de l'observance… C'est là que l'action de chacun d'entre nous est primordiale !

Pour en savoir plus

26th Bethesda Conference. *J Am Coll Cardiol* 1994; 4 : 845-99.

Recommandations de la Société française de cardiologie concernant la pratique de la réadaptation. *Arch Mal Cœur* 1997; 90 : 271-93.

Recommandations de la Société française de cardiologie concernant la pratique des épreuves d'effort chez l'adulte en cardiologie. *Arch Mal Cœur* 1997; 90 : 776-92.

Task Force of the Working Group on Cardiac Rehabilitation of the European Society of Cardiology. Long term comprehensive care of cardiac patients. Recommendations by the Working Group on Rehabilitation of the European Society of Cardiology. *Eur Heart J* 1992; 13 (Suppl C) : 1-45.

Working Group Report. Recommendations for exercise testing in chronic heart failure patients. Working Group on Cardiac Rehabilitation and Exercise Physiology, and Working Group on Heart Failure of the European Society of Cardiology. *Eur Heart J* 2001; 22 : 37-45.

Working Group on Cardiac Rehabilitation and Exercise Physiology and Working Group on Heart Failure of the European Society of Cardiology. Recommendations for exercise training in chronic heart failure patients. *Eur Heart J* 2001; 22 : 125-35.

RÉPONSES BRÈVES À DES QUESTIONS SOUVENT POSÉES

Le sport est-il conseillé aux sujets coronariens?

Le sport intensif ou *a fortiori* le sport de compétition est formellement contre-indiqué chez le sujet coronarien en raison du risque de trouble du rythme mortel favorisé par la libération des catécholamines lors de l'effort.

Le sport modéré, « en endurance », ne pose pas les mêmes risques et peut être conseillé dans le cadre d'une réadaptation physique : la pratique doit être débutée sous contrôle cardiologique (tests d'effort) en maison spécialisée puis avec surveillance par le patient de sa fréquence cardiaque pendant l'effort; il est souhaitable de vérifier plusieurs fois par an la tolérance à l'effort au moyen de tests appropriés.

C'est ainsi que la pratique du tennis n'est guère raisonnable en « simple » contre un partenaire qui souhaite à chaque rencontre un « match »; la pratique du « double » sans match est préférable; ce raisonnement doit s'appliquer à chaque activité sportive.

Quelle doit être l'orientation de l'entraînement chez les enfants?

Avant la puberté, le myocarde étant relativement immature, ce sont les efforts d'endurance qui doivent être privilégiés, le sport « technique » n'étant autorisé qu'en complément du travail foncier.

Les enfants acceptent volontiers l'astreinte du *footing* s'il est pratiqué selon les règles d'endurance, à savoir une course individuelle, en respiration libre (possibilité de parler en courant), de durée longue éventuellement (20 à 30 minutes) en arrivant aussi « frais » qu'au départ... On est bien loin ici de l'« endurance scolaire »...

Quels sont les troubles de repolarisation de l'ECG de repos qui sont acceptables chez le sportif?

Le sportif doit avoir un ECG normal, sans trouble de repolarisation.

Une « anomalie » n'est acceptable, sous certaines conditions, que chez les sportifs de haut niveau, entraînés quotidiennement depuis des années.

Ces troubles de repolarisation ne sont visibles qu'en précordiales droites de V_2 à V_4 sous forme de modifications très particulières et ne touchent que l'onde T, qui peut être arrondie, englobant ST, en double bosse ou avec une petite négativité terminale.

Toute autre anomalie doit être considérée *a priori* comme anormale et faire l'objet d'une expertise cardiologique, en particulier d'un échocardiogramme.

L'évolution de la maladie athéromateuse est-elle influencée par le sport?

Le sport régulier a une influence favorable sur la cholestérolémie avec un taux plus bas que chez le sédentaire, et en particulier un taux de HDL plus élevé; le taux de triglycérides est modérément abaissé, de même que la glycémie; une action antiagrégante plaquettaire a également été mentionnée.

Ces facteurs métaboliques ont une influence positive sur la maladie athéromateuse. Le sport a encore un effet relaxant sur la paroi artérielle, favorisant le contrôle tensionnel.

Toutefois, l'hérédité ou la mauvaise hygiène de vie n'empêche pas le développement de la maladie athéromateuse, justifiant les contrôles cardiologiques réguliers.

Du fait de l'activité physique régulière, en particulier en endurance, la maladie athéromateuse est mieux tolérée sur le plan hémodynamique chez le sportif cardiaque ou artériel.

Il faut mentionner le risque particulier d'insuffisance cardiaque précoce après une carrière sportive de compétition trop intense et mal surveillée sur le plan cardiologique, dans les sports à grande exigence cardiaque.

Le test de Ruffier (et celui de Martinet) a-t-il encore une raison d'être chez le sportif?

Test d'effort aisé à réaliser en cabinet médical ou en centre médicosportif, ce test garde une valeur essentielle pour apprécier l'état du système nerveux autonome.

L'équilibre sympathique-parasympathique s'apprécie très bien au travers de la fréquence cardiaque de repos, la répétition des tests au fil des années permettant de déterminer l'évolution du sujet en fonction de l'entraînement pratiqué.

La fréquence cardiaque à la fin des flexions reste un bon indice de suivi de l'entraînement et de l'état de forme du moment.

La fréquence cardiaque après une à deux minutes de récupération est également un bon indice du niveau d'entraînement, de fatigue éventuelle.

Sans faire de mesures mathématiques, le profil de la fréquence cardiaque au repos, après effort et en récupération permet un suivi simple et pourtant efficace du sportif.

Ce test n'a pas la prétention d'évaluer les performances cardiaques ou circulatoires à l'effort, que seul permet le test d'effort maximal sur ergocyle ou tapis roulant, mais apprécie parfois une défaillance : trouble du rythme, hypertension artérielle.

Le cœur endurant est-il différent du cœur résistant?

Malgré des controverses échocardiographiques, liées à la difficulté d'examiner des cœurs exclusivement entraînés en endurance ou en résistance, il semble exister une évolution différente selon la prédominance d'un type d'activité ou d'un autre.

Le cœur endurant a tendance à révéler une dilatation modérée du ventricule gauche (55 à 60 mm en télédiastole en mode TM) alors que la paroi reste peu hypertrophiée (10 à 11 mm en télédiastole en mode TM). Lorsque le sport d'endurance est pratiqué en compétition (avec des entraînements en résistance), le cœur reste dilaté et la paroi peut s'épaissir modérément (10 à 13 mm pour le septum). Le sport de

résistance pur ne semble pas donner de dilatation ventriculaire gauche, mais l'épaississement de la paroi est souvent observé (11 à 14 mm en télédiastole en mode TM).
Lorsque l'on introduit une activité d'endurance (haltérophilie plus jogging, par exemple), on peut observer une dilatation modérée du ventricule gauche.
Les formes de passage du cœur endurant au cœur résistant sont donc évidentes, et expliquent la difficulté statistique à les séparer. Il n'en reste pas moins qu'une analyse fine de l'échocardiogramme permet, avec d'autres arguments, de se faire une idée du type d'entraînement suivi par le sportif examiné.

Le sport est-il un facteur de risque de la maladie coronaire?

Oui, à l'évidence, si des précautions drastiques ne sont pas prises. L'effort physique, même modéré, nécessite une activité adrénergique, donc contribue au risque de mort subite par trouble du rythme ventriculaire. D'ailleurs, les exemples sont nombreux de joggeurs mourant au coin des bois lors d'un entraînement banal.
Et pourtant, les tables de mortalité coronaire montrent incontestablement une amélioration de la survie des coronariens pratiquant régulièrement un sport plus de 2 fois par semaine. Le sport a donc par lui-même une efficacité antiarythmique.
Le problème revient donc à faire bénéficier les patients coronariens de l'effet antiarythmique du sport sans les exposer au risque adrénergique : pour cela, le test d'effort est l'examen clé qui permet de prévoir le risque ischémique et rythmique et de donner des consignes sur le type de sport souhaitable. Il faut également prévoir un sport qui sollicite modérément le cœur (endurance), et parfois un traitement antiadrénergique (bêtabloquant). Il faut encore obtenir un suivi cardiologique régulier.

Le sport est-il un facteur de longue vie?

Le sport est un moyen efficace de lutte contre les facteurs de risque :
- baisse du cholestérol total et des triglycérides, augmentation du HDL-cholestérol chez les sportifs régulièrement entraînés;
- amélioration du métabolisme des glucides, diminution du diabète;
- diminution ou absence de tabagisme;
- globalement, action antiagrégante plaquettaire;
- effet antistress par l'effet parasympathico-mimétique.

La protection vise essentiellement la maladie athéromateuse, dont elle retarde l'évolution mais ne l'empêche pas : un sportif de haut niveau peut faire un infarctus du myocarde!
Si le sport a un effet protecteur vasculaire, il peut avoir un effet négatif sur le myocarde en cas de surentraînement chronique, soit qu'un excès de sport puisse être incriminé, soit plus souvent que le sportif ait eu recours au dopage pour maintenir ses résultats à un haut niveau, la conséquence étant le développement d'une cardiomyopathie non obstructive quelques années après l'arrêt du sport de haut niveau, quand il ne développe pas une cardiomyopathie aiguë mortelle pendant son activité sportive.

Que penser de la dyspnée d'effort des adolescent(e)s souvent décrite et déplorée par les professeurs de gymnastique?

Un motif de consultation fréquent en médecine du sport est la plainte de dyspnée à l'effort présentée par un(e) adolescent(e) lors du sport scolaire; il s'agit presque toujours d'une difficulté lors de la course d'« endurance ».
Pourquoi endurance entre guillemets? Parce que la course à pied en « endurance » pratiquée à l'école consiste le plus souvent en une course chronométrée où l'enfant doit parcourir en un temps donné (en général 20 minutes) une distance maximale : nous ne sommes plus en endurance, mais en résistance bien évidemment.
Un travail en résistance entraîne très logiquement une dyspnée d'effort, d'autant plus marquée que l'on a affaire à un enfant peu sportif par ailleurs; l'interrogatoire retrouve une tolérance normale pour les sports d'équipe, pour les sprints, pour les activités sportives non scolaires, danse, gymnastique...
Un autre élément intervient souvent pour compliquer le bilan, c'est le passage de la puberté qui, chez la fille comme chez le garçon, provoque pendant quelques mois une tolérance à l'effort très diminuée, nécessitant simplement un ralentissement des activités sportives pendant la période difficile.
Hormis de rares cas, le bilan cardiologique chez ces enfants est normal, et de simples conseils de bon sens sur l'entraînement suffisent à corriger les symptômes. Il faut insister aussi à ce propos sur l'utilité de contacter les professeurs d'éducation physique scolaire pour dialoguer avec eux sur la définition des termes endurance et résistance.

R. Amoretti

PARTIE III

Traumatologie du sport

Urgences sur le terrain

Sommaire

Le médecin du sport, dans sa pratique quotidienne de terrain, est à tout instant susceptible d'être confronté à des situations d'urgences. Celles-ci peuvent être de deux types :

- les urgences vitales (polytraumatisme, détresse cardiorespiratoire, par exemple), qui ne présentent aucune spécificité ;
- les urgences liées à la pratique et au geste sportif lui-même, qui justifient une parfaite connaissance de la discipline concernée.

En toutes circonstances, le médecin doit pouvoir répondre à ces situations et, éventuellement, peut être amené à justifier non seulement de ses actes, mais aussi des conditions d'encadrement et de sécurité décidées lors de la mise en place.

C'est dire l'importance de la couverture du risque. Si l'on se réfère au schéma de contrat proposé par le Conseil national de l'Ordre, un médecin de soins (en charge d'une sélection nationale ou d'une équipe professionnelle) doit être assuré au titre de la responsabilité civile et professionnelle par la structure sportive elle-même. Si, par ailleurs, il est couvert par une assurance personnelle, il notifie à sa compagnie d'assurances l'existence du contrat du club ou de la fédération. Dans le cas de la surveillance d'une épreuve sportive (prise en charge des sportifs et/ou du public), le contrat doit tenir compte des éventuels règlements fédéraux, préciser les besoins estimés en moyens de secours. Comme pour le précédent contrat, l'assurance responsabilité civile et professionnelle est à la charge de l'organisation.

En toutes circonstances, le médecin doit s'assurer du respect du cahier des charges et des moyens de secours demandés. En fonction de l'importance et du lieu de la manifestation, l'organisation doit obtenir une autorisation municipale ou préfectorale. Par ailleurs, des dispositions particulières existent pour des manifestations regroupant plus de 1 500 spectateurs, ou des organisations particulières (coupe du monde de football, par exemple). Ces autorisations administratives, associées de recommandations, peuvent dans certains cas être complétées par les règlements des fédérations (règlements des courses sur route pour la Fédération française d'athlétisme, par exemple).

Ces règles générales peuvent être amendées selon les circonstances. Le médecin responsable de l'organisation médicale de la manifestation doit notamment tenir compte des conditions climatiques. Une compétition de masse, comme des raids nature, ou des courses sur route, est plus ou moins à risque en fonction des conditions climatiques. En ambiance froide excessive (associée à un vent violent), des risques d'hypothermie des compétiteurs les plus lents sont alors majeurs. Il faudra donc adapter les besoins, notamment en couvertures et autres vêtements chauds. À l'inverse, une compétition en ambiance anormalement chaude (et surtout en climat humide) risque d'entraîner l'apparition de tableaux d'hyperthermie maligne (voir chapitre 69), dont on connaît le risque vital. Il faudra alors non seulement s'assurer des moyens suffisants à l'arrivée (refroidissement, isolement, moyens de réhydratation) mais aussi vérifier que les ravitaillements sont suffisants en quantité sur le parcours. Dans certains cas extrêmes, il peut être envisagé, pour des raisons de sécurité médicale, de modifier les horaires de la compétition.

Au total, le médecin du sport ne doit accepter d'être présent sur le terrain qu'après s'être assuré que les règles de sécurité seront appliquées. Il est notamment fondamental de tenir le plus grand compte de ses propres compétences et de son niveau de formation. En d'autres termes, en fonction du type de compétition, du nombre de participants, il peut être nécessaire de s'entourer de collègues spécialistes, notamment dans le domaine de la réanimation et de l'urgence. Par ailleurs, plus le lieu de la compétition et les conditions d'exercices sont rendus éventuellement difficiles (milieu hostile, raids sur plusieurs jours...), plus le médecin doit être attentif au contenu de sa trousse d'urgence et à ses capacités de réponses immédiates à la situation.

Urgences vitales

Leur prise en charge est identique, qu'il s'agisse d'un traumatisme sportif ou de tout autre accident de la voie publique, par exemple. C'est tout particulièrement le cas des détresses cardiorespiratoires (très médiatisées s'il s'agit d'un sportif de haut niveau).

Il en est de même en ce qui concerne les lésions hémorragiques ; elles ne présentent pas de spécificité quant à la conduite au bord du terrain. L'hémostase doit être réalisée par une compression manuelle (ou un pansement compressif). Cela nécessite de bien connaître les points de compression (carotidien, sous-clavier, fémoral, notamment). La pose d'un garrot, à la partie haute d'un membre, dans l'attente d'une prise en charge spécifique, doit rester exceptionnelle. L'heure de pose du garrot doit être précisément notée, et une surveillance continue s'impose.

Le médecin du sport, du fait de sa connaissance du geste sportif, et du risque lésionnel potentiel, peut toutefois être plus à même de prévoir le risque vital et éventuellement de le prévenir. Il peut s'agir en effet de véritables technopathies. Ainsi, les traumatismes crâniens et faciaux, traités par ailleurs dans cet ouvrage (voir chapitre 53), sont plus fréquents lors des sports de combats comme la boxe, où le KO est même autorisé. Leur gravité peut être limitée par la réglementation (protection adaptée). Il en est de même pour les sports mécaniques. Les progrès réalisés dans la conception du casque (meilleure protection, mais aussi facilité à retirer le casque en cas d'accident) en sont un excellent exemple.

Les polytraumatismes, retrouvés plus fréquemment pour les sports mécaniques, et qui peuvent représenter un risque vital, ont vu heureusement leur nombre diminuer grâce à la modification de la réglementation (sécurisation de l'habitacle pour les voitures de Formule 1). Le rôle des médecins a été majeur dans cette évolution. Cela montre bien qu'il n'y a pas obligatoirement de fatalité vis-à-vis de l'urgence, quel que soit le sport. On peut rapprocher de cet exemple celui du port du casque chez les cyclistes, obligatoire depuis quelques années.

Les lésions du rachis (abordées au chapitre 54) peuvent, dans de nombreux cas, être directement liées au geste sportif (plongeon, gymnastique). Les techniques de plaquage au rugby ont ainsi heureusement été modifiées, les « empilages » en mêlée ouverte interdits. Enfin, on connaît bien le risque plus important de traumatisme du rachis cervical pour les joueurs de première ligne lors d'une mauvaise entrée ou d'une mauvaise poussée en mêlée. Le médecin du sport, au bord du terrain, sera le plus à même de juger immédiatement de l'éventuelle gravité du geste.

Autres urgences

Elles sont directement en rapport avec le sport pratiqué, et concernent avant tout l'appareil locomoteur. Soit elles nécessitent des soins immédiats sur le terrain, soit le plus souvent elles amènent le médecin, en quelques secondes, à décider seul de la poursuite ou non de la compétition, parfois sous la pression forte de l'entourage voire des spectateurs et des médias.

La prise en charge des fractures ne présente pas de spécificité. Toute suspicion de lésion osseuse, *a fortiori* avec risque de déplacement, doit être immobilisée avant évacuation. Il est nécessaire d'insister sur l'importance de l'observation du geste, des quelques mots échangés immédiatement sur le terrain (notion de craquement, douleur, impotence partielle ou totale), de la qualité de l'inspection, et surtout de la palpation immédiate (en tenant compte de l'équipement sportif). Certaines fractures sans déplacement peuvent passer inaperçues. La reprise de la compétition, ne seraitce que quelques secondes, peut être alors source de graves complications. Au moindre doute, il faut donc savoir imposer la décision médicale de l'arrêt immédiat.

Les luxations ne sont pas rares. Elles touchent plus souvent le membre supérieur que le membre inférieur (rugby, judo, gymnastique, notamment). La réduction, sur ou au bord du terrain, sauf conditions exceptionnelles, est fortement déconseillée. Elle ne peut se faire qu'après un examen neurologique et vasculaire complet, et une information éclairée du patient. La radiographie est nécessaire dans la majorité des cas pour éliminer une fracture-arrachement associée, susceptible de complication, voire de modifier la technique de réduction. La luxation du genou ou de la cheville sont de véritables urgences, et le patient doit être transféré dans les plus brefs délais dans un centre compétent, sous peine de complication artérielle irréversible (artère poplitée) ou de nécrose secondaire (os talus). Les luxations à répétitions (instabilité gléno-humérale) peuvent faire l'objet d'une éventuelle réduction dans l'infirmerie du stade, sous réserve de connaître parfaitement le dossier clinique du patient.

Les entorses sont de loin les accidents ligamentaires les plus fréquents. Elles touchent principalement le membre inférieur. Il ne faut toutefois pas négliger les entorses des doigts ou du poignet, par exemple. L'observation du geste est essentielle. L'expérience du médecin au bord du terrain lui permet le plus souvent d'apprécier d'emblée la gravité potentielle de la lésion. Les notions de craquement, de dérobement décrites par le sportif sont toujours un signe de gravité. À l'inverse, la douleur est à interpréter avec prudence. Une lésion du ligament croisé antéroexterne du genou peut s'avérer peu douloureuse sur le moment (s'il n'y a pas eu de contact lors de l'accident) alors qu'une lésion bénigne du ligament collatéral médial de cette même articulation peut s'avérer extrêmement douloureuse immédiatement et dans les heures suivantes. À noter le cas particulier des sidérations douloureuses sur le terrain. Il peut exister, notamment dans les traumatismes du compartiment latéral médial du genou, une laxité franche immédiate post-traumatique liée à la sidération qui, heureusement, pourra s'avérer moins inquiétante après une mise au repos de quelques minutes et à un isolement du sujet.

Le diagnostic d'entorse sur le terrain est le plus souvent possible, avec une bonne expérience de l'examen programmé de l'articulation. Il faut rechercher les points douloureux sur le trajet du ligament (quand celui-ci est accessible à la palpation), rechercher une laxité latérale, un mouvement de tiroir (Lachmann pour le genou, tiroir antérieur pour la cheville). Dans la majorité des cas, le sujet est évacué au bord du terrain pour poursuivre l'examen en ôtant l'équipement.

S'il est conclu à une entorse bénigne, peu douloureuse, la reprise de la compétition peut être envisagée après application de froid et pose d'une contention adhésive (notamment pour la cheville et les doigts). Dans le cas contraire, on doit toujours conseiller une mise en décharge du membre inférieur, l'application immédiate de glace et d'une compression, complétée par la pose d'une attelle ou d'une orthèse si nécessaire, dans l'attente des examens cliniques plus complets et d'éventuels examens complémentaires.

Les lésions tendineuses observées dans le cadre de l'urgence sont rares. Il faut toutefois insister sur l'éventualité d'une luxation ou d'une instabilité de certains tendons (tendon fibulaire de la cheville, par exemple). L'examen en urgence est capital et permet de faire le diagnostic plus facilement que lors d'une consultation en différé quelques jours après. En effet l'examen est alors souvent considéré comme négatif si le praticien ne pense pas à rechercher systématiquement la luxation par des manœuvres adaptées.

La rupture tendineuse concerne avant tout le tendon d'Achille mais peut aussi se rencontrer pour les tendons du genou (quadricipital, rotulien, demi-tendineux), les tendons fléchisseurs des doigts de la main lors de la pratique de l'escalade, ou des extenseurs chez le joueur de volley-ball.

Plus rarement, on est amené à prendre en charge une lésion du biceps brachial. Ces traumatismes sont souvent minimisés en urgence. Une rupture du tendon *calcaneum* peut être prise à tort pour une banale entorse de cheville, par exemple. Une lésion des tendons de la main peut être totalement négligée et conduire à des complications redoutables pour la pratique secondaire du sport.

Là encore, il faut insister sur la qualité de l'examen clinique, qui ne peut être réalisé que dans des conditions minimales de confort, c'est-à-dire au bord du terrain après avoir évacué le sujet ou, mieux, dans le cabinet médical ou l'infirmerie du stade.

Les accidents musculaires, enfin, représentent la majorité des urgences de terrain en pratique sportive. Ils ne doivent toutefois pas être banalisés. Les lésions graves, intrinsèques, telles que déchirure et rupture, sont toujours dramatiques avec la notion de douleurs intenses parfois syncopales, impotence immédiate (c'est l'exemple typique de la lésion des ischiojambiers du sprinter). L'évacuation s'impose ainsi que la mise en place immédiate du traitement (mise en décharge, glace et compression, ce qui nécessite une surveillance clinique neurologique et vasculaire).

Les lésions de stade II, type élongation, voire claquage (voir chapitre 49) sont de diagnostic délicat, voire impossible sur le terrain. C'est donc l'impotence fonctionnelle qui va orienter la décision d'arrêt ou de continuation de la compétition. Dans le cas où la décision de poursuite est prise, le médecin doit être particulièrement attentif aux premières minutes qui suivent. Le moindre signe d'aggravation (boiterie, accélération ou impulsion impossible, par exemple) doit entraîner l'arrêt immédiat, et la mise en place du traitement d'urgence.

Les contusions peuvent être redoutables, notamment celles de la face latérale et surtout antérieure de la cuisse (coup de genou en football, chute du motard, percutions en handball ou basket-ball, par exemple). Le risque majeur est celui de l'écrasement du muscle crural contre le fut osseux et de la formation d'un hématome profond avec risque d'évolution, en quelques jours, vers une métaplasie osseuse. Sur le terrain, l'observation du geste (localisation et vitesse de l'impact) est fondamentale. Les signes cliniques se limitent à la douleur et à l'impotence fonctionnelle. L'examen, orienté vers la palpation et la contraction contrariée, peut être à ce stade trompeur. Là encore, au moindre doute, si la reprise de la compétition a été autorisée, il faut stopper autoritairement le sportif, interdire tout massage et application de pommade ou équivalent, et respecter les règles de glaçage, compression et mise en décharge. Si le médecin de terrain n'est pas le médecin de soins, il doit informer clairement son patient de la nécessité de consulter dans les 24 à 48 heures et d'envisager d'éventuels examens complémentaires (radiographie et échographie, notamment). Cette notion de continuité de soins qui s'impose légalement à tout médecin, quelle que soit la pathologie prise en charge, est fondamentale dans le cas des contusions graves. Une ossification du crural peut entraîner une impotence fonctionnelle et un arrêt du sport de plusieurs mois. La responsabilité de l'équipe médicale qui a assuré l'urgence du terrain pourrait alors se trouver éventuellement engagée.

Conclusion

Les urgences de terrain sont donc extrêmement variées dans leurs formes et leur gravité. Si les urgences vitales ne diffèrent en rien des autres urgences du même type, il n'en reste pas moins qu'elles doivent être anticipées, dans la mesure du possible, par l'organisation médicale.

Il existe par ailleurs des urgences plus spécifiques à l'activité sportive. Elles nécessitent une grande expérience de la part du praticien, une bonne connaissance du geste sportif et une compétence, une autorité suffisantes pour décider de la conduite à tenir (notamment de l'arrêt de la compétition) et des premiers soins, souvent capitaux pour la qualité de la cicatrisation et la prévention des complications.

Pour en savoir plus

Brunet-Guedj E, Moyen B, Génty J. *Médecine du sport*. Paris : Masson, 1995 : 406 p.

Courtot B. *Les urgences en médecine du sport*. Paris : Masson, 2001 : 198 p.

Hager JP. *Pathologies du rugbyman*. Montpellier : Sauramps médical, 2003 : 510 p.

Leclercq C. *La main traumatique du sportif*. Paris : Masson, 2001 : 154 p.

Pathologie de l'os dans la pratique sportive

La pathologie osseuse en pratique sportive peut être regroupée sous trois chapitres différents :

- les fractures post-traumatiques classiques ;
- les fractures de fatigue ;
- les périostites.

Sommaire

Fractures post-traumatiques

Le plus souvent, il s'agit d'une fracture complète survenant par un mécanisme indirect, comme lors d'accident de ski, ou par un mécanisme direct, comme on le voit dans la pratique de sports collectifs ou de combat. Aucune particularité n'est à noter en dehors du contexte sportif et du mode de survenue. La seule spécificité tient avant tout au sujet chez qui elle survient, ce qui peut induire un traitement particulier. Le but est en effet d'obtenir une récupération à 100 % et dans les plus brefs délais, sous peine de voir le niveau sportif du compétiteur diminuer rapidement.

En présence d'une fracture, l'objectif principal du thérapeute est de réduire au mieux le foyer de fracture et d'en assurer la stabilité afin d'obtenir la consolidation. La connaissance des avantages, des inconvénients et des difficultés techniques prévisibles doit guider le choix du meilleur procédé d'immobilisation, en fonction du type de la fracture et des contraintes sportives et/ou professionnelles du patient.

Traitement en fonction du type de la fracture

Le bilan préthérapeutique d'une fracture doit préciser le déplacement, la stabilité et l'existence de complications associées.

Le *déplacement* d'une fracture est lié à la direction du trait, à l'importance du traumatisme et à l'action des muscles et des tendons sur les extrémités fracturaires. Il est analysé sur les clichés radiographiques, comportant un minimum de deux incidences perpendiculaires. Le déplacement peut être défini par une angulation, une baïonnette, un chevauchement ou un décalage (rotation). En cas de déplacement, une réduction s'impose, d'autant plus anatomique qu'il s'agit d'une fracture articulaire. En règle générale, une réduction par manœuvre externe est plus facile pour les fractures extra-articulaires que pour les fractures articulaires. En l'absence de réduction orthopédique, une réduction à ciel ouvert s'impose le plus souvent.

La *stabilité* doit être appréciée après réduction pour prévenir la survenue d'un déplacement secondaire. Elle est liée aux possibilités d'engrènement de la fracture, qui dépendent de la topographie et de la direction du trait, mais également de l'existence d'une comminution du foyer de fracture. L'absence de stabilité après réduction doit faire discuter une ostéosynthèse.

L'existence de *complications associées* cutanées (fracture ouverte), vasculonerveuses (par compression ou section), impose une exploration chirurgicale pour permettre dans le même temps opératoire le traitement de la fracture et de la lésion associée.

Avantages et inconvénients des techniques de stabilisation

Le *traitement orthopédique* n'entraîne pas de risque d'infection et diminue le risque de pseudarthrose, mais il expose à une réduction incomplète ou à un déplacement secondaire à l'origine de cal vicieux. Par ailleurs, l'immobilisation des articulations sus et sous-jacentes à la fracture induit des troubles trophiques et des raideurs articulaires nécessitant souvent une rééducation longue. Ainsi, le traitement orthopédique présente de faibles risques mais nécessite des contraintes souvent lourdes (confort du patient, surveillance régulière, traitement anticoagulant, absence d'appui prolongé) et une rééducation prolongée.

L'*ostéosynthèse par plaque vissée ou vis directes* permet en théorie une réduction anatomique des foyers de fracture. Les montages obtenus sont en règle stables et autorisent une rééducation précoce.

Les inconvénients sont dus essentiellement à l'abord direct d'un foyer de fracture. La dévascularisation locale est inévitable et doit être limitée lors des manœuvres de réduction et de stabilisation pour ne pas compromettre la consolidation secondaire. Il existe incontestablement une augmentation du risque infectieux, que ce soit par une contamination microbienne du foyer opératoire ou par l'intermédiaire d'une nécrose cutanée secondaire. Une synthèse par plaque n'autorise pas la mise en charge de la fracture. Le délai de consolidation est volontiers un peu plus prolongé du fait de l'ouverture du foyer de fracture et de la situation du matériel de synthèse sur la corticale et non centromédullaire. Elle nécessite donc une technique chirurgicale parfaite pour diminuer au maximum les conséquences de la dévascularisation locale et obtenir une réduction anatomique avec un montage parfaitement stable.

L'*ostéosynthèse par enclouage centromédullaire* est une technique à foyer fermé limitant le risque de dévascularisation et le risque infectieux. Le matériel est situé dans l'axe mécanique du segment fracturé et permet donc souvent des montages autorisant une mise en charge précoce. Les inconvénients sont liés au fait qu'il s'agit d'une technique radiochirurgicale nécessitant une irradiation non négligeable, en particulier pour la mise en place du verrouillage. Par ailleurs, il est parfois difficile d'obtenir une réduction anatomique, que ce soit pour le contrôle des rotations ou pour le rétablissement de l'axe longitudinal en cas de fracture métaphysaire. Enfin, il faut noter la possibilité de la survenue plus fréquente de syndrome de loge, en particulier en cas d'enclouage avec alésage des fractures de jambe.

Les *ostéosynthèses par fixateurs externes* sont caractérisées par l'absence de matériel intrafocal pour diminuer le risque infectieux, en particulier en cas de fracture ouverte contaminée, mais les inconvénients sont majeurs. Outre la difficulté d'obtenir une réduction anatomique, ces fixateurs sont souvent inconfortables pour le patient. Ils gênent par ailleurs la rééducation, en particulier les fixateurs comportant des fiches et des broches transfixiant les masses musculaires. Il existe également un risque d'infection sur les trajets de broche, nécessitant pansements et soins locaux, voire antibiothérapie. Enfin, ils sont accusés d'être responsables souvent d'un retard de consolidation.

Indications thérapeutiques

Compte tenu des paramètres liés à la fracture et aux techniques de stabilisation, il est possible de proposer le schéma thérapeutique suivant :

- le traitement orthopédique est indiqué dans les fractures non déplacées ou les fractures déplacées stables après réduction anatomique;
- le traitement par plaque vissée est indiqué dans les fractures instables ou non réduites orthopédiquement des extrémités métaphysaires, et *a fortiori* dans les fractures articulaires épiphysaires. Les vissages isolés sont indiqués dans les fractures épiphysaires. Cette technique doit être préférée à l'utilisation de broches, de cerclage métallique ou au nylon, voire d'agrafes, dont la stabilité est précaire;
- le traitement par enclouage centromédullaire est particulièrement indiqué dans les fractures diaphysaires des os longs, d'autant plus qu'il s'agit d'une fracture du fémur ou du tibia.

Ce schéma thérapeutique doit être nuancé en fonction des contraintes sportives et/ou professionnelles du patient, qui imposent parfois de choisir une technique permettant d'obtenir une récupération complète et dans les plus brefs délais. Ainsi, la tendance sera de mettre en route un traitement permettant :

- une mise en charge la plus rapide possible lorsqu'il s'agit d'un traumatisme du membre inférieur;
- une absence ou une non-ablation du matériel d'ostéosynthèse (plaque), qui entraînerait une nouvelle fragilisation temporaire de l'os et un nouvel arrêt relatif du sport;
- de diminuer la période d'immobilisation, avec une reprise très rapide de certaines activités ne sollicitant pas le membre fracturé afin de maintenir un bon état cardiovasculaire et général.

Ainsi, l'indication d'un traitement orthopédique a tendance à se restreindre en fonction des progrès de la technique chirurgicale et de la demande des patients.

Fractures parcellaires

Si le diagnostic de fracture complète est évident, il faut en revanche prêter une grande attention aux fractures parcellaires (trochiter, trochin, pointe de malléole externe, styloïde du 5e métatarsien, etc.). Elles correspondent le plus souvent à un véritable arrachement ostéoligamentaire et leur méconnaissance est d'autant plus dangereuse qu'elles peuvent intéresser une articulation. C'est le cas par exemple d'une fracture du trochiter, qui peut être secondaire à une chute directe sur le membre supérieur, mais également à un véritable arrachement par contraction musculaire des muscles sus et sous-épineux. Négliger ce type de fracture n'entraîne pas un risque de pseudarthrose mais de cal vicieux gênant les mouvements d'abduction, de rotation maximale de l'épaule, ou encore réalisant une véritable rupture fonctionnelle des tendons de la coiffe de l'épaule. La bénignité des fractures parcellaires et des arrachements osseux n'est donc qu'apparente, car ils ne compromettent pas la continuité du segment osseux mais mettent en jeu l'articulation et le système musculotendineux. Il serait grave de les négliger et elles imposent une réduction anatomique et une ostéosynthèse stable.

Fractures de fatigue

La fracture de fatigue est une lésion de surcharge du tissu osseux. Elle peut être considérée comme un terme évolutif survenant après un processus continu de réactions de l'os face aux contraintes qui lui sont imposées. Il s'agit, en fait, d'une maladie de l'adaptation de l'os à l'effort, en dehors de tout traumatisme brutal. Elle représenterait 10 % des pathologies liées au sport.

L'os est un tissu vivant, en perpétuel remaniement, les mécanismes de reconstruction équilibrant les processus de destruction. La fracture de fatigue survient lorsque cet équilibre est rompu. La notion de fracture de fatigue chez le sportif sous-entend la notion d'os sain, ce qui la différencie des fractures sur insuffisance osseuse généralisée ou sur os pathologique.

Tous les os peuvent être touchés, selon le type de surcharge et selon le geste technique du sport en cause. Les membres inférieurs sont de très loin les plus atteints (95 % des cas) mais on retrouve également des descriptions au niveau des membres supérieurs, des côtes et du rachis.

Les premières descriptions datent de la deuxième moitié du XIXe siècle avec l'avènement de la radiographie, de siège exclusivement métatarsien. Plus tard, les nouvelles localisations apparaissent une à une et les performances de l'ima-

gerie permettent des diagnostics de plus en plus difficiles dans des délais de plus en plus courts. La population intéressée était initialement exclusivement militaire ; le meilleur suivi du sport de haut niveau et l'apparition du sport de masse ont favorisé la découverte de cette pathologie dans le milieu civil depuis les années 1970. Actuellement, le tibia arrive en tête de toutes les localisations, dans les séries civiles ou militaires. La course à pied est reconnue comme étant l'activité physique la plus génératrice de fractures de fatigue.
Le risque de facture de fatigue est plus élevé chez la femme. La raison de cette différence n'est sans doute pas uniquement biomécanique mais est également reliée à un contexte hormonal perturbé par l'entraînement, voire par des troubles alimentaires dans certaines disciplines (gymnastique, danse, patinage artistique, etc.). La perturbation des cycles est un élément retrouvé extrêmement souvent. Bien que considéré comme normal, l'os présente sans doute une densité insuffisante pour supporter les exigences du sport.
La classification de Devas, fondée sur la radiographie et sur une conception physiopathologique, reste d'actualité. Elle distingue :

- les *fractures en traction*, qui intéressent l'os cortical et qui se manifestent par une fissure, éventuellement très précoce, ou une apposition périostée sur des clichés plus tardifs ;
- les *fractures en compression*, qui intéressent les os riches en os spongieux ou trabéculaire et les extrémités des os longs. La fracture prend la forme d'une condensation linéaire, perpendiculaire aux travées osseuses à un stade de consolidation ;
- les formes mixtes.

Mais la radiographie n'apporte pas toutes les réponses.

Diagnostic

Le diagnostic repose sur la conjonction de données cliniques et d'imagerie.
Le maître symptôme est la douleur : elle est typiquement mécanique et le plus souvent d'apparition progressive.
L'interrogatoire est l'outil diagnostique principal. Il recherche une situation favorisante dans le contexte sportif. L'augmentation récente de l'entraînement en quantité ou en qualité est toujours retrouvée. Le chiffrage du kilométrage hebdomadaire dans les semaines précédant les premiers symptômes est capital chez le coureur à pied.
L'examen cherche à retrouver l'origine osseuse de la douleur et à éliminer la participation d'autres structures également surmenées par les activités sportives (tendons, muscles, etc.). La palpation doit être très soigneuse, en particulier pour toutes les localisations où l'os est superficiel. Une tuméfaction osseuse est parfois retrouvée.

Imagerie

L'imagerie a pour objectif de faire un diagnostic formel et d'éliminer d'autres pathologies osseuses d'origine non sportive (tumeur, infection, etc.).
La *radiographie* est l'examen de base incontournable. Il faut néanmoins savoir qu'elle n'est positive que dans 15 % des cas en phase précoce, et qu'elle resterait négative dans 50 % des cas en phase tardive, toutes localisations confondues. Si une image est visible, il existe une certitude diagnostique mais celle-ci peut n'apparaître qu'après un délai de 2 à 3 semaines, à la période où la consolidation commence à se faire.
La *scintigraphie* au technétium 99^m a longtemps été considérée comme l'examen *gold standard* pour diagnostiquer une fracture de fatigue. Dans un contexte favorable, certains en font même un instrument de diagnostic formel, ce qui est discutable. Typiquement, la scintigraphie est positive aux trois temps, précoce artériel, veineux et tardif. Cet examen a une sensibilité voisine de 100 % mais il n'est pas spécifique.
L'*échographie* permet parfois de faire le diagnostic d'une fracture de fatigue totalement invisible sur la radiographie au niveau d'un os long. Il faut noter que la douleur aux ultrasons a été présentée comme un test diagnostique.
La *tomodensitométrie* n'a comme avantage sur la radiographie que de pouvoir visualiser des zones difficiles (tarse, sacrum), ou parfois de permettre la surveillance d'une consolidation.
L'*IRM* a sans doute un grand avenir. Certaines séquences ont un intérêt « scintigraphique », ne visualisant pas le trait de fracture à un stade précoce mais donnant des arguments de présomption importants, à l'aide de signes indirects. Ultérieurement, le trait apparaît. Il est probable que dans l'avenir l'IRM l'emportera sur la scintigraphie, le frein actuel étant surtout économique.

Prise en charge

La prise en charge d'une fracture de fatigue dépend de sa localisation et on décrit des protocoles de traitement variables selon l'os en cause. Le pronostic est souvent favorable mais il existe certaines localisations où l'on peut craindre un risque de déplacement (diaphyse fémorale, col du fémur, fractures longitudinales du tibia), un risque de pseudarthrose (scaphoïde tarsien, base du 5e métatarsien) ou de retard de consolidation : dans ces cas, une prise en charge spécifique est nécessaire, avec éventuellement un volet chirurgical. En effet, il ne faut pas oublier qu'une saison, voire une carrière sportive peuvent être en jeu.
Le tronc commun de traitement comporte toujours une phase de repos sportif, de durée variable, ne concernant que l'activité physique en cause, sans supprimer les activités d'entretien ne sollicitant pas la zone lésionnelle. Une décharge éventuelle n'est conditionnée que par l'existence des douleurs.
Ensuite, sont reprises les activités physiques en charge mais sans impact, puis avec impact, en respectant une progression très prudente.

Périostites

La périostite est un syndrome douloureux mal défini, localisé au niveau du tibia. Pour certains, elle serait due à des tractions musculaires, pour d'autres il s'agirait d'une réaction osseuse au stress, peut-être d'un processus préfracturaire.
Elle se traduit par des douleurs progressives du bord postéro-interne du tibia, dans une zone qui s'étend plus ou moins entre le tiers moyen et le tiers inférieur du tibia. Ces douleurs sont directement reliées aux activités sportives où prédominent la course sur piste (athlétisme) ou les sauts sur

terrain dur (basket-ball). Les exercices de vitesse sont plutôt mieux tolérés que la course à vitesse plus lente.
La radiographie est le plus souvent décevante ; la scintigraphie peut montrer une hyperfixation modérée, étendue, et permet surtout d'éliminer une fracture de fatigue.
La prise en charge est difficile car les résultats des traitements sont très inconstants. La modification des conditions d'entraînement est souvent utile (chaussage, semelles, terrain), et les moyens antalgiques sous toutes leurs formes peuvent être tentés. L'évolution spontanée s'effectue volontiers sur de nombreux mois, voire quelques années. Dans certains cas, il a pu être proposé un geste chirurgical de dépériostage. Cette pathologie reste malgré tout une pathologie bénigne.

Pour en savoir plus

Boyer T. *Sport et appareil locomoteur.* Paris : Masson, 1989.

Devas S. *Stress fractures*. Edinburg : Churchill Livingstone, 1975.

Hellel T, Amit S, Segal D. Fatigue fractures of tibial on femoral shaft in soldiers. *Clin Orthopaedic* 1976; 118 : 35-43.

Prather JL, Nusynowitz ML. Scintigraphic findings in stress fractures. *J Bone Joint Surg* 1977; 59A : 869-74.

Saillant G, Benazet JP, Garçon P, Monpierre H, Roy-Camille R. Place de la chirurgie dans le traitement des fractures de fatigue du tibia chez le sportif. *J Traumatol Sport* 1987; 4 : 66-71.

Exploration quantitative et qualitative du tissu osseux

Sommaire

L'os est un tissu vivant en permanent remaniement, au sein duquel s'exercent deux activités cellulaires, l'une de résorption par les ostéoclastes, l'autre de formation osseuse, assurée par les ostéoblastes.

Les pièces osseuses sont composées d'os cortical (80 % de la masse osseuse globale) et de tissu osseux trabéculaire, formé de plaques reliées par des piliers. La proportion d'os trabéculaire dépend du site anatomique : plus de 90 % au centre du corps vertébral ou du calcanéum, 5 % au radius proximal. La compétence biomécanique, c'est-à-dire la capacité d'une pièce squelettique à résister à des contraintes, dépend de la proportion d'os cortical, de la masse osseuse, de son anatomie (architecture) mais aussi de la microarchitecture osseuse trabéculaire, du degré de minéralisation et de la qualité du collagène.

On peut schématiquement distinguer trois approches dans l'évaluation du tissu osseux.

Approche morphométrique

Plusieurs examens sont utilisés en pratique en complément de l'examen clinique pour déceler un foyer fracturaire ou toute autre lésion osseuse focale; les radiographies standard, la scintigraphie osseuse aux bisphosphonates marqués, la tomodensitométrie (TDM), l'imagerie par résonance magnétique nucléaire (IRM) constituent les examens de base de cette démarche.

Les *radiographies standard* [6], le plus souvent numérisées, centrées sur la zone douloureuse, permettent notamment de visualiser une anomalie de la forme de l'os, une solution de continuité d'une corticale, une hétérogénéité de la trame osseuse (géodes, foyers d'ostéocondensation, aspect fibrillaire)... Certaines anomalies fréquentes en pathologie osseuse du sportif peuvent avoir une traduction radiographique retardée, telle une fracture de contrainte.

Dans ces cas, la *scintigraphie osseuse* (le plus souvent au méthylène bisphosphonate marqué au ^{99m}Technétium) est d'un apport considérable [1]; elle permet avec une grande sensibilité de détecter un foyer osseux en remaniement actif. La spécificité est en revanche très moyenne, le foyer hyperfixiant pouvant relever de mécanismes très distincts; en s'appuyant sur le contexte clinique, certains aspects peuvent être cependant évocateurs : fixation intense et linéaire d'un trait de fracture, fixation plus diffuse aux temps précoce et tardif de l'algodystrophie, foyers multiples disséminés de métastases, fixations osseuses caractéristiques de la maladie de Paget...

La *tomodensitométrie* (TDM ou scanner) [6] est un examen d'imagerie très important pour préciser la réalité et le type de certaines fractures « occultes », mieux analyser des images lacunaires ou des ruptures suspectes de la corticale. Elle s'avère aussi irremplaçable pour déceler une atteinte des tissus mous (dans l'évaluation des lésions musculaires, notamment) ou pour préciser les rapports de l'os avec d'autres structures anatomiques avoisinantes, mettant ainsi en évidence une extension extraosseuse au cours de processus infectieux ou malins.

Approche quantitative

La masse osseuse dépend du capital osseux acquis au cours de la croissance et de l'intensité de la perte osseuse, liée à la ménopause ou accentuée sous l'effet de désordres nutritionnels, d'une corticothérapie générale prolongée, d'une maladie endocrinienne, d'une immobilisation prolongée, du vieillissement... À partir de 40 ans, dans les deux sexes, la perte osseuse est lente, linéaire, de l'ordre de 3 % par décennie; elle s'accentue chez la femme immédiatement après la ménopause, la perte osseuse pouvant alors atteindre 5 à 8 % par an.

On dispose aujourd'hui d'une méthode sûre, reproductible et non invasive de mesure de la quantité de tissu osseux minéralisé, l'*absorptiométrie biphotonique à rayons X* (ou DEXA, pour *Dual X-ray Absorptiometry*) [4]. Cette technique repose sur le principe de l'atténuation d'un faisceau de photons par la matière traversée (absorptiométrie); le recours à deux faisceaux d'énergie différente (biphotonique) permet de déterminer la masse minérale (en g) et la densité apparente (en g/cm^2) en différents sites d'intérêt. On mesure ainsi la densité minérale osseuse (DMO) en région lombaire, en incidence antéropostérieure de L2 à L4

k = 1.148 d0 = 43.3(1.000H) 6.718

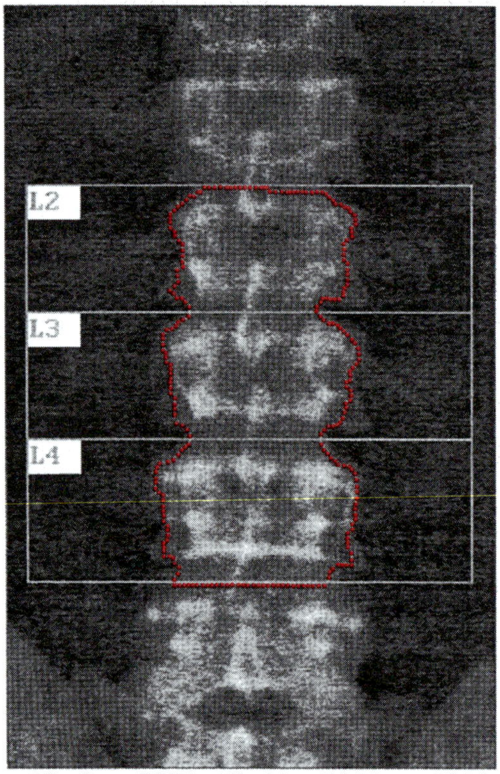

·30.Jan.2002 12:11 [116 x 101]
Hologic QDR-4500A (S/N 45518)
Lumbar Spine V8.26a:3

Y01300202 Wed 30.Jan.2002 11:29
Name:
Comment:
I.D.: Sex: M
S.S.#: – – Ethnic:
ZIPCode: Height: 164.00 cm
Operator: YS Weight: 61.00 kg
BirthDate: 18.Jul.53 Age: 48
Physician:
Image not for diagnostic use

TOTAL BMD CV FOR L1 – L4 1.0%

C.F. 1.015 1.016 1.000

Region	Est.Area (cm^2)	Est.BMC (grams)	BMD (gms/cm^2)
L2	13.61	10.99	0.808
L3	14.53	12.43	0.855
L4	17.49	15.29	0.874
TOTAL	45.63	38.71	0.848

Fig. 48.1. Examen densitométrique par absorptiométrie biphotonique à rayons X. Incidence lombaire antéropostérieure sur L2-L4.

(fig. 48.1) et en site fémoral (région totale ou transcervicale, notamment), où la mesure est très utile après 60-65 ans, l'arthrose, une scoliose, des calcifications aortiques pouvant beaucoup compliquer l'interprétation des données en site lombaire.

La DEXA est une méthode assez exacte (elle rend un résultat proche de la réalité) et reproductible (les résultats sont concordants lors de mesures répétées dans le temps, la variation à long terme étant inférieure à 2 %). Elle irradie peu (25 fois moins qu'une radiographie pulmonaire) et aucun désordre radiobiologique n'a été observé.

D'autres techniques ont été proposées pour mesurer la DMO, mais elles sont soit insuffisamment validées, telle la mesure par les ultrasons [4], soit moins répandues (et souvent beaucoup plus irradiantes), telles la TDM quantitative en région vertébrale (QCT) ou, plus récemment, la TDM périphérique (pQCT), permettant des mesures sur la diaphyse fémorale, tibiale ou radiale.

Les mesures réalisées chez un patient donné sont comparées aux valeurs d'une population de référence (même sexe, même pays, même type d'appareil). Les courbes de normalité montrent une dispersion des valeurs de densité autour de la moyenne décrite par le nombre d'écarts types.

Le *Z-score* décrit la variation par rapport à la moyenne de sujets de même âge, de même sexe, alors que le *T-score*, beaucoup plus souvent utilisé, exprime la variation par rapport à la moyenne d'adultes jeunes de même sexe. L'OMS a proposé une nouvelle définition [5], en fonction des valeurs de T-score, de la densité osseuse chez la femme caucasoïde ménopausée :

- 1. *normal* : T-score > – 1 ;
- 2. *ostéopénie* : T-score compris entre – 1 et – 2,5 ;
- 3. *ostéoporose :* T-score ≤ – 2,5 ;
- 4. *ostéoporose sévère :* T-score ≤ – 2,5 avec une ou plusieurs fractures par fragilité.

Évaluation de la qualité du tissu osseux

Plusieurs facteurs pourraient, indépendamment de la masse osseuse, jouer un rôle dans la résistance mécanique des pièces squelettiques. On les regroupe sous la dénomination de facteurs de « qualité osseuse ». Ils recouvrent des données très hétérogènes mais indispensables à prendre en compte dans l'évaluation du risque fracturaire. Leur poids relatif est cependant très variable. Leur mesure reste encore malaisée ou peu standardisée.

Méthodes

La *radiographie standard* permet, outre l'évaluation morphométrique précédemment décrite, de réaliser une analyse fractale de la structure et de la texture de l'os [2]; des approches sont ainsi en cours pour déterminer l'intérêt de conduire cette analyse sur des radiographies osseuses simples.

Les *ultrasons* évaluent l'atténuation à large bande des ultrasons (BUA), la vitesse de transmission à travers le tissu osseux (SOS) ou la vitesse longitudinale de propagation le long de l'os cortical [4]. En raison des relations connues entre les mesures ultrasonores et certaines propriétés qualitatives du tissu osseux (microarchitecture, élasticité, notamment), on attendait beaucoup de ces mesures sur les sites périphériques pour mieux définir la « qualité » osseuse; mais en pratique, avec les systèmes actuellement disponibles, les mesures obtenues sont essentiellement le reflet de la densité osseuse minérale et ne permettent pas une évaluation des caractéristiques qualitatives de l'os.

La *biopsie osseuse transiliaque*, réalisée sous anesthésie locale, le plus souvent après un double marquage aux tétracyclines, permet une analyse des cellules osseuses et de leur niveau d'activité, une évaluation précise de la minéralisation ainsi qu'une étude fine de la moelle hématopoïétique. Cet examen autorise aussi, en plus des mesures histomorphométriques classiques et de l'analyse en microscopie électronique, un calcul automatisé en 2D ou en 3D (par micro-CT) de paramètres microarchitecturaux : nombre et espacement des travées, volume médullaire, index de connectivité des travées [3]...

Des travaux sont actuellement en cours pour obtenir la mesure de ces paramètres de microarchitecture de façon non invasive, en recourant à la TDM ou à l'IRM sur des sites osseux axiaux ou périphériques.

La *mesure des marqueurs biochimiques du remodelage osseux* [4] est une façon d'approcher globalement les activités cellulaires de remaniement, de résorption et d'ostéoformation. On mesure soit des constituants de la matrice osseuse (protéines non collagéniques), soit des produits de dégradation du collagène, soit encore des enzymes impliquées dans les activités cellulaires (phosphatases alcalines pour les ostéoblastes, phosphatase acide tartrate-résistante en ce qui concerne les ostéoclastes). Les phosphatases alcalines totales (ou leur fraction spécifiquement osseuse) ainsi que l'ostéocalcine sérique, protéine non collagénique, explorent plus spécifiquement l'ostéoformation. Pour évaluer la résorption osseuse, on dispose de nouveaux marqueurs sensibles et spécifiques qui ont conduit à l'abandon de la mesure de l'hydroxyprolinurie; il est en effet possible de mesurer des molécules de réticulation du collagène, ou *cross-links*, soit dans le sang, soit dans les urines. Les dosages les plus utilisés sont la mesure de la forme libre de la déoxypyridinoline urinaire ou des peptides liés à ces molécules de réticulation : N-télopeptide (NTX) ou C-télopeptide (CTX), sérique ou urinaire. Chez la femme, on a montré qu'il existait une élévation de ces marqueurs en postménopause, et un retour aux valeurs préménopausiques sous traitement hormonal ou anti-ostéoclastique. Au cours de l'ostéoporose postménopausique, on observe une baisse des marqueurs de la formation osseuse.

Dans la mesure où ces marqueurs sont un reflet du remaniement cellulaire osseux, ils offrent un intérêt potentiel pour identifier les sujets les plus à risque de perte osseuse excessive et donc d'ostéoporose fracturaire; de plus, leur variation sous traitement offre la possibilité d'évaluer la réponse thérapeutique et par conséquent le degré d'observance. En pratique clinique, cependant, le recours à la mesure des marqueurs se heurte à de nombreuses difficultés : conditions techniques de prélèvement et de dosage, incertitudes sur le type de marqueur à utiliser, choix pertinent des indications.

Résultats

Les résultats enregistrés ces dernières années placent l'évaluation de la qualité osseuse comme essentielle dans la compréhension du comportement de l'os dans des situations de fragilisation ou d'exposition excessive à des contraintes.

Il peut s'agir de *critères architecturaux* morphométriques [4]. On a ainsi étudié la taille des vertèbres, la dimension surfacique de leurs plateaux. On tente d'évaluer aussi l'intérêt des paramètres de l'« architecture » fémorale : mesure de l'épaisseur corticale (sur des radiographies ou par pQCT), calcul de la longueur de l'axe du col fémoral (un logiciel sur certains densitomètres en permet le calcul rapide), calcul de la distance intertrochantérienne. Il a été suggéré que l'augmentation de longueur du col fémoral est un facteur prédictif du risque de fracture de l'extrémité supérieure du fémur, indépendamment de la densité minérale.

Des *anomalies qualitatives de la matrice collagène*, moins évidentes que dans l'ostéogenèse imparfaite (maladie de Lobstein), pourraient rendre compte d'une fragilité osseuse excessive, mais leur évaluation reste du domaine de la recherche.

Une *altération progressive de la microarchitecture tridimensionnelle* du réseau trabéculaire précipite la survenue des fractures au cours de l'ostéoporose. Elle résulte d'un déséquilibre entre un niveau de résorption osseuse accru et une dépression absolue ou relative de l'action ostéoformatrice des ostéoblastes. On l'observe dans des situations diverses comme la carence en hormones sexuelles (hypogonadisme, anorexie mentale, ménopause), une immobilisation prolongée, une corticothérapie administrée pendant plus de 3 mois par voie générale... Le recours à la micro-CT (microscanner) permet de bien visualiser les conséquences architecturales de ces désordres (fig. 48.2).

Une *insuffisance de la minéralisation osseuse*, correspondant soit à une anomalie du métabolisme de la vitamine D (avec pour exemple typique le rachitisme chez l'enfant et l'ostéomalacie par carence d'apport en vitamine D chez l'adulte), soit à des mécanismes d'intoxication par des métaux lourds (cadmium, fluor) peuvent rendre compte d'une moindre résistance des os face aux contraintes mécaniques.

À l'inverse, une minéralisation secondaire accrue modifie la qualité intrinsèque du tissu osseux et notamment ses propriétés d'élasticité lors de processus répétitifs de contrainte. On peut ainsi déceler dans l'os cortical des *microcracks* (fig. 48.3), dont l'extension ou la multiplicité pourraient, en dehors de toute réduction significative de la masse osseuse, entraîner une fragilisation excessive de la pièce osseuse.

Des processus de réparation se mettent heureusement en œuvre, et en cas de fracture trabéculaire, on peut les observer à l'aide du microscope électronique à balayage sous forme de microcals (fig. 48.4).

Au total, il est aujourd'hui possible de mieux définir le tissu osseux dans ses différents aspects, morphométriques, quantitatifs, structuraux. À côté des radiographies, de la scintigraphie, de l'IRM et du scanner, les nouvelles approches de

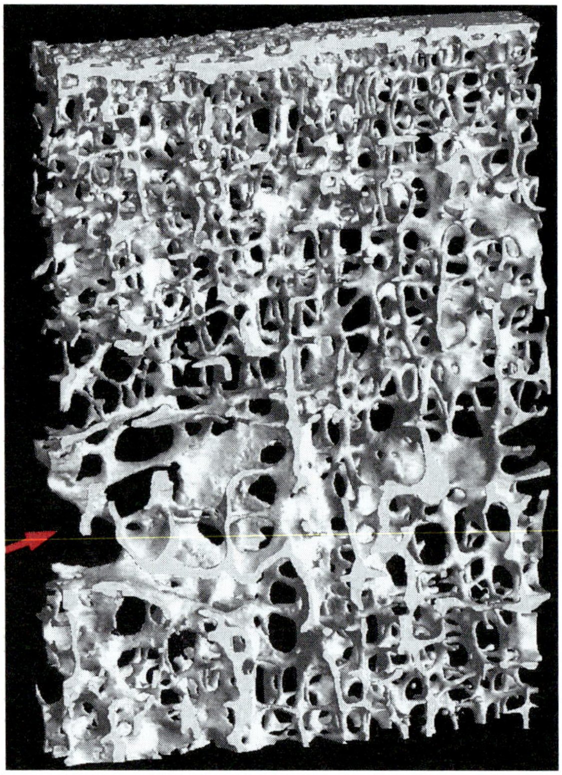

Fig. 48.2. Examen par microtomographie (microscanner) d'un corps vertébral montrant les plaques et les piliers qui composent la structure trabéculaire. On observe un foyer de désorganisation localisé (→).

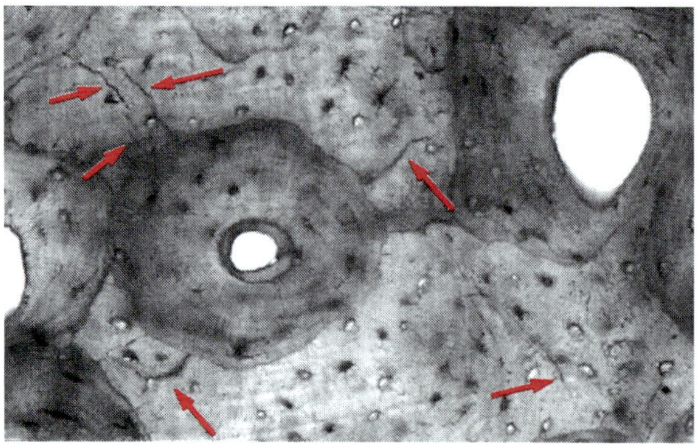

Fig. 48.3. Microcracks dans l'os cortical, identifiés par des flèches (→).

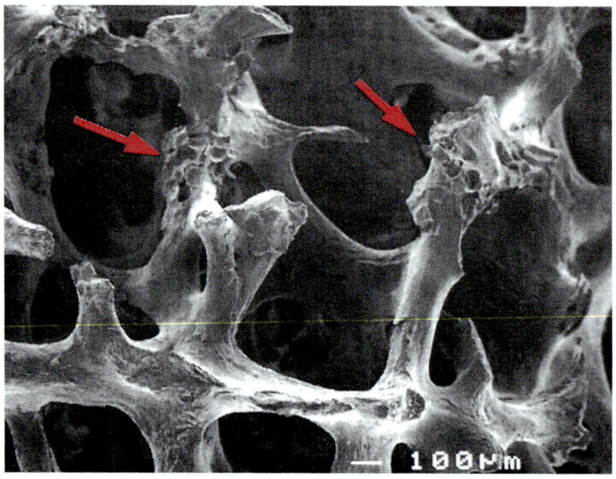

Fig. 48.4. Microfractures dans l'os trabéculaire avec présence de microcals. Aspect en microscopie électronique.

la qualité osseuse (histologiques ou biochimiques) apparaissent très prometteuses et permettront de mieux caractériser les sujets les plus exposés à une fragilité osseuse et à un risque éventuel de fracture.

Bibliographie

[1] Bakh YW. *Combined scintigraphic and radiographic diagnosis of bone and joint diseases*. Berlin, Heidelberg : Springer Verlag, 1994.

[2] Chappard D, Chennebault A, Moreau M, Legrand E, Audran M, Baslé MF. Texture analysis of X-ray radiographs is a more reliable descriptor of bone loss than mineral content in a rat model of localized disuse induced by the *Clostridium botulinum* toxin. *Bone* 2001; 28 : 72-9.

[3] Chappard D, Legrand E, Pascaretti C, Audran M, Baslé MF. Comparison of eight histomophometric methods for measuring trabecular bone architecture by image analysis on histological sections. *Microsc Res Techn* 1999; 45 : 303-12.

[4] GRIO. Groupe de recherche et d'information sur les ostéoporoses. *Ostéoporoses*. Paris : Doin, 2000. www.grio.org.

[5] Kanis JA, Melton LJ, Christiansen C, Johnston CC, Khaltaev N. The diagnosis of osteoporosis. *J Bone Miner Res* 1994; 9 : 1137-41.

[6] Laredo JD, Morvan G, Wybier M. *Imagerie ostéo-articulaire*. 2 vol. Paris : Flammarion Médecine-Sciences, 1998.

Lésions musculaires

Sommaire

Essentiel de la physiopathologie

Quel est le mécanisme lésionnel?

Le muscle peut se léser lorsque, mis en tension maximale, il se contracte puissamment. La mise en tension extrême résulte de son étirement maximal associé à une contraction freinant ce mouvement. Elle est obtenue principalement parmi les muscles biarticulaires, qui « enjambent » deux articulations.

Le droit antérieur, faisceau biarticulaire du quadriceps, s'insère sur le bassin et sur le tibia par l'intermédiaire de la rotule : extension de hanche et flexion de genou provoquent un étirement maximal de ce muscle. Ce mouvement correspond à la préparation du tir au football. Au cours de ce geste, le droit antérieur est tendu et freine le mouvement (contraction excentrique) puis se contracte violemment (contraction concentrique) pour frapper le ballon.

L'enchaînement rapide d'une contraction excentrique et d'une contraction concentrique porte le nom de contraction pliométrique; cette dernière est particulièrement agressive pour la structure musculaire, surtout lorsqu'elle est précédée de son étirement.

Quelles sont les différentes lésions musculaires?

La lésion musculaire peut prendre plusieurs aspects selon la gravité :

- le muscle est localement épuisé. Dépourvus d'ATP, les ponts actomyosiques ne peuvent se relâcher : la contracture est une rigidité mortuaire localisée. Elle est perçue après le sport, « à froid ». Les soins permettent une évolution favorable en quelques heures à 3 jours;
- les myofibrilles actomyosiques sont rompues, les aponévroses sont indemnes : c'est l'élongation. Elle peut survenir progressivement au cours de l'activité physique. Grâce au traitement, la lésion disparaît en 3 à 8 jours;
- les myofibrilles sont rompues, les aponévroses sont étirées, il existe un œdème : c'est le claquage. Il se produit au cours d'un geste précis, justifiant fréquemment l'arrêt du sport. Il faut 10 à 21 jours pour cicatriser;
- les aponévroses sont *partiellement* rompues. Les vaisseaux les parcourant sont dilacérés, un craquement a été perçu, le joueur a cessé son activité et il existe un hématome : c'est la déchirure. La reprise du sport se fait après 4 à 8 semaines;
- les aponévroses sont *totalement* rompues, le muscle se rétracte et saigne abondamment. Il existe une encoche et un hématome : c'est la rupture. Le traitement s'étend sur 2 à 3 mois;
- les fibres musculaires et les aponévroses sont écrasées entre le fémur et la rotule de... l'adversaire : c'est la béquille. Souvent, il s'agit de lésions histologiques graves. L'hématome ossifiant intramusculaire au contact du fémur représente le risque principal. Son traitement nécessite le recours au spécialiste.

Problèmes

Violemment mise en tension, la « chaîne muscle-tendon-os » peut céder à tout niveau!

Il ne faut pas confondre :

- « claquage du mollet » et rupture du tendon d'Achille;
- « claquage de la cuisse » et arrachement du bassin.

Il ne s'agit pas d'une subtilité nosologique : autant les lésions musculaires nécessitent un traitement fonctionnel, autant les ruptures tendineuses et les arrachements osseux imposent le recours au spécialiste pour une immobilisation rigoureuse ou une chirurgie.

En aucun cas la lésion ne doit être négligée sous peine de complications, sources de récidive.

La cicatrisation incomplète entraîne dès la remise en tension une nouvelle dilacération des fibres musculaires, voire des aponévroses. Insister dans cette voie provoque parfois un pseudokyste musculaire, véritable « pseudarthrose musculaire ».

Se contenter du repos ou négliger la rééducation provoque la formation d'une cicatrice fibreuse aux qualités élastiques et mécaniques médiocres. Cette fibrose sera le siège d'une nouvelle lésion, dès la reprise du sport.

Un muscle traumatisé ne s'immobilise pas. Au contraire, la rééducation est précoce et indispensable. Elle draine l'hématome ou l'œdème puis guide la cicatrisation grâce à la contraction et l'étirement du muscle. Ces sollicitations initialement très modérées s'accroissent parallèlement à sa récupération, jusqu'à retrouver les contraintes inhérentes à l'activité sportive pratiquée.

Diagnostic

Dialogue

« Terrain » du sportif

Les lésions musculaires surviennent préférentiellement chez deux catégories de sportifs :

- ceux qui sollicitent particulièrement violemment une structure musculaire saine : ce sont les jeunes sportifs de bon et de haut niveau;
- ceux qui utilisent mal des muscles fragilisés : ce sont les sportifs âgés de plus de 40 ans, négligeant parfois leur hygiène de vie, l'échauffement, les étirements, l'hydratation et la régularité de l'entraînement.

Histoire du traumatisme

Le sportif ressent une douleur brutale au sein d'un corps musculaire. Elle survient au cours d'une accélération, d'un saut (montée au filet), d'un sprint ou d'un tir.

Ces mouvements sollicitent particulièrement les principaux muscles biarticulaires du membre inférieur : le droit antérieur du quadriceps, les ischiojambiers à la face postérieure de la cuisse et les jumeaux au niveau du mollet.

Parfois la douleur s'installe progressivement au cours de l'activité physique : elle est ressentie lors de l'exécution des gestes agressifs. Elle peut même apparaître « à froid », peu de temps après l'arrêt de l'effort. Ces situations sont évocatrices de lésions plus bénignes. Elles justifient également d'un traitement plus court mais rigoureux.

Sensations du sportif

Il faut rechercher les signes de gravités : craquement, douleur brutale laissant croire à un choc direct, impotence totale et immédiate, gonflement précoce, apparition tardive d'une ecchymose. La connaissance du nombre et de l'intensité de ces éléments contribue avec l'examen physique au diagnostic de gravité.

Examen

La lésion musculaire est confirmée et sa gravité évaluée selon les possibilités et les sensations du patient lors de l'exécution des tests suivants.

Tests fonctionnels

Si l'interrogatoire laisse suspecter une lésion grave, ils seront éventuellement pratiqués en fin d'examen clinique. Dans le cas contraire, ils peuvent le débuter :

- marche, marche sur la pointe des pieds;
- accroupissements : talons surélevés, talons posés... et relèvement;
- appui monopode genou fléchi, saut bipodal puis monopodal;
- balancier du membre inférieur, qui permet de mimer les contraintes excentriques du tir ou du sprint :
  - *dans le plan sagittal* pour tester le droit antérieur et les ischiojambiers;
  - *dans le plan frontal* pour tester les adducteurs.

Les possibilités et les sensations du patient contribuent à confirmer et à évaluer la gravité de la lésion musculaire. Lors des examens ultérieurs, elles permettent d'apprécier l'évolution.

Inspection

Un *gonflement* précoce caractérise la présence d'un hématome. Tardif, il traduit la présence d'un œdème inflammatoire.

L'*ecchymose* met en évidence le drainage sous-cutané d'un hématome. Si sa présence signifie l'existence d'une lésion grave sous-jacente, elle prouve également sa tendance à une bonne évolution en évitant l'enkystement du saignement.

Une *encoche* peut exister en cas de lésion grave, soit immédiatement après le traumatisme, avant le saignement, soit beaucoup plus tard après drainage de l'hématome.

Aucun signe n'est décelé en cas de lésion bénigne.

Mobilité passive : tests d'étirement musculaire

Une douleur à l'étirement oriente vers une lésion musculaire. Elle est d'autant plus grave qu'elle survient pour un étirement modeste. Théoriquement, les ruptures totales sont indolores à l'étirement alors que l'amplitude du mouvement est augmentée.

Mobilité active : tests de contraction musculaire

Le muscle suspect est testé dans sa fonction principale contre résistance manuelle. Pour sensibiliser la manœuvre, on demande la contraction du muscle en position d'étirement.

La contraction alors que le muscle est en position d'étirement porte le nom de « contraction en course externe ». Elle est utile pour déceler les lésions bénignes.

La contraction musculaire alors que ses insertions sont rapprochées est appelée « contraction en course interne ». Elle est douloureuse en cas de lésions plus graves.

Palpation

Selon la gravité, la palpation retrouve :

- une douleur locale ;
- une sensation de « crayon musculaire » dur et douloureux : c'est une contracture isolée ou protectrice d'une lésion sous-jacente ;
- une masse fluctuante ou tendue : c'est un hématome ;
- une encoche, caractérisant la déchirure ou la rupture musculaire.

Attention, si les signes locaux se situent à proximité de l'insertion osseuse ou sur le trajet tendineux, il faut suspecter un arrachement osseux ou une rupture tendineuse.

En l'absence de *signes de gravité,* ces lésions ne sont parfois que partielles. Leurs traitements restent fondés sur une immobilisation rigoureuse ou une intervention chirurgicale.

« Désinsertion du jumeau interne » ou rupture du tendon d'Achille ?

Terrain, histoire et sensations lors du traumatisme sont très voisins ! L'examen permet le diagnostic différentiel. Il est essentiellement fondé sur la perte totale de continuité de l'appareil extenseur de cheville en cas de rupture du tendon d'Achille s'opposant à sa persistance en cas de désinsertion du jumeau interne (tableau 49.I).

Tab. 49.I. Diagnostic différentiel entre désinsertion du jumeau interne et rupture du talon d'Achille.

	Désinsertion du jumeau interne	Rupture du tendon d'Achille
Tests fonctionnels	Marche sur la pointe du pied	Marche pieds à plat
Inspection	Jumeau interne ascensionné Équin du pied conservé en décubitus ventral	Encoche au niveau du tendon Perte de l'équin du pied
Mobilisation passive	Étirement douloureux et limité Manœuvre de Thompson + (en décubitus ventral, la pression du mollet provoque l'extension de la cheville)	Augmentation de l'amplitude de flexion de cheville Manœuvre de Thompson –
Mobilisation active	Montée sur pointe douloureuse mais possible	Montée sur pointe impossible *Attention,* extension de cheville possible en décharge, grâce aux péroniers latéraux et au jambier postérieur
Palpation	Douleur et gonflement à la partie basse du jumeau interne	Douleur et encoche au niveau du tendon d'Achille

Examens complémentaires

Ils ne sont pas systématiques. Ils confirment le diagnostic en cas de doute, évaluent la gravité ou recherchent des complications.

Échographie

Elle est inutile en urgence où la visualisation du « champ de bataille musculaire » ne permet pas l'évaluation précise des dégâts.
Deux à huit jours sont nécessaires à l'organisation des lésions. À l'issue de ce délai, l'échographie permet de confirmer le diagnostic et d'estimer la gravité :

- *rupture* : myofibrilles en « battant de cloche » flottant dans l'hématome, dont elle peut guider la ponction ;
- *déchirure* : aponévroses floues ou absentes ;
- *claquage* : fibres désorganisées et désinsérées de l'aponévrose retrouvée continue ;
- *élongation* : œdème autour des fibres musculaires,
- *contracture :* image normale.

Elle recherche également un petit arrachement osseux ou une lésion du tendon. Elle ne permet pas de bien visualiser les lésions musculaires très profondes. Ainsi, l'IRM explore mieux les masses musculaires épaisses, notamment les ischiojambiers.

Radiographie

Elle est rarement utile. Lorsque la symptomatologie se situe à proximité des insertions, notamment chez l'adolescent au niveau du bassin, elle recherche un arrachement osseux.
L'arrachement de l'épine iliaque antéro-inférieure, à l'insertion du droit antérieur, se recherche sur un bassin de face et un 3/4 alaire.
L'arrachement de la tubérosité ischiatique, à l'insertion des ischiojambiers, se recherche sur un bassin de face et un 3/4 obturateur.

Diagnostics différentiels

Rupture tendineuse

La rupture du tendon d'Achille doit impérativement être éliminée en cas de tableau de désinsertion du jumeau interne, notamment chez l'homme d'âge mûr pratiquant occasionnellement des sports d'impulsions.

Arrachement osseux

Il faut systématiquement évoquer un arrachement de l'épine iliaque antéro-inférieure devant une probable lésion haute du quadriceps (faisceau droit antérieur), notamment chez l'adolescent.

Phlébite

La phlébite d'effort se présente parfois comme une lésion musculaire bénigne du mollet. La douleur siège souvent au sein du jumeau externe; elle apparaît progressivement pendant ou peu de temps après l'effort alors que le sportif n'a pas de souvenir d'une impulsion traumatisante. En revanche, on retrouve fréquemment un contexte de déshydratation ou un choc direct mineur agressif pour les parois veineuses.

Sciatique

Rarement, lors d'une antéflexion violente comme une réception en saut en longueur, la lésion des ischiojambiers peut s'avérer être une authentique sciatalgie.

Comment traiter les lésions musculaires?

En urgence (sur le terrain de sport et jusqu'au 3e jour)

En cas de signes de gravité

On suspecte la rupture d'une membrane conjonctive porte-vaisseaux, un saignement et la constitution d'un hématome. Alors, le GREC s'impose :

- G : comme Glace;
- R : comme Repos;
- E comme Elévation;
- C comme Compression.

La *glace* doit être appliquée le plus précocement possible, puis 3 à 4 fois par jour à raison d'un minimum de 20 minutes à chaque séance. Les glaçons sont à maintenir dans un sac hermétique type « vessie de glace » ou sac plastique. La peau est nécessairement protégée par un linge.
D'autres formes de cryothérapie sont envisageables :

- la bombe de froid n'est utilisable qu'avec précaution sur le terrain. La vasoconstriction intense engendrée par une application trop prolongée, trop répétée ou trop à proximité de la peau provoque des nécroses cutanées;
- les gels vendus en pharmacie peuvent être employés. Ils se réchauffent cependant souvent trop rapidement. Leur rigidité initiale empêche de bien mouler le relief anatomique de la région lésée.

Le *repos* signifie l'arrêt du sport en cours. Le muscle traumatisé est mis en « course interne »; cette position, qui rapproche les points d'insertion correspond le plus fréquemment à l'attitude la moins douloureuse.
Pendant quelques heures à 3 jours, des cannes anglaises peuvent être utilisées pour les déplacements.

L'*élévation du membre inférieur* favorise le drainage de l'hématome. Il s'effectue, de préférence, le patient en décubitus dorsal et non assis. En effet, dans ces circonstances, il est préférable d'éviter la coudure des veines et des vaisseaux lymphatiques au pli de l'aine.
La *compression* s'effectue à l'aide d'une bande élastique type « Velpeau », *Cohéband* ou *Tensoplus*. Elle sert également de linge protecteur lors des applications de glace. Il s'agit d'un bandage circulaire « distoproximal ». Il recouvre la zone suspecte depuis l'extrémité distale jusqu'à l'extrémité proximale en tension décroissante, sans atteindre les articulations.

En l'absence de signe de gravité

La constitution d'une contracture ou la lésion de quelques myofibrilles entraînent une stratégie thérapeutique différente. On peut tenter la « CREME » :

- C comme Chaleur;
- R comme Repos;
- E comme Étirements;
- M comme Massage;
- E comme Essai de reprise.

Le repos momentané, les massages, la chaleur, les étirements doux, une réhydratation à l'aide d'une boisson minéralisée et sucrée, suivis d'une reprise progressive permettent parfois d'obtenir un soulagement. Dans ces circonstances, le compétiteur motivé peut tenter de retourner sur le terrain.
À l'issue de son épreuve ou de son match, il devra bénéficier d'un repos relatif et de soins attentifs pour éviter toute aggravation.
Dans tous les cas, un *traitement médicamenteux* est débuté :

- un *antalgique* est conseillé pour soulager le patient et éviter la pérennisation d'une contracture réactionnelle douloureuse :
  - *pas d'aspirine ni d'anti-inflammatoires non stéroïdiens* en urgence, surtout pour éviter l'aggravation d'un éventuel saignement;
  - *les anti-inflammatoires non stéroïdiens* peuvent être envisagés à 3 jours du traumatisme. À l'issue de cette période, l'inflammation initiale et l'action des leucocytes ont permis le déblaiement des déchets traumatiques. Le saignement a cessé. La prévention de la fibrose peut débuter;
- un *décontracturant musculaire* réduit la contracture autour de la lésion et diminue la douleur;
- un *veinotonique* efficace sur la réabsorption conjonctive favorise, en cas de lésion grave, la résorption de l'œdème et de l'hématome;
- des *vitamines antioxydantes* (vitamines A, E et C) *associées au zinc et au sélénium* auraient une action freinatrice sur les microlésions musculaires survenant pendant et après l'effort. Elles peuvent être tentées en cas de lésions bénignes.

En consultation (dans les jours qui suivent la lésion musculaire)

Traitement médicamenteux

Il doit être arrêté en cas de lésion bénigne. En revanche, il sera poursuivi pendant 7 à 21 jours et complété en cas de lésion musculaire grave.
Un *anti-inflammatoire non stéroïdien* diminue la douleur et l'invasion fibroblastique. Il réduit ainsi le risque de calcification ou de cicatrice fibreuse. Inadaptées aux contraintes mécaniques du fait de leur rigidité, calcifications et cicatrices sont sources de récidives.

Traitement orthopédique

En cas de lésion musculaire grave, le repos relatif est poursuivi pendant quelques jours au cours de la vie quotidienne. Une attelle de genou rigide type « attelle de Zimmer », prescrite pendant 3 à 7 jours, soulage parfois les lésions graves du quadriceps.
Les désinsertions du jumeau interne sont moins douloureuses avec le port d'une talonnette bilatérale ou de chaussures à talon pendant 3 à 21 jours.

Traitement rééducatif

Il débute le plus précocement possible, parallèlement au « repos relatif ». Il constitue l'essentiel de la prise en charge des lésions musculaires.
En cas de lésion musculaire grave, dans les premiers jours et jusqu'à disparition de l'hématome : pas de massage ! Il faut éviter en effet tout pétrissage de la déchirure ou de la rupture pour des raisons évidentes de cicatrisation et de douleur. Par ailleurs, la sollicitation mécanique du tissu conjonctif non spécifique envahissant la cavité favorise la formation de calcification.
Le traitement rééducatif fait alors appel aux éléments suivants :

- drainage à distance, afin de favoriser l'évacuation de l'hématome ;
- cryothérapie, pour éviter la poursuite du saignement ;
- contractions musculaires progressives, douces et indolores : elles débutent en « statique », soit sans mouvement des articulations. Rapidement, elles deviennent « dynamiques », soit en provoquant un mouvement articulaire. Les objectifs sont :
  - favoriser l'évacuation de l'hématome grâce aux variations de pression, majorée encore lors du travail dynamique ;
  - induire la formation d'un tissu spécifique et orienter précocement les fibres dans l'axe des contraintes ;
- étirements musculaires progressifs, doux et indolores. Les objectifs sont identiques aux contractions. Ils permettent également de réduire les contractures douloureuses entourant la lésion.

En cas de lésions musculaires bénignes, le plus précocement possible, ou, en cas de lésions grave, après évacuation de l'hématome, le traitement rééducatif repose sur les éléments suivants.

Massages

Ils sont antalgiques, ils réduisent les contractures locales et favorisent la vascularisation de la zone en cours de cicatrisation.

Chaleur

Comme toute sensation à destination du système nerveux central, elle diminue l'intégration de la perception douloureuse. À l'opposé du froid, qui provoque une contraction musculaire afin de produire de la chaleur et maintenir le muscle à température physiologique, la chaleur a un effet décontracturant.

Physiothérapie

Les *ionisations* consistent à favoriser le passage cutané et la concentration locale d'une molécule polarisée ou d'un ion. Pour cela, cette substance soluble imprègne une éponge. Cette dernière est placée à proximité de la zone à traiter et au contact d'une électrode de charge opposée. Les AINS intramusculaires ou en gel peuvent être prescrits en ionisation afin d'améliorer encore leur action locale (voir chapitre 52).
Les *ultrasons*, grâce à l'onde mécanique qu'ils propagent, provoquent un micromassage qui assouplit la cicatrice et diminue le risque de fibrose.

Étirements musculaires

Ils font céder la contracture et assouplissent la cicatrice. Afin d'être plus efficace, le kinésithérapeute :

- pratique initialement les étirements sans « à-coup ». Ainsi, il évite le réflexe myotatique entraînant une contraction réflexe. Au cours des dernières séances, les balancements et les « à-coups » sont envisageables afin de retrouver les caractéristiques biomécaniques du geste sportif ;
- utilise des postures d'amplitudes successivement croissantes. De cette façon, il exploite le réflexe de Golgi, qui provoque la réduction progressive de l'état de contraction du muscle après éloignement de ses insertions ;
- emploie le « contracté-relâché ». Grâce à cette méthode, il profite de la diminution du tonus musculaire succédant à sa contraction pour accroître son étirement.

En fin de rééducation, il faut atteindre au moins l'amplitude du geste sportif spécifique, sans résistance et sans douleur, en statique (position) et en dynamique (balancement et « à-coups »).
Un footballeur victime d'une lésion musculaire des ischiojambiers doit fléchir sa hanche genou tendu à 90° au minimum afin de ne pas être gêné lors du « tir au but ».

Contractions musculaires

Elles contribuent à la « mécanisation » de la cicatrice. En dynamique, elles provoquent le glissement des fibres et des chefs musculaires les uns sur les autres et évitent la formation d'adhérences.
Elles permettent le renforcement musculaire indispensable à l'accomplissement du geste sportif.
Elles s'effectuent initialement en dynamique concentrique puis en excentrique et enfin en pliométrique. Chaque étape

s'accomplit en course interne puis en course externe, à vitesse de plus en plus rapide et à charge croissante. La kinésithérapie prépare, sans hypocrisie, le muscle aux sollicitations du terrain.
La rééducation s'achève par l'accomplissement du geste sportif spécifique en contrainte maximale.

Coordination du geste sportif

Il est nécessaire d'obtenir une coordination fine entre les muscles provoquant le mouvement (muscles agonistes) et ceux qui s'y opposent et le régulent (muscles antagonistes). Ces derniers se lèsent plus fréquemment. En fin de geste, alors qu'ils sont tendus et que la vitesse est maximale, ils doivent se contracter. Ils freinent le mouvement pour obtenir une optimisation de l'amplitude et un bon contrôle technique. À cet instant, les agonistes doivent se relâcher.
Un footballeur victime d'une lésion musculaire du droit antérieur ou des ischiojambiers doit s'entraîner à stopper le balancement de son membre inférieur à des amplitudes variables et progressivement croissantes.

Entretien de la condition physique et « retour sur le terrain »

Entretien de la condition physique

En phase aiguë, lors des premiers jours suivant une lésion grave, les sportifs motivés ou de haut niveau utilisent les muscles des membres supérieurs et du tronc.
Ils pratiquent :

- le renforcement musculaire ou musculation, toujours bénéfique dans le cadre de la « préparation physique généralisée » (PPG). Les membres inférieurs sont exclus et, notamment, les « abdominaux » sont réalisés sans « accrocher » les pieds;
- le *cardiotraining* des membres supérieurs, qui permet d'obtenir une sollicitation cardiovasculaire sans utiliser les membres inférieurs. Il fait travailler les gros muscles des membres supérieurs et du tronc (pectoraux, dorsaux, paravertébraux et abdominaux), avec des charges légères sur des séries longues (supérieures à 30 répétitions). Chaque groupe musculaire est sollicité en alternance mais sans récupération intermédiaire. La séance dure au moins 30 à 45 minutes.

À distance du traumatisme et dès que possible, les séances d'entretien de la condition physique sollicitent le muscle lésé. Comme au cours de la rééducation, le renforcement, l'étirement, les glissements favorisent la formation d'une cicatrice adaptée, apte à assumer les contraintes du terrain. Par ailleurs, l'entretien métabolique local et cardiovasculaire général prévient la récidive en évitant, lors de la reprise, la survenue de contractures. Ces dernières constituent, en effet, des points de fragilité rigides au sein d'une chaîne élastique.
Il est à noter que l'intensité et les conditions biomécaniques sont choisies afin de ne pas provoquer de douleur. Pour cela, les muscles sont préférentiellement sollicités en charge partielle, en « course interne » et en « dynamique concentrique ». Le vélo constitue le plus souvent une méthode de choix. Sur vélo « d'appartement », la résistance peut être très modérée. Sur route et terrain plat, elle est indépendante du poids. Les muscles des membres inférieurs travaillent en concentrique et en course interne :

- pas d'amortissement de foulée (excentrique et pliométrique);
- la flexion de hanche ménage le droit antérieur;
- le relèvement du talon évite la tension des jumeaux;
- le redressement du guidon diminue au mieux la traction sur les ischiojambiers.

Retour sur le terrain

Il est indispensable. Il est trop souvent le maillon manquant de la chaîne thérapeutique reliant le cabinet et le stade. Son oubli est la source la plus fréquente de récidive précoce.
Il permet de retrouver progressivement les conditions inhérentes à la pratique du sport en compétition, à savoir :

- stress biomécaniques maximaux et spécifiques;
- gestes non programmés et automatismes trompés liés à l'action des adversaires;
- fatigue inévitable lors de la recherche de performance.

Ces paramètres sont source de perturbation de la coordination et de contractures. Ils sont dangereux pour le muscle et le sportif doit s'y adapter progressivement grâce à un programme structuré de difficulté croissante.

Évolution et complications

Évolution des lésions musculaires

En l'absence de signe de gravité, contracture et élongation guérissent en 3 à 15 jours. La présence de signes de gravité caractérise la lésion des membranes conjonctives aponévrotiques. Les claquages, déchirures, ruptures ou désinsertions guérissent en 3 à 8 semaines.
Cependant, c'est la progression au cours de la rééducation et la négativation des signes cliniques lors du suivi médical régulier qui déterminent le moment de la reprise. L'activité sportive est possible lorsque les contraintes gestuelles spécifiques sont aisément assumées par le muscle.

Complications des lésions musculaires

La persistance des douleurs lors d'une rééducation bien menée ou d'une reprise structurée et progressive nécessite la prescription d'une échographie à la recherche d'un décollement aponévrotique. Cette lésion impose un repos de 3 à 6 semaines avant la reprise de la rééducation.
La *récidive* est la complication la plus fréquente. Elle est souvent la conséquence d'un traitement inapproprié, notamment d'une reprise sportive trop précoce. Le traitement consiste alors en une prolongation du repos relatif associé à la poursuite de la rééducation.
Parfois, malgré le respect du délai habituel de cicatrisation, la gêne persiste. Dans ces conditions, il faut rechercher des *lésions histologiques séquellaires* nécessitant le recours au spécialiste. L'échographie est l'examen de choix. Exceptionnellement, dans le cas de lésion profonde, notamment à l'extrémité supérieure des ischiojambiers, l'IRM peut être plus performante.
Le *pseudokyste*, véritable pseudarthrose musculaire, est la conséquence d'une reprise trop précoce ou d'une rééducation rapidement trop intense.

La *fibrose* est une cicatrice conjonctive fibreuse non spécifique, provenant d'une insuffisance de mobilisation musculaire au cours de la cicatrisation.

La *calcification* résulte de la métaplasie des cellules conjonctives non spécifiques présentes dans l'hématome. Ce phénomène survient préférentiellement à l'issu de massages en regard de la collection sanguine, surtout. Il doit particulièrement être redouté en cas de choc direct.

Prévention des lésions musculaires

Après la guérison d'une lésion musculaire, le médecin se doit de donner les conseils nécessaires pour éviter la récidive :

- *échauffement :* il comprend un travail dynamique et des étirements. Le travail dynamique est d'intensité progressivement croissante sans jamais dépasser celle de l'activité envisagée. Les étirements sont toujours précédés d'un minimum de travail dynamique;
- *hydratation et alimentation :* particulièrement au cours de l'exercice, le sportif doit ingérer toutes les 15 à 30 minutes 2 à 3 gorgées d'une boisson contenant des minéraux et du sucre. Il peut s'agir des boissons de l'effort du commerce ou de jus de fruits dilué du même volume d'eau;
- *préparation physique généralisée* (PPG) : elle s'accomplit essentiellement au cours de l'intersaison. Elle comprend le renforcement musculaire et les assouplissements;
- *programmation de l'entraînement et récupération :* la programmation de l'entraînement donne une place au repos, relatif ou complet. Il est le facteur essentiel de progression et de cicatrisation des microlésions dangereuses pour le muscle.

50

Évaluation clinique des tendinopathies

Sommaire

Le démembrement des tendinopathies a abouti à l'individualisation de pathologies d'origine « mécanique » (traumatiques ou microtraumatiques) et « inflammatoire », au sens large du mot (inflammatoires, infectieux, métaboliques, iatrogènes, tumorales). La diversité de ces lésions prouve qu'il est actuellement impropre de parler de « tendinite », terme trop restrictif, et de préférer celui de *tendinopathie*. Ces lésions peuvent toucher le corps du tendon (tendinite en cas de lésion inflammatoire, tendinose si la lésion est dégénérative, rupture partielle ou totale), son insertion sur l'os (enthésopathie), les structures péritendineuses (ténosynovite ou paratendinite).

Avant d'aborder l'évaluation clinique, des points fondamentaux concernant l'anatomopathologie, la physiopathologie et la biomécanique des tendons sont repris. Il est en effet indispensable d'avoir assimilé ces notions pour comprendre le fonctionnement du tendon, ses mécanismes lésionnels et donc l'intérêt des différentes phases de l'interrogatoire et de l'examen clinique. Cette démarche permet d'aboutir à un diagnostic précis et une prise en charge thérapeutique adaptée, optimale.

Anatomopathologie

Le tendon sain est macroscopiquement blanc et luisant. En microscopie, ce tissu est constitué de faisceaux de fibres de collagène, réfléchissant la lumière polarisée. La matrice extracellulaire, les fibroblastes et les myofibroblastes sont inexistants ; la vascularisation et les ténocytes sont très discrets. Il a pu être observé dans le tendon des faisceaux de filaments d'actine et de myosine, laissant penser que le tendon n'est pas seulement un transmetteur passif de la contraction musculaire mais un élément actif entre le muscle et son insertion osseuse.

Tous les travaux d'histopathogénie du tendon se sont essentiellement intéressés aux lésions dégénératives mécaniques et moins aux lésions de type inflammatoire [1, 6-8]. Les tendons symptomatiques des sportifs apparaissent macroscopiquement gris et amorphes. En microscopie, les fibres de collagène sont discontinues et désorganisées, peu réfléchissantes en lumière polarisée. On y observe des plages de substance mucoïde au sein desquelles les ténocytes ont une apparence chondroïde, signant une métaplasie fibrocartilagineuse. Ces modifications s'accompagnent d'une importante prolifération cellulaire dans le tendon, essentiellement des fibroblastes et des myofibroblastes, ainsi que d'une prolifération capillaire. L'activation fibroblastique avec hyperangiogenèse et collagénisation témoigne d'une tentative de cicatrisation qui reste incomplète et de mauvaise qualité. Ce qui est important à noter dans ce contexte mécanique, c'est l'absence de cellules inflammatoires au sein de ces lésions, ce qui a fait abandonner le terme de « tendinite » pour celui de « tendinose ». Ces données peuvent avoir une répercussion sur la compréhension, la prise en charge et le pronostic de ces tendinopathies. Ces travaux peuvent être néanmoins critiqués puisqu'ils ne peuvent être réalisés que sur des lésions chroniques, irréversibles, relevant d'un traitement chirurgical. On ne peut donc pas dire aujourd'hui si ces lésions dégénératives ne sont pas précédées d'une phase inflammatoire.

Ces lésions histologiques tendineuses sont à envisager aux trois parties du tendon : le corps, la zone d'insertion et la gaine fibreuse de stabilisation, avec sa bourse conjonctive de glissement. On retrouve dans ces trois structures des lésions très proches qui témoignent de l'unicité réactionnelle du tissu conjonctif : œdème, exsudation fibrineuse, nécrose et rupture. Cependant ces lésions peuvent rester muettes.

Dans la tendinite, on observe une réaction inflammatoire intratendineuse associée, à divers degrés, à des lésions vasculaires, des lésions de tendinose. Ces lésions de tendinite et tendinose peuvent se compliquer d'une inflammation de l'enveloppe externe (ténosynovite ou paratendinite) ainsi que de nécrose centrale, d'une rupture partielle ou totale du tendon. L'inflammation des structures péritendineuses peut également se rencontrer de façon isolée. On y observe dans les formes chroniques une prolifération du tissu conjonctif, des zones de nécrose, une néovascularisation déficiente, avec présence de fibrinogène et de fibronectine.

Phases de réparation tendineuse

La réparation tendineuse est longue, comportant 4 phases pendant lesquelles le tendon est vulnérable : la phase inflammatoire (J1 à J3), la phase de cicatrisation (J4 à J30), la phase de réparation (J30 à J90) et la phase de réhabilitation (J90 à 1 an). La 2e phase correspond à la formation du cal tendineux, la 3e à la régénération du tendon et la dernière à sa récupération, qui est souvent incomplète. On considère qu'un déficit de 20 à 30 % peut persister après une lésion tendineuse [7], voire que cette réparation puisse être non productive et laisser des lésions chroniques non inflammatoires de type nécrose, nodules fibreux, cavités kystiques, calcifications et ossifications [8].

On connaît actuellement un certain nombre de facteurs pouvant influencer cette réparation, dont il faut tenir compte dans la prise en charge thérapeutique. Avec l'âge, on observe une déshydratation des structures tendineuses, cartilagineuses, ainsi qu'un épaississement des fibres de collagène, responsable d'une diminution de l'élasticité et de la résistance de ces structures, essentiellement après 60 ans [2]. La conséquence est la nécessité d'un temps de repos et de récupération plus longs. Le repos est le 2e facteur important. Quelle que soit la structure en cause, le repos absolu est néfaste. Il est nécessaire de maintenir une activité contrôlée pour faciliter la réparation anatomique et la récupération des propriétés biomécaniques [5]. Les deux derniers facteurs influençant cette réparation font appel aux thérapeutiques elles-mêmes : les anti-inflammatoires non stéroïdiens (AINS) et les corticoïdes. Ces traitements sont largement utilisés dans le but de réduire les douleurs et l'inflammation. Encore faudrait-il prouver que l'inflammation est néfaste à la phase de réparation et que ces molécules sont complètement inoffensives pour les tendons. D'autres facteurs plus discutés et moins bien identifiés interviennent également probablement : la vascularisation, les hormones, le métabolisme et la nutrition, la génétique, les cytokines…

Il faut noter que le pronostic est en règle moins bon dans le cas des tendinoses que dans le cas des tendinites et également moins bon lorsque le patient se présente à l'état chronique qu'à l'état aigu. En effet, lorsqu'un patient se présente rapidement après l'apparition des signes cliniques, la récupération s'effectue habituellement en moins de 2 semaines pour une tendinite et entre 6 et 10 semaines pour une tendinose. Lorsque le patient est pris en charge à l'état chronique, il faut prévoir 4 à 6 semaines de récupération pour une tendinite contre 3 à 6 mois pour une tendinose. Par ailleurs, on constate que l'échec des traitements conservateurs est plus important pour les tendinoses que pour les tendinites.

Physiopathogénie des tendons

Les tendinopathies mécaniques ou de surcharge sont le résultat de l'interaction de différents facteurs :

- microtraumatiques ;
- traumatiques directs ;
- dégénératifs, liés au sujet lui-même.

Ces facteurs se complètent, la théorie dégénérative allant de pair avec la théorie traumatique et vice versa. L'origine microtraumatique a bien été étudiée par Stanish, qui distingue les lésions « exogènes », au cours desquelles le tendon est soumis à des microtraumatismes extérieurs, des lésions « endogènes », secondaires à des tractions répétitives [10]. Les lésions exogènes correspondent à une « agression » par un facteur extérieur tel que frottements, compressions, suremploi ou surcharge *(overuse)*.

Les mêmes auteurs insistent également sur les facteurs intrinsèques et extrinsèques. Parmi les premiers, l'âge est un facteur extrêmement important puisque avec les années les constituants des tendons se modifient, entraînant une modification des propriétés biomécaniques du tendon. D'autres éléments intrinsèques jouent également un rôle : la constitution anatomique (troubles morphologiques et statiques, inégalité des membres inférieurs, surcharge pondérale), la force et la contractibilité des muscles, les facteurs métaboliques (apport hydrique, uricémie). Parmi les facteurs extrinsèques, on retient : qualité et quantité de l'entraînement, chaussage, surface du terrain, geste technique, dopage…

Doivent être mis à part les traumatismes directs provoqués par un objet, un projectile pénétrant, un agent physique ou chimique. Ces tendinopathies par contusion ont une expression clinique variable, fonction de l'intensité et du siège du choc.

Ces éléments sont fondamentaux à rechercher durant l'interrogatoire car la prise en charge thérapeutique consistera également en leur suppression ou correction.

Biomécanique

Le tendon assure plusieurs fonctions : celle de liaison entre le muscle et l'insertion osseuse, celle de résistance à la traction, de résistance à la force de contraction maximale du muscle, celle d'amortisseur afin de moduler la contraction musculaire brutale. Enfin le tendon peut accentuer les contractions imperceptibles du muscle [3, 9].

Un certain nombre de constatations, font penser qu'il n'y a pas obligatoirement de lien entre l'épaisseur du tendon et la force de contraction musculaire : l'entraînement pendant la croissance provoque une hypertrophie du tendon alors que chez l'adulte, il favorise une augmentation de la résistance de tension. Au contraire, l'immobilisation entraîne une diminution des résistances de tension, source de rupture ; la dénervation est responsable d'une hypertrophie tendineuse et d'une amyotrophie.

D'autres types d'expérience ont permis de mettre en évidence les différentes étapes de mise en tension du tendon. Ces dernières peuvent être résumées sur une courbe sigmoïde comprenant 3 parties :

- une zone initiale, correspondant à la mise en tension du tendon, soit une augmentation de 2 % de sa longueur. Lors de cette étape, on observe une disparition des ondulations des fibres de collagène, réversible lorsque le tendon est détendu ;
- une zone intermédiaire, où l'allongement est progressif, linéaire jusqu'à un allongement de 4 %, également réversible à l'arrêt de la mise en tension. En pratique, dans les conditions habituelles, le tendon n'est pas sollicité pour plus de du quart de la valeur de sa charge de rupture ;
- une zone d'infléchissement, où pour une charge plus petite la déformation devient plus importante jusqu'à un allongement de 4 %. Cette phase correspond au niveau lésionnel à des microruptures de fibres de collagène ;
- au-delà, on observe des ruptures macroscopiques.

Un certain nombre de facteurs vont pouvoir influencer ces propriétés mécaniques : la température extérieure, la viscosité du tendon et l'entraînement. En effet, les ruptures se produisent plus rapidement pour des températures inférieures à 37 °C ; les tendons longs, bien qu'un peu plus faibles, sont plus résistants que les tendons courts ; la résistance du tendon est meilleure chez les sujets entraînés, surtout à des exercices de résistance par rapport aux exercices de vitesse, alors que l'inactivité favorise la rupture.

Évaluation clinique

Ces éléments précédemment décrits sont indispensables à la compréhension de la pathologie du tendon. Ils nous permettent également de mieux aborder l'intérêt de l'interrogatoire et de l'examen clinique.

Interrogatoire

C'est le premier temps, fondamental, puisqu'il explore plusieurs niveaux dont on tiendra compte au moment de la prise en charge thérapeutique. Il s'agit du passé, du mécanisme lésionnel ou du facteur favorisant, de l'horaire, de l'intensité douloureuse et de la répercussion fonctionnelle, d'une enquête étiologique, de l'évolution de la lésion, ainsi que de l'efficacité des thérapeutiques.

Antécédents lésionnels au même niveau et leurs évolutions

Il s'agit de déterminer si le patient a déjà eu des symptômes au niveau actuellement atteint. On cherche à déterminer si ceux-ci ont guéri, dans quel délai et avec quelle thérapeutique ou si au contraire l'évolution a été traînante jusqu'à l'accident actuel.

Condition d'apparition des symptômes et facteurs déclenchants

Il faut préciser si le début des douleurs a été brutal (traumatique) ou progressif (microtraumatique), ce qui est le plus fréquent. Dans le premier cas, on recherche le type de traumatisme, direct ou indirect. Dans le second cas, le facteur déclenchant n'est pas toujours retrouvé mais il est en tous cas à rechercher : facteurs extrinsèques et/ou intrinsèques (voir *supra*).

Horaire des douleurs

L'horaire des douleurs est toujours mécanique dans la tendinopathie du sportif. Elles sont déclenchées par l'activité et soulagées par le repos. Progressivement avec le temps, l'horaire des douleurs devient mixte, celles-ci étant aggravées par l'activité et incomplètement soulagées par le repos, réveillant le patient au changement de position et s'accompagnant de dérouillage matinal. Cet horaire est à distinguer de l'horaire inflammatoire, au cours duquel la douleur apparaît au repos, se calme au cours de l'activité et est responsable d'un dérouillage matinal. Un tel horaire chez un sportif doit faire rechercher une origine autre que mécanique (voir *infra*).

Intensité des douleurs et retentissement fonctionnel

Ces données sont très subjectives mais sont importantes ne serait-ce que pour évaluer l'efficacité thérapeutique. Il ne semble pas exister d'échelle douloureuse ou fonctionnelle spécifique aux sportifs. On peut s'aider pour la douleur d'échelles quantitatives ou qualitatives. En ce qui concerne la fonction, on peut utiliser les actes sportifs et/ou les activités de la vie de tous les jours (membres inférieurs : marche, escaliers... ; membres supérieurs : port de charges, préhension, s'habiller, se laver...).
La classification de Leadbetter [7] a l'avantage de prendre en compte tous ces aspects douloureux et fonctionnels (tableau 50.I).

Enquête étiologique

Le fait d'être face à un sportif ne doit pas faire oublier que ce dernier, comme n'importe qui, peut être atteint de pathologie non mécanique. Les principales étiologies sont résumées dans le tableau 50.II.

Évolution

La symptomatologie des formes mécaniques est en général modérée au début. Progressivement, la douleur devient de plus en plus présente, jusqu'à devenir parfois continue. Dans ce cas, l'activité sportive devient impossible et la gêne fonctionnelle vient à se ressentir dans la vie de tous les jours.

Tab. 50.I. Classification clinique des tendinopathies (d'après Leadbetter).

Grade	Anatomopathologie	Douleur	Fonction	Clinique	Durée
1	Lésion microscopique réversible	Après effort durée < 24 h	Quasi normale	Normale	< 2 semaines
2		Pendant et après effort		Quasi normale (± signes inflammatoires)	2 à 6 semaines
3	Lésion macroscopique irréversible	Pendant plusieurs jours après arrêt effort	Nettement limitée	Signes inflammatoires nets	> 6 semaines
4		Constante	Sport impossible	Signes locaux et régionaux (atrophie, diminution de mobilité...)	

Tab. 50.II. Étiologies des tendinopathies.

Étiologies	Mécanismes/Pathologies	Éléments de l'interrogatoire
Mécaniques	Contusion Frottement : facteurs extrinsèques et intrinsèques Compression Traction : facteurs extrinsèques et intrinsèques	Matériel, terrain, et chaussage Condition d'entraînement Produit dopant
Inflammatoires	PR Spondylarthropathies Lupus Sarcoïdose	Autres localisations Signes inflammatoires locaux Signes généraux, extra-articulaires [1]
Métaboliques	Microcristaux Hypercholestérolémie Amylose	Antécédent, erreur alimentation Autre localisation amylose (muqueuse, cœur, rein)
Infectieuses	Aiguës : – phlegmon (staphylocoque doré) – gonocoque Chroniques : – mycobactéries – fongiques	Signes généraux infectieux Adénopathies Porte d'entrée
Tumorales	Bénignes : – kystes synoviaux – tumeur à cellules géantes Chroniques : synovialosarcomes	Signes généraux Signes inflammatoires locaux
Iatrogènes	Corticoïdes Fluoroquinolones	Prise médicamenteuse (ne pas oublier forme inhalée)

Condition de cessation ou d'aggravation

Il est nécessaire de préciser l'efficacité des différents traitements et du repos. Ces précisions peuvent avoir un intérêt pour le diagnostic mais également pour la prise en charge thérapeutique ultérieure. En règle générale, le repos relatif est d'abord profitable puis devient progressivement insuffisant, nécessitant alors bien souvent une escalade thérapeutique. Il est également fondamental de reconnaître les situations d'aggravation de la symptomatologie afin d'éviter ces situations délétères pour la guérison du tendon.

Examen clinique

Cette étape doit être comme la précédente extrêmement rigoureuse. Quelle que soit la localisation de l'atteinte tendineuse, cet examen doit se pratiquer debout ou assis suivant que l'atteinte se situe au membre supérieur ou inférieur mais surtout de façon bilatérale et *comparative*. Les principaux éléments de l'examen sont représentés par la fameuse triade clinique comprenant un réveil ou une aggravation de la douleur lors de la contraction résistée du tendon, de sa mise en tension passive et de sa palpation. Il faut bien faire distinguer au patient si la douleur reproduite lors de cet examen est la douleur habituelle ou un autre type de douleur, ne devant alors pas être prise en compte dans l'analyse. On comprend bien ici que les connaissances en anatomie sont indispensables.

Inspection

Cette étape est celle qui donne le moins d'information (fig. 50.1). Elle permet néanmoins de mettre en évidence, pour les tendons très superficiels, une augmentation de volume, un nodule. À ce niveau, il faut demander au patient de montrer précisément avec un doigt la localisation de la douleur. Enfin on observe également l'état musculaire du tendon à la recherche d'une amyotrophie et des signes inflammatoires locaux orientant vers une origine non mécanique.

Contraction résistée du tendon

L'examinateur demande au patient de mettre en tension son tendon. Il essaye alors d'exercer une résistance spécifique sur le tendon suspecté de lésion (fig. 50.2). Cette étape est indispensable au diagnostic. Elle reste néanmoins délicate car la résistance doit être suffisante pour reproduire une douleur, et bien souvent ce test est peu spécifique mettant en jeu d'autres tendons.

Mise en tension passive du tendon ou étirement passif

Après les tests isométriques, c'est le deuxième temps le plus important de cet examen. Ce test normalement ne présente aucune difficulté si l'on a bien assimilé les notions d'anatomie et de physiologie présentées précédemment. Il consiste à étirer passivement le tendon et à reproduire ou à aggraver ainsi les douleurs du patient (fig. 50.3). Cette manœuvre permet également de discriminer une atteinte articulaire d'une atteinte périarticulaire. En effet dans les deux cas, la mobilisation active peut être douloureuse, en revanche la mobilisation passive n'est douloureuse que dans les atteintes tendineuses.

Palpation du tendon

Elle doit être réalisée de façon précise (fig. 50.4), parfois dans certaines conditions de dégagement, notamment au niveau de l'épaule, où elle est difficile à réaliser et où les tests de coincement ont pour cette raison davantage d'intérêt. La palpation permet de préciser un certain nombre

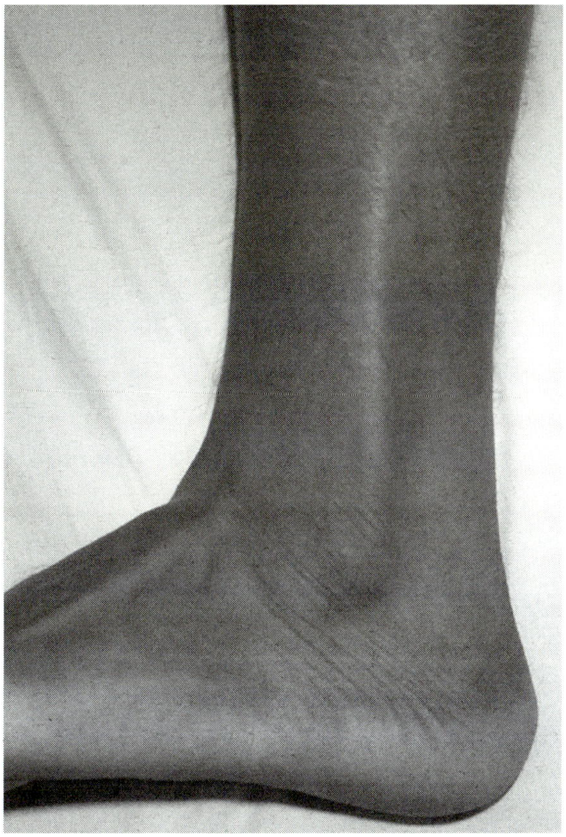

Fig. 50.1. L'inspection symétrique des tendons et de leur trajet est le premier temps de l'examen. On voit très bien sur cette photo le trajet des tendons fibulaires.

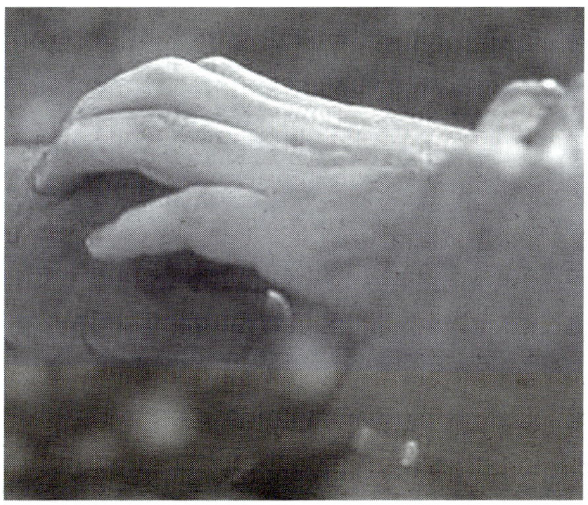

Fig. 50.2. Test isométrique avec appui pulpaire testant les tendons fléchisseurs des doigts.

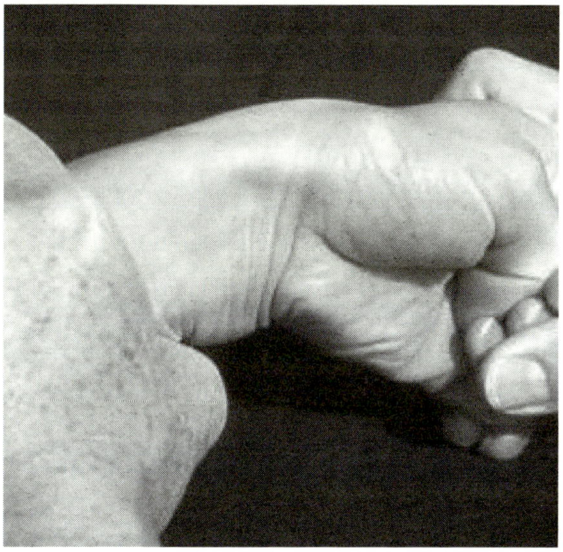

Fig. 50.3. Étirement des tendons : manœuvre de Finkelstein. En inclinaison cubitale, poing fermé et pouce en hyperflexion, les tendons long abducteur et court fléchisseur du pouce sont étirés, reproduisant une douleur et/ou une appréhension lors d'une ténosynovite de De Quervain.

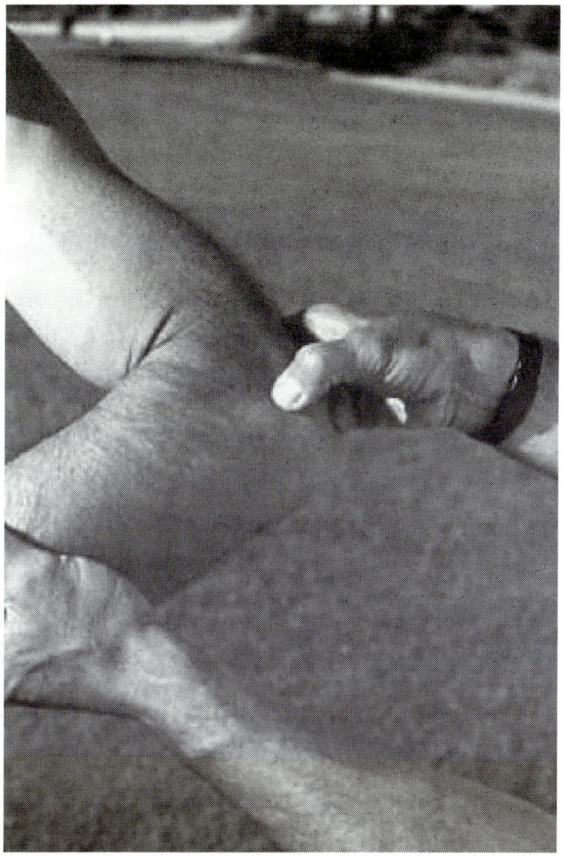

Fig. 50.4. Palpation de l'insertion des épicondyliens, coude en flexion. Cette manœuvre est essentielle pour faire le diagnostic d'épicondylite.

d'éléments : la chaleur locale, la reproduction de la douleur, une consistance anormale plus ou moins importante, plus ou moins localisée (nodule, crépitement, tumeur).

L'ensemble des données de l'examen clinique est résumé en fonction de la localisation tendineuse dans les tableaux 50.III et 50.IV.

Tab. 50.III. Examen clinique des principales tendinopathies du membre supérieur.

	Localisation et site	Siège de la douleur	Mise en tension passive	Test isométrique
Épaules	**Supra-spinatus**	Face externe de l'épaule (V[e] deltoïdien)	Peu d'intérêt	Scaption à 30° +++ Test de Jobe à 70° +++
	Infra-spinatus	Bord postérieur de l'acromion	Peu d'intérêt	Rotation externe : test de Patte
	Sub-scapularis	Sillon deltopectoral	Peu d'intérêt	Rotation interne : *Lift off test* de Gerber
	Chef long du biceps brachial (tendinopathie intra-articulaire ou TS)	Gouttière bicipitale	Peu d'intérêt	*Palm-up test* : élévation antérieure en supination
Coudes	**Épicondyliens** (2e radial)	Coude en flexion : face externe du coude +++	Varus forcé coude en extension	Coude en flexion et en extension : extension du poignet et des doigts
	Épitrochléens (fléchisseurs des doigts)	Face interne du coude	Valgus forcé	Flexion du poignet et des doigts (appui pulpaire +++)
Poignets/Mains	TS de De Quervain	Bord radial du poignet	Test de Finkelstein : inclinaison cubitale du poignet + flexion du pouce	Extension et abduction du pouce
	Radiaux	Base 2e métacarpien (1er radial) et 3e métacarpien (2e radial) +++	Flexion palmaire du poignet	Flexion dorsale du poignet
	TS des fléchisseurs des doigts	Bord palmaire du poignet		Flexion des doigts
	TS des extenseurs des doigts	Bord dorsal du poignet		Extension des doigts

En gras : les « incontournables ». Les croix (+) correspondent aux manœuvres les plus importantes au diagnostic.

Tab. 50.IV. Examen clinique des principales tendinopathies du membre inférieur.

	Tendinopathies membres inférieurs	Siège de la douleur	Mise en tension passive	Test isométrique
Bassin	Adducteurs	Sous-pubienne	En abduction pure ou abduction fléchie de hanche	Adduction résistée en décubitus dorsal puis en décubitus latéral sur le côté exploré
	Moyen glutéal (tendinobursite)	Région du grand trochanter	Adduction de hanche	Abduction de hanche
Genou	Quadricipital	Base de la rotule	Flexion du genou en décubitus ventral + extension de hanche	Accroupissement bi puis unipodal, extension contrariée dans différentes courses en décubitus dorsal puis position assise
	Patellaire	Corps et enthèses +++	Flexion du genou en décubitus ventral + extension de hanche	Accroupissement bi puis unipodal, extension contrariée dans différentes courses en décubitus dorsal puis position assise
	Patte d'oie	Face interne du genou	Extension + rotation externe du genou	Flexion + rotation interne genou
	Tractus iliotibial	Face externe genou	Extension genou + pression condyle externe	Test de Renne : appui unipodal, genou à 30°
Pied/Cheville	**Calcanéen** (tendinose, bursite, rupture)	Face postérieure de la cheville	Décubitus dorsal : flexion dorsale du pied (ne pas oublier l'aponévrose plantaire)	Monter sur pointe des 2 pieds puis 1 pied; sautillement bi puis unipodal +++
	Tibial antérieur	Face antérieure de la cheville	Flexion plantaire du pied	Flexion dorsale + inversion pied
	Tibial postérieur (enthésopathie, TS, rupture, luxation)	Inspection associée à palpation régions sous et rétromalléolaires internes +++	Éversion du pied	Inversion pied
	Tendons fibulaires	Inspection associée à palpation sous et rétromalléolaire externe +++	Flexion plantaire + inversion du pied	Éversion en flexion dorsale

En gras : les « incontournables ». Les croix (+) correspondent aux manœuvres les plus importantes au diagnostic.

Conclusion

Les tendons sont des structures hypersollicitées dans les gestes de la vie quotidienne ainsi que dans les activités sportives. Les tendinopathies regroupent un ensemble de lésions tout aussi variées en termes de localisation (corps du tendon, enthèse, jonction myotendineuse, structures péritendineuses), d'étiologie (mécanique, inflammatoire) que de stade évolutif. L'interrogatoire et l'examen clinique, relativement stéréotypé par la triade clinique, sont indispensables et souvent suffisants pour définir ces différents éléments et adapter de façon optimale la prise en charge thérapeutique. Dans un certain nombre de cas, cette évaluation clinique sera insuffisante et l'échographie et/ou l'IRM seront alors d'un grand secours dans la démarche diagnostique.

Bibliographie

[1] Fautrel B, Bourgeois P. *Maladies systémiques. Le livre des critères 2002.* Paris : Pfizer, 2002.

[2] Fyfe I, Stanish WD. The use of excentric training and stretching in the treatment and prevention of tendon injuries. *Clin Sports Med* 1992; 11 : 601-24.

[3] Jarvinen M, Kannus P, Komi PV. Biomécanique du tendon et application clinique chez le joueur de football. *Sport Med* 1998; 103 : 8-12.

[4] Khan KM, Cook JL, Harcourt P, Astrom M. Histopatholgy of common tendinopathies. Update and implications for clinicagement. *Sports Med* 1999; 104 : 393-408.

[5] Kibler WB, Chandler TJ, Pace BK. Principles of rehabilitation after chronic tendon injuries. *Clin Sports Med* 1992; 11 : 661-71.

[6] Kvist MH, Lehto MU, Jozsa L, Jarvinen M, Kvist HT. Chronic Achilles paratenonitis. An immunohistologic study of fibronectin and fibrinogen. *Am J Sports Med* 1988; 16 : 616-23.

[7] Leadbetter WB. Cell-matrix response in tendon injury. *Clin Sports Med* 1992; 11 : 533-78.

[8] Regan W, Wold LE, Coonrad R, Morrey BF. Microscopic histopathology of chronic refractory lateral epicondylitis. *Am J Sports Med* 1992; 20 : 745-9.

[9] Rodineau J, Simon L. *Microtraumatologie du sport et surmenage articulaire.* Collection « Pathologie locomotrice », n° 13. 1 vol. Paris : Masson, 1987 : 339 p.

[10] Stanish WD. Overuse injuries in athletes : a perspective. *Med Sci Sports Exerc* 1984; 16 : 1-7.

51

Imagerie et sport

Sommaire

De manière différente, mais en parallèle, l'imagerie médicale et la médecine du sport se sont développées de manière très importante, ce qui a permis dans bien des cas une avancée très positive de la compréhension des pathologies mais aussi de l'efficacité des traitements instaurés, en raccourcissant l'immobilisation des patients et en les remettant plus rapidement sur le terrain.

En effet, l'explosion des nouvelles techniques (imagerie numérique, tomodensitométrie, échographie, IRM) a eu pour effet de démembrer bon nombre de pathologies regroupées pour certaines dans des termes « fourre-tout », qui masquaient nos faibles connaissances étiopathogéniques.

La notion de « périarthrite scapulohumérale » (PSH) est typique puisqu'il est possible à ce jour d'y distinguer, grâce à l'imagerie moderne, bon nombre de lésions différentes : rupture transfixiante ou non du supraépineux, désinsertion du sub-scapulaire, tendinopathie calcifiante, conflit antérieur, antérosupérieur, postérosupérieur, capsulite, etc., qui étaient auparavant regroupées sous le même terme de PSH.

L'épine calcanéenne en est un autre exemple puisque grâce à l'IRM on a pu montrer que cette épine, si souvent décrite dans les comptes rendus radiologiques, n'avait, hormis en cas de maladie inflammatoire, aucun caractère pathologique mais que plusieurs types de lésions mécaniques de l'aponévrose adjacente pouvaient être à l'origine des douleurs du patient : rupture complète, rupture partielle, fissuration, enthésopathie, myoaponévrosite, etc.

Ce grand développement a en revanche un risque : il ne faut pas qu'il entraîne une superposition systématique d'examens onéreux. C'est un aspect capital de nos jours et seuls la connaissance des possibilités de ces techniques, des différentes pathologies possibles et un examen clinique précis permettent de déterminer la technique d'imagerie la plus utile. Par ailleurs, ces moyens sophistiqués n'ont un intérêt que s'ils ont un impact diagnostique et surtout thérapeutique. Par exemple, pourquoi mettre en évidence le nombre de ligaments lésés dans une entorse de cheville si on ne compte pas modifier l'attitude thérapeutique et que l'on entreprend toujours le même traitement quelle que soit la gravité de l'entorse.

Autre danger, certaines lésions peuvent entraîner des séquelles visibles en imagerie mais n'ayant aucune conséquence pathologique. Le cas du muscle cicatrisé en est un bon exemple, du fait des images souvent fort inquiétantes observées en échographie et en IRM après cicatrisation alors que celle-ci est parfaitement acquise et que le muscle est fonctionnellement normal. Ces images ne doivent donc en aucun cas faire interrompre ou retarder la reprise de l'activité sportive.

Techniques

En médecine du sport, ce sont les développements de l'échographie, du scanner volumique et de la résonance magnétique qui ont permis les évolutions les plus intéressantes.

En premier lieu, ces techniques montrent les différents organes en « coupe », c'est-à-dire de manière tout à fait différente des images par projection obtenues par les clichés standard et les arthrographies.

L'*échographie et la résonance magnétique* permettent également de visualiser la structure même du tendon et du muscle alors qu'auparavant seuls leurs contours pouvaient être perçus par la radiographie voire la xérographie. L'étude ultrasonore montre même aujourd'hui, avec les meilleurs appareils, la structure des ligaments et des nerfs.

Le *scanner volumique* est l'outil idéal pour analyser les structures osseuses car les reconstructions dans tous les plans de l'espace sont possibles et peuvent détailler certaines lésions mal expliquées par les clichés standard.

L'*arthroscanner* complète de façon extrêmement efficace les clichés arthrographiques en éliminant les éléments de superposition, en aidant à préciser la taille des lésions capsuloligamentaires et en montrant l'aspect du revêtement cartilagineux.

L'*IRM* réalise un bilan global des lésions osseuses et tendinomusculaires et fournit une véritable cartographie d'une précision incomparable, en particulier en préopératoire.

Le *Doppler couleur*, qui équipe maintenant tous les appareils échographiques, et les injections de produit de contraste paramagnétique en résonance magnétique visualisent les néovascularisations cicatricielles et déterminent le caractère évolutif des lésions.

Échographie

Des trois techniques principales, l'échographie est la plus ancienne mais ses indications se sont développées de manière extrêmement importante ces dix dernières années. Rappelons que contrairement aux clichés radiographiques standard, il ne s'agit pas en échographie d'une image formée par l'analyse des différentes densités mais de l'étude des zones de réflexion correspondant aux variations d'impédance acoustique entre les

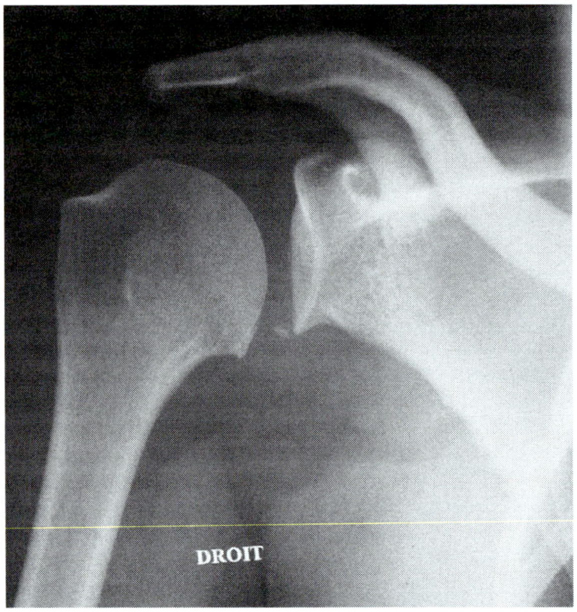

a

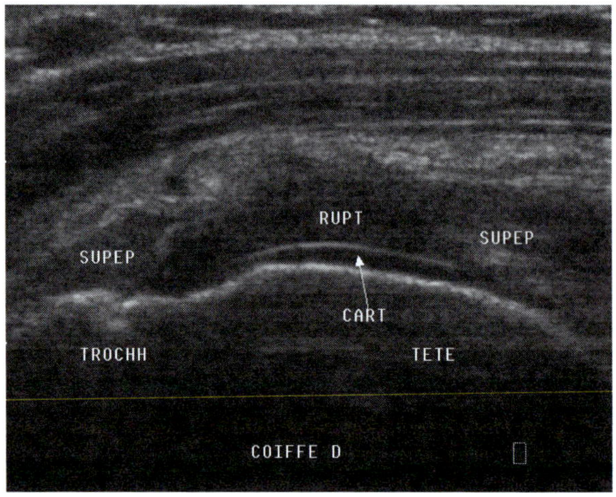

b

Fig. 51.1.a. Radiographie standard : sur ce cliché, on analyse le spongieux de l'os et l'interligne articulaire (élargi dans ce cas); ces deux structures ne sont pas visualisées en échographie.

Fig. 51.1.b. Échographie : cette technique montre les structures situées entre la peau et la corticale et en particulier dans ce cas une rupture transfixiante du supraépineux.

milieux explorés. Ainsi, l'onde ultrasonore ne traverse pas le corps humain comme un rayon X pour impressionner la plaque située au dos du patient mais se réfléchit vers la sonde émettrice qui analyse ainsi l'intensité de la réflexion des ondes ultrasonores.

La pénétration des ultrasons étant limitée en profondeur et la réflexion étant pratiquement complète en regard des éléments osseux et aériques, nous obtenons donc une « coupe » d'une certaine profondeur, dont la taille est limitée en largeur par le faisceau émis par la sonde.

Les avantages de la technique sont bien connus (non irradiante, atraumatique, peu onéreuse) mais il faut surtout en médecine du sport insister sur deux éléments :

- d'une part, les ultrasons s'arrêtant à la corticale, nous avons avec l'échographie un complément parfait des clichés radiographiques standard, chaque technique montrant ce que l'autre ignore, ce qui permet de réaliser un bilan global pour un prix relativement modéré (fig. 51.1);
- d'autre part, l'échographie présente une spécificité dynamique permettant de mettre les différents éléments sous tension ou en contraction, et de montrer les pertes de tension ligamentaire, de dépister les mobilisations anormales (luxation des fibulaires, par exemple) mais aussi les dysharmonies fonctionnelles dues aux cicatrices musculaires (fig. 51.2).

Les désavantages sont en revanche également importants. Il s'agit de la difficulté de cette échographie de l'appareil locomoteur à l'origine de sa réputation de technique opérateur-dépendante, mais elle est aussi et surtout matériel-dépendante, ce qui impose l'utilisation d'un appareillage de haut de gamme. La méconnaissance de cet impératif a entraîné bien des désillusions et est à l'origine d'un certain retard dans son développement. Les images échographiques étant de plus peu « parlantes », il est indispensable de les annoter de façon extrêmement précise afin de rendre ces clichés le plus lisibles possible et d'habituer ainsi le clinicien à leur interprétation.

Arthroscanner et scanner volumique

La tomodensitométrie utilise les rayons X comme les clichés radiographiques standard mais la réalisation d'un calcul

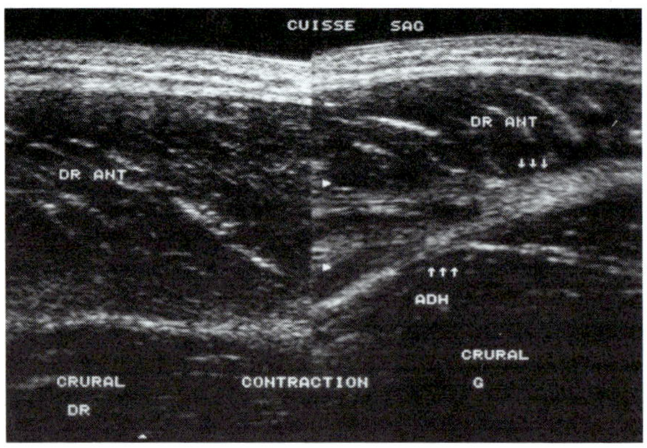

Fig. 51.2. Coupe axiale comparative du droit fémoral en contraction montrant une importante limitation d'expansion du muscle gauche en raison d'une adhérence séquellaire de désinsertion périphérique.

numérique permet à l'ordinateur de restituer une coupe, véritable « tranche de saucisson » de l'organe exploré.
Les acquisitions de coupes sont maintenant « volumiques », le patient se déplaçant de façon continue au centre de l'anneau durant l'émission des rayons X. Nous avons ainsi l'acquisition d'un volume permettant la reconstruction de coupes orientées dans tous les plans de l'espace.
Ces perfectionnements techniques apportent d'importantes améliorations dans la compréhension des pathologies osseuses complexes mais donnent surtout des vues tout à fait spécifiques après injection intra-articulaire de produit de contraste (arthroscanner).
La détection des lésions méniscales mais aussi des atteintes capsuloligamentaires est ainsi nettement améliorée, puisque l'opacification de la rupture du ménisque ou le franchissement de la barrière capsuloligamentaire constituent des signes formels de lésion.
Cette technique permet également, grâce aux reconstructions frontale et sagittale, d'obtenir une vue parfaite de l'encroûtement cartilagineux (fig. 51.3) et en particulier des éventuelles irrégularités superficielles voire des images de fissure.

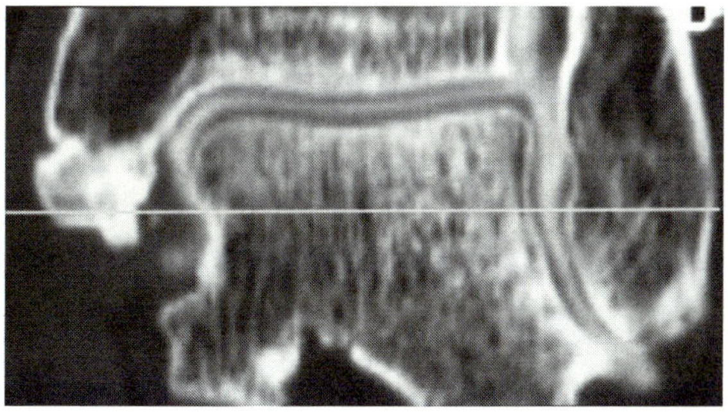

Fig. 51.3. Arthroscanner de cheville : reconstruction frontale montrant un remaniement médial mais aussi une chondrolyse de la partie inférieure de la joue latérale du talus.

L'arthroscanner complète donc de façon idéale les données des clichés arthrographiques, qui ne sont que des images de projection. Il convient toutefois que le délai entre deux examens soit le plus bref possible afin d'éviter une dilution excessive du contraste.
Les désavantages de cette technique sont le prix supplémentaire mais aussi sa faible résolution en densité, notamment en pathologie musculaire, tendineuse et ligamentaire. La notion d'irradiation n'intervient que rarement car elle n'est significative qu'au niveau de la hanche. La ponction articulaire est de toute façon effectuée pour le temps arthrographique initial mais cette ponction et un risque potentiel d'infection doivent être pris en compte dans la comparaison aux autres techniques (échographie et IRM).

IRM et arthro-IRM

Il s'agit également d'une technique fondée sur un principe physique tout à fait différent de celui des rayons X, puisque le patient est dans ce cas soumis à un champ magnétique d'intensité élevée qui aligne ses atomes d'hydrogène. Dans un second temps, l'instauration d'une onde électromagnétique modifie cet alignement. À l'arrêt de cette onde, une énergie est libérée par les atomes qui retrouvent leur orientation primitive. Cette énergie est transformée, en fonction de son intensité, en un point plus ou moins noir ou plus ou moins blanc, ce qui permettra de reconstruire une image. De plus, selon que cette énergie se mesure dans l'axe des abscisses ou dans celui des ordonnées, on obtient des images d'aspect différent (appelées pondérées T1 et T2) permettant de différencier certaines propriétés tissulaires.
D'un point de vue pratique, il faut retenir que la graisse est hyperintense (c'est-à-dire blanche) en T1 et grise en T2, alors que les liquides sont noirs (hypo-intense) en T1 et blanc en T2 (fig. 51.4). Le développement exponentiel de cette technique durant les dix dernières années a eu un impact considérable en pathologie sportive et a été à l'origine de la meilleure compréhension de bien des pathologies.
Les avantages de cette technique sont incomparables puisqu'elle a l'énorme intérêt de présenter une cartographie anatomique dans tous les plans de l'espace.
Sa résolution en contraste est par ailleurs extrêmement importante, permettant par le jeu des différentes séquences d'obtenir une différenciation significative entre les éléments pathologiques. Cette technique permet également de réaliser un bilan global analysant à la fois les éléments osseux et les structures tendinomusculaires.
L'injection intraveineuse de gadolinium montrant les flux vasculaires lents apporte un élément supplémentaire dans la précision diagnostique, en montrant les zones hyperhémiées. De plus, depuis peu, est autorisée en France l'injection intra-articulaire de gadolinium, qui permet une analyse plus précise des plans capsuloligamentaires mais aussi des ménisques et des bourrelets. L'étude des cartilages est également facilitée par cette technique mais sa résolution spatiale inférieure fait encore préférer à ce jour l'arthroscanner pour ce type d'analyse.
Les désavantages ne doivent pas être négligés : outre le prix, qui est bien sûr le handicap majeur de la technique, et la difficulté d'accès aux machines, certaines contre-indications (corps étranger métallique intraoculaire, *pacemaker*, pompe implantée, etc.) doivent être mentionnées mais sont en fait fort rares en pathologie sportive. Un autre écueil de la technique consiste en la mauvaise différenciation de deux éléments voisins spontanément en hyposignal (noir) comme les insertions tendineuses sur les corticales, les calcifications au sein des tendons et l'attache d'un bourrelet ou d'un ménisque.

Apports de l'imagerie en pathologie sportive

Pathologie tendineuse

La progression de l'imagerie permet à ce jour de visualiser de façon parfaite la structure interne des éléments tendineux alors qu'auparavant la xérographie et les clichés en rayons mous ne nous en montraient que les contours. Si les calcifications tendineuses et celles des enthèses étaient bien visualisées, l'insertion du tendon sur l'os et en particulier la tuméfaction focale des zones d'insertion et les bursites de

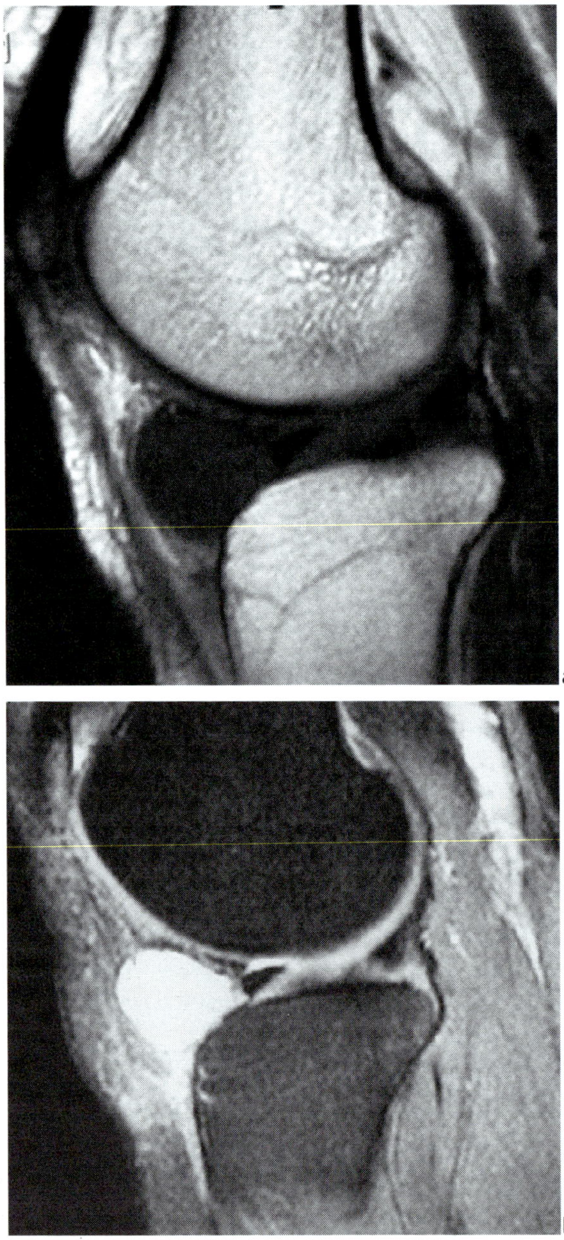

a

b

Fig. 51.4.a. IRM : coupe sagittale pondérée T1 montrant une forme expansive antérieure de nature indéterminée.

Fig. 51.4.b. IRM : coupe sagittale pondérée T2 montrant l'hypersignal de cette formation, ce qui confirme sa nature kystique.

voisinage peuvent être à ce jour mises en évidence et bien différenciées des tendinopathies. De même, celles-ci sont étudiées de manière plus précise, montrant soit des atteintes globales de désorganisation des fibres de collagène, soit des lésions nodulaires, véritable granulome de réparation dont la composante vasculaire peut être évaluée. Les jonctions myotendineuses sont également particulièrement bien décelées, permettant de déterminer l'importance de certaines désinsertions partielles fort mal évaluées auparavant. Lors de l'arrachement partiel d'une insertion, qu'une avulsion osseuse associée soit présente ou non, l'importance de l'atteinte peut être évaluée et, grâce à sa spécificité dynamique, l'échographie peut analyser le caractère stable ou non du déplacement. De plus, lorsque la lésion siège au niveau du bassin (lésion du tendon direct du droit fémoral par exemple), l'absence d'irradiation peut être un facteur important dans le choix de la technique de surveillance.

En cas de rupture tendineuse complète, la clinique est le plus souvent suffisante mais grâce à la composante dynamique de l'échographie, on peut apprécier la capacité de la réductibilité de cette rupture et l'importance de la rétraction des fragments, alors qu'en préopératoire l'IRM avec injection peut préciser la « qualité » des moignons tendineux restants (fig. 51.5).

Il est également possible à ce jour d'établir une différence formelle entre les atteintes péritendineuses comportant une composante inflammatoire vraie à l'histologie et celle atteignant les tendons eux-mêmes, où cette composante n'est pas présente. L'impact diagnostique est bien sûr important. Le terme de tendinite ne doit donc plus être utilisé (pas d'atteinte inflammatoire dans ce cas) et remplacé par celui de tendinopathie.

Les fissurations longitudinales et les ruptures partielles sont à ce jour bien appréciées, tant en IRM qu'en échographie, à condition d'utiliser une technique adéquate (fig. 51.6). En postopératoire, l'aspect d'un tendon peigné peut être apprécié et en particulier la persistance d'une atteinte liquidienne centrotendineuse, de mauvais pronostic.

La spécificité dynamique de l'examen échographique permet également de quantifier les luxations et subluxations tendineuses, en particulier dans les atteintes des tendons fibulaires, celle du tibial postérieur ou celle du chef long du biceps. Cette dernière pathologie, souvent associée à la désinsertion du sub-scapulaire, s'est révélée beaucoup plus fréquente que ce que l'on pensait et dans ce cas également l'imagerie a permis de démembrer cette pathologie. D'un point de vue pratique, le couple radiographie standard-échographie est très performant dans le cadre de ces pathologies, permettant de résoudre l'immense majorité des problèmes diagnostiques pour un prix acceptable. Si une divergence persiste entre les résultats de cette imagerie et la clinique ou en préopératoire, l'examen de choix sera

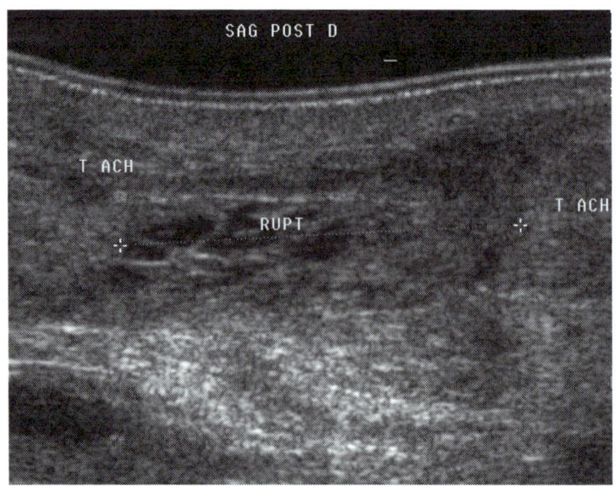

Fig. 51.5. Rupture du tendon d'Achille : coupe sagittale en flexion plantaire montrant la persistance d'un important écart inter-fragmentaire contre-indiquant le traitement médical.

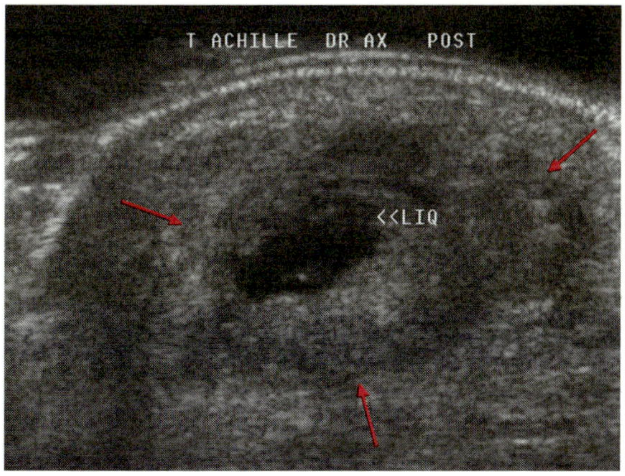

Fig. 51.6. Cavité liquidienne centro-tendineuse chez un patient restant symptomatique 6 mois après suture tendineuse.

l'IRM, dont l'analyse des différentes séquences permet une étude spécifique.

Pathologie musculaire

Le diagnostic des lésions musculaires est en règle générale beaucoup plus précis dans les comptes rendus des journaux sportifs que dans les dossiers médicaux. Le claquage est souvent mentionné, alors qu'il est en fait très rare.

Les performances des nouvelles techniques d'imagerie ont permis de mieux localiser le siège exact des lésions musculaires aiguës qui, dans l'immense majorité des atteintes intrinsèques, ne se présentent pas comme une rupture d'un faisceau musculaire mais bien comme une désinsertion des fibres au niveau de leur attache aponévrotique, que celle-ci soit située en périmusculaire ou en intramusculaire (fig. 51.7). Cette différence (péri ou intramusculaire) est importante, étant donné que dans le 1er cas les hématomes ainsi constitués peuvent filer le long des aponévroses et entraîner un retard de cicatrisation dû aux phénomènes de cisaillement, alors que dans le cas où cet hématome reste inclus au sein du muscle, son évolution est en général plus favorable.

Les hématomes sont également retrouvés dans les contusions (atteintes extrinsèques), où la dilacération des fibres ne suit pas cette systématisation mais dans lesquelles le respect des aponévroses doit aussi être recherché. De plus, l'échographie permet d'évacuer facilement ces hématomes s'ils sont en phase liquidienne, et ces ponctions (suivies d'une compression) doivent être systématiquement effectuées afin d'éviter les complications fibreuses ultérieures.

À la phase chronique, on recherche les cicatrices irrégulières entraînant un trouble de la mobilisation du muscle lors de l'épreuve dynamique, les calcifications et les éventuels hématomes résiduels mais aussi, en contraction, une hernie musculaire, témoin d'une séquelle d'atteinte aponévrotique, et une modification de la structure musculaire, faisant évoquer une dégénérescence graisseuse.

Les syndromes de loges font à ce jour l'objet de beaucoup de discussions, en particulier quant au rôle des éléments veineux. Les injections de contraste (ultrasonore et paramagnétique) y trouveront certainement à l'avenir bien des indications.

Les techniques d'imagerie moderne utilisées en pathologie musculaire sont l'échographie et l'IRM. La première est en règle suffisante tant en pathologie aiguë qu'en pathologie chronique mais dans ce dernier cas, elle passe la main à l'IRM lors d'un examen préopératoire dans le but de réaliser une cartographie anatomique.

Pathologie articulaire

Ligaments

Parmi les nouvelles techniques, l'IRM et l'échographie visualisent les éléments ligamentaires de manière directe alors que l'arthroscanner permet une vue indirecte des lésions grâce

a
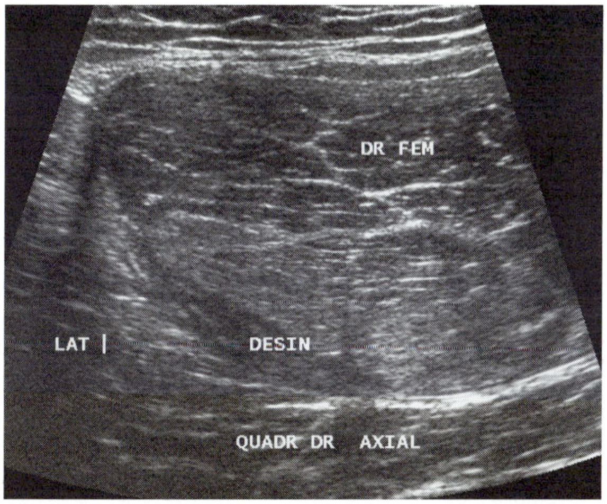

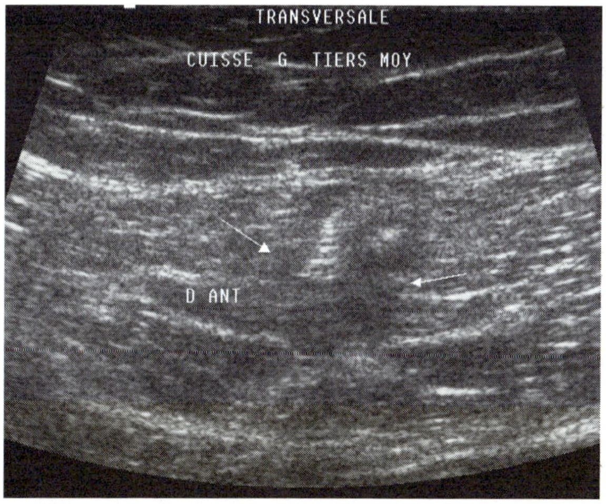

b

Fig. 51.7.a. Désinsertion périphérique du droit fémoral entraînant souvent une longue symptomatologie douloureuse en raison de phénomènes de cisaillement lors de la cicatrisation.

Fig. 51.7.b. Désinsertion centrale du droit fémoral le long de la cloison sagittale : lésion de bon pronostic.

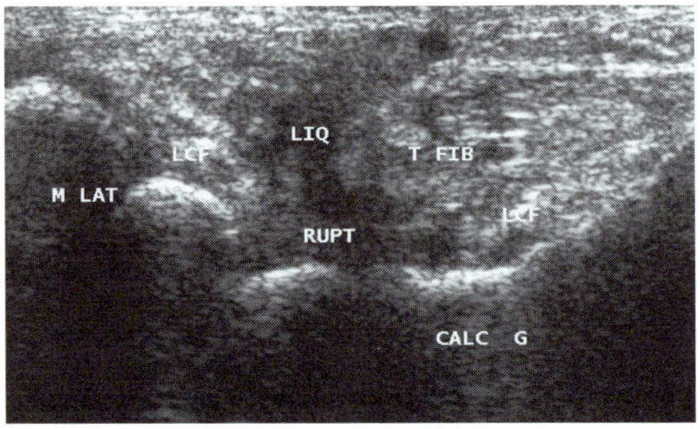

Fig. 51.8. Rupture en plein corps du ligament calcanéo-fibulaire témoignant de la gravité de cette entorse de la cheville.

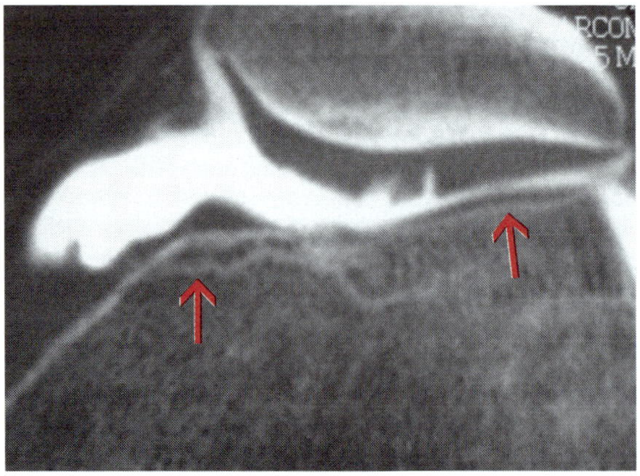

Fig. 51.9. Arthroscanner de l'interligne fémoro-patellaire montrant bien l'importance des fissurations de l'encroutement cartilagineux.

au passage du produit de contraste au travers de la brèche capsuloligamentaire. La localisation précise de l'atteinte et le nombre de ligaments lésés peuvent être déterminés par ces trois techniques, permettant ainsi de faire le bilan plus précis d'une entorse en phase aiguë (fig. 51.8). Au stade de cicatrisation, on note, dans les cas évoluant favorablement, la reconstitution d'un plan ligamentaire d'épaisseur satisfaisante, alors que si cette cicatrisation est insuffisante, on n'observe plus qu'un petit reliquat mal structuré voire un ligament complètement détendu.

Ces examens n'ont bien sûr un intérêt que dans la mesure où la clinique et les manœuvres dynamiques sont insuffisantes. Par exemple, ces épreuves dynamiques sur machine sont parfaitement fiables pour l'étude du LCA ; en revanche, on se rend compte de leur grave insuffisance dans le cas d'entorse de la cheville. Elles sont par ailleurs fortement déconseillées en phase aiguë car, d'une part, elles sous-estiment gravement les lésions en manquant une entorse grave sur deux et, d'autre part, elles risquent d'aggraver une atteinte ligamentaire en lésant les quelques fibres résiduelles susceptibles de guider la cicatrisation.

Un bilan de gravité des lésions correctement réalisé peut orienter la thérapeutique. Ainsi, à la phase aiguë, la découverte d'une rupture complète du ligament tibio-fibulaire inférieur va entraîner une modification du traitement pour éviter une arthrose de la talo-crurale et, en cas de douleurs chroniques, ce bilan va déterminer la cause exacte d'une laxité ou d'une douleur résiduelle.

Bourrelets para-articulaires et ménisques

Leurs lésions ne sont que partiellement accessibles à l'échographie et même l'IRM est parfois prise en défaut étant donné le comblement des lésions par du tissu de signal peu important. Le bilan arthrotomodensitométrique ou arthro-IRM semble donc se justifier pour ces études, le produit de contraste venant imbiber progressivement les images et les montrant de manière indiscutable.

Cartilages

La recherche de lésion cartilagineuse va fort évoluer puisque certains remaniements des couches profondes du cartilage peuvent être objectivés par les nouvelles séquences d'IRM et dans certaines localisations par échographie, avant la survenue du stade de chondropathie ouverte. Toutefois, aujourd'hui, c'est encore l'arthroscanner qui reste l'examen de référence (fig. 51.9), permettant de bien mettre en évidence les petites ulcérations superficielles et les images de fissuration ; cependant, l'évolution ira très vraisemblablement vers l'IRM pour les lésions fermées et l'arthro-IRM pour les lésions ouvertes.

Dans le cadre de ces atteintes articulaires, certains itinéraires d'imagerie peuvent donc être proposés.

Épaule

En cas de suspicion de tendinopathie, le couple radiographie standard + échographie règle la majorité des problèmes.

Dans le cadre des ruptures, qu'elles soient partielles ou transfixiantes, ce même couple est en général suffisant mais, en préopératoire, un arthroscanner (voire une arthro-IRM) peut être proposé afin de mieux préciser la taille des lésions, de déterminer la trophicité des massifs musculaires adjacents et de dépister un éventuel clivage dans l'épaisseur du tendon postérieur. En cas de conflit, le couple radiographie et échographie suffit, à condition que l'étude ultrasonore comporte un temps dynamique.

Pour les lésions des bourrelets glénoïdiens, la séquence est tout à fait différente puisque les clichés standard doivent impérativement comporter un profil glénoïdien et si possible une incidence de Garth ; l'examen indispensable est dans ce cas le couple arthrographie-arthroscanner.

Pour le bilan des capsulites, l'arthrographie « simple » est en revanche suffisante, montrant la limitation d'expansion des récessus et permettant dans le même temps le geste d'infiltration strictement intra-articulaire.

Coude

Si un bilan d'imagerie est nécessaire dans le cas d'une atteinte tendineuse, le couple radiographie-échographie suffit.

Dans les bilans d'une ostéochondromatose, l'examen tomodensitométrique sans injection est préféré (le contraste risque en effet dans ce cas de masquer les ostéochondromes) alors que le bilan des lésions chondromateuses fait appel à la séquence arthrographie-arthroscanner.

Poignet

Le bilan standard accompagné de clichés dynamiques est en général suffisant.
En cas de suspicion d'atteinte ligamentaire, c'est le couple arthrographie-arthroscanner qui est préféré.
Dans les pathologies tendineuses, on s'oriente en revanche vers une étude échographique voire par IRM en cas de bilan préopératoire.

Hanche

Le couple radiographie standard-échographie est en général suffisant pour l'étude des tendinopathies, la recherche des épanchements et celle de la distension de la bourse du psoas.
L'étude du bourrelet et d'une chondromatose est réalisée par arthrographie-arthroscanner (et tomodensitométrie simple en cas d'ostéochondromatose).
Pour le bilan de capsulite, l'arthrographie « simple » est en revanche suffisante, montrant la limitation d'expansion des récessus et permettant dans le même temps le geste d'infiltration strictement intra-articulaire.
L'IRM sera en revanche préférée pour les pathologies osseuses (voir *infra*).

Genou

Après le bilan standard, celui-ci est impérativement complété par une étude dynamique sur machine en cas de rupture des croisés mais, dans les cas où une atteinte complexe est suspectée à l'examen clinique (lésion méniscale surajoutée ? contusion osseuse ?...), l'IRM est préférée.
L'échographie fait le bilan des lésions tendineuses et ligamentaires superficielles (médiale et latérale) alors que pour la recherche des atteintes méniscales, l'arthrographie simple, l'arthroscanner et l'IRM ont des performances diagnostiques similaires.
L'arthroscanner est considéré comme la référence en cas de bilan cartilagineux fémoropatellaire ou fémorotibial.

Cheville

Si le bilan clinique le justifie, l'échographie est le complément idéal des clichés radiographiques standard en cas d'entorse, à condition de « disposer » d'un échographiste possédant un matériel haut de gamme. Les épreuves dynamiques ont montré leur insuffisance dans cette pathologie à la phase aiguë. L'arthroscanner est un excellent examen si l'échographie ne répond pas aux questions posées et en préopératoire.
Pour les pathologies tendineuses ou celles de l'aponévrose plantaire, l'échographie avec sa spécificité dynamique s'impose en première ligne, mais l'IRM est préférée en préopératoire étant donné qu'elle apporte une cartographie anatomique irremplaçable.

Pathologies osseuses (hors traumatisme aigu)

Les fractures de fatigue, les algodystrophies et les atteintes ischémiques ont bénéficié de l'essor de l'IRM, qui permet un diagnostic aussi précoce mais bien plus spécifique que par scintigraphie.
Cet enthousiasme est bien sûr à moduler en fonction de l'intérêt thérapeutique et, en cas de certitude clinique d'une lésion de fatigue, le bilan d'imagerie ne s'impose en aucune façon dans un premier temps et peut très bien être postposé par la réalisation de clichés standard à la 3e semaine.
Citons également, dans le cas des fractures de fatigue, l'importance de l'échographie au niveau des structures osseuses accessibles (métatarsiens, par exemple) grâce à la visualisation de l'hématome sous-périosté hypoéchogène en phase précoce bien avant l'apparition du cal sur les clichés standard.

Pathologies discovertébrales

Le bilan standard doit toujours être réalisé en premier lieu et le recours aux autres investigations n'est que tardif et devrait rester l'exception, hormis en cas de sciatalgie hyperalgique ou résistant aux traitements.
C'est la résonance magnétique qui nous a permis de progresser de la façon la plus nette dans ce type d'indication, limitant de façon significative les indications de la radiculographie et de la discographie. Les lésions de myélopathie cervicale sont recherchées par cette technique, qui analyse aussi toutes les lésions expansives, recherche les récidives postopératoires (avec injection de gadolinium) et fait le bilan des atteintes complexes, en montrant de manière plus nette qu'au scanner le facteur étiologique douloureux.
Le scanner garde toutefois la première place pour l'étude des rétrécissements canalaires, la pathologie articulaire postérieure et le bilan des conflits discoradiculaires, étant donné son coût moins élevé.

Conclusion

Au vu de ces énumérations, on se rend compte dans quelle mesure la prise en charge des différentes lésions en cas de pathologie sportive a été considérablement modifiée par l'imagerie au cours de ces dix dernières années.
Insistons encore sur le fait que ces techniques doivent être choisies de façon pertinente, en fonction de la clinique et non pas coûteusement superposées. Elles ne viennent par ailleurs qu'en complément des clichés radiographiques standard, qui doivent impérativement, hormis en cas d'atteinte musculaire récente, constituer l'examen de référence afin de ne pas méconnaître une pathologie intercurrente susceptible de modifier profondément la stratégie thérapeutique.
Dans toutes ces techniques, c'est l'amélioration de la qualité des appareils qui a permis de progresser dans le démembrement des différentes pathologies et il ne faut en aucun cas s'imaginer que cet essor va s'arrêter. Cela implique des

conséquences dans la diffusion des appareils. Le mythe du « petit scanner » ou *a fortiori* de la « petite IRM » dans chaque cabinet a bel et bien disparu.
De même, la véritable explosion des performances de l'échographie ostéoarticulaire s'est effectuée parallèlement à l'augmentation du prix des matériels et on observe plutôt une tendance au groupement d'utilisateurs pour se permettre d'acquérir un échographe de haut de gamme plutôt qu'à un éparpillement de petites machines peu performantes et dangereuses d'un point de vue diagnostique.
Quoi qu'il en soit, seul le dialogue entre le clinicien et l'imageur permettra à la fois de choisir l'imagerie adéquate en précisant la pathologie à rechercher. En effet dans tous les cas, plus la question du clinicien est précise, meilleure est la réponse de l'imageur, et cet adage sera encore plus vrai dans les dix ans qui viennent.

Électrothérapie antalgique en médecine et traumatologie du sport

Sommaire

La pratique sportive génère de nombreuses lésions des tissus mous du système musculosquelettique. La douleur est le symptôme commun à ces lésions. Elle doit être impérativement combattue, pour le confort du malade, la cicatrisation des lésions, la reprise de l'activité sportive. De tout temps les agents physiques ont eu dans ce domaine un rôle privilégié, par leur efficacité et leur innocuité habituelle. On envisagera ci-après les bases de leur utilisation et les modalités pratiques pour, *in fine*, essayer d'examiner ce qui est ou non démontré, à l'heure actuelle, quant à leur utilisation.

Bases

La douleur peut être combattue par les agents physiques. En pratique, cela regroupe l'utilisation du froid, du chaud, du courant électrique (courant constant, courants à l'état variable), de l'énergie électromagnétique (ondes courtes, radar, infrarouges, laser), de phénomènes mécaniques (ondes sonores : ultrasons, infrasons, ondes de choc). Les propriétés analgésiques de ces agents s'exercent essentiellement à travers une action sur le foyer nociceptogène et/ou l'activation des phénomènes du contrôle douloureux (conduction nerveuse, sécrétion de neuromédiateurs, contrôle de porte, contrôle inhibiteur diffus de la nociception) (tableau 52.I). L'efficacité de ces techniques s'établit sur des bases physiologiques de qualité croissante ; l'efficience clinique de beaucoup d'entre elles reste controversée, dans la mesure où les études contrôlées, encore peu nombreuses, peuvent être contradictoires.

Techniques

Chaleur

La chaleur peut être fournie par de nombreux procédés : paraffine, boues, rayons infrarouges, immersion totale ou partielle dans l'eau chaude… mais aussi par diathermie, c'est-à-dire par transformation en chaleur d'un agent physique : courant de haute fréquence, champ électromagnétique, vibrations, notamment. La chaleur est antalgique (réduction de la contracture musculaire, amélioration des conditions circulatoires, action directe sur les mécanismes de contrôle de la douleur : contrôle de porte, sécrétion d'endorphines). L'utilisation de sources de chaleur est contre-indiquée en cas d'anesthésie cutanée, de

Tab. 52.I. Mode d'action antalgique des principaux agents physiques.

	Foyer	Conduction nerveuse	Neuromédiateurs	Contrôle de porte	CIDN
Froid	+++	+		++	
Courant continu	++	+	+	+	
TENS	+/–		ALTENS	Conventionnel	SIB
Ondes électromagnétiques	++	+	+	+	
Ondes lumineuses	+			+	
Infrasons				+++	
Ultrasons	++	+		+	+
Ondes de choc	++			+	+

TENS : neurostimulation antalgique transcutanée. CIDN : contrôle inhibiteur diffus de la nociception. SIB : stimulation intense et brève.
ALTENS : acupuncture-*like* TENS.

troubles de la conscience, de troubles de la vascularisation locale, de syndromes hémorragiques, d'états cancéreux (car elle favorise la croissance et la dissémination tumorales). Elle ne s'utilise pas sur les gonades, chez la femme enceinte en raison du risque pour le fœtus. Les techniques diathermiques ont fait l'objet de l'essentiel des études contrôlées; elles seront présentées plus loin avec la description de chacun des agents.

Utilisation thérapeutique du froid

La réfrigération locale (cryothérapie) est administrée principalement par application de glace, vaporisation de suspensions de produits réfrigérants volatiles, de paquets contenant des substances cryopexiques. Le froid est antalgique. Il réduit la vasodilatation, l'œdème, la réaction inflammatoire, la contracture musculaire. Il diminue la conduction dans les fibres afférentes mais aussi efférentes et à ce titre combat le réflexe d'axone, qui est à l'origine de l'inflammation neurogène. Il augmente le seuil douloureux et recrute des thermorécepteurs qui activent le contrôle de porte. Tout comme la chaleur, le froid est contre-indiqué en cas de troubles de la sensibilité, de déficit de la vascularisation locale, de troubles de la conscience, d'anesthésie. Les sources de froid laissées au contact de la peau (vessies de glace, paquets froids) doivent être appliquées parfaitement sèches; il est souhaitable d'interposer un linge fin et sec entre la peau et le produit réfrigérant.

Courant constant

Le courant constant (courant galvanique, courant direct) est réputé depuis la fin du XVIIIe siècle pour ses propriétés analgésiques. Le mécanisme en reste néanmoins encore mal élucidé (inhibition anodale, vasodilatation, libération de neuropeptides, en particulier de substance P, par réflexe d'axone).
Le courant constant est, à l'heure actuelle, principalement utilisé pour la réalisation d'ionisations. Des études contrôlées ont permis d'établir les éléments qui suivent. L'ionophorèse permet le passage cutané de la substance médicamenteuse et sa concentration dans le champ électrique. L'ionisation s'est avérée supérieure à l'utilisation du seul courant constant. Elle peut se faire avec des substances très diverses : anti-inflammatoires non stéroïdiens, stéroïdiens, anesthésiques, fentanyl, capsaïcine, apomorphine. L'intensité utilisée en pratique clinique avec le courant continu ne doit pas dépasser 0,1 milliampère par cm^2 d'électrode; la taille de la cathode doit toujours être au moins égale sinon supérieure à la taille de l'anode en raison du risque de brûlure chimique par réaction caustique sous la cathode. La durée de traitement est de 30 minutes si possible; il n'est pas illégitime de mettre du produit sous les deux électrodes et d'inverser la polarité en milieu de séance. La sécurité et la tolérance en sont accrues. Aucun élément métallique ne doit se trouver dans le champ thérapeutique.

Courant à l'état variable

La neurostimulation antalgique transcutanée (TENS), née des conséquences de la découverte de la théorie du contrôle de porte, fait appel à des courants de « basse fréquence » (moins de 1 000 Hz). Il faut utiliser préférentiellement des courants faits d'impulsions électriques biphasiques à moyenne électrique nulle; non polarisés, ils mettent à l'abri des problèmes de tolérance cutanée des électrodes et des pièces électroréactives (métalliques, par exemple) dans le champ électrique. Les courants TENS agissent sur les mécanismes du contrôle douloureux (contrôle de porte, analgésie d'hyperstimulation, contrôle inhibiteur diffus de la nociception; on a démontré, en effet, qu'ils pouvaient entraîner une diminution de l'activité cellulaire de la corne dorsale, la production de neuropeptides opioïdes, de gaba, de sérotonine en particulier.
On considère, à l'heure actuelle, que la stimulation nerveuse transcutanée peut s'administrer selon 3 modes :

- le *mode conventionnel :* stimulation à intensité faible et fréquence « élevée » (100 Hz), en stimulation homotopique, sur le trajet du nerf sensitif, dont la profondeur ne doit pas excéder 3 cm. Elle réalise une activation de contrôle de porte; l'intensité de stimulation doit permettre de couvrir le territoire douloureux de paresthésies confortables. La durée de stimulation est déterminée par les conditions d'efficacité (qui peut être rapide) et de tolérance (le plus souvent bonne), permettant à certains patients de se stimuler avec profit plusieurs heures par jour;
- le *mode endorphinique* ou *acupuncture-like* (ALTENS) : stimulation à intensité élevée et fréquence basse (entre 1 et 5 Hz). L'intensité doit être suffisante pour provoquer des contractions musculaires au moins visibles; la stimulation peut être homo ou hétérotopique; ce mode de stimulation entraînerait une production d'opioïdes. Sa durée doit être d'au moins 30 minutes pour permettre la libération de neuromédiateurs;
- le *mode de stimulation intense et brève* (SIB) : il associe une intensité élevée et une fréquence élevée (supérieure à 100 Hz). La stimulation doit être désagréable tout en étant susceptible d'être tolérée; ce mode de stimulation mettrait en jeu le système du gaba. La durée de stimulation doit être d'une dizaine de minutes au moins.

Aucun élément métallique ne doit se trouver dans le champ thérapeutique si le courant utilisé est polarisé; les générateurs portables actuels délivrent habituellement des impulsions électriquement neutres.

Champs électromagnétiques pulsés de basse fréquence

Le corps humain est conducteur; l'administration de champs magnétiques fait apparaître des phénomènes électriques dont la périodicité est identique à celle de la vibration magnétique. Des champs magnétiques de basse fréquence génèrent à l'intérieur du corps humain des champs électriques de basse fréquence, par là susceptibles de provoquer des phénomènes membranaires d'origine ionique qui sont à la base des phénomènes de transmission du signal nerveux et des propriétés motrices comme sur les voies de la sensibilité et de la douleur. Ils commandent aussi d'autres activités cellulaires : potentiels de lésion et potentiels de réparation des tissus.
Les champs magnétiques pulsés de basse fréquence permettent d'administrer du courant de basse fréquence dont la tolérance est particulièrement bonne car l'impédance du corps humain est inférieure à la résistance ohmique de la

peau et qu'il n'existe pas de risque de réaction sous les électrodes. Les champs électromagnétiques pulsés, par leurs effets sur la conduction nerveuse comme sur la cicatrisation tissulaire, ont donc un intérêt analgésique et cicatrisant. La durée de traitement est d'une quinzaine de minutes.

Thérapeutiques par ondes courtes

Les ondes courtes (OC) sont des courants de très haute fréquence (28 MHz) qui ne sont plus susceptibles de produire des phénomènes de dépolarisation membranaire ; l'énergie se dissipe sous forme de chaleur par effet Joule. Les OC peuvent être administrées selon un mode capacitif ou inductif. L'effet thermique est cicatrisant pour les pertes de substances cutanées. En pratique, on recommande l'utilisation d'ondes courtes pulsées administrées sur le mode inductif, d'une plus grande simplicité et sécurité d'utilisation. La durée de traitement est d'une quinzaine de minutes. Aucun élément métallique ne doit se trouver dans le champ thérapeutique.

Thérapeutiques par micro-ondes

Il s'agit également de phénomènes électromagnétiques de haute fréquence (2 450 MHz) qui génèrent, dans les tissus hydratés, des phénomènes thermiques. Les micro-ondes sont largement utilisées pour leur effet antalgique et décontracturant dans les affections musculosquelettiques. Néanmoins, elles ont des effets délétères sur la grossesse des personnels de santé manipulant ce type d'appareils et sont toxiques pour l'œil et susceptibles de dérégler les *pacemakers* cardiaques ; aucun élément métallique ne doit se trouver dans le champ thérapeutique. La durée de traitement est d'une quinzaine de minutes.

Applications thérapeutiques des aimants

On admet que le pôle nord d'un aimant a des propriétés décontracturantes alors que le pôle sud a des propriétés antalgiques et anti-inflammatoires. Ainsi convient-il d'appliquer au contact direct de la peau le pôle sud en cas de lésion récente à caractère douloureux et inflammatoire (tendinite, entorse), et le pôle nord dans les cas où la contracture musculaire est l'élément prépondérant. Les aimants pourraient générer des modifications des équilibres intratissulaires de l'eau, voire des modifications des populations lymphocytaires ; un basculement de lymphocytes T se produirait vers la phase S, durant laquelle les variations cycliques du métabolisme de l'eau sont les plus caractéristiques.

Laser de basse intensité

Le laser de basse intensité permet l'obtention d'une énergie lumineuse monochromatique très pure. Le laser a des effets antalgiques et cicatrisants démontrés expérimentalement et par diverses études contrôlées.

Ultrasons

Il s'agit d'une vibration sonore dont la fréquence est comprise entre 0,5 et 3 MHz. Les ultrasons génèrent au sein des tissus des phénomènes d'échauffement, liés aux phénomènes de pressions transmises. Effet mécanique et effet thermique se combinent pour favoriser la détersion inflammatoire, le drainage des liquides extravasculaires, s'opposer aux phénomènes de fibrose. Leurs propriétés antalgiques naissent de l'action sur le contrôle des phénomènes douloureux produite par l'échauffement et de l'action sur le foyer inflammatoire. Ils sont antalgiques, anti-inflammatoires, cicatrisants. L'effet thermique est réduit par l'utilisation d'une forme pulsée. On utilise une tête de 1 MHz et de 5 cm^2 pour les structures profondes, une tête de 3 MHz et 1 cm^2 (énergie peu pénétrante) pour les structures superficielles. La sonation s'effectue en massage et doit être d'au moins 1 minute par cm^2 de peau abordée, sans excéder 15 minutes. Il faut donc déterminer préalablement, en fonction de la superficie de la tête, la superficie cutanée qui pourra être balayée (au maximum, 75 cm^2 avec une tête de 5 cm^2, 15 cm^2 avec une tête de 1 cm^2). La puissance surfacique délivrée est de l'ordre de 1 à 3 watts par cm^2.

Ondes de choc

Le traitement par ondes de choc extracorporelles consiste à administrer une vibration mécanique de type onde acoustique (onde sonore). Les ondes de choc sont appliquées soit en modalité haute énergie (0,30 $mJ.mm^{-2}$), il s'agit alors d'une lithotripsie extracorporelle, soit en basse énergie (0,06 $mJ.mm^{-2}$), réalisant alors une analgésie d'hyperstimulation. La fréquence d'émission du générateur d'ondes de choc est de l'ordre de quelques hertz (moins d'une dizaine) ; la durée d'application (en minutes) et le nombre de chocs délivrés (situé le plus souvent autour de 1 000 à 2 000 chocs) dépendent de la pathologie traitée.

Infrasons

Les vibrations infrasonores ont une fréquence inférieure à 1 000 Hz. Elles activent le contrôle de porte en recrutant des récepteurs cutanés de la sensibilité vibratoire (principalement à 40 et 250 Hz) et provoquent un véritable réflexe myotatique lorsqu'elles sont appliquées sur un tendon (de 100 à 200 Hz). L'effet antalgique des vibrations ne semble pas réversible sous naloxone, excluant l'intervention de la sécrétion de neuropeptides opiacés. Pourraient également intervenir les phénomènes d'analgésie d'hyperstimulation qui expliqueraient mieux (que l'intervention du contrôle de porte) le caractère généralisé de l'analgésie. En élevant le seuil douloureux, elles diminuent les douleurs. La stimulation doit se faire sur la zone douloureuse pour que l'efficacité soit maximale ; la plage de fréquence la plus largement utilisée se situe autour de 100 Hz, l'intensité doit être modérée (de l'ordre de 69 kPa), la durée d'application doit être d'environ 40 à 45 minutes.

Contre-indications

Globalement, les techniques physiques sont peu iatrogènes sous réserve de respect des contre-indications générales (voir encadré) et des contre-indications particulières, évoquées au fil des paragraphes de cet écrit.

Contre-indications des agents physiques

Contre-indications générales

Les contre-indications sont classiques mais doivent toujours être présentes à l'esprit du prescripteur. Ainsi y a-t-il contre-indication :
- chez celui qui ne perçoit pas du fait de troubles de la sensibilité, notamment;
- chez celui qui ne comprend pas et ne pourra être à même de saisir ce que l'on va lui faire, ce qu'il devra percevoir de normal ou d'anormal; c'est le cas des patients comateux, des débiles et autres déficients intellectuels;
- chez celui qui ne s'exprime pas, enfant, aphasique ou autre déficient et qui ne pourra manifester une sensation anormale;
- chez celui qui n'a pas une réponse motrice adaptée, nécessaire pour pouvoir prévenir, quitter le circuit thérapeutique à tout moment, malade neurologique, psychiatrique ou autre.

Limitations particulières

Le courant électrique est interdit en cas de troubles de la sensibilité, chez le cardiaque, le comitial, la femme enceinte; le courant polarisé ne doit pas être utilisé sur des pièces métalliques (stérilet, prothèses, matériels d'ostéosynthèse, pompes diverses...).
Les ondes courtes et les micro-ondes ne doivent pas être appliquées sur des pièces métalliques; les micro-ondes ne doivent pas être utilisées chez les porteurs de *pacemaker*, de lentilles de contact, en cas de grossesse.
Les ultrasons sont contre-indiqués en cas de traitement anticoagulant efficace (AVK), sur les épiphyses fertiles, sur les éléments métalliques, le tissu nerveux, les gonades.
L'utilisation d'agents thermiques implique de vérifier que le régime circulatoire de la zone à traiter offre des capacités suffisantes pour assurer l'homéostasie thermique locale.

Pratiques

Ci-après sont présentées les modalités d'utilisation les plus largement acceptées et mises en œuvre en pratique clinique, pour les situations les plus habituellement rencontrées en médecine du sport. Cette utilisation est le fruit synthétique de la connaissance des bases biocliniques de l'action des agents physiques, de l'expérience clinique et de la médecine fondée sur la preuve, ce dernier élément étant traité dans la troisième partie de ce chapitre.

Tendinopathies

Elles constituent la pathologie la plus fréquente et la plus « irritante » pour le médecin comme pour le sportif en raison de son caractère rebelle. En commun, elles posent le problème d'une action analgésique, mais également anti-inflammatoire et cicatrisante. Les apports thermiques, sur des structures dont la vascularisation est très particulière, sont nécessaires pour augmenter la souplesse des structures collagéniques à un stade tardif, lorsque les phénomènes inflammatoires sont calmés et qu'il existe un élément d'épaississement et/ou de rétraction. Le froid reste l'anti-inflammatoire de choix pour les périodes aiguës des lésions récentes. Les ultrasons sont très utilisés pour leurs effets mécaniques, indissociables des effets thermiques. Le recours aux ondes de choc de basse énergie se développe ces dernières années. Les ionisations restent très utiles mais leur utilisation est dans bien des cas limitée pour des raisons anatomiques qui rendent le positionnement des électrodes difficile. Pour certains les aimants ne sont pas inutiles, ils paraissent en tous cas peu susceptibles de iatrogénie. Les séances doivent être sinon quotidiennes au moins tri-hebdomadaires. Une dizaine de séances (2 à 3 semaines de traitement) sont habituellement suffisantes pour un effet clinique. Il ne sert à rien de poursuivre l'électrophysiothérapie si ses résultats ne sont pas probants.

Pathologie périarticulaire de l'épaule

Les tendinites ou tendinobursites calcifiantes relèvent, en phase chaude, algique, de l'utilisation du froid, des ionisations d'AINS, de la TENS; en phase froide, on pourra recourir à l'action lithotriptique des ondes de choc de haute énergie.

Les tendinopathies ou tendinobursopathies non calcifiantes relèvent de l'utilisation de la glace, des ionisations, de la TENS, des champs magnétiques pulsés de basse fréquence, voire des ondes courtes pulsées en mode inductif, des ultrasons.

Les lésions chroniques de la coiffe des rotateurs peuvent le cas échéant bénéficier de l'action cicatrisante des champs magnétiques pulsés de basse fréquence, de l'action antalgique de la TENS. L'électrostimulation motrice, utile en cas d'appendement pour recentrer la tête humérale, est ici utilisée pour entretenir ou améliorer la trophicité musculaire sans risquer de créer un phénomène d'incarcération douloureuse.

La capsulite rétractile peut tirer bénéfice des ionisations pour leur effet vasodilatateur et anti-inflammatoire, des champs magnétiques pulsés de basse fréquence pour leur action cicatrisante, des ondes courtes pulsées et des ultrasons, ces derniers étant destinés à accroître l'extensibilité du collagène par leur action thermique.

Épicondylalgies

Ici glace et ionisations (difficiles en raison des poils et des reliefs anatomiques) sont les meilleurs anti-inflammatoires. La TENS, les ondes de choc de basse énergie, les champs magnétiques pulsés de basse fréquence apportent le bénéfice de leur action antalgique et cicatrisante. L'action décontracturante procurée par l'apport d'énergie thermique peut être obtenue par l'application des ultrasons (qu'il faut éviter d'appliquer sur l'enthèse) ou des ondes courtes pulsées.

Tendinobursopathies du moyen fessier

On peut ici utiliser l'action anti-inflammatoire du froid et des ionisations, antalgique de la TENS, antalgique et décontracturante des ondes courtes pulsées.

Tendinite de la patte d'oie

On peut ici aussi utiliser l'action anti-inflammatoire des ionisations et du froid, l'action antalgique de la TENS, l'action antalgique et drainante des ultrasons.

Tendinite achilléenne

Là encore on peut utiliser l'action anti-inflammatoire des ionisations et du froid, l'action antalgique de la TENS, l'action antalgique et cicatrisante des ondes courtes pulsées et des ultrasons – qui de plus est remodelante (nodules).

Aponévrosite (ou fasciite) plantaire

Les ultrasons avec phonophorèse d'un gel d'AINS sont le traitement classique; les ondes de choc de basse énergie trouvent ici une bonne indication.

Entorses et lésions musculaires

Entorses

Les entorses récentes tirent bénéfice de l'action anti-inflammatoire du froid et des ionisations ainsi que du drainage généré par les ultrasons. À distance ou dans les formes chroniques, l'électrostimulation peut participer à l'action de renforcement musculaire des rééducations proprioceptives. Les aimants offrent pour certains une ressource à utiliser.

Lésions musculaires

Il s'agit de calmer la douleur, de favoriser la résorption du sang, de s'opposer aux effets phlobogènes de ce dernier. On doit éviter les techniques susceptibles de fragiliser les vaisseaux par des pressions significatives (ultrasons) ou par des phénomènes de vasodilatation (courant galvanique, techniques thermiques). La glace, les champs magnétiques pulsés de basse fréquence sont ici utiles.

Syndrome algodystrophique

En phase chaude, les problèmes sont la douleur et l'œdème. Les ionisations, les ultrasons sont antalgiques et ont une action de drainage (le courant galvanique sous l'anode par électro-osmose). La TENS est purement analgésique.
En phase froide, le problème est la raideur, en général peu ou pas douloureuse. Les ultrasons sont utiles pour assouplir le collagène et récupérer la raideur. L'effet thermique des ondes courtes va dans le même sens. Quant à la cathode (en courant continu), elle a, par électro-osmose, un effet assouplissant qui peut s'avérer utile et s'associer à l'action trophique de la vasodilatation.

Syndrome du canal carpien

Le plus prévalent des syndromes canalaires des membres peut tirer bénéfice des ionisations d'anti-inflammatoires effectuées en transversal sur le canal carpien. Les ultrasons sont efficaces en respectant les paramètres de stimulation de l'étude contrôlée qui a établi leur efficacité : tête de 1 MHz et de 5 cm^2 (ERA), séances de 15 minutes, puissance de 1 W/cm^2, pulsation de 1/4. Dix séances sont nécessaires au cours des 2 premières semaines (5 par semaine) puis 10 séances au cours des 5 semaines suivantes (2 par semaine). La TENS, facile à utiliser sur un nerf aussi peu profond et aisément stimulable en amont de la zone agressée, n'a quant à elle qu'un effet antalgique.

Syndromes rachidiens

Les *lombalgies* peuvent tirer bénéfice de l'utilisation de techniques antalgiques : TENS, moyenne fréquence interférentielle, ondes courtes pulsées (à éviter en cas de stérilet), champs magnétiques pulsés de basse fréquence, infrarouges (pour préparer le massage), ultrasons (en particulier sur les articulaires postérieures et les enthésopathies de l'épine iliaque postéro-supérieure). L'action décontracturante est également importante, elle est surtout apportée par la thermothérapie profonde des ondes courtes et des micro-ondes. Une électrostimulation motrice bilatérale est utile chez les patients qui ont du mal à démarrer les exercices de renforcement musculaire des érecteurs du rachis. Elle est particulièrement utile après chirurgie lombaire.
Les *dorsalgies* sont améliorées par les mêmes techniques antalgiques. Ici la contracture ne joue pas de rôle majeur. En revanche, l'insuffisance musculaire est au premier plan et met en exergue l'intérêt de l'électrostimulation motrice.
En ce qui concerne les *cervicalgies,* le problème est ici les limitations imposées par l'anatomie : présence des cheveux pour mettre en place des électrodes, proximité de l'œil (micro-ondes, ultrasons, laser), présence du sinus carotidien (TENS), proximité du cerveau (champs électromagnétiques pulsés de basse fréquence).

Preuves

Cet aspect a été abordé dans un ouvrage récent [1]. Les remarques présentées ci-après concernent essentiellement les travaux parus depuis. Elles ont fait l'objet d'un travail particulier [2], auquel le lecteur pourra se reporter pour les références des analyses présentées ci-dessous.

Utilisation thérapeutique du froid

Diverses études randomisées ont été publiées ces dernières années. Leurs résultats sont discordants dans les suites de prothèse totale de hanche ou du genou, ou après chirurgie du ligament croisé. On a pu cependant prouver son intérêt dans les suites de chirurgie arthroscopique mineure du genou, après chirurgie de l'épaule, du canal carpien voire de la colonne lombaire, pour les entorses, pour la raideur articulaire.

Courant constant – Ionisations

La démonstration de l'efficacité a été faite dans les pathologies articulaires, avec des anti-inflammatoires non stéroïdiens comme avec des anti-inflammatoires stéroïdiens. Cette efficacité a été démontrée par des études contrôlées dans l'aponévrosite plantaire, le genou rhumatoïde et autres localisations de la maladie rhumatoïde, la pathologie de l'articulation temporo-mandibulaire. L'efficacité de l'ionophorèse a aussi été démontrée par des études contrôlées, dans l'algodystrophie sympathique réflexe, le syndrome du canal carpien, mais pas dans les calcifications de la coiffe des rotateurs.

Courants à l'état variable

TENS

Elle a montré son efficacité dans de nombreuses situations : pathologies péri-articulaires de l'épaule chez l'hémiplégique – en particulier s'il existe un appendement –, après distension arthrographique, épicondylalgie, syndrome des points gâchettes myofasciaux, syndrome du canal carpien, gonarthroses. Mais son intérêt global dans la pathologie péri-articulaire de l'épaule est contesté. Dans la lombalgie, les résultats sont discordants mais plutôt non démonstratifs d'efficacité. La stimulation TENS semble voir son efficacité accrue par l'association d'une stimulation sensitive et d'une stimulation motrice, par l'association de la stimulation électrique à une stimulation infrasonore, par l'utilisation de courants produits par phénomène de piézo-électricité, par des stimulations percutanées utilisant des aiguilles d'acupuncture. L'organisation du placement des électrodes, la topographie de la stimulation jouent également un rôle insuffisamment précisé.

Courants interférentiels

Les courants de basse fréquence peuvent être obtenus par phénomènes d'interférences à partir de courants de moyenne fréquence (entre 1 000 et 10 000 Hz). La tolérance cutanée du courant de moyenne fréquence est supérieure à celle du courant de basse fréquence ; deux études récentes tendraient néanmoins à démontrer que les courants interférentiels ne posséderaient pas les mêmes effets physiologiques que les courants de basse fréquence proprement dits. Une autre étude montrerait une efficacité comparable à la TENS dans la prise en charge des points gâchettes myofasciaux. Les courants interférentiels provoqueraient une vasodilatation effective, ils seraient également efficaces dans l'électrostimulation du quadriceps.

Champs électromagnétiques pulsés de basse fréquence

Les champs électromagnétiques pulsés, par leurs effets sur la conduction nerveuse comme sur la cicatrisation tissulaire, ont donc un intérêt analgésique. On connaît depuis longtemps leur effet cicatrisant squelettique, dans le domaine des pseudarthroses, de l'ostéonécrose de hanche, de la réalisation d'arthrodèse apophysaire postérieure. Enfin, ils ont démontré leur efficacité antalgique dans diverses affections musculosquelettiques : arthrose du genou, du cou, périarthrite de l'épaule, radiculopathie lombaire, coup de fouet cervical.

Thérapeutiques par ondes courtes

Les études en pathologie musculosquelettique sont peu nombreuses. Les études non contrôlées seraient en faveur de l'efficacité des ondes courtes dans les entorses de la cheville ; les études contrôlées apportent des résultats contradictoires, mais elles démontrent un effet favorable dans les pathologies douloureuses musculosquelettiques. D'autres types d'ondes électromagnétiques peuvent être utilisées, avec des fréquences généralement supérieures aux ondes courtes mais inférieures aux micro-ondes. Elles ont une efficacité démontrée dans les tendinopathies de sur-utilisation, les traumatismes musculaires, les contractures musculaires d'apparition retardée, l'arthrose apophysaire postérieure cervicale.

Thérapeutiques par micro-ondes

Il n'y a pas d'étude contrôlée démontrant l'intérêt du radar dans les pathologies musculosquelettiques ; des études récentes montrent son effet cicatrisant dans les plaies postopératoires septiques et dans les lymphœdèmes chroniques des membres inférieurs. Il faut tenir compte des effets délétères sur la grossesse des personnels de santé manipulant ce type d'appareils ainsi que des risques oculaires.

Applications thérapeutiques des aimants (champs magnétiques statiques)

La plupart des études publiées sont des études cliniques ouvertes ou des présentations théoriques de la méthode. Quelques études contrôlées utilisant des aimants ont été publiées à ce jour. Les aimants ont une efficacité thérapeutique au niveau des *trigger points* dans le cadre de douleurs liées à l'existence de syndrome myofasciaux observés chez des sujets porteurs de syndrome post-polio, chez lesquels l'application d'aimants sur les points douloureux entraînait une amélioration de leurs douleurs. On a aussi montré l'intérêt de l'utilisation des aimants dans le traitement de douleurs chroniques du genou. En revanche, ils n'améliorent pas les douleurs de la fibromyalgie ; ils ne sont pas susceptibles d'agir sur la force musculaire des poignets.

Rayonnement infrarouge

Il n'y a pas d'étude contrôlée de leur utilisation. En revanche, la plupart du temps les *soft lasers* utilisés émettent dans la fréquence de l'infrarouge.

Laser de basse intensité

Des études portant sur l'épicondylite, l'aponévrosite plantaire, les lombalgies, les entorses ne se sont pas avérées démonstratives. L'effet bénéfique a été démontré dans la pathologie de l'articulation temporo-mandibulaire. Une méta-analyse concluait à une certaine efficacité dans l'amélioration à court terme des douleurs et de la raideur matinale chez les polyarthritiques ; en revanche, l'impact sur les douleurs de nature arthrosique n'était pas positif. Des méta-analyses plus récentes confirment ces données et s'interrogent, chez le polyarthritique, sur le rôle des conditions de stimulation (longueur d'onde, positionnement, durée). L'utilisation du *soft laser*, étayée par peu de travaux cliniques de qualité, reste obérée par les risques oculaires potentiels.

Ultrasons

Les ultrasons sont très largement utilisés en clinique humaine, dans la pathologie rachidienne, la pathologie périarticulaire, les syndromes du canal carpien. Les études contrôlées ont des résultats contradictoires. Des études démonstratives ont été publiées dans les domaines de la pathologie tendineuse, des calcifications scapulaires, du syndrome du canal carpien, des douleurs talonnières, de la consolidation des fractures. Des études contrôlées non démonstratives concernent la pathologie tendineuse, les calcifications scapulaires, le syndrome du canal carpien, le syndrome myofascial, l'entorse de la cheville, les contractures musculaires, la raideur post-traumatique, la consolidation des fractures. Les ultrasons (administrés à faible dose : 30 $mW.cm^{-2}$) sont efficaces pour favoriser la consolidation des fractures.

Ondes de choc

La technique haute énergie donne des résultats intéressants dans les tendinopathies calcifiantes de l'épaule. Les techniques de basse énergie ont donné des résultats probants, mais avec des discordances dans les études, dans le tennis elbot, l'aponévrosite plantaire, les douleurs talonnières; elles se sont avérées inefficaces dans les tendinites du sus-épineux, l'épicondylite et les épitrochléites.

Infrasons

L'action antalgique, caractérisée par une élévation du seuil douloureux, est particulièrement appréciable dans les douleurs neuropathiques, d'origine névromateuse ou névralgiques, et musculosquelettiques. Quelques études contrôlées, réalisées il y a quelques années, ont montré leur intérêt en clinique ; on ne retrouve pas de travail récent confirmant l'utilisation antalgique de manière probante. Les vibrations infrasonores sont utiles dans le traitement de troubles de la sensibilité, le réveil musculaire. Cet agent, qui possède des bases physiologiques intéressantes, mériterait d'être plus largement utilisé et de faire l'objet de plus nombreuses investigations.

Conclusion

Sur la base des données biocliniques de l'utilisation des agents physiques, ces derniers peuvent constituer une option thérapeutique intéressante dans la prise en charge des sportifs blessés. Cette utilisation doit être confortée, à l'avenir, par des essais cliniques probants et de bonne méthodologie.

Bibliographie

[1] Roques CF. *Pratique de l'électrothérapie*. 1 vol. Paris : Springer Verlag, 1997 : 302 p.

[2] Roques CF. Agents physiques antalgiques, données cliniques actuelles. *Ann Readapt Med Phys* 2003; 46 : 565-77.

53

Traumatologie faciale du sportif

Sommaire

À première vue, la traumatologie faciale sportive n'est pas très différente de la traumatologie faciale générale. Mais à y regarder de plus près, force est de constater que chaque discipline expose la face du sportif d'une façon particulière. Le joueur de rugby, par exemple, est plus sujet à la fracture de l'arcade zygomatique que le judoka, lui-même plus sujet à l'othématome. C'est à partir de cette connaissance que des progrès sont actuellement réalisés dans le domaine de la prévention.

Rappel anatomique

Anatomie topographique

L'extrémité céphalique se divise en une région crânienne et une région faciale. La première comprend le front et les régions pariétales, temporales et occipitale, recouvertes par le cuir chevelu. La face réunit des régions médianes et latérales, formées de très nombreux éléments.

Régions médianes

Ce sont :

- la région orbitaire : paupières, globe oculaire, muscles oculomoteurs et éléments vasculonerveux ;
- la région nasale : pyramide nasale, limitée latéralement par les sillons nasogéniens ;
- les régions labiales : lèvres supérieure et inférieure, limitées latéralement par les commissures et constituées d'une zone muqueuse (humide et sèche) et d'une zone cutanée ;
- la région mentonnière (rameau mentonnier du nerf mandibulaire).

Régions latérales

Ce sont :

- la région malaire et l'arcade zygomatique (nerf sous-orbitaire) ;
- la région génienne ou jugale : canal de Sténon (canal excréteur de la glande parotide) ;
- la région parotido-massétérine et la glande parotide (caractérisée par le risque de lésion du nerf facial).

La région cervicale est comprise entre le bord inférieur de la mandibule en haut, et les reliefs claviculaires et le manubrium sternal en bas. Elle se divise en trois parties (fig. 53.1) :

- *une région postérieure* (limitée en avant par le bord antérieur du muscle trapèze), constituée par les masses musculaires importantes de la nuque. Elles permettent l'extension permanente du rachis cervical ;
- *deux régions latérales* (comprises entre les bords antérieurs des muscles trapèze et sterno-cléido-mastoïdien) :
  - le triangle sus-claviculaire, à sommet supérieur, en arrière ;
  - la région sterno-cléido-mastoïdienne, en avant, qui contient la gouttière jugulo-carotidienne ;
- *des régions antérieures :*
  - la région sus-hyoïdienne, limitée latéralement par les deux ventres antérieurs des muscles sous-digastriques ;
  - la région sous-mandibulaire, située latéralement par rapport à la région précédente. Elle comprend la glande sous-mandibulaire, l'artère faciale et le rameau mentonnier du nerf facial ;
  - la région sous-hyoïdienne : filière laryngo-trachéale, muscles sous-hyoïdiens et glande thyroïde ;
  - la loge parotidienne, en arrière de la branche montante mandibulaire.

Massif facial osseux

En traumatologie, il est classique de diviser le massif facial osseux en trois étages :

- l'étage inférieur est représenté par la mandibule ;
- l'étage moyen est compris entre l'arcade maxillaire et la racine du nez. Il se divise, par une ligne verticale passant

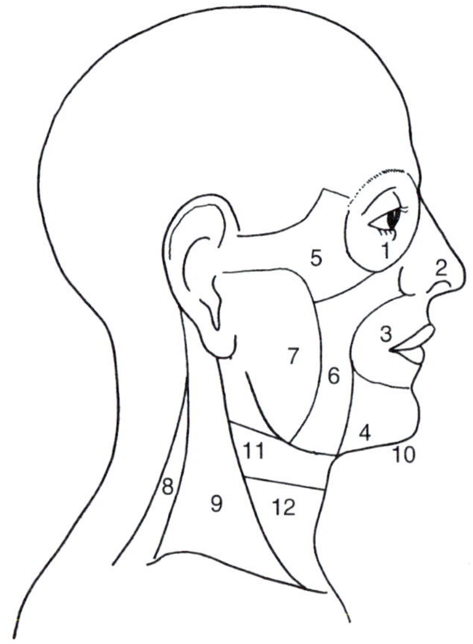

Fig. 53.1. Anatomie topographique cervico-faciale.
1 : région orbitaire.
2 : région nasale.
3 : régions labiales.
4 : région mentonnière.
5 : région malaire et arcade zygomatique.
6 : région génienne ou jugale.
7 : région parotido-massétérine.
8 : triangle sus-claviculaire.
9 : région sterno-cléido-mastoïdienne.
10 : région sus-hyoïdienne.
11 : région sous-mandibulaire.
12 : région sous-hyoïdienne.
13 : loge parotidienne.

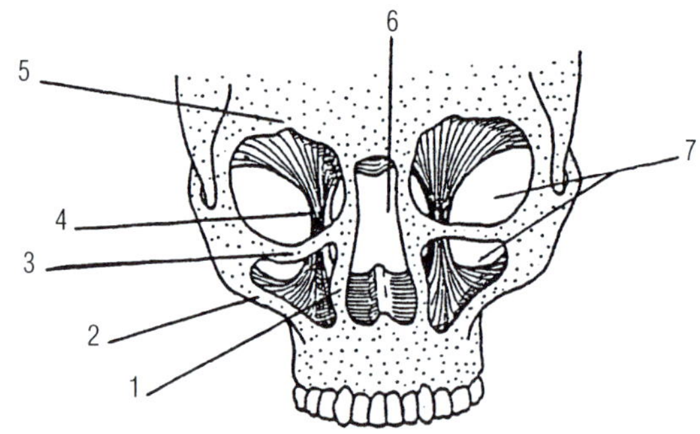

Fig. 53.2. Architecture faciale.
Piliers verticaux (os compact) : 1. Pilier antérieur (canin). 2. Pilier latéral (maxillomalaire). 3. Pilier postérieur (ptérygoïdien). Entretoises (os compact) : 4. Infra-orbitaire. 5. Supra-orbitaire. Système des caissons : 6. Caisson central (fosses nasales et ethmoïde). 7. Caissons latéraux (orbite et sinus maxillaire).

en dedans des pupilles, en un tiers médian et en deux tiers latéraux. Cet étage est constitué de 13 os (dont 12 pairs et symétriques) : maxillaire, malaire (ou os zygomatique), palatin, lacrymal (ou unguis), nasal (ou os propre du nez), cornet inférieur et vomer (impair) ;
- l'étage supérieur ou craniofacial est solidarisé à l'étage antérieur de la base du crâne par 3 os : frontal, ethmoïde et sphénoïde.

Biomécanique craniofaciale

La très grande majorité des traumatismes s'exercent par l'intermédiaire des pare-chocs de la face, qui siègent au niveau de 6 régions saillantes : mentonnière, prémaxillaire, zygomatico-malaire, nasale et frontale.
La résistance des différentes zones de la face est très variable et fait appel au système des caissons. Ceux-ci permettent d'obtenir une extrême rigidité pour une légèreté maximale. Les caissons (fosses nasales, sinus maxillaires et cavités orbitaires) délimitent des lignes de renfort (fig. 53.2) :

- 3 piliers verticaux : pilier antérieur (canin), pilier latéral (maxillo-zygomatique) et pilier postérieur (ptérygoïdien) ;
- 2 entretoises transversales : infra et supra-orbitaire ;
- des « jambes de force » antéropostérieures : arcades zygomatiques, renforts fronto-ethmoïdaux et sphéno-orbitaires.

Examen du traumatisé de la face

Urgence

Si la plupart des traumatismes de la face sont bénins, ils peuvent quelquefois engager le pronostic vital. Le praticien diagnostique et traite avant tout trois types d'urgence.

Détresse respiratoire

L'obstruction des voies aériennes respiratoires peut être provoquée par des caillots sanguins, des dents luxées, une prothèse dentaire ou une chute de la langue en arrière. Le premier geste consiste à retirer au doigt tout ce qui peut être à l'origine de cette obstruction, suivi de la subluxation antérieure de la mandibule ou de la protraction linguale et de la mise en position latérale de sécurité. Dans certains cas, une intubation trachéale ou une trachéotomie seront nécessaires.

Hémorragie

Elle doit être rapidement traitée. Les plaies du cuir chevelu peuvent être à l'origine de déglobulisations importantes. À défaut de suture, le premier geste est un pansement compressif. Les épistaxis importantes seront traitées par tamponnement antérieur voire postérieur. Les plaies des gros vaisseaux du cou justifient l'intubation en urgence en raison de leur potentiel compressif sur les voies aériennes supérieures, associée à un pansement et un transfert en extrême urgence en centre chirurgical spécialisé.

Lésions associées

Elles sont recherchées de principe parce qu'un traumatisé de la face est jusqu'à preuve du contraire un traumatisé général. L'examen recherche une urgence viscérale (palpation abdominale), une urgence orthopédique (traumatisme du rachis imposant au moindre doute la mise en place d'un collier cervical), une urgence ophtalmologique (plaie du globe oculaire), un examen neurologique (hématome extradural).

Anamnèse

L'interrogatoire auprès du blessé ou, en cas de perte de connaissance, de l'entraîneur ou des soigneurs, précise les circonstances, l'heure de l'accident et son mécanisme.

Examen clinique

Il vise à déterminer minutieusement le siège, la nature et la gravité potentielle des lésions du squelette et des parties molles. Il est effectué le plus rapidement possible avant que l'œdème et les ecchymoses ne masquent les reliefs.

Examen exobuccal

Inspection

Elle se fait méthodiquement, région par région, de face, de profil, en vision axiale supérieure, en contre-plongée et de manière comparative.
Elle recherche :

- des plaies, dont sont précisées les dimensions, la situation, le caractère contus ou franc, superficiel ou profond et les rapports avec les structures nobles : canal de Sténon, nerf facial, globe oculaire. Certaines peuvent être accompagnées d'une perte de substance. Ces renseignements sont consignés dans le certificat médical initial ;
- des ecchymoses, dont le siège peut orienter vers un type de fracture ;
- des déformations caractéristiques : enfoncement de la pommette accompagnant une fracture déplacée du malaire, par exemple ;
- des écoulements anormaux : épistaxis, otorragie, rhinorrhée ou otorrhée cérébrospinale ;
- une atteinte de la motricité oculaire, testée dans toutes les directions de l'espace ;
- un trouble de la mimique faciale (nerf facial).

Palpation

Les reliefs osseux sont palpés avec douceur à la recherche de zones électivement douloureuses, de ressauts et de modifications des contours. Elle s'effectue au niveau de la pommette, des arcades zygomatiques, des cadres orbitaires, de la pyramide nasale, de la mandibule.

La sensibilité est testée dans les différents territoires du V (sus-orbitaire, sous-orbitaire, labio-mentonnier), au toucher ou à l'aiguille, à la compresse pour la cornée.

Examen endobuccal

Inspection

Elle recherche une atteinte :

- de la cinétique mandibulaire : étude du chemin d'ouverture et de fermeture buccale, mesure de l'amplitude d'ouverture ;
- de l'articulé dentaire : déviation du point interincisif, contact molaire prématuré, béance, inversion de l'articulé, etc. La cause peut provenir d'une fracture simple du maxillaire ou de la mandibule, ou de fractures complexes impliquant ces deux structures ;
- dentaire : les dents lésées sont dénombrées et numérotées selon la nomenclature en vigueur. Le type de traumatisme est précisé : contusion, sub-luxation, luxation, fractures. En ce qui concerne ces dernières, le siège de la fracture est précisé : coronaire (couronne de la dent), radiculaire, exposant ou non la chambre pulpaire ;
- des gencives, des vestibules buccaux : ecchymose, plaie ;
- de la motricité de la langue et du voile du palais.

Palpation

Elle recherche :

- une mobilité dentaire, étudiée secteur par secteur ;
- une mobilité en bloc de l'arcade mandibulaire entre deux dents, qui signe une fracture mandibulaire ;
- une mobilité du maxillaire, qui signe une fracture de Lefort ;
- la sensibilité de la langue, qui est testée au toucher ou à l'aiguille.

Ce bilan clinique initial, si souvent négligé, commence sur le terrain. Le médecin du sport, ou en son absence l'entraîneur ou le secouriste, l'entreprennent au mieux de façon à préciser l'urgence d'une consultation ou d'un transfert dans un centre de stomatologie et de chirurgie maxillofaciale et que le blessé soit bien conditionné pour ce transport.

Imagerie

Radiographies standard

Les incidences demandées sont orientées par la clinique. Les clichés de crâne de face et de profil sont rarement utiles :

- pour le nez : le cliché de profil des os propres du nez et l'incidence racine-base (Gosserez) ;
- pour l'orbite : Blondeau et incidence du cadre orbitaire ;
- pour la mandibule : face basse bouche ouverte et radio panoramique dentaire (à défaut maxillaire défilé) ;
- pour l'arcade zygomatique : incidence du plus grand contour (Hirtz hyperaxial en l'absence de traumatisme cervical) et Blondeau.

Examens complémentaires

Le spécialiste demande parfois des examens complémentaires afin de préciser les indications thérapeutiques :

– scanner en coupes axiales avec reconstructions coronales (frontales) voire 3D ;
– l'indication de l'imagerie par résonance magnétique reste exceptionnelle.

Bilan des lésions et orientations thérapeutiques

Lésions des parties molles

Contusion

Il s'agit de l'ensemble des lésions produites par un choc brutal sur les téguments, entraînant une attrition des tissus sans qu'il y ait de plaie.
Le *traitement* est symptomatique : glace ou pommade anti-inflammatoire.

Excoriation

Il s'agit de l'abrasion des couches cellulaires superficielles de la peau ou d'une muqueuse. Elles peuvent être provoquées par une friction sur un tapis de lutte ou une chute sur une piste de course, par exemple.

Traitement

Le traitement repose sur les éléments suivants : désinfection, laisser à l'air, application de vaseline ou brumisation 8 fois par jour, vérification de la vaccination antitétanique, absence d'exposition solaire pendant 6 mois. En cas d'incrustation de corps étrangers, un brossage stérile est pratiqué, sous anesthésie générale dans certains cas.

Risques

Il s'agit du tatouage par des incrustations non éliminées, de la dyschromie.

Hématome

Il s'agit d'une collection de sang créant un espace de décollement. Les localisations les plus fréquentes sont l'arcade sourcilière, le front, la pommette.

Traitement

Lorsque l'hématome est de petite taille et diagnostiqué peu de temps après le traumatisme, un pansement compressif, une antibiothérapie et une surveillance suffisent. Quand il est de taille plus importante ou diagnostiqué à un stade enkysté, l'hématome est incisé et drainé.

Risque

Ce sont des irrégularités fibreuses palpables.

Othématome

L'othématome est un épanchement sérohématique situé entre le périchondre et le cartilage du pavillon de l'oreille, consécutif à un choc. Il est fréquent chez les boxeurs et les rugbymen.

Traitement

Le traitement repose sur l'incision et le drainage de l'hématome, la mise en place d'un pansement moulant avec mèche grasse, légèrement compressif.

Risque

Abandonné à lui-même, il peut aboutir à une chondrite ou à la classique oreille en « chou-fleur ».

Hématome orbitaire

Il est souvent provoqué par un projectile (plomb, fléchette), dont l'orifice d'entrée se situe au niveau de la paupière supérieure sans lésion du globe oculaire. L'hématome provoque une compression du nerf optique dans une cavité inextensible. En l'absence de traitement, le tableau évolue en quelques heures vers l'amaurose avec mydriase, perte du réflexe photomoteur direct et conservation du réflexe consensuel. Le patient doit bénéficier d'une prise en charge dans un centre pouvant réaliser un scanner orbitaire et une décompression du nerf optique en extrême urgence.

Traitement

En fonction de sa localisation, l'hématome est abordé par voie palpébrale supérieure, ou inférieure. La décompression du nerf optique proprement dite se fait par voie canthale interne.

Risque

Il est représenté par la cécité définitive.

Hématome de cloison

Il est décrit avec la fracture des os propres du nez.

Plaies

Ce sont les plus fréquentes blessures de la face en pratique sportive. La vaccination antitétanique doit être systématiquement vérifiée.

Plaies simples

Ce sont toutes les plaies ne risquant pas de léser une structure noble (nerf facial, canal de Sténon, voies lacrymales…) et sans perte de substance. La plupart des plaies de l'arcade sourcilière, du cuir chevelu ou du menton en font partie.

Traitement Non souillées, elles sont suturées dans les premières heures.
Bien que cette pratique ne soit pas à recommander, un bandage stérile voire une suture par agrafes peuvent permettre au sportif en compétition de continuer.
La suture est réalisée par points séparés à l'aide d'un fil à peau fin sans tension :

– ablation des fils vers J5 ;
– absence d'exposition solaire de la cicatrice (écran total) pendant 6 mois.

Risque Il peut exister un préjudice esthétique.

Plaies nécessitant un avis spécialisé

Ce sont les plaies qui, par leur topographie ou leur caractère, peuvent être à l'origine de séquelles importantes. Elles nécessitent des compétences plus pointues.

Selon leur topographie Il s'agit :

- des plaies palpébrales : elles nécessitent le contrôle de l'intégrité du globe oculaire (absence de plaie cornéenne, d'hypotonie, acuité visuelle conservée...) et des voies lacrymales;
- des plaies jugales avec paralysie faciale : si la plaie concerne le tronc ou les premières branches de division, une suture microchirurgicale est réalisée. Dans le cas contraire, une suture réalisant la meilleure coaptation possible constitue le traitement;
- des plaies sur le trajet du canal de Sténon (ligne tragus-commissure) : le canal est cathétérisé et une suture microchirurgicale est réalisée;
- des plaies de la langue transfixiantes ou avec saignement actif persistant : ce sont en principe les seules qui nécessitent une suture (fil résorbable);
- des plaies labiales transfixiantes : elles nécessitent une suture en trois plans (muqueux, musculaire et cutané) avec respect de la ligne cutanéomuqueuse;
- des plaies narinaires : elles nécessitent une suture soigneuse en plusieurs plans avec parfois le maintien prolongé d'un conformateur afin de prévenir le risque de sténose;
- des plaies cervicales profondes (voir *supra*) : elles nécessitent une cervicotomie exploratrice.

Selon leur caractère Il s'agit :

- des plaies exposant les cartilages (nez, oreille) : elles font courir le risque de chondrite, puis de nécrose. Les cartilages sont protégés par suture cutanée ou plastie locale associée à une couverture antibiotique;
- des plaies avec perte de substance : au stade initial, ce type de plaies faciales ne doivent pas être refermées par des sutures sous tension (risque de cicatrices très disgracieuses), ni à l'aide de lambeaux locorégionaux (compromettant les possibilités de réparation ultérieure). Après désinfection, le traitement consiste en une cicatrisation dirigée sous pansement gras. Un avis spécialisé est sollicité. Selon les caractéristiques locorégionales, différents types de réparation (greffes de peau, lambeaux...) sont alors discutés. Les pertes de substance palpébrales font solliciter un avis spécialisé urgent afin d'assurer la couverture oculaire.

Fractures

Fractures mandibulaires

Il s'agit des fractures de la mandibule, qui peuvent se diviser en deux groupes très différents.

Fractures du corps mandibulaire

Elles correspondent aux fractures de la symphyse, de la branche horizontale, de l'angle et de la branche montante.

Clinique Les signes suivants peuvent être observés :

- tuméfaction, mobilité périfragmentaire, diastèmes interdentaires, plaies gingivales (fig. 53.3);
- trouble de l'articulé dentaire (contacts prématurés et béances);
- hypo ou anesthésie labio-mentonnière (nerf dentaire inférieur);
- troubles asphyxiques, rares mais classiquement décrits dans la fracture parasymphysaire bilatérale;
- luxations et fractures dentaires fréquemment associées.

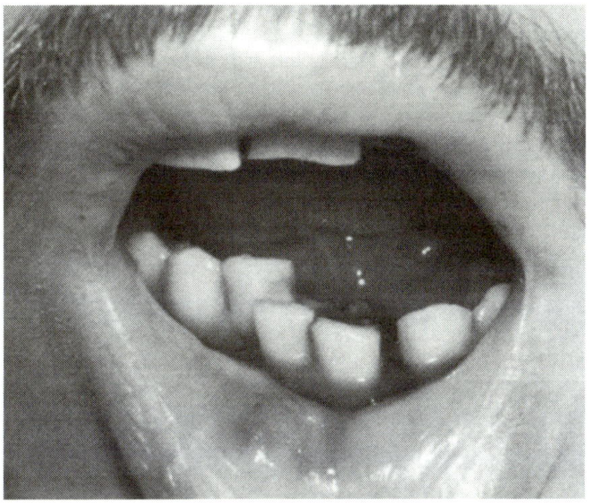

Fig. 53.3. Fracture de la mandibule. La gingivorragie, la plaie du vestibule, et surtout le décalage au sein de l'arcade dentaire inférieure signent la fracture.

Traitement L'objectif du traitement est la restauration de l'articulé dentaire : réduction-contention par blocage intermaxillaire (5-6 semaines), ou ostéosynthèse par mini-plaques, ou fils d'acier.

Fractures du condyle mandibulaire

On distingue les fractures extra-articulaires (sous-condyliennes basses) et intra-articulaires (sous-condyliennes hautes et capitales) (fig. 53.4). Elles présentent une symptomatologie commune mais s'opposent par leur traitement.

Clinique Peuvent être observés :

- douleur, parfois tuméfaction de la région temporo-mandibulaire;
- trouble de l'articulé dentaire (contacts prématurés et béances);
- trouble de la cinétique mandibulaire (limitation d'ouverture buccale avec latérodéviation);
- ecchymose du menton (signe indirect traduisant le mécanisme de la fracture).

Traitement Les *fractures extra-articulaires* requièrent une contention-réduction par blocage intermaxillaire (5-6 semaines), parfois sur cale molaire. En cas de déplacement important, l'ostéosynthèse (miniplaque ou vissage centromédullaire) pourra être proposée.

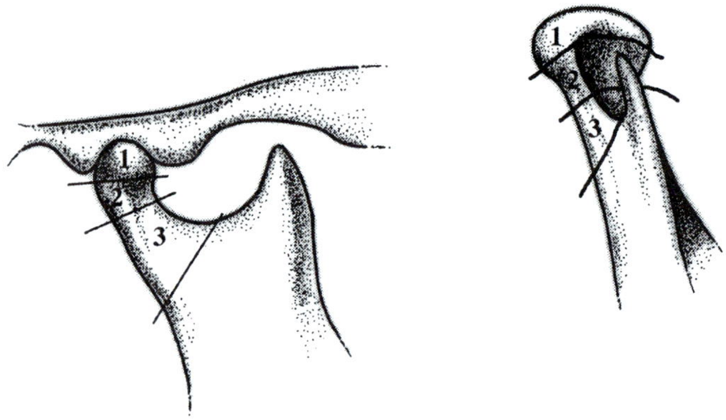

Fig. 53.4. Différentes fractures du condyle.
1. Fracture capitale. 2. Fracture sous-condylienne haute. 3. Fracture sous-condylienne basse.

Les *fractures intra-articulaires* nécessitent une rééducation précoce avec mécanothérapie pour limiter le risque de survenue d'ankylose temporo-mandibulaire.

Fractures du massif facial supérieur

On distingue par ordre de fréquence décroissante les fractures suivantes.

Fractures des os propres du nez

Clinique Peuvent être observées :

- une tuméfaction de la pyramide nasale, pouvant masquer une déformation squelettique sous-jacente : nez couché (choc latéral), nez aplati (choc antéropostérieur), ensellure nasale (choc sur la racine) ;
- une épistaxis.

Un hématome ou une luxation de cloison doivent être recherchés.

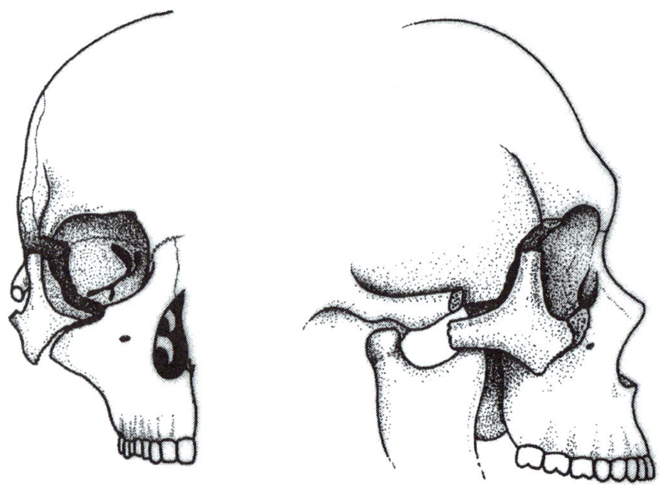

Fig. 53.5. Fracture du malaire déplacée.

Traitement Un hématome de cloison nécessite un drainage en urgence avec ou sans anesthésie locale.
Devant la persistance d'une épistaxis, on aura recours à un méchage antérieur, sous couvert d'une antibiothérapie.
La réduction chirurgicale n'est indiquée qu'en cas de déplacement. Elle est programmée à distance de la phase d'œdème maximal (soit immédiatement, soit à partir du 5e jour). La contention est endonasale (mèches) et externe (plâtre).
En cas de séquelles esthétiques ou fonctionnelles, une rhinoseptoplastie est proposée à distance.

Fractures du malaire (maxillo-malaire)

Clinique Peuvent être observées (fig. 53.5) :

- une ecchymose péri-orbitaire et palpébrale, une hémorragie sous-conjonctivale ;
- des déformations squelettiques : recul de la pommette, décalage de la margelle infra-orbitaire ;
- une anesthésie infra-orbitaire fréquente (nerf sous-orbitaire) ;
- une limitation de l'ouverture buccale.

La diplopie est généralement absente.

Traitement Il repose sur :
- une réduction simple, quand la fracture est stable ;
- un abord chirurgical et une ostéosynthèse quand la fracture est instable.

Fractures de l'arcade zygomatique

Clinique Peuvent être observés :

- un traumatisme direct latéral ;
- une déformation, pouvant être cachée par une tuméfaction ;
- une limitation de l'ouverture buccale.

Traitement Il repose sur une réduction simple, car la fracture est généralement stable. Exceptionnellement, une contention peut être nécessaire.

Fractures du plancher orbitaire

Deux types sont distingués :

- les fractures du plancher et de la margelle infra-orbitaire, pouvant être associées à des fractures du malaire (fracture orbito-malaire) et résultant d'un traumatisme direct sur la région malaire (rugby, arts martiaux) ;
- les fractures isolées du plancher, sans fracture de la margelle (fracture en *blow-out*), secondaires à une hyperpression intra-orbitaire (golf, squash, tennis).

Clinique Peuvent être observées :

- des ecchymoses palpébrales ;
- une diplopie et une limitation de la mobilité du globe oculaire, uni ou pluridirectionnelles ;
- une anesthésie infra-orbitaire.

Traitement L'indication, parfois difficile à établir, peut faire appel à un examen de Hess-Lancaster (en cas de doute sur la présence d'une diplopie) et à un scanner.
En cas d'incarcération musculaire, exceptionnelle dans la pratique, une désincarcération chirurgicale est effectuée en urgence.

La réfection chirurgicale du plancher repose sur des matériaux synthétiques biocompatibles résorbables (PDS) ou sur des greffons autogènes (os pariétal, cartilage de conque).

Fractures de Lefort

Elles sont dues à des traumatismes directs violents sur le massif facial supérieur. Elles sont souvent associées à d'autres fractures : malaire, plancher de l'orbite ou OPN, par exemple, et surtout à des traumatismes dentaires.

Clinique Les fractures de Lefort se traduisent par un trouble de l'articulé dentaire. L'arcade supérieure est généralement impactée en arrière. Il est possible de la mobiliser entre deux doigts (fig. 53.6).
Dans la fracture de Lefort 1, seule l'arcade supérieure est mobilisable, indépendamment des pommettes et du nez (fig. 53.7a).
Dans la fracture de Lefort 2, le nez est solidaire de l'arcade supérieure à la mobilisation. Il existe une ecchymose palpébrale au niveau des canthi internes (fig. 53.7b).
Dans la fracture de Lefort 3, le nez et les pommettes sont solidaires de l'arcade supérieure. Il existe une ecchymose palpébrale en lunette. Une rhinorrhée cérébrospinale est recherchée (fig. 53.7c).

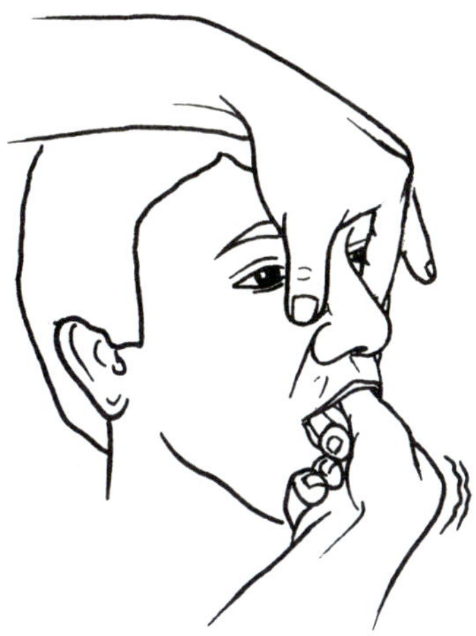

Fig. 53.6. Examen du tiers moyen de la face chez un traumatisé. La main gauche immobilise le tiers supérieur de la face au niveau des parois orbitaires internes. Le pouce et l'index droits saisissent le bloc incisivo-canin supérieur intact et très doucement le mobilisent d'avant en arrière. Toute mobilité fait suspecter une fracture-disjonction du massif facial à ce niveau.

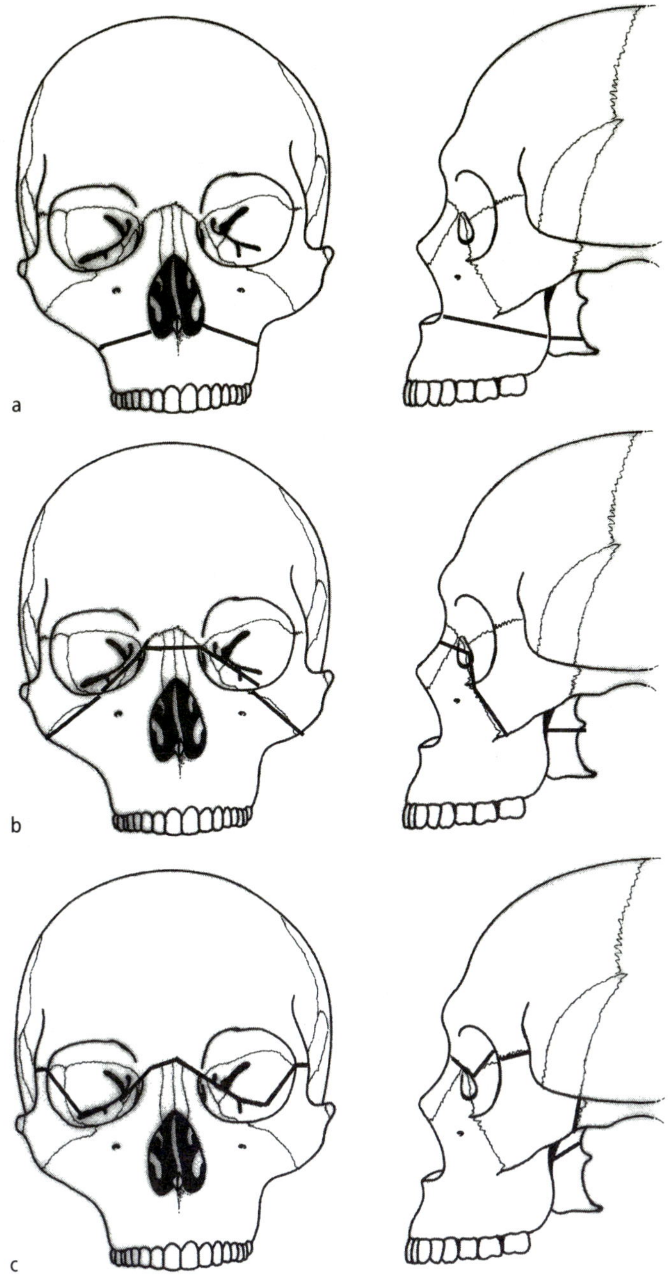

Fig. 53.7. Fractures de Lefort.

Traitement Il est orthopédique par réduction et blocage intermaxillaire, chirurgical par réduction et ostéosynthèse des différents foyers de fracture, et souvent mixte. En cas d'écoulement de liquide céphalorachidien, une intervention en double équipe peut être indiquée afin de refermer les brèches de la dure-mère.

Fractures du complexe naso-ethmoïdo-frontal

Il s'agit d'un traumatisme centro-facial touchant la pyramide nasale, les parois du sinus frontal, la lame perpendiculaire de l'ethmoïde. Elles sont graves car elles sont associées à une contusion du lobe frontal. Il existe un risque de brèche dure-mérienne et de trouble oculomoteur.

Clinique Le tableau associe une fracture des os propres du nez avec œdème et effacement de l'angle naso-frontal, un télécanthus (augmentation de la distance intercanthale interne), une dystopie canthale et souvent un emphysème sous-cutané par fracture d'une paroi sinusienne.

Traitement Il repose sur une intervention sous anesthésie générale avec réduction du télécanthus par canthopexie interne, traitement des fractures de l'orbite et des OPN, vérification des voies lacrymales. La fracture du sinus frontal est traitée par ostéosynthèse avec contrôle de la perméabilité frontonasale. En cas d'atteinte de la paroi postérieure du sinus frontal, il faut soit exclure le sinus par comblement avec de l'os spongieux, soit cranialiser le sinus en le supprimant et en fixant la dure-mère au frontal. Un temps neurochirurgical peut être nécessaire afin de refermer une brèche dure-mérienne.

Traumatismes dentaires

Contusions dentaires

Provoquées par un choc, elles nécessitent une surveillance de la vitalité pulpaire à la percussion, au chaud et au froid, le risque étant la mortification.

Subluxation dentaire

Elle est provoquée par un choc. La dent est le plus souvent impactée en arrière et il existe une mobilité dentaire.
Le *traitement* repose sur la réduction, sous anesthésie locale, de la sub-luxation par le stomatologue. La contention peut être assurée par plusieurs procédés. Le plus classique est la ligature en berceau : un arc métallique est solidarisé aux dents adjacentes à l'aide de fils d'acier, la dent est maintenue à cet arc à l'aide d'une ligature en forme de « berceau ». Un autre procédé consiste à prendre une empreinte de l'arcade, à partir de laquelle est confectionnée une plaque de contention. Enfin, il est aussi possible d'assurer la contention par un arc collé sur les dents à l'aide de résine, selon les principes d'orthodontie. La durée de la contention varie de 3 à 6 semaines. La surveillance de la vitalité pulpaire sera prolongée pendant quelques mois.

Luxation dentaire

La dent récupérée doit uniquement être passée sous l'eau afin d'éliminer les impuretés qui se sont déposées dessus. Elle ne doit pas être brossée afin de respecter le parodonte encore adhérent à la racine. Pour le transport, elle est conservée dans la bouche même du sportif, sous la langue. En cas d'impossibilité (patient inconscient), la dent est préservée dans du sérum physiologique avec si possible de la pénicilline. La réimplantation est une urgence. Le succès est inversement proportionnel au délai de réimplantation. Les techniques de contention sont les mêmes que pour les subluxations dentaires.

Fracture dentaire

Il existe plusieurs types de fractures dentaires. Les fractures de la couronne dentaire n'exposant pas la chambre pulpaire sont justiciables d'une reconstruction prothétique et d'une surveillance de la vitalité pulpaire. Les fractures exposant la chambre pulpaire et dont le trait respecte au moins les deux tiers apicaux de la racine sont justiciables d'une pulpectomie, d'un traitement canalaire et d'une reconstruction prothétique. Les dents dont le trait de fracture passe par le tiers moyen de la racine sont justiciables d'une avulsion. Les dents dont le trait de fracture passe par le tiers distal sont justiciables d'une pulpectomie, d'un traitement canalaire et d'une résection apicale.

Risque facial chez le sportif : notions statistiques

Le risque facial est très variable selon le type d'activité sportive.

Sur le plan médical

Fréquence et sports responsables

D'après les différentes études (Gassner, Hill, Emshoff, Tanaka [1-3, 6], pour ne citer que les plus récentes), la pratique sportive représenterait la 3e cause de traumatologie faciale, après les accidents de la voie publique et les rixes-agressions. Une revue de la littérature indique des extrêmes allant de 9,2 % [5] jusqu'à 33,2 % [2] dans les séries. Une étude prospective, menée dans le service de stomatologie et chirurgie maxillofaciale du groupe hospitalier Pitié-Salpêtrière entre mars 1998 et mars 2000, a recensé 140 patients victimes de traumatismes de la face nécessitant une hospitalisation, soit 13,3 % du nombre total de patients hospitalisés dans cette même période pour traumatisme facial [4]. Dans cette étude, le football, très pratiqué en Île-de-France, était le sport le plus souvent en cause (25 % des cas). Suivaient par ordre décroissant le rugby (15 %), le VTT (10 %), le roller (8,6 %), l'équitation (7,9 %), le ski (7,2 %), puis de nombreux autres sports représentant moins de 3 % des cas.

Types d'impact

Il est classique de diviser la pratique sportive en deux groupes :

- les sports de contact, qui se subdivisent en sports collectifs (football, rugby…) et en sports de combat (boxe, karaté…) ;
- les sports sans contact, qui se divisent en sports individuels (natation…), sports mécaniques (karting…) et sports à balle (tennis…).

Le type d'impact est généralement assez spécifique du type de sport :

- impact avec un autre joueur, pour les sports de contact (par exemple, coups de tête, de genou ou de coude pour le football) ;
- impact avec l'équipement matériel, rencontré dans de nombreux sports, tels que sports de combat, équitation, VTT, sports mécaniques… ;
- impact avec l'environnement (sol, arbres, murs, automobiles…), concernant principalement les sports individuels de glisse (ski, VTT, roller…) et les sports mécaniques.

Rares sont les sports à l'origine de traumatismes faciaux spécifiques, comme la fracture du plancher orbitaire lors du golf. Cependant, les sports où le corps présente une énergie cinétique importante (ski, VTT…) sont responsables de traumatismes craniofaciaux généralement beaucoup plus sévères que les autres sports (notamment sports de contact).

Sur le plan des assureurs

Le risque facial est évalué d'après les bilans des compagnies d'assurance à environ 10 %. Il est probablement sous-évalué en raison de sous-déclarations. En effet, à gravité égale, bon nombre de traumatismes faciaux n'imposent pas un arrêt momentané de la pratique sportive (contrairement à une simple entorse de cheville, par exemple).
La Mutuelle nationale des sports a enregistré, pour l'année 1996, 35 053 déclarations concernant des traumatismes faciaux, avec par ordre de fréquence décroissante :

- contusions de la face : 1 439;
- fractures dentaires : 1 290;
- contusions dentaires : 286;
- contusions mandibulaires : 151;
- fractures mandibulaires : 96;
- luxations dentaires : 75;
- autres fractures : 51.

Pour le même nombre d'adhérents, ces chiffres ont diminué par rapport à 1995 (38 337), et les proportions sont restées les mêmes.

Facteurs de risque

Les sports à diffusion récente (patinette, VTT, roller...) sont à l'origine de nombreux accidents, le temps que s'organisent les règles de bonne conduite, les protections individuelles, les clubs, les fédérations...
Les effets de mode (le tennis pendant les 15 jours qui encadrent le tournoi de Roland-Garros, par exemple) sont également responsables d'une augmentation des traumatismes par un afflux de pratiquants non licenciés et mal préparés physiquement.
Il existe également d'importantes disparités dans la fréquence des traumatismes faciaux et dans le type de sports responsables, selon les régions ou les pays (par exemple, importance du rugby dans les régions Midi-Pyrénées et Roussillon, mais aussi dans d'autres pays).
Le matériel (cage de but, poteaux de rugby), le dégagement restreint autour du terrain (boxe, basket), l'exiguïté des couloirs d'accès (ski), les sports sous influence climatique (alpinisme, nautisme) sont également des facteurs de risque, et l'enjeu plus que la compétition...

Bases de la prévention

Prévention médicale

La visite d'aptitude sportive permet le dépistage des lésions préexistantes (articulé, état dentaire, pathologie nasale...) ainsi que l'information du sportif sur l'hygiène alimentaire (rinçage à l'eau après ingestion de boissons sucrées) et la nécessité d'une prophylaxie dentaire (visite dentaire tous les 6 mois, brossage dentaire biquotidien avec dentifrice fluoré...).

Prévention individuelle

Elle passe par des protections extra-orales ou intra-orales.

Protections extra-orales

Les *casques, masques, écrans* peuvent être au maximum intégraux et protègent alors le crâne et la face. Ils conviennent en particulier aux sports individuels (moto, cyclisme, équitation...), mais dans les sports collectifs, ils peuvent être un facteur de traumatisme (football américain, hockey sur glace). Ils sont adaptés en fonction du sport :

- ils ne doivent pas trop diminuer le champ visuel et l'audition;
- ils doivent permettre une bonne élimination de la transpiration;
- leur poids ne doit pas leur port pénible.

Actuellement, la majorité de ces protections protègent encore mal les arcades dentaires et les articulations temporo-mandibulaires. Des progrès sont possibles dans ce domaine.
Les *lunettes* sont utilisées notamment en natation, en plongée, en ski... D'importantes innovations ont permis de limiter les bris de verre, d'améliorer le confort, le désembuage et la protection aux ultraviolets.

Protections intra-orales

Les protections dento-maxillaires sont un bon moyen de prévention à condition de répondre aux critères définis par Sametsky :

- isoler les lèvres des dents;
- protéger les dents maxillaires contre les chocs directs;
- amortir les contacts occlusaux;
- solidariser les deux arcades;
- permettre la respiration buccale même mâchoires serrées;
- ne pas entraver la phonation et la déglutition.

Le meilleur modèle est celui mis au point par Sametsky. Il répond à tous ces critères. Il est réalisé à partir d'empreintes des arcades dentaires et d'une occlusion contrôlée. La prise d'occlusion se fait avec une béance de 1 mm afin de permettre la respiration buccale d'effort.
Pour les porteurs d'appareils orthodontiques, des protège-muqueuses peuvent être confectionnés afin d'éviter les lésions des muqueuses jugales et labiales ainsi que le décollement des attaches de l'appareil.

Prévention matérielle

L'amélioration des installations (protection des cages de football, qualité des tatamis...) est un souci constant de la plupart des fédérations. De fait, les répercussions sont sensibles en termes de prévention.

Rôle de l'entraîneur

L'orientation du sportif, l'information sur le dopage, la canalisation de l'agressivité, la maîtrise du sport sont au cœur de la démarche de prévention.

Aspects médicolégaux de la traumatologie faciale

L'atteinte de l'intégrité physique et psychique d'un traumatisé sportif relève du dommage corporel. L'analyse de ce dommage comporte :

- un aspect médical par son objet, le corps humain;
- un aspect juridique par le régime d'indemnisation et son évaluation économique.

Parmi les pièces du dossier médical nécessaires à l'expertise médicale, le certificat médical initial (CMI) est l'élément capital. Pouvant rapporter les circonstances du traumatisme (agression, AVP, sport...), le CMI doit essentiellement décrire le plus précisément possible les lésions. Ce certificat doit rester unique et sera remis au patient en main propre afin de ne pas déroger au secret médical. Si l'incapacité totale temporaire (ITT) est le plus souvent superposable à la durée de l'arrêt de travail, ce n'est pas une obligation : l'arrêt de travail peut être plus long ou plus court que l'ITT. L'ITT est un outil de mesure médicolégal qui apprécie l'intensité d'un traumatisme *in abstracto*, c'est-à-dire sans tenir compte du contexte personnel du patient (mannequin, travailleur de force, mineur, retraité, etc.). L'évaluation *in concreto*, c'est-à-dire en tenant compte du contexte personnel du patient, relève en principe du juge ou de l'assureur. Si l'on souhaite néanmoins faire une évaluation *in concreto*, il faut alors le préciser sur le CMI.

Le praticien n'a pas à définir une IPP (incapacité permanente partielle). L'IPP et les éventuelles séquelles seront déterminées par un expert médical grâce à un examen clinique approfondi et au CMI. Cette expertise a lieu plusieurs mois ou années plus tard, d'où l'importance d'un CMI exhaustif. Cette évaluation a lieu après la date de consolidation (notion juridique et non médicale). La mission de l'expert s'articule autour de trois pôles : la preuve de la réalité du dommage corporel, l'évaluation juridique de ce dommage, la preuve de l'imputabilité de celui-ci à l'accident. Le degré des séquelles est traduit par un barème d'évaluation, tel celui de la Société française de médecine légale et de criminologie de France. L'évaluation médicolégale des préjudices comprend les préjudices patrimoniaux (ITT, IPP) et extrapatrimoniaux (préjudice esthétique, sexuel, d'agrément, souffrances endurées, etc.). Le préjudice d'agrément concerne tout spécialement le sportif; il s'agit d'établir si la victime se trouve dans l'impossibilité de pratiquer une activité sportive. La pratique régulière de ce sport avant l'accident doit être documentée (licence, par exemple).

La traduction monétaire des préjudices induits par le dommage corporel relève du magistrat en charge du dossier ou de l'assureur mais jamais de l'expert.

Bibliographie

[1] Emshoff R, Schoning H, Rothler G, Waldhart E. Trends in the incidence and cause of sport-related mandibular fractures : a retrospective analysis. *J Oral Maxillofac Surg* 1997 : 55 : 585-92.

[2] Gassner R, Tuli T, Emshoff R, Waldhart E. Mountainbiking - A dangerous sport : comparison with bicycling on oral and maxillofacial trauma. *Int J Oral Maxillofac Surg* 1999 : 28 : 188-91.

[3] Hill CM, Burford K, Martin A, Thomas DW. A one-year review of maxillo-facial sports injuries treated at an accident and emergency department. *Br J Oral Maxillofac Surg* 1998 : 36 : 44-7.

[4] Maladiere E, Bado F, Meningaud JP, Guilbert F, Bertrand JC. Aetiology and incidence of facial fractures sustained during sports : a prospective study of 140 patients. *Int J Oral Maxillofac Surg* 2001; 30 : 291-5.

[5] Seguin P, Beziat JL, Breton P, Freidel M, Nicod C. Sporting activities and maxillofacial injuries. Aetiological and clinical aspects about 46 cases. Preventive measures. *Rev Stomatol Chir Maxillofac* 1986; 87 : 372-5.

[6] Tanaka N, Hayashi S, Amagasa T, Kohama G. Maxillo-facial fractures sustained during sports. *J Oral Maxillofac* 1996; 54 (6) : 715-9.

Pour en savoir plus

Barrault D, Brondani JC, Rousseau D. *Médecine du judo.* Paris : Masson, 1991 : 228 p.

Cantu RC. Head and spine injuries in youth sports. *Clin Sports Med* 1995; 14 (3) : 517-32.

Chevrel JP, Fontaine C. *Tête et cou : anatomie clinique.* Paris : Springer, 1996 : 490 p.

Lamendin H. *Odontologie et stomatologie du sportif.* 2e édition. Paris : Masson, 1993.

McGregor JC. Soft tissue facial injuries in sport (excluding eye). *J R Coll Surg Edinb* 1994; 39 (2) : 76-82.

Sport et rachis

Sommaire

La société actuelle étant de plus en plus sensible à son corps et sa santé, on observe une augmentation en fréquence et en intensité des diverses activités sportives. Compte tenu de cette augmentation, il est normal de constater une recrudescence des lésions traumatiques et en particulier des affections rachidiennes. Plusieurs questions se posent alors au praticien concernant ces problèmes rachidiens : identifier une pathologie symptomatique bénigne ou grave, savoir sous quelles conditions donner un accord pour la poursuite ou la reprise du sport. Pour faire ces choix, les connaissances anatomiques, biomécaniques, la pratique d'un bon interrogatoire et d'un bon examen clinique sont fondamentales.

Rappel anatomique et biomécanique

L'étude anatomique et biomécanique du rachis permet de comprendre son adaptabilité, son comportement dans l'effort mais aussi ses limites et donc les lésions qui peuvent survenir. Le rachis a une double fonction : mobilité et protection du système nerveux.

Les mouvements du rachis sont contrôlés par des moteurs actifs que sont les muscles. Pour contrecarrer les mobilités extrêmes et freiner ces mouvements, il existe des freins passifs : les structures ligamentaires et les articulations postérieures. On distingue deux systèmes anatomiques fonctionnant en synergie : le système articulaire antérieur, constitué des disques intervertébraux (DIV) et des ligaments vertébraux communs antérieur et postérieur, et le système articulaire postérieur (AP), comportant les articulations interapophysaires postérieures et les ligaments unissant entre eux les différents éléments de l'arc postérieur. Ce système forme un véritable trépied protégeant la moelle jusqu'en L2 puis la queue de cheval. Les études biomécaniques ont essentiellement porté sur le DIV et à un moindre degré sur les AP.

Propriétés biomécaniques du DIV

Elles sont extrêmement complexes. Il se comporte comme un véritable amortisseur des contraintes en compression, en flexion, en extension et en torsion. Lors des mouvements en flexion-extension, les pressions qui ont pu être enregistrées au sein du *nucleus in vivo* chez l'homme sont 1 fois et demie plus importantes qu'en position debout et 6 à 10 fois supérieures à celle du décubitus dorsal.

Au cours d'une compression axiale normale, le disque est capable de transformer les contraintes en forces radiaires depuis son centre *(nucleus)* vers sa périphérie *(annulus)*, entraînant ainsi une traction au sein de l'*annulus*. L'augmentation en intensité et/ou en fréquence de ces compressions axiales entraîne des fractures des plateaux vertébraux, sans qu'il y ait de lésion discale et notamment de hernie discale. En revanche, les forces en torsion sont responsables de lésions discales principalement localisées à la partie postérolatérale de l'*annulus*, traduisant un excès de force localement ou une faiblesse des fibres régionales. Ces lésions peuvent s'apparenter à des entorses bénignes. Lorsqu'elles s'étendent et se multiplient, elles finissent par donner un aspect de disques dégénérés multifissurés. L'extension aux couches superficielles, périphériques, correspond à une entorse grave qui se traduit davantage par des lombalgies aiguës et chroniques que par des effractions de matériel nucléaire.

La dégénérescence discale est donc un phénomène qui s'installe avec le temps, dès la deuxième décennie avec une déshydratation progressive du *nucleus pulposus* qui perd de son élasticité, et l'apparition de fissures de l'*annulus fibrosus*. Les études IRM chez d'anciens sportifs de haut niveau, regroupés selon leur discipline (24 coureurs, 26 footballeurs, 19 haltérophiles, 25 tireurs) montrent des lésions de dégénérescence et de protrusion discale chez les pratiquants d'haltérophilie et les joueurs de football, sports réputés pour être délétères pour le rachis [36]. Les études sur les gymnastes en cours d'activité retrouvent également des lésions précoces, plus fréquentes et plus nombreuses chez ces derniers que chez les témoins [32]. La dégénérescence discale semble proportionnelle à l'intensité des contraintes imposées au rachis et liée au type de sport pratiqué.

On individualise à part la hernie discale provenant de l'irruption de matériel nucléaire au contact du ligament commun postérieur ou plus en arrière. Cette hernie résulte probablement d'un traumatisme durant les premières décennies lorsque le *nucleus* est encore très hydraté. Elle serait donc indépendante des mécanismes de dégénérescence discale d'installation progressive. Peu de travaux ont recherché un lien entre sports et hernie discale. Certains travaux concluent à un effet protecteur de la musculature paravertébrale et abdominale en retrouvant une fréquence moindre de hernie chez les sportifs par rapport aux sédentaires [19]. Seule la pratique du bowling ferait exception, avec un risque relatif de 1,27. Un autre travail plus ancien innocente complètement l'activité sportive et les contraintes physiques des travailleurs de force dans la genèse des hernies discales (Porter). Ces résultats restent discutables puisqu'une étude pilote récente a révélé une prévalence accrue de dégénérescence discale et de hernies discales symptomatiques chez des athlètes de haut niveau [22].

Rôle biomécanique des AP

Il est moins bien connu. Elles jouent un rôle de guide lors des mouvements du rachis, permettent de limiter les mouvements de translation antérieure des vertèbres tout en favorisant leur rotation dans les plans sagittal et frontal. Elles participent pour environ 35 % aux capacités du segment rachidien lombaire à résister à la rotation. Il est très difficile de considérer à part le DIV ou les AP, ces structures formant une unité mécanique solidaire. En effet, la sévérité des atteintes des AP est souvent proportionnelle à celle de la dégénérescence discale mais il est aujourd'hui le plus souvent impossible de déterminer quel est *le primum movens* dans l'altération de ce trépied. Ce sont les derniers étages mobiles, c'est-à-dire les régions où les contraintes sont maximales, qui semblent le plus fréquemment touchés. Il est intéressant de noter que des lésions de chondropathies peuvent être observées même en l'absence de lésions radiologiques. On peut ainsi concevoir que ces lésions AP puissent être à l'origine de lombalgies chez le sujet jeune en réponse à des contraintes mécaniques excessives, en particulier lors des activités sportives comportant de nombreuses hyperextensions et rotations du rachis lombaire (volley-ball, hand-ball, basket-ball). Une origine musculaire, ligamentaire ou vasculaire est également évoquée dans la genèse des douleurs rachidiennes.

La biomécanique du rachis est donc extrêmement complexe et difficile à étudier *in vivo*. On comprend ainsi que les mécanismes et les structures à l'origine des douleurs rachidiennes soient si compliqués à déterminer et sont probablement d'origine multifactorielle. Ces phénomènes sont d'autant plus compliqués à analyser qu'il n'existe pas de corrélation anatomoclinique comme le suggère l'absence de relation directe entre la sévérité des lésions tissulaires observées sur les examens d'imagerie et l'intensité ou la chronicité de la symptomatologie douloureuse. Certaines activités sportives semblent néanmoins nocives pour le dos tandis que d'autres, où les contraintes sont moins fortes voire absentes, se montrent neutres au niveau lésionnel. À côté de ces actions, il faut garder à l'esprit que le sport a de nombreux effets bénéfiques au niveau du renforcement musculaire, cardiovasculaire et psychologique. En effet, l'excès de contraintes mécaniques sur le rachis n'est peut-être pas le seul élément fondamental concernant l'origine des douleurs et leur chronicisation. Des facteurs psychosociaux sont aussi à rechercher.

Quelques chiffres

Rachis cervical

Ces lésions, heureusement peu fréquentes, peuvent présenter des difficultés diagnostiques et thérapeutiques.

Les chiffres sont donnés essentiellement pour les sportifs de haut niveau et dans le cadre d'études américaines. La majorité des lésions cervicales sportives, correspondant à 2 à 3 % des lésions sportives, surviennent durant les sports d'amateurs « sans surveillance », tels que le surf, le ski et le plongeon [3]. Le plongeon est le sport qui procure le plus d'accidents cervicaux, en particulier en C5. Dans les sports de compétition, les lésions cervicales se rencontrent principalement durant des sports comme le football, la lutte, le hockey et la gymnastique [2]. On retrouve beaucoup de données au niveau de la littérature, d'ailleurs pas toujours concordantes, concernant le football américain. Pour ce sport, le taux d'incidence de quadriplégies varie entre 1 accident pour 7 000 participants à 1 accident pour 58 000 participants [14]. Il semble qu'en France le sport le plus pourvoyeur de problèmes cervicaux soit le rugby (15 % pour la Fédération française de rugby). Un travail récent a montré que la prise en compte de certaines mesures comme enseigner les techniques fondamentales du sport, standardiser les équipements, améliorer les soins a permis de diminuer de 27 % les lésions médullaires graves. Ces accidents, au nombre de 20 par an entre 1971-1975, sont passés à 7,2 par an durant les 10 dernières années [4]. Pour d'autres, les accidents liés au rugby semblent au contraire en progression malgré l'instauration de nouvelles règles [27]. Globalement durant ces 20 dernières années, quels que soient le niveau sportif et le type de sport, il semble qu'il y ait effectivement une diminution de l'incidence des lésions graves cervicales liées au sport en termes de fractures, dislocations ou lésions médullaires irréversibles.

Rachis lombaire

Les études sont difficiles à analyser et à comparer compte tenu de l'hétérogénéité des populations incluses, des sports étudiés, de l'intensité de l'entraînement, du sport réalisé, des calendriers de compétition... La fréquence des lombalgies est d'autant plus difficile à déterminer que les groupes témoins ne sont pas toujours présents ou appropriés.

Certains sports sont réputés pour générer des lombalgies : la gymnastique, la danse, le football, le tennis, le basket-ball, l'haltérophilie, la lutte, l'athlétisme, l'aviron et le golf. L'imputabilité du golf reste néanmoins discutée car lors du *swing* le rachis lombaire est peu mis à contribution lorsque le geste est correctement réalisé.

L'ensemble des études rapporte une fréquence plus élevée des problèmes lombaires pour les sportifs de haut niveau en activité. La fréquence des douleurs lombaires à distance de l'arrêt du sport est peu rapportée. Elle semble plus marquée chez d'anciens lutteurs et haltérophiles par rapport à un groupe contrôle, mais également mieux tolérée et gérée. En revanche, la fréquence des lombalgies n'est pas augmentée chez les sportifs de loisirs comparativement à un groupe témoin. Il semble même y avoir un effet bénéfique de cette activité à condition que l'entraînement reste dans des limites raisonnables.

Mécanismes douloureux

Mécanismes généraux

On compte trois mécanismes élémentaires, autour de trois axes fondamentaux (vertical, horizontal et sagittal). Lors de la compression axiale, les forces sont perpendiculaires aux plateaux vertébraux. Il en résulte des tassements corporéaux et/ou une solution de continuité à direction verticale. Les principales vertèbres touchées par ce mécanisme sont l'atlas, les vertèbres thoraciques moyennes et L3. Lors de la traction axiale, les forces verticales entraînent une distraction articulaire. Ce phénomène se traduit par des luxations, une solution de continuité horizontale principalement au niveau de la charnière thoracolombaire, parfois cervico-occipitale. Enfin le cisaillement, sans localisation particulière, témoin d'un traumatisme violent, où les forces agissent selon différents axes.

Ces mécanismes élémentaires peuvent se compléter pour réaliser des mécanismes traumatiques combinés : flexion-compression (les forces de compression agissent sur le corps vertébral et les forces de traction sur l'arc postérieur), extension-compression (situation inverse de la précédente), la rotation axiale associant flexion et inclinaison latérale.

Classiquement, les traumatismes en extension prédominent au rachis cervical, ceux en flexion à la charnière dorsolombaire et ceux en compression au rachis lombaire.

Selon le niveau

Les lésions athlétiques du rachis cervical et de la moelle épinière ont la même biomécanique mais varient selon les sports. Le mécanisme le plus souvent rencontré au rugby est un mouvement en hyperflexion, responsable d'une fracture-dislocation de C4-C5 ou C5-C6. À partir des données de la littérature, il apparaît que les lésions du rachis cervical surviennent typiquement lors des mêlées, notamment lors des entrées ou des effondrements. Ces données ont été à l'origine des nouvelles réglementations de la Fédération internationale de rugby (plus de poussée en mêlée lors de l'expulsion d'une première ligne, sanction lors de l'écroulement...). Le plaquage est également un geste potentiellement nocif mais qui arrive au second plan. La majorité de ces lésions cervicales s'observent précocement dans la saison, au moment où les terrains sont les plus durs, et où les joueurs manquent de pratique et de mise en condition physique [25].

Les plongeons et les sports « d'eau » comme le surf sont responsables de fractures et/ou de lésions médullaires faisant suite à un mouvement d'hyperextension. Les skieurs et les surfeurs, propulsés au moment de la chute, sont susceptibles d'avoir différentes positions d'impact. Cela aboutit à plusieurs types de lésions possibles. Chez les footballeurs américains, les lésions se produisent le plus souvent lors d'un mouvement de compression axiale combinée à une hyperextension. Cependant, d'autres mécanismes sont observés : hyperextension, flexion latérale, mécanisme en compression et rotation. Les lésions en gymnastique surviennent à la suite d'une fausse manœuvre entraînant une chute incontrôlée. Les lutteurs se blessent lors de mouvements en hyperextension pouvant simuler les phénomènes biomécaniques d'une chute. Ils sont également soumis à de fortes forces axiales, rotationnelles et horizontales, stressantes pour les articulations postérieures, les DIV et les ligaments. Il manque actuellement des études épidémiologiques de qualité permettant de donner un certain nombre d'informations sur les facteurs de risque potentiels de lésions comme l'âge, le grade, le poste, l'ethnicité...

Au rachis lombaire, il apparaît d'un point de vue strictement biomécanique que les mouvements de flexion associés à des rotations axiales et à des charges importantes rapidement répétitives sont générateurs de fissures de l'annulus et d'arthropathies AP. Ce type de contrainte se rencontre dans un certain nombre de sports : sports de raquette, football, rugby et ski. De nombreuses lésions (arthropathies AP, spondylolyse...) sont également induites lors de mouvements en hyperextension ou d'attitude en hyperlordose comme lors de la gymnastique, du saut en hauteur, de l'équitation, du tennis, de la danse... Un certain nombre de lombalgies surviennent dans le cadre de sports mécaniques (kart, Formule 1, moto...) au cours desquels les sportifs sont soumis à des vibrations, des chocs répétés, des positions assises prolongées, à d'importants efforts pour amortir les accélérations et décélérations et l'action des forces centrifuges. Plusieurs facteurs de risque parfois controversés sont associés à l'apparition de lombalgies. Ils comprennent la souplesse, les laxités acquises distales, l'inégalité des membres inférieurs, la mobilité des sacro-iliaques et un entraînement avant-saison intensif.

Évaluation clinique

Les renseignements apportés par l'interrogatoire et un examen clinique local, régional et général doivent apporter suffisamment d'informations pour éliminer une pathologie non rachidienne, évoquer une hypothèse diagnostique et cibler au mieux les examens complémentaires.

Interrogatoire

L'interrogatoire doit être rigoureux. Il doit rechercher les épisodes douloureux identiques, les antécédents de lésions traumatiques du rachis ainsi que les antécédents en faveur d'une maladie générale (spondylarthropathie, lésion tumorale...). Le facteur déclenchant et les conditions d'apparition de la douleur sont des éléments indispensables à faire préciser, permettant déjà de faire une distinction entre macro et microtraumatisme. Il faut déterminer la *localisation de la douleur* et différencier une douleur localisée d'une douleur irradiée. En règle générale, une douleur localisée est liée à une *tension musculaire*, une entorse ligamentaire, une atteinte discale ou facettaire bien que ces structures puissent irradier dans les régions scapulaire et/ou trapézienne pour le rachis cervical, et la région fessière pour le rachis lombaire. Une douleur irradiée est en général le signe d'une *compression neurologique* radiculaire voire une myélopathie.

La précision du *type de douleur* permet de distinguer plusieurs éléments : douleur mécanique/inflammatoire, douleur neurologique/articulaire/musculoligamentaire. Les structures ligamentomusculaires ou discales en phase aiguë donnent des douleurs pointues intenses. En phase chronique, les patients se plaignent plus d'une lourdeur. Les douleurs d'origine osseuse ou articulaire sont décrites comme des douleurs profondes, gênantes. Les sensations électriques, d'engourdissement ou de picotement témoignent de douleurs neurologiques alors que les pulsations sont d'origine vasculaire. Les signes d'accompagnement (fièvre, altération de l'état général...) permettront de rechercher une cause symptomatique.

La *durée des douleurs* est un autre point important. Les douleurs musculaires durent de quelques jours à quelques semaines, les douleurs ligamentaires quelques semaines, les lésions discales jusqu'à plusieurs mois avant la disparition des symptômes. Il est utile de rechercher des facteurs de risque de chronicisation : ambiance stressée, signes de dépression, conflits socioprofessionnels, compensation financière. Enfin, il est nécessaire de préciser les facteurs positionnels ou thérapeutiques, influençant les douleurs soit dans le sens de l'amélioration, soit dans le sens de l'aggravation. Les douleurs en extension sont fréquemment liées à une compression des éléments postérieurs. La survenue d'une douleur localisée en flexion-extension ou en inclinaison-rotation est associée à une douleur musculaire, ligamentaire, discale et/ou dégénérative osseuse.

À la fin de cet interrogatoire, on doit pouvoir s'orienter vers une lésion grave, nécessitant un traitement spécifique, ou vers une lésion bénigne. Le diagnostic à ce niveau peut être facile ou difficile.

Examen clinique

L'examen est divisé en plusieurs étapes, après l'évaluation des fonction vitales si nécessaire après un macrotraumatisme : l'inspection de la posture, l'étude des mouvements et de la mobilité, le *testing* musculaire, la palpation, les manœuvres spécifiques et l'examen locorégional. L'évaluation des fonctions vitales repose sur l'anachronisme ABC : voies aériennes *(Airway)*, respiration *(Breathing)*, et circulation *(Circulation)*. Les lésions médullaires se manifestent souvent par un choc neurologique conduisant à une hypotension et une bradycardie.

Posture

L'examen du rachis se fait de face, de dos et de profil sur un sujet debout. On recherche à mettre en évidence plusieurs anomalies : une attitude antalgique, un trouble statique correspondant à une déformation rachidienne permanente, involontaire, non obligatoirement douloureuse. L'utilisation du fil à plomb permet de préciser l'importance des courbures et des déformations dans le plan sagittal et dans le plan frontal. On recherche enfin une amyotrophie, une tuméfaction, une ecchymose ou une lésion cutanée traduisant un impact ou une zone d'hyperappui.

Étude des mouvements et de la mobilité

Elle recherche une raideur segmentaire ou globale, une déformation, douloureuse ou non, réductible ou non. Cette mobilité s'étudie en flexion, extension, inclinaison et rotations pour les rachis cervical et lombaire. Certains chiffrent ces mouvements, qui s'objectivent par la mesure de la distance menton-sternum en flexion et extension, la distance menton-acromion gauche et droite, la distance pavillon de l'oreille-acromion pour le rachis cervical. Pour le rachis lombaire, on mesure l'indice de Schöber en antéflexion mais aussi en hyperextension, la distance doigt-sol en flexion et en inclinaison. Toutes ces mesures ont montré une reproductibilité variable. La mobilité du rachis dorsal est plus difficile à chiffrer, puisque non spécifique.

Testing musculaire

Au niveau du rachis, ce *testing* est peu spécifique, faisant intervenir différents groupes musculaires. Il est indispensable au niveau des membres supérieurs et inférieurs selon la région douloureuse, afin d'éliminer une radiculalgie purement motrice. L'extensibilité des muscles sous-pelviens est à rechercher impérativement pour guider le traitement.

Palpation

Cette étape extrêmement difficile doit être méthodique. Elle doit permettre de distinguer les douleurs de contractures musculaires, les myalgies, les cellulalgies, les points douloureux sous-cutanés, les enthèses et ligaments sensibles, les apophyses douloureuses et les points sonnettes. Les structures les plus faciles à palper sont les apophyses épineuses et les ligaments interépineux. Les facettes articulaires se situent environ à un pouce latéralement à chaque épineuse.

Manœuvres spécifiques

Au rachis cervical, la *manœuvre de Spurling* consiste à réaliser une pression axiale. Le test peut être réalisé et interprété de différentes façons. Si le test reproduit une douleur irradiée, il est fréquent de conclure à un conflit radiculaire. Si la douleur est localisée, les mobilités peuvent être combinées, donnant plusieurs interprétations : la pression axiale en flexion explore surtout les disques, la poussée en extension les articulaires postérieures et la poussée en flexion-extension les régions uncovertébrales. Une radiculalgie brachiale peut aussi s'exacerber lors de l'inclinaison-extension-rotation du côté opposé de la tête, avec mise en abduction-rétropulsion du membre supérieur concerné (Lasègue du membre supérieur ou manœuvre de Roger et Bikilas).

Au rachis lombaire, la *manœuvre de Lasègue* directe et croisée peut donner des signes de conflit discoradiculaire. La spécificité de la manœuvre croisée est nettement supérieure même si la sensibilité est moindre. Ces manœuvres sont positives si lorsque l'on élève le membre inférieur douloureux (Lasègue direct) ou sain (Lasègue croisé), on reproduit la radiculalgie habituelle du patient.

Examen locorégional

Il comprend un examen neurologique, vasculaire et général orienté selon l'interrogatoire. Il vise également à éliminer les atteintes tronculaires, les syndromes canalaires pouvant mimer de véritables radiculalgies.

L'ensemble des données exposées préalablement permet d'aboutir à une orientation clinique. Le plus souvent, il est néanmoins très difficile d'établir un diagnostic précis, surtout dans le cadre de microtraumatismes. En effet, il est maintenant admis qu'il existe peu de corrélations anatomocliniques.

La suite de ce chapitre concerne les cas où une lésion liée à une cause secondaire telle qu'un rhumatisme inflammatoire, une tumeur ou une pathologie microcristalline a été éliminée.

Imagerie

Au terme de l'évaluation clinique, le médecin doit déterminer si l'on est dans le cadre d'une urgence et/ou si la prescription d'examens complémentaires est susceptible de modifier l'attitude thérapeutique. Dans le cas contraire, les examens ne sont pas nécessaires.

Pathologie macrotraumatique

La symptomatologie est secondaire à un accident, à un choc brutal. Elle concerne essentiellement les sports de vitesse, les sports de contact et de chute.

Ces traumatismes touchent en priorité le rachis cervical où les conséquences peuvent être dramatiques. C'est la raison pour laquelle, dans ce paragraphe, nous nous sommes essentiellement focalisés à décrire ces lésions, sans prendre en compte les fractures dorsolombaires et les lésions de type hernie discale, exposées *infra* dans le paragraphe sur la pathologie microtraumatique. Ces lésions dorsolombaires peuvent néanmoins s'apparenter, au moins jusqu'à l'étage L1-L2, niveau correspondant à la fin de la moelle, aux lésions cervicales présentées ci-après.

Pour décrire ces lésions cervicales du sportif, nous nous sommes fondés sur la classification proposée par Maroon et Bailes [13]. Les entorses cervicales, qui posent un réel problème diagnostique, sont traitées à part.

Classification des lésions cervicales

Une classification en trois groupes différents a été proposée, permettant également de définir des recommandations de reprise sportive [13].

Lésions cervicales de type I

Elles correspondent aux lésions médullaires de gravité variable mais permanentes (paralysie complète, syndrome cordonal antérieur, syndrome de Brown-Séquard, syndrome cordonal central, syndromes mixtes incomplets). La reprise du sport ne peut évidemment pas être proposée dans ce groupe. Sont également inclus les athlètes ayant des symptômes mineurs mais associés à des signes évidents de lésions médullaires sur les examens d'imagerie. Il n'y a actuellement aucun argument clinique ou radiologique contre-indiquant au patient la reprise d'un sport de contact [3].

Lésions cervicales de type II

Elles correspondent aux accidents neurologiques transitoires non séquellaires. Ces accidents transitoires surviennent dans la majorité des cas au rachis cervical (90 %) et se manifestent par une atteinte motrice pure, sensitive pure ou mixte, se résolvant en quelques minutes à quelques heures [3]. On distingue différents tableaux cliniques : la commotion vertébrale, la neurapraxie et le syndrome de la main brûlante.

Le premier est une variante du syndrome cordonal central entraînant des dysesthésies à type de brûlure et de faiblesse des bras et des mains. Ces symptômes résulteraient de lésions des tractus corticospinal et spinothalamique faisant suite à des forces compressives antéropostérieures. Le bilan radiologique est normal et les symptômes neurologiques sont complètement résolutifs dans les 24 heures, permettant aux patients devenus asymptomatiques de reprendre leur activité sportive.

Le deuxième tableau clinique est celui d'une quadriplégie transitoire dont la physiopathologie n'est pas bien comprise. Elle se réfère à la neurapraxie, impliquant généralement une dysfonction nerveuse périphérique secondaire à un bloc de conduction physiologique sans interruption axonale.

Enfin le tableau de commotion médullaire a été décrit en 1879 comme une lésion médullaire évoluant vers une guérison complète en 24 à 48 heures. Différents modèles expérimentaux ont permis d'émettre l'hypothèse que ces symptômes seraient liés à une prolongation de la période réfractaire absolue de l'axone exagérant ainsi la période normale pendant laquelle l'axone ne répond à aucune stimulation. Les données disponibles ne permettent pas de mettre en évidence de lésions prédisposant à ce type d'accident ou des dysfonctionnements secondaires à l'accident exposant à des lésions permanentes. Cependant pour Torg *et al.*, le lien entre neurapraxie et canal cervical rétréci, défini par un *ratio canal/corps vertébral* inférieur ou égal à 0,8, ne fait pas de doute [34, 35]. Cependant, il n'y a pas de corrélation entre la sévérité des manifestations cliniques de neurapraxie et le degré de rétrécissement. Le mécanisme de cet incident est une hyperextension responsable d'une déformation médullaire rapide sans répercussion lésionnelle sur la stabilité spinale, ni dommage cellulaire.

Les lésions transitoires ont donc globalement un bon pronostic, à condition d'avoir éliminé toute anomalie sous-jacente. La reprise complète de l'activité sportive, y compris les sports de contact, est permise sous condition de la disparition complète des symptômes neurologiques, de la normalité des examens paracliniques (absence de lésion acquise ou congénitale). Il est nécessaire néanmoins de prévenir le patient des risques de récidives augmentés chez les footballeurs et lors de l'existence d'une sténose. La mesure du ratio canal/corps vertébral ne doit pas être utilisée comme test de *screening* pour les patients n'ayant jamais fait de neurapraxie, compte tenu de sa faible spécificité et de sa faible valeur prédictive positive. Cependant, puisque 56 % des récidives sont liées au degré de rétrécissement canalaire, les règles suivantes peuvent être proposées :

- patient asymptomatique et ratio canal/corps vertébral < 0,8 : pas de contre-indication;
- patient avec un antécédent de neurapraxie et ratio canal/corps vertébral < 0,8 : contre-indication relative;

- patient avec antécédent de neurapraxie et modification dégénérative et/ou pathologie discale : contre-indication relative ;
- patient avec épisode de neurapraxie et défect médullaire ou œdème à l'IRM : contre-indication relative/absolue ;
- patient avec épisode de neurapraxie, instabilité, symptômes neurologiques sur plus de 36 heures et/ou plusieurs épisodes : contre-indication absolue.

En cas de multiplication d'accidents neurologiques, le sportif est donc considéré à haut risque de lésion grave. Le sport de contact devient contre-indiqué.

Lésions cervicales de type III

Le type III correspond aux athlètes ayant des lésions radiologiques sans signe neurologique. Ce groupe comprend l'instabilité rachidienne, les fractures instables ou les fractures-dislocations qui nécessitent une stabilisation chirurgicale ou une orthèse et l'arrêt définitif du sport de contact. Il faut néanmoins se méfier des lésions qui paraissent stables sur les radiographies dynamiques ou lors des mouvements physiologiques, qui sont susceptibles de se déstabiliser lors d'un stress. On admet que le rachis cervical est instable quand il existe un déplacement horizontal de plus de 3,5 mm ou une angulation supérieure à 11° entre deux vertèbres. Ce groupe III comprend également les pathologies de canal rétréci et étroit, soumis à de fortes mobilités ou d'importants stress (fig. 54.1 et 54.2). Ces rétrécissements sont à haut risque lésionnel. Historiquement, on parlait de canal cervical étroit lorsque le diamètre antéropostérieur du canal était inférieur à 14 mm, en dessous duquel le sportif est à risque de lésion. Torg *et al.* sont revenus sur ces mesures, donnant une nouvelle définition du canal étroit [35]. Ils proposent la mesure d'un ratio correspondant à la valeur mesurée du diamètre antéropostérieur du canal sur celle du corps vertébral. Si ce ratio est inférieur ou égal à 0,8, on peut alors parler de canal étroit, ce qui n'est pas une contre-indication à la pratique d'un sport de contact chez les sportifs asymptomatiques.

On inclut également dans ce groupe III les problèmes discaux qui sont difficiles à régler (fig. 54.3). Les symptômes liés aux hernies discales cervicales sont le plus souvent des radiculopathies, des douleurs cervicales, exceptionnellement une myélopathie. Il n'y a pas de consensus sur la prise en charge thérapeutique, mais durant la phase douloureuse aiguë, la poursuite du sport est contre-indiquée [35]. Beaucoup de ces conflits discoradiculaires sont traités chirurgicalement, avec une certaine controverse sur la voie d'abord [13, 14]. Il n'y a par ailleurs aucune *guideline* qui indique si une fusion osseuse est alors nécessaire.

Après une telle intervention, il doit être possible de reprendre une activité sportive, 6 à 12 mois après la récupération totale et la démonstration d'une stabilité parfaite sur les clichés dynamiques. En cas de fusion, il n'y a pas nécessairement de contre-indication à la reprise du sport, mais les recommandations varient en fonction des signes présentés par l'individu et le niveau de l'immobilisation [34, 35]. Ainsi, il n'y a pas de contre-indication pour un patient ayant une fusion antérieure ou postérieure sur un seul étage, stable, asymptomatique et dont les amplitudes sont normales. En revanche, il existe une contre-indication relative pour les sportifs ayant une fusion antérieure ou postérieure sur 2 ou 3 niveaux, malgré l'absence de symptômes douloureux ou neurologiques et la normalité des mouvements rachidiens. Ces patients sont rarement autorisés à reprendre leur sport à cause des pressions appliquées sur les vertèbres adjacentes à la fusion, responsables d'une dégénérescence secondaire. Enfin, la contre-indication est absolue lorsqu'une fusion est réalisée sur plus de 3 niveaux.

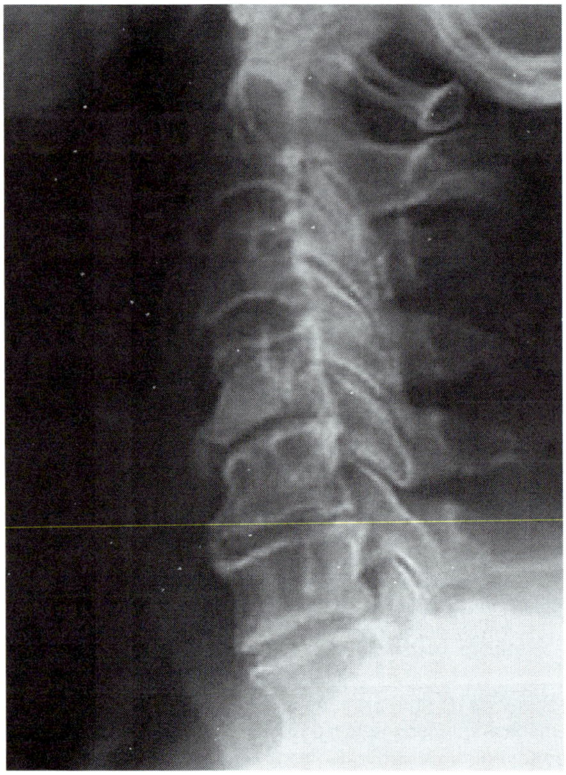

Fig. 54.1. Cervicarthrose et uncarthrose prédominant aux étages C4-C5 et C5-C6, se traduisant par un rétrécissement du canal rachidien à l'IRM (voir figure 54.3).

Torg *et al.* [34] ont décrit un autre tableau clinique inclus dans ce groupe III, intitulé *Spear Tackler's Spine*. Dans ce sous-groupe, plusieurs conditions sont réunies : sténose du canal cervical, raideur persistante ou inversion de la lordose physiologique, anomalies radiologiques post-traumatiques préexistantes, personnes pratiquant la technique *spear tackling*. Compte tenu du fort risque de quadriplégie, ce tableau représente une contre-indication absolue à la pratique sportive et en particulier aux sports exposant le rachis cervical à un impact axial de forte énergie. Les auteurs ont pu ainsi recenser en 3 ans 15 cas, dont 4 correspondent à des lésions neurologiques graves persistantes.

Lésion spécifique cervicale de diagnostic difficile : l'entorse cervicale

Les entorses du rachis cervical sont des lésions fréquemment rencontrées lors de la pratique de sports collectifs ou

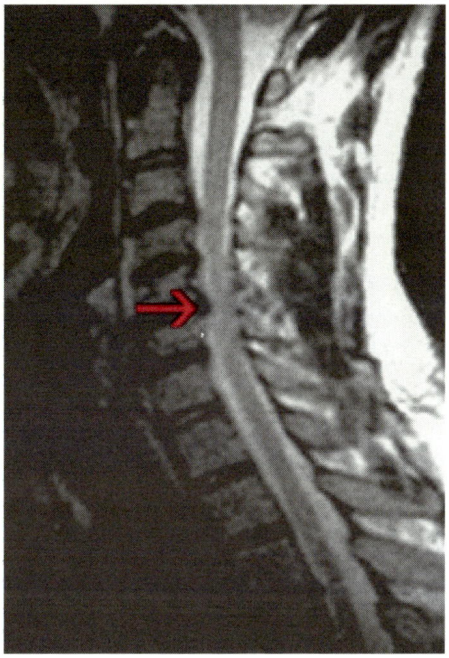

Fig. 54.2. IRM du rachis cervical montrant un canal cervical rétréci par des protrusions discales étagées venant au contact de la moelle.

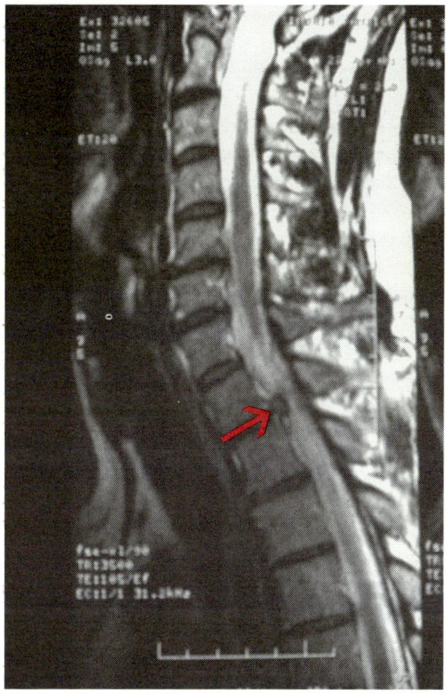

Fig. 54.3. Hernie discale C7-D1 mise en évidence à l'IRM.

de combat. La fréquence moyenne des entorses graves par rapport à celle des traumatismes sévères du rachis cervical est comprise entre 7 et 21 % [1, 11]. Elles restent néanmoins rarement diagnostiquées.

L'entorse cervicale touche surtout l'adulte jeune et l'adolescent. Elle siège principalement à l'étage C5-C6. L'entorse peut être définie comme une lésion de l'appareil discoligamentaire suite à un déplacement vertébral au-delà des limites physiologiques. Le mécanisme est toujours un mouvement forcé en flexion-extension, parfois associé à une rotation, suite soit à un traumatisme direct (chute), soit à un traumatisme indirect *(whiplash)*. Au cours d'un traumatisme en flexion, la déchirure se fait d'arrière en avant, touchant successivement : le ligament supraspinal, le ligament interépineux, le ligament jaune et les capsules articulaires. À ce stade, l'entorse est bénigne car ces lésions sont stables. C'est à partir d'une atteinte du ligament longitudinal postérieur et de la partie postérieure du disque que l'on parle d'entorse grave. Au cours du traumatisme en extension, on observe, à l'inverse, une atteinte première de la colonne antérieure, du ligament longitudinal antérieur et de la partie antérieure du disque puis de la colonne moyenne. Le *whiplash* associe les deux mécanismes avec successivement une extension puis une flexion. Les exemples les plus caractéristiques de ce type de mécanisme sont le plongeon, la chute de cheval, la mêlée et le plaquage au rugby.

Les *manifestations cliniques* se résument à des douleurs cervicales contemporaines de l'accident ou décalées. Elles peuvent être associées à d'autres signes variés comme des vertiges, une hypoacousie, des troubles oculaires… À l'examen clinique, on note une douleur cervicale accentuée lors des mouvements en flexion et extension du rachis. L'examen doit être obligatoirement complété par un bilan neurologique. Celui-ci est normal sauf en cas d'instabilité excessive. Il permet par ailleurs de rechercher une association possible avec une lésion du plexus brachial.

L'*examen radiologique* permet de faire le diagnostic et d'évaluer le degré de gravité de l'entorse. Les incidences à demander en cas de suspicion d'entorse sont le profil au repos et des clichés dynamiques. Le délai entre clichés au repos et clichés dynamiques dépend de l'état douloureux et de relaxation du patient. Les clichés dynamiques sont donc le plus souvent faits 1 à 2 semaines après le traumatisme, une fois le patient moins douloureux et la contracture réflexe disparue. Les entorses bénignes n'ont pas de traduction radiologique. Les signes radiologiques des entorses graves sur le profil sont, d'arrière en avant : une augmentation de la distance interépineuse, une découverture articulaire postérieure supérieure à 50 % avec un bâillement de la partie postérieure des interlignes articulaires, une angulation intercorporéale supérieure à 11° et un spondylolisthésis supérieur à 4 mm au-dessus de C4, et de plus de 2 mm au-dessous de C4. Des lésions osseuses sont également à rechercher : fracture ligamentaire traduisant un arrachement ligamentaire, ou une fracture-tassement somatique traduisant un facteur compressif associé. Le scanner peut mettre en évidence une déchirure du ligament jaune et/ou une fracture. L'IRM est beaucoup plus sensible pour détecter les lésions discales et permet d'apporter des éléments sur le disque intervertébral et la moelle épinière.

Le *traitement de l'entorse* est avant tout préventif. Il fait appel aux échauffements et renforcements musculaires profonds et superficiels, aux étirements ligamentaires et à un apprentissage rigoureux des gestes techniques. De même, il doit reposer sur des règles de jeux strictes afin d'éviter les gestes dangereux comme le plaquage haut et les mêlées écroulées au rugby. Il nécessite enfin du matériel de qualité : la ceinture de sécurité, la présence d'*airbags* (en sport mécanique), les protège-dents en boxe ou en rugby, le port du casque, les gants en matériau plus amortissant, des ballons de football plus légers...

Le *traitement de l'entorse cervicale grave* est essentiellement chirurgical. Celui de l'entorse bénigne est plus difficile à résoudre dans la mesure où il est nécessaire de traiter plus une symptomatologie très polymorphe que de vraies lésions anatomiques. Ce traitement repose sur des mesures destinées à réduire la douleur (immobilisation courte par collier, antalgiques, éventuellement AINS, antidécontracturants), associées à un soutien psychologique compte tenu du retentissement psychologique fréquent de ce genre de lésion. Lorsque les douleurs ont diminué, il est nécessaire d'entreprendre la rééducation, dont les buts sont multiples : rétablir les réactions posturales, retrouver le tonus musculaire, et développer les dessins cinétiques fondamentaux. Le renforcement musculaire doit se faire sur les muscles extrinsèques superficiels et les muscles intrinsèques profonds. Ces derniers, riches en fibres musculaires de type I, sont indispensables car responsables de l'activité tonique posturale. Tous ces exercices sont ensuite réalisés progressivement sur le terrain et dans les conditions où évolue le sportif. L'amélioration du couplage oculocéphalogyre est un plus au traitement. En effet, la fonction du rachis cervical est liée à des afférences sensorielles, proprioceptives, vestibulaires et oculaires. L'association d'exercices proprioceptifs et de travail de la fonction de couplage oculocervical est bénéfique pour la mobilité cervicale. Enfin, il est nécessaire de compléter ce traitement par une rééducation vestibulaire en décubitus dorsal, latéral et en position assise.

Management global des lésions cervicales aiguës

Après un traumatisme, plusieurs étapes s'imposent : arrêt du sport et immobilisation jusqu'à détermination exacte de la nature et du degré du risque, interrogatoire, évaluation neurologique, respiratoire et cardiologique de débrouillage à la recherche de lésions graves. Si besoin le patient est transporté pour des radiographies. Un traitement chirurgical est nécessaire dans un certain nombre de situations : fractures comminutives sévères du corps vertébral, fractures des éléments postérieurs responsables d'une instabilité, fractures de l'odontoïde type II, lésion incomplète médullaire, atteinte neurologique médullaire haute.

Les athlètes ayant une atteinte neurologique permanente sont interdits de retour à la compétition. Les patients ayant des fractures stables sur les clichés dynamiques en flexion-extension, sans lésion neurologique, peuvent reprendre leur activité normalement. Les sportifs ayant eu une fracture et/ou une dislocation rachidienne nécessitant une orthèse ou une stabilisation chirurgicale ont une force paraspinale insuffisante pour pouvoir reprendre un sport de contact. En effet, même si la lésion paraît guérie, la mobilité sous-jacente à la fusion est diminuée et donc à risque de nouvelle lésion. Les autres situations ont été développées précédemment.

Pathologie microtraumatique

Une fois éliminées les étiologies douloureuses symptomatiques et/ou traumatiques, on se retrouve dans le cadre de la pathologie microtraumatique, de loin la plus fréquente. Ces lésions, le plus souvent bénignes avec une évolution spontanément résolutive en quelques jours, voire quelques semaines, entraînent de rares séquelles. Les traitements symptomatiques, médicaux ou chirurgicaux, la physiothérapie, l'éducation, le soutien psychologique en plus de la rééducation aident à passer le cap douloureux et à prévenir les récidives. Ces douleurs sont dues à la répétition de positions, de mouvements ou de chocs à la limite du physiologique. Les causes exactes des rachialgies sont diverses et l'identification précise de la lésion anatomique est souvent très difficile.

Douleurs musculaires

Au rachis cervical, les muscles postérieurs contractés en permanence sont responsables de l'extension du rachis, du maintien de la posture de la tête. Ce sont les plus puissants mais, du coup, ceux qui interviennent le plus dans les douleurs d'origine musculaire. Les muscles antérieurs et latéraux étant plus faibles sont surtout impliqués dans les douleurs en rapport avec un *whiplash*, au cours duquel ils sont contractés de façon brutale.

Ces tensions musculaires surviennent après une contraction réflexe faisant suite à un étirement passif du côté opposé. Lorsque le muscle est préalablement sain, la tension s'observe sur ou au contact de la jonction musculotendineuse [8]. Ce type de lésion musculaire est caractérisé par un début aigu associé à une tuméfaction modérée de cette aire. On met en évidence microscopiquement une hémorragie, une inflammation et une formation œdémateuse. Dans la phase aiguë et durant 24 à 48 heures, ces lésions font appel à différents traitements symptomatiques, comprenant au début un repos relatif, de la glace voire des thérapies anti-inflammatoires. Une fois la phase douloureuse passée, la rééducation peut être débutée avec d'abord un travail isométrique. Lorsque ce traitement est bien toléré, le sportif peut poursuivre par des exercices isotoniques. La reprise du sport et la compétition peuvent se faire lorsque le patient est indolore, la mobilité regagnée, et la force de nouveau normale.

Syndrome myofascial

C'est un syndrome douloureux qui provient d'un muscle et en particulier de façon très caractéristique d'un point gâchette. Ce point serait activé lors d'un étirement brusque, d'une situation de surmenage par contractions répétées excessives, d'un traumatisme direct ou d'une contraction en position raccourcie prolongée. Ces points gâchettes sont très circonscrits lors de la palpation, provoquant une douleur sourde et profonde ainsi qu'une irradiation propre au niveau du muscle atteint. Toutes les méthodes d'imagerie sont négatives, le diagnostic se faisant à partir des cinq critères majeurs suivants [29] :

- une douleur régionale ;
- une sensibilité altérée dans le territoire de la douleur référée du point gâchette ;
- la présence d'une bande tendue palpable dans le muscle ;
- un point de douleur exquise le long de la bande tendue ;
- un certain degré de limitation de l'amplitude articulaire.

On compte également trois critères mineurs :

- la reproduction de la douleur connue du patient par la pression directe du pont douloureux ;
- la provocation d'une réponse locale par la palpation transverse du point douloureux ou lors de l'insertion d'une aiguille dans le point gâchette ;
- le soulagement de la douleur par l'étirement du muscle ou par l'injection d'un produit anesthésique au point gâchette.

Des syndromes myofasciaux ont été décrits pour les muscles carré des lombes, iliocostal et petit fessier. Le traitement associe le repos sportif relatif, les mesures antalgiques habituelles, voire l'infiltration aux points gâchettes. Les principales études randomisées évaluant l'efficacité des infiltrations *loco dolenti* dans la littérature incluent des patients hétérogènes ayant soit un « syndrome de la crête iliaque » [5], soit un « syndrome myofascial » [10], soit des lombalgies non spécifiques [9, 15, 23, 31], soit enfin des lombalgies mécaniques chroniques [28]. Cinq études ont comparé l'efficacité d'un anesthésique seul, en combinaison à un corticoïde, ou à un placebo, montrant une supériorité du produit dans 4 études [5, 10, 23, 31]. La cinquième montre que l'acupuncture est plus efficace que les injections de corticoïdes, de lidocaïne ou l'association des deux [9]. La différence n'est néanmoins pas significative. Dans leur revue, Nelemans *et al.* [20] ont repris les données des trois études évaluant les patients à court terme et ont montré qu'il n'y a pas de différence significative entre les différents groupes traités [5, 10, 31]. Une seule étude a évalué les symptômes avec un recul de 6 mois, révélant une différence entre les deux groupes qui se maintient (88 % *versus* 39 % ; RR = 0,79) [20, 23]. Ces résultats sont actuellement insuffisants pour conclure à l'efficacité ou à l'inefficacité des injections locales.

Lombalgies communes et arthrose rachidienne

L'incidence de la pratique sportive sur le développement d'une arthrose rachidienne et son expression clinique sont très difficiles à déterminer. Le seul point que l'on puisse retenir est le rôle potentiellement nocif d'un excès d'entraînement chez l'enfant et chez le sujet du troisième âge, non ou peu sportif auparavant. La lombalgie commune augmente en fréquence avec l'âge, la dégénérescence et la déshydratation discale. Avec les années, les facettes articulaires sont également sujettes au développement de lésions arthrosiques. Elles sont sensibles aux contraintes excessives, à une trop grande souplesse rachidienne comme dans la danse et la gymnastique lors de mouvements extrêmes, aux contacts répétés des facettes articulaires. Ces situations finissent par entraîner des lésions chondrales. Le côté brutal et soudain des gestes du lancé (javelot, poids), du service au tennis ou au volley sollicitent également les AP. Cependant ces lésions d'arthrose n'expliquent pas tout et d'autres structures jouent probablement un rôle dans ces douleurs rachidiennes : ligaments, muscles, tendons, vaisseaux, aponévroses... L'étiologie exacte est donc dans la majorité des cas (80 %) extrêmement difficile à déterminer, d'autant que l'on sait que la concordance radioclinique est mauvaise (fig. 54.4 et 54.5). Les structures responsables

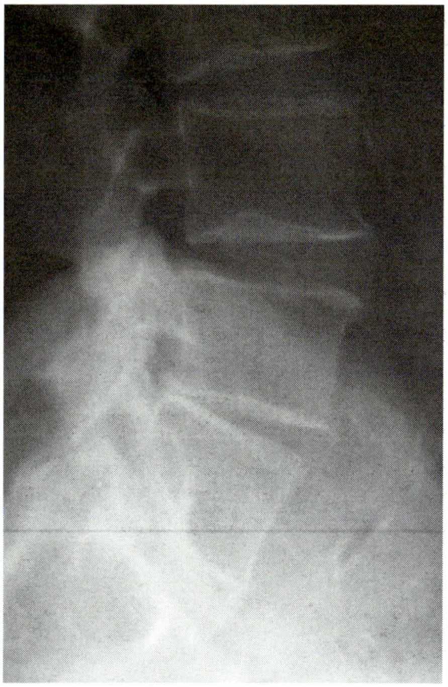

Fig. 54.4. Radiographie de profil du rachis lombaire montrant un pincement discal en L4-L5 et L5-S1, associé à ces étages à une arthrose articulaire postérieure.

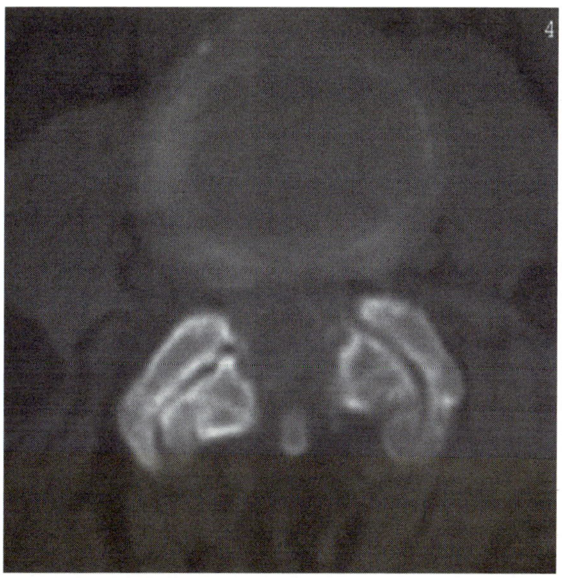

Fig. 54.5. Arthrose articulaire postérieure évoluée mise en évidence sur des coupes de scanner.

des douleurs sont d'autant plus difficiles à déterminer que l'on se situe à la phase subaiguë ou chronique, car il existe souvent une association de lésions de différentes origines et une répercussion psychologique.

Une fois une cause symptomatique éliminée, on distingue deux types de tableaux : la lombalgie aiguë et la lombalgie chronique, dont la clinique et la prise en charge sont identiques chez le sportif et le non-sportif. Il faut garder néanmoins à l'esprit qu'en règle générale, la lombalgie est une maladie bénigne qui évolue favorablement. En termes thérapeutiques, durant la phase aiguë plusieurs étapes doivent être prises en compte : soulager, éviter le repos et le passage à la chronicité. Le soulagement est apportée par les techniques habituelles : les antalgiques, éventuellement complétées par les gestes locaux, la physiothérapie, voire les manipulations, le port de ceintures... Le repos ne doit pas être considéré comme un traitement. Plusieurs études randomisées, dont une française, ont démontré que le repos était néfaste sur l'évolution des douleurs, le délai de guérison, la reprise des activités et sur le délai de retour au travail. Par ailleurs, un repos prolongé aboutit à un affaiblissement musculaire, délétère pour la colonne, à une baisse de moral et une majoration du handicap. Il ne doit en aucun cas être recommandé par le médecin. C'est à celui-ci d'expliquer son effet délétère et au patient d'adapter ses activités à l'intensité des douleurs. Ce dernier ne doit se reposer durant la journée que s'il s'agit là du seul moyen de calmer une douleur intense.

Il faut absolument se battre contre les facteurs de chronicité. Ils sont liés à l'âge (supérieur à 45 ans), à la présentation initiale de la lombalgie (intensité de la douleur lombaire, irradiation douloureuse aux membres inférieurs, importance du handicap), à la prise en charge initiale de la lombalgie (prise en charge tardive, prescription de repos au lit strict, arrêt de travail prolongé, absence d'information et de conseils), au contexte socioprofessionnel (bas niveaux d'éducation et de ressources, statut familial défavorable, poste de travail avec importantes contraintes mécaniques, insatisfaction au travail), au contexte psychologique (troubles de la personnalité, état de détresse, anomalies de la perception du handicap, stratégies adaptatives inappropriées), et au contexte médicolégal (accident de travail, conflit médicolégal). La prise en charge de la lombalgie chronique est beaucoup plus complexe puisque effectivement plusieurs facteurs entrent en ligne de compte, responsables d'un syndrome de déconditionnement. Les modalités de la prise en charge pluridisciplinaire incluent une prise en compte de la composante douloureuse, fonctionnelle avec un programme de reconditionnement à l'effort, psychologique et socioprofessionnelle.

Hernies discales

La hernie discale résulte d'une déchirure de l'*annulus* et de l'extravasation du matériel nucléaire dans le canal. La fréquence de cette atteinte attribuable à la seule pratique sportive est difficile à déterminer, d'autant que l'imputabilité sportive reste controversée. On l'a vu, deux mécanismes sont impliqués : la torsion, entraînant progressivement une dégénérescence discale puis une hernie, et la flexion-compression, à l'origine de hernie de constitution rapide. Cette lésion se voit le plus souvent au niveau du rachis lombaire chez l'adulte jeune, entre 20 et 50 ans. Sa symptomatologie et l'examen clinique ne diffèrent pas chez le sportif de ceux observés dans la population générale. Brièvement, les athlètes se présentent avec une rachialgie aiguë irradiant, en cas de conflit, dans les membres supérieurs pour une atteinte cervicale, ou inférieurs lors d'une atteinte lombaire. Un engourdissement, une faiblesse ou une brûlure sont souvent décrits le long d'un dermatome. L'examen révèle une diminution de la mobilité rachidienne et une contracture musculaire. Des manœuvres spécifiques sont à rechercher : la manœuvre de Spurling au rachis cervical et la manœuvre de Lasègue à l'étage lombaire. L'examen neurologique est indispensable et recherche, selon le niveau de la compression : un déficit moteur, un syndrome de la queue de cheval, voire une atteinte médullaire pour l'étage cervical.

La *prise en charge thérapeutique* à la phase aiguë repose sur les traitements médicamenteux (antalgiques, AINS et anti-décontracturants). Le maintien d'une activité en phase aiguë doit être fait dans la tolérance de la douleur. L'initiation d'un programme d'exercice spécifique infradouloureux est réalisée dès que les symptômes le permettent. Ces éléments stratégiques visant à contrôler la douleur et restaurer la fonction permettent d'améliorer la guérison, de prévenir les douleurs chroniques, le déconditionnement et les récidives [7, 12, 26]. Les athlètes peuvent retourner à la pratique sportive complète lorsque la douleur a disparu et que la mobilité et la force musculaire sont retrouvées. Si la douleur ne cède pas, on est en droit de prescrire des explorations complémentaires (fig. 54.6).

Une intervention est discutée lorsque la symptomatologie ne guérit pas et qu'il existe une concordance radioclinique. Les suites opératoires et la reprise du sport sont des sujets délicats, surtout chez les sportifs de haut niveau. La littérature sur ce sujet est relativement pauvre mais encourageante dans l'étude de Watkins *et al*. [38]. Ces auteurs ont opéré 60 sportifs de haut niveau avec comme critère principal la reprise de la compétition. Tous les athlètes ont eu une microdiscectomie suivie de 3 semaines de rééducation intensive : 53 patients (88 %) ont pu reprendre la compétition; les 7 échecs concernent des sportifs qui pratiquent le football américain et le base-ball. Même s'il s'agit d'une population extrêmement motivée, ces résultats sont très encourageants mais ne peuvent certainement pas

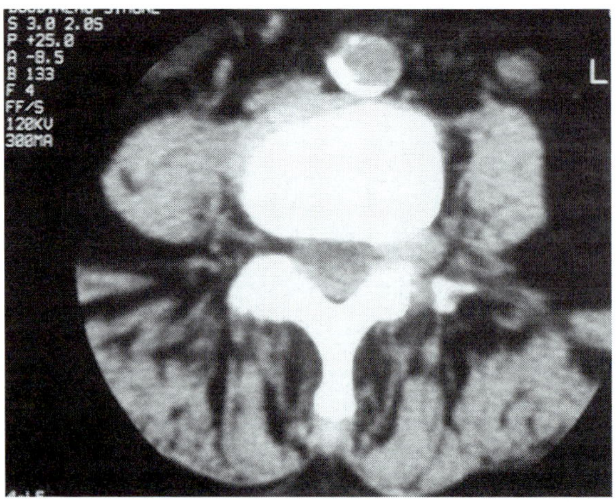

Fig. 54.6. Scanner lombaire montrant une hernie discale foraminale gauche à l'étage L4-L5 pouvant entrer en contact avec les racines L4 et/ou L5.

s'appliquer aux sportifs amateurs. Ces résultats sont également retrouvés dans une autre étude, lorsque les patients sont opérés à un seul niveau. L'intervention sur deux niveaux donne en revanche des résultats moins favorables [37]. Lorsqu'il n'y a pas d'indication opératoire et que la douleur ne passe pas, une rééducation intensive doit être entreprise avec renforcement des muscles paravertébraux, un travail aérobique, des étirements, de la proprioception et de l'ergothérapie.

Fracture de fatigue du bassin

Il faut connaître cette entité car les fracture de stress du sacrum sont rapportées de plus en plus fréquemment dans la littérature sportive et orthopédique. La première série retrouvait 3 fissures parmi 257 fractures sur les 194 des 380 recrutements de l'armée israélienne. Depuis, plusieurs cas ont été rapportés, principalement chez les coureurs de fond. Dans la plupart des cas on observe un changement de matériel, une modification de l'entraînement, se traduisant par une augmentation de sa fréquence et/ou de sa durée. Chez la femme, une histoire d'aménorrhée ou de faible densité minérale osseuse est commune. D'autres auteurs pensent que l'inégalité des membres inférieurs joue un rôle favorisant la fissure, ce qui n'est pas accepté par tous.

La douleur survient donc dans ce contexte de modification d'entraînement, ou de course à pied avec un kilométrage hebdomadaire souvent élevé. Elle est non spécifique, mécanique, rythmée par les activités sportives. Elle se localise en lombaire bas, ou plus souvent dans la fesse et dans la région sacrée. Il peut exister une irradiation à la partie haute de la cuisse mais pas au-delà. L'examen retrouve des signes d'atteinte de la sacro-iliaque. Les signes les plus spécifiques sont le réveil d'une douleur à la palpation de la région sacrée ou fessière et lors du saut monopodal. La manœuvre du trépied est également intéressante.

L'apparition de nouvelles techniques d'imagerie a certainement contribué à diagnostiquer de façon plus précise ces lésions et participe donc à leur plus grande fréquence (fig. 54.7).

L'évolution se fait vers la guérison à partir du moment où le repos sportif est observé. La reprise normale de l'entraînement ne doit pas se faire avant 3 à 4 mois. Le traitement étiologique, quand il y en a un, doit être proposé systématiquement. Notamment chez la femme mince, aménorrhéique, une insuffisance osseuse est souvent retrouvée, nécessitant une substitution hormonale.

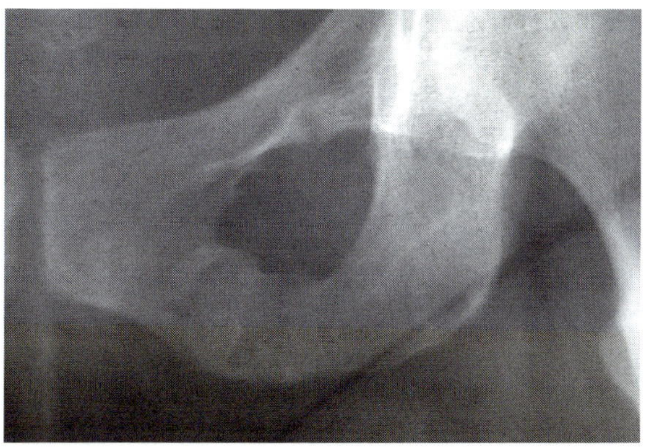

Fig. 54.7. Radiographie du bassin montrant une fissure de la branche ischio et iliopubienne en cours de cicatrisation (condensation, reconstruction).

Ostéoporose

L'os est en permanence renouvelé par un phénomène de remodelage osseux, aboutissant au remplacement de la matrice osseuse ancienne par une nouvelle matrice. Au cours de la croissance, la masse osseuse augmente jusqu'à ce que soit atteint le pic de masse osseuse vers l'âge de 20 ans, correspondant au capital minéral osseux maximal. Son importance est fondamentale puisqu'un pic bas est synonyme de risque d'ostéoporose et de fracture ultérieure. Le pic de masse osseuse dépend d'un certain nombre de facteurs : génétiques (60 à 80 % du pic au rachis est déterminé génétiquement), nutritionnels (tabac, alcool et apport calcique) et environnementaux. Ainsi les apports calciques durant la puberté sont indispensables. En cas de réduction d'apport, le capital osseux maximal sera réduit. Les apports nécessaires déterminés pendant l'enfance et l'adolescence sont : 1 400 mg/jour entre 2 et 8 ans, 1 500 mg/jour entre 9 et 17 ans, 1 000 mg/jour entre 18 et 30 ans. Il est à noter que l'effort physique dans les limites de la normale permet d'améliorer le capital osseux. Cependant le risque de surentraînement est important, engendrant un déficit de l'acquisition du capital de masse osseuse.

Un fois le pic de masse osseuse atteint, la perte graduelle de la masse osseuse se produit à peu de chose près à la même vitesse chez tous les individus. On note néanmoins un certain nombre de facteurs de risque d'ostéoporose liés au sexe, à l'âge, à la race ethnique, à l'hérédité, à la diététique, aux taux hormonaux, à diverses médications et pathologies. La sédentarité et le manque d'exercice sont associés aussi à un risque d'ostéoporose, au même titre qu'un excès d'exercice. En effet, la triade exercice intense, restriction alimentaire et aménorrhée chez la femme produit une balance énergétique négative, interrompant la sécrétion d'hormones et privant les ovaires et l'os de l'imprégnation en œstrogènes. L'activité dans ce cas a donc un effet contraire sur l'os puisque l'interruption de la fabrication d'œstrogènes est responsable d'une résorption osseuse accrue. Il est à noter que les gymnastes font exception à ces données. Elles ont typiquement des os très denses malgré le fait quelles soient fréquemment en aménorrhée. La différence tient au fait que des forces beaucoup plus puissantes sont développées chez les gymnastes par rapport aux autres sportives.

Les diagnostics d'ostéoporose et d'ostéopénie reposent sur la définition de l'OMS, à partir du *T-score*, déterminé par la densitométrie. Le diagnostic peut aussi se faire à la suite d'une fracture de basse énergie (les plus fréquentes sont : tassement vertébral, Pouteau-Colles, fracture du col fémoral) voire d'une fissure.

Le traitement est avant tout préventif dès l'adolescence en contrôlant les apports calciques, nutritifs, et en limitant l'excès d'activité sportive. Chez les femmes en aménorrhée, certains suggèrent l'introduction de pilules contraceptives orales dans le but de contrôler les taux d'œstrogènes. Des études contrôlées sont nécessaires. Une approche plus satisfaisante est de parvenir chez ces femmes à augmenter les apports caloriques et contrôler la suractivité quand elle s'ajoute au problème hormonal. Le traitement hormonal substitutif préventif est actuellement très controversé, et n'est plus systématique en attendant de nouvelles données. Les traitements de la ménopause restent standard, dépendant de l'âge, des contre-indications, des pathologies associées…

Spondylolyse (SP) et spondylolisthésis (SPL)

La classification des SP et SPL distingue 5 sous-types : dysplasique, isthmique, dégénératif, traumatique et pathologique.

Les *lésions de la région isthmique* sont fréquentes en pratique sportive, avec une prévalence comprise entre 8 et 25 % tous sports confondus, alors que leur incidence est estimée à environ 5 % dans la population générale. La SP est la cause la plus fréquente de consultation de l'adolescent, représentant la moitié des cas. Ces lésions, absentes à la naissance, se situent en priorité en L5 puis en L4 et L3. La SP s'accompagne rarement de SPL.

Certains *facteurs de risque* d'ordre génétique, anatomique et environnemental semblent associés à la présence d'une SP. La lyse s'observe 2 à 3 fois plus souvent chez l'adolescent de sexe masculin que chez la jeune fille, en revanche le SPL est plus fréquent chez la fille. La population caucasienne est deux fois plus touchée que les Afro-Américains. On observe également un très grand nombre de cas dans une région localisée en Alaska. Les antécédents familiaux et la présence d'un *spina bifida oculta* sont d'autres facteurs de risques. Les facteurs environnementaux sont aussi importants puisque ces fractures ne sont jamais observées dans les premiers mois de la vie mais ont tendance à survenir plus tard, durant les 5 premières années de vie, après l'acquisition de la station verticale. Ce type de lésion ne s'observe effectivement que chez les bipèdes. C'est l'application répétée de forces en L5-S1 supérieures aux capacités de résistance de l'os qui peut provoquer une rupture des isthmes. La répétition des mouvements d'hyperextension et de torsion contre résistance du rachis lombaire favorise ce genre de lésion. Ces mouvements sont retrouvés dans de nombreux sports, en particulier dans la gymnastique, où la SP est 4 fois plus fréquente que dans la population générale, mais aussi l'haltérophilie, la lutte, l'aviron, le tennis, le football, la danse et le plongeon.

Le *tableau clinique* est assez typique. Il s'agit d'un adolescent se présentant avec une lombalgie d'apparition brutale, le plus souvent après un mouvement d'hyperextension lombaire. La douleur est mécanique, habituellement unilatérale, basse, mais peut être bilatérale. Cette douleur peut s'accompagner d'une irradiation à la fesse ou à la face postérieure des cuisses. On retrouve fréquemment associée une contracture des muscles ischiojambiers et parfois une attitude scoliotique. Une radiculalgie est présente en cas de SPL mais s'observe davantage en cas de hernie discale. L'examen est pauvre. On note une douleur paravertébrale autour de L5, une mobilité conservée bien que l'hyperextension reproduise les douleurs. Une raideur des ischiojambiers peut être constatée. L'appui unipodal du côté de la localisation des douleurs aggrave les symptômes *(Sork test)*. La manœuvre de Lasègue est généralement négative.

L'*examen radiographique standard*, de face et de profil, suffit dans un grand nombre de cas à faire le diagnostic (fig. 54.8).

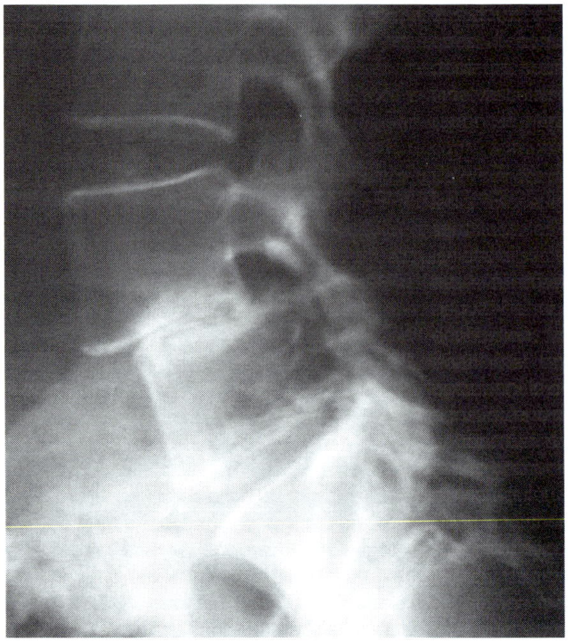

Fig. 54.8. Spondylolisthésis de L4-L5 dégénératif.

Cet examen permet d'évaluer l'instabilité de la lésion sur les clichés de profil et en particulier sur les clichés dynamiques en flexion-extension. L'ancienneté de la lésion peut être si nécessaire déterminée par la scintigraphie : la lésion fixe en cas de lésion récente.

Les *possibilités thérapeutiques* sont diverses, discutées, allant du repos à la stabilisation chirurgicale. Trois éléments sont fondamentaux : prise en charge de la douleur, préparation au retour à une activité, prévention des récidives. Les mesures pour contrôler la douleur incluent la glace, les antalgiques et les AINS. À la phase aiguë, ces médications doivent être utilisées pour permettre les activités de la vie de tous les jours mais non comme un moyen pour reprendre le sport. En effet, la douleur est un indicateur important dans la restriction de l'activité. Heureusement beaucoup de jeunes gens répondent rapidement au traitement conservateur, permettant un retour à des activités sportives douces dans un délai de 4 à 6 semaines. L'augmentation de l'intensité de l'activité est par la suite guidée par la douleur et le rééducateur. Certaines activités sollicitant le rachis comme la course, le saut ou d'autres activités plus spécifiques doivent être évitées au moins durant 4 à 6 semaines. Il en est de même des sports de contact, de collision et des activités en hyperextension. En revanche, une rééducation précoce, fondée sur des exercices d'étirement des ischiojambiers et de renforcement des muscles abdominaux profonds et spinaux, permet une réduction significative de l'intensité douloureuse et de l'incapacité fonctionnelle, évaluée à 10 semaines et 30 mois [21]. Certains jugent la reprise du sport sur l'activité de la lésion en tomoscintigraphie, une hyperfixation étant synonyme de lésion active rendant aléatoire la reprise. Chez l'adulte, si le glissement est inférieur ou égal à 25 % et asymptomatique, on considère que la reprise du sport, quel qu'il soit, est autorisée. Si le glissement dépasse 50 %, les sports à haut risque doivent être prohibés. Chez l'adulte, une surveillance au départ annuelle suffit.

L'intérêt d'un corset rigide est discuté. Plusieurs auteurs le prescrivent d'emblée [6, 16, 18]. La reprise des activités sportives est alors permise dans des périodes variant de 3 à 4 semaines avec un corset à 6 mois sans corset. D'autres les réservent aux patients ayant des douleurs continues malgré l'arrêt du sport [30] et/ou la réalisation d'une rééducation bien faite [17] ou aux patients ayant des lésions actives à la scintigraphie. Les bons résultats avec les corsets varient de 6,8 à 96 % mais les moyens d'évaluation sont extrêmement hétérogènes (cliniques et/ou radiologiques). L'intervention chirurgicale, consistant en une fixation, n'est réalisée que très rarement, typiquement lorsque le traitement conservateur échoue ou lorsque des signes neurologiques apparaissent. Certains auteurs la proposent systématiquement quand le glissement est supérieur à 50 % car une stabilisation doit être envisagée même chez les patients asymptomatiques. Cette opinion reste très controversée.

Les *mesures de prévention secondaire* sont difficiles pour les jeunes athlètes qui veulent retourner à un haut niveau de compétition. Néanmoins cela implique d'introduire un programme d'entraînement visant à stabiliser le rachis. Le sportif doit par ailleurs éviter dans la mesure du possible les activités en hyperextension. Il faut enfin le prévenir d'interrompre son activité en cas de récidive ou d'aggravation douloureuse. Le respect de ces mesures permet d'éviter de longues périodes de repos et de rééducation.

Une *surveillance radiologique biannuelle* est nécessaire chez le très jeune athlète n'ayant pas fini sa croissance osseuse afin de contrôler le glissement quasi constant, même asymptomatique.

Maladie de Scheuermann

Un autre problème de l'adolescent est celui de la maladie de Scheuermann. La définition de cette maladie est large et pour certains remplacée par celle de la dystrophie rachidienne de croissance (DRC). La cause est inconnue mais fait probablement intervenir des facteurs génétiques et hormonaux. Le rôle des contraintes mécaniques répétées et excessives dans sa pathogénie a également été évoqué, en premier lieu chez les jeunes ouvriers agricoles. Le rôle des contraintes sportives intenses, telles qu'elles se sont développées ces dernières années dès l'enfance, tend à recréer ce modèle pathogénique. Certaines observations récentes montrent ainsi que les contraintes mécaniques ont un rôle au niveau symptomatique mais également sur l'intensité de la pathogénie. Cela a été confirmé par des travaux sur le rat. Cependant toutes conclusions restent difficiles à dresser compte tenu de la diversité des définitions de la DRC et de la diversité des sports pratiqués (type, intensité, niveau...). La prévalence des lésions radiologiques de DRC chez le jeune sportif est extrêmement variable, comprise entre 8 et 50 %. Les fréquences les plus importantes sont retrouvées chez les judokas. La comparaison avec une population témoin rend difficile toute interprétation puisque le rapport varie de 1 à 4. Dans ces travaux, il est de plus difficile de déterminer quelle est la fréquence de rachialgie liée à ces DRC. Par ailleurs, il est compliqué aujourd'hui de déterminer quel mouvement précis est responsable de ces lésions. Il semble que plus qu'un geste ce soit la répétition de traumatismes indépendamment de l'attitude qui soit en cause.

La DRC touche essentiellement le milieu du rachis dorsal, parfois le rachis thoracolombaire. Les douleurs sont mécaniques et s'accompagnent d'une cyphose fixe, non corrigée par les exercices posturaux. Le diagnostic repose donc sur la clinique et les radiographies, révélant habituellement un pincement discal, une irrégularité des plateaux vertébraux, une vertèbre de hauteur normale ou diminuée.

La prise en charge des DRC est mal codifiée, peu de travaux s'y sont intéressés. Faut-il déconseiller le sport? Si non, certains sports sont-ils davantage déconseillés que d'autres? Il n'y a malheureusement pas de réponse à la question mais les données actuelles tendent à vouloir diminuer le risque de traumatismes ultérieurs. Ainsi il pourrait être préférable chez des jeunes gens en pleine croissance d'interrompre toutes les activités sportives responsables de contraintes importantes sur le rachis dorsolombaire. La prise en charge de la douleur est réalisée avec les traitements habituels (médicamenteux, physiothérapie...). La rééducation a également son intérêt pour renforcer les muscles paravertébraux, réaliser des exercices d'assouplissement et d'autoagrandissement afin d'éviter l'aggravation de la cyphose. D'autres conseillent un traitement par corset pour les cyphoses légères ou modérées et une correction et une stabilisation chirurgicales en cas de douleurs persistantes au traitement conservateur.

Scoliose

Malgré différentes recherches, l'étiologie des scolioses idiopathiques reste inconnue. À ce jour, il n'existe d'ailleurs aucune classification des déformations rachidiennes concernant les scolioses et le sport. On retrouve de rares observations de scoliose associées à des sports asymétriques pour le rachis, comme le tennis, le lancer du javelot, la gymnastique rythmique, la danse mais sans lien de cause à effet évident. Plusieurs explications ont été avancées : manque de cyphose dorsale et hyperlordose, réaction à une force physique anormale, application de charges asymétriques, réponse à des pressions anormales sur les articulaires postérieures/corps vertébraux, troubles de croissance secondaires à des stress psychologiques, diététiques et physiques, facteur hormonal, hyperlaxité familiale [33]. La présence de la triade hyperlaxité, charge asymétrique et trouble de croissance serait un facteur de risque de développement de scoliose chez les gymnastes rythmiques. En effet, pour ce phénotype particulier, l'incidence de scoliose est 10 fois plus importante dans cette population *versus* une population non sportive de même âge (12 % *versus* 1,1 %).

La clinique de ces patients ne change pas des données habituelles que l'on connaît de la scoliose. Toute scoliose douloureuse chez l'adolescent doit, jusqu'à preuve du contraire, faire rechercher pour expliquer la douleur une autre étiologie que celle de la scoliose. La prise en charge repose essentiellement sur la surveillance et la rééducation. Dans un certain nombre de cas, un traitement orthopédique ou chirurgical est nécessaire. Concernant la permission ou la poursuite d'une activité sportive, les avis semblent partagés. Reste que le sport est quasiment toujours autorisé pour les scolioses dont l'angle de Cobb est inférieur ou égal à 35° avec ou sans corset. Le sport permet en effet de compléter l'action de la rééducation en améliorant la musculature, la fonction respiratoire et la proprioception. Le port d'orthèse pendant le sport est actuellement facilité par l'avènement de matériaux légers personnalisés et amovibles en polyéthylène. Cependant il peut être mal vécu chez l'adolescent. Pour le sport de compétition les données sont un peu différentes et

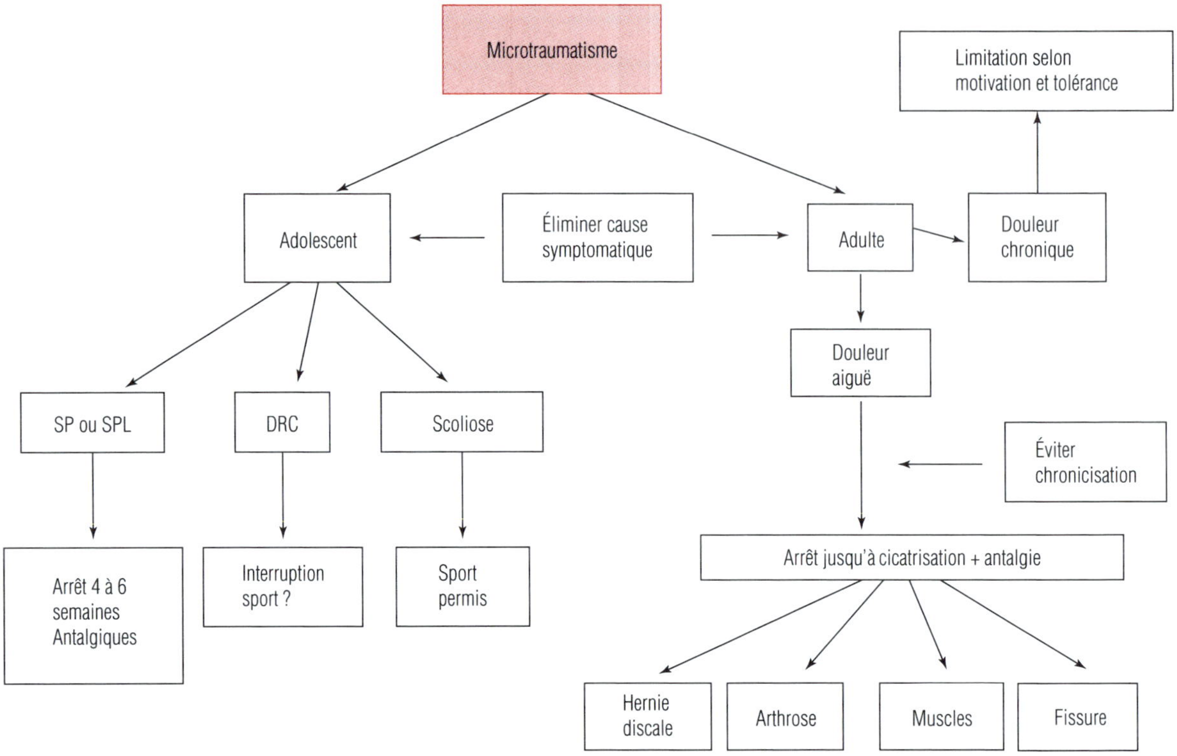

Fig. 54.9. Pathologie microtraumatique : conduite à tenir.

certains déconseillent la spécialisation précoce, la compétition avant l'âge de 8 ans et suggèrent une réduction de l'entraînement en période de forte croissance (11-13 ans pour les filles, 13-15 ans pour les garçons), en évitant les sports à risques de microtraumatismes répétés (rugby, haltérophilie, football, lutte, moto-cross) et les sports lordosants (plongeon, gymnastique, danse classique, trampoline...). Les patients sont davantage orientés vers des sports en décharge, neutres ou en cyphose : natation, cyclisme, aviron, volley-ball, basket-ball, hand-ball, escrime, tennis, principalement.

Conclusion

Les rachialgies chez le sportif ne doivent jamais faire oublier qu'elles peuvent être d'origine symptomatique, l'activité sportive n'étant qu'un révélateur fortuit. En dehors de ces formes symptomatiques, on distingue deux principaux mécanismes : les macro et les microtraumatismes. Il y a peu de contre-indications à la pratique ou à la reprise du sport en général, notamment pour les pathologies d'origine microtraumatique. Le problème de la pathologie macrotraumatique est surtout lié aux répercussions sur les fonctions vitales et au niveau neurologique. Globalement les principaux problèmes se posent essentiellement au rachis cervical en cas de canal étroit dans les sports de contact et pour les adolescents en période de croissance. Il n'en reste pas moins que la meilleure prise en charge, quel que soit le mécanisme, reste la prévention. Elle repose sur l'apprentissage de la gestuelle, l'entraînement et le respect des règles techniques de base. Elle comprend aussi un dosage et une progression des exercices, un échauffement rigoureux, un matériel et un terrain de qualité. L'ensemble de ces éléments doit bien sûr être adapté à l'âge, la régularité de la pratique sportive, le suivi médical reposant sur une étroite collaboration entre sportif, entraîneur, kinésithérapeute et médecin. Une évaluation régulière des performances chez l'athlète de haut niveau est indispensable.

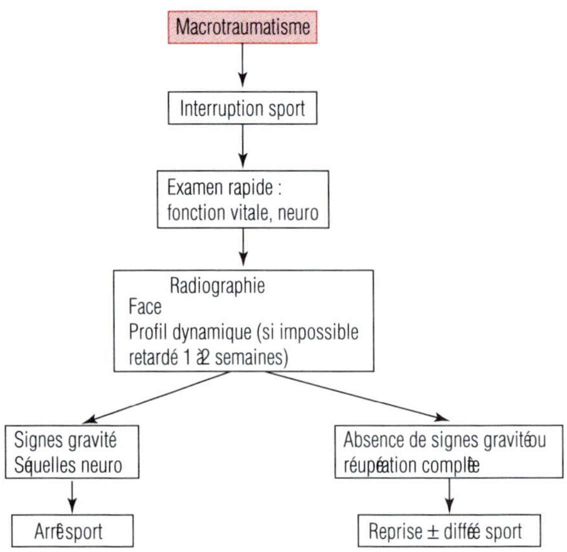

Fig. 54.10. Pathologie macrotraumatique : conduite à tenir.

Bibliographie

[1] ALLEN BL, FERGUSSON RL, LEHMAN TR, O'BRIEN RP. A mechanistic classification of closed, indirect fractures and dislocations of the lower cervical spine. *Spine* 1982; 7 : 1-27.

[2] BAILES JE, HADLEY MN, QUIGLEY MR, SONNTAG VKH, CERULLO LJ. Management of athletic injuries of the cervical spine and spinal cord. *Neurosurg* 1991; 29 : 491-7.

[3] BAILES JE, MAROON JC. Management of cervical spine injuries in athletes. *Sports Med Clin North Am* 1989; 8 : 43-58.

[4] CANTU RC, MUELLER FO. Catastrophic spine injuries in american football, 1977-2001. *Neurosurg* 2003; 53 : 358-62.

[5] COLLEE G, DIJKMANS BAC, VANDENBROUCKE JP *et al.* Iliac crest pain syndrome in low back pain : a double-blind, randomized study of local injection therapy. *J Rheumatol* 1991; 18 : 1060-3.

[6] CONGENI J, MCMULLOCH J, SWANSON K. Lumbar pondylolisthesis : a study of natural progression in athletes. *Am J Sports Med* 1997; 25 : 248-53.

[7] DEYO RH, DIEHL AK, ROSENTHAL M. How many days of bed rest for acute low back pain. *N Engl J Med* 1986; 315 : 1064-70.

[8] GARRETT WE *et al.* The effect of muscle architecture on the biomechanical failure properties of skeletal muscle under passive extension. *Am J Sports Med* 1988; 16 : 7-12.

[9] GARVEY TA, MARKS MR, WIESEL SW. A prospective, randomized, double-blind evaluation of trigger-point injection therapy for low back pain. *Spine* 1989; 14 : 962-4.

[10] HAMEROFF SR, CRAGO BR, BLITT CD *et al.* Comparison of bupivacaine, etidocaine, and saline for trigger-point therapy. *Anaesth Analg* 1981; 60 : 752-5.

[11] LOUIS R, CASTERA G. Entorses graves du rachis cervical inférieur. *Rev Chir Orthop* 1984; 70 : 527-32.

[12] MALMIVAARA A, HAKKINEN U, ARO T *et al.* The treatment of acute low back pain-bed rest, exercises, or ordinary activity. *N Engl J Med* 1995; 332 : 851-62.

[13] MAROON JC, BAILES JE. Athletes with cervical spine injury. *Spine* 1996; 21 : 2294-9.

[14] MAROON JC, STEELE PB, BERLIN R. Football head. Football head and neck injuries – An update. *Clin Neurosurg* 1980; 27 : 414-29.

[15] MATHEWS JA, MILLS SB, JENKINS VM *et al.* Back pain and sciatica : controlled trials of manipulation, traction, sclerosant, and epidural injections. *Br J Rheum* 1987; 26 : 416-23.

[16] MICHELI LJ. Back injuries in gymnastics. *Clin Sports Med* 1985; 473-84.

[17] MOELLER JL, RIFAT SF. Spondylolysis in active adolescents. *Phys Sports Med* 2001; 29.

[18] MORITA T, IKATA T, KATOH S *et al.* Lumbar spondylolysis in children and adolescents. *J Bone Joint Surg Br* 1995; 77 : 620-5.

[19] MUNDT DJ, KELSEY JL, GOLDEN AL, PANJABI MM, PASTIDES H, BERG AT *et al.* and the Northeast Collaborative Group on Low-Back Pain. An epidemiologic study of sports and weight lifting as possible risk factors for herniated lumbar and cervical discs. *Am J Sports Med* 1993; 21 : 854-60.

[20] NELEMANS PJ, DEBIE RA, DEVET HCW, STURMANS AF. Injection therapy for subacute and chronic benign low back pain. *Spine* 2001; 26 : 501-15.

[21] O'SULLIVAN PB, PHYTY GD, TWOMEY LT *et al.* Evaluation of specific stabilizing exercise in the treatment of chronic low back pain with radiologic diagnosis of spondylolysis or spondylolisthesis. *Spine* 1997; 22 : 2959-67.

[22] ONG A, ANDERSON J, ROCHE J. A pilot study of the prevalence of lumbar disc degeneration in elite athletes with lower back pain in the Sydney 2000 Olympic Games. *Br J Sports* 2003; 37 : 263-6.

[23] ONGLEY MJ, KLEIN RG, DORMAN TA *et al.* A new approach to the treatment of chronic low back pain. *Lancet* 1987; ii : 43-6.

[24] PORTER RW. Physical activity and the strength of the lumbar spine. *Spine* 1989; 14 : 201-3.

[25] QUARRIE KL, CANTU RC, CHALMERS DJ. Rugby union injuries of cervical spine and spinal cord. *Sports Med* 2002; 32 : 633-53.

[26] ROZENBERG S, DELVAL C, REZVANI Y, OLIVIERI-APICELLA N, KUNTZ JL, LEGRAND E *et al.* Bed rest or normal activity for patients with acute low back pain : a randomized controlled trial. *Spine* 2002; 27 : 1487-93.

[27] SCHER AT. Rugby injuries to the cervical spine and spinal cord : a 10 year review. *Clin Sports Med* 1998; 17 : 195-206.

[28] SERRAO JM, MARKS RL, MORLEY SJ *et al.* Intrathecal midazolam for the treatment of chronic mechanical low back pain : a controlled comparison with epidural steroid in a pilot study. *Pain* 1992; 48 : 5-12.

[29] SIMONS MG. Myofascial pain syndromes and fibromyalgia syndromes. A comparative analysis. *J Man Med* 1991; 6 : 3-23.

[30] SMITH MD, ANDERSON P, GRADY S. Occipitocervical arthrodesis using plate fixation. *Spine* 1993; 18 : 1894-90.

[31] SONNE M, CHRISTENSEN, HANSEN SE *et al.* Injection of steroids and local anesthesics as therapy for low back pain. *Scand J Rheum* 1985; 14 : 343-5.

[32] SWÄRD L, HELLSTRÖM M, CORSSON BO, NYMAN R, PETERSON B. Disc degeneration and associated abnormalities the pine in elite gymnasts. A MRI study. *Spine* 1991; 16 : 437-43.

[33] TANCHEV PI, DZHEROV AD, PARUSHEV AD, DIKOV DM, TODOROV MB. Scoliosis in rythmic gymnasts. *Spine* 2000; 25 : 1367-72.

[34] TORG JS, SENNETT B, PAVLOV H, LEVENTHAL MR, GLASGON SG. Spear Tackler's spine. *Am J Sports Med* 1993; 21 : 640-9.

[35] TORG JS, THIBAULT L, SENNETT B *et al.* The pathomechanics and pathophysiology of cervical spinal cord injury. *Clin Orthop* 1995; 321 : 259-69.

[36] VIDEMAN T, BATTIÉ M. *The long term effects of physical loading and exercise life styles on back related symptoms, disability and spinal pathology.* Seattle : International society for the study of the lumbar spine, 1994.

[37] WANG JC, SHAPIRO MS, HATCH JD, KNIGHT J, DOREY FJ, DELAMARTER RB. The outcome of lumbar discectomy in elite athletes. *Spine* 1999; 24 : 570-3.

[38] WATKINS RG, WILLIAMS LA, WATKINS RG. Microscopic lumbar discectomy results for 60 cases in professional and Olympic athletes. *Spine J* 2003; 3 : 100-5.

Bassin du sportif

Sommaire

Dans le cadre des activités sportives, la pathologie du complexe pelvifémoral est riche et variée. Sa fréquence actuelle est en relation avec un accroissement de la pratique sportive, une plus grande rigueur dans l'entraînement et un engagement physique de plus en plus important.

Chez les adolescents sportifs, la pathologie pelvifémorale est dominée par les ostéochondroses du bassin, dont la fréquence paraît s'accroître depuis quelques années, et surtout par les arrachements apophysaires.

Chez des sportifs un peu plus âgés, mais encore jeunes, la pratique intensive de certains sports peut conduire à des altérations de la symphyse pubienne, qu'un bilan radiographique permet d'individualiser et qui réclament un arrêt des activités physiques dès l'apparition des premiers symptômes.

Les fractures de fatigue du complexe lombo-pelvi-fémoral se manifestent par des douleurs, volontiers localisées, et une gêne fonctionnelle plus ou moins marquée. Elles doivent être reconnues précocement. L'interrogatoire est une aide précieuse pour les évoquer car l'examen clinique se caractérise par sa pauvreté et le bilan radiographique pose un certain nombre de problèmes d'interprétation des images.

Les ressauts de hanche s'observent également avec une certaine fréquence en milieu sportif, mais il s'agit d'une pathologie mineure, souvent réduite au seul ressaut.

Ostéochondroses du bassin

Les ostéochondroses du bassin touchent des adolescents, adeptes du football, de la danse ou de la gymnastique. Elles ont souvent une symptomatologie bâtarde, mais peuvent être révélées par un arrachement apophysaire brutal.

Elles sont dues à une perturbation de l'ossification endochondrale au niveau des apophyses du bassin donnant insertion aux tendons de muscles puissants. Les traumatismes, couplés à des facteurs constitutionnels mal connus, jouent un grand rôle dans la genèse de ces ostéochondroses. La composante traumatique est représentée par les tractions excessives au niveau de la zone d'insertion du tendon, responsables d'une fragmentation ou d'un arrachement du noyau apophysaire. L'interruption de la chondrogenèse, le cal de réparation, la fibrose et l'ossification secondaires rendent compte des lésions radiologiques : irrégularités, fragmentation, calcification aux zones d'insertion, et des signes cliniques.

La symptomatologie rétrocède avec le repos et la guérison complète survient lors de l'achèvement de la croissance. Des irrégularités radiologiques peuvent persister.

Des irrégularités ou anomalies de densité des apophyses ont été constatées chez des enfants en croissance mais asymptomatiques. Tous les auteurs soulignent que seules les anomalies douloureuses sont des ostéochondroses. Ainsi se trouvent éliminées les variantes physiologiques, non douloureuses, de l'ossification, qui ont une expression radiologique et aucune manifestation clinique. Quelle que soit la localisation, la symptomatologie clinique est toujours la même : douleurs et gêne fonctionnelle de degré variable.

Ostéochondroses de la crête iliaque

Elles touchent des adolescents de 15 à 18 ans. Les patients ont souvent des antécédents de stress répétitifs : courses, sauts, traumatismes directs sur la crête iliaque.

Les sujets se plaignent de douleurs vagues de la crête iliaque. Cette dernière est sensible à la palpation. Un léger œdème local est parfois noté.

Radiologiquement, en regard de la zone douloureuse, on retrouve une discontinuité de l'apophyse iliaque à l'union du quart ou du tiers antérieur et des deux tiers postérieurs. Lorsque les signes radiologiques sont bilatéraux, la discontinuité est beaucoup plus nette du côté douloureux.

Le traitement repose sur la diminution des activités sportives et l'arrêt des compétitions. En règle générale, les douleurs disparaissent en 2 à 4 mois et les radiographies se normalisent progressivement.

Ostéochondroses des épines iliaques

Elles surviennent durant la période d'ossification du noyau secondaire : entre 15 et 25 ans pour l'épine iliaque antérosupérieure et entre 13 et 18 ans pour l'épine iliaque antéro-inférieure.

Elles sont liées aux tractions excessives et répétées du tenseur du *fascia lata* et du couturier sur l'épine iliaque antérosupérieure, ou du droit antérieur sur l'épine iliaque antéro-inférieure lors des shoots et des sauts.

Cliniquement, elles se traduisent par des douleurs inguinales, accentuées par la pratique sportive. La palpation déclenche des douleurs ainsi que la contraction isométrique des muscles concernés.

Les signes radiologiques sont discrets. Leur mise en évidence repose sur des clichés bien centrés, en faisant varier les incidences et en réalisant des comparatifs : un bassin de face et un 3/4 alaire centré sur les épines sont indispensables. Ils sont éventuellement complétés d'un faux profil de Lequesne pour l'épine iliaque antéro-inférieure.

La guérison est assurée par le repos.

Ostéochondroses de l'ischion

Elles sont rares. Elles atteignent 9 fois sur 10 des garçons. Le côté droit est le plus souvent concerné.

Les symptômes se résument à une douleur fessière qui apparaît après une course ou un match ou en station assise prolongée. Exceptionnellement, la douleur peut irradier jusqu'au creux poplité.

La palpation de l'ischion est douloureuse ainsi que l'étirement des ischiojambiers.

Les radiographies révèlent initialement une diminution de taille du noyau d'ossification, une modification de sa forme et une augmentation de densité. Ultérieurement, l'ostéosclérose domine, avec fragmentation de l'apophyse. La restitution *ad integrum* se fait en plusieurs mois à un an.

Le plus souvent la guérison est spontanée. Néanmoins, un décollement apophysaire aigu, parfois révélateur, peut se produire.

Une avulsion de l'ischion peut survenir à bas bruit, évoluant tardivement vers une fusion avec épaississement, ou vers une ossification para-ischiatique. La gêne est modérée : douleur aux efforts ou à la station assise prolongée, ou absente. D'exceptionnels cas de sciatique par compression ont été décrits.

Le traitement est fondé sur le repos sportif.

Ostéochondroses de la symphyse pubienne

Elles seraient l'apanage des jeunes footballeurs. La palpation douce de la symphyse réveille les douleurs.

Une radiographie du bassin de face suffit à mettre en évidence différentes images pathologiques : des bords et des angles inférieurs de la symphyse très irréguliers et grignotés, un os sous-chondral présentant un large flou avec géodes, une fragmentation avec retard d'apparition des noyaux secondaires et un élargissement de l'interligne pubien.

En revanche, seront considérés comme de simples variantes non pathologiques de l'ossification : un évasement inférieur de l'interligne, un aspect festonné des contours et des noyaux accessoires à l'angle inférieur du pubis.

Le repos est le traitement exclusif. Il permet fréquemment la disparition des signes radiologiques en 6 à 10 semaines.

Ostéochondroses du grand trochanter

Elles sont rares. Cliniquement, il existe une douleur de la région trochantérienne, reproduite à la palpation et à la mise en tension des muscles s'insérant à ce niveau.

Radiologiquement, les signes sont discrets, caractérisés par une modification transitoire de la densité du grand trochanter. Un allongement de cette apophyse peut survenir ultérieurement.

La guérison clinique est complète avec le repos.

Ostéochondroses des branches ischiopubiennes

L'atteinte survient chez des garçons de 5 à 15 ans. Elle est localisée aux noyaux du pubis et de l'ischion.

Elle se traduit par des douleurs modérées, inguinocrurales, mécaniques. La palpation découvre un point douloureux précis sur la branche ischiopubienne.

Radiologiquement, on note une augmentation de volume de la synchondrose ischiopubienne, avec microgéodes et aspect hétérogène.

La guérison par le repos se fait sans séquelle.

Arrachements apophysaires du bassin

Les arrachements apophysaires du bassin ne sont pas très fréquents. On les rencontre surtout chez l'adolescent sportif : l'arrachement concerne une partie plus ou moins importante de l'apophyse pouvant aller jusqu'à réaliser l'apophysiolyse complète du noyau.

L'os iliaque est formé par l'union de 3 noyaux primaires : iliaque, ischiotique et pubien, qui se soudent assez tôt dans l'enfance. Entre 10 et 12 ans apparaissent les noyaux d'ossification des différentes apophyses : pubis, épines iliaques antérieures, ischion, crête iliaque, etc. Ces noyaux secondaires vont se souder à l'os iliaque durant l'adolescence, parfois plus tardivement au niveau de l'ischion. Sur les apophyses s'insèrent les différents tendons des muscles : tenseur du *fascia lata* et couturier sur l'épine iliaque antéro-supérieure, droit antérieur sur l'épine iliaque inférieure, muscles latéraux de l'abdomen sur la crête iliaque, ischiojambiers sur l'ischion, psoas iliaque sur le petit trochanter.

Ce sont des muscles puissants, souvent biarticulaires, particulièrement sollicités lors de la pratique sportive : courses, sauts, impulsions, etc.

Circonstances d'apparition

L'arrachement apophysaire survient brutalement. Comme pour les lésions musculotendineuses, le mécanisme responsable est l'étirement brutal de la chaîne fonctionnelle, dont le degré de décontraction instantanée est insuffisant pour autoriser le mouvement. On comprend alors que les chaînes biarticulaires (étirement important, insertions mobiles) soient particulièrement exposées. La fréquence des accidents croît avec le volume de l'entraînement, mais l'arrachement apophysaire n'est ni la preuve ni la conséquence inévitable du surentraînement. Des différents noyaux secondaires du bassin, seul l'ischion est le siège d'une apophyse de surmenage (maladie de Mac Master) et celle-ci préexiste exceptionnellement à l'arrachement aigu.

Les arrachements surviennent entre 13 et 25 ans, chez l'adolescent de sexe masculin le plus souvent, mais cette prépondérance ne traduit que la différence de pratique sportive entre les deux sexes. La fréquence en est sûrement sous-estimée car de nombreux arrachements passent pour des claquages, ne sont pas radiographiés, et guérissent par le seul repos sportif prolongé. Enfin, une fracture minime d'un gros noyau comme l'ischion donne un tableau initial modéré et passe volontiers inaperçue.

Localisations

Épines iliaques antérieures

Ce sont les atteintes les plus fréquentes. La lésion intéresse l'épine supérieure, où s'insèrent le couturier et le TFL, ou l'épine inférieure où s'insère le droit antérieur. La douleur initiale est importante et entraîne souvent la chute. Un craquement, parfois audible, est ressenti, aisément localisé à la partie supéroexterne du triangle de Scarpa. L'impotence est sévère et la marche est impossible.
Durant les premières heures, l'examen clinique est assez imprécis. On peut retrouver un empâtement discret, voire une petite crépitation, plus facilement localisée si l'arrachement intéresse l'épine supérieure. La hanche est en *flexum* antalgique et toute mobilisation est douloureuse. L'incapacité à décoller le talon du lit est absolue.
Après quelques jours, le tableau clinique est plus évocateur : la marche est possible avec une boiterie d'intensité variable et qui disparaît en 1 à 2 semaines. La mobilisation de la coxofémorale est indolore sauf dans les derniers degrés de flexion (coincement) et d'extension (étirement). Les tests isométriques établissent facilement le diagnostic :

- d'*arrachement iliaque supérieur*, si la contraction résistée du couturier est douloureuse, en faisant monter le talon le long de la crête tibiale controlatérale. Le test du TFL en flexion-abduction-rotation interne est beaucoup moins significatif. Il faut penser à tester la sensibilité de la partie antéroexterne de la cuisse, à la recherche d'une souffrance du nerf fémorocutané ;
- d'*arrachement iliaque inférieur*, si la contraction résistée du droit antérieur, comme fléchisseur de hanche plutôt qu'extenseur du genou, est douloureuse.

Jusqu'à l'âge de 14-15 ans, la recherche d'une épiphysiolyse, sur les clichés de face et surtout de profil, est impérative. Les épines iliaques sont examinées de façon comparative sur des clichés de face et des incidences obliques centrées. On peut retrouver l'image d'une fracture-arrachement nette, séparant de quelques millimètres le fragment du massif pelvien. Le déplacement se fait toujours vers le bas et le dehors pour l'épine supérieure, et dépasse rarement 8 à 10 mm.
Le traitement consiste en une simple mise au repos : d'abord absolue, en position de détente (chien de fusil ou décubitus dorsal avec coussin sous le genou), puis relative après quelques jours.
Après 2 à 3 semaines, la marche est normale. Il est impératif d'interdire toute rééducation active, *a fortiori* toute activité sportive durant les 2 premiers mois. Après cette date, l'évolution favorable est contrôlée par la disparition de toute douleur aux différents tests musculaires en course externe. L'entraînement progressif peut alors être repris, en général vers le 3ᵉ mois. La guérison radiographique demande de 3 à 6 mois. Elle est toujours décalée par rapport aux tests cliniques. Elle se fait par comblement progressif de l'écart interfragmentaire, aboutissant à l'aspect séquellaire d'épine arrondie légèrement débordante.

Tubérosité ischiatique

L'accident survient lors d'un shoot, d'un déséquilibre brutal, d'un grand écart (patin à glace, ski, ski nautique...). L'impotence initiale est très variable : minime en cas d'arrachement en « coup d'ongle », majeure en cas d'apophysiolyse ischiatique complète.
La douleur est aisément localisée sous la fesse et l'œdème local peut être important et masquer le pli fessier. Le diagnostic, largement suspecté par la palpation parfois crépitante de la zone douloureuse, est confirmé par la douleur retrouvée à la contraction isométrique des ischiojambiers et au passage assis-debout sur un pied.
Sur les clichés initiaux, l'image peut être d'emblée évidente, avec un arrachement important du noyau, parfois accompagné d'un fragment osseux de l'ischion. Plus souvent, la traduction initiale est modeste et nécessite des clichés centrés avec agrandissement, sur lesquels on recherche : une image en coup d'ongle parallèle au noyau, un abaissement asymétrique du noyau, une irrégularité asymétrique de la berge osseuse.
Après quelques mois, l'ischion apparaît « réparé », souvent plus épais, avec une limite inférieure plus ou moins régulière. L'importance de la traction des ischiojambiers explique l'absence quasi constante de comblement osseux interfragmentaire, autant que l'intensité de la stimulation ostéogénique. L'image du fragment est alors beaucoup plus impressionnante, se traduisant par une calcification semilunaire, toujours volumineuse, nettement détachée en dessous de l'ischion. Le fragment pseudarthrosé est souvent irrégulier, inhomogène et fait craindre, en l'absence d'anamnèse précise, l'existence d'un processus prolifératif.
Le *traitement initial* doit être rigoureux :

- si le volume avulsé est important, le traitement chirurgical avec réduction et synthèse peut être envisagé. L'immobilisation postopératoire se fait en position de détente des ischiojambiers : hanche étendue et genou fléchi, et doit durer plusieurs semaines. La récupération est lente, s'étend sur plusieurs mois, mais permet d'espérer, surtout chez le sujet jeune, une restauration fonctionnelle parfaite après 6 mois ;
- si l'arrachement est modeste, il faut imposer une immobilisation initiale stricte de 3 à 4 semaines dans la même position de détente. Durant le mois suivant, l'appui est autorisé avec béquilles de protection, en évitant toute sollicitation des ischiojambiers. La prudence commande d'éviter toute rééducation avant le 3ᵉ mois après contrôle radiographique de la stabilité du cal osseux.

Petit trochanter

Son arrachement revêt toujours un caractère impressionnant. Le craquement, la chute, l'impotence initiale totale peuvent évoquer une épiphysiolyse, voire une fracture du col sur fracture de fatigue ou kyste fémoral essentiel. L'examen initial retrouve un psoïtis sévère et rend illusoire tout examen articulaire fiable. Après quelques jours de repos absolu, l'appui progressif est repris avec une boiterie sévère… et remarquable puisqu'elle s'efface lors de la marche à reculons ! Après quelques jours, l'examen clinique permet d'innocenter la coxofémorale et retrouve une douleur constante à la flexion active de hanche, jambe tendue.

La radiographie du bassin de face fait le diagnostic, en montrant le fragment déplacé vers le haut et légèrement le dedans.

Le traitement par immobilisation simple de 3 semaines en flexion de hanche suffit généralement. La réparation se fait par comblement osseux progressif mais laisse parfois le fragment détaché sans conséquence fonctionnelle notable. La reprise des activités sportives est possible après 2 à 3 mois. En cas de déplacement important, la fixation par vissage transfémoral peut être préférée.

Pubis

L'arrachement de l'épine pubienne est rare et siège plus volontiers à l'angle inférieur (adducteurs) qu'à l'angle supérieur (grands droits). La douleur initiale est vive, irradiant tout autour de la symphyse. Elle est exacerbée par la toux, l'éternuement et rend la marche impossible.

La lésion radiographique est souvent modérée et prend l'aspect d'un petit arrachement ostéopériosté peu déplacé. Après quelques mois, la réparation apparaît sous forme de calcifications hérissées péripubiennes typiques. Le repos strict en décubitus est souvent le seul moyen de calmer la douleur des premiers jours.

La guérison est assez longue à obtenir car de nombreux gestes de la vie quotidienne sollicitent le carrefour pubien.

Le passage à la chronicité est le problème majeur posé par ces arrachements, qui peuvent amener à l'abandon pur et simple d'une carrière débutante. Le tableau clinique est celui d'une ténopériostose, semblable à la maladie des adducteurs du footballeur. Le traitement en est aussi long et parfois décourageant : massages transverses profonds, étirements, physiothérapies diverses… Seules les injections locales de corticoïdes sont efficaces.

Crête iliaque

C'est une localisation exceptionnelle des arrachements apophysaires qui ne se rencontre qu'avant la soudure de l'apophyse (Risser à 5). La lésion survient lors d'un saut, d'un demi-tour brusque ou d'une chute.

Le diagnostic est aisé car la palpation réveille une douleur précise, située, en général, à la jonction tiers moyen-tiers externe de l'aile iliaque.

Le diagnostic radiographique est toujours difficile et on ne retrouve pas de déplacement apophysaire franc mais une petite irrégularité très limitée du noyau, parfois accompagnée d'un trait vertical barrant l'apophyse.

La guérison se fait en quelques semaines, mais laisse parfois une douleur résiduelle durable mais peu gênante.

Pubalgie

Chez les sportifs, les régions puboabdominale et inguinocrurale peuvent être le siège d'affections diverses : lésions tendineuses et musculaires des adducteurs, tendinite des abdominaux, déhiscence pariétale, arthropathie pubienne…

La région pubienne est en effet particulièrement sollicitée dans la pratique de différents sports : le football, l'athlétisme, l'escrime, le rugby, le tennis, etc.

Le terme de *pubalgie*, qui traduit un syndrome douloureux de la région pubienne, recouvre classiquement trois entités anatomocliniques différentes :

- la tendinite des adducteurs ;
- l'arthropathie pubienne ;
- la pathologie pariétale abdominale.

Ces différentes lésions peuvent être isolées ou associées. Elles sont unilatérales ou bilatérales.

Données de l'anamnèse

Les patients consultent pour des douleurs inguinales uni ou bilatérales, parfois purement pubiennes, rarement abdominales basses, apparues le plus souvent de façon progressive depuis quelques semaines ou depuis plusieurs mois, et qui peuvent être pulsives à la toux.

Au stade de début, les douleurs sont provoquées par des exercices physiques tels un démarrage rapide, un changement soudain de direction, des sauts, des pivots sur une jambe, des mouvements brusques de torsion du tronc, la frappe dans un ballon ou encore l'abduction forcée d'un membre inférieur au cours d'un tacle. Lors de cette phase initiale de l'affection, les douleurs sont toujours calmées par l'arrêt ou même la simple diminution des activités physiques.

Progressivement, les douleurs vont apparaître de plus en plus précocement au cours des exercices et ne sont plus qu'atténuées par le repos. À ce stade, si l'arrêt du sport n'est pas préconisé, les douleurs vont encore augmenter d'intensité et diffuser vers la face interne des cuisses, les testicules et le périnée (pouvant provoquer un ténesme), la région abdominale basse. La montée des escaliers, la moindre tentative de course, la marche en terrain irrégulier vont devenir pénibles. Parfois même une boiterie peut apparaître, tandis que le passage de la station assise à la station debout ou encore les changements de position au lit peuvent s'avérer douloureux.

Signes d'examen

À la phase de début, les seuls symptômes consistent en des douleurs à l'étirement et à la contraction isométrique des adducteurs ou des abdominaux, ainsi qu'à la palpation de la symphyse pubienne, de la corde des adducteurs ou de l'insertion des grands droits.

À la phase d'état qui, en fonction du traitement, peut durer de quelques semaines à quelques mois, on retrouve des douleurs aux mouvements résistés d'adduction des hanches et/ou de flexion du tronc, d'élévation simultanée des membres inférieurs et à l'étirement passif des adducteurs. Au palper, on peut mettre en évidence de nombreux points douloureux au niveau de la symphyse pubienne, des branches ischiopubiennes, de la région sous-pubienne, de la corde des adducteurs (qui peut être alors le siège d'une contracture marquée), des grands droits de l'abdomen. À ce stade, on peut également parfois percevoir un crissement au niveau de la symphyse pubienne qui traduirait une instabilité symphysaire selon certains auteurs.

Différentes lésions

À l'issue de cette évaluation clinique, on peut distinguer différentes formes.

Tendinite des adducteurs

Elle résulte de microtraumatismes répétés, liés à la pratique intensive de sports : football, rugby, tennis, athlétisme, basket-ball, danse, etc.

Dans la majorité des cas, l'atteinte concerne le moyen adducteur, et s'observe de façon préférentielle chez les athlètes présentant des masses musculaires puissantes mais rétractées.

La douleur siège soit au milieu de la zone d'insertion, soit au niveau du corps du tendon, plus rarement à la jonction myotendineuse. Dans tous les cas, la douleur est sous-pubienne.

Au début, la douleur est localisée au niveau du compartiment interne de la racine du membre inférieur. Elle s'installe pendant ou après l'activité sportive, tend à diminuer voire à disparaître après un certain temps d'échauffement, et en général est présente le matin au réveil, essentiellement lors des mouvements d'abduction de la cuisse. Par la suite, et en l'absence de traitement, cette douleur augmente au cours et après l'arrêt de l'effort sportif. Elle tend enfin à devenir permanente.

À l'examen, on retrouve la triade classique des atteintes tendineuses : la douleur à l'étirement passif, la douleur à la contraction résistée, la douleur à la palpation.

Arthropathie pubienne

Elle associe une symptomatologie douloureuse, localisée à la région pubienne et irradiant vers les adducteurs, le périnée, les organes génitaux externes, la région hypogastrique. Les images radiologiques sont typiques. Elle résulte de contraintes répétées en « cisaillement » de la symphyse pubienne (shoot...).

Au stade de début, l'examen retrouve des douleurs à type de « gêne » relayées et augmentées par la palpation de la symphyse et l'activité physique. L'examen de la paroi abdominale et du canal inguinal est normal. À ce stade, l'arrêt de l'activité sportive calme la douleur.

Progressivement, le repos calme de moins en moins la douleur et celle-ci devient irradiante.

L'évolution se fait ensuite vers des douleurs à la montée et descente des escaliers, à la course, au passage de la station assise à la station debout... Dans certains cas, peut apparaître une boiterie.

À un stade évolué, la douleur est déclenchée par la contraction des adducteurs et des abdominaux, l'étirement des adducteurs, l'abduction de hanche, la toux. Dans certains cas, la palpation de la symphyse permet de noter une sensation de crépitement à son niveau.

Pathologie pariétale abdominale

Elle atteint la partie basse des muscles larges, essentiellement le grand oblique et les éléments constitutifs du canal inguinal.

La plupart des auteurs s'accordent sur le fait que des sollicitations contradictoires dissociant les différents plans du canal inguinal sont à l'origine de cette pathologie. Le début de la symptomatologie douloureuse est progressif, lié aux différentes activités sportives. Plus rarement, le début est brutal, déclenché par un geste violent, souvent mal effectué : reprise de volée, transformation du rugby, impulsion violente...

La douleur est sus-pubienne, remontant dans la plupart des cas en suivant le trajet du canal inguinal. Elle est uni ou bilatérale, aggravée à l'arrêt de l'activité. Progressivement, la douleur apparaît plus rapidement au cours de l'effort sportif, et est déclenchée par tous les mouvements de rotation et d'extension du tronc. Elle peut obliger l'athlète à interrompre son activité.

L'examen, au mieux pratiqué après l'effort, en position debout et couchée, retrouve des orifices inguinaux externes augmentés de diamètre et plus ou moins douloureux à la toux, un état préherniaire, une déhiscence ou un amincissement au niveau des obliques, parfois un orifice inguinal interne dilaté.

Le déséquilibre entre grands droits et obliques peut donner une « impression » de voussure de la région inguinale, qui augmente lorsque le patient se penche en arrière.

Le bilan radiographique comporte un cliché de bassin de face debout. L'arthopathie pubienne peut se traduire par des géodes et une ostéocondensation sous-chondrale, des érosions des berges articulaires et un élargissement de l'espace articulaire.

Les signes radiographiques peuvent mettre plusieurs mois à apparaître. Ils évoluent sur plusieurs années. Leur disparition complète est possible. Il n'existe pas de corrélation radioclinique. Le bilan radiographique est souvent normal chez un sportif pubalgique et des remaniements radiographiques de la symphyse pubienne peuvent se voir chez des sportifs ne souffrant pas et n'ayant jamais souffert de pubalgie.

Dans la maladie des adducteurs, on peut observer des modifications des régions d'insertion : géodes, condensation, contours hérissés, calcifications favorisées par les infiltrations répétées.

Imagerie complémentaire

La *scintigraphie au technétium 99* peut montrer une hyperfixation d'une ou des deux branches pubiennes et de la symphyse, mais c'est un examen non spécifique.

L'*imagerie par résonance magnétique (IRM)* est la seule technique capable d'analyser simultanément l'os des branches pubiennes, le fibrocartilage de la symphyse et les insertions tendineuses des adducteurs et des muscles larges de l'abdomen sur le pubis, et cela dans tous les plans de l'espace.

L'ostéoarthropathie pubienne se traduit par des modifications du signal d'une ou des deux branches pubiennes : le signal est augmenté en T2, diminué en T1 et rehaussé par l'injection intraveineuse d'un produit de contraste paramagnétique. Ces modifications du signal du pubis traduisent une hyperhémie et une inflammation de l'os spongieux secondaires au microtraumatisme chronique. L'atteinte est

le plus souvent unilatérale, ne touchant qu'une branche pubienne.
L'IRM est beaucoup plus sensible que les radiographies standard dans la détection de l'arthropathie pubienne. Les signes IRM sont contemporains ou plus précoces et surtout plus spécifiques que les signes scintigraphiques.
La tendinopathie des adducteurs de la cuisse se traduit par une hétérogénéité et une augmentation du signal du tendon en T2 et en T1 et par le rehaussement de ce signal après injection intraveineuse de produit de contraste paramagnétique.
L'atteinte des muscles de la paroi antéro-inférieure de l'abdomen est le plus souvent unilatérale. Une tendinopathie de l'insertion pubienne des muscles larges de l'abdomen se traduit par des signes IRM identiques à ceux de la tendinopathie des adducteurs de la cuisse.

Traitement médical

Il devrait être avant tout préventif, fondé sur de meilleures conceptions d'entraînement évitant le surdosage, une étude plus rationnelle des gestes sportifs cherchant à éliminer ou à réduire ceux qui sont nocifs, l'assouplissement systématique des adducteurs et des ischiojambiers, le dépistage et le traitement des troubles associés (inégalité de longueur des membres inférieurs, lésions rachidiennes), une meilleure adaptation du matériel (chaussures, sol, etc.).
Le traitement proprement dit est fondé avant tout sur le repos, qui doit être aussi précoce que possible. Ordonné dès l'apparition des premiers signes cliniques, il doit être total d'emblée et prescrit pour une période variant de 6 semaines à 3 mois, et parfois plus encore.
Les infiltrations locales de corticoïdes, surtout lorsqu'elles sont associées à la poursuite des activités sportives, paraissent devoir être formellement rejetées : elles semblent être responsables de l'aggravation et de la pérennisation des signes de la maladie.
À la phase aiguë de l'affection, il paraît en revanche souhaitable d'utiliser un traitement anti-inflammatoire par voie générale pendant un laps de temps réduit de l'ordre d'une semaine. De tous les traitements utilisés, ce sont les corticoïdes qui ont donné les résultats les plus rapides et brillants alors que les autres anti-inflammatoires ont parfois été assez décevants.
À la phase de stabilisation, on peut utiliser les massages transverses profonds sur les insertions pubiennes, les abdominaux et les adducteurs, et sur les ligaments antérieurs et inférieurs du pubis.

Traitement chirurgical

Il est inspiré de l'opération de Nesovic, dont le principe est le suivant : la pubalgie étant liée à un déséquilibre entre une musculature abdominale « faible » (muscles larges de l'abdomen) et des adducteurs de hanche « forts », Nesovic a imaginé de procéder à un renforcement des « abdominaux » par l'abaissement et la mise en tension des muscles larges de l'abdomen, ce qui a pour effet principal de supprimer la déhiscence inguinale. L'exactitude de ce principe peut être mise en doute. Néanmoins, dans cette série en tout cas, les résultats de l'application de ce principe sont constamment excellents. Il apparaît curieux que l'on puisse évoquer la section des abdominogénitaux en tant que responsable des résultats favorables obtenus, alors que ceux-ci sont préservés dans la majorité des cas.

Fractures de fatigue du complexe pelvifémoral

Les fractures de fatigue du complexe pelvifémoral sont liées à une brusque modification de la charge de travail ou à un surmenage récent, notamment une activité inhabituelle chez un sédentaire.
Elles se manifestent par des douleurs et par une gêne fonctionnelle plus ou moins marquée. Les signes fonctionnels sont aggravés par certaines positions et/ou par l'appui au sol, la marche, la montée et la descente des escaliers.
Au stade initial, les radiographies standard sont normales. La confirmation du diagnostic vient de l'évolution : 3 à 4 semaines après le début des douleurs, les clichés standard livrent leur diagnostic à un œil attentif et préparé.
La scintigraphie osseuse reste l'élément déterminant de la précocité du diagnostic bien qu'on puisse lui reprocher son manque de spécificité. La tomodensitométrie précise les lésions mais, tout comme la radiographie conventionnelle, est en décalage avec le début des douleurs. L'IRM est probablement la voie de l'avenir.

Fractures de fatigue du sacrum

Elles surviennent à l'occasion du surmenage mécanique que peut représenter une activité sportive importante ou inhabituelle.
La *douleur* survient dans un contexte d'entraînement à la course à pied, plus ou moins intensive et plus ou moins habituelle. Initialement, elle est de degré variable mais augmente rapidement et conduit à l'arrêt de la pratique sportive.
L'*interrogatoire* ne révèle pas de caractère inflammatoire des douleurs, dont la localisation peut être typiquement sacrée ou être ressentie dans la région lombaire basse ou dans la cuisse. L'intensité des douleurs évolue selon un rythme qui se superpose à celui des activités physiques et sportives. Il n'existe pas d'irradiation à distance.
L'*examen* retrouve des signes d'atteinte de la sacro-iliaque et les signes les plus spécifiques sont le réveil des douleurs par la palpation et par la manœuvre du trépied. Le rôle favorisant que joue une inégalité des membres inférieurs est parfois noté. Le reste de l'examen est négatif.
La normalité du *bilan radiographique initial* est *a posteriori* un élément du diagnostic. Lorsque des images radiographiques ont été observées, elles se traduisent par une condensation linéaire verticale ne dépassant pas les 3 premières pièces sacrées sur les clichés de face, mais ces images sont rapportées dans les cas de fracture par insuffisance osseuse et sont des images tardives.
La *scintigraphie* est sans nul doute l'examen le plus systématiquement et le plus précocement demandé, notamment dans le cadre du sport de haut niveau où la fracture de fatigue est une arrière-pensée permanente dès l'apparition d'une souffrance « mécanique » au niveau d'une structure osseuse. La lésion est isolée, unilatérale, d'aspect grossièrement parallèle à l'articulation sacro-iliaque.
La *tomodensitométrie*, à la condition de ne pas être demandée trop précocement, permet de mettre en évidence l'image caractéristique : un trait vertical, parallèle à l'interligne sacro-iliaque et plus ou moins proche de celui-ci.

L'*IRM* peut donner une réponse précoce en montrant une modification du signal osseux dès les premiers jours. Cet examen est indiqué chez le sportif de haut niveau lorsqu'on veut établir un diagnostic précoce.
L'*évolution* se fait spontanément vers la guérison à partir du moment où le repos est observé. En moyenne, il s'écoule 4 mois entre le début des douleurs et la fin des manifestations fonctionnelles.

Fractures de fatigue des branches ischio et iliopubiennes

Elles sont peu fréquentes et peuvent survenir chez l'adulte et l'enfant. Les sports les plus fréquemment en cause sont le marathon, la course de demi-fond et le jogging.
Trois signes retrouvés à l'examen clinique font évoquer ce diagnostic :

- des douleurs inguinales interdisant la course à pied;
- un appui monopodal impossible;
- une douleur exquise sur la branche ischio et/ou iliopubienne.

La scintigraphie permet de faire un diagnostic précoce. Le traitement est fondé sur le repos sportif jusqu'à disparition complète des douleurs.
L'âge auquel elles surviennent se modifie en raison de l'engouement actuel pour la course à pied. Classiquement retrouvées chez l'adulte jeune, elles se rencontrent maintenant chez l'enfant qui essaie de suivre ses parents le dimanche ou chez la personne d'âge mûr qui décide de refaire du sport. Chez l'adolescent, elles restent exceptionnelles.
Des *facteurs favorisants* sont souvent retrouvés : longue distance chez des débutants en course à pied, augmentation brutale de l'intensité de l'entraînement, modification de la qualité de l'entraînement avec introduction de course de vitesse. Chez des sportifs entraînés, des distances supérieures à 100 km par semaine sont souvent retrouvées.
La *douleur* est le principal motif de consultation. Elle est située au niveau de la hanche, de la partie haute de la cuisse, de la région inguinale ou de la fesse; une douleur pelvienne est exceptionnellement retrouvée. Des irradiations se font parfois dans les adducteurs ou les ischiojambiers.
L'installation des douleurs peut être brutale ou progressive. Elles peuvent survenir immédiatement après un entraînement intensif ou à distance d'une compétition. Elles sont calmées par le repos mais s'intensifient dès la reprise de la course à pied pour devenir permanentes, être à l'origine d'une boiterie et enfin entraîner l'arrêt du sport.
À l'examen, l'appui monopodal sur le membre inférieur douloureux est souvent impossible à maintenir. L'appui monopodal sur le côté opposé est difficile. Les amplitudes de la hanche sont normales mais la rotation externe peut être exceptionnellement limitée. Les manœuvres en flexion forcée de hanche réveillent parfois une douleur, de même que la mise en tension isométrique des ischiojambiers. À la palpation, on retrouve un point exquisément douloureux au niveau de la branche ischiopubienne, exceptionnellement au niveau de la branche iliopubienne.
La *radiographie* faite à un stade précoce est négative dans 60 à 70 % des cas. Un amincissement ou un effacement d'une corticale est parfois visible. À un stade tardif, un cal hypertrophique permet de faire un diagnostic rétrospectif. Il est situé au niveau de la branche ischiopubienne, plus rarement au niveau de la branche iliopubienne; une localisation bilatérale est exceptionnelle chez l'adulte.
La *scintigraphie* permet un diagnostic précoce. Une hyperfixation est possible dès la 7e heure après le traumatisme, mais celle-ci ne préjuge pas de la nature de l'accident en cause. En effet, un petit arrachement ligamentaire, un traumatisme minime ou un discret hématome peuvent simuler une fracture de fatigue. Une nouvelle scintigraphie est alors nécessaire : l'absence de fixation au 3e jour élimine le diagnostic.
L'*évolution* se fait vers la guérison sans séquelle, dans la majorité des cas en 4 à 5 mois. Parfois des douleurs persistent malgré le respect des consignes de repos ou réapparaissent au même endroit; la scintigraphie pratiquée est alors négative.

Ressauts de hanche

Les ressauts de hanche sont des affections bénignes, sinon banales, le plus souvent totalement asymptomatiques, en dehors du ressaut.
Deux ressauts sont à décrire, très différents l'un de l'autre :

- les ressauts externes, les plus fréquents et les plus anciennement connus;
- les ressauts antérieurs, qui n'ont fait l'objet d'études précises que plus récemment.

Ressauts externes

Ils sont d'une grande fréquence, et le plus souvent totalement asymptomatiques.
Ils peuvent devenir douloureux soit par microtraumatismes itératifs, notamment par la répétition des gestes sportifs, soit à la suite d'une chute ou d'un traumatisme violent. Ils sont dus au passage brutal du *fascia lata* sur le relief formé par le grand trochanter.
Les signes cliniques rendent d'emblée le diagnostic évident. Il se produit, à la face externe de la hanche, un claquement audible, palpable, visible même. Il est plus ou moins facilement reproductible par le patient : au maximum, il existe à chaque pas, à la fin du pas porteur; ailleurs, il ne se produit que sur certains mouvement, notamment en position dite « hanchée », en adduction du membre inférieur.
Le ressaut ne devient gênant pour le patient que s'il s'accompagne de douleurs, intermittentes et brutales, lors du ressaut, ailleurs chroniques, plutôt à type de gêne douloureuse, entravant la pratique sportive.
L'examen clinique s'attache à retrouver le ressaut : s'il est « habituel », cela est facile, puisqu'il suffit de placer la main sur le grand trochanter lors de la marche ou lors du mouvement responsable, bien connu du patient; s'il est intermittent, cela peut être plus difficile : il faut alors le rechercher en position d'adduction de la hanche en décubitus latéral et en imprimant au membre inférieur des mouvements de rotation et de flexion.
L'examen radiologique est totalement normal.
Dans la très grande majorité des cas, la hanche à ressaut ne justifie aucun traitement, ni aucune restriction sportive.
Dans tous les cas, avant d'en entreprendre le traitement, qu'il soit « médical » ou chirurgical, il faut, d'une part, être certain qu'il est effectivement symptomatique et, d'autre

part, bien appréhender le profil psychologique du patient, car il est tout à fait incontestable que, dans bien des cas, le syndrome est autoentretenu et s'apparente, de plus ou moins près, à une véritable hystérie.
Lorsque la réalité symptomatique est établie, le traitement médical peut être tenté : infiltrations locales de corticoïdes, postures d'étirement, massages transverses profonds, sans oublier l'approche psychologique et, pour certains, les techniques de relaxation. Il peut donner, parfois, de bons résultats.
Le traitement chirurgical doit rester très rare. La première orientation possible est de diminuer la tension du *fascia lata* en regard du grand trochanter. Pour ce faire, différentes techniques peuvent être utilisées. La seconde orientation possible est la fixation du *fascia lata* au grand trochanter, mais, là encore, les récidives sont possibles.
En postopératoire, la mobilisation et l'appui sont immédiats. La reprise du sport est autorisée vers la 6e semaine, sans aucune séquelle apparente.

Ressauts antérieurs

Ils sont nettement moins fréquents que les ressauts externes, et de la même façon sont le plus souvent totalement asymptomatiques, si ce n'est le ressaut lui-même. Il en existe deux types : les ressauts du droit antérieur et les ressauts du psoas.

Ressauts du droit antérieur

Le ressaut se déclenche dans les mouvements de circumduction du membre inférieur et dans ceux d'adduction-abduction, surtout si la hanche est en flexion. Il est, à ce moment, palpable au niveau de la région inguinale.
L'examen clinique et le bilan radiologique sont négatifs.
En cas de gêne significative, le traitement chirurgical consiste en la désinsertion du tendon direct du droit antérieur plutôt qu'en son allongement et en la régularisation éventuelle de l'épine iliaque antéro-inférieure.

Ressauts du psoas

Les signes cliniques se résument à un claquement sourd et profond qui se produit lors de chaque mouvement actif de la flexion de la hanche vers l'extension, ou encore à partir d'une position de flexion-abduction-rotation externe vers l'extension-adduction-rotation interne. Habituellement totalement asymptomatique, bien connu du patient et remarqué lors d'un examen de la hanche, il peut devenir douloureux chez le sportif, par répétition des gestes (danse, course, gymnastique), et finir par provoquer une gêne telle qu'elle justifie l'arrêt du sport.
L'examen clinique est, ici encore, totalement négatif. Le ressaut n'est ni palpable, ni visible. Il se perçoit très nettement au niveau du creux inguinal, mais sans possibilité de le situer précisément, ni à la main, ni par l'auscultation.
L'examen radiologique standard est totalement négatif.
Le traitement peut, éventuellement, tenter d'être médical, par infiltrations locales de corticoïdes, mais sans guère d'espoir, ni de raison de réussite.
Si la symptomatologie le justifie, le traitement ne peut être que chirurgical. Le problème est de déterminer la localisation exacte du ressaut, car, comme pour toutes les pathologies de ce type, il disparaît sous anesthésie générale. C'est pourquoi il est souhaitable de pratiquer l'intervention sous péridurale sensitive, qui permet, en peropératoire, la mobilisation active de la hanche et donc la reproduction du ressaut.

Conclusion

Chez les sportifs adolescents et chez les sportifs plus âgés mais encore jeunes, la pathologie du bassin est dominée par des lésions microtraumatiques ou traumatiques, dont les éléments de discrimination principaux sont l'âge du sportif et l'activité sportive en cause.
Les lésions sont variées. La symptomatologie fonctionnelle est très différente dans les formes à début brutal et dans celles à début progressif.
L'examen clinique tient une place primordiale dans la reconnaissance des différentes lésions.
Le bilan d'imagerie est toujours nécessaire mais peut être simple dans la majorité des cas.
Le traitement est fondé sur le bon sens. Il est conservateur dans la plupart des cas. Il est chirurgical dans des conditions particulières, qui nécessitent un préalable thérapeutique rigoureux et des images affirmant formellement la gravité des lésions.

Épaule douloureuse et sport

Sommaire

Vulnérabilité de l'épaule au cours des activités sportives

Au cours de leurs activités de loisir ou de compétition, les sportifs peuvent être victimes de microtraumatismes variés et nombreux, dont la localisation et l'importance doivent être appréciées par un bilan clinique détaillé et des examens complémentaires hiérarchisés.

Les microtraumatismes peuvent être la conséquence de simples gestes techniques, plus ou moins complexes, effectués à la limite des amplitudes articulaires physiologiques – et parfois au-delà –, exécutés avec une grande vitesse, répétés un grand nombre de fois, au rythme des entraînements et des compétitions.

Le début est insidieux le plus souvent et la gêne fonctionnelle réduite : la douleur reste modérée et la poursuite des activités sportives est possible pendant un certain temps. Progressivement, l'évolution se fait vers une augmentation de la gêne et une aggravation des douleurs. Elle aboutit à une modification du geste technique, à une diminution des capacités d'entraînement et, à plus ou moins long terme, à la nécessité d'interrompre la pratique sportive en cause.

Ces lésions microtraumatiques peuvent affecter le cartilage articulaire et l'os, la capsule, les ligaments et le bourrelet glénoïdien, les tendons et les muscles, les troncs nerveux.

L'identification précise de la structure anatomique qui souffre n'est pas toujours aisée et les difficultés d'un diagnostic topographique formel tiennent, en particulier au stade initial, au caractère peu précis des signes fonctionnels, faits de douleurs plus ou moins vives, calmées par le repos, aggravées par le surmenage, entraînant une gêne souvent proportionnelle à l'intensité de la pratique sportive.

Seul un examen physique attentif permet d'individualiser un tableau clinique cohérent qui témoigne du dépassement des capacités de résistance des tissus.

Les examens complémentaires doivent être guidés par les données du bilan clinique. Ils vont du plus simple au plus complexe. Le bilan radiographique standard reste l'examen essentiel. Il peut être complété par une échographie, une arthrographie, un scanner, un arthroscanner, une IRM. Les atteintes neurologiques microtraumatiques sont étudiées par l'électromyographie et la mesure des vitesses de conduction nerveuse, qui permettent d'en affirmer la nature et d'en suivre l'évolution.

Les sports les plus « agressifs » pour l'épaule sont le tennis et les sports de raquette, les lancers, notamment le lancer du javelot, certains sports collectifs : le hand-ball, le volley-ball, le water-polo, ainsi que de nombreux sports individuels comme la natation, l'haltérophilie, le golf, la boxe.

Parmi les lésions microtraumatiques, il convient de citer :

- *le conflit sous-acromial*, qui se produit entre la bourse sous-acromio-deltoïdienne et la coiffe des rotateurs – notamment le supraépineux – et la voûte acromiocoracoïdienne, véritable dôme ostéoligamentaire, formée par le ligament acromiocoracoïdien en avant, et l'acromion en arrière. Ce conflit est lié aux mouvements d'élévation du bras au cours desquels le trochiter s'engage sous la voûte. Le passage se fait à frottement dur sous le ligament acromiocoracoïdien et plus aisément sous l'acromion ;
- *l'instabilité douloureuse de l'épaule*, qui est également une cause fréquente de douleurs au cours de certaines activités sportives. Elle semble résulter d'un affaiblissement progressif de la sangle antérieure de l'épaule et peut aboutir à une véritable lésion du bourrelet glénoïdien ou du rebord antéro-inférieur de la glène. Dans certains cas, les lésions sont postérieures et semblent liées à une pathologie de traction sur la capsule articulaire et sur le bourrelet glénoïdien ou à un conflit postérosupérieur ;
- *les lésions neurologiques microtraumatiques*, qui ont également une fréquence non négligeable au cours de certaines activités sportives comme le tennis, le volley-ball, les lancers ou l'haltérophilie. Elles concernent le nerf du grand dentelé et le nerf suprascapulaire : le nerf du grand dentelé est gracile et long. Son atteinte est la conséquence d'un étirement unique et brutal ou d'étirements répétitifs au cours de certains gestes sportifs, le service et le *smash* notamment ; le nerf suprascapulaire a un trajet complexe et traverse deux défilés ostéoligamentaires : l'échancrure coracoïdienne, fermée à sa partie supérieure par le ligament coracoïdien, et l'échancrure spinoglénoïdienne au bord externe de l'épine de l'omoplate. Au niveau de ces deux défilés, le nerf peut être étiré ou comprimé lors d'un geste sportif unique et brutal ou à l'occasion de gestes répétitifs ;

– *l'arthropathie acromioclaviculaire microtraumatique*, qui est liée à un surmenage mécanique de cette articulation, très sollicitée dans les mouvements d'adduction horizontale du bras. Elle s'observe au cours de nombreuses activités sportives, notamment l'haltérophilie, les sports de raquette et le golf.

Évaluation clinique

Elle est assurée par deux étapes d'importance considérable et presque égale : une anamnèse rigoureuse et un examen physique détaillé.

Interrogatoire

Il précise les éléments suivants.

Caractères de la douleur au moment de la consultation

La *localisation* peut être antérieure, sous-acromiale ou postérieure, cervicotrapézienne. Elle peut intéresser tout le moignon de l'épaule et plus particulièrement le deltoïde. Elle peut irradier progressivement ou d'emblée, à la face antérieure ou à la face externe du bras et gagner l'avant-bras, le poignet et la main.

Le *mode de début* peut être aigu, brutal, pendant l'activité sportive, ou après une chute sur l'épaule, le coude ou la main. Il peut être insidieux, progressif, sans cause apparente, dans les suites de l'activité sportive.

L'*intensité* des douleurs est variable. Elle est généralement modérée dans la vie quotidienne mais peut être aiguë au cours de certains gestes sportifs sollicitant l'épaule lors d'un mouvement d'amplitude très importante, dépassant parfois les limites physiologiques et effectué avec une grande vélocité.

Le *caractère mécanique* des douleurs est constant mais elles peuvent présenter une recrudescence nocturne, rendant difficile le sommeil sur le côté douloureux.

L'*évolution* des douleurs est variable. Elles sont généralement aggravées par les activités physiques et sportives. Elles diminuent au repos. Dans certains cas, les douleurs peuvent devenir lancinantes et persister au repos.

Signes d'accompagnement

Fatigabilité du bras, faiblesse musculaire, manque de précision, impression d'instabilité, sensation de bras mort, accrochage, ressaut peuvent être observés au cours de l'évolution. Ils se manifestent au cours de certains gestes, notamment lors d'une phase précise d'un geste sportif : préparation d'un tir au hand-ball, phase d'accélération d'un lancer au javelot, phase d'accompagnement d'un *smash* au volley-ball.

Ces signes fonctionnels sont importants à rechercher : ils orientent de façon non négligeable le diagnostic et les investigations complémentaires.

Antécédents

L'interrogatoire cherche à préciser les circonstances exactes, le mécanisme, les symptômes initiaux de tout traumatisme ainsi que l'évaluation qui en a été faite, le traitement suivi, les résultats obtenus.

Dans les formes à début progressif, il faut noter la date d'apparition des douleurs, leurs caractères à la phase initiale et au cours de l'évolution, leur topographie initiale et les modifications apparues. L'intensité et le niveau des activités sont précisés ainsi que l'influence de la pathologie en cause sur les capacités à effectuer un geste correct et efficace et à poursuivre l'entraînement au même rythme et la compétition au même niveau.

Examen clinique

Il porte successivement sur la mobilité de l'épaule, la recherche de signes de coincement, l'étude des contractions résistées, l'exploration de la stabilité des articulations glénohumérale et acromioclaviculaire, la palpation minutieuse de tous les éléments du complexe articulaire : tendons, muscles, interlignes articulaires, bourses séreuses.

Mobilité du bras par rapport au tronc

Elle met en jeu les 5 articulations du complexe de l'épaule et s'étudie sous un triple aspect :

– l'amplitude des mouvements ;
– l'apparition de douleurs et leur(s) localisation(s) ;
– l'harmonie du rythme scapulohuméral.

L'examen de la mobilité se fait comparativement avec le côté opposé, en actif et en passif. On étudie successivement l'élévation antérieure, l'élévation latérale, l'abduction omoplate bloquée, la rotation externe, la rotation interne, la rétropulsion. Pour chacun de ces mouvements, on note s'il existe une limitation de l'amplitude, dont on chiffre l'importance, et un réveil des douleurs dont on précise le siège : antérieur, antéro-externe, postérieur, ou autre.

L'harmonie du rythme scapulohuméral est étudiée au cours des mouvements actifs comparatifs d'élévation, effectués latéralement dans le plan de l'épine de l'omoplate (à 20 ou 30° en avant du plan frontal du corps). La main est placée successivement en pronation puis en supination. Le rythme est harmonieux lorsque l'élévation du bras se fait régulièrement sans ascension du moignon de l'épaule. Il traduit une bonne synergie entre l'action ascensionnelle du deltoïde et l'action d'abaissement et de recentrage de la tête humérale.

Recherche des signes de coincement interne

Le but de ces manœuvres est de coincer un tendon ou une bourse séreuse entre deux reliefs ou dans un défilé. Leur importance a été depuis longtemps soulignée par Cyriax, pour qui la mise en évidence, bien qu'inconstante, d'une douleur en fin d'élévation antérieure et latérale, ainsi qu'en adduction horizontale, traduisait une lésion du tendon du supraépineux près de son insertion.

Neer a proposé un *test d'« impingement »*, qui consiste à fixer l'omoplate et la ceinture scapulaire d'une main et à effectuer une élévation antérieure passive du bras, la main en pronation. La manœuvre est douloureuse en fin de mouvement (vers 100-110°) en cas de conflit sous-acromial.

Le *test de Hawkins* est réalisé le bras en élévation antérieure à 90°, le coude fléchi à 90°. En effectuant une rotation interne forcée de l'épaule, l'examinateur provoque une douleur vive de l'épaule en cas de conflit sous-acromial et de conflit coracohuméral.

Le *test de Walch* est réalisé le bras en élévation latérale ente 90° et 150°, le coude fléchi à 90°. L'examinateur cherche en augmentant l'amplitude du mouvement à provoquer la douleur spontanée ressentie par le patient lors de l'armé du bras.

Étude des contractions résistées

Classiquement, elle se fait dans différentes positions :

- le bras en abduction à 15 ou 20°, pour tester :
  - le supraépineux, au cours de l'abduction contrariée dans le plan d'élection de ce muscle : le plan de l'épine de l'omoplate, qui fait environ 20° avec le plan frontal ;
  - le grand pectoral, le grand dorsal et le grand rond, au cours de l'adduction contrariée ;
- le bras collé au corps et le coude fléchi à 90°, pour tester :
  - le sous-épineux, au cours de la rotation externe ;
  - le sous-scapulaire, au cours de la rotation interne ;
  - le biceps et le triceps, au cours de la flexion et de l'extension du coude ;
- le bras en élévation antérieure à 90° et l'avant-bras en supination, pour tester la longue portion du biceps : c'est le *« palm-up test »*.

En dehors de ces tests, certains tendons peuvent être étudiés dans des positions différentes : c'est le cas, en particulier, du supraépineux, qui peut être testé selon la méthode de Jobe. Le test de Jobe consiste à demander au patient de placer les membres supérieurs en hyperpronation (les pouces dirigés vers le bas), en abduction à 80-90° et en antépulsion à 30°. L'examinateur demande au sujet de maintenir les deux bras dans cette position pendant qu'il appuie fortement sur les bras du patient.

L'étude des muscles contre résistance donne deux ordres de renseignements :

- le déclenchement d'une douleur, qui témoigne d'une atteinte du tendon ;
- le degré de résistance, qui peut être normal, légèrement diminué par la réaction douloureuse provoquée, ou fortement diminué par une véritable lésion anatomique. Cette lésion anatomique peut être située au niveau du tendon : c'est le cas, par exemple, du déficit d'abduction et de rotation externe observé dans les ruptures de la coiffe des rotateurs. La lésion peut être située au niveau du socle osseux d'insertion du tendon : c'est le cas, par exemple, du déficit de rotation interne, d'abduction et de rotation externe observé après une fracture du massif du trochiter. Enfin, la lésion anatomique peut être neurologique : c'est le cas, par exemple, du déficit de rotation externe observé après atteinte du nerf suprascapulaire.

Exploration de la stabilité de l'épaule

Elle se fait au cours de différentes manœuvres :

- la rétropulsion horizontale de l'épaule associée à la rotation externe : c'est le geste de l'« armé du bras ». Elle s'effectue en position assise ou couchée sur le dos. L'examinateur doit placer le bras du patient en abduction à 90° et en rotation externe maximale. Puis d'une main, il doit pousser la tête humérale vers l'avant tout en accentuant la rotation externe de l'épaule. Cette manœuvre déclenche une réaction d'appréhension en cas d'antécédent d'accident d'instabilité, alors qu'elle déclenche une douleur en cas d'atteinte de la coiffe ;
- la mobilité de la tête humérale par rapport à la glène : elle s'explore en se plaçant derrière le sujet debout et légèrement penché en avant, les bras parfaitement relâchés. L'examinateur empaume le moignon de l'épaule du patient et mobilise la tête humérale d'avant en arrière et d'arrière en avant par rapport à la glène ; il perçoit une exagération de l'amplitude du mouvement par rapport au côté opposé.

La laxité de la tête humérale doit également être appréciée le bras en abduction à 90°, le coude soutenu. L'examinateur mobilise le membre supérieur vers l'avant et vers l'arrière et peut percevoir une différence de laxité entre les deux épaules.

Cette exploration peut être complétée par le test dit de « relocation » de Jobe et par celui dit de « surprise ».

Palpation

Les différents tendons doivent être palpés de façon précise :

- le tendon du muscle long biceps : sur le patient debout ou assis, en plaçant le pouce dans le sillon deltopectoral, en repérant la lèvre externe de la coulisse bicipitale et en s'aidant de petits mouvements de rotation de l'épaule effectués par l'intermédiaire de l'avant-bras, ou le bras placé en rotation externe en repérant la coulisse bicipitale à la face antérolatérale du moignon de l'épaule. Ce tendon peut également être palpé en position de décubitus dorsal, le bras à 90°, le coude fléchi à 90°. En faisant effectuer à l'épaule un mouvement de rotation interne de 10° environ, le tendon de la longue portion du biceps devient la structure anatomique la plus superficielle sous le deltoïde. Dans cette position, son repérage est particulièrement aisé ;
- le tendon du muscle supraépineux : en plaçant l'épaule en rotation interne et rétropulsion modérée (main dans le dos) et en palpant le tendon sous le bec de l'acromion ;
- le tendon du muscle infraépineux : en plaçant l'épaule en légère antépulsion, adduction et rotation externe (coude sur la table, main poussée vers l'extérieur par l'autre main) et en palpant le tendon en dessous du rebord postérieur de l'acromion ;
- le tendon sous-scapulaire : en plaçant le coude au corps et le bras en légère rotation externe et en palpant le tendon dans le sillon deltopectoral, en dehors de la coracoïde ;

La bourse séreuse sous-acromio-deltoïdienne est palpée en avant et au-dessous du sommet de l'acromion dans la région antérolatérale de l'épaule.

Le ligament acromiocoracoïdien est repéré à la face antérieure de l'épaule, au-dessous de la coracoïde, en prenant soin de placer le bras en rotation externe pour dégager le tendon du muscle long biceps.

Itinéraire d'imagerie

Les examens complémentaires sont toujours demandés en fonction de l'orientation diagnostique découlant de l'examen clinique.

Bilan radiographique standard

C'est un bilan de première intention qui complète directement l'évaluation clinique. Bien réalisé, il permet de répondre de façon satisfaisante à un certain nombre de questions. Il comprend des clichés de face sous diverses rotations (rotation externe, neutre et interne) et un profil d'omoplate (profil de Lamy). Dans certains cas, il ne comporte qu'une incidence acromioclaviculaire.
L'existence de facteurs anatomiques susceptibles de provoquer un conflit doit être recherchée : bec acromial plus ou moins proéminent, ostéophyte de la face inférieure de l'articulaire acromioclaviculaire, calcifications dans les parties molles.
En cas d'épaule douloureuse et instable, un profil glénoïdien est indispensable.

Échographie

Elle apprécie l'état des structures musculotendineuses lorsque l'examen est réalisé dans des conditions optimales. Capable de déceler les perforations, elle montre également les remaniements dégénératifs débutants ou évolués. La réalisation de manœuvres dynamiques comparatives en temps réel visualise directement un conflit.
Elle permet une étude très précise des bourses séreuses.

Arthrographie et tomodensitométrie

L'*arthrographie* fait le diagnostic de rupture partielle et, *a fortiori*, de rupture complète d'un tendon, en précisant son siège et son étendue dans le plan frontal et sagittal. L'analyse fine du contour musculotendineux est utile pour affirmer l'existence de lésions partielles.
Le champ de ces investigations est toutefois limité et c'est la raison pour laquelle l'examen tomodensitométrique est fréquemment associé à l'arthrographie pour réaliser un *arthroscanner*, qui fournit des éléments indispensables, notamment pour étudier le bourrelet glénoïdien.

Imagerie par résonance magnétique

L'intérêt de l'IRM est évident grâce à une analyse multiplan et un contraste élevé obtenu entre les différentes structures. La plupart des éléments anatomiques de l'épaule sont parfaitement identifiables, mises à part certaines structures de petite taille ou étroitement liées comme les ligaments glénohuméraux ou, de façon inconstante, le ligament acromiocoracoïdien.
Toutefois, l'insuffisance de résolution spatiale de l'IRM la rend peu contributive dans l'étude de certaines structures et justifie la place de l'arthroscanner lorsque l'on suspecte une pathologie intra-articulaire, qu'il s'agisse du bourrelet, de la capsule ou de la synoviale articulaire.
Des travaux récents montrent l'intérêt de l'arthro-IRM avec des résultats supérieurs à l'IRM seule.
Au total, lorsque l'examen clinique le justifie ou lorsque l'attitude thérapeutique en dépend, il est possible actuellement de réaliser un bilan d'imagerie de l'épaule performant.
Après un bilan radiographique standard de départ, indispensable et incontournable, le clinicien choisit entre les différentes techniques d'imagerie en fonction des éléments diagnostiques qu'il recherche. Chacune des méthodes présente des avantages et des inconvénients.

Tendinopathies de l'épaule

Du fait de ses deux rôles fondamentaux de stabilisation et de centrage actif de la tête humérale, les tendons de la coiffe des rotateurs sont très sollicités lors de la pratique de nombreux sports. Dès lors, chez les sportifs de loisir et de compétition, on conçoit la fréquence des atteintes de la coiffe, dont on ne peut pas séparer les lésions de la longue portion du biceps, et la pathologie des bourses séreuses de voisinage.

Physiopathologie et anatomopathologie des lésions

Les lésions des tendons de l'épaule se présentent sous des formes variées.
Les unes ont une origine microtraumatique, liée à une hypersollicitation habituelle ou inhabituelle des tendons. Elles se présentent sous deux aspects : les tendinopathies et les épaules de conflit.
Les *tendinopathies* s'observent surtout au niveau du tendon supraépineux, tendon le plus vulnérable de la coiffe, mais peuvent aussi être observées au niveau des tendons sous-épineux et sous-scapulaire. Elles peuvent exister à l'état isolé, sans calcification, sans rupture et sans signe de conflit.
Les *épaules de conflit* se présentent sous différents aspects : le conflit sous-acromial, le conflit coraco-huméral et le conflit postéro-supérieur.
Dans les conflits sous-acromial et coraco-huméral, l'extrémité supérieure de l'humérus, recouverte de la coiffe des rotateurs et de bourses séreuses, roule et glisse dans l'espace sous-acromio-coracoïdien. Cet espace ostéoligamentaire est inextensible et il est étroit en haut, en avant et en dedans. Le conflit se produit lorsqu'une rotation interne est associée à l'élévation antérieure du bras. Le manchon conjonctif, constitué par la bourse sous-acromio-deltoïdienne qui recouvre la coiffe et la longue portion du biceps, entre alors en conflit avec la voûte acromiale constituée par la face inférieure de l'acromion, notamment le

bec acromial, l'insertion postérieure du ligament acromio-coracoïdien et la partie inférieure de l'articulation acromio-claviculaire, et parfois avec la coracoïde.

Ces lésions sont favorisées par plusieurs facteurs « mécaniques » : les forces de frottement auxquels les tendons et les bourses séreuses sont soumis au cours de certains gestes sportifs, la précarité de la vascularisation des tendons au niveau de la zone vasculaire « critique » de Codman et l'ischémie paradoxale lors de gestes sportifs violents.

Le conflit postéro-supérieur se localise entre la face profonde du tendon du supraépineux et le bord postéro-supérieur de la glène. Il se produit lors de la phase préparatoire de l'armé du bras en abduction-rétropulsion et rotation externe, seul mécanisme susceptible d'expliquer l'association de lésions au niveau du tendon supraépineux, du bourrelet et du rebord glénoïdien postérieurs. Il pose toutefois le problème de savoir si ce contact est physiologique ou pathologique lorsque le bras est en position d'armé. En fait, il semble que ce contact soit physiologique et puisse survenir à différents degrés d'élévation du bras et qu'il ne puisse provoquer des lésions que si le mouvement est violent et répété.

D'autres sont consécutives à des traumatismes de différentes natures :

- un traumatisme « ascensionnel » du bas vers le haut lors d'une chute sur le coude ou sur la main, entraînant une impaction de la tête humérale sous la voûte acromiale;
- une chute sur le moignon de l'épaule ou chute vers l'avant, le bras en élévation forcée.

Enfin, certaines peuvent être en relation avec différents facteurs :

- l'âge, qui entraîne des altérations dégénératives au niveau des tendons;
- l'instabilité antérieure de l'épaule, qui favorise le conflit des tendons de la coiffe avec les reliefs osseux de la ceinture scapulaire.

Évaluation clinique

Motifs de consultation

Dans les tendinopathies et dans les conflits sous-acromial et coraco-huméral, la douleur est le maître symptôme. Une sensation de faiblesse musculaire est parfois rapportée. Une fatigabilité anormale du bras, une impression de ressaut dans certains mouvements d'élévation sont rarement notées. Une perte de mobilité active, un certain degré d'enraidissement de l'épaule ne sont cités que dans les formes évoluées. En revanche, un arc douloureux dans l'élévation latérale du bras est fréquemment rapporté.

Les caractères de la douleur doivent être précisés :

- le mode de début : il est insidieux et progressif dans la majorité des cas;
- la localisation : les douleurs sont situées à la face antérieure de l'épaule et/ou à la face externe de la racine du membre supérieur. Dans certains cas, la douleur peut irradier dans tout le membre supérieur;
- l'intensité, qui est variable : dans la vie quotidienne, la douleur est sourde, modérée mais elle peut devenir lancinante. Au cours de différentes activités, la douleur peut devenir intense. Après l'activité, la douleur diminue au repos et peut disparaître.

Dans le conflit postéro-supérieur, la douleur est diffuse mais plus marquée à la face postérieure. Habituellement, elle disparaît avec l'arrêt de l'activité sportive en cause, mais réapparaît à chaque tentative de reprise. Parfois, elle devient permanente et peut gêner les activités quotidiennes et le sommeil.

Dans la ténosynovite du biceps, la localisation habituelle des douleurs d'épaule est respectée, mais avec une tendance à la prédominance à la face antérieure du bras. Les conditions d'apparition ou d'aggravation des douleurs sont plutôt liées au passage dans des amplitudes particulières qu'à des efforts.

Examen physique

Tendinopathies et conflits sous-acromial et coraco-huméral

L'*inspection* est normale dans la très grande majorité des cas. Parfois le moignon de l'épaule apparaît augmenté de volume. C'est le témoin d'une inflammation de la bourse sous-acromio-deltoïdienne.

L'*étude de la mobilité*, active et passive, montre que l'amplitude des mouvements du bras par rapport au tronc est le plus souvent normale. Parfois, l'amplitude d'un ou de plusieurs mouvements est légèrement limitée. Seule l'épreuve « main dans le dos » (rétropulsion et rotation interne) est régulièrement limitée du fait des douleurs provoquées.

Au cours de cette mobilisation, certains symptômes sont très évocateurs :

- en élévation latérale, le patient en position debout, le passage à 90° est douloureux lorsque la paume des mains regarde vers le bas. Elle se normalise lorsque le test est effectué la paume des mains regardant vers le haut;
- en rétropulsion horizontale et rotation externe, on peut déclencher une douleur au niveau de la région deltoïdienne ou de la face antérieure du bras;

La *recherche de signes de conflit* complète l'étude de la mobilité de l'épaule.

L'*étude de la mobilité contrariée* est destinée à rechercher des signes d'atteinte tendineuse. Au cours de l'examen, on peut provoquer une réaction douloureuse mais aussi constater une certaine difficulté pour le patient à s'opposer à l'examinateur. L'interprétation de cette « faiblesse » doit être faite avec discernement : elle ne traduit pas obligatoirement une lésion anatomique du tendon mais peut être le témoin d'une simple réaction douloureuse. Toutefois, une nette diminution de la force doit faire évoquer une lésion tendineuse partielle ou totale.

Conflit postéro-supérieur

L'examen clinique se caractérise par son caractère mixte, regroupant des signes de souffrance de la coiffe des rotateurs et des signes d'instabilité antérieure de l'épaule.

Le test de Neer et la manoeuvre de Hawkins sont positifs dans tous les cas. Le test de Jobe est douloureux et/ou déficitaire. Le test de Patte peut être normal ou douloureux.

La manœuvre en rétropulsion et rotation externe forcées, le bras entre 90 et 150°, est régulièrement douloureuse (test de

Walch). Elle ne déclenche pas de réaction d'appréhension comme c'est le cas dans les épaules douloureuses et instables. Le test de recentrage de Jobe est positif dans tous les cas : la douleur à l'armé du bras disparaît si on imprime une subluxation postérieure à la tête humérale.

Ténosynovite du long biceps

La mobilité passive de l'épaule est totalement indolore, mais le plus souvent on note un ou plusieurs mouvements douloureux, voire légèrement limités, en particulier l'élévation et une des deux rotations. Cependant, cette limitation dépasse rarement 15 à 20° par rapport au côté opposé.
Les contractions isométriques des divers groupes musculaires donnent des résultats que l'on peut ramener à trois catégories :

- un schéma « évocateur », caractérisé par trois signes : l'élévation contrariée du bras placé en rotation externe (Gilcreest), ainsi que la flexion et la supination de l'avant-bras contre résistance ;
- un schéma « anarchique », sans aucune explication physiologique possible, comme la douleur à l'extension du coude contre résistance ;
- un schéma « trompeur » : les signes simulent la lésion d'un autre tendon de la coiffe.

La palpation de la longue portion du biceps clôt l'examen.

Traitement médical et chirurgical

Tendinopathies de la coiffe et ténosynovite du biceps

Le traitement est orienté vers la lutte contre les phénomènes douloureux et inflammatoires.
Le repos est généralement relatif et comporte toujours la suppression des gestes nocifs.
Les antalgiques, les AINS et les myorelaxants peuvent être prescrits et donner des résultats intéressants.
Les infiltrations locales de corticoïdes doivent être utilisées à bon escient et de façon restrictive.
La physiothérapie peut agir dans une double direction, antalgique et anti-inflammatoire, par différents moyens : vessie de glace, *cold pack*, mais aussi applications de parafango ou d'infrarouges, courants de basse et de moyenne fréquence, neurostimulations transcutanées, ionisations, ondes courtes, ondes centimétriques, ultrasons.
Les massages sont utiles sous la forme de massages décontracturants ou de massages transverses profonds effectués au niveau du tendon.

Conflit sous-acromial

Au stade de bursite ou de tendinite, un repos relatif est conseillé. Il est fondé sur la suppression des gestes favorisant le conflit. La cryothérapie est souvent bénéfique à la phase aiguë. Des antalgiques et des AINS peuvent également être utilisés. Dans les formes douloureuses, on propose une infiltration locale de corticoïdes.
Au stade de début des altérations tendineuses, les mesures générales sont du même ordre, destinées à lutter contre les phénomènes douloureux et inflammatoires. La rééducation est utile dans le but d'essayer de diminuer ou de supprimer le conflit mécanique. En cas d'échec ou de récidives trop fréquentes, après avoir attendu suffisamment longtemps en raison de possibilités de rétrocession des symptômes à long terme (1 ou 2 ans), un traitement chirurgical peut être proposé. Les modalités de ce traitement varient en fonction des lésions mises en évidence.
Au stade de perforation de la coiffe, le traitement médical est le même qu'au stade précédent. Le traitement de rééducation est fondé sur les mêmes bases mais comporte aussi l'entretien de la mobilité articulaire et de la force musculaire. Le traitement chirurgical peut être envisagé chez des sportifs motivés mais ses modalités doivent être discutées en fonction de la gêne fonctionnelle, du risque évolutif lié à la pratique sportive et de la nature des lésions. L'intervention est fondée sur la décompression au niveau de la voûte et sur la réparation de la coiffe des rotateurs.

Conclusion

Les tendinopathies de l'épaule sont fréquentes en pratique sportive. Elles se présentent sous des aspects anatomiques variés : de la simple tendinite d'insertion d'un tendon à une rupture plus ou moins large de la coiffe.
L'individualisation des lésions est clinique. L'imagerie n'apporte de complément indispensable que dans les cas chroniques et rebelles lorsqu'un geste chirurgical est envisagé chez un patient motivé. Le traitement habituel est conservateur.

Épaule douloureuse et instable

Parmi les sportifs, adolescents ou adultes jeunes, venant consulter pour des douleurs de l'épaule, il est banal de constater que les phénomènes douloureux évoluent au rythme de leurs activités physiques et sportives.
De nombreuses étiologies peuvent être identifiées et, parmi ces étiologies, les formes douloureuses pures de l'épaule douloureuse et instable constituent un tableau clinique particulier, aisé à reconnaître.

Tableau clinique

Données de l'interrogatoire

Les motifs de consultation sont constitués par des douleurs de l'épaule et une gêne fonctionnelle.
Les douleurs siègent à la face antérieure de l'épaule, plus rarement au niveau de la région deltoïdienne.
Le début est brutal dans la majorité des cas au cours d'un mouvement d'armé du bras : lancer de javelot, service au tennis, *smash* au volley-ball, tir au hand-ball. Plus rarement, la douleur apparaît progressivement et se manifeste après l'activité sportive.
L'intensité des douleurs est variable, allant d'une simple gêne passagère à une douleur vive, mais rarement invalidante au point d'entraîner l'arrêt de l'activité sportive en cours.

La durée des douleurs est également variable. Dans certains cas, elles n'apparaissent que lorsque le geste sportif en cause est effectué. Dans d'autres cas, elles peuvent persister pendant 2 à 3 jours avant de disparaître, pour mieux réapparaître lors de la reprise du sport. Rarement, un passage à la chronicité est observé.
La gêne fonctionnelle est plus ou moins grande. Elle permet la poursuite du sport le plus souvent mais contrarie certains gestes dans leur amplitude ou dans leur vitesse d'exécution. Elle peut devenir suffisamment importante pour obliger le sujet à modifier son geste et même à l'interrompre complètement.

Examen physique

Il se caractérise par sa « normalité ».
L'inspection n'apporte aucun renseignement. La mobilité active et passive de l'épaule est normale. Seule, parfois, l'épreuve « main dans le dos » (rétropulsion et rotation interne) est un peu limitée et douloureuse, mais c'est une constatation tellement banale dans les épaules douloureuses microtraumatiques qu'il est impossible d'en tirer une quelconque déduction.
L'étude des contractions résistées est strictement normale.
La recherche de signes de coincement peut prêter à confusion avec les épaules de passage. Il arrive, en effet, que dans les formes douloureuses pures de l'épaule douloureuse et instable, l'adduction horizontale du bras soit douloureuse et la manœuvre de Hawkins également.
La recherche de signes de laxité de l'articulation gléno-humérale ou d'instabilité de l'épaule est le temps fondamental de l'examen et comprend différents tests :

- le test de rétropulsion horizontale et de rotation externe forcées, qui déclenche une réaction d'appréhension ;
- la mobilité de la tête humérale par rapport à la glène, qui peut être recherchée en position debout, le tronc penché vers l'avant, en position assise, le bras en abduction plus ou moins marquée (entre 60° et 90°), ou en décubitus dorsal ;
- le test de « relocation » de Jobe et le « *surprising test* ».

Bilan radiologique

Il doit être effectué selon le protocole de J. Bernageau et comporter trois clichés de face et un ou deux profils glénoïdiens (« normal » et « dépassé »). L'arthrographie est tombée en désuétude depuis l'avènement de l'arthroscanner.
Le bilan radiographique peut être normal ou montrer, même dans les formes douloureuses pures, sans aucun antécédent traumatique avéré, des lésions caractéristiques de la tête humérale et surtout de la glène. Les examens de contraste peuvent être normaux ou montrer une lésion isolée du bourrelet glénoïdien et/ou de la capsule et des ligaments gléno-huméraux.
Les clichés de face sont effectués sous différentes rotations : rotation indifférente, rotation interne légère et rotation interne moyenne. Sur ces clichés, il faut s'attacher à rechercher une lésion du rebord glénoïdien antérieur près de son pôle inférieur. Un fragment osseux plus ou moins détaché est parfois visible dans ces formes douloureuses pures.
Les clichés en profil glénoïdien permettent d'étudier la partie antéro-inférieure du rebord glénoïdien. Elle peut présenter un aspect émoussé. Un fragment osseux, plus ou moins détaché, peut être visible. Ces clichés peuvent également mettre en évidence une subluxation de la tête humérale, caractérisée par une perte du parallélisme des berges articulaires entre la tête humérale et la glène de l'omoplate.
L'arthroscanner est utile lorsque la clinique est évocatrice. Il permet d'étudier le bourrelet glénoïdien dans sa totalité ainsi que la capsule et les ligaments gléno-huméraux. La lésion du bourrelet peut revêtir des aspects variés : languette plus ou moins volumineuse, désinsertion, aplasie. Les chambres capsulaires, antérieure et postérieure, peuvent apparaître normales ou augmenter de volume. Les ligaments gléno-huméraux peuvent être lésés.

Traitement médical et kinésithérapique

Le traitement médical des formes douloureuses pures de l'épaule douloureuse et instable dépend de l'intensité des douleurs et du degré de la gêne fonctionnelle éprouvée par le patient. L'importance des lésions mises en évidence par le bilan radiographique intervient peu ou prou dans la stratégie thérapeutique.
Le traitement médical comporte trois aspects :

- le traitement de la crise douloureuse ;
- le traitement des récidives ;
- le traitement préventif.

Traitement en phase douloureuse

Il est obligatoirement calqué sur l'intensité et la durée de la phase douloureuse. Or celle-ci est d'importance modérée ou moyenne et de durée réduite dans la majorité des cas.
Le repos est rarement nécessaire. Lorsqu'il est prescrit, il doit être de durée brève. Seules les formes douloureuses passées à la chronicité justifient d'un arrêt d'activité sportive prolongé.
La physiothérapie, si fréquemment utilisée par les paramédicaux dans le traitement des épaules douloureuses du sportif, donne des résultats incertains, indépendants de la technique choisie : ionisations de chlorure de calcium ou d'AINS, ultrasons, ondes centimétriques, laser…
Les antalgiques et les myorelaxants peuvent être aussi efficaces que les AINS. Il n'y a pas de produits spécifiques et ces traitements méritent d'être essayés lors d'une crise aiguë ; cependant, la prescription d'un produit ou d'un autre ne doit pas excéder 5 à 8 jours si celui-ci ne s'avère pas efficace.
Dans les rares crises aiguës pouvant survenir à l'occasion d'une pratique sportive intensive telle qu'un stage de préparation et/ou un tournoi, on peut avoir recours à une injection intra-articulaire de corticoïdes. Cette injection est réalisée sur le patient assis ou demi-allongé, le bras placé en légère rotation externe. On utilise 2 mL d'un dérivé cortisonique et une aiguille de 50 mm (8/10). L'aiguille est introduite par voie antérieure au bord externe du bec de la coracoïde et à un travers de doigt en dessous de l'interligne acromio-claviculaire. L'aiguille est dirigée en arrière et légèrement en dehors jusqu'au contact de la tête humérale. Le patient est revu à J8. Les douleurs ont disparu dans la majorité des cas. Dans les cas contraires, une seconde injection est pratiquée.

Quelle que soit la technique utilisée, le traitement des phases douloureuses s'avère efficace mais ne change rien au fond du problème et n'assure pas une véritable guérison.

Traitement des récidives

Il est fondé sur la tentative d'améliorer la stabilité de l'épaule par le renforcement musculaire et la rééducation proprioceptive :

- le renforcement musculaire concerne l'ensemble de la musculature de l'épaule et de la ceinture scapulaire dans des positions qui dépendent de la physiologie musculaire ;
- la rééducation proprioceptive se fait suivant une programmation bien établie, comportant des exercices en chaîne fermée sur plan stable puis plan instable, et des exercices en chaîne ouverte.

Traitement préventif

Il semble un peu illusoire dans nombre d'activités sportives, notamment chez les sportifs de compétition.
Il consiste avant tout à apprendre aux sujets à essayer de faire « bon ménage » avec leur épaule. Pour tenter de réduire la fréquence et l'importance des microtraumatismes, il faut essayer de modifier certains gestes afin de ne pas soumettre l'épaule à des distorsions et des contraintes trop importantes.
On peut également faire l'essai de certains appareillages destinés à limiter ou à rendre plus physiologiques les gestes sportifs agressifs pour l'articulation gléno-humérale.
En fait, ces différentes mesures sont souvent un peu illusoires et n'apportent d'effet bénéfique que chez les sportifs de loisir.

Traitement arthroscopique

Il est parfois envisagé chez certains sportifs, mais ne doit l'être que dans des conditions très précises.

Insuffisance progressive de la sangle antérieure

Dans ce cas, le bilan radiographique est normal, l'arthroscanner n'est pas toujours capable d'évaluer précisément les lésions, et seule l'arthroscopie permet une évaluation directe de l'amarrage capsulaire antérieur.
Les lésions sont variables :

- la fracture est inféro-antérieure, car elle résulte de l'impact de la tête humérale qui passe d'abord sous la glène, puis en dedans de la glène ;
- la rupture du bourrelet est plus variable car elle provient non de la percussion de la tête humérale sous la glène, mais de la distension de la capsule antérieure. Le décentrage dynamique huméral, lors des mouvements de rétropulsion horizontale, crée une lésion capsule-bourrelet en avant, et non au pôle inférieur de glène.

Différentes techniques arthroscopiques de remise en tension capsulaire ont été proposées :

- un agrafage simple de la capsule antérieure au bord de la glène. C'est la technique la plus facile à réaliser mais elle retend relativement mal la partie basse, et surtout oblige à une deuxième intervention pour retirer les agrafes ;
- une réinsertion transglénoïdienne par fils résorbables. Les points capsulaires peuvent être pris très bas, et sont passés dans le tunnel creusé sous la glène à son tiers supérieur. La capsule est attirée en dedans et en haut, ce qui augmente la tension lors de l'élévation du bras.

Dans les deux techniques, l'épaule est immobilisée en adduction-rotation interne pendant 6 semaines.
La rééducation obéit au principe des instabilités opérées : pas de rétropulsion horizontale, ni de rotation externe en abduction avant 6 semaines. L'absence de paletot capsulaire et de section du sous-scapulaire explique la rapidité de récupération fonctionnelle. Les opérés reprennent le sport au 4e mois sans handicap fonctionnel.

Lésion isolée du bourrelet glénoïdien

La déchirure du bourrelet apparaît comme un arrachement de la moitié supérieure, toujours en avant, mais parfois aussi sur le bourrelet postérieur. Le décoiffage du pôle supérieur de la glène semble lié à la traction du tendon du long biceps (qui est parfois déchiré) plutôt qu'à celle de la capsule antérieure. Cet aspect est particulièrement évident quand l'arthroscopie est effectuée dans les suites proches de l'accident. Dans ces cas, la résection isolée du bourrelet donne un très bon résultat. Le problème est plus délicat si l'examen est effectué à distance du traumatisme.

Traitement chirurgical

Technique de Neer

Après avoir désinséré le sous-scapulaire de la face antérieure de l'omoplate et l'avoir récliné en dedans, on va inciser la capsule en T à la face antérieure de l'épaule, la partie verticale du T longeant l'insertion capsulaire à la face antérieure de la tête humérale : la partie horizontale du T va de l'insertion capsulaire antérieure de la tête à l'insertion glénoïdienne de la capsule.
On libère ainsi deux lambeaux : le lambeau inférieur va être suturé en premier sur l'insertion capsulaire humérale avec un effet d'ascension de façon à retendre la capsule inférieure ; le volet supérieur sera rabattu par-dessus le précédent pour compléter et conforter ce renforcement capsulaire.
Le sous-scapulaire est resuturé en tension normale car il ne semble pas justifié de plicaturer le sous-scapulaire à la Putti-Platt pour éviter de limiter la rotation externe.

Intervention de Latarjet

Elle consiste à sectionner l'apophyse coracoïde du coraco-biceps, en conservant la partie la plus importante possible sur la coracoïde du ligament acromio-coracoïdien.
Après avoir incisé le sous-scapulaire, on va fixer la butée osseuse en regard de la zone déficitaire ; celle-ci sera vissée après avivement des surfaces osseuses en contact. Puis on remet en tension la capsule antéro-inférieure par suture au coraco-biceps et au ligament acromio-coracoïdien.

Conclusion

Le tableau d'épaule douloureuse et instable doit être démembré en deux formes. Toutes deux se rencontrent en pathologie du sport et s'opposent par leur symptomatologie clinique, leurs signes radiologiques et, depuis l'avènement de l'arthroscopie, par leur thérapeutique :

- les formes douloureuses pures correspondent à des lésions isolées du bourrelet, sans incident d'instabilité vraie, sans laxité à l'examen clinique, sans signe radiologique sur les clichés standard. Elles relèvent, actuellement, exclusivement d'un traitement médical et kinésithérapique et, en cas d'échec, arthroscopique ;
- les formes d'instabilité s'accompagnent plus ou moins de douleurs, avec une laxité clinique et des signes radiologiques (notamment sur le profil glénoïdien). Elles relèvent d'un traitement chirurgical par intervention de Latarjet.

Au carrefour, se trouvent les formes d'instabilité sans signe radiologique, appelées « d'instabilité fonctionnelle » qui, si elles ne répondent pas à un traitement conservateur, peuvent faire l'objet soit d'un agrafage sous arthroscopie, soit d'une intervention de Latarjet. À l'heure actuelle, les suites opératoires et résultats ne semblent pas si différents dans une technique ou dans l'autre pour que l'une des attitudes s'impose indiscutablement à l'autre.

Lésions neurologiques microtraumatiques

Le développement des activités sportives, l'intensification de l'entraînement, la multiplication des compétitions favorisent l'apparition de lésions neurologiques microtraumatiques au niveau du complexe articulaire de l'épaule. Toutefois ces lésions restent souvent méconnues, faute d'un examen soigneux de l'épaule.

Pourtant, l'amplitude des mouvements de l'épaule, la violence d'exécution de certains gestes tels le service au tennis, le *smash* au volley-ball, le lancer de javelot, le tir au handball doivent faire redouter la survenue de telles lésions. Le trajet, parfois compliqué, la longueur et la gracilité de certains troncs nerveux expliquent leur vulnérabilité au cours des activités sportives.

Ces lésions concernent le nerf de Charles Bell et le nerf sus-scapulaire.

Atteinte isolée du nerf de Charles Bell

Le nerf de Charles Bell mesure 16 à 20 cm à partir de la réunion de ses éléments constitutifs. Son diamètre est inférieur à celui du nerf phrénique. Il descend le long du gril costal et fait un coude sur la 2e côte qui s'accentue lors de l'inspiration.

Pathogénie chez les sportifs

En 1979, Gregg *et al.* ont rapporté une série de 10 cas observés chez des sportifs et ont étudié la pathogénie de l'atteinte de ce nerf au cours des activités sportives. Pour ces auteurs, il s'agit d'une pathologie d'étirement, le plus souvent répétitive, mais parfois unique et violente. La lésion se produit lors de la rotation et de l'inflexion latérale du rachis cervical du côté opposé au bras dominant : service au tennis, lancer du javelot. Un mouvement violent d'antépulsion de l'épaule succède à la phase d'armé du bras et augmente l'étirement du nerf entre ses points de fixation proximal et distal.

En pratique sportive, d'autres mécanismes lésionnels peuvent être retrouvés :

- une traction brutale sur le bras (sports de combat) ;
- la contraction violente du muscle *serratus* antérieur lorsque le bras se place devant le thorax (tennis et sports de raquette lors du mouvement final au *smash* ou du coup droit) ;
- la lutte contre l'abaissement passif du moignon de l'épaule, qui peut entraîner une lésion du nerf lors de la contraction intense du muscle (haltérophilie) ;
- la rétropulsion forcée du bras et du moignon de l'épaule (bowling).

Motifs de la consultation

Ils sont au nombre de trois : des douleurs d'épaule, une gêne fonctionnelle, la constatation d'une déformation de la région postérieure de l'épaule. Le côté dominant est le plus souvent atteint.

La *douleur* constitue la manifestation inaugurale la plus fréquente. Elle peut apparaître brutalement ou progressivement. Son intensité est variable : vive au début, elle peut disparaître en quelques jours pour ne laisser qu'une sensation d'inconfort. Plus souvent, elle est sourde et modérée, prenant parfois l'allure d'une simple gêne douloureuse. Des recrudescences nocturnes sont parfois observées.

La topographie des douleurs est souvent imprécise. C'est une « douleur d'épaule » intéressant l'ensemble du moignon, ou sa partie postérieure seule, ou la face externe du bras. Des irradiations vers le cou, le trapèze supérieur, la région interscapulaire ou, au contraire, dans le bras et même l'avant-bras sont parfois notées. Elles sont cependant rares et ne prennent jamais une topographie radiculaire précise.

La durée de la phase douloureuse est brève le plus souvent : elle disparaît en quelques jours ou quelques semaines. Une sensation d'inconfort peut cependant persister.

La *gêne fonctionnelle* dépend de la gravité de l'atteinte neurologique et de son stade évolutif. Le plus souvent, elle fait suite à la phase algique précédemment décrite. Elle peut s'installer rapidement après cette dernière ou seulement dans un délai de quelques jours. Elle paraît essentiellement liée à la souffrance des différents éléments de la ceinture scapulaire, dont le fonctionnement harmonieux est perturbé par l'atteinte neurologique.

Elle est surtout nette lors des mouvements effectués le bras au-dessus de l'horizontale. Pour le sportif, elle se présente sous différents aspects : « fatigabilité » du membre supérieur, « endolorissement » de l'épaule, difficulté à lever le bras, et elle se traduit par une perte d'efficacité au service, un manque de force au lancer, une maladresse pour tirer au panier. Ces différents symptômes sont aggravés par les exercices physiques mais ils ne sont pas suffisamment gênants pour entraîner l'arrêt des activités sportives.

La *déformation de l'épaule*, caractérisée par une bascule de l'omoplate, est évidente dans les atteintes sévères. Toutefois, même dans ces cas, il est fréquent qu'elle n'apparaisse qu'au bout de 8 à 10 jours, loin de l'épisode douloureux inaugural. Dans les formes légères, la bascule de l'omoplate n'est pas décelable par le patient ou par son entourage. Elle n'est donc pas un motif de consultation.

Examen clinique

Dans les formes sévères, la simple inspection suffit à faire le diagnostic. Le bord spinal de l'omoplate fait une saillie plus ou moins nette. Il s'y associe une perte de l'inclinaison en bas et en dehors de ce bord spinal, une saillie de l'épine, une ascension de l'angle inférieur de l'omoplate. Les mouvements d'élévation antérieure et latérale du bras sont limités et parfois leur amplitude ne dépasse pas 90°.

Diagnostic différentiel

Il se pose avant tout avec les lésions de la branche externe du nerf spinal qui sont responsables d'une paralysie du trapèze. Dans ce dernier cas, la position que prend l'omoplate au cours des mouvements d'élévation du bras est tout à fait différente et sa principale caractéristique est de s'éloigner de la ligne des omoplates et de s'abaisser.
Dans les atteintes plus modérées, la déformation est peu apparente au repos. Elle devient visible lors des mouvements d'antépulsion du membre supérieur. Elle est accentuée par le freinage du mouvement à la descente du bras et surtout par la répétition des mouvements.
Dans les formes frustes, l'inspection est normale. Le défaut de fixation scapulaire apparaît en faisant répéter les mouvements et en les faisant exécuter contre résistance : appui contre un mur ou le sol.
Dans tous les cas, le reste de l'examen clinique est normal. La mobilité passive de l'épaule n'est pas limitée. L'étude des contractions isométriques est indolore. Le rachis cervical est souple et non douloureux. Le bilan neurologique du membre supérieur est normal.

Bilan électrique

De réalisation technique délicate, il permet de confirmer les données de la clinique et de détecter les premiers signes de réinnervation.

Traitement

Dès que le diagnostic est posé, il faut d'emblée imposer l'arrêt du geste nocif, quel que soit le degré du déficit neurologique.
Si l'atteinte est récente, la rééducation n'est entreprise que lorsqu'on a la certitude que la réinnervation a débuté et, à ce stade, l'examen électrique présente de l'intérêt pour en détecter les premiers signes.
Lorsque le sportif est en phase d'état, la rééducation peut être entreprise d'emblée car on peut estimer ou se rendre compte que la réinnervation est déjà en cours.
La rééducation est analytique et globale. Les techniques utilisées varient avec l'importance du déficit et le stade de récupération. Bien conduite, la « thérapeutique rééducative peut avoir une influence déterminante sur la rapidité et la qualité de cette récupération » (Grossiord).

Évolution et pronostic

L'évolution est favorable dans la majorité des cas et aboutit à une récupération complète de l'atteinte neurologique. Toutefois, l'amorce de la récupération peut être tardive et ne commencer qu'au bout de plusieurs semaines. La récupération d'une force normale est lente et peut s'étaler sur un délai de temps très variable : quelques semaines jusqu'à plus de 12 mois. Dans certains cas, la récupération est incomplète. Ce n'est qu'exceptionnellement que l'atteinte motrice ne s'améliore pas.
Les récidives paraissent véritablement exceptionnelles.

Atteinte isolée du nerf sus-scapulaire

Le nerf sus-scapulaire naît de la réunion des branches postérieures du tronc primaire supérieur. Il se dirige en bas, en dehors et en arrière, en passant sur le trapèze et l'omo-hyoïdien. Il pénètre dans la fosse du muscle sus-épineux par l'échancrure coracoïdienne, transformée en canal par le ligament coracoïdien, qui la ferme à sa partie supérieure. Il effectue à ce niveau un trajet en baïonnette. Il traverse ensuite la fosse sus-épineuse en dessous du muscle. Il contourne le bord externe de l'épine de l'omoplate contre lequel il est appliqué par le ligament spino-glénoïdien. À ce niveau, il se réfléchit à 90° vers le bas. Il se termine à la face profonde du muscle sous-épineux.
Durant son trajet, ce nerf offre donc la particularité de traverser deux canaux ostéoligamentaires et de rencontrer deux poulies de réflexion. De diamètre relativement important, le nerf sus-scapulaire peut être comprimé mais, plus encore, étiré au niveau d'une de ces « portes étroites ».

Pathogénie chez les sportifs

L'atteinte du nerf sus-scapulaire peut être observée après une chute sur l'épaule entraînant une augmentation de l'écart entre l'acromion et la mastoïde. Elle se traduit immédiatement par des douleurs et une perte de force.
Elle peut également se voir après une luxation d'épaule mais, dans ce cas, elle est rarement isolée et un déficit du deltoïde est pratiquement toujours associé. Une fracture de l'omoplate et plus exceptionnellement de l'extrémité supérieure de l'humérus peuvent aussi être compliquées d'une lésion du nerf sus-scapulaire, mais il s'agit d'éventualités rares.
Plus intéressantes à connaître sont les *atteintes microtraumatiques*, liées à des gestes sportifs, effectués dans des amplitudes extrêmes. Le nerf sus-scapulaire a, en effet, trois points fixes : son origine cervicale et les deux défilés ostéofibreux qu'il traverse.
Relâché au repos, bras le long du corps, le nerf se tend sur le bord interne de l'échancrure et du ligament coracoïdien lors de l'abaissement violent de la ceinture scapulaire ou lors de l'antépulsion, de l'abduction et de la rotation externe actives de l'épaule. L'adduction horizontale du bras applique

le nerf en état de tension contre la fosse sus-épineuse. Le nerf sus-scapulaire étant relativement fixé dans l'échancrure, les mouvements de l'omoplate entraînent sa « friction » à ce niveau : des microtraumatismes répétés peuvent alors induire un épaississement inflammatoire du nerf qui favorise sa compression. L'hypertrophie du ligament ou un conflit entre le ligament et un nerf épaissi par l'inflammation peuvent également entraîner une compression du nerf.

Moins souvent rapportée est l'existence d'un *conflit* situé au niveau de l'échancrure spino-glénoïdienne. Ferreti a étudié cette atteinte chez les joueurs de volley-ball. Elle serait due à sa mise en tension répétée, notamment lors du service « flottant », et entraîne une atrophie isolée progressive du muscle sous-épineux. Pour certains, dans ce cas, l'atteinte du nerf serait due à des lésions intimales de l'artère sus-scapulaire, qui suit le trajet du nerf jusque dans l'échancrure spino-glénoïdienne. Ces lésions de l'intima seraient à l'origine de microemboles allant se piéger dans les *vasa nervorum*. L'hypertrophie du ligament spléno-glénoïdien est une autre cause de compression. Certaines études ont montré que ce ligament était présent chez 50 % des femmes et chez 87 % des hommes. Cette constatation doit être mise en rapport avec la plus importante pathologie du nerf sus-scapulaire rencontrée chez l'homme.

Par ailleurs, tout *traumatisme* induisant une traction violente du nerf est susceptible de le léser. C'est ainsi que la mobilité importante de l'omoplate peut provoquer un étirement entre le point fixe proximal et les deux autres. Le nerf peut ainsi être traumatisé lors des mouvements d'antépulsion du moignon associés à une rotation interne de l'épaule, de rétropulsion associés à une rotation externe active, d'adduction horizontale du bras devant la poitrine. Ces différents mécanismes lésionnels se retrouvent, isolés ou associés, dans les gestes « d'armer » du bras (*smash*, service...) et dans les lancers. La vitesse d'exécution du geste, la répétition du mouvement sont des facteurs d'aggravation incontestables.

Enfin, une autre cause de lésion microtraumatique du nerf sus-scapulaire a été plus récemment rapportée dans la littérature : une *compression par une formation kystique* développée à partir de la capsule articulaire postérieure ou du bourrelet glénoïdien postérieur.

Les études publiées montrent la fréquence de la localisation du kyste dans l'échancrure spino-glénoïdienne, entraînant une compression de la partie distale du nerf et une amyotrophie isolée du muscle sous-épineux. Plus rarement, la lésion se situe au niveau de l'échancrure coracoïdienne : la compression du nerf entraîne une atrophie des muscles sus-épineux et sous-épineux.

Le plus souvent, ce kyste est localisé du côté dominant. Comme pour les lésions par traction violente ou par microtraumatismes itératifs, la grand majorité des patients ont une activité sportive intense et il n'est pas rare d'observer chez ces patients des lésions associées : lésion du bourrelet ou atteinte de la coiffe des rotateurs.

Motifs de la consultation

Ce sont essentiellement des douleurs de l'épaule.

La douleur est d'apparition brusque le plus souvent, contemporaine d'un geste sportif violent. Parfois, elle peut s'installer progressivement sous la forme d'une douleur profonde. Elle peut ensuite persister et devenir peu à peu plus intense et lancinante.

En général, elle siège au niveau des faces postérieure et externe de l'épaule et peut irradier vers les fosses sus et infra-épineuses. Elle est parfois mal localisée.

Elle est surtout nette lors de l'échauffement et, au cours des activités, dans les mouvements d'élévation antérieure et latérale. Elle reflète la perte de l'équilibre musculaire de la coiffe des rotateurs et du rythme scapulo-huméral.

L'impotence fonctionnelle de l'épaule est modérée car le déficit moteur est plus ou moins compensé par l'action du deltoïde, d'une part, et du petit rond, d'autre part.

Un manque de précision au cours des gestes sportifs, une fatigabilité du bras lors des activités prolongées sont constatés dans certains cas.

Examen clinique

L'amyotrophie n'apparaît qu'au bout de quelques semaines dans les formes traumatiques vraies. De toute façon, elle n'est pas toujours évidente à l'inspection. Elle est plus visible au niveau de la fosse infra-épineuse, dont la vacuité doit être systématiquement recherchée en faisant varier la position de la ceinture scapulaire : haussement d'épaule, anté et rétropulsion du moignon. L'amyotrophie du sus-épineux n'est souvent constatée qu'à la palpation du muscle situé en dessous du trapèze supérieur.

La mobilité active de l'épaule est d'amplitude normale, mais une douleur à l'adduction horizontale du bras peut être constatée. Dans certains cas, des signes de dysfonctionnement articulaire sont observés au cours de l'étude de la mobilité active. Ils font évoquer une tendinite du sus-épineux par la présence d'un arc douloureux lors du passage à l'horizontale ou peuvent même imiter une rupture de la coiffe lorsque le mouvement d'abduction est difficile.

La mobilité passive de l'épaule est toujours normale.

En isométrique, la force d'abduction est conservée le plus souvent ou n'est que légèrement déficitaire. En revanche, il existe un déficit, parfois considérable, de la rotation externe, quelle que soit la position de *testing* : coude au corps, bras en abduction à 90° ou en élévation antérieure à 90°.

À la palpation, les muscles déficitaires sont douloureux. La pression appuyée de l'échancrure coracoïdienne provoque parfois une douleur traçante, irradiant vers l'extrémité externe de la clavicule ou la partie postérieure de l'articulation gléno-humérale.

Le reste de l'examen clinique (rachis cervical, bilan neurologique) est sans particularité.

Bilan électrique

Il permet de confirmer l'atteinte neurologique, d'en préciser le degré et de localiser le niveau lésionnel. Le tracé est toujours très pauvre dans le sous-épineux. Dans le sus-épineux, il est plus riche et, à ce niveau, il est normal lorsque la lésion neurologique se fait après la naissance des fibres d'origine du rameau innervant ce muscle.

Bilan d'imagerie

Le diagnostic de certitude de compression du nerf sus-scapulaire par une formation kystique a été affirmé par l'IRM.

À l'arthrographie, ces kystes ne sont pas visibles car, le plus souvent, ils ne sont pas remplis par le produit de contraste. Cette technique permet toutefois d'éliminer une rupture de coiffe des rotateurs.
La tomodensitométrie simple ne semble pas non plus être une méthode de choix dans la détection de ces kystes au contenu épais, souvent isodense par rapport aux muscles adjacents. *A posteriori* cependant, on peut évoquer comme signe indirect de l'existence d'un kyste l'effacement de la graisse dans l'échancrure spino-glénoïdienne.
L'arthroscanner est un examen contributif lorsqu'il montre la formation kystique opacifiée par l'injection intra-articulaire. Cependant, son résultat est aléatoire : le kyste peut être complètement exclu ou sa consistance gélatineuse empêcher la pénétration rapide du produit de contraste. Ce dernier point souligne l'intérêt des coupes TDM tardives, réalisées après mobilisation de l'articulation.
L'excellente résolution en contraste de l'IRM permet, en revanche, une bonne étude de ces masses, de contour net et régulier, et qui sont arrondies ou polylobées. L'IRM montre un hyposignal homogène sur les images pondérées en T1 et un hypersignal homogène sur les images pondérées en T2. On peut aussi noter un rehaussement périphérique du signal après injection intraveineuse d'un produit de contraste paramagnétique. De plus, l'IRM permet une localisation correcte de ces masses, objectivant notamment une éventuelle extension aux fosses sus-épineuse ou infra-épineuse.
Enfin, elle évalue le degré d'atrophie des muscles sus-épineux et infra-épineux, secondaire à la compression du nerf sus-scapulaire. L'infiltration graisseuse est caractérisée par des bandes en hyposignal sur les images pondérées en T1, dont le signal diminue sur les images pondérées en T2. L'œdème se manifeste par des signaux iso-intenses par rapport aux muscles sur les images pondérées en T1 et hyperintenses sur les images pondérées en T2.
Plus récemment, certains auteurs ont montré l'intérêt de l'échographie dans le diagnostic de ces kystes.

Traitement

L'attitude thérapeutique dépend de l'étiopathogénie de l'atteinte neurologique.

Formes par étirement

Lorsque le diagnostic est précoce, l'arrêt du geste nocif est obligatoire.
Dès les premiers signes de réinnervation, une rééducation analytique est entreprise. Elle est poursuivie jusqu'à récupération complète ou stabilisation durable, guidée par des bilans électriques successifs.
On a également proposé d'effectuer des infiltrations locales de corticoïdes (1 à 3) au niveau de l'échancrure coracoïdienne.
L'exploration chirurgicale est conseillée par certains auteurs lorsque le déficit moteur reste total après 6 à 8 semaines, mais dans notre expérience, la section du ligament coracoïdien ou la véritable neurolyse chirurgicale ne doivent jamais être proposées avant le 6e mois et uniquement dans les formes post-traumatiques avec augmentation de la distance « mastoïde-clavicule ».

Syndromes par compression

La mise en évidence d'une masse comprimant le nerf incite le plus souvent à son exérèse chirurgicale par abord postérieur direct. Dans le cas d'un kyste synovial, l'excision par arthroscopie ou l'aspiration percutanée guidée par tomodensitométrie ou échographie et complétée par l'injection intrakystique d'une petite quantité de corticoïdes sont également proposées.

Évolution et pronostic

Lorsque la lésion est reconnue précocement et traitée correctement, le déficit moteur se normalise en 3 à 9 mois et les douleurs disparaissent progressivement. Dans le cas contraire, si le diagnostic est tardif ou si le sportif refuse l'arrêt, on assiste à un passage à la chronicité, favorisée par la persistance des microtraumatismes. Le déficit moteur est pérennisé et devient irréversible. La persistance de douleurs d'effort, l'imprécision des gestes sportifs, la gêne fonctionnelle aboutissent à une certaine difficulté à poursuivre l'activité sportive en cause.

Conclusion

Chez un sportif, devant une douleur de l'épaule mal systématisée, il faut savoir évoquer une pathologie neurologique d'origine microtraumatique touchant le nerf du grand dentelé ou le nerf sus-scapulaire.
Les douleurs sont souvent révélatrices et la gêne fonctionnelle modérée.
L'atteinte du nerf de Charles Bell est le plus souvent due à un mécanisme par étirement.
L'atteinte du nerf sus-scapulaire se fait également par étirement dans de nombreux cas, mais le diagnostic de compression par une formation kystique ne doit pas être négligé.
Les examens complémentaires de routine sont représentés par un bilan électrique orienté. Toutefois, après confirmation de l'atteinte du nerf sus-scapulaire, la recherche d'une formation kystique susceptible de comprimer ce nerf doit être actuellement envisagée. L'IRM apporte un tribut fondamental à ce diagnostic.
Lorsque le diagnostic étiologique est établi, il faut souligner l'importance de la suppression du geste nocif dans le traitement des atteintes du nerf du grand dentelé et, à un degré moindre, dans les lésions récentes du nerf sus-scapulaire.
Dans les atteintes du nerf sus-scapulaire par compression, il faut souligner l'importance des gestes locaux : exérèse de la formation, ponction et infiltration du kyste.
Dans l'ensemble, le pronostic est souvent bon et la récupération complète ou importante lorsque les microtraumatismes sont supprimés et la rééducation correctement menée. Le pronostic est toutefois meilleur dans les atteintes du nerf du grand dentelé que dans celles du nerf sus-scapulaire.

57

Coude du sportif

Sommaire

Au cours de la pratique de certains sports, les éléments constitutifs du coude sont soumis à des contraintes en compression, distraction ou torsion. La violence de certaines activités provoque des entorses, luxations, fractures ou ruptures tendineuses, tandis que la répétition de certains gestes stéréotypés peut induire des lésions microtraumatiques.

Chez l'adulte, les lésions musculotendineuses de surmenage sont observées dans toutes les activités nécessitant un effort de maintien contre les contraintes extérieures (tennis, aviron, haltérophilie...) ou un effort de traction contre le poids du corps (escalade, agrès, ski nautique...). La fréquence des tendinites corporéales et des tendinopathies d'insertion ne doit pas faire négliger la possibilité d'une lésion articulaire, en particulier huméro-radiale, ou d'une atteinte neurogène, tronculaire ou radiculaire.

Chez l'enfant et l'adolescent, certaines lésions ostéochondrales, telles que l'ostéochondrose du condyle huméral observée chez le gymnaste, ont été rapportées aux contraintes répétées en hyperpression.

Chez l'adolescent, dont les chaînes musculotendineuses sont souples, les contraintes sont reportées sur les noyaux d'ossification secondaires, en regard des zones d'insertion des tendons. Ainsi, les sollicitations du triceps brachial, au cours de la gymnastique ou des sports de lancer, peuvent induire une apophysose olécranienne.

Traumatologie aiguë du coude

Le bilan est orienté par l'anamnèse, et la conduite à tenir dépend de l'impotence fonctionnelle observée et des données de l'inspection et de la palpation.

Si le tableau clinique est marqué par une impotence fonctionnelle quasi totale, une douleur intense et une déformation, il faut s'assurer de l'absence de troubles vasculonerveux distaux (coloration, chaleur, sensibilité et motricité des doigts, pouls radial et cubital, temps de recoloration pulpaire), et faire un bilan radiographique (profil, double face, oblique interne et/ou externe, selon le contexte). Ce bilan peut révéler d'emblée l'importance des lésions ostéoarticulaires (luxation, fractures associées, complexes ou non). La réduction et la contention sont effectuées en contexte médicochirurgical adapté. On peut cependant être amené à réduire en urgence une luxation du coude, lorsque l'accident est survenu en contexte naturel hostile, à distance de tout poste de soins d'urgence, *a fortiori* en cas de troubles vasculonerveux distaux. Il faut alors veiller à informer le patient des signes constatés, et noter avec précision l'horaire et les données de l'examen clinique avant toute tentative de réduction.

En revanche, si l'impotence fonctionnelle est modérée, avec gonflement tardif et conservation des repères anatomiques normaux, on peut faire un bilan clinique local plus précis : amplitudes actives en mobilisation douce, tests musculaires isométriques, palpation des différentes apophyses osseuses, des trajets ligamentaires et des insertions tendineuses. On peut compléter le bilan radiographique standard par certaines incidences obliques orientées par les données de l'anamnèse et la palpation minutieuse.

Anamnèse

Elle oriente le diagnostic lésionnel.

L'analyse des circonstances de l'accident permet de reconstituer le mécanisme du traumatisme. On peut ainsi déterminer quels sont les éléments anatomiques qui ont été soumis à des contraintes excessives par coincement, compression, cisaillement, distraction, dislocation :

- *compression brutale de la cupule radiale et/ou du condyle huméral*, lors d'une chute sur la main, poignet en extension, coude en extension ou à peine fléchi ; la contrainte est majorée en cas de valgus forcé associé ;
- *rupture ou désinsertion haute du ligament latéral interne* – chez l'adulte – ou *arrachement du noyau épitrochléen* – chez l'enfant – en cas de distraction de l'avant-bras, associé à un valgus forcé du coude, ou lors d'une chute avec « valgus appuyé » ;
- *fracture de la palette humérale* consécutive à un traumatisme en hyperextension du coude, notamment chez l'enfant ;
- *luxation postérieure des deux os de l'avant-bras*, avec arrachement des éléments capsuloligamentaires antérieurs, parfois associée à une *fracture par impaction de la cupule radiale et/ou de l'apophyse coronoïde* contre l'épiphyse humérale inférieure. Ces lésions sont observées aussi après une « simple chute sur la main » ;
- *fracture transversale de l'olécrâne et luxation antérieure des deux os de l'avant-bras*, à la suite d'une mauvaise réception de chute sur le coude (escalade, gymnastique), avec choc direct sur un rocher, une poutre, un parapet, faisant alors office de billot sur lequel l'avant-bras se trouve placé brutalement en porte-à-faux... ;
- *arrachement de l'insertion olécranienne du tendon distal du triceps brachial*, provoqué par une contrainte excentrique

violente de la chaîne musculotendineuse tricipitale : extension active du coude brutalement contrariée (judo, haltérophilie) ;

– *arrachement du tendon distal du biceps brachial, ou dilacération du corps du tendon ou de la jonction myotendineuse*, au cours d'un effort de traction (escalade, ski nautique) ou lors d'un effort de soulèvement trop violent, en flexion et supination forcées, contre une charge trop lourde; de telles lésions par « distraction » sont consécutives à une contrainte excessive, de type excentrique, sur la chaîne musculotendineuse concernée.

Bilan radiographique initial

Cliché de profil et « double face »

Le bilan clinique initial d'un coude traumatisé, douloureux et gonflé, que le blessé présente demi-fléchi et en légère pronation de l'avant-bras, se limite souvent à l'analyse de la déformation et à la recherche de complications vasculonerveuses. L'installation du patient en salle de radiologie est délicate.

Le cliché de profil est en pratique toujours possible. Il peut montrer une luxation antérieure ou postérieure, une fracture de l'olécrâne ou de la palette humérale, et permet de préciser l'importance du déplacement dans le plan sagittal et une éventuelle rotation axiale. En cas de fracture non déplacée, l'analyse du cliché de profil est difficile mais essentielle, tant en ce qui concerne le squelette que les tissus mous.

Blesoe et Izenstark ont insisté dès 1959 sur l'importance séméiologique de la surélévation des coussinets graisseux antérieurs et postérieurs, témoignant d'une hémarthrose, le plus souvent d'origine traumatique, ou d'une hydarthrose, révélatrice d'une pathologie locale ou systémique. Les incidences complémentaires sont alors utiles pour mettre en évidence une fracture parcellaire.

Cliché de face « classique »

Il est impossible à effectuer, compte tenu de l'attitude spontanée en *flessum* qu'il ne faut pas chercher à réduire tant que l'on n'a pas établi un diagnostic lésionnel précis. L'incidence dite « de face en V » peut mettre en évidence certains traits de fracture de la palette humérale, mais la déformation de l'image et les superpositions entre l'humérus et les deux os de l'avant-bras compliquent l'analyse du cliché. La technique dite en « double face » présente ici tout son intérêt.

Bilan radiographique du coude en « double face »

• Le premier cliché de face, centré sur le tiers inférieur de l'humérus, bras contre la plaque, avant-bras calé par un coussin respectant le *flessum* spontané, permet l'étude des fractures supracondyliennes, et de certaines fractures de la palette humérale, de l'épicondyle ou de l'épitrochlée.

• Le second cliché de face, centré sur le tiers supérieur du radius et du cubitus, avant-bras reposant sur la plaque, bras calé par un coussin respectant le *flessum* spontané, permet d'analyser les interlignes articulaires, et l'extrémité supérieure des deux os de l'avant-bras de face.

Incidences complémentaires

Les incidences obliques révèlent certaines fractures parcellaires isolées ou associées à des fractures-luxations complexes, et parfois responsables de « non-réductibilité », en cas d'incarcération d'un fragment osseux dans l'interligne articulaire. Pour dégager l'interligne huméro-radial ou, mieux, analyser une zone « suspecte », il faut adapter l'inclinaison du rayon incident selon les trois plans de l'espace, sans déplacer le patient, installé pour un cliché de « face avant-bras » selon la technique de la « double face » sus-décrite.

Le faux profil de Greenspan et Norman met en évidence certaines fractures parcellaires concernant le condyle huméral, la tête radiale ou l'apophyse coronoïde. Le blessé est installé dans les mêmes conditions que pour une radiographie de profil, et le cliché est effectué sans déplacer le patient, en inclinant simplement le rayon incident de 45°, de façon à projeter la tête radiale en avant, la dégageant ainsi de toute superposition avec l'apophyse coronoïde. Cette incidence distingue clairement l'articulation trochléo-cubitale en arrière, de l'articulation condylo-radiale en avant.

L'incidence axiale et l'incidence rétro-olécranienne sont utiles pour analyser la trochlée et l'olécrâne.

Clichés comparatifs

Les radiographies bilatérales et comparatives sont justifiées chez l'enfant, et doivent être lues par un médecin entraîné à l'analyse des clichés, tenant compte de l'évolution des noyaux d'ossification primaires et secondaires. L'interprétation des images observées est parfois délicate, y compris avec l'aide d'un atlas de radiologie pédiatrique... Une échographie complémentaire peut être utile. La concertation entre le radiologue et le clinicien est dans ce cas, plus encore que chez l'adulte, indispensable pour établir le diagnostic lésionnel.

Iconographie complémentaire

Échographie

L'échographie est utile chez l'enfant pour mettre en évidence une hémarthrose post-traumatique, ou un hématome sous-périosté. Chez l'adulte, cet examen pourrait permettre d'explorer certaines lésions des plans capsuloligamentaires internes, mais nous n'avons pas trouvé d'études à ce sujet. En revanche, son intérêt a été souligné par Busson pour confirmer certaines lésions anciennes du tendon distal du biceps brachial suspectées cliniquement. L'analyse des clichés échographiques statiques et dynamiques oriente l'attitude thérapeutique, quant à l'intérêt ou non d'une éventuelle réparation chirurgicale, selon les caractéristiques du tissu cicatriciel local.

Imagerie par résonance magnétique nucléaire

En cas de fracture ou luxation ouverte, l'IRM permet de visualiser certains corps étrangers radiotransparents, en complément de l'échographie.

Pour évaluer avec précision la gravité d'une lésion de la jonction myotendineuse ou du tendon distal du biceps et orienter si nécessaire le geste chirurgical, Fitzgerald, Curry *et al.* ont souligné en 1994 l'intérêt de l'IRM. Les coupes axiales permettent d'établir un diagnostic précis dans certains cas de lésion partielle ou de rupture complète sans rétraction, à type de dilacération.

Examen tomodensitométrique

Le scanner est utile pour l'exploration des tissus mous, par exemple dans le cadre du bilan préopératoire de certaines lésions distales du biceps.

Lorsque l'examen clinique et le bilan initial font suspecter une ou plusieurs fractures parcellaires, parfois mal observées sur les clichés conventionnels, le scanner permet de préciser la taille et la position des fragments, éventuellement avec reconstruction tridimensionnelle, pour adapter aux mieux l'attitude thérapeutique, comme l'ont souligné Jacques Busson et Thierry Judet. Cet examen est utile aussi pour localiser certains corps étrangers intra-articulaires radio-opaques, notamment en cas d'incongruence articulaire sous plâtre, pour orienter l'acte chirurgical.

En fait, l'examen tomodensitométrique est surtout utilisé en seconde intention, dans le cadre des enraidissements post-traumatiques : cal vicieux, ossifications péri-articulaires, arthrose.

Traitement initial

Rappelons que les troubles vasculonerveux constatés doivent être signalés au patient avant toute tentative de réduction et que le traitement doit être adapté au bilan lésionnel précis clinique et radiographique.

Luxations du coude

Elles sont assez fréquentes en traumatologie du sport, et grevées d'un double risque d'instabilité et de raideur, souvent douloureuses de surcroît. Pour préserver un compromis fonctionnel ultérieur harmonieux entre stabilité et mobilité, l'attitude thérapeutique doit être rigoureuse.

Pour les formes postérieures (fig. 57.1), la réduction est effectuée sous anesthésie ou prémédication. Après réduction, la congruence articulaire doit être contrôlée par les radiographies de face et de profil. La stabilité du coude est appréciée cliniquement, et guide les modalités de l'immobilisation.

Si le coude est stable en toute position, l'immobilisation en simple attelle postérieure à 90° de flexion pendant 10 jours suffit, avec contrôle radiographique à la 48e heure et au 10e jour, et rééducation.

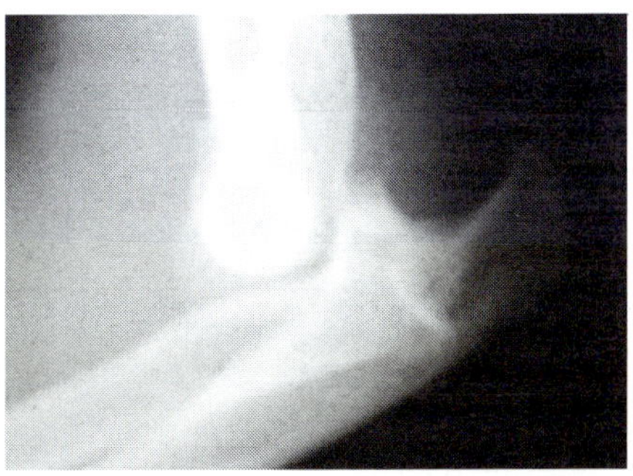

Fig. 57.1. Luxation postérieure du coude.

Si le coude est instable dans les derniers degrés d'extension, il suffit de prolonger l'immobilisation de quelques jours.

Si l'instabilité du coude est observée dès que la déflexion atteint l'angle droit, il faut opérer, pour brochage percutané ou réparation des plans latéraux, selon les cas. L'immobilisation dépasse alors 3 semaines, et le risque d'enraidissement s'accentue.

Pour les formes antérieures, la synthèse cubitale est essentielle, qu'il s'agisse d'une luxation antérieure des deux os de l'avant-bras avec fracture de l'olécrâne, ou d'une fracture de Monteggia, qui associe fracture de la diaphyse cubitale et luxation de la tête radiale.

La complication la plus fréquente des luxations du coude est l'enraidissement.

Fractures du coude

Elles sont habituellement consécutives à une chute sur la main, mais sont parfois provoquées par un choc direct. La fracture peut alors être compliquée par une ouverture cutanée. Le bilan radiographique précise la localisation exacte du foyer fracturaire, ses rapports avec l'interligne articulaire, l'importance et les caractéristiques du déplacement.

Parmi les fractures de l'extrémité inférieure de l'humérus, on distingue les fractures diaphysaires basses ou métaphysaires, qui bien qu'extra-articulaires peuvent aussi se compliquer d'un enraidissement du coude, les fractures articulaires parcellaires concernant la colonne interne trochléenne ou la colonne externe condylienne, les fractures sus et intercondyliennes de la palette humérale, et les fractures intra-articulaires.

Le traitement est généralement chirurgical. L'intervention est difficile, mais la réduction « à foyer ouvert » permet de rétablir l'anatomie articulaire, et la réalisation d'une ostéosynthèse solide autorise une rééducation immédiate.

Parmi les fractures de l'extrémité supérieure du cubitus, on distingue les fractures isolées de l'olécrâne (fig. 57.2), aisément rééduquées après ostéosynthèse solide, les fractures de l'olécrâne associées à une luxation antérieure des deux os de l'avant-bras, dont la réduction est stabilisée par l'ostéosynthèse cubitale, avec rééducation immédiate, et les fractures trans-sigmoïdiennes complexes, dont le traitement chirurgical est difficile et la rééducation délicate.

Les fractures de la tête radiale sont assez fréquentes en traumatologie du sport. Le traitement et le pronostic varient selon le type de trait. En cas de trait vertical sans déplacement, l'impotence fonctionnelle est modérée. On retrouve à la palpation un point douloureux précis sur le pourtour de la tête radiale. La lésion ne peut être observée qu'en réalisant un véritable « déroulé » radiographique de la tête radiale, sur les incidences obliques successives. Après une immobilisation antalgique de quelques jours, le réentraînement personnel est aisé, et le pronostic final est bon. Lorsqu'il existe un gros fragment unique déplacé, la réduction et l'ostéosynthèse permettent une rééducation précoce. Pour les fractures comminutives de la tête radiale, on peut débuter un traitement fonctionnel au cours de la deuxième semaine post-traumatique si le déplacement est peu important et l'interligne articulaire assez bien conservé. En revanche, en cas de fracture à grand déplacement, la pronosupination est compromise et l'enraidissement peut conduire à proposer la résection de la tête radiale ou le remplacement prothétique.

Pendant la période d'immobilisation, la surveillance vasculonerveuse distale doit être très rigoureuse, pour éviter la constitution d'un syndrome de Volkmann. L'apparition d'un

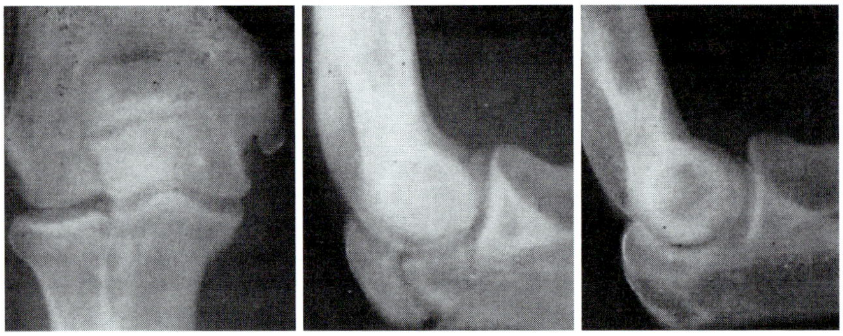

Fig. 57.2. Fracture de l'olécrâne.

œdème distal, malgré la surélévation de la main et la mobilisation active régulière des doigts, impose l'ablation de l'orthèse, de même que tout signe d'ischémie distale, notamment la constatation d'une hypoesthésie pulpaire, ou d'un retard de recoloration lors du test de pression digitale. Si les signes de compression persistent malgré l'ablation de l'orthèse et après avoir vérifié l'absence de déplacement secondaire du foyer de fracture, une aponévrotomie de décharge de la loge antérieure de l'avant-bras est nécessaire.

Ruptures tendineuses du triceps brachial ou du biceps

Les ruptures complètes du tendon distal du triceps brachial ou du biceps induisent une impotence fonctionnelle qui justifie la réparation chirurgicale. L'intervention est suivie d'une immobilisation de 3 semaines. La confection d'une orthèse articulée moulée permet ensuite la dynamisation progressive et prudente du tendon opéré, en secteur protégé, pour diriger la cicatrisation tendineuse, en évitant toute distraction excessive de la zone suturée.

Rééducation post-traumatique du coude

La complication la plus fréquente des traumatismes du coude reste, chez l'adulte, la raideur. La rééducation post-traumatique du coude est délicate, mais peut compléter favorablement le traitement initial, orthopédique ou chirurgical, en adaptant les soins aux dégâts lésionnels initiaux, à l'orientation du chirurgien, aux bilans cliniques et radiographiques successifs, et aux objectifs fonctionnels, professionnels et sportifs.
Durant la phase initiale d'immobilisation, il faut redonner confiance au patient, et lutter contre le « cercle vicieux » (fig. 57.3) :

- *en kinésithérapie,* par les massages décontracturants cervicoscapulaires, l'apprentissage de l'autocontrôle postural devant la glace, l'entretien articulaire et musculaire, proximal et distal, et l'entretien proprioceptif;
- *en ergothérapie,* et au cours des activités quotidiennes, par l'utilisation du membre supérieur ;
- *par les soins médicaux complémentaires :* le glaçage, les antiphlogistiques, la surélévation de la main, l'adaptation du traitement *per os* et la physiothérapie.

L'ablation de l'orthèse de contention permet ensuite de réassouplir le coude et d'intensifier le travail musculaire et proprioceptif :

- *en kinésithérapie, réalisée en salle et en piscine – dès que la cicatrisation le permet :* mobilisations actives en utilisant les techniques d'inhibition de l'hypertonie musculaire réactionnelle, complétées par les contractions isométriques des muscles biarticulaires proximaux et polyarticulaires distaux, puis le travail dynamique de tous les muscles concernés; en fin de séance, le kinésithérapeute travaille spécifiquement la flexion, ou au contraire l'extension, et met en place une orthèse de posture;
- *les activités proposées en ergothérapie et les activités quotidiennes* sont peu à peu diversifiées et certaines d'entre elles sont réalisées sous couvert d'une orthèse de posture.

Pour faciliter la réadaptation aux activités sociales, familiales, professionnelles et sportives, il faut déterminer avec précision les objectifs fonctionnels du patient, adapter les techniques de gain d'amplitude, renforcer les muscles stabilisateurs du coude, diversifier les exercices proprioceptifs. Les bilans cliniques et radiologiques successifs permettent de dépister certaines complications secondaires ou tardives, susceptibles d'expliquer l'installation d'une raideur : syndrome neuroalgodystrophique et surtout ostéome.
Au total donc, on peut retenir quelques éléments importants : le dépistage des complications vasculonerveuses initiales, l'urgence réelle de ces traumatismes, l'analyse du cliché de profil et des incidences en double face et obliques, le rôle de la contention qui, après réduction, préserve la stabilité ultérieure, mais peut compromettre gravement la mobilité lorsqu'elle dépasse 10 jours chez l'adulte. La rééducation du coude est active, globale, à visée fonctionnelle d'emblée, concernant l'ensemble du membre supérieur ; en fin de programme, elle est adaptée aux impératifs professionnels et sportifs du patient.

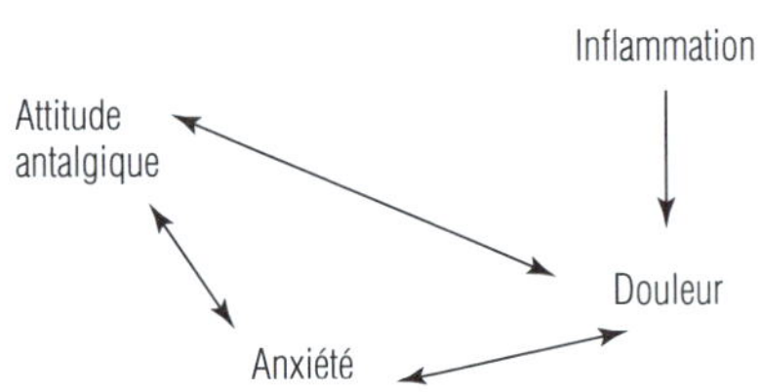

Fig. 57.3. Cercle vicieux de la rééducation.

Syndromes douloureux du coude en pathologie du sport

Ces syndromes douloureux du coude sont souvent révélateurs d'une pathologie microtraumatique d'hyperutilisation. L'anamnèse, axée sur les caractéristiques de la douleur et l'analyse des gestes incriminés, et l'examen clinique orientent habituellement vers une atteinte tendineuse ou articulaire. Certains tests isométriques peuvent cependant faire suspecter une compression nerveuse tronculaire, et l'examen du rachis cervical apporte d'autres arguments étiologiques.

L'âge est un élément clé du diagnostic, en particulier chez l'enfant et le jeune adolescent. Un tableau clinique d'enthésopathie tricipitale permet de suspecter une apophysose olécranienne, tandis que des signes de souffrance huméro-radiale orientent vers une ostéochondrose condylienne, selon l'évolution clinique et radiologique des polyostéochondroses de l'enfant, décrites par Élisabeth Brunet-Guedj.

Enfin, le contexte sportif ne doit pas faire omettre les hypothèses diagnostiques d'ordre inflammatoire, infectieux ou tumoral.

Anamnèse

Les caractéristiques de la douleur sont importantes : localisation exacte, irradiations éventuelles, circonstances d'apparition, évolution spontanée... Souvent externe, parfois interne, beaucoup plus rarement antérieure ou postérieure, la douleur peut être diffuse ou mal localisée. L'absence d'irradiation évoque plutôt une atteinte articulaire ou abarticulaire, mais certaines tendinopathies « corporéales » peuvent provoquer une irradiation vers les muscles concernés, tandis que les irradiations descendantes et ascendantes orientent plutôt vers un syndrome « neurogène » compressif.

La douleur peut être apparue sur un geste précis, mais s'installe en fait le plus souvent de façon insidieuse, parfois pendant un stage plus intensif ou bien à l'occasion de circonstances de jeu différentes, ou d'un changement de matériel. Certains gestes quotidiens deviennent douloureux, pénibles ou « maladroits », surtout si l'entraînement sportif a été poursuivi à tort.

La douleur est intermittente, mécanique, apparaissant à la contraction des muscles concernés en cas de tendinopathie, ou bien au cours de « blocages » fugaces, évoquant alors une arthropathie. La douleur est parfois « mixte », diurne et nocturne, avec une composante inflammatoire, qu'il s'agisse d'une tendinite ou d'un syndrome articulaire. Par ailleurs, si la recrudescence nocturne est accompagnée de paresthésies, d'une sensation de « bras lourd », de maladresse gestuelle ou d'une faiblesse manuelle, on évoque plutôt une atteinte neurogène périphérique, d'origine canalaire.

Enfin, certains points d'appel cervicaux ou scapulaires peuvent orienter vers un syndrome cellulo-téno-myalgique par dérangement intervertébral mineur.

Tests cliniques

Ces tests, bilatéraux et comparatifs, reproduisent la douleur sur l'élément anatomique concerné, par sollicitation spécifique.

Manœuvres d'étirement tendineux et de coincement méniscal

Les mouvements de flexion/extension du coude et du poignet et de pronosupination de l'avant-bras sont plus ou moins limités et/ou douloureux : si un mouvement donné est douloureux sur les derniers degrés d'amplitude, et plus limité en actif qu'en passif, on évoque plutôt une lésion abarticulaire. En revanche, une limitation plus globale des amplitudes de mobilité du coude, observée en passif comme en actif, et ne dépendant pas de la position du poignet, oriente plutôt vers un syndrome articulaire huméro-radial.

La recherche d'une mobilité anormale et/ou douloureuse lors de manœuvres passives en varus et valgus du coude, et en translation latérale de l'avant-bras (fig. 57.4) apporte d'autres éléments étiologiques : le varus passif met en tension le ligament latéral externe et le tendon commun des épicondyliens tandis que le valgus passif peut coincer un ménisque huméro-radial ou une frange synoviale épaissie, ou bien mettre en tension le ligament latéral interne ou le tendon commun des épitrochléens.

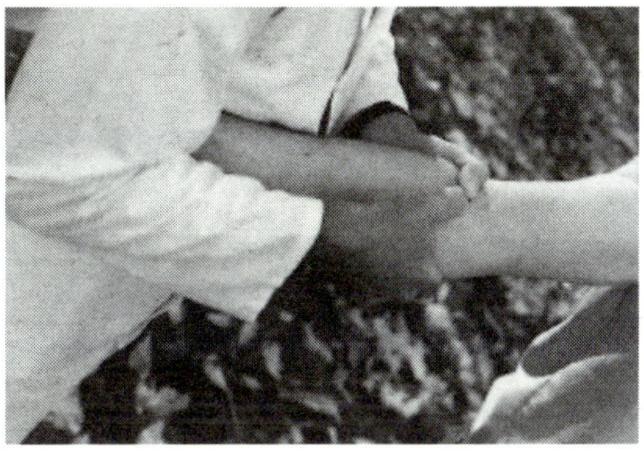

Fig. 57.4. Mise en tension passive du tendon commun des épicondyliens et du ligament latéral externe du coude.

Tests de « distraction tendineuse active » et bilan neurologique et cervical

Le testing musculaire analytique est bilatéral et comparatif. Il est réalisé coude fléchi puis étendu pour chacun des muscles des groupes latéraux. Quand la contraction isométrique contre résistance manuelle provoque une douleur importante, il s'agit plutôt d'une tendinopathie. En revanche, quand la faiblesse est plus marquée que la douleur, on évoque une atteinte neurogène.

Repères anatomiques et points douloureux : intérêt de la palpation et de la percussion locales

La palpation permet de situer les points douloureux par rapport à quelques repères anatomiques : tête radiale et ligament annulaire, interligne huméro-radial, tubérosité bicipitale et tendon distal du biceps brachial, olécrâne et tendon distal du triceps brachial, épicondyle et épitrochlée. La palpation et la percussion de l'épicondyle et de l'épitrochlée, et la palpation du tendon commun des épicondyliens et des épitrochléens permettent aussi la distinction entre tendinite d'insertion et tendinopathie corporéale.

Diagnostic lésionnel

La synthèse des éléments cliniques permet de classer les différents syndromes douloureux du coude du sportif selon leur topographie – externe, interne, antérieure, postérieure –, sous-groupes au sein desquels on distingue habituellement les tendinopathies, les atteintes articulaires, et les syndromes neurologiques locaux ou à distance.

Syndromes douloureux externes ou « épicondylalgies »

Le tendon commun des épicondyliens concerne, *stricto sensu*, l'insertion proximale du 2ᵉ radial et de l'extenseur commun des doigts.

Les muscles épicondyliens sont sollicités par toute activité qui nécessite la stabilisation du poignet en position de « fonction », particulièrement lors de la tenue d'un objet, d'un manche d'outil ou de raquette… Ces tendinopathies sont donc fréquemment observées, chez le joueur de tennis, du côté dominant; elles peuvent être aussi bilatérales, pour l'aviron ou l'haltérophilie; enfin, lors de la pratique du golf, ce sont plutôt les épitrochléens qui sont sollicités du côté dominant et les épicondyliens au membre supérieur controlatéral.

Les distractions répétées du tendon proximal des épicondyliens, tantôt passives, lors de contraintes en varus, tantôt actives par travail excessif des muscles épicondyliens, favorisent l'apparition de microdéchirures du corps du tendon commun et/ou de microfractures de la pastille osseuse d'insertion, à la face antéroexterne de l'épicondyle (encadré 1).

Les syndromes pseudoméniscaux sont rapportés à une fissuration du ménisque huméro-radial, ou à une souffrance cartilagineuse du condyle et de la cupule radiale, en regard d'une frange synoviale épaissie (encadré 2).

La branche postérieure du nerf radial peut être comprimée lors de son passage dans la région externe du coude, notamment au niveau de l'arcade de Frohse. Les éléments cliniques d'orientation peuvent être confirmés par un électromyogramme (encadré 3).

Enfin, certaines *épicondylalgies chroniques* entrent en fait dans le cadre d'un *syndrome cellulo-téno-myalgique* par dérangement intervertébral mineur C5-C6 ou C6-C7. Ce syndrome peut être suspecté par un bilan clinique concernant non seulement le coude, mais aussi le rachis cervical et les territoires métamériques correspondants, sensitifs et moteurs (encadré 4).

1 – Tendinopathies proximales des épicondyliens

La douleur (provoquée par les efforts de préhension) peut être reproduite par 3 types de tests qui mettent en évidence la souffrance du tendon commun des épicondyliens.

► Mise en tension passive de la chaine musculo-tendineuse	– *Varus* (++) – *Translation latérale* (±) – *Manœuvre de MILLS* (+++)
► Distraction active du tendon proximal commun des épicondyliens Les tests isométriques sont réalisés coude fléchi, demi-fléchi puis étendu (douleur + → +++, force ≤ 5)	– *2ᵉ radial* (+++) – *Extenseur commun des doigts* (+++) – *Extenseur propre du V* – *Cubital postérieur* (+ –) – *Court supinateur*
► Palpation des points douloureux et percussion osseuse →	*Corps du tendon commun* « Tendinopathie corporéale » Face antéro-externe de l'épicondyle « Tendinopathie d'insertion »

2 – Syndrome huméro-radial : ménisque fissuré ou frange épaissie

► Signes fonctionnels « articulaires »	– *Raideur intermittente du coude* – *Blocages douloureux et fugaces*
► Mobilité active et passive limitée et douloureuse	– *Petite limitation de tous les secteurs avec douleur en fin de mouvement (flexion/extension et pronation/supination) en actif et passif*
► Coincement méniscal (3 manœuvres passives douloureuses)	– *Valgus passif* (++) – *Translation latérale* (±) – *Flexion/extension combinée à la prono-supination avec compression axiale*
► Tests isométriques normaux	– Sauf *parfois 2ᵉ radial* (cf. *insertions accessoires sur le ligament annulaire, la capsule externe et le ligament latéral externe)*
► Palpation	– *Interligne huméro-radial douloureux*

3 – Branche postérieure du nerf radial	
▶ Signes fonctionnels « neurologiques »	*– Paresthésies ou dysesthésies diurnes et nocturnes, descendantes et ascendantes* *– « Bras lourd », maladresse, faiblesse lors des efforts de préhension*
▶ Mobilité (±)	*Amplitudes normales, mais paresthésies en pronation maximale passive*
▶ Tests isométriques (+++)	*Faiblesse des épicondyliens et de l'extenseur propre de l'index (EPII), des extenseurs du pouce (LEI, CEI) et du long abducteur du pouce (LAI)*

4 – Syndrome cellulo-téno-myalgique par dérangement intervertébral mineur C6-C7 ou C5-C6 (*cf.* Maigne)	
▶ Anamnèse	*Antécédents cervicaux et tendinopathies ou myalgies en même territoire métamérique (C5, C6, C7)*
▶ Mobilité du rachis cervical – *limitation?* – douleurs?	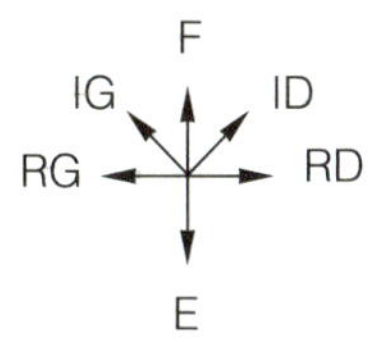
▶ Pincer-Rouler	*Syndrome cellulo-téno-myalgique*
▶ Examen musculaire et tendineux	

Syndromes douloureux internes ou « épitrochléalgies »

Parmi les causes locales d'ordre « mécanique », on distingue surtout les tendinopathies épitrochléennes ou épitrochléites, qui ne doivent cependant pas faire méconnaître les séquelles douloureuses d'entorse du ligament latéral interne. Parmi les causes locales d'ordre neurologique, on retient surtout les syndromes de compression du nerf cubital dans la gouttière épitrochléo-olécranienne et de luxation antérieure de ce nerf, ainsi que les syndromes « cellulo-téno-myalgiques par dérangement intervertébral mineur » C8-D1.

Le tendon commun des épitrochléens concerne l'insertion proximale du fléchisseur commun superficiel des doigts, du rond pronateur, des palmaires et du cubital antérieur, qui peuvent être sollicités de façon excessive lors de la pratique de certains sports, tels que l'escalade, l'haltérophilie ou le golf. La souffrance des épitrochléens peut être reproduite par étirement passif en extension du coude et du poignet, l'avant-bras étant placé en supination, mais aussi en valgus passif ou lors de la translation latérale externe de la portion proximale de l'avant-bras. Les tests isométriques sont également douloureux (fig. 57.5). Enfin, la palpation et la percussion locales permettent de déterminer s'il s'agit d'une tendinopathie corporéale ou d'une tendinite d'insertion.

Les séquelles d'entorse du ligament latéral interne sont suspectées lorsque l'anamnèse met en évidence un antécédent traumatique en valgus forcé, coude étendu, avec notion de craquement ou sensation de déchirure, douleur initiale syncopale puis régressive, gonflement interne assez rapide, et apparition retardée d'une ecchymose. À l'examen, on peut noter une petite limitation de la mobilité, prédominant en flexion-extension, et surtout une douleur interne lors du valgus passif en extension et en flexion, reproduit par la palpation locale. Une entorse plus sévère pourrait conduire à une laxité douloureuse en valgus flexion et valgus extension.

Les syndromes du nerf cubital sont révélés par des dysesthésies au bord interne de l'avant-bras, irradiant jusqu'aux deux derniers doigts. À l'examen, on recherche une hypoesthésie du bord interne de l'avant-bras, de la moitié interne de la main, ainsi que du 5e doigt et du bord interne du 4e doigt, avec un déficit moteur susceptible de toucher les épitrochléens, mais prédominant en territoire cubital

Fig. 57.5. La flexion contrariée du poignet et des doigts est douloureuse dans une épitrochléite.

distal : interosseux dorsaux et palmaires, 3e et 4e lombricaux, opposant et court fléchisseur du 5e doigt, adducteur du pouce.
Les syndromes cellulo-téno-myalgiques sont ici observés en territoire métamérique C8-D1.

Syndromes douloureux antérieurs

Ils incitent à rechercher les séquelles d'un éventuel traumatisme en hyperextension forcée du coude : arrachement capsulaire antérieur, fracture de la palette humérale, lésion du tendon distal du biceps. Dans le cadre de la microtraumatologie du sport, les tendinopathies distales des fléchisseurs du coude peuvent être évoquées, notamment pour le biceps brachial, devant la triade clinique habituelle : la douleur à l'étirement passif en rétroflexion du bras, extension du coude et pronation de l'avant-bras est reproduite aussi lors du test isométrique et à la palpation du tendon distal.

Syndromes douloureux postérieurs

Hormis les séquelles traumatiques, on retient surtout les tendinopathies distales du triceps brachial, particulièrement sollicité chez les haltérophiles et les gymnastes. La douleur à l'étirement passif en élévation antérieure du bras et flexion du coude est reproduite aussi lors du test isométrique et à la palpation du tendon. Les bursites rétro-olécraniennes en constituent le diagnostic différentiel essentiel.

Examens complémentaires

Les radiographies du coude, bilatérales et comparatives, de face, de profil et en incidence rétro-olécranienne peuvent être utiles au diagnostic différentiel, complétées par un examen tomodensitométrique, une scintigraphie ou une imagerie par résonance magnétique.
Les radiographies du rachis cervical de face, de profil, et de trois-quart peuvent être utiles au diagnostic différentiel.
L'électromyogramme peut être utile pour confirmer un syndrome compressif de la branche postérieure du nerf radial ou un syndrome cubital « épitrochléen ».

Traitement

Le repos est logique et nécessaire à la guérison lorsque le bilan oriente vers un syndrome de surmenage physique, et c'est ici le cas le plus fréquent ; mais le repos est toujours difficile à faire admettre au sportif, et généralement insuffisant seul. Il s'agit d'un repos sélectif mais prolongé, durant 4 à 6 semaines au moins ; il faut essayer de supprimer tous les gestes qui reproduisent la douleur par sollicitation excessive des structures anatomiques lésées.
Les massages transversaux profonds sont efficaces lorsqu'il s'agit d'une tendinopathie corporéale, notamment pour les épicondyliens : prescrits à raison de 2 à 3 séances par semaine pendant 3 à 4 semaines, ils pourront contribuer à la *cicatrisation dirigée* des lésions tendineuses, à condition d'être réalisés par un kinésithérapeute expérimenté. Les premiers effets bénéfiques sont habituellement perçus entre la 4e et la 6e séance.
Une « infiltration-criblage » loco-dolenti atténue la réaction inflammatoire locale d'une tendinite d'insertion. Le repos absolu du coude est alors nécessaire pendant 8 à 10 jours. Une seconde infiltration est parfois réalisée si l'amélioration clinique est nette mais incomplète. Bien que le patient puisse se sentir « guéri » au bout de quelques jours, le repos sélectif est indispensable pendant 4 à 6 semaines.
Une infiltration intra-articulaire peut atténuer la symptomatologie huméro-radiale en rapport avec une frange synoviale épaissie.
Une manipulation cervicale est un bon test diagnostique et thérapeutique pour les tendinopathies d'origine cervicale.
D'autres traitements sont parfois proposés, en tant qu'adjuvants antalgiques et/ou anti-inflammatoires, notamment en physiothérapie, tandis que les traitements généraux *per os* semblent peu efficaces, si ce n'est à court terme... *La rééducation et la réadaptation fonctionnelles* ne peuvent être entreprises qu'après disparition des douleurs, et au terme de la période de repos.
Certaines formes d'épicondylites chroniques, récidivantes ou « mixtes » justifient le recours au traitement chirurgical, depuis la simple ténotomie sous-cutanée jusqu'aux interventions comportant non seulement la détente du complexe tendineux concerné, avec éventuellement résection des tissus lésés et reconstruction locale, mais aussi le traitement des lésions associées.

Conclusion

Les syndromes douloureux du coude du sportif sont dominés par les épicondylalgies. La fréquence des tendinopathies d'insertion ne doit pas faire méconnaître les tendinites corporéales ni les atteintes articulaires ou neurogènes qui peuvent aussi résulter d'un surmenage sportif. Lorsque le sport pratiqué ne semble pas susceptible d'exposer le patient au type de pathologie microtraumatique suspectée cliniquement, il faut s'enquérir des gestes professionnels ou de certaines activités de loisir occasionnelles (bricolage, jardinage...). Quoi qu'il en soit, le repos sélectif est essentiel, associé à un traitement complémentaire adapté au diagnostic lésionnel.
Mais la douleur peut aussi révéler une affection rhumatismale, infectieuse, neurologique ou tumorale. Certains examens complémentaires sont alors utiles et permettent d'adapter au mieux le traitement.

Poignet du sportif

Sommaire

Les lésions du poignet sont relativement fréquentes lors de la pathologie du sportif mais ses conséquences sont souvent méconnues, le diagnostic initial posé étant souvent celui d'« entorse ».

Les patients viennent en consultation avec un poignet douloureux chronique après échec des thérapeutiques initiales.

L'intérêt d'un *diagnostic précoce conduisant à un traitement adapté* est le seul moyen d'éviter à ces patients, souvent exigeants, l'apparition de séquelles invalidantes.

Ci-dessous sont successivement décrites les atteintes osseuses, ligamentaires, puis les tendinites et ténosynovites du poignet.

Fractures des os du carpe

Sont envisagées, par ordre de fréquence, la fracture de l'os naviculaire, la fracture de l'apophyse unciforme de l'*hamatum*, la fracture de la crête du trapèze, les lésions du *triquetrum*, et enfin des lésions plus rares du *lunatum* et du *capitatum*.

Fracture de l'os naviculaire (scaphoïde)

C'est de loin la plus fréquente des fractures des os du carpe. Elle se produit souvent lors de chutes, poignet en extension avec impact sur l'éminence thénar. On la rencontre également lors des traumatismes en hyperextension, comme dans l'haltérophilie, lors de l'épaulé-jeté ou lors des traumatismes en hyperextension chez le gardien de but en football.

L'examen clinique devrait être évocateur au début. À la suite d'un traumatisme, le patient présente un œdème soit postérieur dans la tabatière anatomique, soit externe au niveau du poignet, soit antérieur au niveau de la gouttière du pouls. On peut retrouver une douleur précise lors de la pression dans la tabatière anatomique, ou antérieure au niveau du tubercule du scaphoïde, associée à une douleur lors de l'hyperextension ou de l'inclinaison radiale. Devant la suspicion diagnostique, il faut absolument demander des clichés spécifiques du scaphoïde carpien avec incidences de Schreck, qui peuvent parfois montrer le trait de fracture d'emblée, surtout s'il existe un déplacement. Il faut reconnaître que ces clichés sont souvent d'interprétation délicate au début. En l'absence de visibilité du trait de fracture, devant une forte suspicion diagnostique, il est habituel de mettre en place une immobilisation provisoire par attelle antibrachio-palmaire et de répéter des clichés identiques 8 à 10 jours plus tard. Du fait de l'ostéolyse au niveau du trait de fracture, celui-ci devient parfois visible (fig. 58.1).

D'autres auteurs ont recours d'emblée à une scintigraphie qui, si elle est franchement positive, impose alors un scanner (fig. 58.2). Il faut souligner que c'est bien souvent le scanner qui permet de mettre en évidence avec certitude le trait de fracture, surtout lorsqu'il s'agit de fracture oblique, où le trait de fracture est alors très difficile à mettre en évidence sur les clichés standard.

Une fois le trait de fracture mis en évidence, le traitement est fonction du siège du trait, du type de trait et de l'existence d'un déplacement.

Le traitement orthopédique [5] comprend la mise en place d'un plâtre antibrachio-palmaire, habituellement pour 2 mois et demi à 3 mois. Il ne faut plus immobiliser le coude pour ces fractures. Ce plâtre doit prendre la métacarpo-phalangienne et la 1re phalange du pouce en immobilisant le pouce en antépulsion/écartement maximal. Ce traitement

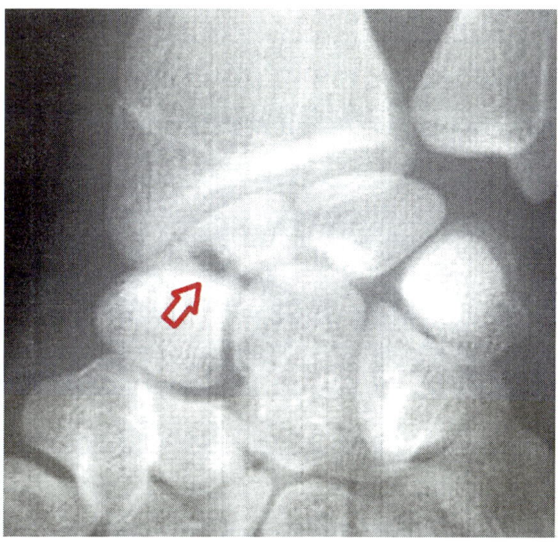

Fig. 58.1. Fracture du scaphoïde avec ostéolyse au niveau du trait fracturaire.

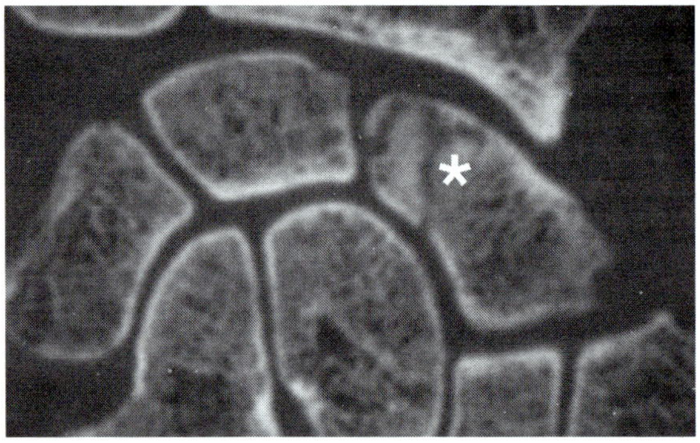

Fig. 58.2. Scanner d'une fracture oblique du scaphoïde : coupe frontale.

est préconisé pour les fractures transversales sans déplacement. L'efficacité est remarquable surtout pour les fractures du tiers moyen du scaphoïde.

En ce qui concerne les *fractures polaires supérieures*, il s'agit de fractures qui sont très mal vascularisées [14, 19], car la vascularisation du scaphoïde vient essentiellement de sa base. Ces fractures sont donc exposées au risque de pseudarthrose [26], ce dont doit être averti le patient avant l'immobilisation ; s'il existe un minime déplacement, il semble préférable de les synthéser par une vis introduite par voie postérieure.

Les *fractures du tubercule du scaphoïde* (fig. 58.3) surviennent en particulier lors d'une chute en reculant (comme un tennisman qui chute en arrière en voulant rattraper un *lob*). Il s'agit de fractures qui consolident beaucoup plus vite du fait de leur bonne vascularisation, habituellement en 45 jours. Ces fractures du tubercule du scaphoïde carpien peuvent évoluer vers une pseudarthrose et entraîner secondairement une tendinite du *flexor carpi radialis*.

Le traitement chirurgical est réservé aux fractures déplacées, surtout si le trait de fracture est oblique car elle risque de continuer à glisser malgré l'immobilisation.

D'autres auteurs proposent une fixation de principe même pour des fractures du scaphoïde sans déplacement pour limiter la durée de l'immobilisation. En l'absence de diagnostic, ces fractures évoluent vers une pseudarthrose, avec apparition secondaire d'une perte de hauteur du scaphoïde par désaxation carpienne d'adaptation (SNAC ou *Scapho-Non-union-Advanced-Collapse*, de Krakauer [25]). Ces lésions justifient alors un traitement chirurgical complexe avec greffe osseuse et synthèse [43] et risque d'évoluer vers une arthrose du poignet [44].

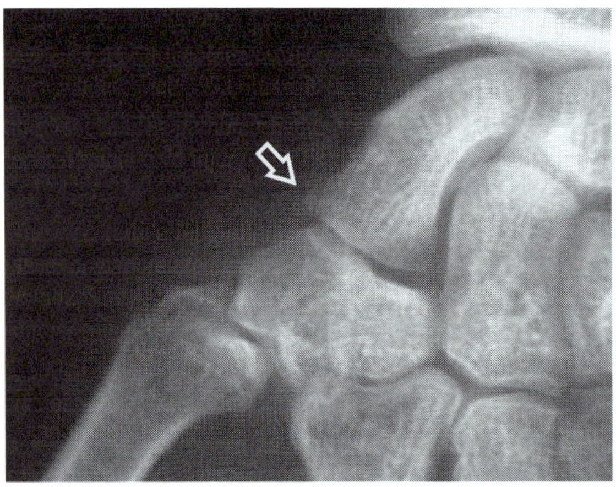

Fig. 58.3. Fracture du tubercule du scaphoïde.

Fracture du crochet de l'*hamatum* (os crochu)

Les fractures de l'*hamatum* représentent 3 % des fractures des os du carpe (fig. 58.4). Il s'agit de fractures qui surviennent soit lors d'une chute poignet en extension avec appui sur l'éminence hypothénar, soit lors d'un traumatisme violent et répétitif, par traction sur le ligament annulaire antérieur du carpe (LAAC) (voir fig. 58.5). Elles sont particulièrement décrites lors d'un choc violent avec un appui dans la paume, comme une raquette de tennis ou un club de golf, et touchent dans le tennis le côté dominant et dans le golf le côté non dominant.

La clinique est relativement univoque. À la suite d'un traumatisme (coup droit lifté ou *swing* manqué), le sportif ressent une douleur dans la région hypothénarienne.

À l'examen clinique, on retrouve peu de choses en dehors d'un discret œdème. Il existe souvent un freinage antalgique de la mobilité et la reprise du sport est impossible, les douleurs réapparaissant lors de la frappe. À l'examen, on note une douleur précise provoquée par la palpation profonde, 1,5 cm sous la ligne de Carter. Il s'agit d'une ligne tendue entre le pisiforme et la tête du 2e métacarpien. Cette douleur très précise doit absolument évoquer le diagnostic. D'autres signes sont également classiques : douleurs à la pression axiale au niveau des têtes des 4e et 5e métacarpiens, douleurs à la flexion contrariée de l'annulaire et de l'auriculaire, douleurs à l'inclinaison ulnaire du poignet, douleur projetée postérieure.

Le diagnostic va reposer sur un bilan radiographique précis. Des radiographies comparatives des deux poignets de face peuvent mettre en évidence une perte du contour de l'apophyse unciforme. Il faut également demander des clichés des deux tiers et des incidences de canal carpien de Hart et Gaynor, dégageant bien la 2e rangée des os du carpe. Souvent

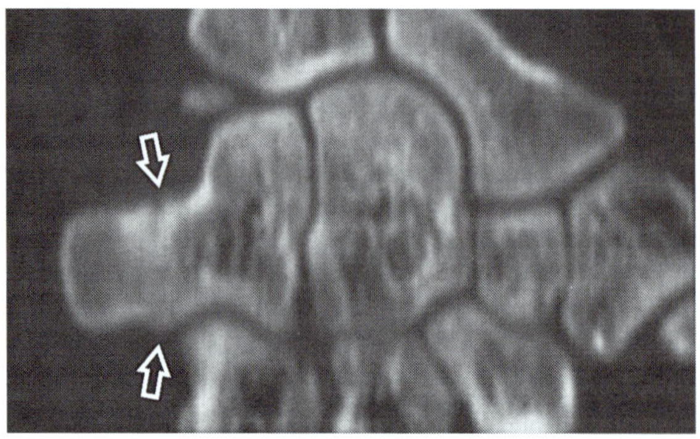

Fig. 58.4. Fracture du crochet de l'*hamatum* en cours de consolidation.

cette fracture est difficile à mettre en évidence et certains auteurs préconisent une scintigraphie qui, si elle montre une fixation localisée intense au bord interne du poignet, confirme de façon quasi certaine le diagnostic. Le meilleur examen pour effectuer le diagnostic est sûrement le scanner, qui va permettre de déterminer le siège de la fracture et l'existence éventuelle d'un déplacement. Il est important d'effectuer un diagnostic précis, car immobilisée correctement cette fracture peut être très bien consolidée. L'immobilisation comprend un plâtre antibrachio-palmaire prenant la 1re phalange de l'annulaire et de l'auriculaire en flexion, à conserver 45 jours.

C'est malheureusement souvent secondairement que l'on voit ces fractures et le retard de diagnostic est variable selon les séries, allant de 4,7 mois pour Rodineau et Sailland [38] à 8,8 mois dans notre série [28].

Lorsque ces fractures sont vues tardivement, en plus de la douleur du bord hypothénarien de la main, on peut retrouver des signes d'irritation du nerf ulnaire et il a été décrit des ruptures des fléchisseurs de l'annulaire et de l'auriculaire qui s'irritent sur la base fracturaire de l'*hamatum* [42]. En cas de fracture de crochet de l'*hamatum* vue au stade de pseudarthrose, si elle est douloureuse, la seule solution est l'exérèse du fragment osseux en pseudarthrose [1, 9]. Les suites de ces interventions comprennent une immobilisation de 15 jours et la reprise du sport se fait entre 4 et 6 mois après l'intervention. Cela souligne l'intérêt d'un diagnostic précoce permettant un traitement orthopédique et pouvant éviter cette évolution.

Fractures du trapèze

Les fractures articulaires du corps du trapèze sont exceptionnelles dans la pratique du sport. La fracture habituellement rencontrée est une fracture-arrachement de la crête externe du trapèze [4], crête qui forme la gouttière externe du *flexor carpi radialis*. Cette fracture survient habituellement dans un choc du poignet en extension avec appui sur l'éminence thénar ou dans un choc sur le ligament annulaire antérieur du carpe [24] (fig. 58.5) et elle est l'équivalent, en miroir, de la fracture du crochet de l'*hamatum*.

Le diagnostic repose sur un examen clinique attentif, qui retrouve une douleur très précise lors de la palpation directe de cette crête à la face antéro-externe de l'éminence thénar.

Le diagnostic radiologique est extrêmement difficile sur des radiographies standard ; parfois on peut la retrouver sur une incidence de canal carpien dégageant bien la 1re rangée des os du carpe. Il faut cependant souligner que cette incidence de Hart et Gaynor nécessite une extension du poignet qui n'est pas toujours possible du fait de la douleur.

Le diagnostic repose donc bien souvent sur l'examen au scanner (fig. 58.5), qui permet de faire un diagnostic précis.

Le traitement est essentiellement orthopédique par une immobilisation par plâtre antibrachio-palmaire immobilisant la 1re phalange du pouce. En l'absence de consolidation, cette fracture peut irriter le *flexor carpi radialis* et entraîner une ténosynovite secondaire, pouvant alors justifier un geste chirurgical de libération du *flexor carpi radialis* avec ablation du fragment en pseudarthrose.

Fracture du *triquetrum* (pyramidal)

Il s'agit habituellement de fracture-arrachement postérieure, par traction du ligament *radio-triquetrum*. Le mécanisme est habituellement un traumatisme en hyperextension-inclinaison ulnaire ou en hyperflexion et inclinaison radiale.

Là encore, la symptomatologie initiale est extrêmement réduite et l'on retrouve un vague œdème dorsal et interne au niveau du poignet, associé à une douleur à la pression dans la région de l'arrachement osseux. La mobilité est limitée du fait de la douleur.

La radiographie doit comprendre une radiographie de face et surtout de profil (fig. 58.6A) et permet parfois de détecter cette fracture postérieure. En cas de doute diagnostique, un examen au scanner peut permettre de mettre en évidence la fracture, ainsi que l'importance du déplacement (fig. 58.6B).

Le traitement repose sur une immobilisation plâtrée par plâtre anti-brachio-palmaire à conserver entre 30 et 45 jours jusqu'à consolidation radiologique. Là encore, en cas de doute sur la consolidation, un scanner de contrôle peut être pratiqué pour mettre en évidence la consolidation.

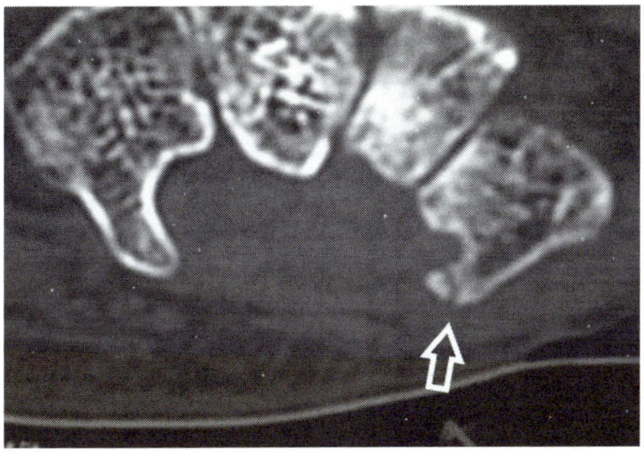

Fig. 58.5. La fracture de la crête du trapèze peut se produire lors d'un arrachement par le ligament annulaire antérieur du carpe (scanner). Le même mécanisme peut expliquer une fracture par arrachement du crochet de l'*hamatum*.

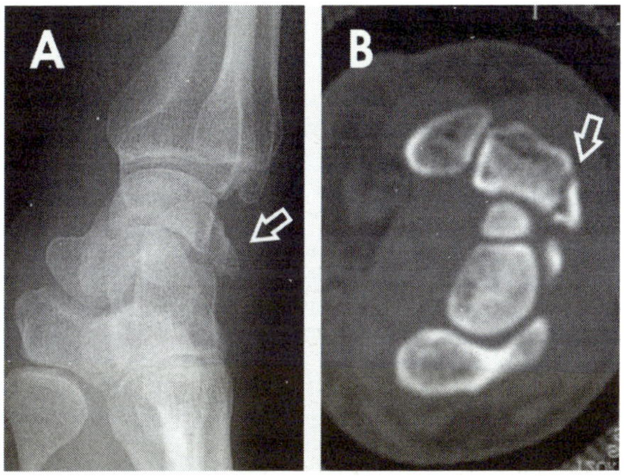

Fig. 58.6. Radiographie de profil (A) et scanner (B) d'une fracture-arrachement postérieure du *triquetrum*.

Fracture du *lunatum* (semi-lunaire)

Il s'agit là encore exceptionnellement de fracture du corps du *lunatum* mais plutôt de fracture-arrachement postérieure de la crête postérieure du *lunatum*. Le risque de fracture est majoré s'il existe une crête hypertrophique du *lunatum*, correspondant alors plus à un équivalent d'arrachement d'un ostéophyte postérieur. Cette pathologie se rencontre de manière non exceptionnelle dans le tennis et lors des chutes poignet en flexion.

À l'examen, on retrouve une limitation antalgique de la mobilité essentiellement de flexion dorsale. À la palpation, on retrouve une douleur précise postérieure.

Cette fracture peut être mise en évidence sur des radiographies standard mais là encore c'est souvent le scanner qui va permettre de faire le diagnostic.

Le traitement repose sur une immobilisation par plâtre anti-brachio-palmaire à conserver entre 6 et 8 semaines.

Fracture du *capitatum* (grand os)

Il s'agit d'une fracture exceptionnelle dans la pratique du sport, qui est surtout observée chez les gymnastes ou lors de chocs violents comme dans la pratique de la moto. Il s'agit d'un os qui fait partie de la colonne centrale du carpe. Là encore, la symptomatologie est extrêmement réduite, avec un discret œdème. On peut parfois retrouver une douleur lors de la pression axiale du 3ᵉ métacarpien ainsi qu'une douleur constante à la pression postérieure du poignet.

Le bilan radiographique doit comporter des radiographies de face et de profil, et il est souvent très décevant [7] (fig. 58.7A). C'est le scanner qui permet de mettre en évidence cette fracture (fig. 58.7B) car, même en cas de déplacement, elle est souvent invisible sur les clichés standard du fait des superpositions osseuses.

Le traitement orthopédique repose sur une immobilisation par plâtre anti-brachio-palmaire à conserver entre 45 jours et 3 mois en fonction de l'importance du déplacement initial.

Le traitement chirurgical est exceptionnel et ne se poserait que devant une pseudarthrose ou en cas de fracture méconnue initialement.

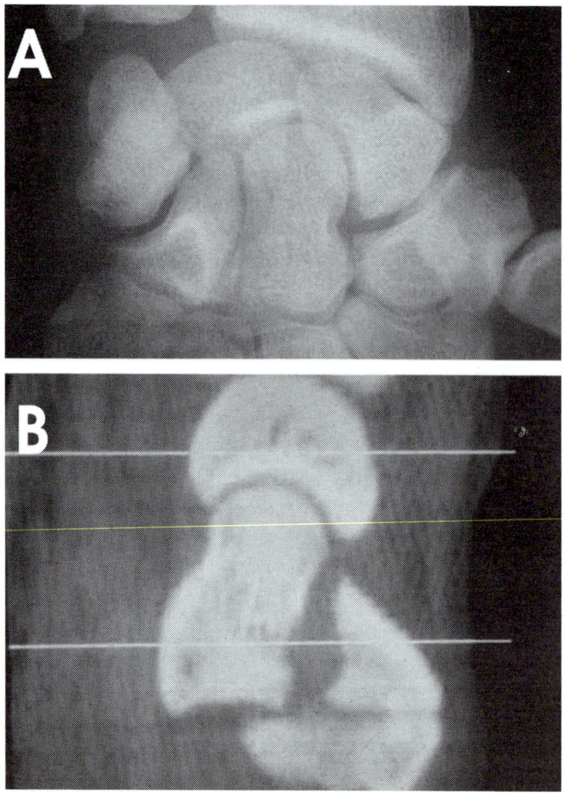

Fig. 58.7. Fracture du *capitatum*. Noter que la fracture est presque invisible sur la radiographie de face (A). Le scanner montre bien le trait (B).

Correctement diagnostiquées et traitées à temps, il s'agit de fractures qui habituellement consolident de façon satisfaisante sans laisser de séquelles.

Conclusion

Les fractures des os du carpe sont souvent de diagnostic clinique difficile. En effet, la traduction clinique est souvent extrêmement faible en dehors d'un œdème et d'une douleur souvent banalisée par le sportif et ce d'autant qu'après la douleur initiale les douleurs s'atténuent avec le traitement médical. Il ne faut pas se contenter du diagnostic rassurant d'entorse et il faut envisager des examens complémentaires, dont le plus performant est certainement le scanner. Il est important de connaître les projections superficielles des os du carpe qui sont surtout accessibles à la palpation à la face postérieure du poignet et dans les régions antérolatérales externe et interne.

En effet, il ne faut pas laisser évoluer ces lésions qui, non traitées, risquent de conduire à une pseudarthrose douloureuse et invalidante ou une tendinopathie secondaire, justifiant alors des gestes chirurgicaux complexes dont le résultat n'est pas garanti et qui peuvent laisser des séquelles.

Lésions ligamentaires du poignet

Ne sont décrites ici que les lésions scapho-lunaire et luno-triquétrale, ainsi que la lésion du ligament triangulaire (TFCC, ou *Triangular Fibro-Cartilage Complex*), qui sont les lésions les plus fréquemment rencontrées dans la pratique du sport.

Lésion scapho-lunaire

Elle est certainement la plus sérieuse et plus grave des lésions ligamentaires intracarpiennes. Elle survient habituellement lors de traumatismes sévères en extension dorsale avec une composante rotatoire. Les sports le plus souvent en cause sont le tennis, le basket-ball, le base-ball et les sports de combats.

Survenant à la suite d'un traumatisme du poignet, le sportif ressent une douleur violente. Lors de l'examen précoce, il existe un œdème dorsal. Le maître symptôme est la douleur précise dans la fossette de crucifixion à la face postérieure du poignet, située sous la marge du radius. Habituellement, cette lésion est initialement non dissociative, les deux os restant en contact sans espace scapho-lunaire *(gap)*.

Devant un tel tableau clinique, il nous semble utile de pratiquer une immobilisation antalgique par attelle anti-brachio-palmaire de 8 à 10 jours, suivie d'un nouvel examen. Si l'on retrouve toujours la douleur précise dans la fossette de crucifixion, c'est sûrement l'arthroscanner ou l'arthroscopie qui permettra le diagnostic précoce (fig. 58.8).

Ce diagnostic précoce est très important car, vues précocement, ces lésions peuvent cicatriser grâce à une immobilisation de 45 jours. Certains auteurs y associent de façon systématique un brochage percutané scapho-lunaire et *scapho-capitatum* pour assurer la consolidation ligamentaire.

Ce n'est malheureusement souvent que secondairement que l'on est amené à voir ces patients. À ce stade, on peut retrouver un écart scapho-lunaire, qui est pathologique s'il est supérieur à 3 mm. Les radiographies statiques peuvent parfois mettre en évidence cet écart (fig. 58.9A) mais des clichés dynamiques avec inclinaison radiale et ulnaire et des clichés en stress (fig. 58.9B) peuvent être nécessaires, qui permettent de mettre en évidence une instabilité dissociative dynamique. Ces clichés doivent être comparatifs du fait de la variabilité physiologique de l'espace scapho-lunaire.

À ce stade, la manœuvre de Watson, qui consiste à passer le poignet de flexion palmaire-inclinaison ulnaire à extension dorsale-inclinaison radiale en appuyant sur le pôle antérieur du scaphoïde, permet de retrouver le ressaut scaphoïdien typique. Il y aura ensuite une instabilité en DISI qui est alors de mauvais pronostic, pouvant conduire à un *SLAC wrist* [46, 47] (*Scapho Lunate Advanced Collapse*, de Watson). Ces lésions scapho-lunaires statiques (fig. 58.9A) ou dynamiques (fig. 58.9B) font appel à des réparations ligamentaires complexes [48], dont le résultat n'est pas garanti [39] et qui laissent toujours une raideur du poignet avec un risque d'arthrose.

C'est souligner l'importance d'un diagnostic précis avec un traitement précoce, qui est le meilleur garant d'un résultat satisfaisant.

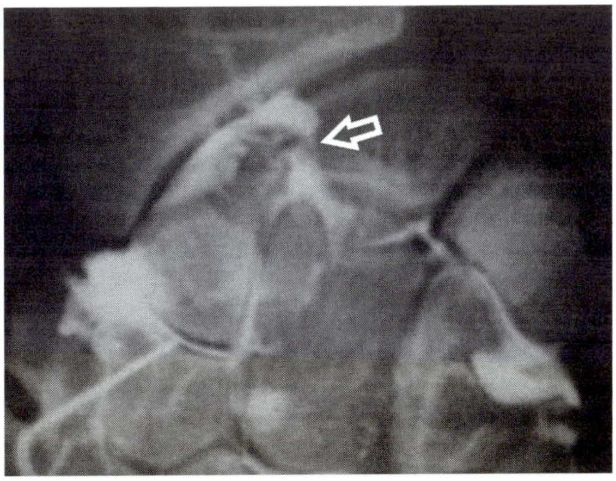

Fig. 58.8. Arthroscanner témoignant d'une rupture du ligament scapho-lunaire (passage du produit opaque à travers l'espace scapho-lunaire).

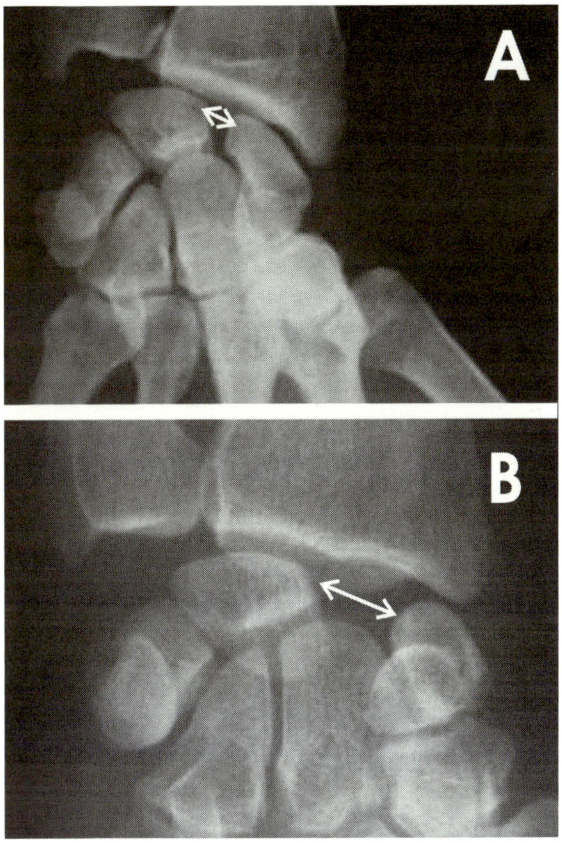

Fig. 58.9. Diastasis scapho-lunaire dynamique (A) et diastasis statique important (B). Le diastasis dynamique (A) s'affiche sur une radiographie de face, le poing serré (cliché en stress).

Lésion luno-triquétrale

Ces lésions surviennent fréquemment lors d'une chute poignet en extension sur le bord ulnaire du poignet. Elles nécessitent une composante de torsion.

La clinique est là encore extrêmement réduite, avec un œdème dorsal et une douleur. Il est important de rechercher une douleur à la pression au niveau de la projection de l'interligne luno-triquétral, qui se situe sous la tête de l'ulna. La manœuvre de Reagan (ballottement luno-triquétral) permet parfois d'évoquer fortement le diagnostic. Devant une suspicion ou un doute diagnostique, les radiographies statiques et dynamiques sont souvent décevantes. Il faudrait cependant systématiquement faire des clichés de face et profil stricts, ainsi qu'en inclinaison radiale et ulnaire, qui peuvent parfois montrer un décalage entre *lunatum* et *triquetrum* (modifiant les lignes de Gilula). Exceptionnellement, est retrouvée une augmentation de l'interligne luno-triquétral comparativement au côté opposé. Il faut souligner que ces lésions luno-triquétrales sont moins arthrogènes que les lésions scapho-lunaires et n'entraînent pas habituellement, contrairement aux lésions scapho-lunaires, de désaxation carpienne d'adaptation.

En cas de suspicion clinique, le diagnostic repose encore bien souvent sur l'arthroscanner, qui met en évidence la brèche luno-triquétrale, son importance et l'existence éventuelle d'une arthrose luno-triquétrale.

En cas de diagnostic précoce, le traitement repose sur une immobilisation par plâtre anti-brachio-palmaire pendant 6 à 8 semaines. Certains auteurs y associent un brochage percutané triquétro-lunaire.

En cas de lésion secondaire [36], on a le choix entre une réparation chirurgicale, s'il n'existe pas d'arthrose, ou une arthrodèse luno-triquétrale en cas d'arthrose.

Lésion du ligament triangulaire

Elle survient aux décours d'un traumatisme violent du poignet avec hyperextension en pronation.

La clinique est réduite à un œdème du poignet mais l'on peut retrouver, en cas de lésion complète du ligament triangulaire, une déstabilisation dynamique de la tête de l'ulna qui se subluxe en arrière en pronation. Dans ce cas, on perçoit un ressaut avec réductibilité de la tête de l'ulna par pression postérieure et mobilité en touche de piano. La pronation et la supination forcées sont habituellement limitées et douloureuses.

Le bilan radiographique doit être comparatif, poignet de face en pronation et en supination et de profil strict. On peut noter une subluxation dorsale de la tête de l'ulna et parfois un arrachement au niveau de la styloïde ulnaire.

Palmer [34] a codifié ces lésions, classées en quatre types :

- type 1A en cas de lésion centrale du ligament triangulaire, qui ne justifie qu'un simple débridement arthroscopique [32];
- type 1B en cas de désinsertion du ligament triangulaire au ras de la styloïde ulnaire. Il s'agit de la lésion la plus fréquente qui est accessible à une réparation chirurgicale directe. L'intervention comprend après abord une suture du ligament triangulaire avec immobilisation plâtrée anti-brachio-palmaire pendant 2 mois. Une réparation arthroscopique est aussi réalisable [16];
- type 1C avec association d'une lésion du ligament luno-carpien antérieur;
- type 1D, qui est une lésion du ligament triangulaire au niveau de son insertion radiale. C'est sûrement la lésion la plus difficile à réparer chirurgicalement [40].

Le traitement de ces lésions peut être éventuellement orthopédique par immobilisation plâtrée brachio-anti-brachio-palmaire, maintenant l'avant-bras en supination pour réduire la luxation postérieure de la tête de l'ulna.

Certains auteurs préconisent un traitement chirurgical.

Ces lésions, méconnues, risquent d'évoluer vers une instabilité ulnaire distale pouvant imposer secondairement des gestes chirurgicaux complexes et invalidants.

Conclusion

Les lésions ligamentaires du poignet sont souvent d'expression extrêmement discrète au début. Il est important de faire un diagnostic précoce, seul capable d'éviter des complications sévères, pouvant retentir de façon importante sur la fonction du poignet. C'est essentiellement l'arthroscanner qui doit être réalisé à un stade précoce qui permettra ce diagnostic et conduira à un traitement adapté.

Tendinites du poignet chez le sportif

Les tendinites sont des processus inflammatoires touchant non seulement les tendons et leurs insertions mais aussi les gaines synoviales. Elles sont souvent d'origine traumatique, liées le plus souvent à des microtraumatismes répétés. D'un point de vue physiopathologique, il semble que les tendons les plus longs et les plus grêles, soumis à des mouvements rapides et à des angulations forcées, soient les plus touchés par des tendinites, ce qui explique leur grande fréquence au niveau de la main et du poignet dans la pratique du sport (tableau 58.I).

Tab. 58.I. Types de tendinopathies et disciplines sportives.

Tendinites observées	Sports concernés
1. Ténosynovite de De Quervain	Aviron, canoë-kayak, golf, motocyclisme, cyclisme, tennis
2. Tendinite du *flexor carpi ulnaris*	Cyclisme, tennis, golf, aviron, boules
3. Tendinite de l'*extensor carpi ulnaris*	Tennis, rodéo, golf, haltérophilie
4. Tendinite des radiaux	Tennis, pelote, aviron, canoë-kayak, golf, Motocyclisme, motocross
5. « Aïe » crépitant	Tennis, tennis de table, boxe, aviron, golf
6. Styloïdite radiale	Tennis, hand-ball, volley-ball, golf, boxe
7. Ténosynovite des fléchisseurs	Aviron, canoë-kayak, automobile, tennis Athlétisme, cyclisme, escrime, tir à l'arc Haltérophilie, pelote basque, bowling, gymnastique
8. Ténosynovite des extenseurs	Athlétisme, bowling, haltérophilie

Le traitement des tendinites du poignet chez le sportif est essentiellement médical. Il comprend toujours une immobilisation par orthèse sur mesure en matériel thermoformable anti-brachio-palmaire laissant libre le coude et les métacarpo-phalangiennes (fig. 58.10). Cette orthèse doit être en détente tendineuse, c'est-à-dire en flexion de 20° du poi-

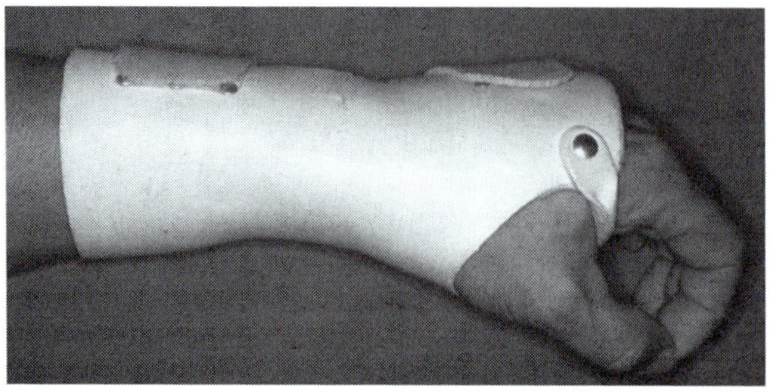

Fig. 58.10. Attelle pour le traitement médical d'une tendinite du poignet.

gnet pour les atteintes antérieures et en extension de 20° du poignet pour les atteintes postérieures. Elle sera portée, suivant le tendon atteint et l'importance des lésions, pendant 15 jours au minimum jusqu'à 6 semaines au maximum. Il n'est pas indispensable d'envisager un repos absolu pour des raisons tant psychologiques que physiques. Cette orthèse peut être enlevée plusieurs fois par jour en respectant la règle d'absence de douleur. Associé à l'immobilisation, un traitement par antalgique et anti-inflammatoires non stéroïdiens peut être proposé. En cas de résistance à ce traitement, des infiltrations de corticoïdes, pratiquées en péritendineux et non pas en intratendineux, sont alors proposées. Les infiltrations ayant un réel pouvoir fragilisant vis-à-vis du tendon, une immobilisation après infiltration est indispensable.

Au sortir de l'immobilisation, une rééducation avec physiothérapie, massages transverses profonds et étirements doux doit être pratiquée.

Dans tous les cas, l'arrêt du traumatisme causal est un élément important de la guérison, associé à une bonne préparation physique. La modification du matériel employé par le sportif (raquette, batte, gant, etc.) fait partie intégrante du traitement préventif.

L'utilisation de matériaux d'apparition récente (antivibratoire pour les raquettes, patch de sorbothane absorbant les chocs) complète le traitement préventif.

En cas d'échec à un traitement médical suffisamment prolongé, un traitement chirurgical peut alors être proposé.

Anatomie fonctionnelle

Au poignet, les tendons coulissent dans des gaines ostéofibreuses ayant un rôle de poulie avant de venir s'insérer en distal. Ces tendons sont enveloppés par des gaines synoviales facilitant le glissement au niveau des zones de frottement maximal. La région de frottement maximal est située au niveau du ligament annulaire dorsal pour les tendons extenseurs et au niveau du canal carpien pour les tendons fléchisseurs.

Symptomatologie

La symptomatologie est souvent univoque. On retrouve une douleur à la flexion ou l'extension contrariée, une douleur à la pression le long du trajet du tendon. Il existe parfois un empâtement douloureux avec crépitation et l'on retrouve également une douleur à l'étirement du tendon.

Sont d'abord envisagées les atteintes palmaires puis les dorsales.

Tendinite du *flexor carpi radialis* (grand palmaire)

Décrite par Fitton, Shea et Goldie en 1968 [13], la tendinite du *flexor carpi radialis* reste une affection peu connue, dont la physiopathologie exacte est encore mal définie. Sa pathologie s'explique par le trajet angulé de 30° dans sa portion carpienne avec rotation axiale des fibres [27]. Toute modification de l'architecture de ce canal et en particulier une arthrose scapho-trapézo-trapézoïde (STT) ou une fracture du tubercule du scaphoïde carpien (chute lors de la pratique du tennis) peuvent provoquer cette tendinite.

La méconnaissance de cette affection ainsi que son association fréquente à une autre pathologie du poignet font que sa véritable incidence est probablement sous-estimée. La plupart des auteurs s'accordent à reconnaître que le traitement de la tendinite du *flexor carpi radialis* est essentiellement médical [18], reposant sur les anti-inflammatoires, le port d'une attelle et éventuellement l'infiltration de corticoïdes locaux. Cette tendinite peut parfois entraîner une rupture tendineuse, rendant alors le traitement beaucoup plus aléatoire. En cas d'échec de ce traitement médical, une intervention peut alors être proposée [15, 18].

L'intervention est toujours réalisée par voie antérieure antibrachio-palmaire (fig. 58.11). Sur la berge externe du canal carpien, la coulisse ostéofibreuse du tendon est ouverte. La synoviale est souvent hyperplasique et est réséquée en la séparant du tendon et de la coulisse. Le tendon est en général dépoli et aminci, avec présence d'ulcérations dues à l'existence d'ostéophytes trapéziens ou plus souvent scaphoïdiens. Ces ostéophytes doivent être réséqués en prenant soin de refermer l'articulation ouverte. Le tendon est alors replacé dans sa coulisse et il faut vérifier qu'il ne se luxe pas lors des mouvements d'inclinaison ulnaire du poignet.

Le diagnostic de cette affection est essentiellement clinique. Il faut savoir l'évoquer devant toute douleur du bord radial de la face antérieure du poignet surtout si celle-ci est déclenchée ou exacerbée par la flexion contrariée du poignet. L'existence d'une tuméfaction synoviale ne semble pas constante mais renforce l'hypothèse diagnostique. Dans certains cas, le diagnostic est difficile surtout s'il existe une autre pathologie associée dont les manifestations sont plus bruyantes. Il peut alors être utile de recourir à des examens radiologiques performants comme le scanner et l'IRM qui donnent des images très précises de ces lésions.

En ce qui concerne l'étiologie de la tendinite, la notion de microtraumatismes répétés a été reconnue comme pouvant être responsable des lésions observées. Cette hypothèse apparaît plausible dans un contexte de sollicitations importantes chez un sujet plutôt jeune, ce qui correspond à la pathologie sportive.

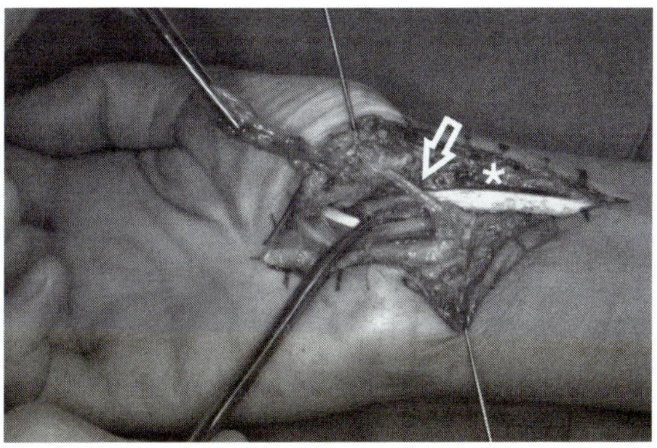

Fig. 58.11. Voie d'abord pour le traitement chirurgical d'une tendinite du grand palmaire. Astérisque : tendon du grand palmaire. Flèche : branche cutanée palmaire du nerf médian.

Tendinite des fléchisseurs

Lorsqu'une ténosynovite des fléchisseurs intervient chez un sujet jeune, il faut en rechercher la cause. En effet si le syndrome du canal carpien idiopathique est le plus souvent banal chez la femme ménopausée, il existe souvent une anomalie osseuse ou musculaire chez le sujet jeune. Le traitement est chirurgical avec synovectomie systématique après ouverture du canal carpien et recherche des anomalies musculaires : muscle surnuméraire, anastomoses tendineuses, lombrical remontant trop haut ou corps charnu du fléchisseur descendant trop bas.
Ces tendinites peuvent survenir dans les suites de traumatisme du poignet avec lésions osseuses ou ligamentaires. Une tendinite des fléchisseurs du 4e et du 5e doigt doit faire rechercher une pseudarthrose de l'apophyse unciforme de l'*hamatum* souvent en rapport avec les traumatismes sportifs (golf du côté non dominant ou tennis du côté dominant).

Tendinite du *flexor carpi ulnaris* (cubital antérieur)

Elle se présente souvent comme une inflammation avec parfois rougeur le long du *flexor carpi ulnaris* pouvant être en rapport avec un rhumatisme à hydroxyapatite [2].
Il faut systématiquement rechercher une apophysite avec douleur au niveau du pisiforme et des calcifications au voisinage du pisiforme [17] sur l'incidence de Garaut (incidence mains en cupule).
En dehors de la tendinite isolée du *flexor carpi ulnaris*, on rencontre plus fréquemment des lésions d'apophysite du pisiforme ou d'arthrose piso-triquétrale.
L'arthrose piso-triquétrale (fig. 58.12) peut dans certains cas être rapportée à une étiologie de type instabilité du pisiforme, décrite par Helal en 1978 [22] sous le nom de *racquet player's pisiform*. Quant à l'arthrose post-traumatique, un traumatisme notable est souvent retrouvé dans les antécédents.
La clinique est marquée par des douleurs de la région ulnaire du poignet. Cette douleur est augmentée par la pression localisée et les mouvements d'inclinaisons ulnaire et radiale du poignet. Cette douleur est également majorée lors de la flexion contre résistance du poignet ainsi que lors des mouvements de pronosupination. La mobilisation transversale du pisiforme sur le poignet au repos entraîne un craquement douloureux équivalent d'un « signe du rabot » au niveau du genou.
Enfin, il faut signaler que dans certains cas, la clinique est dominée par un kyste synovial du bord interne du poignet situé entre *flexor carpi ulnaris* et *extensor carpi ulnaris*. Il faut savoir, devant un kyste de cette localisation, penser systématiquement à une arthrose piso-triquétrale. Il existe également des douleurs en cas d'irritation du nerf ulnaire.
Le traitement chirurgical de la tendinite du *flexor carpi ulnaris* se fait par une voie d'abord longitudinale antéro-interne à l'aplomb du tendon *flexor carpi ulnaris*. Le premier temps opératoire consiste en une synovectomie complète du tendon *flexor carpi ulnaris*. Si la synoviale n'est pas trop hypertrophique, il faut systématiquement explorer l'intérieur du tendon *flexor carpi ulnaris* en réalisant un peigne longitudinal du tendon, qui est divisé en 4 ou 5 languettes. Cela permet de retrouver d'éventuelles *zones de nécrose intratendineuse* qui seront excisées. L'intervention se termine par une immobilisation plâtrée de 2 à 4 semaines en fonction des lésions rencontrées.
Pour l'arthrose piso-triquétrale, le traitement habituel est l'excision sous-périostée du pisiforme [35]. Personnellement, nous préférons, pour éviter le risque de paralysie postopératoire du nerf ulnaire, ouvrir la loge de Guyon et libérer le paquet ulnaire avant de réaliser l'exérèse sous-périostée du pisiforme.
Cela entraîne donc la section du ligament *piso-hamatum* qui n'a pas semblé entraîner de retentissement secondaire. En fin d'intervention, la continuité du *flexor carpi ulnaris* et des ligaments piso-métacarpien et *piso-hamatum* est conservée par suture à points séparés du périoste antérieur du pisiforme, qui a été incisé de façon longitudinale. Une immobilisation par attelle plâtrée pendant 3 semaines est justifiée au décours de cette intervention, suivie de rééducation.

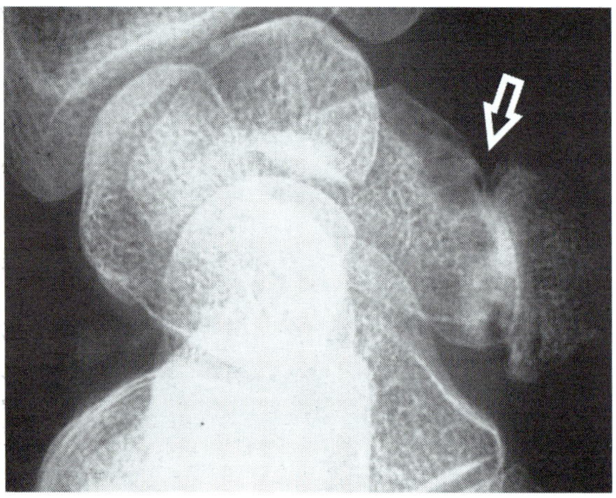

Fig. 58.12. Arthrose piso-triquétrale avancée.

Ténosynovite de De Quervain

Ténosynovite constrictive du premier compartiment dorsal, décrite en 1895 par De Quervain [37], cette pathologie est fréquente dans la pratique du tennis.
Le motif de la consultation est toujours une douleur au niveau de la styloïde radiale. Le test de Finkelstein [11], théoriquement pathognomonique, consiste en la mise en tension des tendons dorsaux du pouce. Il suffit pour cela de porter le pouce en flexion sur la racine du 5e doigt et de porter le poignet en adduction, mettant ainsi en tension les tendons du long abducteur *(abductor pollicis longus)* et du court extenseur du pouce *(extensor pollicis brevis)*.
Une névrite de la branche sensitive du nerf radial au poignet doit systématiquement être recherchée. Cette névrite peut être aggravée par une compression du nerf par une montre (syndrome du bracelet-montre de Matzdorff [31]).
Le traitement médical par injection de corticoïdes et orthèse de repos est d'efficacité remarquable. Il semble cependant que des complications puissent survenir. Il s'agit principalement d'atrophie locale cutanée ou sous-cutanée et de névrite de Wartenberg [45]. Ces complications ont fait préconiser par Woods [50] une intervention précoce, attitude que nous ne recommandons pas.
L'intervention commence par une voie d'abord horizontale dans le pli d'inclinaison radial du poignet à l'aplomb de la

tuméfaction. Le premier temps consiste à repérer le nerf radial et ses branches de division. On ouvre alors la gaine à la partie médiane de la poulie dans le sens longitudinal, permettant ainsi de faire apparaître les tendons du court extenseur et du long abducteur du pouce. On pratique ensuite la synovectomie des tendons et la résection de la paroi postérieure du premier compartiment. Afin d'éviter une luxation des tendons, nous conservons le lambeau antérieur de coulisse qui réalise une butée antérieure.

Il semble très important d'avoir d'emblée de bons résultats. En effet, le traitement des séquelles de ténosynovites de De Quervain est souvent décevant. La bonne connaissance de l'anatomie doit permettre d'éviter les complications les plus fréquentes qui sont l'élargissement cicatriciel disgracieux, les névromes et la luxation antérieure du long abducteur [29].

Styloïdite radiale

C'est une tendinite d'insertion du long supinateur *(brachioradialis)*. Elle se distingue de la ténosynovite de De Quervain par la non-accentuation des douleurs lors de la mobilisation de la colonne du pouce. Il existe parfois un arrachement osseux. Le traitement est médical, avec mise au repos et éventuellement injection de corticoïdes. Il s'agit d'un tendon qui a peu de mobilité ; sa tendinite est exceptionnelle. Le plus souvent, il s'agit d'une apophysite qui réagit extrêmement bien au traitement médical et l'intervention chirurgicale à ce niveau est exceptionnelle.

Tendinites des radiaux (*extensor carpi radialis longus* et *brevis*)

Il s'agit d'une ténosynovite avec douleur à l'extension contrariée du poignet et à la pression de l'insertion distale du 1er ou du 2e radial, à la base des 2e ou 3e métacarpiens. Sa survenue est favorisée par l'existence d'un carpe bossu de Fiolle [12, 30] (fig. 58.13), qu'il faut rechercher radiologiquement. Il s'agit d'une exostose carpo-métacarpienne du 2e ou du 3e rayon. L'existence d'un os surnuméraire (os *styloidium*) intercalé entre trapézoïde et métacarpien doit également être recherchée. Il est fréquemment surajouté une tendinite des tendons extenseurs de l'index, qui lors du passage de l'inclinaison radiale à l'inclinaison ulnaire du poignet sont irrités par cette tuméfaction, ainsi qu'une bursite à la partie terminale de l'insertion du 1er ou du 2e radial.

La technique chirurgicale [8] est variable, qu'il s'agisse d'une apophysite ou d'une tendinite des radiaux au tiers externe de l'avant-bras. Dans le cas le plus fréquent de la tendinite de l'insertion avec fréquemment carpe bossu, l'incision est transversale esthétique au dos de la tuméfaction. La technique chirurgicale employée est une résection cunéiforme des exostoses adossées au trapézoïde et au 2e métacarpien. Une immobilisation postopératoire par attelle, maintenant le poignet en position de fonction pendant 4 semaines, est justifiée. En cas de ténosynovite des radiaux, le premier temps consiste en la synovectomie de ces deux tendons et s'il existe des lésions tendineuses, un peigne est réalisé. Là encore, une immobilisation plâtrée est nécessaire, jamais inférieure à 15 jours.

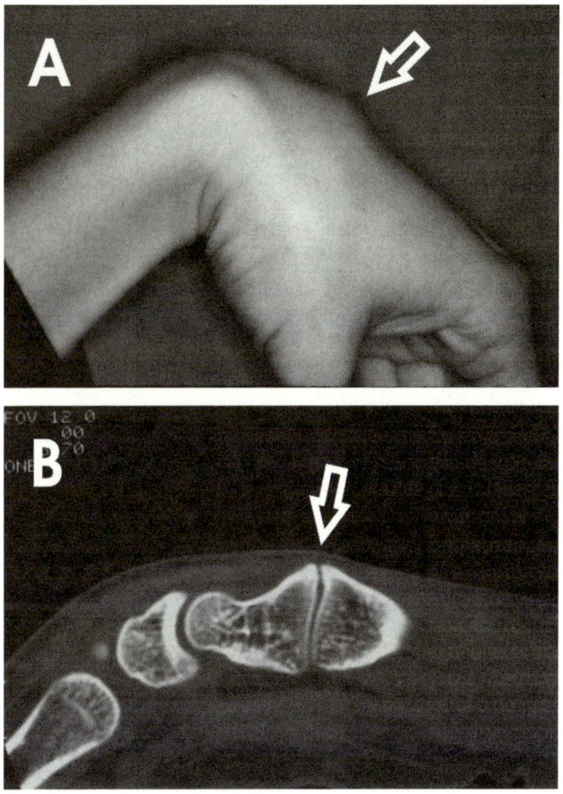

Fig. 58.13. Carpe bossu (A). Le scanner (B) montre la lésion au niveau de l'articulation *capitatum*-3e métacarpien.

Syndrome de l'intersection

Il ne s'agit pas à proprement parler d'une tendinite mais d'une inflammation d'une bourse séreuse située entre les tendons du 1er et du 2e radial, le long abducteur du pouce et la face externe du radius. Si elle a longtemps été considérée à tort comme une tendinite des radiaux [20], c'est Wood [49] qui a insisté sur la constance anatomique d'une bourse séreuse. Le mode d'installation est brutal, survenant chez des sujets jeunes au décours d'un effort inhabituel ou favorisé par des traumatismes répétitifs comme le golf et le tennis. Le patient présente une douleur au tiers inféro-externe de l'avant-bras [21], à 4 travers de doigt de la pointe de la styloïde radiale, souvent augmentée par la pression et accompagnée d'un œdème avec crépitation.

Le traitement médical par simple attelle de repos est d'efficacité remarquable et ce n'est que dans les cas résistants que l'on est amené à opérer. Le traitement chirurgical est relativement simple. La voie d'abord est externe ; on arrive alors sur la bursite qui adhère à la face externe du radius. Cette bursite est excisée et l'intervention se termine après fermeture cutanée par la mise en place d'une attelle antalgique à conserver 15 jours. L'efficacité du traitement chirurgical est constante dans les cas rebelles au traitement médical.

De nombreuses dénominations ont été données à ce syndrome de l'intersection : syndrome de l'entrecroisement, tendinite des radiaux, ténosynovite crépitante, et enfin « aïe » crépitant de Tilliaux, qui est le premier auteur ayant décrit ce symptôme.

Tendinite du long extenseur du pouce (*extensor pollicis longus*)

Celle-ci intervient souvent sur des tendons dégénératifs après traumatismes répétitifs ou au décours de fracture du poignet. Le diagnostic devrait être fait avant la rupture où il est alors facile à faire. Diagnostiquée avant la rupture, c'est une des rares tendinites où le traitement rhumatologique doit éviter les injections de corticoïdes, qui risquent de favoriser la rupture.

En cas de rupture avec gêne fonctionnelle, le traitement est chirurgical. Lorsque le traumatisme est récent, on peut tenter une réparation secondaire avec une greffe tendineuse interposée. En fait, le plus souvent, on effectue un transfert palliatif en prélevant l'extenseur propre de l'index au niveau de la métacarpo-phalangienne.

L'intervention se termine par une immobilisation poignet et pouce en extension à conserver 1 mois, suivie d'une rééducation.

Tendinite des extenseurs

Elles peuvent être liées à des traumatismes répétés sur la face dorsale du poignet. Le traitement est le plus souvent médical avec une mise au repos mais parfois une synovectomie peut être nécessaire. En fait les tendinites des extenseurs sont exceptionnelles et doivent faire rechercher d'autres pathologies associées s'il n'existe pas de cause spécifique (polyarthrite rhumatoïde, tuberculose...).

Enfin bien que rare, il faut connaître la possibilité de ténosynovite de l'extenseur propre de l'auriculaire ou de l'index.

Tendinite de l'extensor carpi ulnaris (cubital postérieur)

La stabilité de la tête de l'ulna est essentiellement assurée par le 6e compartiment tendineux dorsal, à savoir le tendon *extensor carpi ulnaris* [41]. Ce tendon est situé à la face postéro-interne de la tête de l'ulna, maintenu dans une gouttière par une gaine ostéofibreuse longue d'environ 1,5 cm. Cette gaine est distincte du ligament rétinaculaire dorsal qui participe en revanche aux 5 premiers compartiments des tendons extenseurs. Les deux plans de maintien du tendon *extensor carpi ulnaris* sont indispensables car ce tendon a une position variable du fait de la mobilité de la tête de l'ulna lors de la pronosupination.

L'instabilité de l'*extensor carpi ulnaris* par rupture de la cloison interne du 6e compartiment est une lésion non exceptionnelle. Il semble que dans un certain nombre de cas, notamment chez les sportifs comme les *tennismen* [33], qui ont un mouvement de *lift* prédominant, cette rupture soit précédée d'une période de ténosynovite [10]. Cette lésion a été également décrite dans d'autres sports : golfeurs, haltérophiles et cavaliers de rodéo.

Cette ténosynovite avec dilatation tendineuse conduit souvent à une distension de la coulisse ostéofibreuse du 6e compartiment et peut entraîner une rupture de la cloison interne provoquant la luxation palmaire du tendon *extensor carpi ulnaris*. Il semble donc logique de traiter chirurgicalement ces tendinites avant l'apparition de la rupture de la cloison interne.

En cas de luxation interne et palmaire de l'*extensor carpi ulnaris* par rupture de sa coulisse propre à la face postéro-externe de l'ulna, la seule solution thérapeutique est la reconstitution de la coulisse avec un fragment de *retinaculum* [6, 23].

Dans les formes évoluées, peut survenir une rupture du tendon *extensor carpi ulnaris*, plus probablement après tendinite que luxation vraie. Enfin, il faut connaître la possibilité d'une languette tendineuse anormale tendue entre l'extenseur *carpi ulnaris* et l'extenseur propre de l'auriculaire, décrite par Barfred et Adamsen [3]. L'excision simple de ce tendon anormal avec synovectomie a donné chez cet auteur d'excellents résultats.

Conclusion

Les tendinites et tendinopathies du poignet relèvent dans leur grande majorité d'un traitement médical par orthèse de repos, associé à un traitement anti-inflammatoire général et local. L'orthèse doit être adaptée à la pathologie et mettre le tendon en détente musculaire, c'est-à-dire en flexion du poignet pour la pathologie tendineuse palmaire et en extension pour la pathologie dorsale. La suppression du geste répétitif en cause est également un élément important du volet thérapeutique.

Seuls les cas résistant au traitement médical suffisamment prolongé doivent conduire à la chirurgie, avant l'apparition des lésions tendineuses irréversibles parfois compliquées de rupture tendineuse, de pronostic fonctionnel péjoratif. En postopératoire, l'immobilisation par orthèse est de durée variable, en fonction de la lésion rencontrée, mais n'est jamais inférieure à 15 jours.

Bibliographie

[1] Aldridge JM 3rd, Mallon WJ. Hook of the hamate fractures in competitive golfers : results of treatment by excision of the fractured hook of the hamate. *Orthopedics* 2003; 26 : 717-9.

[2] Amor B, Cherot A, Delbarre F. Rhumatisme à hydroxyapatite. La maladie des calcifications multiples. *Rev Rhum* 1977; 44 (5) : 301-8.

[3] Barfred TD, Adamsen S. Duplication of the extensor carpi ulnaris tendon. *J Hand Surg;* 11 (A) : 423-5.

[4] Botte MJ, von Schroeder HP, Gellman H, Cohen MS. Fracture of the trapezial ridge. *Clin Orthop* 1992; 276 : 202-5.

[5] Burge P. Closed cast treatment of scaphoid fractures. *Hand Clin* 2001; 17 : 541-52.

Bibliographie (suite)

[6] Burkhart SS, Wood MB, Linscheid RL. Posttraumatic recurrent subluxation of the extensor carpi ulnaris tendon. *J Hand Surg* 1982; 7 (A) : 1-3.

[7] Calandruccio JH, Duncan SF. Isolated nondisplaced capitate waist fracture diagnosed by magnetic resonance imaging. *J Hand Surg* 1999; 24 (A) : 856-9.

[8] Cuono CB, Watson HK. The carpal boss : surgical treatment and etiological considerations. *Plast Reconstr Surg* 1979; 63 : 88-93.

[9] David TS, Zemel NP, Mathews PV. Symptomatic, partial union of the hook of the hamate fracture in athletes. *Am J Sports Med* 2003; 31 : 106-11.

[10] Dickson DD, Luckey CA. Tenosynovitis of the extensor carpi ulnaris tendon sheath. *J Bone Joint Surg* 1948; 30 (A) : 903-7.

[11] Finkelstein H. Stenosing tendovaginitis at the radial styloid process. *J Bone Joint Surg* 1930; 12 : 509.

[12] Fiolle J. Le carpe bossu. *Soc Nat Chir* 1931; 57 : 1687.

[13] Fitton JM, Shea FW, Goldie W. Lesion of the flexor carpi radialis tendon and its sheath causing pain at the wrist. *J Bone Joint Surg* 1968; 50 (B) : 359-63.

[14] Freedman DM, Botte MJ, Gelberman RH. Vascularity of the carpus. *Clin Orthop* 2001; 383 : 47-59.

[15] Gabel G, Bishop AT, Wood MB. Flexor carpi radialis tendinitis. Part II. Results of operative treatment. *J Bone Joint Surg* 1994; 76 (A) : 1015-8.

[16] Gan BS, Richards RS, Roth JH. Arthroscopic treatment of triangular fibrocartilage tears. *Orthop Clin North Am* 1995; 26 : 721-9.

[17] Gandee RW, Harrison RB, Dee PM. Peritendinitis calcarea of flexor carpi ulnaris. *AJR Am J Roentgenol* 1979; 133 : 1139-41.

[18] Gazarian A, Foucher G. Tendinitis of the flexor carpi radialis muscle. A propos of 24 cases. *Ann Chir Main Memb Sup* 1992; 11 : 14-8.

[19] Gelberman RH, Menon J. The vascularity of the scaphoid bone. *J Hand Surg* 1980; 5 (A) : 508-13.

[20] Grundberg AB, Reagan DS. Pathologic anatomy of the forearm : intersection syndrome. *J Hand Surg* 1985; 10 (A) : 299-302.

[21] Hanlon DP, Luellen JR. Intersection syndrome : a case report and review of the literature. *J Emerg Med* 1999; 17 : 969-71.

[22] Helal B. Racquet player's pisiform. *Hand* 1978; 10 : 87-90.

[23] Inoue G, Tamura Y. Surgical treatment for recurrent dislocation of the extensor carpi ulnaris tendon. *J Hand Surg* 2001; 26 (B) : 556-9.

[24] Jensen BV, Christensen C. An unusual combination of simultaneous fracture of the tuberosity of the trapezium and the hook of the hamate. *J Hand Surg* 1990; 15 (A) : 285-7.

[25] Krakauer JD, Bishop AT, Cooney WP. Surgical treatment of scapholunate advanced collapse. *J Hand Surg* 1994; 19 (A) : 751-9.

[26] Krimmer H. Management of acute fractures and nonunions of the proximal pole of the scaphoid. *J Hand Surg* 2002; 27 (B) : 245-8.

[27] Lantieri L, Hennebert H, Le Viet D, Guerin-Surville H. A study of the orientation of the fibers of the flexor carpi radialis tendon : anatomy and clinical applications. *Surg Radiol Anat* 1993; 15 (2) : 85-9.

[28] Le Viet D, Lantieri L, Bouvet R. La pseudarthrose de l'apophyse unciforme de l'os crochu. *Rev Chir Orthop Reparatrice Appar Mot* 1993; 79 : 292-8.

[29] Le Viet D, Lantieri L. De Quervain's tenosynovitis. Transversal scar and fixation of the capsular flap. *Rev Chir Orthop* 1992; 78 : 101-6.

[30] Lenoble E, Foucher G. The carpal boss (in French). *Ann Chir Main* 1992; 11 (1) : 46-50.

[31] Matzdorff P. Zwei seltene falle von peripherer sensibler lahmung. *Klin Wochenschr* 1927; 5 : 1187.

[32] Minami A, Ishikawa J, Suenaga N, Kasashima T. Clinical results of treatment of triangular fibrocartilage complex tears by arthroscopic debridement. *J Hand Surg* 1996; 21 (A) : 406-11.

[33] Montalvan B, Le Viet D. Subluxation et luxation du cubital postérieur chez le joueur de tennis. *In :* Simon L, Revel M, Rodineau J, eds. *Main et médecine orthopédique.* Paris : Masson, 1997 : 238-47.

[34] Palmer AK. Triangular fibrocartilage disorders : injury patterns and treatment. *Arthroscopy* 1990; 6 : 125-32.

[35] Palmieri TJ. Pisiform area pain treatment by pisiform excision. *J Hand Surg* 1982; 7 (A) : 477-80.

[36] Pin PG, Young VL, Gilula LA, Weeks PM. Management of chronic lunotriquetral ligament tears. *J Hand Surg* 1989; 14 (A) : 77-83.

[37] Quervain F (De). Uber eine Form von chronischen Tendovaginitis. *Korresp-Bl Schweiz Arz* 1895; 25 : 389-94.

[38] Rodineau J, Saillant G. La fracture de l'apophyse unciforme de l'os crochu en traumatologie du sport. *Rev Chir Orthop* 1987; 73 (Suppl II) : 103-5.

[39] Saffar P, Sokolow C, Duclos L. Soft tissue stabilization in the management of chronic scapholunate instability without osteoarthritis. A 15-year series. *Acta Orthop Belg* 1999; 65 : 424-33.

[40] Sagerman SD, Short W. Arthroscopic repair of radial-sided triangular fibrocartilage complex tears. *Arthroscopy* 1996; 12 : 339-42.

[41] Spinner M, Kaplan EB. Extensor carpi ulnaris. Its relationship to the stability of the distal radio-ulnar joint. *Clin Orthop* 1970; 68 : 124-9.

[42] Teissier J, Escare P, Asencio G, Gomis R, Allieu Y. Rupture of the flexor tendons of the little finger in fractures of the hook of the hamate bone. Report of two cases. *Ann Chir Main* 1983; 2 : 319-27.

[43] Trumble TE, Salas P, Barthel T, Robert KQ 3rd. Management of scaphoid nonunions. *J Am Acad Orthop Surg* 2003; 11 : 380-91.

Bibliographie (suite)

[44] VENDER MI, WATSON HK, WIENER BD, BLACK DM. Degenerative change in symptomatic scaphoid nonunion. *J Hand Surg* 987; 12 (A) : 514-9.

[45] WARTENBERG Z. Cheiralgia paresthesica (Isolierte neuritis des ramus superficialis nervi radialis). *Ger Neurol Psychiatr* 1932; 141 : 145-55.

[46] WATSON HK, BALLET FL. The SLAC wrist : scapholunate advanced collapse pattern of degenerative arthritis. *J Hand Surg* 1984; 9 (A) : 358-65.

[47] WATSON HK, RYU J. Evolution of arthritis of the wrist. *Clin Orthop* 1986; 202 : 57-67.

[48] WEISS AP. Scapholunate ligament reconstruction using a bone-retinaculum-bone autograft. *J Hand Surg* 1998; 23 (A) : 205-15.

[49] WOOD MB, LINSCHEID RL. Abductor pollicis longus bursitis. *Clin Orthop* 1973; 93 : 293-6.

[50] WOODS THE. De Quervain's disease : a plea for early operation. *Br J Surg* 1964; 57 : 358-9.

59

Main du sportif

Sommaire

La main, qu'elle soit utilisée pour frapper, pour tenir, pour se réceptionner ou pour se suspendre, est particulièrement exposée dans tous les sports, que ce soit par hyperutilisation ou par traumatisme. Elle peut être le siège de chocs directs, soit pour frapper volontairement lors d'un coup de poing (boxe, sports de combat), de la frappe directe d'une balle (volley, jeu de paume) à l'aide d'un club (golf) ou d'une raquette (squash, tennis), soit qu'on l'utilise pour écarter un obstacle (piquet de slalom à ski, évitement d'une arme de poing) ou pour amortir une chute par plongeon (rugby, football, plongeon de haut vol), par plaquage (rugby, football américain) ou glissade (patin à glace, roller, surf, skate). Elle peut sinon être soumise à des torsions ou des tractions lors de l'agrippage du maillot (rugby), du kimono (judo), d'une corde (ski nautique, voile, alpinisme) ou de la réalisation d'une clef (aïkido). Elle peut enfin subir un écrasement lors de sports nautiques ou mécaniques ou par piétinement par crampons (football, rugby). Les mécanismes observés sont en fait innombrables et les pathologies de la main très diversifiées tant pour le type de lésions que pour leur sévérité, qui peut aller d'une simple contusion à un arrachage de doigt (doigt d'alliance ou par cordage). L'analyse des principales lésions couramment observées : fractures, entorses, luxations, lésions tendineuses, lésions des parties molles, font l'objet de ce chapitre.

Fractures des métacarpiens et des phalanges

Les fractures des métacarpiens et des phalanges sont fréquentes et leurs conséquences souvent sévères sur la fonction de la main en cas de mauvais traitement initial. Les fractures du col du cinquième métacarpien et de la houppette phalangienne sont de traitements assez systématiquement orthopédiques et peuvent tolérer un petit défaut de réduction. Toutes les autres fractures déplacées imposent une réduction puis une immobilisation, et il faut être particulièrement vigilant à détecter par l'examen clinique tous déplacements rotatoires qui passent volontiers inaperçus sur les radiographies, ce qui impose systématiquement un examen clinique pour vérifier que l'enroulement des doigts se fait avec une bonne convergence (physiologique) vers le tubercule du scaphoïde et sans aucun phénomène de chevauchement (fig. 59.1).

Certaines fractures, par leur petite taille, peuvent être faussement rassurantes, telles les fractures de Bennett (fig. 59.2) du premier métacarpien ou leur équivalent sur le cinquième métacarpien, car elles correspondent fréquemment à des

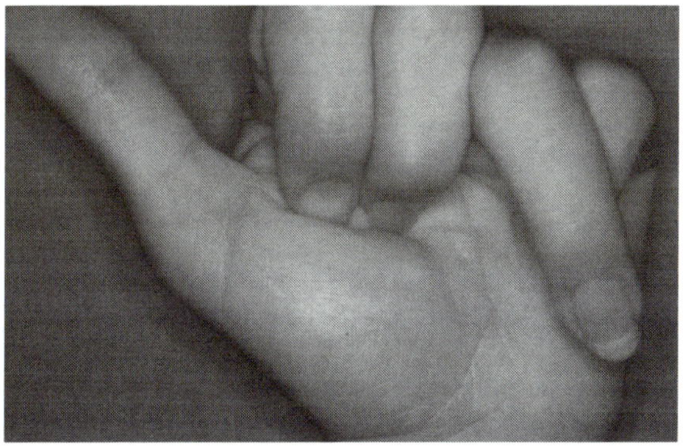

Fig. 59.1. Absence de convergence harmonieuse des doigts lors de l'examen en flexion, mettant en évidence un trouble rotatoire important avec chevauchement des doigts.

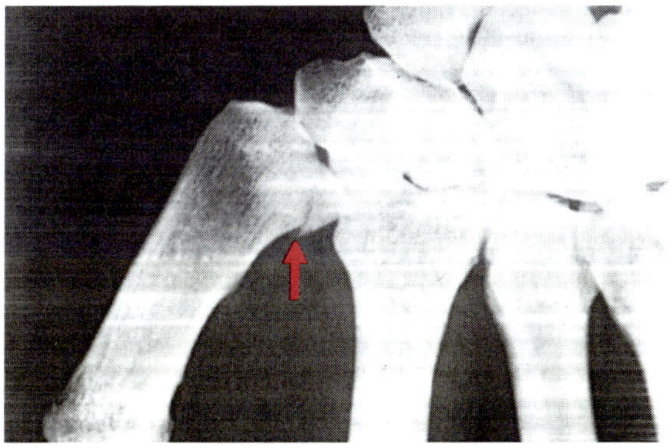

Fig. 59.2. Fracture de Bennett peu déplacée.

arrachements tendineux ou ligamentaires, qui sont très souvent en fait synonymes de lésions graves et chirurgicales.

Les fractures articulaires sont de traitement difficile et de pronostic réservé, surtout pour les interphalangiennes proximales (IPP) et les métacarpo-phalangiennes (MP). Compte tenu de la sévérité fonctionnelle des séquelles possibles en cas de traitement inadéquat, il reste de bonne pratique pour ces fractures de prendre un avis spécialisé plutôt par excès que par défaut.

Fractures du pouce

Les fractures de la base du premier métacarpien ne doivent pas abuser le praticien lorsqu'elles ne détachent qu'un petit fragment interne (fig. 59.2), car celui-ci correspond à la zone d'amarrage des solides ligaments stabilisateurs de l'articulation trapézo-métacarpienne (fracture de Bennett), et entraînent un déplacement quasi systématique en luxation dorsale externe du métacarpien (par la traction exercée par le tendon long abducteur du pouce) avec fermeture commissurale, aux conséquences très graves sur la fonction de la main (fig. 59.3). Ces fractures sont donc chirurgicales. Il en va de même de la plupart des fractures de la base du premier métacarpien et un avis chirurgical reste indispensable dans tous les cas.

Les fractures de la base de P1 lorsqu'elles détachent un petit fragment externe ou interne sont à assimiler à des entorses des ligaments latéraux internes ou externes et l'attitude doit être chirurgicale en cas de laxité importante sous peine de voir persister une laxité chronique au traitement difficile.

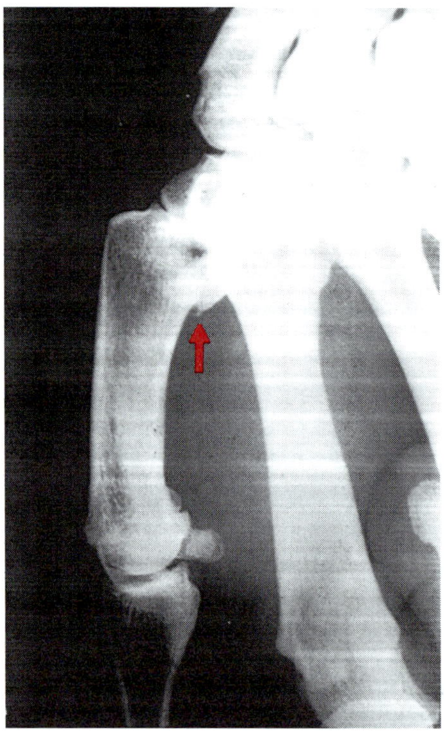

Fig. 59.3. Même fracture qu'en figure 59.2, qui en l'absence de traitement correct provoque un déplacement important en subluxation externe et la fermeture de la première commissure.

Les autres localisations fracturaires sur le pouce se rapprochent du mode de prise en charge des doigts longs.

Fractures du cinquième métacarpien

Pour les fractures de la base, le mode de raisonnement est directement inspiré de celui retenu pour le pouce, avec une attitude très chirurgicale pour les petits arrachements osseux de la partie externe (radiale) de l'articulation, avec cette fois-ci un déplacement en sub-luxation postéro-interne de la base du métacarpien par la traction qu'exerce le tendon extenseur ulnaire du carpe.

Pour les fractures plus étendues de la base du métacarpien, il faut se méfier de l'association très fréquente à une luxation carpo-métacarpienne du cinquième rayon, souvent de diagnostic radiologique difficile et de traitement toujours chirurgical.

Pour les fractures du col, extrêmement fréquentes lors du coup de poing, le déplacement en bascule palmaire est souvent bien toléré et d'autant mieux que le patient a une articulation métacarpo-phalangienne souple en extension, ce qui lui permet de compenser facilement le *flessum* fracturaire. Cependant, il faut impérativement se méfier d'un possible trouble rotatoire associé, que seul l'examen clinique est à même de déceler et qui impose une réduction. La limite de tolérance de la bascule palmaire se situe environ à 40° mais dépend des patients. Le déplacement peut dans tous les cas être diminué par une réduction orthopédique sous anesthésie locale. L'immobilisation fait ensuite appel à une attelle en position intrinsèque, prenant également les quatrième et cinquième doigts en syndactylie et laissant les IPP et le poignet libre.

Fractures des métacarpiens des doigts médians

Le quatrième métacarpien est un métacarpien mobile et peut tolérer un déplacement en bascule palmaire d'une vingtaine de degrés. En revanche, les deuxième et troisième métacarpiens sont fixes; ils ne peuvent par leur mobilité compenser un déplacement en *flessum* et ne tolèrent donc aucun déplacement. Ils doivent être réduits et stabilisés souvent chirurgicalement.

Fractures de la diaphyse de P1

Elles requièrent le plus souvent un traitement orthopédique par plâtre en position dite intrinsèque. Sa réalisation technique reste difficile et sera au mieux effectuée sous courte anesthésie pour obtenir une réduction correcte et un moulage du plâtre parfait, avec lequel la mobilisation des IPP reste autorisée. Tout déplacement rotatoire résiduel impose une ostéosynthèse.

Fractures de la diaphyse de P2

Elles entraînent de fréquents troubles rotatoires, responsables d'un chevauchement des doigts lors de l'enroulement. Elles sont chirurgicales lorsqu'elles sont déplacées ou instables après réduction.

Fractures extra-articulaires de P3

Ces lésions sont le plus souvent consécutives à un écrasement et peuvent entraîner des lésions dystrophiques unguéales séquellaires dramatiques en cas de traitement incorrect. Dans les formes bénignes, on retrouve un simple hématome sous-unguéal, qui sera évacué avec un trombone chauffé. Dans les formes graves, la pulpe présente un véritable éclatement, l'ongle est fracturé ou plus fréquemment déchaussé, et la radio révèle une fracture de la houppe phalangienne. La réparation doit être soigneuse, sous anesthésie locorégionale voire générale pour les enfants. Le lit de l'ongle sera réparé, l'ongle remis en place et maintenu. Le repositionnement suffit le plus souvent pour réduire la fracture. Les fractures simples relèvent le plus souvent d'un traitement orthopédique par une petite attelle en tuile immobilisant uniquement l'interphalangienne distale (IPD). Les fractures très comminutives de la houppette phalangienne peuvent évoluer vers une pseudarthrose, le plus souvent asymptomatique et permettant souvent une conservation de la fonction bien meilleure que lors d'une prise en charge chirurgicale.

Fractures articulaires

Lorsqu'elles concernent un petit fragment osseux arraché, elles correspondent en général à une lésion à type d'arrachement ligamentaire et relèvent du mode de prise en charge des entorses.
Pour les arrachements de la face dorsale de la base de P2 comme pour les arrachements de la face palmaire ou dorsale de la base de P3, il peut s'agir d'arrachements tendineux et le traitement en est alors chirurgical, s'il faut réinsérer le fléchisseur profond sur la base de P3 en palmaire *(rugby finger)* ou la bandelette médiane de l'extenseur sur la partie dorsale de la base de P2 (sous peine de déformation progressive en boutonnière). Pour les *mallet finger*, le traitement reste en revanche fréquemment orthopédique.
Lorsque le fragment est volumineux (menaçant la congruence ou la stabilité articulaire), le traitement est difficile et le plus souvent chirurgical : soit le fragment est déplacé et nécessite une réduction, soit il n'est pas déplacé et nécessite alors parfois une synthèse pour permettre une mobilisation très précoce. Un avis chirurgical reste dans tous les cas indispensable car les séquelles sont fréquentes et redoutables et leur traitement très incertain.

Entorses et luxations des doigts

Les entorses et luxations des doigts sont très fréquentes car la main est en permanence exposée dans tous les gestes sportifs. La main est un outil précieux mais fragile ! Les entorses et luxations des doigts résultent des mêmes mécanismes lésionnels et sont parfois difficiles à différencier quand la luxation s'est spontanément réduite. L'examen du patient est souvent faussement rassurant, avec un doigt simplement gonflé et un peu douloureux, et des radiographies soit normales, soit montrant un très petit arrachement osseux juxta-articulaire. Il convient donc de rester très prudent dès que le diagnostic est évoqué et de réaliser systématiquement un *testing* de l'articulation pour retenir un diagnostic lésionnel précis, qui fixera la conduite thérapeutique. Il n'est pas concevable de se contenter du simple diagnostic vague d'« entorse », car il existe de nombreux types d'entorses, relevant de traitements très différents, allant de la rééducation immédiate sans immobilisation jusqu'à l'intervention chirurgicale. La luxation nécessite une réduction, de préférence après avoir réalisé une radiographie pour identifier une éventuelle fracture associée et pour que celle-ci ne soit pas imputable à la manœuvre de réduction. Il faut connaître la manœuvre de réduction décrite par Farabeuf [6], spécifique des luxations métacarpo-phalangiennes du pouce, pour éviter d'être responsable d'une incarcération intra-articulaire qui rend le traitement plus complexe.
Ces traumatismes surviennent majoritairement lors de la pratique des sports de ballon, notamment lorsque la main entre en contact direct avec la balle comme instrument de frappe ou de propulsion pour des sports tels le volley-ball [1], le basket-ball, le handball, la pelote, ou lors de la percussion accidentelle du doigt lors d'une chute, d'un choc ou d'un contre (volley-ball, handball). Ces lésions sont le plus souvent consécutives à un geste brusque ou inadapté, parfois très violent, pouvant entraîner des lésions graves.
Pour la MP du pouce, c'est la stabilité qui prime pour la bonne fonction de la pince pollici-digitale, alors que pour la trapézo-métacarpienne, il est indispensable que l'articulation reste mobile et congruente pour assurer l'opposition et une grande amplitude de circumduction du pouce. De même pour les doigts longs, la mobilité devra à tout prix être conservée et imposera une rééducation la plus rapide possible pour éviter les séquelles graves liées à l'enraidissement, surtout de l'articulation IPP.
Trois types de lésions principales peuvent être observées :

- les *entorses*, qui sont particulièrement fréquentes, surtout dans les sports de ballon mais également dans les sports de combat, et qui correspondent à la lésion d'un seul plan capsulo-ligamentaire, sans perte de congruence articulaire ;
- les *luxations*, qui sont la conséquence d'une rupture complète des plans capsulo-ligamentaires, avec perte de la congruence articulaire ;
- les *fractures-luxations*, plus graves, qui sont des luxations accompagnées de lésions osseuses.

Colonne du pouce

Par son indépendance, le pouce reste exposé aux entorses et luxations lors des sports de ballon joués à la main (30 % des cas décrits), notamment le volley-ball [1], du fait de la puissance des impacts (vitesse de balle jusqu'à 130 km/h), et lors de la pratique du ski (la plus fréquente des lésions du skieur), du fait le plus souvent de son impact sur la neige plus que de l'utilisation des dragonnes.

Entorses de la métacarpo-phalangienne du pouce

Les lésions traumatiques de l'appareil capsulo-ligamentaire de l'articulation métacarpo-phalangienne du pouce sont fréquentes et sont en nette recrudescence du fait de la plus grande participation de la population aux sports de loisirs notamment alpins, mais également du fait de l'apparition de nouveaux sports tels le monoski et le surf des neige, qui se pratiquent volontiers hors piste.

Étio-épidémiologie

La première description remonte à 1955 par Campbell [2] et concernait le pouce des garde-chasse *(gamekeepers thumb)*, qui se rompent le ligament latéral cubital (LLC) en tordant le cou des lapins.

Les entorses de la MP du pouce [11] résultent dans 50 % des cas d'accidents sportifs : de ski dans 70 % des cas, dont 65 % pour le ski de piste et 5 % pour le ski de fond. Les autres sports sont à l'origine de 30 % des lésions, avec une nette prédominance pour les sports de ballon. Environ 85 % des lésions concernent le LLC et 15 % le ligament latéral radial (LLR). Les entorses latérales sont les plus fréquentes même si les entorses de la plaque palmaire par un mécanisme d'hyperextension ne sont pas rares, surtout au volley-ball.

Environ 60 % des patients ont moins de 30 ans, mais la répartition des âges va quand même de 6 à 83 ans; 60 % des patients sont des hommes et l'atteinte du côté droit prédomine (57 % des cas) ; 30 % des blessés sont d'âge scolaire ou étudiants, la même proportion est constituée d'employés du secteur tertiaire, 20 % sont des travailleurs manuels et 25 % sont sans profession (femmes au foyer, retraités, chômeurs).

Entorses des ligaments latéraux de la MP du pouce

Lors d'un traumatisme violent, en abduction forcée pour le LLC ou en adduction forcée pour le LLR, et devant l'existence d'une douleur vive associée à un gonflement en regard de la MP du pouce, la recherche de mouvements anormaux est bien sûr la clé du diagnostic et l'amplitude de ceux-ci permet de juger de la gravité de l'entorse.

Cet examen doit toujours être réalisé sur le doigt en extension pour tester le faisceau accessoire mais aussi en demi-flexion pour tester le faisceau principal. L'examen doit de plus être systématiquement comparatif, les variations individuelles de laxité au niveau de la MP du pouce étant importantes.

La simple douleur sur le trajet ligamentaire sans aucune laxité correspond à l'*entorse bénigne*. La laxité modérée de quelques degrés par rapport au côté opposé correspond à une *entorse de moyenne gravité*. Les laxités franches supérieures à 25 ou 30 % de celles du côté opposé signent une *entorse grave* (fig. 59.4).

Deux signes sont de grande valeur pour le diagnostic des formes graves : plus que la laxité, c'est la mollesse en fin de course au *testing* et l'existence d'un hématome nummulaire à la face dorsale du pouce qui signent la rupture capsulo-ligamentaire et la diffusion de l'hémarthrose le long du long extenseur du pouce.

Sur le plan anatomopathologique, les ligaments sont recouverts par une lame aponévrotique triangulaire, que constitue l'expansion aponévrotique de l'adducteur au long extenseur du côté cubital et du court abducteur au long extenseur du côté radial. Sur le bord cubital, lors du traumatisme en flexion, cette dossière glisse distalement, entraînée par le tendon du long extenseur; ce mouvement associé au mouvement de latéralité en valgus découvre totalement le LLC qui, lorsqu'il se rompt, voit son extrémité proximale refoulée par la dossière, qui s'interpose entre ce dernier et son attache distale, interdisant tout espoir de cicatrisation anatomique par simple immobilisation.

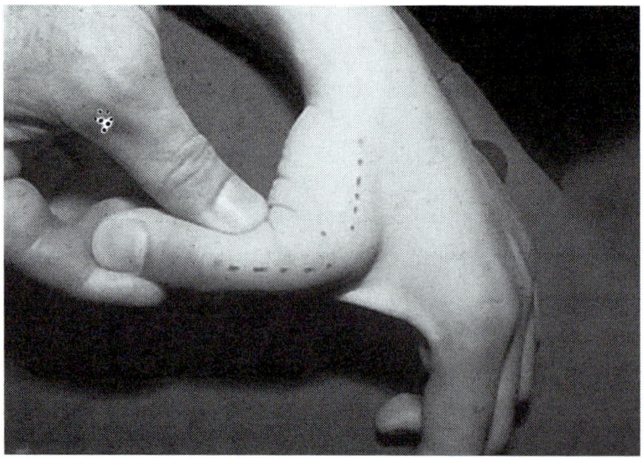

Fig. 59.4. *Testing* d'une entorse grave du ligament latéral cubital de la MP du pouce chez un skieur, permettant de poser l'indication chirurgicale.

Cette interposition, décrite par Stener [14] en 1962, est présente dans la majorité des entorses graves récentes du LLC. Elle est en revanche exceptionnelle dans les ruptures du LLR, en raison de la situation plus dorsale du court abducteur et de l'obliquité plus importante du bord libre de son expansion aponévrotique.

Sur une entorse grave vue tôt, il est possible de palper l'effet Stener [14] sous la forme d'une dépression latérophalangienne cubitale, suivie plus en amont d'une tuméfaction dure au bord cubital de la métacarpo-phalangienne. Cette recherche est cependant très rapidement rendue difficile par l'œdème.

La radiographie est systématique, de face et de profil, centrée sur la MP du pouce. Elle peut visualiser une sub-luxation antérieure de la première phalange mais surtout l'existence d'un arrachement osseux, équivalent d'une lésion ligamentaire, à laquelle il peut d'ailleurs s'associer.

Classiquement, les clichés dynamiques réalisés sous anesthésie locale sont contre-indiqués en cas d'arrachement osseux; ils sont cependant fréquemment réalisés bien que certains auteurs s'en dispensent le plus souvent et ne les réservent qu'aux doutes diagnostiques. Ils doivent être réalisés MP fléchie en abduction en cas d'entorse du LLC et en adduction en cas d'entorse du LLR.

L'attitude thérapeutique suivante, déterminée à partir de l'examen clinique et radiographique, peut pour les entorses récentes des ligament latéraux être proposée :

- en l'absence de laxité, le diagnostic d'entorse bénigne est retenu et un traitement fonctionnel pour 21 jours est instauré;
- en cas d'entorse de moyenne gravité sans arrachement osseux : mise en place d'une contention par un gantelet en résine pendant 4 semaines, prenant la première phalange MP en extension pour détendre le faisceau principal, doigt en opposition, et laissant libre le poignet et les doigts;
- en cas d'entorse grave avec ou sans arrachement osseux, ou d'entorse de moyenne gravité avec arrachement osseux déplacé, le traitement est chirurgical pour lever l'interposition et suturer ou réinsérer le ligament rompu. L'intervention est suivie d'une immobilisation rigide de 5 semaines comme défini précédemment. Toutefois pour

le LLR, l'interposition étant exceptionnelle, le traitement orthopédique des fortes laxités vues précocement est envisageable.

Dans l'hypothèse d'un fragment osseux non déplacé, et contrairement à ce que préconisent certains auteurs, il semble prudent de rechercher une lésion ligamentaire associée qui, bien que rare, peut exister. C'est ici que les examens complémentaires, qu'ils soient arthrographiques, par IRM ou encore échographiques (sûrement d'interprétation plus délicate), prennent toute leur valeur.

La chirurgie sur les formes fraîches donne des résultats régulièrement bons sur la stabilité sans qu'il existe de différence statistiquement significative entre les formes graves opérées et le traitement orthopédique des formes de moyenne gravité.

En ce qui concerne la douleur, 83 % des patients sont gênés par des douleurs résiduelles spontanément régressives, mais plus rapidement pour les formes opérées, avec quand même la persistance de douleurs au 3e mois chez un tiers des patients.

En l'absence de traitement initial adapté, on peut constater des laxités chroniques de la MP en latéralité radiale ou cubitale. En l'absence d'arthrose, les ligamentoplasties permettent de récupérer une stabilité en conservant une mobilité articulaire. En présence d'une chondropathie importante, seule l'arthrodèse MP est raisonnable, mais elle impose l'arrêt de nombreux sports, soulignant l'impérieuse nécessité d'un dépistage lésionnel précoce.

Entorse de la plaque palmaire du pouce

La plaque palmaire est une structure fibrocartilagineuse qui augmente la surface articulaire. Elle est constituée du fibrocartilage glénoïdien avec, en avant, les deux sésamoïdes reliés par le ligament interglénoïdien, qui sont eux-mêmes reliés à la tête métacarpienne par les ligaments métacarpo-glénoïdiens, dont les fibres se continuent par les ligaments phalango-sésamoïdiens directs et croisés.

D'autres éléments contribuent à la stabilité en flexion : les muscles sésamoïdiens internes et externes, qui s'insèrent sur la base de la phalange, et le long fléchisseur du pouce, qui est plaqué par les poulies sur la métacarpo-phalangienne.

La plaque palmaire peut se rompre lors d'un traumatisme violent en hyperextension, avec rupture partielle d'un ou des deux faisceaux métacarpo-phalangiens. En fait, les lésions correspondant à la luxation et à l'entorse de la plaque palmaire sont différentes. Lors de la luxation de Farabeuf, la phalange glisse le long de la tête du métacarpien, tandis que lors de la rupture de la plaque palmaire, il y a un « effet came » expliquant la destruction de l'ensemble de la plaque palmaire et des formations fibreuses qui la constituent. Seuls les faisceaux métacarpo-phalangiens peuvent rester partiellement ou totalement intacts. Cette destruction explique l'instabilité lors des prises pollici-digitales. D'un point de vue radiologique, la place des sésamoïdes est importante : ils peuvent accompagner ou non la phalange ou bien être fracturés. Lorsque les sésamoïdes n'accompagnent pas P1 ou sont fracturés, l'instabilité est certaine et l'intervention doit être pratiquée ; en fait dans la plupart des cas les sésamoïdes accompagnent P1 et seul un *testing* pourra permettre de faire le diagnostic et de porter l'indication opératoire [14].

Le diagnostic est rarement fait lors de l'accident initial, le diagnostic porté étant souvent celui de luxation spontanément réduite. Lorsque l'on voit ces patients à distance, un *testing* (fig. 59.5) avec radiographie en hyperextension doit être fait. En plus de l'hyperextension, il faut rechercher des mouvements de tiroir postérieurs indiquant la rupture des structures antérieures. L'indication opératoire est posée devant l'instabilité et l'hyperextension lors du *testing* dans les formes chroniques, et dans les formes fraîches avec rupture de la plaque palmaire à hauteur ou en aval des sésamoïdiens, permettant de réparer les lésions et de récupérer la stabilité (fig. 59.6). L'intervention consiste en une suture de la plaque palmaire associée à un transfert tendineux de renfort de la MP. Le patient est immobilisé pendant 15 jours sur attelle. Le délai entre le traumatisme et l'intervention

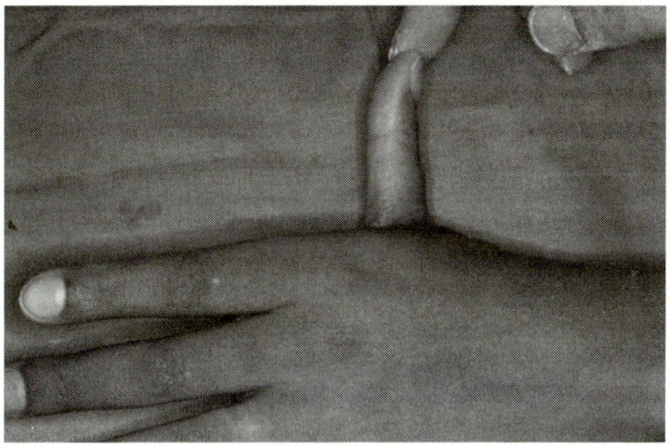

Fig. 59.5. *Testing* en hyperextension du pouce chez une volleyeuse professionnelle, gênée par une laxité chronique de la plaque palmaire de la MP.

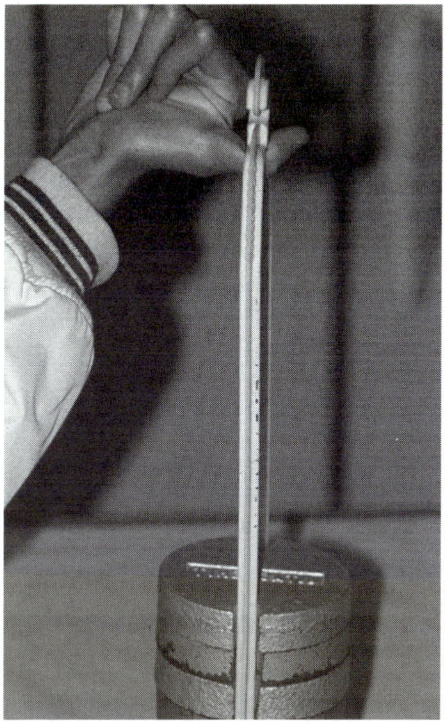

Fig. 59.6. Résultat sur la stabilité et la force après intervention.

varie de 1 mois et demi à 3 ans et demi. En postopératoire, il n'existe pas d'hyperextension et le déficit d'extension n'excède jamais 20°.

Entorses dorsales

Elles sont rares et résultent d'un mécanisme d'hyperflexion, ce qui explique l'atteinte préférentielle lors du coup de poing (entorse du boxeur). Elles associent une rupture des ligaments latéraux principaux à une lésion capsulaire dorsale plus ou moins accompagnée d'une rupture du court extenseur et d'une sub-luxation de P1. Le *testing* après éventuelle réduction permet de définir l'attitude thérapeutique qui, devant une lésion stable sans sub-luxation, reste orthopédique, pour devenir chirurgicale en cas de forme irréductible, parfois liée à l'interposition de l'appareil extenseur, ou en cas de rupture du court extenseur. Une stabilisation articulaire temporaire doit être associée en cas de sub-luxation persistante de P1.

Luxations du pouce

Elles concernent surtout la métacarpo-phalangienne et plus exceptionnellement la trapézo-métacarpienne.

Luxations de la métacarpo-phalangienne du pouce

Les luxations de la métacarpo-phalangienne du pouce sont, une fois réduites, le plus souvent bénignes, puisque les résultats des formes traitées correctement sont excellents, à condition de bien connaître la technique de réduction. Il reste indispensable de ne pas passer à côté d'une forme complexe par un bon examen clinique et radiographique et il est nécessaire de rechercher systématiquement une lésion ligamentaire latérale associée par un *testing* après réduction. La chirurgie reste nécessaire dans les formes compliquées.

Il s'agit en fait principalement des luxations dorsales, les autres formes de luxation étant rares. Ces luxations ont été parfaitement décrites par Farabeuf [6] au siècle dernier et ses propos restent totalement d'actualité.

Pour les luxations dorsales, le mécanisme reste univoque, il s'agit d'une hyperextension; ses conséquences en sont cependant variables et l'on doit distinguer les formes simples des formes compliquées. L'hyperextension forcée produit dans un premier temps la déchirure de la plaque palmaire et du ligament métacarpo-glénoïdien et, dans un second temps, la déchirure partielle ou totale des ligaments métacarpo-phalangiens, en fonction de la poursuite ou non du mécanisme vulnérant. Stener [14] précise que pour que la luxation soit complète, il est indispensable qu'il y ait eu rupture au moins partielle des ligaments métacarpo-phalangiens. La déchirure de la plaque palmaire est le plus souvent proximale, avec la tête du métacarpien qui s'engage dans la brèche; elle est plus rarement trans-sésamoïdienne ou distale. D'autres lésions peuvent être associées, dont une lésion de la poulie du long fléchisseur du pouce, qui peut se désinsérer proximalement, avec une luxation du tendon qui se fait plus volontiers en dedans de la tête du métacarpien, plus rarement en dehors. L'appareil sésamoïdien interne se luxe lui en dedans de la tête du métacarpien, l'appareil sésamoïdien externe se luxant en dehors.

L'ensemble réalise donc une boutonnière dans laquelle va se trouver incarcérée la tête du métacarpien, cravatée en dehors par l'appareil sésamoïdien externe, constitué du sésamoïde externe et du court fléchisseur du pouce, et en dedans par l'appareil sésamoïdien interne, constitué du sésamoïde interne et de l'adducteur du pouce, associés au long fléchisseur. Le diagnostic est toujours facile puisque le pouce présente une déformation caractéristique en Z, avec une douleur et un œdème. Toute tentative de flexion déclenche de vives douleurs. Il faut rechercher systématiquement un déficit sensitif pulpaire. Les radiographies de face et de profil confirment le diagnostic avec, dans la forme complète, une phalange située sur la face postérieure du col du métacarpien. Dans les formes incomplètes, elle restera à cheval sur la tête du métacarpien, avec des sésamoïdiens qui auront suivi la phalange sans fractures associées.

Dans certains cas, après la luxation réduite, il faudra s'assurer qu'il n'y ait pas d'élargissement de l'interligne qui pourrait signifier une réduction incomplète avec interposition.

Le traitement de ces formes simples est orthopédique. La manœuvre de réduction doit être soigneusement réalisée, comme la décrit Farabeuf [6], et consiste à exagérer l'hyperextension de la phalange en la maintenant appuyée sur l'articulation pour qu'elle garde un contact intime avec le dos du métacarpien. On la fait ensuite glisser du haut vers le bas en maintenant la pression pour repousser la sangle des sésamoïdiens, le long du dos du métacarpien. La réduction s'accompagnera d'un ressaut. Le but de cette manœuvre est de ramener la base de la phalange en position normale, en la maintenant en forte pression pour éviter toute interposition.

Les formes compliquées peuvent correspondre à une luxation dorsale qui était simple au départ et qui s'est compliquée à la suite d'une mauvaise manœuvre de réduction. Dans ce cas, un geste de traction dans l'axe inadapté pour obtenir la réduction provoque un capotage du sésamoïde externe situé sur la face dorsale du métacarpien et qui bascule de 180°, rendant la luxation irréductible. Ces formes sont cliniquement trompeuses, puisque la déformation est relativement peu marquée, consistant simplement en un raccourcissement du pouce, sans grosse désaxation. Il existe en revanche classiquement une ombilication cutanée tout à fait caractéristique, qui fait évoquer une luxation compliquée. Les radiographies sont importantes puisqu'elles montrent un élargissement de l'interligne qui attire l'attention et fait évoquer une interposition.

Les formes compliquées peuvent sinon être le fait d'associations lésionnelles avec fracture ostéochondrale ou concernant l'appareil sésamoïdien, ou rupture des ligaments collatéraux principaux, justifiant pour les dépister la réalisation systématique d'un *testing* après réduction d'une luxation du pouce. Le traitement des formes compliquées récentes est le plus souvent chirurgical, généralement par voie palmaire, qui permet une bonne exposition de la boutonnière, la réinsertion de la plaque palmaire et la réparation de la lésion ligamentaire et de l'appareil sésamoïdien.

Luxations de l'IP du pouce

Elles sont de diagnostic et de traitement simples. Une fois la réduction effectuée, elles sont en effet stables et autorisent après une courte immobilisation une rééducation rapide. Elles restent cependant souvent longtemps douloureuses et sont volontiers enraidissantes.

Luxation trapézo-métacarpienne

L'articulation trapézo-métacarpienne joue un rôle fondamental dans les mouvements d'opposition du pouce. Les lésions qui la concernent sont donc d'une grande gravité et nécessitent une prise en charge adaptée.

Il s'agit le plus souvent de luxations dorsales entraînant une fermeture de la 1re commissure. Il peut exister dans certains cas une lésion ligamentaire importante, responsable de la persistance, après réduction, d'une sub-luxation. L'évolution vers l'arthrose post-traumatique risque alors d'être rapide. Le diagnostic est porté sur la déformation, qui est évidente. Les radiographies conventionnelles suffisent pour affirmer le diagnostic et sont réalisées selon les incidences en face et profil de la trapézo-métacarpienne (fig. 59.7).

La réduction et la stabilisation par broche en cas d'instabilité immédiate (récidive ou sub-luxation persistante) sont systématiques, suivies d'une surveillance soigneuse pour dépister la moindre apparition secondaire d'une sub-luxation, qui alors imposerait la réalisation d'une ligamentoplastie. Il est fondamental pour cette articulation de prévenir la survenue d'une rétraction de la 1re commissure par une immobilisation adaptée du pouce en position d'opposition maximale.

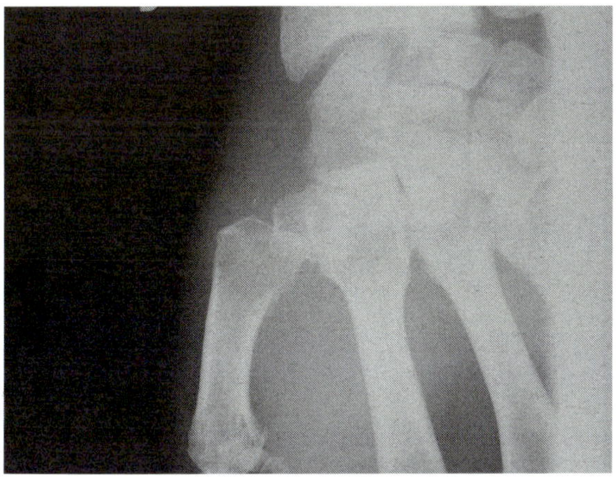

Fig. 59.7. Luxation de la trapézo-métacarpienne.

Entorses et luxation des doigts longs

Luxation et entorse des articulations MP des doigts longs

Ces lésions sont plus rares que les lésions plus distales de la chaîne digitale, car l'articulation métacarpo-phalangienne a une situation anatomique bien plus protégée. Les éléments extrinsèques et intrinsèques assurent par ailleurs une bonne stabilité de cette articulation.

Examens clinique et radiographique

À l'examen clinique, la laxité latérale doit être recherchée par les épreuves dynamiques, réalisées sur une métacarpophalangienne en demi-flexion. L'instabilité consiste en la perte de congruence des surfaces articulaires, soit en statique, soit au cours des mouvements actifs.

L'examen radiographique nécessite la réalisation de radiographies de face et de 3/4, les profils étant difficilement interprétables du fait des superpositions. Mais surtout l'incidence de Brewerton réalisée sur des métacarpiens en flexion de 65°, avec un rayon oblique de 15° en cubital, est importante, puisqu'elle permet d'explorer à la fois les faces latérales des condyles et la surface articulaire.

Différentes formes

Les entorses et luxations de l'articulation métacarpo-phalangienne existent sous trois formes [5]. Les entorses latérales avec ou sans arrachement osseux, les luxations dorsales simples ou complexes et les luxations palmaires.

Entorses latérales Ces entorses sont relativement rares, sauf chez les volleyeurs qui utilisent pour le contre au filet une position d'écartement maximal des doigts visant à couvrir plus de surface et qui expose particulièrement l'index et l'auriculaire (fig. 59.8). C'est l'examen clinique qui permettra de faire le diagnostic de gravité en mettant en évidence une laxité ou une instabilité.

Les autres entorses sont, sinon, qualifiées de bénignes et traitées fonctionnellement par une mobilisation active immédiate en syndactylie avec le doigt situé du côté de la lésion pour la protéger. Il faut être particulièrement vigilant dans la recherche d'une lésion du ligament latéral radial de l'index, qui peut provoquer des déficits fonctionnels beaucoup plus importants

Fig. 59.8. Technique de contre au volley avec utilisation de la main en écartement maximal des doigts, exposant surtout le pouce, l'index et l'auriculaire à des traumatismes en hyperextension et en latéralité, compte tenu de la violence des impacts.

que pour les autres doigts, compte tenu de son rôle fondamental dans la stabilité de la pince pouce-index. Le *testing* se fait en flexion et éventuellement sous anesthésie locale, en statique et en dynamique, éventuellement complété par des radiographies en situation de stress. C'est l'importance de la laxité qui guide l'indication chirurgicale.
Les entorses avec arrachement osseux dépassant 20 % de la surface articulaire nécessitent un traitement chirurgical pour ostéosynthèse. Les arrachements de plus petite taille sont traités comme des entorses sans arrachement osseux et comme des entorses bénignes s'il n'y a pas de laxité ou d'instabilité.

Luxations dorsales Elles résultent d'une hyperextension forcée, avec une désinsertion de la plaque palmaire au niveau du métacarpien.
Elles peuvent se présenter sous deux formes :

- les *luxations simples*, qui sont aussi appelées sub-luxations. L'articulation présente une hyperextension de PI d'une soixantaine de degrés avec à la radiographie une image de chevauchement de la surface articulaire. La réduction est réalisable par manœuvre externe, en mettant le poignet en flexion pour détendre l'appareil fléchisseur, et la réduction doit s'effectuer selon la manœuvre de Farabeuf, en maintenant la base de la phalange appliquée fortement sur la tête du métacarpien tout au long de son parcours de réduction. Il faut éviter toute traction axiale sur le doigt, sans détendre l'appareil fléchisseur pour éviter d'incarcérer la plaque palmaire qui transformerait cette luxation initialement réductible en une luxation irréductible ;
- les *luxations complètes irréductibles* ou *luxations complexes* : elles correspondent aux formes avec interposition de la plaque palmaire ou incarcération de la tête du métacarpien entre fléchisseur et musculature intrinsèque. Il existe cliniquement une hyperextension de PI et la tête du métacarpien est palpable à la paume, au niveau de laquelle se situe une ombilication cutanée tout à fait typique, qui caractérise le signe du sillon (fig. 59.9) et qui traduit l'ombilication des tissus captifs dans l'articulation. Le doigt ne peut plus fléchir et la radiographie retrouve une perte du parallélisme des surfaces articulaires. Ces formes ne sont pas réductibles par manœuvre externe et imposent une réduction chirurgicale par voie palmaire, en prenant bien garde de ne pas léser les paquets collatéraux qui sont alors directement exposés en sous-cutané, où ils sont refoulés par la tête du métacarpien qui fait saillie (fig. 59.10).

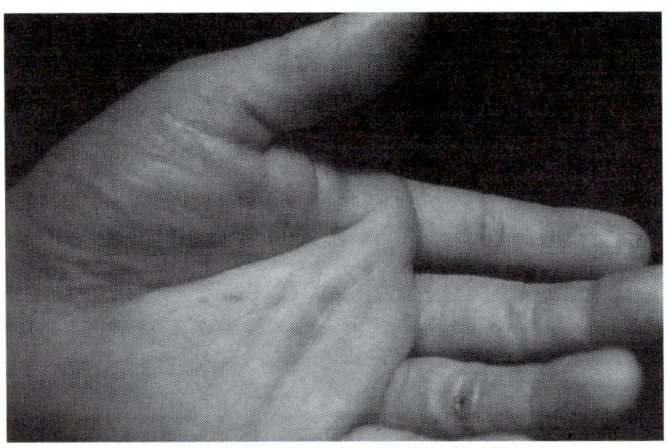

Fig. 59.9. Aspect clinique trompeur d'une luxation postérieure de la MP de l'index, en luxation complète irréductible après manœuvre de réduction non conforme. Chez ce patient, le signe du sillon est pathognomonique du caractère irréductible de la luxation, avec incarcération de la tête luxée du deuxième métacarpien.

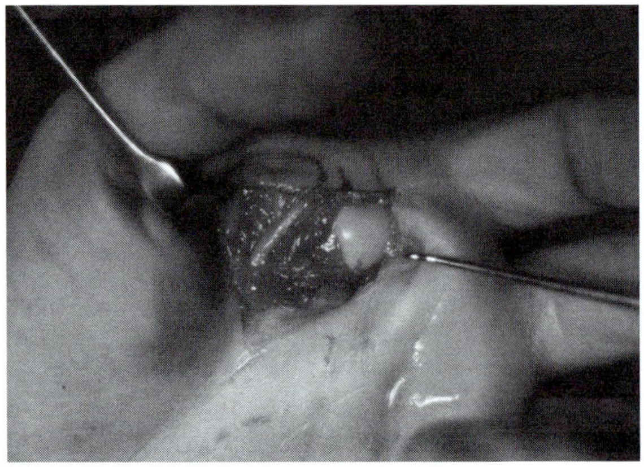

Fig. 59.10. Vue opératoire avant désincarcération et réduction de la luxation.

Il n'est pas nécessaire une fois la réduction obtenue de réinsérer la plaque palmaire en proximal.
Dans ces deux types de luxation, une mobilité active sera d'emblée réalisée, dans un secteur protégé par une attelle dorsale anti-extension en flexion de 30°, pendant 3 semaines.

Luxations palmaires Elles sont exceptionnelles et peuvent être également irréductibles lors de l'interposition de la capsule dorsale, ou éventuellement de la plaque palmaire si celle-ci s'est désinsérée distalement, ce qui reste très rare.

Traumatismes fermés et récents des IPP

Les traumatismes fermés récents des interphalangiennes proximales sont parmi les lésions les plus fréquentes des doigts du sportif, avec au premier plan les lésions ligamentaires, entorses et luxations, dont la prise en charge nécessite d'être adaptée pour éviter des séquelles graves encore trop fréquentes, et les différentes fractures articulaires, dont la gravité tient à l'importance de l'IPP dans la fonction de la chaîne digitale et dont la récupération complète est difficile à obtenir.
Les conséquences des entorses et luxations à ce niveau sont beaucoup plus sévères qu'au niveau de la MP, avec des résultats qui ne sont bons que dans 45 % des cas (86 % pour la MP). Le but du traitement reste de restaurer la congruence articulaire en limitant au maximum les durées d'immobilisation, qui ne doivent jamais dépasser 3 semaines.

Examens clinique et radiographique

L'examen clinique d'une grosse IPP douloureuse vise à dépister des lésions graves compromettant la stabilité ultérieure de l'articulation, source de séquelles en l'absence de traitement adapté. L'examen, outre les radiographies systématiques sous de multiples incidences, repose surtout sur le *testing*, réalisé au mieux sous anesthésie locale, permettant d'explorer la mobilité active et la stabilité passive. La mobilité active en flexion/extension, lorsqu'elle est normale, autorise une mobilisation précoce en syndactylie, et signe sinon une lésion capsulo-ligamentaire grave, correspondant en cas de déficit d'extension à une rupture de la bandelette médiane. Le *testing* de la stabilité passive est indispensable en latéralité et en tiroir antéropostérieur. En latéralité en flexion, on teste le ligament latéral principal, alors qu'en extension on teste le ligament accessoire et sa jonction avec la plaque palmaire.

Lors des manœuvres en tiroir antéropostérieur, une hyperextension anormale signe une lésion de la plaque palmaire, alors qu'une sub-luxation palmaire signe une lésion de l'appareil extenseur.

Différents types de luxations

Luxations dorsales Ce sont les plus fréquentes. Les travaux de Eaton [5] font référence et confirment l'indispensable rupture complète de la plaque palmaire (fig. 59.11) et d'au moins un ligament latéral. Cette rupture est presque toujours distale. Eaton en a décrit trois types de gravité croissante, avec :

- pour le type 1, une déchirure incomplète du ligament latéral ;
- pour le type 2, une rupture complète, avec respect de l'insertion sur P2 ;
- pour le type 3, l'adjonction d'un arrachement d'un fragment osseux de la base de P2, rendant l'articulation très instable après réduction lorsque ce fragment est supérieur à 40 % de la surface articulaire.

Le type 1 appartient plutôt aux entorses alors que le type 3 appartient aux fractures articulaires.

Le traitement reste orthopédique dans la grande majorité des cas, confié soit à une attelle « IPP stop » (autorisant une mobilisation en flexion mais limitant l'extension à – 20°), soit à une mise en extension complète de l'IPP, avec mobilisation précoce en syndactylie à la 3e semaine.

Le traitement chirurgical doit être réservé aux grosses instabilités (fig. 59.11) ou aux luxations irréductibles, et repose sur la réinsertion de la plaque palmaire.

Luxations latérales Elles sont la conséquence d'un traumatisme en extension et rompent le ligament latéral sur P1, avec rupture de la plaque palmaire soit en plein corps, soit avec désinsertion distale. Les lésions débutent en dorsal et se propagent en direction palmaire et distale. Le traitement est le plus souvent orthopédique et repose sur une réduction et une mise en syndactylie pour 4 semaines.

Le traitement chirurgical reste exceptionnel, et est fondé sur la réinsertion ligamentaire pour les formes qui se reluxent lors de la mobilisation active ou qui restent désaxées après réduction du fait d'une interposition.

Luxations palmaires Ce sont les plus rares et elles résultent d'un mécanisme de compression rotation sur un doigt demi-fléchi ; un ligament latéral est toujours rompu et l'appareil extenseur fortement lésé, avec une rupture quasi constante de la bandelette médiane et une luxation palmaire d'une bandelette latérale, qui pourra s'incarcérer et rendre cette luxation irréductible.

Sinon, une fois la réduction effectuée, il faut tester la bandelette médiane de l'appareil extenseur qui, lorsqu'elle est rompue, entraîne un déficit d'extension active ou la persistance d'une sub-luxation palmaire. Celle-ci impose alors un traitement chirurgical de réinsertion de ce tendon extenseur et du ligament latéral avulsé.

Entorses IPP

Le diagnostic d'entorse est le plus fréquent mais reste un diagnostic d'élimination et impose un *testing* au moindre doute devant une grosse articulation douloureuse (fig. 59.12). Ces entorses comportent la lésion d'un seul plan, qu'il s'agisse de la plaque palmaire, de la bandelette médiane ou du ligament latéral. Leur prise en charge impose de laisser libre MP et IPD et d'immobiliser préférentiellement l'IPP en extension.

La mobilisation active précoce est possible pour les ruptures isolées d'un ligament latéral ou de la plaque palmaire, avec syndactylie ou éventuellement attelle de protection.

Les ruptures sous-cutanées de la bandelette médiane imposent une immobilisation en extension stricte pendant 3 semaines.

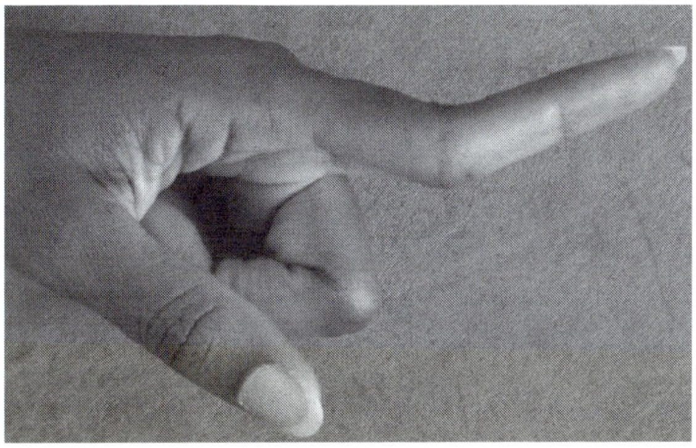

Fig. 59.11. Laxité chronique importante de la plaque palmaire de l'IPP de l'index.

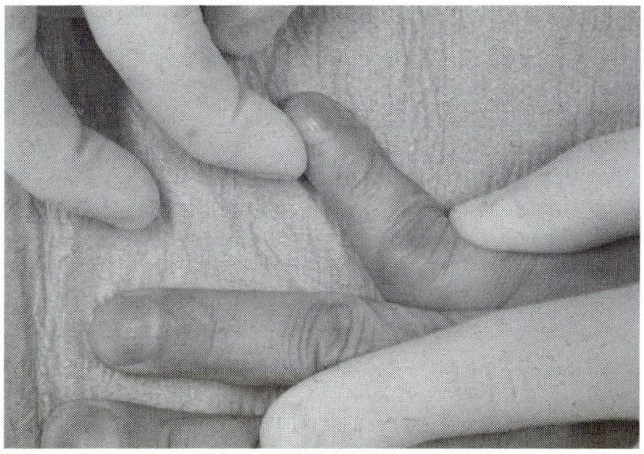

Fig. 59.12. Importante instabilité latérale en extension d'une IPP du cinquième doigt, témoignant d'une lésion complexe concernant les faisceaux principaux et accessoires latéraux mais également la plaque palmaire.

Cas particulier des fractures articulaires IPP associées aux entorses et luxations

Les fractures articulaires de l'interphalangienne proximale intéressent par définition au moins 25 % d'une des surfaces articulaires. Les arrachements marginaux s'apparentent aux entorses et luxations. Ces fractures sont bien sûr potentiellement graves, exposant aux risques de cal vicieux, de raideur et d'arthrose secondaire.
En dehors des formes non déplacées stables, les fractures de la tête de P1 relèvent plutôt du traitement chirurgical, alors que les fractures de la base de P2 relèvent préférentiellement d'un traitement orthopédique. La rééducation reste fondamentale, fondée sur une mobilisation immédiate de la MP et de l'IPD et une rééducation précoce active aidée de l'IPP.
Les fractures de la base de P2 peuvent s'accompagner d'une luxation et entrent dans le cadre des luxations-fractures. Elles sont de traitement difficile et exposent à des séquelles importantes. Deux éléments guident la conduite thérapeutique : la stabilité post-réductionnelle et l'aspect du fragment palmaire, en fonction desquels on choisit entre un traitement chirurgical ou orthopédique.

Entorses et luxations de l'interphalangienne distale

Ces lésions sont rares du fait de la stabilité importante de cette articulation. Les luxations peuvent être de deux types, dorsal ou latéral. Ces lésions s'associent fréquemment à une ouverture cutanée du fait de l'adhérence importante de la peau aux tissus profonds à ce niveau. La luxation peut s'accompagner d'étirements des paquets collatéraux avec troubles neurologiques en cas de réduction tardive. Généralement, la luxation est facilement réductible par traction dans l'axe. L'ouverture cutanée impose la réalisation d'un parage, d'un lavage puis d'une fermeture cutanée sans tension, une fois l'articulation réduite. La plaque palmaire ne doit pas être réinsérée si elle est arrachée.
De façon exceptionnelle, ces luxations interphalangiennes distales peuvent ne pas être réductibles lorsqu'elles sont dorsales, avec la phalange distale qui se situe en arrière de la tête de P2. Cette irréductibilité est le plus souvent la conséquence d'une interposition de la plaque palmaire qui est avulsée de son insertion proximale, éventuellement en association avec une avulsion osseuse; plus rarement c'est le tendon fléchisseur qui s'interpose dans l'articulation, ce qui n'est possible que s'il existe une rupture d'un des ligaments collatéraux et d'une partie de la plaque palmaire. Le traitement est alors dans ces deux cas chirurgical, agrandissant la plaie lorsqu'elle existe ou par un abord dorsal dans les formes fermées. Une fois l'interposition levée, l'articulation est en général stable et ne nécessite pas de réinsertion ni des ligaments latéraux ni de la plaque palmaire.
Le risque reste la raideur en flexion de l'articulation et non pas l'instabilité. Une immobilisation transitoire reste nécessaire pendant une période de 3 semaines, éventuellement par une broche axiale.

Cas particulier des lésions tendineuses associées à un traumatisme de l'IPD

Ce sont les arrachements tendineux soit de la bandelette terminale de l'extenseur (doigt en maillet), soit du fléchisseur profond [3] *(rugby finger)*, pour lesquels la désinsertion tendineuse se fait avec arrachement d'un fragment osseux; ces lésions sont traitées au paragraphe suivant, sur les lésions tendineuses du sportif.

Lésions tendineuses du sportif

Rupture de poulies du grimpeur

Au niveau des doigts longs, les tendons fléchisseurs s'engagent sous un système de poulies annulaires et cruciformes. Les poulies annulaires A2 et A4, respectivement situées en regard des diaphyses de la première et de la deuxième phalange, sont les plus importantes et les plus sollicitées. Une sollicitation très violente comme on peut l'observer chez les grimpeurs, surtout en prise « arquée » lorsqu'ils effectuent une prise avec élan ou se retiennent brusquement pour ne pas chuter, peut entraîner une rupture de ces poulies, surtout de A2 et parfois ensuite de A4 [4]. L'association des deux ruptures entraîne rapidement une luxation antérieure de l'appareil fléchisseur dite en « corde d'arc », qui compromet gravement la fonction du doigt, qui se positionne en *flessum* permanent. La rupture, lorsqu'elle se produit, concerne surtout les troisième et quatrième doigts et entraîne parfois un claquement audible avec une violente douleur en coup de fouet assez rapidement résolutive, qui peut être négligée et imposer alors un diagnostic tardif. La flexion de P2 sur P1 est douloureuse ainsi que la palpation. L'échographie ou le scanner réalisés en flexion contrariée peuvent apporter une aide au diagnostic. Le traitement repose, pour une rupture isolée, sur la mise au repos par immobilisation, puis sur le port d'une bague rigide et large positionnée à hauteur de la poulie lésée pendant 6 semaines. Dans les formes chroniques, une intervention chirurgicale consistant en une plastie de poulie peut être nécessaire, surtout en cas de lésion conjointe des poulies A2 et A4 [4].

Luxation des extenseurs au dos des MP

Elle est provoquée en règle générale par une rupture de la dossière des interosseux lors de traumatismes en flexion et varus (boxe, ski, moto). Les tendons se luxent alors généralement en interne dans la vallée intermétacarpienne (fig. 59.13 et 59.14) avec un aspect de pseudo-rupture. Cliniquement, le patient présente un déficit d'extension touchant les doigts atteints, et le tendon peut être palpé dans la vallée intermétacarpienne. Le traitement est chirurgical. En urgence, on peut proposer une réparation directe. Lors des ruptures chroniques, le traitement chirurgical consiste en une reconstruction de la dossière par plastie tendineuse.

Doigt en maillet

Le doigt en maillet ou *mallet finger* se définit comme une perte de l'extension active de l'IPD, avec persistance d'une extension passive complète, qui est la conséquence d'une

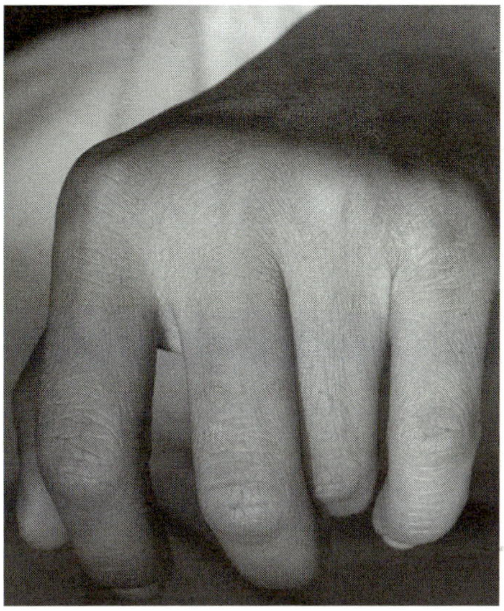

Fig. 59.13. Rupture de la dossière radiale de l'extenseur au dos de la MP du troisième doigt chez un skieur de compétition après choc sur un piquet de slalom.

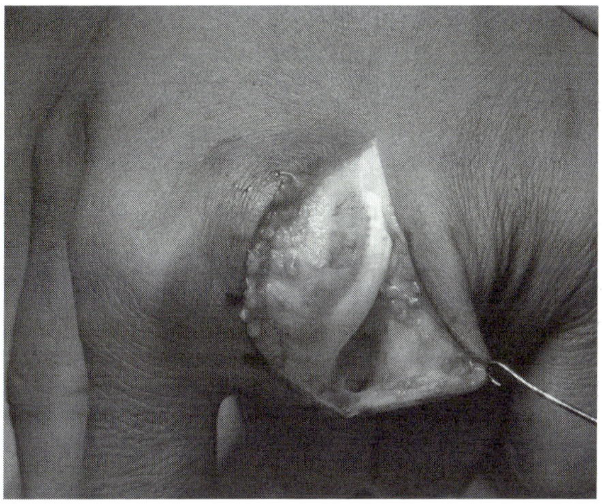

Fig. 59.14. Vue opératoire chez le même patient avec luxation complète de l'extenseur dans la vallée intermétacarpienne cubitale.

rupture de l'appareil extenseur au dos de l'articulation. Le diagnostic en est clinique, avec un *flessum* de l'IPD par déficit d'extension active sans perte de la flexion. Le traumatisme causal passe fréquemment inaperçu au cours des activités sportives et se fait par mise en flexion forcée de l'articulation interphalangienne distale, alors que le doigt est en extension complète.

Il existe deux types de doigt en maillet, ceux qui sont la conséquence d'une simple rupture tendineuse et ceux qui correspondent à un arrachement de l'insertion du tendon sur la base de la phalange, emmenant ainsi un fragment osseux.

Ruptures sous-cutanées

Les pièces osseuses sont radiologiquement normales. C'est la forme la plus fréquente. Elles doivent être traitées orthopédiquement par une immobilisation en légère hyperextension, cela pendant 8 semaines sans interruption, suivies d'une immobilisation supplémentaire, uniquement nocturne, pendant 1 mois. L'articulation interphalangienne proximale doit être immédiatement rééduquée en actif. Cette immobilisation peut être confiée à une attelle de Stack ou à une attelle en tuile dorsale qui permet de conserver l'utilisation de la pulpe de P3. Il est indispensable de ne pas interrompre cette immobilisation qui devrait être reprise à son début, en cas de flexion inopportune prématurée de l'IPD. Une surveillance cutanée attentive doit par ailleurs être effectuée pour dépister toute souffrance cutanée au dos de l'IPD, en regard de la zone d'arrachement tendineux. Les résultats de ce type de traitement sont en général très bons ; l'existence d'un déficit de flexion au 3e mois du traumatisme peut inciter à la mise en place d'une orthèse dynamique temporaire.

Avulsions

Il s'agit de fractures articulaires de la base de la troisième phalange, consécutives à l'arrachement du tendon extenseur. Le fait qu'il s'agisse d'une fracture articulaire est un facteur de mauvais pronostic pour la mise en route d'un traitement orthopédique si le fragment est volumineux. Le traitement chirurgical est donc indiqué lorsque ce fragment fait plus du 1/3 de la surface articulaire et s'il est déplacé. Par ailleurs, l'indication chirurgicale est formelle s'il existe une sub-luxation palmaire de P3/P2. Dans tous les autres cas, le traitement sera orthopédique, similaire à celui des ruptures sous-cutanées.

Rupture de l'appareil fléchisseur profond (*rugby finger* ou *jersey finger*)

C'est une lésion beaucoup plus rare [3, 8] que le *mallet finger*; il s'agit de la perte brutale post-traumatique de la flexion active de l'interphalangienne distale, avec persistance d'une flexion passive. L'avulsion sous-cutanée traumatique du fléchisseur profond du doigt (FCP) est une lésion de classique mauvais pronostic, comme en témoigne la revue de la littérature, d'ailleurs peu abondante sur le sujet.

Étiophysiopathologie

L'étiologie est dans plus de la moitié des cas un accident sportif : le rugby a d'ailleurs donné son nom à cette pathologie, depuis la publication de Gunter en 1960 [8], l'autre dénomination anglo-saxonne de *grasping jersey finger* revenant à Chang (1972) [3]. Le mécanisme correspond à une prise de force contrariée, qui entraîne une hyperextension brutale de l'interphalangienne distale arrachant l'insertion du fléchisseur profond sur la troisième phalange, et emportant ou non un pavé osseux. En pathologie sportive, l'avulsion fait suite à une tentative de plaquage avec agrippement du maillot, comme on peut le rencontrer dans les sports de contact de type rugby ou football américain. Le traumatisme entraîne une douleur traçante du doigt remontant à l'avant-bras, puis secondairement une ecchymose pulpaire, et bien sûr l'absence de flexion active immédiate de l'interphalangienne distale.

Le fait qu'il s'agisse d'accidents de sport n'empêche pas la méconnaissance diagnostique (50 % des cas) de la lésion aiguë par le médecin ou le kinésithérapeute de l'équipe, qui confondent souvent l'avulsion du fléchisseur commun profond (FCP) avec une lésion de la plaque palmaire, tandis que le patient lui-même néglige initialement son déficit. Les accidents sportifs ne sont pas l'apanage de cette pathologie, qui peut se rencontrer également dans les accidents domestiques ou de travail, ou après agression.

Tous les doigts peuvent être atteints mais l'annulaire est largement majoritaire (80 % des cas de notre expérience). Les raisons de cette vulnérabilité en sont :

- sa faible indépendance de flexion, qui ne lui permet pas de lâcher aisément une prise lorsque médius et auriculaire sont fléchis, alors que l'auriculaire lâche la prise en premier. En effet, les muscles lombricaux de l'annulaire s'unissent à ceux du médius et de l'auriculaire et leurs FCCP ont un corps musculaire commun à l'avant-bras;
- la plus grande fragilité de l'insertion ostéotendineuse du fléchisseur profond sur P3 de l'annulaire, l'insertion la plus résistante étant celle du médius.

Le siège du moignon tendineux peut être apprécié par :

- le niveau de la douleur proximale à la palpation du canal digital ou de la paume, alors que le reste du canal digital est retrouvé vide;
- la radiographie, qui doit être systématique à la recherche d'un fragment osseux, tout en se méfiant de la possible dissociation ostéotendineuse;
- l'échographie, voire l'IRM, cependant rarement nécessaires en dehors de certains cas anciens.

Classification

Plusieurs classifications ont vu le jour dans la littérature. Les Anglo-Saxons utilisent celle de Leddy et Packer depuis 1977 [9], à laquelle Smith ajoute en 1981 [13] un quatrième type de dissociation osseuse et tendineuse de l'avulsion. Nous restons fidèles pour notre part à la classification française de Mansat [10], plus récente (1985), qui permet surtout de distinguer logiquement trois types de lésions, auxquelles on peut adjoindre le type 4 de Smith (très exceptionnel) :

- type 1 : correspond aux ruptures avec rétraction modérée du FCP au niveau de la décussation, respectant donc l'intégrité du *vinculum longus;*
- type 2 : comprend les ruptures avec rétraction importante du FCP en regard de l'articulation métacarpo-phalangienne, voire à la paume, entraînant une dévascularisation complète du tendon par arrachement des *vinculae* (fig. 59.15);
- type 3 : individualise les ruptures avec fragment osseux volumineux, réalisant une fracture articulaire, mais sans vraie rétraction tendineuse, le fragment ne pouvant s'engager dans le canal digital. Dans de rares cas où la fracture emporte plus du tiers de la surface articulaire de P3, l'avulsion tendineuse se complique alors d'une véritable sub-luxation dorsale de l'articulation;
- type 4 : très rare, où l'extrémité tendineuse avulsée se sépare du fragment osseux, le fragment proximal étant rétracté dans la paume alors que le fragment osseux reste presque en place (fig. 59.16).

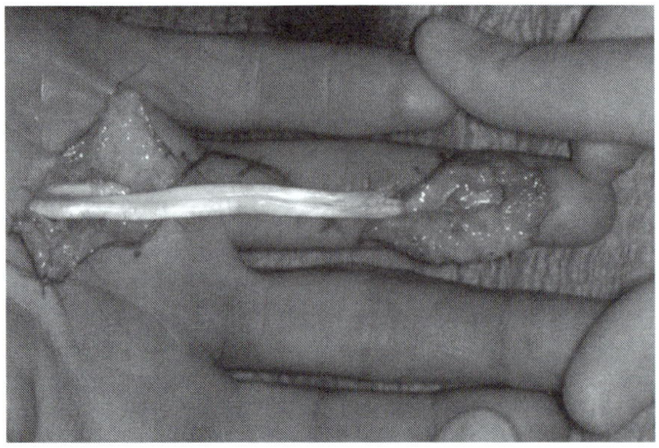

Fig. 59.15. Vue opératoire d'un *rugby finger* de type 2.

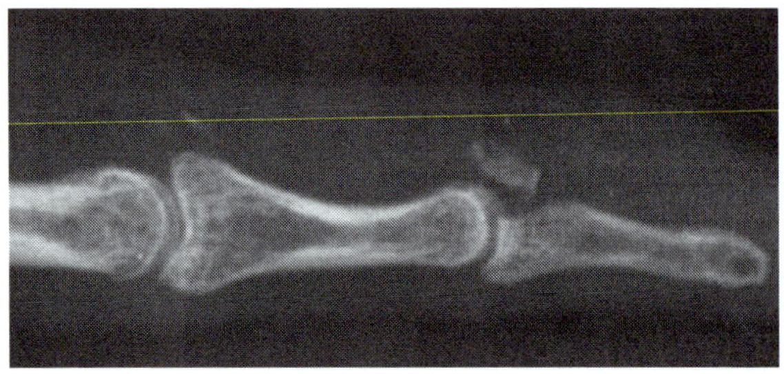

Fig. 59.16. Radiographie de profil d'un *rugby finger* de type 4 permettant de constater la présence de fragment osseux dans le canal digital en regard de l'IPP, témoignant de la rétraction du fléchisseur profond beaucoup plus importante que dans un simple type 3.

Traitement

Il ne peut être que chirurgical. Le chirurgien est confronté en peropératoire à l'absence de moignon tendineux distal utilisable, ce qui explique la variété des techniques chirurgicales proposées, témoignant de la difficulté du traitement. Il existe trois facteurs de pronostic :

- la présence d'une avulsion osseuse, qui paraît favorable en dehors du rare type 4;
- le délai opératoire : idéalement, la réparation chirurgicale doit être effectuée avant le 8e jour, mais seuls 50 % des cas sont diagnostiqués avant ce délai. À l'inverse, aucun bon résultat n'a été obtenu après le 21e jour;
- l'importance de la rétraction tendineuse, qui conditionne la vascularisation résiduelle et donc la qualité de la cicatrisation. À la rétraction tendineuse instantanée au moment du traumatisme, s'ajoute à partir de la

3e semaine un raccourcissement de l'unité motrice, par rétraction du corps charnu à l'avant-bras.

Indications thérapeutiques

Dans le cas d'une lésion fraîche (J0 à J8), la chirurgie est systématique, associée en cas de sub-luxation dorsale de l'IPD à un brochage axial de stabilisation articulaire.

Lorsqu'il s'agit d'une lésion secondaire (entre J8 et J21), l'indication chirurgicale est plus nuancée, tenant compte de la gêne fonctionnelle et du niveau de rétraction; si la réinsertion est impossible sans induire de *flessum*, ou du fait du collapsus du canal digital, il semble préférable de réaliser, plutôt qu'une greffe tendineuse en un ou deux temps, la résection du FCP dans la paume, associée à une ténodèse de stabilisation de l'IPD.

Si l'avulsion est diagnostiquée tardivement (au-delà de la 3e semaine), l'indication chirurgicale dépend exclusivement de la gêne fonctionnelle :

- si elle est nulle ou modérée, l'abstention chirurgicale est l'attitude la plus raisonnable, à condition que l'IPP soit parfaitement mobile et l'IPD stable ;
- si le patient est demandeur, il est raisonnable de proposer une résection du FCP si celui-ci est pelotonné et douloureux dans la paume, associée soit à une ténodèse, soit surtout à une arthrodèse de l'IPD, certes plus « lourde » mais plus solide et durable. Pour le cas particulier de l'auriculaire, en cas de faiblesse ou d'inefficacité constitutionnelle du fléchisseur superficiel, il faudra renforcer celui-ci par un adossement du fléchisseur profond à la paume.

Rupture du long extenseur du pouce

On retrouve rarement le traumatisme initial, qui est souvent minime et survient sur un tendon dégénératif. Le diagnostic est fait lorsque le patient ne peut soulever le pouce au-dessus du plan de la table (rétropulsion) et le traitement est chirurgical (fig. 59.17). En cas de traumatisme récent, on peut tenter une réparation secondaire, avec éventuellement une greffe tendineuse à partir du tendon du long palmaire. En fait le plus souvent, on effectue un transfert palliatif en prélevant l'extenseur propre de l'index au niveau de la face postérieure de la métacarpo-phalangienne, qui est ensuite suturée au segment distal du tendon de l'extenseur du pouce.

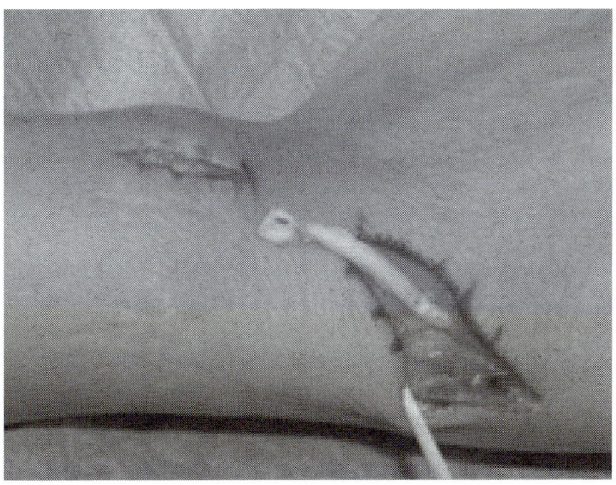

Fig. 59.17. Rupture du long extenseur du pouce.

Rupture de la bandelette médiane de l'appareil extenseur

Responsable d'une déformation progressive en « boutonnière », cette pathologie est fréquente en pratique sportive et malheureusement souvent méconnue car d'un diagnostic difficile. En effet, l'accident aigu qui est la rupture de la bandelette médiane sur P2 ne provoque pas immédiatement de doigt en boutonnière mais plutôt un aspect d'entorse IPP, qui s'accompagne toutefois d'un déficit d'extension active contre résistance. Il faut savoir évoquer le diagnostic pour éviter la luxation des bandelettes latérales, qui provoque alors la déformation en boutonnière. Le traitement est avant tout orthopédique, avec mise en place d'une attelle maintenant l'IPP en extension. La boutonnière vraie pose de difficiles problèmes d'appareillage et son traitement chirurgical est souvent très décevant.

Doigts à ressaut

C'est la conséquence d'un conflit entre les tendons fléchisseurs et leur gaine digitale, se traduisant par l'apparition d'un nodule lié au frottement du tendon sur la poulie A1 et qui, chez le sportif, intervient surtout dans des sports mettant à forte contribution les poulies (escalade, voile, funboard, bowling, gymnastique...). Cliniquement le diagnostic est facile, avec palpation d'un nodule et sensation d'accrochage du tendon ou blocage du doigt en flexion. Le traitement peut être médical avec immobilisation et injection de corticoïdes. En cas d'échec, le traitement chirurgical simple et efficace est logique. Deux diagnostics différentiels sont à connaître : d'abord les plaies partielles méconnues du fléchisseur superficiel, une des bandelettes latérales sectionnées pouvant donner un blocage (doigt à cran d'arrêt), ensuite le *locked MP joint*, qui est un blocage articulaire des ligaments latéraux accessoires sur les têtes du métacarpien; dans ce dernier cas, le blocage est actif et passif.

Contusions, plaies, érosions, gelures et doigt d'alliance

Quelques notions générales, sans reprendre toute la traumatologie de la main, sont importantes à connaître.

Contusions

Les contusions sont extrêmement fréquentes, mais elles ne doivent être retenues que comme diagnostic d'élimination et imposent au moindre doute les investigations nécessaires au diagnostic précis de la lésion anatomique sous-jacente. Le traitement est fonctionnel avec antalgiques et éventuellement anti-inflammatoires pour diminuer l'œdème. Le glaçage est plus adapté que les pansements alcoolisés. Les immobilisations sont pour un temps court envisageables mais doivent impérativement respecter la position intrinsèque plus et être ensuite relayées par une mobilisation active, parfois sous couvert d'une syndactylie. Un nouvel examen clinique soigneux à distance du traumatisme, après sédation du gonflement et des douleurs initiales, est indispensable.

Érosions

Elles sont généralement bénignes mais doivent être surveillées pour éviter toute surinfection. Le nettoyage se fait à l'eau du robinet ou au jet de douche. Une fois nettoyées, un pansement simple au tulle gras sera suffisant pour obtenir une cicatrisation dirigée, dont il faut surveiller l'évolution, d'autant plus que la lésion se situe en regard d'un pli de flexion ou qu'elle risque d'exposer un élément noble (tendon, os) sous-jacent.

Plaies

Toute plaie de la main doit être explorée chirurgicalement. En appliquant ce principe, on évite de laisser passer une plaie partielle ou complète d'un organe noble. En cas de doute sur une lésion profonde, il ne faudra pas hésiter à explorer la plaie sous anesthésie locorégionale voire sous anesthésie générale. Les antibiotiques sont inutiles si la plaie est correctement nettoyée. La prévention antitétanique ne doit pas être oubliée. Les dilacérations du fond des commissures lors d'un écartement digital forcé, observées lors des contre au filet *(block)* observés chez les volleyeurs [12], échappent à la règle d'une exploration de la plaie mais pas à celle d'une désinfection correcte et d'une cicatrisation contrôlée. Lors de la reprise du sport, un *strapping* spécifique permettant un écartement digital peut s'avérer utile.

Gelures

Le traitement est avant tout préventif, par l'utilisation de gants qui doivent être imperméables et de taille adaptée (en particulier chez l'enfant). Une gelure doit être suivie dans un milieu spécialisé, qui pourra mettre en route précocement les traitements adaptés (vasodilatateurs, oxygénothérapie), qui restent souvent décevants (voir chapitre 52). Au stade de nécrose, le problème sera celui d'une perte de substance, qui nécessite alors toutes les ressources de la chirurgie plastique.

Doigt d'alliance ou *ring finger*

C'est une lésion très grave d'arrachement digital, provoquée par l'accrochage de l'alliance le plus souvent dans le filet des buts (handball, football) ou de volley-ball [7]. Ces atteintes sont rares mais suffisamment dramatiques (fig. 59.18) pour interdire de façon formelle tout port de bijoux sur les terrains de sport.

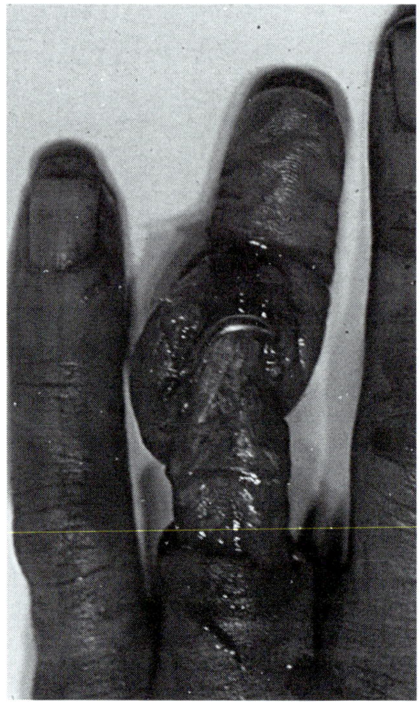

Fig. 59.18. Doigt d'alliance.

Conclusion

Certaines lésions sont très spécifiques d'activités sportives particulières et méritent d'être détaillées dans des chapitres à part (main du pelotari, par exemple). Les lésions de la main du sportif sont d'apprentissage difficile du fait de leur fréquence et de leur extrême variété. De nombreuses méconnaissances diagnostiques ou erreurs de prise en charge sont de ce fait possibles et doivent être évitées par une bonne compréhension des principes globaux de prise en charge d'une main traumatique. Ces quelques réflexes simples (manœuvres de réduction, position d'immobilisation, bilan radiographique, *testing* tendineux et ligamentaires) doivent permettre en tout cas de ne pas commettre d'erreurs et incitent au moindre doute à prendre un avis spécialisé.

Bibliographie

[1] Bhairo NH, Nijsten MWN, Van Dalen KC, Ten Duis HJ. Hand injuries in volley-ball. *Int J Sports Med* 1992; 13 (4) : 351-4.

[2] Campbell CS. Gamekeeper's thumb. *J Bone Joint Surg* 1955; 37B : 148-9.

[3] Chang WHJ, Thoms OJ, White WL. Avulsion injury of the long flexor tendons. *Plast Reconstr Surg* 1972; 50 : 260-4.

[4] Doyle JR, Blythe W. The finger flexor tendon sheath and pulleys : anatomy and reconstruction. *In :* AAOS, ed. *Symposium in tendon surgery in the hand*. Saint Louis : Mosby, 1975 : 81-7.

[5] Eaton RG. Lésions récentes et anciennes des ligaments des doigts. *In : Traité de chirurgie de la main*. Tome 2. Paris : Masson, 1984 : 751-70.

[6] Farabeuf L. De la luxation du pouce en arrière. *Bull Soc Chir* 1876; 11 : 21.

[7] Gerberich SG, Luhman S, Finke C, Priest JD, Beard BJ. Analysis of severe injuries associated with volleyball activities. *Phys Sports Med* 1987; 15 (8) : 75-9.

[8] Gunter JH. Traumatic avulsion of the insertion of *flexor digitorum profundus*. *Austr N Z J Surg* 1960; 80 : 1-9.

[9] Leddy JP, Packer JW. Avulsion of the profundus tendon insertion in athletes. *J Hand Surg* 1977; 2 : 66-9.

[10] Mansat M, Bonnevialle P. Avulsion traumatique du fléchisseur commun profond. À propos de 19 cas. *Ann Chir Main* 1985; 4 (3) : 185-96.

[11] Moutet F, Guinard D, Lebrun C, Bello-Champal P, Massart P. Les entorses de la métacarpo-phalangienne du pouce. Une expérience de plus de 1 000 cas. *Ann Chir Main* 1989; 8 : 99-109.

[12] Schafle MD. Common, injuries in volleyball. Treatment, prevention and rehabilitation. *Sports Med* 1993; 16 (2) : 126-9.

[13] Smith JH. Avulsion of a profundus tendon with simultaneous intra-articular fracture of the distal phalanx. *J Hand Surg* 1981; 6A : 600-1.

[14] Stener B. Entorses récentes de l'articulation métacarpo-phalangienne du pouce. *In : Traité de chirurgie de la main*. Tome 2. Paris : Masson, 1984 : 770-83.

Genou traumatique de l'adulte sportif

Sommaire

Articulation intermédiaire du membre inférieur, le genou est particulièrement exposé lors de la pratique sportive. La survenue d'une lésion n'est pas sans incidence sur le devenir du genou. En cas de traumatisme, il est donc primordial de faire un diagnostic lésionnel précis afin d'adapter le traitement et limiter les séquelles. Si la priorité réside dans la recherche d'une lésion du pivot central, et notamment du ligament croisé antéro-externe (LCA), il faudra éliminer l'existence d'une lésion osseuse et penser au diagnostic de luxation traumatique de rotule.

Conduite à tenir devant un gros genou traumatique

Devant un gros genou douloureux, l'examen clinique est parfois difficile. C'est la raison pour laquelle il faut s'appuyer sur un interrogatoire rigoureux et un bilan d'imagerie, qui dans le cadre de l'urgence est radiographique.

Examen programmé du genou

Données de l'interrogatoire

L'interrogatoire précise :

- l'existence d'antécédents traumatiques du genou : entorses, accidents de dérobements, douleurs, gonflements, blocages ou pseudoblocages du genou ;
- le mécanisme de la lésion : s'agit-il d'un traumatisme direct, dont on fera préciser le point d'impact et la direction ? S'agit-il d'un traumatisme indirect, le plus souvent en torsion du genou, pied bloqué au sol ?
- la symptomatologie initiale : douleur syncopale, craquement dans le genou, impression de dérobement ou lâchage du genou qui traduisent la survenue d'une lésion grave ;
- les suites immédiates : importance de l'impotence fonctionnelle, gonflement immédiat ou tardif, apparition d'une ecchymose et localisation initiale, blocage du genou.

La survenue d'un gonflement dans les heures qui suivent le traumatisme traduit l'existence d'une hémarthrose qui accompagne une lésion intra-articulaire.

Examen clinique

L'examen clinique étudie tout d'abord :

- les possibilités d'appui bi et monopodal ainsi que la marche ;
- l'existence éventuelle d'une déformation et d'un hématome à l'inspection ;
- l'existence d'un choc rotulien et son importance.

L'étude de la mobilité articulaire passive et active est ensuite réalisée : en passif, l'existence d'un *flessum* n'est pas pathognomonique d'une lésion mais traduit une souffrance articulaire. À l'inverse, l'existence d'un *recurvatum*, ou hyperextension, est la traduction de lésions graves des plans ligamentaires postérieurs, ligament croisé postéro-interne (LCP) et coques condyliennes. La limitation de la flexion est à corréler avec l'importance de l'épanchement. L'étude de la mobilité active permet essentiellement de suspecter une rupture de l'appareil extenseur en cas d'extension active impossible.

L'étude de la laxité articulaire s'effectue dans le plan frontal et sagittal : dans le plan frontal, on recherche une laxité en extension, témoin d'une lésion du ligament périphérique testé et du pivot central, et en flexion, qui teste uniquement le ligament collatéral médial en valgus (fig. 60.1) et le plan externe en varus. Dans le plan sagittal, on recherche le tiroir à 20° de flexion ou test de Lachman, et les tiroirs à 90° de flexion. L'existence d'un Lachman traduit une rupture complète du LCA si l'arrêt n'est pas brutal (arrêt mou). Elle peut cependant également traduire une rupture partielle du LCA ou une rupture du LCP en cas d'arrêt brutal (arrêt dur) (fig. 60.2). La recherche des tiroirs en flexion à 90°, tiroir direct, tiroirs en rotation interne ou externe, permet d'évaluer le pivot central et les points d'angle postéro-interne et postéro-externe. Il faut également s'assurer de l'absence de sub-luxation postérieure spontanée du tibia, ce qui permet de différencier un tiroir antérieur vrai, lié à la rupture du LCA, de la réduction d'un tiroir postérieur, qui révèle une rupture du LCP.

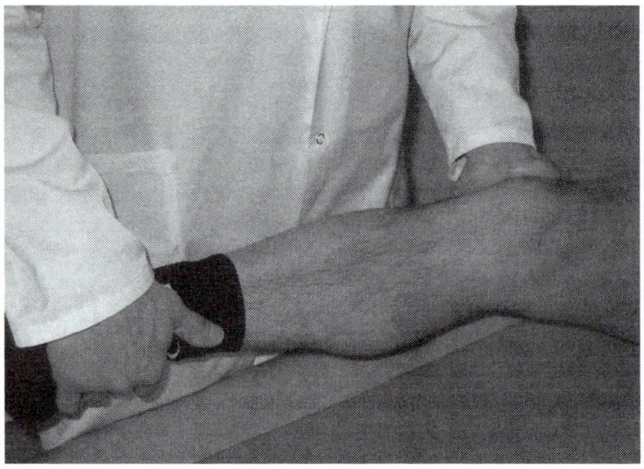

Fig. 60.1. Recherche d'une lésion du ligament collatéral médial : laxité en valgus-flexion.

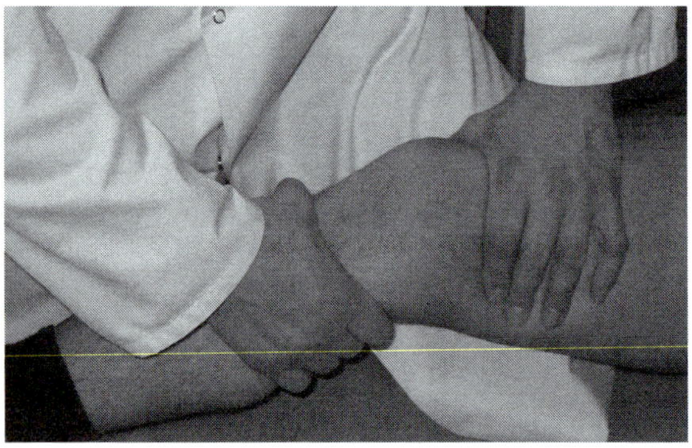

Fig. 60.2. Recherche du Lachman ou tiroir en légère flexion : le patient doit être bien relâché.

Les manœuvres dynamiques, à la recherche du ressaut rotatoire pathognomonique de la lésion du LCA, sont rarement possibles en cas de gros genou douloureux car elles demandent un relâchement maximal. Elles n'ont de valeur que si elles sont positives.

Le bilan de la fémoro-patellaire complète le bilan de la stabilité du genou. La rupture de l'aileron rotulien interne se traduit par l'existence d'une hypermobilité rotulienne. Le signe de Smillie (fig. 60.3), qui consiste à demander une flexion de genou après avoir subluxé manuellement la rotule, reproduit, en cas de luxation de rotule, des douleurs, une appréhension ou la luxation de l'appareil extenseur.

Le bilan de la laxité est comparatif au côté opposé afin de distinguer la laxité physiologique bilatérale de la laxité pathologique unilatérale.

La *recherche des pouls distaux* et le *testing des muscles de la cheville* complètent le bilan clinique. L'existence d'une atteinte vasculaire lors de la luxation de genou est la seule véritable urgence chirurgicale.

La *recherche des points douloureux* est réalisée en fin d'examen. Elle permet de localiser la douleur au niveau d'une insertion ou d'un trajet ligamentaire, au niveau d'une épiphyse osseuse, sur l'interligne articulaire, sur les trajets tendineux.

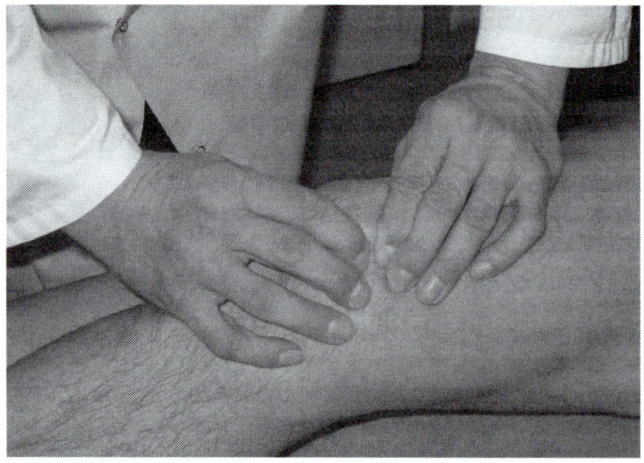

Fig. 60.3. Signe de Smillie : le praticien subluxe en dehors la rotule et demande une flexion du genou au patient. Celui-ci arrête le mouvement ou retire les mains de l'examinateur.

Bilan radiographique

Il est systématique devant un gros genou. Il comprend un cliché de face, un cliché de profil strict en flexion à 20°, des incidences axiales à 30°et 60°.

Il permet de mettre en évidence de véritables fractures du genou et des images pathognomoniques d'une lésion du pivot central ou de l'appareil extenseur :

- fracture de Segond (arrachement des formations antéro-externes du genou), encoche du condyle externe, témoin de la sub-luxation du genou (fig. 60.4) en cas de rupture du LCA ;
- recul du plateau tibial en cas de rupture du LCP ;
- lésion ostéochondrale de la face profonde de la rotule ou du condyle externe, arrachement de l'aileron rotulien interne, en cas de luxation traumatique de rotule ;
- perte de la congruance fémoro-patellaire sur les clichés de profil en cas de rupture de l'appareil extenseur, associée à une position haute de la rotule (rupture du tendon rotulien) ou une position basse (rupture du tendon quadricipital).

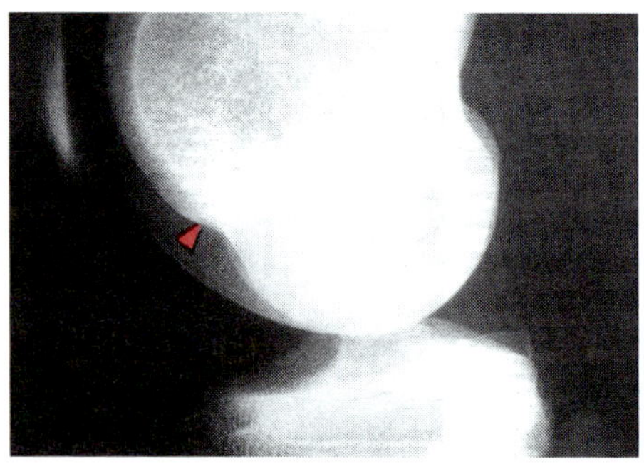

Fig. 60.4. Encoche du condyle externe, pathognomonique si la profondeur dépasse 1 mm. Cette encoche traduit la sub-luxation antérieure du plateau tibial externe lors de l'accident de dérobement du genou.

D'autres examens peuvent être demandés, tels que l'échographie, si on suspecte une lésion tendineuse ou une lésion du ligament collatéral médial. L'IRM doit en revanche rester d'une indication exceptionnelle : en cas de doute diagnostique (lésion du pivot central? lésions associées?) ou pour affiner une indication chirurgicale.

Ponction du genou

La ponction du genou se justifie en cas de gros genou douloureux après le bilan radiographique qui permet d'éliminer une fracture. Elle doit être réalisée dans des conditions d'asepsie rigoureuse. Elle permet de soulager les patients et de visualiser le liquide :

- une hémarthrose signe dans les deux tiers des cas une rupture du LCA et dans le tiers restant une luxation traumatique de rotule;
- une hydro-hémarthrose peut accompagner une rupture du ligament collatéral médial, une lésion méniscale ou une simple contusion;
- une hydrarthrose chronique, en l'absence de pathologie inflammatoire, est le reflet d'une lésion cartilagineuse.

Une fois la ponction réalisée, il est judicieux de refaire le bilan clinique, qui sera plus aisé du fait de la relative indolence obtenue.

Différents tableaux cliniques et leur traitement

Les lésions osseuses ne seront pas abordées dans ce chapitre. Le diagnostic et le traitement de ces lésions ne sont en effet pas spécifiques à la pratique sportive.

Lésions ménisco-ligamentaires

En cas de suspicion d'entorse du genou, il faut pouvoir répondre à deux questions :

- existe-t-il une atteinte du pivot central en général et du LCA en particulier?
- quelles sont, en cas d'atteinte du pivot central, les lésions associées?

De la réponse à ces deux questions va dépendre la conduite thérapeutique, notamment en cas de rupture du LCA, responsable d'une instabilité rotatoire du genou préjudiciable à certaines pratiques sportives : sports avec pivot et pivot contact.
Les *arguments en faveur d'une lésion du LCA* sont :

- le mécanisme lésionnel : traumatisme en hypertension (shoot dans le vide), traumatisme en valgus-flexion-rotation externe ou en varus-rotation interne;
- la notion d'épisodes d'instabilité antérieure;
- la notion de craquement dans le genou, d'impression de dérobement, d'instabilité du genou;
- l'existence d'une hémarthrose;
- l'existence d'un Lachman à arrêt mou lors de l'examen clinique;
- un ressaut rotatoire positif, plus facile à retrouver à distance du traumatisme ou dans le cadre du tableau d'instabilité chronique;
- l'existence des signes radiographiques précités (encoche du condyle externe, fracture de Segond).

Les *arguments en faveur d'une lésion du LCP* sont :

- le mécanisme lésionnel : traumatisme direct de la face antérieure du genou sur le genou fléchi (accident du tableau de bord, chute sur le genou);
- la notion de craquement et l'importance des phénomènes douloureux;
- l'existence d'une hémarthrose.
- l'existence d'un Lachman à arrêt dur, témoin de la réduction du tiroir postérieur spontanée;
- le tiroir postérieur clinique et radiographique (recul des plateaux tibiaux sur le cliché de profil).

Les *arguments en faveur d'une lésion du ligament collatéral médial du genou* sont :

- un mécanisme en valgus pur dans le cadre d'une lésion isolée, ou en valgus-flexion-rotation externe si elle est associée à une lésion du LCA;
- une ecchymose interne;
- la laxité en valgus-flexion en cas de rupture;
- une douleur interne en valgus en l'absence de rupture complète;
- une raideur du genou du fait du réveil des douleurs en extension au-delà de 20° de flexion et en flexion à partir de 80° du fait de la mise en tension ligamentaire.

L'existence de lésion isolée du plan externe est discutée. En cas de laxité en varus, il faut absolument rechercher une atteinte du pivot central.
Le bilan méniscal est délicat dans le cadre d'un gros genou traumatique. Il faut y penser en cas de blocage aigu du genou, traduisant l'existence d'une anse de seau. En dehors de ce cadre qui relève de l'urgence chirurgicale, il est fréquent de retrouver des douleurs au niveau des interlignes articulaires dans les suites d'un traumatisme du genou.
Ces douleurs doivent être analysées dans un contexte plus global. Seule l'association hydro-hémarthrose et absence de laxité ligamentaire permet de suspecter fortement la lésion méniscale, qui sera confirmée par l'arthrographie ou l'IRM (fig. 60.5). À distance du traumatisme, le patient garde des accrochages du genou lors de l'extension. Cliniquement, il existe des signes de coincement du ménisque lésé.
Sur le plan thérapeutique, deux situations doivent être distinguées :

- la véritable urgence : l'existence d'une lésion vasculaire dans le cadre d'un épisode de luxation du genou qui associe au minimum une atteinte des deux éléments du pivot central (LCA + LCP) et d'un plan périphérique interne ou externe;
- l'urgence relative : le blocage aigu du genou d'origine méniscale.

L'indication chirurgicale se pose d'emblée en cas de lésion du LCA associée à une atteinte du plan externe et en cas de lésion du LCP associée à une atteinte périphérique médiale ou latérale.
La rééducation est proposée en cas de rupture isolée du LCA et du LCP. Chez le sportif motivé, pratiquant un sport avec pivot ou pivot contact, l'indication d'une chirurgie de remplacement du LCA (ligamentoplastie) sera posée à dis-

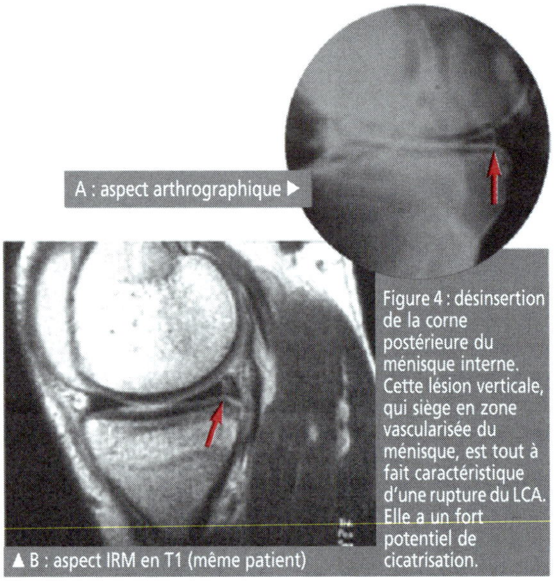

Fig. 60.5. Lésion méniscale interne visible à l'arthrographie.

tance du traumatisme. Il en va de même chez le patient présentant une instabilité chronique du genou par rupture du LCA.

La lésion du ligament collatéral médial justifie d'une immobilisation en attelle pendant 4 semaines, qu'elle soit isolée ou associée à une lésion du LCA. La rééducation fait suite à l'immobilisation. La prise en charge thérapeutique de la lésion du LCA a été vue précédemment.

Lésions de l'appareil extenseur

Les luxations traumatiques de rotule ne sont pas exceptionnelles. Elles sont souvent méconnues, d'où l'importance d'y penser systématiquement en cas de traumatisme du genou.

Les *arguments en faveur d'une luxation de rotule* sont :

- le mécanisme lésionnel : il peut s'agir d'un traumatisme en valgus-flexion-rotation externe du genou ou d'un choc tangentiel au niveau du bord interne de la rotule ;
- la notion de claquement ou de craquement du genou ;
- des antécédents de pseudoblocage du genou en flexion, pouvant traduire une sub-luxation de rotule ou un défaut d'engagement rotulien ;
- l'existence d'une hémarthrose souvent abondante. Il n'est pas rare de ponctionner 100 cc ;
- une hypermobilité de rotule ;
- le signe de Smillie ;
- la douleur de l'aileron rotulien interne ;
- l'absence de Lachman, qui dans un contexte de genou traumatique doit faire penser à la luxation de rotule ;
- un arrachement du bord interne ou une lésion ostéochondrale de la face profonde de rotule ou du condyle externe sur les incidences axiales.

Le *traitement* de la luxation traumatique de rotule est orthopédique – immobilisation en attelle d'extension pendant 4 semaines – puis rééducatif. On pourra être amené en cas de persistance d'une instabilité rotulienne, malgré une rééducation bien conduite, à réaliser un bilan plus complet de l'appareil extenseur afin de proposer une chirurgie de recentrage de la rotule (bilan radiologique et tomodensitométrique).

Les *ruptures tendineuses de l'appareil extenseur* sont plus rares. Elles surviennent lors de mécanisme en flexion forcée avec contraction du quadriceps. Il existe une impotence fonctionnelle majeure. L'extension active du genou est impossible contrairement à l'extension passive. La palpation retrouve la solution de continuité au sein du tendon. La radiographie de profil et l'échographie confirment le diagnostic. Le traitement est chirurgical.

Conclusion

Devant un genou traumatique, un interrogatoire minutieux, un examen clinique programmé et un bilan radiographique standard permettent le plus souvent de faire un bilan lésionnel précis et de mettre en route un traitement adapté. Le bilan doit s'efforcer de rechercher une lésion du pivot central mais ne doit pas oublier le bilan de l'appareil extenseur. La ponction du genou, après avoir éliminé une lésion osseuse, doit être proposée en cas de gros genou douloureux. Elle permet une visualisation du liquide, elle soulage la douleur, ce qui permet d'améliorer la qualité du diagnostic clinique. L'IRM doit rester d'indication exceptionnelle, en cas de doute diagnostique ou pour affiner une indication chirurgicale.

61

Cheville du sportif

Sommaire

La cheville est une articulation charnière située au carrefour de deux axes : le premier, vertical, représente l'alignement de la cuisse et de la jambe, le deuxième, horizontal, répond au pied, véritable puzzle ostéo-ligamentaire formé d'une succession de petites articulations aux plans de mobilité variés. Cette situation « en pivot » expose la cheville à deux types de contraintes : celles en compression, pour répondre à sa fonction de maintien de la stabilité, et celles en rotation, imposées par le pied chargé de la propulsion, et qui adapte en permanence l'orientation de ses nombreuses articulations à la qualité de la surface au sol pour rendre possible cette fonction dynamique.

D'un point de vue anatomique, la cheville comprend trois articulations : tibio-talienne, sub-talienne et tibio-fibulaire. La congruence osseuse est parfois importante et assure une grande partie de la stabilité articulaire, notamment pour l'articulation tibio-talienne. Elle n'est cependant jamais suffisante pour répondre à des mouvements rotatoires et/ou réalisés dans des secteurs angulaires extrêmes. Les structures tendino-capsulo-ligamentaires, par le jeu de mise en tension ou de contraction, contribuent à cette stabilité, facilitant en permanence une bonne coaptation et coordination entre les différentes structures osseuses.

La plupart des activités sportives se faisant en charge, la cheville s'expose à des risques traumatiques fréquents. On peut différencier deux contextes lésionnels :

– le *traumatisme unique* :
  - soit traumatisme par choc direct (coup de pied, de crampons…), provoquant une compression des structures locales. Selon l'intensité du traumatisme, les lésions peuvent être totalement bénignes (simple contusion des plans superficiels évoluant favorablement en quelques jours) ou plus sévères (fracture, luxation ou rupture tendineuse), sources éventuelles de séquelles ;
  - soit traumatisme indirect, sollicitant l'articulation dans ses amplitudes extrêmes et dépassant la simple mise en tension des moyens passifs de contention. Les ligaments sont alors soit distendus, rompus partiellement, ou dans leur totalité. Dans ce dernier cas, les butées que représentent les structures osseuses deviennent les ultimes remparts avant la luxation articulaire et peuvent donc être également lésées ;

– les *microtraumatismes répétés* : la répétition d'un même geste entraîne à la longue une souffrance des structures anatomiques impliquées dans la réalisation du mouvement. Réversible au début, en cas de mesures simples et adaptées, celle-ci peut rapidement devenir chronique, toujours plus difficile et plus longue à récupérer. Au niveau de la cheville, les tissus mous, et plus particulièrement les tendons, sont les plus exposés à ces lésions d'hyperutilisation (*overuse*, pour les Anglo-Saxons), tant au niveau de leur zone d'insertion (enthésopathie calcanéenne…) que de leur partie corporéale (tendinopathie des fibulaires…) ou de leur gaine (ténosynovite du jambier postérieur…). L'os n'est pas épargné et peut être le siège de fractures de fatigue.

Enfin, n'oublions jamais que la pratique d'une activité physique n'est pas le garant d'une protection contre d'autres pathologies, sans lien avec le sport (pathologies tumorale, infectieuse, rhumatismale). Elles devront toujours être recherchées de manière systématique.

Cheville traumatique aiguë

Cheville traumatique aiguë : lésions les plus fréquentes

Os : fracture
Malléole fibulaire et/ou tibiale
Talus : dôme, joues, jonction col-corps
Calcanéum

Ligaments : étirement – rupture
Collatéral latéral
Collatéral médial
Calcanéo-cuboïdien
Talo-naviculaire
Ligament en haie
Tibio-fibulaire antérieur, postérieur

Tendons : luxation – rupture
Fibulaires
Jambier antérieur
Jambier postérieur
Calcanéen

Situation très fréquente en pratique sportive, la cheville traumatique aiguë impose un diagnostic lésionnel précis, condition incontournable pour proposer des mesures thérapeutiques adaptées. La grande diversité des lésions et leurs associations possibles imposent un bilan clinique et/ou d'imagerie rigoureux, passant en revue les différentes structures anatomiques.

Les lésions rencontrées sont variées :

- atteinte ligamentaire : entorse du ligament collatéral latéral (LLE), entorse de l'articulation de Chopart, entorse de la tibio-fibulaire inférieure, entorse de l'articulation sub-talienne et, de manière tout à fait exceptionnelle, entorse isolée du ligament collatéral médial ;
- atteinte osseuse : fracture de la malléole fibulaire, fracture de la malléole médiale, fracture bimalléolaire, fracture du talus (dôme, joues, jonction col-corps), fracture du calcanéum ;
- atteinte tendineuse : luxation des tendons fibulaires, du tendon du jambier postérieur, rupture du tendon calcanéen (Achille), jambier antérieur ou postérieur.

Démarche diagnostique

L'interrogatoire et l'inspection, s'ils sont insuffisants à eux seuls pour établir un diagnostic, apportent des éléments d'orientation.

Interrogatoire

Il s'efforce de faire préciser :

- le mécanisme traumatique (varus, en valgus, isolé ou combiné à un mouvement d'adduction, d'abduction et/ou de flexion plantaire), permettant d'identifier les structures anatomiques impliquées dans le mouvement et donc susceptibles d'avoir été lésées ;
- l'intensité du traumatisme, bien qu'elle soit loin d'être toujours corrélée au degré de gravité des lésions ;
- l'existence de signes immédiats : sensation de déchirure, impression de déboîtement de la cheville, de craquement, apparition quasi instantanée d'une tuméfaction sont des signes évoquant une lésion osseuse ou ligamentaire grave. En revanche, la sensation de claquement n'est pas spécifique ;
- l'intensité de la douleur et le degré d'impotence fonctionnelle ne sont pas des signes fiables permettant de préjuger de l'importance des lésions.

Inspection

Si le délai entre le traumatisme et l'examen n'est pas trop long (inférieur à 48 h), la mise en évidence d'un hématome et surtout sa topographie orientent la suspicion lésionnelle :

- *plantaire :* fracture +++ (en particulier tarsienne ou médiotarsienne) jusqu'à preuve du contraire (fig. 61.1) ;

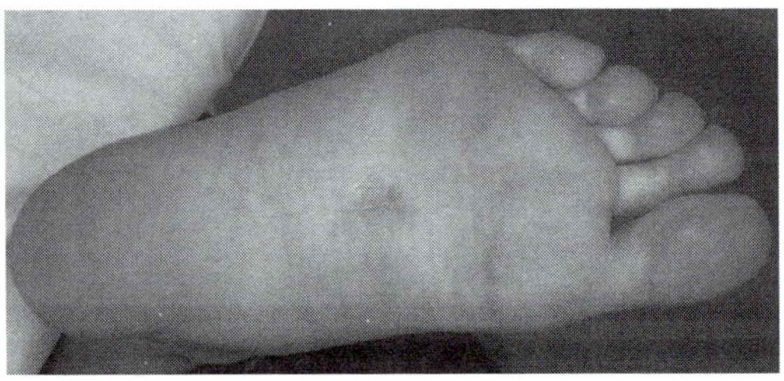

Fig. 61.1. Ecchymose plantaire.

- *prémalléolaire externe* : entorse du ligament collatéral latéral, lésion du sinus du tarse ;
- *rétromalléolaire externe* : luxation des tendons fibulaires, fracture de la fibula ;
- *région malléolaire externe* : fracture de la fibula, de la joue talienne latérale ;
- *bord externe du pied* : fracture du 5e métatarsien, entorse calcanéo-cuboïdienne ;
- *cou de pied* : fracture du talus, de l'os naviculaire, arrachement capsulaire antérieur ;
- *face interne du pied* : fracture de la malléole médiale, de l'os naviculaire, du talus, bimalléolaire, lésion du tendon jambier postérieur ;
- *région achilléenne* : rupture du tendon calcanéen, fracture de la margelle postérieure du tibia, du tubercule postéro-externe du talus, du calcanéum.

À distance du traumatisme, la diffusion de l'hématome et la survenue d'un œdème rendent ces repères topographiques moins fiables.
On n'attachera pas une trop grande importance à l'examen de la marche, et notamment à la possibilité ou non d'appui du côté lésé car là aussi la corrélation avec la gravité des lésions est loin d'être constante. Seule la marche sans décollement du talon lors du demi-pas postérieur est évocatrice d'une rupture du tendon calcanéen.

Examen clinique

Deux situations peuvent se rencontrer :

- l'état local, le caractère tolérable des douleurs rendent la cheville examinable : l'appréciation de la mobilité, tant active que passive dans chacune des articulations, l'étude des contractions isométriques, la recherche de points douloureux à la palpation vont permettre d'établir un diagnostic et/ou d'orienter d'éventuels examens complémentaires, principalement des radiographies et une échographie ;
- la cheville n'est pas examinable (douleurs ++, gonflement ++, impotence fonctionnelle totale). Il faut craindre *a priori* une lésion osseuse et demander d'emblée un bilan radiographique initial. Celui-ci pourra être secondairement complété par une imagerie plus sophistiquée (scanner, IRM) selon les résultats du premier bilan.

Diagnostic de l'entorse du ligament collatéral latéral

Malgré leur très grande fréquence (on estime à environ 6 000 par an le nombre d'entorses en France) et l'abondante littérature dont elles continuent à faire l'objet, les entorses de la cheville présentent toujours des difficultés diagnostiques et thérapeutiques certaines. Les trois principaux pièges concernant cette lésion sont :

- d'assimiler au niveau diagnostique et pronostique des lésions aussi différentes qu'une élongation ligamentaire, une rupture partielle ou complète de tout le plan capsulo-ligamentaire externe ;
- de méconnaître, compte tenu de leur moindre fréquence, d'autres diagnostics ou des lésions associées ;
- de proposer un traitement « passe-partout », quelle que soit l'importance des lésions ligamentaires.

Interrogatoire

Il recherche :

- *des éléments diagnostiques* : mécanisme traumatique en varus, classique mais pas toujours facile à retrouver surtout lorsqu'il est combiné à d'autres mouvements ;
- *des indices de gravité* : il ne s'agit pas tant de l'intensité du traumatisme ni de l'intensité des douleurs, facteurs peu fiables, que de la présence de certains signes immédiats : sensation de déchirure, impression de déboîtement de la cheville, apparition d'une tuméfaction en œuf de poule en prémalléolaire externe dans les minutes qui suivent l'accident, ecchymose précoce et s'étendant rapidement vers l'avant-pied et le segment jambier (fig. 61.2), ou certaines caractéristiques de l'évolution de la douleur (intensité d'augmentation progressive ou indolence faisant suite à une douleur immédiate intense) accompagnant les entorses graves.

Critères d'Ottawa

Une radiographie de la cheville doit être demandée si :
- incapacité du patient à faire deux pas sur chaque pied sans aide dans l'heure suivant le traumatisme ou au moment de l'examen;
- réveil d'une douleur à la palpation de la moitié postérieure d'une des deux malléoles sur une hauteur d'environ 6 cm en partant de la pointe.

Une radiographie du médio-pied doit être demandée si :
- incapacité du patient à faire deux pas sur chaque pied sans aide dans l'heure suivant le traumatisme ou au moment de l'examen;
- réveil d'une douleur à la palpation de la styloïde, du 5e métatarsien ou du scaphoïde tarsien.

Un œdème va se constituer quelques heures après le traumatisme quel que soit le degré de gravité de l'entorse.

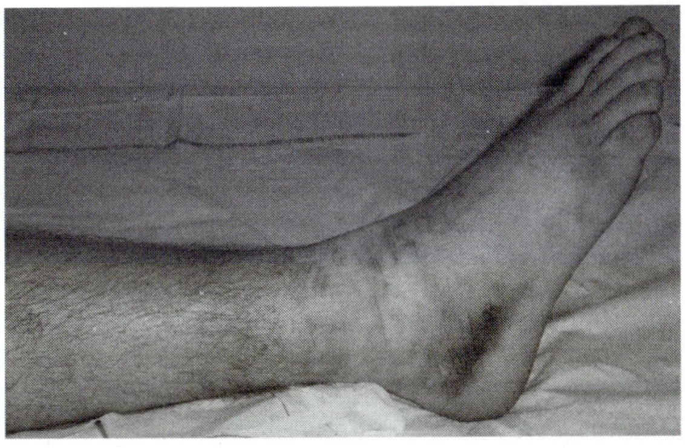

Fig. 61.2. Ecchymose étendue.

Examen clinique

Le diagnostic d'entorse repose sur un faisceau de signes.

Signes positifs

Ce sont :

- douleur lors de la mise en tension du ligament collatéral latéral :
  - lors de la flexion plantaire de l'articulation tibio-tarsienne ;
  - lors des mouvements de varus de l'arrière-pied ;
- présence éventuelle d'une laxité anormale, témoin d'une rupture d'au moins un des trois faisceaux constituant le ligament :
  - dans le plan frontal : augmentation asymétrique du varus, présence d'un choc talien ;
  - dans le plan sagittal : augmentation asymétrique du tiroir antérieur ;
- douleur à la palpation du ligament (insertion ou trajet).

Signes négatifs

Le *testing* tendineux contre résistance est toujours possible et n'augmente pas de manière significative la douleur (parfois douleurs modérées lors du *testing* des tendons fibulaires, traduisant une lésion associée de la gaine de ces tendons).
Les amplitudes articulaires ne sont jamais augmentées.
L'examen clinique du tarse et du médiotarse est normal.
La palpation des repères osseux est indolore (voir encadré : « Critères d'Ottawa »).

Comment évaluer la gravité?

La question est essentielle mais n'a pas toujours de réponse à travers les données de l'examen clinique.
Certes, l'entorse bénigne est assez facile à identifier :

- gonflement ± ecchymose minime prémalléolaire externe ;
- douleur à la mise en tension en varus ;
- absence de signe de laxité.

De même, l'entorse grave doit être suspectée devant :

- une attitude spontanée du pied en varus équin ;
- une ecchymose étendue apparue précocement (3-4 h) ;
- l'existence d'une douleur rétromalléolaire externe spontanée et augmentée à la contraction résistée des tendons fibulaires (témoin d'une lésion associée de la gaine) ;
- l'existence d'une laxité asymétrique frontale et sagittale.

Cependant, si la présence d'un varus, d'un tiroir antérieur, d'un choc talien signe une entorse grave, leur absence ne permet pas d'éliminer le diagnostic car ils sont difficiles à rechercher après quelques heures en raison de la douleur.
Il reste que l'essentiel des entorses se présente sous une forme clinique intermédiaire entre ces deux extrêmes. Devant l'absence de signes francs de gravité, le risque serait alors de sous-évaluer les lésions. Un nouveau bilan clinique fait quelques jours plus tard permet souvent d'établir un diagnostic, surtout si les conditions locales ont été améliorées grâce à l'application de glace, mise au repos de l'articulation, élévation du membre traumatisé et pose d'un bandage compressif (protocole GREC).
Lorsque le doute persiste, le recours à un bilan d'imagerie s'avère nécessaire.

Protocole GREC

Glaçage : appliquer de la glace au niveau de la zone douloureuse, 15 minutes 5 à 6 fois par jour pendant plusieurs jours. La glace ne doit jamais être posée à même la peau mais doit être mise dans un linge propre ou une poche en plastique afin d'éviter les risques de brûlure. L'application de glace peut être remplacée par un bain de pied d'eau froide ou sous forme de douchette pendant une durée équivalente.
Repos : il s'agit de mettre au repos l'articulation traumatisée en évitant les efforts prolongés ou répétés voire en préconisant la mise en décharge complète de l'articulation grâce à l'utilisation de cannes anglaises.
Élévation : le pied doit être surélevé au repos et la nuit afin de faciliter le drainage de l'œdème périarticulaire (pied légèrement au-dessus de l'horizontale).
Compression : elle a pour but de limiter la taille de l'hématome et faciliter le drainage de l'œdème. On utilise pour cela des bas de contention ou un bandage souple.

Imagerie

Quand demander un bilan radiographique standard?

Un bilan radiographique standard doit être demandé :

- lorsque le bilan clinique ne se limite pas aux seuls signes d'atteinte isolée du ligament collatéral latéral (voir points de repères cliniques);
- lorsque à la palpation on retrouve des points osseux douloureux (voir règles d'Ottawa).

Quelles incidences demander?

Elles sont au nombre de trois :

- face;
- profil;
- face avec rotation interne du pied de 20°, permettant de dégager l'interligne entre la malléole externe et la joue externe du talus pour visualiser d'éventuelles lésions du dôme supéro-externe du talus (fig. 61.3).

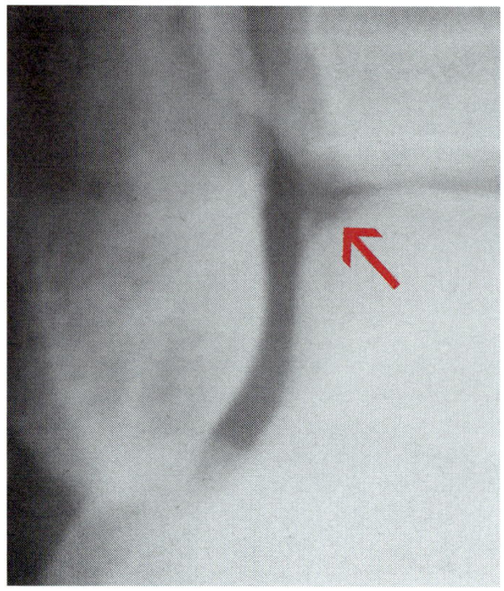

Fig. 61.3. Lésion du dôme supéro-externe du talus.

Les autres incidences sont guidées par l'examen clinique, essentiellement pour éliminer les diagnostics différentiels.
Les clichés dynamiques (varus, tiroir antérieur) ne sont plus pratiqués de manière systématique en urgence en raison du manque de fiabilité des résultats, notamment lorsque la différentielle entre les deux côtés est peu élevée. Douleurs, contracture réflexe des péroniers latéraux, qualité de la réalisation technique des manœuvres, laxité constitutionnelle sont trop de facteurs interférant dans les résultats.

Quels intérêts présentent les autres techniques d'imagerie?

Échographie Elle est encore trop peu utilisée car très « opérateur-dépendante ». Cependant son utilisation systématique dans certains services a permis de montrer l'importance des renseignements fournis par cet examen, permettant d'établir un bilan lésionnel précis (souvent incomplet par le seul examen clinique, même rigoureux) aboutissant à un traitement adéquat.
Par son innocuité et sa rapidité d'obtention, c'est sûrement dorénavant l'examen de première intention pour établir un bilan lésionnel ligamentaire.

Arthrographie Bien qu'elle soit de réalisation facile, non douloureuse, de sémiologie bien connue, d'une fiabilité supérieure aux clichés dynamiques, son utilisation est loin d'être systématique en raison du risque septique.

Scanner Il permet de faire une analyse des structures osseuses, beaucoup moins facilement celles des parties molles, surtout lorsqu'elles sont œdématiées, ou noyées dans un hématome. Son intérêt dans les entorses est très limité.

IRM Malgré son caractère non invasif et la qualité des images fournies, l'accès encore difficile et le prix de revient rendent son indication très restreinte dans le cadre d'un traumatisme aigu de la cheville.

Éléments cliniques devant faire suspecter d'autres diagnostics

Tout traumatisme de la cheville n'est pas une entorse du ligament collatéral latéral.
L'âge du patient est un facteur à prendre en compte :

- patient de plus de 55 ans : les lésions osseuses deviennent plus fréquentes que les lésions ligamentaires. Attention à ne pas méconnaître une fracture;
- patient de moins de 15 ans : l'entorse est rare. Il s'agit plus fréquemment d'une fracture type Salter. Un bilan radiologique s'impose. Le traitement fonctionnel par orthèse est rarement indiqué.

L'appui est impossible et/ou la palpation osseuse réveille une douleur vive :

- attention à la fracture (malléole externe, pilon tibial, talus, calcanéum, cuboïde, métatarsien) (fig. 61.4);
- un bilan radiologique s'impose.

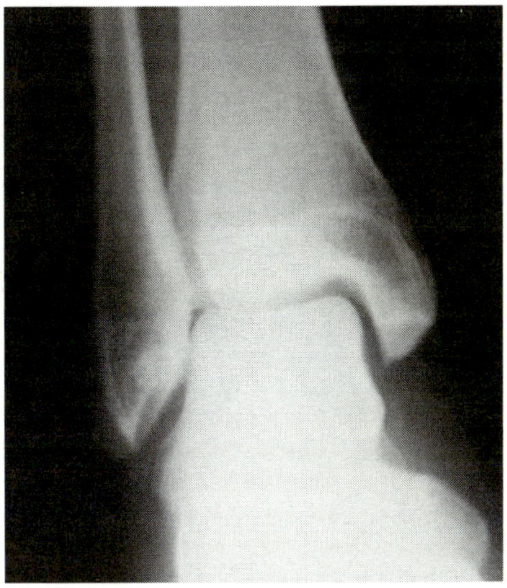

Fig. 61.4. Lésion de la malléole externe.

Douleur et/ou gonflement ne prédominent pas en prémalléolaire externe. Selon leur siège, il faut alors éliminer :

- au niveau du bord externe du pied :
  - une entorse calcanéo-cuboïdienne : douleur lors des mouvements de pronosupination et d'adduction du pied ainsi qu'à la palpation de l'interligne articulaire ;
  - une fracture de la styloïde du 5e métatarsien : douleur au *testing* des tendons fibulaires et à la palpation de cette région ;
  - une fracture-arrachement du cuboïde : douleur élective à la palpation osseuse ;
- au niveau de l'arrière-pied :
  - une fracture du calcanéum : notion de chute d'un lieu élevé, empâtement de l'arrière-pied, ecchymose plantaire (fig. 61.1) inconstante, douleur élective à la pression du calcanéum ;
  - une luxation des tendons fibulaires : douleurs et gonflement prédominant en rétromalléolaire externe, douleurs réveillées lors de la contraction résistée, éventuellement luxation reproductible voire visible spontanément ;
  - une rupture du tendon calcanéen : marche sans décollement du talon, montée en demi-pointe monopodale impossible, verticalisation du pied en décubitus ventral, absence de réponse à la manœuvre de Thompson ;
  - une fracture de la margelle postérieure du tibia : douleurs lors de la mise en équin passif du pied, douleur élective lors de la palpation de la région préachilléenne ;
- au-dessus de l'articulation tibio-tarsienne, une entorse tibio-fibulaire inférieure : douleurs dans les mouvements d'hyper-rotation externe du segment jambier, lors de la flexion dorsale en charge, à la palpation de l'interligne articulaire antérieure ;
- interne :
  - une fracture de la malléole médiale, beaucoup plus fréquente que l'entorse isolée du ligament collatéral médial : douleur lors du varus passif, lors de la palpation élective de la malléole. Penser à rechercher une fracture associée du tiers supérieur de la fibula ;
  - une lésion du tendon jambier postérieur : traumatisme en valgus, douleur sous et rétromalléolaire interne lors de la contraction résistée, tendon douloureux à la palpation voire non palpable, ou en situation luxée prémalléolaire interne ;
- antérieur :
  - un arrachement capsulaire antérieur : mécanisme en équin, douleur antérieure lors de la flexion plantaire, douleur à l'insertion talienne de la capsule ;
  - une fracture du talus : traumatisme en flexion dorsale forcée, douleur élective à la palpation (souvent à la jonction col-corps).

La contraction résistée est anormale :

- soit impossible à réaliser ou à maintenir sans suppléance : deux lésions doivent être éliminées, rupture tendineuse ou lésion neurologique associée ;
- soit réveille une douleur vive : rechercher une rupture partielle du tendon ou une luxation qui aurait pu se réduire spontanément.

Orientations thérapeutiques

Lésions ligamentaires

Principes généraux

Le traitement comporte deux volets :

- lutte contre la douleur et l'œdème :
  - utilisation d'antalgiques voire d'anti-inflammatoires ;
  - application du protocole GREC.
- cicatrisation des lésions ligamentaires.

Les données biomécaniques ont permis d'établir que toute tension contrôlée exercée sur un ligament pendant sa phase de cicatrisation augmente ses propriétés mécaniques sans en aggraver sa laxité. Les moyens thérapeutiques vont donc avoir pour objectif de maintenir une certaine mobilité articulaire dans un secteur protégé où la mise en tension des structures ligamentaires ne peut dépasser un certain seuil. Passée la phase précoce de cicatrisation, une rééducation doit toujours être proposée pour :

- lutter contre les phénomènes douloureux résiduels ;
- restaurer la totalité de l'amplitude articulaire ;
- faciliter la réafférentation proprioceptive de l'articulation.

Lésions du ligament collatéral latéral

Autrefois souvent immobilisées dans une botte rigide, la tendance actuelle pour les entorses dites moyennes ou graves se situe plutôt à l'opposé, avec une « immobilisation relative » (appelée traitement fonctionnel pour bon nombre d'auteurs) par orthèse. Cependant, si cette méthode a apporté d'incontestables progrès quant au délai de récupération, au vécu du patient, elle ne peut pas résumer à elle seule l'ensemble des modalités thérapeutiques. Utiliser l'orthèse de manière systématique serait faire fi de l'élément pronostique important que représente la topographie de la lésion, induisant une prise en charge adaptée :

- désinsertion haute : facteur de laxité résiduelle, pouvant justifier d'une réinsertion chirurgicale ;

– lésion corporéale : elle répond bien au traitement fonctionnel ;
– arrachement osseux : selon la taille du fragment et son caractère plus ou moins déplacé, immobilisation par orthèse, botte en résine rigide, voire ostéosynthèse se discutent.

En cas d'entorse bénigne, un bandage souple pendant 8 jours associé à des soins locaux, voire une prise d'antalgiques s'avèrent suffisants. Le patient est ensuite réévalué cliniquement à la fin du traitement. Si le diagnostic d'entorse bénigne se confirme, la contention est enlevée et quelques séances de rééducation à visée proprioceptive peuvent être proposées.

Lésions tibio-fibulaires inférieures

Leur diagnostic à la phase aiguë est souvent sous-évalué. C'est pourtant quand elles sont traitées précocement que l'on obtient les meilleurs résultats thérapeutiques. Leur prise en charge relève au minimum d'un traitement par immobilisation rigide limitant la rotation externe du pied et surtout la flexion dorsale de la cheville, mouvement qui naturellement écarte la pince tibio-fibulaire et dont on ne peut contrôler l'amplitude avec une immobilisation non rigide. Lorsque la lésion s'étend aux deux ligaments tibio-fibulaires antérieur et postérieur, voire s'associe à une lésion de la troisième malléole, la réparation chirurgicale est souvent nécessaire.
Vues à un stade tardif, leur prise en charge est beaucoup plus délicate et prolongée, s'aidant d'immobilisation par orthèse, de traitements médicamenteux voire d'infiltrations.

Lésions sub-taliennes

Leur fréquence est très certainement sous-estimée car le diagnostic est souvent difficile au stade aigu, dominé par l'atteinte du ligament collatéral latéral qui lui est le plus souvent associée. Comment établir le diagnostic ? Quel type d'immobilisation faut-il proposer ? Il n'existe à l'heure actuelle aucun consensus sur les réponses. Des études randomisées s'avèrent nécessaires.

Lésions osseuses

Elles sont potentiellement nombreuses au niveau de la cheville. Leur prise en charge est régie par un principe fondamental : la cheville est une articulation portante dont le moindre défaut de congruence articulaire constitue un facteur hautement arthrogène.
Il convient donc devant toute fracture d'en apprécier la topographie, articulaire ou non, la taille du fragment, le degré de déplacement, avant d'opter pour :

– un traitement orthopédique permettant d'attendre la consolidation ;
– un traitement chirurgical visant à restaurer ou maintenir l'alignement des fragments osseux.

Lésions tendineuses

Que le tendon soit rompu ou luxé, la prise en charge ne peut être que chirurgicale, sauf pour le tendon calcanéen où le choix avec un traitement conservateur est possible.

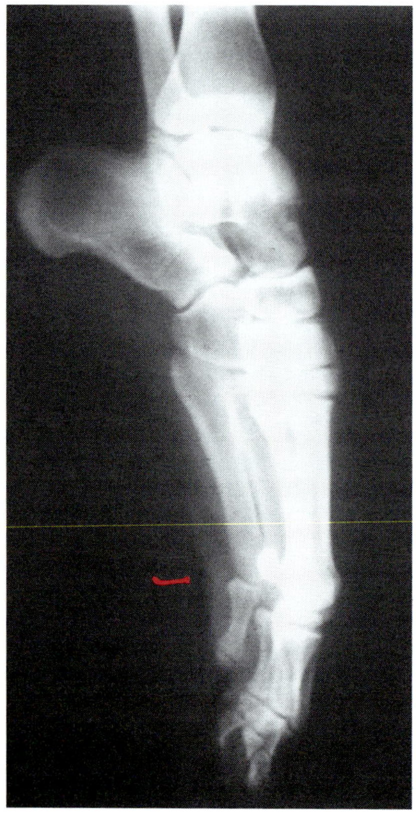

Fig. 61.5. Cliché de profil : conflit postérieur de la cheville.

Cheville microtraumatique

Cheville microtraumatique : lésions les plus fréquentes

Tendons
• Syndrome fissuraire des tendons fibulaires, jambier postérieur
• Ténosynovite des tendons fibulaires, jambier postérieur, tibial antérieur, calcanéen
• Tendinopathie du tendon calcanéen

Syndrome du carrefour postérieur

Os
• Fractures de fatigue

Démarche diagnostique

Beaucoup moins fréquente que les lésions aiguës, la cheville microtraumatique constitue un motif de consultation en raison de douleurs chroniques voire de sensation d'instabilité.
L'*interrogatoire* représente un temps important de l'examen. Par définition, l'anamnèse ne retrouve aucun facteur traumatique, éliminant ainsi d'éventuelles complications tardives d'une lésion aiguë. On recherche des éléments

d'orientation tels qu'un changement dans l'activité (modification du geste, de la fréquence et/ou de l'intensité des séances d'entraînement ou du calendrier des compétitions, changement de chaussures, de surface de revêtement), une prise médicamenteuse récente (notamment des quinolones), un terrain rhumatismal.

L'*examen clinique* mené de manière rigoureuse (inspection, mobilité, contractions isométriques, palpation, examen podoscopique) permet d'identifier la structure anatomique en souffrance et oriente les *examens complémentaires* (radiographie standard, échographie, scanner, arthroscanner, IRM).

La *prise en charge thérapeutique* ne saurait être stéréotypée et répond à des protocoles bien codifiés, adaptés à la nature des lésions.

Syndrome du carrefour postérieur

Il correspond à une souffrance d'origine mécanique d'un ou de plusieurs éléments de la région tibio-talienne postérieure : tubercule postéro-externe du talus, culs-de-sac synoviaux, bord postérieur du tibia, dôme talien postérieur, tendon du fléchisseur propre du gros orteil.

Il répond le plus souvent à un mécanisme de flexion plantaire répétée (travail des pointes chez la danseuse, shoots répétés chez le footballeur), responsable d'une impaction de certains éléments de ce carrefour (fig. 61.5).

L'*examen clinique* est l'élément clé du diagnostic avec la mise en évidence d'une manœuvre très spécifique à ce syndrome : le test d'impaction postérieure, qui cherche par une flexion plantaire passive de la cheville à réveiller la douleur.

Les *examens complémentaires* (radiographies, échographie) recherchent des éléments anatomiques expliquant ce conflit, notamment un tubercule postéro-externe du talus volumineux, tout en sachant que le parallélisme clinique-imagerie est loin d'être rigoureux.

Le *traitement* débute toujours par des mesures conservatrices : arrêt temporaire du geste responsable, suppression des chaussures à talon qui pérennisent le conflit. Lorsque la douleur est intense, on peut parfois proposer une infiltration locale pour atténuer les symptômes en attendant que les mesures de protection du carrefour deviennent efficaces.

En cas d'échec de ce traitement, un geste chirurgical doit être discuté : résection d'un os trigone exubérant.

Pied du sportif

Sommaire

Il faut souligner l'importance du pied dans la pratique de tous les sports, son rôle essentiel dans la propulsion et dans l'adaptation au sol, voire son usage comme « instrument » sportif. L'importance de la biomécanique, et son étude dans la pratique sportive ont participé à l'essor de la médecine podologique.

Le praticien du sport doit se familiariser avec des notions simples qui lui permettront de comprendre la pathologie du pied. Il doit éviter les erreurs de traitement retardant fréquemment la reprise sportive dans de bonnes conditions, et à l'origine de la chronicisation d'une pathologie préjudiciable à la performance sportive.

Si on effectue un classement par sport, la pathologie podologique la plus commune peut être résumée de la façon suivante :

- *football :* les lésions les plus habituelles sont les fractures de l'avant-pied, dont les fractures de stress du 5e métatarsien, les fractures de la cheville, les entorses, les ruptures et les tendinopathies calcanéennes, l'arthrose du médio-pied évolutive ;
- *gymnastique :* les traumatismes spécifiques comprennent les fractures de stress de l'avant-pied, les fractures de cheville et les entorses, les tendinites, les péritendinites et toute la pathologie par usage excessif de l'avant-pied ;
- *danse et ballet :* les lésions les plus communes sont les fractures de stress de l'avant-pied, les fractures de cheville, les entorses, les ruptures tendineuses, les tendinopathies (fléchisseur propre du 1er rayon, jambier postérieur), *impingement syndrome*, syndrome de l'os trigone, ténosynovites, l'*hallux valgus*, l'*hallux rigidus*, l'hyperkératose plantaire ;
- *basket-ball :* il s'agit de la fracture de la base du 5e métatarsien mais également la fracture diaphysaire du 5e métatarsien, les fractures de stress des métatarsiens, les fractures de stress au niveau de l'os naviculaire, les atteintes de la cheville, du tendon calcanéen ;
- *cyclisme :* il est source d'un certain nombre de lésions, essentiellement des lésions cutanées par chute, des fractures, des entorses, qui siègent dans 14 % des cas au niveau du pied et de la cheville ;
- *jogging :* les atteintes sont essentiellement dues à des erreurs d'entraînement, avec apparition d'un syndrome d'hyperutilisation avec atteinte au niveau de la cheville, du tendon calcanéen, du jambier postérieur mais également de l'aponévrose plantaire. Les fractures de fatigue sont fréquentes ;
- *hockey sur glace :* ce sport produit un grand nombre de fractures de cheville et du pied. Il existe également un nombre important d'atteintes tendineuses (jambier antérieur) ;
- *ski :* les atteintes spécifiques sont les fractures de cheville et les entorses, les atteintes au niveau du calcanéum, les entorses de la sous-astragalienne, la luxation des péroniers latéraux, bien que l'évolution de la chaussure ait diminué le nombre de traumatismes de la cheville ;
- *tennis :* les atteintes les plus habituelles sont les entorses de cheville, l'atteinte du tendon calcanéen (avec sa rupture à la quarantaine), les péritendinoses du tendon calcanéen, la rupture du jumeau interne, les bursites talonnières et l'atteinte unguéale du 1er rayon ;
- *lutte, judo :* les atteintes spécifiques comprennent les fractures de la base du 5e métatarsien, l'atteinte du 1er rayon, les atteintes de la cheville, les tendinites du tendon calcanéen par erreur d'entraînement ;
- *rugby :* les fractures de phalange sont des lésions assez spécifiques, ainsi que les atteintes fracturaires du calcanéum, de la sous-astragalienne, les tendinites du tendon calcanéen, du court péronier latéral, les entorses tarso-métatarsiennes et les pathologies unguéales.

Cette revue n'est pas exhaustive mais elle a le mérite d'objectiver la diversité des lésions possibles au niveau du pied.

Examen clinique

Le pied est une structure déformable et c'est cette déformabilité qui lui permet de s'adapter en toute position sur

tout terrain; c'est cette déformabilité qui doit être retrouvée et recherchée lors de l'examen du pied.
L'examen va de la périphérie à la profondeur, en examinant la peau, ses variations, les phanères, les articulations interphalangiennes, métatarso-phalangiennes, l'articulation tarso-métatarsienne, sous-talienne, l'articulation transverse du tarse et, enfin, les différentes insertions tendineuses.
L'interrogatoire révèle le motif de la consultation, les circonstances de l'accident de la manière la plus précise possible, la date d'apparition de la douleur, son évolution, l'existence ou non de prodrome, de traitement antérieur, les caractères de la douleur, ses rapports avec l'entraînement et la pratique, la coexistence d'un trouble du chaussage personnel ou familial.
L'examen du pied, bien entendu, comprend l'examen global des deux membres inférieurs, en commençant par un examen debout en charge, pieds nus, en vérifiant rapidement l'état des genoux et des chevilles. On vérifiera l'aspect des orteils, leur fonction statique et dynamique, l'aspect du pied de face, de profil et de dos, l'aspect de l'arrière-pied à plat, pendant la marche et sur la pointe des pieds, l'état cutané, la présence d'hématome ou d'œdème.
L'examen podoscopique, s'il est possible, est un « plus » mais il peut être remplacé par l'examen de la sole plantaire, le malade en décubitus ventral.
Le patient sera assis face à l'examinateur qui examinera le « pied dans la main ».
Les pouls périphériques sont recherchés, le pédieux étant généralement plus facile à trouver que le tibial postérieur; l'état veineux, les réflexes ostéotendineux, la sensibilité cutanée, la sensibilité profonde doivent être analysés.
L'étude analytique commence par le pied sain en vérifiant la mobilité des interphalangiennes, des métatarso-phalangiennes, de l'articulation tarso-métatarsienne, de dehors en dedans (les articulations externes étant les plus mobiles), de la sous-talienne et de la tibio-tarsienne. On vérifiera l'existence ou non d'un tendon calcanéen court, d'un varus de l'arrière-pied favorisant les atteintes traumatiques. La palpation est bi-digitale et précise en repérant la zone douloureuse. On recherche une laxité anormale. Un *testing* tendineux complet est réalisé.
Cet examen peut être complété par un examen en décubitus ventral, genou fléchi à 90°, qui donne une bonne détente du système suro-achilléo-plantaire, et qui permet de vérifier la présence ou non d'un hématome plantaire, de l'état cutané, de zones d'hyperpression, de durillon, de surinfection. La mobilité de la sous-talienne est recherchée en équin et à 90° de flexion; la mobilité de la titio-tarsienne par le tiroir antérieur est facile à rechercher dans cette position. La mobilisation de l'articulation transverse du tarse, calcanéum bloqué, est souvent instructive.
On fera ensuite un bilan rapide de la marche du patient, en examinant bien entendu ses chaussures habituelles et ses chaussures de sport, et en recherchant au niveau de la semelle les zones d'usure anormale.
Le bilan radiographique complet du pied comprendra un cliché de face et un profil du pied en charge, une double exposition dorso-plantaire, permettant de voir les axes relatifs de l'arrière et de l'avant-pied, une radiographie de la cheville de face et de profil, une incidence des sésamoïdes (Guntz), un 3/4 externe en charge pour voir le niveau des têtes métatarsiennes (Chevrot), des incidences de la sous-talienne. Les choix sont faits en fonction de la suspicion diagnostique.
L'échographie est un examen capital pour de nombreuses pathologies.
Les tomographies ont été en général remplacées par le scanner, qui donne des renseignements incomparables au niveau des articulations du médiotarse.
La scintigraphie est un excellent examen de débrouillage, en particulier au moment du passage à la chronicité des lésions douloureuses.
L'IRM doit être demandée devant une suspicion de lésion tendineuse, en particulier sur les éléments latéraux comme le court péronier latéral, le jambier postérieur et les éléments postérieurs (tendon calcanéen).
Un bilan biologique est nécessaire chaque fois qu'une maladie inflammatoire est suspectée. Il ne faut pas oublier qu'un sportif est un patient comme un autre et que le pied est le point de départ de nombreuses maladies rhumatologiques.
On insistera enfin sur la chronologie de l'entraînement, la nature du chaussage, la nature des sols rencontrés et leur rapport avec la pathologie douloureuse.

Lésions cutanées et unguéales

Le revêtement cutané peut être le siège de contusions aiguës sur peau saine ou sur lésions chroniques.

Phlyctènes

Les lésions cutanées surviennent essentiellement lors des courses de longue durée mais également lors d'un conflit avec une chaussure neuve à l'entraînement, lors d'un changement de saison par modification du terrain, enfin, par trouble élémentaire de l'hygiène chez le sportif.
Les phlyctènes siègent sur l'extrémité antérieure des orteils du fait du frottement, également au niveau des pourtours du talon, sous la première tête métatarsienne et entre les orteils. Il est donc nécessaire d'entourer de sparadrap un orteil sur deux pour éviter frottement et ampoule. Il est nécessaire de tanner la peau, de changer régulièrement de chaussettes, de garder des chaussettes sèches, en préférant le coton.
Lors de l'apparition d'une phlyctène, et après sa ponction et sa désinfection, on injectera quelques gouttes d'éosine permettant le tannage.
Les ongles doivent être coupés courts, et surtout perpendiculaires à la ligne de pousse. Il ne faut pas couper les ongles dans les coins pour éviter toute incarnation.
Lorsque la pulpe est sensible, au niveau du bord interne ou externe de l'ongle du premier rayon, la mise en place d'une petite bille de coton imprégnée d'alcool iodé, sous le coin de l'ongle, suffit en général à faire disparaître la douleur.
En cas de phlyctène constituée, une deuxième peau type *Duoderm*, *Comfeel* peut être utilisée, recouverte d'un adhésif, ce qui permettra de finir la course.

Mycoses

Les mycoses interdigitales sont extrêmement fréquentes chez le sportif. Elles doivent être traitées avant les épreuves car les lésions cutanées, les fissures peuvent se surinfecter par l'implantation de germes bactériens d'une manière aiguë.
Ces mycoses sont très fréquentes, en particulier dans les sports pratiqués pieds nus, sports aquatiques, sports acro-

batiques, et également sports pratiqués pied nus dans des chaussures légères, comme le cyclisme, la danse ou la boxe.
Les chaussures contaminées sont responsables d'une réinfestation. Celle-ci est à l'origine de la chronicité des affections mycosiques dans ces sports.
L'atteinte est bilatérale en général mais elle n'est pas forcément symétrique; elle est plus fréquemment trouvée au niveau du quatrième espace interdigital. Il faut rechercher, associé à l'onyxis, d'autres atteintes mycosiques (au niveau des plis inguinaux et axillaires), qui sont à l'origine de la réinfestation.
La responsabilité du sportif dans la contamination collective doit être expliquée pour éviter la contamination des sols de vestiaire, de sanitaire, de sauna.

Verrues

La distinction doit être faite entre verrues et durillons ou lésions d'hyperpression. En effet, si l'excision de la verrue est sans gravité, l'excision d'un durillon par hyperpression entraîne une cicatrice hyperkératosique extrêmement douloureuse, qui peut s'enflammer, se surinfecter, donner un abcès de l'avant-pied, très difficile à traiter. On ne doit jamais cureter, exciser, coaguler une lésion hyperkératosique dans une zone qui semble être en charge.
Les verrues plantaires sont fréquentes et peuvent être gênantes par la douleur que provoque l'hyperkératose dans une zone de charge lors de la course. Elles s'enflamment et peuvent se surinfecter.
Le traitement le plus simple est la coagulation électrique de la verrue sous anesthésie locale.
L'attouchement régulier de la verrue par de l'azote liquide peut également entraîner la guérison. Cependant, quand ces deux moyens ne sont pas facilement accessibles, l'injection répétée d'une petite quantité de lidocaïne sous le lit de la verrue, jusqu'à blanchiment du tissu cutané périphérique, peut entraîner la guérison. Il suffit de répéter 4 à 8 fois cette injection. En général la verrue tombe et la zone lésionnelle doit simplement être tannée.
Les autres lésions cutanées comme les brûlures, les érosions de la plante du pied dans les sports de combat, les gelures dans l'alpinisme nécessitent des traitements plus spécifiques qui ne seront pas développés ici.

Lésions unguéales

Les lésions unguéales sont le plus souvent des lésions chroniques.
La lésion la plus caractéristique est le *tennis-toe* ou hématome chronique sous-unguéal de coloration bleuâtre par conflit répété avec la chaussure, généralement trop petite.
Il n'y a pas de traitement spécifique à cette lésion. En cas d'hématome sous-unguéal aigu, il est préférable d'évacuer l'hématome par deux orifices transunguéaux (par un trombone chauffé au rouge) après anesthésie locale en bague de l'orteil et, surtout, après vérification de la vaccination antitétanique. La persistance d'un hématome sous-unguéal risque de décoller l'ongle et d'entraîner une surinfection mycosique sous-unguéale extrêmement difficile à traiter, avec un décollement unguéal chronique douloureux. À l'extrême, la chute complète de l'ongle peut survenir.
Il a déjà été question de l'ongle incarné. Sa surinfection ou botryomycome se fait le plus souvent du côté externe de l'ongle. Lors de la propulsion du pas, la rotation phalangienne entraîne une hyperpression au niveau de cette zone. Rappelons qu'il ne faut pas couper mais surélever l'ongle par une petite bille de coton contenant un désinfectant. Le bourgeon charnu doit être tanné.
Il ne faut pas donner d'anti-inflammatoires ni d'antibiotiques par voie générale. Il s'agit d'une maladie locale. Une pommade antibiotique locale, à la rigueur, peut amener un soulagement mais la chirurgie (sans ablation de l'ongle) est certainement la solution la plus simple. Elle entraîne malheureusement un arrêt sportif de 4 semaines.

Lésions des orteils

Premier rayon

Le premier rayon présente un appui essentiel lors du pas de la course. Il est en particulier très sollicité lors des changements de direction. Sa suprématie expose la première articulation métatarso-phalangienne à de nombreux traumatismes, d'autant qu'il existe de fréquentes anomalies de position des sésamoïdes, fragilisant la face plantaire de la première tête métatarsienne.
Le crampon antéro-interne des chaussures de sport peut également être à l'origine du conflit.
Dans de nombreux gestes sportifs, l'hyperextension de la première articulation métatarso-phalangienne entraîne une entorse de la capsule métatarso-phalangienne dans sa zone plantaire, avec désinsertion au niveau de la phalange, mais également des fractures des sésamoïdes. Cette lésion, plus fréquente chez les Anglo-Saxons, du fait de la pratique de nombreux sports en salle avec des chaussures à semelles souples, entraîne une douleur très précise à la face plantaire de la première articulation métatarso-phalangienne.
Il existe une instabilité métatarso-phalangienne avec un signe de Lachmann semblable à celui du genou, douloureux lors de la sub-luxation dorsale de la phalange par rapport au métatarsien. On note un hématome douloureux à la face plantaire de l'articulation.
L'arthrographie métatarso-phalangienne peut faire la différence entre les atteintes capsulaires ou sésamoïdiennes avec présence d'une fuite du produit de contraste.
Le programme de traitement est le GREC : *glace*, *repos*, *élévation* pour éviter tout œdème gênant la cicatrisation, *compression* par *strapping* ou par attelle. Le plâtre nous semble trop enraidissant au niveau de cette articulation.
Le programme de rééducation est entrepris à partir du 8e jour, sous couvert d'un *strapping* limitant la flexion dorsale de la première métatarso-phalangienne.
L'entraînement sera repris quand la marche rapide se révélera indolore. Si le patient est indiscipliné, une orthèse plantaire avec une semelle métallique peut être employée, pour interdire la flexion dorsale de la première métatarso-phalangienne lors de la marche.
Une variété de cette atteinte de la première métatarso-phalangienne est l'entorse de la métatarso-phalangienne en abduction forcée, assez caractéristique chez le judoka. La radiographie recherchera un arrachement du coin supéro-externe de la phalange.
Il faut se souvenir du rôle des fractures ostéochondrales dans la genèse de l'*hallux rigidus* chez le sportif. L'évolution vers le *rigidus* se fait après une succession de microtraumatismes

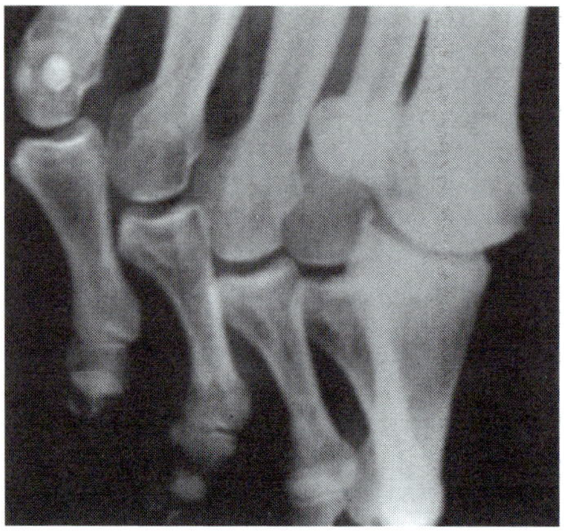

Fig. 62.1. Ébauche d'exostose dorsale métatarsienne.

avec ostéochondrite synoviale secondaire. Elle est typique du footballeur. La flexion dorsale de la première métatarso-phalangienne devient douloureuse, il existe une exostose (fig. 62.1), que l'on palpe à la face dorsale de la tête métatarsienne, plus souvent externe qu'interne. La limitation de la flexion dorsale entraîne un hyperappui avec durillon sous l'articulation interphalangienne. Là aussi, la rééducation, la marche à plat, le *strapping* protecteur, l'orthèse, doivent améliorer le patient.

Il faut proscrire les infiltrations de corticoïdes aussi bien dans les lésions aiguës que dans les lésions chroniques. Elles ont en effet un rôle fragilisant sur le cartilage de la tête métatarsienne.

L'intervention doit être proposée dans les instabilités vraies avec rupture capsulaire complète à l'arthrographie métatarso-phalangienne. Il faut faire une réinsertion capsulaire après un nettoyage articulaire avec immobilisation de 4 semaines. En cas de *rigidus* débutant gênant, l'accourcissement phalangien sur un orteil égyptien peut être proposé. Diébold a décrit, en cas d'arthrose déjà évoluée, une ostéotomie cunéiforme à base dorsale de la première tête métatarsienne, permettant de récupérer chez le footballeur et le danseur une flexion dorsale de la première métatarso-phalangienne compatible avec la reprise sportive.

Chez le sportif, l'arthrodèse de la première métatarso-phalangienne, et la prothèse métatarso-phalangienne doivent être proscrites.

Nous avons observé chez le judoka des atteintes de l'interphalangienne du premier rayon avec un fragment osseux arraché à la radiographie. Ces entorses graves aboutissent à un enraidissement de l'interphalangienne et, si la lésion se fait pendant une phase de croissance, à la déviation de l'interphalangienne.

L'apparition d'une ostéophytose interne ou externe nécessite parfois un geste chirurgical d'abrasion, qui facilitera le chaussage.

Autres orteils

Les fractures d'orteil sont fréquentes dans les sports comme le rugby, le football, le karaté.

Le traitement n'est pas spécifique (GREC); ce type de lésion doit être traité par la syndactylisation avec un ou deux orteils sains pendant une quinzaine de jours.

L'arrêt sportif se termine à la disparition des douleurs.

Un cas particulier est représenté par la fracture d'un bloc synostosique comprenant les deuxième et troisième phalanges au niveau du quatrième ou du cinquième orteil. Cette fracture évolue avec une extrême fréquence vers la pseudarthrose, qui est douloureuse. Il est donc souhaitable, sous anesthésie locale, de faire l'ablation du fragment proximal du bloc synostosique. Ce traitement permet une reprise sportive précoce.

Les entorses des métatarso-phalangiennes sont observées dans les sports pratiqués pieds nus. Elles entraînent un risque d'instabilité chronique de l'articulation mais surtout l'apparition d'une griffe d'orteil déséquilibrant le clavier métatarsien.

À un stade supérieur, la luxation métatarso-phalangienne doit être réduite en urgence avec ou sans anesthésie locale. La traction douce de l'orteil associée à la surélévation de la tête métatarsienne par l'autre main permet en général la réintégration articulaire. L'orteil réintégré doit être stabilisé par syndactylisation avec l'orteil adjacent pendant au minimum 15 jours.

La luxation métatarso-phalangienne invétérée doit être traitée chirurgicalement après libération des éléments latéraux, allongement de l'extenseur concerné et stabilisation temporaire de 3 semaines.

Lésions des sésamoïdes

Fractures

Les sésamoïdes jouent au niveau du système fléchisseur du premier rayon le rôle que joue la rotule au niveau du système extenseur du genou.

La fracture surviendra donc à la suite d'un mécanisme analogue à celui des fractures de la rotule, chute d'un lieu élevé et contraction des fléchisseurs.

Théoriquement, cette fracture était excessivement rare puisque l'on disait que le sésamoïde était impossible à fracturer. En fait, dans la pratique sportive, elle apparaît fréquente. On retrouve une douleur locale élective au niveau d'un sésamoïde; la flexion plantaire contrariée du premier rayon réveille une douleur tout aussi nette en regard du sésamoïde.

Le *diagnostic* se fera avec une radiographie en incidence de Walter-Guntz et d'un avant-pied de profil en décharge.

L'*évolution spontanée* se fait en général vers la pseudarthrose et la nécrose du fragment si la pratique sportive n'est pas interrompue. Les sports concernés sont la danse, le rugby, la course à pied.

Les sésamoïdes peuvent être également le siège de fractures de fatigue à la suite d'un surentraînement. Le diagnostic est le plus souvent radiographique.

Le *traitement* des fractures des sésamoïdes peut être médical ou chirurgical. Le traitement médical comporte une immobilisation par une botte plâtrée pendant 5 semaines sans appui, avec immobilisation de la première métatarso-phalangienne. Le traitement chirurgical consiste en une sésamoïdectomie unilatérale par une voie d'abord dorsale pour le sésamoïde externe et une voie d'abord interne pour le sésamoïde interne. Le lambeau du court fléchisseur concerné par la sésamoïdectomie doit être réinséré. Attention aux risques iatrogènes de la chirurgie qui sont réels.

La reprise sportive se fait vers le 60e jour après une rééducation proprioceptive bien menée. L'infiltration de corticoïdes ne peut avoir qu'un intérêt antalgique.

Sésamoïdites

Cette pathologie a été évoquée dans le tennis, le rugby, le cyclisme, le ballet, la course de fond et le jogging.

Elle désigne une douleur au niveau d'un sésamoïde externe ou interne survenue après un certain temps d'entraînement et souvent un surentraînement sur terrain dur.

Il faut distinguer les ténopathies d'insertion du court fléchisseur, l'arthrose métatarso-sésamoïdienne, qui est bien vue au scanner, la tendinite calcifiante du court fléchisseur, que l'on verra à la radiographie et, surtout, le rôle d'un pied creux avec système suro-achilléo-plantaire court.

Si la scintigraphie et le scanner sont négatifs, un traitement médical peut être entrepris. Il comporte un programme d'allongement du système suro-achilléo-plantaire et une rééducation proprioceptive sur le plateau de Freemann dans le sens antéropostérieur.

Cette rééducation doit être poursuivie plusieurs mois, avec mise en décharge de l'avant-pied par une orthèse plantaire, avec une zone d'éviction pour les sésamoïdes et une barre rétrocapitale ; éventuellement, une ou deux infiltrations péritendineuses peuvent être associées.

Il faut vérifier l'absence de bursite périsésamoïdienne, qui nécessiterait un geste chirurgical, et l'absence d'évolution vers la nécrose sésamoïdienne par un cliché de contrôle au 6e mois. Cette affection n'est pas plus fréquente chez le sportif que dans la pratique courante. Il s'agit d'une maladie essentiellement féminine, en général de sujets plus âgés que ceux concernés par la pathologie sportive.

Atteintes métatarsiennes

Il s'agit des lésions les plus fréquentes au niveau du pied dans la pratique sportive.

Elles touchent essentiellement les rayons externes et internes pour les lésions aiguës et les 2e et 3e rayons pour les fractures de fatigue.

Fractures du 5e métatarsien

Elles sont extrêmement fréquentes dans la pratique du basket-ball, du volley-ball, de la gymnastique, du ballet, du football et de la lutte.

Elles peuvent être de deux types : la plus connue est la fracture de Jones, à différencier de l'arrachement de la styloïde du métatarsien. Elle survient lors d'une chute, pied en supination, court péronier latéral contracté.

Le diagnostic est facile : la douleur est aiguë, le patient a entendu un craquement. L'impotence est immédiate.

La palpation permet de trouver le niveau fracturaire ; la radiographie de 3/4 externe fait le diagnostic, montrant un trait transversal se terminant au niveau de l'interligne M4-M5.

Le traitement est médical, avec mise en décharge, botte plâtrée sans appui de 4 semaines, rééducation sous couvert d'un *strapping* protecteur.

Le trait fracturaire disparaît après 3 mois au minimum.

Dans certains cas, la permanence d'un trait avec condensation des bords osseux fait évoquer une pseudarthrose métatarsienne, d'autant que la lésion reste douloureuse. Il sera alors nécessaire de réaliser un geste chirurgical, associant une greffe osseuse après avivement du foyer et mise en compression des fragments.

Le diagnostic différentiel est facile à faire avec une entorse du ligament latéral externe : la douleur est plus basse, il n'y a pas de douleur capsulaire antérieure au niveau de la tibiotarsienne et l'hématome siège au bord externe du pied.

Fractures des cols métatarsiens

Elles se retrouvent dans les sports de contact, comme le karaté et le judo, mais également dans la pratique du motocyclisme et du parachutisme.

Elles sont souvent déplacées, soit en flexion plantaire, soit en flexion dorsale.

Elles nécessitent un geste chirurgical car le déplacement d'une tête métatarsienne par rapport au clavier métatarsien entraîne immanquablement une consolidation en position vicieuse et une métatarsalgie de transfert sur le métatarsien adjacent.

La réduction chirurgicale et l'embrochage permettent une consolidation de bonne qualité en 4 semaines (fig. 62.2).

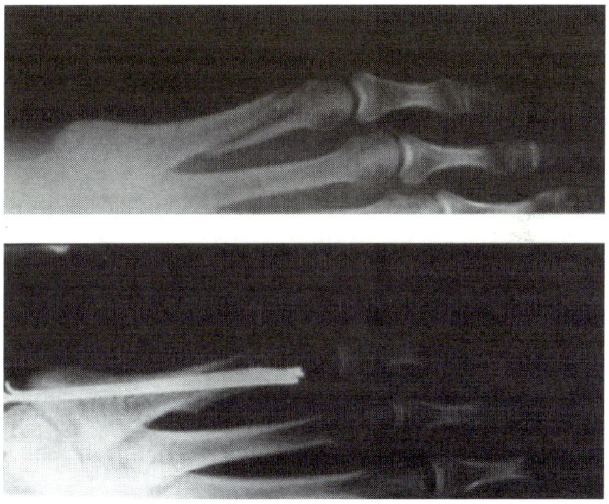

Fig. 62.2. Fracture du 5e métatarsien (en haut). Stabilisation et consolidation après enclouage fascicule (en bas).

Fractures métaphysaires du 5e métatarsien

Elles sont fréquentes chez le danseur. Elles peuvent ne pas être déplacées. Dans ce cas, le traitement consiste uniquement en la mise en décharge de l'avant-pied associée à un *strapping* ou à une coque talonnière d'appui postérieur.

En cas de déplacement peu important, la botte plâtrée pendant 4 semaines amène en général la guérison. Dans de rares cas, le relèvement du fragment distal nécessite la réduction, avec un embrochage intermétatarsien percutané et une immobilisation plâtrée de 6 semaines.

Fractures de fatigue métatarsiennes

L'apparition de douleurs métatarsiennes à la suite d'une augmentation d'entraînement ou d'un effort inhabituel doit faire penser au diagnostic de fracture de fatigue. Leur survenue n'est pas en relation avec l'âge, la taille, ni le poids du sportif.

Il s'agit d'une douleur qui est précise. On la retrouve à la palpation unidigitale ; elle est localisée le plus souvent soit au deuxième, soit au troisième métatarsien. Elle est calmée par le repos et réapparaît rapidement à l'effort.

La première radiographie ne montre rien, ce qui est un élément de diagnostic. La scintigraphie est positive.

En résumé, l'absence de traumatisme initial, l'absence de douleur à la mobilisation métatarso-phalangienne, l'absence de signe radiologique et la scintigraphie peuvent faire le diagnostic d'une fracture de fatigue métatarsienne.

Vers le 10e jour apparaîtront les premiers signes radiologiques, sous forme d'une apparition périostée ; puis un cal volumineux confirmera le diagnostic, sous forme d'une tuméfaction limitée à la palpation.

Le traitement est médical : la mise en décharge de l'avant-pied sous couvert d'un *strapping* peut être envisagée, et l'utilisation d'une coque à appui postérieur est extrêmement pratique. Le plâtre n'est pas indispensable si le malade coopère. Une semelle rigide métallique peut également être utilisée sur un chaussage journalier indispensable.

La reprise du sport ne doit pas se faire avant la 6e semaine.

Ces fractures de fatigue n'évoluent qu'exceptionnellement vers la pseudarthrose si la mise en décharge de l'avant-pied est constante.

La fracture de fatigue de M1, très rare, siège généralement au niveau de la base. La fracture de fatigue de M5, rare, siège également au niveau de la base, tout en étant légèrement plus distale que la fracture de Jones. Le risque de pseudarthrose est réel.

Maladie de Freiberg

Il s'agit d'une douleur brutale au niveau de la deuxième ou de la troisième métatarso-phalangienne. Elle survient chez le patient de sexe féminin, plus jeune que pour la fracture de fatigue, vraisemblablement par problème vasculaire au moment de la croissance, mais aussi à la suite d'un traumatisme unique en hyperextension de la métatarso-phalangienne.

Il s'agit en général d'une formule métatarsienne type *index minus* avec un deuxième rayon en hyperappui permanent, plus ou moins accompagné bien sûr d'un pied creux antérieur ou d'un tendon calcanéen court.

Le diagnostic se fait sur l'œdème d'une articulation métatarso-phalangienne, et sur une douleur à la palpation bidigitale et à la mobilisation verticale.

La scintigraphie est positive, et la douleur est toujours calmée par des anti-inflammatoires non stéroïdiens.

La mise en décharge doit durer 3 semaines au premier stade.

La radiographie est normale au départ mais la tête peut ensuite s'aplatir, si l'évolution est défavorable.

Il ne doit pas être fait chez ces patients d'infiltration de corticoïdes. La tête métatarsienne doit être mise en décharge par une orthèse avec une barre rétrocapitale pendant 6 semaines.

L'évolution, si elle se fait vers la nécrose et la séquestration du fragment, nécessite une intervention chirurgicale soit de nettoyage, soit d'ostéotomie cunéenne dorsale, décrite par Gauthier, donnant un bon résultat.

Chez le sportif, la rééducation doit insister sur la récupération de la flexion dorsale de la métatarso-phalangienne.

Lésions de l'articulation tarso-métatarsienne

Les lésions aiguës au niveau de cette articulation ne sont pas spécifiques : on les retrouve dans les sports procurant une grande énergie cinétique comme le motocyclisme, le parachutisme, le saut en hauteur...

Le diagnostic est fondé sur la douleur locale aiguë et surtout sur la présence d'un hématome s'accompagnant d'un œdème d'apparition extrêmement rapide.

Le diagnostic radiologique n'est pas toujours facile à faire ; il nécessite souvent des incidences de 3/4 permettant de voir la partie externe ou interne de l'articulation.

Ces entorses sont plus fréquentes au niveau interne ; elles débutent par une entorse intermétatarsienne entre le premier et le deuxième métatarsien, irradiée aux deux premiers cunéiformes, et s'accompagnent souvent d'une fracture de la base du deuxième métatarsien.

En décubitus ventral, la mobilisation des métatarsiens par rapport au tarse bloqué est extrêmement douloureuse. On trouve souvent un hématome plantaire en regard de la lésion. Le traitement est conservateur : il consiste en une botte plâtrée pour 4 semaines s'il n'existe pas de déplacement tarso-métatarsien.

Dans les lésions internes, survenues pied en pronation talon décollé, il existe souvent une sub-luxation au niveau de la première ou de la deuxième tarso-métatarsienne.

La réduction ouverte exacte avec embrochage de stabilisation temporaire tarso-métatarsien est nécessaire. L'intervention montre l'importance des fractures ostéochondrales, fréquemment surajoutées. Elles sont à l'origine de l'arthrose évolutive secondaire.

Les broches de stabilisation sont ôtées au 3e mois, et la reprise sportive est autorisée vers le 6e mois après rééducation.

L'atteinte chronique de l'articulation se voit chez le danseur, le footballeur, le marathonien. Elle est à l'origine de douleurs chroniques surtout au niveau de la partie interne de l'articulation. L'arthrodèse tarso-métatarsienne limitée à un ou deux segments avec une arthrodèse intermétatarsienne surajoutée peut être une bonne solution, si l'on se rappelle qu'on ne doit jamais arthrodéser le troisième et le quatrième métatarsien d'une manière isolée.

Lésions des articulations transverses du tarse

Les atteintes aiguës de la médio-tarsienne sont fréquentes au niveau de la partie externe de l'interligne de Chopart. La douleur est très aiguë, l'œdème et l'ecchymose apparaissent précocement.

L'examen montre que la tibio-tarsienne n'est pas atteinte; la sous-astragalienne est légèrement douloureuse, la mobilisation du médio-pied, talon empaumé pour bloquer le calcanéum, est extrêmement douloureuse.

La palpation capsulaire calcanéo-cuboïdienne est douloureuse; la mise en décharge est impérative, mais la mobilisation plâtrée non nécessaire. Le traitement, par glace, repos, élévation, compression, doit durer une dizaine de jours. La reprise sportive est progressive à partir de la 3e semaine.

Ces lésions aiguës sont surtout graves par l'instabilité progressive qu'elles entraînent au niveau de l'articulation de Chopart. Cette instabilité entraîne une arthrose rapidement évolutive avec une raideur et une atteinte secondaire de l'astragalo-scaphoïdienne.

Lors d'entorses graves, si la douleur persiste au-delà du 15e jour, des radiographies du sinus du tarse doivent être faites pour vérifier l'absence d'une fracture du bec calcanéen. Cette lésion passe fréquemment inaperçue sur les clichés précoces. On doit y penser devant une douleur située quelques centimètres en avant et en dessous de la verticale de la malléole externe. La scintigraphie osseuse et le scanner trouvent là une excellente application. L'exérèse chirurgicale du fragment est souvent nécessaire.

Au niveau du bord interne du pied, l'inversion-supination, contrariée en flexion plantaire, peut entraîner un arrachement du tubercule de l'os naviculaire. On trouve donc cette lésion dans tous les sports de course, qui nécessitent une grande mobilité avec des changements de direction brutaux. Il existe une douleur aiguë à la palpation due à l'inversion contrariée de l'avant-pied.

Le traitement consiste en un plâtre en inversion pendant 3 semaines, suivi d'un *strapping* en inversion pendant 3 semaines. En cas d'échec et de non-consolidation du fragment, une intervention est réalisée pour extraire le fragment avec réinsertion du jambier postérieur à la face plantaire de l'os naviculaire tarsien.

La rééducation se fera en deux temps et, lorsque le malade aura la possibilité de remarcher sur la pointe des pieds, un entraînement sportif sera autorisé.

Fracture de fatigue de l'os naviculaire

Cette lésion est souvent de diagnostic tardif. Elle est observée chez des sportifs qui pratiquent l'athlétisme mais également chez le basketteur, le danseur.

Les facteurs favorisants sont le pied creux antérieur, le tendon calcanéen court, le pied grec, l'hyperentraînement, le changement de chaussage. On observe l'apparition d'un trait de fracture au tiers moyen de l'os naviculaire. La scintigraphie attire l'attention sur la lésion, et le scanner, mieux encore que la tomographie, donne une image de cette lésion.

Le traitement orthopédique est fondé sur une immobilisation plâtrée longue, de 8 semaines au minimum.

Cette lésion évolue facilement vers la pseudarthrose. L'ostéosynthèse par une à deux vis à spongieux perpendiculaire au trait de fracture est certainement la solution la plus élégante et la plus sûre. L'arrêt sportif est en général de 5 à 6 mois.

Lésions du talus

Lésion aiguë du talus

La plus fréquente est la lésion ostéochondrale du dôme talien.

Elle doit être recherchée devant toute entorse grave de la cheville. La symptomatologie au niveau du ligament latéral externe peut masquer l'atteinte du bord interne ou du bord externe du dôme astragalien.

La radiographie de face est souvent insuffisante, surtout au stade précoce. Les clichés de 3/4 sont utiles en rotation interne, en flexion plantaire. La lésion est bien vue en tomographie et au scanner. Elle est surtout parlante lors de son passage à la chronicité.

On doit y penser devant une instabilité de cheville sans atteinte ligamentaire évidente, devant des douleurs chroniques persistantes. Elle consolide au stade aigu par une immobilisation plâtrée. Malheureusement un certain nombre d'entre elles sont vues tardivement, avec de véritables corps étrangers intra-articulaires.

Selon le volume, elles peuvent être traitées soit par arthroscopie et simple extraction de la lésion, avec éventuellement un forage astragalien, soit par une greffe osseuse ou chondro-osseuse, ou mise en place d'un substitut carboné du cartilage.

L'abord chirurgical est différent selon que la lésion est antérieure ou postérieure, interne ou externe. Après la greffe, le patient est plâtré sans appui pendant 6 semaines, et la rééducation se fait en décharge jusqu'à la 10e semaine. La reprise du sport est possible après le 4e mois.

À noter, les possibles fractures du processus latéral du talus.

Exostose antérieure de l'astragale : *impingement syndrome*

Elle a été mise à la mode par Don O'Donnoghue et est retrouvée fréquemment chez les joueurs de football américain (fig. 62.3). Cet auteur en avait fait une lésion spécifique, estimant qu'elle était créée par le choc du bord antérieur du tibia contre l'astragale. En fait, on la retrouve chez le footballeur qui, contrairement au joueur de football américain, joue avec ses pieds, le danseur, le volleyeur…

Il semble s'agir d'une lésion dont l'origine est l'hyperutilisation de la capsule antérieure tibio-talienne avec calcification secondaire. Ces calcifications entraînent ensuite un contact entre le tibia et l'astragale.

La clinique se limite à une douleur pendant la dorsiflexion de la tibio-tarsienne, avec limitation de celle-ci et douleur

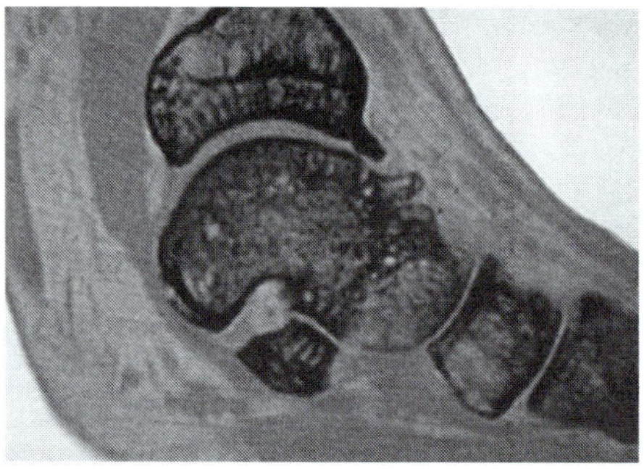

Fig. 62.3. Scanner d'*impingement syndrome* typique.

très nette au démarrage, et diminution de la vitesse de course.
Le diagnostic radiographique est facile. L'exostose tibiale entraîne une atteinte chondrale talienne. Le nettoyage arthroscopique ou chirurgical, par un abord antérieur, amène en général la diminution de la symptomatologie douloureuse mais ne régénère pas les lésions cartilagineuses.

Syndrome de la queue de l'astragale

Sa symptomatologie a d'abord été décrite dans le football par Cabot. Ce syndrome est présent chez 16 % des coureurs de fond, et chez les danseurs.
L'os trigone est un centre secondaire d'ossification au niveau de la queue de l'astragale. Il est mature vers la 8e ou 9e année de la vie. Il peut se souder ou rester séparé en cas d'hyperutilisation de la cheville chez le jeune sportif.
Les fractures ont été décrites avec pseudarthrose; le diagnostic différentiel est difficile et se fait par la scintigraphie.
On décrit deux parties : un processus postéro-interne et un processus postéro-externe astragalien, plus développé.
La symptomatologie est typique : il s'agit d'une douleur aiguë lors de l'hyperflexion plantaire de la tibio-tarsienne. La symptomatologie se retrouve lors du shoot chez le footballeur ou des pointes chez le danseur.
L'examen reproduit facilement cette lésion; la douleur dure quelques minutes, et immobilise le sportif. Il reste en place un petit fond douloureux. Le diagnostic est radiologique.
Le traitement médical consiste d'abord en une infiltration de corticoïdes et un *strapping* limitant la flexion plantaire. En cas d'échec, l'excision du tubercule postérieur du talus peut amener la guérison.
La rééducation est relativement lente. La reprise du sport se fait au 2e mois.

Lésions du calcanéum et de l'arrière-pied

Les lésions aiguës au niveau du calcanéum sont rares; la lésion la plus fréquente est celle qui concerne le revêtement du calcanéum par le coussinet talonnier.

Talonnade

Elle résulte d'un traumatisme direct de la face plantaire du talon (réception de saut…). L'impotence initiale est très importante et peut persister plusieurs semaines ou mois. Le traitement est local (glace, protection talonnière).

Aponévrose plantaire

Elle se traduit par un surmenage de la partie postérieure du système achilléo-calcanéo-plantaire.
L'aponévrose plantaire a un rôle d'emmagasinage d'énergie lors de la marche. L'aponévrose moyenne va de la tubérosité du calcanéum aux capsules métatarso-phalangiennes et l'aponévrose interne va de la tubérosité interne du calcanéum à la gaine tendineuse du premier orteil.
L'examen clinique montre que le maximum de la douleur siège toujours à la partie interne du talon et non pas à la partie médiane. Il s'agit donc d'une surcharge de l'aponévrose; elle doit d'abord être traitée par une mise en décharge relative, la rééducation et les ondes de choc. L'infiltration de corticoïdes peut soulager la douleur mais elle n'est pas à éviter au stade aigu. L'évolution se fait souvent vers l'aponévrosite chronique, dont le traitement est extrêmement difficile.

Fracture de stress du calcanéum

Elle est la deuxième par ordre de fréquence, au niveau du pied. Il s'agit de douleurs talonnières progressives calmées incomplètement par le repos, sans notion de traumatisme récent.
La douleur est élective au niveau de l'arrière-pied; il s'agit d'une douleur latérale avec une augmentation d'intensité au pincement et à la percussion de la grosse tubérosité du calcanéum. L'interrogatoire recherchera un changement de type d'entraînement, un changement de chaussures ou un entraînement sur un sol différent.
La radiographie au stade initial est normale. Au stade d'état, elle montre des lignes de condensation à bords flous, obliques en bas et en avant sur les radiographies de profil de l'arrière-pied. C'est la scintigraphie ou l'IRM qui donnent le diagnostic à un stade précoce.
Le traitement consiste en la mise en décharge complète de l'arrière-pied; une rééducation douce de la sous-astragalienne évitera son enraidissement. Il n'est pas nécessaire d'immobiliser les patients; la rééducation en piscine est une bonne technique de rééducation sans mise en charge.
Chez les sportifs de haut niveau, chez le danseur, un sport de remplacement (natation) évitera l'apparition d'une amyotrophie.

Ténopathies du pied

On ne peut terminer un chapitre sur la traumatologie du pied sans parler des ténopathies.
Elles sont désignées sous le terme global de tendinites, mais elles comprennent les tendinoses, les péritendinopathies, les ténosynovites, les ruptures complètes ou partielles, les syndromes fissuraires, les allongements, les

luxations ou sub-luxations chroniques des tendons stabilisant le pied.

Leur étiologie globale est l'hyperutilisation ou la mauvaise utilisation, lors de l'entraînement, du pied et du matériel d'entraînement.

Le syndrome clinique est univoque. Il s'agit d'une douleur (lors de l'entraînement) présente le long du trajet ou à l'insertion du tendon. Elle est augmentée à l'effort et lors de la contraction contrariée du muscle correspondant à l'insertion tendineuse.

On voit apparaître parfois un œdème, parfois un syndrome crépitant, traduisant la ténopathie dans la gaine. Le diagnostic est facilité par l'échographie mais surtout par l'IRM, qui montre au niveau de l'insertion, dans la gaine ou dans le corps du tendon, les anomalies correspondant à la ténopathie.

Le traitement est essentiellement fondé sur le repos au stade de début, les anti-inflammatoires non stéroïdiens, une ou deux infiltrations de corticoïdes au niveau de l'insertion, dans la gaine tendineuse, mais jamais dans le tendon. Ces infiltrations ne doivent pas être répétées et doivent éviter le tendon pour ne pas le fragiliser. Elles atrophient souvent dangereusement la peau et le tissu sous-cutané, gênant considérablement la chirurgie dans les suites.

Les orthèses de repos nocturnes, les immobilisations plâtrées doivent être employées rapidement pour mettre d'une manière énergique le tendon au repos. Elles ne sont pas toujours efficaces et les ténopathies vont donc se chroniciser, nécessitant le recours à la chirurgie, le nettoyage de la zone d'insertion, le hersage tendineux et la rééducation précoce pour établir les zones de glissement.

Les ténopathies les plus fréquentes au niveau du bord interne du pied sont la ténopathie d'insertion du tibial postérieur, la ténopathie du fléchisseur du gros orteil, en particulier chez le danseur et le footballeur, et les tendinopathies d'insertion du tibial antérieur.

À la partie externe du pied, on trouve la tendinopathie des fibullaires de la gaine des péroniers. À la face antérieure de la cheville, la ténopathie du tibial antérieur est beaucoup plus fréquente qu'il n'est commun de dire et entraîne des ruptures secondaires. C'est une ténosynovite qui a la caractéristique d'être crépitante, apparaissant fréquemment en fin d'entraînement sur terrain dur.

Pour compléter ce chapitre de traumatologie du pied, si les vaisseaux et les nerfs du pied sont peu atteints en traumatologie courante, il existe une seule exception, l'atteinte du nerf musculocutané dans sa branche de division interne au niveau du cou-de-pied. Des erreurs de chaussage, un pied creux avec une exostose au niveau de la scapho-cunéenne ou de l'astragalo-scaphoïdienne peuvent entraîner une symptomatologie de compression du nerf musculocutané, symptomatologie aiguë avec paresthésie de la face dorsale du premier rayon et anesthésie partielle au niveau de la face dorsale des premiers orteils. La percussion au niveau de l'exostose réveille la même douleur, fréquemment assez aiguë pour interrompre l'entraînement. L'infiltration de corticoïdes peut améliorer la symptomatologie, mais il est parfois nécessaire de libérer le musculocutané recouvert d'une bride fibro-aponévrotique à ce niveau.

Conclusion

Le pied du sportif est soumis à de nombreux traumatismes : traumatologie aiguë, traumatologie de surcharge, microtraumatismes répétés. Si la traumatologie aiguë est de traitement facile et en général univoque, la traumatologie de surcharge entraîne des lésions beaucoup plus complexes, souvent difficiles à soigner. Les fractures de stress guérissent facilement, les atteintes tendineuses plus difficilement et sont parfois à l'origine de l'arrêt sportif définitif.

Tout doit donc être fait pour améliorer la prévention, la qualité de l'équipement, la régularité de l'entraînement, pour éviter le passage à la chronicité.

Pour en savoir plus

SAMUEL J. *Pathologie et soins du pied.* 1 vol. Paris : Maloine, 1996 : 484 p.

PARTIE

IV

Physiologie et pathologie générale

63

Sport et enfant

Sommaire

« *Venu aux sports, tu noues avec ton corps une alliance nouvelle, il te parle, te rit et t'obéit, écoute-le, prends garde à lui* »
Jean Prévost, *Le Plaisir des sports*

« *Toute connaissance est limitée, toute information est partielle, toute décision est donc un pari* »
A. Jacquard, *Au péril de la science*

Le sport occupe une place grandissante dans notre société et les enfants n'échappent pas à cet engouement. Le nombre, comme l'âge souvent très précoce des enfants qui y participent expliquent qu'il est inévitable et souhaitable que le médecin et le pédiatre se sentent concernés. Cette véritable explosion du sport a été puissamment favorisée par le développement contemporain de l'information télévisée :

- en tant que spectacle, le sport est devenu un phénomène aux dimensions nationales;
- si la pratique du sport est loin d'être aussi générale que dans les pays anglo-saxons, elle s'est néanmoins développée d'une façon très nette, en particulier dans les couches les plus jeunes de la population.

À une époque où la voiture, l'ascenseur et la télévision ont contribué à une évolution vers l'*homo sedentaricus*, il est réconfortant de constater que les enfants s'impliquent de plus en plus nombreux et de plus en plus tôt dans la pratique sportive, et cela pour deux raisons : la première tient au fait que l'enfant est un grand producteur de mouvements, la seconde tient à l'appétit des fédérations sportives dont l'avenir repose sur le plus grand nombre possible de jeunes espoirs.

Développement des aptitudes motrices de l'enfant

Le petit enfant a des possibilités d'adaptation à l'environnement, puis à l'apprentissage, qui sont assez fabuleuses et que l'adulte a bien du mal à imaginer. Il existe au cours de l'ontogenèse une adaptation constante de l'individu à son milieu ainsi que des possibilités génétiquement offertes dont malheureusement beaucoup resteront inutilisées. C'est au cours de l'enfance que ce patrimoine fonctionnel pourra s'exprimer le plus librement par des expériences motrices, et ainsi générer toute une multitude de schémas moteurs.

Des millions d'informations sensorielles, visuelles (situations des objets dans l'espace), auditives (déplacement des objets par rapport au sujet), de pression (récepteurs tactiles, surtout au niveau des doigts, paume des mains et plante des pieds), de position (récepteurs des tendons, des muscles) sont sélectionnées pour la programmation et la réalisation d'une action motrice adaptée (voir chapitre 17). Ces informations sont traitées instantanément, mémorisées (mémoire à court terme) et enfin stockées (mémoire à long terme). Il est donc indispensable que l'enfant puisse mettre en jeu le plus précocement possible ses capacités motrices.

Stades successifs

Considérant l'activité physique et sportive comme activité de base utile au développement physiologique et psychologique de l'enfant, on peut dégager plusieurs stades (tableau 63.I).

Apprentissage

Trois étapes sont à considérer :

- de la naissance à 3 ans : après l'acquisition de la préhension et de la marche, possibilités de promenades, escalades d'obstacles élémentaires, jeux de ballon et, plus récemment, gymnastique du tout-petit et prise de contact avec le milieu aquatique (bébés nageurs);
- vers 3 ans : possibilités de jeux plus « sportifs » : luge et ski sur de petites pentes douces, séances courtes de patinage;
- de 3 à 9 ans (moyenne enfance) : dans un premier temps, éducation physique avec jeux de plein air, tricycle, jeux de balle ou d'équilibre sans intervention de la force musculaire, bicyclette, danse, et plus tard natation, équitation, bi-cross, ski, patinage.

Tab. 63.I. Développement psychomoteur de l'enfant et catégories d'âge pour la pratique du sport.

Petite enfance : 0 à 3 ans Acquisition de la préhension Apprentissage de la marche Promenades, jeux de ballon Escalade de petits obstacles	Gymnastique d'éveil « Bébés nageurs » Luge et ski (petites pentes douces) Patinage sur glace
Moyenne enfance : 3 à 8 ans (école maternelle, CP, CE) Instinct gestuel et ludique Apprentissage de l'adresse Entraînement de l'endurance aérobie Rôle de l'EPS à l'école : – sensibilisation au sport (attractif, agréable, plaisant) – pas de spécialisation précoce – favoriser course à pied, natation, vélo	Apprentissage et initiation au sport 3 ans : tricycle, ski, patinage sur glace, danse rythmique 4 ans : bicyclette 5 ans : natation, danse classique, baby-basket 6 ans : équitation (poney), ski, judo, aïkido, football à 5, patinage et planche à roulettes 7 ans : gymnastique, tennis, karaté, voile, jogging, base-ball, badminton, tennis de table, vélocross 8 ans : hockey sur gazon et sur glace, escrime, tir à la carabine, football, trampoline, boxe éducative, lutte, motocyclisme, golf, cyclisme
Grande enfance : 9 à 12 ans (CM, 6e, 5e) Enthousiasme pour les sports Acquisition des techniques et stratégies de jeu Amélioration : souplesse, équilibre, vitesse, adresse Compétition possible et souhaitable Intérêt des sports d'équipe Importance du contrôle médicosportif	9 ans : handball, tir à l'arc, plongée en apnée ou avec bouteille, planche à voile, mini-basket, karting, rugby, voile, squash, cyclotourisme, mur d'escalade 10 ans : pelote basque, boxe française, ski nautique, randonnée en montagne, canoë-kayak, athlétisme, plongeon artistique, rafting 11 ans : patinage de vitesse, surf, polo 12 ans : aviron, escalade en montagne, parapente, parachutisme ascensionnel
Période pubertaire et adolescence : 13 à 17 ans (4e, 3e, 2nde, 1re, terminale) Aptitude physiologique et psychologique Choix d'une activité sportive Compétition autorisée dans tous les sports Début de l'entraînement intensif Coopération active aux programmes d'entraînement Surveillance médicale renforcée Le médecin : interlocuteur privilégié	13 ans : volley-ball, water-polo, basket-ball, équitation (cheval) 14 ans : arts martiaux et assimilés, football américain, moto-cross 15 ans : haltérophilie, aviation légère, vol à voile, yoga, navigation hauturière 16 ans : deltaplane, parachutisme

Initiation et pratique

Elles se font :

- entre 9 et 12 ans (grande enfance) : l'enfant peut s'essayer pratiquement à tous les sports car il est capable d'intégrer toutes les stratégies de jeu. La compétition dans certaines disciplines (surtout les sports d'équipe) est possible, voire souhaitable car elle satisfait psychologiquement l'enfant; elle concrétise la maîtrise des techniques déjà acquises et socialise le jeu;
- après 12 ans (période pubertaire) : la compétition est possible pour pratiquement tous les sports, sous surveillance médicale très attentive.

Un âge pour débuter

Pour répondre à la question fréquemment posée par les parents : « À partir de quel âge doit commencer l'apprentissage du sport? », on peut proposer la période allant de 6 à 12 ans, qui est celle de l'intelligence concrète avec abandon de la pensée égocentrique. Mais la pratique du sport ne devient vraiment efficace qu'à partir de 9 ans, âge qui correspond à l'acquisition de la technicité, et elle n'est vraiment complète qu'à partir de 12 ans car l'intelligence devient logique et déductive et le raisonnement ordonné et méthodique.

Ainsi, il existe une période charnière qui va de 6 à 8 ans et qui correspond à l'acquisition et l'affinement du schéma corporel, de la latéralisation, des notions d'espace et de temps, de vitesse, de force et de souplesse. Les travaux sur le développement du cerveau humain ont montré que l'organisation des réseaux et des synapses se poursuit par vagues successives jusqu'à 10 ans environ (J.-P. Changeux). Cette organisation serait indépendante du déterminisme génétique et serait réglée par sa propre activité, spontanée (développement propre du cerveau) ou provoquée (action stimulante de l'environnement).

Compte tenu de toutes ces données, la pratique sportive vers 6-8 ans paraît logique et défendable, à condition qu'elle reste un moyen et non un but, et qu'elle s'intègre à l'éducation psychomotrice globale. Des capacités psychomotrices et intellectuelles jusqu'ici insoupçonnées existent chez le jeune enfant.

Retombées du sport pour l'enfant

Le Robert définit le sport comme une activité physique exercée dans le sens du jeu, de la lutte et de l'effort, dont la pratique suppose un entraînement méthodique et le respect de certaines règles et disciplines. Il s'agit là d'une définition très généraliste et insuffisante lorsqu'on la confronte à la réalité.

À vrai dire, le sport n'existe pas en lui-même : seuls existent *des sports*, dont l'esprit est sans doute identique et conforme à la définition précédente, mais dont la lettre est très différente. Quand on parle de sport pour le vanter ou s'en méfier, il faut toujours préciser de quel sport il s'agit, de quelle manière on en use et qui le pratique.

Chaque sport est défini en effet par un profil fonctionnel générateur de bienfaits mais parfois aussi de risques particuliers. C'est ce profil qu'il convient de confronter aux objectifs et aux capacités de celui qui s'y livre.
La pratique sportive peut répondre au simple loisir, au sport scolaire, à la compétition, et l'on pressent qu'une adéquation doit s'établir entre le profil du sport considéré, les modalités de sa pratique et les données structurelles, physiques et psychologiques de l'enfant concerné.
L'éventail des sports possibles et des modalités d'exercice étant largement ouvert, tout individu devrait pouvoir trouver un « sport à son pied », ce qui revient à dire que les listes de contre-indications médicales doivent être utilisées avec discernement.
Le sport bénéficie par ailleurs dans l'opinion publique et dans celle des parents d'un crédit croissant, ainsi que dans le monde médical où le sport est non seulement autorisé dans certaines pathologies, mais parfois considéré comme une solution ou un complément thérapeutique. Il en résulte que les demandes d'exemption pour le sport scolaire se font plus rares et que se développe une tendance inverse, les familles poussant leurs enfants vers le sport et même vers la haute compétition.

Effets bénéfiques du sport

Considérés généralement comme du domaine de l'évidence, les points suivants méritent d'être rappelés :

- le sport favorise la coordination motrice et psychomotrice, c'est-à-dire l'adresse, ainsi que la force musculaire et la capacité d'adaptation à l'effort de l'appareil cardiovasculaire et pulmonaire ; il en résulte un meilleur usage et une meilleure représentation du corps. De ce fait, le sport est générateur d'un bien-être physique et psychologique, donc source de plaisir ;
- si ces vertus sont déjà considérables pour l'enfant bien-portant, on comprend facilement qu'elles puissent bénéficier à celui qui ne l'est pas tout à fait (cardiopathie opérée – voir chapitre 42 –, mucoviscidose, asthme – voir chapitre 73 –, diabète – voir chapitre 92 –, obésité, etc.), et que le sport puisse jouer le rôle d'une kinésithérapie comme d'une psychothérapie ;
- sur le plan strictement médical, le sport concourt à la prévention des maladies cardiovasculaires, de l'hypertension et de l'athérosclérose ;
- l'effet positif de l'exercice physique sur la minéralisation osseuse a été mis en évidence : l'activité physique hebdomadaire (soit de durée « normale », de 1 à 3 heures, soit plus importante, de 3 à 12 heures) est associée à une augmentation de la densité osseuse, surtout chez les filles et davantage pendant la période pubertaire ;
- le sport est aussi une école, un apprentissage, et comme tel, il développe dans un contexte en principe désintéressé l'émulation compétitive, le dépassement de soi, l'affirmation du moi et pour certains l'esprit d'équipe auquel s'attache le sens des responsabilités ;
- les résultats scolaires des enfants sportifs sont aussi bons que ceux de groupes témoins, la réduction de 1 heure par jour du temps d'étude académique est généralement sans effet néfaste ;
- on peut enfin convenir que le sport est une voie qui conduit l'individu à prendre conscience de l'existence d'une inégalité biologique et sociale, mais qui simultanément l'engage aussi à la dominer.

Effets négatifs du sport

Parmi les aspects négatifs, on peut noter une plus grande fréquence d'accidents, dus au sport, représentant 7 % des consultations hospitalières et 10 % des enfants hospitalisés.
Un autre risque, qui guette l'enfant sportif, est celui d'être manipulé ou exploité par ceux qui, pour des fins idéologiques voire lucratives, se servent du sport. Certaines pratiques auxquelles on se livre sur les jeunes ne répondent certainement pas à leur intérêt personnel réel, au point que ces pratiques sont parfois assimilables à un détournement de mineurs ou une maltraitance.
On se demande si les responsables ne devraient pas avoir le courage de refuser la participation à des compétitions qui impliquent des modes de vie et des conditionnements inadmissibles pour des enfants.

Le sport n'est pas « neutre »

Le sport enseigne des habitudes et des réflexes fondamentaux, familiarise avec des exigences, véhicule des valeurs morales et sociales.
Pour le préserver, il faut l'intégrer dans un système éducatif, sinon il risque d'être transformé en marchandise ou en manipulation. « Le sport n'est ni bon, ni mauvais en lui-même ; c'est le rôle qu'on lui fait jouer qui est bon ou mauvais. » « Le sport est la meilleure et la pire des choses (comme toute activité humaine) : tout dépend de la manière dont il est enseigné. »
C'est là qu'intervient l'éducation physique et sportive (EPS), véritable « pédagogie des conduites motrices », en tant que partie de l'éducation générale. Cette conception de l'EPS peut être assimilée à celle d'un « alphabet » physique, identique à l'alphabet culturel et social, qui intervient dans le développement et l'élaboration de la personnalité.

Effets de l'entraînement sportif intensif

Pour ce type d'entraînement, le médecin est pratiquement toujours mis devant le fait accompli ; son avis n'est jamais sollicité avant. Cependant, une réflexion sérieuse s'impose quant aux conséquences sur un organisme en pleine croissance d'un emploi du temps pouvant comporter 15 à 24 heures d'entraînement par semaine :

- quel est le retentissement (à court, moyen et long terme) sur la santé globale, le statut nutritionnel, la croissance en taille et en poids, la puberté et la maturation sexuelle, le cœur, après plusieurs mois ou années d'entraînement intensif ?
- quel est le risque de lésions traumatiques (macro et microfractures, fractures de stress) et/ou de séquelles (voir chapitre 64) ?
- quelle est l'incidence sur l'activité scolaire, sur l'équilibre psychologique et familial ?
- y a-t-il risque d'incitation ou de tentation de dopage ?

Il n'est pas question de condamner la compétition, car elle est inhérente à l'activité sportive. Mais elle n'est bénéfique et acceptable que dans les limites qui préservent l'équilibre et la santé actuelle et future des jeunes organismes. S'il est vrai que ces limites sont encore mal définies et qu'elles justifient des recherches, il est cependant d'ores et déjà évident

qu'une surveillance médicale de qualité de l'enfant sportif assure une garantie valable.
Les prises de position doivent s'appuyer sur une évaluation aussi précise que possible de l'ensemble des risques que fait courir l'entraînement sportif intensif, surtout précoce.
Quant à une politique de prévention rationnelle, elle passe également par une désignation et une évaluation préalable des situations accidentelles. La grande difficulté est que personne ne peut affirmer avec certitude quelle est la quantité optimale ou le niveau qu'il ne faut pas franchir pour éviter d'aboutir au traumatisme ou à l'accident.
Pour nombre de disciplines et dans la mesure où l'entraînement est assorti d'un dépistage et d'une surveillance médicale de qualité, les risques sont modérés, voire nuls. L'expérience montre aussi, à l'évidence, que nombre d'enfants qui s'entraînent parfois intensément présentent un développement tant physique que psychologique très satisfaisant. Mais si des conséquences néfastes sont à craindre, c'est un devoir d'en informer les parents et les enfants, pour que le risque soit connu et dès lors accepté ou pas.

Une attitude de prudence

Une question essentielle demeure : peut-on soutenir que, quel qu'il soit et quelle que soit la manière dont il est pratiqué, le sport est toujours bénéfique pour l'enfant?
Si l'entraînement sportif intensif, voire la pratique de certains sports de loisir font courir des risques importants pour la santé actuelle et future des sujets qui s'y consacrent, a-t-on le droit d'y exposer des enfants? L'accord des parents est-il un argument suffisant?
Le médecin, et tout particulièrement le pédiatre, a dans ce domaine un rôle important à jouer : veiller à ce que le sport ne soit pas détourné, c'est-à-dire à ce que le sport soit fait pour l'enfant et non l'enfant pour le sport. Il faut, sauf en dehors de cas très précis, éviter d'orienter les enfants trop jeunes vers une spécialité trop étroitement définie : il est important que l'enfant puisse s'essayer à de nombreuses spécialités sportives, et qu'il ne se décide qu'en connaissance de cause.
Les indications particulières, les problèmes de santé, les conseils médicaux n'interviennent qu'en seconde intention, et plus souvent pour redresser une orientation discutable que pour diriger l'enfant lors de son premier choix. Il est certain que pour les activités physiques de loisirs, il faut être très libéral, l'essentiel étant que l'enfant participe, et qu'il soit motivé, assez motivé pour profiter pleinement du plaisir du jeu sportif. Il est seulement nécessaire de favoriser l'accès aux activités sportives (sport scolaire et extrascolaire), et il faut pour cela plus d'encouragements que de médicalisation ou de réglementation excessive.

Suivi médical de l'enfant sportif

L'examen médical de non-contre-indication aux sports doit, pour être efficace et profitable à la prise en charge globale du futur sportif, être conduit avec rigueur et répondre à certaines exigences. Dans le cas de l'enfant, il comporte des éléments plus précis s'ajoutant à ceux déjà abordés dans le chapitre 10, consacré à la visite médicale de sport.
Il nécessite donc :

- un lieu approprié (cabinet médical, local sportif correctement équipé) ;
- une durée de consultation suffisante (15 minutes au minimum) ;
- la présence de l'un des parents avec le carnet de santé, surtout pour les enfants de 6 à 11 ans ;
- une bonne connaissance du ou des sports pratiqués par l'enfant : législation, réglementation propre à chaque fédération, caractéristiques techniques, qualités requises, accidents et incidents.

Interrogatoire

Il doit préciser :

- l'existence d'antécédents familiaux de maladie cardiaque survenus avant 60 ans ;
- l'interruption de l'exercice physique, une ou deux fois, pendant une course d'endurance ou au cours d'un tour de piste (400 mètres) ;
- la survenue de symptômes inhabituels (lipothymies, syncopes, douleurs thoraciques, vertiges, difficultés respiratoires) au cours de l'exercice physique (voir chapitre 26) ;
- la mise en évidence d'un souffle cardiaque ou de chiffres élevés de la pression artérielle lors de consultations antérieures ;
- la prise de médicaments de façon régulière ;
- l'existence d'antécédents de blessure, traumatisme ou d'antécédents pathologiques ayant conduit à une hospitalisation, une consultation spécialisée, des soins d'urgence ou une intervention chirurgicale (en cas de traumatisme, doivent être précisés : le lieu, l'heure, la date, le type, la localisation et le temps d'arrêt des activités sportives) ;
- la notion de port de lunettes ou de lentilles de contact (voir chapitre 77) ;
- l'existence d'une affection allergique ;
- la date de rappel des vaccins antitétanique et antipoliomyélitique et des autres vaccinations obligatoires.

En plus de ces informations, l'interrogatoire précisera le profil psychologique et les motivations non seulement de l'enfant concerné mais aussi de sa famille.
C'est aussi l'occasion de faire préciser les modalités de l'hygiène de vie : niveau et rythmes scolaires, durée et qualité du sommeil, habitudes alimentaires.

Évaluation de la croissance et de la maturation

Elle comporte l'analyse des mesures anthropométriques et du déroulement de la croissance, ainsi que l'étude de la maturation pubertaire. Les résultats de l'examen peuvent être reportés sur une fiche type (fig. 63.1).

DOSSIER MEDSPO - FICHE CONSULTATION

Date : __ __ __

Nom : ____________________ Prénom : ____________________

Date de naissance : __ __ __ Classe : __

Sport (si pratiqués) : Entraînement : __ Heures/semaine

Nombre d'années de pratique Âge du début de la compétition : __

DÉVELOPPEMENT ET MATURATION

Taille **D.S. T/A** Taille assis : Âge civil __

Âge statural __

Poids **D.S. P/T** Envergure : Âge osseux __

Plis cutanés (mm)

	G	**D**
Bicip :	___ , _	___ , _
Tricip :	___ , _	___ , _
Sous-scap :	___ , _	___ , _
Supiliaq :	___ , _	___ , _

Total = % de graisse

Diamètres (cm)

Coude :	__	__
Biacro :	__	_
Bidelto :	__	_
Biiliaq :	__	_
Bitroch :	__	_

Circonférences (cm)

	G	**D**
Mollets :	__ , _	__ , _
Cuisses :	__ , _	__ , _
Biceps :	__ , _	__ , _

Latéralité

	D	**G**
Main (2)	_	_
Pied (3)	_	_
Œil (4)	_	_

Puberté (Tanner)

Fille

_ Poils publiens
_ Seins
Âge des premières règles

Garçon

_ Poils publiens
_ Organes génitaux

BILAN CARDIOVASCULAIRE*

Au repos allongé

F.C. ___ T/A ___ ___

Au repos debout

F.C. ___ T/A ___ ___

Test de Ruffier (30 flexions en 45 s)

Fin	FC ___	TA ___	___
1	FC ___	TA ___	___
2	FC ___	TA ___	___
3	FC ___	TA ___	___
5	FC ___	TA ___	___
	FC ___	TA ___	___

Anomalies auscultation

Souffle systolique :
Soufle diastolique :
Dédoublement B2 :

Anomalies ECG

Arythmie sinusale :
Trouble excitabilité :
Extrasystoles :
Bloc auriculoventriculaire :
Troubles conduc. ventric. :
Wolf Parkinson White :
Troubles repolarisation :
Autres :

RESPIRATION

	Observé	Théorique
CV	capacité vitale	
D.E.P.	débit expiratoire de Pointe	

* L'échographie en cas de doute sur l'organicité d'un souffle systolique pour éliminer notamment une cardiomyopathie obstructive, ainsi que pour évaluer la structure intracardiaque et la fonction ventriculaire gauche.

AUTRES ÉLÉMENTS DU BILAN ET EXAMENS COMPLÉMENTAIRES

Fig. 63.1. Fiche pour le suivi médical de l'enfant.

Taille et poids

La taille (rapportée à l'âge) et le poids (rapporté à la taille) sont consignés sur des graphiques comportant les moyennes et les écarts types d'une population de référence. Cette évaluation devient primordiale lorsqu'il s'agit d'un enfant soumis à un entraînement intensif, comportant plus de 10 heures par semaine.
L'étude de la croissance comprend également :

- la mesure du segment supérieur : hauteur cumulée tronc + tête + cou ;
- la mesure du segment inférieur ;
- les rapports de ces deux hauteurs entre elles ou avec la taille renseignent sur la différentielle des membres et du tronc au cours de la croissance ;
- les accroissements annuels du segment supérieur sont importants pour la surveillance des enfants ayant une déviation du rachis et ceux soumis à des efforts faisant intervenir essentiellement le rachis (gymnastique, danse, judo, etc.) ;
- la mesure de l'envergure qui, lorsqu'elle est supérieure à la taille, constitue un avantage pour la pratique du tennis, de l'aviron, de l'escrime ;
- la mesure des périmètres maximaux (bras, cuisses, mollets), qui permet de déceler ou de suivre une éventuelle asymétrie par hypertrophie musculaire ;
- la mesure des principaux diamètres : bi-acromial, bideltoïdien, bitrochantérien et bi-iliaque ;
- la mesure de la masse grasse, qui peut être évaluée à partir des plis cutanés (bicipital, tricipital, sous-scapulaire, supra-iliaque), pour lesquels il existe des tables de référence ou des courbes (fig. 63.2), qui permettent de préciser l'importance de l'adiposité au cours de la croissance et sous l'influence de l'entraînement.

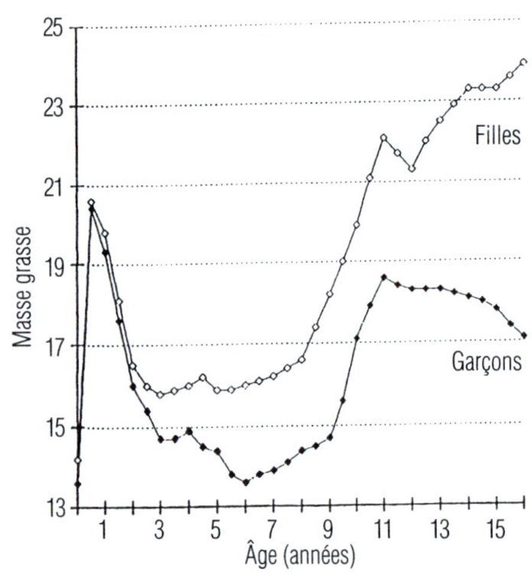

Fig. 63.2. Évolution de la masse grasse, exprimée en pourcentage du poids corporel (d'après *Le Médecin, l'enfant et le sport*, ouvrage collectif sous la direction de C. Mandel, Paris : Médecine et Enfance, 1984).

Maturation pubertaire

Elle est évaluée selon les critères de Tanner, qui tiennent compte du développement des organes génitaux externes et de la pilosité pubienne chez le garçon, et des seins et de la pilosité pubienne chez la fille (tableau 63.II).

Tab. 63.II. Classification de Tanner.

Chez le garçon
a. Les cinq stades du développement génital Stade 1 : état prépubère Stade 2 : développement des testicules ; modification du scrotum qui rougit, se pigmente et augmente légèrement de taille ; pas de modification de la verge Stade 3 : volume testiculaire de 6 à 12 mL ; le scrotum continue à se développer ; allongement de la verge Stade 4 : volume testiculaire de 12 à 16 mL ; croissance de la verge en longueur et largeur ; croissance du scrotum qui se pigmente fortement Stade 5 : maturation adulte
b. Les cinq stades de la pilosité pubienne P1 : stade prépubère P2 : poils longs, clairsemés, à la base de la verge P3 : poils plus épais, bouclés, noirs P4 : aspect adulte des poils ; extension vers la face interne des cuisses et la ligne blanche P5 : stade adulte
Chez la fille
a. Le développement des seins Stade 1 : stade prépubère Stade 2 : bourgeon mammaire Stade 3 : saillie mammaire bien visible Stade 4 : l'aréole se projette en avant du sein Stade 5 : stade adulte, avec retour de l'aréole dans le plan de la surface du sein (les stades 4 et 5 ne sont pas habituellement nettement distincts)
b. Les cinq stades de la pilosité pubienne P1 : stade prépubère P2 : quelques poils longs et fins apparaissent sur les grandes lèvres P3 : apparition des premiers poils noirs, bouclés, sur le pubis P4 : ébauche de triangle pubien P5 : stade adulte

Certaines affections sont chronologiquement liées à la poussée pubertaire : apparition ou aggravation des scolioses, maladie d'Osgood-Schlatter, épiphysiolyse.

Force musculaire et maturité physique

Leur évaluation est importante pour l'aptitude aux sports de collision (rugby, football américain, hockey sur glace) ou de contact (judo, handball, football). Les classifications actuelles ne tiennent pourtant compte, pour ce type de sport, que de l'âge chronologique, alors qu'il existe une grande diversité morphologique et pubertaire pour les enfants de la même tranche d'âge.
Certains auteurs ont corrélé le stade 3 de Tanner à une force musculaire de 25 kg au niveau de la main, mesurée à l'aide d'un dynamomètre. Cette méthode est simple, peu coûteuse, rapide et facilement reproductible. Une insuffisance du développement musculaire peut être un handicap pour la pratique de certains sports de contact. En rapportant les chiffres obtenus sur des courbes de référence (fig. 63.3), on peut situer l'enfant par rapport à la moyenne

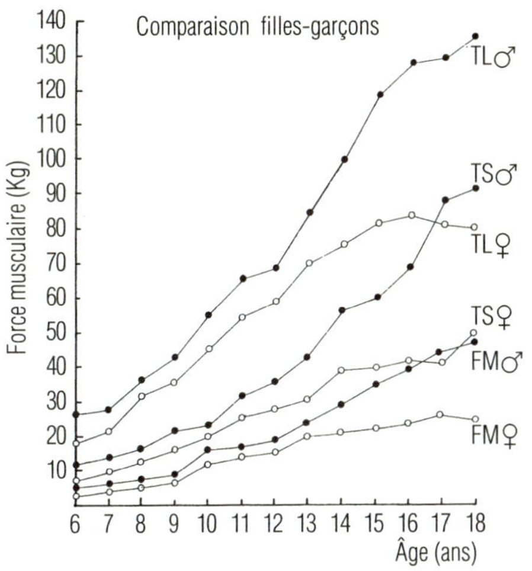

Fig. 63.3. Croissance de la force avec l'âge. FM : force de pression manuelle; TS : traction scapulaire; TL : traction lombaire (d'après Bosc et Cavalier, *in :* Mandel, 1984).

et ainsi suivre l'évolution de la force musculaire sous l'effet de l'entraînement.

Bilan cardiovasculaire

L'aptitude au sport est fondée sur la normalité des résultats de l'examen cardiovasculaire standard : auscultation, fréquence cardiaque (FC), pression artérielle (PA) au repos et à l'effort.

Du fait de sa grande labilité neurovégétative, l'enfant présente des variations considérables de la FC autour des chiffres moyens. Par ailleurs, plusieurs mesures de la PA sont indispensables avant de parler d'une HTA confirmée ou *a fortiori* « limite ».

L'épreuve de Ruffier est relativement imprécise chez l'enfant (difficultés de standardiser l'exécution des flexions, influence d'éléments émotifs) mais elle est cependant suffisante (surtout l'ECG) pour démasquer certaines affections non révélées par l'examen statique.

Une échographie peut être pratiquée en cas de doute sur l'organicité d'un souffle systolique, pour éliminer notamment une cardiomyopathie obstructive, ainsi que pour évaluer la structure intracardiaque et la fonction ventriculaire gauche.

Bilan de l'appareil locomoteur

Il est essentiel pour orienter au mieux l'enfant vers une activité sportive correspondant à ses capacités locomotrices. Toute anomalie décelée à l'examen clinique doit entraîner un contrôle radiologique et une révision de l'orientation sportive selon les caractéristiques propres à chaque sport.

Le bilan ostéo-ligamento-articulaire peut être effectué par tout praticien suivant toujours la même technique d'examen, dont la durée ne dépasse pas 5 à 10 minutes, à condition de connaître quelques repères indispensables (fig. 63.4) :

- étude de la marche, à la recherche d'une boiterie ou d'une anomalie de rotation des membres inférieurs;
- recherche d'une inégalité de longueur des membres inférieurs sur l'enfant debout ou couché par la mesure de la distance épine iliaque antérosupérieure-malléole interne ou externe;
- étude de la statique rachidienne après compensation d'une inégalité de longueur des membres inférieurs;
- de profil, recherche d'une cyphose, d'une hyperlordose, d'un *genu recurvatum;*
- de dos, en antéflexion, recherche d'une gibbosité;
- étude des mobilités articulaires, notamment au niveau des hanches, des coudes, des poignets, des genoux et des chevilles, recherche d'une hyperlaxité ligamentaire par des manœuvres comparatives de flexion-extension : ces manœuvres souffrent d'une absence de standardisation car il n'existe pas d'appareil de mesure suffisamment simple pour un examen médical courant;
- recherche de signes évoquant une dysplasie fémoropatellaire;
- examen des pieds, à la recherche d'anomalies éventuelles de la voûte plantaire;
- palpation systématique des apophyses de croissance tibiale et calcanéenne;
- étude de la latéralité par des tests simples au niveau des mains, des pieds et de l'œil.

Exploration fonctionnelle respiratoire

Elle permet la détermination du volume d'air courant (*Tidal volume* ou VT), de la capacité résiduelle fonctionnelle (CRF), du volume de réserve inspiratoire (VRI), du volume résiduel (VR), du volume de réserve expiratoire (VRE), de la capacité totale (CT) et du volume expiratoire par seconde (VEMS). Les valeurs normales par rapport à CT sont de l'ordre de : VR = 10 %; VRI = 50 %; CRF = 40 %. Les résultats par rapport à la taille du sujet sont donnés dans le tableau 63.III.

Tab. 63.III. Valeurs spirométriques normales en fonction de la taille.

Taille (cm)	CRF (mL)	CV (mL)	CT (mL)	VR (mL)	VRI (mL)
70	133	270	340	62	170
100	462	900	1 150	200	575
130	920	1 800	2 300	415	1 150
160	1 700	3 400	4 250	770	2 125

Certains rapports sont à considérer particulièrement, comme l'indice de Tiffeneau, dont l'augmentation est un signe d'obstruction, VEMS/CV étant cependant plus élevé chez l'enfant normal que chez l'adulte; il tourne autour de 86 % (± 7 %) alors qu'il est à 75 % chez l'adulte en bonne santé (fig. 63.5).

En revanche, l'augmentation de VR/CT traduit une certaine distension, et l'on doit considérer les valeurs supérieures à 20 comme anormales. Un autre indice de distension est le rapport CRF/CT, qui doit être inférieur à 45 %.

Le débit de pointe *(peak flow)* se définit sur l'enregistrement de la courbe débit-volume, où le volume expiré est en ordonnée et la capacité vitale en abscisse; le débit expiratoire passe par un maximum, qui définit le débit de pointe,

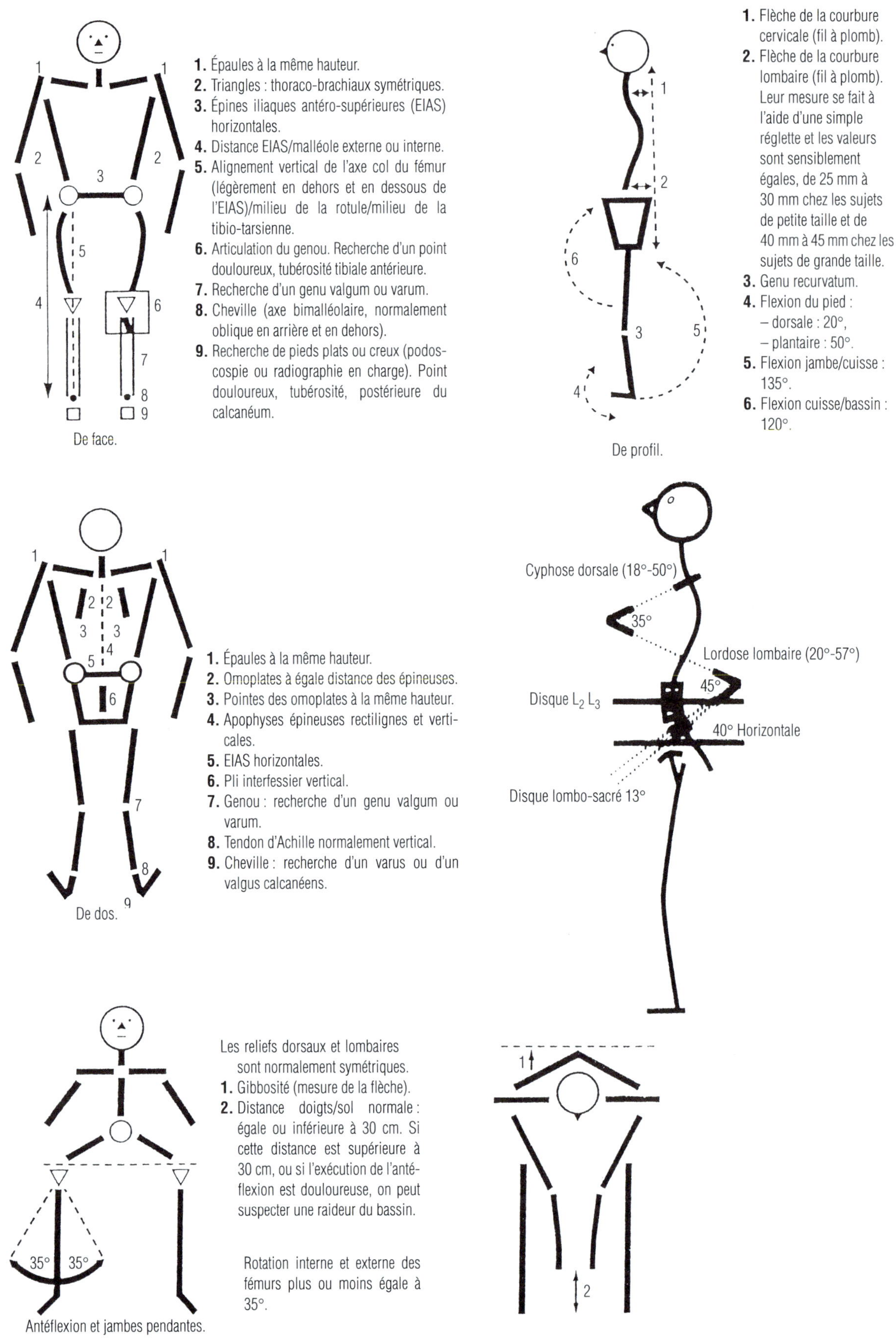

Fig. 63.4. Examen de l'appareil locomoteur.

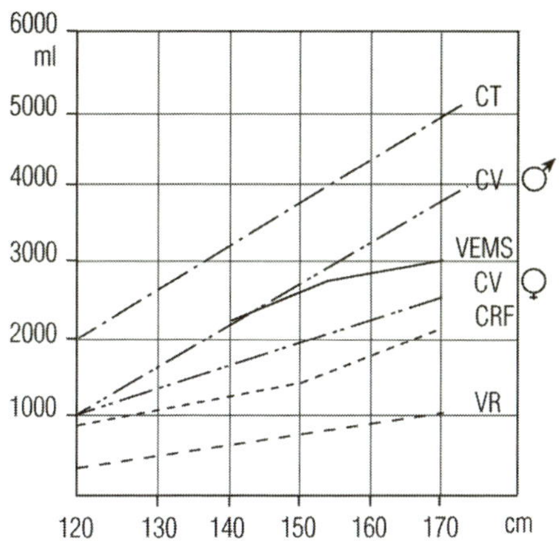

Fig. 63.5. Évolution de quelques paramètres respiratoires avec la taille et le sexe (d'après Jean et Benoist, 1974).

$\frac{VR}{CT}$ = 15-35 % $\frac{CRF}{CT}$ = 45 % $\frac{VEMS}{CV}$ = 80 %

Diverses équations ont été proposées pour estimer ces volumes :
CV = 2,5 litres par m^2 de surface corporelle
CV = 45,9 × H – 3 908,34 (Jean et Benoist)
CV = 0,146 × $e^{0,020}$ H (Weng et Levison)
CT = 50,1 × H – 4 217,4 (Jean et Benoist)
CT = 3 × 10^{-3} × $H^{2,80}$ (Helliesen)

puis par un minimum, au niveau du VR. Cette valeur du débit de pointe (DP) est liée à la bonne collaboration du patient et il ne peut y avoir de résultat fiable chez l'enfant qu'au-dessus de l'âge de 8 ans. Encore faut-il faire plusieurs mesures successives et ne prendre en considération que la meilleure. Les normes sont assez variables d'une population à l'autre; l'équation de Weng et Levison peut donner des valeurs de référence : DP = (4,90 × H) – 379. Mais c'est encore par comparaison de plusieurs examens successifs que l'on pourra au mieux juger des progrès de l'enfant.

Autres investigations

Dans certaines circonstances, il peut être souhaitable, comme chez l'adulte (voir les développements dans les différentes parties de cet ouvrage) :

- d'explorer les appareils sensoriels (vue, audition), dentaire, ORL;
- de mesurer la détente verticale (voir chapitre 14, fig. 14.2), d'apprécier l'équilibre monopodal;
- de faire pratiquer des radiographies du défilé fémoro-patellaire, de l'échancrure intercondylienne;
- d'évaluer la maturité squelettique chaque fois que cela paraît justifié, par la détermination de l'âge osseux et du test de Risser (fig. 63.6) : écarts importants entre les mesures biométriques et les données chronologiques, prédiction de taille définitive;
- de demander une épreuve d'effort cardiaque ou pulmonaire;
- de mettre en évidence une éventuelle anomalie biologique (anémie ferriprive, hypoglycémie, parasitose, etc.);
- de pratiquer une mesure de la densité minérale osseuse (absorptiométrie biphotonique aux rayons X) pour juger de l'importance d'une déminéralisation et en suivre l'évolution, ou tenter de détecter les sujets à risque de fracture;
- par la même technique, d'apprécier la composition corporelle par l'étude des masses maigre, grasse et calcique (l'absorptiométrie biphotonique aux rayons X est une nouvelle technique de mesure de la masse osseuse, trabéculaire et corticale, et de la composition corporelle; elle doit être proposée aux sportifs pratiquant plus de 10 heures par semaine et présentant un retard pubertaire, aux sportives ayant une aménorrhée primaire ou secondaire ou pour vérifier de façon précise les conséquences de la répétition d'un geste sur la composition corporelle d'un membre ou d'un segment de membre);
- de faire une enquête diététique ou un bilan nutritionnel, surtout dans les disciplines qui ont des impératifs de poids comme la gymnastique, le patinage, la danse ou les arts martiaux, la difficulté chez les enfants et les adolescents étant de définir les apports alimentaires nécessaires pour couvrir la dépense énergétique due à l'activité sportive tout en tenant compte des impératifs de la croissance.

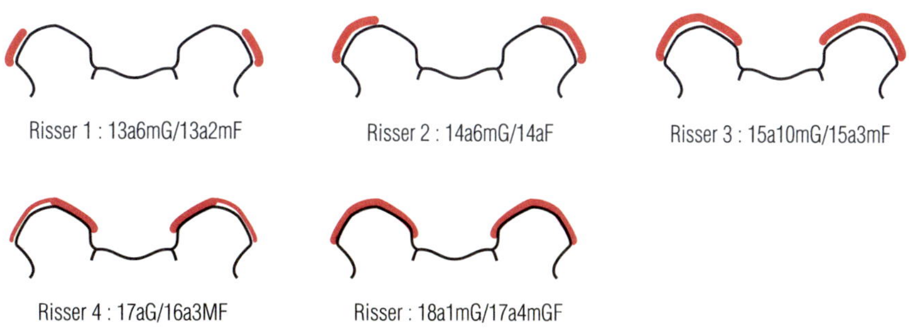

Fig. 63.6. Test de Risser.

Indications des tests d'effort

Les principales sont les suivantes :

- évaluation de la capacité physique du sujet par l'étude des paramètres cardiovasculaires (voir chapitre 37), respiratoires et métaboliques (acide lactique, glucose, etc.);
- révélation d'un bronchospasme à l'exercice;
- exploration d'une hypertension, d'un trouble du rythme;
- possibilité d'adaptation cardiorespiratoire chez un enfant porteur d'une affection connue (voir chapitre 42);
- évaluation du « risque » d'une éventuelle affection.

Contre-indications

Contre-indications absolues ou globales

Elles sont très rares, même lorsqu'il s'agit d'une maladie grave chronique, invalidante et évolutive.

Tous les médecins concernés doivent intervenir pour que soient discutés, au cas par cas, les bénéfices et les risques de chaque activité sportive, en évaluant la motivation de l'enfant et les conséquences psychologiques d'une contre-indication.

Contre-indications sélectives ou temporaires

Elles concernent surtout l'appareil cardiopulmonaire et le système locomoteur.
Des activités sportives de loisir peuvent être autorisées dans certains cas, toujours après examen médical ou avis spécialisé. On peut généralement trouver un sport compatible avec n'importe quel type de maladie, le seul écueil étant la motivation de l'enfant. Ainsi, chez un enfant atteint d'une scoliose évolutive avec port d'un corset, les activités sportives seront conseillées parce qu'elles participent au développement de la musculature du tronc et du thorax et constituent un facteur d'intégration au groupe. Il faut même autoriser l'abandon du corset pendant quelques heures pour participer à ces activités.

Une enquête faite aux États-Unis auprès de 7 millions de jeunes scolaires participant à des activités sportives a révélé qu'un examen classique rapide ne décèle que 0,3 à 1,3 % de contre-indications définitives.
Une autre étude, auprès de 2 670 jeunes sportifs, a montré qu'un examen plus sélectif aboutissait à 11 % de contre-indications, le plus souvent temporaires. Dans ces cas, les facteurs de risque le plus souvent retrouvés sont la raideur des tendons, une anomalie fémoro-patellaire, une instabilité ligamentaire des genoux et des chevilles.

Problème de la haute compétition

On conçoit dans cette éventualité que des contre-indications existent, dans la mesure où la compétition fait courir un risque réel d'aggravation ou d'accident (tableau 63.IV). Le problème est plutôt théorique, car en pratique personne ne se lance dans la haute compétition avec un handicap sévère de santé, à deux exceptions près : la nature du handicap est telle qu'il ne gêne pas le sport considéré, ou la compétition sportive entre handicapés eux-mêmes (voir chapitre 83).

Tab. 63.IV. Recommandations pour la participation aux activités sportives de compétition (d'après M. Binder, 1998).

Pathologies préexistantes	**Pathologies autorisant la pratique du sport sans réserve**	**Pathologies autorisant la pratique du sport après :** **– bilan médical** **– adaptation thérapeutique** **– ou adaptation qualitative et quantitative du sport** ***(sports conseillés ou déconseillés)***	**Pathologies contre-indiquant la pratique du sport**
Pathologies cardiovasculaires	Souffle systolique inorganique Arythmie respiratoire Hypertension artérielle labile Extrasystoles isolées CIA, CIV, CA opérés Prolapsus valvulaire mitral sans trouble du rythme	Syndrome vagal *(conseil de récupération active)* Cardiopathies avec shunt gauche-droit à débit peu important (CIA, CIV, CA) Régurgitations valvulaires Cardiopathies cyanogènes opérées *(conseil d'endurance à sollicitation cardiaque modérée)* Hypertension artérielle organique *(conseil d'endurance)* Troubles du rythme	Cardiopathies cyanogènes non opérées Hypertension artérielle pulmonaire majeure Myocardiopathie obstructive
Pathologies pulmonaires	Asthme équilibré	Asthme avec bronchospasme d'effort *(ambiance chaude et humide, activités fractionnées sous-maximales : sports collectifs)* Mucoviscidose *(endurance)* Convalescence d'une maladie infectieuse	
Pathologie neuropsychiatrique		Épilepsie *(déconseillés car risque de situations dangereuses : escalade, plongée sous-marine, sports de mer non accompagnés, sports motorisés)*	
Pathologies métaboliques	Protéinurie orthostatique ou d'effort	Diabète bien équilibré *(sports solitaires déconseillés par risque d'hypoglycémie)* Obésité *(conseils de sports portés : aviron, cyclisme, natation)*	
Pathologies locomotrices	Attitude scoliotique par bascule du bassin Scoliose inférieure à 20° Hyperlordose non douloureuse Lyse ischémique non douloureuse Anomalies mineures non douloureuses de la statique des membres et des pieds	Scoliose supérieure à 20°, même avec corset *(sports à fortes sollicitations vertébrales déconseillés : hockey sur glace, rugby, ski nautique, judo)* Épiphysiolyse opérée d'un côté *(surveillance controlatérale)* Plaques d'ostéosynthèse *(sports de collision déconseillés)*	
Pathologie hématologique		Hémophilie *(sports de contact et de combat, athlétisme, plongeon, déconseillés)*	

Des cadres spécifiques pour les activités physiques et sportives

APS à l'école

Les activités physiques restent encore un peu les mal-aimées de l'Éducation nationale; les horaires (théoriquement 3 heures par semaine) sont souvent peu respectés dans le primaire : parents, maîtres et élèves privilégiant les résultats dans les matières « nobles » comme les mathématiques. Dans le secondaire, plus de 10 % des élèves arrivent avec une dispense d'EPS, et deux élèves sur trois seulement se présentent aux épreuves sportives du baccalauréat. Il faut souligner une certaine responsabilité des médecins, qui délivrent plus facilement des dispenses que des ordonnances d'activités physiques.

Associations sportives scolaires (ASS)

Elles devraient exister dans tous les établissements scolaires. Deux fédérations animent ces associations :

- l'USEP (Union sportive de l'enseignement du premier degré), qui regroupe 11 950 associations et plus de 800 000 jeunes licenciés de 3 à 11 ans;
- l'UNSS (Union nationale du sport scolaire), qui a permis en 2001-2002 à plus de 1 200 000 jeunes scolarisés au collège ou au lycée de pratiquer 1, 2 ou plusieurs activités sportives sur plus de 70 proposées.

Sections sportives scolaires

Régies par la circulaire du 13 décembre 1976, elles offrent au sein du système éducatif un champ de pratique sportive approfondie. La section sportive est intégrée obligatoirement au projet d'établissement. Elle procure aux élèves volontaires la possibilité de bénéficier, après accord des familles, d'un entraînement plus soutenu dans une discipline de leur choix, tout en suivant une scolarité normale. Le volume d'entraînement reste modéré (3 heures au minimum) et compte obligatoirement en plus les heures d'EPS et une pratique sportive dans le cadre de l'UNSS. Partie intégrante d'un projet pédagogique disciplinaire, elle s'organise sous la responsabilité d'un enseignant d'EPS.

Filières de haut niveau

Elles ont été mises en place à la rentrée scolaire 1995 et se substituent aux sections sport-études et aux centres permanents d'entraînement et de formation. Elles constituent un réseau de structures d'accueil des sportifs adaptées aux particularités de chaque discipline. Les pôles France réunissent des élèves engagés à un niveau de compétition nationale ou internationale. Les pôles Espoirs regroupent majoritairement des jeunes qui pourraient à terme rejoindre les pôles France. En 2002-2003, 459 pôles dont 130 pôles France et 329 pôles Espoirs ont été labellisés en France.

Pratique dans un club sportif

Un certificat de non-contre-indication y est très souvent demandé. Il est normalement obligatoire, comme l'est la licence sportive pour les compétitions (voir chapitre 10).

Conclusion

Certes, la pratique d'activités physiques et sportives présente quelques risques : une étude récente de Tursz et Crost démontre que dans les Yvelines, 17 % des enfants accidentés le sont au cours d'activités physiques ou sportives. Mais de telles constatations ne doivent pas en dissimuler les bienfaits. La pratique sportive limite le nombre des accidents de la vie courante car elle donne une meilleure conscience du geste et une meilleure prise en compte de l'environnement, une meilleure maîtrise du corps.

Le sport, la pratique régulière d'une ou de plusieurs activités physiques constituent bien une part importante de la médecine préventive, et le contrôle médical du jeune sportif doit être son assurance « tout risque ».

Les objectifs d'une consultation de médecine du sport et les moyens qu'elle utilise l'individualisent nettement par rapport à une consultation pédiatrique habituelle, par l'attention portée à la morphologie, à l'appareil ostéo-ligamento-musculaire et aux tests cardiovasculaires. Dans le cadre de cette consultation, le rôle du médecin ne se limite pas au seul bilan médical et à la rédaction d'un certificat. Il intervient également dans l'information et la prévention afin que l'activité sportive soit bénéfique au développement de l'enfant et que les risques qu'elle comporte soient réduits au minimum.

Pour en savoir plus

Bar-Or O. *Médecine du sport chez l'enfant.* Paris : Masson, 1987.

Binder M. *Quel sport, pour quel enfant.* Paris : Calmann-Lévy, 1987.

Binder M. Aptitude de l'enfant au sport, de l'école à la compétition. *In : L'enfant et la pratique sportive.* Paris : Masson, 1998.

Carrier CL. *L'adolescent champion, contrainte ou liberté.* Paris : PUF, 1992 : 128 p.

Duhamel JF. L'enfant et le sport de haut niveau. *Arch Fr Pediatr* 1991; 48 : 85-7.

Jean R, Benoist MR. *Exploration fonctionnelle pulmonaire en pédiatrie.* Paris : Flammarion Médecine-Sciences, 1979.

Mandel C. Croissance, alimentation, masse osseuse, composition corporelle et pratique sportive chez l'enfant. *Journées parisiennes de pédiatrie.* Paris : Flammarion, 1995.

Pour en savoir plus (suite)

MANDEL C, ROYER P, RIEU M, JENOURE P, FLANDROIS R, KLEPPING J *et al. Le médecin, l'enfant et le sport*. Paris : Médecine et Enfance, 1984.

MANDEL C. *L'ABC du jeune sportif*. Paris : Hachette-Carrère, 1990.

STEPTOE A, BUTLER N. Sports participation and emotional well-being in adolescents. *Lancet* 1996; 347 : 1789-92.

THIEBAULD M, Sprumont P. *L'enfant et le sport*. Paris : De Boeck Université, 1998 : 462 p.

Effets de l'excès d'activité sportive sur l'appareil locomoteur d'un adolescent

Sommaire

L'enfance et l'adolescence sont les périodes les plus favorables à l'éveil, à l'apprentissage et à l'automatisation dans le domaine des activités intellectuelles mais également physiques. C'est le temps de la croissance, l'époque de la construction d'un organisme encore fragile, des bouleversements tant hormonaux que psychologiques (voir chapitre 63).

C'est pourquoi, si la pratique sportive est fortement conseillée dans le cadre d'un développement morphologique harmonieux et d'un épanouissement réussi de la personnalité, le choix du sport, l'intensité de la pratique, la fréquence des entraînements et la précocité de la mise en route auront une lourde incidence sur l'appareil ostéoarticulaire de l'adolescent.

Le choix d'un sport doit être la résultante d'une aspiration personnelle et de la capacité physique du jeune dont le médecin est le seul juge.

L'âge de début de la compétition fait entrer en ligne de compte l'aptitude sportive du sujet et sa détermination, son âge structural mais également des considérations d'environnement familial (voir chapitre 63).

L'intensité et le rythme de la pratique font appel au bon sens de l'entraîneur et des parents, et à la surveillance du médecin. L'alimentation, les activités physiques annexes, la durée des temps de sommeil, les périodes de récupération post-compétition, les exigences scolaires sont autant de paramètres à considérer avec soin.

L'adolescent n'est pas un homme en miniature, il est une entité particulière et en devenir que les parents ne doivent pas pousser à l'excès, que l'entraîneur ne doit pas mener au seuil physique de rupture, que les dirigeants et médias ne doivent pas aduler lorsque la réussite intervient.

Les difficultés inhérentes à chaque sport seront contrôlées et adaptées, l'apprentissage technique sera toujours régulier et maîtrisé, le surentraînement devra être combattu et la « dépendance » au sport évitée; de plus, l'hygiène de vie devra être préservée dans sa globalité et les moindres déficiences de santé seront traitées.

Ainsi, parents, sportifs, entraîneurs et médecins ont-ils chacun leur rôle à jouer dans le scénario d'une adolescence sportive réussie.

Conséquences néfastes d'un surmenage sportif sur le développement structural de l'enfant

Certains sportifs (gymnastes, acrobates, athlètes, etc.) présentent dans un nombre non négligeable de cas (60 %) un ralentissement de leur vitesse de croissance et, radiologiquement, un retard d'âge osseux de 1 ou 2 ans.

Ces constatations sont d'autant plus nettes que les activités physiques auxquelles sont soumis les intéressés ont commencé tôt. Néanmoins, leur taille définitive n'est pas modifiée.

Ainsi, les enfants ayant débuté leur entraînement bien avant leur phase pubertaire ont-ils une croissance prolongée, et ceux qui ont une pratique intensive pendant cette

période rattrapent-ils leur retard pendant les périodes de repos. C'est dire l'importance des phases longues de récupération, des périodes de vacances libres de tout stage sportif et des temps de sommeil suffisants.
Le surentraînement physique est capable d'induire par là même un déséquilibre entre croissance musculaire, habituellement régulière et harmonieuse, et croissance osseuse par « à-coups », d'où l'apparition d'une pathologie d'arrachements apophysaires et la survenue de troubles statiques rachidiens ou périphériques.
L'activité physique soutenue et répétitive s'accompagne d'une réduction de la masse grasse, avec pour conséquence des répercussions hormonales, elles-mêmes susceptibles de retentir sur le squelette. Elles sont détaillées plus loin.
Une réflexion spécifique s'impose sur les scolioses de l'adolescent sportif. Il faut d'abord rappeler que la scoliose se définit par une déviation rachidienne dans le plan frontal, non complètement réductible, associée à une rotation fixée des vertèbres intéressées. Elle touche 7 % de la population, surtout les filles, avec un risque d'aggravation angulaire importante entre la puberté et la maturité osseuse.
Une activité sportive ne peut déclencher ou influer le cours évolutif de la déformation; néanmoins certains sports, en raison de la grande pression axiale exercée sur la colonne et de la laxité en phase pubertaire, ne sont pas conseillés (trampoline, porters). Certains sports asymétriques (tir à l'arc, escrime) ou traumatisants pour le rachis (judo, rugby), ou encore microtraumatisants (équitation) seront discutés et feront l'objet d'un suivi.
En revanche, les sports en extension axiale, en suspension, ceux qui favorisent le développement respiratoire et le travail de la sangle abdominale sont indiqués (basket, trapèze, barre fixe, dos crawlé).

Lésions possibles du cartilage de croissance secondaires au sport

Radiologiquement, les cartilages de conjugaison sont souvent plus épais chez le sportif avéré, avec possibles lacunes dystrophiques métaphysaires et ostéocondensation sous-chondrale épiphysaire associée. Ces irrégularités dans les zones hypersollicitées sont la traduction des microtraumatismes sur la trophicité des os en croissance. Leur symptomatologie est infraclinique.
Les fractures du cartilage de conjugaison représentent 15 % des fractures de l'adolescent.
Plusieurs types anatomiques peuvent être rencontrés :

- le décollement épiphysaire pur, de bon pronostic si la réduction est parfaite;
- le décollement accompagné d'une fracture métaphysaire partielle, également de bon pronostic, fonction d'une excellente réduction;
- la fracture articulaire remontant vers l'épiphyse, nécessitant une réduction et une contention par broche, de pronostic réservé;
- la fracture oblique transépiphysaire, de pronostic moins bon, qu'on rencontre par exemple au condyle externe du coude. La réduction doit aboutir à un alignement précis du cartilage et au rétablissement de la surface articulaire;
- l'écrasement de la couche basale du cartilage de conjugaison avec faible déplacement, que l'on voit fréquemment au niveau d'une tibio-tarsienne violemment forcée en valgus. On s'attachera, par la multiplication des incidences radiologiques, à rechercher un tassement métaphysaire localisé. Le pronostic est sévère, avec risque d'épiphysiodèse et chirurgie réparatrice secondaire.

Les traumatismes des cartilages de conjugaison peuvent être suivis de séquelles :

- inégalité évolutive des membres inférieurs;
- hypercroissance lors de fractures diaphysaires mal réduites;
- angulations évolutives si elles sont d'origine épiphysaire ou métaphysaire;
- troubles de rotations, raideurs.

Apophysoses

L'adolescent présente rarement des lésions tendineuses ou musculaires du fait de la plasticité de ces tissus qui, au niveau des membres, s'insèrent sur des noyaux apophysaires secondaires encore fragiles et exercent sur eux leur contrainte mécanique. On distingue les apophysites et les arrachements apophysaires.

Apophysites

Elles sont traitées ici par ordre de fréquence.

Maladie d'Osgood-Schlatter

Elle touche essentiellement le garçon entre 12 et 15 ans (gymnaste, footballeur, handballeur, etc.).
Son déclenchement découle de la traction du tendon rotulien sur la tubérosité tibiale antérieure lors des impulsions, sauts et démarrages rapides.
Elle est uni ou bilatérale, se traduisant cliniquement par une douleur progressive mécanique, accompagnée d'une tuméfaction chaude et sensible de la tubérosité.
À ce stade, radiologiquement, le noyau apophysaire apparaît fragmenté et anormalement détaché de l'épiphyse.
Après un repos sportif de quelques mois, voire une mise en décharge pendant quelques semaines et aidée par des ionisations anti-inflammatoires, l'évolution est favorable. Cependant, dans les cas rebelles, une tuméfaction apophysaire disgracieuse peut demeurer et des insersites peuvent survenir à l'âge adulte.

Maladie de Sinding-Larsen

Elle est également favorisée par les sauts. Elle touche la pointe inférieure de la rotule et se rencontre plus fréquemment chez la fille vers 12 ans. Uni ou bilatérale, elle se traduit radiologiquement par un flou autour de la base rotulienne avec présence de calcifications. La guérison sans séquelles se fait en quelques mois de repos.

Maladie de Sever

Elle se rencontre plus souvent chez le garçon entre 10 et 15 ans, courant ou sautant sur des sols durs ou sans chaussures (gymnastique, acrobatie). Il s'agit de l'atteinte du noyau d'ossification secondaire du calcanéum, zone d'insertion du tendon d'Achille (fig. 64.1). Elle se manifeste par des talalgies avec boiterie. Il peut exister localement un léger œdème des parties molles talonnières et la pression du noyau d'ossification est douloureuse. Les clichés montrent un noyau dense et fragmenté au contour crénelé. L'arrêt du sport et le port de talonnettes souples sont nécessaires ; des ionisations anti-inflammatoires peuvent être utiles.

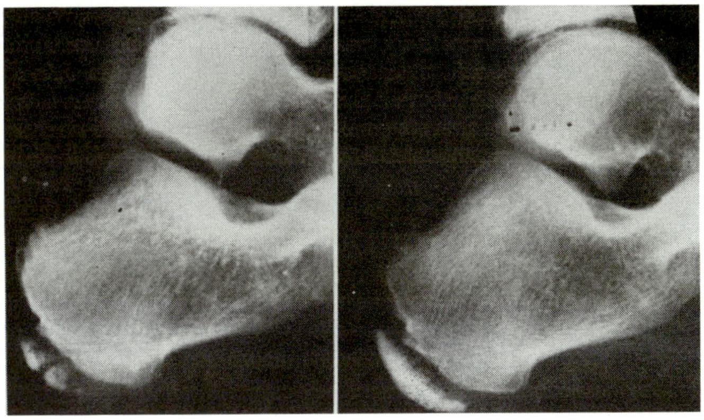

Fig. 64.1. Maladie de Sever, à droite (d'après Claustre *et al. Le pied en pratique sportive*. Paris : Masson, 1984).

Apophysite sésamoïdienne

Elle est favorisée par l'impulsion motrice dans les sauts et les sprints. Elle est due à l'étirement de l'abducteur du premier orteil. Sa symptomatologie et son traitement sont comparables à ceux de la maladie de Renander, décrite ci-après.

Ostéochondrite ischio-pubienne

Elle se localise à la jonction des noyaux d'ossification du pubis, en haut, et de l'ischion, en bas. C'est la zone d'insertion des adducteurs, sollicités au tennis, au football, etc. La période de soudure de ces noyaux peut aller jusqu'à l'âge de 15 ans chez le garçon. Cliniquement, il s'agit d'une douleur fruste dans la région obturatrice, déclenchée par la contraction des adducteurs, irradiant dans la hanche et aux organes génitaux.
Radiologiquement, la jonction est tuméfiée en forme de noix avec parfois des géodes incluses. La guérison impose un repos sportif de plusieurs mois.

Apophysite olécranienne

Siège de l'insertion tricipitale, elle se rencontre dans les sports de combat et le handball. Elle n'a qu'une traduction symptomatologique fruste.

Apophysite interne du fémur

Le fémur présente des irrégularités de pourtour où s'accrochent le grand adducteur et le ligament latéral interne. C'est une apophysite rare.

Arrachements apophysaires

Arrachements des épines iliaques antérieures

Ce sont les plus fréquents. Les trois muscles du saut que sont le couturier, le tenseur du *fascia lata* et le droit antérieur s'insèrent sur ces points d'ossification, qui ne se soudent que vers 18 ans. Le tableau réalisé est celui d'un claquage avec impotence douloureuse et *flessum* antalgique rendant la marche impossible. L'élévation du membre inférieur tendu est impossible et la palpation localise la zone lésée. Les clichés confirment le diagnostic et différencient le décollement en coup d'ongle de l'arrachement avec déplacement en bas et en avant.
Une mise au repos de 4 semaines et une interruption sportive de 2 mois sont nécessaires. En cas d'arrachement, la réduction-synthèse chirurgicale peut être indiquée, avec reprise en 4 à 6 mois.

Arrachement de la tubérosité ischiatique

Il survient entre 13 et 20 ans au niveau de l'insertion haute des ischio-jambiers (fig. 64.2). La douleur initiale sous la fesse accompagnée d'une boiterie s'estompe rapidement sauf en position assise. Parfois, on retrouve un léger gonflement de la loge postérieure de la cuisse et l'étirement des ischio-jambiers reproduit la douleur.
Le traitement consiste en un repos de 3 semaines avec arrêt du sport pendant 6 mois. Mais deux complications peuvent venir émailler l'évolution : la pseudarthrose, imposant un repos supplémentaire, et le cal hypertrophique, puisque le fragment arraché garde un potentiel de croissance et qu'un foyer hémorragique secondairement calcifié peut s'organiser.

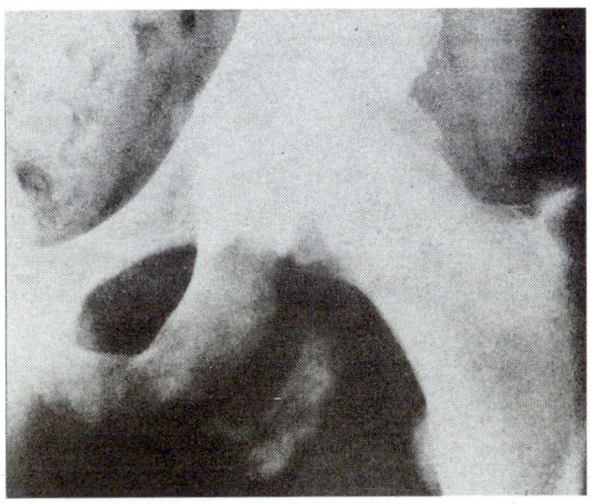

Fig. 64.2. Arrachement de la branche ischio-pubienne.

Arrachement de la tubérosité tibiale antérieure

Il survient entre 12 et 18 ans après une flexion forcée du genou avec contraction quadricipitale. Le bilan clinique met en évidence une importante tuméfaction dure locale, une ascension de la rotule et parfois une hémarthrose. Le traitement comprend soit le port d'une genouillère plâtrée en extension pendant 3 à 10 semaines, soit une fixation chirurgicale. La reprise du sport s'effectue vers le 6e mois après rééducation.

Arrachement du petit trochanter

Il fait suite à un démarrage rapide ou à un grand écart. Une douleur intense se produit juste sous l'arcade crurale et irradie vers les lombes. La flexion de la hanche est difficile et le sujet se présente à reculons. L'interruption sportive est de 3 mois.

Arrachement de la crête iliaque

L'arrachement de la crête iliaque par inflexion latérale ou rotation violente du tronc est rare, de même que les *arrachements des apophyses épineuses des 6e et 7e cervicales* après mauvaises réceptions ou l'*arrachement de l'apophyse transverse de L3*.

Pathologie de l'os vésalien

Il s'agit soit d'un os surnuméraire devenu douloureux, soit d'un arrachement épiphysaire à la base du 5e métatarsien. Dans ce dernier cas, le court péronier latéral s'est désinséré, entraînant avec lui une parcelle d'épiphyse lors d'une entorse externe du pied. La marche, la course et le saut sont douloureux. Le repos, le port d'une chaussure large et parfois d'une semelle de décharge sont nécessaires à la guérison.

Ostéochondroses articulaires

Elles prédominent globalement chez le garçon et touchent préférentiellement le membre inférieur. Si différents facteurs étiologiques sont incriminés dans le déterminisme de ces ostéodystrophies épiphysaires (génétique, vasculaire, endocrinien), les traumatismes brutaux et surtout les microtraumatismes répétitifs en sont la cause essentielle.

Ostéochondrite disséquante du genou

Elle reconnaît une origine traumatique ou microtraumatique dans 40 % des cas et touche essentiellement le garçon dès 12 ans. Elle se traduit par une gonalgie d'appui intermittente, entraînant une boiterie, parfois par des poussées d'hydarthrose avec blocages si le séquestre est libre.

On s'attachera à rechercher deux signes spécifiques :

- la douleur provoquée, genou en hyperflexion, par la pression sur la face axiale du condyle interne (signe d'Axhausen) lorsque la nécrose est située sur ce versant;
- une douleur à l'extension progressive du genou, pied en rotation indifférente, alors qu'elle disparaît le pied étant en rotation extrême.

Au stade de séquestre libre, on palpe parfois la souris articulaire dans l'interligne.

Les clichés radiographiques localisent la lésion : dans 75 % des cas, elle se situe sur le condyle interne et une fois sur deux en zone d'appui.

Un délai de 5 à 10 semaines est nécessaire à l'apparition de la première image, d'où l'intérêt de la scintigraphie pour un diagnostic précoce et du scanner pour préciser l'étendue et la topographie exacte de la lésion.

L'image radiologique classique montre une zone d'os sous-chondral claire semi-lunaire, entourée d'une condensation. Dans tous les cas, le contour condylien a perdu son arrondi et la souris articulaire peut être retrouvée au voisinage de la niche ou à distance, mais peut également ne pas être vue.

Le traitement consiste, au stade de séquestre enclos, en une décharge de 8 semaines.

Si le séquestre est libre en zone de non-appui, on en fera l'ablation et on traitera la niche; en zone d'appui, on fixera le séquestre s'il est utilisable.

Ce tableau ne doit pas être confondu avec l'ostéochondrose condylienne, qui touche l'enfant entre 7 et 12 ans pratiquant intensivement le sport (plus de 10 heures par semaine), lequel a été débuté précocement.

Les sports à risques sont le football, le tennis, la gymnastique et le judo; la pratique sur des sols synthétiques et le port de chaussures à crampons sont des facteurs favorisants.

On s'attachera à mettre en évidence un signe de l'extension douloureuse par contre-appui qui est pathognomonique.

Radiologiquement, on relève plusieurs stades : petite lacune condylienne, lacune plus étendue cernée d'un liseré condensant, présence d'un noyau incongruent intralacunaire et enfin niche comblée par le noyau devenu fusionnant en 6 mois à 2 ans.

Au stade 1, le repos sportif avec surveillance s'impose pendant près d'un an. Dans les stades 2 et 3, une immobilisation en résine inguino-pédieuse pendant 2 mois est nécessaire.

Maladie de Freiberg

La maladie de Freiberg, ou épiphysite classiquement du 2e métatarsien, n'est pas rare chez la gymnaste, la danseuse ou l'acrobate entre 10 et 12 ans.

Elle se traduit par une douleur mécanique de l'avant-pied réveillée par l'appui au temps ultime du pas, avec parfois tuméfaction dorsale du 2e rayon très sensible à la palpation.

Les clichés montrent plusieurs semaines après une déminéralisation avec fragmentation de l'épiphyse, d'où l'intérêt d'une scintigraphie ou d'un scanner.

On impose le repos sportif et le port d'une orthèse de décharge afin d'obtenir une guérison sans séquelle, évitant ainsi un aplatissement définitif de la tête avec arthrose et luxation secondaires de la 2e métatarso-phalangienne.

Maladie de Renander

Elle traduit l'ostéodystrophie d'un des sésamoïdes du premier métatarsien. Elle résulte de microtraumatismes sur sols durs. L'incidence de Walter-Müller retrouve un sésamoïde, le plus souvent l'interne, irrégulier, condensé et morcelé. L'exploration par scanner est utile pour éliminer une fracture de fatigue ou une atteinte inflammatoire (fig. 64.3). Le traitement impose une semelle avec logette d'exclusion de la zone nécrosée.

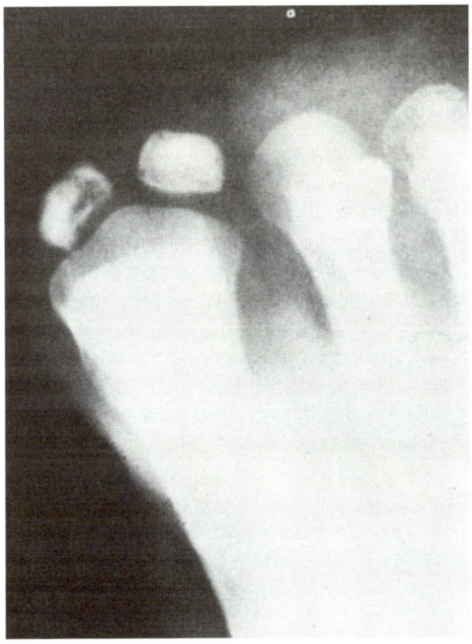

Fig. 64.3. Maladie de Renander (d'après Claustre *et al. Le pied en pratique sportive*. Paris : Masson, 1984).

Ostéochondrite du dôme astragalien

Elle se rencontre dans 70 % des cas chez le garçon, et souvent le footballeur. Les atteintes externes sont liées à des mouvements de la cheville en flexion dorsale et inversion, les lésions internes à des mouvements en éversion.
La symptomatologie est faite d'une douleur confinant à la boiterie avec parfois blocages. La palpation du dôme peut être douloureuse et un épanchement articulaire peut être retrouvé. Les clichés radiographiques et, mieux, l'arthroscanner permettent d'analyser l'étendue des lésions et le séquestre.
Le traitement chirurgical (séquestrectomie et cure de la niche) n'est indiqué que si la gêne fonctionnelle est significative avec un fragment flottant.

Maladie de Kienböck

La maladie de Kienböck, ou atteinte nécrotique du semi-lunaire, peut se retrouver chez le gymnaste au sol. Elle survient plus fréquemment s'il existe une brièveté du cubitus.
La douleur du carpe limite les mouvements du poignet, qui est sensible et tuméfié sur la face dorsale.
Radiologiquement, il existe d'abord un aspect déminéralisé puis sclérogéodique du semi-lunaire, dont les contours sont déformés. Cette image ne s'observe qu'à la 6e semaine, rendant précieux le recours à une scintigraphie précoce ou à une exploration par scanner.
Le traitement médical consiste en une immobilisation plâtrée de 2 à 3 mois, suivie d'une rééducation; l'intervention chirurgicale n'est indiquée que si l'impotence persiste après 6 mois d'évolution.

Maladie de Legg-Perthès et Calvé

La maladie de Legg-Perthès et Calvé, ou *coxa-plana*, est rare chez le jeune sportif avant 10 ans. L'enfant se plaint du genou sur un mode mécanique et boite.
L'examen permet de rattacher la symptomatologie à la hanche, qui est limitée dans l'abduction et les rotations. L'amyotrophie quadricipitale est discrète.
Radiologiquement, les lésions intéressent soit la totalité du noyau céphalique (30 % des cas), soit une partie de celui-ci (70 % des cas).
Les images évoluent en trois phases : nécrose du noyau céphalique (aplatissement et densité accrue), fragmentation de l'épiphyse, reconstruction d'un noyau céphalique légèrement ovalisé avec discret raccourcissement du col.
Le pronostic dépend de la précocité du traitement, permettant d'éviter les séquelles à type de *coxa-plana* ou de *coxa-valga*, source d'arthrose secondaire.
Le traitement consiste en la suppression de l'appui pendant au moins 18 mois dans les formes centrées totales ou partielles, et en un centrage de la tête par traitement orthopédique ou chirurgical si besoin.

Maladie de Panner

La maladie de Panner, ou épiphysite du condyle huméral, est rare.

Maladie de Scheuermann

Il s'agit d'une altération dystrophique ostéochondro-épiphysaire du rachis en période de croissance.

Mécanisme d'apparition

L'armature fibrillaire du cartilage qui recouvre les plateaux vertébraux est lésée, d'où la déformation de cette plaque sous l'effet de la poussée discale. L'hyperpression sur la zone d'ossification vertébrale antérieure conduit à des vertèbres ± cunéiformes et la cyphose s'installe.
Toute hyperpression dans le sens craniocaudal aggravera les lésions du Scheuermann (sauts, trampoline, haltérophilie...), les vibrations et les cahots (moto, ski nautique), les sports traumatisants (judo, rugby) également, et tous les sports pratiqués en cyphose dorsale (boxe, cyclisme, canoë) auront tendance à fixer la déformation.

Symptomatologie

Les motifs de consultation sont une dorsalgie dans 40 % des cas et un dos rond dans 60 % des cas.

La douleur siège soit dans la convexité de la courbure, soit au niveau des zones charnières; elle est mécanique.

La cyphose est dorsale, harmonieuse, à grand rayon.

L'examen du rachis se fait en position assise, en attitude statique puis dynamique en décubitus ventral, en notant le degré de réductibilité de la déformation, et ensuite debout de profil, pour préciser les hyperlordoses compensatrices et le degré de redressement possible. On apprécie également le degré d'extensibilité des muscles des ceintures, la fonction respiratoire et le retentissement psychologique de la déformation.

Étude radiologique

À la phase de pré-Scheuermann le listel marginal antérieur qui normalement surplombe le plateau ossifié se projette à son niveau ou au-dessous.

Puis à la phase de début, la vertèbre comporte des plateaux feuilletés, le listel du coin antérosupérieur est légèrement biseauté et les vertèbres adjacentes se rapprochent.

Fait fondamental, ces anomalies siègent à plusieurs étages :

- à la phase d'état, apparaissent sur plusieurs vertèbres des lacunes au niveau des plateaux supérieurs et inférieurs, habituellement rétromarginales aux contours nets;
- enfin, les vertèbres deviennent cunéiformes, les lacunes semblent se combler, les espaces intervertébraux restent pincés.

On mesure le degré de cyphose et le degré de maturité osseuse (Risser) afin de suivre l'évolution et de décider la mise en place du traitement.

Formes cliniques

Elles sont multiples :

- *formes symptomatiques :* algiques, muettes cliniquement, formes à dos plat;
- *formes radiologiques* avec lacunes antérieures, postérieures ou centrales;
- *formes suivant le siège :* dorsal et lombaire (56 % des cas), dorsal inférieur (33 % des cas), lombaire (10 % des cas), cervical (1 % des cas);
- *formes à évolution rapide ou non*, rarement avec complications neurologiques;
- *formes terminologiques :* certains considèrent que la présence, d'origine microtraumatique, de hernies rétromarginales, avec parfois arrachement du listel par le ligament commun vertébral antérieur, ne correspond pas à une maladie de Scheuermann vraie et réservent le diagnostic à des lésions radiologiques complètes touchant exclusivement le rachis dorsal moyen, avec au moins trois vertèbres adjacentes atteintes ayant un aspect cunéiforme d'au moins 5°.

Traitement

Le traitement comporte :

- *des méthodes rééducatives*, en érection rachidienne, postures, tonification musculaire isométrique, exercices respiratoires;
- *des méthodes orthopédiques*, employant des appareils redresseurs d'emblée ou en complément de plâtres avec feutrage;
- *des méthodes chirurgicales*, pour les cyphoses de plus de 70° à Risser supérieur à 3.

Lésions osseuses

Effets d'une pratique sportive régulière sur la masse osseuse

Les facteurs participant au développement de la masse osseuse sont déterminés pour 60 % génétiquement. Parmi les facteurs dits environnementaux, l'activité physique est l'un de ceux qui influencent le plus la masse osseuse.

Lorsqu'une pratique physique douce et régulière est débutée tôt dans l'enfance, la masse squelettique s'accroît de façon rapide. Mais si un retard pubertaire survient, celui-ci peut conduire à un pic osseux plus bas que la normale.

Chez l'enfant, les activités en charge à impacts mécaniques sur le squelette *(tumbling)* entraînent une augmentation sensible de la densité minérale osseuse aux niveaux lombaire et fémoral. En revanche, la pratique d'activités sans impact telles que la natation ne permet pas de retrouver ces résultats.

Chez l'enfant en croissance, les variations de poids sont corrélées à la minéralisation trabéculaire alors que les variations de taille évoluent parallèlement à la minéralisation corticale.

L'intensité et la fréquence des entraînements posent le problème d'une perte de masse osseuse dont les différents mécanismes seront étudiés plus loin. Cette hypominéralité conduit à un risque accru de fractures.

Particularités des fractures chez l'enfant

L'os de l'enfant, de densité minérale moindre et plus malléable, est capable de supporter un certain degré de déformation.

Le périoste, en revanche, plus épais et plus résistant que celui de l'adulte, ne se rompt pas volontiers.

Il en résulte 4 types de fractures chez l'enfant :

- l'incurvation traumatique (inflexion du cubitus ou du péroné) sans trait;
- le tassement en motte de beurre (à proximité de la métaphyse);
- la fracture en bois vert;
- la facture complète, rarement comminutive, spiroïde, oblique, transversale ou en aile de papillon.

Il faut noter également que le *cal secondaire* à une fracture de l'enfant se constitue plus rapidement et en plus grande quantité que celui de l'adulte.

Fractures de fatigue

Elles surviennent avec prédilection entre 10 et 13 ans sur un os sain surmené. L'accident initial, souvent précédé de quelques algies, se manifeste par une douleur vive lors de l'exercice mais peut également passer inaperçu et l'adolescent peut poursuivre son activité sportive. Une douleur mécanique devenant chronique s'installe alors, et si la fracture siège au membre inférieur, le sujet boite.
Localement, il existe un empâtement au niveau de la zone douloureuse ; l'articulation adjacente est libre mais sa course peut être sensible, si la traction des muscles mobilise un des fragments fracturés. À la palpation, un point exquis est retrouvé. On constate radiologiquement une fissure, une apposition périostée ou une zone de condensation. Mais ces signes sont toujours retardés d'une dizaine de jours et là encore la scintigraphie retrouve une hyperfixation localisée et très intense.

Membre inférieur

Au membre inférieur et par ordre de fréquence, les principales localisations sont les suivantes :

- le *tibia*, à la jonction du 1/3 supérieur et du 1/3 moyen. La douleur est déclenchée par l'impulsion et la course ; on palpe précocement un gonflement chaud et tendu des parties molles en regard de la lésion et le diagnostic différentiel se fait aisément avec une périostite, dont la zone de sensibilité et de fixation scintigraphique est plus étendue ;
- les *2e et 3e métatarsiens* (course, danse), avec un gonflement de l'avant-pied et dont la pression entraîne une douleur exquise. Le facteur favorisant est la brièveté du 1er rayon ;
- le *calcanéum*, où la fracture survient le plus souvent sur un pied creux. Les clichés montrent un trait de condensation perpendiculaire aux travées osseuses de la partie postérieure de l'os. La scintigraphie ou le scanner sont nécessaires pour un diagnostic précoce ;
- le *péroné*, avec une douleur lorsque le sujet se met sur la pointe des pieds. Radiologiquement, le trait est horizontal au 1/3 inférieur de la diaphyse ;
- la *queue de l'astragale* (danse et football) : lors des mouvements de flexion plantaire extrêmes et répétitifs, le tubercule postérieur de l'astragale frappe contre le tibia, d'où fracture-séparation. À l'examen, l'hyperflexion plantaire brusque et la flexion plantaire contre résistance du gros orteil reproduisent la douleur ; la palpation du tubercule est également très sensible. En cas d'échec des traitements médicaux (infiltrations, AINS), l'ablation du fragment peut être nécessaire ;
- le *scaphoïde tarsien*, dont l'atteinte est souvent sous-estimée et dont la traduction clinique tient en un œdème localement douloureux de la face dorsale du tarse. Les clichés sont normaux jusqu'à la 8e semaine, mais scintigraphie et scanner permettent de ne pas retarder le diagnostic et de recourir à une immobilisation plâtrée rapide évitant la pseudarthrose ;
- les *branches ischio-pubiennes*, avec une douleur irradiée à la cuisse et au genou, évoluant sur un mode mécanique, avec boiterie et chutes fréquentes. L'examen retrouve un empâtement de la racine de la cuisse et une flexion forcée particulièrement sensible ;
- la *rotule*, dont l'atteinte au niveau du corps, de la pointe et du coin supéro-externe est rare.

Membre supérieur

Au membre supérieur, le scaphoïde carpien est parfois touché (gymnaste, acrobate, sports de raquette). À l'examen, la douleur est reproduite par la flexion dorsale forcée du poignet. Le scaphoïde est sensible à la pression et, ici encore, scintigraphie et scanner sont utiles puisque l'évolution peut se faire vers la pseudarthrose ou la nécrose. Une immobilisation plâtrée de 10 semaines est nécessaire.

Colonne vertébrale

Au niveau vertébral, les spondylolyses sont fréquentes, puisque qu'elles touchent 18 % des sportifs de haut niveau alors qu'elles ne s'observent que chez 6 % des sujets préjugés normaux.
Certains sports sont particulièrement exposés : la plongée (63 % des cas), la lutte (33 % des cas), le judo et la gymnastique (22 % des cas).
Tous ces sports constituent des sollicitations en hyperlordose lombaire, qu'il s'agisse de mouvements progressifs ou brutaux, plus ou moins contrôlés, ou bien qu'ils s'accompagnent de soulevers axiaux.
La lyse isthmique est la conséquence d'un surmenage mécanique imposé localement par le contact en tenaille des apophyses articulaires inférieures de la vertèbre sus-jacente, entraînant une compression des vaisseaux nourriciers de l'arc vertébral et des apophyses articulaires supérieures de la vertèbre sous-jacente. Elle touche le rachis lombaire dans 96 % des cas et L5 8 fois sur 10.
Cliniquement, elle peut être asymptomatique ou se traduire par des lombalgies mécaniques et fugaces provoquées par l'hyperlordose.
La conduite à tenir dépend du stade lésionnel.
Devant une lyse isthmique débutante de l'adolescent, les premiers clichés de 3/4 sont habituellement normaux ; néanmoins, on s'attachera à retrouver une condensation au niveau de la corticale antéro-inférieure de l'isthme, sinon le diagnostic sera fait devant une hyperfixation scintigraphique ou devant une image de fissuration incomplète, uni ou bilatérale, noyée dans une zone condensée objectivée par le scanner.
À ce stade, il faut imposer l'arrêt momentané du sport et une immobilisation par corset de Botson pendant 6 semaines. À l'ablation du corset, une rééducation en cyphose en piscine ou à sec sera prescrite, associée au port d'une ceinture de soutien souple.
Devant l'absence de réapparition des douleurs et l'amélioration des images de scanner, une reprise progressive sera tentée avec adaptation du geste sportif en cyphose lombaire. Mais un risque de rechute est possible, nécessitant une surveillance radiologique annuelle pendant 2 ans.
Devant une lyse constituée, on note fréquemment la présence de lombalgies plus intenses et plus durables à l'effort ou en position debout prolongée.

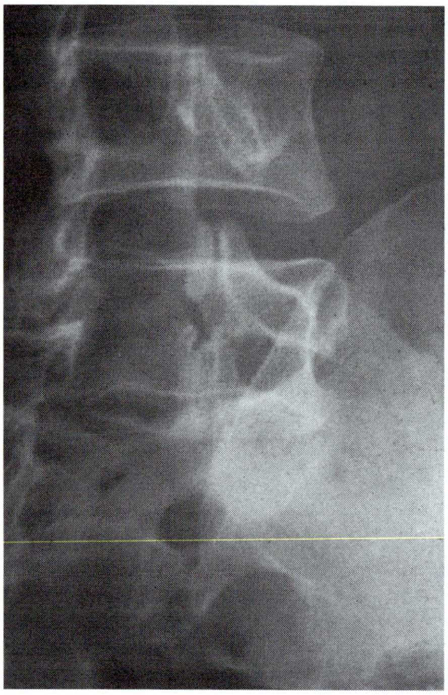

Fig. 64.4. Spondylolyse de L5, cliché de 3/4.

Radiologiquement, le profil met en évidence une fente claire oblique en bas et en avant, coupant l'arc postérieur entre les articulaires supérieures et inférieures, et les clichés de 3/4 retrouvent l'image classique du « chien décapité » (fig. 64.4).

En cas de spondylolyse bien tolérée cliniquement et de découverte tardive, le traitement est celui de toute lombalgie (AINS, antalgiques, repos, kinésithérapie) et ce n'est que rarement, si la symptomatologie l'impose, qu'une arthrodèse est envisagée.

Si 75 % des spondylolyses du sportif ne s'accompagnent pas d'un spondylolisthésis, ce risque impose néanmoins l'arrêt des activités sportives favorisantes en fonction de l'importance des dysplasies vertébrales.

Pour L5, la forme du corps trapézoïdal ou non, de ses isthmes plus ou moins allongés, du dôme de S1 ou « S » et l'état du disque charnière sont les éléments d'appréciation du potentiel de glissement antérieur.

Périostites tibiales

Elles ne diffèrent pas cliniquement de celles qui surviennent chez l'adulte mais sont très fréquentes chez l'adolescent en période de compétition (athlétisme, sports de ballon). Les vibrations transmises par les flexions-extensions du pied sur des sols trop rigides, le surentraînement en rythme et intensité en sont les causes. Il s'agit d'une douleur de fatigue qui croît progressivement, située au tiers moyen de la face antéro-interne du tibia, étendue sur une dizaine de centimètres, et dont la palpation est intolérable. Elle est accompagnée d'une chaleur locale. Le diagnostic précoce est confirmé par la scintigraphie, montrant une fixation longitudinale. Plus tard, les clichés montrent une apposition périostée fine ou un épaississement du périoste.

Le traitement, à base d'AINS et de physiothérapie, impose un repos sportif prolongé.

Stries tibiales

Les stries tibiales antérieures et vertébrales horizontales des sauteurs sont sans doute d'anciennes fractures de fatigue.

Influence hormonale du surentraînement et conséquences osseuses chez la jeune sportive

Rappel physiologique de la puberté féminine

Vers 10-12 ans, le noyau arqué de l'hypothalamus qui fabrique la gonadolibérine atteint un rythme de sécrétion pulsatile suffisant pour stimuler l'hypophyse. Celle-ci sécrète à son tour FSH et LH, qui agissent sur l'ovaire. La production ovarienne des trois œstrogènes (œstrone, œstradiol et œstriol) s'accroît alors considérablement.

L'œstradiol, œstrogène le plus important quantitativement, est responsable du développement des seins, de l'utérus et du vagin ; il intervient également dans la poussée pubertaire et accélère la maturation osseuse.

Sur le plan fonctionnel, un bon équilibre de l'axe hypothalamo-hypophyso-ovarien aboutit donc à des cycles menstruels réguliers.

Retard pubertaire et aménorrhées

Plusieurs mécanismes peuvent induire un retard pubertaire et des aménorrhées primaires ou secondaires chez la sportive :

- une *insuffisance pondérale* secondaire à la fonte adipeuse due au sport ou aux régimes imposés par certains entraîneurs ou parents peut conduire à une hypo-œstrogénie (voir *infra*) ;
- le *stress* psychologique des compétitions ;
- les *modifications de régulation thermique* corporelle après l'effort, pouvant influencer l'axe hypothalamo-hypophysaire ;
- des *poussées de prolactinémie*, également évoquées comme freinatrices de FSH et LH ;
- mais c'est essentiellement la *mobilisation de bêta-endorphines* pendant l'exercice musculaire qui exerce un effet inhibiteur sur le rythme de sécrétion de la gonadolibérine par le noyau arqué.

Rôle du régime alimentaire sur le retard pubertaire et sa répercussion osseuse

Un mauvais apport alimentaire peut être la cause d'une insuffisance de masse adipeuse. Or on sait que le tissu graisseux convertit les androgènes circulants en œstrogènes. Il en résulte que les filles maintenues à un poids inférieur à la normale peuvent présenter par ce biais une hypo-œstrogénie.

La synthèse protéique de neurotransmetteurs (dopamine, noradrénaline, sérotonine, mélatonine) pourrait, en étant altérée, créer un dysfonctionnement hypothalamique.

Enfin, un défaut d'apport calcique influe négativement sur la maturation osseuse corticale.

Conséquences de l'hypo-œstrogénie chez la jeune sportive

L'âge différé des premières règles, la non-évolution des caractères sexuels secondaires, puis plus tard l'existence d'aménorrhées ou de dysménorrhées sont corrélés à l'intensité de l'activité physique de la jeune sportive. Mais le retour vers une pratique plus modérée et plus équilibrée du sport permet en quelques mois le rétablissement d'une bonne fonction sexuelle.

Bien entendu, il faut souligner qu'il existe une majorité de filles pratiquant un entraînement poussé et qui sont tout à fait équilibrées sur le plan hormonal, le niveau de résistance étant un facteur individuel et familial (âge de la puberté de la mère).

Chez ces filles au retard de puberté et de stature (âge osseux retardé), on peut constater un défaut de masse osseuse sur le plan spongieux, par hypo-œstrogénie, et sur le plan cortical par défaut d'apport protido-calcique.

Sur les courbes types d'absorptiométrie, on constate alors un abaissement du *peak bone mass*, taux maximal de masse osseuse atteint à 20 ans. Or, plus ce pic est élevé, moins la perte physiologique du contenu osseux à la ménopause sera forte.

Mais il est extrêmement rassurant de savoir que ce déficit de masse osseuse de l'adolescente surentraînée est réversible sitôt que le rythme des exercices physiques est ralenti et que conjointement il existe une reprise pondérale.

Il faut également noter un effet protecteur des traitements hormonaux et des régimes équilibrés riches en protéines, calcium et vitamine D.

Conclusion

Une activité sportive bien conduite, correctement encadrée et régulièrement surveillée est bénéfique à l'épanouissement de l'enfant; son développement locomoteur, ses capacités cardiopulmonaires, ses facultés psychomotrices et mentales s'en trouvent renforcés.

L'écueil serait, en revanche, par une suractivité physique et une pression psychologique trop forte, de renverser le bienfait dû au sport et de créer par là même une pathologie aux conséquences parfois fâcheuses pour l'élaboration d'un être en devenir.

Pour en savoir plus

Barrault D. Pathologies professionnelles du sportif. *EMG toxicologie*, 16-550-A 10, 1196, 6 p.

Benezis C, Simeray J, Simon L. *L'enfant, l'adolescent et le sport*. Paris : Masson, 1986 : 186 p.

Benezis C, Simeray J, Simon L. *Muscles, tendons et sport*. Paris : Masson, 1985 : 300 p.

Boyer J, Demarais Y. *Sport et appareil locomoteur : 4e journées de Bichat*, 1991 : 4 p.

Claustre J, Benezis C, Simon L. *Le pied en pratique sportive*. Paris : Masson, 1984 : 263 p.

Courteix D, Les Peissailles E, Benhamou L. Enfant, pratique sportive et développement osseux. *Spec Med Sport* 1997; 9.

Laporte G. Toutes les activités sportives ne sont pas ostéogènes. *Quot Med* 1996; 5910.

Parier J. Les arrachements apophysaires du bassin. *Traumatologie* 1993; 98.

Rodineau J, Simon L. *Microtraumatologie du sport*. Paris : Masson, 1987 : 339 p.

Femme et sport

Sommaire

Si les connaissances sur la physiologie féminine ont peu évolué ces dernières années, c'est surtout l'approche du sport chez la femme qui a modifié les comportements et la façon d'appréhender l'activité physique dévolue aux femmes.
Les différents niveaux de la pratique sportive sont désormais reconnus comme accessibles à toutes les étapes de la vie des femmes. D'ailleurs, il existe un véritable encouragement voire un engouement pour la pratique sportive adaptée aux moments physiologiques spécifiques de la femme.
Mais il faut distinguer l'activité sportive de « loisir », qui a comme objectif l'amélioration de sa propre image corporelle et la recherche d'un « bien-être », et l'activité sportive de « compétition », où la recherche de la performance rejoint les schémas masculins, tant au point de vue cardiovasculaire que neuromusculaire.
En tout état de cause, les programmes sportifs féminins ne peuvent être dissociés de la physiologie menstruelle spécifique. Ils ont une influence particulière sur le bon déroulement des cycles et leurs contenus doivent tenir compte des effets induits et des modifications constatées.
De même, l'exercice physique durant la grossesse et la ménopause justifie et nécessite une adaptation corrélée aux modifications physiologiques, hormonales et staturales induites à ce moment de l'existence. Contraception et traitements hormonaux substitutifs ont également une place privilégiée chez la femme sportive.

Cycle menstruel et activité sportive

Les idées et notions divergent selon les auteurs quant à l'importance et/ou la signification des modifications des cycles menstruels au cours de l'effort sportif.
Mais certaines des informations sont étayées et méritent une vigilance médicale.

Retards d'apparition des premières règles

Ce décalage pubertaire est spécifiquement noté dans les disciplines comme la gymnastique, la danse, le patinage, la natation et autres sports associés.
L'âge moyen d'apparition des premières règles en Europe de l'Ouest est de 12 ans, alors que chez les gymnastes, il se situe à 15 ans.
Certains auteurs considèrent que ce retard chronologique est lié à la précocité et à l'intensité de l'entraînement de haut niveau, mais d'autres indiquent que c'est la morphologie staturale initiale de l'enfant qui prédispose aux troubles d'apparition des premières règles et à l'orientation vers un sport spécifique.
Par ailleurs, ces perturbations ne concernent en rien le sport « loisir », dont la fonction ludique et éducative (ou corrective) est prédominante.
L'installation d'une enfant prépubère dans une filière de haut niveau est une décision collégiale parents-entraîneurs réfléchie, dont toutes les conséquences affectives et sociales doivent également avoir été évaluées.

Aménorrhée et spanioménorrhée

Plus fréquemment rencontrés, ces deux aspects menstruels représentent un schéma intermédiaire de dysfonctionnement hormonal.
L'absence de règles (aménorrhée) ou l'espacement cyclique (spanioménorrhée) ne sont dûment établis qu'après l'apparition des premières règles et leur manifestation régulière pendant au moins 12 mois. Ce n'est qu'à ce moment-là que l'on pourra parler d'anomalies des cycles.
Plusieurs éléments interviennent dans l'installation de ce déséquilibre :

- dissociation de la sécrétion pulsatile de GnRH par le neurocortex hypothalamique ;
- modification des taux plasmatiques de FSH et LH et de prolactine ;
- diminution des taux d'œstrogènes ;
- régime alimentaire de restriction pondérale ;
- stress (anxiété, émotivité, difficultés de gestion du programme d'entraînement et des échecs en compétition).

Les corollaires de ces retards pubertaires et de la désarticulation des cycles restent liés à la précocité, la durée et l'intensité de l'effort physique réalisé et produisent un certain nombre d'effets physiques ressentis par les femmes sportives. Ceux-ci ont une influence sur leur vie sociale, affective et concernent toutes les étapes de la vie génitale.
Il peut s'agir de :

- douleurs abdominopelviennes prémenstruelles, intermenstruelles, dysménorrhée ;
- mastodynie, tension mammaire ;
- ballonnement abdominal ;
- céphalées ;
- acné ;
- modification du poids.

Ces signes sont présents à différents degrés et ont comme dénominateur commun l'hypo-œstrogénie induite par le défaut d'information régulière des neurotransmetteurs cortico-hypothalamo-hypophysaires.
Tous les secteurs de l'activité féminine au cours du temps sont concernés par ces modifications si elles persistent :

- troubles de l'ovulation ;
- troubles de la fécondité ;
- pathologies ovarienne et mammaire bénignes ;
- ostéoporose ;
- troubles trophiques cutanéomuqueux (acné, sécheresse vaginale).

La seule présence de l'un ou l'autre de ces signes impose de pratiquer un examen gynécologique complet, comprenant :

- frottis cervicovaginal ;
- palpation des seins ;
- échographie pelvienne transvaginale ;
- dosages hormonaux plasmatiques statiques et dynamiques orientés (consultation spécialisée) ;
- étude et analyse des antécédents familiaux.

• L'effet positif de l'activité physique régulière sur les métabolismes glucidique et lipidique (normalisation de la glycémie, augmentation du HDL-cholestérol) et sur les valeurs tensionnelles est unanimement reconnu.
• Connaître les extrêmes permet de trouver l'équilibre : l'exercice sportif bien conduit a un réel bénéfice pour la santé des femmes.
• L'ostéoporose, caractérisée par une déminéralisation osseuse progressive augmentant le risque fracturaire, n'est que la conséquence de l'installation d'une hypo-œstrogénie négligée. En effet, l'activité physique a un effet bénéfique sur le renforcement de la trame osseuse et la minéralisation calcique. Les œstrogènes interviennent dans la composition corporelle, le développement du bassin et la croissance osseuse.

Sport et grossesse

Les effets bénéfiques d'une activité physique modérée et régulière pendant le déroulement d'une grossesse sont constamment avancés, de telle sorte que l'exercice « sportif » fait partie des recommandations d'accompagnement des maternités, au même titre que l'hygiène de vie, la prévention tabagique et alcoolique, le dépistage des maladies métaboliques (diabète) ou hypertensives (néphropathies).
L'exercice pendant la grossesse entraîne, toutefois, quelques conséquences, chez la mère et chez le fœtus.

Conséquences maternelles et fœtales de l'exercice sportif

Conséquences maternelles

L'augmentation du débit cardiaque, de 30 à 50 % en fin de grossesse, est essentiellement due à une augmentation de la volémie et de la FC, d'environ 10 battements par minute.
La consommation d'O_2 augmente de 20 à 30 % en préterme.
Il existe une hyperthermie centrale, relative à l'intensité et à la durée de l'effort entrepris (effet tératogène).
L'augmentation de poids de la mère, le déplacement du centre de gravité du corps, les manifestations ligamentaires, veineuses, associées aux limitations cardiovasculaires et ventilatoires, sont des limites obligatoires à l'exercice sportif pendant la grossesse, essentiellement lors des 2e et 3e trimestres.

Conséquences fœtales

L'hypoxie fœtale est d'environ 25 %, sans qu'il existe de véritables effets délétères sur la croissance fœtale.
Il existe un risque de prématurité, d'avortement spontané, d'hématome rétroplacentaire (décollement prématuré de placenta normalement inséré).

Conduite pratique

Le bon sens clinique doit orienter le praticien lors des choix d'activités physiques préconisées à la patiente.
Il faut bien sûr tenir compte de la qualité « athlétique » initiale : la problématique n'est pas la même s'il s'agit d'une athlète confirmée ou d'une future maman à la recherche de conseils d'entretien physique, ou d'exercices préparatoires au maintien de la grossesse et à la qualité de l'accouchement.
L'augmentation de la masse pondérale, le déplacement du centre de gravité et l'hyperlaxité ligamentaire sont autant d'arguments d'orientation des conseils.
Concernant l'intensité de l'effort, il existe deux motions « modulables » :

- l'une *empirique* : c'est la sensation de fatigue, de limite, qui dicte la durée et l'intensité de l'effort. Cette approche est dirigée vers les femmes non sportives, où la recherche seule du bénéfice « santé-beauté avant-après » est corrélée aux modifications staturales et pondérales de la grossesse. En moyenne, un exercice de faible intensité apportera un bénéfice de « bien-être » s'il est effectué 15 à 30 minutes par jour, sans modifications de plus de 30 % de la FC et sans dyspnée ;
- l'autre *mesurable* et évaluée à 70 % de la $\dot{V}O_2$ max, pour des sportives entraînées, ce qui correspond à 70 % de la FC maximale pour l'âge. Pour une femme de 30 ans, cette fréquence correspond à 140 battements par minute.

Le sport n'est pas reconnu comme un facteur de risque pour l'accouchement prématuré par l'*American College of Obstetricans and Gynecologists*, à partir du moment où la grossesse a un déroulement normal.

Sports à déconseiller

Ce sont :

- les sports « d'agitation », trépidants et saccadés (aérobic, gymnastique sportive), qui peuvent provoquer :
  - des tassements vertébraux, par impulsions axiales répétées ;
  - des « écrasements » du tronc sur l'arc symphysaire pubien ;
  - un écartèlement périnéal, induit par les jetés de jambe ou les écarts frontaux ou latéraux (danse rythmique) qui contraignent les muscles de soutien périnéaux et menacent les soutiens cervicaux, par leur caractère intense et répété (action sur le raccourcissement des fibres cervicales, menace d'ouverture du col) ;
  - des lésions ligamentaires (rupture du talon d'Achille) ;
- les sports où les sauts et secousses sont significatifs (tennis, squash, équitation), où de nouveaux paramètres apparaissent :
  - le maniement d'un outil (raquette, balle) et ses risques de traumatisme direct (facial, oculaire) ;
  - l'enjeu, inducteur de recherche de performance, donc de limites cardiorespiratoires au-delà des fréquences cardiaques maximales tolérables (épuisement) ;
  - l'addition d'un élément pas toujours contrôlable (le cheval, par exemple) et qui comporte ses propres risques ;
- les sports à risques multiples : mécaniques (moto, auto), sports de combats (chute + contacts), ski alpin et nautique, alpinisme, plongée (danger propre à l'intégrité fœtale) ; les traumatismes directs peuvent être lourds de conséquences, même si l'utérus, protégeant le fœtus par la densité de ses faisceaux musculaires lisses, est lui-même protégé par l'épaisseur pariétale maternelle. Des hématomes rétroplacentaires et des ruptures utérines ont été décrits à la suite de chocs directs (impact de coups de pied ou de poing, écrasement des collisions de voiture).

Que faut-il faire ?

Il faut tout d'abord apprendre à adapter l'effort à l'état de fatigue, de tolérance à l'exercice, réduire l'intensité de l'activité le cas échéant après mesure des pulsations cardiaques, et apprécier les délais de la récupération.
Il faut se préparer à l'effort de charge supplémentaire (due à la masse additionnelle du fœtus), et pour cela :

- renforcer la sangle abdominale et le soutien dorsolombaire ;
- assurer l'assise plantaire et la stabilité du bassin (port de chaussures basses, à surface d'appui large et stable) ;
- soutenir l'accroissement des demandes hémodynamiques et cardiocirculatoires par un effort d'endurance consentie, à fréquence submaximale, c'est-à-dire non violent et progressif.

D'une façon générale, une femme qui a une grossesse normale devrait faire régulièrement de l'exercice. Les exercices peuvent consister en activités aérobies, mobilisant les grosses masses musculaires, et en de légers exercices d'entraînement en force, d'étirement et de tonification.

Tableau récapitulatif

Ce qui est interdit
Toutes situations augmentant le risque de souffrance fœtale et de prématurité, surtout s'il existe des antécédents d'hypotrophie fœtale, d'HTA et de diabète maternel :
- plongée sous-marine (risque d'infarctus placentaire et d'embolie);
- gymnastique sportive;
- danse rythmique;
- aérobic;
- ski nautique;
- sports mécaniques (auto, moto);
- équitation (sauts d'obstacles, concours complets);
- squash;
- tennis;
- course à pied, de vitesse, de haies;
- sauts (longueur...);
- alpinisme.

Ce qui est autorisé
Sous réserve de moindre intensité, dans le 1er trimestre :
- tennis;
- aérobic adapté, sans lancé ou jeté des membres inférieurs;
- randonnées hippiques, cyclistes.

Ce qui est conseillé
L'exercice physique d'entretien, en dehors de tout programme de compétition, et les sports dénués de risques « ajoutés » :
- marche (randonnées pédestres);
- cyclisme (randonnées...);
- natation (gymnastique aquatique orientée);
- stretching;
- activité de relaxation (yoga).

Il est recommandé de privilégier les exercices musculaires de détente, les exercices d'assouplissement et d'étirement, les soutiens ostéo-ligamentaires tels qu'on les retrouvent au cours de :

- la marche ;
- la natation, où l'exécution de mouvements dans l'eau trouve sa pleine justification ;
- le vélo… en pente douce ;
- le stretching et le yoga, voire une forme d'aérobic adaptée ;
- la course à pied sur sol souple.

Ces exercices doivent être pratiqués à raison d'une séance quotidienne de 30 à 40 minutes, selon le niveau sportif antérieur ; la tenue vestimentaire doit être adaptée et un équilibre alimentaire recherché.
Il est également important de ménager le dos et l'axe vertébral osseux en adoptant une position correcte, que ce soit :

- en marchant ;
- en conduisant ;
- en dormant ;
- en portant des paquets… ou des enfants.

Les mouvements et déplacements de la vie quotidienne sont un merveilleux terrain d'exercice.
Les techniques de relaxation doivent accompagner la future maman jusqu'en salle de travail.
Adapter son corps au développement de la grossesse est un objectif de santé réel : la pratique sportive est un moyen d'assistance précieux, à condition que le bon sens et une bonne évaluation clinique accompagnent le programme établi par le gynécologue obstétricien.
Mais il ne faut en aucun cas entreprendre une activité sportive inhabituelle et/ou à la recherche d'une quelconque performance. L'objectif seul est celui du développement harmonieux de la croissance fœtale, et le maintien des équilibres maternels métaboliques, cardiovasculaires et ostéoligamentaires, modifiés par l'accroissement des charges de travail induites par la croissance fœtale. Donc, prudence… il n'y a pas encore de jeux olympiques de femmes enceintes !

Rééducation et réadaptation neuromusculaire après l'accouchement

C'est une étape qu'il ne faut pas négliger, quel que soit le niveau de performance antérieur.
Le fait nouveau de l'évolution de notre société est que les sportives de haut niveau ont la capacité reconnue de mener une maternité et un accouchement à terme, tout en préservant leur avenir et leur carrière. Les exemples ne manquent pas, même dans les sports de lourdes contraintes (judo, athlétisme), où les femmes ont obtenu ou retrouvé titres et médailles après une interruption, le temps d'une maternité (grossesse, suites de couches, lactation).
Les *préoccupations* d'une réadaptation fonctionnelle sont de divers ordres :

- rétablir l'équilibre masse maigre-masse grasse ;
- corriger les effets traumatiques périnéaux et vésicaux de la grossesse et de l'accouchement (cicatrices rétractiles d'épisiotomie, lésions sphinctériennes, urinaires ou anales) ;
- réadaptation cardiorespiratoire progressive : paliers d'efforts à respecter ;
- corriger les insuffisances ostéoligamentaires et les troubles de la statique osseuse induits par la prise de poids et la modification du centre de gravité ;
- renforcer les muscles périnéaux, droits abdominaux, adducteurs et ischiojambiers, directement concernés et sollicités par :
  - le maintien de la grossesse et l'équilibre du bassin ;
  - la position lors de l'accouchement ;
  - la durée et l'intensité des efforts de poussée expulsive ;
- rétablir un équilibre alimentaire, qui contribuera au remodelage de la silhouette.

Les efforts entrepris pour récupérer une physiologie, une silhouette, une énergie compatible avec un équilibre de vie seront au mieux efficaces s'ils sont entrepris dès les suites de couches et orientés par des professionnels kinésithérapeutes du sport.
Le recours et l'assistance des techniques de rééducation périnéale et vésicale urologique (*biofeedback*, électrostimulation-freinage), sont devenus des prescriptions habituelles du *post-partum*.
De même, l'orientation des soins en « balnéothérapie » conforte le milieu aquatique comme étant le meilleur élément adapté à la récupération globale du *post-partum*.

Contraception et sport

L'examen clinique et les préoccupations ne sont pas différentes s'il s'agit ou non d'une sportive.
La recherche des contre-indications métaboliques (diabète, hypercholestérolémie) et vasculaires (antécédents thrombophlébitiques, artériopathie, hypertension artérielle, tabac abusif) est incluse dans les bilans d'évaluation des courbes d'entraînement.
Les nombreux éléments biologiques et physiologiques de surveillance « obligatoire », de l'évolution de l'athlète, mettent – en principe – à l'abri d'erreur de choix de prescription, plus que dans la population standard.
Le choix essentiel est celui du confort de l'athlète, dont la prise quotidienne d'un médicament, même contraceptif, représente une contrainte supplémentaire.
Les effets faussement « négatifs » des œstroprogestatifs, largement diffusés, telle la prise de poids, seront combattus par une adaptation des doses d'entraînement et une régulation nutritionnelle.
De même, l'apparition de *spotting* et de kystes fonctionnels bénins ovariens, ou de mastodynies, doit faire préférer – en première intention – les préparations biphasiques et monophasiques minidosées aux triphasiques.
Les manifestations cutanées de l'hyperandrogénie « d'effort », telles l'acné et l'hypertrichose, incitent à la prescription d'une préparation d'éthinylœstradiol associée à de l'acétate de cyprotérone *(Diane 35)*, cette dernière molécule pouvant être prescrite en continu, seule.
L'effet largement positif se situe bien sûr au niveau de la facilité de gestion d'un calendrier sportif – une prise en continu d'œstroprogestatifs inhibe la période menstruelle sans

inconvénients – mais aussi sur la densité osseuse, dont le degré de protection est lié à la durée d'utilisation.

Comment prescrire

• Examen clinique général et biologique intégrant les conditions de l'aptitude à l'effort sportif. Les maladies cardiovasculaires, hypertensives et métaboliques (diabète, hyperlipidémie) sont particulièrement recherchées.
• Frottis cervicaux, vaginaux (monocouche), complétant :
– examen au spéculum
– toucher vaginal
– palpation des seins
• Ne pas négliger une juste appréciation de la capacité de l'athlète à prendre fidèlement une contraception orale quotidienne, évaluer la réelle contrainte sur la vie de tous les jours... et supprimer les facteurs de risque (tabac, troubles veineux, variqueux, thromboemboliques).

Œstroprogestatifs

Leur mode de prescription est résumé au tableau 65.I.

Tab. 65.I. Mode de prescription des œstroprogestatifs.

Cycles réguliers eugonadotropes	Œstroprogestatifs minidosés, mono, bi ou triphasiques
Hyperandrogénie clinique et/ou biologique	Éthinylœstradiol + acétate de cyprotérone ou acétate de cyprotérone seule
Mastodynie, syndrome pré ou intermenstruel	Œstroprogestatifs normodosés, monophasiques ou progestatifs en continu
Cycles irréguliers, aménorrhée	Œstroprogestatifs normodosés, mono ou biphasiques

Autres méthodes de contraception

D'autres méthodes de contraception peuvent être proposées s'il existe :

– des contre-indications aux œstroprogestatifs ;
– des difficultés de suivi ;
– une vie sexuelle irrégulière ou épisodique.

Aucune étude objective n'a recensé les différents avantages et inconvénients de ces modes « mécaniques » de contraception chez la femme sportive :

– *préservatifs :* ils représentent la méthode de choix de la prévention des MST (HIV, *Chlamydiae*). Ils seront toujours proposés s'il y a des partenaires multiples et variés, en association avec les œstroprogestatifs ;
– *tampons vaginaux,* ovules, crèmes vaginales, benzalkonium *(Pharmatex, Alpagelle)* : ils sont pratiques à transporter et à mettre en place (quelques minutes ou heures avant le rapport). La protection est immédiate et dure de 10 à 24 heures ; ils sont de plus anti-infectieux ;
– *dispositifs intra-utérins :* ils sont à réserver aux multipares et ne seront mis en place que sous surveillance stricte. Ils ne sont à utiliser qu'après épuisement des autres techniques. Le diaphragme est quant à lui trop acrobatique et inconstant pour être proposé dans ce contexte ;
– *patchs œstroprogestatifs hebdomadaires* (norelgestromine-éthinylœstradiol) : d'apparition récente, ils ont l'avantage de la maniabilité, mais sont mal ou peu adaptés aux sports de « contacts » et de frottements, comme le judo, la natation, la gymnastique... ;
– *implants (Implanon) transdermiques (Étonogestrel) :* leur tolérance peut être remise en cause, du fait des variations d'activité physique spécifiques et du taux (faible) de dystrophie mammaire ou ovarienne induite ;
– *anneau vaginal* (éthinylœstradiol 15 µg – *Étonogestrel* 120 µg) : il représente une évolution de la gamme des « diaphragmes ». Plus discret et facile à poser dans le fond vaginal, ses inconvénients sont liés à son remplacement toutes les 3 semaines et à son prix de revient actuel. Un procédé de présentation permet d'éviter les « oublis » et consiste à utiliser un sablier électronique sonore qui signale les phases d'utilisation et de non-utilisation.

Conclusion

L'accès à la contraception a créé un nouveau terrain d'investigations métaboliques et physiologiques dans le milieu sportif. Un réel travail d'étude et d'évaluation des éventuelles modifications au cours des différents types d'effort reste cependant à faire.
Toutefois, les publications contradictoires diffusées à ce jour n'incriminent aucunement les œstroprogestatifs dans les désordres modifiant les performances athlétiques. De plus, les molécules d'œstroprogestatifs ne perturbent en rien les analyses des contrôles antidopage.
Une même rigueur clinique doit guider le choix de la contraception orale ; dans ce milieu plus qu'ailleurs les corrections du poids et de l'hypercholestérolémie sont impératives, unissant l'amélioration de la performance sportive et la tolérance des œstroprogestatifs.
Les nouvelles molécules de progestatifs et le faible dosage d'éthinylœstradiol assurent actuellement fiabilité et innocuité.

Femme et sport de haut niveau

La place de la femme dans le sport de haut niveau est, comme dans la société, de plus en plus importante. À un sentiment de curiosité, c'est aujourd'hui l'intérêt scientifique qui l'emporte dans le domaine de la médecine du sport. Un certain nombre de modifications physiologiques ont été peu à peu identifiées, explorées et prévenues chez les femmes sportives.
Une véritable spécificité médicale du sport de haut niveau au féminin voit le jour. Elle fournit des indications déterminantes sur la protection des fonctions de la reproduction, la maternité, la prévention de l'ostéoporose, éléments essentiels de la réinsertion de l'athlète dans la société en fin de cycle sportif.
Le haut niveau sportif peut être défini, pour la femme, par une $\dot{V}O_2$ max égale à 50,9 ± 2 $mL.min^{-1}.kg^{-1}$, une masse grasse de 16,3 ± 3,3 % et une pratique biquotidienne, à raison de 5 jours par semaine.

L'entraînement, particulièrement en endurance, est reconnu pour induire des troubles menstruels tels que :

- retards d'apparition des premières règles (gymnastique, danse, patinage...) ;
- oligo ou aménorrhée (courses de longue distance).

Les conséquences portent sur l'équilibre hormonal quotidien, garant de la trophicité des tissus récepteurs (peau, muqueuses, ovaires et glandes mammaires). La fertilité et la préservation du capital osseux doivent également être prises en compte.
Les performances sont diversement décrites selon le moment du cycle. Ainsi, on peut citer trois études :

- Erdeleyi (1962) : sur 500 athlètes interrogées, 35 % indiquent une diminution des performances les deux premiers jours des règles, alors que 15 % décrivent une amélioration ;
- Cree (1995) : 17 sujets (judokas, sédentaires et rameuses) ont eu une évaluation en phase lutéale après 5 semaines d'entraînement ; 28,4 % ont présenté une oligo/aménorrhée et des taux plasmatiques abrasés d'œstradiol-17β, de LH et de progestérone ;
- Bady et Rousseau (2002) : leur étude sur 51 judokas suivies pendant 4 ans a montré que 32 % présentaient des modifications du comportement (attitude, résultats, implication) lors des règles, et que 25 % avaient une limitation de l'intensité de l'entraînement en milieu de cycle lorsque des troubles étaient ressentis (mastodynies, douleurs pelvi-abdominales).

Peu de modifications hormonales significatives sont signalées, sauf s'il existait des perturbations antérieures.

Le dénominateur commun et quasi constant semble être la diminution du taux de l'œstradiol-17β, œstrogène actif de la fonction de reproduction et, dans une moindre mesure, des variations des taux de prolactine. Mais cette hormone, très sensible au stress, est également un témoin de l'équilibre glycémique du sujet. Or, on sait que les variations de poids corporel – préoccupation fréquente chez les athlètes – peuvent conduire à des comportements alimentaires extrêmes : boulimie et anorexie, dont on connaît le retentissement sur les taux d'hormones circulantes.
On retient comme limite inférieure de masse grasse le taux de 15 %, considérant que les perturbations cycliques et plasmatiques se manifestent en dessous de cette limite.

L'entraînement physique intense et précoce provoque des troubles menstruels à causes multifactorielles :
- perte de poids brutale, par choix alimentaire inadapté à l'effort ;
- précocité de l'activité physique intensive, mal conduite ;
- stress physique et psychique.

Les conséquences de l'insuffisance hormonale induite doivent être identifiées et traitées, puisque la prescription d'œstroprogestatifs – adaptée et justement évaluée – corrige toujours ces déséquilibres.
Les déséquilibres alimentaires doivent être également corrigés.
L'avenir des sportives passe par la prise de conscience de leur spécificité physique et hormonale et l'instauration d'une véritable gynécologie du sport.

Pour en savoir plus

Erdelyi GI. Gynecological survey of female athletes. *J Sports Med Phys Fitness* 1962; 2 : 174-9.

Fellman N. Hormonal and plasma volume alterations following endurance exercise. A brief review. *Sports Med* 1992; 13 : 37-49.

Kuchly-Anton B, Potiron-Josse M. Aménorrhée secondaire de la sportive : approche thérapeutique. *Med Sport* 1993; 67 : 36-9.

Lindberg J, Fears W, Hunt M, Powel M, Boll D, Wade C. Exercise-induced amenorrhea and bone density. *Am Intern Med* 1984; 101 : 647-8.

Suay F, Salavador A, Gonzalez-Bono E, Sanchis C, Martinez M, Martinez-Sanchis S *et al.* Effects of competition and its outcome on serum testosterone, cortisol and prolactin. *Psychoneuroendocrinology* 1999; 24 (5) : 551-66.

Weineck J. *Biologie du sport.* Paris : Vigot, 1998.

Wells CL. *Women, sport, and performance : a physiological perspective.* Champaign, IL : Human Kinetics Publisher, 1985.

Wilmore JH, Costil DL. *Physiologie du sport et de l'exercice physique.* Paris : De Boeck Université, 1998.

Sport après 50 ans

Sommaire

La capacité de l'individu à s'investir dans une activité physique et sportive à 50 ans dépend de nombreux facteurs. Le capital génétique, les antécédents médicochirurgicaux, la précocité, la quantité et la qualité de l'entraînement suivi, le mode de vie familial, la sédentarité et le type d'activité professionnelle sont susceptibles de retarder ou au contraire d'accentuer les effets du vieillissement.

Le sujet de 50 ans ne répond pas à un profil d'aptitude physique unique. Il n'y a rien de commun entre le champion vétéran qui a abandonné la pratique sportive, le sportif de toujours aux performances plus limitées mais qui n'a jamais cessé totalement le sport et le sédentaire débutant dont l'apparition est en rapport avec l'augmentation de la durée de vie, la retraite professionnelle plus précoce et l'engouement pour le sport. Le champion vétéran et le grand sportif amateur ne posent en général pas de problèmes au médecin du sport. Un suivi médicophysiologique régulier permet le dépistage d'une affection susceptible de remettre en cause l'aptitude du sujet aux activités physiques et sportives.

L'aptitude du sédentaire de plus de 50 ans qui débute le sport est plus difficile à aborder car le médecin du sport est en présence d'un sujet qui appartient à une catégorie d'âge où le risque cardiovasculaire n'est pas négligeable. Il est nécessaire de quantifier ou d'éliminer ce risque par un bilan clinique et la pratique d'un certain nombre d'examens complémentaires, qui vont du simple examen biologique à la recherche d'une anomalie métabolique, un électrocardiogramme de repos, à l'épreuve d'effort en milieu spécialisé. L'ensemble des résultats obtenus permet au généraliste et au médecin du sport de se faire une idée de l'aptitude physique et sportive du sujet à partir de l'examen des facteurs biomécaniques, énergétiques et nerveux. Il n'est pas question d'encourager les performances sportives chez le sujet de plus de 50 ans ; il s'agit uniquement pour lui de continuer une activité physique et sportive indispensable à un bon équilibre physique et psychique, en gardant à l'esprit qu'une activité sportive pratiquée selon une excellente technique est peu agressive.

Facteurs biomécaniques

Fragilisation du squelette

À partir de 50 ans, l'activité physique peut être réduite ou limitée par des causes d'ordre strictement musculotendineux ou ostéoarticulaire. L'état irréprochable de l'appareil locomoteur est une nécessité absolue. Les contraintes imposées aux muscles et aux tendons, aux surfaces articulaires, la répétition des microtraumatismes contribuent au vieillissement de l'appareil locomoteur et au développement de l'arthrose. Les antécédents de macrotraumatismes (sports d'équipe, de vitesse, de combat, sports mécaniques) sont responsables d'une pathologie ostéoarticulaire dont les séquelles vont créer des lésions irréversibles.

La déminéralisation du squelette est de 0,10 à 0,15 % par an jusqu'à 50 ans et cette perte osseuse s'accentue au-delà. Le sujet a perdu une partie de sa masse osseuse, mais les propriétés chimiques de l'os sont identiques, calcium et phosphates sont présents avec le même rapport que chez le sujet jeune.

Les pertes osseuses à l'origine d'une fragilisation des os prédominent sur les vertèbres, la partie distale du radius et la tête fémorale. La prévention à partir d'un apport calcique et de vitamine D peut être envisagée.

Tendons et ligaments

L'élasticité musculaire et tendineuse diminue déjà après 25 ans ; les tendons deviennent plus fragiles alors que l'entraînement maintient en partie les fibres musculaires, d'où discordance entre les résistances mécaniques des tissus et le risque de ruptures tendineuses. C'est le cas pour le tendon d'Achille lors de la pratique du jogging en terrain accidenté, du *tennis leg* de survenue plus fréquente sur terrain synthétique ; c'est aussi le cas pour le tendon du biceps lors de la pratique intempestive de la musculation ou de sports de lancer comme le volley ou le handball. Pour les lésions ligamentaires, la persistance de laxités acquises entraîne inexorablement des perturbations articulaires complexes. Au niveau du genou, la rupture des ligaments croisés et/ou des formations ligamentaires périphériques est à l'origine de mouvements anormaux. Il y a perturbation de l'équilibre roulement-glissement lors de la flexion articulaire puis apparition de mouvements de translation anormaux et désynchronisation de l'action des muscles périarticulaires. Les lésions cartilagineuses qu'ils provoquent favorisent la survenue de l'arthrose (voir chapitre 67).

Cartilage articulaire

Le sport, le morphotype (notamment le *genu varum*), l'hyperlaxité constitutionnelle, l'excès de poids sont des facteurs d'aggravation de l'arthrose. La précocité de l'arthrose dépend de la précocité des lésions cartilagineuses (perte de substance, éclat, lésions abrasives ou anfractueuses). Elles sont à l'origine de la baisse de résistance des surfaces articulaires. Ainsi, chez le sportif de plus de 40 ans, les affections dégénératives sont plus fréquentes que dans un groupe témoin sédentaire ; après 50 ans, la chondropathie fémoro-patellaire est la pathologie la plus souvent observée lors de la consultation de médecine du sport. Les traumatismes, mêmes uniques, peuvent être générateurs plusieurs années après de lésions d'arthrose. Toutes fractures articulaires et luxations sont en cause, ainsi que la répétition des microtraumatismes par sur-utilisation d'une articulation. Les contraintes exagérées au cours de la pratique de certains sports avec mise en charge excessive d'un membre, l'amortissement des chutes, des coups, la prise d'appui au sol et le port de charges sont les étiologies les plus fréquemment rencontrées. Elles concernent des sportifs peu ou pas musclés, le plus souvent féminins.

Chez le sportif de 50 ans, il est impératif de faire un diagnostic précis. Certains tableaux cliniques, en particulier provenant d'une lésion coxo-fémorale (coxarthrose et périarthrite), peuvent simuler la symptomatologie des pubalgies. Les sports concernés sont principalement le football, l'athlétisme, l'équitation, l'escrime, le judo, le basketball, le golf et le ski de fond.

La cinquantaine n'est pas une période de la vie où le *rachis* est plus menacé lors de la pratique sportive, mais il faut différencier le sportif avéré du sportif débutant. À cet âge, le spondylolisthésis est stabilisé. Il peut être à l'origine d'un passé plus ou moins important de lombalgies voire de radiculalgies mais il ne risque pas de s'aggraver. La dégénérescence discale porte sur les disques cervicaux (C5-C6 et C6-C7), ainsi que sur les disques lombo-sacrés (L4-L5 et L5-S1) (surtout chez les anciens cavaliers et les sujets qui ont pratiqué un sport d'équipe ou de vitesse). Il n'y a pas de parallèle anatomoclinique entre la dégénérescence discale et la tolérance clinique. Les signes de dégénérescence discale associés ou non à une ostéophytose des charnières sont essentiellement rencontrés chez les professeurs d'éducation physique et sportive, les anciens gymnastes, les parachutistes et les pratiquants de sports de combat. L'examen clinique permet d'apprécier la diminution de la tonicité de la sangle abdominale avec ou sans tendance à l'hyperlordose.

Les lésions méniscales sur un ménisque vieilli (ruptures transversales et bandelettes luxées ou rompues) et les séquelles des ménisectomies sont arthrogènes. En effet, en l'absence de ménisque, ces lésions augmentent les contraintes par unité de surface. Les lésions de départ sont le plus souvent localisées au niveau des condyles puis s'observent secondairement au niveau des plateaux tibiaux. L'arthrose fémoro-tibiale interne sur laxité ligamentaire est généralement bien tolérée par le sportif vétéran (c'est le cas de nombreux footballeurs), même s'il existe des antécédents de période d'instabilité prolongée. On observe un décalage entre l'apparition des premiers signes radiologiques et la symptomatologie fonctionnelle.

Au niveau du membre supérieur, les lésions de la main et du poignet représentent 8 à 20 % des traumatismes selon les différents sports. La main du sportif de plus de 50 ans est essentiellement le reflet des traumatismes trop souvent négligés durant sa carrière sportive (fracture du scaphoïde et disjonctions scapho-lunaires) (voir chapitre 58). Raideur, arthrose post-traumatique, instabilité articulaire sont l'apanage des sports de combat et des sports de ballon pratiqués à la main, sans oublier les séquelles d'entorses et de luxation de la métacarpo-phalangienne du pouce survenues lors de la pratique du ski.

Quant à l'épaule, cette articulation est la plus mobile du corps humain. D'épaule douloureuse et instable du sujet jeune, elle prend la forme de pathologie du toit de l'épaule et de corps étranger articulaire après 50 ans. Les lésions du bourrelet glénoïdien et les ruptures partielles ou totales de la coiffe des rotateurs sont le plus fréquemment retrouvées.

Muscles

Force musculaire

Elle subit une décroissance régulière : la capacité restante à 50 ans est comprise entre 80 et 90 % de sa valeur à 25 ans. La diminution de la puissance et de la capacité musculaires serait de l'ordre de 3 à 5 % par décennie. Cette perte de force a été attribuée à une diminution plus importante en fibres du type II, anaérobies, secondaire à une dégénérescence de l'activité trophique du motoneurone. Elle prédomine aux membres inférieurs. Cela se traduit par une diminution de la puissance maximale volontaire et de la vitesse d'exécution du mouvement. La perte de force est moins importante si une activité physique est maintenue. Les capacités d'endurance déterminées par le maintien d'un pourcentage donné de la force maximale volontaire ne sont pas modifiées par l'âge si la force exercée est exprimée en valeur relative. En revanche, lors de mesures isocinétiques de la force musculaire du quadriceps, une nette diminution de la force rapportée au poids corporel a été mise en évidence alors que la qualité de la force isocinétique est conservée en valeur absolue. Un amoindrissement de la masse maigre peut expliquer en partie la diminution de la force avec l'âge. Elle est environ de 10 % entre 35 et 50 ans. Une diminution des sécrétions androgènes et des anomalies de coordination motrice pourrait également être en cause. Enfin, le sujet âgé aurait une baisse de capacité à recruter de nouvelles unités motrices pour maintenir la force quand la fatigue s'installe. Cela serait lié à une plus grande fatigue centrale. Toutefois, la coactivation musculaire augmente avec l'âge pour maintenir la force.

Lésions musculaires

Chez le sportif vétéran, le vieillissement musculaire est moins rapide que le vieillissement tendineux. Cependant, les lésions qui surviennent sont plus importantes lors d'un exercice musculaire excentrique et se situent le plus souvent à la jonction tendino-musculaire. La désinsertion du jumeau interne *(tennis leg)* est fréquente dans la pratique du sport à partir de 50 ans. C'est un accident musculaire grave dont l'évolution est fonction de l'importance de l'hématome qu'elle entraîne. Il n'y a pas actuellement de test biologique fiable pour apprécier l'importance de la lésion initiale, et le taux des enzymes musculaires reflète mal l'importance des lésions. En revanche, l'échographie permet un diagnostic de gravité et un diagnostic topographique précis. La conduite à tenir se résume à l'abstention de gestes intempestifs (pas de massages), le repos sportif absolu, la physiothérapie antalgique et les anti-inflammatoires non stéroïdiens. L'évacuation chirurgicale de l'hématome ancien collecté ou calcifié est parfois nécessaire. Après l'accident, la reprise sportive est fonction de l'évolution de la cicatrisation. Le problème évolutif des lésions musculaires est lié à la cicatrisation qui est longue, ce qui hypothèque l'avenir du sujet. Le muscle est souvent fibrosé et présente des réactions cicatricielles qui peuvent bénéficier de séances de kinésithérapie. Cette fibrose cicatricielle est à l'origine de récidives qui compromettent la pratique du sport.

Effets de l'entraînement sur la fonction biomécanique

Il faut s'astreindre, dans la pratique sportive après 50 ans, à un entretien de la mobilité articulaire. La stabilité articulaire et l'élasticité musculaire sont obtenues par l'activité physique dosée, la gymnastique volontaire adaptée. Un entretien quotidien de la sangle abdomino-fessière, un travail de correction posturale et d'assouplissement (étirements des ischio-jambiers, des psoas) protègent le rachis et surtout la région lombo-pelvienne.

L'activité physique ainsi pratiquée est un facteur de lutte contre l'ostéoporose et l'amyotrophie qui surviennent avec l'âge. Le taux d'ostéocalcine et le contenu minéral osseux augmentent chez le sujet âgé qui se met au sport. La charge mobilisable augmente de 48 % après un entraînement musculaire dynamique de 12 semaines comprenant un renforcement musculaire et des assouplissements mais la force maximale volontaire (FMV) est peu modifiée. Chez la femme, la musculation dynamique pratiquée régulièrement augmente la FMV mais n'a pas d'effet sur la masse osseuse.

Enfin, il est nécessaire d'insister sur les méthodes de prévention des lésions musculo-tendineuses : hygiène de vie, étirements au début et pendant l'échauffement (au moins 5 minutes), hydratation avant et pendant l'effort, matériel adapté à la morphologie du sujet, pratique du sport avec une intensité modérée, nature des terrains de sports : éviter les terrains synthétiques et les sols durs, préférer le sous-bois ou les terrains souples en terre battue.

Facteurs énergétiques

Facteurs de risques

L'étude de Framingham a montré que 20 % des infarctus du myocarde étaient méconnus cliniquement. La mortalité liée à l'infarctus augmente avec l'âge; elle est plus importante chez la femme. En France, chez l'homme, l'âge du début des manifestations cliniques de la maladie coronaire se situe, dans 30 % des cas, entre 50 et 59 ans et dans 35 % des cas, entre 60 et 69 ans. Chez la femme, le début est plus tardif, après 60 ans dans 40 à 60 % des cas.

Pour apprécier les effets du vieillissement sur la fonction cardiovasculaire après 50 ans, il faut tenir compte des facteurs de risque, et plus particulièrement rechercher :

- les facteurs héréditaires : antécédents familiaux de mort subite, d'hypercholestérolémie, de diabète ou d'hypertension ;
- les facteurs biologiques : hypercholestérolémie (rapports HDL/LDL > 2,50 et CT/HDL > 3), hypertriglycéridémie, hyperuricémie, hyperglycémie ;
- les facteurs médicaux acquis : hypertension artérielle, pathologie cardiovasculaire, respiratoire, obésité, anomalies métaboliques ou endocriniennes ;
- les facteurs personnels : sédentarité, hygiène de vie (alimentation, tabac, alcool). Il est important de distinguer les facteurs de risques non modifiables (hérédité, âge, sexe, antécédents personnels et familiaux) des facteurs de risques modifiables (hygiène de vie, sédentarité). L'association ou non de ces différents facteurs permet de déterminer à 55 ans un groupe de sujets à bas risque cardiovasculaire (4 %) et un groupe à haut risque (50 %) (voir chapitre 25).

Fonction cardiovasculaire

Pour remplir son rôle, l'activité physique ne doit pas majorer le risque cardiovasculaire, ce qui nécessite une surveillance régulière. Le sujet doit respecter certaines règles et contre-indications.

Pour un niveau de puissance donné, la fonction cardiaque lors de l'exercice est relativement plus sollicitée chez le sujet âgé que chez le sujet jeune. Le débit cardiaque décroît de 8 % par décennie, soit de 20 % à 50 ans; le volume d'éjection systolique diminue, la fréquence cardiaque (FC) de repos est un peu augmentée. La variabilité du rythme cardiaque diminue avec l'âge car le vieillissement altère l'influence du système nerveux autonome sur la régulation de la FC. La sensibilité des barorécepteurs et la compliance artérielle sont également diminuées, d'où une altération de l'adaptabilité du système cardiovasculaire à l'exercice musculaire. Les maladies métaboliques (diabète, hypercholestérolémie), le développement d'une hypertension artérielle, d'une insuffisance cardiaque, accélèrent la diminution de la variabilité de la FC.

Pour un sédentaire qui consomme 1,5 L d'oxygène lors d'un exercice de 100 watts, la pression artérielle (PA) d'exercice s'élève à 24/12 hPa (180/90 mmHg) au lieu de 21/10 hPa (160/80 mmHg) à 20 ans. La réserve cardiaque est abaissée, ce qui se traduit par une augmentation de la dette d'oxygène à la fin de l'effort.

Équilibre hydroélectrolytique

La réponse thermorégulatrice à l'exercice diminue avec l'âge et serait associée à une diminution de $\dot{V}O_2$ max. À $\dot{V}O_2$ max, la réduction du flux sanguin cutané de l'avant-bras des sujets de plus de 60 ans est estimée à 50-60 % par rapport au sujet jeune. Toutefois, cette décroissance des capacités de sudation est modifiée par l'entraînement. L'augmentation de $\dot{V}O_2$ max par un entraînement aérobie s'accompagne chez le sujet âgé d'une augmentation du flux sanguin cutané. Cependant, le débat sur le mécanisme physiologique mis en jeu est encore d'actualité. Il semble que l'augmentation du volume sanguin musculaire, liée à l'entraînement aérobie, est à l'origine d'une augmentation du flux sanguin cutané par une augmentation du volume sanguin veineux de retour.

Examens complémentaires

La fréquence cardiaque maximale théorique (FCMT = 200 – âge) est très utilisée mais peu représentative de l'aptitude physique ou du niveau d'entraînement du sujet. Lors de la consultation de médecine du sport, un certain nombre de tests peuvent être utilisés et parmi ceux-ci, le test de Ruffier, avec mesure de la pression artérielle, paraît être le plus adapté pour le dépistage des anomalies d'adaptation cardiovasculaire à l'effort. C'est aussi un argument pour demander une exploration fonctionnelle cardiovasculaire en milieu spécialisé avant de délivrer un certificat de non-contre-indication au sport après 50 ans (voir chapitre 37).

Une épreuve d'effort, sur un ergomètre (ergocycle ou tapis roulant), permet de mesurer la fréquence cardiaque maximale réelle (FCMR). Cette FCMR est hautement corrélée à la consommation maximale d'oxygène ($\dot{V}O_2$ max), c'est-à-dire à la puissance maximale aérobie (voir chapitre 15). Elle permet d'orienter l'entraînement et le niveau de dépense énergétique désiré. Elle peut être difficile à réaliser chez le sujet âgé du double fait d'une coopération insuffisante (faute de motivation) et surtout de la coexistence de pathologies associées (bronchite chronique, arthrose, artérite des membres inférieurs ou séquelles d'accident vasculaire cérébral), qui entravent par elles-mêmes la réalisation d'un effort musculaire.

Il faut tenir compte des anomalies électrocardiographiques éventuelles enregistrées au repos ou à l'effort même chez un sportif aux coronaires saines (troubles du rythme, de la conduction ou de la repolarisation, voire mise en évidence d'une ischémie myocardique à l'effort). Dans un tel cas, l'enregistrement ambulatoire continu de l'électrocardiogramme par méthode Holter peut être justifié (voir chapitre 38).

À 50 ans, l'effort isométrique est déconseillé, tel qu'il est réalisé en haltérophilie, dans les sports de combat et en partie au tennis, au basket et à l'aviron; il s'apparente à des contractions isométriques intermittentes lors du ski alpin dès l'instant où les sujets s'arrêtent régulièrement dans les descentes. En effet, à 20 ans, la fréquence cardiaque (FC) s'accroît plus que la pression artérielle (PA); à 50 ans, c'est l'inverse, il y a une augmentation importante des résistances périphériques. La PA diastolique et la PA moyenne augmentent de façon parallèle, indépendamment de la masse musculaire mise en jeu.

Consommation d'oxygène

La fourniture aux muscles de l'oxygène dont ils ont besoin exige une ventilation et un débit cardiaque de niveau élevé. La capacité de transport de l'oxygène diminue régulièrement avec l'âge, de l'ordre de 10 % par décennie. Si la valeur de la consommation maximale d'oxygène est de 45 mL.min^{-1}.kg^{-1} pour un jeune adulte sédentaire, elle atteint classiquement les deux tiers de sa valeur à 60 ans et est réduite de moitié à 80 ans (fig. 66.1). Il faut souligner que cette diminution de la consommation d'oxygène est réduite de moitié chez le sujet actif (voir *infra*). Dans tous les cas, elle subit davantage les effets du vieillissement que la force musculaire. La diminution des échanges gazeux avec l'âge serait liée à une diminution du flux sanguin musculaire et des possibilités de régulation et de contrôle du métabolisme oxydatif, et en particulier à une réduction du stockage de CO_2 dans le tissu musculaire.

Chez l'homme âgé, il est probable que la diminution de la $\dot{V}O_2$ max soit liée à une augmentation du tonus orthosympathique, bien qu'à l'effort le taux des catécholamines circulantes ne soit pas plus élevé que chez le sujet jeune.

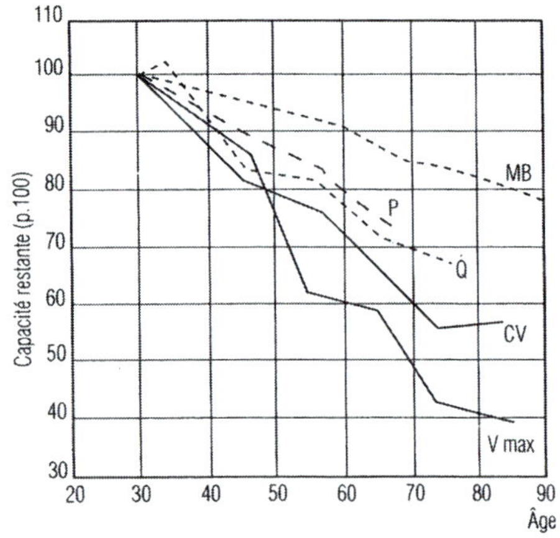

Fig. 66.1. Niveau des aptitudes fonctionnelles entre 30 et 85 ans. De haut en bas : métabolisme de base, puissance de travail, débit cardiaque, capacité vitale et ventilation maximale (d'après Kohn).

Fonction respiratoire

À 50 ans, la capacité vitale (CV) est diminuée de 20 %, le volume résiduel (VR) augmente de 25 %, et le rapport VR/CV augmente de 50 %, car il existe une diminution de la compliance pulmonaire. Le débit ventilatoire maximal est diminué de 25 à 45 %. L'équivalent ventilatoire de l'oxygène est augmenté de 15 à 20 %, c'est-à-dire que pour assurer le transport d'un litre d'oxygène, le sujet de 50 ans doit accomplir un travail ventilatoire plus important. Le volume expiratoire maximal par seconde (VEMS) décroît de 30 mL par an. Le rapport de Tiffeneau (VEMS/CV) est diminué de 6 % à 40 ans et de 12,5 % à 60 ans par rapport à sa valeur à 20 ans.

Le vieillissement affecte les propriétés élastiques du poumon et de la paroi et par conséquent du système ventilatoire dans son ensemble.

Facteurs métaboliques

Tolérance à l'hyperglycémie

Après 50 ans, la glycémie de base augmente légèrement chez les sédentaires. Ces augmentations sont évidentes lors de l'hyperglycémie provoquée orale (HGPO). Le coefficient d'assimilation du glucose tend à diminuer avec l'âge aussi bien chez les individus de poids normal que chez les sujets en excès de poids. La diminution de la tolérance au glucose correspondrait à une baisse de l'adaptation des processus de sécrétion de l'insuline à partir des cellules du pancréas. De plus, il apparaît avec le vieillissement une certaine résistance à l'insuline en rapport avec une possible diminution de la sensibilité des récepteurs. Cela conduit à contrôler la glycémie du sujet de 50 ans qui désire faire du sport. Notons que chez la femme ménopausée, la prédiction du risque cardiovasculaire est, d'une part, associée à l'insulinorésistance et aux dislipidémies et, d'autre part, corrélée à l'augmentation de la masse graisseuse du tronc.

Modifications de l'équilibre lipidique

Elles concernent la capacité de stockage et d'utilisation des graisses et la place qu'elles devraient occuper dans la fourniture d'énergie. Le cholestérol atteint souvent des valeurs supérieures à 2,50 g chez l'homme. Les triglycérides circulants ont tendance à augmenter. Cette augmentation est favorisée par les erreurs diététiques. L'hygiène alimentaire permet le maintien du poids de forme des sujets non obèses et la réduction de poids des sujets obèses. Cette réduction de poids retarde la survenue des manifestations de la fatigue musculaire quand un sujet de 50 ans veut faire du sport.

Effets des vitamines

Un déficit en vitamine B altère la performance musculaire et favorise la survenue des manifestations de petits accidents (crampes, tendinites, douleurs musculaires). Les signes cliniques de déficience en vitamine B1 associent asthénie, irritabilité et fatigue musculaire.

Les antioxydants (vitamines C, E, bêtacarotène) diminuent les radicaux libres liés aux réactions d'oxydation. En effet, l'exercice intense et de longue durée augmente les facteurs de stress oxydatif dans le muscle, le foie, le sang, ainsi que dans l'air expiré. Avec l'âge, les réactions inflammatoires cellulaires liées à la production des radicaux libres sont impliquées dans le vieillissement, par altération des processus antioxydants (glutathion peroxydase, catalase, etc.).

Cependant, l'exercice physique modéré en endurance augmente l'activité de la glutathion peroxydase, ce qui conduirait à une diminution des peroxydations des lipides membranaires dues aux radicaux libres.

Effets de l'entraînement sur les facteurs énergétiques

Sur la fonction cardiovasculaire

On note, en France, chaque année de nombreux accidents cardiovasculaires sur le terrain chez les sportifs de plus de 40 ans. Cela est le fait d'une transgression des règles de dosage et de progression de l'entraînement. L'intensité des efforts, pour être efficace, doit mettre en jeu de larges masses musculaires. Dans ces conditions, la capacité de travail est améliorée. Il en résulte une augmentation de la vascularisation musculaire avec diminution des résistances périphériques et une augmentation du débit cardiaque (fig. 66.2). La FC et la PA de repos sont abaissées, les troubles du rythme diminuent. Le risque de mort subite diminue avec la diminution des facteurs de risques. Par ailleurs, l'activité physique ralentirait la décroissance de la FC maximale avec l'âge. Il semble que l'exercice en endurance pratiqué régulièrement soit un facteur de diminution des effets du vieillissement sur la variabilité de la FC.

Le niveau d'activité aérobie pour diminuer le risque de coronaropathie est au minimum de 30 minutes 4 à 5 fois par semaine d'une marche soutenue.

Si celle-ci est effectivement quotidienne (30 minutes de marche), elle entraîne une diminution de la PA plus importante qu'une activité physique plus intense pratiquée 3 fois par semaine. Le niveau d'activité physique de loisir en endurance (aérobie) est corrélé à la masse grasse, à la FC de repos et à la PA. Une activité physique pratiquée à 70-80 % de $\dot{V}O_2$ max 35-45 minutes 3 fois par semaine conduit à une baisse de la PA moyenne de 4-5 mmHg.

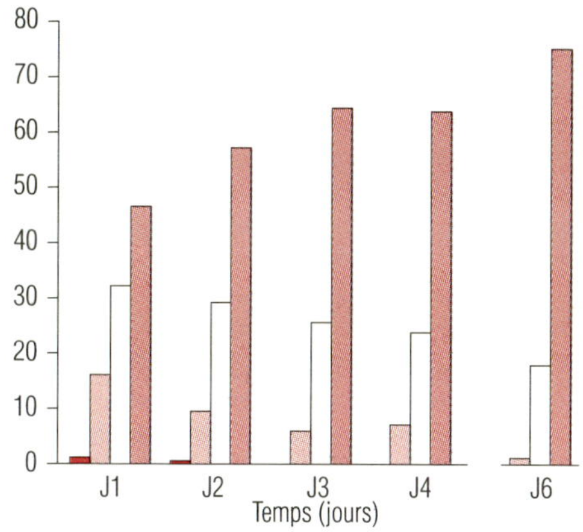

Fig. 66.2. Distribution des FC en % de la FC maximale théorique pour 5 journées de ski alpin en moyenne altitude, pratiquées par 9 sujets de la cinquantaine. Pour les jours 1 à 4 et 6, les valeurs de la FC ont été reportées en 4 classes : 1. supérieures à la FC maximale théorique; 2. de 85 à 100 %; 3. de 70 à 85 %; 4. inférieures à 70 % (lire les colonnes de gauche à droite (d'après Kahn *et al.*, 1993).

Une étude réalisée sur tapis roulant avec des vétérans de 42 à 62 ans, coureurs à pied (60 km par semaine), a montré que la FCMR était supérieure à la FCMT. Au-delà de 65 ans, le bénéfice de l'activité physique sur la fonction cardiovasculaire est plus discuté. Chez le sujet âgé, l'augmentation de la puissance maximale aérobie après un entraînement en endurance suffisamment prolongé (12 semaines) serait associée à une augmentation du débit cardiaque, une diminution des résistances périphériques et une augmentation du volume d'éjection systolique.

Sur la consommation d'oxygène

L'entraînement physique et sportif a un effet bénéfique sur la relation qui le lie à la baisse de $\dot{V}O_2$ max et à l'âge. Chez le sportif vétéran, l'activité physique régulière diminue considérablement le déclin de $\dot{V}O_2$ max par rapport au sédentaire. Quant au sédentaire qui se met au sport, le bénéfice obtenu par l'entraînement physique peut ralentir la baisse de $\dot{V}O_2$ max due à l'âge jusqu'à 65 ans environ. Toutefois, la décroissance de $\dot{V}O_2$ max est linéaire chez l'homme sédentaire alors qu'elle est maintenue chez le sujet entraîné en endurance jusqu'à 50 ans environ. Au-delà, elle décroît proportionnellement à la baisse du volume d'entraînement. En fait, plus le niveau d'activité est élevé, moins la baisse de $\dot{V}O_2$ max liée à l'âge se manifeste, mais ses effets diminuent nettement après 60 ans. D'une manière générale, l'amélioration de $\dot{V}O_2$ max ne dépasse pas 25 % chez le sédentaire qui découvre le sport. Quoiqu'il en soit, actuellement, il paraît admis pour les deux sexes qu'à 70 ans, la $\dot{V}O_2$ max peut encore être augmentée par un entraînement en endurance adapté (45 minutes par jour, 4 jours par semaine, pendant 4 à 6 semaines). L'augmentation de $\dot{V}O_2$ max est d'environ 20 % pour les deux sexes. Chez l'homme, cette augmentation est due à une augmentation du volume d'éjection systolique de 15 %, alors que chez la femme, elle serait due à une augmentation de l'extraction de l'oxygène circulant au niveau du muscle.

Sur les variables métaboliques

La diminution de la tolérance à l'hyperglycémie et la baisse de l'activité insulinique peuvent être retardées par une activité physique régulière. La courbe de l'hyperglycémie provoquée orale des athlètes vétérans est très proche de celle obtenue chez des athlètes plus jeunes. L'effet de l'entraînement a une implication importante dans la tolérance au glucose en diminuant la résistance insulinique (fig. 66.3). Pour les deux sexes, l'amélioration de la tolérance au glucose par l'entraînement en force serait liée au génotype de l'enzyme de conversion.

Par ailleurs, à tout âge, l'entraînement mobilise les acides gras ; il provoque la baisse du LDL-cholestérol et l'augmentation du HDL-cholestérol, d'où son rôle dans la prévention des maladies coronaires. Toutefois, l'entraînement n'aurait pas d'effet sur l'athérosclérose carotidienne installée.

En fait, seule l'activité physique aérobie intense et prolongée (marathon) tendrait à accroître le taux d'HDL-cholestérol, mais tous les sportifs vétérans ne peuvent maintenir un tel niveau d'activité. Cependant, la lactatémie des sujets de 40 à 65 ans lors d'un test d'effort maximal sur cycloergomètre augmente jusqu'à 8 mmol/L chez l'homme et 5,5 mmol/L chez la femme.

Facteurs nerveux

Système nerveux central

L'âge est responsable d'une diminution des perceptions, aux niveaux périphérique et central, et des réponses motrices corticales ou sous-corticales. La coordination, la motivation, l'habileté sensorimotrice et le désir d'activité diminuent. La perte des neurones est estimée à 50 000 par jour à partir de 30 ans. La sensibilité tactile diminue, en rapport avec une diminution du nombre de corpuscules de Meissner. La proprioception et le contrôle postural dans les conditions statiques ont tendance à se dégrader ; le sujet âgé a des gestes moins précis, plus maladroits. Il existe une augmentation des temps de latence (lors des réactions posturales à un déséquilibre provoqué), une diminution des vitesses de conduction nerveuse et un ralentissement des réponses motrices.

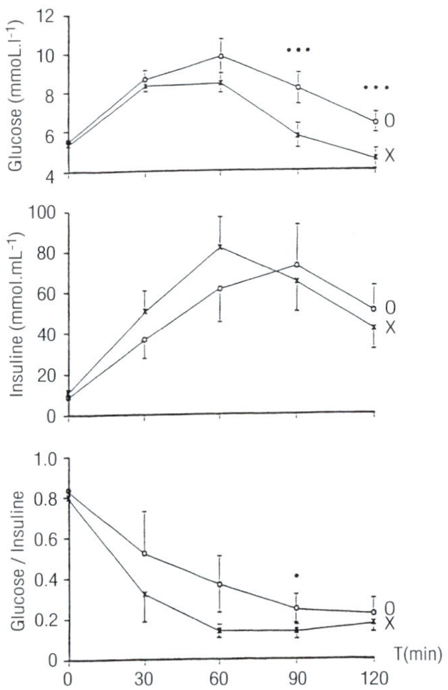

Fig. 66.3. Évolution de l'hyperglycémie provoquée chez des sujets de la cinquantaine réalisée avant (x) et après (O) un séjour de 8 jours de ski en moyenne altitude. * $p < 0,05$; *** $p < 0,001$ (d'après Kahn *et al.*, 1996).

Fonctions sensorielles

L'acuité visuelle diminue à partir de 45 ans, en rapport avec une diminution du diamètre pupillaire, de la transparence du cristallin et du métabolisme rétinien. Il existe aussi une diminution de la profondeur de champ en raison d'une altération de la convergence et de l'accommodation. La discrimination des couleurs diminue, le cortex pariétal associatif, responsable de l'intégration visuomotrice, remplit moins bien son rôle. Enfin, la presbyacousie augmente.

Tous ces facteurs contribuent à diminuer l'aptitude sensorimotrice nécessaire aux gestes sportifs. Cela limite la pratique des sports où la sécurité dépend de la perception fine et rapide du milieu, de l'apprentissage de nouveaux automatismes, de l'acquisition de gestes techniques compliqués. Cela peut expliquer, en partie, qu'après 50 ans, les sports individuels (gymnastique volontaire, tennis, golf, ski de fond, ski alpin, natation, jogging, cyclisme, etc.) soient préférés aux sports collectifs, qui nécessitent coordination et habileté sensorimotrice de niveau plus élevé.

Effets de l'entraînement sur les facteurs nerveux

L'entraînement prolongé a des effets :

- sur les adaptations psychologiques et physiologiques centrales et périphériques dues au stress : il existe une relation entre le niveau d'aptitude physique, l'activité sympathique et la qualité de la vigilance, du raisonnement et de la verbalisation lorsque le sujet âgé est confronté à un problème complexe ;
- sur les fonctions sensitives et motrices : l'activité physique entretient la sensibilité proprioceptive articulaire et ralentit la dégénérescence des motoneurones. Ainsi, elle permet par des exercices de gymnastique adaptée le maintien des réflexes posturaux et d'équilibration.

Prescrire l'activité physique chez le non-sportif

Tous les facteurs du vieillissement contribuent à la diminution de l'adaptation cardiovasculaire et à une augmentation du temps de récupération en fin d'exercice. Ainsi, avec la diminution de la puissance aérobie, un même niveau d'exercice sous-maximal devient plus contraignant. L'âge et la sédentarité comptent pour moitié dans le déclin des fonctions normales entre 30 et 70 ans. L'habileté à faire la distinction entre le déconditionnement physique et les changements d'origine pathologique relatifs à l'âge est capitale pour le médecin et influence le type d'exercices tests et le programme d'exercices prescrits.

Principes

La réalisation de la prescription suppose une prise en charge personnelle avec suppression des erreurs hygiénodiététiques, respect de la période d'échauffement, prudence en cas de reprise de l'activité sportive après blessure ou maladie, maintien de l'autonomie motrice après 65 ans. L'hydratation doit faire partie de l'entraînement. En effet, 75 % de l'énergie dépensée est transformée en chaleur. La soif est un bon indicateur de déshydratation. Il est préférable d'éviter d'avoir soif. Il faut adapter la prise de boisson à l'activité pratiquée. En général, pour une activité soutenue, le volume des boissons doit correspondre à la prise d'un verre d'eau toutes les 10 minutes.

Intensité

Il faut apprécier le risque cardiovasculaire et musculaire si l'effort est proche du maximum, surtout lors de la reprise du sport après une période de sédentarité. Le sujet de 50 ans a une adaptation cardiovasculaire et respiratoire à l'effort plus lente, il doit faire davantage appel au métabolisme anaérobie pour un même niveau d'exercice et ne peut donc pas maintenir un effort intense aussi longtemps; mais, jusqu'à 50 % de sa puissance maximale aérobie, il n'y a généralement aucun problème. Après 50 ans, la dépense énergétique ne devrait pas dépasser 10 Met (le « Met » est une unité de production de chaleur correspondant à la production de chaleur métabolique d'un sujet au repos : 50 kcal/m^2/h, soit une consommation d'oxygène de 3,5 mL/min/kg). La perte d'énergie est estimée à 1 Met tous les 7 ans, sachant qu'à 25 ans elle est de 12 à 13 Met.

Durée

En tenant compte de l'échauffement et de la récupération, la durée de l'activité physique doit concerner 10 % des 1 800 à 2 000 kilocalories ingérées, c'est-à-dire 200 kcal, ce qui correspond à 45 minutes de marche ou 30 minutes d'exercice régulier par jour.

Type

Il est nécessaire d'utiliser le maximum de masse musculaire, ce qui est excellent pour le contrôle du poids et l'endurance vasculaire et musculaire. La préférence va aux activités dynamiques dites d'endurance (marche rapide, jogging, natation, cyclisme en terrain peu accidenté, marche en moyenne montagne – à une altitude inférieure à 2 500 m –, ski de fond). Notons que la pratique de la natation ne pose pas de problème jusqu'à 70 ans mais que la capacité à pratiquer cette discipline chute au-delà, probablement du fait de l'inadaptabilité cardiovasculaire. Les mouvements articulaires, les étirements, la musculation adaptée, les mouvements rythmiques augmentent la force et le tonus musculaire du tronc, de l'abdomen, des muscles lombaires, des bras (jeux collectifs à faible intensité développant souplesse et coordination).

Toutefois, il faut éviter les contractions isométriques intenses, c'est-à-dire les exercices effectués à glotte fermée avec hyperpression thoracique lors des séances de musculation (du fait de l'élévation importante de PA et de FC), de même qu'il faut déconseiller l'activité physique excessive, la compétition, les mouvements rapides et compliqués, les environnements extrêmes (haute altitude, plongée). Une place à part est réservée au ski alpin, dont la pratique est épisodique et dépend du niveau technique et des possibilités biomécaniques du sujet. Cette activité ludique peut être pratiquée après 50 ans dans la mesure où le sujet choisit une station de moyenne montagne et aménage au cours de son séjour des plages de repos qui lui permettent d'éviter les accidents traumatiques liés à l'accumulation de la fatigue musculaire, notamment ceux décrits au troisième jour.

Fréquence et progression

En dehors des activités où il faut tenir compte des contraintes liées à la durée du séjour (ski alpin, ski de fond, voile, bains de mer, etc.), l'activité physique peut être prescrite 3 fois par semaine. Il faut respecter les conditions météorologiques (notamment en saison froide ou en saison chaude) et les horaires car la pratique du sport trop tôt le matin favorise les accidents cardiovasculaires d'effort.

La progression sera fonction du potentiel du sujet, de l'intensité de l'exercice, et de sa durée. Elle doit être très progressive. Il est nécessaire d'imposer une augmentation graduelle de ces trois composantes par un contrôle de la fréquence cardiaque, qui ne doit pas dépasser en cours d'exercice 120 battements par minute chez le sujet de 50 ans, soit 70 % de sa FCMT (c'est-à-dire 50 % de sa capacité d'accélération cardiaque).

Au-delà de 65 ans

Une activité physique minimale est favorable à la socialisation. Elle s'exerce sur les jeux collectifs qui sont des divertissements à dominante récréative. Les fonctions sociales du jeu sont importantes au moment de la retraite car le sujet peut inventer, créer, éprouver du plaisir à participer à une activité sportive programmée. Le jeu permet de lutter contre l'ennui, de nouer des relations nouvelles, de réveiller le goût de l'action, de compenser le manque d'activité professionnelle du retraité.

Effets sur la longévité

L'amélioration des facteurs de l'aptitude physique liée à l'activité physique et sportive a pour conséquence une amélioration des conditions de vie jusqu'à 75 ans environ. En effet, il n'existe plus à partir de cet âge un taux de survivants actifs supérieur à celui des sédentaires, quel que soit le type d'activité pratiquée.

CAS CLINIQUES

Cas clinique n° 1

Un homme de 51 ans, ancien athlète de haut niveau, pratiquant régulièrement le fond et le demi-fond, consulte pour une douleur diffuse du tendon d'Achille, irradiant dans le mollet droit, survenue après un entraînement puis augmentée par l'échauffement et lors de la course à pied, mais moins importante lors de la pratique du vélo.

Examen clinique

• Recherche des antécédents sportifs : tendinites, ténosynovites, *tennis leg*, élongation, claquage du mollet.

• Recherche des antécédents médicaux : phlébite, sciatique, facteurs de risques (antécédents personnels et familiaux, alcool, hypercholestérolémie, diabète, hypertension).

• Examen biométrique : taille, poids, masse grasse, diamètre du mollet comparé au mollet controlatéral (augmenté de volume?).

• Sur le sujet allongé, l'examen recherche un empâtement du tendon d'Achille, la palpation d'un nodule intratendineux ou une lésion striée du tendon, voire une encoche et un éventuel crépitement neigeux évoquant une ténosynovite ancienne. La mise en tension passive du mollet par flexion dorsale du pied éliminera une phlébite débutante (signe de Homans), d'autant qu'à la palpation la température du mollet peut être un peu augmentée.

• Sur le patient debout, l'examen est dynamique : la flexion-extension du pied en charge est douloureuse par mise en tension de l'aponévrose plantaire et du tendon d'Achille, l'appui monopodal est difficile. L'examen au podoscope peut mettre en évidence une anomalie de la statique du pied (pied creux, tendon d'Achille court, talus valgus, etc.).

Examen complémentaire

L'échographie du tendon d'Achille montrera soit une lésion tendineuse partielle, secondaire à une tendinite ancienne, qui signera le risque de rupture totale si le sujet continue à pratiquer avec la même intensité une activité sportive en charge, soit une lésion nodulaire, témoin du remaniement local des fibres du tendon.

Conduite à tenir

• Repos sportif pendant au minimum 3 semaines, anti-inflammatoires non stéroïdiens, physiothérapie (glaçage, ultrasons, courants basse fréquence, antalgiques).

• Massages transverses profonds si tendinite nodulaire.

• Les étirements et le renforcement musculaire avec appui antérieur étirent les muscles de la loge postérieure de la jambe, ce qui soulage le tendon.

• Pour la rupture partielle, une mise en décharge éventuelle est possible, le pied immobilisé par un *strapping* en léger équin.

• Consultation d'orthopédie pour peignage éventuel du tendon si la lésion chronique ne répond pas favorablement au traitement (voir chapitre 47).

Cas clinique n° 2

Un ancien footballeur professionnel, âgé de 53 ans, est devenu l'entraîneur d'une équipe professionnelle. Vous le connaissez car il est venu en début de saison pour établir un certificat de non-contre-indication à la pratique du football. Après un entraînement, il ressent en réunion technique une sensation d'oppression thoracique et présente des sueurs froides accompagnées de nausées et de pâleur. Il a pu rejoindre son domicile et vous êtes appelé à son chevet par sa famille. L'examen cardiovasculaire pratiqué au domicile est normal.

• Quel est votre diagnostic?

• Quelle est la conduite à tenir?

Examen clinique

• Antécédents ECG, palpitations, troubles du rythme, HTA, précordialgies.

• Antécédents sportifs (arrêts et reprises? sujet à risque).

• Tabac, alcool, pris après l'effort?

• Examen cardiovasculaire : ECG (recherche de signes d'ischémie récente : sus-décalage ST dans les dérivations précordiales).

• Examen digestif à la recherche d'une hernie hiatale.

Conduite à tenir

• Considérer que l'ECG est pathologique, même s'il ne met pas en évidence de signes d'ischémie, et rechercher une coronaropathie.

• Pratiquer une épreuve d'effort en milieu cardiologique.

Diagnostic

Se reporter aux chapitres 26 et 33.

Cas clinique n° 3

Un homme de 57 ans est mis en préretraite et désire pratiquer une activité sportive de loisir, alors qu'il était sédentaire pendant son activité professionnelle. Il désire pratiquer le cyclisme dans un club de cyclotourisme.

• Quelle est la démarche à suivre qui permettra de déterminer l'aptitude physique de ce sujet?

• Quels conseils donnez-vous pour débuter l'entraînement?

1. Rechercher les antécédents du sujet : *facteurs non modifiables* acquis et antécédents de mort subite à l'effort dans la famille, d'HTA, de maladies métaboliques, et *facteurs modifiables* hygiénodiététiques.
2. Apprécier par l'examen clinique locomoteur, cardiovasculaire et neurosensoriel *l'aptitude restante* pour faire la part de la désadaptation à l'effort due à la sédentarité, et de l'inadaptation à l'activité physique par la présence de séquelles dues à une pathologie intercurrente.
3. Faire un examen biologique minimal : glycémie à jeun, bilan lipidique pour apprécier le risque biologique et orienter l'entraînement.
4. L'ECG d'effort est obligatoire en milieu cardiologique, dès lors que l'intensité initiale de l'entraînement dépend de la valeur de $\dot{V}O_2$ max.

Pour en savoir plus

BARLET JP, COXAM V, DAVICCO MJ. Exercice physique et squelette. *Arch Phys Biochem* 1996; 103 : 681-98.

BENEZIS C, SIMERAY J, SIMON L. Le sportif à 50 ans. *In : Actualités en médecine du sport.* Paris : Masson, 1988.

BRUCKER J. Mise en forme, condition physique du sportif de plus de 40 ans. *Cinésiologie* 1986; 25 : 59-62.

KAHN JF, JOUANIN JC, ESPIRITO-SANTO J, MONOD H. Cardiovascular responses to leisure alpine skiing in habitually sedentary middle-aged men. *J Sports Sci* 1993; 11 : 31-6.

KAHN JF, JOUANIN JC, BRUCKERT E, GUEZENNEC CY, MONOD H. Physiological effects of downhill skiing at moderate altitude in untrained middle-aged men. *Wild Environ Med* 1996; 3 : 199-207.

LACOUR JR. Exercice et vieillissement. *In :* Monod H, Flandrois R, eds. *Physiologie du sport*. 5e édition. 1 vol. Paris : Masson, 2003 : 277 p.

67

Sport et arthrose

Sommaire

L'arthrose peut se définir comme une affection chronique résultant d'une détérioration du cartilage articulaire sans possibilité d'autoréparation.

Histologie macroscopique

Le *cartilage articulaire* est composé de quatre couches, allant de la cavité articulaire à l'os sous-chondral, la couche superficielle, la couche transitionnelle, la couche profonde et la couche calcifiée :

- au stade I de l'évolution arthrosique, la couche transitionnelle devient œdémateuse (chondromalacie) ;
- au stade 2, la couche superficielle se fissure tangentiellement ; les chondrocytes se multiplient et deviennent hypertrophiques ;
- au stade 3, les couches sont traversées par des fissures profondes et verticales ; les chondrocytes sont moins nombreux et leur activité décroît ;
- au stade 4, l'os sous-chondral est mis à nu.

La *membrane synoviale* lors de la maladie arthrosique peut être soit normale, soit réactionnelle, avec des villosités plus nombreuses et trapues, soit encore inflammatoire, avec des villosités hypertrophiques.
Le *liquide synovial* a un poids moléculaire diminué et une concentration d'acide hyaluronique abaissée ; il en résulte une perte de viscosité.
L'*os sous-chondral* subit une densification par multiplication des lamelles d'os haversien. La jonction marginale entre le cartilage articulaire et l'os sous-chondral est le siège d'une prolifération conjonctivovasculaire et sous-périostée, aboutissant à la formation d'ostéophytes.
Enfin, des géodes apparaissent dans l'ostéosclérose sous-chondrale, en général en zone d'appui.

Classification des différents types d'arthrose

Anatomopathologie

Il faut distinguer :

- d'une part, la *sénescence chondroarticulaire*, physiologique, qui se traduit par une diminution du nombre de chondrocytes actifs par nécrose cellulaire (fonctionnement ralenti de ceux-ci, diminution du taux de renouvellement du collagène II et de la synthèse de protéoglycanes) ;
- d'autre part, l'*arthrose-maladie*, marquée par une diminution du nombre de cellules mères profondes de réserve, au profit de chondrocytes tantôt hyperactifs, tantôt dégénérés, produisant des enzymes de dégradation du collagène et des protéoglycanes.

Étiologie

Il est nécessaire de différencier :

- l'*arthrose primitive*, familiale ou génétique, qui peut être localisée (mains, hanches) ou généralisée ;
- l'*arthrose secondaire*, qui est toujours localisée et qui dépend de facteurs multiples ayant pu fragiliser le cartilage. Parmi ceux-ci, on note certaines maladies rhumatismales (ostéonécrose, chondrocalcinose, ostéochondromatose), quelques maladies métaboliques telles que l'hémochromatose, la drépanocytose, la maladie de Paget, etc., et surtout les dysplasies et troubles statiques, les fractures ou traumatismes articulaires et les microtraumatismes répétitifs professionnels ou sportifs.

Il faut également prendre en considération le fait que des facteurs généraux sont susceptibles d'aggraver un processus arthrosique déjà engagé, tels l'âge, le terrain et la surcharge pondérale pour les articulations portantes.
L'arthrose du sportif est donc une arthrose secondaire. Elle reconnaît à son origine :

- soit une fracture ou un traumatisme ;
- soit une intervention chirurgicale à visée réparatrice ;
- soit enfin un syndrome de surmenage articulaire (*over use* des Anglo-Saxons).

Rappel physiologique

Cartilage hyalin

C'est un tissu non vascularisé, non innervé et très hydraté, composé d'une matrice et de chondrocytes; le schéma général en est donné dans la figure 67.1.

La matrice est faite essentiellement :

- de *collagène* (col) de type 2, accessoirement de types 9 et 11;
- de *protéoglycanes* (PG), fixés sur une longue chaîne d'acide hyaluronique formant des agrégats de haut poids moléculaire et emprisonnés dans les fibres;
- de *protéines* (fibronectine et fibromoduline).

L'équilibre entre pression osmotique et teneur en fibres collagènes donne au cartilage son élasticité, sa résistance à la pression et un coefficient de friction bas.

Le chondrocyte possède le matériel génétique pour synthétiser et renouveler la matrice, mais également pour la dégrader. Cette dégradation fait intervenir :

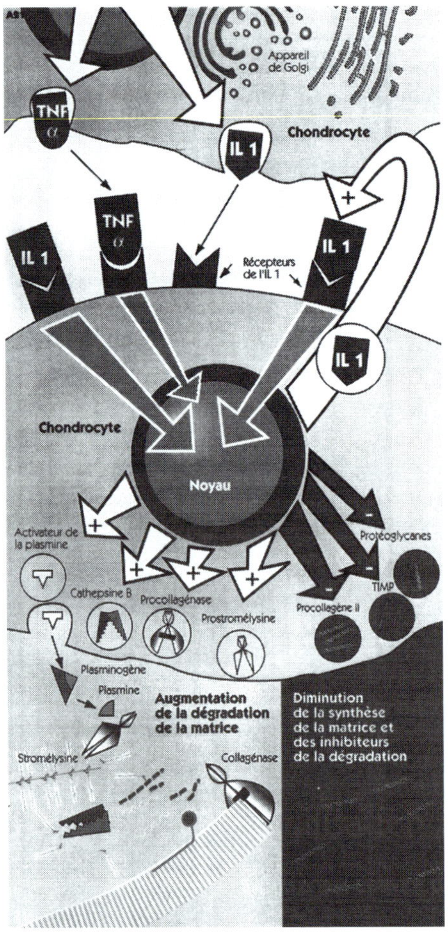

Fig. 67.1. Rôle des cytokines (d'après Lesquesne et Menkes, *Atlas de l'arthrose*, schémas de E. Olivry, Negma, 1995).

- deux précurseurs enzymatiques du catabolisme, sécrétés inactifs par le chondrocyte, la prostromélysine et la procollagénase;
- trois activateurs enzymatiques :
  - la plasmine, qui transforme la prostromélysine en stromélysine;
  - la cathépsine B, qui transforme la procollagénase en collagénase;
  - la stromélysine;
- deux métalloprotéases :
  - la stromélysine, qui dégrade les PG et les col 2, 9 et 11;
  - la collagénase, qui dégrade le col 2;
- deux inhibiteurs enzymatiques sécrétés par le chondrocyte :
  - le PAI : inhibiteur de l'accélérateur de la transformation du plasminogène en plasmine;
  - le TIMP *(Tissue Inhibitor of Metalloproteases)*;
- deux cytokines pro-inflammatoires sécrétées par le chondrocyte : l'interleukine 1 (IL1) et le *Tumor Necrosis Factor* α (TNFα), qui ont pour rôle une augmentation de la production de métalloprotéases et d'activateurs enzymatiques ainsi qu'une diminution de la production d'inhibiteurs enzymatiques. Le chondrocyte arthrosique comporte plus de récepteurs à l'IL1 que le chondrocyte normal et synthétise beaucoup moins de PG matriciels;
- deux facteurs de croissance interviennent également en augmentant la synthèse matricielle, en réduisant le nombre de récepteurs d'IL1 et en diminuant la formation de plasminogène :
  - l'*Insulin like Growth Factor* (IGF);
  - le *Transforming Growth Factor β* (TGFβ).

Membrane synoviale

Sa fonction est l'alimentation du liquide synovial, la lubrification articulaire par l'acide hyaluronique et le nettoyage articulaire par les macrophages. Elle devient inflammatoire sous l'action des débris cartilagineux et sécrète de l'IL1, du TNFα, de la collagénase et de la stromélysine.

Processus physiopathologique

Sous l'effet d'une hypersollicitation mécanique ou d'une hyperpression, on constate :

- *mécaniquement :* une rupture du réseau collagénique, permettant une expansion anormale des PG et une hyperhydratation du cartilage. Cet œdème cartilagineux, ou chondromalacie, conduit à une diminution de concentration des PG et à une perte des caractéristiques biomécaniques du cartilage : diminution de la teneur en acide hyaluronique, diminution de l'élasticité cartilagineuse. Il en résulte une réaction de l'os sous-chondral, se traduisant par une condensation et la formation d'ostéophytes;
- *biologiquement :* une activation chondrocytaire, augmentant à la fois la synthèse de la matrice et des enzymes de dégradation. Ce *turn-over* accéléré conduit à un épuisement chondrocytaire favorisant ainsi la voie dégradative matricielle. Progressivement se forment des fissures dans le cartilage, et des fragments de PG détériorés par la stromélysine

se retrouvent dans la cavité articulaire où ils sont phagocytés par les macrophages. Il y a alors inflammation de la synoviale. Celle-ci produit des métalloprotéases et des cytokines qui attaquent le cartilage et l'ulcèrent. L'IL1 active l'ostéoclaste, ce qui accélère la résorption sous-chondrale.

Épidémiologie

La plupart des études menées depuis une quinzaine d'années tendent à prouver que les anciens sportifs sont davantage porteurs d'arthrose que les groupes témoins. Quels sont les mécanismes favorisant le déclenchement d'une arthrose chez les sportifs?

Si l'on excepte d'une part les troubles morphologiques qui peuvent toucher n'importe lequel d'entre eux (dysplasie de hanche, *genu varum* ou *valgum*, scoliose, hyperlordose, maladie de Scheuermann) et qui sont source de pathologie dégénérative exacerbée, surtout par les sports porteurs, d'autre part l'excès pondéral entraînant une hyperpression axiale, et enfin les contraintes professionnelles susceptibles de se surajouter régionalement à une usure cartilagineuse d'origine physique, il faut considérer trois types de causes à l'origine de l'arthrose du sportif.

Traumatismes

Ils sont :

- soit *directs* dans les sports de contact (football, rugby, etc.), dans les sports de combat, dans les sports à risque de chute (équitation, ski, moto, etc.). Les articulations touchées sont alors le tarse, la fémoro-patellaire, l'épaule, le coude, les articulaires postérieures cervicales;
- soit *indirects* (entorses déstabilisant l'articulation, fractures articulaires ou juxta-articulaires, luxations). Les articulations atteintes sont le genou, la cheville, le coude, les doigts, l'épaule, la radio-cubitale inférieure, les articulaires postérieures lombaires. Tous les sports peuvent en être à l'origine mais surtout les sports de combat et les sports de ballon.

Cas des ménisques

Leur usure dégénérative, ou méniscose, a pour conséquence que leur rôle d'amortisseur de pression ne s'effectue plus; il en résulte une arthrose secondaire fémoro-tibiale. Les méniscectomies totales intramurales sont arthrogènes à 100 % en 20 ans, les partielles le sont beaucoup moins sauf si elles sont associées à une rupture du ligament croisé antérieur. La chondrocalcinose post-méniscectomie est également arthrogène.

Séquelles postchirurgicales des traumatismes

Toute effraction articulaire est source d'arthrose secondaire. L'arthroscopie, même exploratrice, bien que moins traumatisante que l'ouverture au bistouri, est arthrogène.

L'instabilité articulaire chronique non opérée est source d'usure cartilagineuse, mais les plasties « trop serrées » également.

Les interventions sur un os porteur créant une asymétrie statique ou d'utilisation sont aussi sources d'arthrose.

Microtraumatismes

L'hyperfriction et l'hyperpression articulaires sont arthrogènes en fonction de l'intensité, de la force imposée et du temps d'application de la contrainte.

L'âge du sportif, son terrain, l'environnement (sol, équipement) et le sport pratiqué entrent également en ligne de compte. On admet ainsi que le risque arthrogène est modéré pour la marche, la natation et le jogging en sous-bois, qu'il est intermédiaire pour le tennis, et important pour les sports de contact, de ballon et le ski.

On place à part les sports à surmenage local tels le javelot, le cyclisme ou la danse.

Les activités physiques naturelles effectuées sans surmenage sont en revanche plutôt chondroprotectrices.

On peut donc en conclure que l'exercice est nécessaire au cartilage s'il est mesuré et intermittent.

Symptomatologie

Cliniquement

Le patient se plaint de douleurs évoluant sur un mode mécanique au niveau de l'articulation atteinte, avec parfois une irradiation sous-jacente (hanche).

L'articulation est froide, elle se déforme avec le temps.

Il n'y a pas d'épanchement en dehors des poussées évolutives aiguës, toujours transitoires, dont la ponction ramène un liquide mécanique. La limitation du jeu articulaire ne se rencontre qu'au stade ostéophytique, avec craquements audibles.

Radiologiquement

Le pincement articulaire est précoce mais jamais complet comme dans l'arthrite; il débute au point de contrainte maximale puis s'étend secondairement. Il doit faire l'objet d'une mesure précise afin d'en suivre l'évolutivité.

La condensation de l'os sous-chondral reste longtemps cantonnée au secteur pincé.

L'ostéophytose prolonge le bord des surfaces articulaires.

On retrouve parfois des macrogéodes en plein os mais l'absence d'érosion des contours osseux est un signe négatif important.

Particularités de l'arthrose du sportif

Elle apparaît plus tôt que dans la population témoin.

Elle est peu douloureuse dans la période d'activité sportive, en fonction de la qualité musculaire régionale.

Elle s'accompagne, plus souvent que chez les non-sportifs, de poussées congestives synoviales favorisées par les multiples

traumatismes et le surmenage articulaire, entraînant une libération d'enzymes de dégradation matricielle et la précipitation de débris cartilagineux.
Elle est très constructrice radiologiquement, avec une ostéophytose précoce et développée.
Elle est enraidissante à terme, en fonction de cette ostéophytose et des multiples ossifications des insertions tendineuses.

Formes topographiques

Coxarthrose du sportif

Comme toute arthrose de la hanche, elle est influencée par l'hérédité, le poids, ainsi que par les troubles statiques et les séquelles d'ostéochondrite, qu'il faut systématiquement rechercher lors des visites d'aptitude.
Elle se rencontre particulièrement en danse, football, rugby, équitation et course de fond sur macadam.
On distingue :

- la hanche ostéophytique, retrouvée chez 39 % des sportifs à pratique intensive, d'évolution imprévisible au-delà de 10 ans, plus enraidissante que douloureuse ;
- la coxarthrose à effet postéro-interne, liée à un déficit de rotation interne par rétroversion du col du fémur (justiciable d'une ostéotomie fémorale).

Gonarthrose du sportif

L'arthrose *fémoro-tibiale* survient sur un genou préalablement traumatisé : entorse, lésion méniscale, méniscectomie (l'externe est beaucoup plus arthrogène que l'interne), ostéochondrite, lésion ligamentaire, laxité.
Ici encore, la surcharge pondérale, l'existence d'un trouble statique, une instabilité fonctionnelle sont prédisposantes.
Elle se rencontre principalement au football, au rugby et en lutte.
L'arthrose *fémoro-patellaire* reconnaît deux mécanismes possibles dans sa survenue :

- un choc direct, unique (sport auto) ou multiple mais violent ;
- une hyperfriction répétée (cyclisme, aviron) ou un plaquage maintenu de la face postérieure de la rotule sur la trochlée (ski, haltérophilie).

Il est nécessaire de dépister tout trouble de la statique pouvant favoriser le processus dégénératif (déséquilibre rotulien, luxation, dysplasie trochléenne ou patellaire, *patella alta*). Les déviations patellaires contre-indiqueraient la pratique intensive du ski, du cyclisme, du palmage, de la randonnée en montagne.

Arthrose du membre supérieur

L'*omarthrose* n'est jamais primitive. Elle fait suite à des luxations récidivantes de la gléno-humérale opérée ou non, à une fracture du col huméral ou à une rupture de la coiffe. Elle est ostéophytique et limitante dans l'abduction, l'antépulsion et les rotations du bras.

L'*arthrose acromio-claviculaire* se traduit par une douleur en regard de l'articulation dans le port des charges, dans l'abduction du bras au-delà de 90° et dans le lancer. Elle s'accompagne d'une déformation articulaire. Elle est secondaire à des chutes sur le moignon de l'épaule (cyclisme, judo) ou à une hyperutilisation (lancers, golf, haltérophilie).
L'*arthrose du coude* n'est jamais primitive ; elle survient secondairement à une fracture, une luxation ou à une ostéochondrite (tennis, base-ball). Elle peut également se rencontrer chez l'adulte jeune et devenir enraidissante par mécanisme de traction-compression (lutte, handball, judo, pelote basque) ; on observe alors radiologiquement des calcifications du ligament latéral interne, une ostéophytose en couronne de la cupule radiale, des ostéophytes du condyle huméral et des butées olécraniennes et coronoïdiennes.
Sur le plan clinique, plusieurs situations peuvent être rencontrées :

- si les lésions sont internes, on note une instabilité, des blocages articulaires et parfois une irritation du nerf ulnaire ;
- si les lésions sont postérieures, les douleurs surviennent en extension avec ressauts et blocages, ce qui peut conduire à un *flexus* du coude ;
- si les lésions sont externes, les douleurs sont latérales et se déclenchent dans les mouvements de pronosupination.

L'*arthrose du carpe* fait suite soit à une fracture du scaphoïde (à rechercher afin d'éviter une pseudarthrose), à une lésion du semi-lunaire, à une instabilité du scapho-lunaire (à détecter par arthroscanner), à des entorses répétées (tennis, gymnastique, acrobatie), à une maladie de Kienböck, soit à des microtraumatismes par sollicitations anormales en hyperflexion palmaire (carpe bossu du boxeur) ou en hyperflexion dorsale (haltérophilie, *tumbling*).
Elle peut toucher le versant interne (pyramidal, os crochu) lors des mouvements vibratoires répétitifs en hyperadduction (golf, tennis) ou le versant externe, radio-scaphoïdien, en cas de vibrations en hyperabduction (tennis).
L'*arthrose des doigts* peut prendre la forme :

- d'une arthrose de la métacarpophalangienne du pouce, qui se rencontre à la suite de polytraumatismes ou d'entorses (gardien de but, boxeur, skieur, volleyeur, handballeur, basketteur) ;
- d'une arthrose des interphalangiennes des doigts, qui se voit au volley-ball, au judo, en escalade à mains nues.

Arthrose de la cheville et du pied

Elle se rencontre au football, au rugby, au handball et au basket-ball pour la cheville, au football, en patinage et en danse pour le pied.
L'*arthrose de la tibio-astragalienne* est toujours secondaire à des entorses répétées, à des arrachements malléolaires ou, rarement, à une ostéochondrite du dôme astragalien.
L'*arthrose de la sous-astragalienne* est exceptionnelle, secondaire à des lésions fracturaires ou à une instabilité chronique.
L'*arthrose astragalo-scaphoïdienne* est le plus fréquemment rencontrée chez le footballeur en raison du surmenage du couple de torsion dans la frappe du ballon.
Les problèmes dégénératifs de la cheville et du pied se voient chez 60 % des footballeurs, avec un âge moyen de 35 ans.
L'*arthrose cunéo-métatarsienne* est due à la frappe du ballon, entraînant douleur et déformation ostéophytique.

L'*arthrose de la métatarso-phalangienne du gros orteil* est favorisée par la présence initiale d'un *hallux valgus* ou par l'existence d'un pied égyptien ; elle aboutit à un *hallux valgus rigidus*, véritable bloc métatarso-phalango-sésamoïdien avec ostéophytose dorsale et bursite interne. Elle se rencontre chez le danseur (pointes) et secondairement à des entorses (lutteur, judoka).

Le *syndrome exostosant antérieur* ou *impingement exostose* de O'Donoghe se présente sous la forme d'un bec astragalien dorsal. En regard, on rencontre souvent une ostéophytose saillante du rebord antérieur du tibia. Ces lésions sont indolores et l'examen est normal en dehors d'un léger enraidissement. Radiologiquement, l'articulation n'est pas pincée. Ce syndrome classique chez le footballeur et le sprinter est la conséquence du contact en dorsiflexion forcée de la marge antérieure du tibia et de la face supérieure du col de l'astragale.

Le *syndrome exostosant postérieur* ou syndrome de la queue de l'astragale (football, gymnastique, danse, jogging) est la conséquence d'un excès de flexion plantaire de la cheville. Il se caractérise par des ossifications postérieures, une ostéophytose des tubercules et un os trigone parfois fragmenté.

Arthrose rachidienne

L'hypersollicitation du rachis cervical : hypermobilité avec mouvement vif (jeu de tête au football), hyperpression axiale répétitive (rentrée en mêlée), accélérations et décélérations frontales brusques (pilote automobile), maintien en hyperextension (cyclisme), rotations forcées (tennis) favorisent une détérioration discale précoce et prédisposent à une chondropathie dégénérative essentiellement des articulaires postérieures.

Les hyperpressions axiales (haltérophilie, trampoline, parachutisme), les rotations (golf, tennis, lancers), les vibrations (auto, moto, équitation), les sollicitations multiples associées aux chutes (judo, catch) sont susceptibles par leur répétition de participer à un processus dégénératif, tant discal (D9-D10, D12-L1, L4-L5-S1) qu'articulaire postérieur (D9 à D12, L4 à S1).

Les facteurs aggravants sont :

- l'existence préalable d'une dystrophie rachidienne de croissance, d'une scoliose, d'une hyperlordose lombaire, d'une lyse isthmique, de tassements vertébraux, à rechercher à la visite d'aptitude ;
- la puissance, la rapidité et la répétitivité des contraintes ;
- la surcharge pondérale éventuelle pour les lombaires ;
- l'âge de début tardif d'une activité sportive ;
- l'association à des sollicitations rachidiennes professionnelles.

Traitements

Traitements symptomatiques

AINS

Les AINS ont une action antalgique et agissent sur l'inflammation synoviale. Ils évitent la libération d'IL1 et de cytokines ; ils ne sont donc à utiliser que dans les poussées congestives d'arthrose, d'autant que certains (indométacine) aggravent la dégénérescence cartilagineuse par inhibition de la synthèse de protéoglycanes (PG).

Néanmoins, la plupart des autres AINS ont un potentiel chondroprotecteur, soit en inhibant la NO synthétase chondrocytaire, enzyme de dégradation, soit en augmentant la synthèse de PG, tout en inhibant la stromélysine, comme le naproxen, ou en inhibant les deux métalloprotéases, comme les oxicams. À noter depuis peu l'apparition d'une nouvelle famille d'AINS, les inhibiteurs sélectifs de la cyclo-oxygénase 2 (coxibs), dotés d'un moindre risque digestif.

Infiltrations de corticoïdes

Les infiltrations de corticoïdes ont un effet sur la synovite lors des poussées aiguës, mais les injections répétées et rapprochées sont source d'altération cartilagineuse. Néanmoins, chez l'animal, elles seraient chondroprotectrices par inhibition de l'IL1. Leur effet est potentialisé par le repos.

En cas de synovite prolongée, une synoviorthèse peut être proposée.

La viscosupplémentation d'acide hyaluronique, pratiquée essentiellement dans le genou à raison de 3 injections intra-articulaires en 1 mois, vise à compenser la diminution de concentration et de poids moléculaire de l'acide hyaluronique dans le liquide articulaire du sujet arthrosique. Les effets recherchés sont une inhibition des cytokines inflammatoires, une régulation de l'action des macrophages et une stimulation de la cicatrisation du tissu conjonctif.

Kinésithérapie

Dans les périodes douloureuses, seules la physiothérapie par ionisations anti-inflammatoires et la cryothérapie sur une articulation périphérique peuvent être bénéfiques sur une durée de 1 mois. En dehors des crises, un travail isométrique et un entretien de la mobilité articulaire sont souvent nécessaires et au niveau du rachis, une rééducation correctrice des troubles statiques est fortement indiquée.

Règles d'économie articulaire

Le repos sportif en période de poussée arthrosique, le rythme des entraînements lors de la reprise, l'étude des conditions environnementales (matériel, chaussage, sols...), le maintien de l'équilibre pondéral, la correction des troubles statiques si besoin par orthèses plantaires sont autant de facteurs à prendre en considération.

Traitements de fond

Les *chondroprotecteurs*, vieille classe thérapeutique, sont en cours de réévaluation par chondroscopie. Certains pourraient augmenter la synthèse collagénique et avoir un effet anti-IL1.

Les *antiarthrosiques symptomatiques d'action lente (AASAL)* ont un effet sur la douleur et accroissent l'indice fonctionnel. Ils agissent avec retard mais de façon prolongée et permettent de réduire la consommation d'AINS.

Leur mode d'action est variable, soit en inhibant l'activité des métalloprotéases, soit en réduisant la synthèse d'IL1, 6 et 8, soit en réduisant la synthèse de stromélysine, soit enfin en inhibant le TNFα.

Traitements chirurgicaux

Ils sont de deux ordres :

- soit à visée *préventive* en cas de trouble statique (ostéotomie) ;
- soit à visée *curative* par pose de prothèse, si cela est possible en fonction de l'articulation atteinte, et après échec de tous les traitements médicaux.

Cas d'une activité sportive sollicitant une articulation déjà arthrosique

Chez un sujet porteur d'une arthrose localisée, il est nécessaire d'évaluer le risque qu'implique une activité physique sur l'articulation atteinte par rapport aux bénéfices qu'il peut retirer d'une pratique sportive modifiée.

Risque

Le risque principal est l'aggravation de l'usure cartilagineuse avec phénomène d'emballement évolutif, se traduisant par des accès congestifs plus fréquents et un enraidissement précoce. Ainsi, les entraînements intensifs, les mouvements brusques et les gestes répétitifs sont-ils préjudiciables ; en revanche, une activité mesurée en temps et en intensité est bénéfique :

- la coxarthrose contre-indique l'équitation, la course de fond sur route, les sauts, les longues marches à rythme soutenu ; mais le cyclisme, la natation sont recommandés ;
- la gonarthrose doit interdire le cyclisme, les levers, les randonnées en montagne ; mais les marches en terrain plat, s'il n'y a pas d'excès pondéral, sont à encourager, de même que la gymnastique douce en décharge ;
- l'arthrose de l'épaule et du coude contre-indique la natation, les lancers et le tennis ;
- la discarthrose et l'arthrose postérieure lombaires doivent exclure les sports effectués en hyperlordose, les levers, les torsions du tronc, mais le dos crawlé est recommandé.

Bénéfices

Les bénéfices d'une activité physique modérée sur le plan locomoteur sont multiples :

- maintien d'une bonne condition musculaire ;
- conservation de la souplesse articulaire ;
- renforcement de la stabilité para-articulaire ;
- effet anti-ostéopénique.

Sur le plan général, les bénéfices sont les suivants :

- intérêt cardiovasculaire et respiratoire ;
- intérêt psychologique ;
- intérêt staturo-pondéral.

Conclusion

« *Le mouvement doit rester jusqu'à la mort la fête de l'homme* »... C'est pourquoi il faut « calibrer » l'activité physique de l'homme vieillissant en l'orientant vers des disciplines conformes à ses aptitudes, en tempérant son esprit de compétition, en freinant tout effort brusque ou excessif, en favorisant l'exercice modéré et progressif et en le convainquant de la nécessité d'une surveillance médicale régulière.

Pour en savoir plus

L'actualité de l'arthrose : surmenage sportif et arthrose. Entretien avec le Pr Mazière, 1994. *Quot Med* 1990; 4535 : 17.

Arthrose et sport. *La Lettre de l'Observatoire du mouvement* 2003; 8.

L'atlas de l'arthrose. Negma Laboratoire, 1996.

Bard M. L'acide hyaluronique dans l'arthrose. *Abstract* 2003; 240 : 5-20.

Berenbaum F. Arthrose : de la physiologie aux traitements du futur. *Le Rhumatologue* 2003; 45 : 19.

Commandré FA, Zakarian H, Fornaris E. *Sport et arthrose*. Une articulation malmenée, le syndrome rotulien douloureux en milieu sportif. *Lettre Rhumatol* 1993; 197.

Gobelet C. Sport et rhumatismes inflammatoires. *Rev Med Suisse Romande* 1994; 114 : 533-6.

Lahr DD. Does running exercise cause osteoarthritis? *Maryland Med J* 1996; 641-3.

Lequesne G, Dang N. Sport practice and osteoarthritis of the limbs. *Osteoarthrit Cartilage* 1997; 5 : 75-86.

Richter M. *L'arthrose*. Étude particulière de la coxarthrose. WP G, 1985.

Spector T, Harris P. Risk of osteoarthritis associated with long-term weight-bearing sports. *Arthrit Rheum* 1996; 39 (6) : 988-95.

Sport et appareil locomoteur. *Réflexions Rhumatol* 1997; 1 (5) : 15-6.

Sport et arthrose des membres. *Le Rhumatologue* 1996; 29 : 6.

68

Crampes musculaires

Sommaire

Description

Les crampes musculaires sont des contractions musculaires involontaires paroxystiques, douloureuses. L'intensité de la contraction est parfois telle que la consistance du muscle a été comparée à la dureté du bois. La crampe dure généralement quelques secondes mais le muscle peut rester douloureux ou sensible après le relâchement. La répétition de la crampe au même endroit ou dans un autre chef du même muscle est fréquente. La crampe peut intéresser un chef musculaire, un muscle entier, simultanément ou successivement différents muscles ou groupes musculaires. Dans les cas sévères, les crampes peuvent durer quelques minutes, laisser le muscle sensible pendant plusieurs jours et s'accompagner d'une élévation modérée des créatine-phosphate-kinases (CPK) qui suggère une lésion de quelques fibres musculaires.

Les crampes peuvent survenir spontanément, sans cause évidente, ou être favorisées par l'activité musculaire. Leur survenue peut être déclenchée par une manœuvre de *testing* musculaire, en particulier lors d'une contraction isométrique en course interne ou même lors du raccourcissement passif du muscle.

Les crampes d'effort sont fréquemment localisées aux muscles des membres inférieurs ayant participé à l'exercice (ischiojambier, quadriceps fémoral, triceps sural, jumeau interne). Il est cependant troublant de constater qu'elles sont rarement localisées aux muscles du bras, de l'avant-bras et de la ceinture scapulaire, même dans les disciplines sportives comme la natation ou le canoë-kayak qui sollicitent essentiellement les membres supérieurs, alors que les crampes du mollet ne sont pas rares dans ces mêmes activités. Les sports le plus souvent cités sont l'escrime, le tennis, les jeux collectifs, les courses prolongées, les sports assis (vélo).

Sur le plan électromyographique, la crampe commence par des bouffées courtes (3 à 6 potentiels) et périodiques de décharges d'unités motrices battant à des fréquences élevées, pouvant dépasser 100 Hz, c'est-à-dire des fréquences parfois supérieures à celles observées lors d'une contraction maximale volontaire. Les décharges se répandent très rapidement aux autres parties du muscle, créant ainsi une superposition de bouffées provenant de différentes unités motrices plus ou moins synchronisées.

Les crampes banales des sportifs surviennent généralement lors d'exercices de longue durée, mais aussi quelques heures après la fin de toute activité musculaire. Il est classique de considérer que les sportifs atteints de crampes sont généralement des sportifs peu entraînés, reprenant leur activité sportive après un arrêt prolongé. Cela n'est pas toujours vérifié. Ainsi des sportifs entraînés depuis longtemps peuvent présenter de façon récurrente des crampes. De même, en cas d'exercice en ambiance chaude et humide avec sudation abondante, des crampes dites de chaleur peuvent atteindre des sportifs très entraînés non adaptés à la chaleur. Les crampes ne sont pas l'apanage des sportifs et peuvent être présentes dans différentes affections (tétanie calciprive, spasmophilie, etc.). L'exercice musculaire peut faciliter la survenue des crampes ayant une origine neurologique, métabolique générale ou hydroélectrolytique. Il faut donc rechercher les autres causes possibles de crampes.

Crampes liées à une atteinte des motoneurones

Avec les fasciculations, les crampes font partie des signes évocateurs d'une atteinte des motoneurones. Les maladies nerveuses s'accompagnant de véritables crampes musculaires atteignent électivement sinon exclusivement les motoneurones (sclérose latérale amyotrophique, polynévrites, radiculalgies avec compression de la racine antérieure...).

Crampes essentielles

Dans de nombreux cas, il n'est pas possible de trouver un facteur favorisant ou une cause aux crampes, chez des sujets apparemment indemnes de toute pathologie. Chacun a déjà ressenti une crampe au moins une fois. Cependant, dans des cas heureusement assez rares, les crampes sont anormalement fréquentes et atteignent plusieurs territoires musculaires (maladie des crampes).

Des antécédents de fasciculations isolées et transitoires sont fréquemment retrouvés lors d'un interrogatoire soigneux. La survenue des crampes et fasciculations est généralement si épisodique qu'elles sont souvent considérées comme négligeables par les sujets eux-mêmes. Il existe cependant des patients présentant des fasciculations persistantes et souffrant de crampes fréquentes (syndrome des fasciculations et crampes bénignes de Denny-Brown et Foley) sans qu'il soit possible de trouver d'autres signes évidents d'atteinte neurologique. Non évolutives, ces fasciculations et crampes sont donc considérées comme bénignes, bien qu'on ne puisse totalement exclure une atteinte *a minima*. Le syndrome des crampes et fasciculations bénignes est d'ailleurs particulièrement observé chez des sujets de 20-22 ans, étudiants en médecine notamment, et par des médecins alarmés par la présence des fasciculations.

Crampes nocturnes

Les crampes nocturnes peuvent être considérées comme une forme clinique de crampes essentielles. Elles sont fréquentes dans la population, en particulier chez les personnes âgées.

Crampes des troubles hydroélectrolytiques

Des crampes surviennent fréquemment lors de troubles hydroélectrolytiques comme ceux accompagnant une intoxication par l'eau, une urémie, une dialyse rénale, des diarrhées profuses, des sudations abondantes compensées par une prise de boissons hypo-osmolaires (crampes de chaleur). Les crampes de la grossesse sont généralement attribuées à des troubles hydroélectrolytiques. Les crampes survenant à l'exercice sont souvent mises en rapport avec les désordres hydroélectrolytiques provoqués par l'exercice mais il est très difficile de trouver un paramètre hydrique ou minéral qui permette de différencier les sportifs souffrant ou ne souffrant pas de crampes.

Crampes iatrogènes

De nombreuses substances pharmacologiques peuvent être à l'origine de crampes : diurétiques, bêtastimulants (terbutaline, salbutamol), clofibrate, inhibiteurs calciques de la famille des dihydropyridines (nifédipine, nicardipine), inhibiteurs de l'enzyme de conversion, etc. Les arguments électromyographiques manquent généralement pour affirmer qu'une substance pharmacologique est à l'origine de crampes véritables plutôt que de crampes-contractures.

Diagnostic différentiel

Les crampes musculaires véritables doivent être différenciées des contractures et des crampes-contractures.
Les *contractures* sont des contractions musculaires involontaires prolongées. Elles se différencient des crampes par une douleur absente ou peu marquée et son caractère moins paroxystique. Le terme de contracture est parfois employé à tort dans des tableaux cliniques correspondant en fait à des rétractions tendinomusculaires et ligamentaires.
La *crampe des écrivains et des musiciens,* qui fait partie des « crampes » fonctionnelles professionnelles, a été bien étudiée par Duchenne de Boulogne, qui la rangeait dans le cadre des contractures et spasmes fonctionnels et non dans celui des crampes, car la douleur est généralement peu importante. À l'inverse des crampes d'effort typiques, cette pathologie atteint un groupe musculaire particulièrement entraîné puisque ce symptôme apparaît pour un mouvement répété quotidiennement durant plusieurs minutes ou même plusieurs heures. La « crampe » des écrivains et des musiciens consisterait en une coactivation anormale de groupes musculaires agonistes et antagonistes. Elle entrerait dans le cadre des dystonies focales et des hémidystonies.
Les *crampes-contractures* correspondent à une activation des myofibrilles sans dépolarisation de la membrane sarcoplasmique. L'interaction de l'actine et de la myosine a lieu en présence de calcium : en se fixant sur la troponine, le calcium lève l'inhibition que le couple troponine-tropomyosine exerce sur l'actine et la myosine. La relaxation des fibres musculaires nécessite un repompage du calcium du sarcoplasme vers le réticulum sarcoplasmique. Ce repompage du calcium est un phénomène actif qui consomme de l'ATP. En cas de carence énergétique importante, le repompage du calcium pourrait être insuffisant pour permettre une relaxation du muscle. Un enregistrement électromyographique réalisé pendant ces crampes-contractures est évidemment muet car il n'y a pas d'activité électrique au niveau de la membrane sarcoplasmique.
Les « crampes » d'effort des maladies métaboliques musculaires génétiques sont en fait des crampes-contractures. Sont plus particulièrement concernés par ces crampes-contractures d'effort les patients souffrant d'une glycogénose musculaire (déficit en phosphorylase de la maladie de Mac Ardle et déficit en phospho-fructo-kinase) ou d'un déficit de l'acylcarnitine-transférase, limitant l'utilisation des acides gras libres à longues chaînes.
De même, les « crampes » de la *claudication intermittente* des artéritiques ne sont généralement pas de véritables crampes mais débutent par une sensation d'engourdissement plus ou moins douloureuse ; la contracture est généralement absente et sa survenue nécessite probablement que le patient continue à marcher malgré la douleur.
Des cas cliniques de *tétanie* déclenchée par l'exercice (spasme carpopédal, crampes des muscles du tronc, du cou et des joues), sans anomalie métabolique calcique, ont été rapportés et parfois rattachés à une hyperventilation.

Physiopathologie des crampes

La localisation anatomique de la lésion ou du mécanisme responsable de l'apparition des crampes est encore incertaine. Le ou les mécanismes expliquant l'apparition des crampes doivent être compatibles avec les faits suivants :

- la survenue doit être paroxystique ;
- il existe une activité électromyographique ;
- l'activité électrique concerne plusieurs unités motrices, qui déchargent à peu près simultanément ;
- le raccourcissement du muscle favorise la survenue des crampes alors que l'étirement les fait souvent disparaître, au moins temporairement ;
- certains groupes musculaires sont plus souvent atteints que d'autres.

L'accumulation de substances et métabolites toxiques dans la fibre musculaire est souvent présentée comme la cause des crampes, notamment dans les crises d'urémie et les crampes d'effort. Ainsi, les sportifs et leurs entraîneurs sont généralement convaincus que l'acide lactique est la cause directe des crampes survenant pendant ou après un exercice musculaire. En effet, les crampes sont plus fréquentes chez les sujets peu entraînés qui généralement produisent plus d'acide lactique et elles sont parfois améliorées (disparition ou survenue plus tardive) après un programme d'entraînement qui s'accompagne d'une moindre production des lactates lors d'exercices sous-maximaux. Cette opinion sur l'origine des crampes est probablement erronée. En effet, les crampes ne surviennent pas dans les circonstances où les concentrations sanguines et musculaires en acide lactique sont particulièrement élevées, comme par exemple à l'arrivée d'une course de 400 ou 800 m ou à la fin d'une épreuve d'effort maximal. En revanche, elles ne sont pas rares à la fin d'un exercice de longue durée (par exemple lors des prolongations d'un match de football) ou plusieurs heures après, c'est-à-dire dans des situations où les concentrations des lactates sanguins et musculaires sont relativement peu élevées. Il est donc peu probable que l'acidose lactique soit la cause directe des crampes. On ne peut cependant pas exclure que les perturbations liées à la production et/ou à la métabolisation des lactates participent indirectement à la genèse des crampes provoquées par l'exercice : par exemple, la métabolisation des lactates après l'exercice pourrait s'accompagner d'une alcalinisation transitoire de certains compartiments liquidiens.

Des troubles de l'équilibre hydroélectrolytique paraissent être un facteur favorisant plus vraisemblable, au moins pour certaines crampes.

Il est douteux que le mécanisme des crampes ait *uniquement* son origine dans la fibre musculaire squelettique, pour les raisons suivantes :

- il n'a pas été démontré qu'une myopathie de type métabolique puisse être à l'origine de crampes véritables et non pas de crampes-contractures ;
- comment expliquer l'activité simultanée de différentes unités motrices alors que l'influx nerveux ne se propage pas d'une fibre musculaire à l'autre, à la différence des fibres myocardiques.

Une localisation neurologique est la plus vraisemblable. Les troubles hydroélectrolytiques et métaboliques favorisant la survenue de certaines crampes agiraient à ce niveau. Pour certains, les crampes ont pour origine le système nerveux central, ce qui expliquerait, d'après eux, la synchronisation des décharges et les modifications réflexes des crampes. Les détracteurs de cette hypothèse s'appuient sur le fait qu'une origine centrale explique mal la localisation des crampes généralement à un seul muscle ou groupe musculaire à la fois.

Le motoneurone est l'origine anatomique des crampes la plus fréquemment admise. En effet, les maladies nerveuses atteignant les motoneurones (sclérose latérale amyotrophique, radiculalgie avec compression de la racine antérieure...) s'accompagnent de crampes musculaires. Il est difficile d'affirmer actuellement que les influx nerveux à l'origine des crampes partent du soma du motoneurone ou plus périphériquement, au niveau des axones, en particulier de la naissance des collatérales après la pénétration du nerf dans le muscle. Dans certains cas, une localisation au niveau de la périphérie du nerf est probable. Ainsi, l'apparition de crampes chez des sujets prédisposés a pu être provoquée par la stimulation électrique d'un nerf (10 à 40 Hz pendant 1 à 4 secondes) en aval d'un bloc anesthésique.

Pour d'autres auteurs, la plaque motrice est à l'origine des crampes. Certains arguments expérimentaux sont en faveur de l'une ou l'autre localisation. Il est d'ailleurs possible que la localisation anatomique diffère selon les cas.

Traitement

La crampe peut être réduite, lorsqu'elle survient, par un étirement du muscle (extension forcée pour un muscle fléchisseur, par exemple).

Le traitement préventif des crampes reste encore généralement décevant.

La première étape consiste à agir sur les facteurs favorisants :

- insuffisance de l'échauffement pré-exercice ;
- prise de médicaments, de laxatifs ;
- réglage du matériel et correction d'un problème biomécanique ;
- correction d'erreurs diététiques : boissons et sels minéraux suffisants, en particulier potassium, calcium et magnésium ;
- augmentation progressive de la dose d'entraînement spécifique (voir chapitre 17).

Le traitement proprement dit commencera par une vitaminothérapie B, en particulier les vitamines B2 (riboflavine) et B1 (thiamine).

En cas d'insuccès, on passera aux sels de quinine (par exemple, *Hexaquine*, associant quinine et vitamine B1 : 3 comprimés par jour).

D'autres drogues dont l'efficacité reste à prouver ont été proposées (diazépam, *Dantrolène*, diphénhydramine...) pour le traitement des crampes non liées à l'exercice. Dans une étude sur un nombre très limité de cas (8), le vérapamil, inhibiteur calcique de structure proche de celle de la papavérine, s'est montré efficace dans le traitement des crampes nocturnes. L'efficacité du vérapamil n'a cependant pas été vérifiée dans le traitement des crampes du sportif. Son emploi est donc discutable dans cette indication, d'autant plus qu'il n'est pas dénué d'autres effets secondaires (effet inotrope négatif, constipation, bradycardie mais aussi tachycardie réflexe à posologie élevée) et de contre-indications (bloc auriculo-ventriculaire, insuffisance cardiaque).

Pour en savoir plus

CHAMAGNE P. Approche kinésithérapique des crampes fonctionnelles dites professionnelles, *Sem Hop Paris* 1983; 59 : 3080-6.

ROWLAND LP. Cramps, spasms and muscle stiffness. *Rev Neurol Paris* 1985; 141 : 261-73.

SERRATRICE G. *Le diagnostic clinique dans les maladies neuro-musculaires*. Paris : Éditions Diffusion générale de librairie, 1980.

Coup de chaleur d'exercice

Sommaire

Après la vague de chaleur qui a touché la France au cours de l'été 2003, provoquant plus de 15 000 décès en quelques jours, le « coup de chaleur » est connu de tous : c'est une affection grave touchant des personnes fragilisées exposées trop longtemps à une température trop élevée. Il faudrait en fait parler ici de coup de chaleur de repos ou « classique », comme le font les Anglo-Saxons, pour le distinguer du coup de chaleur d'exercice, qui touche des personnes le plus souvent jeunes et ne souffrant préalablement d'aucune pathologie connue. De fait, ces deux affections ne partagent que le niveau élevé de température corporelle profonde constaté chez les patients et une évolution potentielle péjorative. De plus, si le coup de chaleur classique est maintenant bien connu, le coup de chaleur d'exercice reste relativement mystérieux, au moins au plan de sa pathogénie. Pourtant cette affection est décrite depuis toujours, comme en atteste la Bible et le récit de la mort du coureur de Marathon, il y a plus de 25 siècles [5]. La méconnaissance relative de sa mécanistique explique qu'il n'existe toujours pas de thérapeutique étiologique et qu'en conséquence le coup de chaleur d'exercice reste un accident grave, qui doit être reconnu à temps par les médecins de terrain.

Épidémiologie

Le coup de chaleur d'exercice (CCE) est un accident relativement rare, bien qu'à l'occasion du décès d'un joueur professionnel de football américain ayant suscité un certain émoi en Amérique du Nord en 2001, on ait (re)découvert qu'il tuait en moyenne trois personnes par an chez les licenciés de ce sport aux États-Unis. Son incidence réelle est cependant mal connue puisque les quelques études disponibles concernent principalement des séries militaires du fait d'un biais de sélection lié aux conditions de survenue. On estime cependant que le développement des compétitions de masse ou extrêmes et des sports avec protection tend à l'augmenter.

Les conditions de sa survenue sont bien mieux établies : les cas graves se produisent les jours de forte chaleur, souvent quand le temps est lourd, à l'occasion d'un effort physique intense, comportant de la course à pied, au cours d'une compétition ou d'un match important. Des cas ont cependant été décrits au cours d'épreuves de cyclisme ou parfois d'activités professionnelles mixtes de chargement/déchargement, de travaux de bâtiment ou d'agriculture. Quelle que soit l'activité en cause, la mortalité est extrêmement variable, probablement en raison de l'hétérogénéité des syndromes étiquetés « coup de chaleur », de la précocité du diagnostic et de la qualité de la prise en charge du patient par les urgentistes.

Présentations cliniques

Accident typique

Le plus souvent, l'accident survient peu avant le terme normal de l'activité physique. Il est parfois précédé de prodromes à type de confusion, désorientation, troubles de l'humeur. Cependant, dans la majorité des cas son début est brutal et le sujet arrête l'effort du fait de troubles de la conscience ou bien présente un malaise dominé par les symptômes neurologiques, à l'arrêt de l'exercice. À ce moment, sa peau est toujours très chaude et souvent sèche ; la tachycardie est constante et les vomissements sont fréquents. La température corporelle profonde (Tco) est toujours très élevée, souvent au-dessus de 40 °C ; elle peut parfois atteindre des valeurs extrêmes, supérieures à 42 °C. Les autres signes cliniques sont plus rares et variables.

L'évolution spontanée couvre tout le spectre allant d'une amélioration rapide jusqu'à une dégradation progressive de l'état neurologique et parfois hémodynamique. Dans le premier cas, de loin le plus fréquent, la guérison est constante, au point que certains récusent alors le diagnostic de CCE pour parler d'épuisement hyperthermique. Ce tableau semble d'autant plus fréquent que la montée en température a été lente, c'est-à-dire que l'exercice physique a été prolongé. Dans le deuxième cas, l'évolution est fluctuante jusqu'à ce que des complications se manifestent, après une période libre de durée variable mais qui peut aller jusqu'à 24 heures. Cette forme est plus fréquemment observée au cours des exercices physiques violents et relativement brefs, de moins d'une heure de durée. Les tableaux cliniques suraigus comportant une défaillance hémodynamique, un syndrome de détresse respiratoire aiguë ou bien un coma d'emblée, avec ou sans convulsions, sont rares. Il a été rapporté dans des discussions informelles des cas de coma inaugural avec contractures musculaires généralisées, mais la littérature n'en fait pas état.

Diagnostic positif

C'est un diagnostic d'élimination en l'absence de signe neurologique de focalisation ou d'une symptomatologie évocatrice d'accident cardiovasculaire (trouble du rythme ou arrêt cardiaque, choc hypovolémique hyperkinétique dominant la scène). Tout accident aigu survenant au cours d'un exercice intense et prolongé qui ne s'amende pas rapidement doit faire suspecter un CCE. Ce diagnostic sera confirmé par l'évolution clinique au cours des jours qui suivent.

Diagnostic différentiel

Les circonstances de l'accident limitent considérablement le diagnostic différentiel du CCE qui n'est cependant pas toujours facile puisque c'est un diagnostic par défaut. La difficulté consiste principalement à évaluer le rôle réel de l'hyperthermie dans le tableau clinique : symptôme parmi d'autres ou événement causal (au moins partiellement) de l'accident? La démarche pratique est fondée sur la distinction entre les accidents d'origine cardiovasculaire, ceux liés à une hyperhydratation inadaptée et à l'insolation.

Les *accidents d'origine cardiovasculaire* sont les plus fréquents des accidents aigus, touchant les personnes engagées dans des efforts physiques importants, en dehors des traumatismes, dont la présentation clinique est le plus souvent très différente. On peut en distinguer trois types : l'arrêt cardiaque, l'accident vasculaire (hémorragique ou thromboembolique) et le collapsus induit par l'exercice. Les deux premières formes sont les plus fréquentes causes de mort subite à l'effort. Le problème est que la température corporelle profonde est toujours élevée au cours d'un exercice physique intense et prolongé, parfois suffisamment pour que le diagnostic de coup de chaleur paraisse évident, alors qu'il s'agit en fait d'un accident vasculaire « mineur » (un cas probable dans notre expérience) [1]. La fréquence de ce type d'accident justifie qu'un examen puis un monitorage cardiovasculaire soient effectués le plus rapidement possible pour tout sujet victime d'une perte de conscience au cours d'une activité physique intense.

Le *collapsus induit par l'exercice* est l'incident le plus fréquemment observé au cours des compétitions de masse. Il se traduit par une brève défaillance, de type malaise vagal, à l'arrêt de l'effort [3]; il est passager, la récupération étant de règle quand le sujet s'allonge. En fait son seul risque est lié à la chute qu'il peut provoquer. Il serait dû à une défaillance hémodynamique liée à la diminution du retour veineux que provoque l'arrêt de l'exercice.

Des cas d'« intoxication par l'eau » peuvent être observés au cours d'exercices physiques très prolongés réalisés en ambiance contraignante, typiquement des ultra-marathons/triathlons estivaux [11]. Dans ces conditions, les pertes sudorales, donc salines, sont très importantes. Si la réhydratation est trop abondante et ne comporte que de l'eau, elle peut induire une hypo-osmolalité plasmatique avec hyponatrémie (< 132 mosm.L^{-1}), qui provoque un syndrome cliniquement proche, par certains côtés, de celui du coup de chaleur (nausées, fièvre...) qui peut inciter le sujet à boire encore plus! Ce syndrome constitue une urgence vraie dont la mortalité est élevée. Il peut également être observé dans le cadre du coup de chaleur classique, quand les vagues de chaleur sont très prolongées.

Enfin, chez un enfant qui présente une hyperthermie lors d'activités sportives ou de jeux de plein air, il peut être difficile de distinguer le coup de chaleur de l'*insolation fébrile*. Dans les deux cas la surveillance devra être attentive et rapprochée, avec une évaluation toute particulière du niveau d'hydratation du patient.

Le terme de coup de chaleur est aussi utilisé pour désigner des accidents cliniquement proches mais pour lesquels des facteurs favorisants sont évidents. Une forme bien connue des psychiatres est le *syndrome malin des neuroleptiques*. D'une manière générale, la prise d'agents pharmacologiques agissant sur la thermorégulation et le fonctionnement cérébral représente toujours un facteur de risque important. Récemment ont été décrits des coups de chaleur mortels survenant après la prise d'ecstasy, un dérivé amphétaminique psychodysleptique. Dans ce cas, l'association avec l'alcool et un certain degré d'agitation favorisent l'élévation de la Tco jusqu'à des niveaux très élevés. D'autres substances interférant avec la thermolyse, comme les agonistes atropiniques, sont un facteur favorisant du coup de chaleur d'exercice.

Évolution

Évolution spontanée et pronostic

Dans les cas typiques de coup de chaleur, des complications précoces non spécifiques peuvent être observées du fait des troubles de la conscience (chute) ou des vomissements (régurgitation). Le pronostic vital de ces formes est extrêmement variable puisque la mortalité varie de moins de 1 % à plus de 20 %. Le facteur pronostique précoce le plus sensible est la dynamique de l'état clinique, en particulier de la défervescence thermique. Si cette dernière est précoce et accompagnée rapidement d'un retour vers la normalité de l'état de conscience, le pronostic est très favorable. En revanche, quand la Tco reste élevée malgré les efforts de refroidissement entrepris et/ou que le patient s'enfonce au plan neurologique, le pronostic est plus réservé. Il est admis que le niveau de Tco ne constitue pas un facteur pronostique fiable.

Évolution secondaire : complications

Le CCE est un accident grave du fait des complications qui se manifestent dans les heures ou les jours qui suivent l'accident. En revanche, il ne semble pas y avoir de séquelle spécifique au CCE. En effet, les rares études effectuées sur des sujets ayant été victimes d'un CCE n'ont pas objectivé de pathologies ou d'intolérances résiduelles, en particulier de la thermorégulation.

Les *complications musculaires* sont constantes dans le CCE et s'expriment, au moins biologiquement, par une élévation de la concentration plasmatique de marqueurs intracellulaires (créatine-kinase sérique supérieure à 3 fois la valeur maximale normale pour faire le diagnostic de rhabdomyolyse, donc de CCE). Cette élévation est parfois considérable mais elle n'a jamais de valeur pronostique tant pour le CCE que pour d'éventuelles séquelles musculaires. Celles-ci sont d'ailleurs exceptionnelles. Les formes hyperalgiques de CCE, caractérisées par des douleurs musculaires spontanées, sont rares alors que la persistance pendant quelques jours à quelques semaines de douleurs à la pression des muscles actifs lors de l'effort causal est fréquente, de même qu'un certain niveau de fatigabilité d'effort qui, en général, régresse au plus tard en quelques mois. La recherche d'anomalies musculaires préexistantes à l'accident chez les sujets victimes de CCE permet d'objectiver des pathologies avérées dans un nombre significatif de cas. Il s'agit le plus souvent d'anomalies métaboliques, en particulier de déficit en palmityl-carnitine transférase, et d'anomalies histologiques non spécifiques [9]. Des anomalies biologiques sont également observées, qui fondent l'hypothèse myopathique du coup de chaleur (voir *infra*).

Quand la rhabdomyolyse est importante, elle est toujours suivie d'une *dégradation de la fonction rénale*, pouvant aller jusqu'à l'insuffisance aiguë dans les jours qui suivent l'accident. Cette complication est généralement correctement maîtrisée par l'épuration extrarénale et ne s'accompagne pas de séquelles notables. La *cytolyse hépatique* est extrêmement fréquente et très variable d'un sujet à l'autre. Elle n'est que biologique dans une majorité de cas, mais peut s'accompagner d'un certain degré d'insuffisance hépatique, allant jusqu'à une nécrose imposant une greffe en urgence [15]. Les complications hépatiques du CCE résultent vraisemblablement de l'hyperthermie et de la redistribution sanguine qui accompagnent l'exercice physique intense, d'une part, et peut-être d'une agression immuno-inflammatoire secondaire à un phénomène de translocation entérique de bactéries commensales et/ou d'endotoxines, bien décrit dans les autres formes de coup de chaleur et qui fonde l'hypothèse immuno-inflammatoire du CCE (voir *infra*) [2], d'autre part.

Le *syndrome inflammatoire* est quasi constant dans les suites d'un exercice physique intense et prolongé. Il est alors principalement caractérisé par l'élévation de la concentration plasmatique des protéines de la phase aiguë (protéine C réactive, fibronectine, *LPS-Binding Protein*, etc.). Il est possible que ce syndrome inflammatoire prenne parfois une ampleur anormale débordant les capacités de contrôle de l'organisme, ce qui conduirait au syndrome de réponse inflammatoire systémique qui grève l'évolution et conduit à la défaillance multiviscérale et aux troubles de l'hémostase [2]. Ceux-ci, favorisés par l'insuffisance hépatique et une coagulation intravasculaire disséminée, sont la principale cause du décès par CCE.

Conduite à tenir et thérapeutique

La prise en charge en urgence doit associer [2, 3, 8] :

- la *prévention des complications*, en particulier la mise en position latérale de sécurité ;
- le *refroidissement*, qui doit être entrepris aussi rapidement et efficacement que possible ;
- la *médicalisation* dès que possible : réhydratation par du sérum salé, oxygénation (4 L.min^{-1}, bien que l'utilité de ce geste n'ait pas été prouvée) et surveillance de l'état neurologique de façon à réaliser à temps la prévention des convulsions par des benzodiazépines.

Refroidissement

Le point crucial du traitement du coup de chaleur réside dans la réalisation d'un *refroidissement efficace et précoce, sur le terrain et pendant le transport*. Cela implique de favoriser les pertes thermiques du patient et de limiter ses gains de chaleur.

Sur le terrain, il faut placer le patient à l'ombre, le déshabiller, l'asperger d'eau et l'aérer vigoureusement pour aider l'évaporation : c'est l'évaporation de l'eau au contact de la peau qui refroidit le sujet et non le contact de l'eau fraîche vaporisée sur la peau ! Cette technique n'est donc réellement efficace que si l'humidité relative de l'air n'est pas trop élevée. Il faut aussi maintenir le refroidissement pendant le transport, ce qui n'est pas forcément aisé.

D'autres méthodes ont été recommandées : placer des packs de glace sur les gros troncs vasculaires au niveau du cou et des plis de l'aine ; passer rapidement en intraveineux un soluté glacé. Bien qu'elle semble raisonnable, la première mesure n'est pas réputée être très efficace, peut-être parce que l'application locale d'un corps trop froid provoque une vasoconstriction qui limite les transferts thermiques à travers les tissus sous-cutanés et, *in fine*, l'efficacité de la mesure. La seconde technique est très difficile à pratiquer en dehors de l'hôpital puisqu'elle implique de disposer d'un système de perfusion réfrigéré et correctement isolé jusqu'à la peau.

En milieu hospitalier, l'immersion dans l'eau froide, voire glacée, est considérée comme la technique la plus efficace par les urgentistes américains, mais elle est difficile à mettre en œuvre, surtout quand le patient nécessite une surveillance spécifique alors que le maintien d'un flux d'air qui favorise l'évaporation cutanée d'eau est facile à obtenir par des ventilateurs. Cependant, en tout état de cause, l'efficacité d'une technique doit être évaluée sur ses résultats et non pour son potentiel théorique. Cela implique de suivre la défervescence thermique du patient de façon précise. Une controverse existe quant à l'endroit où il faut mesurer la Tco : rectum, membrane tympanique, canal auditif, œsophage voire oreillette droite… Le débat n'est pas totalement résolu, mais le plus important est d'effectuer le geste correctement, avec un matériel fiable et d'analyser la dynamique du processus de défervescence thermique plutôt que les niveaux absolus de température.

Traitement secondaire

Aucune thérapeutique spécifique n'est validée dans le cadre du CCE, que ce soit les agents décontracturants, en particulier le *Dantrolène*, les anti-inflammatoires, stéroïdiens ou non, et les antipyrétiques ; aucun n'a fait la preuve de son efficacité, alors que pratiquement tous ont un potentiel dangereux. Le traitement retardé est donc strictement symptomatique et vise à maintenir la diurèse, à empêcher toute complication de l'insuffisance hépatique, à lutter contre les infections et les troubles de la coagulation. À ce jour, aucune des thérapeutiques envisagées dans le syndrome de réponse inflammatoire systémique ne s'est montrée efficace de façon préventive.

Facteurs favorisants et prévention primaire

Les facteurs décrits comme favorisants sont tellement nombreux qu'il est exceptionnel qu'une analyse critique d'un cas clinique n'en constate pas. On peut les classer selon leur nature épidémiologique, s'appuyant sur le lien statistique entre leur présence et l'accident, ou bien leur potentiel mécanistique, en particulier sur leur capacité à déséquilibrer le bilan thermique. Enfin, on peut les décrire selon une classification opérationnelle, c'est-à-dire qui permet de réaliser une prévention primaire bien comprise. Dans cette optique, il faut distinguer les facteurs favorisants extrinsèques qui touchent tous les sujets, les facteurs favorisants intrinsèques, permanents pour un sujet, et les facteurs favorisants circonstanciels.

Facteurs favorisants extrinsèques

Le coup de chaleur d'exercice est favorisé par tous les facteurs climatologiques qui augmentent la charge thermique. Une température ambiante élevée et un ensoleillement important sont des facteurs péjoratifs bien connus, mais les facteurs les plus dangereux sont une *humidité relative élevée et l'absence de vent* car tous deux s'opposent à l'évaporation de la sueur et peuvent de ce fait rendre physiologiquement astreignante une ambiance qui ne le paraît pas [6]. Ils sont au premier rang des causes épidémiologiques du coup de chaleur.
D'un point de vue opérationnel, l'habillement du sujet a le même effet qu'un environnement climatique défavorable puisqu'il s'oppose à l'évaporation de la sueur. Cela peut expliquer que des cas graves sont observés en hiver, malgré une température ambiante basse.

Facteurs favorisants intrinsèques

On peut considérer comme intrinsèques les facteurs individuels (quasi) permanents, comme une insuffisance organique (rénale, cardiaque...) ou une pathologie chronique, rarement observées en réalité, mais aussi le défaut d'entraînement physique et la surcharge pondérale.
Les pathologies primitives de la thermorégulation sont rares chez le sujet jeune, même s'il existe indubitablement des insuffisances de la thermolyse par pathologie de la glande sudoripare constitutive (agénésie) ou secondaire (eczéma, psoriasis...), ou pour des causes centrales plus ou moins bien étiquetées. Ces dernières sont très complexes à objectiver puisqu'il n'existe pas de test quantitatif de sudation qui soit réalisable de façon simple pour évaluer la performance thermolytique d'un sujet.
Un certain nombre de victimes de coup de chaleur d'exercice présentent une myopathie infraclinique détectée par la positivité à des tests diagnostiques de l'hyperthermie maligne peranesthésique (test de contracture *in vitro*, analyse génomique, tests métaboliques). Cette donnée sous-tend l'hypothèse myopathique du coup de chaleur [7, 9], présentée plus loin.
Le défaut d'entraînement physique est fréquemment rapporté comme facteur favorisant, mais peut-être est-ce plus un défaut relatif par rapport au niveau de performance voulu. De même, la surcharge pondérale qui pénalise doublement le sujet sportif, d'une part en augmentant la dépense énergétique à niveau de performance égal, donc la production métabolique de chaleur, d'autre part en diminuant la consommation maximale d'oxygène relative ($\dot{V}O_2$ max/kg poids corporel), ne serait péjorative qu'en ambiance chaude. Tous ces facteurs cumulent leurs effets de telle sorte qu'un sujet désentraîné pendant l'hiver et ayant pris un peu de poids qui cherche à l'occasion des premières compétitions de la saison à faire les mêmes performances que les années précédentes est particulièrement à risque.

Facteurs favorisants circonstanciels

Les facteurs circonstanciels sont les plus nombreux. On peut distinguer ceux ayant un impact sur le bilan thermique de ceux qui n'ont pas de raison d'en avoir un, quoiqu'ils soient souvent observés. Les trois plus fréquents sont la *fatigue par privation de sommeil*, une *motivation excessive* et une *infection banale des voies aériennes supérieures*. Cependant, le *défaut d'adaptation à la chaleur*, en particulier pour les accidents survenant peu après une transplantation en zone chaude, un *habillement inadapté* et la *prise excessive d'alcool* la veille de l'exercice causal sont également régulièrement observés. Ces différents facteurs sont en fait fréquemment intriqués, par exemple dans le cadre des compétitions internationales où peuvent se conjuguer fatigue, motivation excessive et angine.
Le facteur *déshydratation* est complexe à appréhender. En effet, si la déshydratation est un facteur favorisant incontestable de l'épuisement hyperthermique, cela est moins évident pour le CCE. En effet, la plupart des accidents graves surviennent à l'occasion d'effort physique de durée moyenne qui n'a pas le temps de provoquer une déshydratation sérieuse. Cependant, les sujets adaptés à la chaleur et à l'exercice qui effectuent un effort dans un environnement gênant la thermolyse, soit du fait d'une humidité relative excessive, soit du fait d'un habillement s'opposant à l'évaporation de la sueur, présentent, du fait de leur niveau d'adaptation, une abondante production sudorale qui est thermiquement inefficace (puisqu'elle ruisselle) mais qui peut induire une déshydratation plus rapide que chez les sujets moins bien adaptés [10, 11]. Comme ces sujets « adaptés » sont précisément ceux qui perçoivent le plus tardivement les effets physiologiques de l'hyperthermie [14], cela serait suffisant pour leur faire perdre l'avantage (en termes de risque de CCE, pas de performance) que constitue l'adaptation à la chaleur. De plus, il a été récemment montré que des sujets minces et bien entraînés étaient capables de maintenir un effort plus longtemps, les amenant à un niveau de Tco plus élevé, que des sujets aussi minces mais moins bien entraînés ou aussi entraînés mais pas aussi minces. Cela renforce les observations faites chez l'animal que la fatigue peut être considérée comme un signal d'arrêt salutaire. Cela amène à penser que le défaut de perception de la fatigue pourrait être compris comme une manifestation précoce du dysfonctionnement cérébral conduisant au coup de chaleur. En effet, des éléments récents suggèrent que les conditions de l'accident sont susceptibles de perturber le jugement des sujets. Des auteurs [12] ont montré que l'épuisement perçu par les sujets effectuant un exercice intense et présentant une hyperthermie était étroitement corrélé aux variations de la vigilance, appréciée par le ratio des activités électroencéphalographiques lentes/rapides, ce qui n'est pas

constaté lorsqu'un exercice de même intensité est effectué dans des conditions n'induisant pas d'hyperthermie.
En fait, beaucoup de ces facteurs favorisants conduisent au problème de la motivation, qui mérite une attention particulière. En effet, les CCE graves ont le plus souvent lieu à l'occasion d'une compétition ou d'un test dans lequel les sujets s'investissent. Il est en fait rare que la notion de « challenge » ne fasse pas le lit de l'accident.

Prévention primaire

La prévention primaire vise à lutter contre les facteurs favorisants ; elle passe par cinq mesures principales :

- *l'acclimatation :* c'est le seul moyen pour améliorer la tolérance à la chaleur. L'hyperhydratation préalable à une exposition au risque a une efficacité inconstante pour prévenir cet accident ;
- *l'adaptation de l'intensité de l'exercice au niveau de contrainte imposé par la météo* dans le cadre des pratiques sportives, et donc l'aménagement, voire la suppression des compétitions à risque quand l'environnement climatique est défavorable. À cette fin, il est utile de se fixer des limites du type de celles proposées par un certain nombre d'organismes professionnels et dont un exemple est présenté dans la figure 69.1. Dans le cadre professionnel, cela revient à *respecter à la lettre les temps de repos* au cours desquels les sujets doivent se réhydrater et se rafraîchir et à être attentif à toute altération de l'état de santé avant la prise du travail ;
- *l'adaptation de la pratique des exercices physiques à la capacité des sujets,* qu'ils soient sportifs occasionnels ou professionnels. Il s'agit là d'un problème d'aptitude auquel les médecins du sport, mais aussi les médecins pratiquant une consultation de médecine du voyage, et les médecins du travail doivent être préparés ;
- *l'information des sujets exposés au CCE* des risques des affections fébriles, mêmes bénignes, de la prise d'alcool et du désir à tout prix d'aller jusqu'au bout ;
- *l'organisation soigneuse de la surveillance des sportifs, d'un support médical et de zones de ravitaillement,* en particulier hydrique, pour toutes les épreuves à risque. Il faut rappeler dans ce cadre que l'été, les épreuves sur longue distance doivent, autant que faire se peut, être organisées sur des circuits en boucle parcourus plusieurs fois, beaucoup plus faciles à surveiller tant au plan des sportifs que du public.

Pour les organisateurs de manifestations sportives, les médecins conseillers, etc., la prévention primaire doit être une préoccupation de tous les moments ; il ne faut pas oublier que le CCE, en touchant des sujets jeunes, sportifs et en bonne santé, est un accident totalement indu.

Prévention des récidives et diagnostic étiologique

La prévention des récidives, ou prévention secondaire, repose sur la détermination des facteurs spécifiques susceptibles de provoquer par eux-mêmes le CCE : la victime d'un CCE est-elle porteuse d'un facteur prédisposant à cette affection ? C'est une question à laquelle on ne peut actuellement répondre par la négative, tant les inconnues sont nombreuses, et à laquelle il est exceptionnel de pouvoir répondre positivement, puisque les authentiques pathologies de la thermolyse sont exceptionnelles et qu'*in fine* le diagnostic de coup de chaleur reste un diagnostic d'élimination. Il est cependant possible de faire des suppositions raisonnables, fondées sur l'analyse du passé sportif du patient, des facteurs de risques tels que décrits plus haut, de la compréhension des mécanismes pathogéniques possibles et en s'appuyant éventuellement sur quelques investigations complémentaires bien que l'implication réelle des éventuelles anomalies observées soit encore délicate.
En pratique, il est clair qu'un coup de chaleur doit être compris par l'intéressé comme un coup de semonce, qui doit amener un changement de comportement à l'égard des exercices physiques intenses et prolongés et des conditions (météo, habillement, pression psychologique, etc.) dans lesquelles ils sont effectués. Une récidive doit amener à

humidité relative de l'air (%)

index thermique (température apparente)

température de l'air (°C)	40	45	50	55	60	65	70	75	80	85	90	95	100
43	58												
42	54	58											
41	51	55	58										
40	48	51	54	58									
39	46	48	51	54	58								
38	43	46	48	51	54	58							
37	41	43	45	48	50	53	57						
36	38	40	42	44	47	49	52	56					
35	37	39	41	43	45	48	50	53	56				
34	36	38	39	41	43	46	48	51	54	57			
33	34	34	37	38	41	42	44	47	49	52	55		
32	33	35	35	36	38	39	41	42	45	47	50	53	56
31	31	32	33	34	35	37	38	38	41	43	45	47	50
30	29	31	31	32	33	34	35	36	38	39	41	42	45
29	28	29	29	30	31	32	32	33	34	36	37	38	41
28	28	28	28	29	29	29	30	31	32	32	33	34	37
27	27	27	27	27	28	28	28	29	29	30	30	30	33

En cas d'exercice physique

- danger important — risque élevé de coup de chaleur
- danger — épuisement et incidents probables
- grande prudence — épuisement et incidents possibles
- prudence — fatigue possible

Fig. 69.1. Abaque donnant un index de risque (température « équivalente » qui imposerait la même contrainte thermique si l'air était sec) en fonction de la température de l'air et de son humidité relative. Différents abaques de ce type ont été proposés prenant en compte température et humidité relative ou, plus souvent, ces deux variables et la vitesse du vent, synthétisée dans un index global dit « WBGT ». Aucun de ces abaques n'a de valeur médicolégale en France, mais la plupart ont l'intérêt de fixer des limites sur lesquelles il est possible de s'appuyer et dont le bon sens est évident. Celui-ci est la traduction française (avec conversion en °C) de l'abaque proposé sur le site : http ://weather.noaa.gov/weather/graphics/heatindexchart.jpg du *National Oceanic and Atmospheric Administration*.

considérer toute demande d'aptitude avec la plus grande circonspection, en particulier pour ce qui concerne le sport en compétition.

Physiopathologie

Parmi les multiples facteurs qui augmentent le risque de CCE, les plus évidents sont ceux qui gênent la thermolyse ou qui augmentent la production métabolique de chaleur. De ce fait, l'élévation de la température corporelle a longtemps été considérée comme le principal facteur causal du CCE.
L'hyperthermie d'exercice résulte très généralement d'un défaut relatif des transferts de chaleur de l'organisme vers l'ambiance. Un exercice physique provoque toujours un stockage de chaleur à son commencement qui se traduit généralement par une augmentation de Tco. Si l'exercice est prolongé, et les conditions climatiques clémentes, cette phase d'élévation thermique est suivie d'une phase en plateau, correspondant à un bilan thermique nul. En fait cela est obtenu au prix d'une perte hydrique à visée thermolytique qui ne peut être maintenue indéfiniment. Si l'exercice est poursuivi longtemps, il y a rupture de l'équilibre et reprise de l'ascension thermique. Les données expérimentales comme les données cliniques montrent que le plus souvent le niveau de déshydratation présenté par les sujets en CCE n'est pas suffisant pour expliquer la défaillance thermorégulatrice terminale selon un tel mécanisme.
De plus, comme les niveaux de Tco constatés dans le CCE sont régulièrement inférieurs à ceux rapportés dans le coup de chaleur classique, à gravité égale, et parfois inférieurs à ceux observés chez des sujets terminant un effort intense sans présenter de troubles, il faut admettre que d'autres facteurs pathogéniques que la chaleur interviennent [4]. Au moins trois, présentés ci-dessous, sont suspectés qui se complètent plus qu'ils ne s'opposent : un dysfonctionnement musculaire, un syndrome inflammatoire et un dysfonctionnement central.

Hypothèse myopathique du coup de chaleur d'exercice

Cette hypothèse explique la rapidité de l'installation de l'hyperthermie dans le CCE en se fondant sur le modèle de la crise d'hyperthermie maligne peranesthésique (HM). L'HM est une myopathie autosomique dominante rare, sans traduction clinique en situation normale, qui provoque des crises de contractures musculaires généralisées quand les sujets sont exposés à un gaz halogéné anesthésique [7]. Les crises sont provoquées par une anomalie du contrôle des mouvements intracellulaires de calcium dans les fibres musculaires striées [7].
Le diagnostic initial de susceptibilité à l'HM se fait par exposition *in vitro* d'un lambeau musculaire à des agents inducteurs dans quelques laboratoires agréés. Ce test (très sensible mais assez peu spécifique) est positif pour un nombre étonnamment élevé (> 10 %) de sujets ayant présenté un CCE, par rapport à l'incidence de la maladie hyperthermie maligne peranesthésique dans la population générale. Il est donc possible que dans un nombre significatif de cas, le CCE soit associé à une anomalie de l'homéostasie calcique intracellulaire des fibres musculaires striées qui ne se dévoilerait qu'à l'occasion d'exercices musculaires intenses. Cela justifie la recherche de telles anomalies dans les cas graves et surprenants de CCE.

Place du système immuno-inflammatoire

L'implication du système immuno-inflammatoire dans la pathogénie du coup de chaleur de repos a été démontrée par Bouchama [2] très récemment. L'évolution clinique la plus fréquemment observée dans les formes graves de CCE est clairement en faveur d'un mécanisme analogue, impliquant la généralisation de processus inflammatoires locaux aboutissant au « syndrome de réponse inflammatoire systémique », voie finale commune des agressions tissulaires majeures. Le point de départ pourrait être la redistribution sanguine aux territoires musculaires et cutanés et la diminution du volume plasmatique, liée à la déshydratation, qui induiraient une diminution du débit sanguin splanchnique (DSS). Il est très probable que dans certaines conditions, cette diminution de DSS provoque une altération fonctionnelle de la paroi intestinale [2], à l'origine de la translocation dans la circulation portale de fragments bactériens normalement cantonnés à la lumière intestinale, en particulier les lipopolysaccharides (LPS ou endotoxines); cet effet est aggravé par l'hyperthermie. Les LPS stimuleraient alors l'important contingent de macrophages hépatiques fixés, les cellules de Küpffer, qui produiraient des médiateurs de l'inflammation en quantité suffisante pour déborder les capacités de contrôle de l'organisme [2]. Cette hypothèse pourrait expliquer l'impact des infections « banales » des voies aériennes supérieures sur le risque de CCE, et d'une manière générale le rôle favorisant de tout processus inflammatoire préalable à l'exercice physique.
Il faut cependant rester prudent. En effet, la constitution d'un état inflammatoire généralisé est fréquemment observée dans les exercices intenses prolongés sans que cela ait un retentissement pathologique, d'une part, et il peut n'être qu'au second plan dans certains cas cliniques de CCE, d'autre part. *In fine*, cela donne au syndrome inflammatoire le même statut causal qu'à l'hyperthermie.

Rôle du système nerveux central

Le système nerveux central est un acteur majeur du processus pathogénique du CCE, caractérisé au plan clinique, au minimum, par des troubles de la conscience. Pour certains, la diminution du débit sanguin cérébral observée lors des efforts physiques intenses chez l'homme au laboratoire serait provoquée par la diminution de pression partielle de CO_2 dans le sang artériel, liée à l'hyperventilation relative d'exercice. Cette diminution pourrait avoir un retentissement sur l'équilibre thermique du cerveau, puisque le flux sanguin cérébral est la principale voie d'évacuation de la chaleur de l'encéphale, voire avoir un retentissement fonctionnel dans certaines aires [13]. En effet, l'entraînement thermique du métabolisme (augmentation du métabolisme cellulaire du fait de l'augmentation de température) tend à aggraver le déséquilibre entre les besoins tissulaires en oxygène et substrats, augmentés, et l'approvisionnement sanguin, diminué. Dans ces conditions, tout facteur, général ou local, susceptible d'amplifier ce phénomène pourrait favoriser un œdème (éventuellement facilité par l'effet de l'hyperthermie sur la barrière hématoencéphalique [13]), qui en augmentant les résistances vasculaires amorcerait un cercle vicieux pathogène.

Pour une vision intégrée des mécanismes pathogéniques

Les médiateurs de l'inflammation, évoqués plus haut, pourraient avoir ce rôle. On considère ainsi que même si la sphère hépatosplanchnique est le principal lieu où sont produites les cytokines pro-inflammatoires, celles-ci sont susceptibles d'exercer un effet à distance sur le système nerveux central, soit par voie humorale, le passage dans l'espace extracellulaire intracérébral se faisant par les zones dépourvues de barrière hématoencéphalique, soit directement par voie nerveuse puisque l'information véhiculée par l'interleukine-Iβ peut être transmise par les terminaisons vagales sous-diaphragmatiques. L'information immunologique peut aussi être directement générée au niveau du système nerveux central (production *in situ* intracérébrale d'interleukine 6 lors d'exercices prolongés).

On peut donc penser que dans les conditions du CCE, un dysfonctionnement central peut affecter la thermorégulation ou d'autres fonctionnements centraux pendant l'exercice physique et participer ainsi à l'aggravation d'un phénomène pathologique en train de se mettre en place.

Les différents mécanismes pathogéniques présentés ci-dessus sont complémentaires. En effet, un sujet effectuant un exercice physique intense, sourd à ce que lui disent ses muscles et ses articulations et tendu vers un seul but : passer la ligne d'arrivée, a probablement beaucoup plus de risques de faire un coup de chaleur s'il présente aussi un dysfonctionnement musculaire ou bien une endotoxémie importante. En fait, l'action pléiotropique des intermédiaires immuno-inflammatoires permet d'imaginer que c'est l'accumulation des productions locales, musculaires, cutanées, digestives, etc., qui produirait le débordement des capacités de contrôle de l'organisme dans son ensemble [4].

Ce qu'il faut retenir

Qui?

Sujet jeune en bonne santé apparente, arrêtant un effort après 30 à 60 minutes d'exercice intense[1] et présentant une température corporelle profonde élevée, une peau brûlante et des troubles de la conscience.

Que faire?

Prévenir les complications (régurgitation, convulsions).
Refroidir : déshabiller, asperger et ventiler vigoureusement.
Médicaliser (réhydratation, oxygénation).

Comment prévenir l'accident?

Organiser les épreuves de masse (parcours, ravitaillement, soutien médical, conditions d'annulation...) en prenant en compte le risque d'accident lié à la chaleur.
Informer les sujets effectuant des sports à risque des dangers des temps lourds et chauds, d'un habillement inadapté, de la prise d'alcool ou de certains médicaments, de la fatigue...
Informer tout sportif que la reprise d'une activité à risque doit être progressive pour permettre l'acclimatation et le réentraînement.

1. Ou au cours d'un exercice de longue durée, peu après l'augmentation de l'intensité de l'effort, comme une côte prolongée en cyclisme par exemple.

Bibliographie

[1] Boersma LVA, Leyten QH, Meijer JWR, Strubbe EJ, Bosch FH. Cerebral hemorrhage complicating exertional heat stroke. *Clin Neurol Neurosurg* 1998; 100 : 112-5.

[2] Bouchama A, Knochel JP. Heatstroke. *N Engl J Med* 2002; 346 : 1978-88.

[3] Bourdon L, Canini F, Aubert M, Melin B, Koulmann N, Saïssy JM, Bigard AX. Le coup de chaleur d'exercice. I. Aspects cliniques et prévention. *Sci Sports* 2003; 18 : 228-40.

[4] Bourdon L, Canini F, Saïssy JM, d'Aléo P, Koulmann N, Aubert M, Bigard AX. Le coup de chaleur d'exercice. II. Physiopathologie. *Sci Sports* 2003; 18 : 241-52.

[5] Cabanac M. De quoi serait mort le coureur de Marathon? *Med Sci* 1997; 13 : 838-42.

[6] Coris EE, Ramirez AM, Van Durme DJ. Heat illness in the athletes. The dangerous combination of heat, humidity and exercise. *Sports Med* 2004; 34 : 9-16.

[7] Denborough M. Malignant hyperthermia. *Lancet* 1998; 352 : 1131-6.

[8] Eichner ER. Treatment of suspected heat illness. *Int J Sports Med* 1998; 19 : S150-S153.

[9] Figarella-Branger D, Kozak-Ribbens G, Rodet L, Aubert M, Borsarelli J, Cozzone PJ, Pellissier JF. Pathological findings in 165 patients explored for malignant hyperthermia susceptibility. *Neuromuscul Disord* 1993; 3 : 553-6.

[10] Koulmann N, Banzet S, Bigard AX. L'activité physique à la chaleur : de la physiologie aux recommandations d'apport hydrique. *Med Trop* 2003; 63 : 617-26.

[11] Melin B, Savourey G. Sport et conditions extrêmes. Incidence cardiovasculaire des exercices de longue durée en environnement extrême (chaleur, froid). *Rev Prat* 2001; 51 : S28-S30.

[12] Nybo L, Nielsen B. Perceived exertion is associated with an altered brain activity during exercise with progressive hyperthermia. *J Appl Physiol* 2001; 91 : 2017-23.

[13] Smirnia P, Hulshof MCCM. Hyperthermia and the central nervous system. *In :* Sharma HS, Westman J, eds. Brain function in hot environment. *Prog Brain Res* vol. 115. Amsterdam : Elsevier, 1998 : 337-50.

[14] Tikuisis P, McLellan TM, Selkirk G. Perceptual *versus* physiological heat strain during exercise-heat strain. *Med Sci Sports Exerc* 2002; 34 : 1454-61.

[15] Tortosa JC, Perrier JC, Pats B. Insuffisance hépatique aiguë et coup de chaleur d'exercice. *Ann Fr Anesth Reanim* 2000; 19 : 620-1.

Hyponatrémie d'exercice

Sommaire

Si les accidents dus à la déshydratation accompagnant l'exercice, surtout à la chaleur et en ambiance humide, coup de chaleur ou hyperthermie, hypotension artérielle, hypoglycémie voire malaise cardiovasculaire, sont régulièrement observés lors d'épreuves de très longue durée, un nouveau syndrome est décrit depuis 1985 [3] : l'hyponatrémie d'exercice. La fréquence des hyponatrémies chez les sportifs d'ultra-endurance varie de 0,3 à 27 %, selon les conditions ambiantes déterminantes du besoin de réhydratation [2]. Cela est à confronter avec la proportion d'athlètes ayant besoin de soins pendant ou après de telles courses, qui varie de 9 à 60 % [1, 4, 6].

Circonstances d'apparition

L'hyponatrémie n'a pratiquement été décrite que pour des épreuves durant 4 heures et plus, et ce, quels que soient l'intensité de l'exercice et le niveau du pratiquant. Les points communs à ces accidents sont généralement une température ambiante assez élevée et/ou une forte humidité, s'accompagnant de pertes sudorales importantes (6 L et plus), donc de besoins élevés de réhydratation, avec ingestion de plus de 4 à 5 litres de boissons ne contenant pas assez de sodium, et ne compensant qu'en partie les pertes sudorales. Le mécanisme de l'apparition de l'hyponatrémie relève de la présence simultanée de l'exercice, de pertes liquidiennes importantes par la sueur avec diminution du volume sanguin, et de l'ingestion de boissons sans sodium. Cela met en jeu les sécrétions du facteur atrial-natriurétique et de l'ADH. L'hyponatrémie et l'hémodilution se traduisent par un œdème cérébral. L'apparition de l'hyponatrémie est facilitée par l'ingestion d'aspirine ou de médicaments anti-inflammatoires non stéroïdiens (AINS).

Symptomatologie

Les signes les plus fréquents sont les nausées, les vomissements, une confusion, des vertiges, une faiblesse des membres inférieurs, une altération de l'état mental, une ataxie, des maux de tête sévères, parfois une crise tonicoclonique et des douleurs abdominales ; cela peut aboutir au coma. La température profonde du corps (Tc) est généralement augmentée, comme lors de tout exercice, mais en dessous de 40 °C, différence essentielle avec l'hyperthermie d'exercice, apparaissant à des Tc supérieures à 40 °C.

Diagnostic positif

Il est fait devant une hyponatrémie inférieure à 130 mmol.L^{-1} ; des valeurs inférieures à 125 mmol.L^{-1}, voire jusqu'à 115 mmol.L^{-1} ont été observées [2]. Lors d'épreuves à risques (température et humidité élevées), les organisateurs de courses placent parfois, à titre préventif, des analyseurs de natrémie dans les ambulances proches du terrain [5] et un microprélèvement de sang est réalisé devant tout symptôme caractéristique.

Traitement

D'après Hsieh *et al.* [2], si la natrémie est supérieure à 130 mmol.L^{-1}, le traitement doit être approprié à la cause, qui n'est pas une hyponatrémie. Entre 125 et 130 mmol.L^{-1}, une perfusion intraveineuse lente de NaCl isotonique est conseillée. Selon l'évolution des symptômes, le transport en centre d'urgence est justifié ou non. Lors d'une hyponatrémie inférieure à 125 mmol.L^{-1}, à la perfusion de NaCl isotonique doit s'ajouter le transfert dans un centre d'urgence. En cas de symptômes plus graves, la perfusion de sodium hyper (3 %) doit être très prudente, en raison des risques, lors de corrections rapides, de myélynolyse centrale pontine chez les patients ayant subi des hyponatrémies assez prolongées. L'objectif est d'augmenter la natrémie de 1 à 2 mmol par litre et par heure. L'addition d'un diurétique de l'anse peut aider à l'élimination de l'excès d'eau. Dans tous les cas, natrémie et symptômes neurologiques sont à suivre très précisément. La mesure du débit des urines et de leur composition en électrolytes permet d'évaluer la fonction rénale. La correction totale de la natrémie lors d'hyponatrémies de l'ordre de 125 mmol.L^{-1} peut demander de 3 à 5 heures, de 120 mmol.L^{-1}, 10 à 12 heures, de 115 à 120 mmol.L^{-1} jusqu'à une vingtaine d'heures.

Conclusion

Finalement, la prise en charge rapide d'une hyponatrémie, qu'il faut savoir reconnaître face aux autres possibilités diagnostiques (hyperthermie, hypotension, hypoglycémie, malaise cardiovasculaire, également à ne pas négliger), est essentielle pour en assurer une correction rapide afin de réduire le risque de séquelles neurologiques permanentes, voire de décès puisque, malheureusement, plusieurs cas ont été récemment déplorés.

Bibliographie

[1] Hiller WD, O'Toole JL, Fortess EE, Laird RH, Imbert PC, Sisk TD. Medical and physiological considerations in triathlons. *Am J Sports Med* 1987; 15 : 164-7.

[2] Hsieh M, Roth R, Davis DL, Larrabee H, Callaway CW. Hyponatremia in runners requiring on-site medical treatment at a single marathon. *Med Sci Sports Exerc* 2002; 34 : 185-9.

[3] Noakes TD, Goodwin N, Rayne BL, Branken T, Taylor RKN. Water intoxication : a possible complication during endurance exercise. *Med Sci Sports Exerc* 1985; 17 : 370-5.

[4] Noakes TD, Norman RJ, Buck RH, Godlonton J, Stevenson K, Pittaway D. The incidence of hyponatremia during prolonged ultraendurance exercise. *Med Sci Sports Exerc* 1990; 22 : 165-70.

[5] Norman RJ, Coutts PB, Godlonton J. Organisation of a field laboratory at an ultramarathon. *Clin Chem* 1988; 34 : 643-4.

[6] Norman RJ, Godlonton J, Buck RH, Coutts PB. Why marathon runners collapse. *S Afr Med J* 1988; 74 : 246.

Syndrome de loge

Sommaire

Le syndrome de loge est caractérisé par la survenue d'une douleur à l'effort, conséquence d'un état d'hyperpression dans une loge musculaire délimitée par des éléments osseux et aponévrotiques, donc inextensible. Bien que cette pathologie soit due à une hyperutilisation musculaire et qu'elle intéresse aussi bien les sujets qui pratiquent une activité physique de loisir que ceux qui pratiquent en compétition, elle est relativement méconnue et son diagnostic est rarement évoqué, ce qui retarde considérablement la mise en œuvre du traitement approprié.

Dans sa forme classique, le syndrome de loge est localisé au niveau d'une ou plusieurs loges de la jambe, uni ou bilatéralement. Il survient rarement chez des sujets de moins de 17 ans; il peut se manifester après plusieurs années de pratique sportive chez l'adulte, mais dans ce cas on retrouve fréquemment une modification importante de l'activité physique du sujet : augmentation de la durée et/ou de l'intensité de l'entraînement, musculation intensive, exercices inhabituels, etc. Cette pathologie se rencontre aussi bien chez l'homme que chez la femme.

Les activités physiques qui mettent en jeu les muscles des membres supérieurs de façon intense et prolongée ou répétitive sont susceptibles de déclencher une symptomatologie en tout point identique à celle classiquement décrite pour les membres inférieurs. Dans ces cas, les loges concernées sont celles de l'avant-bras, et les activités le plus souvent en cause à ce jour sont la pratique du sport motocycliste (moto-cross, enduro, trial) et l'escalade.

Selon son mode de survenue, on peut en distinguer deux formes :

- *la forme aiguë :* elle a été décrite initialement au niveau de la loge antéro-externe de la jambe chez les jeunes recrues au cours de marches forcées. Il s'agit d'une véritable urgence chirurgicale, et seule l'aponévrotomie réalisée dans les 6 heures qui suivent l'apparition des signes cliniques (gonflement hyperalgique de la loge antéro-externe de la jambe, entraînant l'arrêt de l'effort; il peut exister un steppage et/ou une disparition du pouls pédieux) peut soulager le patient, éviter la nécrose des muscles de la loge et prévenir d'éventuelles séquelles vasculonerveuses;
- *la forme chronique :* c'est la forme la plus fréquente; elle est encore dénommée « syndrome d'ischémie musculaire d'effort ». L'arrêt de l'effort, survenant après un temps plus ou moins long selon les sujets et l'intensité de l'exercice, entraîne la disparition des douleurs. À terme, le seul traitement efficace repose sur l'aponévrotomie.

Certains facteurs favorisent l'apparition de ce syndrome comme la pratique intensive de la course (demi-fond et fond), de la marche athlétique, du football, du tennis ou encore la marche forcée avec charge en milieu militaire; certains morphotypes seraient plus fréquemment touchés : sujets très musclés avec hypertrophie musculaire.

Avant de suspecter un syndrome de loge, il faut commencer par éliminer les pathologies des membres inférieurs survenant préférentiellement et de façon relativement fréquente chez les sportifs. Pour cela, plusieurs examens complémentaires peuvent être utilisés; dans la mesure du possible, ceux-ci doivent être aussi peu invasifs que possible afin de ne pas ajouter un traumatisme à la douleur pour laquelle le sportif consulte. Compte tenu des éléments apportés par l'interrogatoire et l'examen clinique, si l'on considère que la douleur est en rapport avec une cause locale, les examens complémentaires pourront se répartir de la façon suivante.

Examens vasculaires

Au cours de la contraction musculaire, les besoins énergétiques du muscle augmentent de façon considérable. Les réserves énergétiques présentes à l'intérieur du muscle étant très faibles, elles sont rapidement utilisées et la contraction ne peut se poursuivre que grâce au renouvellement des substrats énergétiques et à l'élimination des déchets produits. Ce renouvellement et cette élimination se font par l'intermédiaire des circulations artérielle et veineuse, respectivement. S'il existe un obstacle circulatoire à l'entrée ou à la sortie du muscle, celui-ci ne peut plus fonctionner normalement; cela se traduit par une baisse de la performance (liée à une chute du pH intracellulaire : voir chapitre 80) et l'apparition d'une douleur plus ou moins vive pouvant entraîner l'arrêt de l'activité. Il est donc nécessaire d'explorer à la fois les versants artériel et veineux de la circulation des membres inférieurs.

Examen artériel

Examen par effet Doppler

Il est sans doute le plus utilisé dans ce domaine. Il est facile à mettre en œuvre, totalement indolore et sans risque pour le

sujet examiné. Dans un premier temps, l'examen est pratiqué au repos, le sujet étant couché sur le dos. En fonction de la présence éventuelle d'un ou plusieurs facteurs de risque vasculaire (diabète, hypercholestérolémie, tabagisme, hypertension artérielle, âge), il est important de s'assurer qu'il n'existe pas d'*artériopathie oblitérante* des membres inférieurs (artérite) qui pourrait se traduire par une claudication intermittente au cours d'exercices intenses, ou même modérés mais prolongés. Toutefois, il faut savoir que dans un grand nombre de cas d'artérite débutante chez une personne habituellement active physiquement, l'examen Doppler de repos peut être strictement normal. Il est alors nécessaire de refaire l'examen au décours immédiat d'une épreuve d'effort en y ajoutant l'étude des variations de la pression artérielle systolique distale après effort par comparaison aux valeurs de repos (artères tibiales antérieures ou postérieures).
Dans le cas où l'examen de repos est normal et où il n'existe aucun élément permettant de suspecter la présence d'une artérite, un certain nombre d'autres diagnostics différentiels accessibles au Doppler doivent être évoqués.

Kyste poplité

Encore appelée maladie kystique et de l'adventice de l'artère poplitée, ou kyste disséquant intramural, cette affection relativement rare survient chez l'homme jeune. Elle peut se traduire par l'apparition d'une claudication intermittente survenant brutalement au cours de l'exercice physique ; dans certains cas, l'installation de la douleur est plus progressive et ne devient gênante qu'après plusieurs jours ou plusieurs semaines. Il est intéressant de noter que cette douleur persiste à l'arrêt de l'exercice. Cliniquement, le kyste lui-même n'est pas toujours palpable, car cela dépend de sa taille et de sa situation par rapport à l'artère ; quelquefois au repos les pouls distaux sont faibles, ce qui se traduit à l'examen Doppler par une diminution de la vitesse du flux dans les artères tibiales antérieure et surtout postérieure. Le Doppler pratiqué immédiatement après une épreuve d'effort ayant déclenché la douleur peut parfois montrer un arrêt du flux distal.

Poplitée piégée

Dans ce cas également, l'examen Doppler standard au repos est normal. L'intérêt de l'examen Doppler repose sur la mise en évidence d'un ralentissement, voire d'un arrêt du flux distal (en particulier au niveau de l'artère tibiale antérieure) lors de la flexion dorsale passive du pied sur la jambe étendue, et surtout au cours de la flexion plantaire active du pied contre résistance (fig. 71.1). Cet examen nécessite une immobilisation parfaite du membre lors des manœuvres dynamiques du pied afin d'éviter le moindre déplacement de la sonde Doppler par rapport à l'artère explorée (voir aussi chapitre 36).

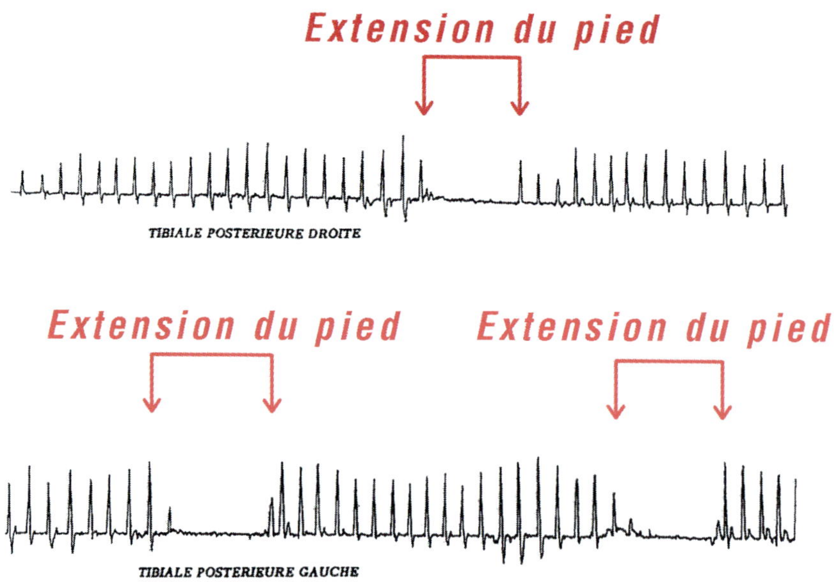

Fig. 71.1. Artère poplitée piégée bilatérale. Enregistrement de la courbe vélocimétrique par effet Doppler au niveau des artères tibiales postérieures, droite et gauche, au repos et lors de l'extension active contre résistance de chaque pied. La compression de l'artère poplitée par la mise en tension des muscles postérieurs de la jambe entraîne un arrêt complet du débit sanguin distal, ce qui provoque l'apparition d'une douleur dans la jambe à l'effort.

Endofibrose iliaque externe

Cette pathologie artérielle n'est décrite que depuis 1985 et n'a été retrouvée jusqu'à présent que chez le cycliste de compétition, y compris chez des triathlètes. Elle se traduit par l'apparition d'une claudication intermittente d'un membre inférieur survenant lors d'efforts sub-maximaux (changement de rythme, montée) chez des sujets jeunes, très actifs, et ne présentant *a priori* aucun facteur de risque vasculaire particulier. Au repos, l'examen Doppler et la pression artérielle systolique distale sont tout à fait normaux. En revanche, à l'issue d'un exercice de pédalage déclenchant la douleur, on observe un effondrement de la pression systolique distale du côté pathologique par rapport au côté sain et par rapport à la pression systolique humérale. Il existe par ailleurs des modifications du tracé Doppler en rapport avec le retentissement de la sténose iliaque devenue hémodynamiquement significative au cours de l'épreuve d'effort (voir aussi chapitre 36).
Au total, lors de la recherche d'un syndrome de loge chronique, l'examen Doppler artériel, aussi bien au repos qu'après un exercice déclenchant la douleur, n'apporte aucun élément positif particulier. Cependant sa réalisation systématique permet d'effectuer un bilan artériel fonctionnel complet de manière non invasive et d'éliminer ou au contraire d'apporter des éléments en faveur de différents diagnostics différentiels.

Échographie

Réalisée en mode B, l'échographie des axes artériels des membres inférieurs constitue également un examen totalement indolore et non invasif. Elle permet de visualiser et d'obtenir des clichés des lésions sténosantes siégeant sur les artères de gros et de moyen calibres : plaques d'athérome chez les sujets présentant un ou plusieurs facteurs de risque vasculaire, compression de l'artère poplitée lors de la flexion-extension du pied en cas de piège, présence d'une formation kystique. En revanche, il semble que la lésion décrite dans l'endofibrose iliaque externe ne puisse être mise en évidence en raison de sa trop faible échogénicité; dans ce cas, l'association échographie + Doppler (« duplex ») peut s'avérer plus efficace que l'utilisation isolée de chacun de ces deux examens.

Angiographie

Lorsque les examens non invasifs se révèlent insuffisants pour préciser la nature et le lieu de l'obstacle vasculaire, ou à l'inverse lorsque l'établissement du diagnostic a débouché sur une indication opératoire, il est parfois nécessaire de compléter le bilan par une artériographie conventionnelle ou numérisée. L'avantage de l'artériographie numérisée tient au fait qu'elle permet de multiplier les incidences avec les différentes manœuvres positionnelles (par exemple en cas de poplitée piégée), sans risque d'accident grâce à la petite quantité de produit de contraste utilisée.

Examen veineux

L'association de signes tels que le gonflement d'un membre inférieur (uni ou bilatéral) et l'apparition d'une douleur plus ou moins intense doit faire évoquer d'emblée la survenue d'une thrombose veineuse profonde. En effet cette pathologie peut survenir chez un sujet jeune et apparemment en bonne santé, au cours ou à la suite d'un effort relativement violent (phlébite dite d'« effort »), ou à la suite d'un traumatisme musculaire parfois minime; par ailleurs, chez la femme, l'association du tabac et de la contraception par voie orale (pilule) constitue en ce domaine un facteur de risque thrombotique très important.

Comme pour le bilan artériel, l'examen Doppler et l'échographie sont deux examens qui peuvent être pratiqués en première intention en raison de leur innocuité, de leur coût modéré et de leur intérêt pratique.

En matière de bilan fonctionnel veineux non invasif, la pléthysmographie par occlusion veineuse représente le complément presque idéal de l'examen Doppler, surtout si ce dernier est couplé à l'échographie. Si la fiabilité du Doppler seul est de près de 95 % dans la détection des thromboses veineuses proximales (veines iliaques et veines fémorales), elle tombe à 50 % (pour certains auteurs, elle ne serait même que de 36 %) dans la recherche des thromboses veineuses surales. En revanche, la pratique conjointe de l'examen écho-Doppler et de la pléthysmographie permet d'atteindre 95 % de fiabilité dans le diagnostic des thromboses veineuses sur l'ensemble du membre inférieur.

Chez les sportifs présentant un syndrome de loge chronique, la pléthysmographie pratiquée à distance de tout exercice musculaire des membres inférieurs peut montrer un ralentissement anormal de la vidange veineuse du membre atteint, et surtout une augmentation importante de la distensibilité veineuse de ce membre. S'il existe une compression des vaisseaux poplités lors de l'extension complète du genou (syndrome de la poplitée piégée), la pléthysmographie objective une diminution importante de la pente de la courbe de remplissage ainsi qu'une diminution du débit maximal de vidange veineuse du mollet et un allongement du temps de vidange.

La phlébographie, technique d'exploration invasive en raison de l'injection d'un produit de contraste iodé, a des indications qui méritent d'être précisées. Si la phlébographie a toujours été considérée comme étant l'examen de référence dans la recherche des thromboses veineuses profondes, actuellement l'utilisation conjointe du Doppler et de la pléthysmographie ou du Doppler et de l'échographie permet dans un très grand nombre de cas d'affirmer ou d'infirmer l'existence d'une thrombose veineuse sans avoir recours à la phlébographie de façon systématique. Toutefois, il existe une circonstance pour laquelle la phlébographie peut s'avérer indispensable : lorsque l'on suspecte un syndrome de Cockett. La compression plus ou moins franche de la veine iliaque gauche par l'artère iliaque primitive droite est responsable d'un gonflement progressif du membre inférieur gauche, d'une sensation de lourdeur et d'une douleur survenant à diverses occasions : lors d'un exercice (course à pied), lors d'une station assise prolongée (cinéma, long trajet en voiture). Habituellement, ces signes disparaissent lorsque le patient est en décubitus. En l'absence d'autre pathologie associée (thrombose veineuse ilio-fémorale gauche), l'examen Doppler et la pléthysmographie sont normaux, et seule la phlébographie peut confirmer le diagnostic de syndrome de Cockett.

Examens musculaires

Tout comme la pathologie vasculaire, la *pathologie musculaire* peut être à l'origine d'un syndrome douloureux du membre inférieur chez le sportif. Il peut s'agir d'un kyste poplité comprimé par la masse musculaire (kyste géant de Becker), d'un kyste poplité rompu entraînant un épanchement liquidien intramusculaire, d'un hématome intramusculaire post-traumatique, etc. Dans la plupart des cas, l'échographie des parties molles permet de faire le diagnostic sans qu'il soit nécessaire d'envisager d'emblée une exploration fonctionnelle lourde telle que la phlébographie, l'arthroscopie.

Lorsque les explorations vasculaires et musculaires sont négatives et que la symptomatologie évoque un syndrome de loge, *la mesure des pressions musculaires* avant et après effort est alors tout à fait indiquée. Cette mesure s'effectue à l'aide d'une aiguille de type intramusculaire reliée par l'intermédiaire d'une tubulure contenant du sérum physiologique à un manomètre à mercure; actuellement la tubulure et le manomètre à mercure sont remplacés par un capteur de pression miniaturisé sur lequel il est possible de lire directement la valeur instantanée de la pression intramusculaire. Classiquement on admet qu'au repos la pression intramusculaire de chacune des trois loges de la jambe est inférieure à 30 mmHg (loges antéro-externe, postérieure superficielle et postérieure profonde). Chez le sportif présentant un syndrome de loge, la valeur de repos peut être normale ou augmentée, alors qu'après un exercice suffisant pour déclencher la douleur, la pression intramusculaire est pratiquement constamment augmentée, dépassant (parfois largement) 50 mmHg et ne revenant que très lentement à sa valeur de repos.

L'exploration électromyographique (EMG), avec la mesure des vitesses de conduction nerveuse sensitive et motrice au niveau des membres inférieurs, n'apporte aucun élément positif particulier lorsque l'on est en présence d'un syndrome de loge chronique. Cela tient vraisemblablement au fait qu'il est extrêmement difficile, voire impossible, de mettre en œuvre cette exploration suffisamment vite pour que l'enregistrement des potentiels d'action nerveux survienne au moment précis où le sujet ressent encore la douleur ayant entraîné l'arrêt de l'exercice. De plus, dans la majorité des cas, l'éventuelle compression nerveuse n'a heureusement pas duré suffisamment longtemps pour entraîner des troubles de la conduction qui soient significatifs.

L'échographie musculaire pratiquée avant et après un exercice (course) suffisant pour déclencher la douleur peut mettre en évidence une augmentation du volume musculaire dans la loge atteinte.

L'imagerie par résonance magnétique (IRM) n'a pas permis jusqu'à présent d'obtenir des images spécifiques du syndrome de loge chronique. Toutefois il est probable que dans les prochaines années, le couplage de l'IRM et de l'analyse spectrale par résonance magnétique nucléaire (RMN) de certains substrats énergétiques du muscle (en particulier les substrats phosphorés) permettra de mettre en évidence des modifications métaboliques locales en rapport avec une compression musculaire d'effort anormale.

L'étude de l'oxygénation musculaire par la spectroscopie dans le proche infrarouge fait l'objet de protocoles d'évaluation clinique depuis peu de temps. L'intérêt de la méthode tient essentiellement à son caractère non invasif. La sonde, à la fois émettrice et réceptrice, de faibles dimensions (quelques cm^2), est facilement fixée sur la peau en regard du muscle étudié. Elle est reliée à un dispositif informatisé d'acquisition et de traitement du signal qui permet de suivre en temps réel l'évolution de l'oxygénation musculaire aussi bien au repos qu'au cours d'un exercice statique ou dynamique. Le principe repose sur l'interaction de la lumière avec les tissus biologiques, ce qui permet d'évaluer les variations d'absorption de deux longueurs d'onde (660 nm : rouge ; 940 nm : proche infrarouge) émises par la sonde, en fonction de l'état d'oxydation ou de réduction de l'hémoglobine et de la myoglobine sous-jacentes. L'inconvénient majeur de la technique est lié d'une part au faible volume de muscle exploré du fait de la taille réduite de la sonde par rapport à la longueur de certains muscles, et d'autre part à la limitation de la pénétration du rayonnement infrarouge à l'intérieur du muscle.

Examen osseux

Lorsque les différents examens pratiqués ne suffisent pas à affirmer l'existence d'un syndrome de loge chronique, il peut s'avérer utile de poursuivre les investigations par une radiographie traditionnelle, voire une scintigraphie, à la recherche d'une éventuelle fracture de fatigue (voir chapitre 47).

Conclusion

Si dans les formes aiguës de syndrome de loge la simple clinique suffit très souvent à poser le diagnostic et à entraîner l'indication chirurgicale, dans les formes chroniques du syndrome d'ischémie musculaire d'effort, un bilan paraclinique parfois poussé est indispensable, surtout si les signes fonctionnels ne sont pas très évocateurs. En pratique, la prise de pression intracompartimentale, avant et après un effort suffisant pour déclencher la douleur, demeure l'examen complémentaire de première intention et constitue souvent la clé du diagnostic.

Pour en savoir plus

Bouvat E, Lazennec JY, Kahn JF, Saillant G. Conduite à tenir lors d'une suspicion de syndrome de loge. *Sport Med Actual* 1989; 39 : 36-8.

Chevalier JM, Enon B, Walder J, Barral X, Pillet J, Megret A *et al.* L'endofibrose iliaque externe du cycliste de compétition : une pathologie artérielle méconnue. *Ann Chir Vasc* 1986; 1 : 297-303.

Lazennec JY, Bouvat E, Saillant G, Kahn JF, Lévi-Valencin G, Bellin MF *et al.* Les explorations cliniques et complémentaires dans les syndromes d'ischémie musculaire d'effort. *J Traumatol Sport* 1989; 6 : 32-9.

Merlen JF. Creux poplité comblé. *J Mal Vasc* 1983; 8 : 91-5.

Styf J. Chronic exercise-induced pain in the anterior aspect of the lower leg; an overview of diagnosis. *Sports Med* 1989; 7 : 331-9.

Vuong PN. Artère poplitée piégée : anatomie pathologique et discussion pathogénique. *Sem Hôp Paris* 1990; 66 : 2082-90.

Anémie et pseudo-anémie des sportifs

Sommaire

Les effets de l'entraînement sportif sur la numération globulaire et la concentration sanguine en hémoglobine font l'objet de recherches depuis plusieurs dizaines d'années. Régulièrement, paraissent des études montrant que les sportifs pratiquant des sports d'endurance ont des taux de globules rouges et d'hémoglobine à la limite inférieure de la normale ou anormalement bas (hémoglobine inférieure à 14 g pour 100 mL chez l'homme, à 12 g pour 100 mL chez la femme). Cependant, des valeurs normales ou même élevées ont aussi été trouvées dans d'autres études. Les critères d'anémie varient selon les auteurs. Abusivement, certains considèrent même comme « sportif anémique » tout sportif qui possède un taux d'hémoglobine et un hématocrite inférieurs aux valeurs prétendument optimales pour l'apport en oxygène, c'est-à-dire un hématocrite aux environs de 45 % et un taux d'hémoglobine de 15-16 g pour 100 mL.

Avant d'envisager le problème d'une éventuelle anémie chez les sportifs, il convient de rappeler les effets de l'entraînement et de la pratique du sport sur le volume plasmatique.

Variations du volume plasmatique

Une élévation significative de l'hématocrite, dont l'origine est multiple, est généralement observée pendant un exercice intense et court. Il existe dès le début de l'exercice un passage de liquide du compartiment intravasculaire au compartiment interstitiel, qui peut provoquer une augmentation de 10 % de l'hématocrite. Cependant, l'exercice s'accompagne rapidement d'une augmentation du retour des liquides lymphatiques dans le sang veineux par l'intermédiaire du canal thoracique. Cela explique probablement que l'hématocrite est proche de celui du repos à la fin d'un exercice peu intense en l'absence de pertes sudorales. En revanche, à la fin d'un exercice prolongé avec une sudation abondante, l'hémoconcentration observée est le résultat des pertes hydriques.

Les concentrations des hormones du système rénine-angiotensine et de l'hormone antidiurétique augmentent pendant l'exercice en réaction à la déshydratation et à l'hyperosmolarité. L'augmentation du volume plasmatique, observée secondairement entre les séances d'entraînement, pendant la phase de récupération, est considérée par certains comme un phénomène de surcompensation de l'hypovolémie de la phase d'exercice. L'augmentation du volume plasmatique s'accompagne de celle de la quantité totale des protéines plasmatiques (essentiellement albumines) sans changement de leur concentration plasmatique. Quelques jours d'exercices intenses (3 jours) sont suffisants pour provoquer une augmentation significative du volume plasmatique. Le même résultat est obtenu par une exposition à la chaleur.

L'effet inverse (hypovolémie) s'observe les premiers jours d'un séjour en altitude et expliquerait les augmentations précoces de l'hématocrite et du taux d'hémoglobine.

Causes des anémies et pseudo-anémies des sportifs

Les effets de l'entraînement sur le volume plasmatique et des différences de protocoles expliquent probablement les divergences concernant les concentrations de globules rouges et d'hémoglobine observées chez les sportifs. La mesure du volume globulaire total montre qu'il existe généralement une augmentation de la masse globulaire totale chez les sportifs d'endurance, même si le taux d'hémoglobine de certains est relativement bas. Il est donc probable qu'il s'agisse dans ces cas d'une pseudo-anémie, par augmentation du volume plasmatique. Néanmoins, il existe des anémies vraies chez les sportifs pratiquant notamment les sports d'endurance, chez qui non seulement l'hématocrite et la numération globulaire mais aussi le volume globulaire total et le taux de ferritine sont abaissés. Dans certains cas, les mécanismes physiopathologiques pourraient être spécifiques de la pratique sportive (augmentation des pertes de fer et hémolyse).

Perte de fer chez les sportifs

L'excrétion sudorale du fer apparaît essentiellement dans la fraction cellulaire de la sueur et non pas dans la fraction liquide, dont la concentration en fer est faible, de l'ordre de 0,02 mg par litre de sueur. Dans les régions tempérées,

l'excrétion sudorale en fer est probablement inférieure à 0,2 mg par jour chez le sujet sédentaire. Cependant, en atmosphère chaude et humide, il n'est pas impossible que chez les sportifs cette voie d'élimination ne soit plus négligeable, car des pertes sudorales de 1 mg de fer par jour ont été observées en cas de sudations profuses.
Des hémorragies minimes mais répétées peuvent être à l'origine de pertes de fer importantes. Celles-ci peuvent être physiologiques, comme les menstruations chez la femme. Les 20 à 60 mL d'une menstruation correspondent à une perte comprise entre 10 et 30 mg de fer. Le dépistage des carences en fer mériterait donc une attention plus particulière chez les femmes sportives.
Des études effectuées sur des coureurs à pied et des triathlètes ont montré une augmentation du taux d'hémoglobine dans les selles après compétition. Dans certains cas, la quantité d'hémoglobine éliminée dans les selles équivalait à une perte de plus de 2 mg de fer. La survenue d'un melaena est nettement plus rare. Une étude endoscopique [2] réalisée sur 7 sportifs avant et après un exercice de longue durée a montré chez tous les sujets la présence d'anomalie gastrique après l'exercice (hypermotilité, troubles sécrétoires, pétéchies et lésions vasculaires du chorion, allant de la congestion à l'hémorragie) qui pourrait expliquer la présence de sang dans les selles. L'activité physique s'accompagne d'une redistribution du débit sanguin en faveur des muscles actifs. Cette redistribution se caractérise non seulement par une vasodilatation musculaire, mais aussi par une intense vasoconstriction aux niveaux mésentérique et rénal. Cette vasoconstriction serait suffisamment marquée pour être à l'origine d'une ischémie des territoires mésentériques. L'hypothèse ischémique de l'origine des troubles gastrocoliques à l'effort est celle qui est actuellement le plus souvent admise. D'après cette hypothèse, l'ischémie pourrait s'accompagner d'une fragilisation de la muqueuse intestinale et d'une diminution de la sécrétion du mucus protecteur.
Par ailleurs, par analogie avec certaines hématuries d'effort, la présence de sang dans les selles, plus particulièrement en course à pied, suggère que les microtraumatismes puissent être un facteur favorisant. En effet les intestins conservent une certaine mobilité à l'intérieur de la cavité abdominale et les parois intestinales peuvent donc être soumises à la répétition de microtraumatismes à la réception de chaque foulée.
Chez les sujets entraînés, la quantité de fer excrétée quotidiennement dans les urines est estimée à environ 0,1 mg et proviendrait essentiellement d'hématuries microscopiques et de la desquamation des cellules épithéliales tubulaires et vésicales. Il est possible que chez certains sportifs, notamment ceux pratiquant la course de fond, les pertes urinaires soient plus importantes, car les hémoglobinuries et hématuries micro et même macroscopiques ne sont pas rares chez ces sujets. La perte de fer, représentée par la répétition de myoglobinurie *a minima*, n'a pas été évaluée, mais est probablement faible.
Signalons enfin qu'une carence en fer, en liaison avec la constitution d'une polyglobulie, a été signalée lors d'expédition comportant un séjour prolongée en haute ou très haute altitude (voir chapitre 75).

Hémolyse et exercice

L'hémoglobine libérée lors d'une hémolyse se combine à l'haptoglobine, protéine synthétisée par le foie, pour former un complexe haptoglobine-hémoglobine dont la taille est supérieure à celle des pores des glomérules rénaux et empêche donc le passage de l'hémoglobine dans les urines. Le complexe haptoglobine-hémoglobine est rapidement capté par le foie et la concentration d'haptoglobine baisse. Lorsque la concentration d'hémoglobine dépasse les capacités de fixation de l'haptoglobine (baisse du taux d'haptoglobine ou hémolyse importante), l'hémoglobine sérique reste sous forme libre, passe le filtre glomérulaire rénal et donne une hémoglobinurie.
Un certain nombre de faits suggèrent que l'anémie des sportifs pourrait être liée à une hémolyse :

- dans les courses d'endurance, on peut observer des hémoglobinuries, des baisses de concentration sérique en haptoglobine et la présence d'hémoglobine sérique libre ;
- la masse globulaire totale de l'organisme est parfois significativement diminuée après quelques jours d'exercices intenses, avant que les effets d'une carence martiale éventuellement provoquée par l'exercice aient eu le temps de se manifester.

Il est possible que les chocs répétés sur les érythrocytes soient la cause de l'hémolyse. En effet, les cas d'hémoglobinurie sont particulièrement fréquents dans certaines activités où les microtraumatismes sont répétés des milliers de fois : écrasement des érythrocytes au niveau de la voûte plantaire dans la course à pied, au niveau des paumes des mains chez les joueurs de pelote basque, les karatékas et les musiciens joueurs de percussions à mains nues. L'utilisation de semelles épaisses en mousse amortissant les chocs aurait permis dans certains cas de faire disparaître l'hémoglobinurie provoquée spécifiquement par la course à pied. D'autres facteurs que les microtraumatismes interviennent peut-être dans la survenue de l'hémolyse. Des cas d'hémoglobinurie d'effort associée à un déficit enzymatique érythrocytaire ont été décrits.

Carence en fer

Une carence en fer doit être recherchée dans certaines populations sportives particulièrement exposées. Les femmes suivant un régime hypocalorique (2 000 kilocalories pour une activité sportive intense) pour des raisons esthétiques (danseuse, gymnaste, patineuse artistique...) peuvent être carencées en fer (5 à 6 mg de fer pour 1 000 kcal), notamment si elles ne sont pas devenues aménorrhéiques. Il en est de même dans le cas fréquent de sportifs ayant exclu la viande de leur alimentation et ayant un régime lacto-ovo-végétarien. En effet, le fer contenu dans les œufs et les végétaux (fer non héminique) est nettement moins bien absorbé que le fer héminique (hémoglobine, myoglobine, cytochromes...) contenu dans la viande rouge et le foie.

Conduite à tenir

La simple mesure de l'hématocrite et du taux d'hémoglobine ne permet pas un dépistage précoce des carences en fer. Le premier stade de carence consiste en la diminution des réserves de fer stocké sous forme de ferritine au niveau hépatique, splénique et de la moelle osseuse. Les recherches effectuées ces dernières années montrent qu'il existe une corrélation entre les concentrations de ferritine sérique et les réserves de l'organisme. Des baisses de la ferritine sérique (< 0,02 mg/L) ont été décrites chez les coureurs de fond et de demi-fond et chez d'autres sportifs, mais il est encore trop tôt pour évaluer la fréquence de cette carence, compte tenu du faible nombre d'études sur ce sujet.

Le deuxième stade de la carence en fer se manifeste, en plus de la baisse de ferritine sérique, par une baisse du fer sérique et une augmentation de la capacité totale de fixation sérique du fer, résultat d'une synthèse accrue de sidérophiline (transferrine). Des baisses significatives du fer sérique ont été signalées chez les coureurs à pied.

Le troisième stade de la carence en fer correspond à l'anémie. Bien qu'on n'ait pas prouvé chez l'homme la possibilité d'une diminution des performances en cas de carence martiale sans diminution du taux d'hémoglobine, l'anémie parfois observée chez un athlète présentant des signes de surentraînement (voir chapitre 80), n'est probablement pas la seule cause des contre-performances sportives. Elle n'est que la manifestation la plus évidente d'une carence martiale, qui perturbe non seulement la synthèse de l'hémoglobine mais peut-être aussi celle de la myoglobine, des cytochromes et d'enzymes. Ainsi il a été trouvé une diminution de la capacité de travail chez des *rats* qui présentaient une carence en fer sans anémie.

Le diagnostic d'anémie du sportif ne doit être posé que lorsque toutes les autres étiologies auront été écartées. Chez l'homme, on recherche une hémorragie digestive occulte et chez la femme, un problème gynécologique. La prise prolongée d'un anti-inflammatoire, fréquente chez les sportifs des deux sexes, peut être à l'origine de saignements digestifs et est systématiquement recherchée.

La présence de sang dans les selles ou dans les urines chez un athlète pratiquant certains sports favorisants, comme la course à pied, ne sera attribuée à la pratique sportive que lors de la disparition de ces symptômes chaque fois que l'activité incriminée est interrompue.

La recherche d'une pathologie hématologique (anomalie érythrocytaire, leucémie) ne doit pas être oubliée.

Une carence en vitamines B12 ou en acide folique doit être éventuellement recherchée.

L'alimentation apporte quotidiennement 10 à 15 mg de fer, dont une faible partie (1 à 2 mg) est absorbée au niveau du duodénum en fonction des besoins de l'organisme. La majeure partie du fer ingéré est donc éliminée dans les fèces. De nombreux facteurs interviennent dans l'absorption du fer, qui s'effectue essentiellement sous forme de fer ferreux (Fe^{++}). Ainsi, la vitamine C favorise l'absorption du fer en permettant le maintien des sels de fer sous forme de fer ferreux. À l'opposé, l'acide phytique (ester hexa-orthophosphorique de méso-inositol), abondant dans les graines, inhibe l'absorption du fer par la formation de phytate de fer insoluble. Un excès de fibres alimentaires pourrait jouer le même rôle défavorable. Dans le but d'améliorer l'absorption du fer, un certain nombre de pratiques alimentaires ont été proposées :

- consommer à chaque repas des aliments riches en vitamine C (agrumes, tomates, pommes de terre), qui permettent le maintien du fer sous forme de sel ferreux ;
- consommer dans le même repas des aliments contenant du fer non héminique (lentilles, pois cassés, œuf, légumes verts) et ceux contenant du fer héminique (viande rouge, foie), qui potentialiseraient l'absorption du fer non héminique ;
- éviter de boire des thés riches en acide tannique, qui perturbe l'absorption du fer ; éviter les excès de fibres alimentaires et, exceptionnellement, supprimer certaines pratiques aberrantes telles que la consommation d'argile.

Les suppléments de sels de fer font partie de l'automédication préventive de certains sportifs. Il est contestable de prescrire systématiquement et préventivement une thérapeutique martiale en dehors des cas où la survenue de carence est probable. Une telle thérapeutique préventive peut, en effet, retarder le diagnostic d'une maladie dont l'anémie est souvent un des symptômes révélateurs : hernie hiatale, ulcère gastrique ou duodénal, pathologie gynécologique. De plus, une étude intéressante de Dressendorfer *et al.* [1] montre qu'une supplémentation en fer au cours d'une épreuve de 20 jours de course à pied n'améliore ni l'état hématologique (hémoglobine, numération globulaire, fer sérique, ferritine...), ni les performances.

Bibliographie

[1] DRESSENDORFER RH, KEEN CL, WADE CE, CLAYBAUGH JR, TIMMIS GC. Development of runner's anemia during a 20 day road race : effect of iron supplements. *Int J Sports Med* 1991; 12 : 332-6.

[2] ZERATH E, GUEZENNEC CY, GAUDIN C. La muqueuse gastrique dans les épreuves de course à pied de longue distance. Étude endoscopique et histologique. *Médecine et Armées* 1990; 18 (1) : 11-4.

Pour en savoir plus

PÉRÉ A, RIVIÈRE D, HARANT I, GARRIGUES M. Sport et carence en fer. *Science et Sports* 1991; 6 : 1-14.

Pratique du sport chez l'asthmatique

Sommaire

Asthme et sport font-ils bon ménage? Il y a encore quelques années, la réponse à cette question était clairement non. En effet, la survenue possible d'un bronchospasme post-exercice (BPE)[1] était, dès l'enfance, considérée comme la véritable « bête noire » des sujets asthmatiques atopiques, incitant médecins et praticiens à leur déconseiller la pratique de toute activité physique et sportive. Pourtant, l'histoire nous a montré qu'asthme et sport n'étaient pas incompatibles. En effet, Dan Fraser, triple championne olympique, a commencé la natation à 10 ans pour combattre l'asthme. Par ailleurs, de nombreux travaux ont récemment apporté la preuve scientifique des bénéfices physiologiques et psychosociaux du sport chez ces personnes. Il convient donc d'en finir avec les idées reçues et de reconnaître la pratique sportive comme une véritable « solution thérapeutique » proposée aux personnes asthmatiques atopiques. Néanmoins, comme toute thérapeutique, la pratique sportive doit être envisagée selon une méthode scientifique, fondée sur la compréhension des adaptations respiratoires de l'asthmatique à l'exercice et la définition de fondements physiopathologiques.

Parlons maintenant d'une nouvelle forme clinique de cette maladie, décrite récemment chez les sportifs de très haut niveau. C'est une forme spécifique d'asthme, acquise au fil du temps, apparaissant généralement à l'âge adulte et différente de l'asthme atopique par sa physiopathologie. Il a été montré que le nombre d'asthmatiques en Finlande en 1998 était estimé à 4 % dans la population générale et à 23 % dans une population d'athlètes de niveau national ou international. Attention, ces résultats ne veulent pas dire que le sport est en « général » un facteur de risque de l'asthme! En effet, il a été clairement montré que la prévalence de l'asthme n'était pas augmentée dans les populations de sportifs amateurs ou de niveau régional. Ainsi, d'après les travaux de la littérature, les risques d'asthme chez l'athlète résideraient surtout dans les très (ou trop) hautes fréquences et intensités des pratiques sportives, associées à des conditions environnementales défavorables. Nous envisagerons essentiellement la prise en charge du bronchospasme post-exercice chez l'asthmatique atopique, puis nous présenterons les caractéristiques de cette forme spécifique d'asthme induit par l'exercice[2] observée chez certains sportifs de très haut niveau.

1. Le BPE est appelé souvent à tort « asthme induit par l'exercice ». En effet, les connaissances physiopathologiques ont clairement établi qu'il s'agissait d'un spasme bronchique isolé dû à l'hyperosmolarité de la muqueuse bronchique, subséquente à la perte de chaleur et d'humidité, elles-mêmes consécutives à l'hyperventilation d'exercice.
2. Le terme « asthme induit par l'exercice » peut être utilisé chez les sportifs de très haut niveau, puisque dans ce cas précis la maladie est induite au fil du temps par la répétition d'épisodes d'hyperventilation prolongée, à l'origine de désordres inflammatoires bronchiques.

Adaptations à l'exercice chez l'asthmatique

L'aptitude physique de l'asthmatique a classiquement été décrite comme normale ou sub-normale, les déficiences étant généralement attribuées au déconditionnement musculaire et cardiorespiratoire lié à l'hypoactivité. Le principal argument avancé était que la survenue possible d'un bronchospasme post-exercice (5 à 15 minutes après l'arrêt de celui-ci) limitait spontanément la pratique sportive et enfermait progressivement les sujets dans un mode de vie sédentaire et surprotégé (fig. 73.1). Cependant, cette « image

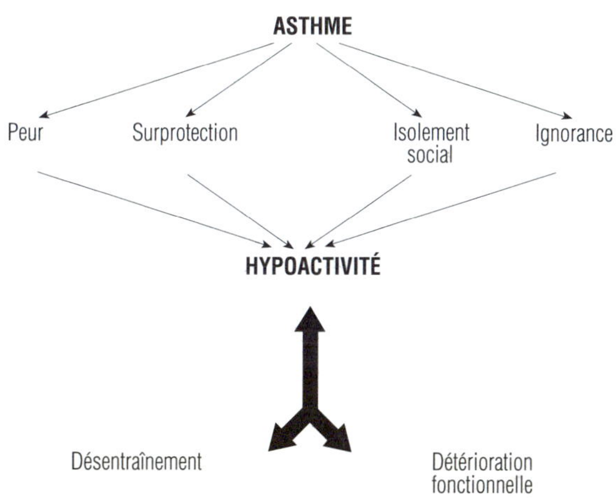

Fig. 73.1. Effet de l'asthme sur le cercle vicieux du déconditionnement (d'après Bar-Or, *Médecine du sport chez l'enfant*, Paris : Masson, 1987).

classique » de l'asthmatique atopique ne doit pas faire oublier qu'il existe aussi des adaptations cardiorespiratoires spécifiques à la maladie, qui participent, elles aussi, à la diminution de l'aptitude physique. Au-delà de l'hypoactivité, la maladie a donc aussi des répercussions directes sur le capital fonctionnel du sujet.

Adaptations ventilatoires

Différents travaux ont montré que la gravité de l'affection, et notamment l'importance de l'obstruction bronchique en phase intercritique, potentialisait des perturbations respiratoires et parfois cardiovasculaires à l'exercice [6]. Ces données ont été par ailleurs généralisées par Babb *et al.* [1], qui ont établi qu'une obstruction bronchique *même modérée* modifiait considérablement les adaptations respiratoires et vraisemblablement cardiovasculaires lors d'un effort physique. On sait aujourd'hui que l'asthmatique atopique présente au cours de l'exercice musculaire des débits ventilatoires exagérés à l'effort et également à même intensité d'exercice comparativement à un sujet sain. Si ce *syndrome d'hyperventilation* reste encore mal expliqué, il révèle un mauvais rendement ventilatoire à l'effort (ventilation trop importante pour une même consommation d'oxygène). En outre, l'apport en oxygène au niveau des muscles en activité est diminué par rapport au sujet sain, puisque le travail supplémentaire des muscles respiratoires détourne une partie de l'oxygène disponible. La sensation de *dyspnée* et donc d'essoufflement est exagérée pour des intensités d'effort équivalentes, ce qui renforce une attitude d'évitement des activités physiques chez ces sujets. Par ailleurs, le BPE est fortement dépendant du niveau d'hyperventilation d'exercice. Par conséquent, plus l'hyperventilation est importante, plus le dessèchement et l'hyperosmolarité de la muqueuse bronchique sont augmentés et les *risques de BPE accrus*.

Ces risques liés à l'hyperventilation peuvent être toutefois partiellement compensés par deux adaptations. La première concerne la bronchodilatation induite par l'exercice, qui est proportionnelle à l'aptitude physique et s'oppose à la possible constriction subséquente à l'effort. La deuxième concerne l'adaptation spécifique du régime ventilatoire. En effet, le sujet asthmatique atteint ces niveaux ventilatoires excessifs par une élévation considérable de son volume courant, sans se distinguer du sujet sain au niveau de la fréquence respiratoire. Cela permet de limiter les turbulences au niveau des voies aériennes et de retarder la survenue d'un BPE. Toutefois, l'hyperventilation et l'augmentation du volume courant au cours de l'exercice peuvent entraîner des perturbations hémodynamiques franches à l'exercice chez les sujets asthmatiques les plus sévères [6] (fig. 73.2).

Adaptations circulatoires

L'obstruction bronchique et l'hyperventilation peuvent provoquer une chute importante de la pression pleurale au cours de l'inspiration, ce qui engendre une augmentation considérable des pressions transpulmonaires donc du volume alvéolaire. Les résistances à l'écoulement sanguin dans les vaisseaux intra-alvéolaires augmentent et la postcharge du ventricule droit est accrue. La diminution subséquente du volume d'éjection systolique du ventricule droit conduit à une *chute du volume d'éjection systolique du ventricule gauche* par un mécanisme d'interdépendance des ventricules et/ou par la perte de compliance du ventricule gauche (consécutive à l'augmentation du volume postsystolique du ventricule droit). Il apparaît donc indispensable de lutter contre le syndrome d'hyperventilation qui exagère la dyspnée, potentialise le BPE, diminue le volume d'éjection systolique et finalement limite la tolérance à l'effort des sujets asthmatiques atopiques. Quelle en est la solution ? La réponse à cette question a été apportée par différents travaux, montrant que le réentraînement à l'effort pouvait être une solution thérapeutique particulièrement intéressante.

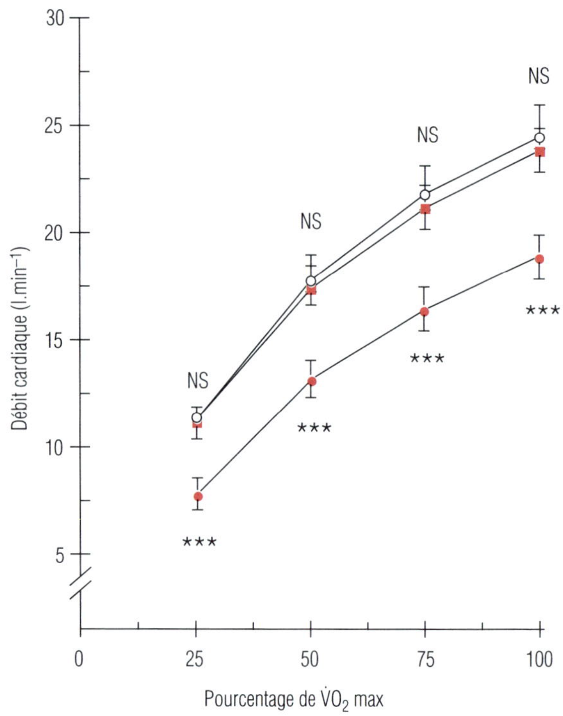

Fig. 73.2. Débit cardiaque à différentes intensités relatives au cours de l'exercice chez des sujets sains (○), des asthmatiques peu sévères (■) et sévères (●).

En bref...

- La diminution de l'aptitude physique du sujet asthmatique est la conséquence fonctionnelle à la fois d'un déconditionnement lié à l'hypoactivité et d'une altération des adaptations respiratoires et cardiovasculaires à l'exercice, liée spécifiquement à la maladie.
- Il existe chez les sujets asthmatiques un syndrome d'hyperventilation à l'exercice lié à la sévérité de l'obstruction bronchique, qui aggrave la sensation de dyspnée, augmente les risques de BPE et réduit le volume d'éjection systolique.

Intérêts cliniques et physiologiques du réentraînement à l'effort chez l'asthmatique

L'augmentation de l'aptitude physique par le réentraînement est le seul moyen de *rompre avec la fatalité du cercle vicieux du déconditionnement et de l'isolement social* des sujets asthmatiques. De plus, les travaux de Haas *et al.* [2] (fig. 73.3) ont montré que l'amélioration de l'aptitude physique était un moyen de prévention du BPE. Il est clairement reconnu que *plus l'aptitude physique d'un sujet asthmatique est bonne, plus la bronchodilatation induite par l'exercice est importante.* Autrement dit, le patient se trouve protégé « par anticipation » contre l'éventuelle survenue d'un BPE.

Cette bronchodilatation induite par le réentraînement est d'autant plus fondamentale que l'amplitude de la réponse bronchique ne varie pas, même après réentraînement. L'aptitude physique n'a donc pas d'effet sur la réactivité bronchique, mais déplace le seuil d'apparition du BPE. La lutte contre la détérioration fonctionnelle prend donc tout son sens puisque encourager un sujet asthmatique à ne pas faire d'activité physique (donc à diminuer son aptitude physique) le rendra *ipso facto* de plus en plus inapte au sport car toujours plus sujet au BPE.

En pratique, l'approche du réentraînement à l'effort doit être *individualisée*. En effet, l'extrême diversité des adaptations à l'effort musculaire, liée à la gravité de l'asthme, impose que les intensités de réentraînement soient individualisées. Ce prérequis est le garant d'une gestion adaptée et efficace du réentraînement. Compte tenu de la volonté d'améliorer le potentiel aérobie et d'éviter l'hyperventilation d'exercice trop importante, l'intensité la plus indiquée est celle du *seuil ventilatoire* (dit souvent seuil « anaérobie ») car il présente *la plus haute intensité avant une augmentation non linéaire de la ventilation* (fig. 73.4).

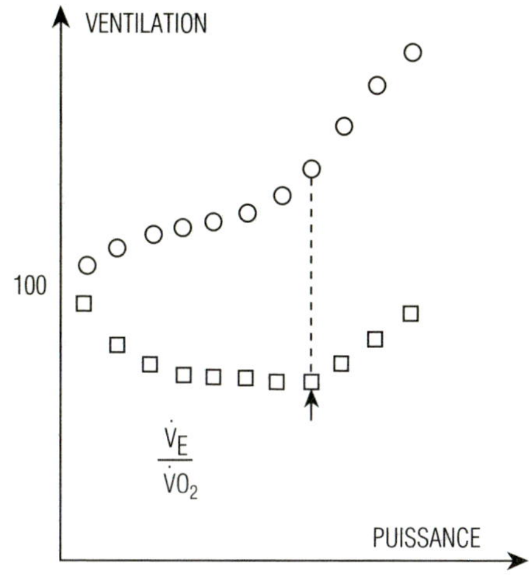

Fig. 73.4. Évolution de la ventilation et de l'équivalent respiratoire pour l'oxygène avant et après le seuil ventilatoire, au cours d'un exercice à charge croissante. ○ = ventilation ; □ = équivalent respiratoire pour l'oxygène ($\dot{V}_E$/ $\dot{V}O_2$) ; ↑ = seuil ventilatoire.

La mise en œuvre concrète des entraînements procède par étapes logiques, à savoir :

- le choix de l'activité ;
- la définition de l'intensité et de la quantité de pratique ;
- la mise en œuvre, le déroulement et l'évaluation des pratiques.

Phase clinique

En gardant à l'esprit les *bases physiopathologiques*, il convient de choisir les activités en fonction de leur caractère asthmogène ou plutôt des contraintes métaboliques qu'elles imposent et/ou des situations climatiques associées. Il faudrait donc privilégier les activités de type endurance, pratiquées en milieu chaud et humide chez les sujets asthmatiques atopiques. Toutefois, cela ne doit pas être un obstacle définitif à certains sports si le responsable est capable d'adapter l'activité aux exigences physiopathologiques (certains professeurs d'éducation physique sont d'ailleurs spécialisés en réadaptation et savent adapter les activités physiques et sportives en fonction des pathologies ou des handicaps rencontrés). De plus, il est fortement souhaitable que le sujet s'inscrive dans une *dynamique de pratique régulière et à long terme.* Une pratique sans lendemain ne présente en effet aucun intérêt.

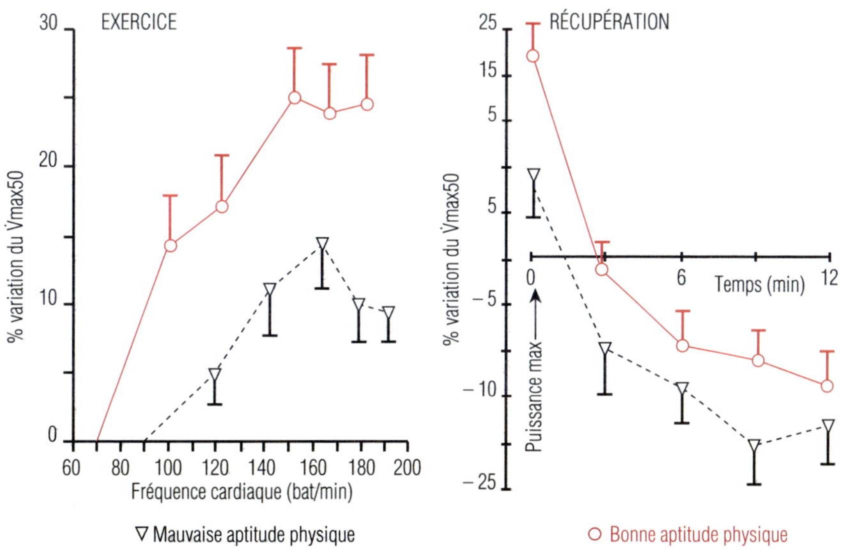

Fig. 73.3. Effet de l'aptitude physique sur la bronchodilatation induite par l'exercice chez des asthmatiques. V̇max50 = débit maximal à 50 % de la capacité vitale (L/s) (d'après Haas *et al.* [2]).

C'est pourquoi, le choix de l'activité doit donc se faire avant tout *en fonction du goût et des motivations du sujet* : le plaisir dans la pratique étant bien entendu le garant de la durée. Il peut même être souhaitable de laisser le sujet changer d'activité plutôt que de poursuivre à « contrecœur ».

Quelle que soit l'activité choisie, le sujet peut être exposé au BPE notamment lors des premières séances de son réentraînement. Il convient donc de lui fournir certains *conseils pratiques*, notamment réduire les intensités d'exercice et réaliser des échauffements protecteurs, c'est-à-dire permettant la réalisation d'un exercice qui serait asthmogène en leur absence. À ce sujet, McKenzie *et al.* [5] ont proposé des échauffements fondés sur la course à allure constante (60 % de la $\dot{V}O_2$ max) pendant 15 minutes (fig. 73.5). Le caractère protecteur de cet échauffement est excellent ; il est également non traumatogène, compatible avec la préparation cardiorespiratoire et neuromusculaire des pratiques sportives et facile à doser. En effet, un test de terrain comme le test de piste de l'Université de Montréal [4] permet une mesure précise et fiable de la vitesse maximale aérobie (VMA). Il est ainsi aisé de contrôler un échauffement à 60 % de la VMA.

Par ailleurs, si les conditions climatiques sont défavorables, le sujet peut recourir à des moyens simples limitant le refroidissement et la déshydratation de la muqueuse bronchique, tels que la respiration nasale ou la respiration à travers un masque facial ou une écharpe pour réchauffer et humidifier artificiellement l'air inspiré. Le cas échéant, les sujets peuvent même avoir recours à l'utilisation de β2-mimétiques, avec un effet préventif et curatif du BPE. Il convient de préciser que la qualité attendue de l'environnement peut aussi influencer le déroulement de l'activité. En effet, il est par exemple déconseillé de courir

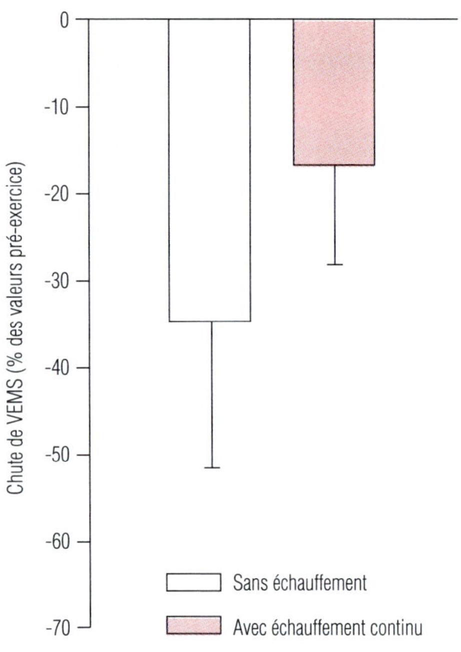

Fig. 73.5. Effet d'un échauffement protecteur sur la réponse bronchique post-exercice. La réponse bronchique est calculée par le pourcentage de changement du VEMS entre les valeurs pré-exercice et la valeur la plus basse après exercice (d'après McKenzie *et al.* [5]).

en ville pendant les heures de pointe, où la pollution atmosphérique aurait des conséquences désastreuses [3].

Finalement, le choix de l'activité peut aussi être fait en fonction des possibilités en temps des sujets. Par exemple, un retraité pourra facilement marcher une heure par jour, cinq jours par semaine. En revanche, pour des enfants scolarisés ou des adultes actifs, un rythme de deux fois une heure par semaine peut être plus facilement accepté. Toute solution permettant la régularité de la pratique est à exploiter impérativement.

Phase de laboratoire

Le but de cette phase est de pouvoir offrir, à chaque sujet, des critères d'individualisation des intensités d'entraînement, fiables et facilement utilisables sur le terrain. Le principe de base repose sur la notion d'évaluation cardiorespiratoire de l'individu. Une épreuve d'effort maximale peut être proposée, au cours de laquelle le sujet est soumis à des charges progressivement croissantes après un échauffement de 3 minutes à 30 watts. Pour les enfants, l'incrémentation sera de l'ordre de 15 watts par minute, pour les adultes, 30 watts par minute. Ces valeurs sont fournies pour des épreuves réalisées sur ergocycle, mais il est possible d'adapter ces protocoles sur tapis roulant en utilisant la formule suivante, dans laquelle la puissance exprimée en watts par kilo de poids corporel est donnée par :

$$\frac{5{,}2 + V(2{,}05 + 0{,}29G) - 5{,}8 - 151/P}{10{,}3}$$

avec : P = poids du sujet en kg, V = vitesse en km/h, G = pente en degrés.

Cette formule donne une bonne approximation de la charge en fonction de l'accroissement de la vitesse ou de la pente. Dans la mesure du possible, l'emploi d'un ergomètre se rapprochant des conditions de la pratique est souhaitable. D'une façon générale, le but est d'amener les sujets à leur puissance maximale aérobie dans un intervalle de temps compris entre 8 et 10 minutes hors échauffement. Les paliers de 1 minute permettent de mesurer d'une façon non invasive le seuil ventilatoire. Celui-ci est défini comme étant le dernier point avant la rupture de la linéarité dans la relation $\dot{V}O_2 - \dot{V}CO_2$. *La fréquence cardiaque enregistrée au seuil ventilatoire est ensuite utilisée comme fréquence cardiaque de référence pour les entraînements.*

De plus, même si le but de ces épreuves d'effort n'est pas de mettre en évidence le BPE, la fonction respiratoire est mesurée avant et 10 minutes après l'arrêt de l'effort, ce qui permet de juger la tolérance bronchique à un effort maximal.

Phase de terrain

Le but de cette phase est de pouvoir adapter les intensités réellement utilisées sur le terrain à l'aptitude cardiorespiratoire mesurée en laboratoire. Nous venons de voir que le seuil ventilatoire était une intensité individualisée et pertinente du point de vue des bases physiopathologiques. À ce seuil correspond une fréquence cardiaque et le sujet devra être entraîné à une fréquence cardiaque aussi proche que possible de celle-ci. L'usage devenu courant des cardiofréquencemètres permet que les exercices soient réalisés à bonne fréquence cardiaque (utilisation d'alarmes). L'intérêt majeur est de pouvoir contrôler l'individualisation des entraînements dans des activités physiques et sportives extrêmement diver-

ses, en variant à l'envi les situations proposées. L'avantage primordial de cette approche est de pouvoir concilier l'efficacité des entraînements avec une grande variété de pratiques, permettant de maintenir une motivation importante.
L'activité devant être de type endurance, la durée des stimulations doit être prolongée pour éviter un fractionnement trop important qui modifierait la demande métabolique au cours de l'effort.
Par conséquent, il est souhaitable que les efforts soient réalisés au moins sur 10 minutes. La quantité totale de pratique sera alors fonction de la longueur des séances. *La durée idéale serait de 1 h 30 pour pouvoir réaliser 4 à 5 séries dans de bonnes conditions tout en assurant un volume substantiel.* La répétition hebdomadaire est fonction des disponibilités et des contraintes des sujets, mais une séance tous les deux jours semble une solution réaliste.
Certains types de cardiofréquence-mètres possèdent des mémoires qui peuvent restituer *a posteriori* la courbe de fréquence cardiaque de la séance. Cela peut faire l'objet d'une réflexion sur les sensations éprouvées par rapport à la justesse des intensités utilisées. L'emploi de ce *feed-back* permet ainsi au patient de mieux se connaître et de s'évaluer.

Suivi de l'entraînement

Il convient *d'évaluer périodiquement l'aptitude physique* en laboratoire pour deux raisons essentielles. La première concerne la mise en évidence des progrès réalisés, dont l'analyse repose bien entendu sur les bases physiopathologiques : $\dot{V}O_2$ max, seuil ventilatoire, demande ventilatoire en fonction de la puissance développée, etc. Un apport supplémentaire à cette démonstration est la mesure avant l'effort de la ventilation maximale volontaire (VMV), qui peut également être extrapolée à partir du VEMS multiplié par 35. Il est ainsi possible de calculer pour chaque palier d'effort le « grade de dyspnée » ou la perception subjective de la dyspnée sur une échelle visuelle analogique, afin d'apprécier son évolution en fonction de l'entraînement. *Cette évaluation apporte une appréciation positive qui renforce la motivation du sujet.* Ce point est capital car si le patient suspend sa pratique pendant 3 mois ou plus, tous les acquis disparaissent et il faut recommencer au début, d'où risque d'abandon définitif.
La seconde raison est davantage d'ordre technique. L'entraînement a des effets sur l'aptitude physique du sujet, donc sur son seuil ventilatoire. Il convient par conséquent de pouvoir *réajuster les intensités d'entraînement* car sinon le sujet sera progressivement sous-entraîné.

Résultats

État clinique

Il semble que les entraînements tendent à diminuer la consommation médicamenteuse (surtout les bêta-2-mimétiques car la bronchodilatation induite par l'exercice augmente après entraînement), entraînent une baisse de la fréquence des crises mais surtout de leur intensité, une meilleure efficacité ventilatoire ainsi qu'une diminution générale de l'anxiété des enfants. Si ces études peuvent être critiquées sur la forme (pas de groupe contrôle, caractère subjectif des variables analysées), elles témoignent cependant d'un impact sensible sur la perception subjective de la maladie. De plus, la baisse de l'anxiété peut être due aux effets classiques des activités physiques sur le contrôle émotionnel.

Adaptations à l'exercice

Si le réentraînement ne modifie pas la fonction respiratoire de base (il ne traite pas l'atopie!), il est en revanche bien reconnu pour améliorer significativement les adaptations à l'exercice. En effet, un entraînement individualisé de type aérobie, tel que nous l'avons défini, permet d'atteindre l'ensemble des bases physiopathologiques que nous nous étions fixées. La $\dot{V}O_2$ max progresse de 20 % et l'hyperventilation d'exercice est significativement diminuée pour tous les paliers (fig. 73.6). Par conséquent, plus le patient s'entraîne, moins la sensation de dyspnée est forte en rapport avec l'intensité fournie. De plus, les entraînements aérobies favorisent la bronchodilatation d'exercice qui, associée à une diminution de l'hyperventilation, permet de comprendre pourquoi l'asthmatique est moins sensible au BPE après réentraînement.
Compte tenu de tous ces résultats probants, nous ne pouvons plus douter de l'intérêt thérapeutique de la pratique sportive, adaptée et bien gérée, chez ces sujets asthmatiques atopiques!

En bref...

• Le réentraînement à l'effort doit être prescrit chez le sujet asthmatique atopique pour améliorer son aptitude physique et diminuer son syndrome d'hyperventilation à l'exercice. Ces bénéfices permettent de rompre avec la fatalité du cercle vicieux du déconditionnement et de l'isolement social et de retarder le seuil d'apparition du BPE.
• Compte tenu de la diversité des adaptations à l'effort liée à la sévérité de la maladie, l'approche du réentraînement à l'effort doit être individualisée, c'est-à-dire réalisée à l'intensité du seuil ventilatoire et surtout envisagée à long terme donc adaptée aux motivations et aux goûts du sujet.

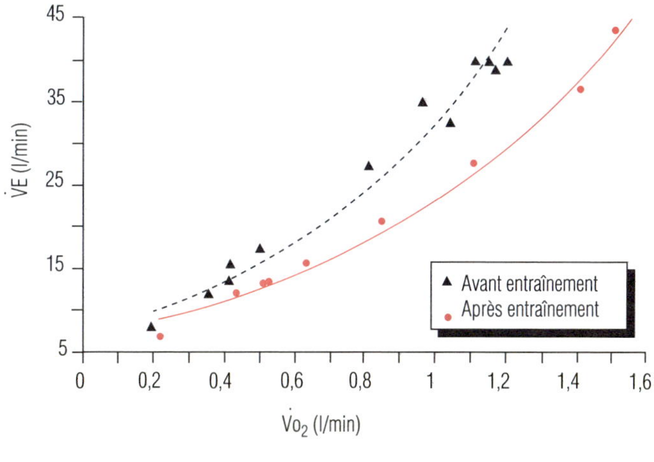

Fig. 73.6. Effet d'un entraînement aérobie sur la demande ventilatoire d'un enfant asthmatique. $\dot{V}E$ = ventilation (LBTPS.min^{-1}); $\dot{V}O_2$ = consommation d'oxygène (LSTPD.min^{-1}) (d'après Varray *et al. Int J Rehab Res* 1995; 18 : 297-

Cas particulier de l'asthme chez l'athlète

Depuis les années 1980, de nombreux travaux ont fait état d'une forte prévalence de l'asthme et de l'asthme induit par l'exercice chez les sportifs de très haut niveau, s'entraînant en moyenne *plus de 20 heures par semaine*. Il faut cependant préciser que tous les sports de haut niveau ne sont pas des facteurs d'asthme. En effet, il a été clairement montré que la prévalence de l'asthme chez les sportifs de haut niveau pouvait varier grandement d'une discipline à l'autre. Les athlètes endurants paraissent ainsi particulièrement sujets à l'asthme alors que les athlètes à dominante force-vitesse semblent relativement épargnés. À titre d'exemple, la prévalence de l'asthme a été estimée à 17 % chez les athlètes endurants (course à pied, cyclisme...) contre seulement 8 % chez les athlètes spécifiquement entraînés en force ou vitesse (sprinters, sauteurs, lanceurs...).

Cette différence de sensibilité est attribuée essentiellement aux débits ventilatoires adoptés dans chaque discipline sportive. En effet, toutes disciplines confondues, les *athlètes endurants* sont ceux qui développent les plus hauts débits ventilatoires à l'exercice, en période d'entraînement ou de compétition. Ces épisodes répétés d'hyperventilation prolongée entraîneraient une abrasion de la muqueuse bronchique favorisant le développement de processus inflammatoires. Ces derniers provoqueraient une hypersécrétion de mucus, un épaississement de la paroi bronchique... à l'origine d'une obstruction des voies aériennes. Il s'agit donc d'une *forme spécifique d'asthme induit par l'exercice, témoin d'une obstruction bronchique consécutive aux désordres inflammatoires pulmonaires induits par l'hyperventilation prolongée.* Elle doit être clairement distinguée du BPE observé chez les sujets asthmatiques atopiques.

Dans cette logique, on comprend que les athlètes soumis à des conditions environnementales agressives pour le système respiratoire (air froid et sec) présentent, comme les athlètes endurants, une sensibilité bronchique exagérée. Globalement, les athlètes qui pratiquent des *sports d'hiver* sont plus touchés par des problèmes d'asthme que leurs homologues qui s'entraînent dans des environnements plus chauds et/ou plus humides. Pour 17 % des athlètes sélectionnés aux JO d'Atlanta, un diagnostic d'asthme était posé, contre 22 % aux JO d'hiver de Nagano. De loin, les skieurs de fond, qui ventilent à de hauts débits ventilatoires en air froid et sec de manière prolongée, sont les plus touchés par les problèmes d'asthme.

Outre les problèmes bronchiques liés à l'hyperventilation en ambiance froide et sèche, *l'exposition prolongée à des produits polluants* pourrait également contribuer à l'apparition de troubles respiratoires. En effet, différents produits utilisés dans les patinoires (monoxyde de carbone et dioxyde d'azote, notamment) pourraient irriter les voies aériennes et favoriser le développement d'une réponse inflammatoire. À ce sujet, il a été montré que 35 % des patineurs pouvaient développer un asthme induit par l'exercice après la réalisation d'un programme long de compétition. Les nageurs, par définition pratiquant en milieu chaud et humide, sont-ils nécessairement mieux protégés de l'asthme? Malheureusement non! En effet, la prévalence de l'asthme peut aussi être très forte chez les nageurs, notamment du fait de l'usage de chlore et de ses dérivés à des fins de désintoxication dans les piscines. Le chlore et ses dérivés sont maintenant bien reconnus pour favoriser, eux aussi, le développement d'inflammation et d'œdème au niveau de la muqueuse bronchique. Il a par exemple été montré que durant une séance d'entraînement de 2 heures, les nageurs inhalaient jusqu'à 6 g de chlore, ce qui dépasse largement les maxima autorisés en une journée et favorise grandement les désordres inflammatoires pulmonaires chez ces athlètes!

En pratique, l'asthme de l'athlète sportif doit être recherché et diagnostiqué sur la base d'un *interrogatoire clinique* (toux, oppression thoracique à l'effort, surproduction de mucus, dyspnée sifflante) et d'une *exploration fonctionnelle respiratoire* (spirométrie, tests de réversibilité bronchique et de provocation bronchique). Une fois le diagnostic posé, l'athlète peut recourir à différents types de traitements non pharmacologiques ou médicamenteux. Les méthodes non pharmacologiques sont les échauffements protecteurs (provoquer un BPE en utilisant la notion de période réfractaire) ou les masques faciaux (qui réchauffent et humidifient l'air inspiré). Les traitements médicamenteux doivent être envisagés selon la sévérité de l'asthme et dans la limite des produits autorisés par les grandes instances sportives. L'utilisation en spray de β2-mimétiques à courte (salbutamol, terbutaline) ou longue (formotérol, salmétérol) durée d'action, ainsi que certains corticostéroïdes par voie inhalée sont actuellement autorisés pour le traitement de l'asthme de l'athlète.

En bref...

• Le sport n'est pas un facteur d'asthme! Cependant, dans certains cas, lorsque la pratique sportive de très haut niveau (> 20 h/semaine) impose des épisodes répétés d'hyperventilation prolongée, notamment en milieu froid-sec et/ou chargé en polluants, une forme d'asthme peut se développer au fil du temps.

• Le diagnostic et l'évaluation objective de cette forme d'asthme induit par l'exercice sont indispensables pour adapter la prise en charge thérapeutique et permettre le bon déroulement de la pratique de l'athlète.

Conclusion

Le réentraînement à l'effort chez l'asthmatique atopique doit impérativement faire partie de l'arsenal thérapeutique et, à plus long terme, d'une hygiène de vie générale. Il doit reposer sur les bases physiopathologiques qui assurent sa justification théorique, son adéquation à l'état du sujet et son évaluation finale. Ce réentraînement doit s'inscrire dans le cadre d'une action synergique de réhabilitation avec la kinésithérapie, les traitements et l'éducation pour la santé. L'individualisation des entraînements doit permettre au sujet de se prendre en charge et d'apprendre à mieux se connaître car la pratique sportive ne doit pas s'arrêter à l'issue d'une période déterminée mais s'inscrire dans une logique à long terme. L'époque de la dispense excessivement accordée est révolue, celle de la démarche thérapeutique par le sport est en marche.

Certains athlètes de très haut niveau peuvent développer une forme bien spécifique d'asthme, acquise au fil du temps par la répétition d'épisodes d'hyperventilation et/ou d'exposition prolongée à des airs froids, secs ou chargés en polluants. L'obstruction bronchique consécutive aux désordres pulmonaires inflammatoires chez ces sportifs doit être diagnostiquée précocement puis corrigée par une thérapeutique adaptée, efficace et compatible avec les recommandations des grandes instances sportives.

Bibliographie

[1] BABB TG, VIGGIANO R, HURLEY B, STAATS B, RODARTE JR. Effect of mild-to-moderate airflow limitation on exercise capacity. *J Appl Physiol* 1991; 70 : 223-30.

[2] HAAS F, PINEDA H, AXEN K, GAUDINO D, HAAS A. Effects of physical fitness on expiratory airflow in exercising asthmatic people. *Med Sci Sports Exerc* 1985; 17 : 585-92.

[3] KIM JJ, SMORODINSKY S, LIPSETT M, SINGER BC, HODGSON AT, OSTRO B. Traffic-related Air Pollution Near Busy Roads : The East Bay Children's Respiratory Health Study. *Am J Respir Crit Care Med* 2004 *(in press)*.

[4] LÉGER L, BOUCHER R. An indirect continuous running multistage field test : the Universite de Montreal track test. *Can J Appl Sport Sci* 1980; 5 : 77-84.

[5] MC KENZIE DC, MC LUCKIE SL, STIRLING DR. The protective effects of continuous and interval exercise in athletes with exercise-induced asthma. *Med Sci Sports Exerc* 1994; 26 : 951-6.

[6] VARRAY A, MERCIER J, SAVY-PACAUX AM, PREFAUT C. Cardiac role in exercise limitation in asthmatic subjects with special reference to disease severity. *Eur Respir J* 1993; 6 : 1011-7.

Pour en savoir plus

FRIEDMAN M, KOVITZ KL, MILLER SD, MARKS M, SACKNER MA. Hemodynamics in teenagers and asthmatic children during exercise. *J Appl Physiol* 1979; 46 : 293-7.

KIPPELEN P, FRIEMEL F, GODARD P. L'asthme chez l'athlète. *Rev Mal Resp* 2003; 20 : 385-97.

RAMAZANOGLU YM, KRAEMER R. Cardiorespiratory response to physical conditioning in children with bronchial asthma. *Pediatr Pulmonol* 1985; 1 : 272-7.

VAN MEEERHAEGHE A, DE COSTER A. Les épreuves d'effort en pratique pneumologique. *In :* Préfaut C, Racineux JL, Sergysels R, eds. *L'exploration fonctionnelle respiratoire en pratique pneumologique*. Paris : Masson, 1986 : 413-20.

VARRAY A, MERCIER J, RAMONATXO M, PREFAUT C. L'exercice physique maximal chez l'asthmatique : limitation aérobie et compensation anaérobie ? *Sci Sports* 1989; 4 : 199-207.

VARRAY A, MERCIER J, TERRAL CM, PREFAUT C. Individualized aerobic and high intensity training on asthmatic children in an exercise readaptation program : is training always helpful for better adaptation to exercise ? *Chest* 1991; 99 : 579-86.

74

Anaphylaxie induite par l'exercice

Sommaire

Plusieurs centaines de cas d'anaphylaxie induite par l'exercice (*exercise induced anaphylaxis*, ou EIA) ont été décrits et leur incidence paraît en augmentation, peut-être en raison du développement des activités physiques et sportives. La prévalence en est mal connue et le diagnostic encore souvent non posé devant des signes tels que des symptômes cutanés (prurit, rougeur, urticaire), ventilatoires (angio-œdème ventilatoire, œdème laryngé ou bronchospasme), digestifs (douleurs abdominales et nausées) et enfin vasculaires, à type de collapsus. L'ingestion de médicaments ou d'aliments est fréquemment associée, avec la description depuis 1979 de l'anaphylaxie induite par l'alimentation et l'exercice (*food dependant exercise induced anaphylaxis*, ou FDEIA). En raison d'au moins un décès décrit et de la gravité des signes, un tel syndrome devrait être mieux diagnostiqué.

Symptomatologie

Le prurit est présent dans 92 % des cas d'EIA, l'urticaire dans 86 % des cas, l'angio-œdème dans 72 % des cas, les rougeurs dans 70 % des cas, la gêne ventilatoire dans 51 % des cas, la dysphagie dans 34 % des cas, l'oppression thoracique dans 33 % des cas, les syncopes dans 32 % des cas, des sueurs profuses dans 32 % des cas, des céphalées dans 38 % des cas, des symptômes gastro-intestinaux (nausées, diarrhées, douleurs coliques) dans 28 % des cas, une suffocation, un serrement de gorge ou un enrouement dans 25 % des cas [3].

Les symptômes cutanés et l'urticaire apparaissent de 30 à 45 minutes après le début de l'exercice. Les symptômes respiratoires et abdominaux sont présents chez plus de 50 % des patients et un collapsus vasculaire est observé dans 25 % des cas.

L'affection semble légèrement prédominer chez la femme et est plus fréquente entre 25 et 35 ans, mais des cas ont été décrits de 5 à 77 ans [1]. Toutes les pratiques sportives sont impliquées ; en particulier, les plus fréquentes : jogging, aérobic, danse, tennis, cyclisme, sports de balle, natation, ski et même la marche rapide.

Il y a lieu d'être attentif aux symptômes prémonitoires d'EIA tels que chaleurs diffuses, prurit, érythème et sudation abondante, suivis par l'urticaire et l'angio-œdème atteignant tout le corps, y compris la face, les extrémités et l'abdomen.

Étiologie

Typiquement, en course à pied, l'attaque apparaît dans les 30 minutes après le début de l'exercice et disparaît le plus fréquemment si l'exercice s'arrête ; elle peut conduire au collapsus vasculaire s'il est poursuivi. En moyenne, une quinzaine de crises ont lieu par an, soit environ 1 fois sur 10 exercices. Le type et l'intensité de l'exercice jouent un rôle important mais de façon peu reproductible, démontrant l'intervention d'autres facteurs tels que l'ingestion d'aliments 1 à 6 heures avant l'exercice (voir *infra*), la température ambiante chaude ou froide, l'humidité, l'ingestion de médicaments (aspirine ou AINS, 3 à 6 heures avant l'exercice), les changements hormonaux (syndrome prémenstruel), et les allergies saisonnières (patients atopiques). La fréquence des attaques diminue très nettement chez les sujets qui, ayant perçu le rôle de l'environnement ou d'autres facteurs, les évitent ou bien diminuent l'intensité de l'exercice.

La FDEIA est rapportée chez plus de la moitié des patients porteurs d'EIA avec l'ingestion d'aliments, spécifiques le plus souvent, ou non parfois, 30 minutes à 3 heures, voire jusqu'à 6 heures avant l'exercice. La fréquence semble être autour de 0,05 % de l'ensemble des sportifs.

Les aliments responsables sont les céréales, le plus souvent sur le continent européen, un peu moins aux États-Unis et encore moins en Extrême-Orient, en raison du rôle antigénique de l'alpha et de la gammagliadine et peut-être de la forme Ω. L'aspirine est un facteur fortement favorisant. Elle augmente la perméabilité de la muqueuse gastrique ; l'antigénicité du gluten est augmentée dans l'estomac du fait de la présence de pepsine [2, 6]. D'autres mécanismes ont été attribués à l'aspirine : inhibition de la cyclo-oxygénase avec diminution de la synthèse de prostaglandines et augmentation de celle de leucotriènes, qui pourraient être cofacteurs de la FDEIA, avec augmentation de la production d'histamine par suppression de PGE. Le blé, le blé noir ou sarrasin, le seigle, l'orge, l'avoine sont impliqués, ainsi que, avec une fréquence proche, les crustacés et produits de la mer (crevettes, crabe, huîtres), des fruits et légumes (noisette, arachide, pomme, fraise, pêche ainsi que céleri, chou et tomate) puis les laitages, l'alcool ainsi que les aliments contaminés par des allergènes respirés, en particulier des champignons comme le *Penicillium*.

Le terrain atopique est fréquent, avec d'autres allergies associées (rhinite allergique, asthme, dermatite atopique ou allergie alimentaire).

Diagnostic positif

Le diagnostic positif d'EIA repose sur l'histoire clinique exhaustive avec la reproductibilité à l'exercice, et l'association avec les facteurs de l'environnement (température et humidité), les aliments et les médicaments (l'aspirine et les inhibiteurs de la cyclo-oxygénase) ingérés dans les quelques heures précédant l'exercice. Le diagnostic est avant tout porté sur l'épreuve d'exercice, réalisée d'abord avec l'estomac vide, tout en contrôlant la température corporelle. En cas d'épreuve positive, une épreuve au repos avec un bain chaud fera porter le diagnostic d'urticaire cholinergique, et celui d'EIA si elle est négative. Le test de provocation par l'exercice, s'il est négatif, doit être répété après ingestion des aliments suspectés. S'il est positif, il s'agira de FDEIA, s'il est négatif, la recherche de facteurs individuels doit être approfondie, tout en sachant qu'il faut être au plus près des types et quantités d'aliments ingérés ainsi que des type, puissance et durée de l'exercice accompagnant la FDEIA. Il semble que l'exercice sur tapis roulant, en utilisant le protocole standard de Bruce, soit à retenir [3], avec un délai d'une demi-heure jusqu'à 3 heures après l'ingestion du ou des aliments.

Des tests cutanés, avec un panel d'aliments contenant ceux identifiés par le patient comme étant suspects, et avec d'autres allergènes croisés possibles, doivent être systématiquement réalisés [7]. Là encore, un test cutané négatif n'exclut pas un diagnostic d'EIA ou de FDEIA. En cas de tests négatifs, alors que des réactions anaphylactiques sévères se sont produites, des CAP/RAST tests peuvent être réalisés avec les mêmes remarques que précédemment en cas de négativité. Il est nécessaire de pousser les investigations car, si le test positif caractérise l'affection, en revanche, les faux négatifs existent, liés à un apport insuffisant d'aliment, à un exercice inapproprié ou bien du fait de facteurs associés non maîtrisés [8]. Or s'il faut protéger le patient d'un nouvel accident, il y a lieu d'éviter une restriction d'exercice ou un régime alimentaire contraignant inutiles.

Diagnostic différentiel

Il s'agit de différencier l'EIA et la FDEIA d'autres pathologies (tableau 74.I).

Tab. 74.I. Quelques éléments de diagnostic différentiel entre l'EIA, la FDEIA et quelques autres pathologies liées ou non à l'exercice (d'après Sweeney et Dexter [9]).

Signe ou facteur/ Syndrome	Urticaire cholinergique	Anaphylaxie classique	Anaphylaxie induite par l'exercice	Anaphylaxie familiale	FDEIA	Asthme	Mastocytose systémique
Exercice seul déclencheur	N	X	X	X	N	X	N
Exercice ou autre déclencheur	X (chaleur)	N	N	N	X (aliment, aspirine)	X/N (divers)	N
Petite urticaire	X	N	N	N	N	N	N
Forte urticaire	N	X	X	X	X	N	X
Collapsus vasculaire	N	X	X	X	X	N	X
Bonchospasme	X	X/N	N	N	N	X	N
Œdème laryngé	N	X	X	X	X	N	N

FDEIA : *food dependant exercised induced anaphylaxis.* Bronchospasme : constriction réversible des petites voies aériennes distales, répondant bien aux bêta-agonistes. Œdème laryngé : œdème et constriction des voies aériennes supérieures. N : non. X : oui.

Traitement

Le traitement en urgence est celui de tout choc anaphylactique avec injection immédiate sous-cutanée d'adrénaline, injection IM d'anti-histaminiques H1 et de corticoïdes, et hospitalisation. Lors d'un œdème laryngé sévère, des bronchodilatateurs, voire une intubation endotrachéale et même une trachéotomie peuvent être nécessaires. De la ranitidine ou de la cimétidine limitent la vasodilatation et la perméabilité augmentée par les récepteurs H_2. Chez des patients atteints d'EIA ou de FDEIA, les bêtabloquants et les inhibiteurs de l'enzyme de conversion de l'angiotensine (IEC) devraient être évités.

Le traitement préventif le plus efficace et le plus simple, s'il s'agit de FDEIA spécifique, est d'éviter l'association entre l'aliment impliqué et l'exercice. En cas de FDEIA non spécifique, les patients doivent apprendre à éviter tout exercice 1 à 6 heures après avoir mangé et éviter également d'ingérer de l'aspirine, des AINS ou des boissons alcoolisées avant l'exercice [5]. L'utilisation d'antagonistes des leucotriènes a pu être discutée, de même que la prophylaxie par les antihistaminiques sans qu'un consensus soit actuellement retenu [4, 7]. Il est bon d'éviter les exercices par temps très humide, très chaud ou très froid, ou lors des pics polliniques. De même, il faut éviter de faire de l'exercice les jours d'immunothérapie. Les patients doivent savoir reconnaître, le plus tôt possible, les prodromes de l'apparition d'EIA pour s'arrêter aussitôt. Bien sûr, lors des exercices, qui doivent être réalisés dans des lieux accessibles, ils doivent posséder toujours avec eux une trousse d'urgence (adrénaline, corticoïde, salbutamol et anti-H_1) et se faire accompagner, tout en disposant d'un moyen de communication fonctionnel. Le port d'un bracelet d'identification est utile s'il est explicite. En cas de grossesse, il est recommandé un allégement des activités physiques.

Conclusion

L'anaphylaxie provoquée par l'exercice et/ou par l'alimentation est encore actuellement trop peu fréquemment diagnostiquée. Dans ses formes frustres, elle est trop souvent considérée comme un malaise mal étiqueté, qui ne relève alors pas forcément de la piqûre d'insectes, du malaise cardiaque ou de l'hypoglycémie... Si le traitement est proche de celui des autres cas d'anaphylaxie, en revanche, les recommandations sont plus spécifiques et permettent d'enrayer les accidents (ingestion d'aliments et de médicaments, délai d'exercice). Des précautions sont à prendre dès les prodromes, avec arrêt de l'exercice et mesures de sécurité individuelles.

Bibliographie

[1] Aihara Y, Takahashi Y, Kotoyori T *et al.* Frequency of food-dependent, exercise-induced anaphylaxis in japanese junior-high-school students. *J Allergy Clin Immunol* 2001; 108 : 1035-9.

[2] Aihara M, Miyazawa M, Osuna H, Tsubaki K, Ikebe T, Aihara Y, Ikezawa Z. Food-dependent exercise-induced anaphylaxis : influence of concurrent aspirin administration on skin testing and provocation. *Br J Dermatol* 2002; 146 : 466-7.

[3] Castells MC, Horan RF, Sheffer AL. Exercise-induced anaphylaxis. *Curr Allerg Asthm Rep* 2003; 3 : 15-21.

[4] Fujimoto S, Kurihara N, Hirata K, Kamimori T, Tanaka S, Takeda T. Successful prophylaxis of wheat-dependent exercise-induced anaphylaxis with terfenadine. *Intern Med* 1995; 34 : 654-6.

[5] Guinnepain MT, Eloit C, Raffard M, Brunet-Moret MJ, Rassemont R, Laurent J. Exercise-induced anaphylaxis : useful screening of food sensitization. *Ann Allergy Asthma Immunol* 1996; 77 : 491-6.

[6] Harada S, Horikawa T, Ashida M, Kamo T, Nishioka E, Ichihashi M. Aspirin enhances the induction of type I allergic symptoms when combined with food and exercise in patients with food-dependent, exercise-induced anaphylaxis. *Br J Dermatol* 2001; 145 : 336-9.

[7] Romano A, Di Fonso M, Guiffreda F *et al.* Food-dependent exercise-induced anaphylaxis : clinical and laboratory findings in 54 subjects. *Int Arch Allergy Immunol* 2001; 125 : 264-72.

[8] Sie-Uen C, Zuberbier T. Role of adverse reactions to food in urticaria and exercise-induced anaphylaxis. *Int Arch Allergy Immunol* 2002; 129 : 19-26.

[9] Sweeny TM, Dexter WW. Cholinergic urticaria in a jogger. Ruling-out exercised-induced anaphylaxis. *Phys Sports Med* 2003; 31 : 1-7.

75

Mal aigu des montagnes

Sommaire

L'accès de plus en plus facile à la haute altitude, par le développement des *trekkings* et des expéditions organisées par des *tour-operators*, amène une population souvent peu informée à fréquenter un environnement susceptible de représenter un risque pour la santé.

La pathologie de la haute altitude est constituée par le mal aigu des montagnes (MAM) et ses complications, l'œdème pulmonaire et l'œdème cérébral de haute altitude. Elle est liée à une mauvaise acclimatation à l'environnement de haute altitude, caractérisé par une baisse de la pression barométrique, donc de la pression d'O_2 dans l'air ambiant (fig. 75.1).

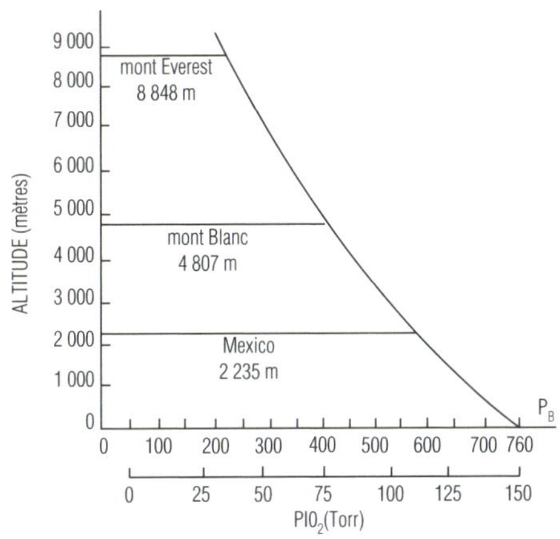

Fig. 75.1. Variation de la pression barométrique (PB) et de la pression d'oxygène dans l'air inspiré (PIO_2) en fonction de l'altitude (d'après Monod H et Flandrois R, *Physiologie du sport*, 5e édition, Paris : Masson, 2003).

Clinique

Le MAM apparaît 4 à 8 heures après l'arrivée en altitude, plus volontiers la nuit. Ainsi les visiteurs de l'Aiguille du Midi à Chamonix, arrivant rapidement à plus de 3 800 m pour 2 ou 3 heures, ressentent rarement ces symptômes. En revanche, les alpinistes qui tentent l'ascension du mont Blanc et couchent une nuit au Refuge du Goûter, également vers 3 800 m, ressentent les signes de MAM.

Les principaux signes cliniques rapportés par tous les auteurs sont nerveux (céphalées, insomnie) et digestifs (anorexie, nausées). Les signes d'accompagnement sont nombreux et variés : asthénie, sensation d'ébriété, vertiges, dyspnée anormale à l'exercice, diminution de la diurèse.

Les malaises dus à l'altitude sont mal acceptés par les patients, voire niés ou cachés. Ils sont souvent pris pour un aveu de faiblesse. Les professionnels, les médecins accompagnant les *trekkings* ou les expéditions se doivent de déceler les sujets les moins bien acclimatés; ce n'est pas facile quand l'observateur est lui-même nauséeux, fatigué et céphalalgique.

Un score de MAM permet de comparer les intensités et d'évaluer les effets des traitements. Hackett a proposé un questionnaire utilisable par des non-médecins :

– céphalées – nausées ou anorexie – insomnie – vertiges	1 point
– céphalées résistantes aux antalgiques habituels – vomissements	2 points
– dyspnée de repos – fatigue anormale ou trop intense – diminution de la diurèse	3 points

Entre 1 et 3 points, il s'agit d'un MAM léger, de 4 à 6 points d'un MAM modéré, au-delà de 6 points d'un MAM sévère. L'attitude à adopter découle de la valeur de ce score (voir *infra*).

Les signes de MAM augmentent progressivement, atteignent un maximum entre la 24e et la 36e heure puis disparaissent en 3 à 4 jours. L'intensité est supérieure la nuit et le matin au réveil, ce qui a pu être relié aux variations nycthémérales de la cortisolémie et de la vision des couleurs. Dans de rares cas, les malaises persistent pendant tout le séjour, constituant un état de mal-adaptation chronique à l'altitude.

Facteurs favorisants et prédisposants

L'altitude de survenue du MAM est très variable selon l'individu, et surtout la vitesse de montée. Beaucoup d'auteurs ont attiré l'attention sur la particulière sensibilité des enfants au MAM. La prévalence du MAM est plus élevée entre 14 et 18 ans qu'entre 18 et 50 ans. Les séjours au-dessus de 2 000 mètres sont déconseillés pour les enfants de moins de 18 mois natifs de basse altitude.

La survenue de MAM est liée à la réponse ventilatoire ou cardiaque à l'hypoxie, c'est-à-dire à la sensibilité des chémorécepteurs carotidiens au stimulus hypoxique. Il s'agit là du facteur prédisposant au MAM le plus important. La survenue du MAM a été corrélée avec l'indice de masse corporelle : poids/taille^2. Il semble bien que les sujets obèses soient particulièrement sensibles, peut-être du fait d'une hypoventilation relative. La sensibilité au MAM n'est pas liée à une consommation maximale d'oxygène ($\dot{V}O_2$ max) faible, ni à un entraînement physique insuffisant. Les sujets migraineux au niveau de la mer sont plus sensibles aux céphalées d'altitude.

L'examen clinique est très pauvre. L'examen neurologique est normal à ce stade. L'auscultation pulmonaire peut retrouver des râles, il s'agit alors d'une forme sévère avec une évolution rapide possible vers l'œdème pulmonaire de haute altitude (voir chapitre 76).

Œdème localisé de haute altitude (OLHA)

Des œdèmes sous-cutanés, localisés à la face (sous-palpébraux), aux poignets, aux chevilles s'observent lors de toute activité de marche, mais ils sont particulièrement fréquents au cours de l'acclimatation à l'altitude, en particulier chez les femmes (fig. 75.2). Ils peuvent être associés à un MAM typique ou être isolés, sans céphalée associée. Un bracelet-montre qui serre, des chaussettes qui marquent peuvent constituer des signes précoces d'alarme d'une rétention hydrique ; pour le moins, ils témoignent d'une acclimatation incomplète.

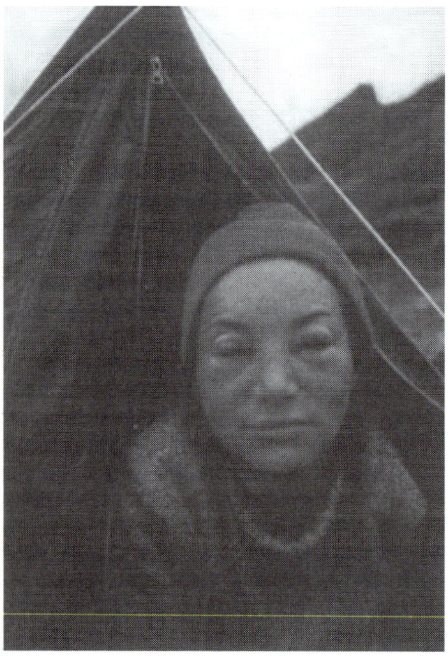

Fig. 75.2. Œdème localisé de la face chez une femme de 40 ans, lors d'une randonnée à 2 500 m.

Diagnostic différentiel

Il faut éliminer des urgences digestives chirurgicales comme une crise d'appendicite. La principale difficulté réside dans le peu de spécificité des signes du MAM. Il faut interpréter *a priori* tous les signes cliniques survenant en altitude comme l'expression d'une mal-adaptation à l'altitude. Dans tous les cas, les mesures qui en découlent, repos, descente, ne seront pas préjudiciables au malade.

Aucun examen complémentaire n'est nécessaire au diagnostic. Tout au plus une pesée régulière permettrait de voir une augmentation du poids, signe précoce d'une mauvaise acclimatation. Un anomaloscope, appareil mettant en évidence une anomalie de vision des couleurs dans l'axe rouge/vert, mis au point par l'Association pour la recherche en physiologie de l'environnement (ARPE : voir « Adresses utiles », chapitre 16), permettrait de juger objectivement de l'amélioration ou de l'aggravation clinique.

Avant le départ pour un séjour en altitude, la recherche de la sensibilité individuelle à l'hypoxie peut être effectuée dans le cadre d'une consultation de médecine de montagne (voir chapitre 16).

Physiopathologie

Trois éléments peuvent être évoqués dans la physiopathologie du MAM :

- une altération de l'autorégulation vasculaire, permettant aux augmentations de pression systémique de se répercuter sur la pression hémato-encéphalique (hypothèse vasogénique) ;
- des modifications de la perméabilité vasculaire, vraisemblablement liées à l'action de médiateurs altérant les membranes endothéliales (hypothèse cytotoxique) ;
- une rétention hydrosodée, favorisant l'œdème dans tous les territoires (sous-cutané, cérébral, pulmonaire). Cette rétention serait due à l'augmentation des sécrétions de l'hormone antidiurétique (HAD) et du cortisol qui ne serait pas compensée par une baisse de la sécrétion d'aldostérone.

Traitement

Traitement curatif

Un sujet présentant un faible score de MAM (jusqu'à 3) bénéficie d'antalgiques simples comme l'aspirine, le paracétamol. Dans le cas d'un MAM modéré (score de 4 à 6), le repos à la même altitude s'impose. Quand le score dépasse 6, une descente immédiate (500 m peuvent suffire) ou une séance de recompression dans un caisson avec surveillance médicale est indiquée (voir chapitre 76).

On doit s'abstenir de prescrire des somnifères pourtant réclamés à cause de l'insomnie ; de même, l'alcool et autres sédatifs sont à proscrire, pour éviter une hypoventilation nocturne aggravant l'hypoxémie.
Des corticoïdes *(per os)* sont proposés par certains à la dose de 4 mg/6 h, éventuellement après une dose de charge de 8 mg. Les auteurs recommandent de ne l'utiliser que lorsque la descente est impossible ou pour faciliter la coopération du patient pendant la descente.

Prévention

Les conseils peuvent être résumés en deux phrases : « Ne montez pas trop vite, trop haut », « Montez haut mais ne dormez pas ». La vitesse d'ascension ne doit pas excéder 300 à 500 m de dénivelé entre deux nuits successives au-dessus de 3 000 m si le séjour est prolongé. Il faut recommander à toutes les expéditions himalayennes, dont les camps de base sont généralement situés vers 5 000 m, de réserver 1 semaine de progression à partir de 3 000 m pour atteindre leur camp et de prendre un ou deux jours de repos lors de l'arrivée.
Quand les sujets sont reconnus faibles répondeurs lors des tests à l'hypoxie ou à cause de leurs antécédents, un traitement préventif par l'acétazolamide peut être entrepris dans les cas où l'acclimatation lente ne peut être assurée.
Cet inhibiteur de l'anhydrase carbonique mime l'état d'acclimatement. Il facilite l'excrétion urinaire des bicarbonates. Il réduit l'alcalose respiratoire, qui a un effet dépresseur sur la stimulation respiratoire centrale (en induisant une acidose intracellulaire des chémorécepteurs). Il augmente le débit sanguin cérébral et la ventilation. Il possède également un effet diurétique. Il réduit l'incidence de MAM de 30 à 70 % selon les études. Cependant, des cas isolés de MAM sévère ou d'œdème ont été signalés chez des sujets sous traitement préventif.
La posologie est de 1/2 comprimé à 250 mg, matin et midi, 2 jours avant l'arrivée en altitude (au minimum 3 000 m), traitement qui sera poursuivi un jour après l'arrivée à l'altitude la plus élevée. Des signes désagréables ont été notés : picotements autour des lèvres et au bout des doigts, modification du goût des boissons gazeuses. Il faudra veiller à une bonne hydratation pendant toute la phase d'acclimatation.
Les contre-indications principales sont l'allergie aux sulfamides, les antécédents d'infections urinaires ou de coliques néphrétiques. Les sujets risquant un décollement de rétine pourraient également voir ce risque se majorer du fait de l'effet inhibiteur de l'acétazolamide sur la tension intraoculaire.
D'autres diurétiques comme le furosémide sont déconseillés : l'augmentation de l'hématocrite qu'ils induisent peut favoriser des thromboses, une hypotension, des troubles de l'équilibre, des hémorragies rétiniennes.
L'aspirine n'a fait l'objet que d'une seule étude contrôlée (1,8 g/j), montrant un effet préventif sur les céphalées mais pas sur les autres symptômes.
Les corticoïdes ont été préconisés en prophylaxie par certains. Pour nous, ils sont indiqués pour de mauvais répondeurs à l'hypoxie, quand l'acétazolamide est contre-indiqué (allergies). Les doses préconisées sont fortes (4 mg de béta, ou dexaméthasone toutes les 6 heures) et la durée de prescription est courte (5 jours).

Conclusion

La prescription d'un traitement prophylactique du MAM doit faire suite à un diagnostic : sujet mauvais répondeur, impossibilité d'effectuer une acclimatation progressive. Le temps nécessaire à la mise en place des mécanismes palliant les effets de l'hypoxie n'est pas compressible. L'un des buts du médecin qui conseille et informe le candidat à un séjour en haute altitude est de faire comprendre que l'hypoxie est encore un milieu où il faut savoir « perdre son temps » pour pouvoir passer du « bon temps ».

Pour en savoir plus

Hackett PH, Rennie D. The incidence, importance and prophylaxis of acute moutain sickness. *Lancet* 1976; 2 (7966) : 1149-54.

Houston CS. *Monter plus haut*. Paris : Arnette, 1984.

Hultgren HN. High altitude medical problems. *West J Med* 1979; 131 : 8-23.

Richalet JP, Herry JP. *Médecine de l'alpinisme*. 3e édition. Paris : Masson, 2003.

Richalet JP. Rathat C. *Pathologie et altitude*. Paris : Masson, 1991.

Sutton JR, Lassen N. Pathophysiology of acute mountain sickness and high altitude pulmonary oedema : an hypothesis. *Bull Eur Physiopath Resp* 1979; 15 (5) : 1045-52.

Complications du mal aigu des montagnes : œdème pulmonaire et œdème cérébral de haute altitude

Sommaire

Œdème pulmonaire de haute altitude (OPHA)

Cette complication du mal des montagnes à type d'insuffisance respiratoire aiguë est clairement rapportée à un œdème pulmonaire par des médecins péruviens dans les années 1950 et publiée comme telle dans une revue internationale par Charles Houston en 1960.

Avec l'œdème cérébral, l'œdème pulmonaire de haute altitude est certainement la cause de décès la plus fréquente dans les expéditions et les *trekkings* ; son incidence est de 0,5 à 2 % des sujets séjournant au-delà de 3 500 m. Les observations médicales mentionnent rarement ce diagnostic car la relation entre les signes cliniques et l'environnement hypoxique n'est pas évoquée. L'ignorance habituelle des médecins concernant cette partie de la médecine en constitue certainement l'une des causes, ainsi que l'acharnement parfois étrange à rapporter toutes les pathologies respiratoires rencontrées en altitude à des pneumonies bactériennes ou virales et à les traiter comme telles.

Clinique

Schoene a résumé en 5 points les caractéristiques principales de l'OPHA : il peut être fatal, il survient chez des jeunes en pleine santé, il existe une grande susceptibilité individuelle ; l'OPHA régresse rapidement sous traitement ; enfin, il souligne que personne ne devrait mourir d'OPHA. Les points suivants doivent également être relevés :

- un sportif entraîné, un montagnard accompli ne sont pas protégés contre les maladies dues à l'hypoxie d'altitude ;
- ne pas souffrir de l'altitude dans les Alpes, où les séjours de plusieurs heures au-delà de 4 000 m sont exceptionnels, ne présage pas de sa capacité à supporter des voyages dans les Andes ou en Himalaya, où il est fréquent de rester plusieurs semaines au-delà de 4 500 m ;
- l'évolution d'un OPHA peut être très rapide et brutale. La plus grande prudence doit régner pendant la phase d'acclimatation. L'arrêt de la progression ou la descente doivent se décider rapidement si des signes respiratoires apparaissent ou ne cèdent pas. L'accès rapide, en voiture, à proximité des camps de base haut situés (en particulier sur les hauts plateaux tibétains), favorise la survenue de ce type d'accident pourtant évitable.

L'OPHA touche des personnes jeunes, indemnes de toute pathologie cardiopulmonaire préexistante, qui à la suite d'un exercice intense en altitude présentent une insuffisance respiratoire aiguë. Au début, il s'agit d'une dyspnée anormale à l'effort. Rapidement, cette dyspnée persiste au repos et s'accompagne d'une toux sèche. Les signes habituels du MAM sont fréquemment associés ainsi qu'une douleur thoracique et une asthénie.

À la phase d'état, volontiers nocturne, la toux ramène une expectoration typique, mousseuse, rose ou franchement hémoptoïque. Les râles pulmonaires sont constatés par l'entourage. La cyanose est un signe constant et précoce ; il faut penser à la rechercher.

L'auscultation retrouve des râles crépitants ou sous-crépitants, inégalement répartis dans les champs pulmonaires, la tachycardie est constante, une fièvre atteignant parfois 39 °C est associée dans de nombreux cas. L'auscultation peut être pauvre alors que les anomalies radiologiques existent déjà.

L'évolution se fait vers une guérison rapide et sans séquelle quand la descente et un traitement correct sont entrepris suffisamment tôt. Un retard dans la mise en place de la thérapeutique, ou des décisions inadaptées peuvent entraîner la mort (11 % des cas au total, 44 % si aucun traitement).

L'altitude de survenue de cette pathologie varie de 2 000 à 7 000 m. Les signes apparaissent dans les premiers jours d'exposition à l'altitude. Pour tous les auteurs, le dénivelé effectué les jours précédents est un facteur important de déclenchement de l'OPHA. Ainsi l'incidence augmente beaucoup avec l'altitude et selon la vitesse de progression : 2,5 % à Pheriche (4 300 m) sur le chemin du camp de base de l'Everest, 13 à 15 % chez des soldats transportés brutalement de 3 500 à 5 800 m. À Vail (2 500 m), dans le Colorado, 47 cas ont été répertoriés entre 1975 et 1982 chez des touristes de passage (soit une prévalence estimée à 1/10 000).

Âge

Les sujets les plus jeunes sont plus sensibles à l'hypoxie. Sur 46 sujets de 2 à 20 ans, totalisant 471 montées du niveau de la mer à 3 750-4 300 m, on a noté 11 % d'OPHA (dont 8,1 % sévères) ; sur 51 sujets et 686 montées pratiquées par des sujets de plus de 21 ans, l'incidence est de 3 % (dont 0,6 % sévère).

Facteurs favorisants

Altitude, froid, exercice intense, déshydratation, vitesse d'ascension : tous ces facteurs augmentent la pression artérielle pulmonaire, ou aggravent l'hypoxie cellulaire. Le froid ambiant ou local entraîne une hypertension artérielle pulmonaire (HTAP) chez le résident de haute altitude ; associé à l'exercice et à l'hypoxie, il induit une forte HTAP chez un sujet natif du niveau de la mer ayant fait un OPHA. Plusieurs cas ont été rapportés de sujets souffrant d'une diarrhée persistante pendant la marche d'approche et déclenchant un œdème pulmonaire à l'arrivée au camp de base.

Facteurs prédisposants

Tous les individus ne sont pas égaux devant l'hypoxie. Il existe une grande variabilité de la sensibilité à l'altitude. La probabilité de faire un OPHA quand on en a déjà fait un est 5-6 fois plus grande. Les sujets prédisposés à l'OPHA ont une mauvaise réponse ventilatoire et cardiaque à l'hypoxie (« mauvais répondeurs ») dans 80 % des cas. Lors d'une montée en altitude, ils n'augmentent que modérément leur ventilation. Il en résulte une chute de la PAO_2 et des effets de l'hypoxie plus accentués. Cette prédisposition est individuelle, vraisemblablement génétique. Pour les candidats aux séjours en haute altitude, l'étude de la réponse à l'hypoxie permet de proposer des règles de progression et une conduite à tenir en cas de problème. La réponse pressive pulmonaire à l'hypoxie serait plus intense chez les sujets susceptibles à l'OPHA. Pour l'instant, aucun type d'entraînement ne permet d'améliorer la réponse à l'hypoxie.

Examens complémentaires

Ils permettent de mieux comprendre les mécanismes de formation des OPHA. Il ne faut pas compter sur ces aides pour confirmer le diagnostic, les œdèmes d'altitude survenant en général dans des régions où les équipements médicaux sont rares.

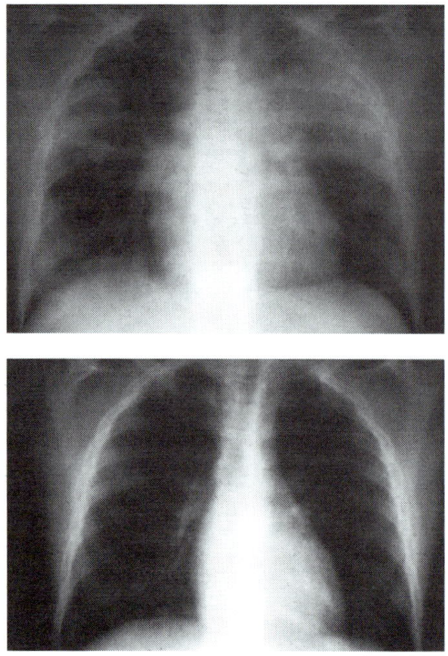

Fig. 76.1. Radiographies pulmonaires d'un sujet présentant un OPHA. En haut : à l'arrivée à l'hôpital de Moutiers, en provenance d'une station de sports d'hiver (2 400 m). En bas : après 2 jours d'hospitalisation.

En gazométrie, PAO_2 et SAO_2 sont constamment plus basses que chez les sujets sains à la même altitude.

L'électrocardiogramme ne montre que des signes de surcharge ventriculaire droite et une tachycardie.

À la *radiographie pulmonaire*, l'œdème est visible sous la forme d'images alvéolaires diffuses, inégalement réparties dans les champs (*patchy distribution* des Anglo-Saxons) (fig. 76.1).

La pression artérielle pulmonaire est plus importante que celle constatée chez des sujets normaux soumis à la même hypoxie. Cette hypertension artérielle pulmonaire (HTAP) est due à la vasoconstriction pulmonaire hypoxique. La pression capillaire pulmonaire bloquée est normale. Il n'y a pas d'insuffisance cardiaque. Cette HTAP cède rapidement lors de l'administration d'oxygène.

Les études du liquide de *lavage bronchoalvéolaire* par Schoene *et al*. ont permis de classer les OPHA dans la catégorie des œdèmes de perméabilité. Ces auteurs trouvent en effet une concentration importante de protéines de haut poids moléculaire dans le liquide de lavage chez les sujets porteurs d'un OPHA ; le liquide contient également de grandes quantités de leucotriène B4, de fragments du complément (C5a) et de thromboxane B2.

En *anatomopathologie*, on retrouve le caractère hétérogène de la distribution de l'œdème, des dépôts de fibrine intra-alvéolaires, ressemblant aux membranes hyalines retrouvées dans les syndromes de détresse respiratoire de l'adulte (SDRA). La présence d'une pneumonie associée est assez fréquente, elle peut être une complication de l'évolution de l'OPHA mais être également préexistante et constituer un facteur favorisant son apparition.

Diagnostic différentiel

Insuffisance cardiaque gauche et œdème cardiogénique

Deux éléments sont importants : les sujets sont en général jeunes et non porteurs de cardiopathie, l'auscultation n'est pas symétrique. Quand on dispose de la radiographie, on constate dans l'OPHA une silhouette cardiaque normale.

Pneumopathies bactériennes ou virales

Par la dyspnée, la douleur thoracique, la toux et la fièvre, l'OPHA prend volontiers l'aspect d'un début de pneumonie. Une intrication est également possible puisqu'une infection pulmonaire s'accompagne toujours d'un syndrome inflammatoire qui gêne la diffusion et aggrave l'hypoxémie. Une règle de conduite paraît assez simple : tout signe respiratoire survenant en altitude doit être considéré comme le début d'un OPHA et traité comme tel. Cette règle de conduite peut paraître simpliste à l'extrême, elle a cependant le mérite de pouvoir être comprise et suivie par tous, médecins ou non. Seules les décisions rapides permettent une évolution simple de l'OPHA.

Physiopathologie

L'OPHA est un œdème pulmonaire non cardiogénique. La pression dans l'artère pulmonaire est élevée, la membrane alvéolocapillaire est lésée.
Trois éléments doivent être pris en compte.

Vasoconstriction pulmonaire hypoxique

C'est la théorie de la « sur-perfusion » (fig. 76.2). La vasoconstriction pulmonaire hypoxique est inhomogène. Les zones où les résistances sont moindres sont « sur-perfusées » et peuvent être le siège d'un œdème d'abord interstitiel puis alvéolaire. Cette hypothèse est illustrée par la répartition inégale des zones d'œdème à la radiographie et par l'observation de 4 cas d'OPHA chez des sujets porteurs d'une seule artère pulmonaire.

Rétention hydrique

Le volume circulant intrapulmonaire est augmenté. La rétention hydrique est un phénomène constant dans les états de mal-adaptation à l'altitude, comme en témoignent l'augmentation de volume plasmatique et la diminution de la diurèse (voir chapitre 75).

Troubles de la perméabilité alvéolocapillaire

L'hypoxie induit la production de dérivés de l'acide arachidonique à partir des lipides des membranes cellulaires par l'activation des phospholipases. Certains de ces dérivés, comme les leucotriènes, augmentent la perméabilité de la membrane alvéolocapillaire. La lésion de la membrane alvéolocapillaire pourrait également être favorisée par un effet mécanique lié à la surpression vasculaire. Une altération de l'épithélium alvéolaire (dysfonction des pneumocytes P II, qui résorbent le sodium et l'eau alvéolaire) en hypoxie a également été mise en cause.
Rétention hydrique et troubles de la perméabilité sont vraisemblablement communs à toutes les manifestations du MAM et de ses complications, constituant une véritable « maladie œdémateuse de l'altitude », touchant soit le cerveau (MAM, œdème cérébral de haute altitude), soit les poumons (OPHA), soit le tissu sous-cutané (œdème localisé de haute altitude).
Au total, l'OPHA ne peut se produire que si les conditions d'augmentation de la perméabilité, de modification des régimes de perfusion pulmonaire et de rétention hydrique sont réunies.

Traitement

Traitement curatif

La descente la plus précoce possible à une altitude inférieure doit être la règle. La plupart des observateurs notent une nette amélioration après une descente de 1 000 m.
L'administration d'oxygène, quand on en dispose, doit être effectuée dès les premiers signes mais ne doit pas dispenser

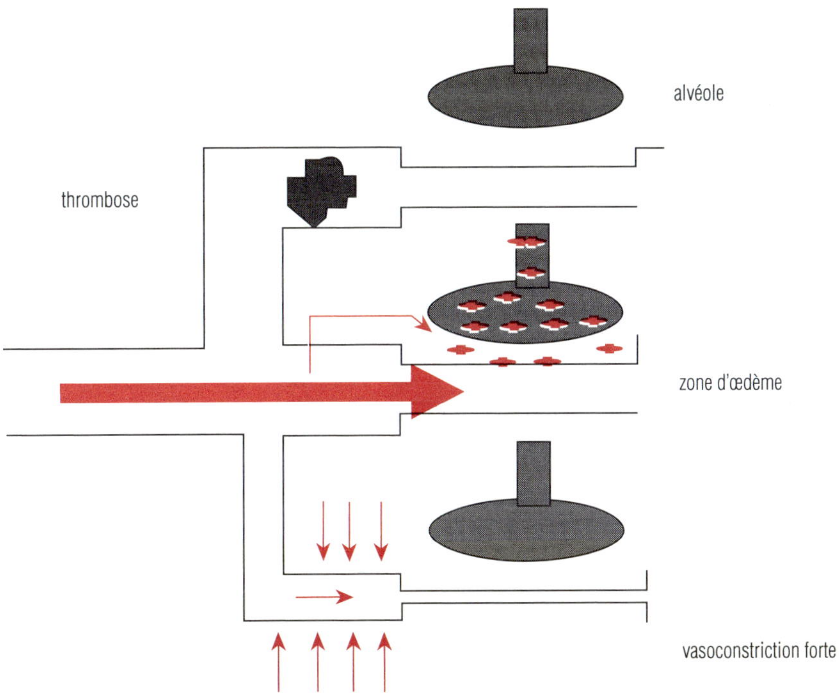

Fig. 76.2. Théorie de la « sur-perfusion » pulmonaire (d'après Hultgren, 1969).

Fig. 76.3. Le caisson de recompression portable (Certec). Utilisation au cours d'un *trekking* au Népal.

de la descente. La décision et la mise en œuvre de cette thérapeutique sont toujours délicates dans les conditions de déroulement d'un *trekking* ou d'une expédition. L'oxygène est cher et difficile à transporter. L'oxygène « médical » devrait être emporté dans les expéditions où la règle de la descente à tout prix ne peut être suivie : conditions météorologiques, terrain trop difficile techniquement pour descendre un sujet malade.

Le sac de recompression permet de pallier ces inconvénients : il permet une surpression de 200 mbar, soit l'équivalent d'une descente de 1 500 à 2 000 m. Son fonctionnement est simple (fig. 76.3). Léger et portable (4,2 kg pour le modèle français de la Certec – voir « Adresses utiles », chapitre 16), il peut être emporté dans les camps d'altitude et en *trekking*. Les temps utiles de recompression sont de 2 à 6 heures suivant la gravité au départ.

La ventilation en pression positive de fin d'expiration a été utilisée par analogie avec les types de ventilation utilisés pour le traitement des syndromes de détresse respiratoire de l'adulte. Deux méthodes ont été décrites mais elles ne pourront être mises en route qu'en milieu hospitalier :

- mise en action simple de la ventilation spontanée avec une pression positive résiduelle (CPAP : *Continuous Positive Airway Pressure*) ;
- ventilation en pression positive et adjonction d'une pression de fin d'expiration (PEEP : *Positive End Expiratory Pressure*) ; cette méthode nécessite un matériel spécifique.

Ces méthodes sont efficaces sur la PAO_2 mais diminuent le retour veineux jugulaire et augmentent le risque d'œdème cérébral. Il est certain que la ventilation artificielle après intubation doit être la règle, surtout s'il existe des troubles de la conscience, pour couper le cercle vicieux : hypoxie → troubles de la conscience → diminution de la ventilation → majoration de l'hypoxie.

Parmi les *médicaments* disponibles, ont été utilisés :

- les *digitaliques :* l'absence de défaillance cardiaque rend inutile leur prescription ;
- la *morphine* : elle paraît dangereuse par son action dépressive respiratoire ;
- les *diurétiques* : ils sont souvent cités. Ils diminuent la pression artérielle pulmonaire au prix d'une déshydratation extracellulaire importante, qui, conjuguée à un hématocrite déjà élevé, augmente encore la viscosité sanguine et rend plus difficile la perfusion capillaire. Ils restent indiqués dans les situations de grande urgence (œdème foudroyant, évacuation ou oxygénothérapie impossibles). La déshydratation doit alors être prévenue. On utilise en général le furosémide injectable, à la dose de 20 à 40 mg renouvelable ;
- les *corticoïdes* : ils agissent en inhibant l'action des phospholipases donc en diminuant la synthèse des dérivés de l'acide arachidonique. Ils doivent être prescrits très précocement pour être efficaces. La dexaméthasone a été la plus employée ;
- les *inhibiteurs calciques* : ils diminuent l'HTAP, constante dans les OPHA. Oelz a utilisé la nifédipine sur lui-même à 6 900 m (2 × 20 mg en sublingual + 20 mg retard), alors qu'il présentait un OPHA débutant. Une augmentation de la SaO_2, une réduction du gradient alvéolo-artériel en O_2 et une amélioration de l'état clinique des sujets ont été constatées sous nifédipine. Cependant, il faut se rappeler que la nifédipine aggrave l'hypoxémie chez des patients porteurs de bronchopneumopathie chronique obstructive.

Traitement préventif

Le dépistage des sujets « mauvais répondeurs » à l'hypoxie dans des consultations de médecine de montagne amène à prescrire préventivement de l'acétazolamide. Dans cette indication, ce produit se comporte comme un facilitateur de la ventilation ; en limitant l'alcalose et en acidifiant le LCR, il laisse toute l'efficacité de la réponse des récepteurs centraux à l'hypoxie. Cette prescription doit toujours faire suite à une double constatation, clinique et biologique, de faible réponse à l'hypoxie. La dose et les conditions de prescription sont les mêmes que pour la prévention médicamenteuse du MAM. Si l'efficacité de l'acétazolamide a été bien démontrée en prévention du MAM, ce n'est pas le cas pour celle de l'OPHA. Les corticoïdes ont été proposés en préventif à la dose de 4 mg/6 h. La nifédipine a été utilisée avec succès dans la prévention de l'OPHA chez une population à risque ayant des antécédents d'œdème d'altitude.

La partie la plus importante du traitement préventif réside dans les informations apportées avant le départ en *trekking* ou en expédition. Il faut faire comprendre que la période d'acclimatation est la plus importante et que jamais un médicament ne remplacera une acclimatation « naturelle ». Un grand nombre de fausses idées ou de certitudes concernant des médicaments « miracles » (tels que vasodilatateurs ou « oxygénateurs cérébraux ») doivent être commentées, les profils de progression prévus sont discutés, éventuellement modifiés pour obtenir une acclimatation de bonne qualité. C'est cet effort d'information sur les effets de l'hypoxie d'altitude qui fera diminuer le nombre encore trop important d'accidents observés au cours des séjours en altitude (voir chapitre 16).

Œdème cérébral de haute altitude (OCHA)

Le cerveau est après le cœur l'organe qui consomme le plus d'oxygène ; il est donc particulièrement sensible à l'hypoxie. Deux aspects sont à prendre en compte. D'une part, l'hypoxie a des effets directs sur les fonctions supérieures, d'autre part des signes neuropsychiques peuvent apparaî-

tre, liés au développement d'un œdème cérébral, dans un contexte de MAM.
De 1 700 à 2 000 m, les fonctions intellectuelles les plus « fines » commencent à décliner : il est de plus en plus difficile de résoudre des calculs arithmétiques ou de construire des « puzzles ». Lors d'une exposition aiguë à 5 000 m, l'écriture est maladroite, le raisonnement perd sa logique et la réponse à des ordres simples est ralentie ; entre 6 000 et 7 000 m, environ 5 % des sujets perdent connaissance, et on note des changements du comportement ; à 8 000 m, les moments de conscience sont rares.
Lors de séjours prolongés en hypoxie, les effets sont moins marqués. Des altitudes de plus de 8 000 m sont atteintes sans trop de dommage après une période d'acclimatation. Cependant, quand les mécanismes d'acclimatation sont déficients, un MAM se développe et le tableau clinique peut être dominé par des signes neuropsychiques.

Clinique

Les signes cliniques sont ceux d'un MAM qui s'aggrave, en mettant au premier plan les signes neuropsychiques dans un tableau d'hypertension intracrânienne.
Les céphalées ne sont calmées par aucun antalgique, elles sont aggravées par la toux ou les efforts à glotte fermée. Les vomissements surviennent en « jet ».
Les modifications de l'humeur (irritabilité) sont importantes. Elles peuvent être inaugurales et trompeuses, sans céphalées préexistantes, puis prendre des allures quasi psychiatriques, avec pour le moins une altération du raisonnement. Les auteurs décrivent fréquemment des phénomènes de type hallucinatoire, des périodes de torpeur diurne, alternant avec une insomnie nocturne. L'intensité des signes augmente d'ailleurs souvent pendant la nuit.
Une diplopie, des troubles de la parole, des convulsions ont été décrits.
À l'examen clinique, on note une ataxie cérébelleuse, un état ébrieux, puis les troubles de la conscience apparaissent rapidement. L'évolution est parfois si rapide que l'on ne retrouve pas de MAM préexistant. *La descente doit être décidée précocement*, avant que ne s'installe une période d'état : coma plus ou moins profond, sans signe de localisation ni méningé. Des cas d'alpinistes atteints par un MAM sévère retrouvés dans le coma ou morts le matin dans leur tente sont trop souvent rapportés. Il faut avoir la hantise de l'OCHA (et de l'OPHA) et *éviter de laisser seuls* dans leur tente les sujets touchés par un MAM sévère ou présentant des signes d'apathie anormaux.
Clarke distingue deux niveaux d'altitude de survenue. Pendant les périodes d'acclimatation, vers 3 500 à 5 000 m, et en très haute altitude, vers 7 000 m, quand la période d'acclimatation semble terminée. Ce deuxième type d'œdème, d'évolution plus brutale et plus rapide, explique certainement une grande partie des accidents survenant en très haute altitude, où l'on ne comprend pas très bien les décisions aberrantes ou les fautes techniques inhabituelles d'alpinistes pourtant expérimentés.
Les *facteurs favorisants* sont les mêmes que ceux du MAM : montée rapide, altitude élevée, froid, exercice physique intense. La susceptibilité individuelle est un facteur important : souvent les victimes de cette pathologie ont dans leurs antécédents des signes de mal-adaptation à la haute altitude (MAM intense pour des altitudes moyennes, voire antécédents d'OCHA ou d'OPHA).
Quand la descente est décidée précocement, l'évolution se fait vers une récupération totale. La réalité même du malaise peut être contestée. Il faut agir avant la perte de conscience, car elle rend l'évacuation difficile. Le coma s'accompagne obligatoirement d'une dépression respiratoire avec une autoaggravation de l'hypoxémie. Quand il y a perte de connaissance, la mort survient dans 60 % des cas.

Examens complémentaires

Le fond d'œil révèle un œdème papillaire, parfois des hémorragies rétiniennes. L'œdème cérébral est visible au scanner mais il peut être discret, voire absent, sans diminution de volume des ventricules.
À l'examen anatomopathologique, le cerveau est œdématié. On note des pétéchies, des hémorragies diffuses et quelques thromboses veineuses.

Physiopathologie

Deux grands types d'hypothèses ont été évoquées.

Hypothèse vasogénique

L'hypoxie provoquerait l'OCHA par des variations de débit sanguin cérébral et des modifications de perméabilité vasculaire. On peut considérer que les « mauvais répondeurs » auront un débit cérébral plus élevé que les « bons répondeurs », puisqu'ils sont plus hypoxiques et moins hypocapniques. Cet « hyperdébit » provoquerait une altération mécanique de l'endothélium, qui deviendrait plus facilement perméable. Cette théorie en ferait un œdème vasogénique. Cependant, le rôle d'un hyperdébit cérébral dans la genèse de l'OCHA peut être discuté lorsque l'on constate que l'inhalation de CO_2 ou la prise d'acétazolamide, qui augmentent le débit sanguin cérébral, atténuent les céphalées du MAM.

Hypothèse cytotoxique

En hypoxie, une dépression de la synthèse d'ATP conduirait à une entrée de Ca^{++} dans la cellule, ce qui active l'hydrolyse des phospholipides membranaires et aboutit à une altération cellulaire. Il en résulte une production d'acide arachidonique à partir de la membrane. L'acide arachidonique est transformé en eicosanoïdes. Les prostaglandines, leucotriènes et thromboxanes ont une puissante action vasoactive et sur la perméabilité capillaire.
L'OCHA serait donc un œdème provoqué à la fois par des modifications hémodynamiques, des modifications de la perméabilité vasculaire et une dysfonction de la membrane cellulaire. Les facteurs vasogéniques induiraient un œdème péricellulaire et une hypertension intracrânienne ; l'hypoxie cellulaire primitive, aggravée par l'œdème péricellulaire, conduirait à l'œdème intracellulaire cytotoxique, dans lequel l'homéostasie de l'ion calcium jouerait un rôle fondamental.

Traitement

Traitement curatif

La descente doit être décidée suffisamment tôt, avant que des troubles de la conscience importants ne rendent sa réalisation difficile et grèvent lourdement le pronostic. Les autres thérapeutiques ne doivent pas faire retarder la perte d'altitude, qui reste le traitement principal.

Le sac de recompression, décrit plus haut, n'a pas encore été évalué dans cette indication ; son intérêt est évident quand l'état de conscience commence à décliner bien que l'on perde « l'accès » au malade pendant la durée de la compression.

L'oxygène doit être administré le plus précocement possible, en sachant les inconvénients que représente son acheminement.

Les solutions hyperosmolaires comme le mannitol ont un intérêt certain. L'arrêt des perfusions est suivi par un phénomène de rebond avec une nouvelle poussée d'œdème si l'hypoxie n'est pas corrigée.

Les corticoïdes ont une action théorique par l'inhibition des phospholipases. Pratiquement, leur effet n'est pas spectaculaire. Ils doivent être administrés le plus tôt possible. Les doses doivent être élevées : dexaméthasone ou bétaméthasone, 4 mg toutes les 6 heures. La voie injectable est préférable à cause des vomissements.

Si le malade est dans le coma, il faut assurer une hématose de bonne qualité, par intubation et ventilation en pression positive. Cette technique est difficile à mettre en place dans l'isolement et les conditions précaires d'une expédition ou d'un *trekking*. C'est pourtant la seule thérapeutique logique pour éviter que ne s'aggrave l'hypoxie. La ventilation sera assurée en position semi-assise pour faciliter le retour veineux jugulaire et diminuer les effets sur la pression veineuse de la ventilation en pression positive.

Plusieurs observations ont rapporté des cas d'OCHA, guéris par une perte d'altitude, mais récidivant lors d'une remontée trop précoce, avec une aggravation rapide. La guérison devrait faire suspendre toute remontée en haute altitude pendant plusieurs semaines.

Traitement préventif

Les précautions sont les mêmes que celles recommandées pour prévenir le MAM et l'OPHA. Une attention particulière doit être portée aux sujets ayant subi des interventions neurochirurgicales ou traités pour une épilepsie. La prudence pour l'indication du voyage, l'étude attentive de l'itinéraire doivent être de règle.

Pour en savoir plus

Bärtsch J, Maggiorini M, Ritter M, Noti C, Vock P, Œlz O. Prevention of high-altitude pulmonary edema by nifedipine. *N Engl J Med* 1991; 325 : 1284-9.

Clarke C. High altitude cerebral oedema. *Int J Sports Med* 1988; 9 : 170-4.

Coudert J. Pathologie d'altitude et sport. *Science et Sports* 1988; 3 : 119-27.

Houston CS. Acute pulmonary oedema of high altitude. *N Engl J Med* 1960; 263 : 478-80.

Richalet JP, Rathat C. *Pathologie et altitude*. Paris : Masson, 1991 : 205 p.

Richalet JP. High altitude pulmonary oedema – Still a place for controversy. *Thorax* 1995; 50 : 923-9.

Schoene RB. Pulmonary oedema at high altitude, review, pathophysiology and update. *Clin Chest Med* 1985; 6 (3) : 491-507.

Sutton JR, Lassen N. Pathophysiology of acute mountain sickness and high altitude pulmonary oedema : an hypothesis. *Bull Eur Physiopathol Resp* 1979; 15 (5) : 1045-52.

Fonction visuelle et activités sportives

Sommaire

Près de 85 % de notre appréciation du monde extérieur provient de l'appareil visuel. Cette notion est fondamentale en pratique sportive où la précision de l'analyse des informations est un facteur indispensable d'efficacité [1].

Bases anatomophysiologiques

L'acte visuel est complexe; il fait intervenir successivement :

- un stimulus : la lumière;
- les différents éléments de l'appareil visuel sensoriel, qui comporte (fig. 77.1) :
  - un détecteur : l'œil ou globe oculaire, protégé par l'orbite, mobilisable grâce aux muscles oculomoteurs et entouré par des « annexes » qui le protègent;
  - des voies de transmission très longues, les voies optiques, constituées d'avant en arrière par les nerfs optiques, le chiasma, médian, seul élément impair, les bandelettes optiques, les corps genouillés latéraux et les radiations optiques;
  - un décodeur : le cortex occipital.

Les capacités de détection de l'œil sont possibles grâce à une biométrie adaptée et à l'existence de milieux transparents, dont l'intégrité est garante de la qualité optique de l'image qui va arriver sur la rétine; celle-ci va transformer le stimulus lumineux en message électrique grâce à deux types de photorécepteurs, les cônes et les bâtonnets, proches sur le plan histologique mais fondamentalement différents dans leur répartition topographique et dans leurs propriétés :

- leur répartition topographique (fig. 77.2) montre une prépondérance des cônes au niveau maculaire et une exclusivité des cônes au niveau fovéolaire, véritable « œil de l'œil »;
- les propriétés des cônes sont liées à l'existence du système photopique, qui permet la vision de jour, et qui assure une vision rapide, précise, permettant l'identification des formes, des couleurs, du mouvement. Les propriétés des bâtonnets recouvrent l'existence du système scotopique, qui permet la vision de nuit, système extrêmement sensible à des luminances très faibles (500 fois plus sensible que les cônes) mais qui nécessite un certain délai d'adaptation, adaptation qui est très fragile et qui peut être détruite rapidement même par une quantité de lumière minime.

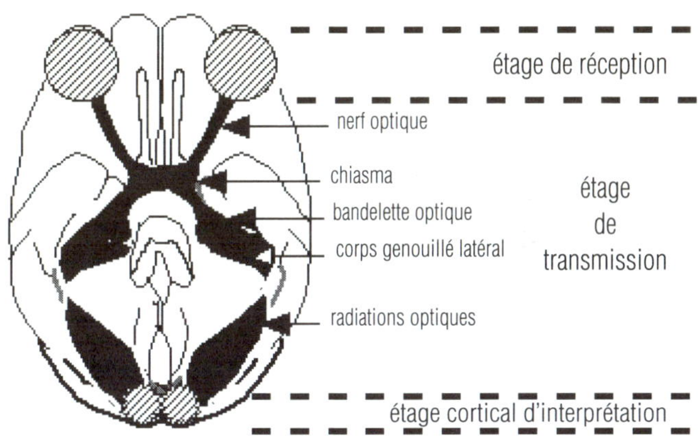

Fig. 77.1. L'appareil visuel sensoriel.

Le message électrique des photorécepteurs est ensuite véhiculé par les voies visuelles très longues, jusqu'au cortex occipital, qui assure réception et décodage de l'information. Deux notions importantes dominent la projection corticale des champs rétiniens :

- au niveau de la rétine, la macula occupe environ 1/1 000 de la surface rétinienne totale, ce qui impose une concentration de cellules à son niveau pour des raisons physiques. Au niveau du cortex, ces contraintes n'existent plus et la représentation de la vision centrale va occuper, selon

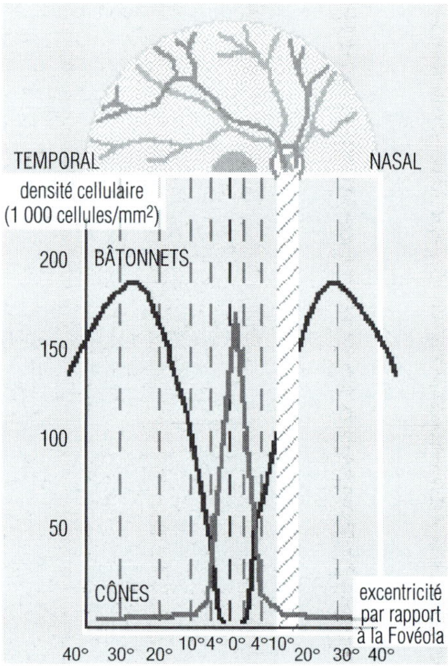

Fig. 77.2. Répartition des photorécepteurs.

les auteurs, entre le tiers et la moitié de la totalité du cortex visuel ;
- autour de cette aire de projection corticale de la voie visuelle (ou aire 17 de Broadmann, ou encore aire striée), qui est le cortex visuel proprement dit, existent deux zones en rapport avec les activités paravisuelles : l'aire péristriée (aire 18), responsable des réflexes de fixation et de direction du regard, et l'aire parastriée (aire 19), à laquelle sont dévolues des fonctions psychovisuelles (mémoire des images...). Il existe par ailleurs de très nombreux faisceaux d'associations unissant le lobe occipital au lobe opposé et aux autres lobes cérébraux, aux noyaux gris centraux et au tronc cérébral.

Autrement dit, un sportif devra avoir un système visuel adapté au sport pratiqué, lui apportant le maximum d'informations, quel que soit le niveau lumineux scotopique, mésopique, photopique, voire au-delà dans le domaine de l'éblouissement.

Par ailleurs, il faut que ces informations soient précises et justes, que ce soit dans la détection d'une cible dans le champ visuel et dans son identification, grâce à l'appréciation :

- des formes et des contrastes, d'où la nécessité d'une bonne acuité visuelle et d'une bonne fonction de sensibilité au contraste ;
- des distances (nécessité d'un bon équilibre oculomoteur et d'une vision du relief normale) ;
- ou des couleurs (absence de dyschromatopsie héréditaire ou acquise).

Enfin, ces informations doivent être analysées le plus rapidement possible pour aboutir à une décision adaptée car il existe une latence de 1 à 2 secondes (180 ms pour la fixation, 1 000 ms pour l'accommodation, 200 ms pour la convergence, 40 ms pour le transfert rétino-cortical, 650 à 1 000 ms pour l'identification, 200 à 1 000 ms pour la commande motrice) avant le déclenchement d'un acte moteur à commande visuelle.

Cela amène à souligner la nécessité d'un état psychologique parfait et d'un entraînement qui permette davantage de rapidité et de précision par l'amélioration de l'efficacité des circuits préétablis pour une scène donnée.

Fonctions visuelles du sportif

Paramètres fonctionnels

Les paramètres fonctionnels devant être évalués sont les suivants :

- la *mesure de l'acuité visuelle* sans correction et avec correction, de loin, avec une échelle de lettres ou à l'aide d'un projecteur de test, et de près, avec les tables de Parinaud : une bonne acuité est indispensable dans certains sports (sports de sécurité, tir...) ;
- l'*appréciation du sens des contrastes :* une bonne sensibilité est privilégiée dans certains sports (escrime [2]), même si l'acuité visuelle paraît faible (2/10) ;
- l'*étude de la vision binoculaire :* une bonne appréciation des distances et de la profondeur sont indispensables dans de nombreux sports ; le généraliste pourra pratiquer un test de vision stéréoscopique simple (test TNO ou autre) pour éliminer une anomalie importante, mais en cas de mauvaises performances répétées dans certains sports de précision (par exemple *putting* au golf), il devra demander un bilan orthoptique à la recherche d'un déséquilibre oculomoteur mal compensé ;
- l'*appréciation de la normalité du sens chromatique* (tables pseudo-isochromatiques d'Ishihara) : indispensable pour certains sports (sport automobile, sports aériens) ;
- l'*étude du champ visuel :* le *champ visuel* (fig. 77.3) est la portion d'espace embrassée par un œil immobile qui regarde droit devant lui. Les limites normales du champ visuel sont approximativement de 80 à 90° en temporal,

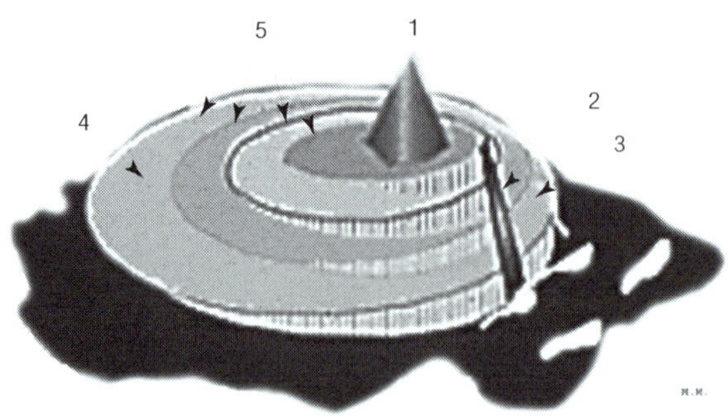

Fig. 77.3. L'île de Traquair. Le sommet de l'île correspond à la fovéola (1), le précipice à la papille (2), les falaises à la partie nasale (3), les plages à la partie temporale (4), les courbes de niveaux aux isoptères du Goldmann (5).

de 50 à 60° en nasal, de 40 à 50° en haut. Il s'oppose au *champ du regard* dans lequel l'œil bouge et la tête reste immobile, et au *champ de vision*, dans lequel œil et tête bougent. Outre son intérêt majeur dans la détection d'éléments lointains, le champ visuel périphérique permet de se situer dans l'espace lorsque les fonctions centrales sont défaillantes (ambiance nocturne, visibilité réduite); son exploration sera pratiquée systématiquement pour toute pathologie à retentissement campimétrique possible ou lorsque l'interrogatoire relève des signes souvent frustes à type de « gêne » visuelle ou de vision floue, même si l'acuité visuelle est normale.

Paramètres anatomiques

L'étude des paramètres anatomiques repose sur :

- la recherche de lésions oculaires potentiellement fragilisantes, pouvant contre-indiquer certains types de sports;
- la recherche de lésions spécifiques au sport pratiqué.

Modifications de la performance visuelle

Elles sont liées au sujet ou au sport lui-même.

Modifications liées au sujet

Conformation anatomique du sujet

Les amétropies sont susceptibles de modifier le champ visuel central.

La ptose palpébrale et les reliefs faciaux sont susceptibles de modifier le champ visuel périphérique de même qu'un myosis qui diminuera également la sensibilité rétinienne.

Âge et état psychologique

L'âge s'accompagne d'une baisse des performances (voir chapitre 66).

L'état psychologique a un rôle capital, bien connu des sportifs et des entraîneurs, qui se traduit par la rapidité de la réponse motrice adaptée à une scène visuelle.

Prise de substances « illicites »

Différentes substances illicites ont des effets négatifs sur la performance visuelle :

- cocaïne et amphétamines sont responsables d'une mydriase avec sensibilité accrue à l'éblouissement et troubles de l'accommodation;
- benzodiazépines et barbituriques entraînent une baisse d'acuité visuelle;
- le cannabis, outre la diminution des capacités de vigilance, provoque une hyperhémie et une augmentation de la sensibilité oculaire;
- les corticostéroïdes outre l'aggravation possible d'une pathologie de type kératite, fait courir le risque de survenue d'un glaucome ou d'une cataracte;
- le sildénafil peut provoquer des modifications de la vision des couleurs et de la luminosité; quelques cas de neuropathies optiques ischémiques antérieures ont même été rapportés;
- enfin l'insuline peut être responsable d'hypoglycémie avec ses troubles visuels, l'érythropoïétine d'occlusions vasculaires et les perfluorocarbones d'embolies gazeuses.

Modifications liées au sport

Tous les paramètres visuels sont sensibles aux nombreuses contraintes liées aux activités sportives : niveaux lumineux, conditions d'adaptation, accélérations, hypoxie... Ils sont également susceptibles de se dégrader sous l'influence de la fatigue ou du stress, d'où l'intérêt de l'entraînement.

L'acuité visuelle est diminuée par les accélérations brutales (sports mécaniques) et les vibrations (sports mécaniques, VTT, course à pied); elle est altérée de façon plus ou moins prolongée sous l'influence d'un éblouissement (soleil, flash de photographe).

L'appréciation des distances, particulièrement sensible à la fatigue et à l'hypoxie, est également moins bonne si le milieu est très bruyant (sports mécaniques, tir, sports en salle...).

Le champ visuel est également susceptible de modifications à type de rétrécissement, de scotome ou d'aggravation de déficits pathologiques préexistants. Il peut également apparaître altéré, le plus souvent à type de rétrécissement, dans certains états psychologiques.

Appareillage optique du sportif

Buts de l'appareillage optique

Ces buts sont variables selon le sport considéré :

- correction d'une amétropie car une excellente acuité visuelle a un rôle primordial dans l'apprentissage du geste et sa réalisation technique; par ailleurs, une bonne acuité permet une meilleure perception des distances et de la profondeur;
- protection oculaire mécanique contre les chocs ou des projections éventuelles ou optique contre certaines radiations.

Dans tous les cas cet appareillage doit perturber au minimum l'information visuelle, en particulier celle fournie par le champ visuel.

Moyens de correction des amétropies

La *correction par lunettes* doit prendre en compte la monture et le type de verre. La monture doit être non déformable, stable, atraumatique et réalisée avec un matériau résistant bien à la sueur. Les verres ophtalmiques sont de trois types : minéraux (durs mais fragiles), organiques (très légers mais se rayant) et composites, associant les avantages des deux précédents, auxquels on peut associer un traitement antibuée. Ce type de correction, qui reste fixe alors que l'œil est mobile, a pour inconvénients d'être responsable de phénomènes d'éblouissement ou d'aberrations chromatiques et de ne pas pouvoir réaliser une correction panoramique. Les avantages de la correction par lunettes sont liés à leur maniement facile, à leur rôle de protection, comme au golf, où la projection de terre ou de sable peut survenir, à la possibilité d'améliorer l'équilibre oculomoteur en jouant sur l'effet prismatique des verres ou même en rajoutant une correction prismatique. Enfin, les verres teintés peuvent apporter une amélioration non négligeable : on peut utiliser la teinte grise, qui atténue toutes les longueurs d'onde en respectant les couleurs, la teinte verte chez l'hypermétrope, qui modifie peu les couleurs habituelles, la teinte marron chez le myope, qui limite également les phénomènes de diffusion sur la vapeur d'eau (bord de mer, région tropicale...), la teinte jaune, qui augmente le contraste par arrêt des longueurs d'onde « bleues » (lunettes de chasse...) ; la teinte bleue est peu utilisée car il faut une épaisseur importante pour arrêter les ultraviolets.

La *correction par lentilles* [4] supprime certains inconvénients des lunettes (buée, aberrations optiques et chromatiques, stabilité...), offrant une correction optique optimale puisque solidaire de l'œil. Néanmoins, les lentilles nécessitent une certaine manipulation et exigent des conditions d'hygiène strictes. Elles ne peuvent pas être utilisées dans les sports de natation ou de plongée pour lesquels on peut avoir recours aux verres scléraux.

La *chirurgie réfractive* [5], qui fait appel à de nouvelles techniques utilisant le *laser excimer* (photokératectomie, LASEK, LASIK), montre des résultats généralement bons en l'absence de complications opératoires, très rares mais pouvant être graves. Les résultats sont d'autant meilleurs et prévisibles que l'amétropie préopératoire est faible ; néanmoins il faut connaître certains désagréments responsables d'une gêne fonctionnelle entre 6 mois et 1 an après chirurgie : fluctuations d'acuité visuelle, sensibilité accrue à l'éblouissement, altération de la sensibilité au contraste, sécheresse oculaire. Les anciennes techniques (kératotomie radiaire), qui entraînaient une fragilisation anatomique de la cornée et ne sont plus utilisées actuellement, contre-indiquaient les sports violents ou de contact (boxe, arts martiaux...).

Les techniques avec implantation de cristallin artificiel, en laissant en place le cristallin transparent, concernent généralement des amétropies plus importantes et contre-indiquent les sports de contact ou de sécurité.

Le choix d'une correction optique éventuelle ne peut être fait qu'après un examen ophtalmologique complet et un interrogatoire soigneux, qui visent à répondre à trois questions :

- l'appareillage est-il nécessaire ?
- si l'appareillage est nécessaire, faut-il privilégier la protection mécanique, la protection optique ou la correction d'une amétropie ?
- si la correction d'une amétropie est décidée, quel moyen choisir ?

Les lunettes peuvent avoir un rôle de protection mécanique (parachutisme, golf) ; elles ont des contre-indications de sécurité dans tous les sports de contact (rugby, judo, boxe...) et dans les sports de vitesse (compétition automobile), rejoignant souvent l'existence de normes d'aptitude précises avec acuité sans correction minimale (voir chapitre 11).

Les contre-indications des lentilles résultent d'une mauvaise tolérance ou de mauvaises conditions d'hygiène lors de la pratique du sport.

Enfin, une indication de chirurgie réfractive ne peut être posée qu'après avoir prévenu le sujet des éventuels risques anatomiques et fonctionnels.

Moyens de protection

La protection optique contre les ultraviolets ou l'éblouissement (sports de montagne, sports nautiques, sports aériens) est réalisable par heaume, lunettes ou lentilles.

La protection mécanique pose peu de problèmes lorsqu'elle est isolée (masque d'escrime, casque de boxe, lunettes de squash...).

La protection mixte, optique et mécanique, peut poser des problèmes d'ergophtalmologie (lunettes de parachutisme, casque et heaume teinté pour le ski de compétition...).

Aptitude ophtalmologique à la pratique du sport

La plupart des fédérations sportives n'exigent pas de bilan ophtalmologique pour la délivrance et le renouvellement des licences.

Les contre-indications oculaires à la pratique du sport sont relativement rares et sont alors régies par des normes d'aptitude particulière (boxe, parachutisme, pilotage...), qui précisent les conditions visuelles nécessaires à la pratique du sport considéré.

En fonction du sport pratiqué et du niveau, certains paramètres doivent néanmoins être analysés avec un soin tout particulier car ils interviendront de façon prépondérante dans la performance, et vérifiés ensuite régulièrement lors du renouvellement de la licence.

L'*examen fonctionnel* doit être rigoureux et systématique. Comme cela a été vu précédemment, il apprécie l'acuité visuelle et le sens des contrastes, le champ visuel, la vision binoculaire, le sens chromatique, le sens lumineux (ambiance nocturne, éblouissement).

L'*examen anatomique* recherche des lésions oculaires potentiellement fragilisantes pouvant contre-indiquer certains types de sports ou des lésions dues au sport pratiqué (pression oculaire, cristallin, rétine).

On sera particulièrement vigilant chez le monophtalme, qui a une appréciation défectueuse des distances et chez lequel un traumatisme pourrait avoir des conséquences dramatiques.

Pathologie oculaire induite par le sport

La fréquence et la gravité des lésions médicales ou traumatiques varient selon les sports. Les sports de balle et de ballons sont les plus grands pourvoyeurs d'accidents qui seront

d'autant plus graves que l'agent contusif va plus vite et est plus petit (squash, paint-ball, tennis). Les accidents de football se voient quel que soit le niveau du joueur, généralement près des buts, et peuvent résulter d'une contusion directe par le ballon ou du choc avec un adversaire[3].
Il pourra s'agir d'une pathologie liée à la répétition des traumatismes (décollement de rétine du boxeur) ou le plus souvent d'une pathologie aiguë survenant lors de l'activité sportive.

Handicaps visuels et activités sportives

Le développement de la pratique sportive chez les déficients visuels est de plus en plus important, leur permettant de s'intégrer parfois à un niveau élevé en pratiquant leur sport avec des voyants ou avec des personnes ayant le même handicap (voir chapitre 83).
Les sportifs déficients visuels sont les sportifs atteints d'une déficience visuelle minimale, définie par la réglementation internationale (IBSA : *International Blind Sport Association*), jusqu'à la cécité totale.
Schématiquement, les sports praticables peuvent être divisés en trois groupes :

- activités pratiquées avec des voyants (aviron, voile, judo…) ;
- sports aménagés :
  - pratiqués en tandem avec un voyant (athlétisme, vélo, ski, parachutisme…) ;
  - ou dans des locaux aménagés : par exemple, un dojo doit être bien délimité avec des murs protégés (pas d'angles vifs), des surfaces de sol si possible de textures différentes pour aider le pratiquant à se repérer, dans un environnement calme, le bruit empêchant de se repérer dans l'espace ;
  - ou utilisant des matériels spécifiques (tir avec carabines électriques et cibles sonores) ;
- sports spécifiques comme le *tor-ball*, sport collectif officiel et spécifique, réservé aux non-voyants et malvoyants, ou dérivés de sports collectifs avec ballons sonores.

Conclusion

Le praticien qui s'intéresse à la médecine du sport a un rôle important à jouer lors de la visite initiale pour dépister des défauts visuels susceptibles de retentir sur la performance ou d'être aggravés par une activité sportive particulière ; son rôle s'étend ensuite dans le suivi du sujet pour contrôler que l'état visuel est compatible avec la poursuite de cette activité, en étant particulièrement vigilant lorsqu'un traumatisme est survenu.

Bibliographie

[1] Chevaleraud JP. *Œil et sports*. Paris : Masson, 1983.

[2] Corbe C, Maille M, Crepy P. Rôle de la vision dans la pratique de l'escrime. *Revue Escrime*, juin 1987.

[3] João A, Capão F, Vitor LF, Barros H, Falcão-Reis F, Castro-Correia J. Soccer-Related Ocular Injuries. *Arch Ophthalmol* 2003; 121 : 687-94.

[4] Maille M. La correction du sportif amétrope par lentilles de contact. *Convergence* 1988; 37.

[5] Saragoussi JJ *et al.* Chirurgie réfractive. *In : Rapport SFO. Aptitude au sport après chirurgie réfractive.* Paris : Masson, 2001 : 764-9.

Odontostomatologie et sport

Sommaire

L'odontostomatologie du sport se caractérise par la population particulière à laquelle elle s'adresse, à savoir des sportifs de base, jeunes et anciens, et des sportifs de haut niveau. Elle s'intéresse aux effets et aux dangers de la pratique du sport sur la santé buccodentaire et de la santé buccodentaire sur la pratique du sport, ainsi qu'à ses incidences sur les performances.

Une enquête menée à l'Institut national du sport et de l'éducation physique (INSEP), portant sur 212 athlètes de « haut niveau », a montré que 30 d'entre eux (soit plus de 1 sur 7) attribuaient au moins l'une de leurs contre-performances à une origine buccodentaire.

Risques traumatiques liés à la pratique sportive

Accidents buccodentaires

La traumatologie sportive se rattache à la traumatologie générale buccodentaire quant aux divers types de lésions observées, mais selon des fréquences spécifiques.

À titre d'exemple, en matière d'accidents proprement dentaires, il a été dressé le tableau 78.I., issu de statistiques globales portant sur un peu plus de 30 000 accidents de sport de tous types et concernant des pratiquants de diverses disciplines.

Tab. 78.I. Accidents dentaires de sport (accidents de prothèse exclus).

Accidents dentaires par rapport au total des accidents déclarés		2,13 %
Types d'accidents par rapport au total des accidents dentaires	Traumas divers	6,51 %
	Luxations	4,19 %
	Fractures	89,30 %

Il faut cependant préciser que n'y sont comptabilisés que les « sinistres » ayant donné lieu à déclaration. Or selon les résultats d'enquêtes tests, il semble qu'ils ne représentent que 58 à 60 % de l'ensemble, car ce que certains considèrent plutôt comme des « incidents » n'avaient même pas donné lieu à consultation. Or cela peut être préjudiciable en cas de complications plus ou moins médiates : mortifications pulpaires, abcès, etc. *En matière d'accidents dentaires, il vaut mieux déclarer trop que pas assez.*

Il serait trop long de comparer les fréquences des accidents dentaires en fonction de toutes les disciplines pratiquées, mais à titre informatif, le tableau 78.II donne quelques chiffres à propos de quatre d'entre elles (deux de sports d'équipe et deux de sports individuels).

Tab. 78.II. Accidents dentaires de diverses disciplines sportives.

Disciplines pratiquées	Accidents dentaires par rapport au total des accidents déclarés
Football	1,45 %
Gymnastique	1,82 %
Judo et disciplines associées	2,35 %
Rugby et jeu à XIII	3,71 %

Si pour le football et la gymnastique, les pourcentages sont inférieurs à la moyenne générale « tous sports » (2,13 %), on peut souligner pour le judo (et disciplines associées, comprenant alors le karaté) un dépassement léger, qui devient important pour le rugby et le jeu à XIII.

On peut aussi souligner que pour le judo, il a été déclaré un nombre de luxations très supérieur à la moyenne générale, alors que cette fédération est une des plus jeunes, en moyenne d'âge. C'est justement chez les jeunes que les atteintes du système d'attache sont les plus fréquentes, comparés aux adultes chez qui le pourcentage des fractures, en revanche, augmente. *Chez les jeunes il y a plus de luxations que de fractures et plus on avance en âge, plus les proportions s'inversent.*

Luxations dentaires : conduite à tenir

La perte d'une (ou plusieurs) dent(s) après *luxation complète* (avulsion) *n'est pas irrémédiable.*

Par principe, une *réimplantation* peut être tentée par un médecin ou un chirurgien-dentiste (voire par l'accidenté, mais pas par un secouriste, cadre sportif ou toute autre personne). La conduite à tenir est alors la suivante :

- ramasser la dent en la prenant par la couronne; ne pas toucher du tout à la racine (la partie non visible de la dent en place);
- la placer dans la bouche de l'intéressé et l'inviter à la laver dans son milieu salivaire, en faisant bien attention de ne pas léser les fragments ligamentaires et cémentaires demeurés sur la racine, donc éviter les contacts avec les dents; on peut également placer la dent dans du sérum physiologique ou du lait;
- la réimplanter, c'est-à-dire tout simplement la remettre en place. Il faut le faire lentement afin de permettre l'effusion du sang. Cette manœuvre n'est pas douloureuse;
- inviter l'intéressé à maintenir sa dent en place, par pression digitale (pouce) d'une main, puis de l'autre, sans trop appuyer, et l'évacuer vers un stomatologiste, un chirurgien-dentiste ou un service hospitalier, dans les plus brefs délais.

Sous réserve que la réimplantation puisse être faite dans les 20/30 minutes qui suivent l'accident, le pronostic sera toujours très favorable, car il s'agira d'une *réimplantation immédiate*. Si celle-ci ne peut être faite rapidement, elle devient donc médiate et l'avenir de la dent sera plus aléatoire. Cependant, même tardive, il faut toujours penser à une réimplantation, mais celle-ci doit alors être faite, impérativement, en milieu spécialisé, car il ne s'agit plus alors d'une simple « remise en place ».

Fractures dentaires : conduite à tenir

Il existe différents types de fractures dentaires, mais la plus fréquente est celle qui concerne la couronne (partie visible de la dent, en bouche).
Que faire dans cette situation :

- récupérer le fragment dentaire;
- le placer dans un emballage propre (papier) après l'avoir préalablement lavé à l'eau, si besoin;
- protéger, en bouche, la surface de fracture avec une gomme à mâcher, que l'on place sans comprimer la partie centrale (surtout si la pulpe est ouverte ou visible), mais en l'appliquant sur le pourtour;
- diriger l'accidenté rapidement vers un spécialiste. De la célérité du traitement pourra dépendre, parfois, le maintien de la vitalité dentaire.

Pour un certain nombre de cas, grâce à un « collage » au moyen de composite, le fragment permettra une *reconstitution* (d'un angle d'incisive, par exemple). La protection de la surface de fracture évite des lésions de la langue par frottements et atténue ou fait disparaître la douleur, surtout lorsqu'il fait froid.

Protections dentomaxillaires

Avant d'aborder ce sujet, il faut rappeler trois notions.
Les fractures et luxations dentaires ne représentent que la partie émergée d'un « iceberg » dont les *microtraumatismes répétés* constituent la partie immergée. Ces microtraumatismes répétés (généralement ignorés en matière de déclaration aux assurances) peuvent pourtant entraîner des conséquences, médiates ou tardives, très graves, bien plus que des fractures ou luxations.
Un sportif accidenté au niveau dentaire sera définitivement « handicapé », car toute restauration prothétique (aussi sophistiquée et coûteuse soit-elle) ne peut redonner à la dent sa valeur initiale. Le sportif reprendra donc son activité dans des *conditions défavorables*. Handicapé par une denture fragile, il se sentira en moindre sécurité, stressé par la crainte d'un nouvel accident, mal dans sa peau. C'est ce qu'il faut éviter.
Le *segment céphalique* se trouve souvent le plus en avant, donc *le plus exposé*. Suivant la direction, la nature de l'élément de frappe, les traumatismes peuvent atteindre et léser les téguments, la langue, les dents, le périodonte, les maxillaires, le squelette facial, les articulations temporomandibulaires (ATM).
Une protection devra donc respecter ces principes :

- isoler les lèvres des dents;
- protéger les dents contre les chocs directs;
- amortir les contacts occlusaux;
- solidariser les deux maxillaires.

Mais aussi répondre à ces impératifs :

- que le sportif puisse respirer par la bouche, même mandibule bloquée;
- qu'il puisse avaler;
- qu'il puisse parler.

Il faut enfin que la protection soit stable et rétentive, qu'elle s'intègre parfaitement dans le système stomatognathique et qu'elle ne puisse produire d'effets iatrogènes[1].
Il existe différents types de protections (dites « protège-dents »), standard ou semi-adaptables, dont certaines peuvent créer des *risques supplémentaires* pour les voies aériennes, par manque de stabilité, et qui toutes, faute d'armature rigide, ne protègent pas suffisamment contre les microtraumatismes répétés et surtout ne permettent pas la respiration buccale d'effort, mâchoires serrées, pourtant essentielle.
Actuellement, seule la *protection dentomaxillaire de type Sametzky* (fig. 78.1) répond à toutes les conditions nécessaires. C'est une gouttière en matériau thermoplastique, avec renfort vestibulaire rigide, et surfaces de surélévation latérales, comportant une indentation des dents inférieures.
L'enregistrement d'occlusion se fait avec une légère surélévation de 1 mm environ (au niveau incisif), en vue de permettre la respiration buccale d'effort et la phonation. Le chirurgien-dentiste enregistre la position d'aisance prise librement par le sportif, ce qui correspond parfois à une légère propulsion mandibulaire. On confectionne en laboratoire un renfort métallique adapté, puis une maquette en cire à laquelle, après mise en moufle, est substitué un matériau thermoplastique, qui est pressé puis démoulé et, enfin, après finition, placé en bouche. Le renfort peut aussi être réalisé en polychlorure de vinyle rigide, ce qui en diminue le coût et améliore l'esthétique.

1. La réalisation de « protection dentomaxillaire », « protège-muqueuse » et « embout personnel » relève de la capacité professionnelle des stomatologistes et chirurgiens-dentistes.

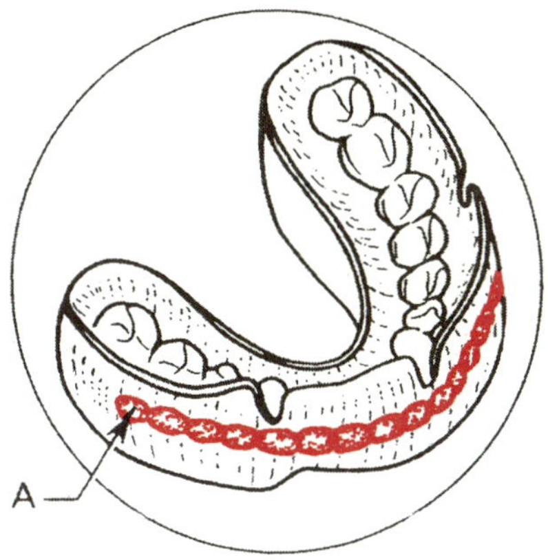

Fig. 78.1. La protection dentomaxillaire personnelle de Sametzky est une gouttière maxillaire, renforcée dans la face externe par une armature métallique A (ici, chaînette rigide, en stellite), qui réalise un blocage mandibulaire bilatéral et permet la respiration buccale d'effort, mâchoires serrées, grâce à une béance antérieure de canine à canine. Ce schéma, vu de trois quarts supérieur, montre que l'arcade dentaire du maxillaire supérieur est entièrement recouverte, ainsi que le vestibule, tandis que le palais est totalement libre.

Ce type de protection, qui a été expérimenté sur modèle et sur cadavre, est actuellement, et de loin, le meilleur.
Il existe une possibilité d'adjonction de matériau plastique pour comblement des espaces répondant aux dents absentes non remplacées ou aux prothèses amovibles enlevées pour pratique sportive.

Conseils d'usage

Sont conseillés :

- le stockage dans une boîte solide ;
- le nettoyage à l'eau savonneuse froide ;
- l'utilisation systématique tant aux entraînements qu'en compétition ;
- la vérification tous les 6 mois de l'adaptabilité de la protection en fonction de l'évolution de la denture (caries, prothèses).

Indications

Elles se situent à trois niveaux :

- *indications réglementaires :* en boxe, boxe française, football américain, où le « protège-dents » est imposé ;
- *indications conseillées :* pour les sports de contacts où la fréquence des accidents dentomaxillaires justifie des mesures collectives de protection, tels que rugby, jeu à XIII, hockey sur glace et sur gazon... ;
- *indications individuelles :* chez les individus présentant une denture fragile (dents antérosupérieures portant des obturations importantes ou/et, *a fortiori*, si dépulpées), reconstitutions prothétiques conjointes ou amovibles (ces dernières devant être enlevées pour la pratique), dès lors qu'il y a risque de coups de tête, d'épaule, de coude, de poing, de genou, de pied... *quel que soit le sport pratiqué*.

Cette indication, de loin la plus fréquente, est pourtant trop souvent la plus oubliée... sauf après accident.

Protège-muqueuse

Constituant une « vraie provocation à l'accident », des malformations maxillaires et/ou malpositions dentaires peuvent constituer une *contre-indication initiale à la pratique de certains sports à risque*. Des traitements d'orthopédie dentofaciale (ODF) doivent donc, alors, être réalisés préalablement.
Il existe aussi des *contre-indications temporaires* pour divers sports, à certains temps de traitement ODF, que le praticien traitant ne doit pas omettre d'indiquer. Pour les porteurs d'appareillages ODF, afin d'éviter les blessures des joues notamment, ou le décollement à répétition des attaches, il a été mis au point, par Minière, une gouttière endobuccale protective à cet effet, avec volets vestibulaires rabattables permettant donc une insertion et un retrait faciles (fig. 78.2). Ce « protège-muqueuse » doit comporter une légère indentation mandibulaire afin d'éviter les glissements qui seraient dangereux pour les articulations temporomandibulaires (ATM). Bien entendu, il doit aussi être fréquemment adapté, ou renouvelé, par le spécialiste pour ne pas contrecarrer le traitement entrepris, qui fait que les formes des arcades et les positions de dents sont en constants

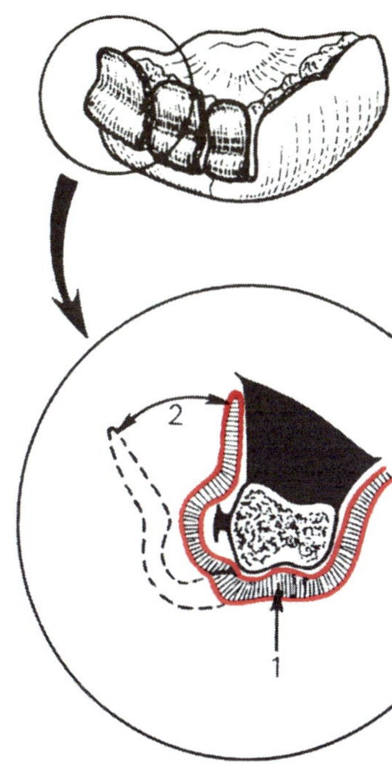

Fig. 78.2. Le protège-muqueuse de Minière comporte deux parties : une gouttière indentée (1), qui protège l'appareil orthodontique et les muqueuses ; des volets vestibulaires rabattables (2), qui permettent aisément sa mise en place et un retrait sans interférence sur l'appareillage orthodontique. Le port d'un protège-muqueuse peut éviter l'arrêt de l'activité sportive que l'on observe trop fréquemment à l'occasion de traitements d'orthopédie dentofaciale.

remaniements et modifications. Pour les mêmes raisons sa consistance ne doit pas être trop rigide.

Le recours à ce type de « protège-muqueuse » (qui n'est pas un « protège-dents », il faut que le sportif en soit bien prévenu) évite de voir de nombreux jeunes, en pleine période de développement physiologique et psychologique, être privés de pratique sportive.

Embout personnel

En matière de spécificité liée à certains sports, on peut rappeler, entre autres, celle découlant des variations de pression barométrique, qui entraînent de possibles « barodontalgies ». Cela s'observe pour les sports en haute altitude tels que alpinisme, ski, parachutisme, vol libre, vol à voile... mais aussi chez les plongeurs sous-marins, chez lesquels, de plus, une simple fêlure dentaire peut suffire à faire ressentir intensément le froid et qui souffrent parfois d'irritations gingivales dues au frottement de la collerette d'embout, de douleurs des ATM, de contractures musculaires, et ce dans un milieu hostile. C'est pourquoi la surveillance buccodentaire des plongeurs est particulièrement exigeante et porte sur de nombreux points. Plus que chez d'autres, les conséquences de foyers infectieux dentaires sont à redouter et ceux-ci doivent donc être décelés puis traités ou éliminés.

Les plongeurs présentent, nous l'avons dit, une *pathologie particulière* qui est en relation avec les embouts de tuba ou détendeur. Celle-ci se traduit, là encore, par des douleurs des ATM et des contractures musculaires.

C'est pourquoi Delbar a conçu une personnalisation de ces embouts, qui évite de devoir serrer les dents fortement pour les garder en bouche et a permis un bon maintien, sans effort, en position de repos ou d'aisance comme précédemment, donc favorable à une attitude corporelle efficace dans l'eau.

Aux personnalisations d'embouts standard ont maintenant succédés des embouts personnels, réalisés d'une pièce en un seul matériau. Ces embouts personnels ont aussi rendu possible la pratique de la plongée à des édentés partiels et même complets. Enfin, ils éliminent les irritations muqueuses dues aux frottements de la collerette (celle-ci peut être réduite sans problème) et protègent mieux du froid qu'un embout standard.

Santé buccodentaire et pratique sportive

Infections et affections focales

Rappelons que les foyers infectieux d'origine dentaire peuvent entraîner des affections à distance sur des organes appartenant aux appareils oculaire, cardiocirculatoire, respiratoire, digestif, rénal ou locomoteur.

Les endocardites bactériennes d'origine buccodentaire sont bien connues. Mais leur diagnostic n'est malheureusement posé que lorsque les lésions sont installées. Le sportif néglige encore, trop souvent, d'exercer une surveillance préventive régulière, dès lors qu'il n'y a pas de douleur d'appel dans la sphère orale.

Or, à ce niveau (comme ailleurs, souvent), « ce qui est grave est pratiquement toujours silencieux » (jusqu'à ce qu'on aboutisse à une phase aiguë, se développant la plupart du temps de façon imprévisible, donc intempestive).

Classiquement, il est admis qu'au moins 16 % des *maladies d'Osler* ont une étiologie buccodentaire.

Les foyers supposés primaires découlent souvent de *microtraumatismes dentaires répétés*. Un contrôle systématique par radiographies panoramiques, effectué à l'INSEP, a montré que 1/3 des sportifs de « haut niveau » y séjournant présentaient des images douteuses péri-apicales (mais, fort heureusement, sans conséquences pour la plupart).

De plus, on sait que les variations de pression atmosphérique provoquent des barotraumatismes. Ceux-ci peuvent entraîner des douleurs (barodontalgies) mais aussi aller jusqu'à l'éclatement de dents (odontocrexies) ou à des descellements d'obturations ou de coiffes (couronnes). Ils peuvent aussi occasionner des *refoulements septiques par voie apexienne* (extrémité de la racine) et amener ainsi une dissémination microbienne (bactériémie), d'où le risque oslérien, notamment.

Ces phénomènes s'observent pour des sports aériens ou de plongée, mais aussi lors de toutes autres activités en altitude. C'est ainsi qu'à Mexico, lors des Jeux olympiques de 1968, de nombreuses pathologies latentes buccodentaires ont été révélées ; il y a eu 1 030 consultations d'urgence, 370 extractions ont dû être effectuées et de nombreuses atteintes parodontales ont été observées. Bien que la pressurisation des avions de ligne soit maintenant assez bonne (correspondant environ à une altitude de 2 500 m), il n'est que de constater la « sensation d'oreilles bouchées », encore ressentie très souvent par beaucoup, pour s'apercevoir qu'elle ne convient pas à tous.

Sans besoin d'un événement « gâchette » (dû à une variation barométrique ou un état de moindre défense, par exemple), il est connu que tout foyer latent (et donc silencieux) peut jouer un rôle dans le développement non seulement d'une infection focale mais aussi d'une *affection focale*.

C'est ainsi que l'on constate régulièrement, en maintes circonstances, la disparition de *symptômes musculotendineux* (inflammations de type tendinite, par exemple) après élimination (par soins ou avulsion) d'un foyer infectieux buccodentaire (dentaire, parodontal). En la matière, le cas de Lovelock aux Jeux olympiques de 1936, à Berlin, rapporté par P. Martin, médecin suisse médaillé aux JO de 1924, fut de son temps le plus célèbre. Il s'agit d'un coureur australien dont la tendinite disparut après l'ablation d'un foyer dentaire supposé primaire. On observe un tableau clinique généralement identique qui fait que la guérison est constatée entre 15 jours et 3 semaines après traitement. Diverses théories, pour expliquer ces mécanismes, s'affrontent toujours, bien que, du fait du délai, la « toxinique » (toxines libérées par des bactéries encloses dans le foyer et agissant à distance) paraisse très séduisante. Mais il ne faut pas écarter l'« allergique », en particulier, qui a pu être mise en évidence par réaction cutanée locale intense, 48 heures après injection intradermique de l'agent toxique (suite à la découverte du germe dans une dent suspecte) et signée par un test de transformation lymphoblastique, de Thibault-Poidatz, positif. Il faut donc éliminer les sources de foyers infectieux : problèmes parodontaux, sagesse incluse, kystes.

Troubles orthostatiques

Des foyers dentaires périapicaux peuvent aussi entraîner des conséquences sur les activités à dominante tonique (tir au pistolet, à l'arc, mais aussi haltérophilie...). Des troubles orthostatiques ont, en effet, été observés dans de telles circonstances, troubles ayant disparu entre 15 jours et 3 semaines après élimination de la lésion dentaire.

Expérimentalement, il a été montré, par Meyer et Baron, qu'une anesthésie ou une stimulation de certains *récepteurs trigéminaux* au niveau du desmodonte entraînent une perturbation de l'activité tonique posturale. Des défauts d'occlusion (interarcades dentaires) peuvent aussi être à l'origine de tels troubles mais aussi de pseudo-cervicalgies. Une rectification d'occlusion par meulages sélectifs ou une rééquilibration par prothèse permettent de les faire disparaître.

Troubles digestifs

Un mauvais fonctionnement de l'appareil manducateur peut entraîner des troubles digestifs.

Soins bucco-dentaires : risques de contrôles antidopage positifs

Parmi quelque 300 spécialités recensées comme étant les plus fréquemment prescrites par les médecins stomatologistes ou chirurgiens-dentistes en France, un peu plus d'une trentaine (depuis des antalgiques jusqu'à des antiangoreux, en passant par des antihistamiques ou certains antispasmodiques...) ont été détectées sur la liste des spécialités pharmaceutiques contenant des produits interdits.

Pour ce qui concerne les produits utilisés en cabinet, hormis les nécrosants (éphédrine), et encore ne risquent-ils qu'hypothétiquement d'entraîner un contrôle positif, les produits employés en endodontie n'apparaissent pas sur la liste des interdits; les corticoïdes constituent cependant le cas limite. De même, en parodontie classique, il ne devrait pas y avoir de problème. Il faut cependant signaler l'utilisation de certains anabolisants, afin de faciliter la reminéralisation de la trame alvéolaire, lesquels figurent évidemment parmi les produits interdits.

Les anesthésiques employés n'entraînent pas, eux-mêmes, de risque, mais il n'en est pas de même des vasoconstricteurs qui leur sont associés afin d'augmenter leur durée d'action (amphépramone, phentermine), sans parler des alpha et bêtabloquants, dont l'usage est interdit chez le sportif en compétition et à l'entraînement. C'est pourquoi les injections d'anesthésiques doivent faire l'objet d'une déclaration de la part du praticien traitant, en précisant la date d'injection, la dose injectée et les modalités de l'injection (ces produits sont interdits en intraveineuse et intramusculaire). Cette déclaration doit être remise, avant toute compétition, notamment, au médecin en assurant la surveillance, ou déposée auparavant auprès de la commission médicale de la fédération concernée (départementale, régionale ou nationale) ou au médecin chargé du contrôle antidopage.

Hygiène et diététique

Des aliments énergétiques trop sucrés, des boissons acides (Coca Cola...), dont les sportifs sont friands, le grignotage très fréquent, ajouté ou non à une mauvaise hygiène entraînent des dégâts importants Il faut adapter la demande énergétique, la diététique et les habitudes alimentaires aux règles élémentaires d'hygiène buccodentaire.

Pour en savoir plus

DAVIDOVICI L. *Contribution à l'étude des influences de l'infection bucco-dentaire sur les accidents musculo-tendineux chez les sportifs.* Thèse de doctorat de chirurgien-dentiste, Paris V, 1975.

DELBAR P. *Problèmes posés par l'embout buccal des appareils respiratoires des plongeurs sous-marins.* Thèse de doctorat de chirurgien-dentiste, Paris V, 1975.

GARUET A, DAVID J, LAMENDIN H. Enquête sur 600 protections dento-maxillaires de sportifs. *Le Chirurgien-dentiste de France* 1985; 286 : 49-50.

MEYER J, BARON JB. Relations posture orthostatique-système manducateur chez les tireurs de compétition. *Symbioses* 1979; 3 : 169-83.

MINIÈRE J. Protection endo-buccale et orthopédie dento-faciale. *Le Chirurgien-dentiste de France* 1985; 306 : 101-2.

SAMETZKY S. Protections dento-maxillaires. *Rev Odontostomatol* 1985; 3 : 225-35.

Rythmes biologiques et activités physiques et sportives

Sommaire

De la bonne adaptation de l'organisme aux efforts qui lui sont imposés va résulter la qualité des performances sportives. Cette adaptation est dépendante de potentiels physiques (force musculaire, métabolisme, adaptations cardiovasculaires, etc.) et psychologiques (motivation, capacités sensorimotrices, etc.) de l'individu. Or, il s'agit de processus dynamiques, c'est-à-dire qu'ils peuvent varier en fonction du temps avec une périodicité et une amplitude qui leur sont propres.

Quelles sont ces variations et quel peut être leur impact sur la performance ? Comment évoluent-elles avec l'âge ? Que se passe-t-il lorsque des dérèglements se produisent, par exemple lors de déplacements qui impliquent des décalages horaires ? Existe-t-il des moyens de s'adapter à ces contraintes ? Comment le sportif peut-il gérer son sommeil ? Telles sont quelques questions auxquelles nous tenterons de répondre.

Généralités sur les rythmes

En avant-propos, il est nécessaire de préciser que les rythmes biologiques dont il sera question ici ne doivent pas être confondus avec la « théorie des biorythmes ». Cette « théorie » est fondée sur l'idée que l'émotivité, l'activité intellectuelle et physique d'un individu passeraient par des maximums et des minimums, avec une périodicité de 23 jours pour la première, de 28 jours pour la deuxième et de 33 jours pour la dernière. Mise à la mode par le développement de l'informatique et de ses capacités de calcul, elle est, semble-t-il, très utilisée par les sportifs et leurs entraîneurs. Néanmoins, malgré de nombreuses études, elle n'a jamais été vérifiée scientifiquement. De plus, ces « biorythmes » impliquent une très grande rigidité, ne tenant compte ni des différences interindividuelles, ni des modifications de l'environnement qui, de la naissance à la mort, influencent le développement de l'organisme. Cette rigidité semble incompatible avec nos connaissances actuelles sur les capacités d'adaptation des systèmes biologiques.

Notion de rythme

Un phénomène qui se reproduit identique à lui-même dans le temps est appelé rythme. De nombreuses composantes de la performance passent par des moments d'activité élevée et des moments d'activité faible. Ces processus ont une fréquence qui peut être de l'ordre de quelques millisecondes, de l'heure, de la journée, du mois, de l'année ou même de plusieurs années. Dans ce chapitre, nous nous intéressons à la plupart des facteurs qui contribuent aux performances sportives et qui ont un rythme très marqué d'une période d'environ 24 heures. Ce sont des rythmes circadiens, du latin *circa dies*, qui veut dire « environ un jour ». Parmi les différents rythmes circadiens, c'est le rythme veille-sommeil qui est le plus évident.

La rythmicité est une composante universelle de tout phénomène vivant. C'est cette biopériodicité qui permet aux organismes de s'adapter aux variations de l'environnement car un système oscillant s'adapte mieux aux changements qu'un système inerte.

Horloges biologiques et rythmes circadiens

Ces rythmes ont été mis en évidence par des expériences mémorables, dans lesquelles des hommes et des femmes ont été placés dans des unités d'isolement ou des grottes de manière à supprimer l'influence de l'environnement (expérience en libre cours). Dans ces conditions, il a été montré que des rythmes endogènes, c'est-à-dire produits par l'organisme, dont la période se situe autour de 25 heures, s'établissent sous la commande de générateurs de temps (petits groupes de cellules qualifiés aussi d'horloges biologiques ou d'oscillateurs) localisés dans le système nerveux central au niveau des noyaux suprachiasmatiques (NSC) de l'hypothalamus et accessoirement de la glande pinéale (fig. 79.1).

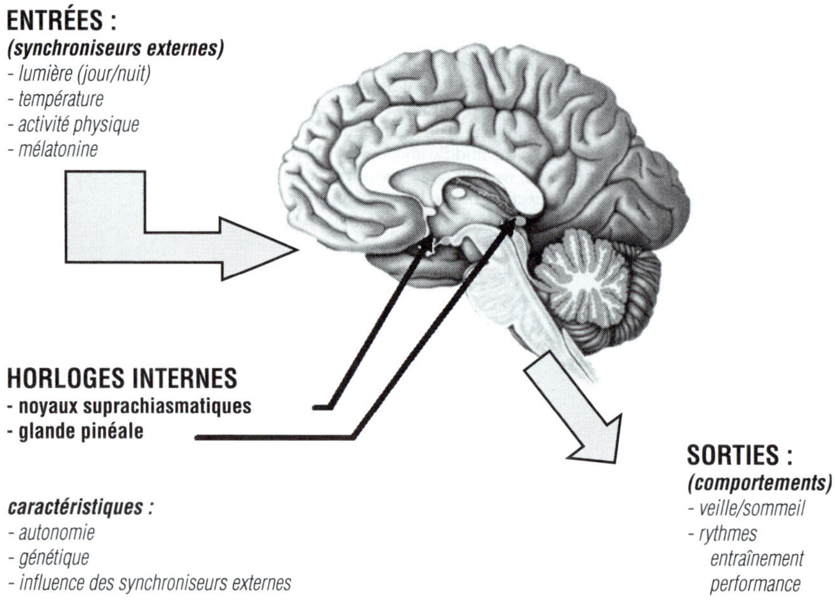

Fig. 79.1. Fonctionnement des horloges biologiques circadiennes. Deux pools de neurones situés dans le cerveau, les neurones des noyaux suprachiasmatiques et la glande pinéale, sont les gardiens du temps circadien. Ces « horloges internes » sont sous la dépendance de donneurs de temps, qui stabilisent la période à 24 heures. Ces entrées sont nommées « synchroniseurs externes ». Le système impose un rythme de 24 heures à nos comportements.

Les rythmes circadiens sont la conséquence de l'expression rythmique de plusieurs gènes (nommés Per, Tim ou Cry) et d'une boucle de rétroaction sur les mécanismes de transcription et de translation. La période endogène circadienne est synchronisée sur 24 heures par des stimuli donnés par l'environnement (alternance jour-nuit, travail-repos, prises alimentaires, etc.), appelés « synchroniseurs externes », relayés par des donneurs de temps internes représentés par les fluctuations du taux de substances circulantes (mélatonine, etc.) et de la glycémie.

Modélisation des rythmes circadiens

La méthode la plus simple et la plus utilisée pour caractériser les rythmes biologiques est la méthode du « cosinor », décrite par Reinberg en 1989 [13]. Elle consiste à faire coïncider les variations circadiennes avec une fonction sinusoïdale (fig. 79.2). Grâce à cette assimilation, il est possible de prédire l'état d'une fonction à un moment donné du nycthémère (durée de 24 heures, comportant un jour et une nuit).

Chaque rythme biologique circadien est ainsi caractérisé par une *période* de 24 heures, une *phase* par rapport à minuit, une *amplitude* (du pic, amplitude maximale de la fonction au creux, amplitude minimale) et un niveau moyen ou *mésor*.

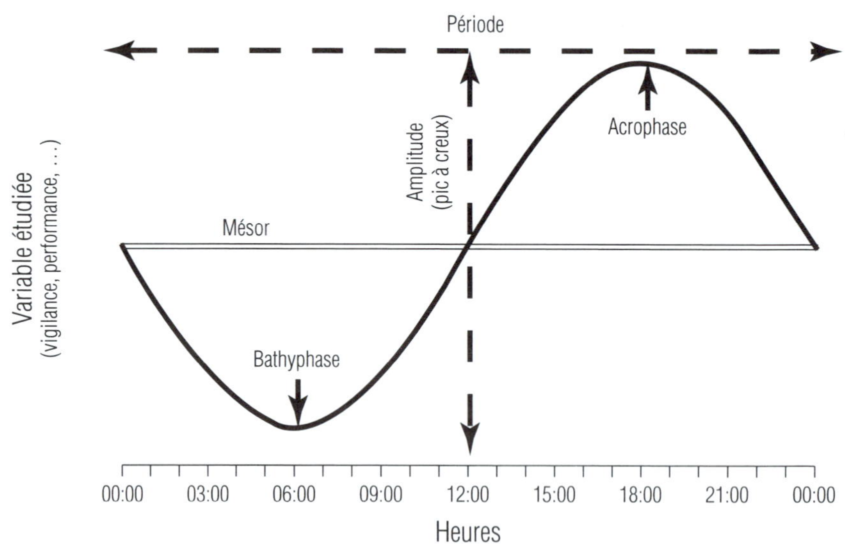

Fig. 79.2. Caractéristiques d'un rythme circadien tracé par la méthode du cosinor. La fonction mathématique utilisée est : $Y(t) = M + A/2\cos(\omega t + \varphi)$; M représente le mésor, moyenne des valeurs de tous les sujets, A l'amplitude du rythme, variation totale pendant la période considérée, soit la différence entre le maximum et le minimum, φ la phase, ω la vitesse angulaire ; elle est égale à $2\pi/\tau$, où τ correspond à la période du rythme.

Rythmes biologiques circadiens et activité physique et sportive

Rythmicité circadienne des paramètres de l'effort

Les variations circadiennes de certaines fonctions biologiques peuvent avoir un impact considérable sur les performances sportives. D'une manière non exhaustive, en voici quelques exemples.

Vigilance

La vigilance suit sans aucun doute un rythme circadien des plus marqués. Elle est représentée par deux états opposés, qui sont la veille et le sommeil, et qui peuvent être assimilés à l'activité et au repos de l'individu. Le rythme circadien de la vigilance augmente rapidement le matin, passe par une petite dépression en début d'après-midi, après le repas, et atteint son maximum en fin d'après-midi. Les états que l'on dit de « forme », de « bien-être » et la motivation suivent le même rythme, alors que la perception de la fatigue, l'irritation et certaines réactions au stress sont en opposition de phase, c'est-à-dire qu'elles présentent leurs maximums lorsque la vigilance est au minimum.

Variations circadiennes de la température du corps

Les variations circadiennes de la température du corps ont fait l'objet de nombreux enregistrements. Le minimum thermique se situe généralement vers 4-6 heures et le maximum vers 16-18 heures[1]. L'amplitude entre les deux est d'environ 1 °C mais peut être considérablement modifiée par de nombreux facteurs tels que l'avancée en âge, l'aptitude physique, le décalage horaire, etc. On a longtemps pensé que le rythme circadien des performances, aussi bien physiques que psychomotrices, dépendait étroitement des variations de la température. Toutefois, lors d'expériences en libre cours, ou lors de déphasages obtenus après un vol transméridien, les deux phénomènes se dissocient, de même que, en début d'après-midi, les performances ont tendance à diminuer alors que la température est presque à son maximum. Il est maintenant admis que les deux processus, performances et température du corps, ne sont pas liés par une relation causale, mais sont commandés de manière indépendante par la même horloge biologique interne (fig. 79.3). Enfin, il est à noter que l'activité physique ne perturbe pas le rythme endogène de la température. Callard *et al.* en 2000 et 2001 [1, 2] ont montré que si l'activité sportive est constante et continue pendant plus de 24 heures, les fluctuations temporelles de la température persistent avec des valeurs minimales au petit jour et maximales en fin d'après-midi (fig. 79.4).

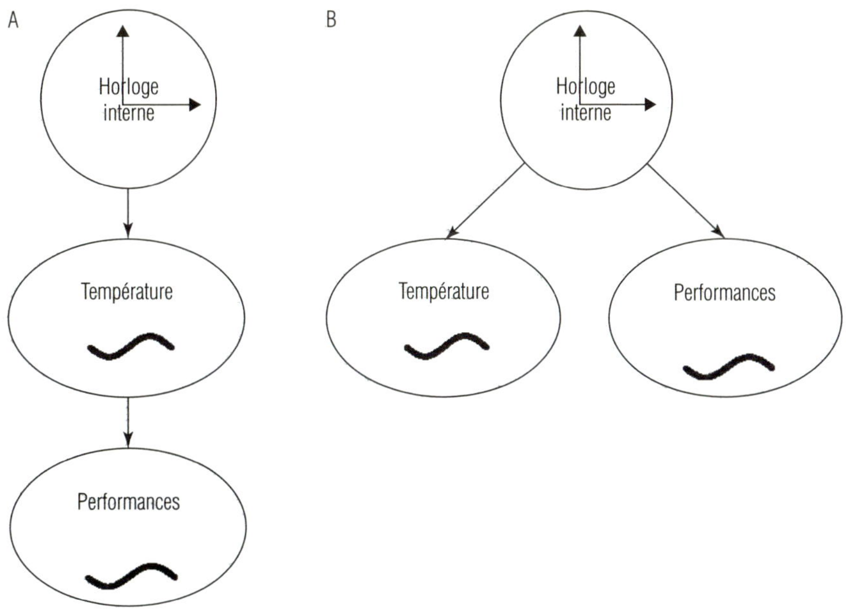

Fig. 79.3. Hypothèses d'une relation entre l'horloge interne, la température et les performances. a : relation de causalité entre la température et les performances ; b : absence de causalité entre la température et les performances.

Fonctions cardiovasculaires de repos

Les fonctions cardiovasculaires de repos ont un pic d'activité vers la fin de la matinée et le début de l'après-midi, et sont à leur minimum entre 2 et 5 heures du matin. Les écarts entre le minimum et le maximum peuvent aller jusqu'à 30 %. Ce rythme persiste lorsque l'on pratique un exercice sous-maximal, mais il disparaît pour un exercice maximal. Ces variations circadiennes sont en grande partie sous la dépendance de celles du cortisol et des catécholamines. En effet, les concentrations de ces hormones augmentent rapidement vers 5-6 heures du matin, pouvant atteindre un pic juste avant le réveil.

Fonctions ventilatoires

Les fonctions ventilatoires sont à leur maximum tout au long de l'après-midi, aussi bien au repos que pendant un exercice intense. Par ailleurs, la compliance thoracopulmonaire présente un pic entre 5 et 10 heures du matin. Ce pic serait dû à l'augmentation des catécholamines qui se produit au même moment.

1. Pour des sujets vivant en France, GMT + 1, latitude 45°.

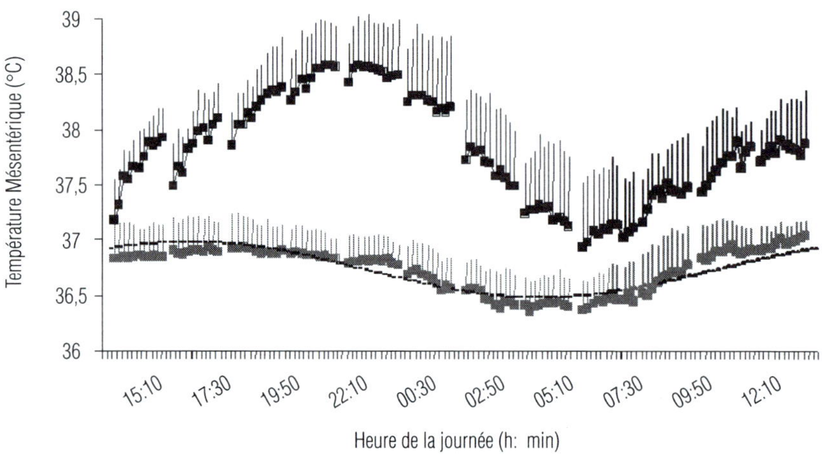

Fig. 79.4. Rythmes circadiens de la température interne obtenus sur les mêmes sportifs en situation de repos (courbe noire) et lorsqu'ils pédalent pendant 24 heures à 60 % de leur vitesse maximale (courbe rouge).

Capacités aérobies

Au repos, la consommation d'oxygène fluctue au cours du nycthémère, avec une acrophase qui se situe entre 15 et 17 heures. Moussay *et al.*, en 2002 [11], ont montré que ces fluctuations persistent en condition d'exercice aérobie d'intensité légère et disparaissent en approchant des exercices maximums.

Récupération

La récupération après un exercice de type aérobie présente, elle aussi, un rythme circadien. Pour un exercice physique donné, on constate une augmentation de produits incomplètement oxydés pendant la nuit. Cela peut se traduire, à terme, par une augmentation du temps de récupération et un coût énergétique supérieur.

Rendement musculaire

Au cours de plusieurs études consacrées à la rythmicité circadienne de la force isométrique maximale, Gauthier *et al.*, en 1996 et 1997 [4, 5], montrent clairement l'existence d'un rythme au cours de la journée. Toutefois, les amplitudes de ces rythmes circadiens sont très variables, comprises entre 5 et 21,2 % suivant les protocoles et les muscles étudiés. Dans tous les cas, le pic est toujours situé en fin d'après-midi-début de soirée (16 h 30 à 19 h 30).

En ce qui concerne les forces musculaires anisométriques (concentriques) des fléchisseurs et des extenseurs du genou ou du coude, évalués par un dynamomètre isocinétique, l'allure de la relation force/vitesse angulaire n'est pas affectée par l'heure de la journée. Cependant, pour chaque vitesse angulaire considérée, la force musculaire produite fluctue selon un rythme circadien. Les acrophases se situent entre 17 h 20 et 18 h 30 pour chaque vitesse angulaire et les amplitudes sont comprises entre 9 et 12 %.

En utilisant des techniques d'enregistrement électromyographique couplées à de l'électrostimulation, il a été montré [3] que les facteurs responsables des fluctuations temporelles sont localisés au niveau musculaire et pourraient être liés à la disponibilité calcique au moment de la contraction.

Par ailleurs, il est très intéressant de noter que ces rythmes circadiens de la force isométrique ou isocinétique persistent lorsque l'activité physique est réalisée en continu pendant plus de 24 heures.

Puissances anaérobies

Dans une étude récente, Souissi *et al.* [15] décrivent précisément les caractéristiques du rythme circadien des puissances moyennes et maximales développées lors du test de Wingate et de force/vitesse réalisés sur ergocycle. En fonction de la variable considérée, les résultats montrent que les acrophases se situent entre 17 h et 18 h et que les amplitudes varient de 7 à 12 %.

Flexibilité articulaire

La flexibilité articulaire n'a pas fait l'objet de nombreuses recherches faute de matériel fiable pour la mesurer ; il semblerait toutefois que son efficacité maximale se situe entre 16 et 22 heures.

Systèmes endocriniens

Toutes les hormones présentent un rythme circadien, difficile à décrire pour chacune d'entre elles. Les variations circadiennes des hormones impliquées dans le métabolisme énergétique sont intéressantes pour le sportif. C'est le cas de l'insuline et du glucagon qui présentent, respectivement, un pic en début d'après-midi pour la première, et en début de soirée pour le second, de l'hormone de croissance qui est secrétée uniquement pendant le sommeil lent profond (SLP), du cortisol et de la prolactine, qui sont libérés en fin de sommeil. Il convient cependant de relativiser les effets de ces variations circadiennes car leurs taux de libération plasmatique sont sans commune mesure avec ceux induits par des facteurs tels que l'heure et la qualité des prises alimentaires, et surtout la quantité et la qualité des exercices physiques réalisés.

Capacités psychomotrices et cognitives

Les capacités psychomotrices et cognitives présentent un rythme circadien de grande amplitude. Leurs variations seront d'autant plus importantes que les tâches à réaliser seront plus complexes. Elles peuvent atteindre jusqu'à 30 % par rapport à la moyenne journalière. Celles-ci vont surtout intervenir dans les sports à fortes composantes psychomotrices et cognitives. Les capacités sensorimotrices (temps de réaction, dextérité, coordination visuomotrice, etc.) sont à leur maximum au cours de l'après-midi et en début de soirée. Les capacités cognitives (mémoire à court terme, prise de décision, calcul mental, raisonnement logique, etc.) ont un pic plus précoce, généralement en fin de matinée. Seule la mémoire à long terme présente un pic en fin d'après-midi, qui semble dépendant de la proximité du sommeil.

Seuil douloureux

Le seuil douloureux diminue au cours de la journée, avec un minimum en fin d'après-midi. Ce rythme semble lié à celui des endorphines qui, comme l'ACTH, ont un pic de sécrétion au cours de la matinée. Ainsi, les douleurs articulaires ou musculaires, ou les agressions éventuelles de l'environnement seront moins perçues le matin.

Autres phénomènes biologiques circadiens

Il faut citer la quantité totale d'eau et d'électrolytes de l'organisme, le volume plasmatique, la répartition des fluides vers l'abdomen ou la périphérie, le volume du liquide extracellulaire, le seuil de sudation, qui tous sont impliqués dans la réalisation des performances sportives.

Implications pour les sportifs

Rythmicité circadienne et activités physiques intégrées : le cas du cyclisme

L'analyse de gestes sportifs fait appel à de nombreux paramètres biomécaniques et physiologiques qui, lorsqu'ils sont isolés pour être étudiés, fluctuent au cours de la journée. Que se passe-t-il lorsqu'on étudie le geste dans son ensemble?

Pour répondre à cette question, les variations de la fréquence de pédalage spontanée ont été étudiées sur des cyclistes très entraînés à différentes heures de la journée. Lorsque cette activité est réalisée sur bicyclette fixe, elle met en jeu au moins 14 muscles de chacune des deux jambes [7]. L'optimisation du couple fréquence de pédalage/puissance musculaire développée dépend de nombreuses contraintes d'ordre métabolique et neuromusculaire, dont les très nombreux facteurs impliqués fluctuent au cours de la journée. Moussay *et al.* en 2003 ont montré qu'en condition sous-maximale aérobie la fréquence de pédalage et la cinématique du mouvement présentent des fluctuations diurnes significatives [10]. Pour développer une puissance équivalente, les sujets préfèrent systématiquement pédaler moins vite le matin par rapport à l'après-midi car la coordination complexe de tous les muscles impliqués ne peut être réalisée par un fonctionnement neuromusculaire qui n'est pas à son optimum le matin.

Quand effectuer un effort?

La première application de ces connaissances sur les rythmes biologiques consiste à cerner les moments de la journée les plus favorables pour l'entraînement et la participation à des compétitions.

Des paragraphes précédents, on peut déduire que les performances sportives nécessitant principalement un potentiel physique (athlétisme, cyclisme, etc.) seront optimales en fin d'après-midi et en début de soirée, et présenteront une dépression au milieu de la nuit. Ces résultats sont confirmés « sur le terrain ». Au cours de nombreuses épreuves d'endurance réalisées sur au moins 24 heures, le pic de fatigue et les abandons se situent en fin de nuit et en début de matinée. De même, des études au cours desquelles les mêmes athlètes ont à réaliser des performances à différents moments de la journée, il ressort que les meilleurs temps chronométrés sont toujours réalisés l'après-midi.

Il semblerait donc que les fédérations sportives aient avantage à programmer leurs compétitions en fin d'après-midi. Toutefois, cela n'est pas une règle absolue, pour plusieurs raisons.

D'une part, il est possible d'adapter l'organisme à des horaires de compétition différents. Il faut pour cela que l'athlète s'entraîne aux mêmes horaires que ceux des compétitions. On note alors qu'une adaptation chronobiologique s'opère et qu'il peut être en pleine possession de ses moyens même si la compétition a lieu le matin. Par exemple, dans un travail récent, Souissy *et al.* [14] ont montré que l'amélioration des performances musculaires était dépendante de l'heure d'entraînement. Si les sujets s'entraînent uniquement le matin, le gain de force est plus important lorsque les efforts sont réalisés le matin, et inversement lorsque l'entraînement est réalisé en début de soirée.

D'autre part, les conditions environnementales et/ou climatiques peuvent avoir des effets sur l'organisme bien plus néfastes que ceux dus aux seules perturbations de la chronobiologie. Par exemple, dans les pays chauds, il est déconseillé de réaliser un effort l'après-midi en pleine chaleur ; les entraînements et les compétitions ont avantage à se dérouler soit tôt le matin, soit tard dans l'après-midi. De même, en devenant très dangereuses lorsque le soleil est à son zénith, les courses en haute montagne obligent les alpinistes à débuter leurs efforts très tôt le matin. Enfin, l'entraînement réduit considérablement les variations circadiennes des performances. Ce qui signifie que le débutant est beaucoup plus vulnérable aux perturbations de sa chronobiologie que ne l'est l'athlète de haut niveau.

Par ailleurs, nous avons vu précédemment que les capacités intellectuelles étaient meilleures en fin de matinée et les capacités mnésiques (mémoire à long terme) en début de soirée. En conséquence, l'entraîneur placera préférentiellement les contenus « stratégiques et tactiques » lors des séances du matin, au moment où les capacités physiques ne sont pas à leur maximum et il placera les séances de renforcement des capacités physiques l'après-midi et en début de soirée. Au cours de ces dernières, un rappel des phases tactiques peut être proposé pour en consolider la mémoire.

Différences interindividuelles ou chronotypes circadiens

La majorité des êtres humains possèdent les rythmes décrits ci-dessus. Ce sont ceux qui se couchent vers 23-24 heures et qui se réveillent vers 6-8 heures. Cependant, certaines personnes s'écartent de ces horaires « standard », selon une distribution gaussienne. Ceux qui ont tendance à se coucher plus tôt le soir et à se réveiller plus tôt le matin sont dits « du matin ». Toute leur chronobiologie est en avance sur le nycthémère. À l'opposé, ceux qui s'endorment plus tard et se réveillent plus tard sont dits « du soir ». Leur chronobiologie est en retard sur le nycthémère. L'écart entre les rythmes circadiens des individus « du matin » et de ceux « du soir » varie en fonction du paramètre biologique considéré. Ainsi, la courbe circadienne de la température des individus « du matin » est en avance de 2 heures seulement sur celle des individus « du soir », alors que pour ces derniers, les sécrétions des catécholamines et du cortisol sont plus tardives de plusieurs heures et beaucoup moins abondantes par rapport aux secrétions des individus « du matin ».

En ce qui concerne les compétitions, il semblerait que les athlètes « du soir » atteignent l'optimum de leurs performances plus tardivement dans la journée que les athlètes « du matin ».

En conclusion, cette revue des variations des facteurs pouvant contribuer à réaliser des performances montre que les athlètes ne seront au maximum de leurs possibilités que dans certains « créneaux horaires » qui leur sont propres, en fonction de leur chronobiologie, des conditions environnementales et du type d'effort qu'ils ont à réaliser. Ainsi, on peut dire qu'il existe un rythme circadien des records d'athlétisme.

Perturbations de la chronobiologie et ses adaptations

Jet-lag

Le *jet-lag* ou « syndrome de désynchronisation » est une conséquence des vols transméridiens. Il a pour effet de mettre l'organisme en déphasage avec son environnement. Les sportifs le connaissent bien. Il se remarque par des troubles du sommeil, une asthénie, des troubles de l'humeur, des problèmes digestifs et hormonaux; le tout se traduisant pour l'athlète par une baisse de ses capacités psychiques et physiques et un handicap considérable entravant ses performances sportives.

Ces troubles dépendent de la direction du voyage. Il est reconnu que les voyages vers l'est sont plus perturbants que les voyages vers l'ouest. Cela s'explique par une asymétrie d'adaptation des horloges biologiques. Il est en effet plus facile de retarder un cycle que de l'avancer. Les effets indésirables dépendent aussi du nombre de fuseaux horaires traversés. En général, ces effets commencent à se faire sentir à partir d'un décalage de 4 à 5 heures, et s'accentuent quand ce décalage augmente.

Il existe des différences considérables entre les individus en ce qui concerne leurs capacités d'adaptation au *jet-lag*. Les personnes âgées, celles dites « du matin », les « introvertis », de même que celles qui ont des rythmes très réguliers et de grande amplitude, mettront plus de temps à se resynchroniser.

Enfin, les différents rythmes biologiques ne s'adaptent pas tous de la même manière. Ce sont les rythmes de la fréquence cardiaque, de la veille et du sommeil qui s'adaptent le plus rapidement, alors que les rythmes de la température, du cortisol et de nombreuses hormones mettent beaucoup plus de temps à se resynchroniser.

D'une manière générale, il faut, pour retrouver toutes ses capacités, autant de jours que de fuseaux horaires traversés; d'où la nécessité, par exemple, d'arriver sur les lieux environ 6 jours avant une compétition lors de la traversée de 6 fuseaux horaires. Pour certaines compétitions (tennis, courses automobiles...), quand ces conditions ne peuvent pas être remplies (séjours de moins de 3 jours), il est conseillé de garder les rythmes du pays d'origine (technique dite du « vieux cocher »).

Un certain nombre de remèdes permettent d'accélérer les processus de resynchronisation.

Le premier et le plus simple d'entre eux consiste à vivre le plus rapidement possible sur le rythme du pays de destination. Dans l'avion, mettre sa montre à l'heure de ce pays, manger et dormir si possible comme si on était arrivé favorise la mise en condition. De même sur place, s'exposer le plus possible aux synchroniseurs externes locaux (lumière, activité, etc.) permet de renforcer leur action sur les horloges internes. Il est même recommandé de s'exposer à une lumière blanche intense (environ 1 000 lux) chaque matin au réveil.

Le second consiste à surveiller son alimentation. Au cours des déplacements en avion, le degré hygrométrique ambiant est très bas. Une déshydratation rapide se produit qui peut durer tout le temps du voyage, c'est-à-dire plusieurs heures et nécessiter plusieurs jours pour récupérer. Cette déshydratation est alors responsable d'un état de fatigue et surtout, d'une dégradation des performances car elle augmente la fréquence cardiaque, diminue le volume d'éjection systolique et augmente la température corporelle. Pour y remédier, il est nécessaire de boire abondamment de l'eau (2 à 3 litres par vol transatlantique) et d'éviter la consommation de diurétiques, notamment le thé ou le café. L'alcool est à prohiber (il est fréquemment utilisé, à tort, comme antistress ou hypnotique pour s'endormir dans l'avion!) car ses effets sont considérablement augmentés par la déshydratation et la pressurisation. Par ailleurs, un certain nombre d'études ont montré qu'une alimentation riche en hydrates de carbone et pauvre en lipides permet une meilleure relaxation et facilite le sommeil. Ce type d'aliment est donc conseillé avant le vol de façon à faciliter le sommeil pendant le voyage. Inversement, une alimentation riche en protéines stimule l'éveil et devra être prise le matin dans le pays d'arrivée.

Une troisième solution consiste à prendre un hypnotique à brève durée d'action pendant le vol et les premières nuits, de manière à ne pas accumuler de dette de sommeil et à s'adapter plus vite aux horaires de destination. Enfin, quelques auteurs attribuent à la mélatonine un effet « anti-*jet-lag* ». Cette hormone, substance principale de l'épiphyse, jouerait un rôle important dans le fonctionnement des horloges internes. Elle permettrait une resynchronisation plus rapide des déphasages biologiques, notamment dans le cas des déplacements vers l'est.

Sujet âgé

Des travaux récents ont montré que l'activité physique est un facteur bénéfique dans les mécanismes du vieillissement. Chez les sujets âgés en bonne santé, si les rythmes circadiens sont globalement conservés, certains d'entre eux, dont le rythme veille-sommeil, se trouvent perturbés et leurs paramètres modifiés. Ainsi peut-on observer une diminution de l'amplitude des variations nycthémérales tant pour le cycle veille-sommeil que pour celui de la température.

Ces modifications des rythmes sont attribuées à deux facteurs de dégradation :

- interne : une diminution fonctionnelle progressive des structures nerveuses responsables (fig. 79.1), de moins en

moins sollicitées, voire une altération de leurs réseaux neuronaux. En effet, des lésions expérimentales de ces structures perturbent les rythmes circadiens chez l'animal;
- externe : une atténuation de l'influence exercée par les synchroniseurs donneurs de temps à la suite de modifications souvent brutales de l'activité, autrefois fondée sur les horaires de travail, plus généralement sur des rythmes psychosociaux. Parmi ces synchroniseurs, l'alternance lumière-obscurité est importante puisqu'elle règle la quantité de mélatonine circulante dans le sang. En effet, une diminution de l'intensité lumineuse sur la rétine s'accompagne d'une augmentation de sa sécrétion. Or, chez le sujet âgé, celle-ci diminue, majorant ainsi les altérations de la rythmicité circadienne.

Par ailleurs, des perturbations du sommeil chez le sujet âgé participent au déphasage de la rythmicité circadienne, entraînant une désorganisation polyphasique du rythme veille-sommeil. De plus, le sujet âgé se couche et se lève plus tôt, ce qui correspond à une avance de phase en relation avec l'apparition plus précoce du minimum thermique corporel. S'il n'est pas tenu compte de ce déphasage, celui-ci s'aggrave au cours du temps avec des conséquences pouvant être dangereuses : pathologiques, accidentelles...

La réaction adaptée de l'organisme vieillissant aux facteurs de désynchronisation des rythmes biologiques repose sur l'existence d'une meilleure hygiène de vie dont l'activité physique fait partie. Encore faut-il que l'exercice physique soit en rapport avec les capacités du sujet et son niveau de motivation initial.

En effet, l'activité physique du sujet âgé diminue progressivement en relation avec l'affaiblissement de ses capacités physiologiques, surtout celles des systèmes respiratoire, cardiovasculaire et locomoteur. Réciproquement, la réduction de l'activité physique voire la sédentarité accélère la sénescence physiologique, entraînant un taux de morbidité et de mortalité plus élevé.

À l'inverse, l'aptitude physique est maintenue ou améliorée lors du vieillissement par une petite activité motrice régulière comme la marche, qui permet en outre de retarder les troubles musculosquelettiques et articulaires de plus en plus fréquents.

Des exercices physiques plus intenses ou la pratique d'un sport sous contrôle médical permettent d'atteindre des résultats encore plus significatifs, comme en témoigne par exemple l'augmentation des capacités pulmonaire et aérobie. Ces améliorations fonctionnelles s'accompagnent d'un bien-être psychologique.

D'une façon générale, on considère que l'activité physique restaure les rythmes biologiques en facilitant les neurotransmissions et l'adaptation de mécanismes physiologiques comme celui du système thermorégulateur. Autrement dit, l'activité physiologique augmenterait la stimulation de l'horloge biologique interne en agissant comme un puissant synchroniseur externe.

Dans cette optique, des études récentes de Gruau *et al.* [8] ont montré que chez les personnes âgées, un exercice physique modéré et régulier restaurait l'amplitude et la stabilité des rythmes biologiques (fig. 79.5), en particulier celui de la température, mais aussi le rythme activité-repos dont la fragmentation se trouve diminuée. Cependant, cette activité physique doit être poursuivie dans le temps pour que l'effet bénéfique de synchronisation chronobiologique persiste. Celle-ci se trouve renforcée lorsque cette pratique est réalisée au sein d'un groupe, le facteur social jouant le rôle synergique de synchroniseur externe.

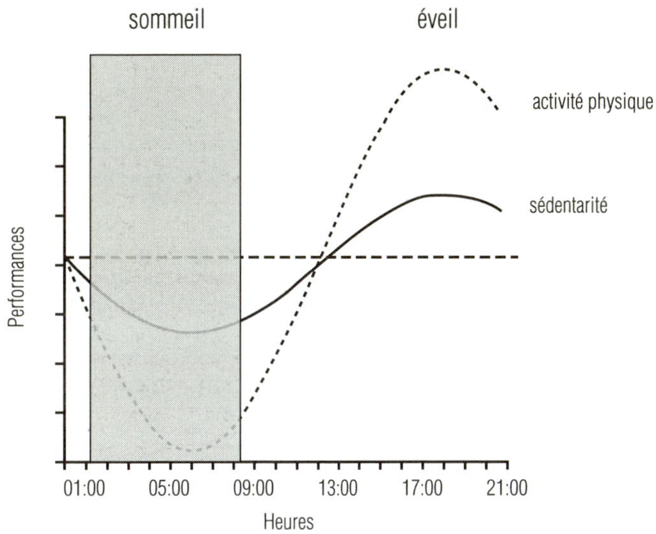

Fig. 79.5. Représentation schématique du rythme des performances chez le sujet sédentaire et chez le sujet physiquement actif.

Enfin, l'efficacité de l'exercice physique sur la resynchronisation des rythmes circadiens est variable en fonction des heures de la journée. Son action est plus nette l'après-midi que le matin. L'exposition à la lumière s'inscrit dans cette même orientation.

Sommeil et activités physiques et sportives

Les périodes d'activité et de repos du sportif sont gérées quotidiennement grâce au rythme veille-sommeil. L'organisme humain est programmé de sorte qu'il est actif pendant le jour et inactif pendant la nuit. Le sommeil étant l'état le plus favorable à la récupération, les paragraphes suivants sont consacrés à sa description et à ses interrelations avec les activités physiques et sportives.

Rappels sur le sommeil

Au cours d'une nuit de sommeil, différents stades peuvent être enregistrés (fig. 79.6). Le premier stade qui apparaît est un stade d'endormissement : l'activité du cerveau se ralentit, les ondes enregistrées sur l'électroencéphalogramme (EEG) diminuent leur fréquence et deviennent plus amples. C'est le premier stade de sommeil lent (SL1). Il est généralement bref. Trois autres stades de sommeil lent de plus en plus profonds vont ensuite se succéder (SL2 à 4) : le tonus musculaire diminue, de même que les fréquences respiratoire et cardiaque. L'EEG se ralentit et son amplitude augmente considérablement. Les stades SL3 et SL4, au cours desquels les ondes delta (inférieures à 2 Hz) sont majoritaires, sont appelés stades de sommeil lent profond (SLP). Ils représentent chez un jeune sportif environ 20 à 25 % d'une nuit de sommeil et serviraient à restaurer les capacités physiques et psychiques altérées par la veille.

Le sommeil lent est suivi d'un deuxième type de sommeil, appelé sommeil paradoxal (SP). Celui-ci est caractérisé par une activité EEG de fréquence rapide et de faible voltage, comme pendant la veille, mais le tonus musculaire est aboli, l'activité cardiorespiratoire est très irrégulière et de nombreuses phases de mouvements oculaires (PMO) peuvent être observées. Le SP représente environ 20 % du sommeil total. C'est le sommeil des rêves. La succession SL-SP forme un cycle qui dure environ 90 minutes et qui se reproduit 5 à 6 fois au cours de la nuit. Le premier cycle de sommeil est essentiellement constitué de SLP, alors que pour les derniers cycles c'est surtout le SP qui prédomine (fig. 79.6).

Le sportif et son sommeil

Rôle du sommeil chez le sportif

Est-il nécessaire de le préciser, les sportifs ont besoin de bien dormir. Des études ont montré que par rapport aux sédentaires, leur sommeil est souvent de meilleure qualité et qu'il est plus profond, c'est-à-dire qu'ils présentent plus de sommeil lent. De plus, ce sont de gros dormeurs, notamment les spécialistes d'endurance qui ont souvent un besoin supérieur à 10 heures de sommeil par nuit. L'expérience montre qu'une mauvaise nuit de sommeil altère les performances. Le sommeil doit donc être préservé au maximum. Cependant, dans de nombreuses situations (courses à la voile en solitaire ou en montagne, voyage transméridien, angoisse de la compétition, habituation à un nouvel environnement, très longues courses, etc.), celui-ci est perturbé ou même supprimé. Il est donc important de connaître les effets de ces dettes de sommeil sur les différents rythmes biologiques.

Des études concernant les effets de privation de sommeil sur les performances, il faut retenir que ce sont les capacités psychomotrices et cognitives (mémorisation, décodage de signes, logique, calcul, etc.) qui sont les premières à être détériorées. Elles sont aussi les plus affectées. Celles-ci décroissent rapidement, dès les premières heures de privation de sommeil, puis leur dégradation se poursuit en fonction de la durée de la privation.

En revanche, en ce qui concerne les performances physiques, les résultats des différentes études sont contradictoires. De nombreuses composantes de la performance physique ne seraient pas modifiées par des privations de sommeil, même après 72 heures d'éveil. Néanmoins plus récemment, Mougin *et al.* [9] ont montré que les capacités cardiovasculaire, ventilatoire et hormonale de sujets endurants, évaluées au cours d'une épreuve difficile sur bicyclette ergométrique, sont moins efficaces après une nuit de sommeil écourtée par un réveil de 3 heures en milieu de nuit. Les effets sont surtout visibles l'après-midi. De plus, d'autres études ont établi que la privation de sommeil a aussi un effet sur certains processus de récupération après l'effort. Par exemple, le rythme de la température corporelle se modifie ; celui-ci, tout en continuant à fluctuer, voit sa moyenne circadienne chuter proportionnellement à la durée de la privation. Les réponses thermiques induites par un effort sont elles aussi différentes. De même, il a été montré que les rythmes de nombreuses hormones, notamment les catécholamines, le cortisol et l'hormone de croissance, ou les concentrations de certaines enzymes de la contraction musculaire sont perturbés par des privations de sommeil.

Comment le sportif doit-il gérer son sommeil ?

Il lui faut tout d'abord bien connaître sa chronobiologie et respecter ses horaires de coucher et de lever. La régularité est très importante car de nombreux rythmes biologiques sont synchronisés sur le rythme veille-sommeil. Il lui faut aussi respecter les règles d'hygiène du sommeil et dormir le plus possible dans un environnement familier (intérêt lors de déplacements soit d'avoir sa caravane ou son camping-car, soit de dormir dans une chaîne d'hôtels dont les chambres sont toutes semblables). Il lui faut aussi éviter les entraînements et les efforts tardifs (après 20 heures) car ils stimulent la libération de nombreuses substances de l'éveil et retardent le moment de l'endormissement.

Faire la sieste peut aussi être très favorable au sportif. Il existe en début d'après-midi vers 13-15 heures une dépression de la vigilance qui favorise l'endormissement. Le sommeil de sieste est

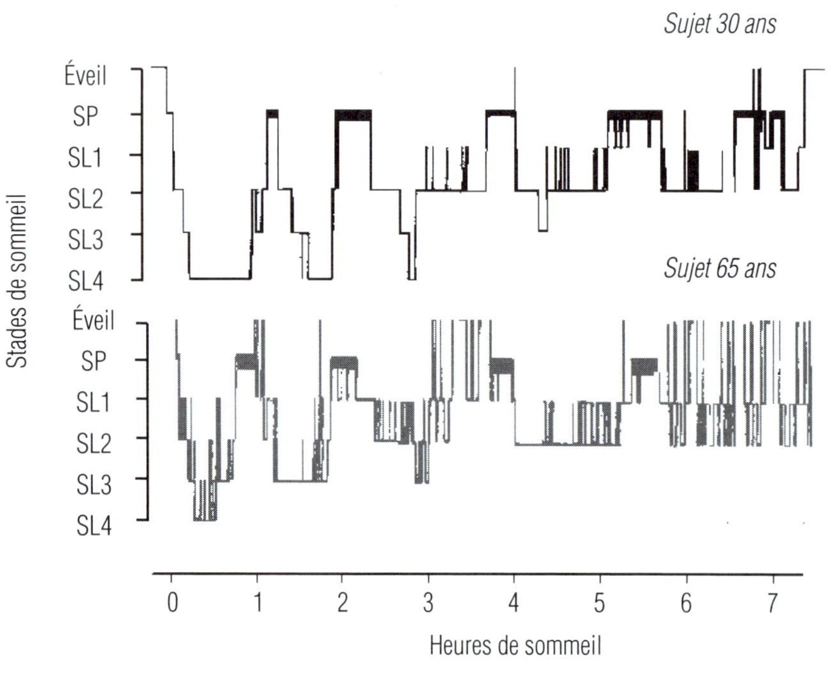

Fig. 79.6. Hypnogrammes d'une nuit de sommeil d'un sujet jeune et d'un sujet âgé retraité.

essentiellement composé de sommeil lent, qui est réparateur. La sieste impose une période de repos à l'organisme et elle favorise la digestion. Seul problème, l'inertie post-sommeil (incapacité à retrouver ses pleines capacités), qui est plus ou moins longue en fonction du stade de sommeil dans lequel on se trouve au moment du réveil. Il faut, pour éviter ce phénomène, faire des siestes courtes, toujours de moins d'une heure.

Perturbations du sommeil et ses adaptations

Navigation en solitaire

La navigation en solitaire est l'exemple classique d'une situation où il faudrait être éveillé en permanence pour rester en bonne forme et performant, alors que l'absence de sommeil en elle-même conduit à la fatigue et à des contre-performances, voire à l'accident grave. Cette situation se retrouve dans tous les efforts continus qui durent plus de 24 heures. La seule adaptation possible est alors le fractionnement du sommeil.

Dans ce cas, la question est de savoir quand et combien de temps il est nécessaire de dormir. Il existe peu d'études sur ce problème. Celles-ci montrent que d'une manière générale, il est possible grâce au fractionnement du sommeil de rester performant. Toutefois, un sommeil polyphasique (en plusieurs tranches) est moins efficace pour récupérer qu'un sommeil monophasique.

Il a été montré que pour récupérer des capacités qui auraient été fortement altérées par une privation de sommeil (calculs mentaux, par exemple), il suffit d'un quart d'heure de sommeil pour retrouver 50 % de ces capacités perdues. Mais ensuite, cette récupération se ralentit : après 3 heures de sommeil, seulement 85 % de ces capacités sont retrouvées et une durée de sommeil beaucoup plus importante sera nécessaire pour récupérer à 100 %. Ces études montrent que des privations de sommeil trop longues sont à éviter car elles conduisent à des pertes de capacités qu'il sera très difficile de compenser par la suite. Elles montrent aussi qu'il est possible de maintenir un certain niveau d'efficacité avec de courtes périodes de sommeil.

La capacité à acquérir un sommeil polyphasique dépend des individus. Les petits dormeurs, les individus « du soir » et les extravertis ont plus de facilité. Une période d'apprentissage favorise le passage à un sommeil polyphasique. Le sportif intéressé doit connaître la durée et le nombre de cycles de sommeil qui lui sont indispensables, ce que l'on appelle le « noyau dur » du sommeil. Il doit aussi connaître sa chronobiologie. Ces informations sont données par des enregistrements de sommeil associés à des questionnaires et entretiens. Le fractionnement du sommeil se fait ensuite progressivement. Il commence par deux longues siestes pendant la journée, accompagnées d'un raccourcissement proportionnel du sommeil nocturne. Certaines heures de la journée (8-12 et 16-19 heures) sont « interdites », car le sommeil à ce moment-là est plus difficile à trouver et il est peu récupérateur. Ensuite, le sommeil de nuit est fractionné et la durée de chaque épisode de sommeil est diminuée jusqu'à environ le tiers d'un cycle (périodes de 20 à 60 minutes), ce qui donne un sommeil total quotidien de 4 à 6 heures tout au plus. Il est possible de tenir dans ces conditions pendant des mois. De plus, une fois acquise, l'aptitude à se mettre en sommeil polyphasique persiste très longtemps, permettant ainsi une amélioration durable de la performance.

Alpinisme

Le sommeil en altitude a depuis toujours été décrit comme un mauvais sommeil. De ce fait, les nuits ne permettent pas de récupérer et une fatigue s'installe, qui est sans commune mesure avec la quantité d'activité physique déployée. Au cours de la dernière décennie, il a été possible d'enregistrer polygraphiquement le sommeil des alpinistes en haute altitude de 5 000 à 6 000 m. Les études de Weil *et al.* en 1978 [16] et de Goldenberg *et al.* en 1988 [6] ont confirmé la mauvaise qualité du sommeil. La durée de la veille au cours du sommeil augmente considérablement, et les stades de SLP et de SP sont diminués. C'est la diminution de la pression partielle en oxygène qui est à l'origine de ces perturbations. La respiration devient périodique et les sujets se réveillent en ayant l'impression de suffoquer. Après plusieurs semaines d'adaptation, ces effets s'atténuent. Les traitements utilisés sont, d'une part, la prise d'hypnotiques, mais il faut savoir que certains d'entre eux augmentent les apnées, et d'autre part, la prise d'acétazolamide, qui a pour effet de minimiser l'alcalose respiratoire induite par l'hyperventilation et de diminuer le phénomène de respiration périodique. Le sommeil en est sensiblement amélioré.

À des altitudes plus faibles, de 3 000 à 4 000 m, Normand *et al.* en 1990 [12] ont montré chez des sujets transplantés que l'hypoxie ne modifie pas l'organisation du sommeil et que la ventilation périodique lorsqu'elle survient n'est jamais observée au cours du SP. Sur les tracés polygraphiques, la fréquence cardiaque plus élevée à cette altitude suit les variations rythmiques des oscillations ventilatoires.

Cependant, les différences constatées dans les données obtenues à ces deux niveaux d'altitude sont en partie explicables par des conditions expérimentales distinctes. Dans le premier cas, les sujets sont soumis aux conditions de vie inconfortables du terrain (activité musculaire diurne intense, froid nocturne stressant) alors que dans la seconde situation, les conditions d'enregistrement sont celles du laboratoire.

Sujet âgé

Les troubles du sommeil chez le sujet âgé sont le plus souvent révélés par des plaintes portant sur la quantité et la qualité du sommeil et de la veille.

Ce vécu subjectif correspond généralement à des modifications objectives des tracés polygraphiques, dont la description est actuellement bien établie.

La durée du sommeil nocturne est diminuée alors que le temps global de sommeil peut être le même que chez l'adulte si l'on ajoute les siestes et les périodes de somnolence fréquentes au cours de la journée. Ce sommeil écourté est interrompu au cours de la nuit par des éveils nocturnes s'accompagnant généralement d'anxiété et d'angoisse.

Cette dégradation, facilitée par de nombreux changements de stades, peut aboutir à une privation de sommeil chronique génératrice de mal-être.

Bien que la latence d'endormissement reste normale au coucher, les réendormissements après chaque éveil sont difficiles et plus longs. De nombreux microéveils de quelques secondes participent à l'allégement du sommeil. Les durées cumulées de l'ensemble de ces éveils sont responsables d'une réduction significative de l'index d'efficacité du sommeil, rapport entre temps réel total de sommeil nocturne sur le temps passé au lit.

L'organisation du sommeil est perturbée. Les stades de SLP sont diminués, en particulier le stade IV, qui disparaît après 70 ans. Cette dégradation semble en relation avec celle des fonctions cognitives. Sur le tracé polygraphique, la réduction du SLP se traduit par une chute des ondes lentes en nombre et en amplitude. Il en va de même en ce qui concerne les fuseaux caractéristiques du stade SL2. Bien que la durée de SP soit conservée, celui-ci est fragmenté et sa répartition devient uniforme au cours de la nuit, avec un raccourcissement de sa latence d'apparition. Or, alors que le SP aurait un rôle dans l'homéostasie cognitive de l'éveil, le SLP est classiquement considéré comme un sommeil réparateur.

Il est bien connu, surtout chez le sujet jeune, que des activités physiques nombreuses au cours de la journée peuvent être compensées par une période de récupération accrue, s'exprimant par un besoin de sommeil plus important la nuit suivante. À la suite d'efforts intenses, une augmentation du SLP (SL III et IV) a été observée mais cet effet récupérateur n'est pas retrouvé lorsque l'activité physique est trop intense et tardive.

Des études par questionnaires sur de larges échantillons de populations ont montré l'intérêt de l'exercice physique comme facteur d'amélioration du sommeil. Cependant la plupart des auteurs se sont intéressés à l'intensité des exercices physiques, mais peu d'entre eux à leurs durées et à leurs fréquences, en particulier chez le sujet âgé. La durée de l'exercice est une variable importante puisque ses effets sur le SLP ne sont significatifs que pour un exercice d'au moins une heure. De même, une amélioration de la qualité subjective du sommeil est observée chez des sujets âgés après un entraînement physique modéré d'au moins 4 mois à raison de 2 séances de 1 heure par semaine. Ces résultats s'accordent avec ceux obtenus à l'aide d'enregistrements polygraphiques qui montrent que le sommeil des sujets entraînés comporte plus de sommeil lent profond, moins d'éveils intrasommeil, de changements de stades et des latences d'endormissement plus courtes, dont la conséquence est un index d'efficacité du sommeil plus élevé.

Cette amélioration de la qualité du sommeil s'accompagne d'un renforcement de l'éveil diurne, contribuant ainsi au maintien des capacités physiques et cognitives des sujets âgés, dont dépend leur qualité de vie.

Conclusion

La rythmicité est un phénomène universel. L'athlète n'échappe pas à cette loi. Chaque jour, son organisme passe par un minimum et un maximum d'efficacité pour une fonction donnée. En théorie, son potentiel sera optimalisé lorsque la plupart des rythmes biologiques seront proches de leur maximum et en phase.

Sur les stades, la marge de manœuvre est devenue si étroite que l'utilisation des connaissances sur les rythmes circadiens devient un facteur supplémentaire de succès. L'athlète peut ainsi apprendre à se connaître, prendre du temps pour analyser ses propres rythmes et son sommeil. Il pourra ainsi en tenir compte pour ses entraînements et ses compétitions, et mieux s'adapter aux conditions qui, sans cela, pourraient ne pas lui être favorables.

Au pôle opposé, chez le sujet sédentaire vieillissant dont les rythmes circadiens sont notablement perturbés, l'entraînement physique régulier et modéré favorise une restauration des rythmes et du sommeil nocturne ainsi que de la vigilance diurne. De plus, l'activité physique contribue aussi à préserver la force musculaire et l'aptitude physique des personnes âgées, participant à leur remise en forme et à l'amélioration non seulement de leur bien-être général mais aussi de leurs fonctions cognitives. On peut considérer qu'il s'agit là d'une action thérapeutique à base physiologique préférable à l'usage de médicaments hypnotiques.

La connaissance des différents rythmes biologiques et de leurs mécanismes d'adaptation aux diverses perturbations internes et environnementales est donc fondamentale. Elle permet aux individus sportifs ou non de ne pas faire n'importe quoi, n'importe quand.

Bibliographie

[1] Callard D, Davenne D, Gauthier A, Lagarde D, Meney I, Gentil C, Van Hoecke J. Nycthemeral variations in core temperature and heart rate : continuous cycling exercise *versus* continuous rest. *Int J Sports Med* 2001 ; 22 : 553-7.

[2] Callard D, Davenne D, Gauthier A, Lagarde D, Van Hoecke J. Circadian rhythms in human muscular efficiency : continuous physical exercise *versus* continuous rest. A crossover study. *Chronobiol Int* 2000 ; 17 : 693-704.

[3] Davenne D, Gauthier A. Location of mechanisms involved in the circadian rhythm of muscle strength. *Excerpta Medica International Congress Series* 1998 ; 1152 : 553-6.

[4] Gauthier A, Davenne D, Gentil C, Van Hoecke J. Circadian rhythm in the torque developed by elbow flexors during isometric contraction. Effect of sampling schedules. *Chronobiol Int* 1997 ; 14 : 287-94.

[5] Gauthier A, Davenne D, Martin A, Cometti G, Van Hoecke J. Diurnal rhythm of muscular performance of elbow flexors during isometric contractions. *Chronobiol Int* 1996 ; 13 : 147-58.

[6] Goldemberg F, Richalet JP, Keromes A, Rathat C, Dantlo B. Poor sleep induced by high altitude hypoxia. Effect of a thiendiazepine, brolizolam. *In :* Koella W *et al.*, eds. *Sleep*, 84. Stuttgart, New York : Gustave Verlag, 1985.

[7] Griffié RA, Monod H. Électromyographie du pédalage sur bicycle ergométrique. *Trav Hum* 1956 ; 18 : 287-95.

[8] Gruau S, Davenne D, Pottier M, Denise P. Rôle de l'entraînement sur la conduite automobile chez le sujet âgé. *Neurol Psychiatr Geriatr* 2002 ; 9 : 36-40.

Bibliographie (suite)

[9] Mougin F, Simon-Rigaud ML, Davenne D, Renaud A, Garnier A, Magnin P. Influence d'une privation partielle de sommeil sur l'adaptation de l'organisme à l'exercice physique. *Sciences et Sport* 1990; 5 : 83-90.

[10] Moussay S, Bessot N, Gauthier A, Larue J, Sesboüe B, Davenne D. Diurnal variations in cycling kinematics. *Chronobiol Int* 2003; 20 : 879-92.

[11] Moussay S, Gauthier A, Sesboüe B, Davenne D. Effets de l'heure de la journée sur les paramètres physiologiques et biomécaniques de la performance en cyclisme. *Science et Motricité* 2002; 46 : 95-118.

[12] Normand H, Barragan M, Benoit O, Bailliart O, Raynaud J. Periodic breathing and O2 saturation in relation to sleep stages at high altitude. *Aviat Space Environ Med* 1990; 61 (3) : 229-35.

[13] Reinberg A. *Les rythmes biologiques*. Paris : PUF, coll. « Que sais-je ? », 1989 : 127 p.

[14] Souissi N, Gauthier A, Sesboüe B, Larue J, Davenne D. Effects of regular training at the same time of day on diurnal fluctuations of muscular performance. *J Sport Sci* 2002; 20 : 929-37.

[15] Souissi N, Sesboüe B, Gauthier A, Larue J, Davenne D. Circadian rhythms in two types of anaerobic cycle leg exercise : force-velocity and 30-s Wingate tests. *Int J Sports Med* 2004; 25 (1) : 14-9.

[16] Weill JV, Kryger MH, Scoggin CH. Sleep and breathing at hight attitude. *In : Sleep apnea syndromes*. New York : Alan R. Liss, 1978 : 119-36.

Pour en savoir plus

Benoit O, Foret J. *Le sommeil humain : bases expérimentales physiologiques et physiopathologiques*. Paris : Masson, 1992 : 202 p.

Moore-Ede MC, Sulzman FM, Fuller CA. *The clocks that time us*. Cambridge : Harvard University Press, 1982.

Reilly T, Atkinson G, Waterhouse J. *Biological rhythms in sport and exercise*. Oxford : Oxford University Press, 1990.

Touitou Y, Haus E. *Bilogical rhythms in clinical laboratory and medicine*. New York : Springer Verlag, 1992.

Fatigue et asthénie

Sommaire

Le terme « fatigue » est d'utilisation difficile, de même que sa compréhension, si l'on n'a pas pris la précaution de le définir. La fatigue peut, en effet, prendre plusieurs formes; un rappel n'est donc pas inutile.

Différentes formes de fatigue

Il est d'abord classique de distinguer la *fatigue objective*, dont les manifestations sont accessibles à un observateur extérieur, de la *fatigue subjective*, qui n'est perçue et décrite que par le sujet lui-même. Dans un cas comme dans l'autre, la fatigue peut s'inscrire dans un contexte *normal* (physiologique) ou dans un tableau *pathologique*. La fatigue peut intéresser différentes fonctions de l'organisme : fatigue musculaire, fatigue auditive ou visuelle, fatigue nerveuse.

S'agissant d'activités musculaires, dans un contexte professionnel ou sportif, la fatigue peut être *locale*, n'intéressant que quelques muscles particulièrement sollicités, ou générale, impliquant la plupart des fonctions de l'organisme : systèmes respiratoire, cardiovasculaire, thermorégulateur, nutritionnel.

La fatigue musculaire a été définie comme une « baisse transitoire de la performance motrice attendue ». Lorsqu'un haltérophile est à l'entraînement, sa capacité à soulever une charge donnée diminue avec la répétition et bientôt les contractions ne peuvent plus être poursuivies; on dit que ses muscles sont fatigués. De même, après quelques essais, le sauteur en hauteur voit sa capacité se réduire; il est fatigué et doit se reposer avant de reprendre. Dans les épreuves de longue durée, les mécanismes responsables de l'arrêt des contractions sont de deux ordres, musculaire et nerveux, puisque les muscles et les différentes fonctions qui les gouvernent sont sous la dépendance du système nerveux. La fatigue peut donc être d'origine périphérique ou d'origine centrale.

Le terme *asthénie* est plutôt réservé pour désigner un état de fatigue générale et touche à la pathologie *somatique*, entrant dans les domaines infectieux, hématologique, hépatodigestif ou neurologique. Chez le sportif de compétition, cette fatigue réactionnelle est souvent décrite sous le terme de *surentraînement*. L'asthénie peut être seulement *fonctionnelle*, se manifestant soit le matin, soit le soir, s'accompagnant de troubles du sommeil, de l'appétit, de troubles sexuels ou de la mémoire.

Fatigue du sportif

Toutes les catégories de sportifs sont intéressées par les phénomènes de fatigue : enfants et adolescents débutants, sportifs occasionnels du dimanche ou de la semaine d'hiver, athlètes de compétition bien entraînés, ceux qui reprennent une pratique longtemps interrompue, les vétérans.

Quel que soit le sport pratiqué, chacun d'eux met en jeu un appareil moteur, comportant des os, des articulations, des tendons et des muscles. Cet ensemble est sous la dépendance d'une innervation sensitivomotrice, qui le connecte à des centres nerveux assurant commande et coordination. Mais il dépend aussi d'un système d'approvisionnement (oxygène, glucides, acides gras) et d'évacuation des déchets (CO_2, acide lactique, chaleur). L'ensemble fonctionne de façon harmonieuse grâce à un contrôle nerveux végétatif, principalement sympathique, et à des régulations hormonales, qui assurent le maintien de l'homéostasie de l'organisme. Ainsi, les muscles actifs reçoivent-ils le maximum de ce dont ils ont besoin.

L'exercice peut être modéré ou intense, de courte ou de longue durée, prendre place dans un programme d'entraînement ou dans une compétition; il représente un « stress », auquel l'organisme répond par des adaptations à très court terme et des compensations, lorsque l'activité cesse, assurant le retour à l'état de repos. Au cours d'une saison d'entraînement surviennent des adaptations à plus long terme. Un juste équilibre entre activité et récupération permet au sportif d'atteindre le meilleur de sa forme. Il s'agit bien de physiologie.

La pathologie commence lorsque la physiologie se trouve dépassée : l'équilibre un instant perturbé ne peut plus être rétabli au-delà d'un temps raisonnable. La fatigue pathologique (ou asthénie) du sportif peut être considérée comme résultant d'une *rupture d'équilibre* entre les réactions d'adaptation *(strain)* déclenchées par l'exercice et les processus de récupération. La non-restauration complète des capacités motrices d'un jour à l'autre après une séance d'entraînement ou dans les deux ou trois jours suivant une compétition témoigne d'un état de fatigue générale de l'organisme, qui risque d'aller en s'accentuant si le médecin du sport, consulté, n'intervient pas par des conseils de modération.

Fatigue du moteur musculaire

Phénomène physiologique normal, elle a été et est encore étudiée chez l'animal ou chez l'homme pour tenter d'en comprendre les mécanismes. Elle est observée en rééducation fonctionnelle, dans les exercices de pouliethérapie, dans les programmes d'entraînement de musculation pour certains sports, pour lesquels une force élevée doit être mise en jeu (sauts, lancers, haltérophilie, lutte...). Il s'agit dans tous les cas d'un phénomène de *fatigue musculaire locale*, intéressant spécifiquement les muscles le plus engagés dans l'activité considérée.

Lorsque des masses musculaires peu importantes sont mises en jeu (définition du « travail local »), il est licite d'oublier un instant que le système musculaire est intégré étroitement à l'ensemble de l'organisme, pour ne considérer que le moteur musculaire. Dans ce cadre, la fatigue a été définie comme une *diminution d'activité du système musculaire, consécutive à une activité antérieure, survenant pour une incitation constante par les centres de commande et réversible par le repos*. Cette définition, proposée par Scherrer et Monod (1960), permet d'éliminer du cadre de la fatigue musculaire, phénomène physiologique, toutes les atteintes à la capacité de travail des muscles liées à des processus de pathologie médicale ou chirurgicale, et même de vieillissement normal de l'organisme. La fatigue ainsi définie s'observe si l'*intensité* de l'exercice et/ou sa *durée* dépassent un certain niveau.

Les mécanismes généralement invoqués pour expliquer une baisse de performance du moteur musculaire sont l'un central, les deux autres périphériques, donc plus facilement accessibles à l'observation.

Fatigue centrale

Elle met en cause la volonté du sujet à poursuivre le travail entrepris, sa motivation, et sa capacité à mobiliser un maximum d'unités motrices (groupement de fibres musculaires innervées par un même motoneurone) et cela de façon aussi synchrone que possible. Mais elle dépend aussi de phénomènes d'inhibition à l'étage médullaire, dus par exemple à des afférences douloureuses. La comparaison entre niveaux de force maximale obtenus par contraction volontaire et par stimulation électrique du nerf moteur met en évidence une dégradation plus rapide, avec la répétition dans le premier cas.

Défaut de couplage excitation-contraction

Le signal déclenchant (potentiel d'action propagé) peut ne pas parvenir au point où se joue le couplage entre l'excitation et la contraction, si le système tubulaire transverse (STT : structure interne de la fibre) n'assure plus la propagation de l'excitation à l'ensemble des sarcomères d'une même myofibrille, d'une même fibre ou d'une même unité motrice (fig. 80.1).

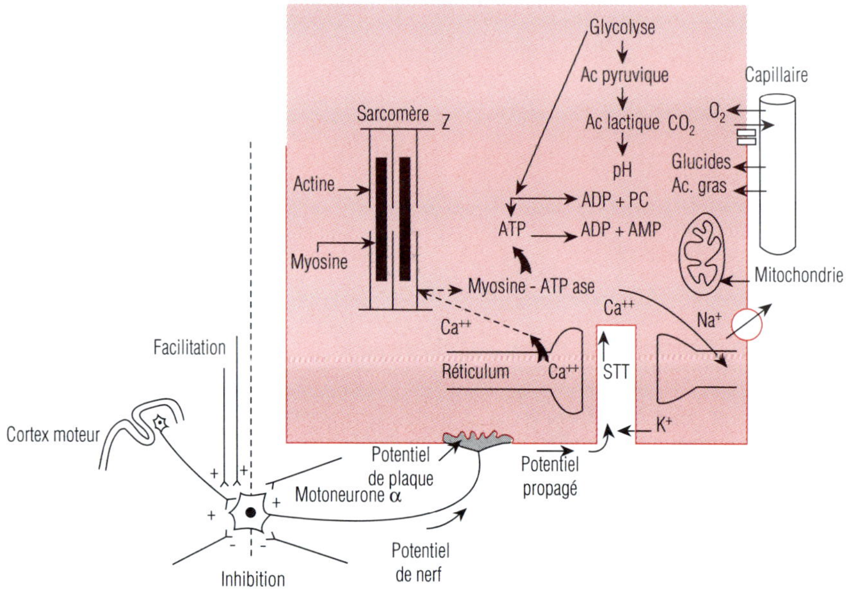

Fig. 80.1. Mécanisme de la fatigue du moteur musculaire : défaut de couplage excitation-contraction.

Le rôle du potassium est particulièrement important. Au cours de la contraction, celui-ci quitte le milieu intracellulaire pour la lumière tubulaire, diminuant le gradient électrotonique des tubules, dont les parois ne conduisent plus la dépolarisation. La baisse du pH intracellulaire active, en effet, les canaux potassiques en réduisant l'inhibition qu'exerce normalement sur eux une concentration élevée en ATP.

L'apparition de radicaux libres pourrait également modifier la conductibilité de la membrane musculaire.

Enfin, dans les exercices mettant en jeux des forces élevées, la structure des sarcomères se trouve altérée par suite de contraintes mécaniques excessives. En témoigne l'élévation nette dans le plasma de la *créatine phosphokinase* (CPK). Au cours de l'entraînement, un bon programme se manifeste par une baisse de CPK, alors qu'un mauvais programme, sollicitant trop les muscles, détermine une élévation de CPK.

Fatigue d'origine métabolique

Même en présence du signal électrique, le couplage peut ne plus survenir pour des raisons métaboliques. Il ne s'agit pas

de l'épuisement du glycogène, ni *a fortiori* des acides gras, dont les réserves sont considérables.
En cas de mise en jeu d'une puissance mécanique très élevée, l'arrêt des contractions survient en quelques secondes par épuisement des réserves d'ATP et de phosphocréatine : c'est le cas des courses à pied sur très courtes distances. Si la puissance mise en jeu est un peu moins élevée, faisant appel à la fois au métabolisme anaérobie et au métabolisme aérobie, l'accumulation des lactates (fig. 80.2) provoque une *chute du pH intracellulaire*, qui entraîne en chaîne la diminution de la concentration de la phosphocréatine, donc de la resynthèse de l'ATP par rephosphorylation de l'ADP, et une accumulation d'ADP, d'AMP et de P inorganique. La baisse du pH est également responsable d'un ralentissement du repompage du Ca^{++} du sarcoplasme vers le réticulum et d'une accumulation de celui-ci dans les mitochondries (fig. 80.2).
Enfin, les contractions musculaires mobilisant des forces élevées (plus de 20 % de la force maximale volontaire pour des contractions de type statique) ou dont la fréquence de répétition est trop grande (pour des contractions de type dynamique) sont réalisées en *ischémie*, c'est-à-dire avec une diminution ou même une suppression complète des échanges entre le muscle et le compartiment sanguin (gaz du sang, acide lactique...).

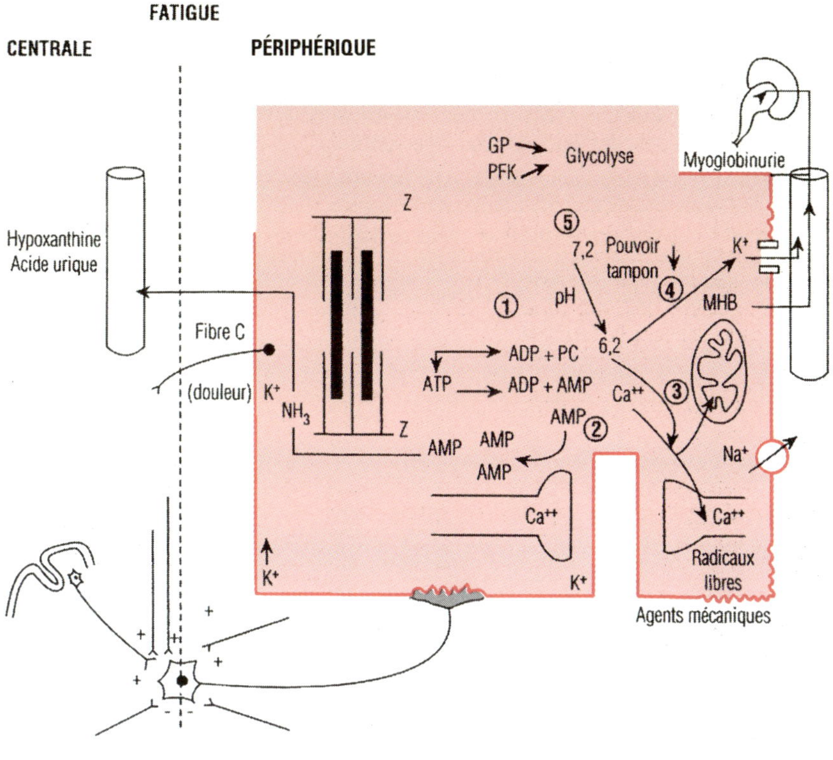

Fig. 80.2. Mécanisme de la fatigue du moteur musculaire : influence de la chute du pH intracellulaire.

Il ne s'agit plus ici ni de fatigue, ni d'asthénie, mais de dégradations organiques plus ou moins graves incitant à un arrêt temporaire de l'activité physique.

Aspects pathologiques

La défaillance à la fois centrale et périphérique du système musculaire est certainement responsable, lorsqu'il se trouve sur-sollicité, de claquages, ruptures tendineuses, entorses, tous phénomènes qui défraient la chronique chez les sportifs de très haut niveau, obligeant à des abandons spectaculaires. De façon plus insidieuse, n'apparaissant qu'à long terme mais plus précocement chez le sportif que chez le sédentaire, l'arthrose peut être considérée comme une fatigue du matériel ostéoarticulaire, soumis trop longtemps et très souvent à des contraintes trop fortes (voir chapitre 67).
Le *syndrome ischémique* de la loge antéro-externe de la jambe, observé dans les marches forcées, prend parfois un ton dramatique, invitant à une incision urgente de l'aponévrose (voir chapitre 71).
Les modifications de l'état général accentuent ces troubles purement locaux, tel un *bilan calcique négatif*, pouvant expliquer les fractures de fatigue. À l'inverse, les modifications traumatiques de la perméabilité membranaire sont responsables de nombreux troubles généraux, notamment d'une *myoglobinurie* consécutive à une rhabdomyolyse, avec blocage de la fonction rénale.

Fatigue de l'organisme entier

La mise en jeu d'une masse musculaire importante, telle qu'elle est réalisée dans un marathon ou dans une course cycliste ou de ski de fond, définit le *travail musculaire général*. Le moteur musculaire et le reste de l'organisme réagissent l'un sur l'autre.
Lorsque l'intensité de l'exercice n'est pas trop élevée, un état d'équilibre s'établit entre les besoins énergétiques du muscle et la couverture de ces besoins, faisant d'abord appel à la glycogénolyse hépatique, puis à la gluconéogenèse.
Lorsque à l'inverse, l'exercice est réalisé à une vitesse (ou puissance) élevée, supérieure à ce qui est convenu d'appeler la vitesse critique (ou puissance critique) et que de plus le niveau en est maintenu pendant plusieurs dizaines de minutes, les ajustements végétatifs se trouvent dépassés. Les causes possibles de l'arrêt de l'activité sont beaucoup plus diffuses et variées. Peuvent en effet être invoqués :

- *l'épuisement du glycogène musculaire*, constaté par la valeur basse du quotient respiratoire et l'analyse de fragments de muscle prélevés par biopsie ; malgré le relais pris par la lipolyse et la glyconéogenèse, il est un facteur limitant de l'exercice ;

- *les facteurs hormonaux* d'adaptation métaboliques, intervenant dans les épreuves sous-maximales prolongées, peuvent être eux-mêmes défaillants ;
- *la fourniture d'oxygène* aux muscles et l'*élimination du CO_2* formé peuvent être entravées par une défaillance de la chaîne de transport des gaz ; ainsi, par exemple :
  - pour une *fréquence cardiaque* élevée, le rendement mécanique du cœur, donc son efficacité, tend à diminuer ;
  - de même une *respiration rapide et moins ample* devient moins efficace ;
- *la déshydratation*, liée à la nécessité d'éliminer par la voie de l'évaporation sudorale les quantités de chaleur considérables produites par l'exercice, est responsable de la baisse de la capacité physique ;
- *l'élévation du taux des lactates sanguins* met l'organisme en acidose ;
- *la production d'ammoniaque* par désamination de l'AMP et dégradation des acides aminés branchés (leucine, isoleucine, valine) est à l'origine de la formation d'ions ; une *ammoniémie* élevée serait impliquée dans la fatigue centrale, car elle augmenterait la captation du tryptophane par le cerveau et donc la synthèse de la sérotonine.

Chez le sportif bien entraîné, quel que soit le degré d'épuisement dans les épreuves intenses et de longue durée, l'organisme dans son entier retrouve en *24 ou 48 heures* toutes ses capacités physiques. Il s'agit toujours de physiologie. En revanche, dans ce même type d'épreuve, réalisée par des sujets insuffisamment préparés, ne sachant pas organiser leur prestation, insuffisamment réhydratés, l'épreuve sportive peut très bien se terminer par un collapsus cardiocirculatoire, s'inscrivant ou non dans un syndrome d'hyperthermie maligne d'effort. Il s'agit à nouveau de pathologie.

Fatigue chronique du sportif

Au cours d'une saison sportive, l'athlète de compétition suit un programme qui comporte des séances d'entraînement d'intensité croissante, alternant avec des périodes de repos ou de petites compétitions. Il s'agit d'un jeu de poursuite mené par l'entraîneur, parfois par le sportif lui-même, consistant à dépasser, de séance en séance, le niveau d'activité de la période précédente. Les capacités d'adaptation de l'organisme sont sollicitées à leur maximum ; la capacité de l'athlète croît progressivement ; celui-ci se trouve conduit au meilleur de sa forme, juste au-dessus de ce qui est nécessaire pour réussir dans ses compétitions officielles. C'est ce que la terminologie américaine entend par l'*overreaching*.
Mais parfois, la récupération après entraînement ou compétition devient incomplète et les signes de fatigue s'accumulent. C'est le syndrome du *surentraînement* (voir chapitre 20). Ce terme désigne le résultat d'une activité sportive menée à un rythme *trop soutenu* pendant *trop longtemps*, se manifestant par une diminution des performances motrices et un cortège de signes discrets, sub-cliniques, d'intensité variable.
En ce domaine, la terminologie américaine est ambiguë (tableau 80.I). Pour certains, *overtraining* désigne un même processus qui se développe en deux étapes de gravité croissante. Pour d'autres, il convient de séparer la première étape, *overtraining*, de la seconde, *staleness*, que d'autres encore désignent sous le terme d'*overtraining syndrom*. D'où quelques quiproquos entre spécialistes, qui décrivent les mêmes signes mais peuvent parler de *staleness* alors qu'il s'agit d'*overtraining*, terme qui pour certains recouvre à la fois l'*overreaching*, l'*overtraining* et l'*overtraining syndrom* proprement dit !

Tab. 80.I. Terminologie utilisée pour la fatigue chronique du sportif.

Terminologie américaine	Terminologie européenne
Overreaching	Bonne forme
Overtraining	Méforme Asthénie passagère Syndrome de surentraînement (stade I)
Overtraining *Overtraining syndrom* *Staleness*	Fatigue chronique Syndrome de surentraînement (stade II)

Le terme *staleness* signifie littéralement « manque de fraîcheur » ; il se dit du pain rassis ou de la bière éventée. C'est bien d'un manque de fraîcheur que souffre alors le sportif.
Les signes de fatigue chronique de l'athlète sont au début très discrets, parfois vus par l'entraîneur, qui n'y attache pas forcément une importance suffisante. Ils restent en général ignorés du sportif lui-même, de sorte que les motifs de consultation du médecin gardent un caractère assez diffus. L'interrogatoire d'un sportif fatigué doit donc être très minutieux. Il s'attache à découvrir les conditions matérielles et psychologiques dans lesquelles le sportif mène son entraînement et ses compétitions. Tout élément récent ayant modifié ses habitudes (changements de domicile, d'activité professionnelle, de régime alimentaire...) doit attirer l'attention. Il en est de même pour les déplacements fréquents liés à des rencontres sportives, notamment si se rajoutent des questions de désynchronisation horaire (horaires de travail, franchissements de fuseaux horaires ; voir chapitre 79).
L'examen soigneux permet de ramener les constatations faites à l'un des deux types suivants :

- une *fatigue passagère (overtraining)* ou fatigue à court terme, marquée par une récupération incomplète, une fatigue journalière (objective et subjective) croissante, une diminution de la capacité de travail. En témoignent une fréquence cardiaque plus élevée au repos, à l'exercice et à la récupération qui est plus lente, un rendement énergétique moins bon, des signes d'adaptation cardiorespiratoires plus marqués, une modification de la qualité du sommeil. Après réduction du programme d'activité, le retour à un état normal survient dans un délai de 1 à 2 semaines ;
- une *fatigue chronique* (*overtraining syndrom* ou *staleness*), observée lorsque la fatigue passagère n'a pas été détectée et dont les auteurs allemands ont contribué à isoler deux formes, correspondant à un déséquilibre neurovégétatif à prédominance *sympathique* ou *parasympathique*.

Dans le premier cas, on note, outre les signes ci-dessus, une diminution de l'appétit, du poids corporel, une pression artérielle de repos plus élevée, un sommeil perturbé, une instabilité émotionnelle, des troubles du comportement, une réduction de la tolérance aux lactates, une diminution des défenses immunologiques, une recrudescence des accidents. Cet ensemble de signes serait plus fréquemment observé dans les sports exigeant de la force, de la vitesse, des pointes de vitesse, des pointes d'activité, des efforts de coordination (voir encadré).

Les signes de fatigue chronique chez l'athlète (d'après Kuipers et Keizer, 1988)

Diminution des performances motrices
Fréquence cardiaque de repos plus élevée
Hypotension orthostatique
Retour tardif de la fréquence cardiaque et de la pression artérielle après un effort même bref
Perte d'appétit
Amaigrissement
Trouble du sommeil
Irritabilité
Instabilité émotionnelle
Diminution de motivation pour l'entraînement
Augmentation de la pathologie traumatique
Sensibilité aux infections plus grande

Histoire de Séverine (1992)

Séverine a commencé la danse à 2 ans et demi. Sa mère souhaitait qu'elle fasse une carrière de danseuse. Séverine révèle progressivement ses dispositions. À 10 ans, courageuse et prête à tous les sacrifices, elle accepte le régime sévère qui lui est imposé : plusieurs heures d'exercices quotidiens à la barre, régime alimentaire très restrictif. Elle ne veut pas décevoir sa mère. En un an elle perd 10 kg et à 12 ans ne pèse plus que 19 kg, au lieu de 30 à 35 kg. Le médecin consulté porte le diagnostic d'anorexie mentale : conflit affectif avec la famille peut-être, régime de travail écrasant sans doute vis-à-vis des capacités de l'enfant. En l'absence de conduite thérapeutique, nous ne sommes pas loin de la non-assistance à personne en danger. Séverine a été hospitalisée avec une tension artérielle à 5 cmHg. La justice a été alertée.

Dans le second cas, la chute des performances s'accompagne d'une fréquence de repos basse, d'un retour très rapide de celle-ci après l'exercice, d'une hypoglycémie mal contrôlée à l'effort.

Dans les deux cas, la durée de retour à la normale est de l'ordre de *plusieurs mois*. En effet, les explorations biologiques ont montré l'existence d'un dysfonctionnement hormonal et neurovégétatif au niveau périphérique (thyroïde, corticosurrénales, gonades), résultant d'un déficit primaire hypothalamo-hypophysaire. Le terme d'*asthénie neurophysiologique* a, par ailleurs, été utilisé, mettant en cause une altération du fonctionnement de la formation réticulée, avec un continuum de signes observés avec des intensités diverses et se situant entre l'asthénie et la dépression.

Le médecin peut être amené à intervenir dans des cas plus sérieux, pour lesquels l'entourage du sportif, famille ou entraîneur, est en cause. Dans le domaine de la gymnastique et de la danse, la volonté de voir de jeunes élèves réaliser des exploits en compétition conduit les responsables du programme d'entraînement à des abus : horaires d'entraînement excessifs, restrictions alimentaires draconiennes, dans le but de garantir sveltesse, souplesse et légèreté. La jeune sportive est ainsi soumise à une pression matérielle et psychologique qui peut devenir insupportable et nuisible pour sa santé. À un moindre degré, on doit redouter une déminéralisation calcique concourant à la fragilisation de l'os avec risque de fracture.

Conclusion

Le diagnostic de cet état de surentraînement qui, outre la mise au repos, peut être l'objet d'un traitement hormonal plaçant le sportif hors compétition, nécessite un sens clinique développé de la part de l'entraîneur ou du médecin du sport et un effort d'observation constant, pour juger de l'état physique ou mental du sportif. Lui-même est mauvais juge. Les signes de fatigue qu'il ressent sont généralement mal interprétés : sa tendance est de les attribuer à un entraînement insuffisant. En accroissant le niveau de celui-ci, il ne fait qu'accroître le déséquilibre entre exercice et récupération.

Le tableau du surentraînement n'est pas spécifique du domaine sportif, et cela intéresse tout médecin généraliste. Ce tableau peut, en effet, être observé en rapport avec une surcharge de travail en milieu professionnel, indépendamment de toute activité sportive.

La prescription de médications anti-asthéniantes est parfois nécessaire (voir chapitre 88). Celle-ci ne peut concerner, hors de la période où le « sportif » devient un « malade » aux yeux du médecin, que des substances non dopantes (voir chapitre 23), à action rapide et bien tolérées par le sportif. L'une des meilleures thérapeutiques reste parfois le repos. En cas de poursuite possible des activités sportives, l'efficacité thérapeutique est jugée sur la meilleure résistance au stress, aux agressions immunologiques, à la diminution des troubles du sommeil, des troubles digestifs et de l'anxiété.

Pour en savoir plus

ATLAN G, BELIVEAU L, BOUISSOU P. *La fatigue musculaire. Aspects biochimiques et physiologiques.* Paris : Masson, 1991.

KUIPERS H, KEIZER HA. Overtraining in elite athletes. Review and directions for the future. *Sports Med* 1988 : 79-92.

La fatigue chronique. Table ronde organisée par J. Mirouze. Euromédecine, 1990.

MONOD H. La fatigue musculaire. *Rev Med Psychosom* 1994; 40 : 11-26.

MONOD H. Fatigue et asthénie chez le sportif. *Cinésiologie* 1991; 30 : 132-5.

NICOLET G. L'asthénie du sportif. *J Med Prat* 1989; n° spécial : 27-30.

SCHERRER J. *La fatigue.* Paris : PUF, coll. « Que sais-je ? » n° 733, 1989.

SCHERRER J, MONOD H. Le travail musculaire et la fatigue chez l'homme. *J Physiol Paris* 1960; 52 : 419-501.

Rein et exercice musculaire

Sommaire

Physiologie rénale et exercice musculaire

Débit sanguin rénal

L'exercice musculaire s'accompagne d'une redistribution du flux sanguin en faveur des muscles actifs, au détriment des territoires splanchniques et rénaux. La vasoconstriction rénale est telle que le flux sanguin rénal diminue non seulement en pourcentage du débit cardiaque total, mais aussi en valeur absolue, malgré une augmentation de la pression artérielle moyenne. La chute du débit sanguin rénal est d'autant plus importante que l'intensité d'exercice est élevée et peut atteindre 70 % du débit de repos lors d'exercices intenses, en particulier en ambiance chaude.

Filtration glomérulaire

La filtration glomérulaire, appréciée par la clairance de l'inuline et de la créatinine, décroît comparativement moins que le débit sanguin rénal. Cette baisse de la filtration glomérulaire dépend de l'état d'hydratation initiale des sujets : faible en cas d'hydratation normale, la baisse de la filtration glomérulaire est plus prononcée en cas de déshydratation.
Le relatif maintien de la filtration glomérulaire malgré la chute du débit rénal résulte d'une augmentation de la fraction filtrée (rapport entre la filtration glomérulaire et le débit plasmatique rénal). La fraction filtrée, qui représente 20 % du débit plasmatique rénal au repos, peut dépasser 40 % lors d'exercices intenses. Cette augmentation de la fraction de filtration est interprétée par certains comme le résultat de la prédominance de la vasoconstriction de l'artère efférente sur celle de l'artère afférente (effet de l'angiotensine ou du facteur natriurétique auriculaire ?).

Excrétion urinaire

Le débit urinaire diminue généralement pendant l'exercice du fait de la baisse de la filtration glomérulaire. Par un mécanisme qui reste à éclaircir, l'augmentation de la sécrétion de l'hormone antidiurétique ne s'accompagne pas généralement d'une augmentation de la réabsorption d'eau au niveau des tubules distaux et des tubes collecteurs. En effet, la clairance de l'eau libre est augmentée, ou moins négative, ou inchangée dans les exercices musculaires intenses et prolongés avec un débit urinaire inférieur à 1 mL/min.

L'excrétion urinaire des ions Na^+ diminue généralement pendant un exercice intense et prolongé grâce à une augmentation de la réabsorption tubulaire de cet ion. L'activation du système rénine-angiotensine-aldostérone par le système sympathique en est vraisemblablement la cause.
La production d'ions H^+ couplée à une réabsorption de bicarbonate de sodium diminue le pH urinaire tubulaire. Lors d'exercices intenses, la présence d'acides dans l'ultrafiltrat glomérulaire (acides lactique, pyruvique, etc.) accentue encore cette baisse du pH.

Pseudo-néphrite des sportifs

La découverte d'une protéinurie, d'une hématurie, d'une cylindrurie, associées ou isolées, survenant après un exercice chez des sujets sains, est si fréquente qu'en 1956 Gardner proposait la dénomination d'*athletic pseudonephritis*. Avec le recul des années écoulées depuis les premières descriptions, il ne semble pas que les sujets ayant présenté ces anomalies soient prédisposés ou souffrent par la suite d'atteinte rénale chronique. À l'exception des insuffisances rénales aiguës, les symptômes urinaires provoqués par l'exercice sont généralement considérés comme bénins et ne sont pas des contre-indications à la poursuite de la pratique sportive, une fois exclue toute pathologie organique. La physiopathologie de ces anomalies reste dans certains cas hypothétique.

Protéinuries d'effort

La protéinurie d'effort est connue des médecins militaires depuis la fin du XIXe siècle. La compréhension des mécanismes de la protéinurie d'effort nécessite un rappel de quelques principes de physiologie rénale.

Protéinurie physiologique

L'urine glomérulaire est le résultat de processus de filtration et de diffusion à travers une membrane possédant des pores d'un diamètre égal à environ 7 nm. Les ions ou molécules de petite taille (sels minéraux, urée, etc.) accompagnent librement les molécules d'eau pendant leur passage à travers le filtre glomérulaire. Les protéines de poids moléculaire inférieur à 80 000 daltons (D) ne sont que partiellement filtrées en fonction de leur taille. Les protéines de petite taille dont le poids moléculaire est inférieur à 40 000 D (bêta-2-microglobuline, myoglobine) passent assez facilement les pores glomérulaires. Les albumines sériques de poids moléculaire supérieur à 60 000 D, d'environ 15 nm de long et 4 nm de large, passent difficilement le filtre glomérulaire. Cependant le pourcentage d'albumines dans l'urine glomérulaire est élevé car la concentration sérique des albumines est très nettement supérieure à celle des protéines de faible poids moléculaire. Le passage des molécules à travers les pores glomérulaires dépendrait aussi de leur charge électrique. La charge électrique de la membrane glomérulaire favoriserait le passage des polycations et diminuerait celui des polyanions.

Pour 95 à 99 %, les protéines contenues dans l'urine sont réabsorbées au niveau des tubes contournés rénaux. Physiologiquement, il ne persiste donc que de très faibles quantités de protéines dans l'urine définitive. Cette protéinurie physiologique est inférieure à 150 mg par jour et contient 30 à 40 % d'albumine. En plus des protéines provenant du plasma, la protéinurie physiologique est constituée de protéines provenant du tractus urinaire.

Protéinurie d'exercice

La protéinurie secondaire à des exercices physiques intenses peut être importante et atteindre plusieurs grammes par litre, ce qui correspond à 5 mg par minute (Poortmans, 1985). Elle peut persister pendant les 24 à 48 heures qui suivent la fin de l'exercice. Cette protéinurie est d'autant plus importante que l'exercice est intense et prolongé. Pour une même intensité d'exercice, l'entraînement a pour effet de diminuer l'importance de la protéinurie. Cependant l'absence de protéinurie ne peut être considérée comme un critère d'adaptation à une charge d'entraînement physique, car certains sujets ne présentent pas de protéinurie d'effort quels que soient la sévérité de l'exercice et le niveau d'entraînement.

Les analyses pratiquées chez les sujets présentant une protéinurie d'effort montrent que les protéines sont essentiellement d'origine plasmatique. Si les albumines représentent l'essentiel des protéines urinaires (50 à 60 %), la plupart des protéines plasmatiques sont présentes dans les urines : transferrine, haptoglobine, produit de dégradation du fibrinogène, IgA et IgC, etc. Cette protéinurie peu sélective suggère que les exercices intenses et prolongés s'accompagnent d'une augmentation de la perméabilité glomérulaire, dont le mécanisme reste à préciser. L'augmentation considérable (50 à 100 fois) de la clairance des protéines de faible poids moléculaire (par exemple, la bêta-2-microglobuline) suggère aussi une défaillance des mécanismes de réabsorption tubulaire des protéines. Le taux maximal (Tm) de réabsorption tubulaire des protéines est probablement saturé par l'excès de protéines ayant passé un filtre glomérulaire dont la perméabilité est augmentée.

Myoglobinurie d'effort

La myoglobine est une protéine normalement localisée à l'intérieur des fibres musculaires. La myoglobine, dont la structure est proche de celle d'un monomère de l'hémoglobine, a la propriété de fixer l'oxygène et donne leur coloration rouge aux fibres musculaires. La présence de myoglobine dans le sang et par la suite dans les urines est vraisemblablement le résultat d'une rupture partielle de la membrane sarcoplasmique des fibres musculaires qui libèrent alors leur contenu dans la circulation. La myoglobinurie s'accompagne d'élévation parfois impressionnante de la concentration plasmatique des différentes enzymes musculaires (CPK, LDH, transaminases...) comme dans les autres cas de rhabdomyolyse *(crush syndrome)*.

La petite taille de la myoglobine (poids moléculaire égal à 17 500 D) permet le passage de cette protéine à travers les pores glomérulaires. Lorsque la concentration plasmatique est élevée, la quantité filtrée à travers le glomérule dépasse le taux maximal de réabsorption tubulaire et l'urine définitive contient alors de la myoglobine. Lorsque la myoglobinurie est très importante, les urines sont foncées, de couleur porto.

La myoglobinurie s'observe dans les exercices intenses et prolongés (marathon par exemple), et n'épargne pas les athlètes très entraînés lorsque ceux-ci essayent d'atteindre leurs limites. La rhabdomyolyse d'effort serait favorisée par un certain nombre de facteurs : chaleur ambiante élevée, déshydratation, diététique inappropriée, troubles métaboliques héréditaires (déficience en phosphorylase ou en acylcarnitine transférase). Des cas d'insuffisance rénale aiguë survenant après des exercices prolongés ont été décrits et expliqués par une tubulonéphrite secondaire à une myoglobinurie massive (voir *infra*).

Hématurie et hémoglobinurie d'effort

La présence d'urines foncées pendant les 24 à 48 heures qui suivent un exercice prolongé n'est pas l'apanage des myoglobinuries, mais est généralement le résultat d'une hématurie et/ou d'une hémoglobinurie d'effort. Divers mécanismes sont proposés selon les activités sportives pratiquées.

Il peut s'agir au maximum de macrotraumatismes directs de la loge rénale, provoquant rupture et contusion du rein, accident rare correspondant à une urgence chirurgicale. Les traumatismes de la loge rénale peuvent être aussi d'intensité moyenne ou faible mais répétés, comme dans la boxe, le rugby et autres sports de contact (« rein d'athlète » de Kleiman).

Dans d'autres cas, comme dans les courses de fond, il s'agit en fait de microtraumatismes indirects et répétés lors du choc du pied sur un sol dur et transmis à l'appareil urinaire. Traditionnellement, on localise le saignement au niveau des reins. Cependant, une étude anglaise sur des coureurs de 10 000 m (Blacklock, 1977) a montré la fréquence de contusions vésicales, dont le mécanisme reste encore hypothétique (chocs de la paroi antérieure de la vessie sur la paroi postérieure ?).

L'hématurie après un exercice physique peut être la première manifestation d'une lithiase rénale. Certains ont suggéré que, notamment en cas d'hypercalciurie, l'exercice pourrait accentuer une cristallurie à l'origine de microlithiases et d'hématuries microscopiques.

Ces hématuries d'effort peuvent survenir et cesser brutalement sans aucune raison apparente ou au contraire se reproduire pendant plusieurs années à chaque répétition d'exercices intenses et prolongés. Le diagnostic d'hématurie d'effort bénigne est évoqué devant sa disparition après l'arrêt des activités sportives et l'absence de lésions à l'urographie intraveineuse. Le diagnostic établi, ces sportifs pourront reprendre leur activité. On profitera des périodes d'interruption du calendrier sportif pour vérifier de façon répétée la disparition de cette hématurie avec la mise au repos.

La taille des molécules d'hémoglobine (68 000 D) permet encore le passage à travers les pores du filtre glomérulaire. Cependant, ce n'est généralement qu'en cas d'hémoglobinémie importante qu'on observe une hémoglobinurie. En effet, en présence d'haptoglobine, l'hémoglobine forme un complexe haptoglobine-hémoglobine qui ne passe pas le filtre glomérulaire. Le mécanisme de l'hémolyse à l'origine de l'hémoglobinurie d'effort est généralement la répétition de microtraumatismes qui font éclater les globules rouges : écrasement des érythrocytes au niveau du pied lors de courses sur sol dur, au niveau de la main lors de la répétition des coups chez les karatékas et chez les joueurs de pelote basque à mains nues, mécanismes déjà invoqués lors des pseudo-anémies des sportifs (voir chapitre 72). L'origine microtraumatique de l'hémoglobinurie d'effort des coureurs de fond est confirmée par sa disparition avec l'utilisation de semelles épaisses, amortissant les chocs, et la course sur sol souple, par son absence lorsque ces sujets effectuent des exercices sur bicyclette. Dans certaines observations, ces hémoglobinuries d'effort sont associées à des facteurs favorisants qu'il faudra rechercher. C'est ainsi qu'ont été retrouvées des atteintes globulaires chez certains sujets : hémoglobinopathies, déficits enzymatiques portant par exemple sur la glutathion peroxydase. Les microtraumatismes répétés pourraient donc révéler une fragilité globulaire préalable.

En cas de coup de chaleur, une hémoglobinurie peut résulter d'une hémolyse intravasculaire consécutive à un syndrome de coagulation intravasculaire disséminée.

Cependant certaines hémoglobinuries d'effort sont, en fait, secondaires à une hémolyse des hématies dans l'urine et doivent être considérées comme des hématuries vraies. La centrifugation des urines, qui montre un culot hématique associé, réoriente le diagnostic.

Insuffisance rénale aiguë

Les exercices prolongés en ambiance chaude peuvent être à l'origine d'une insuffisance rénale aiguë par tubulonéphrite. L'intrication d'une ischémie rénale, d'une oligurie, d'une myoglobinurie et éventuellement d'une hémoglobinurie serait à l'origine de ces tubulonéphrites.

En ambiance chaude et humide, la difficulté d'éliminer la chaleur produite par le métabolisme provoque progressivement une hyperthermie centrale, à l'origine d'une sudation importante et d'une déshydratation. L'exercice physique et l'hyperthermie centrale additionnent leurs effets vasoconstricteurs rénaux. La chute du débit sanguin rénal est alors suffisamment importante pour abaisser fortement la filtration glomérulaire et peut-être même provoquer une ischémie rénale. La chute du débit urinaire et l'acidité des urines faciliteraient alors la précipitation de la myoglobine et de l'hémoglobine au niveau des tubules urinaires.

La prévention de ces tubulonéphrites passe par la prévention de l'hyperthermie, de la déshydratation et de la rhabdomyolyse : intensité et durée des exercices adaptées aux possibilités de l'individu, entraînement progressif aux exercices en ambiance chaude, hydratation pendant l'exercice, diététique adaptée aux épreuves de longue durée, abstention de certaines substances (amphétamines).

Cas clinique

Le jeune D., cycliste senior amateur, reçoit le mauvais conseil suivant : « Si tu veux gagner une course importante, tu dois augmenter ton stock de glycogène musculaire. Dans ce but, tu dois effectuer un entraînement qui épuise tes réserves de glycogène quelques jours avant l'épreuve. Si tu veux épuiser tes réserves glycogéniques, prends ce médicament et réalise une séance très longue et intensive. » Dix jours avant une compétition, D. prend plusieurs comprimés d'un anorexigène à effet amphétaminique et part pour une séance d'entraînement solitaire de 180 km. Les 90 premiers kilomètres sont aisément parcourus car le vent souffle de dos. Le retour vent de face devient d'autant plus pénible que pendant la séance d'entraînement le sujet n'absorbe aucun aliment solide ou liquide, probablement sous l'effet de l'anorexigène. Il est retrouvé inconscient sur le bord de la route, dans un fossé, à 5 km de chez lui. En service de réanimation, le diagnostic d'insuffisance rénale aiguë secondaire à une rhabdomyolyse est posé devant le tableau associant oligoanurie, élévation considérable de l'urée sanguine et des différentes enzymes musculaires. La répétition de dialyses péritonéales permet d'attendre la récupération des fonctions rénales.

Pour en savoir plus

BLACKLOCK NJ. Bladder trauma in the long-distance runner : 10 000 meters hematoria. *Br J Urol* 1977; 49 (2) : 129-32.

MORAND JJ, MORAND C. Actualités sur les hématuries d'effort. *Médecine du Sport* 1990; 64 : 288-97.

POORTMANS JR. Exercise and renal function. *Sports Med* 1984; 1 : 125-53.

POORTMANS JR. Post exercise proteinuria in humans. *JAMA* 1985; 253 : 236-40.

Indications des cures thermales climatiques et marines pour les sportifs

Sommaire

Les indications thermales climatiques et marines se multiplient en milieu sportif et souvent c'est le sportif lui-même qui fait le choix de sa station.

Ce choix est fait, la plupart du temps, de bouche à oreille, ou à partir de documents publicitaires. Le médecin a parfois bien du mal à s'y retrouver, car aux indications des stations s'ajoute très souvent la pathologie du sport quelle qu'elle soit, ou tout simplement la remise en forme du sportif.

Un grand choix de stations

En France, le thermalisme dispose d'un nombre important de stations, tant en quantité qu'en qualité. Il existe une centaine de stations thermales proprement dites et une quarantaine de centres de thalassothérapie.

Les stations thermales sont classées selon les propriétés physicochimiques des eaux prédominantes, mais les spécialités de ces stations ne correspondent pas toujours à cette classification. Il convient de souligner que les effets de la crénothérapie sont liés à la globalité de son action sur l'organisme et à l'amélioration de la respiration tissulaire par réactivation des processus d'oxydoréduction.

Les indications thérapeutiques complémentaires souvent très variées prennent parfois le pas sur les indications principales... L'exemple de Vichy, qui se spécialise dorénavant dans les affections rhumatologiques et la remise en forme du sportif, est peut-être le plus caractéristique.

L'environnement *climatique* et en particulier l'altitude doivent également être pris en considération. Il en est de même pour l'environnement familial et l'hébergement. Ces possibilités de choix ont notamment pour corollaire des incidences sur la qualité de la diététique et celle du sommeil.

En ce qui concerne les installations sportives dans les stations thermales, il convient de souligner une sensible transformation ces dernières années. Ce sont surtout les stations en perte de clientèle qui ont entrepris d'importants investissements pour des raisons d'ordre médical, du fait de nouvelles thérapeutiques, ou géopolitique. Il en est ainsi notamment des stations spécialisées dans les maladies de l'appareil digestif (Vichy) ou de l'appareil urinaire (Évian), stations qui accueillaient autrefois des hôtes prestigieux. Il semble par ailleurs que les investissements ont été importants pour les courts de tennis et les piscines dans les petites stations.

Le fonctionnement de ces installations sportives pour ces petites ou moyennes stations (moins de 10 000 curistes par an) montre souvent des signes de défaillance. Cependant, certaines stations d'eaux embouteillées se sont dotées d'installations permettant d'attirer des sportifs de haut niveau et de renom (Vittel).

Les centres de *thalassothérapie* apparaissent moins diversifiés dans leur conception. Il convient toutefois de bien distinguer, encore plus nettement que pour les stations thermales, les établissements à orientation thérapeutique prédominante ou exclusive, avec ou sans hospitalisation, et les établissements visant essentiellement la remise en forme de sujets plus ou moins portés sur les activités physiques et sportives.

Quel que soit le type de station, il n'apparaît pas de liens directs entre les besoins de la clientèle et les installations sportives.

Techniques thermales de base utilisées

Les techniques utilisées sont de trois types. Elles sont pratiquement communes à toutes les stations mais de répartition variable, à savoir :

- les *techniques sédatives*, à base de balnéothérapie pure, qui comportent des bains avec des douches sous-marines, des douches à température variable appelées aussi hydrothérapie pure, des expositions à la vapeur sous forme locale et générale et enfin des applications de boues naturelles ou mixtes comportant, notamment, des microalgues ou des bactéries de sulfuraires ;
- les *techniques de rééducation*, sous la forme de douches-massages, qui consistent en des massages sous l'eau en position couchée ou assise, ou bien de rééducation proprement dite

en piscine, en mode actif simple ou assisté, voire passif ou contrarié ;
– les *techniques accessoires* particulières à certaines stations. À titre d'exemples, citons les aérosols, les douches filiformes, les cures de boissons, les injections tissulaires ou de gaz thermaux.

Indications

Trois cas de figure peuvent se présenter.

Sportifs susceptibles d'être pris en charge par la Sécurité sociale

L'état de ces sportifs, pour diverses raisons, justifie des soins thermaux spécialisés. Certes, la pathologie post-traumatique est la plus fréquente. Il y a souvent l'embarras du choix. Il apparaît toutefois qu'une certaine *personnalisation* de l'orientation soit préférable. C'est ainsi que l'environnement sportif d'une station, comme à Dax, doit être pris en considération. Les possibilités de soins thermaux dans les hôtels peuvent accélérer la récupération.
Il en est de même des stations dont les soins sont surtout fondés sur l'eau et la vapeur, telles qu'Aix-les-Bains qui bénéficie comme à Ax-les-Thermes de possibilités climatiques complémentaires liées aux montagnes toutes proches. Il s'agit véritablement de stations à « double étage ».
L'existence d'une insuffisance veineuse associée fera préférer une station comme Bagnoles-de-l'Orne ou Barbotan ; une intoxication tabagique : Marlioz, une algoneurodystrophie : Bourbonne-les-Bains... ou un centre de thalassothérapie (Granville ou Carnac).
La durée des soins habituellement accordée en externat en thalassothérapie est de 10 à 12 jours au lieu de 3 semaines pour les cures thermales. Cette durée est un élément important à prendre en considération dans le choix entre thalassothérapie et cure thermale, puisque le sportif est le plus souvent pressé de récupérer complètement et est aussi un sujet actif sur le plan professionnel.
Il n'est pas inutile aussi de rappeler que des séjours en hospitalisation spécialisée en milieu thermal ou en thalassothérapie peuvent être accordés notamment en postopératoire. Soulignons toutefois que pour la Sécurité sociale, la thalassothérapie comprend des volets bien distincts : la rééducation fonctionnelle en milieu marin et la remise en forme. Dans une circulaire du 19 janvier 1998, la CNAM a refusé tout remboursement car la thalassothérapie est « hors du champ d'application de l'Assurance maladie ». Elle ne bénéficie pas des autorisations réglementaires « tant en ce qui concerne la dispensation des soins qu'en matière de prise en charge de ces soins ». Ces dispositions ne concernent pas les centres de rééducation fonctionnelle agréés en milieu marin.

Sportifs ne justifiant pas de prise en charge par la Sécurité sociale

Il y a encore peu de demandes en France. Plusieurs cas peuvent se présenter.
Il peut s'agir de sportifs de *haut niveau* bien encadrés tant techniquement que médicalement. Ils sont alors pris en charge soit individuellement, soit en groupe, soit dans leurs spécialités. Ils bénéficient de soins thermaux dans de véritables « oasis aquatiques de la forme ». Citons parmi d'autres : Évian, Vittel, Contrexéville. Ces séjours s'inscrivent le plus souvent dans le cadre d'une récupération physique et mentale. Ils font partie aussi d'un entraînement proprement dit comme à Font-Romeu, où l'élément *climatique*, lié à l'altitude, est retenu en priorité.
Il peut s'agir de sportifs de *bon niveau*, pratiquants réguliers, qui désirent maintenir leur forme. Ces sportifs sont généralement bien suivis sur le plan médical. Ils ont surtout besoin durant leur séjour thermal d'être bien conseillés afin de faire le point, améliorer leur condition physique ou corriger certaines anomalies. Il est alors nécessaire d'orienter ces sportifs auprès d'un médecin qualifié en médecine thermale et en médecine du sport, afin qu'une bonne surveillance puisse être assurée pendant tout le séjour thermal. Cette surveillance doit être assortie de conseils médicosportifs utilisables en postcure et suivis par le médecin. Par ailleurs, des conseils *diététiques* ne sont pas négligeables et peuvent être donnés d'une façon adaptée à chaque cas (Brides-les-Bains).
Il peut s'agir enfin de sportifs *très occasionnels*, pour qui la remise en forme en milieu thermal, mais le plus souvent en milieu marin, est l'occasion de prendre conscience de l'intérêt du mouvement et de l'effort pour leur équilibre. Leur cas rejoint celui du « curiste sportif » ou du curiste « devenu sportif ». Ce sont ceux-là qui nécessitent le plus de prudence sur le plan médical car cette catégorie de curistes a tendance à aller spontanément plus volontiers au-delà de ses possibilités. Une éducation sanitaire adaptée est ici indispensable.

« Curiste sportif »

Des sites privilégiés, proches des thermes, favorisent un certain nombre d'activités thermales complémentaires, véritables « cures de terrain », comportant par exemple :

– des parcours de marche à pieds nus sur gazon, plus ou moins complexes, des séances de relaxation, type yoga en plein air, adaptées aux rhumatisants ;
– des exercices de gymnastique en groupe ou individuels, avec une prise de conscience de l'image du corps et de ses possibilités, en vue par exemple de parcours en terrain plat ou en montagne sur pistes de ski de fond.

Cette méthode, qui est issue de l'expérience germanique, a été largement reprise depuis par de nombreuses stations thermales ou de thalassothérapie en fonction de l'environnement. En 1997, 60 stations thermales françaises sur 104 avaient parmi leurs indications une orientation de remise en forme. Elles intéressent de plus en plus de nouvelles générations de curistes, qui viennent « aux eaux » non plus à un stade curatif tardif mais à un stade plus précoce, préventif, où la remise en forme est encore possible.
L'apparition d'installations sportives en milieu thermal incite de plus en plus ces nouveaux curistes à pratiquer des activités physiques dans un cadre naturel. Toutefois, la méconnaissance de certaines réactions physiologiques liées au contact avec l'eau thermale, véritable médicament, peut conduire à quelques désagréments s'il n'existe pas de contrôle médical rigoureux.

Par exemple, la pratique de la natation en eau froide non thermale peut entraver les effets de l'eau thermale et surtout engendrer des réactions douloureuses chez les post-traumatisés. La pratique des sports de surface est donc de loin préférable. Par ailleurs, les « cures de terrain » qui viennent d'être évoquées ou les randonnées ne conviennent guère à certaines périodes de l'année pour les sujets allergiques au pollen. Enfin, la pratique intensive du vélo, en terrain inégal et montagneux, est à éviter chez des sujets porteurs d'arthrose du genou.

Intérêt du bord de mer pour les sportifs

L'eau de mer, tout comme les eaux thermales, apparaît comme un agent thérapeutique en raison de sa très grande richesse en substances biologiques, qui s'ajoute à ses propriétés physicochimiques. L'eau de mer contient en effet de nombreuses composantes vivantes, telles que le plancton, les bactéries et les algues, que certains appellent à tort des « molécules actives ». Pour optimiser les effets de ces composants vivants, l'eau de mer est chauffée à une température de l'ordre de 30 à 34 °C.

L'orientation vers tel ou tel centre de thalassothérapie doit tenir compte de sa situation géographique en raison du retentissement climatique. Schématiquement, les 3 000 km du littoral français peuvent être divisés en trois zones :

- le climat de la mer du Nord et de la Manche, caractérisé par une température plutôt basse, un degré hygrométrique assez élevé et des vents assez forts. Il s'agit d'un climat marin violent dont les effets sont plutôt stimulants et vivifiants ;
- le climat de la côte atlantique, plus tempéré, mais dont l'action reste encore tonique ;
- le climat marin de la côte méditerranéenne, dont les effets sont en général plus atténués, en raison de la tiédeur de l'air et de l'absence de marées.

À ces critères de choix s'ajoute bien sûr la qualité de l'environnement médicosportif, plus difficile à déterminer pour une équipe sportive que sur le plan individuel. Un label de qualité « Qualicert » vient d'être retenu pour des centres de thalassothérapie répondant à des critères précis. La liste de ces centres peut être obtenue en s'adressant à la fédération « Mer et Santé ».

Toutefois, le climat choisi entraîne une restructuration de l'organisme. Les athlètes perdent en vélocité et gagnent progressivement en résistance. Ils ne trouvent leur forme qu'au bout de 3 à 4 semaines. Sauf cas individuels, il est dangereux et illusoire de prévoir des compétitions dans les 3 semaines qui suivent un séjour marin.

La durée idéale d'un stage d'entraînement en milieu marin passe de 8 jours pour un stage « concis » à une vingtaine de jours pour un stage « foncier ».

Quelques suggestions pour le médecin prescripteur

Le choix d'une station thermale ou de thalassothérapie pour un sportif ne peut être fait qu'après une bonne écoute des désirs exprimés ou non et par un examen approfondi, tant sur le plan général que médicosportif, afin de détecter d'éventuelles contre-indications. Ces contre-indications sont surtout d'ordre cardiovasculaire et le plus souvent temporaires.

Dans la mesure du possible, il convient de faire en sorte de ne jamais laisser partir son patient « sportif » à l'aventure. Il est souhaitable de prévoir un contact médicosportif de qualité et un bon suivi par la même équipe médicale pendant toute la durée du séjour et si possible lors des séjours suivants. Une lettre d'introduction du médecin traitant favorise le bon suivi.

Le médecin prescripteur doit bien connaître les stations. Cela s'apprend peu à peu en appréciant les techniques thermales sur place et en rencontrant à cette occasion les médecins thermaux qui s'intéressent à la médecine du sport. Il n'est pas inutile de rappeler qu'il existe en France un enseignement de la capacité de médecine et biologie du sport et un autre enseignement tout aussi spécifique en hydrologie et en climatologie médicales correspondant à une capacité.

Enfin, il apparaît judicieux, notamment pour les sujets qui ont contracté une affection lors d'une pratique sportive, de choisir une station thermale en fonction du degré de sa spécialisation, de la qualité des soins, de l'abondance et des propriétés de l'eau, des possibilités d'accueil, voire d'hospitalisation, et aussi de la qualité de son environnement.

En conclusion, l'eau thermale comme l'eau de mer peuvent être de véritables médicaments. Comme tout médicament, elles doivent être prescrites avec discernement.

Adresses utiles

- Société française d'hydrologie et de climatologie médicales, 64, av. des Gobelins, 75013 Paris. Fax : 01 45 87 03 38. E-mail : pascale.jeambrun@wanadoo.fr
- Maison de la thalassothérapie, 5, rue Denis-Poisson, 75017 Paris. Tél. : 01 45 72 38 38.
- Guide du thermalisme (groupe Impact Médecin), 1, rue Paul-Cézanne, 75375 Paris Cedex 08. Tél. : 01 53 93 36 36.
- La Presse thermale et climatique, Denis Hours, 7, place d'Aligre, 71114 Bourbon-Lancy. Tél. : 03 85 89 04 19.
- Fédération internationale de thalassothérapie, mer et santé, 8, rue d'Isly, 75008 Paris. Tél. : 01 44 70 07 57. Fax : 01 48 77 19 95.

Pour en savoir plus

Boulangé M, Harichaux P, Magnin P, Razzouk H, Vrillac M. Apport du thermalisme pour le sportif. *Cinésiologie* 1990; 129 : 5-7.

Catella P. *Sport et thermalisme. Résultat d'une enquête menée auprès de 34 stations françaises.* Thèse de doctorat en médecine. Nancy, 1986.

Flurin R, de la Tour J. *Les cures thermales.* Paris : Expansion scientifique française, 1986.

Forestier F, Monroche A. *Sport et nouveau thermalisme en 1988.* Vidéo-cassette. Présentation aux Thermalies, 1997.

Le Guillou JY. Thalassothérapie et sport de haut niveau. *Cinésiologie* 1997; 175 : 169-73.

Monod H. Médecine thermale et sport. *Presse Therm Clim* 1988; 125 (5) : 329-30.

Monroche A. Médecine thermale et sport. *Presse Therm Clim* 1988; 125 (5) : 328.

Priollaud N. *Bien choisir sa thalassothérapie.* Paris : Hachette, 1998.

Handicapés physiques et sport

Sommaire

La pratique sportive, de loisir comme de compétition, accélère son développement pour tous les types de handicaps, y compris les plus sévères, ce qui va de pair avec une bien meilleure intégration au monde sportif valide. En témoigne, par exemple, la réalisation de 6 grandes finales pour sportifs en fauteuil roulant, amputés ou malvoyants, aux derniers championnats du monde d'athlétisme en France. Dans le domaine des loisirs, le contact avec la nature est de plus en plus recherché par les personnes handicapées, ce qui satisfait leur besoin d'évasion, d'où le développement de certains sports comme le vélo manuel, le fauteuil roulant tout terrain, le canoë kayak, la plongée sous-marine.

L'amélioration des matériels et des appareillages utilisés, ainsi que l'affinement des techniques ont totalement bouleversé les pratiques, faisant progresser les performances mais aussi le confort et la sécurité. Le fauteuil roulant d'athlétisme est devenu une machine à rouler dont la technologie est celle du vélo et dans lequel l'athlète est quasiment incorporé. La prothèse pour amputation de jambe comporte un pied en fibres de carbone, à restitution d'énergie, qui remplace, en partie, la fonction du triceps, et celle pour amputation de cuisse, un genou à amortissement, à restitution d'énergie et contrôle de la phase pendulaire, tous dispositifs réglables en fonction du type de course. Ces progrès techniques vont, par la suite, bénéficier à tous les handicapés.

Le handisport de compétition, avec ses rencontres nationales de très haut niveau, voit son apothéose aux Jeux paralympiques. Ceux de Sydney (plus de 4 000 athlètes venant de 125 pays), médiatisés dans le monde entier, ont connu un succès éclatant, et ont été l'occasion de grands exploits : courir le 100 mètres en 11,08 secondes pour un amputé tibial, par exemple.

En France, aujourd'hui, la fédération française Handisport, fédération dirigeante, membre du Comité national olympique et sportif français et de l'*International Paralympic Committee*, propose plus de 40 sports, en loisir ou en compétition (dont 16 sont paralympiques) aux 22 000 pratiquants de ses 521 clubs. Elle organise de nombreux stages de formation, de détection et de haut niveau. Elle met en place 30 championnats de France par an ainsi que des rencontres internationales. Elle constitue vraiment une fédération multisports, avec une commission technique pour chaque sport, et aussi multi-handicaps, accueillant aussi bien les paraplégiques que les infirmes moteurs cérébraux, les amputés ou les malvoyants. Sa commission médicale, très étoffée du fait du grand nombre de disciplines sportives et de la diversité des handicaps, est essentiellement composée de spécialistes de médecine physique et de réadaptation et de médecine du sport. Parmi ses nombreux rôles, le médecin doit faire connaître, aux sportifs et à leur entourage, les risques spécifiques qui tiennent à la nature du handicap et en assurer la prévention. La visite d'aptitude annuelle, obligatoire pour obtenir la licence, est certes l'occasion de faire de la médecine sportive avec toutes ses prérogatives, mais aussi de faire le point sur l'évolution de l'affection invalidante, pour des sportifs qui quelquefois n'y prêtent plus attention.

Quels handicaps et quels problèmes spécifiques?

Plus de la moitié des sportifs licenciés à la fédération française Handisport sont atteints de handicap neurologique et ce sont eux qui posent le plus souvent problème du fait de l'étendue et de la complexité de leurs déficiences ou de l'évolutivité de leur affection.

Paraplégies et tétraplégies

Il s'agit le plus souvent de blessés médullaires, venus aux sports jeunes, quelquefois au cours de leur rééducation (la pratique sportive est un outil efficace de réadaptation). Les difficultés sont d'autant plus importantes que le niveau neurologique est élevé, la lésion complète et qu'il existe des complications. Les principales difficultés tiennent à :

- l'étendue des paralysies, rendant l'usage du fauteuil roulant obligatoire et les transferts difficiles pour les tétraplégiques, malgré le développement de la force des muscles sus-lésionnels par la pratique sportive;
- le risque, toujours présent, d'escarre ischiatique, du fait de l'anesthésie sous-lésionnelle et de nombreux facteurs favorisants ou déclenchants tels que des traumatismes au cours des transferts, l'inadaptation du coussin de siège, les entraînements prolongés, les voyages trop longs;
- les contractures, dans les formes spastiques, avec mouvements involontaires et postures gênantes déclenchées par l'effort, le froid, les frottements;
- l'insuffisance de contrôle des sphincters pouvant occasionner des fuites urinaires, mais la majorité des paraplégiques pratiquent l'autosondage pour vider leur vessie avant un entraînement ou une compétition;
- le risque d'infection urinaire s'ils ne boivent pas assez ou ne vident pas régulièrement leur vessie;
- la précarité du maintien de la température centrale par absence de thermorégulation sous-lésionnelle : l'exposition prolongée au froid (piscine) entraîne, pour les tétraplégiques, une hypothermie, l'exposition au chaud, une hyperthermie;
- enfin, l'insuffisance de l'adaptation cardiovasculaire à l'effort, du fait de la persistance de la vasodilatation sous-lésionnelle, de l'insuffisance du retour veineux et du mauvais rendement de l'exercice physique pratiqué uniquement avec les membres supérieurs, tous facteurs qui entraînent une tachycardie excessive avec risque de malaise hypotensif, surtout s'il fait chaud. Malgré ces difficultés, les paraplégiques et les tétraplégiques qui s'entraînent très régulièrement accèdent avec succès à des sports éprouvants comme l'athlétisme ou le basket-ball en compétition.

Les tendinopathies des membres supérieurs (épaule, coude, poignet) surviennent assez fréquemment chez les paraplégiques ainsi que d'ailleurs chez tous les utilisateurs intensifs de fauteuil roulant. Elles sont particulièrement invalidantes lorsque leur intensité ou leur ténacité impose un repos, même partiel, qui sera synonyme d'impossibilité d'effectuer seul ses transferts.

Handicaps neurologiques centraux

Les *infirmes moteurs cérébraux* constituent un contingent important de sportifs jeunes qui souvent, au début de leur carrière, pratiquent dans les établissements qui les accueillent. Les plus doués se tournent volontiers vers la compétition. Qu'il s'agisse d'hémiplégie cérébrale infantile, de syndrome de Little ou d'athétose, les difficultés sont nombreuses, qui tiennent à l'hypertonie, à la lenteur d'exécution des mouvements volontaires, à la mauvaise intégration de l'espace, aux déformations orthopédiques et quelquefois à une comitialité associée. Les infirmes moteurs cérébraux sont très gênés pour la pratique des sports rapides.
Les *traumatisés crâniens* sont particulièrement difficiles à intégrer dans les milieux sportifs de compétition car, au déficit principal de nature généralement hémiplégique, s'associent fréquemment des troubles cérébelleux et des troubles neuropsychologiques, voire une comitialité.

Handicaps neurologiques périphériques

À l'inverse des handicapés neurologiques centraux, les sportifs atteints de paralysie périphérique : séquelles de poliomyélite, atteinte plexique ou tronculaire, s'intègrent facilement et, à quantité de paralysie égale, réussissent mieux que les paraplégiques ou les infirmes moteurs cérébraux. Un cas particulier est celui des syndromes de la queue de cheval et des spina bifida paralytiques, qui associent, à une paralysie plus ou moins étendue des membres inférieurs, des troubles sensitifs, trophiques, vésicosphinctériens et orthopédiques. S'ils pratiquent debout, ces sportifs vont poser le problème de l'appui de leurs pieds insensibles et des plaies peuvent apparaître, surtout s'il existe un trouble statique.

Handicaps neurologiques évolutifs

Les jeunes atteints de maladies évolutives ne sont pas exclus de la pratique sportive mais celle-ci doit être adaptée et ne pas entraîner de fatigue qui puisse accélérer le cours de l'affection.
Les myopathes, essentiellement atteints de myopathie de Duchenne de Boulogne, sont nombreux à être licenciés à la fédération et à pratiquer des activités telles que le tir à la cible à la carabine sur support et surtout le foot en fauteuil roulant électrique. Leur accueil, à l'occasion d'une compétition régionale ou nationale, nécessite une lourde logistique médicale, pouvant aller jusqu'à la surveillance d'une assistance respiratoire intermittente.
Parmi les maladies hérédodégénératives, certaines, d'évolution généralement lente (maladie de Charcot-Marie, paraplégie spastique de Strumpell-Lorrain), laissent la possibilité d'une carrière sportive.
Tous ces handicapés neurologiques, qu'ils pratiquent debout ou en fauteuil roulant, peuvent poser un problème de stabilité du rachis et si le port d'un corset orthopédique est obligatoire dans la vie quotidienne, il le sera aussi dans la pratique sportive. Pour un sport pratiqué debout, les membres inférieurs peuvent voir leurs déformations s'aggraver sous l'effet de la surcharge fonctionnelle. C'est notamment le cas pour le *genu recurvatum*, qui nécessite une protection par une attelle ou bien l'interdiction de pratiquer debout.

Amputations

Qu'il s'agisse d'agénésie ou d'amputation après traumatisme ou pour tumeur maligne, les sportifs amputés posent peu de problèmes médicaux et réussissent dans tous les sports. Les difficultés s'observent en cas d'amputations multiples ou de malformations congénitales touchant plusieurs membres.
Pour les amputés de membre inférieur les problèmes de surcharge du moignon (hématomes, plaies, douleurs) sont plus faciles à résoudre aujourd'hui du fait des progrès en appareillage. Les prothèses de sport sont plus légères, plus fia-

Fig. 83.1. Port d'une prothèse de sport avec *flex-foot.*

bles, réglables sur le terrain et comportent des dispositifs amortissants. Toutes sont munies d'un pied élastique en fibres de carbone *(flex-foot)*. Les emboîtures pour amputation fémorale incorporent l'ischion et sont réglables, celles pour amputation tibiale comportent des manchons de sécurité qui empêchent le déchaussement. Cette sophistication de l'appareillage a permis non seulement d'accroître les performances, mais aussi d'allonger sans dommage la durée des entraînements comme des compétitions (fig. 83.1).

Les amputés d'un membre inférieur qui pratiquent debout surchargent toujours leur membre inférieur sain, dont la lésion (entorse, fracture de fatigue, arthrose) peut compromettre temporairement leur autonomie de marche.

Handicaps orthopédiques divers

Les nains, dont le type est l'achondroplasie, sont de plus en plus nombreux à participer aux compétitions du handisport. Ils réussissent bien mais leur état orthopédique doit être surveillé : arthrose et rétrécissement du canal vertébral du rachis achondroplasique.

Les scoliotiques ne sont pas autorisés à participer aux compétitions avec Handisport sauf s'il s'agit de scolioses ayant plus de 60 degrés d'angulation, ou de scolioses paralytiques. Une arthrodèse du rachis doit être signalée car la raideur fonctionnellement très gênante qu'elle entraîne ne doit pas être forcée.

Quelques jeunes atteints de rhumatismes inflammatoires stabilisés peuvent pratiquer des disciplines sportives non traumatisantes telles que le tir aux armes.

Les sportifs atteints de fragilité osseuse, comme dans la maladie de Lobstein, pratiquent la natation ou des sports en fauteuil roulant (foot en fauteuil électrique). Ils devront éviter tout traumatisme.

De nombreux sportifs sont porteurs de raideurs articulaires post-traumatiques, sur malformation ou bien dans le cadre d'une arthrogrypose. Leur façon de compenser leur déficience, lorsqu'elle est congénitale, est toujours étonnante, mais leur handicap pour la pratique sportive est bien réel du fait du manque d'amplitude du geste sportif.

Handicaps visuels

Ils représentent 10 % des licenciés de la fédération française Handisport. On retrouve parmi eux un nombre égal de non-voyants et de grands malvoyants. Ces derniers sont dans 1 cas sur 2 frappés d'affection évolutive qui risque de les rendre progressivement non voyants. Pour les amblyopes à globes oculaires fragiles, les sports violents avec risque de décollement de rétine sont contre-indiqués.

Quels sports pour quels handicaps?

Il est toujours possible de trouver un sport à pratiquer, quelles que soient la nature et la gravité du handicap : 36 disciplines sportives sont proposées par la fédération française Handisport, certaines axées sur les compétitions, d'autres principalement tournées vers les loisirs.

Basket-ball en fauteuil roulant

C'est le sport collectif le plus pratiqué, le plus connu, le plus médiatisé. C'est aussi souvent la première activité physique sportive pratiquée en centre de rééducation. Il est sans pareil pour apprendre à utiliser au mieux un fauteuil roulant et développer son autonomie.

Il se pratique dans les mêmes conditions matérielles que le basket-ball valide avec un terrain et une hauteur de paniers identiques (3,05 mètres). Le fauteuil roulant est considéré comme faisant partie du joueur. Pour se déplacer avec le ballon, il faut dribbler, pour se propulser il faut poser le ballon sur les genoux sans le coincer et pousser deux fois sur les mains courantes du fauteuil.

Sur le terrain, chaque équipe est composée de 5 joueurs. À chacun est attribué un nombre de points, de 1 à 4,5 selon l'importance de son handicap physique, et le total des points des joueurs sur le terrain ne doit pas dépasser 13,5, ce qui implique forcément d'incorporer des joueurs à handicap important, paraplégique de niveau supérieur à T10, par exemple, qui ne représente qu'un seul point.

Le fauteuil roulant de basket doit avant tout être maniable. Ses grandes roues sont écartées vers le bas (carrossage) ce qui protège les mains des joueurs sur les mains courantes lorsque deux fauteuils se heurtent latéralement. Des caches en plastique empêchent de se prendre les doigts dans les rayons. Une petite roue arrière fixée sur le châssis empêche le fauteuil de se renverser. En match, les chutes sont fréquentes, survenant paradoxalement bien plus souvent pour les moins handicapés que pour les paraplégiques, mais les traumatismes graves sont tout à fait exceptionnels. En revanche, les entorses des doigts et les plaies des mains sont banales. Le basket est éprouvant en ce qui concerne l'adaptation cardiovasculaire, le joueur, pour être pleinement efficace, devant être presque continuellement en effort sous-maximal.

Natation

Elle s'adresse à tous les types de handicap, même les plus graves. Les sportifs atteints d'affections neurologiques centrales éprouvent des difficultés importantes dues aux troubles du tonus et aux perturbations de l'organisation du mouvement. Pour les tétraplégiques, ce sont les troubles de la thermorégulation qui peuvent poser problème, avec pâleur et hypothermie si l'on prolonge trop le temps de mise à l'eau. L'existence d'une comitialité doit être parfaitement signalée dans l'hypothèse exceptionnelle de survenue d'une crise dans le bassin.

Pour les grands handicapés, se pose le problème de l'accessibilité en fauteuil roulant des vestiaires et des douches, et il faut prévoir une aide pour la mise à l'eau et la sortie du bassin.

Athlétisme

Les paraplégiques représentent une part importante des sportifs qui pratiquent en fauteuil roulant. Les tétraplégiques participent également, au moins jusqu'au niveau neurologique C8 (perte de la fonction des mains) et même C7 (perte de la fonction des triceps).

Les disciplines pratiquées sont les courses de vitesse et de fond, les lancers, et, pour ceux qui pratiquent debout, les sauts en longueur et en hauteur.

En fauteuil roulant, les courses de fond sont particulièrement spectaculaires. Le marathon se court en 1 h 20 pour les paraplégiques et en un peu plus de 2 h pour les tétraplégiques de niveau C8.

Le fauteuil roulant d'athlétisme est en perpétuelle évolution. Il est actuellement constitué d'une poutre centrale rigide qui fait châssis et est équipé de 3 roues : 2 grandes roues arrière et 1 seule roue avant, comportant un compensateur de courbe réglable en fonction de la piste. Le siège, moulé sur le corps de l'athlète, assure la stabilité du tronc, renforcée encore par la position des membres inférieurs repliés devant le thorax.

Les incidents et accidents sont exceptionnels : quelques chutes sans gravité, quelques brûlures des doigts ou à la face interne des bras du fait du frottement des boyaux. Des gants spéciaux sont obligatoires ainsi que le port du casque. Pour les paraplégiques, la constitution d'escarres pendant les entraînements ou les compétitions est exceptionnelle, les escarres se constituant plutôt au cours des transports ou à l'occasion de complications.

Pour les non-voyants, se posent essentiellement des problèmes d'orientation pour les lancers et les sauts, et de guidage pour les courses, notamment les courses de vitesse, qui doivent s'effectuer dans le silence car le bruit fait dévier les coureurs. Un athlète non voyant entraîné ne dévie pas de plus de 1 mètre sur un 100 mètres. Des chutes peuvent survenir entraînant des plaies des mains, des genoux, et parfois du visage.

Tennis de table

C'est un sport très accessible, praticable par tous, debout ou en fauteuil roulant pour les paraplégiques, les tétraplégiques ou les amputés des deux membres inférieurs. Les tétraplégiques peuvent participer jusqu'au niveau neurologique C7, c'est-à-dire sans triceps brachial fonctionnel. Pour eux, la raquette est fixée sur la main par un bandage souple et le jeu de balle part de l'épaule. Les amputés des deux membres supérieurs peuvent tenir la raquette entre leurs deux moignons ou, en cas d'agénésie complète, entre le menton et l'épaule. La raquette peut exceptionnellement être tenue dans la bouche par certains handicapés enraidis, comme dans l'arthrogrypose.

Les incidents et accidents sont fort rares, signalons cependant la fatigabilité à l'effort des tétraplégiques qui, sous l'effet de la chaleur, peuvent faire des malaises avec tachycardie et hypotension. Il suffit de les allonger pour qu'ils reprennent connaissance et de les transporter dans un endroit frais.

Tir à l'arc

C'est un des sports les plus anciennement pratiqués dans les centres de rééducation à titre d'initiation au geste sportif. Les tétraplégiques, jusqu'au niveau C7 y compris, peuvent tirer avec le bras d'arc maintenu en extension par une attelle. Les infirmes moteurs cérébraux peuvent pratiquer, y compris en compétition, à condition de contrôler leurs troubles toniques et de coordination. Le tir à l'arc est aussi pratiqué par les non-voyants, qui tirent sur cible lumineuse avec une lunette à infrarouge montée sur l'arc. Cette lunette est équipée d'un dispositif de rétrocontrôle sonore : le tireur vise selon la tonalité du son transmis à ses oreilles.

Tir à la cible

Cette discipline convient à tous les handicapés des membres inférieurs qui pratiquent assis ou debout. Les tétraplégiques et certains handicapés évolutifs comme les myopathes tirent avec des carabines montées sur support, ce qui en supprime le poids. La comitialité est une contre-indication pour des raisons évidentes de sécurité.

Haltérophilie

Cette discipline se limite à un seul mouvement, le développé-couché. Le sportif, allongé sur un banc spécial, se saisit de la barre qui reposait sur des supports, l'amène au-dessus de sa poitrine, puis l'élève d'un geste continu en la maintenant bien horizontale. Tous les handicapés des membres inférieurs ont accès à ce sport, ainsi que les infirmes moteurs cérébraux de type Little et même quelques tétraplégiques jusqu'au niveau C8. Le développé-couché est un des mouvements essentiels de la musculation des membres supérieurs; il procure un gain de force très utile à l'usage de cannes. En compétition, la classification est fondée uniquement sur le poids du corps, sauf pour les tétraplégiques qui pratiquent dans une classe à part. Les incidents sont peu nombreux ; ils concernent essentiellement les épaules, avec une grande fréquence des atteintes dégénératives précoces des articulations acromio-claviculaires et des tendinites du membre supérieur.

Escrime

Elle se pratique essentiellement en fauteuil roulant pour les paraplégiques, les amputés de membres inférieurs et quelques rares infirmes moteurs cérébraux. Quelques tétraplégiques, jusqu'au niveau C8, pratiquent avec la main maintenue sur la poignée anatomique du fleuret par un bandage.

Les escrimeurs utilisent les trois armes : fleuret, épée, sabre. Pour un assaut, les deux fauteuils roulants sont fixés sur un châssis qui les immobilise l'un par rapport à l'autre à une distance réglée en fonction de l'allonge des sujets. L'apprentissage demande une longue pratique et l'aide pédagogique de maîtres d'armes qualifiés connaissant bien la nature des handicaps (fig. 83.2).

Les incidents et accidents sont exceptionnels, non spécifiques du handicap. Signalons les tendinites du poignet et les hématomes par coup de sabre malgré les protections.

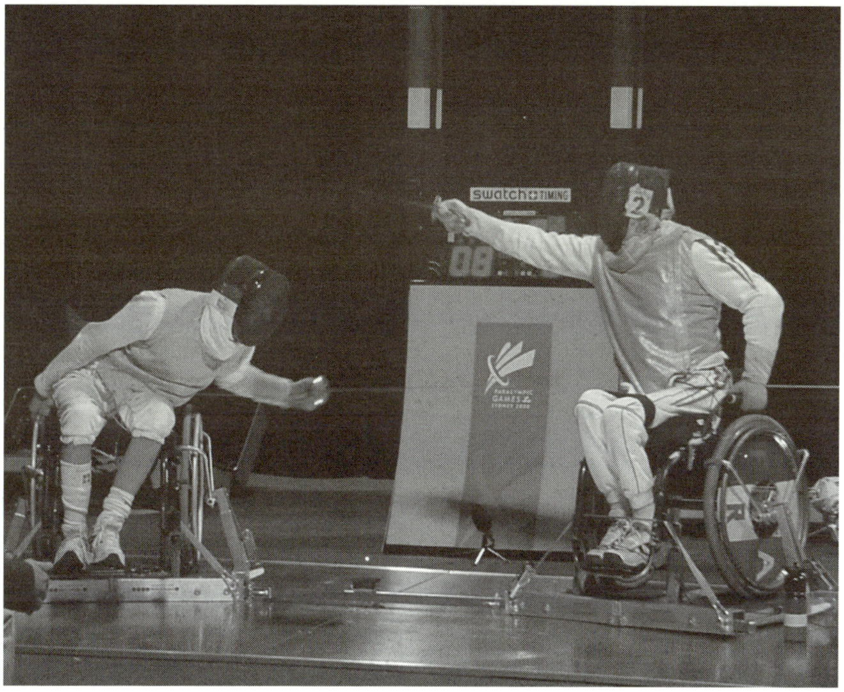

Fig. 83.2. Escrime en fauteuil roulant.

Ski

Sa pratique est d'abord de loisir et il est très habituel d'observer des amputés fémoraux glissant sur un seul ski en s'aidant, pour remplacer les bâtons, de stabilisateurs, c'est-à-dire de cannes anglaises fixées sur un petit ski. Pour les paraplégiques et pour les handicapés des deux membres inférieurs, le ski assis continue de se développer. Le sportif se trouve étroitement maintenu sur un siège caréné, fixé sur un ski unique par une lame ressort et des amortisseurs. Là aussi, des stabilisateurs sont nécessaires pour maintenir l'équilibre. En compétition, les vitesses atteintes dépassent les 100 km/heure.

Les chutes ne sont pas exceptionnelles, mais les traumatismes importants sont rares. Signalons la gravité de l'entorse du genou sain pour un amputé fémoral.

Le ski de fond est pratiqué par les amputés de membre inférieur, qui skient avec leur prothèse, et par des sportifs atteints de séquelles paralytiques.

Pour les non-voyants, en ski alpin comme en ski nordique, un guide doit les précéder et donner toutes les indications de direction. Le risque de traumatisme, par rencontre avec un obstacle ou par télescopage, est bien réel malgré un signalement spécifique du malvoyant et de son guide par un grand plastron et un dossard jaunes, indiquant le danger. Quelques non-voyants pratiquent le biathlon, qui fait alterner course de fond et tir à la cible avec rétrocontrôle sonore.

Cyclisme

Ce sport exigeant est essentiellement pratiqué par les amputés d'un membre inférieur ou supérieur ou encore par des sportifs atteints de séquelles articulaires, raideurs ou arthrodèses, ou de séquelles paralytiques. Des prothèses spéciales et des adaptations de matériel sont toujours nécessaires(fig. 83.3). Le tandem est pratiqué par les non-voyants : le conducteur est bien voyant, le non-voyant est le « pousseur ».

Le risque de chutes est important, avec aggravation des conséquences pour les non-voyants qui ne voient pas venir l'obstacle et n'ont pas toujours de réaction de protection adaptée. Le port du casque est obligatoire.

Fig. 83.3. Prothèse spéciale pour la pratique du cyclisme.

Hand bike ou vélo manuel

La machine est constituée d'un siège et de trois roues de type vélo que l'utilisateur propulse par un « pédalage » manuel synchrone entraînant la roue avant. Il faut de bons membres supérieurs et un bon équilibre du tronc. Les membres inférieurs, généralement déficitaires, doivent être sanglés sur la potence du vélo pour ne pas heurter les obstacles. Le risque principal est bien évidemment la chute, d'autant qu'elle peut se produire à grande vitesse, la machine effectuant un ou plusieurs tonneaux. Le port du casque est obligatoire.

Le vélo manuel est une activité très conviviale, en plein développement, qui donne aussi lieu à des compétitions. Les tendinopathies des membres supérieurs sont fréquentes.

Tennis en fauteuil roulant

Les sportifs en fauteuil roulant ayant les membres supérieurs valides et un bon équilibre du tronc pratiquent avec succès ce sport attrayant. Le terrain et les règles sont les mêmes que pour les valides, mais deux rebonds de la balle sont autorisés, ce qui donne un peu plus de temps au joueur pour se placer. La technique de maniement du fauteuil roulant est aussi importante que celle du positionnement et de la frappe, c'est ainsi qu'il ne faut jamais reculer au cours d'un échange, mais effectuer des pivots pour se replacer. Malgré l'usage du fauteuil roulant, les tendinopathies de coude et d'épaule ne sont pas plus fréquentes que chez les valides. Les chutes sont rares, le fauteuil spécifique, rigide et maniable, comporte une petite roue arrière anti-renversement (fig. 83.4).

Fig. 83.4. Tennis en fauteuil roulant spécifique.

Équitation

Proposée au début à titre éducatif aux infirmes moteurs cérébraux, sa pratique s'est développée pour les amputés de membres inférieurs, les paraplégiques ayant un bon équilibre du tronc et les non-voyants. Des selles spéciales anti-escarres sont utilisées pour les paraplégiques. Des montoirs permettent de hisser certains cavaliers. En compétition il s'agit surtout d'épreuves de dressage. L'équitation est une discipline paralympique.

Volley-ball

C'est le premier sport d'équipe pratiqué par les handicapés physiques debout, tels que les amputés d'un membre inférieur, qui mettent à cette occasion leur prothèse sport à rude épreuve. Les chutes sont fréquentes avec plaies des membres ou entorse du membre inférieur sain (cheville).

Football à cinq

Ce football a été créé pour les infirmes moteurs cérébraux ou pour les handicapés atypiques des membres inférieurs. Il se pratique en salle, sur un terrain de hand-ball, avec les mêmes buts et un ballon plus mou amortissant les shoots. Il se développe actuellement du fait de sa simplicité de mise en action et de l'attrait du ballon rond chez tous les jeunes.

Sports de pleine nature

Moins contraignants sur le plan de l'entraînement et pratiqués avec les valides, ils constituent un moyen privilégié d'épanouissement et d'intégration sociale. En effet, les activités de pleine nature sont très souvent co-organisées avec l'ensemble des structures valides correspondantes et résultent de partenariats structurés par des conventions.

La *voile* est certainement le sport nautique qui convient au plus grand nombre de handicaps tant les formes de pratique sont variées, de l'embarcation légère au bateau collectif. Le dériveur le plus utilisé est encore le miniji, muni d'une quille et de commandes adaptées. En compétition internationale et paralympique, ce sont le Sonar et le 2,4 mR. Les non-voyants se livrent également à ce sport grâce à un encadrement compétent.

Le *canoë-kayak*, en descente de rivière ou parcours côtier, est largement ouvert aux handicapés des membres inférieurs, aux handicapés visuels qui le pratique en double, et même aux tétraplégiques, avec des aménagements simples, notamment des vêtements isothermes pour protéger du froid et des traumatismes.

La *plongée sub-aquatique* se pratique sans problème insurmontable par les amputés, les paraplégiques et même les tétraplégiques, en respectant tous les impératifs de sécurité et d'encadrement. Pour ces derniers, la plongée ne doit pas dépasser 10 mètres de profondeur et durer plus de 10 minutes au fond.

Les combinaisons de plongée isothermiques adaptées aux handicaps sont indispensables pour éviter les traumatismes, ainsi que l'usage de gilets stabilisateurs, de plombs d'équilibrage, etc.

Le *ski nautique* est pratiqué par les amputés de membre inférieur ; il peut aussi se pratiquer assis.

Le *char à voile* est un sport très prisé sur les plages par tous les handicapés, y compris les tétraplégiques. La sécurité est

assurée par des vêtements de protection et par le harnachement.
Parmi les sports de montagne, l'*escalade* s'adresse à un public relativement hétérogène d'amputés, d'infirmes moteurs cérébraux, de déficients visuels... L'activité se pratique d'abord sur des murs d'escalade, notamment en centres de rééducation, puis sur des sites naturels de plus en plus difficiles. Là encore l'appareillage adapté est primordial.
La *randonnée pédestre* est organisée par des associations proches de sites naturels et peut se pratiquée en groupes mixtes, réunissant marcheurs debout, utilisateurs de fauteuil roulant et valides.
Le *FTT* ou *fauteuil tout terrain* est un engin hybride entre le fauteuil roulant et le VTT, dont il a les équipements, notamment pneus et freins. Il s'utilise principalement en descente, sur les sentiers pentus et accidentés, et le risque de chute grave existe, d'où l'obligation de porter des protections.
L'*aviation* se pratique dans quelques clubs par des handicapés des membres inférieurs y compris des paraplégiques. Les problèmes de l'accès à l'avion et des commandes sont généralement bien résolus.

Sports pour les déficients visuels

Les handicapés visuels pratiquent la natation, l'athlétisme, le ski alpin et nordique, le tir à l'arc et aux armes, le tandem, l'équitation, la voile..., mais trois sports leur sont plus spécifiques.

Judo

Il se pratique avec les mêmes règles que pour les valides, si ce n'est qu'au début de l'assaut, les judokas doivent se tenir par le kimono. Le non-voyant repère le jeu des forces de l'adversaire et anticipe ses déplacements. Les chutes peuvent être l'occasion de plaies et de traumatismes plus sévères, luxation du coude par exemple. Un problème spécifique est la fragilité des globes oculaires pour les amblyopes.

Goal-ball

Il se pratique entre 2 équipes de 3 joueurs, en 2 mi-temps de 7 minutes de jeu effectif, sur un terrain de 18 mètres sur 9, dont la ligne arrière est la ligne de but. Le joueur d'une équipe lance un ballon de 1,250 kg en caoutchouc dur, sonorisé par des clochettes situées à l'intérieur. Le ballon doit obligatoirement rouler sur le sol après un ou deux rebonds. Les joueurs adverses plongent pour le bloquer. Les traumatismes dus aux plongeons sont fréquents mais généralement sans gravité car amortis par des protections de coudes et de genoux. Les yeux sont protégés par un bandeau opaque. Le silence doit être respecté pour que les joueurs entendent sans difficulté le trajet du ballon. Le *tor-ball* est semblable au *goal-ball*, mais pratiqué avec un ballon plus léger et sur un terrain plus petit.

Céci-foot

Il oppose deux équipes de non-voyants en deux mi-temps de 20 minutes (seul le gardien de but est voyant). L'aire de jeu fait la moitié d'un terrain de football classique et les lignes de touches sont matérialisées par des plans inclinés qui renvoient le ballon. On utilise des buts de hand-ball derrière lesquels un crieur signale la cage quand les joueurs approchent. Le ballon est sonorisé par des grelots. Les chutes et les traumatismes sont assez fréquents, notamment par télescopage des joueurs, bien qu'ils soient tenus de se signaler les uns aux autres oralement quand ils arrivent dans la zone du ballon. Ce jeu se développe rapidement en France, qui a organisé les derniers championnats du monde.

Sports pour les plus grands handicapés

Les grands IMC, les myopathes, les porteurs d'arthrogrypose ou d'hérédodégénérescence spinocérébelleuse, qui sont généralement exclus de la pratique des sports classiques, se retrouvent dans quelques disciplines ne nécessitant pas d'effort physique qui puissent les aggraver.
Le *foot-fauteuil électrique* se pratique sur un terrain de basket, les buts étant installés sur les lignes de fond. Une équipe est composée de 4 joueurs en fauteuil roulant électrique. Chaque fauteuil est muni à l'avant d'un pare-chocs standardisé. Le ballon, poussé ou shooté par ce pare-chocs, est un ballon de basket. Un match comporte deux mi-temps de 15 minutes. Ce sport est très pratiqué en centre de rééducation, chaque équipe représentant son club, son centre (fig. 83.5).

Fig. 83.5. Foot-fauteuil électrique.

Paradoxalement, les traumatismes survenant en fauteuil roulant électrique sont tout à fait exceptionnels. En revanche, la population lourdement handicapée qui pratique doit faire l'objet d'une surveillance médicale soutenue.
La *boccia*, créée pour les IMC, et depuis longtemps pratiquée dans les pays anglo-saxons, est en cours de développement en France. Il s'agit de lancer des boules de cuir de 8 cm de diamètre au plus près d'un cochonnet. Les joueurs qui ne peuvent lancer manuellement peuvent utiliser une gouttière de lancement, qu'ils orientent eux-mêmes. Les plus lourdement handicapés conseillent une tierce personne pour le positionnement de la gouttière. L'exercice demande une intense concentration.
Le *tir aux armes* se pratique avec des carabines sur support dans le respect strict des règles de sécurité. Ce sport permet à des personnes incapables de se dépenser physiquement de comparer leurs performances à celles des autres, handicapés ou valides.
La *sarbacane*, d'abord utilisée comme moyen de travail du souffle, peut devenir prétexte à compétition. La cible est le plus souvent une cible de tir à l'arc, et la distance varie avec les performances. Par sécurité, le tube est muni d'un système anti-retour.

Aptitude, contre-indications, incidents spécifiques

Subir un handicap physique n'exclut pas d'avoir une pathologie qui puisse interdire l'activité physique ou sportive. Nous n'envisagerons pas ces pathologies, et les contre-indications qui en découlent, car elles sont traitées dans d'autres chapitres de cet ouvrage. Rappelons simplement que la comitialité mal équilibrée est une contre-indication pour tout sport et que, même bien équilibrée, elle interdit la pratique de certains sports à risques. De plus, de nombreux sports ont leurs propres contre-indications. Nous n'envisagerons, pour notre part, que les contre-indications qui sont la conséquence directe du handicap ou de ses complications.
L'escarre du siège, et notamment l'escarre ischiatique du paraplégique, doit écarter son porteur temporairement du terrain d'entraînement ou de compétition. Son dépistage fait partie de l'examen systématique au cours des stages ou à la veille des grandes compétitions. La façon la plus rapide d'obtenir sa guérison est encore la suppression de l'appui.
L'infection et la lithiase urinaires, toujours redoutées chez le paraplégique, doivent être traitées avant la reprise d'une activité sportive.
L'hyper-réflectivité autonome est le fait, chez le tétraplégique, de désordres neurovégétatifs. Secondaire à une épine irritative, elle se manifeste par une poussée d'hypertension artérielle avec céphalée, rougeur du visage et sueurs. Elle impose le repos allongé et la suppression rapide du facteur déclenchant, rétention aiguë des urines par exemple.
Toute modification du syndrome sous-lésionnel chez un paraplégique (recrudescence des contractures, changement mictionnel) doit faire rechercher une cause (plaie, escarre, phlébite, infection urinaire, fissure anale, hémorroïdes) et la traiter. La disparition de la spasticité sous-lésionnelle, des douleurs, l'élévation du niveau neurologique doivent faire soupçonner le développement intramédullaire d'une cavité syringomyélique, dont l'étendue apparaîtra bien en IRM. Elle contre-indique les mouvements contraignants du rachis et donc la pratique sportive.
La survenue d'une « grosse jambe » chez un paralysé insensible fait soupçonner en premier un hématome s'il y a eu traumatisme, mais aussi une phlébite ou la constitution d'une paraostéoarthropathie du genou.
Les plaies et les hématomes du moignon chez les amputés nécessitent l'arrêt du port de la prothèse, dont l'adaptation de l'emboîture devra être revue.
L'aggravation des déformations orthopédiques chez un sujet paralysé (*genu recurvatum, genu valgum, flessum* et *adductum* de hanche, scoliose) peut résulter d'une mise en charge trop prolongée. Le sportif devra protéger son articulation par une orthèse si cela est possible, limiter sa pratique en position debout, ou utiliser un fauteuil roulant. La natation est toujours indiquée.
Pour les malvoyants, l'examen ophtalmologique est obligatoire pour dépister une fragilité des globes oculaires ou toute autre menace.
Les tendinopathies, les lésions musculaires et articulaires de surcharge ou traumatiques ne sont pas plus fréquentes chez les handicapés que chez les valides et nécessitent la même prise en charge; elles peuvent simplement être beaucoup plus invalidantes.
Les grands traumatismes sont tout à fait exceptionnels; ils peuvent se produire dans les sports où l'on va vite, le cyclisme par exemple.

Suivi des sportifs de haut niveau

Ce suivi concerne 150 sportifs qui doivent se soumettre à 3 bilans par an, cliniques et biologiques, complétés annuellement par un ECG de repos, un test d'effort et des épreuves fonctionnelles respiratoires. Ce suivi est assuré, au niveau national, par un médecin ayant une très grande expérience à la fois de la médecine sportive et de la pratique des handicapés. Il participe aux stages de préparation, aux grandes compétitions et est aidé par un secrétariat.

Dopage

Le handisport semble avoir été relativement épargné par le dopage, du moins en France. Lors des Jeux paralympiques de Sydney, 8 sportifs étrangers ont été contrôlés positifs. En France, les 2 cas recensés positifs au cours des années 2000-2002 étaient le fait de valides guides pour déficients visuels en cyclisme. En revanche, en 2003, 2 contrôles se sont révélés positifs chez des handicapés, sans justification thérapeutique invocable. En effet, les handicapés se trouvent quelquefois, mais bien rarement, dans l'obligation de prendre, du fait de leur handicap, un médicament inscrit sur la liste des produits dopants et que l'on ne peut pas remplacer. Ils doivent alors fournir un dossier bien documenté qui sera étudié par les commissions médicales *ad hoc*, nationale ou internationales, avant les compétitions. Le nombre de contrôles effectués par an est important, plus de 80 en moyenne, 113 en 2002, année des championnats du monde d'athlétisme à Lille, avec 4 contrôles positifs chez les étrangers.

Classifications pour la compétition

L'organisation de compétitions pour des sportifs ayant des handicaps de nature et d'intensité différentes fait apparaître immédiatement la nécessité de classifications. Celles-ci définissent des classes de déficiences physiques établies selon les sports pratiqués et aussi homogènes que possible. Actuellement, ces classifications sont presque toutes fonctionnelles, analysant les possibilités qu'ont les athlètes de réaliser des gestes sportifs spécifiques et les testeurs sont des techniciens du sport experts en évaluation et bien au courant des finesses de chaque discipline. La classification nécessite la connaissance de guides détaillés, édités par les fédérations internationales.

Intégration en milieu scolaire

L'éducation physique et sportive, reconnue discipline éducative à part entière depuis 1988 est obligatoire pour tous, y compris pour les handicapés. La notion de dispense d'éducation physique et sportive a disparu pour faire place à celle d'inaptitude partielle et de handicap physique. Pour celui-ci, le médecin de santé scolaire établit, en se référant au dossier médical, une attestation relative aux conditions particulières dont doit bénéficier l'intéressé dans son enseignement et aux épreuves d'éducation physique et sportive. Une classification permet de proposer à l'élève des niveaux de difficulté compatibles avec ses difficultés motrices et perceptives. L'évaluation se fait par contrôle continu au cours de l'année ou, si celui-ci n'a exceptionnellement pas été possible, par participation à des épreuves ponctuelles aménagées, où l'on jugera sa performance mais aussi sa maîtrise de l'exécution et ses connaissances liées à la pratique sportive.

Conclusion

Le sport pour les handicapés physiques s'est remarquablement diversifié, et les progrès matériels et techniques l'ont rendu accessible à tous. Les contre-indications définitives sont vraiment exceptionnelles car il existe toujours une activité sportive adaptée qui puisse être proposée, quelles que soient la nature et l'ampleur du déficit.

Les bénéfices physiques, psychologiques et sociaux de la pratique sportive sont parfaitement connus, notamment pour éviter les effets de la sédentarité forcée et de la privation de mouvements. Les handicapés font du sport parce qu'ils en ont envie, pour se faire plaisir, pour valoriser leur image et ils persévèrent parce qu'ils réussissent.

Les risques, eux aussi, sont bien connus, notamment ceux qui tiennent à la nature de la déficience et qui peuvent aggraver le handicap. Ils peuvent être minimisés par une prise en charge attentive de médecine sportive.

Sport et handicap mental

Sommaire

La vie au quotidien des personnes handicapées mentales a beaucoup évolué ces dernières années.

Pendant longtemps, les activités physiques et sportives ne leur ont pas été accessibles ou leur étaient interdites. Vingt-cinq ans de politique volontariste des pouvoirs publics leur ont donné accès et droit à une vie active, à l'éducation, au travail et… au sport.

Ces personnes en situation de handicap mental font, et à juste titre, peur à leur famille, aux enseignants, aux éducateurs et… aux médecins qui, eux, engagent leur responsabilité lors de la signature du certificat médical de non-contre-indication à la pratique du sport et à la pratique de la compétition :

- imprévisibilité du comportement ;
- difficultés de compréhension et de mémorisation ;
- difficultés de coordination, geste technique imparfait ;
- hypotonie ou rétraction musculaire, hyperlaxité ou raideur ligamentaire ;
- malformations associées : notamment cardiaques ou oculaires ;
- trouble sensoriel associé : visuel ou auditif ;
- fréquence des pathologies à risque associées (cardiopathie, épilepsie…) ;
- traitements pris (anxiolytiques, neuroleptiques, antiépileptiques…)…

… sont autant de facteurs de risque dont il faut tenir compte. La pratique sportive leur est tout de même vivement recommandée pour :

- lutter contre la sédentarité et le tabagisme (les personnes atteintes de troubles mentaux et du comportement fument 2 fois plus que les autres) ;
- lutter contre l'isolement et l'ennui, contre l'envahissement de la pensée par des idées délirantes ;
- les aider à se sentir mieux dans leur corps et dans leur tête.

Bien entendu, l'activité sportive pratiquée doit *être adaptée* à chaque cas (type de handicap mental et sa sévérité, handicap physique ou sensoriel associé, maladies et traitements pris, aspirations propres à chacun…) et exercée sous certaines conditions.

Qui sont les personnes en situation de handicap mental?

Quatre cent cinquante millions de personnes dans le monde souffrent de troubles mentaux ou du comportement.

On désigne par *handicap mental* toute restriction des aptitudes mentales. Le handicap mental fait souvent suite à un *trouble mental* (fonctionnement perturbé ou défectueux de la pensée) ou à une *maladie mentale* (altération de la santé mentale nécessitant un traitement à équilibrer entre médicaments, psychothérapie et réadaptation psychosociale).

Dans la plupart des régions du monde, la santé mentale n'est pas considérée, tant s'en faut, comme aussi importante que la santé physique.

Les progrès des neurosciences et de la médecine du comportement montrent que les troubles mentaux et du comportement sont le résultat d'une interaction complexe entre des facteurs biologiques, psychologiques et sociaux. Les symptômes varient mais consistent généralement en un certain dysfonctionnement des pensées, des émotions, du comportement et/ou des relations avec les autres. On peut citer comme exemple : la schizophrénie, la dépression, le retard mental et les troubles dus à l'usage de substances psychoactives…

Les troubles mentaux et du comportement sont définis dans la classification statistique internationale des maladies (CIM-10).

Ils ont d'importantes répercussions sur les individus atteints, sur leur famille et leur communauté :

- ils ont des conséquences économiques pour les sociétés ;
- ils nuisent à la qualité de vie des individus et des familles ;
- l'entourage doit apporter une aide matérielle et un soutien affectif, tout en subissant souvent ostracisme et discrimination ;
- on prévoit d'ici 2020 que la charge de morbidité qui leur est imputable aura atteint 15 %.

Les désordres courants qui entraînent généralement une incapacité grave ou un handicap sont : les troubles dépressifs, les toxicomanies, la schizophrénie, l'épilepsie, la maladie d'Alzheimer, l'arriération mentale et les troubles de l'enfance et de l'adolescence…

Handicap mental n'est pas synonyme de déficience intellectuelle. La déficience intellectuelle s'évalue actuellement à

l'aide de tests dits « tests QI » (tentant d'évaluer au mieux le quotient intellectuel, ou QI).
Les autres causes de handicap mental sont :

- les malformations cérébrales ;
- les maladies génétiques (anomalies chromosomiques, troubles métaboliques…) ;
- les maladies acquises :
  - intoxications, maladies infectieuses (rubéole fœtale…) ;
  - accidents (hémorragie ou hypoxie lors de l'accouchement…) ;
  - maladies infantiles (encéphalite, méningite, déshydratation…) ;
  - toxiques (alcoolisme maternel pendant la grossesse, prise médicamenteuse…).

Bénéfices du sport pour les personnes en situation de handicap mental

En dépassant le concept d'incapacité, *en valorisant les capacités* de l'individu, le sport est un complément précieux aux soins, à l'éducation et au travail.
En se centrant sur les *compétences* de la personne, il est avant tout source de *plaisir* par le mouvement, voire de passion, certains réussissant des performances sportives impensables si l'on se cantonne à juger leurs capacités dans les actes de leur vie quotidienne.

Bénéfice social et psychologique

Il est représenté par les éléments suivants :

- lutte contre la *sédentarité* et la *tabagisme* : la détente apportée par l'effort et la dépense d'énergie diminuent la tension nerveuse et l'anxiété ;
- développement d'aptitudes essentielles pour l'aider à avoir confiance en lui et à se construire une image positive de son corps, à sortir de ses idées délirantes et de l'isolement ;
- moyen pour qu'il se sente reconnu non seulement par ses éducateurs, ses professeurs ou ses entraîneurs, mais aussi de ses parents et notamment de son père ;
- moyen d'acquérir une plus grande indépendance ;
- opportunité de développer un projet personnel, de se fixer un objectif, un calendrier, un programme…

Bénéfice sanitaire

Il est le suivant :

- préservation des dégradations articulaires et meilleure stabilité ;
- renforcement musculaire ;
- développement de la coordination et de la résistance ;
- amélioration de la santé cardiovasculaire.

Différents types de pratique

Créée en 1971, une fédération sportive : la FFSA (Fédération française du sport adapté), a délégation du ministère des Sports pour organiser et coordonner la pratique des activités physiques et sportives pour les personnes handicapées mentales.
Des *activités motrices* sont organisées sous la forme :

- de *parcours moteurs*, qui sont réservés aux personnes les plus en difficulté sur le plan intellectuel ou physique. Ils enseignent les gestes de base des activités physiques et sportives (se déplacer, lancer, franchir, faire une passe…) et se pratiquent par ateliers consacrés à un geste ;
- de *parcours orientés*, qui s'adressent aux personnes en grande difficulté sur le plan intellectuel et physique. Ils développent plutôt la coordination des gestes de base dans la logique d'une discipline (athlétisme, basket-ball, football, judo, tennis…).

Les *pratiques compétitives* sont organisées en 3 divisions dans chaque discipline sportive (athlétisme, basket-ball, football, judo, tennis de table, natation…) :

- D3 : règlement très adapté ;
- D2 : règlement légèrement adapté ;
- D1 : règlement identique à celui de la fédération délégataire de la discipline mais encadrement renforcé.

Le *sport paralympique* concerne quelques sportifs recevant un entraînement spécifique dans le cadre d'une préparation de haut niveau, organisée en collaboration avec des spécialistes de fédérations délégataires de disciplines participant aux rencontres paralympiques.
Les sports pratiqués sont : l'athlétisme, le basket-ball, le football, le tennis de table et la natation.
Le *sport scolaire* se pratique en semaine dans le cadre de programmes spécifiques.
Le *sport loisir* est encadré par des éducateurs formés aux spécificités du handicap mental sans objectif compétitif.

Visite médicale de non-contre-indication à la pratique sportive

Si elle est souvent considérée, à tort, comme une formalité inutile occasionnant une perte de temps, elle a un rôle important pour un sportif en situation de handicap mental.
Des études (Üstin et Sartorius, 1995 ; OMS, rapport 2001) ont montré que la plupart des personnes handicapées mentales n'étaient vues que dans des services de santé primaires où leurs problèmes mentaux passaient souvent inaperçus. Ou inversement, n'étaient vues que par les médecins des services psychiatriques sans être efficacement suivis par les médecins des services primaires.
L'*objectif de la visite médicale* est d'évaluer les bénéfices et les limites de la pratique d'une activité physique et sportive.
Le temps est révolu de contre-indiquer *a priori* tout sport à une personne en situation de handicap.

Étapes de l'examen médical

Il est nécessaire de bien connaître l'*origine du handicap mental*, souvent précisée par un proche. Certaines étiologies entraîneront la recherche plus particulière de pathologies à l'origine de certaines contre-indications, par exemple :

- trisomie 21 et pathologie de l'articulation athloïdo-axoïdienne;
- cardiopathies congénitales, épilepsie...

Il est important de pratiquer un *bilan psychomoteur* en cas de handicap « lourd ».
Le *bon état de santé* du sportif doit être vérifié :

- état de la statique vertébrale et des membres inférieurs;
- état des pieds (adaptation des chaussures, prescription de semelles orthopédiques...);
- état dentaire;
- recherche de signes de cardiopathie;
- recherche d'un déficit visuel ou auditif;
- recherche de « malaises d'absences »;
- examen du tonus musculaire.

Un *test d'effort* simple est souhaitable mais pas toujours faisable.
Il faut vérifier *la compatibilité entre l'objectif sportif et les capacités physiologiques, physiques et mentales* du moment et prévenir les complications.
Les *complications* et les *blessures* générées par l'activité sportive ou apparues fortuitement doivent être traitées.
Des *conseils* de nutrition, de récupération, du bon usage des traitements... doivent être donnés.
La *coordination* entre la famille, les équipes médicales et enseignantes est capitale pour une bonne pratique sportive.

Quelles activités sportives autoriser?

Le choix d'une activité sportive doit tenir compte d'un certain nombre d'éléments :

- les souhaits et désirs de chacun, sa motivation;
- le degré de maturité psychomotrice, la bonne connaissance des limites et des risques;
- le type de handicap mental et sa gravité, les handicaps physiques et sensoriels, les pathologies éventuellement associées (épilepsie, cardiopathie...);
- les capacités de l'éducateur ou du professeur à se mettre en lien et à adapter l'activité à la personne handicapée mentale;
- la notion de finalité des différentes activités sportives (maîtrise du milieu, maîtrise du corps, amélioration des rapports avec les autres...).

Il faut s'efforcer de rechercher un compromis entre ce qui est souhaité et les possibilités offertes, sans forcer à la pratique d'une activité sportive qui n'est pas appréciée.
Il faut rester vigilant : ne pas passer du « tout interdit » au « tout permis ». Certains sports seront autorisés hors compétition, d'autres pourront être pratiqués en compétition, à condition d'exercer une vigilance et de respecter un certain nombre de conditions, la compétition amenant à relever des défis.
Des précautions doivent être prises, relatives au matériel et aux conditions de pratique (vélo ou ski avec casque de protection, protection des avant-bras au tir à l'arc...).
Certains sports sont contre-indiqués de façon absolue :

- les sports automobiles et mécaniques;
- le parachutisme;
- la plongée;
- le vol libre.

Certificat de non-contre-indication

Il doit privilégier les possibilités plutôt qu'énumérer les interdits. À ce titre, le certificat médical devrait constituer une véritable « prescription médicale » établie avec bon sens et rigueur, après s'être assuré de l'absence de risque vital ou d'aggravation possible en étudiant les conditions de pratique du sport et les possibilités d'adaptation thérapeutique.
Cette « prescription » doit être évolutive et réévaluée régulièrement avec le médecin psychiatre, notamment.

Pour en savoir plus

BATRE A. Tobacco use and smoking cessation in the psychiatric patient. *Forschritte der Neurologie-Psychiatrie* 2000; 68 : 80-92.

CIM-10. *Classification internationale des troubles mentaux et du comportement : descriptions cliniques et directives pour le diagnostic.* Genève : OMS, 1992b.

CIM-10. *Classification internationale des troubles mentaux et du comportement : critères diagnostiques pour la recherche.* Genève : OMS, 1993a.

Classification statistique internationale des maladies et des problèmes de santé connexes. Dixième révision (CIM-10). Vol. 1 : Table analytique. Vol. 2 : Manuel d'utilisation. Vol. 3 : Index alphabétique. Genève : OMS, 1992a.

HUGUES JR. Prevalence of smoking among psychiatric out patients. *Am J Psychiatry* 1986; 143 : 993-7.

Rapport sur la santé dans le monde 2001. *La santé mentale : nouvelle conception, nouveaux espoirs.* Genève : Bibliothèque de l'OMS, 2001.

PARTIE V

Alimentation du sportif

Dépense énergétique au cours de l'exercice physique

Sommaire

Il y a plus de 130 ans, J.-B. Chauveau démontrait que le glucose est principalement consommé dans les réseaux capillaires des muscles, dont il constitue l'aliment privilégié, et non dans les poumons comme le pensait Claude Bernard. Trente ans plus tard, alors qu'il vient d'être nommé au Muséum dans la chaire laissée libre par le décès de Claude Bernard, Chauveau entreprend une série de travaux sur l'énergétique musculaire, considérant le muscle comme une machine au sein de laquelle s'échange de l'énergie, énergie chimique et énergie mécanique. Il fonde les lois du travail musculaire à partir de mesures de la dépense énergétique et vérifie le principe de la conservation de l'énergie au sein même du muscle, dont il détermine le rendement. Dès la fin du siècle dernier, la calorimétrie directe et la calorimétrie respiratoire, sous l'impulsion d'Atwater et Benedict aux États-Unis, de Jules Lefèvre à l'Institut d'hygiène alimentaire à Paris, vont connaître un développement considérable pendant une soixantaine d'années, appliquées à l'homme au repos ou au cours de l'exercice musculaire.

La littérature internationale s'est considérablement enrichie des études expérimentales réalisées dans le domaine des activités physiques et sportives, mais aussi dans celui du travail professionnel à dominante physique. Deux groupes d'auteurs, Passmore et Durnin (1955), Spitzer et Hettinger (1959), ont rassemblé les principales valeurs connues à cette époque, dressant ainsi un catalogue très détaillé de ce que coûte à l'homme toute activité musculaire.

On admettra cependant une différence fondamentale entre le sport et le travail :

- le *sport* est une activité physique généralement voulue, désirée, pouvant dans le cas de la compétition atteindre un engagement extrêmement intense des diverses fonctions physiologiques, mais cela pendant des temps courts ;
- le *travail professionnel* est une activité imposée, subie, de niveau modéré ou faible, sauf exception, mais poursuivie sur des périodes très longues, se comptant en heures, en mois et surtout en années.

Entre ces deux pôles, il convient de placer le cas particulier du *sport professionnel* (cyclisme, football, etc.), pour lequel le dilemme peut se poser de privilégier le maintien d'une activité sans risque ou la perte d'une rémunération vitale.

Le terme « effort » ne devrait pas être employé, car il est à multiple sens. Dans sa définition d'origine, il correspond à la contraction des muscles expiratoires réalisée à glotte fermée ou à débit expiratoire faible : il s'agit des efforts de miction, de défécation, de parturition, de l'effort du trompettiste, ou encore de celui qui porte une charge lourde sur ses épaules. Ailleurs, effort est synonyme de travail ou d'exercice musculaire : on dit asthme ou angine d'effort, test d'effort. Enfin, effort réfère à un renforcement nécessaire et conscient de la volonté afin de poursuivre un travail physique qui devient de plus en plus difficile. Paradoxalement, on pourrait dire qu'un effort (exercice physique) est réalisé avec effort (blocage thoracique) mais sans effort (de volonté) !

Limites énergétiques

Il n'est pas inutile de rappeler quelles sont les limites entre lesquelles fluctuent les dépenses énergétiques de l'homme :

- la dépense de *fond*, observée dans les conditions dites basales, s'établit à environ 1 kcal.min^{-1} (4 kJ.min^{-1}), soit 7 watts ;
- la dépense de *fonctionnement* inclut en outre tout ce que coûte le maintien postural, les gestes et activités générales de la vie courante, les opérations de digestion et de thermorégulation, principalement dans la zone du froid, la dépense atteignant alors 3 ou 4 kcal.min^{-1} (12 à 16 kJ.min^{-1}) au maximum ;
- la dépense de *travail* inclut toutes les activités physiques, professionnelles ou sportives. À l'exercice, les échanges peuvent être multipliés par 15 à 20 pour l'ensemble de l'organisme, mais plus de 50 fois si l'on se réfère seulement à la masse des muscles actifs. Ainsi ont été observés chez des skieurs de fonds nordiques des chiffres de l'ordre de 27 kcal.min^{-1}. Chez l'adulte jeune bien entraîné, les chif-

fres les plus élevés sont compris entre 16 et 20 kcal.min^{-1}. Rapportés au poids corporel, ils varient de 35 (femmes) et 45 (hommes) $mLO_2.min^{-1}.kg^{-1}$ pour des sédentaires à 80-90 $mLO_2.min^{-1}.kg^{-1}$ chez les athlètes d'endurance les plus performants.

On n'oubliera pas que 70 à 80 % de l'énergie échangée apparaît sous forme de chaleur, ce qui rend plus difficile l'exercice physique en ambiance chaude.

Origines de l'énergie dépensée

La source première de l'énergie fournie aux muscles réside dans l'hydrolyse de l'ATP en ADP. Chaque molécule d'ATP libère un peu plus de 10 kcal. Le tissu musculaire contient 5 mmol.kg^{-1} d'ATP, soit environ 3 g.kg^{-1}. Cette source d'énergie se trouve tarie en quelques secondes. La recharge du muscle en ATP s'effectue à partir de 3 voies métaboliques (fig. 85.1), les deux premières, anaérobies, ne nécessitent pas la présence d'oxygène; la troisième, aérobie, correspond aux oxydations cellulaires. Chacune de ces voies comporte une puissance maximale, une capacité, une durée d'efficacité, une vitesse de restauration.

Le métabolisme anaérobie alactique est sollicité dès le début de la contraction à partir de l'ATP présent dans les muscles au repos, qui peuvent fournir environ 9 kJ (2,2 kcal). Il s'y ajoute l'ATP reformé à partir de l'ADP par hydrolyse de la phosphocréatine (20 mmol.kg^{-1}), susceptible d'apporter, pour les 28 kg de muscles d'un sujet de 70 kg, 39 kJ (10 kcal). Ces quantités sont utilisables en un temps très bref (5 à 7 s) lors d'exercices particulièrement intenses, type course de 100 m. Le temps de demi-restauration du stock d'ATP après travail est de l'ordre de 15 min.

Le métabolisme anaérobie lactique est sollicité quelques secondes après le début d'un exercice, quelle que soit son intensité. Chaque molécule de glycogène donne 3 molécules d'ATP. L'énergie libérable pour l'ensemble des muscles est de l'ordre de 65 à 70 kJ; elle peut être épuisée en 40 à 60 s suivant l'intensité de l'exercice. Le temps de demi-restauration est de l'ordre de 4 min. La mise en jeu du métabolisme anaérobie lactique n'apparaît pas dans les exercices de faible intensité, car l'acide lactique produit par les muscles actifs est métabolisé par ceux qui ne le sont pas.

Le métabolisme aérobie permet aux muscles de disposer d'une quantité d'énergie pratiquement inépuisable, à partir du glycogène et des triglycérides intramusculaires et du glucose et des acides gras libres apportés par la circulation, pourvu toutefois que la demande ne soit pas trop élevée. L'oxydation complète, mitochondriale, d'une molécule de glycogène donne 39 molécules d'ATP, une molécule de palmitate en donne 129. La mise en jeu de la voie aérobie peut débuter précocement grâce à la présence du glycogène intracellulaire et de l'oxygène fixé sur la myoglobine. Mais son développement est relativement lent, en raison de l'inertie du système cardiorespiratoire de transport de l'oxygène, qui n'atteint sa pleine efficacité qu'après quelques minutes. Ainsi se constitue une dette d'oxygène qui sera remboursée après l'arrêt de l'exercice. La puissance maximale du métabolisme aérobie s'exprime par le débit maximal d'oxygène mesuré au cours d'un exercice maximal. Elle est de l'ordre de 15 à 20 kcal.min^{-1}, soit 3 à 4 litres d'oxygène par minute, chez l'homme jeune; elle est moindre chez la femme (– 30 %), diminue avec l'âge, mais peut être augmentée par l'entraînement.

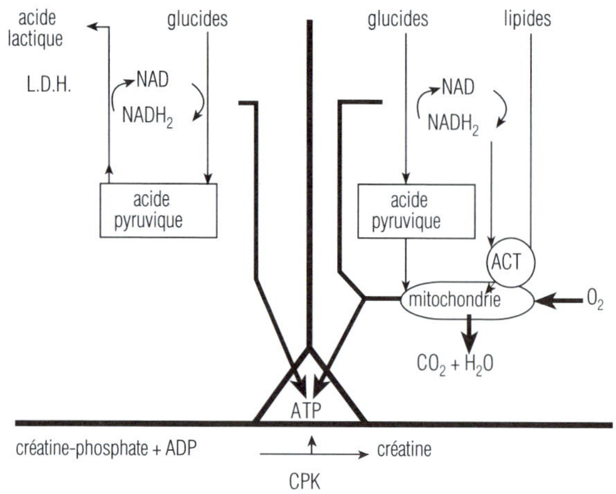

Fig. 85.1. Origine de l'ATP musculaire. Toutes les voies concourent au renouvellement du stock d'ATP.

Les caractéristiques principales de ces trois métabolismes sont données au tableau 85.I.

C'est par un abus de langage, et parfois de pensée, que l'on confond souvent performance physique et métabolisme sous-jacent. Certes, l'origine de l'énergie échangée dans le muscle dépend du type d'exercice réalisé : le métabolisme anaérobie est largement prédominant dans les exercices brefs et intenses, le métabolisme aérobie dans les exercices prolongés. Prétendre mesurer la puissance d'un métabolisme à travers une performance n'a pas de sens puisque la part respective des trois métabolismes ne peut être estimée que de façon très approchée. On sait notamment que si les exercices prolongés atteignent une certaine intensité, les deux voies métaboliques, aérobie et anaérobie lactique, sont mises à contribution.

Tab. 85.I. Caractéristiques principales des trois métabolismes.

Substrat	Durée maximale	Énergie disponible	Puissance maximale	Temps de demi-récupération
ATP + PC	6 s	0,4 kJ.kg^{-1}	67 W.kg^{-1}	15 min
Glycolyse	40 s	1,2 kJ.kg^{-1}	30 W.kg^{-1}	4 min
Oxydation	≥ 30 min	≥ 120 kJ.kg^{-1}	33-44 W.kg^{-1}	30 s

Mesure de la dépense énergétique

Quelle que soit l'origine de l'énergie échangée à un instant donné, la somme de ce qui vient des métabolismes anaérobie et aérobie peut être appréciée par la mesure du volume d'oxygène consommé en sus du repos, y compris pendant la phase de restauration qui suit l'arrêt de l'exercice. La consommation d'oxygène est facilement mesurée en laboratoire lors d'exercices réalisés sur tapis roulant ou bicycle ergométrique par la méthode du circuit ouvert.
Des dispositifs portables par le sujet, fondés sur le même principe, ont été mis au point pour donner à celui-ci une plus grande liberté de mouvements et de déplacements, permettant ainsi des mesures de terrain (fig. 85.2). Ces dispositifs ont été conçus au début pour tenter de connaître avec précision la dépense énergétique de l'homme en mouvement. On privilégie actuellement l'utilisation d'appareils automatiques moins précis car donnant des résultats calculés à partir de valeurs supposées constantes du quotient respiratoire. Ils sont suffisants en laboratoire et sur le terrant pour les comparaisons faites entre individus ou chez un même individu à différents moments de son parcours sportif.
En l'absence d'appareillage, la dépense d'énergie pour une activité complexe peut être approchée à partir d'un découpage temporel fin de cette activité. On identifie d'abord chaque opération élémentaire; lorsqu'elles se répètent, on détermine leurs durées cumulées que l'on exprime en minutes. Ensuite, on applique les valeurs du coût énergétique (en $mL.min^{-1}$) mesurées pour des activités identiques, données par des tables; pour plus de précision, des mesures ponctuelles de consommation d'oxygène peuvent être réalisées sur le terrain. Il suffit alors de calculer le coût de chaque opération, d'additionner les coûts partiels et éventuellement d'établir la valeur moyenne de la dépense énergétique pour la période considérée.
L'exemple donné dans le tableau 85.II concerne la pratique du golf : le produit du coût calorique par minute ($kcal.min^{-1}$) par le nombre de minutes dans une heure de jeu donne le coût de chaque opération pour celle-ci.

Fig. 85.2. Appareil portable pour la mesure de la consommation d'oxygène : *Integrating Motor Pneumotachograph* (IMP). L'appareil est destiné à mesurer le volume expiré et à recueillir un échantillon moyen de celui-ci. Il comprend un masque (M), fixé par un harnais (H) sur la tête du sujet. L'air atmosphérique est prélevé par des soupapes inspiratoires (S). L'air est ensuite expiré dans une chambre (C) portant un thermomètre (t) et comprenant une membrane sensible à la pression expiratoire et par conséquent au débit de l'air expiré. Le sujet porte sur le dos un dispositif (D) relié à la chambre expiratoire par un tube souple (T); ce dispositif, alimenté par une pile de 90 volts (P), comprend un compteur de volume et une petite pompe assurant un prélèvement d'air proportionnel au débit expiratoire. L'air expiré est recueilli dans un sac de 250 mL, dans lequel le vide est préalablement fait, contenu dans une boîte cylindrique (B). L'air est ensuite analysé.

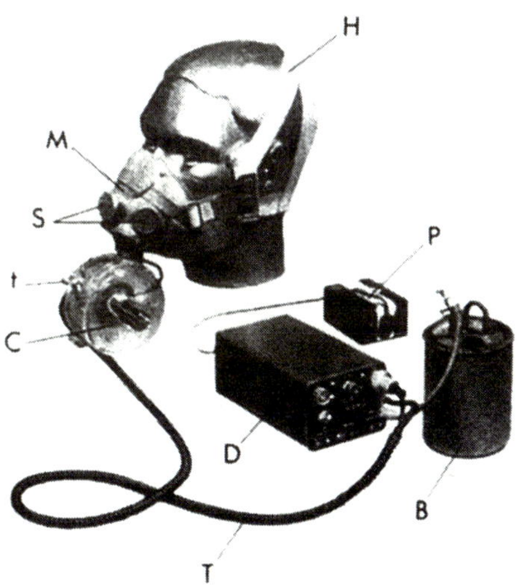

Tab. 85.II. La dépense énergétique du golfeur.

Opération	Durée des opérations (en % du temps)	Coût énergétique		
		$min.h^{-1}$	$kcal.min^{-1}$	$kcal.h^{-1}$
Station debout	34,51	20,70	1,096	22,687
Marche en tirant un caddy	36,63	21,98	6,721	147,728
Shots (bois)	3,41	2,05	4,544	9,315
Shots (fer)	5,11	3,07	3,445	10,576
Putting green	20,34	12,30	2,619	32,214
Total				**222,250**

Estimation de la dépense énergétique

Pour s'affranchir des contingences instrumentales et donner encore plus de liberté de mouvements au sujet observé, il a été proposé d'estimer la consommation d'oxygène à partir des valeurs de la fréquence cardiaque, mesurées lors des différentes phases de l'activité physique étudiée. Il est aisé d'enregistrer en continu sur le terrain les valeurs successives de la fréquence cardiaque par télémétrie ou à l'aide d'un microprocesseur fixé au poignet du sujet *(sport tester)*. La figure 85.3 concerne une estimation de la consommation d'oxygène à partir d'un enregistrement de la fréquence cardiaque. Le raisonnement suivant peut être tenu : consomma-

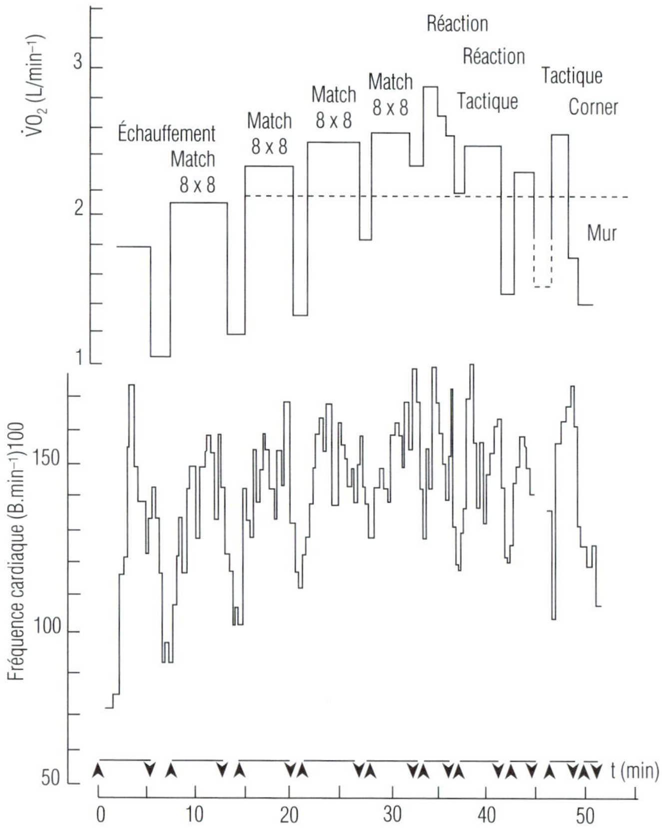

Fig. 85.3. Estimation de la dépense énergétique lors d'une séance d'entraînement de 52 minutes. En bas : évolution de la fréquence cardiaque au cours des phases successives dont le début (▲) et la fin (▼) sont indiqués. En haut : valeurs estimées de la consommation d'oxygène ($\dot{V}O_2$) pour chacune des phases de l'entraînement. En pointillés, valeur moyenne du sujet pour l'ensemble de la séance (d'après Ferret).

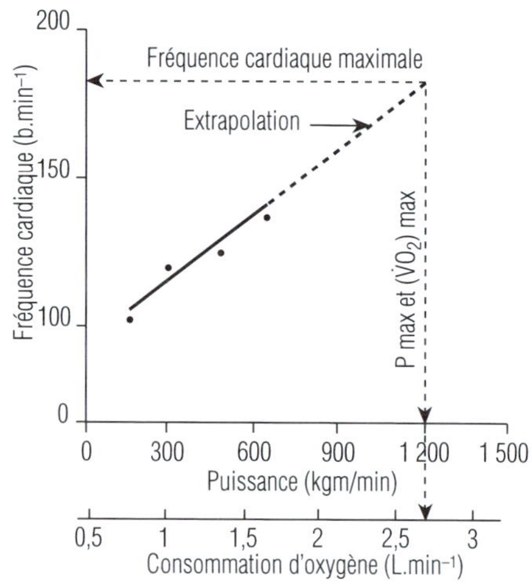

Fig. 85.4. Relation fréquence cardiaque/consommation d'oxygène. À partir de 4 couples de valeurs obtenues lors d'épreuves sous-maximales, une droite d'étalonnage individuelle a été établie. Celle-ci a été prolongée jusqu'à la valeur maximale théorique (220 – âge) de la fréquence cardiaque : le point extrême donne une estimation de la consommation maximale d'oxygène ($\dot{V}O_2$max). En abscisse, la coïncidence des deux échelles se fonde sur une valeur supposée constante du quotient respiratoire.

tion d'oxygène et fréquence cardiaque augmentent l'une et l'autre de façon linéaire avec la puissance mécanique de l'exercice, comme le montre la figure 85.4. De la corrélation établie entre les deux variables physiologiques, on peut donc tirer la valeur probable de l'une quand l'autre est connue. Les différences de pente entre ces deux variables physiologiques en fonction de l'âge, du sexe, des muscles mobilisés, du degré d'entraînement physique peuvent introduire des sous ou surestimations de la dépense énergétique. L'intérêt est d'établir une courbe d'étalonnage individuelle (voir chapitre 15).

Il est important de ne pas méconnaître l'importance de l'erreur faite sur la valeur estimée de la dépense énergétique si la relation fréquence cardiaque/consommation d'oxygène utilisée a été établie sur un groupe de sujets. En effet, chaque sujet du fait de sa constitution, de son type d'activité professionnelle, de sa pratique sportive et de l'entraînement qu'il a suivi s'est forgé sa propre relation FC/ $\dot{V}O_2$. Ainsi, l'erreur d'estimation peut être considérablement réduite si chaque sujet a fait l'objet au préalable d'une courbe d'étalonnage individuelle, déterminée pour des activités musculaires voisines de celles étudiées sur le terrain, et dans des conditions climatiques identiques. On sait, en effet, que l'exposition à la chaleur est susceptible d'élever le niveau de la fréquence cardiaque sans avoir d'influence sur la consommation d'oxygène. Par ailleurs, à dépense énergétique égale, la fréquence cardiaque s'élève davantage chez le sujet âgé que chez le jeune et pour un travail des membres supérieurs que pour un travail des membres inférieurs.

Dépense énergétique et sport

Les niveaux de la dépense énergétique varient de façon très large au-dessus de la valeur de repos. Le tableau 85.III tente de classer quelques sports les uns par rapport aux autres. Il faut cependant se méfier car chaque sport peut être pratiqué à un niveau d'engagement plus ou moins poussé, suivant qu'il s'agit d'un entraînement, d'un match amical ou d'une compétition internationale.

Qualité des fibres musculaires

L'aptitude à la pratique d'un sport ne tient pas seulement à la mise en jeu préférentielle de l'un et l'autre métabolisme, mais aussi à la capacité du muscle à bénéficier plus particulièrement de l'un ou l'autre métabolisme. On oppose généralement les muscles rouges aux muscles blancs. Cette distinction est fondée sur la proportion plus grande de fibres musculaires rouges dans les premiers, de fibres musculaires blanches dans les seconds.

Tab. 85.III. Dépense énergétique et sport (d'après Durnin et Passmore, 1967).

Sédentaire	Activité légère	Activité modérée	Activité intense
140 175 Jeu de cartes Instrument de musique	140 à 280 175 à 350 Boules Cricket Croquet Golf Tennis de table Tir à l'arc Voile Volley-ball	280 à 420 350 à 525 Badminton Bicyclette Course Équitation Gymnastique Hockey Jardinage Nage Ski Tennis	> 420[1] > 525[2] Alpinisme Athlétisme Aviron Basket-ball Boxe Cross country Football Squash

1. En watts pour une femme de 55 kg. 2. En watts pour un homme de 65 kg.

Les fibres *rouges*, dites fibres I, sont riches en sarcoplasme, colorées par la myoglobine, pigment fixant de l'oxygène, entourées de nombreux capillaires ; leur contenu en glycogène, de l'ordre de 1 %, est susceptible d'être augmenté par le régime, notamment le « régime dissocié scandinave » ; elles contiennent en outre des triglycérides. Les très nombreuses mitochondries, riches en enzymes, leur confèrent un grand pouvoir oxydatif. Ce sont des fibres à contraction lente et peu fatigables, bien adaptées aux exercices de longue durée.

Les fibres *blanches*, dites fibres II, sont riches en myofibrilles, donc pauvres en sarcoplasme ; elles sont capables de développer une force élevée et de contraction rapide. Riches également en glycogène, elles contiennent les enzymes du métabolisme anaérobie et sont orientées vers le métabolisme glycolytique. Ce sont des fibres rapidement fatigables, convenant aux exercices intenses et brefs. Les fibres II ont été secondairement dénommées fibres IIB pour les distinguer des fibres à caractères intermédiaires (IIA), à la fois oxydatives et glycolytiques, et résistant mieux à la fatigue (tableau 85.IV).

Le type d'entraînement suivi oriente les muscles les plus utilisés vers le métabolisme aérobie (endurance, fibres I) ou anaérobie (résistance, fibres IIB). C'est ce que montrent les biopsies musculaires pratiquées chez des sportifs appartenant à diverses disciplines. Chez les coureurs de fond, la proportion des fibres rouges dans le muscle vaste externe est très prédominante, alors que chez les sportifs de force (haltérophilie, lancers…) ou de vitesse (50, 100, 200 m), la proportion des fibres rouges est extrêmement réduite.

Tab. 85.IV. Les différents types de fibres musculaires.

Types de fibre	I Contraction lente	IIA Contraction rapide	IIB
Contenu en myoglobine	Élevé	Intermédiaire	Faible
Contenu en glycogène	Élevé	Élevé	Élevé
Potentiel oxydatif	Très élevé	Élevé	Faible
Contenu en lipides	Très élevé	Intermédiaire	Faible
Capillarisation	Très riche	Riche	Pauvre
Recrutement	Exercice long et modéré	Exercice long intense ou modéré	Exercice bref et intense

Conclusion

La connaissance des métabolismes énergétiques au cours de l'exercice est utile pour comprendre les limites physiologiques auxquelles l'organisme est soumis et, en fonction du but poursuivi, concevoir un type d'entraînement adapté. Le bilan global, en termes d'énergie consommée par 24 heures, obtenu par l'analyse de la ration alimentaire (méthode du semainier) ou de l'activité motrice appuyée par des mesures de consommation d'oxygène, permet ensuite de fixer des valeurs optimales pour la ration énergétique du sportif ou du travailleur de force. À partir de la mesure du volume de CO_2 rejeté réalisée en cours d'exercice, il est de plus possible de calculer le quotient respiratoire, dont la valeur est indicative de la nature et de la proportion des combustibles utilisés, glucides et lipides.

Pour en savoir plus

Durnin JVGA, Passmore R. *Energy, work and leisure*. London : Heinemann educational books, 1967 : 166 p.

Flandrois R. Énergétique de l'exercice musculaire maximal. *J Physiol (Paris)* 1979; 75 : 195-205.

Monod H. La dépense énergétique chez l'homme. *In :* Scherrer J, ed. *Précis de physiologie du travail. Notions d'ergonomie*. 1 vol. Paris : Masson, 1981 : 107-38.

Monod H, Flandrois R. *Physiologie du sport. Bases physiologiques des activités physiques et sportives*. 5e éd. Paris : Masson, 2003 : 277 p.

MONOD H. Métabolisme énergétique au cours de l'effort. *Diététique et Médecine* 1990; 3 : 107-12.

LACOUR JR, FLANDROIS R. Le rôle du métabolisme aérobie dans l'exercice intense de longue durée. *J Physiol (Paris)* 1977; 73 : 89-130.

PASSMORE R, DURNIN JVGA. Human energy expenditure. *Physiol Rev* 1955; 35 : 801-40.

SPITZER H, HETTINGER T. *Tafeln für den Kalorienumsatz bei körperlicher Arbeit, Sonderheft der Refa-Nachrichten*. 1 vol. Darmstadt, 1959 : 89 p.

Nutrition de l'enfant sportif

Sommaire

La prise en charge nutritionnelle des enfants sportifs de haut niveau est complexe ; il faut s'appuyer, pour la mettre en place, sur une série de données : les unes sont générales, comme les apports recommandés pour la population française tels qu'ils ont été redéfinis en 2001 [3], auxquels viennent s'ajouter les dépenses complémentaires directement liées à l'activité physique. L'importance de ce sujet a justifié la demande du ministère de la Jeunesse et des Sports d'une mission d'expertise sur le retentissement de l'entraînement intensif de l'enfant, confiée au docteur M.-C. Paruit du CHU de Nantes ; dans ce cadre, il a été demandé à l'AFSSA de réunir un groupe d'experts, coordonné par le professeur M. Vidailhet, chargé d'établir des apports nutritionnels conseillés (ANC) pour cette population [4].

À ces données générales fondamentales viennent s'ajouter pour chaque enfant des données personnelles, également nécessaires à l'élaboration personnalisée de conseils ; cela repose sur un interrogatoire intéressant les apports alimentaires sur une semaine, sur une connaissance du goût de l'enfant, sur des considérations religieuses et, pour la partie minérale et vitaminique, sur la réalisation au moins une fois par an d'un bilan biologique [6].

Dans ce domaine, à côté de notre expérience à l'institut régional de médecine du sport de Basse-Normandie, est venue s'ajouter l'expérience de l'équipe médicale de la Fédération française de tennis, qui a effectué systématiquement pour les meilleurs joueurs et joueuses adolescents un suivi biologique.

Dans ce chapitre, nous allons essayer d'apporter des données intéressant les apports en énergie, protéines, lipides et glucides, en eau, en minéraux et en vitamines.

Apports en énergie

Dès 1980, Creff et Berard avaient souligné l'importance de recommandations nutritionnelles spécifiques chez les sportifs [5]. Sur le plan théorique, en pédiatrie, il est aisé d'avancer que ces recommandations doivent comporter les apports conseillés pour la population du même sexe et du même âge non sportive, nécessaires à un développement staturopondéral et pubertaire normal, tels qu'ils ont été redéfinis en 2001 par l'AFSSA [3] : de 2 200 à 2 500 kcal/jour et de 2 350 à 2 900 kcal/jour chez la fille et le garçon respectivement, entre 11 et 18 ans, auxquels sont ajoutés les besoins liés aux activités physiques. La difficulté résulte du mode d'appréciation de ce second volet. Ces dépenses complémentaires sont en effet variables en fonction du type de sport, de la durée et de l'intensité des entraînements ; elles peuvent représenter une majoration de 20 à 50 % du besoin en énergie. Le plus rationnel, ainsi que le préconisent Vermorel *et al.* [3], est de s'appuyer sur des enquêtes d'activité corrélées au poids et au sexe, et cela sur une semaine.

Les valeurs retrouvées sont différentes selon l'intensité de l'effort et sont également dépendantes de facteurs personnels ; elles représentent de 5 à 10 kcal/minute, soit pour 2 heures d'entraînement journalier de 600 à 1 200 kcal supplémentaires pour un enfant de 50 kg.

La meilleure des appréciations repose sur le contrôle mensuel du poids, trimestriel de la taille et annuel du développement pubertaire. Une attention particulière doit être apportée aux sports où la silhouette est importante comme la gymnastique, la GRS, la danse ou le patinage, où les apports énergétiques sont fréquemment inférieurs ou très inférieurs aux besoins et où l'on peut craindre, surtout chez la jeune fille, un retentissement sur le développement staturopondéral et pubertaire, comme cela a été mis en évidence par Theintz *et al.*, d'une part, et par Yeager *et al.*, d'autre part, avec la triade anorexie, aménorrhée, ostéoporose [16, 18].

À partir de la détermination des besoins énergétiques journaliers et en fonction des goûts de l'enfant, un régime pourra être établi, avec sa composition et sa répartition, en insistant sur l'importance du petit déjeuner (25 % de l'apport journalier). Celui-ci sera expliqué à l'enfant et si possible à l'entraîneur, en insistant sur les horaires et le délai nécessaire d'au moins 2 heures entre le repas et l'activité physique.

Il faut ajouter qu'entre les repas, le grignotage n'est pas recommandé et que si des carences d'apports existent, il faut également être attentif aux excès liés à cette pratique de consommation excessive, qui peut aboutir à des surcharges pondérales, observées plus généralement dans les périodes de mauvais résultats et de difficultés psychologiques.

Apports en protéines

Ils doivent être envisagés dans le contexte particulier aux sportifs d'un niveau d'apports énergétiques nécessairement majoré. Plusieurs notions méritent d'être soulignées : tout d'abord, les pertes azotées cutanées ou urinaires sont majorées par l'effort, ainsi que le catabolisme protéique pour des exercices intenses et prolongés; en complément, si pour des exercices modérés, il n'existe pas de modification du métabolisme des acides aminés, pour des entraînements intenses, il a été observé une meilleure utilisation des protéines alimentaires. Aucun bénéfice n'a été démontré en cas de supplémentation en leucine ou autre acide aminé indispensable, ou en taurine [6].
Chez l'enfant, les ANC sont de 0,85 $g.kg^{-1}.j^{-1}$; il est proposé aux enfants sportifs de haut niveau d'augmenter cet apport de 20 %, uniquement sous forme alimentaire. Cela représente un apport de sécurité journalier de protéines de 40 à 42 g chez l'enfant de 12 ans sportif, de 56 g et 61 g respectivement chez la fille et le garçon de 15 ans, et de 56 g et 65 g chez la fille et le garçon de 18 ans [3].

Apports en lipides

Ils doivent représenter chez l'enfant 30 % de la ration énergétique journalière. L'activité physique augmente l'oxydation et la mobilisation des acides gras, réduit la teneur en lipides de l'organisme et s'accompagne pour certains groupes d'une élévation du HDL-cholestérol. Les recommandations sont de réduire l'apport en graisses saturées et d'apporter, pour les acides gras poly-insaturés : 10 g par jour d'acide linoléique, 2 g par jour d'acide linolénique, donc prioritairement des graisses d'origine végétale, et du poisson gras 2 fois par semaine [3]. L'adjonction de carnitine n'a pas fait la preuve de son intérêt.

Apports en glucides

Chez l'enfant non sportif, les glucides doivent représenter 50 à 55 % de la ration énergétique. D'une façon générale, l'activité physique augmente la consommation de glucides; chez l'enfant, les réserves en glycogène musculaire sont en comparaison plus faibles que celles des adultes.
Les recommandations pour l'enfant sportif sont donc d'enrichir la ration journalière en glucides en maintenant leur diversité et en répartissant ces apports au cours des différents repas. Les sources céréalières et les fruits sont à privilégier. Une supplémentation pendant les exercices, dès que leur durée dépasse 30 minutes, est conseillée pour retarder la réduction de la concentration musculaire en glycogène.

Besoins en eau

L'organisme d'un enfant comporte dans sa composition 60 à 65 % d'eau, dont 2/3 dans le secteur intracellulaire et 1/3 dans le secteur extracellulaire; l'équilibre est assuré par une adéquation entre les entrées – boissons, alimentation et synthèse endogène –, soit au total 50 $mL.kg^{-1}$, et les sorties digestives, cutanées, respiratoires et urinaires. L'activité physique majore les pertes d'eau par voie cutanée et respiratoire et cela en fonction de l'intensité et de la durée de l'exercice, des conditions de l'environnement et de facteurs personnels. En l'absence de supplémentation vont apparaître une hypovolémie, une accélération du rythme cardiaque, une réduction des capacités de thermorégulation : la diminution de la masse sanguine réduit l'oxygène distribué aux tissus et donc la qualité de la performance physique dès que la réduction pondérale atteint 1 à 2 % [7]. À partir de 4 % de perte de poids, il existe des risques de « coup de chaleur ». Les sports à catégorie de poids tels que le judo représentent à cet égard une situation à risque, un enfant pouvant en effet réduire ses apports pour disputer une compétition dans une catégorie de poids inférieure.
Pour prévenir ces difficultés, il faut anticiper sur la sensation de soif qui n'est pas en pédiatrie un indicateur fiable. Il faut également insister sur le fait que chez l'enfant, le débit sudoral est plus faible que chez l'adulte au moins jusqu'à la puberté, et que la tolérance à un exercice d'intensité élevée dans un environnement chaud est moindre [3].
L'enfant, lors de la pratique sportive, doit de ce fait s'hydrater régulièrement en consommant une boisson par petites quantités, de 50 à 100 mL, toutes les 5 à 10 minutes, en fonction de l'intensité de l'effort et des conditions climatiques ou de l'environnement. L'idéal, rarement atteint, serait de réduire au minimum la perte de poids pendant les entraînements et les compétitions.
Les boissons que nous conseillons doivent être iso ou hypoosmotiques au plasma, à une température de 7 à 10 °C, enrichies en glucides dès que l'effort dépasse 30 minutes, afin, comme cela a été dit ci-dessus, de maintenir au meilleur niveau les réserves de glycogène musculaire. Hormis lors d'effort très intense en ambiance chaude, l'adjonction de minéraux ne semble pas indispensable. La consommation de jus de fruit dilué ou d'un mélange personnel d'une eau peu minéralisée et de glucides semble la meilleure solution.
Compte tenu du caractère variable selon les individus du niveau de transpiration, les contrôles pondéraux avant puis après entraînement sont de bons indicateurs des volumes liquidiens à proposer.

Apports en minéraux (sodium, chlore, potassium, phosphore, magnésium, calcium)

Chez le sportif, le maintien d'un statut normal en minéraux est important lors de l'exercice, en particulier au niveau musculaire [12].
Lors de l'effort, la transpiration augmente et aux pertes d'eau s'associent des pertes de sodium, de chlore, de potassium et de magnésium; parallèlement, l'excrétion urinaire de ces minéraux se réduit; chez le sujet entraîné et bien acclimaté à la chaleur, les concentrations en minéraux dans la sueur diminuent.
Pour le *sodium*, le *chlore* et le *potassium*, l'objectif est maintenir au mieux l'homéostasie plasmatique.
Dans ces conditions, en complément des besoins de base (sodium : 1 $mmol.kg^{-1}.j^{-1}$, potassium : 2 $mmol.kg^{-1}.j^{-1}$), deux situations sont possibles :

– soit les entraînements sont courts ou peu intenses, en milieu tempéré, donc avec une transpiration modérée : aucune supplémentation n'est nécessaire au cours de l'effort;
– soit, au contraire, l'environnement est chaud, et l'effort très prolongé et intense : il faudra au cours de l'activité physique et lors de la récupération apporter du sodium, du chlore et du potassium (1 à 3 g supplémentaires par jour sont en règle suffisants).

Pour le *phosphore*, dont les besoins journaliers se situent chez l'enfant autour de 800 mg entre 10 et 15 ans, il n'existe aucune justification à proposer de complément d'autant que l'alimentation de type européen apporte du phosphore en quantité très large.

Les apports conseillés journaliers en *magnésium* ont été réévalués en 2001 : 280 mg à 10-12 ans et 370 à 420 mg entre 13 et 19 ans, selon le sexe (tableau 86.I). Il a été constaté que des carences d'apports existaient chez certaines adolescentes [1]. Néanmoins, d'une façon générale, si les recommandations de base sont suivies, il n'existe chez l'enfant sportif aucune justification à augmenter les apports, sauf en cas de transpiration importante.
Au cours de l'enfance et de l'adolescence, le stock de *calcium* de l'organisme passe de 400 g à 10 ans à 900 g ou 1 200 g à 20 ans, selon le sexe; encore faut-il que les apports calciques recommandés de 1 200 mg.j^{-1} entre 10 et 19 ans et ceux de vitamine D soient corrects [1, 9] (tableaux 86.I et 86.II).

Tab. 86.I. Apports conseillés en minéraux et oligoéléments chez l'enfant et l'adolescent [3].

Âge	Ca (mg)	P (mg)	Mg (mg)	Fe (mg)	Zn (mg)	Cu (mg)	F (mg)	I (µg)	Se (µg)	Cr (µg)
7-9 ans	900	600	200	8	9	1.2	1.2	120	40	40
10-12 ans	1 200	830	280	10	12	1.5	1.5	150	45	45
Adolescents 13-19 ans	1 200	830	410	13	13	1.5	2	150	50	50
Adolescentes 13-19 ans	1 200	800	370	16	10	1.5	2	150	50	50

Tab. 86.II. Apports conseillés en vitamines chez l'enfant et l'adolescent [3].

Âge	A (µg)	E (mg)	D (µg)	K (µg)	C (mg)	B1 (mg)	B2 (mg)	PP (mg)	B5 (mg)	B6 (mg)	B8 (µg)	B9 (µg)	B12 (µg)
7-9 ans	500	9	5	30	90	0,8	1,3	9	3,5	1	25	200	1,4
10-12 ans	550	11	5	40	100	1	1,3	10	4	1,3	35	250	1,9
Adolescents 13-19 ans	750	12	5	45-65	110	1,3	1,6	13	4,5	1,6	45	300	2,3
Adolescentes 13-19 ans	600	12	5	45-65	110	1,1	1,4	11	4,5	1,5	45	300	2,3

Chez les enfants sportifs, deux facteurs sont à prendre en compte : d'une part, il existe des pertes sudorales de calcium à l'effort qui peuvent atteindre 40 mg.j^{-1}, ce qui du fait de la biodisponibilité du calcium correspond à un apport de 200 mg [13]. D'autre part, l'activité physique améliore significativement l'accrétion calcique osseuse.
Dans ces conditions, si les apports conseillés journaliers en calcium (1 200 mg, dont 60 % par des laitages) et en vitamine D (5 µg) sont couverts, il n'existe pas d'évidence quant à la nécessité d'une supplémentation calcique. Pour la vitamine D et compte tenu du fait que la majorité des entraînements se fait en salle, une charge de vitamine D de 100 000 UI en octobre puis en février ou mars paraît être justifiée.

Apports en oligoéléments

Parmi les oligoéléments, ceux qui nous semblent être les plus importants chez le sportif sont le fer, le zinc et le sélénium.
Pour réfléchir à la nécessité de supplémentation, il faut d'abord se référer aux apports conseillés journaliers tels qu'ils ont été redéfinis en 2001 (tableau 86.I).

Le *fer* est certainement l'oligoélément qui pose le plus de problème, compte tenu de ses propriétés et en particulier du lien entre le statut du fer, le taux de l'hémoglobine et la $\dot{V}O_2$ max [8], et de la fréquence des carences d'apport martial dans notre pays (essentiellement dans le sexe féminin). Au cours de l'effort, il existe des pertes complémentaires de fer par la transpiration, par voie digestive et urinaire. Cette situation peut être aggravée par des restrictions volontaires d'apport, comme cela s'observe dans les sports dits à « silhouette ».

Compte tenu de ces éléments, il nous paraît souhaitable de contrôler au moins une fois par an le statut biologique martial des enfants sportifs; en fonction des résultats, il pourra être proposé en complément des apports conseillés journaliers et chez ceux présentant une carence une supplémentation.

Le *zinc* intervient dans plus de 200 métalloenzymes au niveau de la croissance, du développement pubertaire, de l'immunité cellulaire et des phanères. Les apports conseillés sont de 9 à 13 mg.j^{-1} chez l'enfant et l'adolescent (tableau 86.I); des risques de carences d'apport existent chez les végétariens, et des pertes supplémentaires par sudation sont constatées chez le sportif. Seul le bilan biologique permet de détecter un déficit à un stade initial. Une supplémentation peut alors être nécessaire pour le corriger [11].

Le *sélénium* a principalement des propriétés antioxydantes comme cofacteur de la glutathion peroxydase. Des carences biologiques ont été rapportées par différentes équipes [2]. Il peut ainsi être nécessaire de renforcer ses apports pour des efforts importants, de même que ceux en autres antioxydants. Pour les autres oligoéléments, tels que le *cuivre*, l'*iode*, le *manganèse* ou le *chrome*, des pertes complémentaires par sudation apparaissent à l'effort. Il n'existe cependant pas d'argument pour majorer les apports conseillés pour l'âge (tableau 86.I).

Apports en vitamines

Le statut vitaminique des sportifs est l'objet de controverses. Certains affirment que si l'alimentation est équilibrée, les risques de carences sont nuls malgré l'augmentation de l'activité physique; d'autres constatent, à partir de bilans biologiques, que des carences existent et que des contrôles au moins annuels sont indispensables car les déséquilibres alimentaires sont fréquents, même quand les apports énergétiques sont corrects (tableau 86.II) [17]. Nous envisagerons successivement les vitamines hydrosolubles puis les agents antioxydants.

Vitamines hydrosolubles

Guilland *et al.*, dans une étude intéressant des jeunes sportifs pratiquant le sport 16 heures par semaine, constatent d'une part des apports plus élevés que chez des témoins du même âge, d'autre part, des carences biologiques plus fréquentes en vitamines B1, B2, B6 et E [10]. Ces carences sont corrigées par une supplémentation [10].
Il n'existe pas chez les sportifs de perte vitaminique supplémentaire par la sueur, par voie digestive ou urinaire. La majoration des besoins serait donc parallèle à celle de l'énergie.
Dans ces conditions, chez les sportifs de haut niveau, des compléments vitaminiques doivent se discuter en fonction du type de sport, endurant ou de force, et du résultat des bilans biologiques. Dans le cas des sports endurants, les besoins en vitamines B1, B2, B6 et PP se situent, en plus des apports conseillés, entre 0,5 et 1 mg/1 000 kcal [4].

Agents antioxydants

L'activité physique accélère les réactions métaboliques et les phosphorylations oxydatives. Le stress oxydant apparaît quand les systèmes antioxydants sont dépassés. Une étude de Santos-Silva *et al.* en 2001 a montré que les jeunes sportifs étaient particulièrement exposés au stress oxydant, et davantage encore en cas d'entraînement très intense [15].
Dans ces conditions, et en complément du sélénium avec la glutathion peroxydase ou du zinc avec la superoxyde dismutase, plusieurs agents antioxydants vitaminiques sont l'objet de recommandations particulières chez les sportifs de haut niveau : la vitamine E, le bêtacarotène et la vitamine C.
L'alphatocophérol est le principal antioxydant liposoluble de l'organisme et de nombreuses études chez l'adulte ont montré qu'une supplémentation en vitamine E à des doses élevées avait un effet protecteur contre les dommages oxydatifs liés à l'exercice [4]. Chez l'enfant, le niveau de supplémentation reste à définir : il dépend du type de l'alimentation et du type et de l'intensité du sport pratiqué; néanmoins, des besoins supplémentaires en vitamine E existent tant pour les sports de force que dans les activités d'endurance.
Pour le bêtacarotène et la vitamine C, bien qu'il n'existe aucune étude spécifique chez l'enfant sportif permettant de le prouver, on peut raisonnablement avancer qu'un statut normal est nécessaire; compte tenu de l'augmentation des dépenses énergétiques et d'habitudes alimentaires peu orientées en France vers les fruits et les légumes, des compléments semblent justifiés, au moins de façon intermittente [14].

Conclusion

Les conseils nutritionnels aux enfants pratiquant le sport de façon intense sont complexes. Ils reposent d'abord sur la synthèse d'un interrogatoire diététique, d'un examen clinique et de bilans biologiques effectués par une équipe spécialisée. Dans une étape suivante, en fonction du niveau de l'activité physique et des goûts de l'enfant ou de l'adolescent, on pourra proposer un régime en expliquant sa répartition dans la journée et en organisant une surveillance régulière. Les recommandations doivent aussi concerner le rythme de vie, l'heure du coucher, l'interdiction absolue du tabac et des boissons alcoolisées; une discussion avec les entraîneurs pour mettre en place au sein du programme des phases de récupération ou de repos est souhaitable.
L'application de l'ensemble de ces mesures avec rigueur et discipline est indispensable à tout sportif. Chez l'enfant, elle permet la poursuite de la croissance et du développement pubertaire, limite les risques de blessures et de contre-performance, et aide l'enfant et l'adolescent à s'épanouir dans leur sport de prédilection.

Bibliographie

[1] Abrams SA, Grusak MA, Stuff J, Obrein KO. Calcium and magnesium balance in 9-14-y-old children. *Am J Clin Nutr* 1997; 66 : 1172-7.

[2] Accominotti M, Dutey P, Lahet C, Vallon JJ. Évolution des taux de sélénium et de glutathion peroxydase sanguins de sportifs de haut niveau. *Sci Sports* 1991; 6 : 165-72.

[3] Beaufrère B, Briend A, Ghisolfi J, Goulet O, Putet G, Rieu D *et al.* Comité de nutrition de la Société française de pédiatrie, avec la collaboration de M. Vermorel. Nourrissons, enfants et adolescents. *In :* CNERNA, CNRS, AFSSA, eds. *Apports nutritionnels conseillés pour la population française.* 3e éd. Londres, Paris, New York : Tec et Doc éditions, 2001 : 255-91.

[4] Bellisle F, Berta JL, Bresson JL, Duhamel JF, Guilland JC, Margaritis I *et al. Apports nutritionnels conseillés pour l'enfant et l'adolescent sportifs de haut niveau de performance.* Paris : AFSSA, 2004 : 93 p.

[5] Creff AF, Berard L. *Manuel pratique de l'alimentation du sportif.* Paris : Masson, 1980.

[6] Duhamel JF. Prise en charge nutritionnelle des enfants sportifs de haut niveau. *Bull Acad Natl Med* 2001; 185 : 1495-505.

[7] Eckart P, Verine C, Read MH, Duhamel JF. Besoins en eau chez l'enfant sportif. *J Pediatr Puer* 1995; 8 : 465-9.

[8] Ekblom B, Goldbery AN, Gullbring B. Response to exercise after blood loss and reinfusion. *J Appl Physiol* 1972; 33 : 175-80.

[9] Garabedian M. Le calcium et l'adolescent. *J Pediatr Puer* 2000; 13 : 451-7.

[10] Guilland JC, Penaranda T, Gallet C *et al.* Vitamin statuts of young athletes including the effects of supplementation. *Med Sci Sports Exerc* 1989; 21 : 441-9.

[11] Lukaski HC. Magnesium, zinc and chromium nutriture and physical activity. *Am J Clin Nutr* 2000; 72 (Suppl) : 585S-93S.

[12] Melin B. Effet de l'activité physique et sportive sur les pertes en électrolytes (sodium, chlore, potassium) : recommandations d'apports. *Med Nutr* 1996; 32 : 225-31.

[13] Nordin BEC. Calcium requirement is a sliding scale. *Am J Clin Nutr* 2000; 71 : 1384-6.

[14] Rolland-Cachera M, Bellisle F, Deheeger M. Nutritional status and food intake in adolescents living in Western Europe. *Eur J Clin Nutr* 2000; 54 (Suppl 1) : S 41-6.

[15] Santos-Silva A, Rebelo MI, Castro EM *et al.* Leucocyte activation, erythrocyte damage, lipid profile and oxidative stress imposed by hight competition physical excercice in adolescents. *Clin Chim Acta* 2001; 306 : 119-26.

[16] Theintz GE, Howald H, Weiss U, Sizonenko PC. Evidence for a reduction of growth potential in adolescent female gymnasts. *J Pediatr* 1993; 122 : 306-13.

[17] Van Dale D, Schrijver J, Saris VHM. Changes in vitamin status in plasma during dieting and exercise. *Int J Vitam Nutr Res* 1990; 60 : 67-74.

[18] Yeager KK, Agostini R, Nattiv A, Drinkwater B. The female athlete triad. Disordered eating, amenorrhea, osteoporosis. *Med Sci Sport Exerc* 1993; 25 : 775-7.

Alimentation du sportif à l'entraînement

Sommaire

Il est classique de rappeler que la ration d'un adulte jeune sédentaire est comprise entre 2 200 et 2 500 kcal (soit 9 000 et 10 000 kJ). Celle-ci « devrait être » (mais on ne sait pas au nom de quoi) composée suivant la règle des septièmes, c'est-à-dire comprenant environ 55 % de glucides, 30 % de lipides et 15 % de protides. La réalité est différente, puisque au début du siècle certaines rations comportaient jusqu'à 75 % de glucides et qu'actuellement la contribution de ceux-ci ne dépasse pas en moyenne 47 %.

Le sportif engagé dans des épreuves de courte durée (1 à 2 heures au maximum) doit augmenter sa prise alimentaire, mais en respectant la règle des septièmes, puisqu'il pourra facilement effacer dans les jours suivants les déséquilibres éventuels provoqués par l'exercice auquel il se livre. Les modalités suivant lesquelles la prise alimentaire est distribuée dans le temps par rapport à la compétition, et qui constituent la diététique du sportif, ne sont pas abordées ci-dessous.

En revanche, la question de l'adaptation de la ration alimentaire dans les épreuves de longue durée se pose pour le sportif de randonnée ou d'expéditions lointaines, dont le programme se déroule sur plusieurs jours ou plusieurs semaines. Par ailleurs, le rôle de l'apport protéique doit être examiné lorsque les exercices sont à la fois intenses et prolongés.

Importance de l'alimentation quotidienne

L'alimentation apporte, à partir des aliments courants du commerce, l'ensemble des macro et micronutriments nécessaires pour un bilan équilibré entre entrées et sorties. Elle assure le maintien du poids, avec une composition corporelle évoluant vers un renforcement de la masse maigre et une réduction progressive de la masse grasse. Elle permet d'atteindre le poids de forme sans difficultés.

La question du poids de forme en compétition est abordée dans le chapitre 89. Le poids de forme est celui qui permet à chaque sportif d'obtenir le meilleur résultat en compétition. Il est difficile à fixer car il dépend d'une part de la constitution génétique de chacun, d'autre part du type de sport et du niveau de performance.

Le poids corporel est à mesurer au moins une fois par semaine, le matin dans les mêmes conditions ou, pourquoi pas, tous les matins après le passage aux toilettes. Il est surveillé également à l'intersaison pour limiter son augmentation (3 à 5 kg). En conséquence, toute diminution de la quantité d'entraînement s'accompagne d'une diminution des apports énergétiques. Ainsi, en début et en cours de saison, les régimes drastiques de restriction calorique sont à éviter, tant leurs effets sur l'entraînement et les performances sportives sont néfastes.

Le maintien de l'état de santé, évalué par des bilans biologiques réguliers, selon les facteurs de risques cardiovasculaires et métaboliques familiaux et personnels et le niveau du pratiquant sportif, implique d'adapter l'alimentation pour promouvoir la santé tout autant que les aspirations de performance.

Cette alimentation doit respecter les préférences, les goûts, les aversions et les intolérances individuelles. Elle valorise la structure classique des repas, dont aucun n'est supprimé. Elle permet à l'adolescent une croissance et un développement dans de bonnes conditions tout en participant au maintien de la santé et à la prévention de certaines pathologies métaboliques, ce qui implique qu'elle soit personnalisée.

Elle doit être agréable, source de plaisir, et répondre donc à certaines exigences, mais sans efforts excessifs ; elle implique d'être suivie toute l'année, y compris pendant l'intersaison, par un médecin ou un diététicien de préférence à toute autre personne dont les compétences en la matière ne seraient pas reconnues (soigneur, entraîneur, kinésithérapeute).

L'alimentation à l'entraînement suit les principes énoncés par Creff constituant le « 421 GPL-eau », légèrement actualisé pour répondre à l'évolution des connaissances :

- alimentation équilibrée et variée, un peu de tout, assez de chaque ;
- importance de l'hydratation pour tous ;
- apports de glucides pour les sportifs d'endurance ;
- apports de protéines pour les sportifs de force ou de développement de la masse musculaire ;

– respect des choix, des habitudes et des préférences de chacun dans la mesure où les grands principes sont respectés.

L'équilibre entre dépenses et apports énergétiques doit être bien suivi : faibles variations du poids au cours du temps. Les dépenses énergétiques quotidiennes sont très variables d'un sportif à l'autre, tant l'échelle est vaste, peu différentes de celle de repos pour quelques sports, jusqu'à trois fois celle-ci pendant plusieurs semaines par exemple pour les coureurs cyclistes du Tour de France (voir chapitre 85).

Rôle des glucides dans les exercices prolongés

Lors d'un exercice musculaire, en raison de la faible concentration en adénosine triphosphate dans le muscle, seule molécule énergétique utilisée par les myofilaments d'actine et de myosine de la fibre musculaire pour se contracter, trois systèmes énergétiques, anaérobie alactique, anaérobie lactique et aérobie, sont disponibles pour en permettre la resynthèse rapide, utilisés respectivement de façon préférentielle les 15 premières secondes, puis jusqu'à 1 min 30 et enfin lors des exercices de longue durée.
Le principal facteur limitant de l'endurance maximale aérobie (délai d'épuisement à un pourcentage donné du débit maximal de prélèvement d'oxygène) est la teneur initiale en glycogène musculaire. Pour des exercices de quelques minutes à quelques heures, la variable physiologique la plus significative liée à l'épuisement est la déplétion du muscle en glycogène (fig. 87.1). La charge initiale en glycogène peut varier considérablement, faible si l'alimentation est élevée en lipides, et forte si elle est surchargée en hydrates de carbone. La durée maximale de l'exercice est en relation linéaire avec la charge en glycogène (fig. 87.2).
Après un exercice épuisant, avec forte déplétion du glycogène musculaire, l'ingestion soutenue de quantités élevées de glucides se traduit par une récupération des teneurs initiales en 12 à 36 heures, selon la durée de l'exercice ayant conduit à cette déplétion et en fonction du niveau d'entraînement. Puis, la teneur en glycogène musculaire continue à s'élever jusqu'à près du triple de celle de départ, 2 à 3 jours après (phénomène de surcompensation) (fig. 87.3). Ce principe est à comparer à celui ayant trait à la programmation de l'entraînement par microcycles.

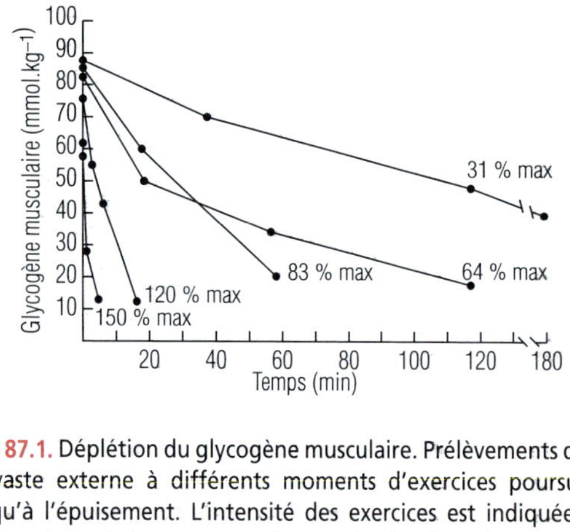

Fig. 87.1. Déplétion du glycogène musculaire. Prélèvements dans le vaste externe à différents moments d'exercices poursuivis jusqu'à l'épuisement. L'intensité des exercices est indiquée en pourcentage de la consommation maximale d'oxygène ou puissance maximale aérobie (PMA) (d'après Gollnick. *J Physiol London* 1974; 241 : 45-57).

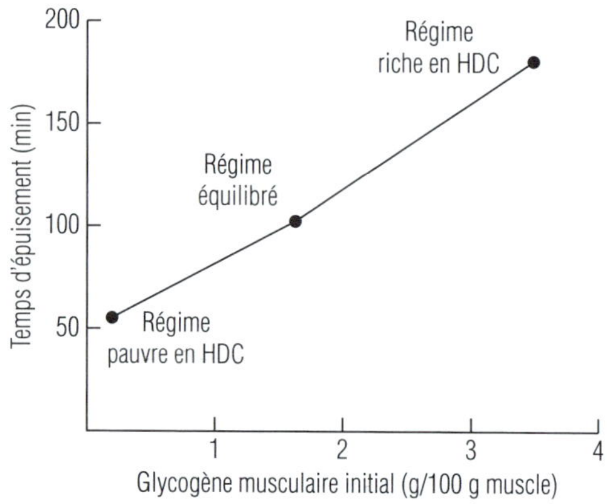

Fig. 87.2. Relation entre le délai d'épuisement, à une même puissance relative d'exercice, et la teneur en glycogène musculaire au début d'un exercice sous-maximal. HDC : hydrate de carbone (d'après Bergström *et al. Acta Physiol Scand* 1967; 71 : 140-50).

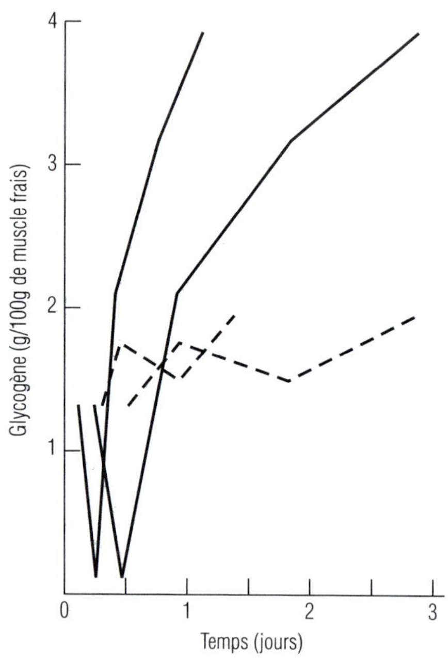

Fig. 87.3. Évolution post-exercice du glycogène musculaire dans le quadriceps fémoral, à la suite d'un exercice unilatéral pratiqué par deux sujets. Côté au repos (----) et côté qui a été épuisé par l'exercice (—). Un apport glucidique élevé est donné au temps 0 et pendant les 3 jours suivants. On note l'importante surcompensation du côté exercé.

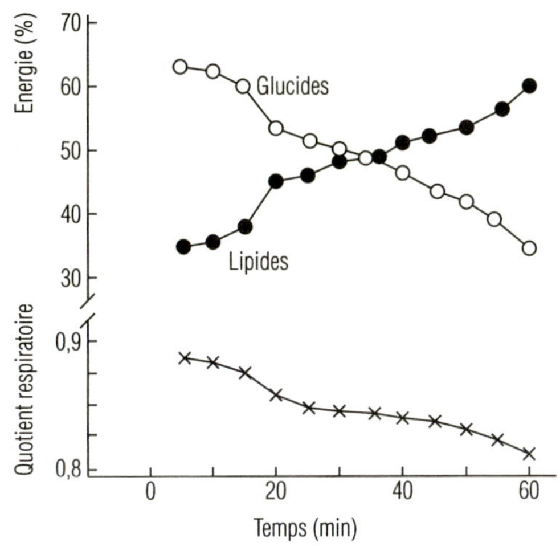

Fig. 87.4. Utilisation des substrats au cours d'un exercice de 60 minutes. La part du glucose va en diminuant, celle des lipides (acides gras?) en augmentant. Il en résulte une baisse progressive du quotient respiratoire.

En fonction du temps, pour des puissances inférieures ou proches de celles correspondant à la zone transitionnelle aéro-anaérobie, la participation des glucides à l'énergétique musculaire est prépondérante pendant les 10 à 20 premières minutes, laissant progressivement et en partie la place aux lipides, acides gras des triglycérides musculaires et du tissu adipeux (fig. 87.4).

Lors d'exercices de puissances progressivement croissantes, la participation du glucose, et donc du glycogène, augmente de façon non continue, très nettement à partir de la zone transitionnelle aéro-anaérobie. À partir de celle-ci, le muscle produit plus de lactate qu'il n'en élimine. L'acidose métabolique est alors compensée par une alcalose ventilatoire, avec polypnée (seuil de début d'essoufflement). Chez le sportif régulièrement entraîné en « endurance fondamentale », la zone transitionnelle est observée pour des puissances tant absolues (en watts) que relatives (en pourcentage du $\dot{V}O_2$ max ou de la puissance maximale aérobie) supérieures, facteurs d'économie de l'utilisation du glycogène musculaire.

Les lipides oxydés pendant l'exercice de longue durée proviennent soit des acides gras de l'alimentation, soit de la transformation des glucides ingérés en excès en triglycérides. Ce processus se place toujours à distance de l'activité sportive; l'ingestion de lipides proche de l'exercice a plutôt des effets délétères sur l'endurance.

Conservation de l'équilibre azoté

La participation des protéines à l'énergétique musculaire est limitée mais non négligeable et pose la question du maintien de l'équilibre azoté.

Dans les exercices de courte durée (inférieure à 1 heure), la balance azotée est peu modifiée; en revanche, on peut noter une réduction du taux des acides aminés plasmatiques. Ainsi a-t-on une idée de la dégradation de ceux-ci, lesquels peuvent participer soit à des réactions d'oxydation, soit à la synthèse de glucose, soit encore au stockage de lipides.

Dans des exercices dont la durée ne dépasse pas 2 heures (course sur tapis roulant à 60 % de $\dot{V}O_2$ max, course de ski de fond, course à pied de longue distance), la concentration de l'urée dans le sang, dans les urines et dans la sueur augmente, témoignant du renforcement du catabolisme protidique. Le calcul indique que cette dégradation serait de l'ordre de 5 g/heure, ce qui autorise Poortmans à considérer que l'énergie utilisée par le muscle en provenance des protéines se situe entre 2 et 5 % du total, tout au moins chez le sujet normalement nourri. Les chiffres les plus élevés sont observés lorsque parallèlement l'apport glucidique est insuffisant, c'est-à-dire en cas de jeûne ou de sous-alimentation. Au cours d'un exercice de 2 heures à 66 % de $\dot{V}O_2$ max, l'oxydation de la leucine tritiée est augmentée de 2,5 fois, mais cette dégradation ne concerne pas uniquement des protéines musculaires. Si la charge protidique a été de 0,9 $g.kg^{-1}.j^{-1}$, un exercice de 4 h à 40 % de $\dot{V}O_2$ max ne montre que des fluctuations non significatives du bilan azoté; si la charge en protides a été de 2,8 $g.kg^{-1}.j^{-1}$, il en est de même, mais le bilan azoté devient positif dans la phase de récupération qui suit l'exercice. Au début d'une période d'entraînement, le bilan azoté reste négatif pendant quelques jours, avant de revenir à l'équilibre. Certaines protéines sont plus particulièrement concernées; ainsi le catabolisme de la myosine se traduit-il par une élévation du rapport 3-méthyl-histidine/créatinine urinaire.

La question se pose d'une supplémentation protidique lorsque les exercices sont intenses et prolongés, en particulier s'ils sont entrepris par des sujets peu entraînés. L'expérimentation a montré que même des sujets de 30-40 ans bien entraînés en endurance, engagés dans un exercice sévère de 2 heures, présentaient suivant leurs rations protidiques des variations de la balance azotée en rapport avec les quantités ingérées :

- avec 0,6 $g.kg^{-1}.j^{-1}$: la balance azotée devient négative, ce qui est à éviter;
- avec 0,85 $g.kg^{-1}.j^{-1}$: le bilan est pratiquement équilibré, évitant la fonte musculaire due à l'exercice;
- avec 1,20 $g.kg^{-1}.j^{-1}$: une balance positive s'établit.

Un sujet qui reçoit une ration de 2 500 kcal dont 300 sous forme de protéines (soit 70 $g.j^{-1}$ ou 1 $g.kg^{-1}.j^{-1}$) et réalise une course de 2 heures à 12-14 km/h, tire son énergie de l'oxydation des protéines dans la proportion de 5 %. Un calcul rapide montre que cela correspond à une utilisation de 15 g de protéines supplémentaires, ce qui, réparti sur la ration protidique quotidienne, fait monter celle-ci à 1,25 $g.kg^{-1}.j^{-1}$. L'utilisation de quantités beaucoup plus importantes chez les culturistes amène à se poser la question du danger possible de ces rations excessives, qui peuvent atteindre ou même dépasser 3 ou 3,5 $g.kg^{-1}.j^{-1}$. Un tel apport comporte, pour Poortmans, un risque potentiel de néphropathie, jamais constaté en dessous d'un apport de 1-1,5 $g.kg^{-1}.j^{-1}$, mais qui l'est à partir de 2-2,5 $g.kg^{-1}.j^{-1}$. Cette constatation doit d'autant plus inciter à réduire l'apport protidique chez le diabétique et le néphropathe.

Les protides en excès n'augmentent pas seulement la charge rénale mais aussi la charge hépatique. Ainsi chez les haltérophiles et les culturistes, une ration de 2,7 $g.kg^{-1}.j^{-1}$ détermine un bilan azoté très largement positif; la dégradation des protéines se fait dans le foie, au prix d'une dépense de fonction-

nement hépatique élevée. Le recours à un régime hyperprotidique, réalisé par prise de poudre de protéines, est responsable d'une rétention hydrique, de pertes calciques accrues, et comporte des risques d'insuffisance rénale, avec un bénéfice nul pour l'organisme en dehors du gain de masse musculaire recherché.
On retiendra cependant que chez les sportifs préoccupés par une réduction de leur poids corporel, qu'ils tentent de réaliser par une restriction alimentaire globale ou par des séances de sudation, une augmentation modérée de la ration protidique est justifiée.
La modération de la prise protidique est d'autant plus difficile qu'il existe un appétit spécifique vis-à-vis des protides. S'il est difficile de démontrer qu'il est nécessaire de prendre plus de 1,6 $g.kg^{-1}.j^{-1}$, quel que soit l'exercice pratiqué, force est de constater au travers d'enquêtes alimentaires ou d'expérimentation que le sportif sortant d'un exercice musculaire se précipite sur des protéines lorsque le choix de la constitution d'un repas lui est donné. Il peut ainsi, d'après Verger et Louis-Sylvestre, prendre en un seul repas la ration d'une journée (70 g) ; après une séance de nage de 75 min, la prise de protéines peut être de 100 g. En fait, cet appétit spécifique est transitoire : dans les jours qui suivent un exercice musculaire ou une séance d'entraînement intense de longue durée, la prise spontanée diminue, de sorte que la moyenne établie sur 5 ou 6 jours est normale. Un tel phénomène spontané ne peut être nuisible et il importe de laisser faire les régulations physiologiques même si leurs mécanismes nous échappent encore.

Choix des aliments : la règle alimentaire du « 421 GPL-eau »

Ce programme alimentaire prend en compte l'ensemble des grands principes de nutrition par un apport judicieux de chacun des macronutriments avec, sous-jacent, l'ensemble des micronutriments. Chaque repas (petit déjeuner, déjeuner et dîner, voire collation ou goûter) apporte une alimentation équilibrée (voir encadré).

Règle alimentaire de Creff : « 421 GPL-eau »

Les macronutriments

4 portions de glucides (G) :
- crudités (sucres, SM, fibres, vit. C : légumes, fruits);
- cuidités (sucres, fibres attendries : légumes, fruits);
- farineux (amidon ± lents, protéines végétales, SM, OE, vit. : céréales, biscuits, pâtes, pommes de terre, légumes secs);
- produits sucrés (saccharose « starter », calories vides : sucre, confiture, chocolat, sodas...).

2 portions de protéines (P) :
- produits lactés (protéines animales, Ca : lait, fromages, fromage blanc, yaourt);
- autres protéines animales (protéines h, v, b, Fe, P, vit. B : viandes, poissons, œufs, abats, gibiers, crustacés).

1 portion de lipides (L) :
- lipides animaux (AGS, vit. A : beurre, crème, lipides cachés);
- lipides végétaux (AGM et AGP, vit. E : huiles, margarines).

+ eau (réhydratation essentielle)

Les micronutriments : SM, vit., OE dans les aliments et boissons courants du commerce.

Apport en glucides (« 421 GPL »)

Apports préconisés

Les apports préconisés sont les suivants :

- une portion de crudités (G1) : légumes (carottes, céleris, oignons, endives, salades, choux-fleurs, tomates, radis, etc.) ou fruits (tous les fruits courants). Ils sont ingérés crus, apportant des glucides simples en quantité faible ou moyenne, des sels minéraux, des fibres, des vitamines du groupe C, ainsi que du bêtacarotène;
- une portion de cuidités (G2) : légumes, les mêmes que ci-dessus, ainsi qu'asperges, aubergines, courgettes, betteraves rouges, champignons, choucroute, épinards, haricots verts, navets, poireaux, potiron... ou fruits, cuits ou en conserve. Ils apportent les mêmes éléments que les crudités, mais sous des formes un peu différentes;
- une portion de farineux (G3) : féculents (pommes de terre, patates douces, topinambours, crosnes), ainsi que céréales (blé, avoine, etc.), muesli, biscuits, gâteaux secs, pain, riz, pâtes, semoule, maïs, et légumes secs ou légumineuses (fèves, haricots, lentilles, pois, soja). Ils apportent des glucides complexes, des protéines végétales (légumineuses), des vitamines du groupe B, des sels minéraux et des fibres;
- une portion de produits sucrés (G4) : sucre, confiture, confiseries, miel, boissons sucrées, sodas, sorbets. Ils sont riches en glucides simples, mais parfois ne contiennent pas d'autres éléments, ce qui les fait dire « à calories vides ». Actuellement, en France, certains glucides simples (sodas et barres chocolatées) sont consommés en excès alors que les légumes, pommes de terre (hors chips) ou fruits ne sont pas ingérés en quantité suffisante.

Glucides et index glycémique

L'idée reçue des glucides simples « tous rapides » et complexes « tous lents » est fausse. Les glucides n'ont pas la même valeur en tant que macronutriments, type de glucides, ou bien aliments. On distingue les mono et les disaccharides, glucides simples, glucose, fructose, galactose, lactose, saccharose, des glucides complexes, enchaînement de nombreuses molécules de glucose, tel le glycogène des animaux ou l'amidon des plantes avec, entre les deux, les maltodextrines et polyglucoses, chaînes courtes de glucose. En termes d'aliments, ils sont simples ou transformés, avec la présence d'autres macronutriments et micronutriments, et sont l'objet d'ajouts, d'incorporation et de modes de préparation très variés.

S'agissant de l'alimentation du sportif, la tendance est de répartir les glucides selon leur index glycémique (IG), rapport entre l'aire de la courbe de glycémie au-dessus de celle de repos de l'aliment testé et l'aire de la courbe glycémique du glucose (glucide de référence). L'IG est faible, moyen, élevé ou très élevé selon l'amplitude de la réponse glycémique (fig. 87.5).

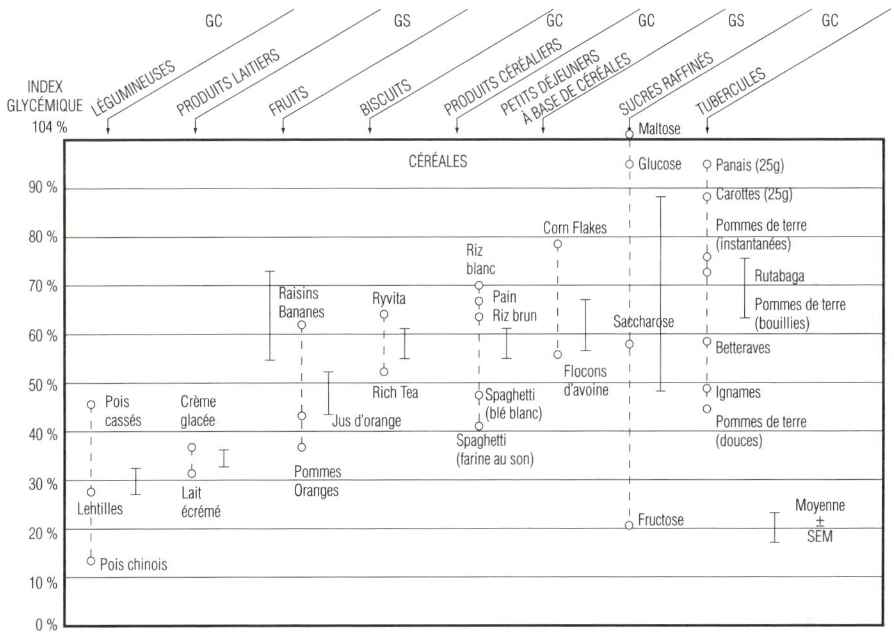

Fig. 87.5. Index glycémique de différents aliments. Les aires glycémiques de glucides simples (GS) ou complexes (GC) ont été déterminées sur 3 heures, après ingestion de 50 g de glucides. La comparaison est faite avec l'ingestion de 50 g de glucose (d'après Jenkins *et al.*, 1981).

L'IG des glucides simples peut être très élevé (maltose, glucose), élevé (saccharose) ou faible (fructose), réfutant ainsi l'idée reçue des glucides simples « rapides ». Parmi les fruits, raisins et bananes mûres ont un IG très élevé et les pommes et oranges, faible.

De même, *l'IG des glucides complexes* peut être très élevé (corn-flakes, ou pétales de maïs, carottes, pommes de terre en flocons, pain blanc, gâteaux secs confiturés, barres chocolatées, miel, confiture), élevé (riz, pain complet, pommes de terre à chair ferme, muesli, biscuits, barres céréalières), moyen (spaghettis, gâteaux secs chocolatés) ou bas (pois, lentilles et haricots), avec pour ces derniers l'inconvénient de fermentations coliques. Ces différences tiennent à la structure des grains d'amidon, à leur teneur respective en amylose, chaînes droites relativement résistantes, et en amylopectine, chaînes droites et ramifiées et de ce fait plus facilement hydrolysées par les amylases digestives. Les modes de préparation et de cuisson peuvent modifier l'IG : les riz concassés ou blancs ont un IG très supérieur à celui des riz en grains ou complets. L'IG est plus faible pour les pâtes cuites *al dente* avec peu d'eau. La présence de lipides ou de protéines diminue l'IG.

Le délai par rapport au repas précédent et sa composition influencent aussi l'IG : un dîner abondant avec glucides « lents », protéines et lipides est suivi, lors du petit déjeuner suivant, 8 à 10 h plus tard, d'un effet hyperglycémiant moindre des glucides ingérés, quel que soit leur IG. Enfin, il existe des différences considérables interindividuelles d'IG pour un même produit ou une association de produits, dues aux aptitudes digestives individuelles.

La prise en considération de cet index glycémique est intéressante pour expliquer les erreurs du grignotage, avec ingestion répétée de glucides simples à IG très élevé, se traduisant par une hyperglycémie suivie d'une hyperinsulinémie puis d'une hypoglycémie réactionnelle avec fringale et incitation à une ingestion nouvelle, et ainsi de suite. Il en résulte une surconsommation de glucides simples (effet « coca-barres chocolatées des Nord-Américains »), se transformant finalement en acides gras, triglycérides et tissu adipeux. C'est l'une des origines de l'obésité des adolescents, avec la consommation élevée de lipides (chips, cacahuètes), véritable problème actuel de santé publique.

Pour le sportif, les glucides simples à IG très élevé ont l'avantage essentiel d'une biodisponibilité très rapide pendant l'exercice; leur inconvénient est souvent une insuffisance en micronutriments. Par ailleurs, hors contexte d'exercice ou de besoin de recharge glycogénique, leur ingestion à jeun a les mêmes effets et comporte les mêmes risques que dans la population générale (fig. 87.6). L'intérêt des glucides complexes à IG moyen est le maintien d'une glycémie modérée pendant un temps prolongé, mais leur inconvénient est une disponibilité retardée pour l'exercice, sauf si celui-ci (randonnée, par exemple) est de très longue durée et d'intensité faible (fig. 87.7).

Apport en protéines

Il comporte deux parties :

- une portion de *protéines animales* (P1) : une portion d'œuf, poisson ou viande (viande blanche ou rouge, abats, gibier, crustacés et mollusques); ils apportent des protéines de haute valeur biologique par leur composition en acides aminés essentiels, proche de celle de référence pour l'homme, du fer et des vitamines du groupe B;

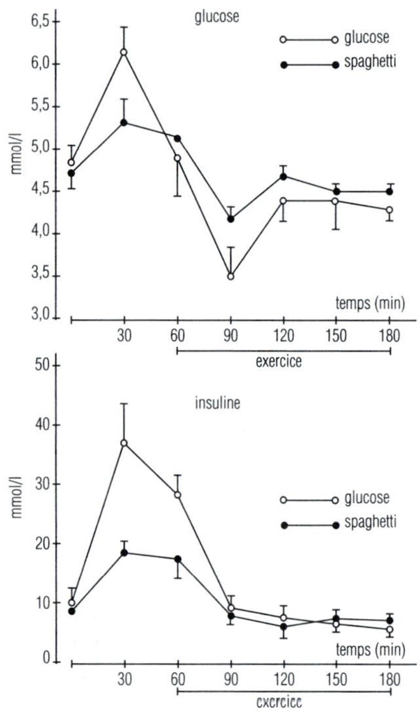

Fig. 87.6. Effets de la prise d'un glucide rapide (glucose) et d'un glucide lent (spaghetti) une heure avant le début d'un exercice d'une durée de 2 heures à 60 % de $\dot{V}O_2$ max (d'après Guezennec *et al.*, 1989).

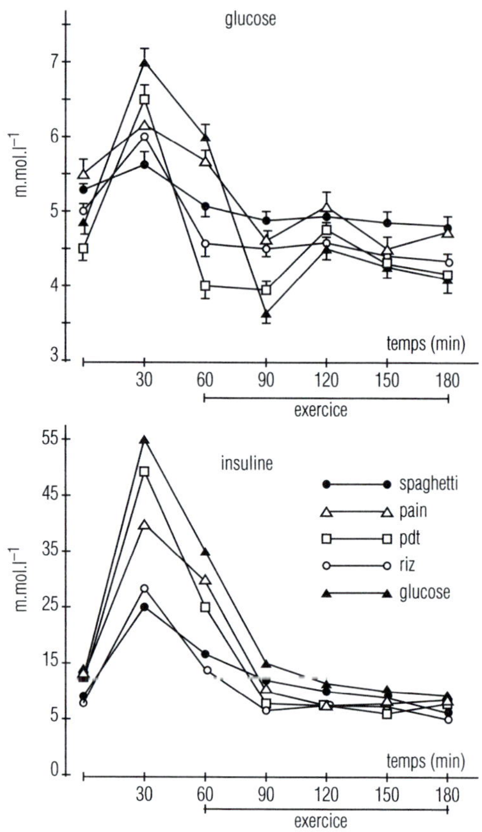

Fig. 87.7. Effet sur l'insulinémie et la glycémie de la prise de glucides sous différentes formes (d'après Guezennec *et al.*, 1989).

- une portion de *produits laitiers* (P2) : lait, fromage ou laitage, avec leurs protéines de haute valeur biologique, du calcium et du phosphore. Mais les acides gras qu'ils contiennent sont en majorité saturés, considérés comme délétères pour la santé (à l'origine d'une hypercholestérolémie de type LDL). Il faut donc les choisir peu gras ou en limiter la quantité ingérée. Actuellement en France, les rations de calcium et donc de produits laitiers maigres sont chez les enfants et les adolescents souvent insuffisantes. De plus, les apports protéiques sont mal équilibrés, trop de charcuterie, de viande et de sandwichs gras, trop de viande de faible qualité (restauration scolaire) et insuffisamment de viande rouge maigre (moins de 5 % de matières grasses dans le bœuf).

Apport en lipides

La portion de lipides peut avoir deux origines :

- des *graisses végétales* : huiles, margarine et oléagineux (cacahuètes, noix, noisette, amandes), pour leurs acides gras mono et poly-insaturés et la vitamine E. Elles peuvent être invisibles (fritures) ;
- des *graisses animales*, visibles : beurre, crème, saindoux, etc., et invisibles : charcuteries, fromages, glaces, pâtisseries. Elles apportent de la vitamine A mais aussi des acides gras saturés en quantité élevée pour les produits laitiers gras. Leur ingestion devrait être limitée, en l'état actuel des démarches de santé publique.

Apport en eau

Il est essentiel pour la réhydratation du sportif, eau du robinet, eau de source ou eau minérale. Les apports d'eau sont limités à un ou deux verres, soit 300 à 400 mL, pendant les repas. L'objectif est de ne pas surcharger l'estomac ni diluer les enzymes digestives et, plutôt, d'apporter de l'eau régulièrement entre les repas, au moins 30 minutes avant le repas et 2 heures ou plus après, en fonction des besoins de réhydratation, soit un à plusieurs litres.

Intérêt de la diététique sportive

Valeur pratique de la présentation de Creff

L'intérêt est qu'elle assure à travers les macronutriments l'ensemble des micronutriments : sels minéraux, vitamines, éléments traces ou oligoéléments, en quantités suffisantes, correspondant aux apports nutritionnels conseillés pour la population générale, et adaptés aux besoins du sportif, dans la mesure où les apports énergétiques équilibrent les dépenses énergétiques.

Chez le sportif en régime très *hypocalorique*, en particulier au-dessous de 1 500 kcal/j, rarement justifié, le risque de précarence en l'un des micronutriments (vitamines) est possible et implique alors d'ajuster l'alimentation de façon très précise, en particulier en légumes, viandes et fruits. Des compléments, mélanges équilibrés de micronutriments, peuvent être prescrits pendant des périodes contrôlées (voir *infra*).

Une série d'études par la technique des bilans alimentaires a montré que le bon respect du « 421 GPL-eau », avec des tailles de portions adaptées pour apporter « un peu de tout et assez de chaque », répondait bien aux recommandations de répartition de base en macronutriments par rapport à l'apport énergétique total quotidien, avec 55 % sous forme de glucides, 15 % de protides et 30 % de lipides. Pour le sportif d'endurance, les proportions de glucides sont augmentées jusqu'à 70 % et celles de lipides diminuées à 15 %.

Structure des repas

Elle est favorisée par la présentation diététique de Creff. Du fait des contraintes d'entraînement, de transport, d'activité professionnelle ou scolaire et d'occupations familiales, une déstructuration des repas est actuellement déplorée chez de nombreux sportifs avec, parfois même, suppression du petit déjeuner ou du déjeuner, remplacés par un grignotage, plus ou moins incessant et désordonné, souvent accompagné de boissons et de produits solides flattant le goût sans apport valable en micronutriments, de fait « calories vides », point de départ d'un surpoids, voire d'une obésité ou d'un diabète ultérieur chez les sujets prédisposés, véritables problèmes de santé publique.

La structuration des repas, tout comme le respect de la régularité des horaires, sont des points importants de l'éducation nutritionnelle du jeune sportif dont la pratique sportive est aussi une composante de son éducation. Le rôle du médecin est important pour faire passer ces messages d'éducation à la santé.

La structure des repas (voir encadré) est fondée sur une entrée, avec en alternance (entrée/dessert) une cuidité ou une crudité, un plat principal, avec farineux ou légumineuses et avec viande, œuf ou poisson, puis un laitage et enfin un fruit cru ou cuit. L'important est l'alternance entre les différentes composantes, crudité et cuidité, farineux et légumineuses et enfin entre les différentes sources de protéines animales. Bien sûr, du pain à chaque repas, entre 80 et 200 g, et de l'eau.

Les deux petits repas que sont la collation à mi-matinée ou le goûter (voir encadré), lorsque l'entraînement a lieu entre 12 et 14 h ou en fin d'après-midi, peuvent apporter de 10 à 20 % de la ration conseillée, sans qu'il existe de justification scientifique précise à ces pourcentages. Ils peuvent être du type « 421 GPL-eau » ou bien, à la rigueur, limités à :

- un apport de produits céréaliers, pain, biscottes, avec miel, confiture, gelée ou pâte à tartiner, biscuits, pain d'épices, céréales, barres céréalières, gâteaux secs, pâtes de fruits, gâteau de semoule ou de riz ;
- un produit laitier, yaourt, fromage blanc, petit suisse maigre, yaourt à boire et un fruit cru ou cuit ou un jus de fruit ;
- eau, selon besoin.

Ration d'entraînement – Structure des déjeuners et dîners

1. Crudité (G1) ou cuidité (G2) et huile (L1)
2. Viande (P1 et L2) ou équivalent (viande rouge, viande blanche, poisson, œuf) et farineux (G3) ou légume cuit (G2)
3. Laitage ou produit laitier (P2)
4. Fruit cru (G1) ou cuit (G4 ou G2)

+ pain (G3)
+ eau :
– 2-3 verres (200 mL chaque) pendant les repas
– entre les repas plus de 30 min avant et plus de 2 h après : de 1,5 à 6 L/j et plus, par fractions de 200 mL (un verre), selon la dépense énergétique (1 $mL.kcal^{-1}$) et les conditions ambiantes (température, humidité, convection)

Structure d'un goûter, 4e repas devant apporter 10 à 20 % de l'apport énergétique total quotidien

1. Produit céréalier :
– biscuits secs, gâteaux secs ou biscuits chocolatés
– ou céréales, barres céréalières, en-cas
– ou pain, pain fantaisie ou grillé, biscottes, avec confiture, miel ou pâte de fruit, pain d'épices
2. Produit laitier :
– lait demi-écrémé ± poudre chocolatée, yaourt, yaourt à boire, fromage blanc maigre (petit suisse, fromage peu gras, crème de gruyère à tartiner)
– et/ou jambon ou viande maigre
3. Fruit : fruit de saison, cru ou cuit, compote ou jus de fruit
4. Boisson : jus de fruit, boisson fruitée, boisson chaude (chicorée, infusion ou lait demi-écrémé, etc.; café, thé, boissons excitantes à éviter?)

On doit faire attention à ne pas confondre jus de fruit, boisson aux fruits, « boisson énergétique », qui apportent des glucides en quantité significative et de nombreux micronutriments naturels ou parfois ajoutés, et « boisson énergisante » *(smart drinks)* qui, outre des glucides, apportent des excitants (caféine) pouvant perturber le sportif (agressivité, tremblement et diminution du contrôle moteur, troubles de la vigilance) et d'autres molécules chimiques et parfois des vitamines, toujours ajoutées.

Compléments et suppléments pour le sportif

Un *complément* est un produit ou une substance alimentaire destinés à compenser une carence avérée ou supposée, tandis qu'un *supplément* est un produit alimentaire apporté au-delà des besoins ou des apports nutritionnels conseillés.

Pour être plus dynamique et toujours en forme, pour récupérer plus vite et ignorer la fatigue, certains sportifs, comme d'ailleurs beaucoup de cadres et autres élites, ingèrent les produits les plus variés, tous affublés d'effets miraculeux et d'allégations les plus diverses. L'ingestion répétée de café tout au long de la journée sert à tromper l'ennui, facilite le grignotage, entretient la convivialité. Il y a là aussi une recherche de dynamisme. Parmi les produits proposés aux sportifs, quelque 600 à 900 selon les pays, certains apportent un réel bénéfice, en améliorant leurs performances sans risques pour la santé.

« Aliments de l'effort équilibrés »

Ce sont des aliments solides ou des boissons apportant des glucides, des lipides et des protéines de façon équilibrée. Les produits de cette catégorie sont peu nombreux ; ils visent pour la plupart à remplacer le repas terminé 3 heures avant le départ. De fait, la réglementation dont ils relèvent (arrêté du 20 juillet 1977) date et est peu réaliste pour ces produits d'une réelle utilité.

Les aliments de l'effort lipidiques sont pratiquement inexistants et leur justification ne paraît guère évidente, en particulier devant le développement des mesures de prévention des maladies cardiovasculaires (voir chapitre 88).

Les aliments de l'effort glucidiques sont très nombreux, mais leurs qualités sont très inégales, qu'il s'agisse d'aliments solides (barres, pastilles) ou de boissons. On peut considérer que leur qualité tient à la variété des nutriments qu'ils contiennent, non seulement en glucides (glucose surtout, maltodextrines, polyglucoses et aussi fructose ou saccharose) mais également, et surtout, à leur teneur en sels minéraux, en vitamines et en oligoéléments (voir *supra*). Ces aliments pour sportifs sont particulièrement utiles lors des épreuves de longue durée ou, pour quelques-uns d'entre eux, pour les entraînements prolongés, en complément de l'alimentation équilibrée et variée. Ils se présentent souvent sous forme de boissons, une trentaine en France, dont 4 ou 5 méritent attention.

Boissons énergétiques

Elles sont soit énergétiques, soit énergisantes.

Les boissons énergétiques sont destinées à toutes les personnes actives et… aux sportifs ; elles apportent, si elles sont de bonne qualité, des glucides d'assimilation rapide et de nombreux micronutriments. Elles semblent plutôt favorables à la santé et à la performance, lorsqu'elles sont ingérées dans le cadre d'un exercice. Mais consommées à jeun, elles ont des effets hyperglycémiants avec risques d'*hypoglycémie réactionnelle* et de fringale, source d'une surconsommation inutile qui participe ainsi à moyen ou long terme au développement de maladies métaboliques.

Les boissons énergisantes sont de compositions très variables. Il faut donc être très attentif et lire soigneusement l'étiquette qui en donne la composition. Elles apportent généralement :

- une quantité élevée de glucides simples, à indice glycémique élevé ; le risque hyperglycémiant est là encore très net ;
- divers additifs, le plus souvent d'origine chimique ;
- de la caféine, à l'effet psychostimulant recherché, parfois en quantité élevée, avec alors des risques divers pour la santé (système nerveux, cœur, métabolisme).

En France, la teneur maximale autorisée en caféine dans les boissons est de 150 $mg.L^{-1}$ (Conseil supérieur d'hygiène). Il convient par ailleurs de ne pas être exposé aux risques d'un contrôle positif lors d'un examen de dépistage du dopage (caféine > 12 $mg.L^{-1}$). Nombre de ces boissons sont très pauvres en micronutriments ou fortement déséquilibrées en vitamines, parfois excessives en vitamines toujours ajoutées.

Substances ergogéniques

Elles sont nombreuses et répandues mais agissent seulement par effet placebo. Certaines sont efficaces, d'autres dangereuses si leur dose d'ingestion est trop élevée ou contient des substances non contrôlées. Quelques-unes peuvent positiver un contrôle antidopage et sont d'ailleurs déconseillées (extraits d'éphédra, de noix vomique ou de pavot) et donc à éviter formellement. Les mélanges vitaminés disponibles en pharmacie et en grandes surfaces peuvent figurer dans ce groupe. Une alimentation équilibrée et variée dont l'apport calorique approche la dépense énergétique apporte suffisamment de tous ces micronutriments.

Vitamines

L'ingestion de suppléments de vitamines est inutile, sans effet intéressant sur les performances (Guilland). Pour un sportif en restriction calorique, le besoin d'apport vitaminique complémentaire reste proportionnel à la dépense énergétique, au débit sudoral et au risque oxydatif, avec alors des compléments en vitamines du groupe B, en vitamines C et E et en bêtacarotène, en sels minéraux et en oligoéléments, jusqu'à 2 à 2,5 fois l'apport conseillé pour la population générale correspondante. Cela exclut toute ingestion massive de vitamines, y compris de vitamine C.

Café et thé

La prise de café ou de thé est acceptable en quantité modérée, à raison de 3 ou 4 tasses avant la compétition, mais toujours après plusieurs essais à l'entraînement en raison de quelques problèmes possibles de tolérance. Elle stimule la lipolyse, et donc la disponibilité des acides gras pour l'énergétique musculaire, ainsi que la vigilance. Il faut cependant redouter l'anxiété, l'agressivité et les tremblements accrus et peu favorables à certaines performances.

Fer

Le fer est parfois consommé au-delà des apports nutritionnels conseillés, en raison du rôle de l'hémoglobine dans le transport de l'oxygène par les hématies (voir chapitre 72). L'hypothèse d'une relation apport, sous forme non plus alimentaire mais diététique ou médicamenteuse, et effet attendu n'est pas d'ailleurs vérifiée. De sérieux avertissements sont actuellement diffusés en raison du risque, chez les sujets prédisposés, au-delà d'une hémochromatose, d'effets pro-oxydants liés à un excès d'apport en fer, encore accrus par la présence de vitamine C, ce qui a été démontré au niveau hépatique (effets mitogènes) chez l'animal.

Il est préférable de recommander une alimentation en protéines animales riches en fer héminique : la présence d'acides aminés aurait un effet de tamponnement des radicaux libres, en particulier chez les sportives de fond (marathoniennes). En revanche, toute prescription de fer doit être précédée d'examens biologiques sanguins pertinents (numération-formule, voire dosage du fer et de la ferritine sérique), à réaliser lorsqu'une carence est fortement soupçonnée. L'apport conseillé en fer, pour la population générale, est de 12 $mg.j^{-1}$ chez l'homme et de 16 $mg.j^{-1}$ chez la femme. En dehors d'une carence démontrée, il n'y a donc pas de justification à supplémentation.

Autres substances ergogéniques

De nombreuses autres substances, extraits de ginseng, de coca ou de quinquina, plantes stimulantes, pollen, etc., sont présentées comme dotées d'activités ergogéniques. La plupart d'entre elles n'en ont pas fait la démonstration scientifique, quelques-unes sont mêmes accompagnées d'allégations sujettes à contestation. Certains de ces produits sont importés sans autorisation et donc sans contrôle sanitaire, parfois par la voie de la vente par correspondance à partir d'autres pays. L'un d'entre eux, visant la perte de poids, a récemment été à l'origine d'intoxications graves (nécroses rénales irréversibles).

Action sur le métabolisme hormonal

Certains produits visent à modifier les métabolismes énergétiques en agissant sur leurs régulations hormonales, évitant ainsi le recours à l'ingestion d'hormones, ce qui est formellement interdit par la réglementation antidopage (voir chapitre 23). Ainsi des mélanges d'acides aminés, pris à doses élevées, stimulent la sécrétion d'hormone de croissance. Cela s'est avéré inefficace, mais l'idée et la pratique persistent encore, avec le risque supplémentaire de déséquilibre du pool d'acides aminés et donc de perturbation de la synthèse protéique. La *carnitine* ou la *taurine* ont été présentées comme des « brûleurs de graisses », mais aucune justification n'a pu être apportée à ces allégations.

Les phytostérols, précurseurs d'hormones stéroïdes, sont pleins d'avenir dans la prévention des maladies cardiovasculaires, mais il n'est pas démontré qu'ils produisent davantage de testostérone que d'autres stérols. Il en est de même des sels de bore. Les sels de chrome ont un effet stimulant sur la sécrétion d'insuline, puissant anabolisant protéique, mais cela n'est pas sans risque. Une très grande prudence est donc recommandée vis-à-vis de l'ensemble de ces produits dont certains ont été interdits.

Médicaments

Des sportifs apparemment sains consomment des médicaments vendus sans ordonnance, présentés comme défatigants ou antiasthéniques. Certes, l'effet placebo permet de rassurer quelques sportifs anxieux ; le risque est faible dans le cas de l'homéopathie dont l'efficacité est réelle. Cela est probablement moins risqué que la consommation d'anxiolytiques et de benzodiazépines. Il vaudrait mieux impliquer ces sportifs dans un programme de relaxation, d'autocontrôle ou de maîtrise de soi.

En tout état de cause, un médecin ne doit prescrire un médicament que dans le cadre de ses indications thérapeutiques car la pratique sportive n'est pas une maladie. Un traitement non justifié peut modifier la vigilance, l'équilibre ou la coordination motrice pendant plusieurs jours, durée supérieure à celle correspondant à leurs effets recherchés. Ils sont alors à l'origine de contre-performances.

Il semble bien démontré que cette surenchère aux compléments, aux suppléments, puis aux médicaments, entreprise à la demande du sportif lui-même (et parfois à l'incitation du médecin), représente une escalade progressive, qui révèle en fait une faiblesse de la structure morale du sportif de compétition. La tentation est grande ensuite d'avoir recours aux produits dopants, trop banalisés dans certains milieux, malgré l'interdiction de leur usage. Le médecin et les personnels paramédicaux sont des acteurs déterminants essentiels et les plus efficaces de la prévention individuelle contre le dopage et méritent d'ailleurs d'être mieux reconnus comme tels.

Pour en savoir plus

CREFF AF, BERARD L. *Manuel pratique de l'alimentation du sportif.* Paris : Masson, 1980.

CREFF AF, BÉRARD L. *Diététique sportive : physiologie nutritionnelle et diététique des activités physiques.* Paris : Masson, 1982.

DOHM LG. Protein nutrition for the athlete. *Clin Sport Med* 1984; 3 : 595-604.

DURNIN JGVA. Besoins protéiques et activités physiques. CR Colloque de Saint-Étienne, 2-3 juillet 1979. *In :* Lacour JR, ed. 2e éd : 33-9.

GUILLAND JC, MARGARITIS I, MELIN B, PÉRÈS G, RICHALET JP, SABATIER PP. Apports nutritionnels conseillés pour les sportifs et sujets à activité énergétique intense. *In :* Martin A, ed. *Apports nutritionnels conseillés pour la population générale.* Paris : Éditions Lavoisier, 2001 : 337-94.

La diététique du sportif. Ouvrage collectif. *Diététique et Médecine* 1990; 16 (n° spécial) : 106-49.

La nutrition du sportif, 17e Thermalies, 19-21 février 1992. Tables rondes organisées par H. Monod (« Alimentation du sportif en expédition ») et G. Pérès (« Alimentation protéique et sport »), CR et enregistrements sur cassettes.

PÉRÈS G. Protéines et exercices musculaires de longue durée. *Cinésiologie* 1991; 30 : 136-44.

PÉRÈS G. Compléments et suppléments pour sportifs. *In :* Martin A, ed. *Apports nutritionnels conseillés pour la population générale.* Paris : Éditions Lavoisier, 2001 : 382-88.

PÉRÈS G, SABATIER PP, BOURHIS DE BOLLIVIER M. Alimentation pratique du sportif. *In :* Martin A, ed. *Apports nutritionnels conseillés pour la population générale.* Paris: Éditions Lavoisier, 2001 : 390-404.

VERGER P, LOUIS-SYLVESTRE J. Exercice physique et choix alimentaire. *In :* Monod H, ed. *Colloque « Nutrition et sport ».* Paris : Masson, 1990 : 83-7.

Alimentation spécifique du sportif

Sommaire

Suivant le type d'activité poursuivie, l'environnement dans lequel elle se déroule, l'alimentation de l'athlète doit être adaptée. Ainsi sont examinés dans ce chapitre les cas du sportif de compétition, du sportif en expédition prolongée et du sportif qui s'adonne aux sports de force.

Alimentation du sportif d'endurance

Trois aspects sont à considérer : la réhydratation, la gestion du glycogène musculaire, et les besoins de protéines.

Réhydratation

Au repos, les besoins hydriques sont relativement stables du fait de pertes hydriques assez constantes ; 2 à 3 $L.j^{-1}$ d'eau sont perdus par le sujet peu actif en ambiance thermique neutre : 0,2 $L.j^{-1}$ dans les selles, 0,5 $L.j^{-1}$ par voie pulmonaire (ventilation), 0,5 $L.j^{-1}$ par voie cutanée (perspiration et transpiration) et 1,5 $L.j^{-1}$ par voie urinaire ; 1,5 L est apporté par les aliments, directement (10 à 90 % d'eau dans les aliments) ou lors de leur transformation oxydative (eau métabolique et eau liée), et autant proviennent des boissons.

Des mécanismes régulateurs très fins, partant d'informations des récepteurs périphériques (vaisseaux sanguins) et du système nerveux central, avec participation de centres hypothalamiques et du système rénine-angiotensine-aldostérone, permettent avec l'hormone antidiurétique, ou vasopressine hypophysaire, un ajustement précis, par le système sympathique, du débit urinaire tubulaire final. Le débit sanguin glomérulaire est diminué et la réabsorption tubulaire augmentée à l'exercice. Les effets néfastes de l'ingestion d'alcool sur la régulation de l'épargne hydrique rénale doivent être rappelés.

Production de chaleur

À l'exercice musculaire, un quart au plus de l'énergie chimique est transformé en énergie mécanique, avec un rendement de la machine musculaire de l'ordre de 25 % ; les 75 % restants se retrouvent sous forme de chaleur, dont une très faible partie peut être stockée dans l'organisme au prix d'une augmentation de la température centrale, proportionnelle à la puissance relative d'exercice, avec stabilisation de la température profonde à 38,5 °C pour 50 % de $\dot{V}O_2$ max et environ 39,5 °C pour 75 % de $\dot{V}O_2$ max, si toutefois les conditions thermiques ambiantes le permettent.

L'extra-chaleur de l'exercice est éliminée vers le milieu ambiant, par échanges secs, convection, conduction et radiation (fig. 88.1), à des débits proportionnels au gradient thermique entre la peau et l'environnement et au débit de

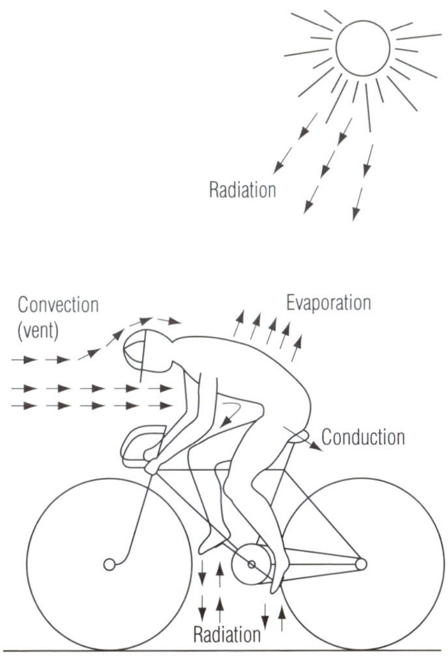

Fig. 88.1. Échanges thermiques avec l'environnement. Les échanges par conduction (faible), par radiation et par convection dépendent des différences de température entre la surface cutanée et l'ambiance. Les échanges par convection sont majorés du fait de la vitesse du coureur (vent apparent).

renouvellement de l'air à la surface du corps, fonction de la différence de vitesse entre l'air et celle du sportif, et de sa tenue vestimentaire.

Sudation

Lors de fortes dépenses énergétiques, avec production élevée de chaleur (fig. 88.2), ou lorsque la température ambiante s'élève, les échanges secs doivent être complétés par les échanges humides, évaporation de sueur à la surface de la peau. La thermolyse n'est efficace que si la sueur est transformée de l'état liquide à celui de vapeur d'eau, ce qui correspond à une élimination de chaleur de 580 kcal/L^{-1}. Cette chaleur est transportée des muscles en contraction par la circulation du sang, réchauffé à leur sortie, jusqu'à la peau où la vasodilatation cutanée favorise les échanges. Si au lieu d'être évaporée, la sueur ruisselle, la déshydratation est aggravée, sans aucun bénéfice pour la thermolyse. En conséquence, le sportif doit veiller à une évaporation optimale de sa sueur, rendue plus difficile par un port vestimentaire imperméable ou lorsque l'ambiance thermique est fortement humide, empêchant le corps humain d'évaporer une quantité de sueur supplémentaire.

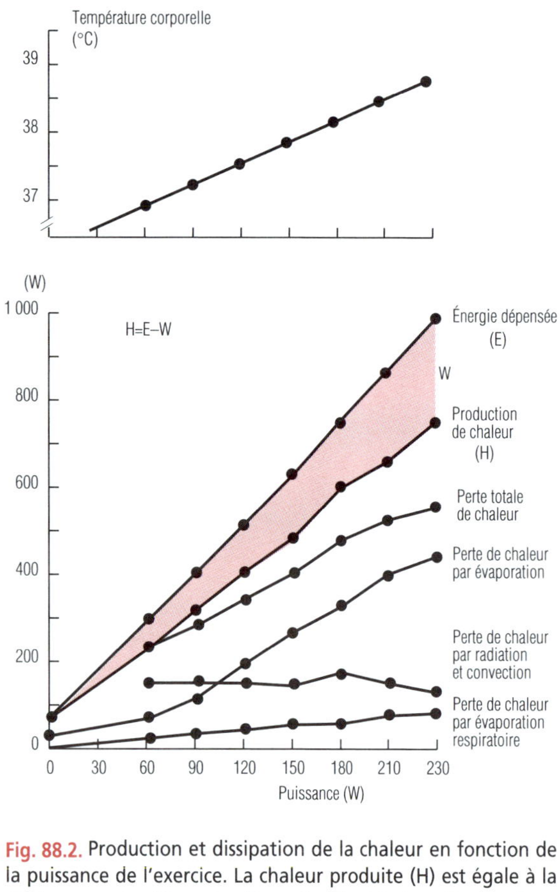

Fig. 88.2. Production et dissipation de la chaleur en fonction de la puissance de l'exercice. La chaleur produite (H) est égale à la différence entre l'énergie dépensée (E) et le travail mécanique produit (W). Une partie de la chaleur peut être stockée dans le noyau central. En haut : effet sur la température centrale (d'après Nielsen, 1938).

Le *débit sudoral*, de 0,5 à 0,8 L.h^{-1} chez le sédentaire peu entraîné et non acclimaté à la chaleur, peut s'élever jusqu'à 3 ou 4 L la première heure, chez un sportif très entraîné à la chaleur, et rester soutenu pendant de nombreuses heures, à raison de 1 L.h^{-1}, s'élevant à une dizaine de litres et plus lors de certaines épreuves de très longue durée.

Aux pertes hydriques sudorales s'ajoutent celles en micronutriments, bien que la sueur soit fortement diluée, de 2 à 3 fois (sauf pour le potassium) par rapport au plasma (tableau 88.I) et ce d'autant plus que le sportif est plus entraîné (mais il sue beaucoup plus). Après quelques litres de sueur émis, les pertes en sels minéraux, vitamines et oligoéléments deviennent significatives. Une complémentation est alors nécessaire, impliquant une composition spécifique de la boisson de réhydratation ou de l'effort avec un apport glucidique ; ainsi, l'ingestion de plusieurs litres d'eau pure, sans aliment solide, pour compenser des pertes sudorales, peut induire une hyponatrémie avec des accidents neurologiques ; au cours de l'exercice, s'ajoute une oxydation du glycogène musculaire, que les glucides contenus dans l'eau de boisson permettent en partie de compenser.

Tab. 88.I. Teneur de la sueur en quelques sels minéraux et micronutriments. La sueur a été recueillie dans un manchon imperméable. Comparaison avec le plasma. La sueur contient aussi des vitamines et des hormones.

Variable	Manchon imperméable (moyenne ± Es)	Plasma
Cl (mEq/L)	46,5 ± 7,0	103
Na (mEq/L)	54,5 ± 8,4	143
K (mEq/L)	6,0 ± 0,1	4
Ca (mEq/L)	1,10 ± ,034	4,9
Mg (mEq/L)	0,22 ± 0,05	1,8
Fe (µg/100 mL)	38,1 ± 6,0	134
Zn (µg/100 mL)	35,3 ± 13,7	–
Cu (µg/100 mL)	214 ± 50	–

Effets de la déshydratation

En l'absence de réhydratation suffisante à l'exercice de longue durée, la déshydratation plasmatique, puis extracellulaire et enfin intracellulaire, avec alors seulement apparition de la sensation de soif, donc très (trop) tardive, va s'accompagner de perturbations liées à la réduction du volume sanguin : la précharge cardiaque et le volume d'éjection systolique diminuent, avec augmentation de la fréquence cardiaque, du débit d'oxydation du glycogène, abaissement de la zone transitionnelle aéro-anérobie et diminution de l'endurance maximale aérobie, en proportion de la déshydratation, d'environ 5 à 10 % par litre de sueur perdue et non compensée (fig. 88.3).

Il s'y ajoute un *risque pour la santé :* à partir de 3 à 4 % de perte de poids corporel, apparaissent des signes de fatigue, d'essoufflement, de perturbation de la vigilance, voire de léthargie, pouvant conduire, si la température profonde du corps dérive vers la zone d'hyperthermie, à un coup de chaleur avec fortes rougeurs, sensation intense de chaleur, trouble de l'équilibre, malaise, perte de connaissance et éventuellement coma, avec possibilité de lésions nerveuses graves, parfois irréversibles, avec séquelles. L'hyperthermie maligne d'effort est une urgence médicale ; son traitement repose sur le refroidissement immédiat du sujet ainsi que sa réhydratation par voie entérale, voire parentérale. Des acci-

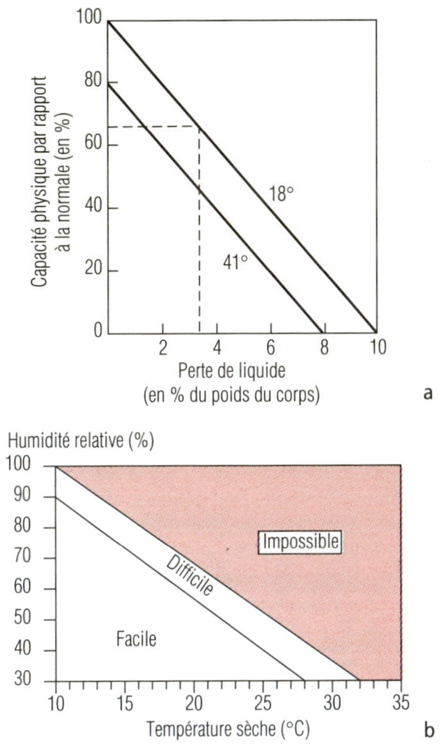

Fig. 88.3. a : diminution de la capacité physique avec les pertes d'eau (d'après Hermansen, 1971). b : confort des athlètes en fonction de la température et de l'humidité (d'après Peronnet).

dents cardiaques peuvent aussi se produire, chez le sportif prédisposé porteur d'anomalies fonctionnelles cardiaques préexistantes ; à la déshydratation et à l'hyperthermie s'ajoutent l'hyperosmolarité, l'augmentation des catécholamines plasmatiques et l'éventuelle dyskaliémie.
La réhydratation du sportif est donc essentielle, voire vitale. Elle est actuellement bien réalisée pendant la compétition ; les sportifs y sont bien sensibilisés, les règlements l'imposent parfois (marathon) et les médecins et diététiciens du sport attirent l'attention sur ses conditions d'obtention. Mais elle est trop souvent négligée à l'entraînement avec, fréquemment, des pertes de poids inexpliquées, une oligurie avec urines foncées, des fréquences cardiaques augmentées le matin au repos et à la récupération. Il faut savoir dépister ces signes de déshydratation chronique et mettre en place une stratégie de réhydratation bien conduite à l'entraînement, pendant et entre les repas et, parfois même, nocturne.

Conditions d'une bonne réhydratation

La réhydratation est d'autant plus efficace que l'eau ingérée atteint rapidement le courant sanguin. L'ingestion de boisson est facilitée par un goût agréable et qui ne laisse pas de sensation pâteuse dans la bouche. La vidange gastrique, premier temps limitant principal, est plus rapide :

- pour les boissons iso ou légèrement hypotoniques par rapport au plasma ;
- si leur densité énergétique est faible, contenant peu ou pas de lipides ni de particules ;
- si leur température est comprise entre 8 et 15 °C ;
- si la quantité ingérée est importante (0,6 L et plus, à condition qu'elle ne gêne pas le geste sportif) ;
- en cas de vacuité gastrique et duodénale préalable.

La réhydratation doit être *la plus précoce possible*, déshydratation et hyperthermie ralentissant la vidange gastrique, tout comme le stress ou l'intensité d'exercice, au-dessus de la zone transitionnelle. Il est aussi difficile de boire lorsque l'on est fortement essoufflé !
Le second temps important est *l'absorption intestinale*, favorisée par la présence de glucides et de chlorure de sodium et par l'isotonicité ; elle est ralentie avec la diminution du débit sanguin splanchnique (des 3/4 ou plus lors de fortes déshydratations).
La base de la réhydratation, tant à l'entraînement qu'en compétition de longue durée, est l'ingestion très régulière de boisson toutes les 15 à 30 minutes : apport d'eau, de glucides et de micronutriments proportionnellement à la perte sudorale, pour limiter le déficit hydrique à 0,5 litre, environ.
Pour des entraînements de quelques heures, les eaux du robinet, de source ou minérale, complétées par des apports glucidiques solides ou des jus de fruits, dilués pour obtenir une teneur en glucides de 40 à 70 g.L^{-1}, conviennent parfaitement. Elles permettent également une bonne préparation à l'ingestion de boissons pendant les compétitions, et une bonne prévention des incidents digestifs, trop fréquents.
En compétition, les boissons peuvent être plus adaptées aux sportifs.

Gestion du glycogène musculaire

Il faut attirer l'attention sur la fréquence des récupérations incomplètes des réserves de glycogène musculaire d'un jour à l'autre, alors même quelles sont déterminantes de l'endurance maximale aérobie, à l'origine alors d'états de dysentraînement ou de méforme (fig. 88.4).
Lors de fortes dépenses énergétiques, l'apport calorique est à augmenter, pour rester proche de la dépense énergétique,

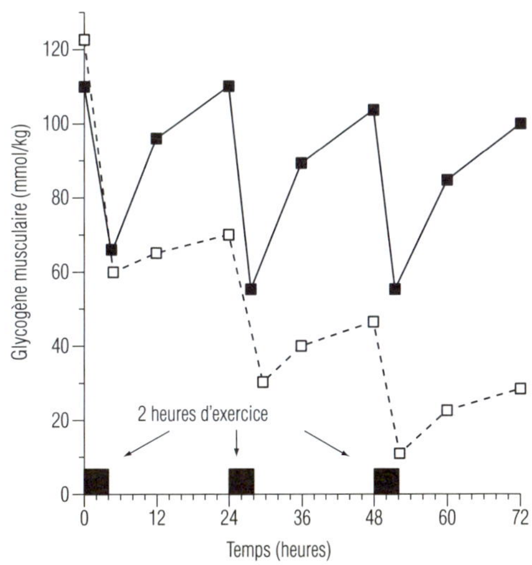

Fig. 88.4. Teneur du muscle en glycogène au cours de 3 jours d'entraînement, le régime glucidique apportant soit 40 % (□), soit 70 % (■)de l'apport énergétique total quotidien (AETQ).

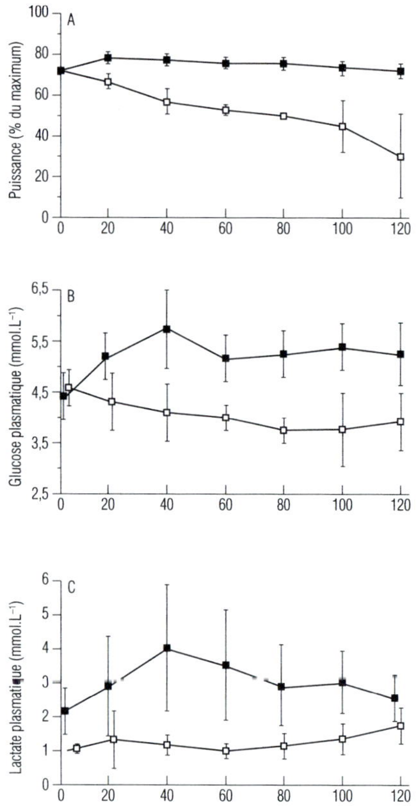

Fig. 88.5. Puissance d'exercice, glycémie et lactatémie, en fonction de l'apport glucidique faible (□) ou élevé (■).

sous forme de glucides, ceux-ci représentant alors jusqu'à 65 % (et non pas 40 à 50 %, trop souvent constatés) de l'apport énergétique total quotidien, soit 10 $g.kg^{-1}.j^{-1}$ (600 $g.j^{-1}$ pour un sportif de 60 kg) (fig. 88.5). Ils se trouvent dans environ 1 kg de pain, 3 kg de pommes de terre, 2 kg de riz ou 2 kg de pâtes cuites (800 g crues). Bien sûr, le mieux est de combiner ces différents apports glucidiques avec également des gâteaux de semoule, des biscuits, des barres céréalières, des gâteaux secs, des entremets ou autres entrées ou desserts glucidiques.

Si le sportif de haut niveau de performance en endurance a besoin de telles quantités de glucides, ce n'est pas sans conséquences éventuelles sur la santé, si l'apport est excessif ou mal équilibré pendant une durée supérieure à quelques jours. Un excès de glucides se transforme d'abord en réserve de glycogène, à la différence d'un excès d'apport en lipides qui est stocké dès les premiers jours sous forme de tissu adipeux. Mais, après quelques jours, les « cycles futiles » ne participant à éliminer qu'une partie de l'excès, le reste des glucides est alors transformé en acides gras, vers les réserves de tissu adipeux. La triglycéridémie s'élève aussi, participant aux risques cardiovasculaires.

Chez le sportif d'endurance à forte dépense énergétique, il est recommandé, en plus des apports glucidiques pendant les repas, l'ingestion à des moments précis (rien à voir avec les grignotages) de petites collations glucidiques, avant (collation ou goûter), pendant et après les entraînements.

Besoins de protéines

Si le glucose est le substrat énergétique essentiel du muscle à l'exercice, les lipides ont un rôle également important. Leur utilisation est d'ailleurs préférentielle lors d'exercices de très longue durée à intensité faible à moyenne, ou lors d'une insuffisance de réserves en glycogène du muscle. Ces conditions sont parfois recherchées dans certains types d'entraînements, en vue de meilleures mobilisation et oxydation des acides gras (fig. 88.6). Mais il est également observé, lors de telles conditions d'entraînement et de nutrition, une augmentation de l'oxydation des acides aminés des protéines, surtout ceux ramifiés (leucine), avec comme inconvénient une protéolyse tant hépatique que musculaire, bien mise en évidence par l'augmentation des taux d'urée plasmatique, sudorale et urinaire. Cela pourrait conduire à une diminution des teneurs musculaires en enzymes et protéines myofibrillaires, causes de diminution des performances. La participation des acides aminés à l'énergétique musculaire peut alors s'élever des 5 % environ habituels, observés lors d'une bonne réplétion préalable du glycogène musculaire, jusqu'à 15 %, d'autant plus que les réserves glycogéniques sont faibles. Une telle stratégie est possible, mais elle doit être bien programmée, à plus de 3 semaines des compétitions, et non pas relever d'une erreur. Elle comporte aussi un supplément d'apport protéique dit de sécurité.

L'*apport nutritionnel conseillé* (ANC) en protéines est de 1 $g.kg^{-1}.j^{-1}$ chez le sportif de loisir (1 à 3 séances par semaine). Chez le sportif d'endurance de bon à haut niveau de performance (4 entraînements et plus par semaine), avec des entraînements intenses et prolongés, les apports protéiques conseillés sont de 1,5 à 1,7 $g.kg^{-1}.j^{-1}$, voire chez le coureur à pied 2 $g.kg^{-1}.j^{-1}$. De fait, ceux-ci sont facilement atteints si l'apport calorique est suffisant et si les protéines représen-

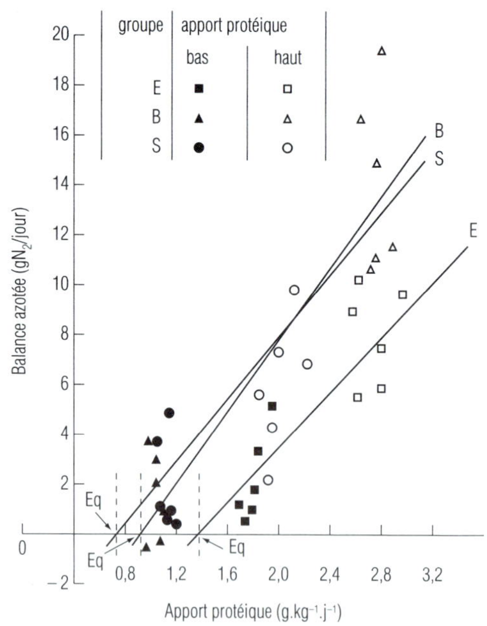

Fig. 88.6. Bilan azoté en fonction des apports protéiques chez des sportifs d'endurance (E) et de force (B et S). Le bilan est équilibré (Eq →) pour un apport compris entre 0,7 et 1,3 $g.kg^{-1}.j^{-1}$, suivant les groupes (d'après Tarnopolsky *et al. J Appl Physiol* 1988; 64 : 187-93).

tent les 12 à 15 % conseillés de la ration alimentaire. Ainsi, avec 3 500 kcal, 12 % de protéines correspondent à 420 kcal, soit 105 g de protéines, représentant pour un sujet de 70 kg 1,5 $g.kg^{-1}.j^{-1}$ et de 60 kg 1,75 $g.kg^{-1}.j^{-1}$. Les apports recommandés sont atteints sans difficulté avec l'apport protéique par les aliments courants.

Il n'y a pas de justification scientifique à une supplémentation ni même à une complémentation, ni à un enrichissement des protéines en un ou plusieurs acides aminés. Les protéines seront donc apportées de préférence par les produits animaux, viandes, produits laitiers, œufs ou poissons, riches en acides aminés essentiels.

Un régime strictement végétarien est potentiellement carencé en certains acides aminés essentiels (acides aminés soufrés, cystéine et méthionine (légumineuses) et en lysine (céréales). Cependant, un apport équilibré en légumineuses et céréales, réalisé dans quelques plats tel un couscous avec pois chiches et semoule (mais quelle digestibilité faible), peut permettre un apport en acides aminés essentiels satisfaisant. Cela ne peut être obtenu qu'au prix d'un régime très précis, sous contrôle médical. Un bilan azoté négatif ne pourrait être équilibré que par une consommation très augmentée en protéines, avec des risques hépatiques et rénaux (voir chapitre 87).

Compléments et suppléments pour les sportifs d'endurance

Quelques sportifs ont l'habitude d'ingérer des quantités parfois élevées de vitamines. Il est vrai que leur rôle de coenzymes dans les réactions énergétiques, ainsi que leur fonction antioxydante neutralisant les radicaux libres oxygénés, produits proportionnellement à l'intensité et à la durée de l'exercice, ont conduit à l'hypothèse que les besoins en vitamines sont augmentés chez le sportif.

Plusieurs enquêtes alimentaires (Klepping, Guilland, Pérès) ont montré que les apports vitaminiques sont extrêmement variables par rapport aux apports nutritionnels conseillés pour la population générale, pouvant faire soupçonner quelques cas de précarence. En général, les apports sont suffisants et parfois très supérieurs aux besoins apparents, véritable *vitaminomanie* ou *vitamythologie* (Guilland). Lors de déficiences en vitamines du groupe B, les aptitudes physiques aérobies sont diminuées mais corrigées par un renforcement de l'apport en ces vitamines. Les apports supplémentaires en vitamines ne sont pas, chez des sujets au statut vitaminique initial normal, suivis de performances supérieures, quelles que soient les quantités ou les durées d'administration.

Finalement, pour répondre aux besoins vitaminiques permettant de satisfaire les exigences de santé et de performances, pour compenser les pertes sudorales et pour participer à la protection et à la réparation cellulaire après les entraînements et les compétitions, on considère que les apports en vitamines chez le sportif sont supérieurs à ceux du reste de la population.

Pour les vitamines plus particulièrement impliquées dans les métabolismes énergétiques glucidiques (sports aérobies) et protéiques (sports de force), les apports vitaminiques pourraient être augmentés jusqu'à 2,5 fois l'ANC, voire davantage pour la vitamine C (tableau 88.II). En hiver et sous fortes charges d'entraînement, sous contrôle et prescription médicale, une complémentation en micronutriments semble licite, comprenant aussi un apport précis de vitamine D.

Le même type de raisonnement est à faire pour les oligoéléments ou éléments traces, dont les pertes sont augmentées à l'exercice et les besoins accrus de façon sélective (fer, zinc, sélénium). Là encore, la plus grande prudence doit prévaloir du fait du risque toxique des surcharges (fer, sélénium).

Tab. 88.II. Valeurs plafond des besoins en vitamines des sportifs (hommes et femmes). Valeurs données pour 1 000 kcal de dépense énergétique et besoins maximaux. ANC : apport nutritionnel conseillé (d'après Guilland et Pottier de Courcy).

Vitamines (vit.)	Sexe	ANC	Besoins	
			Pour 1 000 kcal	Maximaux
Thiamine	H	1,5	2,5	10
Vit B1 (mg)	F	1,3		
Riboflavine (mg)	H	1,8	2,5	10
Vit. B2	F	1,5		
Pyridoxine (mg)	H	2,2	2,5	7,5
Vit. B6	F	2,0		
Niacine (mg)	H	18	5	30
Vit. PP ou B3	F	15		
Acide ascorbique (mg)	H	60 à 100	300	1 000
Vit. C	F	60 à 100		
Folates (µg)	H	300	100	600
Vit. B9	F	300		
Vit. B12 (µg)	H	3	1,5	5
Cyanocobalamine	F	3		
Rétinol (µg)	H	400	200	1 000
(Vit. A)	F	320		
β-carotène (ER)*	H	600	400	2 000
(Vit. A)	F	480		
Vit. D (µg)	H	10	4	20
Calciférol	F	10		
Vit. E (mg)	H	12	20	60
Tocophérols	F	12		
Biotine (µg)	H	100 à 300	–	–
(Vit. H ou B8)	F	100 à 300		
Acide pantothénique (mg)	H	7 à 10	–	–
(Vit. B5)	F	7 à 10		
Vit. K (µg)	H	45	–	–
Ménadione, ménaquinone	F	35		

* ER : équivalent rétinol. Facteur de conversion moyen : 1 ER = 1 µg de rétinol = 6 µg de β-carotène.

L'alimentation courante, variée et équilibrée, permet d'apporter en quantité suffisante l'ensemble de ces micronutriments.

En cas de régime très hypocalorique, inférieur à 1 500 kcal/j environ, très inférieur donc aux dépenses énergétiques, une complémentation (et non pas une supplémentation, au-delà des apports conseillés) est reconnue comme nécessaire pour l'ensemble des micronutriments afin de prévenir la survenue de carence.

De nombreux légumes et fruits, par leur teneur élevée en eau, sels minéraux, vitamines et oligoéléments, et leur faible densité calorique, répondent aux exigences d'apports en micronutriments, plus que toute autre forme plus ou moins médicamenteuse. Les pouvoirs publics insistent sur le fait que le sportif est une personne par principe en bonne santé et n'a donc pas besoin de médicaments, ce qui ne veut pas dire qu'il ne doit pas bénéficier d'un suivi médical approprié. Mais certains sportifs ont aussi recours, pour être dynamiques et en forme, pour récupérer et se défatiguer plus vite, à des suppléments. Plus de 600 produits sont commercialisés en France à leur intention.

Les « aliments de l'effort d'apport équilibré, d'apport lipidique ou d'apport glucidique » sont régis par l'arrêté du 20 juillet 1977, qui en fixe la composition minimale. Parmi eux, les boissons de l'effort avec apport glucidique sont très répandues, utiles pour les compétitions de longue durée. Il ne faut pas confondre boissons *énergétiques* et boissons *énergisantes*, mélanges chimiques avec parfois plus de caféine qu'il n'est autorisé par la réglementation (150 mg.L^{-1}). Les substances ergogéniques ont été envisagées avec les compléments et suppléments (voir chapitre 87).

Conclusion

La prise en charge de l'alimentation d'un sportif ne peut valablement se faire au dernier moment à l'occasion d'une compétition. Il s'agit, comme pour les aspects de santé et de suivi médical de l'entraînement, d'un véritable *suivi* à instaurer lors de la période d'entraînement précompétitive, voire mieux, en début de saison. En effet, les fréquentes erreurs alimentaires méritent des adaptations progressives et un suivi longitudinal précis répété. Cela ne peut se faire que dans le cadre de l'entraînement pour ensuite organiser une bonne prise en charge à l'occasion des compétitions. Le suivi médical, qu'il s'agisse de celui de l'entraînement ou des relations entre entraînement et santé ou nutrition, relève bien d'une stratégie établie de façon sérieuse, suffisamment longtemps à l'avance, entre le sportif, son entraîneur, son médecin et sa diététicienne.

Alimentation dans les sports de force

Renforcement de la masse musculaire

Le renforcement de la masse musculaire est recherché pour deux raisons : soit pour elle-même, soit dans la perspective d'un gain de force. Dans les deux cas, il n'est pas souhaitable que ce changement s'accompagne d'une augmentation du tissu adipeux.

La morphologie dépend essentiellement de caractéristiques génétiques individuelles. Mais un programme de musculation intensive est nécessaire pour obtenir l'augmentation tant du volume du muscle que de sa force. Ce programme comporte des exercices de musculation générale auxquels font suite des exercices spécifiques (voir chapitre 19). L'hypertrophie des fibres musculaires ne peut survenir que si la synthèse des protéines constitutives est assurée, ce qui suppose un apport adéquat en protéines et en micronutriments.

L'équilibre de la balance azotée est généralement obtenu pour un apport protéique de l'ordre de 1 g par kg de poids corporel et par jour. L'augmentation de la synthèse protéique paraît être obtenue de façon optimale pour des apports de 2 à 3 g.kg^{-1}.j^{-1} pendant plusieurs mois, limite à ne pas dépasser pour éviter les risques de surcharges hépatique et rénale et de pertes calciques excessives (voir chapitre 85).

L'alimentation de référence étant toujours respectée quant à la variété de présentation (« 421 GPL-eau »), la répartition des apports caloriques conseillée est de 50 à 55 % de glucides, 25 à 30 % de protéines et 20 % de lipides (tableau 88.III) ; la ration énergétique totale reste par ailleurs proportionnelle aux dépenses. Le choix porte sur des protéines de haute valeur biologique : œufs, produits laitiers, poissons, viandes rouges et blanches.

Tab. 88.III. Exemple d'apport quotidien proposé pour un sujet de 32 ans (94 kg, 1,76 m, pratique intense, 3 500 kcal.j^{-1}).

Aliments	Quantité (g)	P	L	G	kcal
Laitages 0 %	600	30		36	264
Viandes	400	80	40		60
Pain	200	14	2	110	514
Céréales	100	8	4,5	80	392
Féculents	300	6		60	264
Sucre	30			30	120
Confiture	60			44	176
Légumes verts	400	6		28	136
Fruits	400	4		52	224
Agrumes	200			20	80
Beurre	10		8,3		75
Huile	20		20		180
Eau (L/j)	4,5				
Thé (L/j)	0,5				
Protéines	90	90			360
Total (g)		238	50	460	
kcal		952	450	1 840	3 465
%		27,5	19,5	53	
Prot. g.kg^{-1}.j^{-1}	2,53				
Eau	5 L				

Apports protéiques supplémentaires

Plus particulièrement pour les sportifs de haut niveau, les apports protéiques supplémentaires, déjà pris à l'occasion des repas, sont complétés entre ceux-ci : protéines en poudre, d'origine animale plutôt que végétale, enrichies en acides aminés pour limiter les carences en lysine (céréales) ou

cystéine et méthionine (légumineuses). D'après cette démarche, qui reste tout à fait facultative, les apports doivent rester inférieurs au tiers de l'apport protéique total.
En raison de l'augmentation de la fréquence des incidents et accidents anaphylactiques à l'exercice, consécutive à l'ingestion de certains aliments (en particulier protéiques), leur administration doit être suivie et progressive, surtout chez les sujets à terrain atopique. Il est important, pour une meilleure assimilation des poudres de protéines, que les ingestions soient réparties sur toute la journée et comprennent une quantité suffisante de glucides et un volume d'eau élevé. L'apport vitaminique peut être renforcé en vitamine B6.

Alimentation du sportif en expédition prolongée*

Pour une expédition de plusieurs semaines en mer, en très haute montagne, en régions désertiques ou polaires, il est nécessaire de concevoir une alimentation qui réponde aux besoins minimaux journaliers et garantisse la poursuite d'une activité physique et mentale normale dans des conditions d'environnement difficile.
Un calcul théorique des besoins quantitatifs est possible en se référant à des tables qui donnent les niveaux moyens de la dépense énergétique, en tenant compte non seulement des caractéristiques de l'activité physique, mais aussi des conditions climatiques, qui peuvent majorer la dépense.
Verger observe que les besoins quotidiens peuvent se révéler très largement supérieurs à ce que l'individu peut absorber, ce qui amène à préconiser des rations ne dépassant pas 3 500 à 4 000 kcal. Il cite, à l'appui, les résultats d'une expédition expérimentale, type commando, pour laquelle la dépense journalière était estimée à 8 000 kcal et se déroulait sur 7 jours consécutifs. Il a été montré que les sujets ne recevant que 1 800 ou 2 300 $kcal.j^{-1}$ voyaient leur performance physique diminuer, ce qui n'était pas le cas de ceux ayant reçu 3 400 $kcal.j^{-1}$. Les ressources énergétiques de l'individu, notamment lipidiques, sont là pour combler la différence, ce qu'atteste généralement au retour de l'expédition la chute de poids, à laquelle peut participer une fonte musculaire. Cette conclusion ne serait pas valable, s'agissant de coureurs cyclistes professionnels, pour lesquels il convient de préserver la masse musculaire. Saris *et al.* (1989) ont montré que ceux-ci sont capables d'ingérer 6 200 kcal par jour pendant 3 semaines, pour une dépense énergétique estimée légèrement supérieure.
Au cours d'une table ronde tenue au printemps 1992, Isabelle Autissier (tour du monde à la voile en solitaire) et Jean-Paul Richalet (expéditions andines à très haute altitude) ont insisté sur les fluctuations importantes de l'appétit. L'effort physique du moment l'emporte sur la sensation de faim; celle-ci n'est pas aussi vive lorsque les aliments sont froids et ne peuvent être cuisinés, lorsque réhydratés ils ont perdu leur saveur ou, lorsqu'ils l'ont conservée, ils reviennent identiques chaque jour. La variété alimentaire conditionne le plaisir de manger; le choix entre plusieurs aliments doit rester possible à chaque repas, ce qui condamne les rations individuelles calibrées et devrait inciter à prévoir davantage que le strict nécessaire. La limitation de l'appétit en expédition peut conduire à des pertes de poids de plus de 10 kg en 4 ou 5 semaines. Les interférences avec les troubles du sommeil, le mal de mer ou le mal des montagnes (voir chapitre 75), le stress lié aux risques et aux dangers de l'expédition, la lassitude ou la fatigue sont des facteurs aggravants, qu'il faut combattre en gardant à proximité le biscuit ou le morceau de chocolat qui « fait plaisir ».
En conclusion, il est donc indispensable de tenir compte des points suivants :
- couvrir les besoins quantitatifs et qualitatifs;
- varier au maximum la nature des aliments;
- respecter les habitudes alimentaires personnelles;
- disposer d'aliments de longue conservation;
- en réduire au maximum l'encombrement;
- ne pas oublier les réserves hydriques (3 litres par jour);
- prévoir une marge de réserve en cas d'incident de parcours.

* H. Monod

Pour en savoir plus

Alimentation du sportif en expédition. Table ronde organisée par H. Monod. *In : La nutrition du sportif*, 17e Thermalies, 19-23 février 1992.

Martin A. *Apports nutritionnels conseillés pour la population générale*. Paris : Éditions Lavoisier, 2001.

Pérès G. Quels glucides pour quels sports? *Cah Nutr Diet* 1994; 29 : 279-84.

Pérès G. Filières et substrats énergétiques de l'exercice : implications nutritionnelles. *In :* Martin A, ed. *Apports nutritionnels conseillés pour la population générale*. Paris : Éditions Lavoisier, 2001 : 338-43.

Pérès G. Protéines et sports de force. *In :* Martin A, ed. *Apports nutritionnels conseillés pour la population générale*. Paris : Éditions Lavoisier, 2001 : 353-4.

Stratégie alimentaire pour le sportif en compétition

Sommaire

Différents moments de la prise alimentaire

En compétition d'endurance, réussir une meilleure performance implique un entraînement suivi, bien programmé en quantité et en qualité, une stratégie de compétition bien élaborée, réaliste et respectée sur le terrain, avec une réhydratation soigneuse et une gestion précise des réserves de glycogène musculaire tout au long de la compétition, dont le type est le marathon. Il s'agit d'augmenter ces réserves avant l'épreuve et d'ajuster la vitesse de course pour faire correspondre leur quasi-épuisement avec le passage de la ligne d'arrivée : si elles sont trop déplétées avant l'arrivée, le sportif devra ralentir son allure, sa performance en sera diminuée et il risque de souffrir *(mur du marathon)* ; pas assez déplétées, il aurait pu mieux faire.

Les objectifs de l'alimentation sont une meilleure réplétion, voire une *surcompensation* des réserves de glycogène musculaire, l'optimisation de la néoglycogénogenèse et de la disponibilité des acides gras, et une réhydratation la plus précoce et la plus efficace possible, pour compenser au plus près la déshydratation, toujours élevée lors d'exercices intenses, surtout réalisés en ambiance chaude. Les apports glucidiques avant et pendant la compétition dans un sport d'endurance, c'est-à-dire d'une durée allant de quelques dizaines de minutes à quelques heures, avec forte dépense énergétique, sont un des déterminants de la réussite.

On peut distinguer dans l'alimentation du sportif plusieurs périodes : avant l'épreuve, avant le départ, pendant l'épreuve, dès l'arrivée et les jours suivants.

Alimentation dans la semaine précédant l'épreuve

Un régime spécial, *régime dissocié scandinave*, a fait la démonstration de son efficacité pour constituer les réserves les plus élevées en glycogène musculaire. Sept jours avant la compétition, le sportif réalise un exercice intense et assez prolongé, de telle sorte qu'il épuise le glycogène des muscles sollicités par l'épreuve.

Les lundi, mardi et mercredi, pour une épreuve venant le dimanche suivant, l'alimentation est hyper-protido-lipidique, à 70-80 % (viandes et poissons gras, lait entier, œufs et fromages), avec poursuite d'entraînements courts. Mais ce régime s'accompagne fréquemment d'incidents : perte de poids, troubles digestifs, fatigue, diarrhée, hypoglycémie et troubles de l'humeur, qui le font actuellement de moins en moins pratiquer.

Le régime dissocié *modifié* comporte une alimentation presque habituelle pendant ces trois premiers jours, avec un apport énergétique total quotidien (AETQ) réparti en 50 % de glucides, 35 % de lipides et 15 % de protides (fig. 89.1).

Les jeudi, vendredi et samedi, l'entraînement est arrêté mais le régime est renforcé en calories (500 à 1 000 kcal de plus que la dépense énergétique) et hyperglucidique (65-70 % de glucides). Tous les repas sont renforcés en glucides (pâtes, notamment), plus particulièrement le soir.

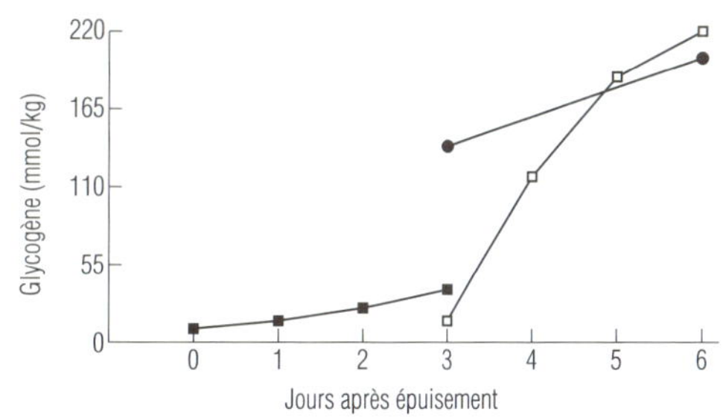

Fig. 89.1. Effets comparés de la surcharge du muscle en glycogène par le régime dissocié scandinave, *classique* (■, ●), *modifié* (□) (d'après Sherman, 1983).

Nature des glucides pour les épreuves de longue durée

Les caractéristiques différentes des glucides (voir chapitre 87) permettent d'en tirer les principes et les indications pratiques quant à leur utilisation :

- plus l'épreuve est *loin*, plus les glucides seront complexes et d'index glycémique (IG) moyen ou bas (glucides lents) :

- jusqu'à 8 à 12 heures avant l'épreuve : pâtes ou éventuellement lentilles, si le sportif les digère bien ;
- 2 à 4 heures avant : pommes de terre à chair ferme ou riz ;
- moins de 2-3 heures avant : biscuits, barres céréalières, pain d'épice, pâte de fruits, gâteaux secs... ;

– plus l'épreuve est *proche*, plus les glucides seront simples, à IG élevé, avec pendant l'épreuve avant tout du glucose, du maltose, voire des maltodextrines et des polyglucoses. L'apport en fructose n'est alors que d'appoint, pour sa captation par le foie, dérivant le glucose vers le muscle.

Ces règles sont valables tant avant qu'après l'exercice.
Une seule exception cependant, chez les sportifs hyperinsulinosensibles, ou très émotifs, ou au repas 3 heures avant (négligé) et en l'absence de ration d'attente (autant d'erreurs qu'il vaudrait mieux éviter), il est conseillé d'ingérer de petites quantités de fructose dans l'heure précédant le départ.

Repas pris 8 à 12 heures avant l'épreuve

Quelques principes et recommandations : le repas doit être hypercalorique, riche en glucides complexes à IG moyen ou bas (65-70 % de l'AETQ, aux dépens des lipides), évitant le risque d'embarras digestifs.
Avant d'envisager chaque prise alimentaire, un principe essentiel est à rappeler : alors que l'alimentation quotidienne, quels que soient le repas ou la prise alimentaire considérés, y compris les petits déjeuners et goûters, doit être équilibrée et réellement variée à partir des aliments courants, au contraire à aucun moment de l'épreuve, le sportif ne doit innover. Les repas et boissons doivent être identiques à chaque fois. Ils sont donc toujours essayés plusieurs fois auparavant, par exemple avant un entraînement de longue durée ou un match amical. Identiques veut dire plats strictement identiques en composition, mode de préparation et assaisonnement. En cas de difficultés digestives en raison du volume de certains apports glucidiques, il faut aménager le repas ou faciliter la digestion du sportif (enzymes).
Quel que soit le repas, en compétition comme à l'entraînement, il importe de respecter sa structure (voir encadré) :

– entrée de crudités ou de « cuidités » ;
– plat principal, 120 à 400 g (poids sec), soit 300 à 1 000 g (poids cuit, *al dente*) de pâtes (spaghetti), avec assaisonnement digeste et en fonction du goût personnel ;
– viande rouge ou blanche (120 à 200 g), cuite selon les habitudes personnelles, plutôt grillée. Les idées reçues sur la viande en général et rouge (bœuf) en particulier sont fausses. Il est démontré que sa consommation n'a pas d'effet néfaste sur les indicateurs de santé les plus courants liés à la contraction musculaire, établis au repos, à l'exercice et à la récupération sur les 24 heures suivant l'exercice (urée, acide urique, ammoniac, créatinine et acide lactique). Il faut éviter les viandes grasses, en sauce, faisandées ou de mauvaise qualité (filandreuses) ;
– fromage non fermenté, ou produits laitiers frais ;
– dessert : apports glucidiques complémentaires de fruits et produits sucrés, tarte aux fruits, gâteau de semoule ou de riz avec fruits au sirop, pain d'épice, cake, biscuits, entremets ou confiserie ;
– pendant le repas, 120 à 250 g de pain et 2 ou 3 verres d'eau, pour ne pas surcharger l'estomac.

Avant-dernier repas avant un match (8-12 heures) : exemple de « pasta partie »

• Entrée de *crudités ou cuidités*
• *Spaghetti :* 150 à 500 g (secs), soit 300 à 1 000 g cuits *al dente*, assaisonnement en fonction des goûts personnels
• *Viande grillée rouge ou blanche* (150 à 200 g), cuite selon les habitudes personnelles
• Fromage non fermenté ou *produit laitier frais*
• *Dessert :* tarte aux fruits, gâteau de semoule ou de riz, pain d'épices, cake, biscuits, entremet, confiserie, etc.
• En accompagnement :
– *pain* (125 à 250 g)
– *boissons :* eau, en quantité modérée pendant, plutôt plus de 30 min avant et plus de 2 h après

Entre le repas (du soir) et le repas suivant, il n'y a pas d'ingestion recommandée sauf de l'eau, par forte chaleur.

Alimentation avant le départ de l'épreuve

Repas pris environ 3 heures avant l'épreuve

Il complète les réserves hydriques et glycogéniques. Il apporte 400 à 800 kcal, avec 60-70 % de l'AETQ sous forme de glucides et 12 à 15 % de protéines. Il est bien digeste, évitant les aliments gras, fumés, faisandés, épicés et les boissons fermentées, gazeuses ou alcoolisées (voir encadré).

Dernier repas avant un match (plus de 3 heures)

Entrée
Légumes cuits pour une meilleure digestibilité : haricots verts, betteraves rouges... sauce citron

Plat principal
• Pommes de terre : 300-400 g, ou riz ou pâtes (si plus de 8 h avant) : 200 à 300 g
– cuisson à l'eau
– avec coulis de tomate selon tolérance
– ou 5 g de beurre ou margarine ou citron
• 100 à 120 g de viande maigre grillée, sans matière grasse : steak haché à 5 % de matière grasse ou escalope de poulet ou de dinde, ou jambon

Dessert + produit laitier
• 1 yaourt nature ou 100 g de fromage blanc (0-10 % MG) avec sucre, sirop ou miel, ou riz ou semoule au lait avec fruits cuits ou fruits secs
• 1 à 2 fruits crus bien mûrs pelés, selon tolérance : pomme, poire, pêche, abricot, ou fruits cuits (compote) ou tarte aux fruits, ou biscuits, pain d'épices, petits gâteaux secs avec fruit

Accompagnement
• Pain grillé (80 g) ou 1/3 de baguette
• 1 à 2 verres d'eau

Il existe un très grand choix possible, avec maintien de la structure habituelle des repas, de composition identique à celle essayée à l'entraînement et respectant les habitudes et convenances de chacun. Cela n'est pas toujours aisé lorsque le repas est pris en commun avant la course ou le match, mais il faut trouver les points communs à tous et maintenir plaisir et convivialité.

Qu'il s'agisse d'un petit déjeuner, d'une collation ou d'un goûter, il sera très peu différent de celui qui a été essayé auparavant pour éviter une surcharge digestive inhabituelle. La structure du « 421 GPL-eau » pourra être allégée et se limiter à un produit céréalier et à un produit laitier, à un fruit et à un apport en eau de 0,3 à 0,5 L (voir chapitre 87).

De 3 heures à 1 heure avant le départ

Les objectifs sont une réhydratation régulière en fonction des besoins, et un apport avant tout glucidique pour épargner le glycogène musculaire et surtout hépatique.

Cette ration d'attente est facultative dans le cas d'un repas pris 3 h avant l'épreuve, sinon il s'agit d'apporter régulièrement, par exemple toutes les demi-heures, un produit céréalier (biscuits, barre de céréales), un produit laitier (yaourt), et un fruit ou un jus de fruit, dilué de 2 à 3 fois selon la température ambiante, ou de l'eau (1/2 à un grand verre selon les besoins).

De 1 heure à 15 minutes avant le départ

L'alimentation précédente peut être poursuivie telle quelle, sauf pour l'apport protéique, à ne pas poursuivre ; de même pour l'apport hydrique, s'il fait frais.

En revanche, pour les sujets hyperinsulinosensibles (voir chapitre 87), les apports glucidiques se feront sous forme de boisson au fructose (30 g/L au maximum) ; il existe des risques de diarrhée, justifiant des essais préalables permettant d'ajuster la concentration à la susceptibilité individuelle. On peut à défaut recommander une pomme ou un autre fruit à croquer.

De 15 minutes avant jusqu'au départ

Il est habituel, actuellement, de consommer, 10 à 15 minutes avant le départ de l'épreuve ou l'échauffement, 150 à 300 mL (1 à 2 verres ou une petite bouteille de 33 cL) de boisson glucosée, jus de raisin ou fruits exotiques, à IG très élevé, ou une boisson de l'effort à apport glucidique *(boisson énergétique spécifique pour sportifs)*, diluée (40 à 70 g.L^{-1} de glucides).

Les objectifs sont une légère réhydratation et un resucrage précoces sans risque d'hyperglycémie, ni d'insulinosécrétion, pouvant perturber la mobilisation des triglycérides du tissu adipeux, ni de surcharge gastrique, mais permettant une économie de glycogène musculaire. De fait, en l'état actuel des connaissances, ces objectifs sont encore peu argumentés au plan scientifique.

Alimentation pendant l'épreuve

Pour les épreuves d'une durée *inférieure à 1 heure*, aucun apport n'est actuellement conseillé, sauf s'il fait très chaud : ingestion d'un demi-litre ou plus d'eau pure, du robinet, de source ou minérale, éventuellement faiblement glucidique (30 g.L^{-1}).

Pour les épreuves *de 1 h à 2 h 30*, l'alimentation répond à plusieurs objectifs : réhydratation la plus précise possible pour limiter la déshydratation, apport de glucides le plus rapidement disponibles pour assurer un bon maintien de la glycémie et une éventuelle économie du glycogène musculaire, sans perturber la mobilisation des acides gras, et protection des protéines musculaires.

Réhydratation

La réhydratation (voir chapitre 88) est un facteur déterminant de la réussite à l'entraînement et en compétition, de la sécurité et de la santé. En effet, seule l'évaporation de la sueur est efficace pour la thermolyse. Cela implique un bon débit évaporatoire de la sueur, et tout doit être fait pour le faciliter, mais également une bonne réhydratation. Le port vestimentaire et la réhydratation, quantité et qualité des boissons ingérées, doivent être strictement adaptés aux conditions thermiques ambiantes, température et humidité.

La réhydratation pendant l'exercice doit être aussi proche que possible de la perte sudorale, 0,5 à 1,1 litre au maximum de pertes, au-delà desquelles la diminution des capacités physiques est significative. De plus, les pertes en sels minéraux et micronutriments doivent être compensées, en particulier celles en sodium, au risque d'accidents nerveux, en cas de réhydratation abondante avec de l'eau pure (sans aliment solide).

La stratégie de réhydratation optimale en compétition consiste en l'ingestion très régulière, répétée toutes les 15, 20 ou 30 minutes, selon les besoins et la disponibilité des postes de ravitaillement, de 150 à 300 mL, soit un à deux gobelets, en ralentissant l'allure et en évitant les fausses routes (pour la composition de la boisson, voir *infra*). Par temps sec et température élevée, lors des courses à pied, l'épongeage permet d'humecter la peau et accentue l'évaporation cutanée.

Besoins en glucides pendant la compétition

Épreuves sportives durant de 1 h à 2 h 30

À l'exercice intense, le débit d'utilisation du glycogène est élevé, plus particulièrement au-dessus de la zone transitionnelle aéro-anaérobie, avec des débits d'oxydation du glucose pouvant dépasser 100 g par heure.

Il est actuellement bien démontré que l'ingestion de glucides, régulièrement dès le début de l'épreuve, permet sa poursuite plus longtemps ou à une intensité plus élevée. Fractionner les apports, toutes les 15 minutes, est plus efficace que d'ingérer des quantités plus importantes toutes les heures. Attendre l'apparition de la fatigue pour ingérer du glucose permet de reporter le délai d'épuisement de quelques dizaines de minute certes, mais moins que dans le cas d'un apport régulier et précoce. Enfin parmi les saccharose, maltose, glucose, maltodextrines et autre polyglucose, l'association de glucose avec un peu de chacun des autres sucres paraît la plus efficace. De plus, l'ajout de micronutriments permet une accélération de la biodisponibilité de la boisson (voir chapitre 88).

Finalement, il est recommandé d'ingérer très régulièrement toutes les 15, 20 ou 30 minutes, en fonction de la puissance d'exercice, 0,2 à 0,4 g de glucides par kg de poids corporel, glucose ou ses polymères à courte chaîne (maltose, polyglucoses, maltodextrines et un peu de saccharose ou de fructose). Ainsi les apports de glucides peuvent aller de 30 à près de 100 g par heure, dilués dans 0,5 à 1,5 litre de boisson. Il est donc recommandé de boire dès le départ, voire 10 à 15 minutes avant, et de poursuivre très régulièrement jusqu'à la fin de l'épreuve.
Comme cela est déjà suggéré ci-dessus, l'ingestion, quelles que soient les conditions et les circonstances, d'une boisson strictement isotonique, comme cela a été longtemps recommandé, ne paraît plus tenir actuellement. Il est conseillé de prendre plutôt en compte les besoins de réhydratation et ceux d'apports en sucre pendant l'exercice (fig. 89.2).
Par temps froid et forts échanges thermiques (vélo) et intensité élevée d'exercice, les besoins hydriques sont modestes et ceux en sucre élevés : 300 à 500 $mL.h^{-1}$ d'une boisson à 150 à 200 $g.L^{-1}$ de glucides devrait convenir.
Par temps chaud et exercice prolongé et, obligatoirement, d'intensité modérée, inférieure à celle correspondant au seuil aérobie, il faut prévoir 1 à 1,5 $L.h^{-1}$ d'une boisson à 30 à 50 $g.L^{-1}$ de glucides.
Par climat tempéré et exercice d'intensité élevée, supérieure au seuil et donc avec essoufflement, il faut proposer 0,6 $L.h^{-1}$ (un volume supérieur est mal accepté) à 50-80 $g.L^{-1}$ de glucides (glucose et ses polymères).

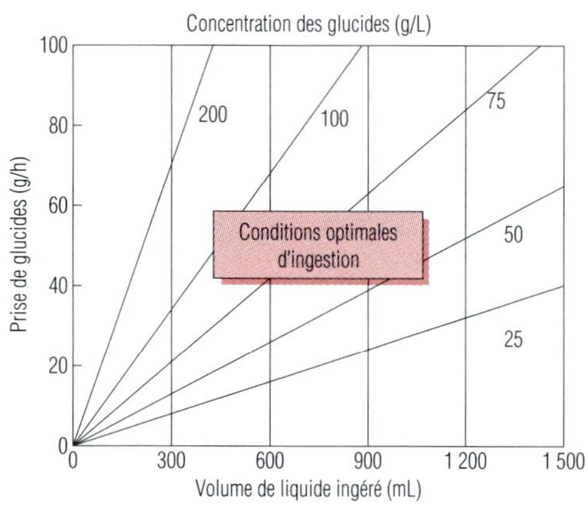

Fig. 89.2. Glucides absorbés en fonction du volume de liquide ingéré et de la concentration en glucides du liquide.

Épreuves sportives de plus de 2 h 30

Alors qu'actuellement quelques preuves existent du moindre intérêt de l'ingestion des glucides simples ou complexes sous forme solide plutôt que liquide, pour les épreuves de *moins de 2 h 30*, beaucoup de cyclistes en consomment apparemment sans effet négatif rapporté. Ce n'est pas le cas chez les athlètes.
En revanche, pour des épreuves *supérieures à 2 h 30*, il est recommandé d'ingérer, en plus des boissons glucidiques, régulièrement, toutes les 20, 30 à 60 minutes, des aliments solides, glucides simples et complexes, à index glycémique élevé ou très élevé (pastilles de glucose ou dextrose, morceaux de sucre, fruits secs, pâtes de fruits, pain d'épice, biscuits et gâteaux secs, barres céréalières), à raison de 30 à 60 g environ par prise.
Pour les épreuves de *4 h et plus*, il est possible de prévoir, toutes les 2 à 3 heures, de petits repas, glucides simples et complexes solides (pain...) et protéines animales : jambon, veau ou porc maigre, poule, dinde, viande hachée grillée. Les boissons seront prises en quantité appropriée.

Boissons et aliments pour sportifs en compétition

Boisson de référence

La boisson de référence pour l'épreuve sportive de longue durée (y compris pour les sports collectifs) est celle *de l'effort* (voir alimentation énergétique à apport glucidique, dite AEAG, arrêté du 20 juillet 1977) ; au moins 60 % de l'apport énergétique provient des glucides. Cela devrait être considéré comme un minimum. Sa valeur tient à la diversité des glucides simples à index glycémique très élevé (glucose ou ses polymères, maltose, polyglucose et maltodextrine ainsi que saccharose) et à l'équilibre de sa teneur en sels minéraux, vitamines et oligoéléments.
La composition des nombreuses boissons AEAG du commerce, en France une trentaine, est très variable et leur valeur pour les sportifs paraît très inégale. Elles se présentent sous forme de poudre, dont l'intérêt est de permettre une dilution adaptée et commode. Il est recommandé de lire très attentivement la notice et de se fier aux marques qui ont déjà fait leurs preuves, avec une grande richesse de composition, nombreuses vitamines, sels minéraux et oligoéléments, autant d'éléments perdus par la sueur. De plus, l'aspect gustatif – se réhydrater pendant l'exercice devrait être un plaisir et la boisson devrait y inciter –, est souvent en défaut : si aucune boisson AEAG n'est réellement bonne, 4 ou 5 sont acceptables, sur lesquelles le choix doit s'arrêter (elles sont, aussi, riches en micronutriments et très bien conçues). Le pH de ces boissons est souvent bas et leur action cariogène et irritante gastrique est bien admise : à limiter à la compétition.
Les pastilles de sel sont formellement déconseillées pendant toutes les épreuves sportives, quelles qu'elles soient. Elles sont destinées aux sujets sédentaires ou semi-sédentaires en zone très chaude d'Afrique, avec des débits sudoraux très importants, comportant également de fortes pertes minérales compensées seulement avec de l'eau pure. Cela ne correspond pas à des situations habituellement rencontrées par les sportifs, chez qui elles provoquent fréquemment des troubles digestifs (crampes d'estomac) et peuvent aggraver une déshydratation par appel osmotique d'eau vers la lumière intestinale (diarrhée possible).

Jus de fruits

Les jus de fruits, boissons aux fruits ou fruitées, nectars, sirops et bières sans alcool, sont également tout à fait intéressants pour le sportif tant pour l'entraînement que pour la compétition, en raison de la composition riche en micronutriments de beaucoup d'entre eux. Comme pour les boissons AEAG, il faut savoir adapter la dilution de ces boissons énergétiques à la température ambiante et à l'intensité de l'exercice. Leur composition en saccharose, glucose et fructose est très variable selon le fruit d'origine ; la boisson doit donc être choisie en fonction du moment par rapport à l'exercice. Le jus de raisin, riche en glucose, semble plus approprié pendant l'épreuve ainsi que juste avant celle-ci et dans les deux premières heures après l'arrivée. En dehors de ces périodes, il faut plutôt recommander les jus de fruits moins chargés en glucose, avec teneur majoritaire en fructose (jus de pomme ou d'orange), pouvant cependant provoquer chez certaines personnes sensibles du pyrosis.

La dilution de ces boissons, contenant de 110 à 150 g de glucides par litre, trop concentrées pour le sportif comme pour tous, peut se faire avec l'eau du robinet. C'est le plus simple, le plus efficace et le plus courant, et il est facile, si besoin est, d'en vérifier la composition en s'adressant auprès de la mairie du lieu de prélèvement. Les eaux de source en bouteille ou les eaux minérales modérément minéralisées plates sont également tout à fait valables et de transport aisé.

Eaux minérales

Les eaux minérales plus minéralisées, plates ou faiblement gazeuses, avec du calcium, du magnésium et des bicarbonates, sont également très intéressantes pendant l'exercice et surtout après, lorsqu'il s'agit non seulement de réhydrater et de resucrer mais également de « neutraliser les acides produits pendant l'exercice » et de tamponner un éventuel excès d'acidité gastrique.

Dans tous les cas, l'avis du médecin du sport ou de la diététicienne sera utile pour aider le sportif à faire un bon choix.

Règles d'utilisation

Toutes ces boissons peuvent accompagner les aliments solides glucidiques AEAG, qui répondent aux mêmes contraintes de composition que les boissons du même nom et leur ingestion se fait peu de temps avant, après, ou pendant l'exercice.

Les boissons (et aliments) dites « de l'effort, équilibrées à la fois dans leurs apports protidiques, glucidiques et lipidiques et dans leurs substances de protection » (vitamines B1, B6 et C, calcium et magnésium, phosphore), sont destinées aux épreuves de très longue durée, supérieure à 2 h 30, où elles peuvent remplacer un petit repas.

Les boissons – comme les substances ergogéniques, café ou thé – stimulantes (énergisantes et non plus énergétiques) du type café peuvent être ingérées 1 à 3 heures avant l'épreuve, en quantité modérée (au-delà de 1 litre, il y a risque de positiver un contrôle antidopage). Elles semblent avoir quelques effets bénéfiques sur le psychisme du sportif comme sur la bonne utilisation des lipides, mais attention aux tremblements et à l'agressivité. Elles sont prises en supplément des boissons AEAG ou jus de fruits.

Les boissons « énergisantes » ou stimulantes (*smart drinks* des Anglo-Saxons) sont différentes de celles dites « énergétiques » (*soft drinks*, sodas, jus de fruits, AEAG), qu'elles ne peuvent pas remplacer (pas assez de micronutriments de qualité). Elles contiennent des glucides et quelques produits chimiques (caféine, taurine, glucuronolactone...) et des mélanges de vitamines ajoutées. Leur consommation devrait donc être limitée, voire évitée pour celles qui ne respectent pas la réglementation française (150 $mg.L^{-1}$ de caféine ou moins). Il en est de même de celles gazeuses, à pH très bas, fortement acides (de 2,5 à 4), n'apportant pas assez de micronutriments, ce qui peut aggraver la fragilité gastrique et intestinale du sportif, tout à fait courante (raréfaction du mucus gastrique, voire érosions muqueuses observées à l'issue de marathons).

Les règles à respecter dans tous les cas sont les suivantes :

- bien fractionner les apports, en petits volumes (même si la vidange gastrique des volumes plus importants est plus rapide), à la fois pour les boissons et les aliments solides, apport hydrique en fonction de l'importance de la déshydratation et apport en sucre en fonction de l'intensité et de la durée de l'exercice, et éviter les boissons et les aliments agressifs pour le tube digestif;
- ne pas conserver une bouteille ouverte plus d'un jour, ne pas échanger de bouteille avec un camarade, ne pas laisser une bouteille au soleil, éviter le réemploi de bouteille ou bien les laver et les sécher entre chaque usage.

Alimentation après l'effort

C'est un temps essentiel et pourtant il est beaucoup trop souvent négligé, avec comme conséquence un retard important dans la réhydratation, la resynthèse des réserves de glycogène et la synthèse protéique, d'où un délai supplémentaire avant la reprise de l'entraînement et l'accumulation progressive de fatigue générale. De fait, c'est déjà pendant l'épreuve, du début jusqu'à la fin, qu'il faut boire et éventuellement manger.

Dès la fin de l'épreuve, toute une série d'actes sont à réaliser pour bénéficier au mieux des effets de la compétition. Au plan nutritionnel, il faut restaurer le capital hydrique, reconstituer les réserves énergétiques musculaires glucidiques ainsi que les réserves en protéines musculaires et enfin éliminer les toxines « de fatigue » et autres métabolites acides, éventuellement acide lactique, acide urique ainsi que l'urée.

Les trois temps suivants peuvent être décrits.

Immédiatement après la fin de l'épreuve (0 à 2 heures)

Les objectifs principaux sont une réhydratation et un resucrage les plus précoces possibles, avec des aliments riches en eau et en glucides simples à index glycémique très élevé; les objectifs secondaires sont l'apport de micronutriments et de protéines.

En l'absence d'un apport suffisant en glucides, le muscle tente de recharger son glycogène à partir des acides gras et surtout des acides aminés. Ces derniers proviennent des protéines stockées dans l'organisme, foie et muscle surtout. À l'évidence, les utiliser pour resynthétiser du glycogène fait perdre des qualités au muscle, ce qui est à éviter. Or à la fin de l'exercice, le muscle est « avide de glucose ».

Mécanisme de la recharge en glycogène

Pour parvenir au muscle, le glucose doit suivre toute une série d'étapes (fig. 89.3) : ingestion buccale, avec une première hydrolyse, pour les glucides complexes, par l'amylase salivaire; ensuite, parvenus au niveau de l'estomac, la première étape limitante est la vidange gastrique ; au niveau du duodénum, les monohexoses, glucose, fructose ou galactose, transitent pour une absorption intestinale directe, favorisée par la présence de sodium (chlorure) en petite quantité. S'il s'agit de disaccharides (maltose, saccharose,

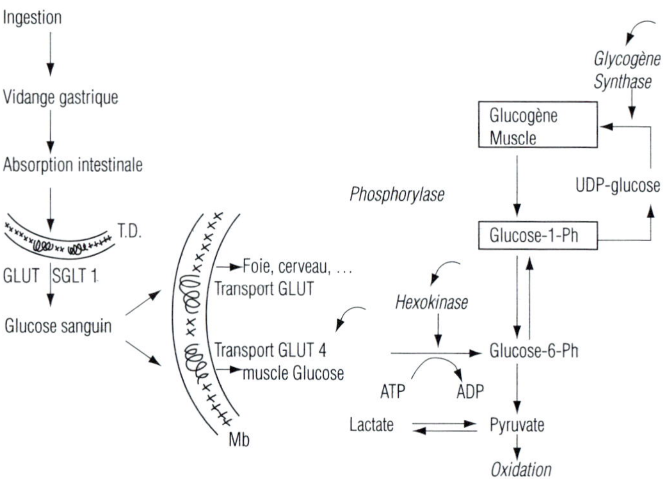

Fig. 89.3. Chemin suivi par le glucose jusqu'à la synthèse du glycogène. Les points d'action de l'insuline sont indiqués par des flèches.

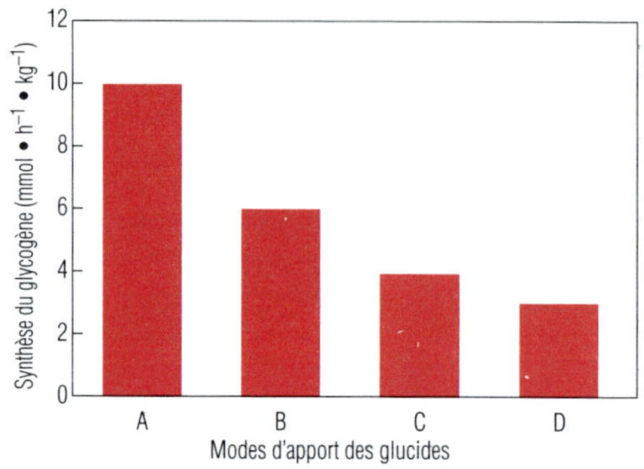

Fig. 89.4. Resynthèse du glycogène musculaire pendant les 4 heures suivant un exercice ayant épuisé les réserves glycogéniques du muscle, en fonction des conditions d'ingestion de glucides (voir texte).

lactose…), de dextrines ou d'amidon, leur hydrolyse préalable par les amylases, sécrétions exocrines du pancréas, est nécessaire. Cette étape est plus ou moins longue, avec de grandes différences interindividuelles (insuffisance sécrétoire pancréatique externe ou alactasie, par exemple). L'ingestion de glucides très facilement hydrolysables ou mieux simples permettra une absorption intestinale plus rapide et plus facile à prévoir ou à contrôler.

Depuis le courant sanguin, le glucose et surtout le fructose vont d'abord être captés par les cellules hépatiques puis ensuite par le muscle, pour assurer la néoglycogénogenèse. Le passage transmembranaire se fait de façon passive, dans le sens du gradient de concentration, mais il est fortement facilité par des protéines spécifiques, les transporteurs de glucose membranaires ou GLUT. À l'exercice, les GLUT 1 sont stimulés et favorisent la pénétration du glucose dans la cellule musculaire. Après l'exercice, l'insulinémie, diminuée pendant l'exercice, s'élève, d'où une migration des GLUT 4 des fractions microsomiales des cellules musculaires et hépatiques, insulinosensibles, vers les membranes, facilitant ainsi la pénétration intracellulaire du glucose.

Dans la cellule, plusieurs enzymes, hexokinase et glycogène synthase, sensibles à l'insuline, vont être activées, ce qui va accélérer la resynthèse du glycogène à partir du glucose, proportionnellement à sa quantité disponible.

Réhydratation précoce

L'importance de la réhydratation précoce ainsi que l'ingestion de glucides le plus tôt possible après la fin de l'exercice est bien démontrée (fig. 89.4) : la vitesse de synthèse du glycogène musculaire est faible, à partir des acides aminés, lorsque aucun hydrate de carbone (glucides) (cas D) n'est consommé après l'exercice. S'il est apporté 1,5 $g.kg^{-1}$ de glucides seulement 2 heures après la fin de l'exercice, la vitesse de resynthèse de glycogène, au bout de 4 heures, est un peu supérieure au cas précédent mais encore relativement modeste (cas C). Si les 1,5 $g.kg^{-1}$ sont apportés immédiatement après l'exercice et à nouveau 2 heures après, la resynthèse de glycogène est supérieure (cas B). Si l'apport de glucides est régulier, dès la fin de l'exercice, à raison de 0,4 $g.kg^{-1}$ d'hydrates de carbone toutes les 15 minutes pendant 4 heures, la resynthèse de glycogène musculaire est élevée, 4 fois plus que s'il n'est rien apporté (cas A).

Erreur ! Signet non défini.

Il est démontré que le glucose est le plus efficace pour la resynthèse glycogénique musculaire, celle-ci étant encore un peu plus rapide si un peu de fructose, capté d'abord par le foie, est également apporté. L'amidon, quelle que soit sa forme, est moins efficace, il en est de même de l'association eau et glucides sous forme solide. Il faut donc, pour un effet maximal, attendre au moins une heure pour les ingérer.

Du fait d'une vidange gastrique ralentie après l'exercice, même en présence de boissons iso ou hypotoniques, quelques-uns ont pu être tentés, au vu de résultats expérimentaux probants (clamp euglycémique hyperinsulinique), pour apporter le plus tôt possible et en quantité élevée du glucose – la pénétration intracellulaire du glucose en dépend –, de perfuser par voie veineuse du glucose, associé ou non à de l'insuline, chez des sportifs professionnels pour accélérer leur mise à disposition de l'organisme et du muscle en particulier. On doit considérer un tel procédé comme non éthique.

Dès le passage de la ligne d'arrivée, il est conseillé de finir son bidon de boisson de l'effort d'apport glucidique, ou mieux, d'ingérer du jus de fruits, jus de raisin ou similaire (index glycémique le plus élevé possible), d'une concentration de 50 à 70 g de glucides par litre, à raison d'au moins 150 à 350 mL (un à deux verres), toutes les 15 minutes. Ces boissons pourront être diluées avec de l'eau du robinet ou une boisson bicarbonatée, eau minérale type Badoit, Vichy Saint-Yorre ou Vichy Célestins, permettant une dilution optimale pour la vidange gastrique, surtout si les besoins de réhydratation sont majeurs, et l'apport de sels minéraux, afin de compenser leurs pertes sudorales ; les bicarbonates pourront neutraliser les acides produits pendant l'exercice.

Cette réhydratation peut être poursuivie ainsi, apportant 0,6 à 1,5 litre par heure, pour permettre une réhydratation précoce, rapide et abondante, en proportion avec la déshydratation, et un resucrage, également adapté aux besoins.

À partir d'une heure ou plus après l'arrivée, ces boissons sont poursuivies ou bien, à de l'eau assez minéralisée et/ou bicarbonatée, peuvent être associés des glucides simples puis com-

plexes solides, à index glycémique élevé : barre de céréales, fruits secs (raisins, abricots, dattes), pain d'épice simple ou aux fruits, biscuits, gâteaux secs, pâtes de fruits, sucre du commerce (saccharose), miel, bonbons ou confiture.
De plus, toujours à partir d'une heure après l'arrivée, pour répondre au besoin souvent exprimé par de nombreux sportifs, après des épreuves de longue durée, d'ingestion de protéines, il peut leur être proposé un morceau de viande grillée, de jambon (120 g et plus) ou de fromage, maigres.
Cela est donc à poursuivre au moins pendant les 2 heures, mieux les 4 heures (sauf si repas) suivant l'épreuve.

Deux à quatre heures après l'épreuve

Au-delà de 2 heures et jusqu'à 4 heures, il est tout à fait possible de poursuivre l'ingestion des mêmes boissons et aliments solides.
Un repas de récupération peut aussi être proposé à partir de 2 heures après l'épreuve (voir encadré). Il est normocalorique, hyperglucidique, normoprotéique (cela est un point essentiel, récusant de nombreuses idées reçues, sans fondement scientifique) et hypolipidique.
Comme pour tous les repas, il faut bien respecter la structure habituelle du « 421 GPL-eau » :

- une entrée de cuidités : bouillon ou potage de légumes (pommes de terre, carottes...) ;
- un plat principal : viande maigre (blanc de poulet ou escalope de dinde ou viande rouge, rumsteck, steak haché à 5 % MG, bifteck, faux-filet, jarret, cuits sans matières grasses, là encore bien des idées reçues ont été récusées) ou poisson (filet de cabillaud, de colin, par exemple) ;
- avec un féculent : pommes de terre en purée ou à chair ferme, riz, pâtes, semoule ou polenta, avec là encore un minimum de matières grasses (10 à 15 g d'huile ou de margarine) ;
- de façon facultative, une salade verte avec jus de citron, pour les habitués ;
- un laitage : fromage peu gras, lait demi-écrémé, yaourt nature, fromage blanc à 0 ou 10 % MG, avec ou sans sucre, confiture ou sirop ;
- un dessert avant tout glucidique : fruit cuit ou cru bien mûr, tarte aux fruits, riz ou semoule au lait, confiture, entremet, biscuit, pain d'épices...

On doit penser bien sûr à l'ingestion de pain, de 80 à 150 g, et de 2 ou 3 verres d'eau, sans plus, pour ne pas « inonder » l'estomac.

Repas de récupération

Premier temps (0 à 2 h)
• Hydratation selon besoin (0,5-1 litre/heure environ)
• Alimentation riche en glucides (150 g/2 h) simples, puis complexes :
– le plus proche de la fin de l'exercice
– puis de façon régulière, poursuivie au-delà de 4 heures

En pratique :
• Boissons :
– *eau* assez minéralisée voire bicarbonatée : eau de source, Volvic, Évian, Badoit... et *glucides simples* (Gls)
– ou jus de fruits ou boissons fruitées
– et/ou lait demi-écrémé (selon tolérance) + Gls
– et/ou potage de légumes + Gls
– et/ou tisane + Gls
• Glucides simples, puis plus complexes :
– sucre (saccharose), miel, bonbons, confiture et/ou pain
– barres de céréales
– et/ou fruits secs (raisins, abricots, dattes)
– et/ou pain d'épices (simple, aux fruits...)
– et/ou biscuits, gâteaux secs, petits gâteaux
– et/ou pâtes de fruit

Deuxième temps (> 2 h)
• *Le soir même*, alimentation normocalorique hyperglucidique et surtout normoprotidique (protéines maigres) et hypolipidique :
– bouillon ou potage de légumes avec vermicelles, petites pâtes
– viande maigre ou poisson (blanc de poulet ou escalope de dinde, rumsteak, steak haché à 5 % MG, bifteck, faux-filet, jarret, filets de cabillaud ou colin) : cuisson sans matière grasse
– glucides : pommes de terre à chair ferme ou riz ou pâtes ou semoule ou polenta, avec 5 g de MG
– salade verte + jus de citron
– laitage : lait demi-écrémé, yaourt nature, fromage blanc à 0-10 % MG
– dessert : sucre ou confiture, ou fruits, ou tarte aux fruits, ou biscuits, ou pain d'épices
– pain
– eau
• *Le lendemain, J1* : alimentation hypercalorique, hyperglucidique, normo à hyperprotidique
• *Par la suite*, J2, J3... : ration d'entraînement

Lendemain et jours suivants

L'alimentation sera hypercalorique, hyperglucidique et légèrement hyperprotéique et donc hypolipidique. Il est actuellement bien démontré que cette surcharge en glucides permet de redémarrer les entraînements au plus tôt. L'apport de protéines permet également une resynthèse précoce des protéines dégradées pendant l'exercice et donc d'améliorer nettement la récupération.
L'alimentation lors de la compétition d'endurance relève d'une stratégie, dont les principes généraux sont de mieux en mieux établis, adaptée aux caractéristiques de chacun, permettant une prescription individualisée.

Poids de forme en compétition

La gestion du poids corporel se fait tout au long de la saison et pas seulement à l'approche de la compétition. En particulier, trop de sportifs acceptent une prise de poids excessive à l'intersaison. Celle-ci ne devrait pas dépasser 4 ou 5 kg ; au-delà, les sacrifices seront difficilement supportables en cours de saison. Or, à l'intersaison, beaucoup de sportifs diminuent nettement leur quantité d'entraînement et leur dépense énergétique diminue d'autant. Les apports énergétiques devraient être réduits de façon identique. Le sportif devrait être particulièrement attentif à toutes les erreurs d'ingestion alimentaire, néfastes et déconseillées, mais fréquentes. Le grignotage entre les repas de produits très glucidiques est tolérable en cours de saison, mais particulièrement nuisible après la fin de celle-ci.

Programme nutritionnel précis

Une stratégie précise est nécessaire pour atteindre le poids de forme. Elle se met en place au mieux 3 mois avant la date prévue de compétition, en visant une catégorie de poids inférieure. Elle devient très précise dans le mois qui la précède.

Il s'agit, dès la reprise des entraînements, et donc sûrement pas au dernier moment, de diminuer les apports énergétiques quotidiens, par rapport aux dépenses, d'environ 500 kcal.j^{-1}, 1 000 kcal exceptionnellement sur quelques jours. Cela se fait aux dépens des glucides et surtout des lipides, en maintenant strictement les apports protéiques à 1,5 voire 2 à 2,5 g.kg^{-1}.j^{-1}, selon le type de pratique sportive et le niveau de performance.

La réduction des apports protéiques ne ferait qu'accroître le risque de perte de masse maigre et pas seulement de masse grasse, donc de masse musculaire, ce qui serait défavorable à la reprise de l'activité sportive. Ce seront donc les charcuteries, fritures, fromages, viennoiseries, chocolat et tout grignotement, quelle qu'en soit la nature, qui seront réduits.

Les apports glucidiques complémentaires, pour une bonne recharge glucidique, relèvent d'une stratégie bien élaborée, qui n'a rien du grignotage. Mieux vaut préconiser dans les cas un peu difficiles 4 ou 5 repas et collations, plutôt que des rations d'attente plus fréquentes. Là encore, les aspects psychologiques et sociologiques de la nutrition doivent absolument être pris en considération pour la réussite de toute intervention sur l'alimentation.

Comportement nutritionnel professionnel

La réduction des apports hydriques est formellement déconseillée, car elle se traduirait à court terme par une diminution des capacités physiques et une augmentation du risque d'accident musculotendineux.

À l'évidence, il n'y a pas de remède miracle pour la maîtrise du poids corporel. Il faut d'abord s'accepter tel que l'on est, savoir aussi passer dans la catégorie de poids supérieure, avoir beaucoup de volonté et ne pas hésiter à faire des sacrifices, être organisé et structuré pour mettre en place plusieurs mois à l'avance un programme nutritionnel précis et le suivre. Le médecin doit trouver les arguments pour être suffisamment convainquant, tout en restant dans les limites de l'éthique médicale. À table, comme à l'entraînement, le sportif, celui de haut niveau particulièrement, doit avoir, même s'il est amateur, un comportement professionnel.

Pour en savoir plus

PÉRÈS G. Nutrition et activité physique. *In :* Basdevant A, Laville M, Lerebourg E, eds. *Traité de nutrition clinique de l'adulte*. Paris : Flammarion Médecine-Sciences, 2001 : 293-9.

PÉRÈS G, SABATIER PP. L'alimentation du sportif. *In :* Pérès G, Cascua S, eds. *Guide pratique de médecine du sport.* Paris : MMI Éditions, 2000 : 47-54.

Troubles digestifs du sportif

Sommaire

Il est indéniable que le développement de nouvelles activités sportives apparues lors des dernières décennies a engendré chez les pratiquants l'apparition d'une symptomatologie digestive considérée comme « nouvelle », spécifiquement liée à l'effort et apparaissant comme le signe clinique le plus souvent rencontré en pratique sportive. Touchant les sportifs de tout niveau de performance (du simple amateur à l'athlète de haut niveau), cette entité fut essentiellement retrouvée dans les sports extrêmes et d'endurance (course à pied, cyclisme, natation et épreuves combinées telles que le triathlon). Les témoignages sont nombreux : autrefois narrés par les protagonistes, tel Derek Clayton après son chrono futuriste (2 h 8 min 34 s) au marathon d'Anvers de 1969 *(« [...] deux heures plus tard, l'exaltation avait disparu. J'urinais des caillots de sang, je vomissais des mucosités noirâtres et j'avais une abondante diarrhée de couleur noire. Je ne pense pas que beaucoup de gens peuvent comprendre ce que j'ai enduré pendant les quarante-huit heures suivantes »)*, ils sont dorénavant vécus en direct par le téléspectateur comme lors de la victoire à Hawaii du triathlète Mark Allen (1988) – immédiatement suivie de son hospitalisation –, ou plus récemment lors de l'abandon dans la seizième étape du Tour de France 2002 d'un espoir du cyclisme espagnol, Oscar Sevilla, pour « crampes gastriques ».

Décrits initialement de manière anecdotique, les troubles digestifs du sportif ont suscité la réalisation d'enquêtes et d'études à partir des années 1980, essentiellement sur les triathlètes et les marathoniens. Malgré la difficulté d'évaluer la prévalence exacte de ceux-ci (en fonction des études et de leur méthodologie d'analyse, leur fréquence varie de 19 à 40 %), il semblerait qu'ils puissent donc toucher jusqu'au quart des participants lors d'épreuves d'endurance. Ces chiffres placent ces problèmes au premier rang des désagréments causés par la pratique sportive, bien avant les traumatismes musculaires ou tendineux.

Individualisés essentiellement sous forme d'une atteinte du tractus digestif, la sphère hépatopancréatique peut cependant aussi être atteinte, avec un dénominateur commun représenté par l'ischémie splanchnique, c'est-à-dire par une réduction du flux sanguin irrigant les organes digestifs au profit des muscles en activité.

Constituant au minimum une gêne pour l'athlète, ils peuvent cependant présenter certains critères de gravité et engager le pronostic vital, nécessitant alors une prise en charge rapide et adaptée, qu'elle soit médicale ou – de manière exceptionnelle – chirurgicale.

La prévention de ces symptômes passe essentiellement par un entraînement adapté et une juste compensation des besoins énergétiques et hydriques durant l'effort.

Physiopathologie

Les symptômes digestifs liés à l'effort sont à l'heure actuelle bien individualisés, en trois types d'atteinte [11] : les localisations du tractus digestif supérieur ou œsogastriques (pyrosis ou reflux acide, épigastralgies, vomissements), du système digestif inférieur ou coliques (douleur abdominale, diarrhée, envie impérieuse) et les manifestations hémorragiques (anémie, rectorragie, méléna).

Facteurs vasculaires

L'effort physique entraîne une augmentation de l'activité sympathique et une diminution de l'activité parasympathique. Ce mécanisme isolé ne peut cependant à lui seul expliquer les modifications hormonales et motrices digestives constatées à l'effort. Ces différentes adaptations sont les conséquences d'intrications complexes, mais que l'on peut schématiquement individualiser sous la forme de modifications vasculaires et/ou de troubles moteurs, avec un facteur déterminant représenté par l'ischémie mésentérique [3] : en effet, à l'effort, il existe une redistribution des flux sanguins – induite par une stimulation des récepteurs alpha-adrénergiques venant du système nerveux sympathique – privilégiant la vascularisation musculaire aux dépens, en particulier, des organes digestifs. Ainsi, le débit sanguin splanchnique peut passer de 25 % du débit cardiaque (à l'état physiologique et au repos) à 3 % (à l'effort). À l'extrême et lors d'un effort sub-maximal (soit pour une chute du débit splanchnique supérieure à 80 % de sa valeur normale), l'hypovascularisation par vasoconstriction peut être suffisamment marquée pour occasionner des épisodes ischémiques grêlique, colique, gastrique, hépatique ou même pancréatique plus ou moins transitoires. D'autres facteurs associés peuvent par ailleurs intervenir dans cette réduction du flux sanguin. Sont ainsi à prendre en considération :

– un *terrain prédisposant*, en fonction de l'état colique antérieur, du sexe, de l'âge, du niveau d'entraînement ou d'une prise médicamenteuse associée (aspirine, anti-inflammatoires non stéroïdiens ou œstroprogestatifs) ;
– le *lieu de la compétition*, avec le rôle néfaste de l'altitude (par raréfaction de l'oxygène) et du climat, avec une sphère digestive tributaire des températures extérieures, essentiellement au-delà des 25 °C. Le nombre d'abandons cyclistes – induits par des déboires digestifs – enregistré lors des étapes montagneuses caniculaires du Tour du Centenaire (2003) en est le meilleur exemple ;
– le *niveau d'entraînement et de l'intensité de l'effort*, avec un risque accru pour un novice réalisant un exercice long et intense ;
– les *facteurs morphologiques et hormonaux*, en fonction de la richesse du lit vasculaire mésentérique en récepteurs alpha-adrénergiques (vasoconstricteurs), bêta-adrénergiques (vasodilatateurs), du taux d'endorphines, de peptides intestinaux (peptide vaso-intestinal ou VIP), de prostaglandines, de motiline (vasoconstrictrice), et de l'importance de la splénocontraction (par encombrement vasculaire) ;
– des *faits pathologiques associés*, telles une hypoglycémie, une hyperthermie (par augmentation de la tonicité sympathique et de la viscosité sanguine) ou une déshydratation : une étude néo-zélandaise a constaté la survenue dans plus de 80 % des cas de troubles digestifs chez des marathoniens ayant fini l'épreuve avec une déshydratation supérieure à 4 %.

Il est à noter que dans le même temps, l'ischémie mésentérique peut diminuer l'absorption intestinale par altération de la perméabilité digestive.

Facteurs extravasculaires

D'autres facteurs, extravasculaires cette fois, peuvent aussi être intriqués dans la genèse des manifestations digestives :

– *des phénomènes moteurs :* des études [10, 19] confirment qu'il existe une diminution en fréquence, en durée et en amplitude des contractions œsophagiennes à l'exercice (mais généralement pour des efforts survenant à 90 % de la $\dot{V}O_2$ max), associée à un relâchement du tonus du sphincter inférieur de l'œsophage. Cette altération de la clairance œsophagienne apparaît comme un indéniable facteur favorisant le reflux gastro-œsophagien. Cette acidité dans l'œsophage est accentuée par la diminution de la quantité de salive déglutie pendant l'effort, jouant normalement un rôle de tamponnement de l'acidité provenant de l'estomac. Quant à la vidange gastrique, elle apparaît accélérée au cours des efforts modérés et ralentie pour des efforts intenses dépassant 70 % de la $\dot{V}O_2$ max. Peuvent s'y rapporter les erreurs nutritionnelles réalisées lors de ravitaillements par des produits inadaptés (boisson glacée, solution hyperosmolaire) ou l'anxiété induite par le stress d'avant-course. Il s'agit d'un facteur non négligeable dépendant des traits de personnalité du sportif : plus de la moitié des athlètes ayant des troubles digestifs à l'effort ont la même symptomatologie s'ils sont soumis à un stress purement psychologique ;
– *des phénomènes mécaniques :* en premier lieu, des (micro)traumatismes résultant d'un contact violent et répété entre le cæcum et les muscles pariétaux abdominaux (classiquement appelé *caecal slap syndrome*) ou par secousses répétées de l'estomac essentiellement lors de la course à pied ; mais aussi survenant par une compression entre les muscles du psoas et le côlon sigmoïde lors de la flexion de la hanche, à l'origine d'une vidange colique accélérée, source de diarrhée impérieuse ;
– *des phénomènes infectieux*, qui peuvent toucher les sportifs lors de la période de préparation ou lors des ravitaillements apportés en cours de compétition. Les athlètes de haut niveau n'apparaissent pas épargnés et peuvent ainsi être victimes – comme tout un chacun – de toxi-infection alimentaire à des moments cruciaux. En témoignent les déconvenues de l'équipe Caldirola dans le Tour de France 2003 ou l'abandon de l'Éthiopienne Tulu – double championne olympique du 10 000 m – lors des championnats du monde d'athlétisme 2003.

Manifestations cliniques

Les troubles digestifs apparaissent comme les symptômes cliniques les plus rencontrés en pratique sportive. Leurs conséquences sont généralement mineures, occasionnant dans la majorité des cas pour le pratiquant une diminution des performances ou au pire l'abandon (l'atteinte de la sphère digestive représenterait 15 à 20 % des causes d'abandon en compétition). L'hospitalisation, si elle apparaît nécessaire, reste exceptionnelle, ne touchant que moins de 0,1 % des athlètes. Ces différents symptômes sont bien connus des compétiteurs, ce qui explique une forte automédication préventive (jusqu'au tiers des participants) [13].

Atteintes œsogastriques

Les signes fonctionnels peuvent être nombreux et variés : douleurs épigastriques (généralement à type de crampe), nausées, vomissements, reflux gastro-œsophagien, régurgitations, éructations, hémorragies digestives, plus souvent occultes (anémie découverte sur un bilan biologique) qu'extériorisées, et dans ce cas se révélant davantage par un méléna (selles noires) que par une hématémèse (vomissement de sang rouge). Il faut les différencier en fonction du mécanisme physiopathologique de leur origine : les troubles moteurs œsophagiens et les retards de vidange gastrique ne sont graves que par la déshydratation qu'ils peuvent occasionner. En revanche, même si elles restent rares, les hémorragies digestives doivent toujours être prises en compte. Il est ainsi possible d'apprécier tant la gravité que le mécanisme étiologique (généralement ischémique, mais l'hypergastrinémie, l'hyperacidité gastrique et les phénomènes mécaniques interviennent aussi) et d'éliminer toute autre lésion associée, potentiellement majorée par une automédication antalgique (aspirine, AINS) : la réalisation d'une gastroscopie retrouverait dans la moitié des cas une atteinte érosive ulcéronécrotique prédominant au niveau gastrique [5, 9]. Les autres lésions visualisées se résument essentiellement aux atteintes œsophagiennes (œsophagites peptiques de faible grade) et duodénales (duodénites érosives). L'origine du saignement n'est pas toujours retrouvée puisque les lésions peuvent spontanément disparaître en 48 à 72 heures [8].

Atteintes rectocoliques et grêliques

Aussi fréquentes que les atteintes hautes, elles sont généralement plus graves dans leur symptomatologie. Elles se résument par ordre de fréquence à des douleurs abdominales, des envies impérieuses ou à une diarrhée (*runner's trots* des Anglo-Saxons) [17]. Généralement sans gravité, elles peuvent se manifester pendant ou après l'épreuve par un méléna ou des rectorragies. Par leur mécanisme et la vascularisation colique, les lésions (individualisées sous forme d'ulcérations ou de pétéchies) se localisent essentiellement au niveau du cæcum, du côlon droit et de l'angle gauche. Très souvent réversibles [14], elles peuvent néanmoins perdurer, nécessitant une prise en charge hospitalière pour des explorations complémentaires, aboutissant dans quelques rares cas à des colectomies de nécessité [1]. Le grêle n'apparaît pas épargné, pouvant aussi être le siège d'une ischémie prolongée (2 cas rapportés) [7, 15].

Dans un tout autre contexte sportif (ski nautique), il est à signaler la possibilité de rectite hémorragique (dite « syndrome du canadair »), secondaire à l'irruption violente de l'eau dans le rectum lors de chutes maladroites (position assise, jambes écartées) [12].

Atteintes hépatiques et pancréatiques

L'activité physique intense peut à elle seule entraîner une augmentation des enzymes hépatiques. Certaines études ont montré que des efforts physiques intenses et prolongés pouvaient entraîner une cytolyse hépatique (5 à 10 % de l'ALAT et jusqu'à 300 % de l'ASAT), réversible dans les jours qui suivent l'arrêt de l'exercice [2]. À l'extrême, l'atteinte hépatique peut s'intégrer dans le coup de chaleur d'exercice (CCE), associant hyperthermie, rhabdomyolyse et défaillance multiviscérale, résultant d'un déséquilibre entre thermogenèse et thermolyse. L'ischémie induit ainsi une destruction massive du foie (nécrose hépatocytaire centrolobulaire sans fibrose), dont l'évolution peut aboutir dans 10 % des cas à une insuffisance hépatique aiguë, souvent mortelle, nécessitant alors une transplantation hépatique en urgence [18].

De même mécanisme, mais avec une incidence moindre, le pancréas peut être atteint sous forme de pancréatite aiguë. À ce jour, deux cas ont été publiés, survenant chez des femmes lors d'épreuves d'endurance.

Atteintes anopérinéales

Atteintes spécifiques du cycliste, les affections anopérinéales touchent plus l'amateur que le professionnel (mauvaise position sur un cadre inadapté, selle vétuste, cuissard mal entretenu, faible niveau d'hygiène...). Celles-ci apparaissent comme les conséquences d'une triple agression périnéale par frottements, microtraumatismes et compressions [6]. De la simple irritation par échauffement à la véritable complication infectieuse, les lésions rencontrées peuvent être multiples. Des lésions bénignes non spécifiques (kyste sudoral, furoncle) peuvent se compliquer (anthrax) ou récidiver en l'absence de correction (hygroma). Une des localisations spécifiques au cycliste de cette hypodermite fibreuse est l'atteinte de part et d'autre du raphé anoscrotal, mieux connu sous le nom de « troisième testicule ».

En dehors de ces lésions dermatologiques, certaines atteintes nerveuses – sous forme d'hypoesthésies du scrotum – peuvent être la conséquence d'une compression prolongée du nerf honteux interne au niveau du canal d'Alcock.

Conclusion

Fréquents dans leur survenue, rares dans leur gravité, les troubles digestifs du sportif requièrent essentiellement un traitement préventif. Rencontrés principalement dans les sports d'endurance, ils se gèrent tant avant que pendant l'effort. En période précompétitive, cela consiste essentiellement en un entraînement adapté à l'effort attendu (durée, intensité, localisation géographique...) et une bonne préparation psychologique. Pendant la course, les mesures recommandées sont une adaptation diététique correcte de l'alimentation et de la réhydratation (repas pris précocement avant l'épreuve – règle des trois heures dans la mesure du possible – sans trop de glucides, une hydratation fréquente, peu importante, sans trop d'apports sucrés ni de boissons hyperosmolaires) et une tenue adaptée aux conditions météorologiques. Toutefois, à eux seuls les conseils hygiéno-diététiques ne suffisent pas toujours et le recours à la pharmacopée apparaît parfois utile tant physiquement que psychologiquement. Ainsi, les anti-H_2 ont fait leur preuve dans la prévention du pyrosis et dans la réduction des saignements occultes [16] ainsi que la diosmectite *(Smecta)* dans les douleurs abdominales et la diarrhée. D'autres études ont permis de démontrer l'effet bénéfique de la vitamine E (par ses actions antioxydantes) sur la diminution – mais non la sévérité – des douleurs abdominales [4].

Bibliographie

[1] Amoyal P, Bories P, Lyonnet P, Avril P, Barneon G, Potet F, Michel H. Colectomie subtotale pour colite ischémique nécrosante chez un coureur de fond. *Gastroenterol Clin Biol* 1989; 13 : 430.

[2] Bigard MA. Marathon et transaminases. *Gastro Sport Actualités* 1994; 6 : 72-5.

[3] Bommelaer G. Ischémie splanchnique au cours de l'exercice physique et ses conséquences sur la barrière muqueuse digestive. *Gastro Sport Actualités* 1992; 2 : 14-5.

[4] Buchman AL, Killip D, Ou CN, Rognerud CL, Pownall H, Dennis K, Dunn JK. Short-term vitamin E supplementation before marathon running : a placebo-controlled trial. *Nutrition* 1999; 15 : 278-83.

[5] Fabbri C, Brizioli PL, Morrozi B, Raffi S, Ricci P, Mosci F. Studio preliminare sull'incidenza di lesioni esofago-gastro-duodenali in 300 atleti praticanti sports di endurance. *Acta Chir Ital* 1989; 45 : 745-51.

[6] Fantoni M. Lésions périnéales chez le cycliste. *Gastro Sport Actualités* 1998; 14 : 2-5.

Bibliographie (suite)

[7] Fellous F, Arsene D, Peytier A, Dornier L, Piquet MA, Verwaerde JC. Ischémie de l'intestin grêle chez un coureur de fond. *Gastroenterol Clin Biol* 1995; 19 : 228-9.

[8] Franck M. Gastrointestinal bleeding and the athletes. *Am J Gastroenterol* 1993; 88 : 1157-9.

[9] Hilpert G, Gaudin B, Devars du Mayne JF, Cerf M. Gastrite ulcéreuse chez un coureur de fond. *Gastroenterol Clin Biol* 1984; 8 : 983.

[10] Hudziak H, Goudot C, Bigard MA. Quelles sont les modifications de la motricité œsophagienne induites par l'effort? Étude manométrique chez le sujet sain. *Gastroenterol Clin Biol* 1993; 18 : A24 [Abstract].

[11] Lahmek P. Pathologie hépato-gastro-entérologique du sportif. *Encycl Med Chir Gastro-entérologie* 9-090-A12, 1996, 4 p.

[12] Lee R. Intrarectal tears from water skiing. *Am J Gastroenterol* 1992; 87 : 662-3.

[13] Lopez AA, Preziosi J, Chateau P, Auguste P, Plique O. Troubles digestifs et automédication constatés en compétition chez les sportifs d'endurance : enquête épidémiologique prospective sur une saison sportive de triathlon. *Gastroenterol Clin Biol* 1994; 18 : 317-22.

[14] Lucas W, Schroy PC. Reversible ischemic colitis in a high endurance athlete. *Am J Gastroenterol* 1998; 93 : 2231-4.

[15] Merlin P, Roche JF, Aubert JP, Potet F, Gay G. Colite ischémique lors d'un effort inhabituel. *Gastroenterol Clin Biol* 1989; 13 : 108-9.

[16] Moses FM, Baska RS, Peura DA, Deuster PA. Cimetidine reduces running associated gastrointestinal bleeding. A prospective observation. *Dig Dis Sci* 1990; 35 : 956-60.

[17] Richard N. « Runner's trots ». Gastrointestinal disturbances in runners. *JAMMA* 1980; 243 : 1743-4.

[18] Saïssy JM, Almanza L, Samuel D, Pats B. Transplantation hépatique après coup de chaleur d'exercice avec insuffisance hépatique fulminante. *Presse Med* 1996; 25 : 977-9.

[19] Soffer EE, Merchant RR, Duethmann G, Launspach J, Gisolfi C, Adrian TE. Effect of graded exercice on oesophageal motility and gastrooesophageal reflux in trained athletes. *Dis Dig Sci* 1993; 38 . 220-4.

Troubles du comportement alimentaire chez le sportif

Pour faire face aux contraintes, en particulier morphologiques, esthétiques ou pondérales, de certaines pratiques sportives, quelques sportifs fortement motivés tentent de modifier leurs caractéristiques anthropométriques et de composition corporelle en adaptant leur alimentation nettement au-delà de ce qui est recommandé, faisant alors évoquer une perturbation du comportement alimentaire, parfois telle que cela reproduit un tableau d'anorexie mentale ou de boulimie. Si le sportif, souvent jeune, est responsable de ses dérives, trop souvent l'entourage joue un rôle déterminant dans leur déclenchement, sans prendre vraiment conscience des risques moraux et psychologiques qu'il fait encourir par ses suggestions, voire ses pressions inconsidérées ; il s'agit des entraîneurs, parents et collègues, agissant indépendamment ou, pis, en synergie, pour la réussite à tout (voire n'importe quel) prix de leur champion potentiel [6].

Il faut être bien conscient des risques sur la croissance staturale et surtout osseuse (ostéoporose), ainsi que sur le développement génital (aménorrhée chez la jeune fille), constituant alors la triade du sportif, tout autant que psychologiques.

La fréquence des troubles alimentaires (TCA) chez les jeunes sportifs est très variable : négligeable dans certains sports aux contraintes morphologiques réduites, elle peut être particulièrement élevée, avec plus de 70 % des sportifs à risque d'insuffisance nutritionnelle, dans certaines spécialités (tableau 91.I).

Tab. 91.I. Sports à haut risque d'insuffisance nutritionnelle (d'après Brouns [2]).

Critères	Disciplines sportives
Faible poids Apports énergétiques chroniquement insuffisants destinés à réduire la masse adipeuse à un minimum et à assurer une silhouette considérée comme optimale	Gymnastique, gymnastique rythmique, patinage artistique, aérobic, voltige équestre, sports hippiques, natation synchronisée et, par extension, la danse, en particulier classique
Poids de compétition Régimes amaigrissants drastiques pour atteindre la catégorie de poids désirée	Sports à catégories de poids : judo, lutte, aviron, boxe…
Diminution des graisses Réduction pondérale radicale, destinée à diminuer le plus possible la masse grasse	Culturisme
Athlètes végétariens	Sports de fond (course à pied, ski de fond…)

Les femmes représentent au moins 90 % des sportifs souffrant de TCA, mais ces troubles sont souvent peu prononcés, alors que chez les hommes, les TCA, relativement ignorés voire négligés ou oubliés, sont plus sérieux, impliquant alors une prise en charge psychiatrique.

Le dépistage précoce est essentiel et devrait concerner autant les hommes que les femmes dans les sports à risque. Il revient non seulement aux médecins et personnels paramédicaux mais à toute personne proche du jeune sportif, en particulier les entraîneurs, qui font partie de la chaîne des acteurs de santé, coordonnée dans ce domaine par le médecin du club ou d'équipe ou de la fédération. Cela signifie que les éducateurs sportifs, les entraîneurs, les professeurs de sport ou d'éducation physique, les kinésithérapeutes… doivent bénéficier d'une formation leur permettant de dépister de tels signes, déclenchant alors, sans tarder, lors de leur découverte, une prise en charge médicale.

Le questionnaire de restriction alimentaire chronique : *« Eating Disorders Inventory »* (EDI) [4] comprend 11 dimensions comportementales ou psychologiques communes à l'anorexie ou à la boulimie : recherche de la minceur, boulimie, insatisfaction corporelle, inefficacité, perfectionnisme, méfiance interpersonnelle, conscience intéroceptive, peur de la maturité, ascétisme, contrôle des pulsions et insécurité sociale, déclinées en quelque 91 items. Un autre questionnaire d'évaluation largement utilisé, l'*« Eating Attitude Test 40 »* (EAT 40) [3], comporte 40 items (tableau 91.II) pour lesquels le répondant doit indiquer jusqu'à quel point ils sont vrais pour lui, selon une échelle en 6 points, allant de toujours à jamais, ainsi que procède l'EDI.. La note va de 0 à 120, avec pour un score total dépassant 30 la présence de troubles. L'interprétation des résultats exige une bonne connaissance des comportements et des aspects psychologiques des TCA, ce qui signifie que le simple calcul d'un score, s'il peut servir de signal, ne peut pas autoriser une personne dépourvue des connaissances médicales ou psychologiques nécessaires, à intervenir dans la vie d'un jeune sportif présentant apparemment des troubles mineurs ou avérés. En conséquence, lors de la découverte d'un score significatif à l'un ou l'autre questionnaire, un entretien avec une personne compétente, capable d'évaluer la gravité réelle d'un éventuel TCA et de proposer une prise en charge adéquate, est nécessaire [1].

Donc, si les tests sont faciles à présenter et à coter, la prise en charge des TCA, réels ou suspectés, relève de personnes dotées des titres et compétences professionnelles requis, à la fois dans le domaine de la psychologie ou de la psychiatrie, mais aussi de la médecine du sport, le profil psychologique particulier de certains sportifs de très haut niveau pouvant induire en erreur les soignants non avertis. L'affirmation d'un TCA relève d'instruments de diagnostic psychiatrique tels que le DSM-IV (anorexie mentale ou boulimie, ou *binge eating disorder*).

Tab. 91.II. Questionnaire de TCA : EAT 40 (d'après Garner et Garfinkel [3]).

Mettez une croix dans la case correspondant à votre réponse : 5 = toujours; 4 = très souvent; 3 = souvent; 2 = quelquefois; 1 = rarement; 0 = jamais	**5**	**4**	**3**	**2**	**1**	**0**
1. J'aime manger en compagnie						
2. J'aime préparer la cuisine pour les autres, mais je n'aime pas manger ce que je fais						
3. Je me sens anxieux(se) avant de manger						
4. Je suis terrifié(e) à la pensée d'être trop gros(se)						
5. J'évite de manger quand j'ai faim						
6. Je suis trop soucieux(se) de la nourriture						
7. J'ai eu des accès de gloutonnerie durant lesquels je me sentais incapable d'arrêter de manger						
8. Je découpe mes aliments en petits morceaux						
9. J'ai conscience de la teneur calorique des aliments que je mange						
10. J'évite spécialement les aliments riches en hydrates de carbone (pain, pommes de terre, riz)						
11. Je me sens gonflé(e) après les repas						
12. Je sens que les autres aimeraient mieux que je mange davantage						
13. Je vomis après avoir mangé						
14. Je me sens très coupable après avoir mangé						
15. Le désir d'être plus mince me préoccupe						
16. Je m'acharne à faire de l'exercice pour brûler les calories						
17. Je me pèse plusieurs fois par jour						
18. J'aime me sentir à l'étroit dans mes vêtements						
19. Je prends plaisir à manger de la viande						
20. Je me lève tôt le matin						
21. Je mange quotidiennement les mêmes aliments						
22. Il me vient à l'idée que je brûle des calories quand je me dépense physiquement						
23. J'ai des périodes menstruelles régulières						
24. Les autres pensent que je suis trop mince						
25. Je suis préoccupé(e) à l'idée d'avoir trop de graisse sur le corps						
26. Je passe plus de temps que les autres à prendre mes repas						
27. J'aime manger au restaurant						
28. Je prends des laxatifs						
29. J'évite de manger des aliments sucrés						
30. Je mange des aliments de régime						
31. J'ai l'impression que la nourriture domine ma vie						
32. Je parle volontiers de mes capacités à contrôler mon alimentation						
33. Je sens que les autres me poussent à manger						
34. J'accorde trop de temps et je pense trop à la nourriture						
35. Je souffre de constipation						
36. Je me sens mal à l'aise après avoir mangé des sucreries						
37. Je m'oblige à me mettre au régime						
38. J'aime avoir l'estomac vide						
39. J'aime essayer des aliments nouveaux et riches						
40. Je ressens le besoin de vomir après les repas						

La prise en charge de ces TCA est essentielle et doit être, répétons-le, la plus précoce possible. Chez la femme, en particulier, la découverte d'une aménorrhée, d'une ostéoporose ou d'un TCA doit immédiatement faire rechercher les deux autres et leur présence doit déclencher une prise en charge immédiate, en raison non seulement du risque de détérioration des performances mais aussi de morbidité et même de mortalité [5].

Quelle que soit l'intensité des signes, mineurs le plus souvent, en particulier chez la jeune athlète *(anorexia athletica)*, une prise en charge spécialisée est nécessaire, respectant les règles du secret professionnel et des déontologies et éthiques médicales et sportives, tout en impliquant aussi l'environnement tant familial que sportif de l'enfant ou de l'adolescent [7, 8].

En conclusion, le dépistage d'un TCA chez le jeune sportif – afin d'assurer au sport sa valeur de promotion et de progrès de l'homme – doit être le plus précoce possible, et quelques indicateurs simples (taille, poids), utilisés à bon escient (fréquence adaptée aux besoins et risques), suffisent pour que chacun puisse se développer et progresser par le sport et non pas en subir certains effets délétères, quels que soient les enjeux : la performance n'est pas à n'importe quel prix. Le sport est promoteur de santé physique, mentale et sociale et une solidarité réelle et effective doit exister parmi tous ses membres pour dépister des anomalies qui se développeraient afin de mettre en route la prise en charge nécessaire le plus tôt possible. Non seulement la performance mais aussi la santé peuvent être affectées. Cela implique de respecter l'individu, les notions de confidentialité et d'éthique pour que le dépistage et la prise en charge ne soient pas vécus comme des contraintes et une atteinte à l'identité. C'est faire en sorte que éducateurs sportifs et personnels médicaux soient réellement impliqués dans la chaîne des acteurs de santé vers des objectifs communs : la réussite sportive et la promotion de la santé au-delà de la concurrence et de la rivalité sans règle, qui ne peuvent être que préjudiciables à l'intérêt du sportif et du sport.

Bibliographie

[1] Bellisle F. Les troubles du comportement alimentaire. *In :* Bellisle *et al.*, eds. *Apports nutritionnels conseillés pour l'enfant et l'adolescent sportif de haut niveau.* Avis AFSSA du 17 juillet 2003 remis au ministère des Sports. Paris : AFSSA, 2003.

[2] Brouns F. *Les besoins nutritionnels des athlètes.* Paris : Masson, 1994.

[3] Garner D, Garfinkel P. The Eating Attitude Test : an index of the symptoms of anorexia nervosa. *Psychol Med* 1979; 9 : 273-9.

[4] Garner D, Olmstead M. *The Eating Disorder Inventory Manual.* Odessa FL : Psychological Assessment Resources, 1984.

[5] Otis CL, Drinkwater B, Johnson M *et al.* American College of Sport Medicine position stand. The Female Athlete Triad. *Med Sci Sports Exerc* 1997; 29 : 1-9.

[6] Pérès G. Comportement alimentaire et pratique sportive. Rev Prat 2000; 50 : 498-500.

[7] Sundgot-Borgen J. Eating disorders in female athletes. *Sports Med* 1994; 17 : 176-88.

[8] Sundgot-Borgen J. Eating disorders, energy intake, training volume, and menstrual function in high-level modern rhythmic gymnasts. *Int J Sport Nutr* 1996; 6 : 100-9.

Diabète et sport

Sommaire

Le sport n'est pas interdit à tous les diabétiques

Pendant de nombreuses années, diabétologues et médecins du sport ont eu des points de vue très différents sur l'opportunité de laisser les diabétiques s'investir dans des activités physiques et sportives. Pour les premiers dominait le risque réel d'un déséquilibre glycémique, déjà existant chez le sujet normal, mais très accentué par la maladie. Les seconds mettaient en avant l'intérêt psychologique pour le malade de ne pas rester confiné dans une vie sédentaire et ne pas se trouver marginalisé par rapport à une population de même âge.

Une attitude beaucoup plus permissive s'est développée au cours des vingt dernières années, du fait d'une meilleure connaissance des formes du diabète (non insulinodépendant et insulinodépendant) et d'investigations plus systématiques permettant de comprendre les mécanismes du maintien ou de la rupture de l'équilibre glycémique en fonction de la puissance et de la durée de l'exercice. Par ailleurs, l'organisation de colonies de vacances et de compétitions sportives pour jeunes diabétiques, sous l'impulsion notamment du professeur Henri Lestradet, a bien mis en évidence les conditions dans lesquelles les activités physiques et sportives étaient ouvertes aux diabétiques. Une confirmation éclatante a été donnée par les succès obtenus dans le sport de haut niveau, en tennis (Bergelin, Richardson, Talbert) et en football (Mabbut, Zeterberg).

Rappel physiopathologique

L'exercice musculaire repose sur la production d'une énergie mécanique par le muscle. Dans un premier temps, extrêmement bref (quelques secondes), cette énergie provient de la dégradation de l'ATP, rapidement reformé à partir de l'ADP et de la phosphocréatine. Le relais est alors pris par la dégradation anaérobie des glucides, puis par leur dégradation oxydative, parallèlement à celle des lipides. Si l'exercice se prolonge, la gluconéogenèse assure un apport glucidique complémentaire suffisant. La mobilisation des réserves glucidiques et le maintien de la glycémie à un taux compatible avec le fonctionnement du système nerveux sont sous la dépendance de deux hormones ou groupes d'hormones : l'insuline, hormone hypoglycémiante, favorise l'utilisation périphérique du glucose et sa mise en réserve sous forme de glycogène et de triglycérides. Le glucagon, hormone hyperglycémiante, est responsable de la mobilisation des réserves et de la gluconéogenèse; les catécholamines et le cortisol agissent dans le même sens.

Il est classique de décrire deux types de diabète :

- *le diabète dit juvénile, ou de type I*, est un diabète insulinodépendant (DID). Il intéresse 10 à 15 % des cas et correspond au développement d'une maladie auto-immune, tarissant la production d'insuline ou à un conflit hormone-récepteurs. Un diagnostic précoce, souvent fondé sur la constatation d'une pollakiurie nocturne chez le jeune enfant, permet au traitement d'éviter un épuisement des îlots de Langerhans. C'est la forme de diabète qui pose le plus de problème vis-à-vis des activités physiques et sportives;
- *le diabète de la maturité, ou de type II*, est non insulinodépendant (DNID). Il est aussi qualifié de *diabète gras*, en raison de l'obésité qui accompagne souvent les troubles de la glycémie. L'hyperglycémie résulte d'une insulinorésistance des tissus périphériques et du foie. Le diabète gras va souvent de pair avec une hyperlipidémie et une hypertension. Les APS font partie de la thérapeutique.

Effets de l'exercice sur la glycémie du diabétique

Ces effets varient avec le type de diabète, DNID ou DID, et, dans le premier cas, suivant qu'il s'agit d'un sujet obèse (DNIDO) ou non obèse (DNIDNO).

Dans le *DNIDO*, l'hyperglycémie est réduite par l'exercice mais reste élevée; l'insulinémie n'est pas modifiée et reste élevée par rapport au sujet de poids normal. L'utilisation du glucose est fortement augmentée alors que sa production

n'augmente que modérément, due à une capacité du foie limitée. La prescription de l'exercice associée à une restriction calorique modérée réduit les risques cardiovasculaires.
Dans le *DNIDNO*, la glycémie et l'insulinémie élevées au repos subissent une réduction importante sous l'effet de l'exercice sans pourtant rejoindre les valeurs observées chez le sujet normal. Chez celui-ci, l'exercice augmente la sensibilité du muscle à l'insuline, ce qui se manifeste par une réduction de l'insulinémie. Il en est de même, mais à un moindre degré, chez le diabétique, à la suite d'un entraînement physique régulier de plusieurs semaines ou mois, suivant l'intensité de celui-ci. Cependant, la tolérance au glucose n'est pas augmentée.
Dans le DID, l'effet de l'exercice varie suivant que le diabète est plus ou moins bien contrôlé :

- *DID mal contrôlé :* la glycémie postprandiale dépasse 3 g/L et la dernière injection d'insuline peut remonter à 24 h. L'exercice aggrave l'hyperglycémie et peut s'accompagner d'une acidocétose susceptible d'évoluer vers un coma. La pénétration du glucose dans le muscle est augmentée, mais la production hépatique l'est davantage, de même que la néoglucogenèse, en raison d'une hypersécrétion de glucagon, de catécholamines, de cortisol et de somatotrophine;
- *DID moyennement contrôlé :* la glycémie postprandiale est supérieure à 2 g/L, avec une prise insulinique datant de quelques heures. L'exercice provoque une diminution de l'hyperglycémie : la production de glucose est en diminution, alors que son utilisation est renforcée;
- *DID bien contrôlé :* une hypoglycémie peut être observée lors de l'exercice, soit parce que la dernière injection est trop proche, soit parce que, l'étant un peu moins, la résorption au lieu d'injection a été trop rapide. Certains pensent qu'il vaut mieux éviter l'injection dans les muscles qui interviennent dans l'exercice. Chez le diabétique effectuant un exercice sous perfusion d'insuline par pompe, on observe à la fois l'augmentation de la production de glucose et celle de son utilisation.

Conseils pratiques pour le diabétique

Dans le cas du DID bien contrôlé, l'exercice est à prescrire. L'utilisation du glucose tend à rejoindre celle du sujet normal en cours d'exercice, mais la glycémie de repos reste élevée et la glucosurie n'est pas réduite. L'exercice peut être recommandé dans la période postprandiale puisqu'il permet une réduction importante de l'hyperglycémie, mais en sachant qu'il y a toujours un risque d'hypoglycémie dont le sportif doit être pleinement informé.
Si le DID est mal contrôlé, l'exercice ne peut être ni intense, ni prolongé.
Si le DID est moyennement contrôlé, les risques d'hypoglycémie peuvent être prévenus en diminuant la dose d'insuline avant et après l'exercice, ou encore en augmentant la prise glucidique dans ces deux périodes. La surcharge protidique n'est pas à conseiller (voir chapitre 87).
La nature du diabète et les caractéristiques de l'exercice combinent leurs effets pour déterminer une hyperglycémie, accentuée ou réduite, ou une hypoglycémie. C'est dire avec quelle prudence les premiers exercices doivent être pratiqués, avant que le sujet, connaissant bien ses propres réactions, soit à même de jouer en toute connaissance de cause sur la prise insulinique, la prise alimentaire et l'intensité et la durée de l'exercice. Il doit dans tous les cas savoir s'arrêter à temps.

Régime alimentaire

La tendance est à la généralisation chez l'adulte de la pratique pédiatrique. L'apport calorique doit être normal, à raison de :

- 55 % de glucides lent avec fibres;
- 30 % de lipides, soit moins de 10 % de graisses saturées, le reste en graisses mono ou poly-insaturées, apport en cholestérol inférieur à 300 mg;
- 15 % de protides : 0,8 $g.kg^{-1}$ (adulte), 1,5 $g.kg^{-1}$ (enfant).

Pour un apport calorique normal et à condition que le sujet sache bien gérer son diabète, il n'est pas recommandé de réduire les glucides car cela reviendrait à augmenter la part des lipides. C'est d'ailleurs sur ceux-ci que se repose le diabétique dans les efforts prolongés.

Quels sports pour le diabétique?

Il n'y a pas de restriction pour le diabétique NID, ni pour le diabétique ID parfaitement autocontrôlé. Cependant, le médecin praticien a la responsabilité d'autoriser la pratique sportive, avec ou sans restriction, ou de considérer qu'il y a contre-indication pour le sujet lui-même ou pour les risques qu'il peut faire courir à son entourage.
On peut raisonnablement autoriser, par exemple, la pratique du golf, la course à pied, le jogging, le cyclotourisme, la marche, l'aviron, l'escrime.
Il convient à l'inverse d'être plus vigilant pour les sports violents (squash, judo...), dans la pratique desquels se succèdent trop rapidement des alternances d'exercice et de repos qui désorganisent la régulation glycémique déjà difficile : sports de contact, épreuves sportives à horaires indéterminés comme cela est souvent le cas en compétition. La compétition elle-même est à redouter en tant que situation déclenchante de stress, les catécholamines devant être redoutées pour leur action hyperglycémiante.
Enfin, le médecin appréciera les éventuelles conséquences, en cas d'hyperglycémie, des sports qui nécessitent une vigilance de tous les instants : vol à voile, parapente, alpinisme, plongée, etc., de préférence à ne pas pratiquer seul. Tout accident ou incident peut en effet déclencher des réactions de stress.

Artériopathie du diabétique

Le diabétique peut être atteint d'une forme particulière d'artériopathie distale, avec conservation des pouls périphériques et maintien d'un débit sanguin globalement normal.

Les dépôts de mucopolysaccharides qui se constituent ont pour effet de gêner les échanges métaboliques.
Ces mêmes dépôts entraînent une neuropathie périphérique responsable d'une redistribution du débit musculaire qui emprunte la voie des anastomoses artérioveineuses aux dépens des circuits capillaires. L'hyperviscosité sanguine qui se surajoute à ces troubles contribue probablement à cette redistribution sanguine par les shunts.

La neuropathie concerne non seulement le système nerveux végétatif mais aussi les fibres de la sensibilité proprioceptive et nociceptive profonde. De ce fait, le sportif diabétique engagé dans une activité physique favorisant l'apparition de crampes ne perçoit pas (ou très mal) la survenue de celles-ci, de sorte qu'il continue son activité et s'expose au développement de foyers de nécrose ischémique localisés.

Pour en savoir plus

BROUNS F. *Les besoins nutritionnels des athlètes*. Paris : Masson, 1994.

CREFF AF, BERARD L. *Diététique sportive*. Paris : Masson, 1991.

CREFF AF, BERARD L. *Dictionnaire de la nouvelle diététique*. Paris : R. Laffont, 1984 : 607 p.

DORCHY H, POORTMANS J. Les jeunes diabétiques et le sport. *In :* Thiebaud M, Sprumont P, eds. *L'enfant et le sport*. Paris : De Boeck Université, 1998 : 273-84.

GIRARD J. Exercice physique et diabète. *Cahier de diabétologie* n° 30, Laboratoire Servier, 112 p.

MONOD H. *Nutrition et sport.* Paris : Masson, 1990 : 254 p.

PÉRÈS G. L'alimentation du sportif. *In :* Desjeux JF, Hercberg S, eds. *La nutrition humaine. La recherche au service de la nutrition.* Dossiers documentaires INSERM. Paris : Nathan, 1996.

Bibliographie générale

Ouvrages

Amoretti R., Brion R. *Cardiologie du sport*. Paris : Masson, 2000.

Arnheim D. *Médecine de la danse*. Traduction de l'américain de Richalet JP. Paris : Masson, 1982.

Astrand PO, Rodhal K. *Précis de physiologie de l'exercice musculaire*. 2e édition. Traduction de l'anglais de Lacour JR. Paris : Masson, 1980.

Benassy J. *Traumatologie sportive*. 2e édition. Paris : Masson, 1979.

Berteau P. *Médecine du sport*. 1. Électrocardiographie du sportif. Paris : Masson, 1982.

Billat V. *Physiologie et méthodologie de l'entraînement*. Bruxelles : De Boeck, 2003.

Bouisset S. *Biomécanique et physiologie du mouvement*. Paris : Masson, 2002.

Brunet Guedj E, Moyen B, Genety J. *Médecine du sport*. 6e édition. Paris : Masson, 2000.

Carré F. *Médecine du sport*, 6 : La surveillance cardiologique du sportif. Paris : Masson, 1988.

Cerretelli P. *Traité de physiologie de l'exercice et du sport*. Paris : Masson, 2002.

Chevaleraud J. *Œil et Sport*. Paris : Masson, 1983.

Commandre F, Bence Y. *Épreuves fonctionnelles neuromusculaires en médecine du sport*. Paris : Masson, 1982.

Corriol JH. *La plongée en apnée : physiologie et médecine*. 3e édition. Paris : Masson, 2002.

Courtot B. *Les urgences en médecine du sport*. Paris : Masson, 2001.

Cousteau JP. *Cardiologie sportive*. Paris : Masson, 1989.

Cousteau JP *et al. Médecine du tennis*. 2e édition. Paris : Masson, 1999.

Creff A-F, Bérard L. *Diététique sportive*. 4e édition. Paris : Masson, 1987.

Dekkar N, Rikci A, Hanifi R. *Techniques d'évaluation physiologique des athlètes*. Alger : Comité olympique algérien, 1990.

Durey A, Boeda A. *Médecine du football*. 2e édition. Paris : Masson, 1982.

Ellestad MH. *Épreuve d'effort : principes et pratique*. Paris : Frison-Roche, 1991.

Einsingbach T, Klumper A, Biedermann L. *Physiothérapie sportive et rééducation*. Paris : Vigot, 1990.

Étienne JC *et al. Sport et rééducation*. Paris : Masson, 1980.

Heipertz W, Bohmer D, Heipertz-Hengst C. *Médecine du sport. Abrégé à l'usage des médecins, enseignants, entraîneurs, étudiants et sportifs*. Paris : Vigot, 1990.

Judet H, Porte G. *Médecine du cyclisme*. Paris : Masson, 1983.

Jully JL, Auvity J. *Médecine de rééducation de l'épaule douloureuse*. Paris : Frison-Roche, 1990.

Lacour JR. *Biologie de l'exercice musculaire*. Paris : Masson, 1992.

Lamendin H. *Odontologie et stomatologie du sportif*. 2e édition. Paris : Masson, 1993.

Laure P. *Mémento de médecine du sport*. Paris : Ellipses, 1995.

Magnin P, Cornu JY. *Médecine du sport. Pratiques du sport et accompagnements médicaux*. Paris : Ellipses, 1997.

Mc Ardle W, Katch F, Katch V. *Nutrition et performances sportives*. Bruxelles : De Boeck, 2004.

Mirkin G, Hoffman M. *La médecine sportive prévention-entraînement-alimentation-soins*, Montréal, Canada : Éditions de l'Homme, 1981.

Mombet J. *Médecine du rugby*. Paris : Masson, 1983.

Mondenard JP de. *Dictionnaire du dopage : substances, procédés, conduites*. 2e édition. Paris : Masson, 2004

Monod H. *Nutrition et sport*. Paris : Masson, 1990.

Monod H, Flandrois R. *Physiologie du sport*. 5e édition. Paris : Masson, 2003.

Monod H, Kahn JF. *La médecine des sports*. Paris : Anthropos, 1995.

Most P, Bouvet A, Duizabo D, Letessier J, Thomas JPR. *Psychologie sportive*. Paris : Masson, 1982.

Bar-Or O. *Médecine du sport chez l'enfant*. Paris : Masson, 1987.

Pilardeau P. *Manuel pratique de médecine du sport*. Paris : Masson, 1987.

Plas F. *Guide de cardiologie du sport*. Paris : Baillière, 1976.

Richalet JP, Rathat C. *Pathologie et altitude*. Paris : Masson, 1991.

Richalet JP, Herry JP. *Médecine de l'alpinisme*. 3e édition. Paris : Masson, 2003.

Rieu N. *Bioénergétique de l'exercice musculaire et de l'entraînement physique*. Paris : PUF, 1988.

Rigaud D, Melchior JC. *Le métabolisme énergétique chez l'homme (méthodes de mesure et applications pratiques)*. Paris : Éditions médicales internationales, 1992.

Scherrer J. *La Fatigue*. Paris : PUF, 1989.

SCHERRER J *et al.* *Précis de physiologie du travail*. 2e édition. Paris : Masson, 1981.

SERRATRICE G. Asthénies physiques. *In Maladies de la moëlle épinière, des nerfs périohériques et des muscles : acquisitions récentes. Actualités neuromusculaires*. Paris : Expansion scientifique française, 1987.

THIEBAULD CM, SPRUMONT P. *L'enfant et le sport*. Paris : De Boeck, 1998.

WEINECK J. *Anatomie fonctionnelle du sportif*. Traduction de l'allemand par Dreyfus P. Paris : Masson, 1985.

WILMORE J, COSTILL D. *Physiologie du sport et de l'exercice physique*. 2e édition. Paris : De Boeck, 2002.

WULLAERT P. *Guide pratique de médecine du sport*. Paris : Masson, 1984.

Revues

En langue française

Le Spécialiste de la Médecine du Sport. 8 *bis*, avenue des Vagues, 17211 Royan.

Cinésiologie. 60, boulevard de la Tour-Maubourg, 75007 Paris.

Médecine du sport. Galliena Éditions, 62, rue Amelot, 75011 Paris.

Sciences et Motricité. 11, avenue du Tremblay, 75012 Paris.

Science et Sports. Éditions Elsevier, 29, rue Buffon, 75005 Paris.

Sport et vie. BP 90 2/1800 Quétigny.

Journal de Traumatologie du sport. Éditions Masson, 21, rue Camilles-Desmoulins, 92130 Issy-les-Moulineaux.

Revue EPS. 11, avenue du Tremblay, 75012 Paris.

En langue anglaise

British Journal of Sports Medicine (Butterworth-Heinemann). ISSN 0306-367, Turpin Distribution Services Ltd, Blackhorse Road, Letchworth, Herts SG6 1HN, UK.

Clinical Biomechanics (GB). OAGB-Research Unit, 30 Queen Street, Hudders field HDI, 25 P, UK.

International Journal of Sports Medicine. Thieme-Verlag (G), ISSN 0172-4622, 381, Park Avenue South, New York.

International Journal of Sport Biomechanics. ISSN 0740-2082, PO Box 5076 Champaign, IL 61820.

Journal of Sports Medicine and Physical Fitness. Minerva Medica. Corso Bramante 83, 10126 Torino.

Journal of Sports Sciences (GB). E & FN Spon, 2-6 Boundary Row, London SE1 8HN, UK.

Medicine and Science in Sports and Exercise (William and Wilkins, USA). ISSN 0195-9131, 428 East Preston Street Baltimore MD 21202 (USA).

Physical Fitness/Sports Medicine. ISSN 0163-2582, 40 Fifth Street, NW, Washington, DC 20001 (USA).

Sport Medicine. ISSN 0112-1642, Adis International Ltd, 41 Centorian Drive, Private Bag. Mairangi Bay. Auckland 10, New Zealand.

Sport Sciences (Canada). University of Toronto Press, Journals Departments, 5201, Dufferin Street, Downsview, Ontario (M3H 5T8), Canada.

Scandinarian Journal Medicine Science in Sports. ISSN 0905-7188, Munksgaard Internat. Pub., 35, Nørre Søgade, PO Box 2148 DK 1016 Copenhagen K.

Index

A

B

C

D

E

F

G

H

I

J

K/L

M

N

U

V

W

MASSON

21, rue Camille-Desmoulins
92789 Issy-les-Moulineaux Cedex 09
Dépôt légal : mai 2005

401728 - (I) - (2) - CSB 90° - SNEL

Mise en page réalisée par
SNEL Grafics sa
rue Saint-Vincent 12 – B-4020 Liège
Tél +32(0)4 344 65 60 - Fax +32(0)4 341 48 41
avril 2005 — 34169

Impression et reliure
Hérissey à Evreux (Eure) - N° 99090
avril 2005

Imprimé en France